John Gregory Bourke

Der Unrat
in Sitte, Brauch, Glauben und Gewohnheitsrecht der Völker

Übersetzt von Friedrich S. Krauss und H. Ihm

 Eichborn.

Unveränderter Nachdruck der deutschen Erstausgabe von 1913.
Der Außentitel dieser Ausgabe wurde der modernen Schreibweise angepaßt.

Die Deutsche Bibliothek – CIP-Einheitsaufnahme

Bourke, John Gregory:
Der Unrat in Sitte, Brauch, Glauben und Gewohnheitsrecht der Völker / John Gregory
Bourke. (Aus dem Amerikan. von F. S. Krauss und H. Ihm). - Reprint -
Frankfurt am Main : Eichborn, 1996
Einheitssacht.: Scatalogic rites of all nations <dt.>
ISBN 3-8218-0503-X

– Sammlung Historica –

© Vito von Eichborn GmbH & Co. Verlag KG,
Frankfurt am Main, 1996
Schutzumschlag: Stephanie Weischer
Druck und Bindung: Legoprint, Trento

Verlagsverzeichnis schickt gern:
Eichborn Verlag, Kaiserstraße 66, D-60329 Frankfurt am Main

BEIWERKE ZUM STUDIUM DER ANTHROPOPHYTEIA

JAHRBÜCHER FÜR FOLKLORISTISCHE ERHEBUNGEN UND FORSCHUNGEN ZUR ENTWICKLUNGGESCHICHTE DER GESCHLECHTLICHEN MORAL

unter redaktioneller Mitwirkung und Mitarbeiterschaft von Friedrich J. Bieber, Ethnologen in Wien, Prof. Dr. Franz Boas, an der Columbia-Universität in New-York V. S. N., Dr. med. und phil. Georg Buschan, Herausgeber des Zentralblattes für Anthropologie in Stettin, Geh. Medizinalrat Prof. Dr. Albert Eulenburg in Berlin, Prof. Dr. Sigmund Freud, an der k. k. Universität in Wien, Prof. Dr. Anton Herrmann, Herausgeber der Ethnologischen Mitteilungen aus Ungarn, in Budapest, Volodymyr Hnatjuk, Sekretär der Ševčenko-Gesellschaft der Wissenschaften in Lemberg, H. Ihm, Kulturhistoriker in Stadthagen, Geh. Medizinalrat Prof. Dr. Albert Neisser, an der kgl. Universität in Breslau, Prof. Dr. Giuseppe Pitrè, Herausgeber des Archivio per lo studio delle tradizioni popolari, an der Universität in Palermo, Ferdinand Freiherrn von Reitzenstein, Vorstand des Ethnologischen Hygiene-Museums in Dresden, Prof. Dr. Karl von den Steinen in Berlin, Gerald Camden Wheeler, Ethnologen in London und anderen Gelehrten, gegründet im Verein mit Prof. Dr. med. Bernhard Hermann Obst, weiland Direktor des Museums für Völkerkunde in Leipzig,

herausgegeben

von

Dr. Friedrich S. Krauss

in Wien VII/2, Neustiftgasse 12

VI. Band:

DER UNRAT IN SITTE, BRAUCH, GLAUBEN UND GEWOHNHEITRECHT DER VÖLKER

VON

JOHN GREGORY BOURKE

VERDEUTSCHT UND NEUBEARBEITET
VON

FRIEDRICH S. KRAUSS UND H. IHM

MIT EINEM GELEITWORT
VON

PROF. DR. SIGMUND FREUD

BEZUGPREIS FÜR JEDEN BAND 30 MARK

DER UNRAT

IN

SITTE, BRAUCH, GLAUBEN

UND

GEWOHNHEITRECHT DER VÖLKER

VON

JOHN GREGORY BOURKE

VERDEUTSCHT UND NEUBEARBEITET

VON

FRIEDRICH S. KRAUSS UND H. IHM

MIT EINEM GELEITWORT

VON

PROF. DR. SIGMUND FREUD

MIT BOURKES BILDNIS

LEIPZIG 1913

ETHNOLOGISCHER VERLAG

Privatdruck.

Nur für Gelehrte, nicht für den Buchhandel bestimmt.
Ohne Gehnehmigung des Herausgebers darf der Verlag kein Exemplar liefern.
Wer die Anthropophyteia öffentlich ausstellt oder verleiht, setzt sich der Gefahr
einer Verfolgung aus.

Zahl: ....

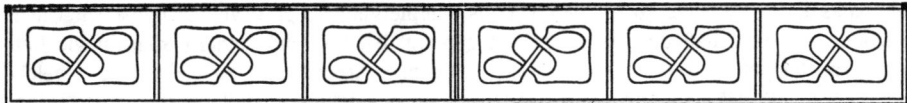

Geleitwort

von Prof. Dr. Sigm. Freud.

Als ich im Jahre 1885 als Schüler Charcot's in Paris weilte, zogen mich neben den Vorlesungen des Meisters die Demonstrationen und Reden Brouardel's am stärksten an, der uns an dem Leichenmaterial der Morgue zu zeigen pflegte, wieviel es wissenswertes für den Arzt gäbe, wovon doch die Wissenschaft keine Notiz zu nehmen beliebte. Als er einmal die Kennzeichen erörterte, aus denen man Stand, Charakter und Herkunft des namenlosen Leichnams erraten könne, hörte ich ihn sagen: les genous sales sont le signe d'une fille honnête. Er ließ die schmutzigen Kniee Zeugnis ablegen für die Tugend des Mädchens!

Die Mitteilung, daß körperliche Reinlichkeit sich weit eher mit der Sünde als mit der Tugend vergesellschafte, beschäftigte mich oftmals später, als ich durch psychoanalytische Arbeit Einsicht in die Art gewann, wie sich die Kulturmenschen heute mit dem Problem ihrer Leiblichkeit auseinandersetzen. Sie werden offenbar durch alles geniert, was allzu deutlich an die tierische Natur des Menschen mahnt. Sie wollen es den „vollendeteren Engeln" gleichtun, die in der letzten Szene des Faust klagen:

> „Uns bleibt ein Erdenrest
> zu tragen peinlich,
> und wär' er von Asbest,
> er ist nicht reinlich".

Da sie aber von solcher Vollendung weit entfernt bleiben müßen, haben sie den Ausweg gewählt, diesen unbequemen Erdenrest möglichst zu verleugnen, ihn vor einander zu verbergen, obwohl ihn jeder vom anderen kennt, und ihm die Aufmerksamkeit und Pflege zu entziehen, auf welche er als integrirender Bestandteil ihres Wesens ein Anrecht hätte. Es wäre gewiß vorteilhafter gewesen, sich zu ihm zu bekennen und ihm soviel Veredlung angedeihen zu lassen, als seine Natur gestattet.

Es ist gar nicht einfach zu übersehen oder darzustellen, welche Folgen für die Kultur diese Behandlung des „peinlichen Erdenrestes" mit sich gebracht hat, als dessen Kern man die sexuellen und die exkrementellen Funktionen bezeichnen darf. Heben wir nur die eine Folge hervor, die uns hier am nächsten angeht, daß es der Wissenschaft versagt worden ist, sich mit diesen verpönten Seiten des Menschenlebens zu beschäftigen, so daß derjenige, welcher diese Dinge studiert, als kaum weniger „unanständig" gilt, wie wer das Unanständige wirklich tut.

Immerhin, Psychoanalyse und Folkloristik haben sich nicht abhalten lassen, auch diese Verbote zu übertreten, und haben uns dann allerlei lehren können, was für die Kenntnis des Menschen unentbehrlich ist. Beschränken wir uns hier auf die Ermittelungen

über das Exkrementelle, so können wir als Hauptergebnis der psychoanalytischen Untersuchung mitteilen, daß das Menschenkind genötigt ist, während seiner ersten Entwicklung
jene Wandlungen im Verhältnis des Menschen zum Exkrementellen zu wiederholen, welche
wahrscheinlich mit der Abhebung des Homo sapiens von der Mutter Erde ihren Anfang
genommen haben. In frühesten Kindheitjahren ist von einem Schämen wegen der
exkrementellen Funktionen, von einem Ekel vor den Exkrementen noch keine Spur. Das
kleine Kind bringt diesen wie anderen Sekretionen seines Körpers ein großes Interesse
entgegen, beschäftigt sich gerne mit ihnen und weiß aus diesen Beschäftigungen mannig-
faltige Lust zu ziehen. Als Teile seines Körpers und als Leistungen seines Organismus
haben die Exkremente Anteil an der — von uns narzißtisch genannten — Hochschätzung,
mit der das Kind alles zu seiner Person gehörige bedenkt. Das Kind ist etwa stolz auf
seine Ausscheidungen, verwendet sie im Dienste seiner Selbstbehauptung gegen die
Erwachsenen. Unter dem Einfluß der Erziehung verfallen die koprophilen Triebe und
Neigungen des Kindes allmählich der Verdrängung; das Kind lernt sie geheim halten,
sich ihrer schämen und vor den Objekten derselben Ekel empfinden. Der Ekel geht
aber, streng genommen, nie so weit, daß er die eigenen Ausscheidungen träfe, er begnügt
sich mit der Verwerfung dieser Produkte, wenn sie von anderen stammen. Das Interesse,
das bisher den Exkrementen galt, wird auf andere Objekte übergeleitet, z. B. vom Kot
aufs Geld, welches dem Kinde ja erst spät bedeutungvoll wird. Aus der Verdrängung der
koprophilen Neigungen entwickeln sich — oder verstärken sich — wichtige Beiträge zur
Charakterbildung.

Die Psychoanalyse fügt noch hinzu, daß das exkrementelle Interesse beim Kinde
anfänglich von den sexuellen Interessen nicht getrennt ist; die Scheidung zwischen den
beiden tritt erst später auf, aber sie bleibt nur unvollkommen; die ursprüngliche, durch
die Anatomie des menschlichen Körpers festgelegte Gemeinschaft schlägt noch beim normalen Erwachsenen in vielen Stücken durch. Endlich darf nicht vergessen werden, daß
diese Entwicklungen ebensowenig wie irgend welche andere ein tadelloses Ergebnis liefern
können; ein Stück der alten Vorliebe bleibt erhalten, ein Anteil der koprophilen Neigungen
zeigt sich auch im späteren Leben wirksam und äußert sich in den Neurosen, Perversionen,
Unarten, Gewohnheiten der Erwachsenen.

Die Folkloristik hat ganz andere Wege der Forschung eingeschlagen und doch
dieselben Resultate wie die psychoanalytische Arbeit erreicht. Sie zeigt uns, wie unvollkommen die Verdrängung der koprophilen Neigungen bei verschiedenen Völkern und zu
verschiedenen Zeiten ausgefallen ist, wie sehr sich die Behandlung der exkrementellen
Stoffe auf anderen Kulturstufen der infantilen Weise annähert. Sie beweist uns aber auch
die Fortdauer der primitiven, wahrhaft unausrottbaren, koprophilen Interessen, indem sie
zu unserem Erstaunen vor uns ausbreitet in welcher Fülle von Verwendungen in Zauber-
brauch, Volkssitte, Kulthandlung und Heilkunst die einstige Hochschätzung der menschlichen Ausscheidungen sich neuen Ausdruck geschaffen hat. Auch die Beziehung dieses
Gebietes zum Sexualleben scheint durchweg erhalten zu sein. Mit dieser Förderung
unserer Einsichten ist eine Gefährdung unserer Sittlichkeit offenbar nicht verbunden.

Das Meiste und Beste, was wir über die Rolle der Ausscheidungen im Leben
der Menschen wissen, ist in dem Buche von J. G. Bourke „Scatologic Rites of all
Nations" zusammengetragen. Es ist daher nicht nur ein mutiges, sondern auch ein ver-
dienstvolles Unternehmen, dieses Werk den deutschen Lesern zugänglich zu machen.

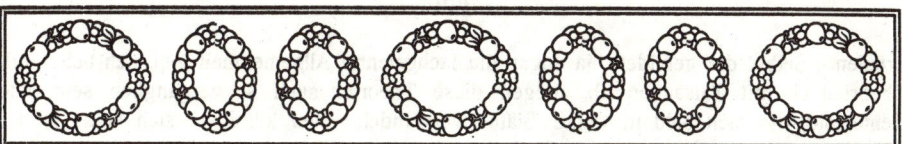

Vorwort der Nachfolger Bourkes.

Man kann einem großen Arbeiter nicht besser danken als dadurch, daß man das Werk fortführt, dem er sein Leben gewidmet hat.
Ernst Grosse, Über den Ethnologischen Unterricht. Adolf Bastian als Festgruß. Berlin 1896, S. 597.

Wir stellen Grosses Bemerkung voran, weil sie zutreffend den Grund ausspricht, der uns zur Neubearbeitung sowohl vorerst von Dulaures als auch jetzt von Bourkes Hauptwerken bewog. In der Wissenschaft vom Geschlechtleben des Menschen im ethnologischen Gesichtkreise sind wir glücklicherweise nicht die ersten, vielmehr haben wir darin sehr namhafte Vorgänger, die für unsere Untersuchungen bereits Unterlagen schufen. Wir erachten es für weitaus ehrenvoller und rühmlicher, ungebührlicher Vergessenheit anheimfallende, bedeutende Leistungen auszugestalten und wieder zur Geltung zu bringen, als aus literarischem Ehrgeiz zur Erhöhung des Glanzes unserer Namen jene zu verdunkeln, denen wir nie genug danken können, weil sie uns mit ihren Vorarbeiten nachhaltig gefördert haben. Wir sind nämlich der unumstößlichen wissenschaftlichen Überzeugung, daß Werke von der eigenen Beschaffenheit und Anlage, wie das Dulaures und das vorliegende Bourkes als kritisch gesichtete Stoffsammlungen allerersten Ranges für die Forschung einen unvergänglichen Wert besitzen und daß von ihnen mit Änderung der Überschrift unvermindert dasselbe gilt, was da Henri Gaidoz von der Faune Populaire und der Flore Populaire eines anderen Großen unter den Folkloristen, Eugène Rollands (21. III. 1846 — 24. VII. 1909) ausführt):[1]

„Die Lebenarbeit Rollands wird als ein Denkmal der Wortkunde bestehen bleiben, und wir glauben nicht zu übertreiben, wenn wir diese Bezeichnung anwenden. Es sind ja, das weiß ich wohl, lediglich Stoffsammlungen, aber doch Bausteine, geduldig zusammengesucht, scharfsinnig gesichtet und meisterhaft geordnet. Der Leser wird kaum das Verdienstvolle daran herausfinden und deshalb oft weiter nichts als eine Zusammenstoppelung darin sehen; von dem Scharfsinn, der bei der Auswahl der Quellen die Führung gehabt hat, der die schlechten oder verdächtigen ausmerzte, davon merkt der Leser gar nichts. Man benutzt solche Sammlungen, ohne an das Verdienst ihres Urhebers zu denken. Sobald man solche Quellen nicht mit schönen Worten einleitet oder mit abgedroschenen Redenarten und Gemeinplätzen vorführt, sieht das Ganze gar nicht wie ein persönliches Werk aus und man schuldet dem Verfasser keinen Dank dafür, — aber man beutet seine Arbeit dennoch weidlich aus. Trotz allem wird aber dieses Lebenwerk fortbestehen und die Werke anderer, der „Schöngeister" überleben, mögen diese noch so hochmütig darüber

---

[1] Eugène Rolland et son oeuvre littéraire. Par Henri Gaidoz, Extrait du tome XI de Mélusine, Paris 1912, p. 35—37.

urteilen. Selbst die gebildete, ja sogar die fachgelehrte Allgemeinheit gibt sich lieber mit Theorien als mit Tatsachen ab, mögen diese Theorien auch so vergänglich sein, wie Teufelgold, das sich bald in welke Blätter verwandelt. Wer kümmert sich heute in der Sprachenkunde noch um jene großartigen, leicht herzuzählenden Aufbauarbeiten, die zu ihrer Zeit solches Aufsehen erregten? Wer kümmert sich in der Mythologie noch um die etymologischen Systeme, wie etwa das Max Müllers? Ich glaube, daß man solche Fragen stellen kann, ohne sich der Achtungverletzung gegen starke und scharfsinnige Denker schuldig zu machen, die aber beim Ordnen der Gedanken echte Dichter gewesen sind. Mögen auch solche Systeme im Verlaufe eines Geschlechts dahingeschwunden sein, ihren Urhebern und ihren Verbreitern sind sie niemals ganz unnütz gewesen: denn diese Systeme haben den Ruhm und das Glück ihrer Wortführer geschaffen und zwar nicht allein den wissenschaftlichen und schriftstellerischen Ruf, sondern betrachtet man die Sache ganz nüchtern, auch ihre Laufbahn und ihr irdisches Fortkommen.

Demgegenüber ziehe man in Betracht, was uns von der Renaissance übrig geblieben ist, ich meine das Wiederaufleben der Wissenschaften, als nach dem Falle von Byzanz die aus dem Morgenlande geflüchteten Gelehrten mit den Handschriften der griechischen Literatur nach dem Abendlande kamen und als zur selben Zeit die Buchdruckerkunst erfunden wurde; alles dies verbreitete die Kenntnis vom klassischen Altertum, oder vielmehr, es schuf sie erst. Das war die Zeit der großen Humanisten, und die Büsten einiger stehen vielleicht jetzt noch im Collège de France als genii loci, und zwar mit vollem Recht. Aber wer kennt heutzutage, außerhalb des Kreises der Gelehrten oder sogar nur der Philologen, die Namen Budaeus, Turnebius, Ramus, Muretus und Lambinus? Und wieviele mögen eine Ahnung davon haben, daß eine ganze Menge heute allgemein gebräuchlicher Redewendungen unserer Sprache wahrscheinlich der einsichtigen Klugheit des zuletzt genannten Humanisten ihren Ursprung verdankt? Man kennt zwar ihre Namen und man ehrt ihr Andenken, aber wer von den Sprachgelehrten liest noch ihre Werke? Dagegen zieht man den Thesaurus linguae graecae ihres Landsmannes und Zeitgenossen Henricus Stephanus heute noch zu Rate und man wird ihn auch noch in den kommenden Geschlechtern zu Rate ziehen, obwohl dieser Mann kein Universitätprofessor wie sie war und auch nicht das Handwerk eines Schöngeistes betrieb. Zu seiner Zeit beachtete man sein Lebenwerk gewiß viel weniger als das jener Leuchten der Humanisten, weil man es zweifellos als Stoppelarbeit ansah; aber diese Stoppelarbeit überlebte dennoch die damals berühmtesten Werke, weil sie eine Stoffsammlung war, die die Quellen scharfsinnig benutzte, die sie weit hergeholt und treffend ausgewählt, wenn auch nicht immer gut geordnet hatte.

In seiner Lebenarbeit, der Fauna und Flora, bietet Rolland ein Werk von ähnlicher Art und von gleicher Verdienstlichkeit dar; sie wird deshalb fortbestehen und noch Nutzen bringen, bekannt sein und man wird sie zu Rate ziehen, wenn die Werke unserer zeitgenössischen Gelehrten, die auf das Lebenwerk Rollands als „Stoppelarbeit" verächtlich herabsahen, längst vergessen sind und im Staub der Bibliotheken ein trauriges Dasein fristen. Es gibt eben „Stoppelarbeiten", die viel wertvoller als theoretische Werke sind, und ich möchte fast behaupten, daß die angeblichen Theorien manchmal weiter nichts sind, als leeres Gerede, als Teufelgold!"

Wir wissen nur zu gut, daß so manche Gelehrte auch von unseren mühevollen folkloristischen Arbeiten ebenso gering denken und wohl auch die Bourkes nicht höher veranschlagen als die Rollands und zwar schon darum, weil sie bei ihm zu wenige Erklärungen vorfinden oder die vorhandenen als unzulänglich ansehen. Wir versuchen es freilich des öfteren, nach dieser Richtung hin Bourke nachzuhelfen, doch stets innerhalb sehr eng gezogener Grenzen, weil wir das Schwergewicht auf die Tatsachen des Völkerlebens — wir brachten ihrer sechzehnhundert weitere bei —, nicht jedoch auf theoretische Auseinandersetzungen legen. Zu großen Synthesen gelangt man erst nach andauernder, langwieriger Sammeltätigkeit, mag auch immerhin mitunter das Endergebnis dem Forscher wie eine Erleuchtung bewußt werden. Es ist jedoch nicht immer im Vorteil des geistigen Fortschritts, damit zuerst hervorzutreten, was man nicht allseitig als sicheren Gewinn zu begründen vermag und was als eine Vermutung oder Annahme den Mißgünstigen und Übelwollenden einen willkommenen Anlaß zum Absprechen oder Drauflosgehen darböte. Tatsachen dagegen kann man nicht so mir nichts, dir nichts ableugnen, ohne sich dem Vorwurf der Begriffstützigkeit oder des Schwachsinns auszusetzen. „Nur Beharrung führt zum Ziel, — Nur die Fülle führt zur Klarheit — Und im Abgrund wohnt die Wahrheit", meinen wir mit Schiller.

Bourke kam als Soldat zu Heldenruhm und als Forscher erreichte er die höchsten Auszeichnungen, die gelehrte Gesellschaften zu gewähren haben. Er war seiner Erziehung und Stellung nach eine gesellschaftlich hervorragende Erscheinung. Dies zwang ihn zu mancherlei Rücksichten auf seine Umgebung, so daß es ihm hierdurch verwehrt war, sich etwa nach unserer Folkloristenart mit dem niedersten Volke gemein zu machen, dem er seine Studien zugewandt. Er war somit hauptsächlich auf Angaben aus zweiter Hand und auf Bücher angewiesen. Zum Überfluß war er weder mit der deutschen, noch mit den slavischen Sprachen genügend vertraut, ohne deren Kenntnis einem der Großteil der Folkloreliteratur nur in zufälligen Übersetzungen und Auszügen zugänglich wird. Ein einziges Erlebnis, das mit dem Harntanz der Zuñis, übte auf ihn einen so nachhaltigen Eindruck aus, daß er sich zehn Jahre seines Lebens hindurch nur der Erforschung der Skatologie zur Erklärung jenes Tanzfestes weihte. Das ist eben das Kennzeichen des Genies, daß es nur einer Anregung bedarf, um Großes anzustreben und zu erreichen, während andere teilnam- und verständnislos einen gleichen Fall übersehen oder belächeln. Das Lächeln der überlegenen Profilmenschen hat noch jeden Fortschritt gehemmt, wo nicht ganz verhindert. Wir nennen Profilmenschen jene Leute, die da hastig durchs Leben eilen und alles niederrennen, um ein nichtiges Ziel, z. B. Geldüberschüsse, Titel, Orden, Stellungen und Würden zu erjagen, doch keine Musse finden, um mit vollem Gesicht das Werden und Sein der Menschheit zu betrachten.

Bourke war ein Forscher, der mit ganzem Gesicht die Welt anschaute, nur war eben sein Ausgang von dem einen Erlebnis zu schwach, um damit allein das dicke Werk zu rechtfertigen. So geschah es, daß er unendlich mehr beibrachte, als zur Erklärung des einen Falles erforderlich war und sich begründen läßt. Ein Folklorist, der doch keinerlei gesellschaftliche Rücksichten zu beobachten verpflichtet ist, hätte sich zunächst die Zuñisprache gründlich zu eigen und sich mit den Zuñis aufs innigste vertraut gemacht, um alle ihre besonderen skatologischen Anschauungen und Sitten zu erheben, dann erst wäre er daran gegangen, Parallelen bei anderen Völkern aufzusuchen, um einen Vergleichungstoff zu gewinnen.

Wir denken, die Betrachtung müsse vom skatologischen Feldzauber ausgehen, weil das Pissen und Kacken als ein Ersatz für die sonst nicht leicht sinnfällig durchführbare Bodenbefruchtung mit menschlichem Samen auftritt. Aus dieser Grundvorstellung erklärt sich nach dem Gedanken der Übertragung jeder weitere Zauber bei sonstigen Anlässen. So leuchtet uns die enge Verbindung zwischen Erotik und Skatologie in der Anschauung der Primitiven am ehesten ein. Entgegen Bourke haben wir zu bedenken, daß der Harngenuß beim Tanz nur eine einzelne Erscheinungform, und zwar eine sekundäre ist. Das Essen und Trinken von Auswurfstoffen ist ja nicht einmal etwas Besonderes. Eine Bedeutung gewinnt es erst im Zusammenhang mit religiösen und rechtlichen Urbegriffen, mit denen sich der Mensch als logisch denkendes Wesen von den übrigen Tieren abzuheben anfängt. Darin darf man mit die allerersten Ansätze zu einer religiösen Kultur des Menschen erblicken. Wir betrachten es darum als eine ausnehmend glückliche

Fügung, daß es uns, Bourkes Nachfolgern, möglich ist, unzweifelhaft sichere, gut verständliche Gestaltungen eines solchen urzeitlichen Fühlens und Denkens beim südslavischen Bauernvolke nachzuweisen. Damit rückt die slavische Folklore von selber in den Vordergrund ethnologischer Sexualforschung und es ist ein eingehendes Verweilen bei ihr sachlich allseitig geboten.

Der Ekel, den Bourke beim Zuñiharntanz empfand, regte ihn zum Forschen nach der Verbreitung und dem Ursprung der Erscheinung an. Ekel erfüllte ihn darüber, daß die unratgenießenden Menschen und Menschengruppen von dieser Empfindung durchweg frei sind und er gelangte nicht zur einsichtigen Selbstüberwindung, daß man ihre Geschmackbetätigung mit derselben innerlichen Gleichmütigkeit, wie die eines im Dreck wühlenden Mistkäfers zu beurteilen habe. Mit der Kulturbrille vor den Augen gewann er auch nicht den vollen Einblick in das Wesen der Skatologie als einen Ausdruck des Geschlechttriebes. Ekel ist eine Äußerung der individuellen Erotik. Das Genießen flüssigen oder patzigen Unrats ist an und für sich etwas Nebensächliches, tritt es nicht gleichzeitig sozusagen wie ein Hilfmittel zur Erreichung eines wichtigeren Zweckes auf. Wäre Bourke die Bedeutung des Unrats im Fruchtbarkeitzauber, den er in Ermangelung von Belegen dafür nur streifte, ganz klar geworden, so hätte er sein Werk wohl von vornherein etwas anders eingerichtet. In der Vorstellung des Primitiven und des Neurotikers ist die Leibausscheidung ein durchaus nicht unwichtiger Bestandteil der Persönlichkeit, unter gegebenen oder geschaffenen Umständen sogar ihr mächtigster Ersatz oder ihre Vertretung. Sie wird zum Symbol, das den Verkehr mit anderen Mächten vermittelt, die unfaßbar schalten und walten und die man im Guten, wie noch mehr im Bösen zu scheuen hat. So nahm die Lehre von der Signatur ihren Anfang; denn im Banne der Angst und Furcht befangen erblickt der Primitive Zusammenhänge, auf die wir mit unserem anders gedrillten Denken zuweilen in Träumen verfallen, solang wir geistig vollkommen gesund bleiben.

Dem Gesunden unseres Gleichen ist es vorerst unerklärlich, wie und warum der Primitive auf den Einfall gerät, in Krankheiten just den Unrat zu Heilzwecken zu gebrauchen. Betrachtet man jedoch die südslavischen Dreckzaubermittel und die dazu gehörenden alten, meist gereimten Sprüche, so erhalten wir vollen und befriedigenden Aufschluß. Wir erkennen zwar die Voraussetzung als grundirrtümlich, doch sie ist gegeben, und ihr Ausbau zeigt uns ein streng logisches Denken, das dem unseren nicht nachsteht, die wir Ursachen und Wirkungen klarer auseinander zu halten gewohnt sind. Gerechterweise ist die Unratheilkunde der Primitiven nicht anders zu bewerten als die Astrologie, Alchimie und metaphysische Spekulation, die da nebenher den einen und den anderen ihrer Adepten zu bedeutenden naturwissenschaftlichen Entdeckungen führten. Mögen Berufenere als wir die Frage beantworten, ob die moderne interne Medizin mit ihrer Menge seltsamer Mittel schon ganz die Spuren ihrer Vorläuferin, der Unratheilkunst, aus ihrer Apotheke ausgeschieden hat.

Die Mehrzahl volkmedizinischer Gebräuche ist uralt. Wir lernen sie erst in einer durch unendlich lange Übung festgelegten Fassung kennen und wissen nichts näheres von der Veranlagung jener Menschen, die den einen oder den anderen Brauch fanden oder erfanden. Ihren geistigen Zustand können wir nur vermutungweise erschließen, wenn wir die Neurosen studieren. Von der Wanderung volkmedizinischer Bräuche wissen wir auch nicht zuviel, außer daß da und dort Kenntnisse durch Reisende, den Markt- oder Handelverkehr, Handschriften und Druckwerke übertragen werden. Daher folgen wir zuweilen Spuren einer Weiterverbreitung, ohne den Ausgangpunkt zu erfahren. So manche religiöse und medizinische Anschauung verändert sich aber im neuen Volkgebiet derart, daß sie uns als ursprünglich bodenständig erscheint und es gebricht uns meist an allen Anhalten zu zuverlässigen Bestimmungen. Es ergeht uns damit wie so oft mit Lehnworten. Wer vermutete z. B. auf den ersten Klang hin, daß das slavonische **bangaloz** das italienische **vagabondo**, das chrowotische **adrapovac** unser **Haderlump** oder das bosnische **lopijer** unsere **Grundbirne**, das kerndeutsch anmutende und eigentlich dunkle **mutterseelenallein** das französische **moi tout seul** und das geheimnisvolle **abracadabra** das griechische **apotropaion** sei? Wie das Ohr des Kindes in der Zeit des Sprechenlernens, so hört auch der Fremdsprachige anfangs nur, einzelne Laute, und die verarbeitet der Mund sich gerecht bis zur Unkenntlichkeit. Die Urform und geographisch der Ursprung eines medizinischen Volkbrauches sind aber gewöhnlich noch schwieriger als die eines Wortes aufzuspüren, solange als nicht die Volkmedizin aller Länder aufs eingehendste erhoben worden ist. Die Frage nach den ältesten Krankheitauffassungen bietet mehr als ein rein historisches Interesse dar. „Sie ist,“ wie **Reinhard Hofschlaeger** richtig hervorhebt, „da von der Ursache die Behandlung eines Leidens abhängt, aufs engste mit der Frage nach dem **Ursprunge der ältesten Heilmethoden** verknüpft, die ihrerseits wieder zu dem großen Problem hinüberleitet: Wie hat sich die Erhebung der Menschheit aus einem tierischen Dasein allmählich vollzogen?“ [1])

Es wird einmal die Zeit kommen, wo man den als keinen naturwissenschaftlich Gebildeten anschauen wird, der mit den Ergebnissen skatologischer Forschung nicht hinreichend vertraut ist. Man wird ihn jenen Badern oder Kurpfuschern anreihen, die da weder von der Psychoanalyse noch von der Mikrobenlehre etwas rechtes verstehen oder gar das Studium nach diesen Richtungen hin als ihrer Ehre und Stellung unwürdig halten. Wir haben uns damit abgefunden, daß Unwissenheit, Denkunvermögen, Denkfaulheit und Bosheit jeweilig mit dem Mantel der Zucht und Sitte, des bedrohten Glaubens und gekränkten Rechtes drapiert aufzutreten pflegen, um geistigen Fortschritt zu behindern und die Männer zu begeifern, die ihn anzubahnen bestrebt sind. Wir werden uns jedoch der Angreifer zu erwehren bemühen und voraussichtlich erfolgreich, weil uns schon jetzt voll dreihundert bewährter Anthropophyteia-Mitarbeiter darin beistehen. Sie alle sind von der Überzeugung durchdrungen, „der Ethnologe habe die Aufgabe, sich in den Ideenkreis der Primitiven zu versetzen und von diesem aus dessen religiöse und sittliche Anschauungen zu erklären und zu begreifen, so albern oder widerwärtig sie auch erscheinen mögen. Sie haben so gut ihre Berechtigung, wie die Existenz eines häßlichen Tieres oder einer giftigen Pflanze in den Augen des Naturforschers, der sie seiner sorgfältigen Untersuchung unterzieht“. [2])

Aus dem südslavischen skatologischen Zauberglauben geht die Richtigkeit der **Freu**dischen Lehre vom engsten Zusammenhang zwischen der Anal- und Urethralgegend und dem Geschlechtwerkzeug, sowie dessen Tätigkeit folkloristisch unanfechtbar deutlich hervor. Diese Beziehung betont auch **Wilhelm Stekel**, **Freuds** Schüler, mittelbar mit Hinweis auf **Bourkes** Werk, über das er sich wohl eingehend ausgesprochen hätte, wäre es ihm zugänglich gewesen. [3]) Wie **J. Sadger**, auch **Freuds** Schüler, darlegt, wird die Urethral- oder Harnerotik nicht selten vorbildlich für das ganze spätere Leben. „Daß sie zu diesem in besonders naher Beziehung steht, begreift sich sofort, auch wenn der Patient beide Produkte (die des Afters und des Geschlechtgliedes) nicht regelmäßig psychisch gleichsetzt“. [4]) Solche infantile Erotik behauptet sich unter den primitiven Kultur-

---

[1]) Dr. med. Reinhard Hofschlaeger, Die Entstehung der primitiven Heilmethoden und ihre organische Weiterentwicklung. Archiv f. Geschichte d. Medizin, hrg. v. K. Sudhoff, Leipzig 1909, III, 82. —

[2]) Gustav Roskoff, Das Religionwesen der rohesten Naturvölker. Leipzig 1880, S. 151.

[3]) Dr. Wilhelm Stekel, Nervöse Angstzustände und ihre Behandlung. Mit einem Vorwort von Prof. Dr. Sigmund Freud. II. Aufl. Berlin-Wien 1912, S. 82ff. —

[4]) Dr. J. Sadger, Über Urethralerotik. Jahrbuch f. psychoanalytische und psychopathologische Forschungen, hrg. v. F. Bleuler, S. Freud und C. G. Jung, II, 410.

zuständen der Naturvölker ganz anders kräftig als in gesteigerter Kultur, die sich auf Kosten jener Kultur entwickelt, ohne sie in allen Bevölkerungschichten völlig überwinden zu können. Wie das zugeht, und wie Glaube, Recht, Brauch und Sitte der Gesunden davon durchtränkt sind, das eben lehrt B o u r k e s jetzt neu bearbeitetes Werk.

Aus den in diesem Buche angeführten Glaubenanschauungen und Bräuchen erkennt man als Grundgedanken des Primitiven:

1. Das Mächtigste und Gewaltigste, das da über alles Wirkliche und Eingebildete herrscht, dem sich alles unterwerfen und fügen muß, ist der Geschlechttrieb und der Beischlaf als seine Kraftäußerung.

2. Die sichtbaren und greifbaren Abzeichen seines Könnens sind die Geschlechtteile und deren Ausscheidungen.

3. An erster Stelle stehen die Geschlechtteile, die der Zeugung eines neuen Wesens dienen. Ihre Mittel sind der Same und der Scheidenausfluß.

4. Den Geschlechtgliedern nächst verwandte Teile (erogene Zonen) sind an zweiter Stelle vornehmlich der After, die Harnröhre, die Brüste, der Mund, das Ohr, das Auge, die Achselhöhlen, der Nabel, das Haar, die Finger- und Zehennägel.

5. Alles, was da in diesen Teilen enthalten ist oder aus ihnen hervorquillt, vorzüglich das Blut und der Speichel einschließlich des Wortes, kann zur Bezwingung der Geister dienen. Jede Krankheit ist aber nur die Gestalt, in der ein Geist seine Tücke dem Menschen offenbart. Das Verzehren von Unrat, das Beschmieren mit Dreck, das Bepissen, das Anspucken, das Belecken, das Bestreichen mit aller Art von Unflat und die Beschwörungen sind lauter Ersatzhandlungen für den anders nicht durchführbaren Beischlaf zur Bändigung und Vertreibung des menschenfeindlichen Geistes.

6. Die übrigen Geschöpfe sind dem Menschen in so mancher Hinsicht überlegen und daher sind auch ihre Ausscheidungen als Heilmittel häufig den menschlichen vorzuziehen.

7. Skor (Unflat) und Eros (Geschlechttrieb) sind im Vorstellungkreis des Primitiven eine untrennbare Einheit.

Diese Grundanschauungen ermöglichen uns jedesmal eine befriedigende psychoanalytische Erklärung der in dem Buche angesammelten Tatsachen. An der Einreihung einzelner kann man immerhin nörgeln, doch hat dies wenig zu bedeuten. Wir sprechen ja noch immer vom Sonnenaufgang und Sonnenuntergang, von der Elementargewalt des Wassers und Feuers, gebrauchen unausgesetzt Redewendungen, die unsere naturwissenschaftliche Bildung ins ungünstigste Licht setzen, ohne uns damit etwas zu vergeben. So mag man auch die Einteilung der Abschnitte in B o u r k e s Werk, die doch unbedingt eine Übersicht erleichtert, trotz ihrer Mängel hinnehmen.

*　　　*　　　*

B o u r k e s Hauptarbeit blieb ohne nachweislichen Einfluß auf die Entwicklung der Folkloredisziplin.[1]) Die wenigen Folkloristen, denen er sein in sehr kleiner Auflage und unter Ausschluß der Öffentlichkeit erschienenes Werk schenkte, waren schon in vorgerückten Jahren und außer Stande, es auszubauen, den jüngeren wieder war es schon

---

[1]) Frau M a t i l d a C o x e S t e v e n s o n veröffentlichte im XXIII. Jahrberichte des Bureau of Am. Ethnology, Washington 1904, ein Werk: The Zuñi Indians. Their mythology, esoteric fraternities, and ceremonies, 694 S. gr. 4⁰ mit CXXXIX Taf. u. 94 Abb. im Text. Die gewaltige und gediegene Leistung verdient alles Lob, nur ist daran auszusetzen, daß die Frau der skatologischen Gebräuche der Zuñis mit keiner Silbe gedenkt und B o u r k e s Namen auch nicht ein einzigesmal erwähnt. Eine derartige, mit nichts zu rechtfertigende Vertuschung wichtigster Erscheinungen des Volklebens beweist eine Verkennung der Aufgaben ethnologischer Forschung, in dem Sinne, wie sie der Naturforscher auffaßt.

seines Preises halber unerschwinglich. Noch bei Bourkes Lebzeiten heischte sein Verleger, ein Gemütmensch, für ein Exemplar achtzig Dollars. Auch beeinträchtigte das Buch sein Pulverdruck und der schwer verständliche Stil, in dem es abgefaßt ist. Bourke schrieb wie ein Haudegen auf dem Schlachtfelde und würzte seine Darstellung reichlich mit spanischen, französischen und an hundert Auszügen aus lateinisch radebrechenden Schriftstellern, deren geschwollene und verworrene Ausdruckweise selbst uns Philologen vom Fach zuweilen mancherlei Schwierigkeiten bereitete, ehe wir den wahren Sinn ergrübelten. Wir bieten gewöhnlich unter Auslassung des fremdsprachigen Wortlautes jeweilig eine glatte Verdeutschung dar, während Bourke die Texte nur mit kurzen, nicht immer richtigen, englischen Inhaltangaben versah.

Den mitunter etwas lockeren Zusammenhang der Angaben in seiner Darstellung sah Bourke auch selber ein und er suchte ihn mit der ungefügen Stoffülle als schwer vermeidlich zu entschuldigen. Mit Hilfe unseres ausführlichen Schlagwörterverzeichnisses wird sich aber der Leser bei Bedarf rasch zurechtfinden. Wir beließen sein Gerüst unangetastet und bemühten uns, auffällige Lücken mit neuen Tatsachen zu ergänzen, Übergänge zu schaffen und Verstöße nach Tunlichkeit zu berichtigen, ohne dabei seine riesigen Verdienste irgendwie zu schmälern. Auch richteten wir unser Augenmerk auf Beibringung einer möglichst zulässigen Menge von Nachweisen älterer und der seit 1891 bis auf die Gegenwart angewachsenen deutschen, englischen, französischen und slavischen Literatur, um dem Leser die Fundstätten für tiefere Belehrungen anzuzeigen.

Etmuller, Schurig und Paullini gaben in ihren Büchern wesentlich gemeindeutschen Volkbrauch wieder. Wir hätten an der Hand einer umfassenden deutschen Folkloreliteratur dies im einzelnen bis auf unsere Tage nachweisen können, sahen jedoch davon ab, weil es uns wichtiger erschien, die Medizin weniger stark oder gar nicht von der Buchliteratur beeinflußter Volkgruppen zum Ausbau des Werkes heranzuziehen. So wählten wir denn unsere Zutaten absichtlich aus Gebieten, die Bourke kaum oder gar nicht berührte, denn wir wollen damit die Einheitlichkeit des Völkergedankens im Sinne Adolf Bastians auch an diesem Stoffe näher dartun. Nur Italien schlossen wir so gut wie ganz aus, um nicht unserem Freunde Corso vorzugreifen, der im nächsten, dem VII. Bande unserer Beiwerke, auch der skatologischen Folklore des italienischen Volkes einen ansehnlichen Raum widmet.

Das von Bourke häufig gebrauchte Wort savages verdeutschten wir, so oft es nur anging, mit „die Primitiven" oder umschrieben es. Es ist doch klar, daß wir wegen skatologischer Gebräuche nicht ohne weiteres ganze Gruppen herabsetzen mögen. Was wir beibringen, betrifft doch eigentlich blos die Volkmenge — volgus inutile, fruges consumere natum —, mit der sich vorläufig vorwiegend nur Ethnologen, Folkloristen, Kulturforscher und Mediziner befassen.

Wir wollen mit dieser Neubearbeitung eine Einführung in das Studium der Skatologie liefern, um zu weiteren Sammlungen anzuregen. So umfangreich auch der Band gediehen, so erscheint er uns, die wir den Stoff einigermaßen näher kennen, doch nur gleichwie ein allgemein gehaltener Umriß, als eine Andeutung des Vorkommenden. Um in jeder Beziehung völlige Klarheit zu erlangen, bedarf es noch endlos vieler, sorgfältiger Ermittlungen. Wir bringen in den Anthropophyteia-Jahrbüchern ständig neue Ergänzungen zu vorliegendem Werke und richten darum an dessen Leser die Bitte um gefällige Zuwendung einschlägiger Erhebungen.

Friedrich S. Krauss und H. Ihm.

INHALTVERZEICHNIS.

Sincerely yours —

Philip Burke

Bourkes Leben.[1]

John Gregory Bourke wurde am 23. Juni 1843 zu Philadelphia geboren. Sein Vater stammte aus der Grafschaft Galway im westlichen Teile Irlands und war einer der wenigen Kenner des irischen Zweiges der gaelischen Sprache, die in Irland heute noch die Umgangsprache von etwa einer Million Menschen ist.

Mit neunzehn Jahren trat Bourke als Freiwilliger bei dem 15. pennsylvanischen Reiterregiment ein und wurde 1865 mit ehrenvoller Entlassung ausgemustert, unter gleichzeitiger Verleihung der Tapferkeitmedaille für sein Verhalten in den Kämpfen am Stone River gegen die Indianer. Auf Empfehlung seines Vorgesetzten, des Generals Georg H. Thomas, wurde er zum Kadetten an der United States Military Academy ernannt, nach bestandener Prüfung 1869 zum Unterleutnant befördert und dem 3. Reiterregiment zugewiesen, bei dem er von da an blieb und alle Kämpfe gegen die Indianer in Neu-Mexiko und Arizona mitmachte. Von 1871 bis 1883 war er Adjutant des Generals Crook und zeichnete sich während dieser ganzen Zeit durch seine Umsicht und eine so außergewöhnliche Tapferkeit aus, daß sein Name als Ausdruck für Mut und Tapferkeit im Heere der Vereinigten Staaten sprichwörtlich galt. Mit General Crook, dem berühmten Indianerbekämpfer, verband ihn eine aufrichtige Freundschaft und Crook hatte ein unbegrenztes Vertrauen zur Tüchtigkeit seines Adjutanten. Verschiedene Auszeichnungen, die das Kriegdepartement an Bourke verleihen wollte, lehnte er ab, so den Rang eines Hauptmanns, als er noch Unterleutnant war, und später den eines Majors, nachdem man ihn 1876 zum Oberleutnant befördert hatte.

Bourke hatte einen offenen Blick für alles, was um ihn vorging. Er führte genaue Tagebücher, auf die selbst General Crook oft zurückgriff, wenn es sich um Feststellung vergangener Ereignisse aus den wechselvollen Indianerkämpfen handelte. In diesen Tagebüchern legte Bourke auch seine Erfahrungen mit den Indianern nieder, die er sich in der langen Zeit des Kampfes und des Verkehrs mit ihnen erworben hatte. Er wurde einer der besten Kenner der Sitten und Gebräuche und der Denkweise der Rothäute und sein Mitgefühl für diese sogenannten Wilden zeigte sich oftmals, wenn es sich darum handelte, einzelne Ueberreste von Stämmen, die man schließlich nur noch als Räuberbanden ansah, vor der gänzlichen Vernichtung zu bewahren. Im Kriegdepartement zu Washington hatte man seine eingehende Kenntnis des geistigen Lebens des Indianers schon früher schätzen gelernt. Er wurde Mitglied von Kommissionen, die über das Schicksal der Ueberreste verschiedener Stämme entscheiden sollten und erhielt später den besonderen Auftrag, über Sitten und Gebräuche der Pueblo-, Apache- und Navaho-

---

[1] Die in den uns vorliegenden Nachrufen gebotenen Angaben sind ziemlich dürftig. Bourkes Freund, Herr James Mooney, der berühmte Indianerforscher, ermöglichte uns mit genaueren Mitteilungen die Abfassung dieses Abrisses, wofür ihm jeder Schätzer weiland Bourkes Dank wissen wird.

Indianer Forschungen anzustellen. Als ein Teil der Ergebnisse dieser Untersuchungen erschien sein Werk über den Schlangentanz der Moquis in Arizona, die erste wissenschaftliche Abhandlung über diese später so berühmt gewordenen Zeremonien.

Im Jahre 1886 berief man den inzwischen zum Hauptmann beförderten Bourke nach Washington, um seine umfangreichen Aufzeichnungen, die Frucht seiner langjährigen Berührung mit den Indianern, auszuarbeiten. Diese Arbeit nahm ihn bis zum Jahre 1891 in Anspruch, denn er begnügte sich nicht mit einer einfachen Zusammenstellung des Stoffes über die Stämme, die ihm am besten bekannt waren, sondern er brachte noch viele Monate in den großen Bibliotheken der Bundeshauptstadt damit zu, gleiche und ähnliche Sitten bei allen primitiven Völkern der Erde zur Vergleichung mit den Indianergebräuchen aufzusuchen. Mit welcher Gewissenhaftigkeit Bourke hierbei zu Werke ging, kann man an seiner Abhandlung über die Medizinmänner der Apachen ersehen, die im neunten Jahrbericht des Bureau of Ethnology erschienen ist.

Auf Kotsitten wurde Bourkes Aufmerksamkeit zuerst im Jahre 1881 bei den Zuñi-Indianern gelenkt, als er in deren Ansiedlung einer Zeremonie der Newekwe-Priester beiwohnte; die Ergebnisse seiner Beobachtungen legte er .in einer Abhandlung nieder, die man an eine beschränkte Anzahl von Gelehrten verteilte (The Use of human ordure and human urine in rites of a religious or semi-religious character among various nations, Washington 1888). Er setzte dann seine Studien in dieser Richtung fort und sammelte in eifriger Arbeit das ungeheure Material zu dem vorliegenden Buche, das im Jahre 1891 unter dem Titel erschien: „Scatalogic Rites of all Nations. A Dissertation upon the Employment of Excrementitious Remedial Agents in Religion, Therapeutics, Divination, Witchcraft, Love-Philters, etc., in all Parts of the Globe. Based upon Original Notes and Personal observation, and upon Compilation from over one thousand Authorities. Not for general perusal. Washington, D. C. 1891.“

Nachdem Bourke beim Pan-Amerikanischen Kongresse wegen seiner ausgezeichneten Kenntnisse der spanischen Sprache wesentliche Hilfe geleistet, trat er zu seinem Regiment zurück und führte wieder einige Jahre lang das unstäte Leben des Fortkommandeurs in Texas, mit der Bekämpfung unbotmäßiger Indianer und der an der mexikanischen Grenze sich herumtreibenden Räuberbanden beschäftigt. Auf diesen Streifzügen sammelte er ethnologische Gegenstände, von denen einige besonders wertvolle Stücke, darunter das Halsband aus menschlichen Fingern, den Stolz des National-Museums in Washington bilden.

Während der Kolumbischen Weltausstellung nahm das Ministerium Bourkes Hilfe in Anspruch für die spanische Abteilung, wozu ihn seine Kenntnis der spanischen Sprache und spanischer Einrichtungen besonders befähigte.

Hauptmann Bourke starb am 8. Juni 1906 im Polyclinic Hospital in Philadelphia, nachdem er inzwischen wieder in Fort Ethan Allen in Vermont Dienst getan hatte. Er war nach Philadelphia gekommen, um Heilung von einer Verletzung zu suchen, die er sich zwei Jahre vorher beim Reiten zugezogen.

Als Mitarbeiter vieler wissenschaftlicher Zeitschriften war Bourke äußerst fruchtbar, namentlich auf anthropologischem Gebiet. Seine bekanntesten Abhandlungen sind: Folk-Lore concerning Arrows; Vesper Hours of the Stone Age; Primitive Distillation among the Tarascos; Distillation by Early American Indians; The Laws of Spain in their Application to the American Indians; Notes on the Cosmogony and Theogony of the Mojave Indians; The Gentile Organization of the Apaches; The Miracle Play of the Rio Grande; The Folk-Foods of the Rio Grande Valley and of Northern Mexico; Popular Medicine, Customs and Superstitions of the Rio Grande.

Während seines Aufenthaltes in Washington gehörte Bourke zum Vorstand der Anthropological Society und im Dezember 1905 wählte ihn die American Folk-Lore Society zu ihrem Präsidenten. Aber seine Wirksamkeit in dieser Stellung war nur von kurzer Dauer; als kranker Mann kam Bourke nach Philadelphia zurück und seine letzte Arbeit erschien im Druck, als er im Sterben lag. Die Zeitschrift der genannten Gesellschaft, der American Anthropologist, drückte bei dem Nachrufe an Bourke ihr Bedauern darüber aus, daß ihr Präsident nach einem tatenreichen Leben umsonst gehofft hatte, in wohlverdienter Mußezeit in friedlicherer Beschäftigung der Wissenschaft dienen zu können. Die umfangreichen Aufzeichnungen Bourke's hätten ihm noch Stoff zu vielen wertvollen Abhandlungen geliefert und es sei beschämend, daß der Staat nicht beizeiten dafür gesorgt habe, Bourke in die Lage zu versetzen, diese Abhandlungen unbehindert verfassen zu können, besonders wo es sich um ein Gebiet handle, auf dem die Forscher nicht sehr zahlreich sind.

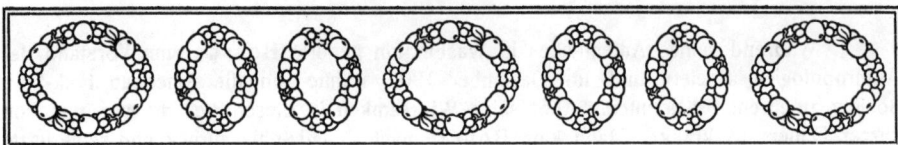

Vorrede John G. Bourkes.

Mag der Vorwurf unserer Untersuchung — die skatologischen Gebräuche und Anwendungen von Kot usw. — in mancher Hinsicht noch so abstoßen, verdient er dennoch eine ganz besondere Beachtung und sei es auch nur aus dem einen Grunde, daß man nach der früheren allgemeinen Verbreitung solcher Anschauungen sowohl der Vernunft als auch der religiösen Triebe der Menschheit und nach ihrer gegenwärtigen Zurückdrängung oder Einschränkung den Fortschritt der menschlichen Gesittung aufwärts und vorwärts am besten bemessen kann.

Philosophische und sonst gelehrte Denker vergangener Zeiten haben mehr oder weniger umfangreiche Werke über diesen Gegenstand veröffentlicht; es genügt, wenn ich hier von diesen Schriftstellern nur einige namentlich anführe: Schurig, Etmuller, Flemming, Paullini, Beckherius, Rosinus Lentilius und Levinus Lemnius. Auch der Geschichtschreiber Buckle hielt ihn für wichtig genug, um ihn zu untersuchen und, zu studieren, wie man aus dem im Texte angeführten Entwurfe sehen wird, den man nach seinem Tode in einem seiner Vormerkhefte aufgefunden hat. Dem Philosophen Boyle schreibt man die Vaterschaft eines Werkes zu, das mit der Unterschrift B. über unser Thema erschienen ist. Der ungenannte Verfasser oder die Verfasser der sehr gelehrten Schrift „Bibliotheca Scatologica" sammelten eine Menge der wertvollsten bibliographischen Nachweise. Erst kürzlich erschienen in den Mitteilungen der anthropologischen Gesellschaft zu Wien, Jahrgang 1888, zwei Seiten aus Dr. M. Hoeflers „Volkmedizin und Aberglaube in Oberbayern in Gegenwart und Vergangenheit", mit Beschreibung einiger Kotheilmittel, die noch heute die Volkmedizin Bayerns anwendet.

Haben wir also viele Abhandlungen über unsern Gegenstand, so sind sie doch selten oder nur denjenigen Gelehrten zugänglich, denen ganz große Bibliotheken zur Verfügung stehen. Und während ferner alle oder fast alle auf die Verbindung dieser Bräuche mit der Zauberei und auch mit der Volkmedizin hinweisen, hat es bis jetzt doch kein Schriftsteller gewagt, auf die ganz bestimmt religiöse Ableitung dieser Gebräuche hinzudeuten und sie ihnen zuzuschreiben.

Von dem Augenblicke an, wo Zuñis vor meinen Augen ihren ekelhaften Harntanz aufführten, bis zu der Stunde, in der ich die letzte Hand an dieses Werk legte, habe ich mehr als tausend Abhandlungen der verschiedensten Art und Größe aufmerksam gelesen, von den verschimmelten Schweinlederbänden des fünfzehnten Jahrhunderts an bis zu den bescheideneren, aber nicht weniger wertvollen Druckschriften späterer Zeit. Diese Werke handelten von Religion, Medizin und Zauberei der Urzeit; es befand sich aber auch ein ziemlich bedeutender Teil von Reisebeschreibungen und Forschungen unter primitiven Völkern darunter und zwar aus allen Teilen der Erde; ich habe nicht nur englische Quellen benutzt, sondern auch die Schriften der angesehensten französischen, spanischen, deutschen, lateinischen, griechischen, arabischen und keltischen Autoren durchgesehen, ferner berücksichtigt, was uns die Führer der religiösen Anschauungen im Oriente überliefert haben und was von den mönchischen Kurpfuschern der Angelsachsen herstammt.

Eine große Anzahl von Beispielen über den Gebrauch von Kot usw. als Arznei ist unter der Bezeichnung „Heilmittel" aufgeführt und zwar aus zwei ganz besonderen Gründen: erstens wollte ich zeigen, wie weit verbreitet der Gebrauch solcher Arzneien war, und zweitens handelte es sich um den Nachweis, daß sich dieser Gebrauch von Jahrhundert zu Jahrhundert fortgesetzt hat. Schlug ich einen andern Weg ein, dann hielte man mir entgegen, ich hätte ungewöhnliche Heilmittel oder solche, die von nicht ganz zurechnungfähigen Menschen angewendet worden seien, zusammengesucht und nur deshalb angeführt, weil ich beweisen wollte, daß die „Dreckapotheke" eine beständige und wohl entwickelte Abteilung der Heilwissenschaft von den ältesten Zeiten an gewesen sei, die bis in unsere Zeit hinein, ja sogar über sie hinaus bestehe.

Eine Durchsicht des vorliegenden Werkes wird sicherlich auch den schärfsten Kritiker überzeugen, daß es unparteiisch abgefaßt ist, soweit dies einem Menschen möglich sein kann, nämlich ohne Voreingenommenheit oder Vorurteil in irgendwelcher Hinsicht. Schon die Tatsache, daß ich viele Anführungen in dieses Sammelwerk ohne Zusätze aufnahm, kann als weiterer Beweis für die unbefangene Erledigung der Aufgabe gelten.

Eine Sammlung von Tatsachen ist an sich noch keine Wissenschaft. Alles, was hier eigentlich mit Tatsachen geschehen kann, die man bisher noch nicht zu einander in Beziehung brachte, zeigt auch, was ich getan habe. Der Leser findet solche Tatsachen hier neben einander gestellt, die Folgerungen aber muß er selber daraus ziehen. Nur nach dieser Arbeitmethode kann ein Schriftsteller dem Vorwurfe entgehen, er habe die Beweismittel entstellt oder gefälscht.

Die große Menge von Briefen, die ich von ausgezeichneten Gelehrten aus allen Teilen der Welt erhielt, beweist die Anteilnahme an meiner Abhandlung. Gleichzeitig ist mir daraus eine Dankschuld erwachsen, die ich in Worten nicht ausdrücken kann. Besonders verpflichtet fühle ich mich den Herren W. Robertson Smith, J. G. Forlong, Franck Rede Fowke, J. W. Kingsley, E. B Tylor, E. N. Horsford, Washington Matthews, B. J. D. Irwin, F. B. Kyngdon, J. F. Mann, Otis T. Mason, Albert G. Gatschet, Andrew Lang, J. Owen Dorsey, W. W. Rockhill, Frl. F. D. Bergen, J. Hamden Porter, W. M. Mew, Havelock Ellis, Gustav Jäger, James G. Frazer, Franz Boas, H. Gaidoz und vielen andern.

Die Angaben über Sitten und Gebräuche der Indianer beruhen teils auf den in den Jahren 1881 und 82 unter Leitung des Generals Sheridan gemachten Aufzeichnungen teils auf meinen eigenen Beobachtungen während meiner Tätigkeit als Adjutanten des Generals Georg Crook in den Feldzügen gegen aufständische Stämme.

J. G. B.

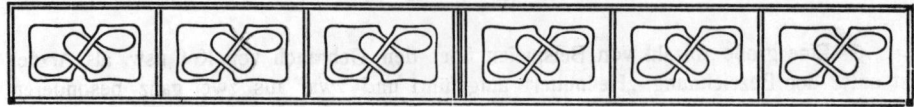

Der Unrat in der Völkerüberlieferung.

„Das eigentliche Studium der Menschheit ist der
Mensch. Das Studium des Menschen ist das Studium
der Religion des Menschen." — Max Müller.

I. Vorbemerkungen.

„Nur wenige von denen, die sich redlich bemühten, die allgemeinen Grundgedanken der Religion der Naturvölker zu erfassen, werden jemals wieder geneigt
sein, sie für lächerlich zu halten . . . . . Ihr Denken und Tun in Glaubensachen ist
weit davon entfernt ein zusammengelesener Haufen von allen möglichen Torheiten
zu sein; sie sind vielmehr in so hohem Grade folgerichtig im Denken und Tun,
daß man, sobald man sie auch nur oberflächlich nach bestimmten Gesichtspunkten
zusammenstellt, sofort die Grundzüge ihrer Entstehung und Weiterentwickelung erkennen
kann; und diese Grundzüge beweisen, daß sie ihrem Wesen nach vernünftig sind,
obwohl die geistige Verfassung, unter der sie zustande kommen, in einer groben
und althergebrachten Unwissenheit besteht." — E. B. Tylor, Primitive Culture,
New-York 1874, I. 21.

Die vorliegende Monographie verfolgt den Zweck, für rasches Nachschlagen alle
Angaben über die Verwendung des menschlichen oder tierischen Kotes oder Harnes
oder solcher Stoffe, die augenscheinlich als Ersatz dafür gedacht sind, zusammenzustellen,
seien es nun Gebräuche von deutlich religiöser oder medizinischer Art, oder seien es
solche, die zwar nicht in ausgesprochener Weise dazu gehören, aber dennoch Andeutungen enthalten, daß es Überbleibsel früherer Harntänze oder Harnorgien bei solchen
Stämmen und Völkern sind, aus deren späterer Lebensweise und Denkart man sie aus-
geschaltet hat.

Die Schwierigkeiten, die mit der Aufhellung dieses Gegenstandes verbunden sind,
stellen sich wohl jedem Forscher auf dem Gebiete der Anthropologie und Ethnologie
entgegen. Die hier besprochenen Gebräuche und Handlungen findet man nur in gänzlich
von der übrigen Welt abgeschlossenen Gemeinwesen und sie sind von solcher Art, daß
sich selbst Primitive scheuen, sie ohne Nötigung einem Fremden zu enthüllen. Andererseits haben es aber sehr häufig fähige Beobachter unterlassen, Gelegenheiten aufzusuchen,
um das Vorhandensein derartiger Gebräuche festzustellen, während wiederum andere,
durch ein unangebrachtes Anstandgefühl bewogen, ihre Bemerkungen in allgemeine und
unbestimmte Redenarten einkleideten, ohne daran zu denken, daß ein Arzt, der etwas
Tüchtiges leisten will, seine Patienten nicht nur wenn sie krank, sondern auch wenn sie
gesund sind, kennen lernen muß. Ebenso soll auch der Anthropologe den Menschen
studieren, nicht nur so lange er die Herrlichkeit seines Schöpfers in ihm sehen will,
sondern auch in Bezug auf seine roheren und tierähnlicheren Neigungen.[1]

---

[1] Eingehende Auseinandersetzungen über die Berechtigung und Notwendigkeit unserer
Studien enthalten die Vorworte zum I. und II. B. der Anthropophyteia, sowie die Berichte: „Zur
Geschichte der Anthropophyteia" in den Anthr. VI—IX. Am 23. April 1912 gab das Reich-
gericht zu Leipzig nach dem Vortrag des Oberreichanwaltes Schweigger die Anthropophyteia-
Studien frei. Dies Datum und der Name Schweigger verdienen in der Geschichte unserer
Disziplin ein Andenken in Ehren.

Die erste Ausgabe der „Notes and Memoranda usw." über den vorliegenden Gegenstand verteilte die Smithsonian Institution, und ich war der Ansicht, daß sich dieser Gegenstand für einen großen und fortwährend wachsenden Kreis von Gelehrten von ganz besonderem Interesse erweisen würde, und daß, um die Worte zu wiederholen, die ein großer Kaiser gebraucht und ein noch größerer Philosoph angeführt hat, alles, was auf den primitiven Menschen Bezug hat, für diejenigen der Forschung und Prüfung würdig sei, die sich mit seiner Geschichte und Entwickelung vertraut machen wollen.

„Wir müssen so weit kommen, daß wir wie Kaiser Maximilian sagen können: Homo sum, humani nihil a me alienum puto, oder wörtlich übersetzt: Ich bin ein Mensch und nichts Menschliches soll mir fremd sein."[1]

Ich hatte auch das Gefühl, daß es einem solchen Kreise gegenüber gar nicht nötig sein würde, eine Verteidigungrede zu halten, ähnlich derjenigen, durch die in den ersten Zeiten der Buchdruckerkunst Pellegrini den edlen Beruf des Arztes zu verteidigen suchte.[2] Aber dennoch sah ich mit großem Stolze, daß meinem Schriftchen die Ehre zuteil wurde, ernsthafte Beachtung solcher Männer zu erlangen, die in der Welt des Denkens eine hervorragende Stellung einnehmen. Sie haben mit freundlich gegebenen und dankbar angenommenen Anregungen und Kritiken zur Erweiterung der ursprünglichen „Notes and Memoranda" in die vorliegende Abhandlung beigetragen.

Daß diese ekelhaften Gebräuche ganz bestimmt einen religiösen Ursprung haben, wird niemand zu leugnen wagen, der die hierauf bezüglichen, im folgenden in Unmenge beigebrachten Angaben aufmerksam gelesen hat; und daß ihre Nachprüfung zu wichtigen Ergebnissen führen muß, wird gleichfalls nicht in Abrede gestellt werden können; vorausgesetzt, daß diese Prüfung vom weiten Gesichtkreise aus durchgeführt wird, daß der Nutzen oder der Schaden, die der Menschheit aus der Religion im Allgemeinen oder aus einer besonderen Form der Religion erwachsen sind, nur dann richtig abgeschätzt werden kann, wenn man zwischen den Handlungen des Menschen und seinen Grundsätzen der Lebenführung auf den frühesten Kulturstufen Vergleichungen anstellt und denjenigen, die man als Ausfluß des religiösen Gefühls der Gegenwart beobachten kann.

Juden und Christen werden einen gemeinsamen Boden, auf dem sie sich beglückwünschen können, in der Tatsache finden, daß die Anhänger ihrer Glaubenlehren gegenwärtig von jeder Andeutung dieser schmutzigen Färbung frei sind, denn jedes Beispiel für das Gegenteil stünde im schroffen Widerspruch zu dem Geiste und dem Brauch dieser beiden großen Religiongenossenschaften, denen die Gesittung der ganzen Welt so tiefen Dank schuldet.

Aber von einem jeden Gesichtpunkte aus ist das Studium des primitiven Menschen eine Unmöglichkeit und ein Unding, führt man es nämlich nicht als eine Untersuchung

---

[1] Max Müller, Chips from a German Workshop; die Stelle stammt aus Terentius, Heautontimorumenos.

[2] Johann Baptist Pellegrini, der eine „Apologia . . . adversus Philosophiae et Medicinae calumniatores" (Bologna 1582) verfaßte, gebraucht folgende Worte: „Quamvis humanis corporis excrementa conspicienda considerandaque esse praecipiat, non tamen propter hoc aliquid suae nobilitati et praestantiae detrahitur." (S. 190). Er meint also, der Adel des ärztlichen Berufes leide keineswegs durch die Tatsache, daß ein tüchtiger Arzt die Entleerungen seines Patienten untersuche. „Mag der Gegenstand solchen Lesern, die ihn nicht unter dem Gesichtpunkte der Wissenschaft betrachten, auch noch so ekelhaft vorkommen, so ist diese Abhandlung doch ein gutes Beispiel für den Grundsatz, daß einem wissenschaftlich denkenden Geist für die Betrachtung nichts völlig abstoßend oder bedeutunglos ist, wie es anderseits den Satz beweist: Dem Reinen ist alles rein. Viele von den auf diesen Blättern beschriebenen Gebräuchen zeigen, wie tief in den Menschengeist der Trieb eingegraben ist, abstrakte Gedanken und Naturerscheinungen in Sinnbildern auszudrücken, zu vermenschlichen und zu vergöttlichen." Auszug aus einer Besprechung von A. Gatschet im Folklore Journal (Boston).

über die Art und Weise seines religiösen Denkens durch, denn die Religion war ja die Führerin alles Denkens und alles Handelns in seinem täglichen Leben. Nachdem Rink darauf hingewiesen hat, daß sich das ganze Studium des vorgeschichtlichen Menschen bisher fast ausschließlich auf das Studium der Zierrate, Waffen und anderer Überbleibsel der primitiven Völker stützte, in Zukunft aber auf eine Untersuchung seines Denkens begründet werden müsse, bemerkt er, daß „sicherlich die Zeit kommen wird, wo man jedes Überlebsel des geistigen Lebens der vorgeschichtlichen Menschheit, das sich bis zu unserer Zeit erhalten hat und das in der Folklore abgeschlossen lebender, noch auf einer primitiven Stufe stehender Völker zu finden ist, gerade so hoch bewerten wird, wie diese primitiven Überbleibsel."[1]

Mag der Stoff mithin auch in mancher Hinsicht abstoßend sein, so fühle ich mich doch verpflichtet, alles das wiederzugeben, was ich gesehen und gelesen. Ich hoffe daher, daß bei der größeren Beachtung, die jetzt alle Formen der primitiven Religion finden, auch diese, vielleicht die brutalste von ihnen, ihren Anteil an der Prüfung und Erörterung verlangen kann. Als Kern für die später gesammelten Notizen und Bemerkungen soll meine ursprüngliche Monographie dienen, die zuerst in den „Transactions of the American Association for the Advancement of Science" im Jahre 1885 erschien. Sie wird deshalb im folgenden Abschnitt wieder abgedruckt.

II. Der Harntanz der Zuñis.

Während meines Aufenthaltes in dem Dorfe Zuñi in Neu-Mexiko, schickten am Abend des 17. Novembers 1881 die Nehue-Cue, einer der geheimen Orden der Zuñis, eine Mitteilung an Herrn Frank H. Cushing,[2] dessen Gast ich war, sie wollten uns die ganz außergewöhnliche Ehre antun, nach unserem Wohnhause zu kommen, um einen ihrer sonderbaren Tänze aufzuführen. Cushing sagte mir, dies sei bis jetzt noch nicht vorgekommen.

Die Frauen aus der Familie des Gouverneurs brachten das große Wohnzimmer in Ordnung, indem sie den Boden aufwuschen und ihn mit Wasser besprengten, um den Staub festzuhalten. Als es dunkel geworden war, traten die Tänzer, ihrer zwölf an der Zahl, ein; zwei davon waren Knaben. Die Männer in der Mitte waren nackt, abgesehen von einem schwarzen Schurze von altertümlichem Aussehen.[3] Das Haar trugen sie offen; über der Stirn hatten sie ein Bündel wilder Truthahnfedern und über jedem Ohr ein Bündel von leeren Kornähren. Quer über die Augen und über den Mund waren weiße Streifen gemalt. Jeder trug einen Kragen oder ein Halstuch aus schwarzem Wollstoff. Einen Zoll breite weiße Streifen waren in der Nabelgegend um den Körper herum gemalt, ebenso um die Arme, um die Mitte der Oberschenkel und um die Knie herum. Rasseln aus Schildkrötenschalen hingen vom rechten Knie herab. Sie trugen blauwollene fußlose Gamaschen mit niedrigen Mocassins und in der rechten Hand schwang jeder einen Stab, der aus einer Kornähre bestand, die mit Federn vom wilden Truthahn und vom Papagei aufgeputzt war. Die andern waren mit alten ausrangierten amerikanischen

---

[1] Tales and Traditions of the Eskimo, Edinburgh 1875, S. 6 der Vorrede.
[2] Der Ruf Cushings als Ethnologen ist heutzutage in zwei Weltteilen so fest begründet, das kein weiterer Hinweis auf seine aufopfernde und unschätzbare Tätigkeit im Interesse der Wissenschaft hier nötig sein dürfte.
[3] Im Texte: Breach-clouts, wörtlich: Lappen vor dem Hintern. I.

Uniformen bekleidet und jeder trug eine weiße baumwollene Nachtmütze, während Kornähren oben auf den Kopf und hinter die Ohren gesteckt waren. Einige trugen noch neben den Schildkrötenschalenrasseln Schnüre mit Metallglöckchen an den Knien. Einer davon war noch viel wunderlicher verkleidet, als die anderen; er trug einen langen Überrock aus dünnem Gummistoff und über den Augen ein paar weiß-bemalte Scheuleder. Seine allgemeine „Aufmachung" sollte eine ulkige Nachahmung eines mexikanischen Priesters vorstellen. Ein anderer konnte als gut gelungene Karikatur einer jungen Frau gelten.

Unter der Begleitung einer langen Trommel und der erwähnten Rasseln und Glöckchen schoben sie sich in das große Zimmer herein, das mit Zuschauern beiderlei Geschlechts in jeder Größe und jedem Alter vollgepfropft war. Ihr Gesang nahm anscheinend in drolliger Weise auf Alles und Jeden im Umkreis Bezug, wobei sie Cushing, Mindeleff und mir besondere Aufmerksamkeit zu schenken schienen und zwar zur unbändigen Heiterkeit der rothäutigen Zuhörer. Ich hatte meinen Platz auf der einen Seite des Zimmers eingenommen und saß auf einem Schemel, während vor mir auf einer Art Bank oder Tisch eine kleine Petroleumlampe stand. Ich vermute, daß ich in dem Scheine, den das schwache Licht verbreitete und bei meiner steifen Haltung eine gewisse Ähnlichkeit mit den Heiligenbildern gehabt haben muß, wie sie an den Mauern der alten mexikanischen Kirchen hängen; einer solchen eingebildeten Ähnlichkeit schreibe ich wenigstens die Vorstellung zu, die nun folgte.

Die Tänzer schwenkten plötzlich in eine Linie ein, warfen sich vor meinem Tisch auf die Knie und fingen an, eine eigenartig aussehende, aber dennoch getreue Nachäffung einer Gemeinde mexikanischer Katholiken beim Abendgottesdienst darzustellen, wobei sie sich in übertriebener Weise auf die Brust schlugen. Einer brüllte eine Parodie auf das Vater-Unser heraus, ein anderer murmelte vor sich hin nach Art eines alten Mannes, der den Rosenkranz betet, während der Kerl mit dem Gummimantel aufsprang und eine leidenschaftliche Ermahnung oder Predigt begann, die in Bezug auf die Treue der Nachahmung unvergleichlich war. Eine Zeit lang krümmten sich die Zuhörer vor Lachen, bis auf ein Zeichen des Anführers die Tänzer plötzlich in einer Reihe, wie sie hereingekommen waren, wieder aus dem Zimmer hinausmarschierten.

Eine Pause von zehn Minuten folgte, während welcher den staubigen Fußboden Männer besprengten, die das Wasser kräftig aus dem Munde spien. Dann traten die Nehue-Cue wieder ein; diesmal waren zwei davon vollständig nackt. Ihr Singen war ganz sonderbar, es hörte sich an, wie ein Chor von Kaminfegern und ihr Tanz war ein steifbeiniges Hüpfen, wobei sie die Fersen etwa 12 Zoll[1]) von einander entfernt hielten. Nachdem sie einige Male in dem Zimmer in dieser Weise die Runde gemacht, kündigte Cushing in der Zuñi-Sprache an, daß ein „Schmaus" für sie bereit sei, worüber sie laut brüllend ihre Freude bezeugten; sie kamen dann auf uns zu, um den freigebigen „Americanos" die Hände zu schütteln, wobei sie uns in einem lustigen Mischmasch von spanischen, englischen und Zuñi-Brocken anredeten. Sie hockten sich dann auf den Fußboden und verzehrten hastig grosse Schalen voll Tee und Teller voll harten Gebäcks und Zuckers. Als sie beinahe fertig waren, trat eine Frau ein, die eine Schale („olla") voll Harn brachte, von dem die vertierten Schmutzfinken herzhaft tranken.

Ich wollte meinen Augen nicht trauen und fragte Cushing ob das wirklich Menschenharn sei. „Ei freilich" antwortete er, „und da kommt noch mehr davon!" Diesmal war es aber ein großer zinnerner Eimer, der nicht weniger als zwei Gallonen faßte (etwa 7,5 Liter). Ich stand neben der Frau, als sie diese sonderbare und abscheuliche Erfrischung anbot. Sie machte mit der Hand eine Bewegung, um mir anzudeuten, daß es Urin sei

---

[1]) Etwa 30 cm.

und einer von den alten Männern wiederholte mir das spanische Wort mear (pissen), während mein Geruchsinn mir die Wahrheit dieser Angaben bestätigte.

Die Tänzer tranken in großen Zügen, schmatzten mit den Lippen und bemerkten unter brüllenden Heiterkeitausbrüchen der Zuschauer, daß das sehr, sehr gut sei. Die Clowns[1]) waren jetzt ganz in ihrem Element; jeder suchte seine Nachbarn an Unflätigkeit zu übertreffen. Der eine verschlang ein Stück einer ausgedroschenen Kornähre und behauptete dann, das sei sehr gut und besser als Brot; sein Gegenüber kaute an einem schmutzigen Lumpen herum und versuchte ihn hinunterzuschlucken. Ein anderer drückte sein Bedauern aus, daß der Tanz nicht außerhalb des Hauses auf einem der freien Plätze abgehalten worden sei; dort hätten sie uns erst ihr ganzes Können gezeigt. Dort setzten sie eine Ehre darein, Kot von Menschen und Hunden zu essen.

Für meinen Teil war ich ganz zufrieden, daß dies unterblieb, namentlich weil das Zimmer, mit etwa hundert Zuñis vollgepfropft, so voll Gestank und Schmutz war, daß es fast unerträglich wurde. Der Tanz selbst dauerte glücklicherweise nur einige Minuten, sodaß es uns bald vergönnt war, in die erfrischende Nachtluft hinauszueilen.

Dieser flüchtigen Schilderung eines ekelhaften Brauches habe ich nur noch wenig hinzuzufügen. Um ihn zu erklären, erzählten die Zuñis, daß die Nehue-Cue ein medizinischer Orden sei, der diese Tänze von Zeit zu Zeit abhalte, um den Magen seiner Mitglieder gegen jede Art von Nahrung, so abstoßend diese immer sei, unempfindlich zu machen. Diese Erklärung klingt ganz annehmbar, wenn wir dabei im Auge behalten, daß Religion und Heilkunde bei primitiven Völkern fast immer dasselbe sind oder wenigstens so eng mit einander verbunden erscheinen, daß es sehr schwierig ist, zu entscheiden, wo die eine beginnt und die andere aufhört.[2])

Die Religion bewahrt in ihren dramatischen Gebräuchen bis zu einem gewissen Grade die Geschichte des besonderen Volkes, unter dem sie heimisch ist. Bei hoch entwickelten Völkern haben die geistlichen Schauspiele (sogenannte Mirakel, Moralitäten und Passionspiele) bis in unserer Zeit hinein als eine Art leichtfaßlichen Unterrichts den Zuschauern die heiligen Geschichten gelehrt, an die sie glaubten. Einen ähnlichen Zweck mögen auch die ersten Veranstalter des Urintanzes im Auge gehabt haben. In ihrer frühesten Geschichte hatten die Zuñis und andere Pueblo-Indianer unter fortwährenden Kämpfen mit wilden Gegnern und unter einander viel zu leiden. Bei der Lage ihrer Dörfer mußten diese notgedrungen langdauernde Belagerungen aushalten, wobei zweifellos Hunger und Krankheiten die Verbündeten waren, mit denen die Angreifer von vornherein rechneten. Wir könnten mithin in diesem abscheulichen Tanz eine Überlieferung von dem grenzlosen Elend haben, dem die Zuñis in irgend einem weit zurückliegenden Abschnitt ihrer Geschichte, von dem wir nichts wissen, preisgegeben waren. Eine ähnliche Katastrophe in der Geschichte der Juden wird 2. Könige 18,27 und nochmals bei Jesaja 36,12 angedeutet: „Aber Rab-Schakeh sagte zu ihnen: Hat mein Herr mich zu deinem Herrn geschickt und zu dir, um diese Worte zu sprechen? Hat er mich nicht zu den Männern geschickt, die auf der Mauer sitzen, damit sie mit Euch ihren eigenen Kot essen und ihren eigenen Harn trinken?" Im weiteren Verlauf meiner Studien stieß ich auf

---

[1]) Ich behalte dieses Wort bei, da es in der Ethnologie gerade in Bezug auf diese Tänze der Indianer Heimatrecht erhalten hat und zum Gattungnamen geworden ist. Hanswurst oder Spaßmacher würde nicht ganz passend sein. I.

[2]) Es gibt drei geheime Orden bei den Zuñis — „Zuñi," „Messer" und „Nehue-Cue". „Der zuletzt genannte Orden soll den Zweck haben, seinen Mitgliedern die Tapferkeit zu lehren, sie dabei aber auch mit Mitteln gegen Magenverstimmungen usw. bekannt zu machen. Bei ihren Tänzen üben sie die scheußliche Sitte, menschlichen Urin zu trinken, menschlichen Kot, tierischen Kot und anderen Unrat zu essen; man muß es selber gesehen haben, um es glauben zu können." (Auszug aus Bourkes eigenen Aufzeichnungen unterm 16. November 1881).

die Erwähnung eines ganz ähnlichen Tanzes, der unter einer der fanatischen Sekten der arabischen Beduinen vorkommt, aber die Zeitung, in der der Bericht stand, ich glaube es war „London Lancet", habe ich unglücklicherweise verlegt.[1]

Sehr bezeichnend für die Hartnäckigkeit, mit welcher eine Sekte an solchen häßlichen Gebräuchen, die sie einmal angenommen hat, auch festhält und sie in ihrem Leben eine Rolle spielen läßt, lange nachdem die Beweggründe, die ihre Einführung veranlaßt oder empfohlen haben, aus dem Gedächtnis entschwanden, sind einige Zeilen aus Max Müller's „Chips from a German Workshop," „Essay upon the Parsees" usw. S. 163f. (Scribner's Edition 1869), die ich hier anführen will: „Unter Nirang versteht man den Harn einer Kuh, eines Ochsen oder einer Ziege und wenn der Parse morgens früh das Bett verlassen hat, so ist das nächste, was er tut, daß er sich das Gesicht und die Hände mit Nirang abreibt. So lange diese Anwendung des Nirang auf Gesicht und Hände nicht stattgefunden hat oder so lange er ihm nach der Anwendung auf den Händen bleibt, wird der Parse nichts unmittelbar mit den Händen berühren, so daß er gezwungen ist, um den Nirang abzuwaschen, jemand anders zu bitten, ihm Wasser über die Hände zu gießen, oder sich damit zu helfen, daß er das Wassergefäß mit einem Stück Tuch anfaßt, sei es nun ein Handtuch oder seine Sudra, d. h. seine Bluse. Er gießt dann zuerst Wasser auf die eine Hand, nimmt dann das Gefäß in diese Hand und wäscht dann die andere Hand, das Gesicht und die Füße." (Die Angaben sind aus Dadabhai-Nadrosi „Schilderung der Parsen" entnommen. Siehe Anhang.)

Max Müller sagt dann weiterhin: „So sonderbar sich diese Art Reinigung ausnehmen mag, so wird sie vollkommen ekelhaft, wenn wir erfahren, daß sich Frauen nach der Entbindung nicht allein dieser heiligen Abwaschung unterziehen, sondern wirklich noch dazu ein wenig von dem Nirang trinken müssen. Derselbe Brauch wird auch den Kindern auferlegt, wenn man sie mit Sudra und Koschti, den Abzeichen der zoroastrischen Lehre, bekleidet."

Ehe wir weitergehen, dürfte es angezeigt sein, die Tatsache festzulegen, daß der Harntanz der Zuñis durchaus keine vereinzelte Erscheinung ist, die diesem Indianerdorf eigentümlich gewesen wäre, oder vielleicht nur einem Teil dieses Dorfes, sondern er war Stammsitte, von dem ganzen Gemeinwesen anerkannt und für gut gehalten und kam in dem Ritual aller Dörfer des Südwestens vor.

Über diesen Punkt werden einige Sätze aus meinem Tagebuch unterm 24. Nov. 1881 hier am Platze sein, um das Vorhandensein des Brauches unter den Mokis nachzuweisen. Mein Berichterstatter war ein junger Moki, namens Nana-je, von unbedingter Ehrlichkeit und Wahrhaftigkeit: „In dem Kreise fiel mir Nana-je und der junge Nehue-Cue-Knabe auf, der einige Abende vorher bei uns gewesen war. Während einer Pause in der Unterhaltung frug ich den jungen Nehue, ob er in letzter Zeit wieder Harn getrunken hätte. Diese Frage rief einiges Gelächter bei den Indianern hervor; aber zu meinem Erstaunen sagte Nana-je ganz frei heraus: „Ich bin auch ein Nehue. Die Nehue der Zuñi sind noch gar nichts gegen denselben Orden bei den Mokis. Bei jenen trinken die Nehue nicht allein Harn, wie Sie neulich Abend dort sahen, sondern sie essen auch menschlichen und tierischen Kot. Bei uns ißt man das auch; aber wir essen dazu noch alles, was man uns vorsetzt. Wir haben eine Medizin, die uns gerade wie Branntwein betrunken macht; wir trinken einen tüchtigen Schluck davon, ehe wir anfangen; und das macht

---

[1] „Ich glaube, daß in Bezug auf den fanatischen Tanz arabischer Beduinen ein Irrtum vorliegt; wahrscheinlich berichtete die Quelle, die Sie verlegt haben, über einen der wilden Bräuche der muhamedanischen Derwische. Diese Bräuche sind aber ihrem Ursprunge nach türkisch oder persisch, niemals arabisch. Die Riff-Derwische essen lebende Schlangen und Skorpione und vollbringen, mit Erlaubnis, noch viel ekelhaftere Handlungen." (Aus einem Briefe von Professor W. Robertson Smith an Bourke).

uns betrunken. Was dann kommen mag, ist uns ganz gleich; wir mögen dann essen oder trinken, was wir wollen, es kann uns niemals schaden." Man findet die Nehue-Cue in allen Dörfern am Rio Grande oder in seiner Nähe; aber sie zeigen dort ihr Tun nicht öffentlich."

Dem oben Gesagten können wir noch das Zeugnis des Herrn Thomas V. Keam hinzufügen, der viele Jahre lang unter den Mokis gelebt hat und der aus eigener Anschauung alles hier Angeführte bestätigt.

Von besonderem Werte sind die Auszüge aus meinem Briefwechsel mit Professor Bandelier, denn dieser Gelehrte hat viele Jahre mühseliger Forschung der Geschichte der Pueblos gewidmet und sich dabei eine sehr eingehende Kenntnis von ihnen erworben, sowohl auf Grund andauernder persönlicher Beobachtungen, als auch durch ausgedehntestes Studium.

In einem Briefe an mich aus Santa-Fé, Neu-Mexiko, vom 7. Juni 1888, erzählt er neben andern sehr wertvollen Nachrichten, wie er am 10. November 1880 in dem Pueblo Cochiti „die Koschare ihren eigenen Kot essen sah."

Die folgende Beschreibung des Verein-Hauses der Nehue-Cue wird von Wert sein: „Es war 21 Schritte lang und 9 Schritte breit; ringsherum war auf drei Seiten eine fortlaufende Bank angebracht; vor dem Altar standen heilige Gefäße aus Ton, die mit Kaulquappen bemalt waren, um das Wasser des Sommers, mit Fröschen, um das ganze Jahr über vorhandenes Wasser, und mit der Seeschlange, um das Meerwasser darzustellen. (Sie beschreiben diese Seeschlange [vibora del mar] als sehr groß, mit Federn [Schaum?] auf dem Kopfe; sie fresse Menschen, die ins Wasser gingen, und wenn man sie mit großen Messern aufschneide, gebe sie eine große Menge Öl her). In der ersten der heiligen Schüsseln befand sich eine Muschelschale aus der See, Stäbe aus Kornähren, mit Herzen aus Chalchihuitl und außen mit dem Gefieder von Papagei und Truthahn verziert. Schalen mit heiligem Mehl (Kunque) standen auf dem Boden; dieses heilige Mehl, das man in Nischen in dem Hause eines jeden Zuñi finden kann oder vielmehr fast in jedem Dorfe in ganz Neu-Mexiko und Arizona, stellt man gewöhnlich aus einer Mischung von blauem Kornmehl, Muschelschalen und Chalchihuitl her; aber bei ganz feierlichen Gelegenheiten fügt man noch Meersand hinzu, wie mir der alte Indianer Pedro Pino versicherte. Ringsherum waren im Zimmer in Zwischenräumen Bilder von Vögeln — Enten und anderen — angebracht, und zwar neun auf einer Seite und neun Bilder von Clown-Göttern auf der anderen Seite. Diese Malereien waren in schwarz und in rotem und gelbem Oker ganz hübsch ausgeführt. Der Gott des „Geflügelten Messers" war hinter dem Altar in schwarz dargestellt. In diesem Zimmer bewahrte man auch einige von den bemalten länglichen Holztrommeln auf, wie man sie bei jedem heiligen Tanze sehen kann."[1])

„Sind Sie jemals, während Ihres Aufenthaltes in Neu-Mexiko, Augenzeuge des Tanzes gewesen, den jene Gruppe oder jener Orden aufführt, der bei den Queres „Koscha-re", bei den Tehuas „Ko-sa-re" und bei den Tiguas „Schu-re" heißt? Ich selber habe ihn mehrmals mitangesehen; und diese Herrschaften, von denen mehrere zu dem Kreis meiner näheren persönlichen Freunde gehören, entfalten dabei einen ganz sonderbaren Hunger nach dem, was der Menschenleib nicht allein ab-, sondern auch ausstößt. Es tut mir leid, daß ich nicht früher etwas von Ihrer Arbeit erfuhr, ich hätte Ihnen sonst eine viel ausführlichere Beschreibung dieser Tänze geben können. Die Gruppe, von der hier die Rede ist, hat eine ganz eigentümliche Aufgabe, es liegt ihr nämlich ob, für das Reifwerden aller möglichen Arten von Früchten zu sorgen, sogar der Frucht im Mutterleibe, und ihre Gebräuche sind daher von einer geradezu Übelkeit

---

[1]) Auszug aus Bourkes eigenen Aufzeichnungen unterm 17. November 1881.

erregenden Unzüchtigkeit. Das Kotverschlingen ist noch ein ganz erträgliches Schauspiel im Vergleich mit dem, was ich mitansehen mußte."[1]

Major Ferry, den ich im Bureau des damaligen Kriegsekretärs, des Generals Robert McFreely am 5. Oktober 1888 antraf, erzählte mir, er sei der Sohn eines protestantischen Missionars, der zuerst eine Kirche in Mackinaw gebaut habe und die Indianer des Ojibwäh-Stammes, die in der Nachbarschaft dieses Platzes lebten, feierten von Zeit zu Zeit Orgien, bei denen auch das Harntrinken eine Rolle spielte.

Daniel W. Lord, der eine Zeit lang Genosse des Frank H. Cushing bei seinen Forschungen unter den Zuñis von Neu-Mexiko war, berichtete mir folgendes: „Im Juni 1888 war ich Zuschauer bei einer Orgie im Zuñi-Dorfe in Neu-Mexiko. Der feierliche Tanz war an diesem Nachmittage auf dem kleinen Platze im nordwestlichen Teil des Dorfes, der gewöhnlich hierzu diente, eben zu Ende, als man noch folgenden Brauch als Ergänzung hinzufügte: Einer der Indianer brachte auf den Platz den Kot, der Verwendung finden sollte; er ging von Hand zu Hand und man aß ihn auf. An dieser feierlichen Handlung nahmen nur wenige Teil, sicher nicht mehr als ihrer acht oder zehn. Sie tranken Harn aus einer großen flachen Schale und führten dabei unter sich eine fortlaufende Unterhaltung in Bemerkungen und Ausrufen, gerade als wenn sie einander anfeuern wollten, recht herzhaft zu trinken, was sie denn auch wirklich taten. Schließlich wurde einem von den Teilnehmern übel und er mußte sich übergeben, als die heilige Handlung vorbei war. Die Bewohner des Dorfes standen auf den Dächern der Häuser, von denen aus man den Platz überschauen konnte, und nahmen an dem Vorgang lebhaften Anteil. Einige von den lustigen Einfällen der Handelnden nahm man mit schallendem Gelächter auf, andere mit Anzeichen von Ekel und Abscheu, aber von einer Mißbilligung war nichts zu sehen. Soviel ich weiß, wiederholte man die Zeremonie nicht mehr während meines Aufenthaltes in dem Dorfe, der bis zum Juli 1889 dauerte."[2]

III. Das Narrenfest in Europa.

In enger Beziehung zu diesem Harntanz der Zuñis stand das Narrenfest in Europa. Dulaure gab davon folgende Beschreibung:

„Dann begann das Hochamt; alle Geistlichen nahmen daran teil, wobei sie sich entweder das Gesicht geschwärzt hatten oder eine häßliche oder lächerliche Maske trugen. Während der Feier tanzten die einen, als Possenreißer oder als Frauen verkleidet, in der Mitte des Chors und sangen dabei scherzhafte oder unzüchtige Lieder. Die andern begaben sich an den Altar und aßen darauf Bratwürste und Blutwürste, spielten Karten oder Würfel vor dem Priester, der die Messe las, beräucherten ihn mit einem Weihrauchfaß, in dem alte Schuhe brannten und ließen ihn diesen Rauch einatmen."

„Nach der Messe begannen neue Handlungen von ungewöhnlicher und gottlästerlicher Art. Die Priester, inmitten der Einwohner beiderlei Geschlechts, rannten in der Kirche herum, tanzten, reizten sich gegenseitig zu allen möglichen Narrheiten auf, zu den ausgelassensten Handlungen, wie sie eine schrankenlose Fantasie gerade eingab. Da war keine Zurückhaltung, keine Schamhaftigkeit mehr; kein Damm hemmte das Überströmen der Verrücktheit und der Leidenschaften . . . . ."

---

[1] Brief Professor Bandeliers aus Santa-Fé, Neu-Mexiko, vom 25. April 1888.
[2] Brief an Bourke aus Washington, D. C., vom 26. Mai 1890.

„Inmitten dieses Lärms, dieser Gottlästerungen und zuchtlosen Lieder sah man Einzelne, die ihre Kleider vollständig abwarfen, andere, die sich der schamlosesten Ausschweifung hingaben."

„ . . . . Die Teilnehmer standen auf Karren, die mit allem möglichen Unrat beladen waren, und vergnügten sich damit, die umherstehenden Volkmassen damit zu bewerfen . . . . Die Vorgänge wurden immer mit schmutzigen und gottlästerlichen Liedern begleitet".[1]

Vergleich zwischen Narrenfest und Harntanz.

Aus der vorstehenden Beschreibung ersieht man, daß die Hauptpersonen — die während des Hochamts die Kirche mit Beschlag belegten — beschmierte und bemalte Gesichter hatten oder nach Art der Hanswürste Masken trugen und daß sie auf dem Altar Bratwürste und Blutwürste verzehrten. Das englische Wort für Blutwurst — bloodpudding — ist dasselbe wie das französische boudin; boudin bedeutete aber auch Kot.[2] Zieht man noch in Betracht, daß sich diese Clowns nach dem Verlassen der Kirche auf Dungkarren (tombereaux im Texte Dulaures) stellten und Unrat auf die Umherstehenden warfen; denkt man schließlich daran, daß einige der Mitwirkenden vollständig nackt auftraten („on voyait les uns se dépouiller entièrement de leurs habits" sagt Dulaure), so wird man nicht in Abrede stellen können, daß zwischen diesen schmutzigen und unerklärlichen Gebräuchen, die in so weit von einander entfernt liegenden Gegenden vorkommen, eine gewiß sehr merkwürdige Reihe von Ähnlichkeiten vorhanden ist.

Uralter Ursprung des Narrenfestes.

Dulaure macht keinen Versuch, den Ursprung dieser Gebräuche in Frankreich festzustellen; er begnügt sich mit der Angabe: „Diese Gebräuche . . . . haben zwölf oder fünfzehn Jahrhunderte lang bestanden", also mit anderen Worten: sie sind heidnischen Ursprungs. Nun ist es aber ganz gut möglich, daß im Verlaufe von zwölf oder fünfzehn Jahrhunderten der Brauch sich soweit abgeschwächt hat, daß man vom Verzehren des wirklichen Kotes, wie bei den Zuñis, zum Essen der Blutwurst (boudin), einem Sinnbilde des Kotes,[3] überging. Nehmen wir einmal an, diese Vermutung sei richtig, dann haben wir einen Beweis für das Alter des Harntanzes unter den Zuñis. Die Ähnlichkeit zwischen dem Brauch der Zuñis und dem, den Dulaure beschreibt, ist so groß, daß wir vielleicht zu der Annahme berechtigt sind, der neue Erdteil habe vom alten einige von den Zügen übernommen, die sich bis heute erhielten; und wäre nicht der Nachweis für eine sehr weite Verbreitung dieser Sitte vorhanden, so könnte man annehmen, daß die katholischen Missionare, die ungefähr seit dem Jahre 1580 unter den Zuñis arbeiteten und mit Ausnahme von einigen Unterbrechungen bei Aufständen bis zur Besitzergreifung des Landes durch die Vereinigten Staaten dort geblieben waren, die unzüchtige und ekelhafte Orgie bei den Zuñis in voller Kraft vorfanden. Sie hätten die Gefahr eingesehen, durch unkluge Überstürzung alle Hoffnung auf Bekehrung dieses Volkes zu zerstören und sich

---

[1] Dulaure, des Divinités Génératrices, S. 315 f. Paris 1825 oder in der Verdeutschung: Die Zeugung in Glauben, Sitten und Bräuchen der Völker von Krauss, Reiskel und Ihm, Leipzig 1909, S. 132.

[2] Vergleiche Dictionary of French and English Language by Ferdinand E. A. Gasc, London 1873. Littré, dessen Werk im Jahre 1863 erschien, gibt unter seinen Erklärungen von boudin auch die: „Alles, was die Gestalt eines Wurst hat." Bescherelle, Spiers und Surenne, sowie Boyer, geben die Erklärung von Gasc nicht. (Pudding stammt wahrscheinlich vom gälischen putag unter Vermischung mit dem französischen boudin. I).

[3] Sehr wahrscheinlich ist die Blutwurst auch ein phallisches Sinnbild gewesen. — Im Elsaß heißt der Zumpt in der Volksprache Blutwurst. K.

schlauerweise dazu entschlossen, diese religiöse Mißgestalt zu dulden und das Pflänzchen, das in ihrer europäischen Heimat so schön gedieh, damit in Verbindung zu bringen.

Das Verschwinden des Narrenfestes.

In Frankreich verschwand das Narrenfest erst mit der Revolution; in den andern Teilen des europäischen Festlandes begann es ungefähr zur Zeit der Reformation langsam abzukommen. In England verschwanden der „Abt der Unvernunft", dessen Streiche Walter Scott in seiner Novelle „The Abbot" andeutet, die Mirakelspiele, die einst den guten Zweck gehabt hatten, einem ungebildeten Bauernstand die Lehren der heiligen Schrift beizubringen und die Tugenddramen (Moralities) mit demselben Zweck im Allgemeinen, unter dem Ansturm der strengen puritanischen Neuerer. Das Narrenfest als solches wurde im Jahre 1541 von Heinrich dem Achten abgeschafft.[1]

Picarts Angaben über das Narrenfest ähneln denjenigen, die wir bei Dulaure gefunden haben.[2] Er sagt, daß es in der Kirche zur Zeit des Weihnachtfestes stattfand und den römischen Saturnalien entlehnt war; daß es die Kirche als solche niemals billigte, sondern seit den ältesten Zeiten dagegen ankämpfte:

„Die einen waren maskiert oder hatten sich die Gesichter verschmiert, teils um Furcht einzuflößen, teils um Gelächter zu erregen; andere trugen Frauenkleider oder hatten sich kostümiert, wie es Schauspieler zu tun pflegen. Sie tanzten, wenn sie den Chor betraten und sangen schweinische Lieder dazu. Die Diakonen und Subdiakonen vergnügten sich damit, Blutwürste und Bratwürste auf dem Altar zu verzehren, vor der Nase des Priesters, der die Messe las; sie spielten Karten oder würfelten; in das Weihrauchfaß steckten sie Fetzen von alten Stiefeln, damit der Priester den Gestank einatmen sollte.

„Nach der Messe tanzte, hüpfte und lief Alles in der Kirche herum mit einer derartigen Schamlosigkeit, daß sich manche nicht scheuten, alle Arten von Unzüchtigkeiten zu begehen und sich gänzlich nackt auszuziehen; hierauf ließen sie sich auf Karren voll Unrat durch die Straßen fahren und fanden ein Vergnügen daran, die Volkmenge, die sich um sie herum ansammelte, mit dem Unrat zu bewerfen.

„Von Zeit zu Zeit ließen sie die Karren halten und machten dann unzüchtige Körperbewegungen oder nahmen unzüchtige Stellungen ein, die sie mit ebenso unzüchtigen Worten begleiteten.

„Die unverschämtesten Leute aus dem Volke mischten sich unter die Geistlichkeit, um in geistlichen Kleidern, als Mönche oder Nonnen, den Narren zu spielen."[3]

Diderot und D'Alembert gebrauchen fast dieselben Ausdrücke; die amtierende Geistlichkeit war angezogen, „die einen wie Hanswurste, die andern in Frauenkleidern und in ganz ungeheuerlicher Weise maskiert . . . sie aßen und würfelten auf dem Altar neben dem Priester, der die Messe las. In die Weihrauchfässer warfen sie Unrat." Sie sagen weiter, die Einzelheiten vertrügen gar nicht eine Wiedergabe. Das Fest beging man auf dem

[1] Vergleiche „The English Reformation" von Francis Charles Massingberd, London 1825, S. 125. Faber vertritt die Ansicht, daß die Vermummten oder Clowns, die bei den Streichen des „Abtes der Unvernunft" usw. eine Rolle spielten, eine sehr große Ähnlichkeit mit tierköpfigen ägyptischen Priestern haben, die auf der bembinischen oder Isis-Tafel bei ihren heiligen Tänzen dargestellt sind; vgl. Fabers „Pagan Idolatry" London 1816, II, S. 479.

[2] Dies ist nicht weiter auffallend, denn alle Angaben über die Narrenfeste gehen zurück auf das Werk: „Mémoires pour servir à l'histoire de la fête des foux qui se faisait autrefois dans plusieurs églises. Par Mr. Du Tilliot. A Lausanne et à Genève 1751." Picart bringt einen vollständigen Abdruck mit den 12 Tafeln des Originals. Ältere Angaben über die Narrenfeste findet man bei „Hospinianus, de festis Christianorum," Geneva 1675. I.

[3] Picart, Coûtumes et cérémonies religieuses de toutes les Nations du Monde, Amsterdam 1729, Band IX, S. 5 u. 6.

europäischen Festlande und in England, namentlich in York, zumeist zwischen dem Weihnachtfeste und Epiphanias (Dreikönigtag.[1])

Markham findet eine Ähnlichkeit zwischen dem „Mönch der Mißregierung" des christlichen Mittelalters und den „Gylongs, die in bunten Kleidern vor dem Teschu-Lama in Tibet sangen und tanzten".[2])

Die Mandanen hatten ein Jahrfest, bei dem die Austreibung des Teufels ein eigentümlicher Zug war. „Man jagte ihn zum Dorfe hinaus, wobei ihn die Frauen mit Schmutz bewarfen".[3])

Zahllos sind die Schriftsteller, die mit größerer oder geringerer Ausführlichkeit, mit mehr oder weniger Genauigkeit über Narrenfeste, Eselfeste und andere derartige Dinge geschrieben haben; sie begnügten sich aber unglücklicherweise ausnahmslos mit einer Beschreibung der unflätigen Tollheiten, die mit diesen volktümlichen religiösen Versammlungen verbunden waren, ohne jemals den Versuch zu machen, die Ursachen, die ihnen zu Grunde lagen und den Anlaß dazu gaben, aufzuspüren, oder eine vernünftige Anstrengung zu machen, um den Ursprung aufzudecken. Wenn auf den Ursprung überhaupt hingewiesen wird, so ist es immer wieder die Behauptung, daß das Narrenfest ein Überlebsel der römischen Saturnalien sei.

Dies kann man jedoch kaum als richtig anerkennen. Im weiteren Verlauf dieser Untersuchungen soll der Nachweis geführt werden, daß die Verwendung von menschlichen und tierischen Auswurfstoffen bei religiösen Gebräuchen über die ganze Welt verbreitet war, daß sie älter ist als die römischen Saturnalien oder wenigstens unmittelbar in gar keiner Beziehung dazu steht. Die richtige Auslegung des Narrenfestes würde daher allem Anscheine nach diejenige sein, die es als einen Rückfall in einen vorchristlichen Gedankengang auffaßt, der so alt ist, wie das erste Auftreten der Indogermanen in Europa.

Die Einführung des Christentums war von manchem Zugeständnis begleitet; sobald man sich dem Widerstande einer zu ansehnlichen Mehrheit gegenübersah, erlaubte man die Beibehaltung von Gebräuchen, die mit den eigenen Lehren in Widerspruch standen; wenn der Ausdruck „erlaubte" manchem nicht ganz untadelig erscheinen mag, wollen wir lieber sagen „man sah darüber hinweg", und dann den weiteren Verlauf der hartnäckigen Gegnerschaft verfolgen, die dazu führte, daß nach einiger Zeit sich die dauernde Beibehaltung eines solchen Brauches in ein zeitweises, vielleicht unregelmäßiges Wiederauftauchen umwandelte, um schließlich zu einem possenhaften Überlebsel herabzusinken.

Ducange führt in seinem „Glossarium mediae et infimae latinitatis" das Ritual der Messe beim Eselfeste an, das den meisten Lesern bekannt sein wird, aber er bringt zu dem hier über das Eselfest gesagten nichts Neues bei. Man findet das Zitat aus Ducange auch in Schaff-Herzogs „Religious Encyclopaedia" New-York 1882 in dem Artikel „Festival". Dieses Ritual ist 1369 zu Viviers in Frankreich abgefaßt worden.

Fosbroke enthält über den Gegenstand des Narrenfestes nichts, was nicht schon in dem vorliegenden Werk aufgenommen wäre. Er sagt lediglich: „Beim Narrenfeste band man sich Masken vor, legte die Kleider usw. von Frauen an, tanzte und sang im Chor der Kirchen, aß in Fett gebackene Kuchen auf dem Altar, wo der die Messe lesende Priester würfelte, man steckte stinkige Stücke vom Leder alter Schuhe in das Weihrauchfaß, sprang in der Kirche umher, dazu kamen noch unzüchtige Scherze, Gesänge und unpassende Körperstellungen. Ein anderer Teil dieser unanständigen Hanswurstiaden bestand

---

[1]) Encyclopédie, unter „Fête des Fous," Genf 1779. — [2]) Vergleiche Markhams „Thibet" London 1879, S. 95 Anmerkung; vergl. ferner Bogles Beschreibung der Gebräuche, die bei dem Neujahrfest in Gegenwart des Teschu-Lama üblich sind, bei Markham „Thibet", S. 106.

[3]) J. G. Frazer „The Golden Bough" London 1890 (Erste Auflage), II., S. 184, Anführung aus Catlins „North American Indians" S. 166.

darin, daß man den Vorsänger der Narren auf einem Schaugerüst rasierte, das vor der Kirche aufgeschlagen war, und zwar im Beisein des Volkes; und während dieser Verrichtung belustigte er die Leute mit liederlichen und derben Redenarten und Gebärden. Sie hatten auch Karren voll Unrat, den sie der Volkmenge von Zeit zu Zeit an den Kopf warfen. Diese Schaustellung fand immer in der Weihnachtzeit oder um diese Zeit herum statt, war aber nicht auf einen bestimmten Tag beschränkt".[1]

„Das Narrenfest feierte man, wie schon früher erwähnt, mit verschiedenen Verkleidungen als Frauen, Löwen, Schauspieler usw. Sie sangen und tanzten im Chor der Kirche, aßen in Fett gebackene Kuchen auf dem Altar, auf dem der Priester, der die Messe las, würfelte, man steckte stinkende Teile von altem Schuhleder in das Weihrauchfaß, rannte und sprang in der Kirche herum usw."[2]

Auch in Altindien gab es ein Narrenfest, das mehrfach Züge des in Europa gefeierten Festes aufweist.[3] Buddagoshas Kommentar zum Dhammapada[4] enthält folgende Stelle: „Zu jener Zeit wurde in Savatthi das Narrenfest angesagt. Bei diesem Feste gebärden sich die Menschen närrisch und verrückt. Man beschmiert mit Asche und Kuhmist den Körper und durchschweift die Stadt nach allen Richtungen, während man allerhand unpassendes Zeug redet. Dies dauert eine Woche. Niemand schämt sich, wenn er seinen Freunden oder Verwandten oder einem Mönche unter die Augen tritt. An jeder Haustüre wird halt gemacht und eine unpassende Rede gehalten. Wer diese nicht anhören kann, schickt je nach seinen Verhältnissen eine Münze, worauf die Empfänger weiter ziehen . . . . . Alle Schranken der Scham fallen hinweg." Das Original läßt eine zweifache Deutung zu: man beschmiert den eigenen Leib, oder: man beschmiert sich gegenseitig. — Wahrscheinlich wird beides der Fall gewesen sein. — Mit welcher Zähigkeit man an solchen Dingen festhält, geht daraus hervor, daß die Hos, die in der Nähe der Stadt Savatthi wohnen, heute noch ein ähnliches Fest feiern. In der Stadt werden wohl die letzten Spuren verschwunden sein; der Brauch hat sich auf das Land zurückgezogen, wo er wohl noch lange sein Dasein fristen wird. Dalton[5] berichtet über das Fest: Alljährlich im Januar, wenn die Scheunen gefüllt sind, begeht man das Fest. Es gilt der Vertreibung eines bösen Geistes und geht in ein wüstes Treiben aus, bei dem alle Scham, namentlich bei den Weibern vergessen wird. Ob die Erklärung, daß ein böser Geist vertrieben werden soll, genügt, mag dahingestellt bleiben; jedenfalls ist die Freude über den guten Ausfall der Ernte und Dankbarkeit gegen die Geister, die sie bewirkt haben, näherliegend.

In Brands „Popular Antiquities"[6] findet man eine ziemlich vollständige Beschreibung der „Lords of Misrule" (Anführer der Spaßmacher bei den Narrenfesten), aber sie enthält nur eine einzige Angabe, die für unsere Zwecke brauchbar ist, nämlich die Angabe aus Polydorus Virgil, daß er die Herleitung dieser Feste von den römischen Saturnalien für richtig hielt. „Es gibt nichts," sagt der Urheber des Versuchs, die alte keltische Sprache wieder aufzufinden, „was sich leichter beweisen läßt, als daß die alten Christen, um die Heiden zur Aufnahme einer besseren Gottverehrung zu bewegen, ihren

---

[1] Thomas Dudley Fosbroke, Cyklopaedia of Antiquities, London 1843, Band II, unter Festivals. Die Angaben scheinen fast durchweg aus Ducange zu stammen.

[2] „Diese Entheiligung mag noch so scheußlich gewesen sein, ich könnte aber eine Stelle anführen, die darüber berichtet, daß als eine Art von ganz sonderbarer Buße die unzüchtigsten Handlungen auf dem Altartisch öffentlich ausgeführt werden mußten; und daraus geht hervor, daß unsere Vorfahren offenbar über die lächerlichen Ansichten über diese Mummereien hatten, wie wir heutzutage. Es waren lediglich etwas rohe Festlichkeiten eines Zeitalters, das sich in diesem niedrigen Humor gefiel." Fosbroke, British Monachism, 2. Auflage, London 1817. Meistens nach Ducange.

[3] Archiv für Religionwissenschaft, 1902, S. 132 ff. — [4] Colombo 1898, S. 1287.
[5] Descriptive Ethnology of India, Calcutta 1872, S. 196f. [6] London 1873, III, S. 497—505.

vorgefaßten Meinungen entgegen kamen, indem sie gleichartige Namen und selbst Gebräuche zuließen, solange sie nicht mit den Grundlagen der christlichen Lehre in Widerspruch gerieten . . . . . Hierunter befand sich auch, als eine Nachahmung der römischen Saturnalien, das Festum Fatuorum, bei dem ein Teil der Lustbarkeit der Jahrzeit darin bestand, daß man die possenhafte Wahl eines Spottpapstes, von Spottkardinälen und Spottbischöfen vornahm. Dabei gab es tausend lächerliche Gebräuche, Hüpfen und allerlei Possen, wie Singen und Tanzen in der Kirche, unzüchtige Bewegungen, schmutzige Wechselgesänge und dies alles als Anspielungen auf die verworfenen Anmaßungen der Druiden, die in berechneter Absicht durch diese Volkbelustigungen der Verachtung und dem Spotte preisgegeben werden sollten. „Dieses Narrenfest", fährt er fort, „hatte die beabsichtigte Wirkung und trug vielleicht mehr zur Ausrottung dieser Heiden bei, als die nebenhergehende Hilfe von Feuer und Schwert, von denen man keines bei ihrer Verfolgung gespart hat."[1]

Strutt's „Sports and Pastimes", London 1855 enthält im Artikel „Festival of Fools", IV, 3 nichts, was nicht schon erwähnt worden wäre.

Jakob Grimm berichtet Folgendes: „In der Sammlung der Briefe des Bonifacius befindet sich eine Stelle, in der die Vermischung von christlichen und heidnischen Gebräuchen beklagt wird, was von närrischen und gewissenlosen Priestern geduldet würde.[2]

Banier zeigt, daß die Leute am ersten Januar in Frankreich auf den Straßen der Städte herumrannten, wobei sie als Tiere verkleidet waren, Masken trugen und alle möglichen Possen trieben. Diesen Brauch leitete man von den Druiden her und hielt bis in das zwölfte Jahrhundert der christlichen Zeitrechnung zähe daran fest.[3]

„Die heidnischen Götter wurden, obwohl man sie als schwach im Vergleich zu dem wahren Gott hinstellte, doch nicht immer für ganz machtlos gehalten; man machte sie zu feindlichen und bösartigen Kräften, verwandelte sie in Dämonen, Zauberer und Riesen, die man niederkämpfen mußte, aber trotzdem schrieb man ihnen eine gewisse unheilvolle Tätigkeit und ebensolchen Einfluß zu. Hier und da lebte eine heidnische Überlieferung oder ein abergläubiger Gebrauch einfach dadurch weiter, daß man lediglich die Namen änderte und auf Christus, die Jungfrau Maria und die Heiligen bezog, was man vorher von Götzen erzählt und geglaubt hatte."[4] . . . . . „Zu der Zeit, als das Christentum vordrang, scheinen viele von den Heiden der Ansicht gewesen zu sein, daß man die neue Lehre neben den alten Glauben stellen könne, ja sogar, daß es möglich wäre, beide miteinander zu verschmelzen; hiergegen mußten die Missionare mit ihrer ganzen Kraft ankämpfen."[5] . . . . . „Von Nordmännern sowohl, als Angelsachsen wird berichtet, daß sie zu gleicher Zeit an Christus und an heidnische Götter glaubten oder wenigstens sich auch weiterhin in besonderen Fällen an die letzteren wendeten, wenn sie meinten, sie hätten sich darin früher schon hilfreich erwiesen. Es hat sogar den Anschein, als ob noch in viel späteren Zeiten die alten Gottheiten beim Namen genannt und ihre Hilfe bei Beschwörungen und Zaubereien angerufen worden wäre."[6] . . . . . „Die germanischen Volkstämme gaben den Glauben ihrer Väter in der Zeit vom vierten bis zum elften Jahrhundert nur ganz allmählich und langsam auf."[7]

Auf den folgenden Seiten[8] zeigt uns Grimm, wie wenig wir in Wirklichkeit von der Religion des alten Europas wissen, gleichviel ob es sich um die lateinische oder die germanische oder die keltische Gruppe handelt; er weist hin „auf die allmähliche Umwandlung der Götter in Teufel, der weisen Frauen in Hexen, des Kultes in

---

[1] Brand, I. S. 36. — [2] Jakob Grimm, Teutonic Mythology, London 1882, I, S. 92, [Wir führen Grimm Deutsche Mythologie ständig nach der englischen Übersetzung an, um dem Leser das Nachschlagen in den vielen deutschen Ausgaben zu ersparen]. — [3] Banier, Mythology, III, S. 247. — [4] Jakob Grimm, a. a. O. Einleitung 5. — [5] S. 7. — [6] S. 7 und 8. — [7] S. 8. — [8] S. 9—11.

abergläubische Gebräuche (Seite 11) . . . Heidnische Feste und Gebräuche wandelte man in christliche um (Seite 12) . . . Nicht öffentliche Opfer, die Göttern und Geistern galten, konnten lange Zeit hindurch nicht aus dem Volke ausgerottet werden, weil sie mit Festen und Gebräuchen verknüpft waren, und so sanken sie schließlich zu nichtssagenden Handlungen herab." (Seite 1009).

„Es ist eine ganz natürliche und wohlbekannte Tatsache, daß die Götter eines Volkes zu Teufeln ihrer Besieger und Nachfolger werden."[1]

„Wenige Dinge sind so unzerstörbar wie eine gläubische Meinung, die einmal der menschlichen Leichtgläubigkeit eingepflanzt worden ist . . . Die heiligen Gebräuche eines verdrängten Glaubens werden zur verbotenen Zauberei seines Nachfolgers" . . . „Seine Götter werden zu bösen Geistern".[2] Dieselben Ansichten kehren in Frau Blavatsky's „Unverschleierter Isis" wieder.

Die Sabbatharier in Siebenbürgen.

Um ein weiteres Beispiel zu geben, mit welcher Hartnäckigkeit ältere Kulte noch lange weiterleben, nachdem neue Religionen in Ländern und bei Völkern bereits die Vorherrschaft erreicht zu haben scheinen, wird es hier sehr am Platze sein, eine Stelle aus einem Artikel mit der Überschrift „Krypto-Juden" wiederzugeben, der im Oktober 1888 in einer Sonntagausgabe des New-Yorker „Sun" stand.

Der Verfasser spricht von den „Szombatiaken" Siebenbürgens und bemerkt: „Das verborgene Judentum der Szombatiaken vermutete man seit Jahrhunderten, aber erst seit ungefähr zwanzig Jahren ist etwas Genaueres darüber bekannt. Als damals ein Erlaß über die bürgerliche Gleichstellung der Juden für Ungarn erschien, schickten die derben alten Bauern, die sich weder in der Kleidung, noch in den Sitten, noch in der Sprache irgendwie von den eingeborenen Szeklern unterschieden, eine Abordnung nach Pesth mit der Bitte, ihre Namen aus den Kirchenbüchern zu streichen. Sie erklärten ihr Verlangen damit, daß sie Juden seien, deren Vorfahren sich in Ungarn zu der Zeit niedergelassen, als Titus seinen Kriegzug nach Dacien unternahm. Sie würden zwar als Christen getauft, verheiratet und begraben, hätten auch christliche Pfarrer und gingen in christliche Kirchen, im geheimen aber haben sie immer an ihrer alten Religion festgehalten."[3]

Man wird erstaunt sein, in Forlong's umfangreichem Religionwerk so wenig über den Gegenstand der Narrenfeste zu finden. Alles was er darüber sagt, ist: „Die Feste der Weihnachtzeit waren dadurch ausgezeichnet, daß sich Männer als Frauen verkleideten und umgekehrt; sie zeigen dadurch ihren Zusammenhang mit den alten Sigillarien der Saturnalien, die man anfangs am 14. Januar abhielt, später aber drei, vier, fünf, einige sagen sogar sieben Tage lang fortsetzte, bei den gewöhnlichen Leuten sogar bis zum Lichtmeßtag. Man verbot sie, als ihre groben Unsittlichkeiten gebildeteren Gemeinwesen zu sehr auffielen. In Paris, sagt Trusler in seiner „Chronology", wurde

---

[1] William George Black, Folk-Medicine, London 1883, S. 12. — [2] Henry Charles Lea, History of the Inquisition, New-York 1888, III, S. 379.
[3] Diese Angaben beruhen auf Erfindung. Den wahren Sachverhalt über die Verjüdischung der Bauerngemeinde zu Bözöd-Ujfalu legte Dr. S. Kohn in seiner Monographie: „Die Sabbatharier in Siebenbürgen. Ihre Geschichte, Literatur und Dogmatik. Mit besonderer Berücksichtigung des Lebens und der Schriften des Reichkanzlers Simon Péchi (des Begründers). Ein Beitrag zur Religion- und Kulturgeschichte der jüngsten 3 Jahrhunderte, Budapest 1894, VII, 296 S. gr. 8°" klar dar. Bemerkenswert sind die von Julius J. Major gesammelten: Lieder der Sabbatharier nach dem Gesange der Dorfältesten in Bözödujfalu in Noten gesetzt und harmonisiert. Ins Deutsche übertragen von Irene Gerö-Cserhalmi, Budapest 1902. Mehr darüber in der von Dr. Anton Herrmann, Herausg. Ungarischen Musikologie, Budapest 1912. Der eigentliche Übertritt der Bauern geschah erst im Jahre 1868!

der erste Januar 240 Jahre hindurch als Maskentag gefeiert, an dem Schamlosigkeiten und unzüchtige Gebräuche jeder Art vorkamen."[1])

Eine Ergänzung zu dem Vorstehenden bildet der Nachweis dieses Überlebsels bei der bäuerlichen Bevölkerung Deutschlands. Brand zählt eine ganze Menge von sonderbaren Gebräuchen des Karnevals auf, die gerade vor Aschermittwoch, ja sogar an diesem Tage nach der Aschenverteilung stattfanden. Junge Mädchen wurden in Deutschland auf einem Wagen oder Dungkarren von den jungen Leuten des Dorfes zu dem nächsten Bach oder Teich gefahren und daselbst tüchtig untergetaucht, wobei die Karrenschieber Schmutz und Asche auf alle Umstehenden warfen.[2]) In Oxfordshire war es Sitte, daß eine Bande von Knaben singend von Haus zu Haus zog und Geschenke an Eiern und Speck verlangte; bekamen sie nichts, so schlugen sie gewöhnlich die Türklinke ab oder verstopften die Schlüssellöcher mit Schmutz,[3]) „oder sie hinterließen ein noch unflätigeres Zeichen ihrer Unzufriedenheit."[4]) Dies könnte wohl ein Überlebsel des Narrenfestes sein. Brand bezieht sich auf Hospinianus, de origine festorum Christianorum, „für verschiedene sonderbare Sitten und Gebräuche, die man an vielen Plätzen während der drei ersten Tage der Quinquagesimawoche beobachtete."[5])

Wenn wir uns von der germanischen Gruppe zu den Slaven wenden, so finden wir, daß das Narrenfest heute noch unter der russischen Bauernschaft vorhanden zu sein scheint. „Zu einer Zeit herrschte der Brauch, maskiert von einem befreundeten Hause zum andern zu gehen und alle erdenklichen Tollheiten auszuführen; die Leute taten sich dann an „Blini" (Pfannkuchen mit Butter) gütlich — einer Kuchenart, ähnlich wie der englische „crumpet" — (lockerer Teekuchen)[6]) und dies geschah um die Weihnachtzeit. Etwas ähnliches, aber ohne die unanständigen Züge, beobachtete Blunt zu Anfang des vorigen Jahrhunderts.[7])

Hone ist der Ansicht, daß eine jüdische Nachahmung des griechischen Dramas vom Ende des zweiten Jahrhunderts, dessen Stoff und Personen aus dem zweiten Buch Mosis entnommen sind, das erste Mirakelspiel gewesen sei. Der Verfasser war ein gewisser Ezechiel und man nahm an, er habe sein Stück nach der Zerstörung Jerusalems in patriotischer Absicht geschrieben. Die alten Kirchenväter, Cyrill, Tertullian, Cyprian, Basil, Clemens von Alexandria und Augustinus zogen gegen fromme Schauspiele heftig los; aber der Druck von außen her war zu groß und die Kirche sah sich gezwungen, dem allgemeinen Verlangen des Volkes nachzugeben.[8])

Noch im 15. Jahrhundert sagte Papst Pius II., die italienischen Priester hätten wahrscheinlich niemals das Neue Testament gelesen; und Robert Stephanus brachte dieselbe Anschuldigung zur selben Zeit gegen die Gelehrten der Sorbonne vor.

Die Notwendigkeit dramatischer Vorstellungen mußte daher bald den Sieg davontragen über alle Einwendungen, die man von dem Standpunkt aus machte, daß die Mirakelspiele ein geschichtlicher Anachronismus und in Bezug auf die Lehre ungenau seien.

Theophylakt, ein Patriarch von Konstantinopel im 10. Jahrhundert, soll nach der Ansicht des byzantinischen Geschichtschreibers Kedrenos die Eselfeste und die Narrenfeste eingeführt haben, „wodurch er bei Gott und dem Andenken seiner Heiligen

---

[1]) Forlong, Rivers of Life, London 1883, I, S. 434. — [2]) Man erinnere sich vorzüglich des berühmten Kölner Karnevals. — [3]) Pop. Ant., London 1872, S. 94 ff (unter Aschermittwoch), wie es auch noch gegenwärtig in slavonischen Kleinstädten üblich ist. — [4]) A. a. O. — [5]) S. 99. — [6]) Perry S. Heath, A Hoosier in Russia, New-York 1888, S. 109. (Die ienschlägige slavische Folkloreliteratur ist sehr groß, doch ist allem Anschein nach dieser Brauch von der byzantinischen und römischen Kirche den Slaven zugekommen.) — [7]) Siehe seine „Vestiges", S. 119. — [8]) Hone, Ancient Mysteries Described, London 1823, S. 148 ff.

Ärgernis erregte, indem er zu dem heiligen Gottesdienst teuflische Tänze, wüstes Geschrei und Lieder zuließ, die von der Straße und aus den Bordellen stammten." [1])

Im Jahre 1590 marschierten die Bettelmönche unter Anführung des Bischofs von Senlis durch die Straßen von Paris mit aufgeschürzten Kutten, wodurch sie die streitende Kirche, Ecclesia militans, darstellen wollten. Diese Umzüge hielt man für die rechtmäßigen Abkömmlinge heidnischer Schaustellungen; das heißt, man glaubte, daß die Prozession der Kirche Sankt Peter in Vinculis eine Nachbildung des Prunkfestes sei, das man zu Ehren des Augustus nach seinem Siege bei Actium gegeben habe, usw.

Beletus beschreibt das Narrenfest, wie er es im zwölften Jahrhundert sah. Sein Bericht, den Hone wiedergibt,[2]) stimmt Wort für Wort mit den Angaben bei Dulaure überein, mit der einzigen Ausnahme, daß, vielleicht durch einen Übersetzungfehler veranlaßt, bei ihm steht, die Teilnehmer „haben reichliche Puddings auf den Ecken des Altars gegessen"; da aber das Wort pudding in der englischen Sprache eine Fleischspeise oder eine Wurst bedeutet, so ist der Irrtum unerheblich.

Victor Hugo beschreibt in den einleitenden Abschnitten seines Romans „Notre Dame" kurz das Narrenfest, das man in Paris am 6. Januar 1482 sehen konnte. Er sagt, das Fest der heiligen drei Könige und das Narrenfest seien seit unvordenklichen Zeiten zu einem Doppelfeiertage vereinigt. Seine Beschreibung ist sehr wenig ausführlich, aber man kann doch wenigstens die Nachricht daraus entnehmen, daß bei diesen Festen auch Frauen als Darstellerinnen maskiert erschienen; daß die hohen adligen und angesehensten Persönlichkeiten des Königreichs Frankreich sich unter den Zuschauern befanden; aber sonst erfährt man nicht viel mehr daraus.

Das Fest Moharren in Persien besteht aus einer Art Mirakelspiel oder Passionspiel, das die Erinnerung an das Aufkommen und die Ausbreitung des Islams wach halten soll. „Unter den dargestellten Begebenheiten befindet sich der Tod Hasseins und Hosseins, die Geburt des Profeten, das Märtyrertum des Imams Rezah und der Tod der Fatmeh, der Tochter Muhameds."[3])

Die oben erwähnte Nachricht von der Verwendung von „pudding" oder Bratwurst auf dem Altar selbst ist der immer wiederkehrende Zug bei der Beschreibung des Brauches. Es wird aber nicht sehr schwer sein nachzuweisen, daß diese Wurst ursprünglich eine Kotwurst war, die man zu einem bestimmten Zwecke zubereitete, als Opfer darbrachte und vielleicht auch aufaß. Dieser Seite unseres Gegenstandes werden wir später nachgehen; vorläufig nur eine Angabe, die da beweist, daß in Karnevalzeiten Menschenkot selbst und nicht etwa das Sinnbild dafür auftauchte:

„Der folgende Auszug aus Barnaby Googes Übersetzung von „Naogeorgus" wird zeigen, wie weit man es bei diesen Festlichkeiten getrieben hat. (Nämlich am Karneval-Dienstag, englisch: Shrove-Tuesday). Nach der Beschreibung des übermütigen Verhaltens der in Frauenkleidern steckenden Männer und der Frauen, die sich als Männer angezogen, der Possenreißer, die als Teufel oder als Tiere herausgeputzt sind oder gar vollkommen nackt herumlaufen, fährt der Bericht folgendermaßen fort:

> Aber andere tragen etwas Gewundenes, das sie auf ein weiches Kissen legten;
> Einer ist dabei, der mit einer Klappe die Fliegen abwehrt:
> Ich wünschte, es wäre ein anderer da, einer von jenen Beamten,
> Dessen Kammer dazu dient, den Gestank von unseren Nasen hinwegzunehmen. —[4])

Der Abscheu der Puritaner vor heidnischen Gebräuchen und Spuren des Aberglaubens beruhte auf etwas viel höherem als unvernünftigem Glaubeneifer; sie kamen,

---

[1]) Hone. Er beruft sich auf: Wharton, Miscellaneous Writings upon the Drama and Fiction, II, S. 369. — [2]) S. 159. — [3]) Benjamin, Persia, London 1887. — [4]) Nach der Ausführung in Brand, I, S. 66; unter „Shrove-Tuesday."

wenn auch nicht durch gelehrte Studien, so doch durch eine innere Erkenntnis, die die ganze Kraft des Genies für sich hatte, zu der Auffassung, daß jeder nichtssagende Brauch, jede bäuerische Sitte, die nicht ihren Anspruch auf eine vornehme Abstammung klar nachweisen konnten, als heidnische Überlebsel anzusehen seien, und das Gewissen verlange, daß man sie mit Stumpf und Stiel herausreiße und zerstöre.

Die Puritaner mögen zwar, ehe ihre selbstauferlegte Aufgabe durchgeführt war, ihren Nachbarn vielfach unangenehm und lästig geworden sein, aber es ist doch bemerkenswert und des höchsten Lobes würdig, daß ihre Sendung sich so wirksam erwiesen hat, daß unzählige Spuren vorchristlichen Heidentums vom Angesicht der Erde vertilgt worden sind.[1]

Gibt man dies zu, so kann folgender Vers aus „Hudibras", der sonst unverständlich wäre, auf eine gewisse Bedeutung Anspruch machen:

„Butler erwähnt die schwarze Wurst in seinem „Hudibras" wie er von den religiösen Bedenken einiger Glaubeneiferer seiner Zeit spricht:

> Some for abolishing black pudding,
> And eating nothing with the blood in. —[2]

Diese Würste erinnern, wenn sie in Ketten hergestellt werden, an die „boudins" der Narrenfeste. Man machte sie aus dem Fleisch, dem Blut und den Eingeweiden von Schweinen, die man am 17. Dezember, dem Sow-Day (Schweine-Tag), für verschiedene Familien gemeinsam schlachtete.

In den ersten Zeiten der Reformation stellte man bei den Maifestspielen in Deutschland den Papst dar, wie er in seinen Pontifikal-Gewändern auf einer großen Sau ritt und ihr eine Wurst aus Dreck vor den Rüssel hielt".[3]

Die ansprechendste Erklärung des Narrenfestes, die bis jetzt gegeben worden ist, kann man bei J. G. Frazer finden.[4] Er zeigt, daß die königliche Macht in alten Zeiten keine Stellung auf Lebenszeit war, sondern daß sie entweder unter der Leitung der Priesterschaft zurückgenommen wurde, sobald der Inhaber Zeichen des herannahenden Alters oder der abnehmenden geistigen Kräfte darbot, oder auch nach Ablauf eines bestimmten Zeitraums, — im Allgemeinen ungefähr nach zwölf Jahren. Im Laufe der Zeit verblaßte die Abdankung des Königs zu einer leeren Form und sein Verzicht auf die Macht sank zu einer Posse herab, sein zeitweiliger Nachfolger war ein Hanswurst, der die wankelmütige Volkmenge während seiner vorübergehenden Annahme der Würden belustigte. Beispiele werden aus Babylon, Cambodja, Siam, Ägypten, Indien usw. herangezogen, aber alle diese Festlichkeiten haben den sonderbaren Zug, daß sie zu einer Zeit vorkommen, die zwischen unseren Monaten Februar und April liegt. Während des siamesischen Festes im Monat April „führen die tanzenden Brahmanen Büffelhörner bei sich, mit denen sie aus einem großen kupfernen Kessel Wasser schöpfen, womit sie das Volk bespritzen; man nimmt an, dies bringe Glück."[5]

In den vorstehenden Angaben haben wir ein ganz deutliches Überlebsel; die Büffelhörner dürften Zumpte vorstellen und das Wasser wird wohl der Ersatz für eine Flüssigkeit sein, die unseren Zeitgenossen nicht mehr ganz untadelhaft erscheinen würde.

---

[1] In dies Lob stimmen Folkloristen ganz und gar nicht ein, umsoweniger, als es den Puritanern überhaupt nicht gelungen ist, ihre Absicht wirklich durchzuführen. Man braucht nur die vielen Bände der Folklore-Society von London durchzusehen, um sich von der Richtigkeit unserer Ansicht zu überzeugen.
[2] Einige waren dafür, daß man die schwarze Wurst abschaffen und nichts essen solle, worin Blut sei. Brand, Popular Antiquities, London 1872, I, S. 400, unter „Martinmas." Diese Bedenken beruhten auf 3. Mos. 19, 26: Ihr sollt nicht mit Blut essen. I. — [3] Harington, Ajax, S. 35. — [4] James G. Frazer, I, S. 218 ff., unter „Temporary Kings." — [5] I. S. 230.

Aber auf einen anderen Umstand muß man noch besonders Gewicht legen, sowohl beim Narrenfeste als auch beim Urintanz der Zuñis wiesen wir darauf hin, daß einige von den Mitwirkenden nackt oder als Frauen verkleidet waren.

Wir unterlassen den Versuch, in Bezug auf die europäische Orgie irgend einen Beweis zu führen, denn die Forschung hat noch kein Licht auf die Gründe geworfen, aus denen die Teilnehmer die Kleidung des anderen Geschlechts annahmen.[1])

Im Falle der Zuñis hatte der Verfasser aber von Anfang an eine Vermutung, und er nahm vor drei Jahren (1888) Gelegenheit, Professor F. W. Putnam davon mitzuteilen, daß die Leute zu der Klasse gehörten, die Pater Lafitau „Männer in Frauenkleidern" genannt hat und auf die die frühesten französischen und spanischen Schriftsteller so häufig hinweisen. Diese Vermutung ist durch Briefe bestärkt worden, die ich kürzlich von Professor Bandelier erhielt, auf sein Verlangen aber hier unterdrücke.

In Bezug hierauf sollte es der Gelehrte nicht unterlassen, den bemerkenswerten Aufsatz von A. B. Holder, Dr. med. in Memphis, Tennessee im „New-York Medical Journal" vom 7. Dezember 1889 nachzulesen. Er hat die Überschrift: „The Boté: Beschreibung einer sonderbaren geschlechtlichen Perversität, der man bei den nordamerikanischen Indianern begegnet."

Eine Erklärung der „Männer in Frauenkleidern" soll in den folgenden Angaben von Boas angedeutet werden; es ist eine Beschreibung von gewissen religiösen Tänzen der Eskimos: „Diejenigen, die von Geburt an abnorm gebildet waren, trugen bei diesem Fest Frauenkleider und mußten ihre Runde in einer Richtung machen, die der Bewegung der Sonne entgegengesetzt war."[2]) (Siehe Anhang).

IV. Das Wesen der religiösen Feste als Gedächtnisfeiern.

Die oben zum Ausdruck gebrachte Ansicht vom Wesen religiöser Feste als Gedächtnisfeiern wiederholt das, was Godfrey Higgins bereits vor einigen Menschenaltern ausgesprochen hat. Der gelehrte Verfasser der „Anacalypsis" sagt nämlich, man habe Feste „die von Musik und Tanz begleitet sind . . . . eingerichtet, um die Erinnerung an Siege und andere wichtige Begebenheiten wach zu erhalten."[3]) Er behandelt den Gegenstand ziemlich ausführlich, aber der angeführte Satz genügt für den vorliegenden Zweck.

„Man sollte erwarten, daß man in den religiösen Gebräuchen eines Volkes seine ältesten Sitten und Gewohnheiten wiederfindet."[4])

Wenden wir die obige Bemerkung nun auf den Zuñi-Tanz an, so können wir ihn als die bildliche Darstellung eines halbvergessenen Vorkommnisses der Stammgeschichte in Form eines Dramas auffassen. Um diese Ansicht mit einem Beispiel zu bekräftigen, wollen wir uns an die Tatsache erinnern, daß das Kreuzfahrer-Heer unter Peter dem Einsiedler in Nikomedia in Bithynien von den Muselmannen so eng einge-

---

[1]) Mannigfache Aufklärung enthält Dr. Magnus Hirschfelds Werk: Die Transvestiten. Eine Untersuchung über den erotischen Verkleidungtrieb. Mit umfangreichem charakteristischen und historischen Material. Berlin 1910. Vrgl. Anthropophyteia VII, 481 f. u. IX. 578 f.

[2]) Franz Boas, The Central Eskimo, im Sixth Annual Report, Bureau of Ethnology, Washington D. C. 1888, S. 611. — [3]) Higgins, Anacalypsis, London 1810, II, S. 424. — [4]) I, S. 15.

schlossen worden war, daß sie sich schließlich gezwungen sahen, ihren eigenen Harn zu trinken. Wir lesen ganz kaltblütig über diese Erzählung hinweg. Die Zuñis würden aber eine Erinnerung an dieses Ereignis in einer dramatischen Wiedergabe bewahrt haben und mit der Zeit wäre diese mit der ganzen Ehrwürdigkeit umkleidet worden, die die Religion verleihen kann.

Die Belege für die vorstehende Angabe über die Kreuzfahrer findet man bei Purchas.[1]) Weder Gibbon noch Michaud bringen diese Tatsache so klar zum Ausdruck, sondern sie sprechen nur von den schrecklichen Leiden, die die zuchtlosen Horden des Walter Senzaveir (Habenichts) und des Peter von Amiens dahinrafften und die Überlebenden zur Menschenfresserei trieben.

Die Pferdepisse tranken die Bewohner von Crotta, als sie Metellus belagerte.[2])

Schiffbrüchige englische Seeleute tranken menschlichen Harn aus Mangel an Wasser.[3]) Im Jahre 1877 verirrte sich der Captain Nicholas Nolan vom zehnten Kavallerie-Regiment, während er mit seinen Leuten feindlichen Indianern in den „Staked Plains" von Texas nachspürte; die Abteilung sah sich gezwungen, als die Vorräte erschöpft waren, mehrere Tage lang vom Blut ihrer Pferde und ihrem eigenen Harn zu leben, da sie in dieser Gegend kein Wasser fanden. (Nach Hammersleys Record of Living Officers of the United States Army).

In der Geschichte findet man eine Menge von Beispielen derselben Art; man denke nur an die Belagerungen von Jerusalem, Numantia, Ghent, die Hungernot in Frankreich unter Ludwig XIV. und manche andere.

Das heilige Wesen des Tanzens im allgemeinen.

„Das Tanzen war ursprünglich lediglich religiös, es hatte den Zweck, als Gedächtnisstütze zu dienen bei der Überlieferung des heiligen Wissens, das schon lange vor der Erfindung der Buchstaben begonnen hatte. Ich glaube in der Tat, daß kein Teil eines alten Gebrauches oder einer alten Sitte vorhanden war, den man nicht in der Absicht aufgenommen hatte, die alte Gelehrsamkeit festzuhalten, ehe die Buchstaben bekannt waren."[4])

Von einer der Belagerungen Samarias wird berichtet, daß man den vierten Teil eines Kab voll Taubenmist mit vier Silberlingen bezahlte.[5])

Es gibt noch eine andere Erklärung der Bedeutung dieses Ausdrucks, die nicht so wörtlich ist; sie verdient es aber doch, daß wir sie hier anführen. „Als man Samaria belagerte, war die Stadt allen Schrecken der Hungernot preisgegeben; die Not war so groß, daß man einen Preis von 5 Silberlingen für ein kleines Maß (den vierten Teil eines cab) Taubenmist bezahlte. Auf den ersten Blick scheint dies lächerlich zu sein. Aber Bochart vertritt die ganz glaubhafte Ansicht, daß diesen Namen damals und auch heute noch die Araber einer Art von Wicken (pois chiches, Kichererbse) gaben."[6])

„Die Hülsenfrüchte, die man garbansos nannte, sollen nach der Ansicht einiger Schriftsteller der Taubenmist sein, der bei der Belageruug von Samaria erwähnt wird . . . Und da die Kichererbse (Cicer) in der Tat an dem einen Ende spitz ist und beim Eintrocknen eine aschgraue Farbe annimmt, mithin der eine Umstand der Form, der andere

---

[1]) Purchas, Pilgrims, VIII, Kap. 1, S. 1191. — [2]) Vergl. Montaigne's Essais „Über Pferde" Kap. 48, und ferner: Harington, Ajax—Ulysses upon Ajax, S. 42. — [3]) Purchas, IV, S. 1188. — [4]) Higgins, Anacalypsis, II, S. 179. — [5]) 2 Könige, 6, 25. (Die englische Bibelübersetzung hat cab, also zweirädriger Karren, Luther und die französische Übersetzung von Ostervald haben das Kab des Urtextes. I.) — [6]) Eusèbe Salverte, Philosophy of Magic, New-York 1862, I, S. 70.

der gewöhnlichen Farbe von Taubenmist entspricht, ist die oben angeführte Annahme durchaus nicht ohne weiteres zu verwerfen."[1]

Pater Diego Durans Bericht von den mexikanischen Festen.

Alles was Higgins glaubte, glaubte und behauptete auch der Dominikaner-Missionar Diego Duran. Duran beklagt sich bitter darüber, daß die törichte Zerstörung der alten mexikanischen Bilderhandschriften und alles dessen, was die Religion der Eingeborenen aufklären könnte, die Missionare im Dunkeln darüber ließe, was eigentlich als Religion anzusehen sei und was nicht. Die Indianer machten sich das zu nutzen und verspotteten und verlachten die Lehren und die Gebräuche des neuen Glaubens unter den Augen seiner Ausleger, die obendrein die Sprache der Unterworfenen noch nicht völlig beherrschten. Die Indianer konnte man niemals zu dem Eingeständnis bringen, daß sie noch ihrem alten Aberglauben anhingen oder daß sie ganz unverfroren ihre religiösen Gebräuche auch jetzt noch ausübten; manchmal, sagt der scharfsinnige alte Berichterstatter, sah es gerade so aus, als ob sie lediglich mit irgend einem lustigen Zeitvertreib beschäftigt wären, während sie sich in Wirklichkeit ihrem Götzendienst hingaben; oder als ob sie irgend ein Spiel ausführten, während sie im Beisein des Priesters das Los warfen, um Zukünftiges vorherzusagen; oder als ob sie sich Bußübungen unterzögen, während sie doch ihren Götzen opferten. Diese Bemerkung traf auf alles zu, was sie taten. Beim Tanzen, im Bade, auf den Märkten, beim Singen ihrer Lieder, bei ihren Schauspielen,[2] beim Säen, beim Ernten, beim Einbringen der Frucht in die Vorrathäuser, selbst beim Bodenhacken, Häuserbauen, bei Leichenbegängnissen und Beerdigungen, bei Hochzeiten und Kindtaufen, bei allem, was sie taten, kam immer der Götzendienst und der Aberglaube dazwischen.

„Oft sollte man meinen, daß sie sich Vergnügungen hingeben und dann treiben sie Abgötterei; man sollte meinen, daß sie spielen und dann werfen sie das Los für die Zukunft vor unseren Augen und wenn wir es sehen und annehmen, daß sie sich kasteien, opfern sie ihren Göttern.

„Und so waren viele im Irrtum, wenn sie mit großem Eifer (aber nicht mit viel Klugheit) anfangs alle Bilder aus der Zeit, die sie bekamen, zerstörten und verbrannten; denn sie hätten uns doch soweit aufklären können, daß jene nicht vor unseren Augen Götzendienst treiben könnten, ohne daß wir sie verstehen.

„Bei den Festlichkeiten, bei den Bädern, auf den Märkten, in den Gesängen, in denen sie klagend ihre alten Götter und Helden besingen, in ihren Schauspielen, in ihren gemeinschaftlichen Gelagen und in allem, was sie von den andern unterscheidet, überall sieht man Aberglauben und Götzendienst; beim Säen und beim Ernten, beim Einbringen in die Kornhäuser, sogar beim Bearbeiten des Bodens und beim Häuserbauen; dann bei Totenfeiern und Begräbnissen, bei Hochzeiten und bei Geburten, namentlich wenn es der Sohn eines Vornehmen ist; immer kommen uns die Gebräuche, die sie dabei haben, sonderbar vor und bei ihren Festlichkeiten war dies noch viel mehr der Fall; kurz, in alles mischten sie Aberglauben und Götzendienst hinein; sogar wenn die alten Leute in den Fluß gingen, um zu baden, nahmen sie ohne Rücksicht auf den Staat unbedenklich diese oder jene Zeremonie vor; und das alles bleibt uns verborgen, weil sie seine Bedeutung sehr geheim halten."[3]

Der Pater Diego Duran, Fray Predicador (predigender Bruder) des Dominikanerordens gibt am Schlusse seines zweiten Bandes an, er habe ihn im Jahre 1581 beendet.

---

[1] „Shaws Travels in Barbary" in Pinkertons Voyages, London 1814, XV, S. 600.
[2] Im Urtext steht hier „comedia," ein Schauspiel, aber ein Zusatz am Rande der Handschrift besagt, daß das Wort wahrscheinlich „comida" heißen müsse, was Nahrung, Essen oder Schmaus, Festmahl bedeutet. — [3] Diego Duran, II, Schlußbemerkungen.

Genau dieselben Ansichten vertritt der Pater Geronimo Boscána, ein Franziskaner, der siebzehn Jahre lang bei den Indianern in Kalifornien als Priester tätig war. Das ganze Tun und Treiben im Leben des Indianers lenkte die Religion.[1])

Die Apachen haben Tänze, in denen die vorgeschichtlichen Lebenumstände des Stammes dargestellt werden; ebensolche Tänze haben die Mojaven und die Zuñis, während sich im Schlangentanz der Mokis und im Sonnentanz der Sioux dieselbe treue Anhänglichkeit an überlieferte Trachten und Gebräuche zeigt.

Der Harntanz der Zuñis kann eine Überlieferung aus der Zeit bewahren, als noch geringwertige Nahrung gebräuchlich war.

Den Zuñitanz kann man darnach vielleicht nicht mit Unrecht von ganz anderen Gesichtspunkten aus betrachten, nämlich als eine Erinnerung an das frühere Leben dieses Volkes, als geringwertige Nahrungmittel jeder Art infolge der Notlage noch gebräuchlich waren.

Eine Prüfung der Zeugnisse wird ergeben, daß Nahrungmittel, die man jetzt mit Recht als schädlich betrachtet, in früheren Zeiten selbst solchen Völkern nicht unbekannt waren, die auf einer viel höheren Entwickelungstufe standen, wie sie die Dörfer am Rio Grande heute noch nicht erreicht haben.

Notlage war auch nicht immer der treibende Beweggrund; häufig ist auch religiöse Raserei als verantwortlich für solche Orgien anzusehen, von denen uns nur oberflächliche Beschreibungen und noch oberflächlichere Erklärungen übermittelt sind.

Die religiösen Beispiele sollen später folgen, ebenso wie diejenigen Fälle, in denen menschlicher oder tierischer Kot usw. bei Gottesurteilen oder irdischen und himmlischen Strafen Verwendung fand.

Solange wir uns bei unseren Forschungen innerhalb der Grenzen der gesitteten Welt bewegen, muß man natürlich die angeführten Beispiele unter die Klassen des Wahnsinns und der unnatürlichen Gelüste einreihen, und die letzteren kann man ihrerseits wieder in die beiden Klassen der angeborenen und der erworbenen Gelüste teilen, von denen die zweite eine beständige Abnahme zeigt, seit die Ärzte solche ekelhaften Heilmittel aus dem Arzneischatze gestrichen haben.

Daß sowohl menschlichen Kot als auch menschlichen Harn in einigen Gegenden Europas früher und in geringerer Verbreitung auch heute noch die bäuerliche Bevölkerung den Liebeträngen als Bestandteil hinzufügte, ist eine nicht zu bezweifelnde Tatsache; und daß man die Anhänger des Dalai-Lama in Tibet, auf Grund von anscheinend sehr gut unterrichteten Quellen, bezichtigt, daß sie von ihren Priestern den Kot dieses mächtigen Kirchenfürsten erhalten und ihn als Würze, als Nahrungmittel, als Zauber, als Amulet und als Talisman, sowie auch als innerlich zu nehmende Arznei benutzen, werden die folgenden Kapitel, die diesem Zwecke vorbehalten sind, dartun.

Schurig gibt zahlreiche Beispiele für das Verzehren von menschlichem und tierischem Kot durch Epileptiker, Wahnsinnige, bleichsüchtige junge Frauen oder schwangere Frauen, Kinder, die ihre Betten beschmutzt hatten und weil sie Strafe fürchteten, den Beweis für ihre Schuld verschlangen, und schließlich auch durch Männer und Frauen mit ungewöhnlichen Gelüsten.[2])

Burton erzählt die Geschichte eines jungen Mädchens, einer Deutschen namens Katharina Gualter, von der Cornelius Gemma im Jahre 1571 berichtet, sie habe „unter anderen Sachen auch Taubenmist und Gänsemist ausgebrochen." [3]) Sie war anscheinend

---

[1]) Vgl. „Chinigchinich", das in A. A. Robinsons „California" New-York 1850 enthalten ist. — [2]) Vergl. Schurig Chylologia, Dresden 1725, S. 45, 81, 84, 780—782. — [3]) Vergl. Burton, Anatomy of Melancholy, Londoner Ausgabe, 1806, I, S. 76.

ein Opfer der Hysterie und hatte vorher bei ihren Anfällen alle möglichen, nicht ganz untadeligen Sachen verschluckt.

„Man hat, besonders in Spitälern, die Beobachtung gemacht, daß Frauen ein Vergnügen daran fanden heimlich ihren Harn nach und nach, wie sie ihn ließen, zu verschlucken und den Glauben zu erregen versuchten, daß sie überhaupt keinen ließen."[1]

V. Von Wahnsinnigen und sonst Belasteten, die Menschenkot verzehren.

Der Umstand, daß irrsinnige Menschen Kot essen, hat die Aufmerksamkeit der medizinischen Sachverständigen erregt. H. B. Obersteiner berichtet in einer Mitteilung an das „Psychiatrische Centralblatt"[2], Dr. A. Erlenmeyer jr. habe durch einen Vortrag des Professors Lang im Jahre 1872 veranlaßt, eine tabellarische Übersicht zusammengestellt, die als Ergebnis seiner Beobachtungen Angaben über das Vorkommen der Koprophagie bei irrsinnigen Personen enthält. Er fand, daß ein Prozent von Leuten, die an Geisteskrankheiten litten, sich diesem ungewöhnlichen Gelüste hingaben; die Mehrheit von ihnen bildeten Männer. Eine besondere Beziehung zwischen Kotessen und Onanie ließ sich nicht feststellen; es wurden auch keine nachteiligen Wirkungen auf die Verdauungorgane ermittelt.

„Bei krankhaften Veränderungen des Charakters, wie sie durch Gehirnkrankheiten erzeugt werden, gibt es gewisse Stufen bei einigen Formen von Geisteskrankheiten, bei denen einige von den Handlungen, die Sie erwähnen, nicht ungewöhnlich sind."[3]

„Ein vier Jahre alter Knabe hatte sein Bett besudelt und da er sich sehr vor Schlägen fürchtete, aß er seinen eigenen Kot auf. Er konnte jedoch die Flecken aus den Bettüchern nicht entfernen und als man ihn unter Drohungen ausfragte, gab er schließlich die Sache zu. Als man dann weiter nach dem Geschmack forschte, sagte er, daß es stinkig, aber dabei etwas süß geschmeckt habe. . . . Ein vortreffliches kleines Mädchen, das sehr um sein Seelenheil besorgt war, aß seinen eigenen Kot, wurde aber schwach und krank davon. Als man es fragte, wie der Geschmack gewesen sei, antwortete es, er sei übelriechend und wässerig süß gewesen." Von diesen Beispielen sagt von Helmont, daß sie ihm persönlich bekannt seien, wie auch der Fall eines Brüsseler Malers, der irrsinnig geworden war und 23 Tage lang von seinem eigenen Kot lebte.[4]

Um Irrsinnige handelt es sich wohl auch im Werwolfglauben der Brasilianer. „Wenn eine Frau sieben Knaben zur Welt bringt, so wird der erste oder letzte ein Werwolf. Er selber kann nicht dafür, es ist sein Fatum. Er frißt Unrat in Bächen und Kanälen und bricht ihn als Mensch wieder aus, daher das bleiche, fahle Aussehen."[5]

Eine französische Dame hatte die Gewohnheit, zu Pulver zerriebenen menschlichen Kot bei sich zu tragen; sie aß ihn und pflegte sich nachher noch die Finger

---

[1] Brief an Bourke von Herrn Frank Rede Fowke, datiert: Department of Science and Art, South Kensington Museum, London SW., 18. Juni 1888. — [2] III. Jahrg. S. 95, Wien 1873. — [3] Brief an Bourke vom Stabarzt John S. Billings beim Army Medical Museum; Washington, 23. April 1888. — [4] Vergl. Von Helmonts Oritrika, Englische Übersetzung, London 1662, S. 211 f. Von Helmonts Werk ist ein Folio-Band von 1161 Seiten. — [5] Karl von den Steinen, Unter den Naturvölkern Zentral-Brasiliens, Berlin 1894, S. 556. Denselben Glauben aus Sampaio in Süd-Brasilien bezeugt Herm. Albrache, Neue Heimat, Herausg. Hugo E. Luedecke, Porto Alegre 1912, I, 91.

abzulecken. Paullini erwähnt auch das Beispiel des Brüsseler Malers, das wir vorher angeführt haben.[1])

Der Apotheker Lagrange zu Paris, den seine Berufgenossen „Bouillon à Pointu" (den Spitzfindigen?) nannten, hat ein Werk veröffentlicht, das den Titel führt „La Chimie du Goût" und von der Herstellung von Tafellikören handelt. Er gibt auch die Vorschrift für die Zubereitung eines solchen, den er Eau de Mille Fleurs nennt und der aus einem Auszug aus Kuhkot mittels Branntweins besteht.[2])

„Was den Kuhkot anbelangt, so verwendet man ihn immer noch, um das soge-nannte „eau de mille fleurs" herzustellen, das mehrere Arzneibereitunglehren als Heil-mittel bei verdorbenen Säften empfehlen."[3])

Menschlicher Kleger. — Die Magyaren erzeugen aus Dreck Branntwein. Wenn einen Scheißdrang befällt, so eilt er so rasch als möglich auf den Topf hin, deckt schnell den Topf zu, damit sich jener Duft nicht verliere und schüttet den Dreck in einen Bottich aus, der von allen Seiten wohl verschlossen ist. Kam auf diese Weise viel Dreck zusammen, setzt man den Kessel auf, schüttet den Dreck hinein und brennt den Brannt-wein. Man sagt, das wäre ein feiner Branntwein und jener, der an der Auszehrung leide, genese von ihm. Erzählt von einem Chrowoten aus dem Zagorje.[4]) Krauss hörte viel-fach davon erzählen, bekam jedoch niemals einen solchen Branntwein zu Gesicht. In Niederösterreich sagt man den galizischen Polen nach, sie erzeugten aus Menschenkot Branntwein, den sie in den Handel brächten.

„Scatophagi—Kotesser. Diese Feinschmecker von ganz besonderer Art, diese Wiederkäuer einer neuen Gattung, diese abgestumpften oder überfeinerten Schlemmer hießen Scatophagen oder Skybalophagen. (Von Skybales, skybala, σκύβαλα. Siehe bei Dioscorides, Kap. 77 und Gorreus V, Def. med. S. 579 die verschiedenen Bedeu-tungen dieses Wortes). Kaiser Commodus gehörte zu diesen; „er soll häufig mensch-lichen Kot unter die kostbarsten Speisen gemischt und davon gegessen haben", sagt Lampridius (Leben des Kaisers Commodus, Kap. 11). Riedlinus (Linear. Medic., Jahr-gang 1697, Monat November, Beobachtung 23, S. 800) berichtet über den Fall einer Frau, die behauptete, „in ihrem ganzen Leben habe keine Speise ihrem Gaumen besser behagt." Sauvage sagt in seiner „Nosologie méthodique", ein Mädchen habe ihm gestanden, daß sie früher mit ungeheurem Vergnügen die Kruste gegessen habe, die sich an den Wänden der Latrinen ansetzt. Zacutus Lusitanus hat eine junge Dame gekannt, die durch Zufall von ihrem Kote gekostet hatte und daraufhin später ihre Lieblingspeise daraus machte, und dies ging soweit, daß sie ganz krank wurde, sobald sie sich ihrer enthalten mußte.

„J. J. Wypffer berichtet, Dec. III? an. 2. Beobachtung 135, Anmerkung S. 199 eine Tatsache derselben Art. Ferner: Ehrenfreid; Pagendorpius (Obs. et hist. phys. med. cent. 3, hist. 95); Daniel Eremita (Descriptio Helvet., Opera, S. 402); P. Tollius (Epistolae itinerar. 62, S. 247); Tobias Pfanner (Diatribe de Charismati seu miracul. et antiq. eccles., Kap. 2); [es werden noch Stellen aus Von Helmont, Frommann, Rosinus Lentilius und Paullini beigebracht, die ich schon anderweitig unmittelbar nach den Quellen angeführt habe]; P. Borellus (Observ. phys. med. cent. 4, Beobachtung 2); J. Johnstonus (Thaumagograph. admirand. homin., Kap. 2, Artikel 2); Georg Hanneous (Dec. II, an. 8, Beobachtung 115); P. Romelius (Dec. III, an. 7 und 8, Beobachtung 40); Mich. Bern. Valentin (Novell. med. log. as. II). Wir glauben uns zu erinnern, daß sich Beispiele derselben Art in dem Werke J. B. Cardanus finden, das den Titel hat:

---

[1]) Christian Franz Paullini, Dreck-Apotheke, Frankfurt a. M., 1696, S. 9. —
[2]) Bibliotheca Scatologica, S. 93—96. — [3]) Angelo de Gubernatis, Zoological Mythology, London 1874, I, S. 275—277. — [4]) Anthropophyteia IV, S. 339.

„De Abstinentia ab usu ciborum fetidorum" und als Anhang zu der Abhandlung seines Vaters „De Utilitate ex adversis capienda" gedruckt ist. Zu Paris war ein reicher Bürger namens Paperal bekannt, der infolge einer seltsamen Geschmackverirrung den Kot kleiner Kinder verschlang. (Virey, Nouvelle Diction. d'Histoire, Deterville, Band X). Die Überlieferung berichtet sogar, daß er ihn mit einem goldenen Löffel aß. Dies ist aber nicht das einzige Beispiel eines so wunderlichen Geschmackes. Bouillon hatte immer eine goldene Dose bei sich, die aber nicht mit Tabak, sondern mit menschlichem Kot gefüllt war. (Siehe Dulaure, Histoire de Paris, Ausgabe von 1825, VII, S. 262." [1])

„Der Schnepfendreck, nach dem die verwöhntesten Feinschmecker, in diesem Falle echte Skatophagen, sehr lüstern sind". [2])

In dem merkwürdigen Buche Bibliotheca Scatologica, voll Gelehrsamkeit und wissenschaftlicher Forschung, sind Anführungen aus mehr als 300 Quellenschriften zusammengesucht, von denen einige natürlich lediglich unzüchtig sind und nicht in das Gebiet der hier erforderlichen Nachweise fallen; andere sind aber, wie man wohl sofort aus den hier gegebenen Auszügen entnommen haben wird, vom allergrößten Wert im wissenschaftlichen Sinn. Schurig gibt ein Beispiel von Gefräßigkeit, in dem sich ein gewisser Vielfraß mit Harn und Kot zu befriedigen pflegte, nachdem er alle erreichbaren Speisen aufgezehrt hatte: „Et si panes deerant, sua ipse excrementa comedebat et lotium bibebat." [3]) Es wird auch der Fall eines Kranken erwähnt, der früher einmal bei irgend einer Unpäßlichkeit mit Mäusekot gute Erfahrungen gemacht hatte und infolgedessen ein überzeugter Mäusekot-Esser geworden war. Er hatte die Gewohnheit, ihn auf dem Fußboden seines Hauses aufzulesen, ehe ihn die Dienerschaft wegfegen konnte. [4]) Die schwangere Frau eines Ackerbauern in der Stadt Haßfurt a. M. aß den Kot ihres Mannes, so lange er noch warm war und rauchte. [5])

„Ein jeder macht ihn, sieht ihn, riecht ihn, berührt ihn, spricht über ihn, liest auch manchmal über ihn, und wenn ihn nicht jedermann ißt, so geschieht dies nur deshalb nicht, weil wir nicht mehr in den Zeiten leben, in denen die Schnepfen gebraten vom Himmel fielen; aber von diesen würde jeder gern essen." [6])

Im Folgenden geben wir einen Auszug aus einem Briefe an Charlotte Elisabeth von Bayern, der Tochter des Kurfürsten Karl Ludwig von der Pfalz, geboren zu Heidelberg im Jahre 1652; sie heiratete den Bruder Ludwigs XIV., Philipp von Orléans, nach dem Tode seiner ersten Gattin Henriette Maria von England. Den fraglichen Brief erhielt sie von ihrer Tante, der Gattin des Kurfürsten von Hannover, und er soll dazu dienen, einen Begriff von der Gewagtheit der Ansichten zu geben, die in jener Zeit Damen von so hohem Rang hatten, und von der Derbheit, mit der sie sie zum Ausdruck brachten. —

Hannover, den 31. Oktober 1694.

„Wenn das Fleisch den Kot macht, so ist es auch richtig zu sagen, daß der Kot das Fleisch macht . . . Wird denn nicht auf den feinsten Tafeln der Kot als Ragout aufgetragen? . . . Die Blutwürste, die Fleischwürste, die Bratwürste, was sind sie denn anders als Ragout in Kotsäcken?"

Die hier erwähnten Briefe sind fast vollständig in der Bibliotheca Scatologica auf den S. 17—21 zu finden. [7])

---

[1]) Bibliotheca Scatologica, S. 93—96. — [2]) S. 133. Schnepfendreck ist aber nicht der eigentliche Kot, sondern der halbverdaute Inhalt der Därme. — [3]) Schurig, Chylologia, Dresden 1725, S. 52. — [4]) Schurig, S. 823f. — [5]) Siehe Christian Franz Paullini, Dreck-Apotdek, Frankfurt a. M., 1696, S. 8. Vergl. ferner die Anführung aus „Ephemeridum Physico-Medicorum", Leipzig 1694, auf S. 212 dieses Werkes. — [6]) Bibliotheca Scatologica, S. 21, Oratio pro Guano Humano. — [7]) Vergl. auch Anthropophyteia, III., Leipzig 1906, S. 344 ff.

Das Folgende erschien in dem „General Homoeopathic Journal", Band 113, S. 15, Jahrgang 1886, in einem Aufsatze mit der Überschrift: „The Last Cholera Epidemic in Paris": „Die Nachbarn eines durch sein ausgezeichnetes Brot, seine Torten und sonstigen Erzeugnisse der Feinbäckerei im besten Rufe stehenden Geschäfts beklagten sich fortgesetzt über die ekelhaften Gerüche, die dort herrschten und die in ihre Wohnungen eindrangen. Das Auftreten der Cholera gab schließlich diesen Klagen einen gewissen Nachdruck und die Sanität-Inspektoren, die man hingeschickt, um der Sache auf den Grund zu gehen, stellten fest, daß zwischen den Aborten dieser Wohnungen und dem Behälter, der das zur Bereitung des Brotes erforderliche Wasser enthielt, eine Verbindung bestand. Diese Verbindung stellte man sofort ab, aber die unmittelbare Folge hiervon war eine merkliche Verschlechterung in der Güte des Brotes. Den Chemikern wird der Beweis gar nicht schwer fallen, daß Wasser, das mit „Abort-Extrakt" versetzt ist, ganz besonders die Eigenschaft hat, den Teig ordentlich zum Aufgehen zu bringen, wodurch dem Brot das schöne Aussehen und der angenehme Geschmack verliehen wird und darin besteht eben die Haupteigenschaft eines köstlichen Brotes."[1]

VI. Die Verwendung von Kot in Speisen bei primitiven Stämmen.

Die ältesten Berichte von Indianern Floridas und von Texas erwähnen den Genuß derartiger Nahrungmittel. Cabeza de Vaca, einer der Überlebenden des unglücklichen Kriegzuges Panfilo de Narvaezs, war viele Jahre lang Gefangener bei verschiedenen Stämmen, bis es ihm schließlich gelang, in Gesellschaft von ebenso unglücklichen Kameraden, wie er selbst, das Festland zu durchqueren und im Jahre 1536 bei Culiacan die Küste des Stillen Oceans zu erreichen. In seinem Berichte schildert er, wie die Bewohner von Florida Wurzeln ausgruben, um sie als Nahrung zu gebrauchen, wie sie Spinnen, Ameiseneier, Würmer, Eidechsen, Salamander, Schlangen, Erde, Holz, Hirschkot und noch viele andere Dinge aßen.[2] Purchas gibt dieselben Nachrichten in der Fassung, daß sie „auch Erde aßen, sowie Holz und alles, was sie bekommen können, sogar den Kot von wilden Tieren."[3] Diese Bemerkungen sind so zu verstehen, daß sie sich auf alle Stämme beziehen, die dieser alte Forscher östlich der Rocky Mountains kennen gelernt hat.

Gomara stellte diese ekelhafte Ernährungweise bei einem besonderem Stamme, den Yaguaces in Florida, fest. „Sie verzehren Spinnen, Ameisen, Würmer, Eidechsen in zwei Arten, Schlangen, Erde, Holz und Kot von allen Arten von wilden Tieren."[4]

Die Indianer Kaliforniens waren noch viel weniger wählerisch. Der deutsche Jesuit, Pater Jakob Baegert, der sich ohne Unterbrechung von 1748 bis 1765 in Nieder-Kalifornien aufhielt, erzählt von ihnen:

„Sie essen die Samenkörner der Pitahaya, einer Art von Riesenkaktus, die unverdaut durch ihre eigenen Eingeweide hindurch gegangen sind; sie sammeln ihren eigenen Kot, suchen die Samenkörner heraus, rösten, mahlen und essen sie und zeigen ein großes Wohlgefallen an diesem ekelhaften Mahl." Und weiterhin: „In der Mission des heiligen

[1] Brief Dr. Gustav Jaegers in Stuttgart an Bourke. Vergl. Abschnitt VII. — [2] Alvar Nuñez Cabeza de Vaca in Ternaux' Sammelwerk, VII, S. 144. — [3] Purchas, Pilgrims, IV, Buch 8, Kap. 1, Abschn. 2, S. 1512. — [4] Gómara, Historia de las Indias, S. 182: „Comen arañas usw. . . . y cagajones y cagarrutas." — Er entnimmt seine Angaben dem Berichte Vacas. Das Wort „cagajon" bedeutet den Kot von Pferden, Maultieren und Eseln, das Wort „cagarruta" den Kot von Schafen, Ziegen und Mäusen.

Ignatius . . . gibt es Leute, die ein Stück Fleisch an einem Bindfaden befestigen, es verschlingen und es nacheinander ein Dutzend Mal wieder herausziehen. Sie verfolgen damit den Zweck, das Wohlgefallen an dem Geschmack des Fleisches zu verlängern."[1]

Eine ähnliche Verwendung von Fleisch, das an Bindfaden befestigt war, soll früher bei europäischen Matrosen beliebt gewesen sein, wenn sie einen Neuling unter den Kameraden, der die Qualen der Seekrankheit durchzumachen hatte, foppen wollten. (Feuerländer). „Einer von ihnen hustete ein Stück Walfischspeck, das er gerade gegessen hatte, sofort wieder heraus und gab es an einen andern weiter, der es seinerseits mit vielen Umständen und mit einem sonderbaren Geräusch im Halse verschluckte."[2]

Dieselben Nachrichten findet man bei Clavigero[3] und bei H. H. Bancroft,[4] die sie beide aus Pater Baegert entnommen haben. Orozco y Berra erwähnt den Vorgang gleichfalls; er fügt aber noch hinzu, daß sich öfters mehrere Kalifornier zusammentun und den köstlichen Leckerbissen von Mund zu Mund gehen lassen.[5]

Castañeda weist darauf hin, daß die Kalifornier eine Rasse von nackten Wilden seien, die ihren eigenen Kot äßen.[6]

Die Indianer von Nord-Amerika kochen nach Harmons Bericht das Bauchstück des Büffels mit einer Menge des noch daran klebenden Kots; eine nicht gerade reinliche Art des Kochens, die aber an sich gar nichts besonderes bedeutet, da die gleichartige Erscheinung bei fast allen Stämmen vorkommt. Aber an einer anderen Stelle sagt derselbe Verfasser: „Viele hielten Brühe, die unter Verwendung vom Kot des Cariboo und des Hasen hergestellt ist, für ein sehr schmackhaftes Gericht."[7]

Der Abbé Domenech erwähnt dasselbe von den Banden in der Nähe des oberen Sees: „Während sie ihren wilden Reis zur Mahlzeit aufkochen, mischen sie den Kot von Kaninchen darunter — ein Leckerbissen, der bei den Feinschmeckern unter ihnen besonderen Anklang findet."[8]

Von den Negern von Guinea erzählt ein alter Schriftsteller, daß sie verschimmeltes, stinkiges Fleisch von Elefanten und Büffeln essen, worin die Maden zu tausenden herumkriechen und das schon nach Aas riecht. Sie essen rohe Hunde-Eingeweide, ohne sie auch nur zu kochen oder zu braten.[9] Und ein anderer wiederum berichtet, daß die Mosagueys sich aus Milch und frischem Kuhkot eine Suppe zurechtmachten; sie rühren die Bestandteile durcheinander, machen sie am Feuer heiß und trinken sie; sie behaupten davon, daß es sie stark mache.[10]

Die Peruaner aßen das Fleisch und die Fische roh; aber weiter erfahren wir von Gómara nichts.[11] „Comen crudo la carne y el pescado."

Die primitiven Völkerschaften Australiens „bereiten ein süßliches und sehr schmackhaftes Getränk, indem sie Taarp mit Wasser vermischen. Taarp ist der Kot eines kleinen grünen Käfers, dessen Larven dahinein gelegt werden."[12]

---

[1] Übersetzung von Dr. Charles F. Rau, im Annual Report, Smithsonian Institution, 1866, S. 363. — [2] Voyage of the Adventure and Beagle, London 1839, I, S. 315. — [3] Historia de la Baja California, Mexico 1852, S. 24. — [4] Native Races of the Pacific Slope, I, S. 561. — [5] Orozco y Berra, Geografia de las lenguas de Mejico, Mexico 1854, S. 359. — [6] Castañeda bei Ternaux, IX, S. 156. — [7] Harmons Journal usw., Andover 1820, S. 324. Harmons Bemerkungen sind von ganz besonderer Wichtigkeit, weil er von den Ta-Cully oder Carriers spricht, die zum Tinneh-Hauptstamm gehören, wie die Apachen und Navajoes von Arizona und Neu-Mexiko, die Lipons in Texas, die Umpquas im Washington-Territorium, die Hoopahs in Kalifornien, und die Slocuss im Quellgebiet des Columbia River. [Das Karibu ist das nordamerikanische Renntier. I.] — [8] Domenech, Deserts, Band II, S. 311. — [9] De Bry, Ind. Orient. bei Purchas, Pilgrims, Band II, S. 905. — [10] Purchas, Buch 9, Kap. 12, Abschn. 4, S. 1555. — [11] Gómara, Historia de las Indias, S. 324. — [12] P. Beveridge, The Aborigines of Victoria and Riverina, Melbourne 1889, S. 126. T. B. Kyngdon, der Sekretär der Royal Society of Sydney wies mich darauf hin.

„Einer von diesen (Schlangenindianern), der ein ungefähr neun Fuß langes Stück Darm gefaßt hatte, kaute an dem einen Ende desselben, während er mit seiner Hand emsig beschäftigt war, sich freie Bahn zu machen, indem er den Inhalt des Darmes am andern Ende herausquetschte. Wenn man mit ansah, wie sich diese elenden Menschen gierig von tierischen Abfällen ernährten und wie ihnen dabei das Blut am Munde herunterlief, so mußte man unbedingt schmerzlich davon berührt werden, daß die Lage des Primitiven derjenigen des Viehes so ähnlich ist.“[1]

„Einige Schriftsteller haben angegeben, daß alle Hottentotten die Eingeweide von Tieren verschlingen, ohne sie vorher von Schmutz und Kot zu reinigen und daß sie diese, ob gut oder verdorben, zu den größten Leckerbissen der Welt zählen; aber dies ist nicht wahr. Ich habe immer gefunden, daß sie Eingeweide, die sie essen wollten, vom Schmutz befreiten und in klarem Wasser abwuschen.“[2]

Atkinson lehnte es ab, mit einer Gesellschaft von Kirghisen zu speisen, als er sah, „daß sie von einem kurz vorher geschlachteten Schaf die Eingeweide in die Pfanne legten, nachdem sie sie nur einer sehr oberflächlichen Reinigung unterzogen hatten.“[3]

„Die Eingeweide von Tieren und anderen Abfall, der von den englischen Schiffen über Bord geworfen wird, sucht der Cochinchinese eifrig zusammen und ißt sie. Herr White macht es ihnen sogar zum Vorwurf, daß sie für schmutzige Sachen eine Vorliebe hätten.“[4]

(Araber des Roten Meeres). „Das Wasser von Dobelew und Irwee schmeckte stark nach Moschus wegen des Kotes der Ziegen und Antilopen. Der Geruch vor dem Trinken war noch ekelerregender als der Geschmack.“[5]

Kann man Wasser trinken, das mit dem Kot von Tieren verunreinigt ist, so kann es nur ein kleiner Schritt weiter sein, wenn man Flüssigkeiten zu sich nimmt, die absichtlich mit Harn versetzt sind, wie Sir Samuel Baker und Colonel Chaille Long es ihrem Berichte nach bei der Milch als Brauch der Neger in Gondokoro gesehen haben.

Chaille Long gibt an, daß in Zentral-Afrika er und seine Leute sich gezwungen sahen, Wasser zu trinken, in das der Kot von dem Rhinozeros und dem Elephanten geraten war.[6] Livingstone erzählt uns, daß die Afrikaner, die an den Ufern des Zambesi wohnen, sorgfältig darauf bedacht sind, nur Wasser von Quellen oder aus Brunnen zu trinken, die sie in den Sand graben. „Fast neun Monate lang in jedem Jahr wird um alle Dörfer herum, die zahllos an dem tausende von Meilen langen Zambesi stehen, aller Unrat aufgestapelt. Wenn dann die heftigen Regengüsse herunterströmen und diese ungeheure stinkende Anhäufung in die Fluten des Stromes schwemmen, ist das Wasser durch den Schmutz vollständig verunreinigt.“[7]

Der Geistliche J. Owen Dorsey berichtet, er habe während seines Aufenthaltes unter den Ponkas gesehen, „daß eine Frau und ein Kind die Eingeweide eines Ochsen samt dem Inhalte verschlangen.“[8]

Réclus sagt, daß die östlichen Innuits[9] Kot essen. „Sie schrecken auch nicht vor den Eingeweiden des Bären zurück, selbst nicht vor seinem Kot und machen sich gierig über die halbverdaute Nahrung her, die sie aus dem Leibe der Renntiere hervor-

---

[1] Lewis and Clark, nach der Anführung in Spencers Descriptive Sociology, unter Snakes. — [2] Peter Kolbens Voyage to the Cape of Good Hope, in Knox, Voyages and Travels, London 1877, II, S. 385. — [3] T. W. Atkinson, Siberia, New-York 1865, S. 219 und S. 433 nochmals. — [4] Encyclop. of Geography, Philadelphia 1845, II, S. 397, unter Farther India. — [5] James Bruce, Travels to discover the Source of the Nile, Dublin 1790, I, S. 367. — [6] Chaille Long, Central-Afrika, New-York 1877, S. 86. — [7] Livingstone, Zambesi, London 1865, S. 181. — [8] In einem Briefe an Bourke. — [9] Innuits sind die Eskimos, die sich in ihrer Sprache so nennen.

holen." [1] „Die Ygarroten auf den Philippinen schütten über ihr rohes-Fleisch als Brühe den flüssigen Kot eines frisch geschlachteten Büffels." [2]

Die Stämme von Angola in West-Afrika kochen die Eingeweide des Hirsches, ohne den Inhalt vorher zu entfernen; dies hat den Zweck einen besonderen Wohlgeschmack zu erzeugen; der Kot selbst wird nicht gegessen. [3]

Der tibetische Mönch sollte keine Eingeweide essen. „Ne pas manger des tripes." [4]

(Tungusen in Sibirien). „Sie essen alles von den Tieren, die sie schlachten und werfen nicht einmal das schmutzige Zeug in den Eingeweiden fort, sondern machen eine Art schwarzer Wurst daraus, indem sie Blut und Fett darunter mischen." [5]

Eingeborene des östlichen Sibiriens „aßen gierig die Eingeweide des Seehundes, ohne nur im geringsten die teilweise verdaute Nahrung aus den Därmen zu entfernen; dieser Kot des Seehundes war aber für gesittete Leute ebenso abstoßend wie der Kot von Menschen oder von Hunden." [6]

Die Aleuten und Indianer von der äußersten nördlichen Küste Amerikas bei Melvilles Gesellschaft entfalteten dasselbe Verlangen nach dem halbverdauten Bauchinhalt der von ihnen getöteten Seehunde. Dieses Gelüste entsprang durchaus nicht einem Mangel an Lebenmitteln, wie Melville ausdrücklich erklärt. Ein anderes Mal beobachtete er seine „Eingeborenen" dabei, wie sie „heimlich, aber reichlich von dem Miste der Renntiere aßen." [7]

VII. Harn in menschlicher Nahrung.
Chinook-Oliven.

Die Beimengung von Harn zu menschlicher Nahrung erwähnen mehrere Schriftsteller. In seinem Berichte über die Chinooks beschreibt Paul Kane einen Leckerbissen, den einige von den Indianern, unter denen er seine Reisen machte, herstellten. Er nennt diesen Leckerbissen „Chinook-Oliven". Solche Oliven waren aber nichts mehr und nichts weniger als Eicheln, die fünf Monate lang in menschlichem Harn eingeweicht gelegen. [8]

„In der Nähe von Darlington in Queensland ist ein Landstrich, in dem eine besondere Fichtenart vorkommt, auf der eine eßbare Nuß wächst, die bei den Eingeborenen sehr beliebt ist . . . . . Die Männer pflegten in der Erde aus Ton große Pfannen zu bilden und ihren Harn da hinein zu lassen. Dann sammelten sie eine große Menge von diesem Fichtensamen und legten ihn in den Harn ein. Nachdem eine Gährung eingetreten war, wurden die Samen gierig verschlungen, was zur Folge hatte, daß ein zeitweises Irresein unter den Männern auftrat — tatsächlich ein vollständiges Delirium tremens. Bei dieser Gelegenheit war es für jeden Menschen gefährlich, in ihre Nähe zu kommen. Von der Flüssigkeit selbst machte man überhaupt sonst keinen Gebrauch." [9]

------

[1] Réclus, Les Primitifs, Paris 1885, S. 31 f. — [2] A. a. O. S. 31. — [3] „Muhongo," nach einer Erklärung des Geistlichen Chatelain. — [4] W. W. Rockhill, Pratimoksha Sutra, Soc. Asiatique, Paris 1885. — [5] Gavrila Sarytchew, in Phillips Voyages London 1807, V. — [6] Brief an Bourke vom Ober-Ingenieur Melville (Marine der Vereinigten Staaten). — [7] Aus demselben Briefe. — [8] Paul Kane, Artist's Wanderings in North-America, London 1859, S. 187. Spencer hat Kanes Bericht in seine „Descriptive Sociology" aufgenommen unter „Chinooks". — [9] Brief an Bourke von John F. Mann, Neutral Bay, Sidney, Neu-Süd-Wales.

Dieser Bericht erinnert nicht nur an die Geschichte, die der Maler Kane im vorigen Absatz erzählt hat, sondern er stellt auch die Tatsache fest, daß in Australien ein Brauch vorhanden ist, der mit der Harn-Orgie der Bewohner Sibiriens eine wunderbare Ähnlichkeit hat.

Der Oberingenieur der Marine der Vereinigten Staaten, Georg W. Melville, der Verfasser des Buches „In the Lena Delta", hat unter den Eingeborenen im nördlichen Sibirien, wohin er durch ein Schiffunglück verschlagen wurde, viele Erfahrungen gesammelt. In einem Briefe an den Verfasser gibt er an, daß er mehrfach Beispiele davon erlebt habe, daß sibirische Weiber ihren eigenen oder ihrer Nachbarn frischen Harn tranken. Einmal, in Sutke Harbor, Saint Lawrence Bay, in der Nähe des Ostkaps, schienen sie sehr belustigt, als er über ihr schmutziges und unanständiges Treiben sein Mißfallen ausdrückte und „nach einem kurzen Gespräche ließ eine von ihnen ihren Harn und eine andere trank ihn sofort aus, dabei zeigten beide die größte Heiterkeit über meinen Abscheu." Er erzählt ferner, daß seine Eingeborenen sich eine Mischung aus Alkohol und ihrem eigenen Harn zu gleichen Teilen machten und hinuntergossen, wenn sie aus seinen beschränkten Vorräten nicht soviel Alkohol bekamen, wie sie bedurften.

Der Harn der Berauschten erhält in einem hohen Grade die Eigenschaft, ebenfalls berauschend zu wirken. Man trinkt an den nächsten Tagen nach dem Genusse von seinem eigenen Harn und pflanzt so den Rausch bisweilen einige Tage hindurch fort; oder es trinken Arme den Harn anderer und es soll sich auf diese Weise die Berauschung bis auf die vierte oder fünfte Person übertragen lassen. [1]

„Am Morgen des 8. Mai, während ich mit einem Fieberanfall kämpfte, erhielt ich einen Besuch von Gilmoro, der mir einen Flaschenkürbis voll Milch brachte, als ein Zeichen seiner Dankbarkeit, daß ich ihm einmal bei einer besonderen Gelegenheit seine Stellung gerettet hatte. Im brennendem Fieberdurste stürzte ich auf einmal einen Becher der schäumenden Flüssigkeit hinunter, ehe mein Geschmacksinn die ekelhafte Beimischung zu erkennen vermochte; mein Magen lehnte sich indessen rasch dagegen auf und warf unter heftigem Würgen den widerlichen Trank wieder aus; sieben Achtel davon waren einfach Kuhpisse! — eine Sitte, die nebenbei bemerkt bei allen Zentral-Afrikanern gang und gäbe ist, denn diese trinken niemals Milch ohne diesen Zusatz."

„Dieser Fetisch und abergläubische Brauch bringt der Kuh sowohl hier, als auch am Bahr-el-Abiad Schutz, eine geheimnisvolle Beziehung zum Unbekannten — vielleicht ein Schatten des alten ägyptischen Kultes." [2]

Harn beim Brotbacken.

Ein verhältnismäßig später Schriftsteller erzählt von dem Mokis in Arizona: „In ihrem Haushalt sind sie nicht so reinlich wie die Navajoes und es sind Andeutungen vorhanden, daß sie manchmal bei diesen Festlichkeiten ihr Mehl mit Harn mischen; aber ich erfuhr nicht eher etwas davon, als bis ich mit Mormonen darüber sprach, die bei ihnen gewesen waren." [3]

Beadle lebte bei den Mokis und aß bei ihnen eine Reihe von Tagen. Seine Bemerkung, die von den Mormonen herstammt, bezieht sich vielleicht auf eine nicht ganz richtig verstandene Zeremonie.

---

[1] A. Treichel, Pilz-Destillate als Rauschmittel. S. a. Jahrber. d. Preuß. Botan. Ver. J. 1897/98. S. 38, unter Berufung auf Georgi, Beschreibung aller Nationen des russischen Reiches, Petersburg 1776. Der Bericht bezieht sich auf die Jukagiren, Tschuktschen und Korjäken. Treichels treffliche Abhandlung verdiente einen Neudruck. — [2] Chaille-Long, Central-Africa, New-York 1877, S. 70. — [3] J. H. Beadle, Western Wilds, Cincinnati Ohio 1878, Seite 279.

Es ist Grund genug zu der Vermutung vorhanden, daß Bäcker in Europa Harn gebrauchten, ehe man die Bärme oder Bierhefe als Gährungmittel einführte. Heutzutage verwenden die Deutschen in diesem Gewerbezweige Ammoniak.[1]

Möglicherweise kann der folgende Bericht über die Art und Weise, wie die Patagonier den Walfischspeck essen, die Bedeutung haben, daß man Harn darüber goß: „Er setzte dasselbe Stück nochmals auf das Feuer und saugte wieder daran, nachdem er noch etwas hinzugetan hatte, das mir zu ekelhaft ist, um es zu erwähnen." [2]

In Bezug auf das Verschlucken von menschlichem Kot usw., was doch allem Anschein nach ein natürliches Gefühl des Abscheus erregen müßte, mag vielleicht die folgende Angabe eine gewisse Bedeutung haben. Spencer Saint John sagt in seinem Werke „Life in the Far East" [3] nach der Beschreibung eines Kopfabschneiderfestes bei den Dayaken, daß sie nach gewissen einleitenden Bräuchen und Belustigungen „zu essen und zu trinken anfangen . . . . und zwar eine ganz außergewöhnliche Zusammenstellung: Geflügel, das samt den Federn gebraten worden ist; Eier, die vor Alter schwarz geworden sind; faul gewordene Früchte, Reis von allen Farben und von jeder Art; stark riechende Fische, die schon fast verdorben sind; ihr Getränk hat das Aussehen von geronnener Milch, worunter sie noch Pfeffer und andere Beigaben mischen. Es hat eine Übelkeit erregende Wirkung auf sie und sie schlucken es auch mehr aus Pflichtgefühl hinunter, als weil sie einen Genuß dabei fänden."

Diese Unflätigkeiten sind offenbar beabsichtigt, denn „ehe sie die fremden Bestandteile nicht hinzugetan haben, schmeckt das Getränk gar nicht schlecht, es hat etwa den Geschmack von Sprossenbier." [4]

Wenn dieser Brauch als eine Art Opfer seiner Natur nach gelten soll, — aus dem Text ist dies nicht ganz klar zu ersehen, da es dort als eine Art Lustbarkeit beschrieben ist, aber es scheint doch wahrscheinlich zu sein, weil es mit der inneren Verfassung und dem äußeren Verhalten des Stammes in Verbindung steht und zu der Kopfjägerei Beziehung hat — dann kann man annehmen, daß solche verdorbene Nahrungmittel und solche ekelerregende Getränke vollkommen natürliche Züge sind, zu denen wir Gegenstücke an vielen anderen Orten haben.

Es kann als Regel gelten, daß ein Brauch seinem Wesen nach um so mehr als eine Opferhandlung anzusehen sein wird, je schmerzhafter, kostspieliger, unnatürlicher und ekelhafter er ist — die Gründe hierfür sind ohne weiteres verständlich.

Van Stralenburg erzählt von den Koräken, daß sie dieselben Kübel als Harngefäße und zum Aufbewahren des Trinkwassers benutzen.[5]

Von ostindischen Fanatikern, die Menschenkot essen.

Gelegentlich einer Schilderung der Überreste der Aghozis, einer Sekte der Hindus, bemerkt ein englischer Schriftsteller:

„Um den Beweis zu liefern, wie gleichgültig sie gegen alle irdischen Dinge sind, essen und trinken sie alles, was man ihnen darreicht, sogar Kot und Aas. Sie beschmieren auch ihren Körper mit Kot und tragen solchen in einer hölzernen Schale oder einem Schädel bei sich, entweder um ihn zu verschlingen, wenn sie einige Kupfermünzen dafür bekommen können, oder um ihn auf die Leute oder in die Häuser zu werfen, wenn man sie mit ihrer Bettelei abgewiesen hat." [6]

---

[1]) Vgl. unten im Abschnitt über die Verwendung von Kot und Harn in Gewerbebetrieben. — [2]) Voyage of the Adventure and Beagle, London 1839, I, S. 343. — [3]) London 1842, S. 66. — [4]) Bier, das nicht mit Hopfen, sondern mit einem Extrakt aus den Zweigen der Rottanne hergestellt ist. I. — [5]) Vergleiche die Anführung weiter unten. So pflegen es auch die bulgarischen Bauern zu halten. — [6]) Religious Sects of the Hindus, in „Asiatic Researches" XVII, S. 205, Calcutta 1832. Der Aufsatz rührt von H. H. Wilson her. I.

Ein anderer Schriftsteller bestätigt diese Angaben. Abbé Dubois sagt, daß die Gurus (die indischen Priester) manchmal als Zeichen ihrer Gunst ihren Schülern „das Wasser schenken, in dem sie ihre Füße gewaschen haben und diejenigen, die es bekommen, bewahren es auf und trinken zuweilen davon."[1] Er erzählt uns weiter, daß dieser Brauch unter den Anhängern des Siva allgemein verbreitet ist und daß er auch bei vielen Vischnuiten in Bezug auf ihre Vaschtuma nicht ungewöhnlich ist. „Und das ist noch nicht einmal der widerlichste von den Gebräuchen, die bei dieser Sekte von Fanatikern vorkommen, denn man macht ihnen sogar den Vorwurf, daß sie den richtigen Kot, der von ihren Gurus herrührt, als geheiligten Bissen aufessen und das Wasser hinunterschlucken, mit dem diese sich den Mund ausgespült oder das Gesicht gewaschen haben, neben noch vielen andern ebenso unserem Gefühl widerwärtigen Gebräuchen."[2]

Und weiterhin weist Dubois auf die Gymnosophisten hin, „oder die nackten Samyasis von Indien . . . die menschlichen Kot essen, ohne das geringste Zeichen von Abscheu von sich zu geben."[3]

Eine einigermaßen mit diesem Punkte in Zusammenhang stehende Notiz befindet sich unter den Aufzeichnungen des Verfassers. Einer der Zauberer (Medizin-Männer) der Sioux versicherte seinen Bewunderern, daß alles an ihm „Medizin" sei, sogar sein Kot, der in Kupferpatronen verwandelt werden könnte.

„Man teilte mir mit, daß eine große Anzahl unter den Shodrus das Wasser tränke, in das ein Brahmine seinen Fuß getaucht hätte, und daß sie sich am Morgen jeder Nahrung enthielten, bis diese Zeremonie vorüber sei. Einige Personen tun dies jeden Tag . . . Man kann sehen, wie Leute eine kleine Menge Wasser in einer Schale tragen und den ersten besten Brahminen, der ihnen in den Weg kommt, bitten, er möchte seine Zehe hineinstecken . . . Viele Leute bewahren derart geheiligtes Wasser in ihren Häusern auf."[4]

VIII. Der Kot des Dalai Lama von Tibet.

Daß man dieselbe ekelhafte Verehrung der Person des Dalai Lama von Tibet zuteil werden ließe, nahm man früher allgemein an. Maltebrun behauptet es in ganz bestimmter Form: „Es ist eine sichere Tatsache, daß man den Auswurf, den sein Leib ausscheidet, mit frommer Sorgfalt sammelt, um ihn als Amulet und unfehlbare Arznei bei allen Krankheiten zu verwenden."

Und nach einer Anführung von Pallas (I, S. 212) fügt er hinzu: „Es ist zweifellos, daß man den Inhalt seines Nachtstuhles andächtig sammelt; die festen Teile davon verteilt man als Amulete, die man am Halse trägt; die Flüssigkeit nimmt man innerlich als unfehlbare Medizin ein."[5]

Abbé Huc widerspricht diesen Angaben: „Den Talé Lama verehren die Tibeter und die Mongolen wie eine Gottheit. Der Einfluß, den er auf die buddhistische Bevölkerung ausübt, ist wirklich erstaunlich; aber dennoch geht man zu weit, wenn man behauptet, sein Kot werde sorgfältig gesammelt und zu Amuleten verarbeitet, die von den Frommen in Beutelchen eingeschlossen und um den Hals getragen werden."[6]

---

[1] Dubois, People of India, London 1817, S. 64. — [2] S. 71. — [3] S. 331. — [4] Ward, nach der Anführung bei Southey in seinem „Commonplace Book," London 1849, Second series, S. 521. — [5] Maltebrun, Universal Geography, unter Tibet, B. 2, Buch 45, Philadelphia 1832. — [6] Huc, Travels in Tartary, Thibet and China, London 1849, II, S. 198.

Vergleichung der Angaben Hucs und Dubois'.

Huc war ein eifriger Forscher und scharfer Beobachter; er war mit der Sprache und den Sitten der Mongolen aufs eingehendste vertraut; seine Reise nach Tibet war überreich an Zwischenfällen und seine Erzählung entbehrt niemals des Interesses. Dennoch war er in Tibet lediglich ein Reisender; die höheren Klassen der buddhistischen Priesterschaft beobachteten ihn argwöhnisch, während ihn die niederen Schichten der Priesterschaft und das Volk als einen Lama aus dem fernen Osten anzusehen schienen. Aber es gelang ihm nicht, sich das Vertrauen der Tibeter in dem Maße zu erwerben, wie es Dubois unter den brahminischen Sekten besaß. Die Lebengeschichte Dubois' ist sehr merkwürdig: Er war französischer Priester, der durch die Ausschreitungen der Revolution aus seinem Heimatland vertrieben, in Indien Zuflucht suchte und sich dort fast zwanzig Jahre lang der Missionarbeit unter dem Volke hingab, mit dem er so vollkommen verwuchs, daß die Britisch-Ostindische Kompagnie seine Aufzeichnungen auf eigene Kosten drucken und an ihre Angestellten als Lehrbuch verteilen ließ.

Solange man sich damit begnügt, nur die älteren Schriftsteller heranzuziehen, kann man diese Streitfrage als in bejahendem Sinne entschieden ansehen. Die ersten Europäer, von denen bekannt geworden ist, daß sie bis nach Tibet (oder Barantola, wie sie es nannten) gekommen sind, waren die Jesuiten Grüber und Dorville, die auf der Rückreise von China nach Europa durch Tibet marschierten und durch Indien zur Meerküste wanderten. Dies war im Jahre 1661; ein anderes Mitglied dieses Ordens, der Pater Andrade, erhob Anspruch darauf, bereits früher (im Jahre 1621) das gleiche gefährliche Unternehmen ausgeführt zu haben, aber die Namen der Städte, die er besuchte, beweisen deutlich, daß er nicht über die Gegenden hinauskam, die wir heute als Afghanistan bezeichnen, also bis an den Fuß der an Tibet angrenzenden Gebirge. Als Grüber und Dorville ihre Reise ausführten, oder nur wenige Jahre später, hatte der Pater Gerbillon, gleichfalls ein Jesuit, seinen Aufenthalt unter den herumziehenden Tataren genommen und einen Einfluß bei ihnen erlangt, dessen sich sogar der Kaiser von China in schwierigen Lagen gern bediente. Keiner von diesen Reisenden erhob aber Anspruch darauf, den Großlama in eigener Person gesehen zu haben.

„Grüber versichert uns, die Vornehmen des Königreichs seien ängstlich darauf bedacht, sich den Kot dieser Gottheit (nämlich des Großlamas) zu verschaffen; sie trügen ihn gewöhnlich als Reliquie um den Hals gehängt. An einer anderen Stelle sagt er, die Lamas zögen einen großen Vorteil von den reichen Geschenken, die sie dafür erhalten, daß sie den Vornehmen zu einem Bischen von diesem Kot oder Urin verhelfen; denn wenn jene den Kot um den Hals gehängt tragen und den Urin unter ihre Speisen mischen, bilden sie sich ein, gegen jeden körperlichen Schaden gesichert zu sein. Als Bestätigung dazu teilt uns Gerbillon mit, die Mongolen trügen nämlich als kostbare Reliquien den gepulverten Kot des Großlama in Säckchen um den Hals gehängt, die imstande sind, sie vor jedem Mißgeschick zu bewahren und jede Art von Unpäßlichkeit zu heilen. Als dieser Jesuit seine zweite Reise nach der westlichen Tatarei ausführte, brachte ein Abgesandter von einem der Hauptlamas dem Onkel des Kaisers ein gewisses Pulver, das in einem kleinen Paketchen von weißem Papier verpackt und in ein Tüchelchen von weißem Taffet hübsch eingewickelt war; aber jener Fürst sagte ihm, daß es bei den Mandschus nicht Sitte sei, von solchen Dingen Gebrauch zu machen, er dürfe es daher nicht annehmen. Der Berichterstatter hielt dieses Pulver entweder für Kot des Großlamas oder für Asche von irgend etwas, das er im Gebrauch gehabt hatte."[1]

„In seinem späteren Bericht über seine Rückkehr aus China im Jahre 1661 über Lhassa, oder Barantola, wie es Kircher nennt,[2] — Grüber selbst nennt den Ort Baran-

---

[1] A description of Thibet, in Pinkertons Voyages and Travels, London 1814, VII, S. 559. — [2] Kircher, China Illustrata, Teil 2, Kap. 1.

taka, wohin seiner Angabe nach noch niemals ein Christ gekommen war — wundert sich Grüber vor allem über ihren Papst (den Großlama von Tibet), dem sie göttliche Ehren erweisen, dessen Kot sie sogar anbeten und in goldene Büchsen legen, als ein ganz ausgezeichnetes Mittel gegen alle unglücklichen Zufälle."[1]

Turner[2]) erwähnt die Verwendung des Großlama-Kotes überhaupt nicht.

Der Mönch Odoric von Pordenone besuchte Lhassa und Tibet zwischen 1316 und 1330.[3]) Markham glaubt, daß der Jesuit Antonio Andrade, den er als einen unerschrockenen Missionar bezeichnet, im Jahre 1624 seinen Weg über die Hochgebirgpässe nach Rudok suchte, die fürchterlichen Pässe zu den Quellen des Ganges hinaufkletterte und schließlich nach schrecklichen Leiden die Ufer des heiligen Sees von Mansorewar, die Quelle des Sutlej erreichte.[4])

Warren Hastings erwähnt die tibetischen Priester hohen Grades, die Kutschuk-tus, die, wie er sagt, „eine höhere Wesenheit des Dalai Lama zugeben, sodaß sein Kot als Zaubermittel zu hohen Preisen an alle tatarischen Stämme dieses Glaubens verkauft wird."[5])

Es ist jedenfalls auffällig, daß sich weder in dem Bericht noch in den Briefen von Bogle, noch in den Aufzeichnungen von Manning, noch in den Bruchstücken von Grüber, von Desideri, noch in denen von Horace Della Penna, die in Markhams Tibet abgedruckt sind, irgend ein Hinweis auf die Verwendung des Kotes des Großlama vorfindet, weder im Glauben noch in der Medizin.

„Die Großen des Reiches (nämlich von Barantola) suchen sehr eifrig darnach, vom Kote dieser Gottheit (Lamacongiu) etwas zu bekommen." „Gewöhnlich tragen sie ihn als Reliquie um den Hals gehängt."[6])

Mehrere Schriftsteller, bei denen man viel erwarten konnte, enthalten hierüber gar nichts.

Bei Rubruquis findet man keine Erwähnung davon, daß bei den Tataren, unter denen er reiste, die Verwendung von menschlichem Kot oder Urin Brauch war; er sagt lediglich, daß sie ihr Brot mit Kuhmist backen. Rubruquis, der Franziskanermönch war, wurde im Jahre 1253 vom König Ludwig IX. von Frankreich (dem heiligen Ludwig) in besonderem Auftrage an den Großkhan der Tatarei abgesandt und bereiste bei der Ausführung seines Amtes tausende von Meilen dieses Landes. Bei Pinkerton steht folgendes: „Die Reisen des Rubruquis sind jedenfalls erstaunlich, in welchem Lichte man sie auch betrachten mag. Tut man dies in Bezug auf ihre Länge, so erstrecken sie sich in einer Richtung auf über fünftausend Meilen und in der andern fast auf sechstausend."[7])

Während einer so langen Reise sollte er doch wohl Gelegenheit gehabt haben, vieles zu sehen, aber wir müssen uns hierbei daran erinnern, daß sich die Sitten der Tataren des Großkhans durch die Berührung mit europäischer Gesittung doch umgewandelt hatten; es waren nämlich, worauf Rubruquis hinweist, viele Krieggefangene bei ihnen, die als Handwerker arbeiteten, während wir andererseits wissen, daß der Mönch mit allen ihren Mundarten vollständig unbekannt war. Marco Polo, der ungefähr zur

---

[1]) Stillingfleet, Defence of Discourse concerning Idolatry in Church of Rome, London 1676, S. 116—120, nach der Anführung bei H. T. Buckle in seinem „Commonplace Book", S. 79 im II. Band seiner sämtlichen Werke, London 1872. — [2]) Turner, Embassy to Thibet, London 1806. — [3]) Vergl. Markhams Ausgabe von Bogles Thibet, London 1879, S. 46. — [4]) Einleitung zu Bogles Thibet, London 1879. — [5]) Memorandum on Thibet, das der Instruktion an Bogle, den ersten englischen Gesandten an dieses Land, beigegeben war. Vergl. in Markhams Thibet, London 1879, S. 11. — [6]) Voyage de P. Grueber à Chine, den Unterhaltungen mit Pater Grüber entnommen. Vergl. bei Thevenot, II, Relations de Divers Voyages curieux, Paris 1696. — [7]) VII, S. 96.

selben Zeit unter den Tataren lebte, sagt: „Heutzutage aber sind die Tatarenstämme durcheinander gemischt und so ist es auch mit ihren Sitten."[1]

Du Halde gibt zwar in seinem vierten Bande einen Bericht über Tibet und scheint auch mit allen Werken über dieses Land bekannt gewesen zu sein, da er die Patres Grüber und Dorville erwähnt, er weist aber trotzdem mit keinem Wort auf die Verwendung des Großlama-Kotes hin, weder als Amulets noch als innerlichen Mittels.[2] Der Fehler kann allerdings auch bei seinem Übersetzer liegen, der in seinem „Reinigung"-eifer zu weit gegangen ist.

Du Halde war ein Jesuitenmissionar, der auf den Beistand aller Ordenmitglieder, die damals in China tätig waren, rechnen konnte; nicht weniger als ihrer zwanzig oder noch mehr waren ihm behilflich und einer von ihnen, der Pater Constancin, machte in seinem Dienste als Missionar fast 32 Jahre lang hintereinander Reisen im „Reiche der Blumen". Bereits ein Menschenalter vor dem Erscheinen von Du Haldes Werk hatten die Jesuiten China, die Tatarei und Tibet durchquert. Tavernier, der ausgezeichnete Gelegenheit zu Beobachtungen hatte, erwähnt die Tatsache in ganz unzweideutiger Weise. Der Kot des Großlama wurde sorgfältig gesammelt, getrocknet und in verschiedener Weise verwendet, als Würze, zum Schnupfen und als Arznei.

„Die butanischen Kaufleute versicherten Tavernier, daß sie seinen Kot gepulvert über ihre Speisen streuen."[3]

„Daher beten ihn auch alle mit so großen Anzeichen der Verehrung an, daß sich jeder glücklich schätzt, wenn er durch die Freundlichkeit der Lamas — diese haben aber einen großen Vorteil davon, weil sie sich durch sehr große und kostbare Geschenke zu diesem Zwecke bestechen lassen — etwas von dem Schmutz des natürlichen Abgangs oder von dem Urin des Großlama bekommen kann. Von jenem tragen sie etwas am Halse und mischen den Urin auch unter ihre Speisen."[4]

„Kein König in der ganzen Welt ist mehr gefürchtet und geachtet von seinen Untertanen, als der König von Butan; sie beten ihn sogar in gewisser Weise an . . . Die Kaufleute versicherten Tavernier, daß die Umgebung des Königs seinen Kot aufbewahrt, ihn trocknet und wie Schnupftabak zu Pulver zerreibt; daß sie ihn dann in Büchschen tun. An jedem Markttage gehen sie hin und bieten ihn den angesehensten Händlern und Landwirten an, die ihn, nach einer Belohnung für so große Güte, als besondere Merkwürdigkeit mit nach Hause nehmen und auf die Speisen streuen, wenn sie ihren Freunden ein Fest geben. Der Verfasser fügt noch hinzu, daß ihm zwei von diesen Leuten die Büchschen mit dem Pulver darin vorzeigten."[5]

Die Bezeichnung als König von Butan, die Tavernier gebraucht, bedeutet den Großlama von Tibet. Taverniers Angaben haben ganz gewissenhafte Schriftsteller übernommen. „Daß einige von den Indern, nämlich die Bewohner des Königreiches Boutan, die Homerda, das heißt den getrockneten und gepulverten Kot ihres Königs, ihren Freunden und Tischgenossen in die Speisen zu geben pflegen, berichtet Johannes Baptista Tavernier, Itinerar. Indic., Buch 3, Kap. 15, Blatt m."[6] Dieser Absatz wird auch in der Bibliotheca Skatologica S. 29, 93 und 96 angeführt, wozu der ungenannte Verfasser[7]

---

[1] Marco Polo, Travels, in Pinkertons Voyages, London 1814, VII, S. 124. —
[2] Vergl. Du Halde, History of China, London 1736. — [3] Tavernier, Travels, II, S. 185. Pinkertons Voyages and Travels, London 1814, VII, Anmerkung zu S. 559. — [4] Brief des Paters Adam Schall, S. 7, Aulae Sino-Tataricae Supremi Concilii Mandarinus, bei Thevenot, II; Thevenots 2. Band enthält drei kurze Briefe in lateinischer Sprache von Grüber an Mitglieder seines Ordens, aber in keinem findet man den Kot des Großlamas erwähnt. — [5] A Description of Thibet, bei Pinkerton, VII, S. 567, a. a. O. — [6] Schurig, Chylologia, Dresden 1725, S. 775. — [7] Vergl. Anthropophyteia, Leipzig 1906, III, S. 343, wo die Verfasser angegeben sind.

noch folgendes hinzufügt: „und die Tataren und die Japaner hielten den Kot des Großlama und des Dairi in gleich hoher Verehrung."

Rosinus Lentilius spricht davon, den Großlama von Tibet hielten die Anhänger seines Glaubens in so hoher Verehrung, daß sein sorgfältig gesammelter, getrockneter, gepulverter und zu hohen Preisen von den Priestern verkaufter Kot als Nießpulver, als Speisenwürze und als Mittel gegen alle ernsteren Krankheiten Verwendung finde.[1] Er hat alle diese Angaben aus Tavernier und Erasmus Franciscus. Eine weitere Anführung aus Tavernier findet man Buch 4, Kap. 7.

„Den König von Bantam und den Oberpriester des tangathanischen Reiches, den Großlama, halten sie in so großer Verehrung, daß sie deren Kot eifrig sammeln und zu Pulver verreiben, das die Brahminen um vieles Geld den Einfältigen verkaufen. Jene Boutamenser gebrauchen ihn auch als Nasenpulver und als etwas so köstliches sehen sie ihn an, daß sie die Speisen damit würzen. Die Tangathaner halten ihn für das beste Heilmittel bei verschiedenen und zwar den schlimmsten Krankheiten und mischen ihn anderen Arzneien bei, wie es bei Tavernier erwähnt ist, Itin., Buch 3, Kap. 15 und bei Franciscus, loc. cit., S. 1662."

Hinweise auf Amulete bei den Bewohnern der Tatarei und Tibets findet man fast bei allen Reisenden; aber nur wenige scheinen es der Mühe wertgehalten zu haben, näher anzugeben, aus was diese Amulete bestanden.

Die Patres Grüber und Dorville berichten über die tatarischen Kalmückenfrauen, jede trage ein Zaubermittel um den Hals, um Gefahren abzuwehren. Dies können Kotamulete des Großlamas gewesen sein.

In seinen Auszügen aus den Reisen der Patres Grüber und Dorville nach Tibet, läßt Pinkerton aus, was diese über solche Amulete zu sagen hatten, obwohl er an einer andern, hier bereits angeführten Stelle darauf Bezug nimmt.

(Buräten von Sibirien). „Ich konnte keine Bilder bei ihnen entdecken, außer einigen Reliquien, die sie von ihren Priestern bekamen, die diese wiederum vom Delay-Lama erhalten hatten; solche Reliquien werden gewöhnlich in einer Ecke ihrer Zelte aufgehängt, zuweilen auch um den Hals getragen als eine Art Amulet, das sie von Mißgeschick bewahren soll."[2] Dies waren zweifellos Amulete aus menschlichem Kot usw., die sie vom Großlama erhalten hatten.

(Kalmücken Sibiriens). „Geweihte Pillen, die aus Tibet kommen, verdienen Erwähnung; man nennt sie Schalir. Die Priester geben sie nur den Reichen oder den Angesehenen unter den Kalmücken; diese tragen sie immer bei sich und machen nur bei ernsten Krankheiten Gebrauch davon, wenn der Tod fast unvermeidlich erscheint. Sie behaupten, daß diese Pillen dazu dienen, die Seele den weltlichen Dingen abwendig zu machen und zu heiligen; sie sind schwarz und etwa so groß wie eine Erbse. Ich nahm an, daß sie Opium oder irgend ein anderes Betäubungmittel enthielten, aber man versicherte mir im Gegenteil, daß sie abführend wirkten."[3]

(Jakuten). Vasilij Priklonskij, kaiserlicher Vizegouverneur von Sibirien sandte i. J. 1888 aus Irkutsk an Dr. Krauss in Wien ein Holzschächtelchen mit gepulvertem rotbraunen Menschenkot von Schamanen. Man verwendet derartiges Pulver zum Einschnupfen als Abwehrmittel gegen böse Geister.

(Mongolei). „Wenn berühmte Lamas gestorben und ihre Körper verbrannt worden sind, findet man angeblich kleine weiße Pillen in der Asche, die man den Gläubigen für hohe Summen verkauft, weil sie die konzentrierte Tugend des Mannes enthalten und

---

[1] Ephemeridum Physico-Medicorum, Leipzig 1694. — [2] Bell, Travels in Asia (mit der russischen Gesandtschaft nach China im Jahre 1714) bei Pinkerton, VII, S. 347. — [3] Voyage de Pallas, Paris, 1793, I, S. 567f.

die Kraft besitzen, jedem eine glückliche Zukunft zu sichern, der eine vor seinem Tode verschluckt. Dies ist allgemein verbreitet. Ich hörte von einem Manne, der die Sache noch dadurch verbesserte, daß er aussprengte, diese kleinen Pillen kämen gewöhnlich an verschiedenen Stellen des Körpers aus der Haut heraus. Diese Pillen, die man Scharil nennt, fanden raschen Absatz und der Mann heimste selber die Belohnung für seine Tugend ein und sorgte dafür, daß nicht der ganze Verdienst an seinen Erben kam."[1]

Dieser Schriftsteller gibt also an, daß die Pillen weiß sind; ein anderer, der schon erwähnt wurde, beschreibt sie als schwarz, während diejenigen, die der Verfasser von Herrn W. W. Rockhill geschickt bekam, rot waren.

Vambéry erwähnt das Beispiel eines heiligen Mannes bei den Turkomanen, der nach dem Hersagen einer Reihe von heiligen Versen „vor sich hin eine Schale mit Wasser zu stellen pflegte, in das er am Schluße eines jeden Gedichtes — hineinspuckte. Und diese Mischung verkaufte man als wunderwirkende Arznei an den Meistbietenden."[2]

Eine solche Verwendung des Kotes von geistlichen Würdenträgern wird auch in der orientalischen Literatur erwähnt. In den Märchen aus Tausend und Einer Nacht sagt König Afrida zu den Emiren unter anderem: „Und ich habe die Absicht, Euch alle heute Abend mit dem heiligen Weihrauch zu weihen." Als die Emire diese Worte hörten, küßten sie vor ihm den Boden. Nun war aber der Weihrauch, von dem er sprach, der Kot des Obersten Patriarchen, des Leugners, des Entweihers der Wahrheit, und sie suchten ihn mit solchem Eifer und sie schätzten ihn so hoch, daß der Oberpriester der Griechen ihn in Seide eingewickelt in alle Länder der Christen verschickte, nachdem er ihn mit Moschus und Ambra gemischt hatte; und Könige, die davon hörten, gaben gern tausend Goldstücke für jede Drachme, sie schickten darnach, denn sie wollten ihn haben, um die jungen Frauen damit wohlriechend zu machen; und die Oberpriester und die Großkönige pflegten ein wenig davon als Augensalbe zu gebrauchen und als Heilmittel bei Krankheit und Kolik und die Patriarchen pflegten damit ihren eigenen Kot zu vermischen, denn der Kot des Oberpriesters hätte für zehn Länder nicht ausgereicht."[3] — In Burtons Sachregister wird dies als „Holy Merde" (der heilige Kot) bezeichnet. Burton sagt ferner: „Der Begriff des heiligen Kotes kann vielleicht von den Hindus übernommen sein; man lese bei Mandeville nach, wie der Archiprotopapaton (eine Art Praelat) Ochsenkot und Kuhharn zu dem Könige bringt, der damit sein Gesicht und seine Brust bestreicht usw. Und man sollte es nicht glauben, wenn man hört, daß dieser Gebrauch heute noch bei den Parsen besteht, die doch zu den fortgeschrittensten und scharfsinnigsten Völkerschaften Asiens gehören."[4]

La Rochefoucauld sagt uns, daß wir anderen die Fehler zuschreiben, deren wir uns, wenn wir Gelegenheit dazu hätten, selber schuldig machten. Die Araber waren zweifellos mit solchen Gebräuchen sehr wohl bekannt und die Griechen möglicherweise auch.

Die Kalmücken glauben an Geister oder Genien, die sie Bourkane nennen, und an einen bösen Geist, der als „Erlik-Chan" bezeichnet wird. Über drei von diesen Bourkanen haben sie eine Erzählung; einer von diesen ist Sakya-Muni (Buddha): „Als sie eines Tages beieinander saßen und mit großer Inbrunst ihre Gebete hersagten, wobei sie die Augen geschlossen hatten, wie das bei den Kalmücken Sitte ist, da näherte sich ihnen der höllische Geist und ließ seinen Kot in die geweihte Schale fallen, die die Priester vor sich stehen haben, wenn sie ihre Gebete verrichten. Als die Götter den Vorgang bemerkten, hielten sie einen Rat ab. Sie überlegten sich, daß alle Bewohner der Luft umkommen müßten, wenn sie jenes giftige Zeug in diesem Elemente verbreiteten;

---

[1] James Gilmour, Among the Mongols, London 1883, S. 231. — [2] Vambéry, Travels in Central Asia, New-York 1865, S. 272. — [3] Burtons Ausgabe, II, S. 222f. — [4] A. a. O.

daß sie andererseits, wenn sie es auf die Erde würfen, alle lebenden Wesen, die sie bewohnen, zu Grunde richteten. Sie beschlossen also, für das Heil der Menschheit diesen Kot zu verschlucken. Sakya-Muni erhielt als seinen Teil den Bodensatz aus der Schale; der Gährungstoff darin war so stark, daß sein Gesicht ganz blau davon wurde; dies ist auch der Grund, weshalb man ihn auf den Bildern mit blau gefärbtem Gesicht darstellt; seine Standbilder haben dagegen nur eine blau angestrichene Mütze."[1]

Dies ist eine lahme Erklärung, die die Lamas erfanden, als die Menschen etwas gesitteter geworden waren und einen gewissen Widerwillen gegen so teuflische Gebräuche zu zeigen begannen.[2] Hierbei braucht man nur an die oben angeführte Vorschrift zu denken, daß die tibetischen Mönche keine Eingeweide essen sollen.

Das Folgende stammt aus einer Handschrift des Orientalisten und Tibet-Forschers W. W. Rockhill, die den Titel führt: „Die lamaistische Zeremonie, die das Anfertigen der Mani-Pillen genannt wird."

„Gewisse unzerstörbare Teilchen aus den Leibern der Buddhas und der Heiligen und auch gewiß andere leibliche Überbleibsel sahen von jeher die Buddhisten als mit gewissen Eigenschaften begabt an, zum Beispiel sollten sie Licht ausstrahlen und ganz besondere heilende Kräfte besitzen. Die Reisebeschreibungen von Huein-Tsang und von Fa-lisien sind angefüllt mit den Berichten über die Entdeckung solcher Schätze und die übernatürlichen Eigenschaften, die sie besaßen. Bei den Tibetern ist die erste Klasse dieser Reliquien als „Pedung" (oder Upel-gedung), die zweite als „Dung-rus" (oder Gdung-rus) bekannt. Sie sagen, die Pedung seien ganz kleine Kügelchen, die man in den Knochen der Buddhas und der Heiligen finde, sie besäßen einen wunderbaren Glanz, manchmal könne man sie auch an dem Äußeren einer heiligmäßigen Person sehen, sie hätten dann das Aussehen von glänzenden Schweißtropfen. Da diesen Pedung ganz besonders kräftige Heilwirkungen innewohnen, so werden sie auch zum Schutzgeist eines Ortes, der so glücklich ist, etwas von ihnen zu haben. Durch eine ganz natürliche Erweiterung der Ansichten über die Macht der Pedung sind die Tibeter auf den Gedanken gekommen, es sei gut, wenn man von einem solchen Heiligen, von dem man weiß, daß er Pedung hat, auch nur ein wenig aufbewahrt und bei sich trägt, z. B. von seinen Absonderungen, seinen Haaren oder von seinen abgeschnittenen Nägeln. Dies schützt gegen Schuß- und Hiebwunden, gegen Krankheit usw.; daher die ganz ungewöhnlichen Dinge, die man so oft in tibetischen Zauberbüchschen (Ka-Wo) findet. Zu diesen Heiligen zählte auch der Talé-Lama oder der Panchan-Rimpoche.

„Die Eigenschaften der Pedung haben noch einen andern Glauben hervorgebracht, mit dem sich die vorliegende Abhandlung näher befassen soll, — nämlich die Herstellung von Pillen, denen der Gott Schourizog, auf die Bitten der den Gottesdienst abhaltenden Lamas, die Eigenschaften seines göttlichen Körpers mitteilt und damit ihnen die heilenden und schützenden Kräfte der richtigen Pedung übermittelt. Diese Pillen sind als mani-rilbu oder „köstliche Pillen" bekannt und werden fortwährend als Arznei unter den Bewohnern von Tibet und der Mongolei gebraucht. Große Mengen davon schickt man auch mit allen tributbringenden Gesandschaften an den Kaiser von China. Im Chinesischen heißen sie Tsu-mu-yas oder thi-ma-yao; man darf sie aber nicht mit einer lilienartigen Pflanze verwechseln, die denselben Namen führt und deren Wurzeln in der Heilkunde Verwendung finden und die gleichfalls ein Erzeugnis Tibets ist (Hanburys Anemarhena asphodeloides).

„Ein besserer Name für mani-rilbu ist vielleicht Azusheng-wan, d. h. ausgedehnte Pillen, den ich in Peking für sie gebrauchen hörte. Man wird ihn besser verstehen,

---

[1] Voyage de Pallas, Paris 1793, I, S. 548. — [2] Das Wort diabolical ist hier sehr unpassend. Die Legende ist gewiß altehrwürdig und weist auf eine Zeit hin, wo das Volk selber ohne Arg gebotenen Falles auch Dreck verzehrte.

wenn man den folgenden Bericht von der Art und Weise, wie man sie herstellt, gelesen hat.

„Der größere Teil der hier mitgeteilten Angaben über den Hergang bei der Anfertigung der Pillen stammt aus einem tibetischen Werke, das eine bis ins kleinste gehende Beschreibung des Brauches enthält, samt den Gebeten, die hergesagt werden müssen usw., das Werk enthält sieben Blätter und hat den Titel: „Zeremonie um Mani-Pillen zu machen" (Mani Rilbu grub gi choga).

„Genau wiederholte Erklärungen der Lamas, die mir den Text auslegten, füge ich an allen Stellen, wo es nötig war, hinzu.

„Sieben Tage vor dem Beginn der Zeremonie müssen der Lama, der den Vorsitz führen soll, und die Priester, die daran teil nehmen, anfangen, sich des Fleisches, der geistigen Getränke, des Knoblauchs, des Tabaks und noch anderer Nahrungmittel, die als unrein gelten oder schlecht riechen, zu enthalten. Auch während der Vornahme der Zeremonie, die einundzwanzig, neunundvierzig oder einhundert Tage lang dauert, wird keiner von den angeführten Gegenständen im Tempel geduldet, auch keine unreinen Leute oder solche, die mit den genannten verbotenen Stoffen zu tun haben.

„Die Zeremonie beginnt damit, daß man die Pillen dreht und in dem oben angeführten Werke wird der Vorgang so beschrieben: Der Lama, mit sauber rasiertem Kopf und den Kleidern nach Vorschrift angetan, mahlt einige geröstete Getreidekörner zu Mehl, mischt dieses dann mit reinem und wohlriechendem Wasser und stellt daraus die erforderliche Menge Teigs her; daraus dreht man dann die Pillen und überstreicht sie mit roter Farbe. Nachdem dies alles geschehen ist, nimmt man ein Gefäß, das trocken sein muß, keinen Fehler oder Sprung haben darf und gründlich gereinigt wurde; die Pillen schüttet man hinein, sodaß es etwas zu zwei Dritteln gefüllt ist. Dann hüllt man das Gefäß in eine seidene Decke ein und umschnürt und versiegelt es mit seidenem Bindfaden. Hierauf stellt man das Gefäß auf ein Tischchen, sodaß es vollkommen gerade steht und bringt rund herum mehrere Schalen mit Wasser und andern Opfergaben, je zwei beieinander an. Das am meisten verehrte Bild von Tug-je-chon-po (d. h. Schouresig), das die Priesterschaft besitzt, wird dann mit seinen Gewändern bekleidet und oben auf das Gefäß gesetzt. Dann wird, ohne daß sich das Gefäß dabei bewegen darf, ein Dordsche,[1] das in ein reines Stück Baumwollen- oder Wollenstoff gewickelt ist, an den Faden um den Hals des Gefäßes gebunden. Nach einer mit Betrachtungen und Gebeten ausgefüllten Pause bringt man Opfer an Wasser, Blumen, Weihrauch, Lampen, Wohlgerüchen, Speisen usw. dar, wozu Musik spielt. Dann ruft man die Hilfe des Gottes an, damit er den Pillen die erforderlichen Kräfte mitteile, ... denn diese Welt ist in Sünde und Verderben versunken und Schouresig allein kann hier noch helfen und sie aus dem Pfuhl herausziehen. Als Mittel hierzu sollen die Pillen dienen und man ersucht ihn nun, sie in seiner großen Gnade zu segnen, damit er diejenigen vom Kreislauf der Seelenwanderung befreien möge, die die erforderliche geistige Reife erreicht haben; ihnen ferner den besonderen Wohlgeruch seiner strahlenden Persönlichkeit mitzuteilen, sodaß sie davon nicht mehr unterschieden werden können, wie Wasser, daß man in Wasser gießt usw. usw.

„Diese Zeremonie, die sehr kostspielig ist und die Lamas ganz besonders auf die Probe stellt, ist bei den Lama-Priesterschaften in China und in der Mongolei durchaus nicht häufig, sondern beschränkt sich auf die größeren in Tibet. Die einzige Priesterschaft in Peking, wo sie zuweilen vorgenommen wird, ist der Shih-fang-tang, im Westen des Hsi-huang-tsu, außerhalb der nördlichen Seite der Stadt."

---

[1] Eine Randbemerkung erklärt das Dordsche für den Donnerkeil oder Sadjra des Indra: es wird bei allen Zeremonien der Lamas fortwährend gebraucht und gewöhnlich in der rechten Hand zwischen Daumen und Zeigefinger gehalten, wenn man Gebete abliest. In der linken Hand hält der Lama gewöhnlich eine Schelle.

Die geschilderte Zeremonie beschreibt eine sinnbildliche Leiberleichterung und die wahrscheinlichste Erklärung ist die, daß die Lamas, die dabei ein gutes Geschäft machten und die buddhistischen Laien bereit fanden, sich mehr „Amulete" zu verschaffen, als der Großlama ohne Beihilfe zu erzeugen fähig war, auf diese wahrhaft wunderbare Weise verfielen, um ihre Vorräte zu erhöhen.

Herr Rockhill gab die Erklärung, das in vorstehender Beschreibung gebrauchte Wort „Pedung" bedeute soviel wie „Überreste." Zieht man die Tatsache in Betracht, daß diese Völkerschaften, wenn auch sehr entfernt, mit dem arischen Stamme verwandt sind, der als Urahne der Engländer, Deutschen, Iren, Lateiner und anderer gilt, von denen wir abstammen, so ist die Bedeutung, auf die hier hingewiesen wird, gewiß von Wichtigkeit. „Dung" bedeutet im Englischen nicht mehr und nicht weniger als Überreste, Reliquien einer gewissen Art.

Webster führt das Wort „Dung" auf das angel-sächsische dung, dyncg, dincg = Kot zurück; Dyngan = düngen; neuhochdeutsch: Dung, Dünger; althochdeutsch = Tunga; schwedisch = Dynga; dänisch = Dynge und Dyngd; isländisch = Dyngia und Dy. Dies beweist, daß das Wort seinem Stamme nach wesentlich indo-germanisch ist und ganz gut mit den Wörtern „Pedung" und „Dung-rus" in Rockhills Manuskript verglichen werden kann.[1]

Im Lande Ur der Chaldäer, das die Heimat des Abraham war (I. Mos. 11,2), herrschte ein König, „der Vater des Dungi." Die wirkliche Bedeutung des Namens „Dungi" hat man bis jetzt noch nicht auffinden können. Der Name des Königs selbst war sonderbarer Weise Urea oder Uri — der Name wird auf beide Weisen gelesen. Man hat seine Regierungzeit auf etwa 3000 Jahre vor Christi Geburt angesetzt.

Die Angaben des vorstehenden Absatzes hat mir Professor Otis T. Mason vom National-Museum in Washington geliefert.

Lenormant weist ihn einer sehr weit zurückliegenden Zeit zu, — „die ältesten der Könige von Babylon," „Könige die dem Alter nach mit den Erbauern der ägyptischen Pyramiden wetteifern können, — Dungi zum Beispiel." —[2]

Smith setzt ihn zeitlich mindestens 2000 Jahre vor Christi Geburt an.[3]

W. W. Rockhill, der sechs Jahre lang Sekretär der amerikanischen Gesandtschaft in Peking war, ist Mitglied der Oriental Society und ein Gelehrter mit sehr bedeutenden Kenntnissen und zwar gerade in allem, was sich auf die Sprachen, die Sitten und die Religionen Chinas und Tibets bezieht, in welchen Ländern er große Reisen gemacht hat.

Die heiligen Pillen, die er dem Verfasser zum Geschenk gemacht hat, waren in ein silbernes Reliquienkästchen eingeschlossen, das sehr reich ziseliert und verziert ist; sie waren ungefähr so groß, wie gewöhnliche Schrotkörner; die Farbe war beinahe Orange, oder zwischen Orange und okerartigem Rot.

Dank der Freundlichkeit des Generalarztes der Armee der Vereinigten Staaten John Moore hat die Pillen der Militärarzt Dr. Mew mit folgendem Ergebnis analysiert:

18. April 1889.

Endlich habe ich Zeit gefunden, um den Kot des Großlama zu untersuchen und will Ihnen mitteilen, daß ich gar nichts besonders Auffälliges

---

[1] Der Gleichklang ist rein zufällig und die Parallele unhaltbar. Sachlich ließe sich eher auf das deutsche Wort Dreck, altnord. threkar = Satz, Hefe = Kot, Schmutz, Leibkot, Wundeiter, Krankheitstoff hinweisen. Vrgl. Dr. Max Höfler, Deutsches Krankheitnamenbuch, München 1899, S. 100 unter Dreck. — Masons Erinnerung an Uri und Dungi mag als Seltsamkeit im weiteren Text stehen bleiben. Bourke bewies viel Urteil, daß er die Verantwortung dafür nicht übernahm. — [2] Lenormant, Chaldaean Magic, S. 333. — [3] Smith, Assyrian Discoveries, New-York 1876, S. 232.

daran gefunden habe. Er hat sich hauptsächlich mit mehlhaltigen Speisen ernährt, denn ich fand bei der mikroskopischen Untersuchung eine große Menge von unverdautem Stärkemehl im Gesichtfeld; ich wies das Vorhandensein durch die bekannte Jodprobe nach, die eine reichliche Reaktion ergab.

Es war auch ziemlich viel Zellulose vorhanden oder was wie Zellulose aussah und ich schließe daraus, daß das verwendete Mehl (es handelt sich um Weizenmehl) von sehr grober Qualität war und gewiß nicht aus Minnesota stammte.

Eine leichte Reaktion auf gallenartigen Stoff schien zu beweisen, daß keine Verstopfung der Gallengänge vorlag. Bei den angestellten Versuchen sind die vier sehr kleinen Pillen aus dem Kote des Lama fast aufgebraucht worden.

Ihr aufrichtig ergebener   W. M. Mew.

Die Verwendung des Dalai Lama-Kotes unterliegt heute keinem Zweifel mehr, wenn man auch vielleicht gegenwärtig die Pillen-Anfertigung eingestellt hat und sie durch Surrogate ersetzt. Ein so vorsichtiger Beobachter wie Pallas,[1] dessen Werke heute ihre Bedeutung noch nicht verloren haben und der ein hervorragender Kenner der mongolischen Völkerschaften war, hat sich sicherlich nicht hinter das Licht führen lassen. Auch Georgi[2] bestätigt die Angaben der Reisenden und berichtet noch Verschiedenes, was Bourke nicht erwähnt hat, obwohl es auch ins skatologische Gebiet gehört. So galten damals Leinentüchlein, die mit zauberischen Knoten versehen waren und von den Lamas entweder angehaucht oder bespuckt wurden, als besonders kräftige Amulete. Von den Pillen, die nach Georgi von allen Lamas, nicht allein vom Dalai Lama, herrühren, berichtet er noch, wenn auch mit innerem Widerstreben, daß sie vergoldet und mit Moschus wohlriechend gemacht waren. Man brachte die Kotpillen aber auch im Innern der Götzenbilder aus Erz, Messing oder Kupfer an, die man in Tibet in großen Mengen anfertigte und an die mongolischen Stämme bis weit nach Sibirien hinein verkaufte.

Noch mehr Ehre als dem Dalai Lama erwies man im Jahre 1125 in mehreren Provinzen Frankreichs dem Oberhaupt einer Sekte, namens Tanchelin. Man trank nicht nur seinen Harn und hob seinen Unrat als Reliquien auf, sondern Männer und Väter baten ihn auch, daß er ihre Weiber und Töchter der Gnade würdigen möge, bei ihnen zu schlafen.[3]

---

[1] Die am Eingang des Kapitels erwähnte Stelle steht in den Neuen nordischen Beyträgen, St. Petersburg u. Leipzig 1781, 5 Bände, im Band II, S. 212 u. 217. — [2] A. Georgii Alphabetum Thibetanum, Romae 1762, S. 247. — [3] De Mezeray, Abrégé de l'Histoire de Franze, Paris 1676, II, S. 173; de Saint Foix, Mémoires historiques sur Paris 1766, IV, S. 19; Meiners, Allgemeine kritische Geschichte der Religionen, Hannover 1806, I, S. 159.

IX. Die Sterkoranisten.

Daß die Streitigkeiten der christlichen Theologen nicht ganz frei von solchen Begriffen gewesen sind, läßt sich leicht beweisen, wenn man sich die Mühe macht, die verschiedenen Stufen der Erörterungen über das Abendmahl zu untersuchen.

Das Wort „Stercoranisten" oder „Sterkorarier" ist in der letzten Ausgabe der Encyclopaedia Britannica[1]) nicht zu finden; aber in der Ausgabe von 1841 ist das Wort folgendermaßen erklärt: „Stercorarianer oder Stercoranisten, gebildet aus stercus (latein. Kot), ein Name, den die Anhänger der römischen Kirche ursprünglich solchen Leuten gaben, die annahmen, daß die Hostie der Verdauung und allen weiteren Folgen unterworfen wäre, gerade wie andere Nahrung." Diese Erklärung ist in Rees's Cyclopaedia of Arts, Sciences and Literature, Philadelphia, wörtlich übergegangen.

Der Streit über den „Stercoranismus" begann im Jahre 831 infolge des Erscheinens einer theologischen Abhandlung eines Mönches namens Paschasius Radbertus.[2])

„Die grob-sinnliche Auffassung von der Gegenwart des Leibes Christi im Sakrament, nach der dieser Leib gegessen, verdaut und wie jede andere Nahrung entleert wird, ist schon alt, wenn man sie auch nicht bei Origenes und vielleicht auch nicht bei Rhabanus Maurus findet. Sie entstand sicherlich bei einer Klasse von ketzerischen Lehrern aus der Zeit oder früher als Rhabanus Maurus, den Paschasius Radbert verdammt." — „Es ist daher gottlos, bei diesem Mysterium anzunehmen, daß es bei der Verdauung der anderen Speisen in Kot verwandelt würde."[3]) Er wendet indessen auf seine Gegner den Ausdruck „Stercoranisten" noch nicht an. Der erste, der das Wort gebraucht, ist der Kardinal Humbert und zwar tut er es in einer Streitschrift gegen Nicetas Pectoratus, die zur Verteidigung des Azytimismus geschrieben ist, usw. Aus dieser Quelle ging das Wort in den allgemeinen Gebrauch über.[4])

(Stercoranistes; Hist. Eccles.) „Diesen Namen haben einige Schriftsteller denjenigen gegeben, die dachten, daß die Symbole des Abendmahles der Verdauung und allen ihren Folgen ebenso unterworfen wären, wie die andern körperlichen Nahrungmittel . . . Das Wort ist vom Lateinischen „Stercus" (Kot) abgeleitet. Ob diese Ketzerei überhaupt vorhanden war, ist nicht allgemein anerkannt. Der Präsident Manguin schreibt sie einem Schriftsteller des 9. Jahrhunderts, namens Amalaire[5]) zu . . . und der Kardinal Humbert bezeichnet in seiner Antwort an Nicetas Pectoratus diesen klar und deutlich als Stercoranisten, weil dieser behauptete, die Empfangnahme der Hostie breche das Fasten. Schließlich schreibt Alger den Griechen dieselbe Irrlehre zu. Aber diese Anklagen scheinen grundlos zu sein, denn . . . Amalaire stellt in Wirklichkeit die Frage, ob die Bestandteile des Abendmahles wie gewöhnliche Nahrungmittel aufgezehrt werden, aber er trifft keine Entscheidung. Nicetas behauptet gleichfalls, das Empfangen des Abendmahles breche das Fasten; sei es nun, daß in den Bestandteilen etwas Nährkraft enthalten ist, sei es weil man nach dem Empfang des Abendmahles auch andere Nahrungmittel zu sich nehmen kann; aber die Folgerungen, die ihm Kardinal Humbert andichtet, scheint er nicht gezogen zu haben. Und weiter erscheint es gleichfalls nicht richtig, daß die andern Griechen in dieselbe Irrlehre verfallen sind. Sankt

---

[1]) Es ist das englische „Konversation-Lexikon" gemeint. I. — [2]) Vergl. John Lawrence von Mosheim, Institutes of Ecclesiastic History, translated by John Murdock, D. D., New-Haven 1832, II, S. 104 ff. — [3]) Radbertus, de Corpore et Sanguine Domini, Kap. 20. — [4]) Schroeck, Kirchengeschichte, Band XXIII, S. 429 und 499; Herzog, Real-Encyclopaedie, s. v.; Mc-Cintock and Strong, Cyclopaedia of Biblical, Theological and Ecclesiastical Literature, New-York 1880; vergl. auch Schaff-Herzog, Cyclopaedia of Religious Knowledge, New-York 1881, unter „Stercoranistes." — [5]) Der Mönch Amalarius von Metz. I.

Johannes von Damaskus spricht sie von dieser Anschuldigung frei. Aber die Stercoranisten mögen nun vorhanden gewesen sein oder nicht, die Protestanten können daraus gegen die wirkliche Gegenwart des Leibes Christi keinen Vorteil ziehen, denn jene Irrlehre stützt diesen Glaubensatz mehr, als sie ihn erschüttert."[1]

„Wenn es überhaupt solche gegeben hat, so lebten im 9. Jahrhundert einige, die den Leib Christi, wie er im Abendmahl enthalten ist, dem Abgange und dem Verfall unterworfen glaubten, so daß, wie die andern Nahrungmittel zersetzt würden, auch der Leib Christi der Zersetzung anheimfiele."[2]

„Der Name „Stercoranisten" bezeichnete keine Sekte, sondern es war ein Schimpfname."[3]

Stercoranisme, Stercoranistes, Stercus. „Anhänger einer Sekte, die den Satz verteidigte, daß die Bestandteile des Abendmahles, wie die andern Nahrungmittel verdaut und in Kot verwandelt würden." (Encyclopédie).

„Im 9. Jahrhundert hat man mit dem Namen Stercoranisten diejenigen Theologen bezeichnet, die da leugneten, daß die Substanz des Brotes und des Weines im Abendmahl in den Leib und das Blut Christi verwandelt würde."

„Alles, was in den Mund eintritt, geht in den Leib hinunter und kommt in den Abtritt."

„Sie behaupteten, daß, wenn der Leib und das Blut Christi anstelle der Substanz des Brotes und des Weines getreten seien, sie denselben Vorgängen unterworfen würden, die diese Substanz hätte durchmachen müssen, wenn sie von den Kommunikanten in Empfang genommen worden wäre."[4]

Brand sagt: „Es ist ein Schimpfname, der im fünften und sechsten Jahrhundert in den westlichen Kirchen auf diejenigen angewendet worden zu sein scheint, die der Ansicht waren, daß in den konsakrierten Stoffen eine Veränderung einträte, derart, daß der göttliche Leib dem Verdauungvorgange unterworfen würde." Für einen ausführlicheren Bericht weist er auf Mosheims Kirchengeschichte hin.[5]

Dieselben Gedanken waren unter den Ungebildeten als etwas Selbstverständliches vorhanden.

Das erste Evangelium der Kindheit Jesu Christi scheint von den Gnostikern des zweiten Jahrhunderts als kanonisch angesehen worden zu sein und wurde auch in demselben Sinne von Eusebius, Athanasius, Chrysostomus und andern Kirchenvätern und Kirchenschriftstellern angenommen. Dem Sozomenus erzählten Reisende in Ägypten, daß sie in diesem Lande von den Wundern gehört hätten, die das Wasser getan hätte, in dem das Jesukind gewaschen worden wäre. Nach Ahmed ben Idris gebrauchte man dieses Evangelium in gewissen Teilen des Orients zusammen mit den andern Evangelien, während Ocobius de Castro behauptet, daß man es in vielen Kirchen Asiens und Afrikas unter Ausschluß der andern vorgelesen.[6] Andererseits hat aber Papst Gelasius im fünften Jahrhundert alle Apokryphen verdammt und dieses Verbot hat man erst im 16. Jahrhundert in der Zeit Pauls IV. aufgehoben.[7]

Aus den folgenden Auszügen wird man ersehen, daß die berichteten Wunder entweder von den Windeln Jesu selbst ausgingen oder von dem Wasser, in dem man sie

---

[1]) Vergl. M. Wuitass, traité de l'Eucharistie, Teil 1, Frage 2, Art. 1, S. 416 ff. Encyclopédie ou Dictionn-Raissoné des Sciences, des Arts, et des Métiers, B. 15, Neufchatel 1765, unter Stercoranistes. — [2]) T. H. Blunt, Dictionary of Sects and Heresies usw., Oxford 1874, wo eine ganze Anzahl von Hinweisen gegeben wird. — [3]) Baronius, Annales, Lucca 1758. — [4]) Pierre Larousse, Grand Dictionnaire Universel, Paris 1875. — [5]) Brand, Encyclopaedia of Science, Literature and Art, unter: Stercoranism. — [6]) Vergl. Einleitung in das „Apocryphal, New Testament" von William Hone, London 1820. — [7]) Vergl. Bunsen, Analecta, Hamburg 1703.

gereinigt, und daraus muß man die Schlußfolgerung ziehen, daß man die Ausscheidungen des Heilands, wie in so vielen anderen Fällen, als eine Art Universalmittel angesehen hat, dem aber auch allgemeine wunderwirkende Eigenschaften zukamen.

Die Jungfrau Maria gab eine von den Windeln des Heilandes den Weisen aus dem Morgenlande, als sie ihn besuchten; sie nahmen die Windel mit nach Hause „und nachdem sie der Sitte ihres Landes gemäß ein Feuer angezündet hatten, beteten sie jene an . . . und als sie die Windel in das Feuer geworfen hatten, nahm sie das Feuer an und bewahrte sie auf." (1. Evangelium der Kindheit, III, 6 u. 7).

Von der finnischen Gottheit Wainemoinen hören wir, daß „der Schweiß, der von seinem Körper tropfte, ein Balsam für alle Krankheiten war."[1]

Als nach der Flucht bei der Ankunft in Ägypten „die heilige Jungfrau Maria die Windeln Christi des Herrn gewaschen hatte und an einer Stange zum Trocknen aufhing . . . nahm ein gewisser Knabe . . . der vom Teufel besessen war, eine von ihnen herunter und legte sie auf seinen Kopf. Und sogleich kam der Teufel aus seinem Munde heraus und flog in der Gestalt von Krähen und Schlangen hinweg. Und von dieser Zeit an war der Knabe durch die Kraft Christi des Herrn geheilt." (1. Evangelium der Kindheit; IV, 15—17).

„Auf der Rückreise aus Ägypten hatte Christus mit einem Kuß eine Frau geheilt, auf die der verfluchte Satan . . . in der Gestalt einer Schlange gesprungen war. Und am Morgen kam dieselbe Frau und brachte wohlriechendes Wasser, um Jesum den Herrn zu waschen; und als sie ihn gewaschen hatte, bewahrte sie das Wasser auf. Und da war ein Mädchen, dessen Körper vom Aussatz ganz weiß war, die wurde mit diesem Wasser bespritzt und war sogleich rein von ihrem Aussatz." (1. Evang. d. Kindh., IV, 16 u. 17).

Ein anderes Beispiel von ganz derselben Art wird im 1. Evang. d. Kindh. VI, 34 erwähnt. Man vergleiche ferner 1. Evang. d. Kindh. IX, 1, 4, 5, 9; X, 2 u. 3; XII, 4—6. „Und in Matarea ließ Jesus der Herr eine Quelle hervorspringen, in der die heilige Maria seinen Rock wusch. Und ein Balsam wird in dieser Gegend erzeugt oder wächst aus dem Schweiße, der dort von Jesus dem Herrn herunterrann." (Ev. d. Kindh., Kap. VIII).[2]

„In Irland läßt man schwächliche Kinder das Ablutionwasser trinken, d. h. das Wasser und den Wein, mit denen der Kelch ausgespült worden ist, nachdem der Priester das Abendmahl genommen hat, — die Wirksamkeit wird damit erklärt, daß die Schale kurz vorher den Leib unseres Herrn enthalten hat."[3] Dasselbe Heilmittel war auch in England gebräuchlich und zwar besonders für den Keuchhusten.

Dies alles sieht ganz darnach aus, als ob hier zwei voneinander unabhängige Gedankenreihen verschmolzen sind; man vergleiche die Angaben im XLVIII. Abschnitt über den Ausdruck aus Juvenal „Priapo ille bibit vitreo", und diejenigen über die Canones von Beauvais daselbst.

„Eine Abzweigung der Khlysti, (die „Schakouni" oder Springer), bekannte sich öffentlich zu Ausschweifungen und Zügellosigkeiten im Übermaß . . . Andere von ihren Gebräuchen sind abscheulich und ekelhaft; ihr Oberhaupt ist der lebendige Christus und ihre Kommunion besteht darin, daß man seinen Leib umarmt, — die gewöhnlicheren Jünger können seine Hand oder seinen Fuß küssen, aber denjenigen mit einer glühenderen Frömmigkeit bietet er seine Zunge dar."[4]

Der folgende Auszug stammt aus Gaidozs „Mélusine" vom 5. Mai 1888.

---

[1] Lenormant, Chaldean Magic, S. 247, unter Anführung von Kalewala II, Vers 14. — [2] William Hone, The Apocryphal New Testament, London 1820, S. 47. — [3] Vergl. Black, Folk. Medicine, London 1883, S. 88. — [4] Albert F. Heard, The Russian Church and Russian Dissent, New-York and London 1887, S. 261 f.

Ein irischer Dalai-Lama.

Mit Bezug auf die täglichen Reliquien des Dalai-Lama, aus denen man Pillen für die Gläubigen macht, ein Geschichtchen, das die Drucker dieser Revue nicht „hinunterwürgen" wollten (siehe oben Spalte 24), hat Herr Joh. Stokes uns auf eine merkwürdige Stelle der Annalen Irlands aufmerksam gemacht. Wir halten diese Stelle für wichtig genug, um davon hier eine Übersetzung zu bringen. Dieser „Glaubenakt"[1]) fand im Jahre 605 statt und Held dabei ist der König Aedh, mit dem Beinamen Uairidhnach.[2])

Eines Tages ging er, als er noch Kronprinz war, über das Gebiet von Othain-Muira; er wusch seine Hände in dem Bache, der das Gebiet dieser Stadt durchfließt. Er nahm auch Wasser, um sich das Gesicht damit zu waschen. Einer seiner Leute hielt ihn aber davon ab. „König", sprach er zu ihm, „bringe dieses Wasser nicht auf Dein Gesicht!" „Und weshalb nicht?" frug der König. „Ich schäme mich, es zu sagen", erwiderte jener. „Wie kannst Du Dich schämen, die Wahrheit zu sagen?" frug der König. „Nun denn, die Sache verhält sich also," erwiderte jener, „über diesem Wasser befindet sich der Abtritt der Geistlichen." „Und kommt der Geistliche selbst (d. h. der Oberste der Geistlichen) hierher, um sich zu erleichtern?"

„Ja, er kommt selbst hierher", erwiderte der Page. „Ich werde von diesem Wasser nicht nur auf mein Gesicht bringen," sagte der König darauf, „sondern ich werde davon sogar in den Mund nehmen und ich werde davon trinken" (und er trank wirklich drei Mundvoll davon), „denn das Wasser, wohinein sich jener erleichtert, ist für mich sogut wie das Abendmahl".

„Dieses wurde Muira (dem Obersten der Geistlichen) wiedererzählt und er dankte Gott, daß Aedh einen solchen Glauben habe; und er ließ Aedh zu sich kommen und sprach zu ihm: „Teurer Sohn, als Belohnung für die Hochachtung, die Du der Kirche erwiesen hast, verspreche ich Dir, bei der Gegenwart Gottes, daß Du bald die Königwürde von Irland bekommen wirst, daß Du über Deine Feinde den Sieg davon tragen und triumphieren wirst, daß Du keines plötzlichen Todes sterben wirst,[3]) daß Du den Leib Christi aus meiner Hand empfangen wirst, und ich werde für Dich zum Herrn beten, daß es das Greisenalter sein wird, daß Dich aus diesem Leben nimmt".

„Und kurze Zeit hierauf erhielt Aedh wirklich die Königwürde von Irland und er schenkte dem Muira von Othain fruchtbare Ländereien.[4])

„Wie der Leser gleich herausfinden wird, erzählt der Annalenschreiber, selber ein Geistlicher, diese Geschichte zur Erbauung. Sie macht in der Tat der Frömmigkeit des Königs alle Ehre und sie beweist, daß „die Hochachtung, die er der Kirche bezeugt hat, ... ihre Belohnung erhielt". Was von den Gottesmännern kommt, nimmt in der Tat an den heiligen Eigenschaften Gottes teil, dessen Vertreter sie sind.

„Wollte man versuchen, diese Untersuchung über hieratische Skatologie weiter auszudehnen, so fände man zweifellos viele für unseren gesitteten Geschmack abstoßende Glaubenansichten und Gebräuche. Aber sie sind doch vernünftig in gewissem Sinne, wenn man von vornherein ihren Ausgangpunkt in Betracht zieht, wenn man die Logik nicht verdammt und besonders wenn man sich daran erinnert, daß der Abscheu vor den Überresten der Verdauung erst für das gesittete Leben und die gesellschaftlichen Gewohn-

---

[1]) Das französische „acte de foi" enthält eine Anspielung auf das spanische Auto da fé, d. h. Glaubenakt, was im Deutschen wenig gebräuchlich ist. I. — [2]) Wörtlich: „mit der kalten Krankheit"; vergl. O'Donovan, Annals of the Four Masters, Anmerkung zum Jahre 601, I, S. 228. — [3]) Der plötzliche Tod gilt als das größte Unglück, weil er keine Zeit zur Beichte und zur Lossprechung von den Sünden läßt. — [4]) O'Donovan, Three Fragments of Irish Annals, Dublin 1860, S. 10—12. Die Leichen der indianischen Häuptlinge in Venezuela wurden verbrannt, die Asche in einheimischem Branntwein getrunken. „Und das ist eine große Ehre für sie", Gomara, Historia de las Indias, S. 203.

heiten zu einer Hemmung geworden ist. Die Völkerschaften, die sich nicht waschen, riechen sicherlich ganz anders als wir und riechen vielleicht überhaupt nichts; unsere Vorfahren aus dem Zeitalter des Höhlenmenschen hatten jedenfalls ein weniger entwickeltes Riechvermögen.[1] Man versichert, daß bei den Namas, einem Hottentottenstamme, der Schamane, der die Hochzeitfeierlichkeiten vornimmt, die Neuvermählten mit seinem Harn besprengt. Dies ersetzt also unser Weihwasser. Der Schamane ist in der Tat ein „Gottesmann" in ganz besonderer Bedeutung; denn wenn er sich seinen wilden Tänzen hingibt, die doch ein Bestandteil des Kultes sind, glaubt man, daß der Gott sich auf ihn herabläßt, nicht geistig, sondern leiblich.

„Hier ist es auch am Platze, an einen Sprachgebrauch der Bewohner von Samoa in Polynesien zu erinnern. Wenn dort eine Frau unmittelbar vor ihrer Niederkunft steht, richtet man Gebete an den Gott oder den Schutzgeist der Familie des Vaters und an denjenigen der Familie der Mutter. Wenn das Kind geboren ist, fragt die Mutter an, zu welchem Gott man gerade in diesem Augenblicke das Gebet gerichtet habe. Dies beachtet man sorgfältig und dieser Gott wird in gewisser Weise der Schutzgeist des Kindes Zeit seines Lebens.

„Aus Achtung für diesen Gott nennt man das Kind seinen Kot und während des Heranwachsens nennt man es wirklich, wie mit einem Beinamen, „Kot des Tongo" oder „Kot des Satia" oder irgend eines anderen Gottes, je nach dem besonderen Falle. Diese Bezeichnung ist wohl roh, aber die Absicht geht jedenfalls, unter einem ganz materiellen Bild, von der Achtung und der Frömmigkeit gegen die Gottheit aus".

Die beiden letzten Absätze des Vorstehenden sind dem Werke des Missionars Turner entnommen, der siebzehn Jahre lang auf den polynesischen Inseln lebte.[2]

Die Mutter des Königs von Uganda lud Speke ein, sie zu besuchen und mit ihr Pombé, den einheimischen Bananenwein, zu trinken. Wenn sie zufällig davon etwas verschüttete, „gerieten die Sklaven hierüber sofort ins Handgemenge, tippten mit der Nase auf den Boden oder packten diesen mit raschem Griff, damit ja kein Stäubchen von der Gunst der Königin verloren ging; denn alles mußte angebetet werden, was von dem Königtume kommt, sei es nun durch Absicht oder durch Zufall."[3] Wir haben hier also wieder die Geschichte vom Großlama und nichts anderes.

„Die Bewohner von Madagaskar haben ein jährliches Fest, das man mit ganz besonderer Feierlichkeit abhält und während dessen man kein Vieh schlachten darf, „das bedeutet soviel, als daß man auch keins essen kann, da sich in Madagaskar das Fleisch keine 24 Stunden hält". Dieses Fest wird „Das Bad der Königin" genannt und mit großem Aufwand ins Werk gesetzt. „Wenn das Wasser warm war, ging die Königin hinunter und betrat den mit einem Vorhang abgeschlossenen Raum. Wenige Augenblicke später verkündete Kanonendonner dem Volke, daß die Königin ihr Bad nahm. Nach einigen Augenblicken erschien sie wieder, prächtig mit Edelsteinen geschmückt. In der Hand trug sie ein Horn, das mit Badewasser gefüllt war, mit dem sie die Gesellschaft besprengte."[4]

Daß der Beherrscher eines Stammes oder eines Volkes in gewisser Weise mit den Göttern, die der Stamm oder das Volk anbetet, verbunden ist oder als ihr Vertreter

---

[1] Im Gegenteil spricht sehr viel dafür, daß unser Riechvermögen in seiner Entwicklung gehemmt ist. Den Primitiven dient ihr Geruchsinn vielfach zur Orientierung. Vielleicht schwebte Gaidoz bei der Erinnerung auf den Hottentottenbrauch die Stelle im The Connoisseur I, Nr. 21 vor, auf die G. E. Lessing im Laokoon, Abschn. XXV, Anm. im Auszug hinweist. — [2] Sie stehen in dem Buche „Samoa", London 1884, S. 79; aber in demselben Buche, das 1861 zu London unter dem Titel „Polynesia" erschien, sind sie nicht aufgenommen. — [3] Speke, Nile, London 1863, II, S. 313. — [4] Aus dem „Evening Star" Washington, der auf die in Boston erscheinende Zeitschrift „Transcript" verweist.

gilt, ist eine Art der Menschenverehrung, die ihre vollkommenste Kundgebung in der Verehrung darbietet, die man dem Großlama zollt; aber kein Teil der Welt ist davon freigewesen und bei unseren eigenen Vorfahren behauptete sie ihren Platz in dem Glauben, der in Europa so lange herrschend war, daß durch eine Berührung mit des Königs Hand die Skrofeln geheilt werden könnten. Diese heilende Kraft schrieb man auch Frauen in gewissem Zustande zu. (Siehe Anhang).

„Manche Leute glaubten, skrofulöse Geschwüre könnten durch die Berührung von Frauen, die den Monatfluß hatten, geheilt werden". (Plinius, XXVIII, 24).

„Die Hindufrau im Paradiese vergleicht man mit einer Hinduwitwe. Die Lage der Frau ist schlecht genug. Als die Sklavin ihres Mannes ißt sie, wenn dieser fertig ist, und sie ißt das, was übrig gelassen worden ist. Sie hat keine nennenswerte Erziehung und ihr ganzes Heil hat sie von ihrem Manne zu erhoffen. Im Haushalt sitzt er, sie muß stehen; und wenn sie im Innern des Landes lebt, kann sie nicht zum Ganges gehen und sich in dem heiligen Wasser baden. Man hat mir erzählt, daß es in vielen Fällen die Frau als eine besondere Vergünstigung betrachtet, wenn sie die Füße ihres Mannes beim Nachhausekommen baden darf und daß ihr eine gewisse Lossprechung von Sünden sicher ist, wenn sie dieses Wasser trinkt".[1]

„Pyrrhus, der König von Epirus, besaß die Kraft, Leute, die an Vergrößerung der Milz litten, dadurch zu heilen, daß er einfach seinen rechten Fuß auf dieses Eingeweide drückte."[2]

X. Die bakchischen Orgien der Griechen.

Die bakchischen Orgien der Griechen haben zwar an sich mit den Harn-Orgien nichts zu tun, sie können aber in diesem Zusammenhang kaum übersehen werden.[3]

Montfaucon beschreibt die Omophagen (Rohfleischesser) der Griechen folgendermaßen: „Die Omophagien waren ein Fest der Griechen, bei dem sie sich der bakchischen Wüterei hingaben; Arnobius sagt, daß sie sich mit Schlangen umwickelten und die Eingeweide von Ziegen roh verschlangen, wovon sie einen mit Blut verschmierten Mund hatten; dies bezeichnet man mit dem Worte Omophage. Wir haben schon mehrere Male mit Schlangen umwundene Menschen gesehen und besonders bei Mithras".[4]

Die Beziehungen zum Schlangenkult sind auffällig, namentlich wenn man die Tatsache beachtet, daß solche Schlangengebräuche heute noch bei den Mokis gefeiert werden, diese aber die nächsten Nachbarn der Zuñis sind, unter denen sie früher auch vorhanden waren. Der Hinweis auf Mithras scheint anzudeuten, daß solche Orgien den Persern gerade so gut bekannt sein mußten, wie den Griechen. (Siehe Anhang).

---

[1] Frank G. Carpenter in der „World", New-York, 30. Juni 1889. — Die Verallgemeinerung ist unzulässig. Vergl. Richard Schmidt, Liebe und Ehe im alten und modernen Indien (Vorder-, Hinter- und Niederländisch-Indien). Berlin 1904, S. 342ff. Wie wenig Inderinnen heikel sind, lehrt Dr. Susrutas Reisebericht, Anthropophyteia VIII, 244ff. — [2] T. C. Minor, Med. Dr., The Physicians of the Middle Ages, Cincinnati Ohio, 1889, S. 5. Es ist eine Übersetzung des Werkes von Dr. Edmond Dupouy „Le Moyen-Age Médicale". — [3] Vergl. dazu das treffliche Werk C. Hartwichs: Die menschlichen Genußmittel, ihre Herkunft, Verbreitung, Geschichte, Bestandteile, Anwendung und Wirkung. Leipzig 1911. — [4] Montfaucon, L'Antiquité expliquée, II, Buch 4, S. 22. — Eingehende Erörterungen mit reichen Literaturnachweisen bei W. H. Roscher, Ausführliches Lexikon der griechischen und römischen Mythologie, Leipzig 1894—1897, II, 2, unter Mainaden S. 2243—2283 (von A. Rapp) und unter Mithras S. 3028 bis 3071 (von F. Cumont).

Bryant macht über diesen Punkt bei Besprechung der griechischen Orgien folgende Angaben: „Sowohl in den Orgien des Bakchus als auch bei den Gebräuchen der Ceres und denen anderer Gottheiten bestand ein Teil der Mysterien in einer Zeremonie (Omophagia), wobei sie das Fleisch ganz roh samt dem Blute aßen. Beim Dionysosfeste in Kreta pflegten sie das Fleisch mit den Zähnen von dem lebenden Tiere herunterzureißen".[1])

Und ferner: „Die Mänaden und Bakchantinnen pflegten die rohen Stücke von Tieren zu essen, die sie vorher auseinander geschnitten oder gerissen hatten . . . Auf der Insel Chios war es ein religiöser Brauch, einen Menschen Stück vor Stück auseinanderzureißen, und zwar als ein Opfer für Dionysos. Und aus allem diesem können wir die traurige Wahrheit ersehen, daß es nichts gibt, das noch so gottlos und unnatürlich sein mag, das nicht einmal zu irgend einer Zeit herrschend war".[2])

„Namentlich im Kulte der griechischen chthonischen Götter, die das Pariser Zauberbuch direkt als ὠμοφάγοι χϑόνιοι anredet,[3]) finden wir die Omophagie, d. h. das Verzehren des rohen, noch zuckenden lebenden Fleisches eben geschlachteter oder zerrissener Tiere. Dieser Ritus hat allen Anspruch auf hohes Alter, und gerade im Kulte der Toten, der Seelen und der chthonischen Gottheiten haben sich die ältesten Opferzüge am längsten bewahrt.[4]) Bei den griechischen Dionysien und römischen Bakchanalien hatte sich die Omophagie bis in die christliche Zeit ebenso erhalten, wie das Tragen der äußeren Seelenhülle (Tiermaske), mit der man sich dem Tiergott ähnlich, gleichmachen und auch schützen wollte. Wir begegnen auch in der volkmedizinischen Organotherapie diesen Mitteln oft genug. — Pomponius Mela 3, 3, 28 berichtet, daß auch die Germanen rohes, frisches Fleisch der Tiere verzehrten oder altes trockenes Fleisch in frischen Tierhäuten wieder aufwärmten. — Wir wissen auch, daß die Griechen und Römer wohl unterschieden zwischen denjenigen Organen, die als Götterspeise dem Priester als Tribut oder Zoll an die Gottheit zufielen, und den übrigen, nichtedlen Teilen, wie Gekröse, Magen, Uterus (gaster, venter). Athenäus (Casaubonus III, 179) schreibt: „Solitos edi veteribus mactatorum animalium ventres probat Dipnosophista Aristophanis testimonio." Die Κοιλῖαι (= venter) galten als ἀδεκατοτεύτας τῶν ϑεῶν ἱερᾶς κοιλίας, d. h. als unverzolltes Götteropfer, das nicht zum eigentlichen Gottheittribute gehörte, sondern das man den Seelengeistern vorsetzte".[5])

Erschrickt ein Bulgare derart, daß ihn Herzklopfen befällt (igrae srceto = das Herz tanzt), so trennt man eine lebende Taube auf (einem Täubchen gibt man den Vorzug), reißt ihr das Herz heraus und gibt es schnellstens, so lange es noch zuckt, dem Erschrockenen zu verschlingen, damit es noch weiter zucke, bis es in seinen Magen hinabgerutscht, „wovon der Kranke genest" (ot koeto bolnijat ozdravva).[6])

Die alten Arier verabscheuten die eingeborenen Dasyu Indiens, weil die Menschenfleisch und überhaupt ungekochtes Fleisch aßen und drückten ihren nationalen Abscheu durch das Epitheton „Rohesser" aus.[7])

Faber erzählt uns, daß „die Kreter ein jährliches Fest hatten, . . . bei dem sie in ihrer Verzückung einen lebendigen Stier mit den Zähnen zerrissen und Schlangen in den Händen schwangen".[8])

Bakchische Orgien in Nord-Amerika.

Diese Orgien kommen in derselben Weise bei vielen Stämmen Nord-Amerikas vor. Paul Kane beschreibt die feierliche Einsetzung des Clea-clach, eines Häuptlings der

---

[1]) Bryant, Mythology, London 1775, II, S. 12. — [2]) A. a. O., S. 13. — [3]) Erwin Rohde, Psyche, Seelenkult und Unsterblichkeitglaube der Griechen 1903, II, 81. — [4]) Ad. Furtwängler, Die antiken Gemmen, Leipzig 1900, III, S. 46. — [5]) Höfler, Die volkmedizin. Organotherapie, Stuttgart 1909, S. 45. — [6]) C. Ginčev, Nešto na narodnata medicina, Sbornik za narodni umotv. Sofija 1900, III, S. 129. — [7]) Hunter, Annals of Rural Bengal 1868, S. 115. — [8]) Faber, Pagan Idolatry, London 1816, II, S. 265.

Clallams (mächtiges Volk) an der Nordwestküste von Britisch-Amerika: „Er ergriff einen kleinen Hund und fing an, ihn lebendig aufzufressen". Er biß auch Stücke aus den Schultern der männlichen Zuschauer.[1]

Bei einer Besprechung dieser Gebräuche sagt Dr. Franz Boas: „Angehörige der Stämme, bei denen die Hamatsa-Zeremonien gebräuchlich sind, zeigen deutliche Narben, die vom Beißen herrühren. Bei gewissen Festlichkeiten ist es die Pflicht der Hamatsa, aus den Armen, den Beinen oder der Brust eines Mannes ein Stück Fleisch herauszubeißen.[2] Dr. Boas weist nach, daß die Handlungen der Hamatsa ein Beispiel von rituellem Kannibalismus sind.[3] Und bei seinen Ausführungen über die geheimen Gesellschaften, die er an der Britischen Nordwestküste beobachtete, bemerkt er, daß jede Gesellschaft ihre besonderen Zeremonien hat. „Die Nutlematl müssen so schmutzig als möglich sein".[4]

„In seinen „Études de la Nature" stellt Bernardin de Saint-Pierre die Ansicht auf, das Essen von Hundefleisch sei der erste Schritt zur Menschenfresserei. Und es ist sicherlich etwas Wahres an dieser Annahme, denn zähle ich im Geiste diejenigen Völkerschaften her, die ich besuchte, so finde ich, daß man bei allen, die mehr oder weniger Menschenfleisch essen, tatsächlich die Hunde immer als Leckerbissen betrachtete".[5] Wenn die Clallams in ihrer Verzückung Hunde in Stücke rissen, so waren diese zweifellos ein Ersatz für das menschliche Opfer auf einer früheren Stufe ihrer Kultur.

Bancroft beschreibt ähnliche Orgien der Chimsyano in Britisch-Nordamerika. Während man den Medizin-Männern der Nootkas nachsagt, daß sie eine Orgie haben, bei der sie „lebendige Hunde und menschliche Leichen ergreifen und mit den Zähnen zerreißen, so scheinen sie doch, wenigstens in späteren Zeiten, die lebendigen Menschen nicht mehr anzugreifen und ihre Schaustellungen sind lange nicht so schrecklich und blutig, wie die wilden Orgien der nördlichen Stämme".[6]

Die Haidahs an derselben Küste geben sich einer Orgie hin, bei der „der Ausführende den ersten Hund, den er finden kann, packt und tötet; dann reißt er Fleischstücke heraus und ißt sie auf".[7]

Bei der Beschreibung der sechs geheimen Kriegergesellschaften oder Kriegerbanden der Mandanen macht Maximilian von Wied darauf aufmerksam, daß die drei Führer der einen Bande, die man „Hunde" nannte, verpflichtet waren, über jedes Stück Fleisch, das jemand mit den Worten: „Da friß, Hund", in die Asche oder auf die Erde warf, herzufallen und es roh zu verschlingen, wie Hunde oder Raubtiere.[8]

Eine weitere Vermehrung der Beispiele dürfte überflüssig sein. Das Angeführte wird wohl genügen, um die Tatsache festzustellen, daß fast die gleichen Orgien in Europa, Amerika und Asien vorhanden sind, Orgien, in denen sich der rituelle Gebrauch von

---

[1] Kane, Artists Wandering in North America, London 1859, S. 212; auch in Spencers Descriptive Sociology angeführt. — [2] Report on the Nord-Western Indians of Canada, in Proceedings of the British Association for the Advancement of Science, New-Castle-upon-Tyne Meeting 1889, S. 12. — [3] S. 55. Über den Kannibalismus der Indianer vergl. Frederick Webb Hodge, Handbook of American Indians 1907, I, S. 200 f. Dieses zweibändige Werk bietet sehr viel weitere Belege zu unserem Buche dar. — [4] S. 54. — [5] Schweinfurth, Heart of Africa, London 1872, I, S. 191. — [6] Bancroft, Native Races of the Pacific Slope, I, S. 171 (Chimsyans) und S. 202 (Nootkas). — [7] Dall, Masks and Labrets, Annual Report of the Bureau of Ethnology, Washington 1886; er führt Dawson an. — [8] Maximilian, Fürst zu Wied, Travels usw., London 1843, S. 356 u. 446. — Zöge man alle einschlägigen Berichte aus den seit 1890 bis jetzt erschienenen Bulletins des Bureau of Ethnology, des Journal of American Folk-Lore, der Proceedings of the Anthropological Society of Washington und den Schriften des Amer. Museums für Natural History in New-York aus, so bekäme man wieder einen Band vom Umfang des vorliegenden. Bourkes Vermutung von im Brauch erhaltenen Überlebseln ursprünglicheren Menschenfleischessens ist bereits außer Zweifel gestellt. Vergl. Krauss, Slavische Volkforschungen, Leipzig 1908, S. 155—163.

Nahrungmitteln fortpflanzte, die die Bevölkerung nicht mehr verwandte. Es handelt sich möglicherweise um die Erinnerung an früher vorhanden gewesene Menschenfresserei.

Das Hundeopfer als Ersatz für Menschenopfer.

Es würde den Umfang dieses Abschnitts zu sehr vergrößern, wollte ich zeigen, daß man den Hund beim Opfer fast immer als Ersatz für den Menschen gebrauchte. Andere Tiere haben wohl auch diese Stellvertretung übernehmen müssen, aber keins in dieser Ausdehnung, namentlich unter den primitiven Völkerschaften. Für die amerikanischen Indianer und andere Gruppen auf derselben Entwickelungsstufe bietet ein solcher Ersatz dem Denken keine Schwierigkeiten dar. Ihre religiösen Begriffe sind so stark mit Tierverehrung vermischt, daß es die natürlichste Sache in der Welt ist, wenn man Tieren die Rolle von Gottheiten oder von Opfern zuweist; aber ihr Glauben beschränkt sich nicht auf die Auffassung, daß das Tier heilig ist; er umfaßt obendrein die ganz bestimmte Anerkennung der Tatsache, daß die Verwandlung in einen Wolf[1]) möglich sei und daß die Medizin-Männer die Macht haben, Menschen in Tiere und Tiere in Menschen zu verwandeln. Ein solcher Glaube kam in Gegenwart des Verfassers im Jahre 1881 im Dorfe der Zuñis in geradezu zwingender Weise zum Ausdruck. Die Indianer waren mit einem ihrer zahllosen Tänze und Gebräuche beschäftigt, — es war möglicherweise nicht sehr weit von der Zeit ab, in der man den Harntanz aufzuführen pflegte — als die Tänzer einen kleinen Hund ergriffen und ihn stückweise zerrissen, wobei sie sich an allen jenen Quälereien ergötzten, die die Bosheit und Gehässigkeit des Primitiven ersinnen können. Man gab mir die Erklärung, der unglückselige Köter wäre ein „Navajo", also ein Angehöriger jenes Stammes, mit dem die Zuñis seit Menschengedenken in bitterster Feindschaft leben und aus deren Reihen sie durch Kriegzufälle wohl einen Gefangenen in die Hände bekommen hatten, um ihn dann zu martern und zu opfern.[2])

Frau Eastman beschreibt den „Hundetanz der Sioux", bei dem die Hunde Chippeways vorstellten und die Sioux die Tierherzen roh aufaßen.

XI. Die Verwendung giftiger Pilze bei den Harnorgien.

Die Indianer am und in der Nähe des Kaps Flattery an der Küste des Stillen Ozeans in Britisch Nord-Amerika pflegen heute noch den Harntanz in einer ganz besonders abstoßenden Gestalt. Nach einer Mitteilung des Herrn Kennard von der Küstenvermessungkommission der Vereinigten Staaten, den ich im Jahre 1886 in Washington traf, destillieren die Medizin-Männer aus Kartoffeln und anderen Zutaten einen schlechten Schnaps, der eine reizende und anregende Wirkung auf Nieren und Blase ausübt. Jeder, der von diesem Zeug zu sich genommen hat, muß sofort Harn lassen; dieses Ergebnis bekommt dann sofort der nächste Nachbar, der es trinkt. Dies hat wieder die geschilderte Wirkung und bringt gleichzeitig ein vorübergehendes Irresein, eine Art Delirium hervor, während

---

[1]) Die sogen. Lykanthropie; engl. Lycanthropy. I. — [2]) Der rachsüchtige Chrowot verstümmelt oder tötet den Hund oder die Kuh oder das Kalb des Gehaßten. dem er unmittelbar nicht zu Leib kann. Der Hund ist für den Ackerbauer und den Jäger kein Luxus, sondern unter Umständen sein wertvoller Helfer im Daseinkampfe. Davon hat man zunächst auszugehen, nicht jedoch von der Zoolatrie, die doch nur einen bestimmten, nicht alle Hunde hochschätzt und noch weniger von der Lykanthropie, deren Ursprung im Traumleben zu finden ist. — Hundefleisch verzehrt man auch z. B. in China, man verschmäht es auch bei uns nicht in unterster Gesellschaftschichte, die Sioux essen aber das Hundeherz roh auf, weil sie bessere Zähne als unsere Kulturmenschen haben.

dessen man alle möglichen Arten von tollen Sprüngen ausführt. Der letzte Mann, der schließlich das Gift verschluckt, nachdem es durch den Körper von fünf oder sechs seiner Genossen hindurchgegangen ist, wird so vollständig davon überwältigt, daß er in eine tod-ähnliche Betäubung verfällt.

Genau dieselbe Verwendung eines giftigen Pilzes wird von den Eingeborenen in Sibirien an der Küste des Stillen Ozeans berichtet, wie der Gelehrte Dr. J. W. Kingsley (aus Brome Hall, Scole, England) angibt. Auf einen solchen Ritus weist auch Schultze hin. „Die Schamanen in Sibirien trinken eine Abkochung von giftigen Pilzen oder den Harn eines Menschen, der durch Essen einer solchen Pflanze betäubt wurde".[1]

Man sollte vermuten, daß die Harn-Orgie der Eingeborenen in Sibirien von den Forschern im Dienste der russischen Regierung ausführlich beschrieben worden sei. Ich wandte mich daher an Herrn Lambert Tree, den amerikanischen Gesandten am Hofe von St. Petersburg, der seine rege Anteilnahme an der Aufgabe bezeugte, aus den Kaiserlichen Archiven alles das auszugraben, was auf die Verwendung des Pilzes als Harngift Bezug hatte. Da aber unglücklicherweise seine Amtzeit gerade zu Ende ging, konnte ich seine Ermittelungen nicht mehr rechtzeitig bekommen, um sie noch in das vorliegende Werk aufnehmen zu können.

In dieser Hinsicht schulde ich Dank Herrn Wurtz, dem amerikanischen Geschäftträger in St. Petersburg, sowie dem russischen Minister des Unterrichts für die freundliche Anteilnahme, die sie an den durch die Erweiterung der ursprünglichen Abhandlung erforderlichen Forschungen bezeugten.

Ferner hatte ich Besprechungen mit dem chinesischen Gesandten und mit Herrn Dr. H. T. Allen, dem Sekretär der koreischen Gesandtschaft in Washington, aber außer der Tatsache, daß man in der Volkmedizin dieser Länder heute noch Kot als Heilmittel ansieht, ließ sich nichts wichtiges ermitteln.

Es blieb daher nichts anders übrig, als sich an die Berichte amerikanischer oder englischer Forscher von unbedingter Glaubwürdigkeit zu halten.

Georg Kennan beschreibt eine Hochzeitfeier, die er in einem Dorfe Kamtschatkas sah: „Als die Zeremonie zu Ende war, gingen wir zu einem in der Nähe befindlichen Zelt und waren sehr überrascht, als wir in die frische Luft kamen und drei oder vier Koräken erblickten, die in einem ziemlich weit vorgeschrittenen Zustand der Betrunkenheit jauchzten und dabei hin und herwankten; sie feierten, wie ich annehme, die glückliche Heirat, die eben stattgefunden hatte. Ich wußte genau, daß im ganzen nördlichen Kamtschatka weder ein Tropfen einer alkoholhaltigen Flüssigkeit zu finden, noch etwas vorhanden war, aus dem sie hätte hergestellt werden können, und es blieb mir unerklärlich, auf welche Weise es ihnen gelungen war, sich so plötzlich, so vollständig, so hoffnungslos und so unleugbar zu betrinken. Selbst die niedrigste Schnapskneipe konnte nicht glaubwürdigere Muster einer berauschten Menschheit ans Taglicht fördern, als diese da vor uns.

„Das aufregende Mittel, es mochte sein was es wollte, arbeitete sicherlich so rasch und war gerade so wirkungvoll in seinen Ergebnissen, wie irgend ein „Fusel" oder „auf Flaschen gezogener Blitz", wie ihn die moderne Zivilisation kennt.

„Auf unsere Nachfrage erfuhren wir zu unserm Erstaunen, daß diese Leute ein Gewächs gegessen hatten, das unter dem volktümlichen Namen „der Giftschwamm" bekannt ist. In Sibirien gibt es eine besondere Art dieser Klasse der Pilze, die von den Eingeborenen als „Muk-a-moor" bezeichnet und da sie stark berauschende Eigenschaften besitzt, von fast allen sibirischen Stämmen als anregendes Mittel benutzt wird.

---

[1] Schultze, Fetichism, New-York 1885, S. 52. — Vergl. die oben angeführte Abhandlung Alexander Treichels.

„In größeren Mengen genommen, ist es ein heftiges, betäubendes Gift; kleinere Mengen erzeugen jedoch alle Erscheinungen, die der Genuß alkoholhaltiger Flüssigkeiten zur Folge hat.

„Seine gewohnheitmäßige Verwendung erschüttert indessen das Nervensystem vollständig und der Verkauf an die Eingeborenen durch russische Händler ist infolgedessen von dem russischen Gesetze unter Strafe gestellt. Aber trotz aller Verbote geht der Handel damit im Geheimen weiter und ich habe selbst gesehen, wie man Pelze im Werte von zwanzig Dollars für einen einzigen dieser Pilze hingab.

„Die Koräken würden ihn wohl selbst sammeln, aber er wächst nur im Schatten der Wälder, und auf den öden Steppen, auf denen die Koräken umherziehen, findet man ihn nicht; sie sind daher meistens gezwungen, ihn zu ungeheuren Preisen von den russischen Händlern zu kaufen. Es mag für unsere Ohren ganz sonderbar klingen, aber die Einladung eines gastfreundlichen Koräken an einen vorbeikommenden guten Bekannten lautet nicht: „Komm herein, wir wollen einen zusammen trinken", sondern „Willst Du nicht hereinkommen und einen Giftschwamm mit mir essen?" — für einen zivilisierten Trunkenbold wohl gerade kein verlockender Vorschlag, der aber auf einen liederlichen Koräken eine geradezu zauberhafte Wirkung ausübt. Da das Angebot in solchen Gift-schwämmen keineswegs der Nachfrage entspricht, so hat sich koräkischer Erfindunggeist an dem Bemühen erprobt, das kostbare Anregungmittel möglichst sparsam zu verwenden und es in ganz besonderer Weise auszunutzen.

„Im Verlaufe menschlicher Begebenheiten wird es manchmal gebieterisch notwendig, daß sich eine ganze Gesellschaft zusammen betrinkt, es ist aber leider nur ein Giftschwamm da, den man dafür in Anspruch nehmen kann. Der neugierige Leser, der eine Beschreibung der Art und Weise haben will, wie diese Gesellschaft insgesamt und jeder einzelne von einem einzigen Pilze betrunken wird und eine ganze Woche lang betrunken bleibt, der kann sich bei Goldsmiths „A Citizen of the World," Brief 32, Belehrung holen.

„Die Gerechtigkeit verlangt aber, daß ich ausdrücklich erkläre, daß dieser abscheu-liche Gebrauch sich fast ausschließlich auf die ansässigen Koräken am Penzshink-Busen beschränkt — und diese sind der erbärmlichste und verkommenste Teil des ganzen Stammes. In einem sehr beschränkten Grade mag dieser Brauch auch bei den herum-ziehenden Eingeborenen herrschen, aber mir selbst ist nur ein einziger Fall außerhalb der Ansiedlungen am Penzshink-Busen bekannt worden".[1]

Oliver Goldsmith spricht von einer „sonderbaren Sitte" bei den „Tataren von Koraki . . . Die Russen, die mit ihnen Handel treiben, bringen eine Art Pilz zu ihnen . . . Diese Pilze speichern die reichen Tataren in großen Mengen für den Winter auf; und wenn ein Edelmann ein Pilzfest gibt, lädt man alle Nachbarn in der Runde ein. Die Pilze bereitet man durch Kochen zu, wodurch das Wasser eine berauschende Eigenschaft erhält und dann eine Art von Getränk gibt, das die Tataren vor allen andern hochschätzen. Wenn sich die Edelleute mit ihren Damen versammelt haben und die unter Leuten von hohem Rang gebräuchlichen, umständlichen Zeremonien vorüber sind, reicht man die Pilz-brühe zwanglos herum. Und dann lachen sie, unterhalten sich mit zweideutigen Reden-arten, werden schließlich betrunken, kurz es gibt eine vorzügliche Gesellschaft. Die ärmeren Leute, die für ihre Belustigung von der Pilzbrühe gerade so eingenommen sind wie die Reichen, die sich aber das Vergnügen nicht aus erster Hand leisten können, stellen sich bei solchen Gelegenheiten rund um die Hütten der Reichen auf und warten die Gelegen-heit ab, bis Damen und Herren herauskommen, um ihre Flüssigkeiten abzugeben; dann halten sie eine hölzerne Schale unter und fangen das kostbare Fluidum auf, das seine

---

[1] George Kennan, Tent Life in Siberia, New-York and London 1887, S. 202—204. Bei Reclam ist eine deutsche Übersetzung erschienen. I.

Eigenschaften durch diese Filtrierung nur wenig verändert und immer noch stark berauschend wirkt. Davon trinken sie nun mit dem größten Wohlbehagen und werden ebenso betrunken und lustig wie ihre „oberen Zehntausend".

„Diese glücklichen Edelleute!" rief mein Begleiter aus, „die nicht zu befürchten brauchen, daß sich die Achtung vor ihnen vermindert, wenn sie an Harnzwang leiden und die am nützlichsten werden, wenn sie betrunken sind. Obgleich wir diese Sitte bei uns nicht haben, so glaube ich doch bestimmt, daß wir, wenn sie eingeführt werden sollte, in England manchen Schmarotzer[1]) bekämen, der bereit wäre, bei solchen Gelegenheiten aus der hölzernen Schale zu trinken und den Wohlgeschmack von Seiner Gnaden Flüssigkeit zu loben. Da wir nun verschiedene Klassen von Edelleuten haben, wer weiß, ob wir nicht einen Lord sehen könnten, wie er die Schale dem Minister, einen Ritter, der sie Seiner Lordschaft hinhält und einen einfachen Landedelmann, der das Doppel-Destillat aus den Lenden des Herrn Ritters tränke?"[2])

Amanita muscaria[3]) besitzt eine berauschende Eigenschaft und die nördlichen Völkerschaften verwenden sie zu diesem Zwecke. Im folgenden geben wir den Bericht von Langsdorf, wie man ihn bei Greville findet:

„Diese Abart von Amanita muscaria gebrauchen die Bewohner der nordöstlichen Teile Asiens in derselben Weise wie Wein, Schnaps, Arak oder Opium andere Völker. Man findet diese Pilze in Mengen bei Wischna, in Kamtschatka und Willowa Derecona. Zu manchen Zeiten sind sie sehr reichlich vorhanden und manchmal sehr selten. Man sammelt sie in den heißesten Monaten und hängt sie auf Schnüren in der Luft zum Trocknen auf; manche vertrocknen auch auf der Erde und von diesen behauptet man, daß sie viel betäubender wirken, als die künstlich getrockneten. Kleine, dunkelfarbige, stark mit Warzen bedeckte Stücke sollen gleichfalls kräftiger wirken, als die größeren von hellerer Farbe.

„Die gewöhnliche Art, den Pilz einzunehmen, besteht darin, daß man ihn wie eine große Pille zusammenrollt und hinunterschluckt, ohne ihn zu kauen, denn das Kauen riefe nach der Behauptung der Kamtschadalen Magenbeschwerden hervor.[4])

„Manchmal ißt man den Pilz auch frisch in Suppen und Brühen und dann verliert er viel von seiner berauschenden Eigenschaft. Wenn er in den Saft der Beeren von Vaccinium uliginosum[5]) eingetaucht wird, wirkt er wie starker Wein. Ein großer oder zwei kleine Pilze sind die gewöhnliche Menge, um für einen ganzen Tag einen ordentlichen Rausch zu erzeugen, namentlich wenn man Wasser dazu trinkt, das die narkotischen Eigenschaften vermehrt.

„Die gewünschte Wirkung tritt eine oder zwei Stunden nach dem Einnehmen des Pilzes auf. Schwindelanfälle und Betrunkenheit zeigen sich in derselben Weise wie bei Wein oder Schnaps; zuerst tritt eine fröhliche Erregung des Geistes ein, das Gesicht wird rot, dann folgen unwillkürliche Worte und Bewegungen und schließlich kommt es manchmal zu vollkommener Bewußtlosigkeit. Manche Menschen werden in ganz auffallender Weise tatenlustig und es zeigt sich ein hochgradiger Antrieb zu Muskelbewegungen. Durch

---

[1]) Das Wortspiel des englischen Textes geht bei der Übersetzung leider verloren. Der Schmarotzer heißt englisch toad-eater, wörtlich Krötenschlucker, während der Giftschwamm toadstool, wörtlich Krötenstuhl heißt. Vergl. das Plattdeutsche Poggenstaul für Pilz. I. [2]) Oliver Goldsmith, Letters from a Citizen of the World, Brief 32. Diese Angaben beruhen auf Philip Van Stralenburghs Histori-Geographical Description of the North and Eastern Part of Europe and Asia, London 1736, S. 397. — [3]) Es ist unser Fliegenschwamm, Agaricus muscarius, dessen Giftstoff Agaricin oder Amanitin genannt wird. I. [4]) In einigen Gegenden des slavischen Südens genießt man auch Giftschwämme, nachdem man sie vorher ausgiebig in mehreren Wässern ausgelaugt hat. Davon arten die Esser zu Tollheiten aus und von einem Raufbold sagen die Chrowoten najeo se ludih gljiva (er hat sich an Tollschwämmen sattgegessen). — [5]) Sumpfheidelbeere, Rauschbeere. I.

zu große Mengen werden heftige, krampfartige Erscheinungen erzeugt. Auf wieder andere Menschen wirkt der Pilz so anregend auf das Nervensystem, daß die Erfolge geradezu lächerlich sind. Will z. B. eine Person, die unter dem Einflusse des Pilzes steht, über einen Strohhalm oder einen dünnen Stock hinweggehen, so macht sie einen langen Schritt oder tut einen Sprung, der hoch genug ist, um über einen Baumstamm hinwegzukommen. Geschwätzige Leute können keinen Augenblick stille sein oder Geheimnisse für sich behalten, und Musikliebhaber singen ununterbrochen.

„Die sonderbarste Wirkung der Amanita ist aber der Einfluß, den sie auf den Harn besitzt. Man behauptet, die Einheimischen hätten seit unvordenklichen Zeiten gewußt, daß der Pilz jener Absonderung seine berauschende Eigenschaft mitteilt, die noch eine ganz erhebliche Zeit lang anhält, nachdem man die Flüssigkeit eingenommen hat. So wird, z. B. ein Mann, der heute nur mäßig betrunken war, morgen früh, wenn er ausgeschlafen hat, wieder ganz nüchtern sein. Nimmt er aber, wie es Sitte ist, nun eine Schale seines Harns zu sich, so wird er viel heftiger betrunken, als er es am vorhergehenden Tage war. Es ist daher gar nicht ungewöhnlich, daß eingewurzelte Trunkenbolde ihren Harn als kostbaren Likör aufheben, um gegen Mangel an Pilzen geschützt zu sein.

„Die berauschende Eigenschaft des Harns läßt sich nun weiterverbreiten, weil der Harn eines jeden, der daran Teil hat, selbst wieder in gleicher Weise beeinflußt wird. Daher kann eine Gesellschaft von Trunkenbolden mit ganz wenigen Amaniten ihre Schwelgerei eine ganze Woche lang fortsetzen. Dr. Langsdorf erwähnt, es könne dadurch, daß eine zweite Person den Harn der ersten trinkt, eine dritte den der zweiten und so fort, die berauschende Wirkung über fünf Menschen verbreitet werden".[1]

„Sie feiern Feste, wobei ein Dorf das andere freihält, entweder, wenn eine Hochzeit stattfinden soll oder wenn sie auf der Jagd und beim Fischen reiche Beute gemacht haben. Die Grundbesitzer setzen ihren Gästen große Schalen voll Oponga vor, bis sich die ganze Gesellschaft übergeben muß; manchmal verwenden sie auch eine Flüssigkeit aus einem großen Pilz, mit dem die Russen die Fliegen töten. Sie bereiten ihn mit dem Saft von Epilobium oder der französischen Weide zu. Das erste Anzeichen dafür, daß diese Flüssigkeit bei einem Menschen ihre Wirkung tut, ist ein Zittern in allen seinen Gliedern und eine halbe Stunde später beginnt er wie im Fieber zu rasen; und je nach der besonderen Verfassung seines Körpers ist er entweder lustig oder traurig verrückt. Einige springen, tanzen und singen; andere weinen und geraten in eine furchtbare Angst, ein kleines Loch kommt ihnen wie eine große Grube vor und ein Löffel voll Wasser wie ein großer See; dies aber bezieht sich nur auf solche, die von der Flüssigkeit im Übermaß zu sich nehmen, denn wenn man sie nur in kleiner Menge nimmt, regt sie die Lebengeister an und macht lebhaft, mutig und lustig.

„Man hat die Beobachtung gemacht, daß sie jedesmal, nach dem Genuß dieses Gewächses behaupten, sie gehorchten lediglich dem Befehl des Pilzes, wenn sie ihre Narrheiten ausführten; die Benutzung dieses Pilzes ist indessen so gefährlich, daß eine ganze Menge Menschen ihr Leben einbüßen würde, paßte man nicht ordentlich auf sie auf. Die Kamtschadalen machen sich nicht viel daraus, spricht man von den Streichen in der Betrunkenheit und vielleicht macht der gewohnheitmäßige Gebrauch den Pilz weniger gefährlich für sie. Einer von unseren Kozaken faßte den Entschluß davon zu essen, um seinen Kameraden eine Überraschung zu bereiten und er tat es auch wirklich; aber man hatte nachher große Mühe, ihn am Leben zu erhalten. Ein anderer, ein Eingeborener von Kamtschatka, bildete sich nach dem Essen des Pilzes ein, er stände am Rande der

---

[1] English Cyclopaedia, London, Bradbury and Evans 1854, II, Natural History, unter Fungi.

Hölle und sollte sofort hinein geworfen werden und der Pilz befehle ihm, in die Knie zu sinken und alle Sünden, die ihm einfielen, zu beichten. Und dies tat er auch vor einer großen Menge seiner Kameraden, zu deren großen Belustigung. Man erzählte auch, ein Soldat der Besatzung, der ein wenig von dem Pilze gegessen, habe eine große Strecke marschieren können, ohne zu ermüden; daß er aber schließlich starb, als er eine zu große Menge davon eingenommen.

„Mein Dolmetscher trank etwas von dem Safte, ohne daß er ihn kannte, und wurde so toll dadurch, daß wir ihn nur mit größter Mühe davon abhalten konnten, sich selber den Bauch aufzuschlitzen; wie er sagte, habe ihm dies der Pilz anbefohlen.

„Die Kamtschadalen und die Koräken essen davon, wenn sie den Entschluß gefaßt haben, jemanden zu ermorden. Bei den Koräken steht der Pilz in so hohem Ansehen, daß sie keinem, der davon betrunken geworden ist, gestatten, sein Wasser auf den Boden zu lassen; sondern sie geben ihm ein Gefäß, damit er seinen Harn darin auffangen kann, und diesen trinken sie; und das hat dieselbe Wirkung wie der Pilz selbst.

„Von diesen Pilzen wächst kein einziger in ihrem Lande, sodaß sie gezwungen sind, ihn von den Kamtschadalen zu kaufen. Drei oder vier von ihnen gelten als sehr mäßige Menge, wenn sie aber in Trunkenheit geraten wollen, nehmen sie zehn Stück ein. Die Frauen gebrauchen ihn niemals, sodaß alle ihre Belustigungen nur im Scherzen, Tanzen und Singen bestehen".[1]

„Ich glaube nicht, daß sich der Harn sehr lange hält und die Zersetzung würde das Amanitin zerstören, das meiner Ansicht nach der wirkende Stoff ist. Wenn ich mich recht erinnere, hat man es als Alkaloid hergestellt".[2]

„Wenn ein Jakute ein guter und liebevoller Gatte war, so ging er sofort nach Hause und spie den Inhalt seines Magens in ein Gefäß voll Wasser, das er dann vor die Tür stellte, damit es kalt werden sollte; und mit dem reichlich darin herumschwimmenden Ausgespienen hielten dann seine Frau und seine Kinder ein herzhaftes Mahl ab. Der glückliche Besitzer eines Magens voll Wutki mag in der Anwandlung einer wohlwollenden Laune in ähnlicher Weise über einen Teil seines Überflusses verfügen, wobei man aber das Wasser fortläßt. Und weiter nach Osten zu, bei den Tschuktschen, wird die Familie oft bis zur Trunkenheit mit der natürlichen flüssigen Erleichterung aus dem Leibe eines glücklichen Schnapssäufers festlich bewirtet . . . Dies ist die abscheulichste Sitte der Eingeborenen und sucht ein christlicher Missionar ernstlich nach einem neuen Arbeitfeld, so kann ich ihm die Versicherung geben, daß kein Fleckchen Erde die Gesittung so sehr benötigt, wie das Land der Tschuktschen".[3]

„Amanita muscaria ist als Fliegengift verwendet worden, woher der Pilz seinen volktümlichen Namen hat. Poquet stellte fest, daß das Klima auf seine giftigen Eigenschaften keinen Einfluß hat. Der Zar Alexis starb nach dem Essen solcher Pilze, aber die Kamtschadalen essen sie auch oder wenigstens behauptet man es, wie es auch die Russen behaupten. In Sibirien benützt man sie als berauschendes Mittel. Cook gibt an, man nehme sie wie große Pillen ein und die Wirkungen seien dieselben, wie sie Alkohol und Haschisch (Mohnsaft) zusammen genommen erzeugen. Diese Eigenschaft geht auch auf die flüssigen Absonderungen, den Harn, über und macht ihn berauschend, welche Wirkung er eine beträchtliche Zeit lang beibehält. Ein Mann, der an einem Tage davon betrunken war und sich am nächsten wieder nüchtern geschlafen hat, wird genau so betrunken wie vorher, wenn er von dieser Flüssigkeit so viel als etwa eine Schale voll trinkt . . . Zu

---

[1] James Grieve, The History of Kamtschatka and the Kurile Islands, Gloucester 1764, S. 207—209. — [2] Brief an Bourke von Dr. J. W. Kingsley, Cambridge, England, vom 18. August 1888. — [3] George W. Melville, In the Lena Delta, Boston Massachusetts 1885, S. 318.

diesem Zwecke bewahrt man den Harn in Sibirien auf . . . Die berauschende Wirkung überträgt sich auf irgend eine beliebige Person, die davon einnimmt . . . bis auf die dritte, vierte, ja sogar die fünfte Destillation durch einen menschlichen Leib".[1]

Henry Lamsdell beschreibt den Fliegenpilz gleichfalls. Er sagt, die Koräken verwenden ihn, um Berauschung zu erzeugen. „Der Pilz wirkt so kräftig, daß ein Eingeborener, der davon ißt, mehrere Tage lang betrunken bleibt; und durch ein Verfahren, das zu ekelhaft ist, als daß man es hier beschreiben dürfte, kann sich ein halbes Dutzend Leute nacheinander mit dem wirksamen Stoffe eines einzigen Pilzes betrunken machen, jeder von ihnen etwas weniger als sein Vorgänger".[2]

„Die Koräken bereiten den „muk-a-moor" durch Einweichung. In einigen Minuten werden die glücklichen Besitzer vollständig betrunken und sie schlürfen soviel davon, daß sie gezwungen sind, sich durch Abgabe ihres Überflusses zu erleichtern, bei welcher Gelegenheit die ärmeren Leute, die sich mit Schalen versehen haben, dabei stehen und die Flüssigkeit auffangen, die sie dann hinunterstürzen und nun ihrerseits betrunken werden. Auf diese Weise wird manchmal eine ganze Ansiedlung von dem Getränk berauscht, das ein Einzelner zu sich genommen".[3]

Salverte widmet zwei Seiten einer Beschreibung der Wirkungen des Fliegenschwammes oder „mucha-mor" der Russen; er zeigt, daß Menschen durch ihn zur Begehung von Mordtaten, Selbstmorden und anderen Ausschreitungen getrieben werden, aber das Harntrinken erwähnt er nirgends, obwohl er Anführungen aus Gmelin, Krachenninikof und Beniowski[4] bringt, die doch alle drei irgend welche Kenntnisse über seine besonderen Eigenschaften gehabt haben müssen. Nach Salverte kann man die Verwendung dieses Pilzes ganz gut in die Klasse der „Heiligen Berauschungmittel" zählen".[5]

„Vor der Eroberung pflegten sie selten etwas anderes als Wasser als Getränk zu benutzen. Aber wenn sie heiter geworden sind, trinken sie Wasser, das einige Zeit lang über Pilzen gestanden hat; doch hiervon später mehr".[6]

Ein kurzer Hinweis auf den Handel, den die Russen und die Kamtschadalen in Agaricus muscarius mit den Koräken treiben, befindet sich in „Langsdorfs Voyages"[7]: „Sie sollen die Pilzsorte, die sie von Kamtschadalen beziehen, als ein Mittel zur Erheiterung oder Berauschung dem Branntwein vorziehen".[8] Er fügt noch hinzu: „Über diesen Gegenstand kann man einige Bemerkungen von mir in den Annalen der Society for promoting the Knowledge of Natural History vorfinden".[9]

„Die Verwendung des berauschenden Pilzes in Sibirien und des von ihm gewürzten Harns ist in Stellers Geschichte von Kamtschatka erwähnt; es ist meiner Ansicht nach der älteste und beste Gewährsmann in Bezug auf diesen Gegenstand".[10]

Obwohl der Bericht bei Grieve in der Hauptsache aus Steller entnommen ist, bemühte ich mich doch das Werk des letztgenannten Schriftstellers aufzufinden, um seine

---

[1] M. C. Cook, British Fungi, London 1882, S. 21 f. — [2] Henry Lamsdell, Through Siberia, London 1882, II, S. 645. Er nennt den Pilz „fly agaric". — [3] Richard J. Bush, Reindeer Dogs and Snow-Shoes, London (o. J.), S. 357. — [4] Beniowsky erzählt I, S. 286, daß manche Schamanen eine Abkochung von Fliegenschwämmen oder den Harn von Personen trinken, die sich durch Fliegenschwämme betäubt haben, um desto geschwinder in Verzückungen zu fallen. Vgl. Meiners, Kritische Geschichte der Religionen, II, S. 493 f, wo auch auf Georgi, Beschreibung der Nationen des russischen Reiches, Petersburg 1776, S. 329 hingewiesen ist. Gmelin, den Meiners unmittelbar vorher anführt, scheint nichts vom Fliegenschwamm zu bringen. Krachenninikof war mir nicht zugänglich. I. — [5] Eusèbe Salverte, Philosophy of Magic, New-York 1862, II, S. 19 f. — [6] James Grieve, Dr. med., History of Kamtschatka and the Kurile Islands, Gloucester England 1764, S. 195. Vergl. die Anführung weiter oben aus demselben Schriftsteller. — [7] Langsdorfs Voyages, London 1874, II, S. 318. — [8] S. 320. — [9] S. 321. — [10] Brief an Bourke von John S. Hittel, San Francisco, vom 24. April 1888.

eigene Ausdruckweise kennen zu lernen. Das Exemplar, das der Bücherei des Kongresses zu Washington gehört, war verlegt worden und konnte nicht aufgefunden werden; mir wurde aber die in Bezug auf die nordischen Länder sehr umfangreiche Büchersammlung des Polarforschers A. W. Greely, Generals der Armee der Vereinigten Staaten, freundlichst zur Verfügung gestellt und hier fand ich das lange gesuchte Buch; ich führe es nach der Übersetzung an, die mir Herr Bunnemeyer gemacht hat, der dafür die wärmste Anerkennung verdient.

Georg Wilhelm Steller wurde am 10. März 1709 zu Windsheim in Mittelfranken geboren. Im Jahre 1734 ging er nach Rußland und wurde dort Beigeordneter und Mitglied der Kaiserlichen Akademie der Wissenschaften. Im Jahre 1738 erhielt er den Auftrag Kamtschatka zu erforschen, namentlich in Bezug auf die Naturgeschichte. Als er seine Arbeit zu Ende geführt und noch verschiedene Reisen nach anderen Gegenden gemacht hatte, versuchte er zweimal nach St. Petersburg zurückzukehren, erhielt aber jedesmal den Befehl nach Irkutsk zu reisen und sich über die dort gegen ihn erhobenen Anklagen zu verantworten. Das zweite Mal gelangte er jedoch nicht mehr nach Irkutsk, sondern erfror, während seine Bewachung ein am Wege gelegenes Wirtshaus betreten hatte. Er wurde im November 1746 zu Tumen begraben. Seine Bemerkungen über die giftigen Pilze lauten:

„Von den Champignons[1]) schätzt man den giftigen Pilz, den die Russen mucha-moor nennen, ganz besonders. Im russischen Ostrog-Gebiet hat er sein Ansehen allerdings schon seit langem verloren, desto mehr aber verwendet man ihn in der Nachbarschaft des Tzil und nach der koräkischen Grenze zu. Diesen Pilz trocknet man und schluckt ihn in großen Stücken hinunter, ohne ihn zu kauen; hinterher trinkt man dann eine tüchtige Menge kalten Wassers. Nach Verlauf von einer halben Stunde entstehen rasende Trunkenheit und sonderbare Sinnetäuschungen. Die Koräken und die Jukagiren geben sich diesem Laster noch mehr hin und kaufen die Pilze bei den Russen so oft sie nur können. Diejenigen, die zu arm sind, um sich den Pilz selber kaufen zu können, sammeln den Harn derjenigen, die unter dem Einflusse des Giftes stehen und trinken ihn; dies macht sie ebenso betrunken und rasend, wie jene.

„Der Harn wirkt auch noch beim vierten oder fünften Mann in der gleichen Weise. Renntiere verzehren diesen Pilz häufig mit großer Gier; sie werden davon betrunken und wild und verfallen schließlich in einen tiefen Schlaf. Findet man sie in diesem Zustande, so tötet man sie erst dann, wenn die Wirkungen des Giftes vorüber sind, denn andernfalls erzeugte das Fleisch, wenn man es ißt, dieselbe wütende Betrunkenheit wie der Pilz selbst".

„Von dem Tanz und der Sitte, die nach Ihrer Beschreibung unter den Bewohnern Sibiriens vorhanden sein sollen, weiß ich nichts. Niemals sah oder hörte ich etwas davon. Ich glaube überhaupt nicht, daß es im Lande der Tschuktschen irgend eine Pilzart gibt. Der Boden ist vollkommen unfruchtbar. Ich lebte sieben oder acht Monate lang in den Zelten dieses Volkes und sie haben mich niemals als einen Fremden angesehen, derart, daß sie ihre Gebräuche vor mir geheim hielten. Sie führten ihre Trommelei und die Vorstellungen ihrer Zauberer in meiner Gegenwart auf, gerade als ob ich einer der ihrigen wäre. Die Sitte, auf die Sie hinweisen, kann vielleicht bei den Jakuten und Tschuktschen herrschen, aber ich glaube, es ist wahrscheinlicher, daß sie bei den nordwestlichen Stämmen vorkommt, wie bei den Samojeden und Ostjaken".[2])

„Kapitän Healey vom Zollkutter „Bear" brachte im letzten Herbst einen schiffbrüchigen Seemann hierher, den sibirische Tschuktschen gerettet und der sich über zwei

---

[1]) Dies ist ein Irrtum; der Fliegenschwamm ist keine Champignonart, sondern Fliegenschwamm und Champignon gehören zur selben Gattung der Blätterschwämme, Agaricus. I. —
[2]) Brief an Bourke vom Polarforscher W. H. Gilder, aus New-York vom 15. Oktober 1888.

Jahre bei ihnen aufgehalten hatte. Er beschrieb die Art und Weise, wie sie eine berauschende Flüssigkeit herstellen, folgendermaßen: „In der Sommerzeit sammelte man große und kleine Pilze in großer Menge und es aß sie ein Mann, der sich, wie unsere Indianer, mit Fasten für dieses Fest vorbereitete. Nachdem er eine ungeheure Masse des Pilzes gegessen, brach er sie in ein Gefäß wieder aus, nahm dann die Ladung wieder zu sich und entlud die Masse nach einer Pause abermals in halb-gegohrenem oder halb-verdautem Zustande. Das Gemisch schluckten nun diejenigen, die auf das Getränk warteten, hinunter und sie tranken auch seinen Urin, und dies führte eine Ausschweifung herbei, die in einer tollen Betrunkenheit endigte".[1]

„Der Seemann J. B. Vincent, den ich im letzten Sommer bei den Tschuktschen auffand, erzählte, sie sammelten in ihren Zelten eine Pilzart, und während ihrer Karnevalzeit, die ungefähr mit unseren Weihnachtfeiertagen übereinstimmt, wählten sie einen Mann aus, der eine Menge davon kaut und eine ungeheure Masse Wasser dazu trinkt; man setzt ihn dann in sein Hirschgespann und fährt ihn von einem Lager zum andern und in jedem Lager wiederholt er das Kauen und das Wassertrinken und überall trinken seinen Harn die Leute, mit der Wirkung, daß sie alle berauscht werden. Die Ankunft dieses Mannes feiern die Leute mit vielem Gepränge und besonderen Gebräuchen. Der Seemann Vincent war Augenzeuge bei verschiedenen dieser Gebräuche und man redete ihm zu, an den Orgien teil zu nehmen; und als er sich weigerte, seine Rolle dabei bis zu Ende zu spielen, nannte man ihn einen „Knaben".[2]

Kamtschadalen. — „Dieses Volk hatte früher kein anderes Getränk als Wasser; und um sich eine kleine Lustbarkeit zu verschaffen, tranken sie einen Auszug aus Pilzen".[3]

D'Auteroche, der auf die Einladung der Kaiserin Katharina hin eine Reise von St. Petersburg nach Tobolsk in Sibirien machte, um in der Mitte des 18. Jahrhunderts einen Venusdurchgang zu beobachten, erwähnt die Pilzorgien der Eingeborenen nicht. Im ethnologischem Sinne hatte seine Arbeit überhaupt keinen großen Wert, da er sich im allgemeinen darauf beschränkte, die Mineralschätze der durchreisten Gegenden zu beschreiben und sein Augenmerk nur in geringem Maße auf die Ethnologie des Landes richtete.

Es ist auffallend, daß Maltebrun, der doch mit dem Werke Stellers wohlbekannt war, auf die Pilzorgie keinen Bezug nimmt. Von den Kamtschadalen sagt er lediglich: „Im Sommer gehen die Weiber in die Wälder, um Kräuter zu sammeln und während dieser Beschäftigung geben sie sich einer zügellosen Raserei hin, wie die Bakchantinnen des Altertums".[4]

Stanleys Werk „Congo", New-York 1885, las ich sorgfältig durch, aber es fand sich kein Hinweis auf irgend eine Verwendung von Kot oder Harn darin.

Die gleiche Erfahrung machte ich mit den „Voyages" von John Struys aus dem Holländischen übersetzt von John Morrison, London 1683, und mit Nordenskjölds Reisen, übersetzt von Horgaard, London 1882.

Da die beiden zuletzt genannten Reisenden nach Sibirien gekommen waren, so wäre es sehr wahrscheinlich, daß sie bei einigen der wilden Stämme, wie den Koräken, den Tschuktschen und anderen Spuren der Harnorgien angetroffen haben könnten.

Die Ansicht Salvertes, man könne diese Verwendung des Pilzes in die Klasse der heiligen Berauschungmittel rechnen, erweist sich als richtig, wenn wir sie mit den

[1] Brief an Bourke von B. J. D. Irwin, Stabarzt der Armee der Vereinigten Staaten, aus San Francisco vom 28. April 1888. — [2] Brief an Bourke von M. A. Healey, Kapitän des Zolldampfers „Bear" der Vereinigten Staaten, vom 19. Mai 1888 aus San Francisco. — Vgl. auch über den Fliegenpilzrausch J. Enderli, Zwei Jahre bei den Tschuktschen und Koräken. Petermanns Mitteil. XLIX, Heft 5. — [3] Meignau, From Paris to Pekin, London 1885, S. 281. — [4] Maltebrun, Universal Geographie, Amerikanische Ausgabe, Boston 1847, I, S. 347, unter Siberia.

Angaben des schiffbrüchigen Matrosen Vincent vergleichen, denn ihn kann man unbedingt als den befugtesten Zeugen ansehen, der sich jemals geboten hat.

Nach seinem Berichte wurde ein Mann „ausgewählt", der sich „durch Fasten vorbereitete"; das „Fest" fand „während ihrer Karnevalzeit" statt, „die ungefähr unseren Weihnachtfeiertagen entspricht", d. h. mit andern Worten: der Wintersonnenwende, und dabei gab es viel „Gepränge" und viele „besondere Gebräuche".[1] Hiermit bringe man nun die Angaben von Grieve in Verbindung: „sie behaupten, daß bei allen diesen tollen Dingen, die sie trieben, sie nur dem Befehle des Pilzes gehorchten", und wir haben die erforderliche Personifikation, die den Beweis bildet, daß man den Pilz als eine Gottheit verehrte, genau so wie wir später zeigen werden, daß gewisse afrikanische Stämme ein Mitglied derselben Pflanzenfamilie verherrlichten.

Wenn man nicht als Grund für die Verwendung des giftigen Pilzes die Erzeugung der heiligen Berauschung zugeben will, dann kann man die Frage aufwerfen, aus welchem anderen Grunde sie ihn brauchten? Und hier wäre nur eine einzige Antwort möglich, nämlich daß die Eingeborenen bei dem Fehlen des Getreides und unter dem Druck der Gier nach anregenden Mitteln zu jeder beliebigen Art von pflanzlichen Stoffen griffen. Das dies wirklich der Fall gewesen ist, kann man aus der Geschichte vieler Völker nachweisen. Und die Mythologie ist voll von Beispielen für die geheimen Kräfte von Pflanzen, wie der Mandragora und vieler anderen.

Und gewiß verdiente die religiöse Verehrung, mit der man solche Pflanzen betrachtete, keine mehr, als gerade dieses wunderbare Giftgewächs — die Amanita muscaria. Das Verlangen nach anregenden Mitteln ist allgemein über die ganze Erde verbreitet; es ist kein Grund zu der Annahme vorhanden, daß es irgend einen Stamm gegeben hat, der nicht gelegentlich irgend etwas derartiges gebrauchte.

Nach den Angaben der Chinesen hat Etoih ein alkoholhaltiges Getränk, das man „Tsew" nannte, während der Regierungzeit des Kaisers To-ke im Jahre 2197 vor unserer Zeitrechnung erfunden.[2]

John McElhone, der Stenograph des Abgeordneten-Hauses und ein Gelehrter mit ausgedehnten Kenntnissen, erzählte mir, er erinnere sich, in einem alten Werke, dessen Titel er vergessen habe, die Schilderung eines Festes gelesen zu haben, das man bei der Krönung eines Königs von Ungarn gegeben. Bei diesem Feste setzte man den Edelleuten die seltensten Weine vor, aber die Leute aus dem Volke waren zufrieden, daß sie den daraus entstandenen Harn trinken durften.[3] In Ungarn kann man aber, gleichviel ob man es als von einem hunnischen oder, in späteren Zeiten, als von einem türkischen Element bevölkert ansieht, einen Einschlag derselben charakteristischen Rassenzüge vorfinden, wie heute noch in Kamtschatka und anderen Teilen Sibiriens.

Salverte spricht von den berauschenden Wirkungen des Pilzes „Muhamor", geht aber auf weitere Einzelheiten nicht ein.[4]

Die Bevölkerung von Kamtschatka stellt auch Berauschungmittel aus gewissen Kräutern her. Und weiterhin berichtet man uns, daß solange die Bevölkerung diese Kräuter sammelt, viel Hurerei getrieben wird und willige Mädchen überall im Grase herumliegen.[5]

„Die ansässigen Koräken" von Kamtschatka, „essen den berauschenden sibirischen Giftpilz in unmäßigen Mengen; und diese Gewohnheit allein wird mit der Zeit jeden Menschen ins tiefste Elend stürzen und zum Vieh herabwürdigen".[6]

---

[1] Viele weitere Bestätigungen dafür bringen die Bände der Živaja Starina Lamanskijs, St. Petersburg, doch führte ein Auszug daraus zu weit. — [2] Vgl. Chinese Repository, Canton 1841, X, S. 126. — [3] Die Angabe bedarf einer Bestätigung, weil sie für das ungarische an Weinen überreiche Gebiet unglaubhaft klingt. — [4] Eusèbe Salverte, Philosophy of Magic, New-York 1882, II, S. 19. — [5] Steller, Kamtschatka, übersetzt von Bunnemeyer. — [6] George Kennan, Tent Life in Siberia, 12. Auflage, New-York 1887, S. 233.

Bei Sauer[1]) findet man die Verwendung von Pilzen als Berauschungmittel nicht erwähnt. Auch Henry Seebohm spricht nirgends von den Harn-Orgien der Bewohner Sibiriens.[2])

„Es erübrigt noch einige weniger verbreitete narkotische Genußmittel zu erwähnen, die nur von den rohesten Völkerschaften und zur Erlangung wahnsinn- oder wutähnlicher Zustände benützt werden. Hierher gehören der Fliegenschwamm und die narkotischen Samen einiger Pflanzen.

„In einigen kälteren Ländern Asiens, vom Jenisei bis Kamtschatka, scheint der Fliegenschwamm das Hauptingredienz eines Trankes zu sein, dessen man sich bedient, um angenehme Gefühle, ja selbst Zustände von ekstatischer Erregtheit zu erlangen. Die Genießer des Fliegenschwammtrankes erlangen dadurch das für jene nordischen Völker so süße Gefühl von Wohlbeleibtheit, von Reichtum, Ansehen und Liebeglück. Der Ergriffene singt, lacht, gebärdet sich auf die seltsamste Weise, macht Sprünge über einen Strohhalm, naht sich dem Abgrunde ohne Furcht, trägt große Lasten mit Leichtigkeit usw. Bei größerer Dosis treten Schwindel, Kopfschmerz und Bewußtlosigkeit ein, und bei längerem Gebrauche sind Zittern der Glieder, Mania potatorum (Delirium tremens) und Blödsinn die unausweichlichen Gefährten.

„Majutschkin (Morgenblatt 1829, Nr. 294 und 295) sah einen Schamanen in niedriger nur von einem Kohlenfeuer erhellter Jurte zuerst langsam, dann allmählich immer rascher um einen auf die Erde gestellten Bogen im Kreise herumlaufen und während dieses Drehens unter den wunderlichsten Körperbewegungen und Verzückungen einige Pfeifen des schärfsten tscherkessischen Tabaks mit einer gewissen Gierigkeit einatmen und in Intervallen der Ruhe öfters einige Schluck des aus Fliegenschwamm bereiteten Getränkes hinunterschlürfen, worauf er endlich starr, unbeweglich und wie leblos stehen blieb und nun völlig begeistert unter furchtbarem Stöhnen, mit hohler, den Lauten eines Sterbenden ähnlicher Stimme auf viele Fragen prophetische, später, wie in Erfahrung gebracht wurde, vollkommen eingetroffene Antworten gab. Die Antworten waren dunkel, mysteriös und schwer zu verstehen. Von dieser Ekstase wußte der Schamane beim Erwachen nichts.

„Die Kamtschadalen bereiten das Getränk aus Fliegenschwamm und dem ausgepreßten Saft der Sumpfheidelbeere (Vaccinium uliginosum L.) oder mit der Wurzel des Weiderich (Epilobium angustifolium). Sie essen ihn auch pur im trockenen Zustande oder frisch in Suppe oder Saucen. Um das Erfrieren der Nase zu verhindern, wird das Pulver des Fliegenschwammes auch in die Nase genommen. . . . . Durch Pallas erfahren wir, daß auch die Tungusen ihr berauschendes Getränk besitzen, das sie aus dem Samen von Hyoscyamus physaloides L. (Bilsenkraut) auf ähnliche Weise wie wir den Kaffee bereiten. Es dient ihnen dieser Trank als tägliches Genußmittel, wie uns der Kaffee, dagegen ist die Wirkung eine andere, da er nach Pallas toll und töricht macht".[3])

Das Pilzgetränk des Borgie-Brunnens.

Der folgende kurze Abschnitt verdient mehr als eine vorübergehende Erwähnung: „Der Borgie-Brunnen zu Cambuslang bei Glasgow hat, dem Glauben nach, die Eigenschaft, diejenigen verrückt zu machen, die daraus trinken; oder wie ein Vers der Einheimischen es ausdrückt:

---

[1]) Sauer, Expedition to the North Parts of Russia, London 1862. — [2]) Henry Seebohm, Siberia in Asia, London 1882. — [3]) F. Unger, die Pflanze als Erregung- und Betäubungmittel, Leipzig, o. J. (1910), S. 85 f. (Neudruck der 1857—1867 erschienenen Botanischen Streifzüge auf dem Gebiet der Kulturgeschichte).

„A drink of the Borgie, a bite of the weed,
Sets a' the Cam'slang folk wrang in the head".

Unter „weed" (Unkraut) ist der als Unkraut wachsende Pilz zu verstehen".[1]).

Von solchen Quellen spricht auch das serbische Guslarenlied: pod pazuho bocu trusovine — u koju su bilja od planine = Unter den Arm nahm er (der Kämpe) eine Flasche vom Giftwasser — in die (Vilen) Alpenkräuter hineingetan. — Das ist ein Wasser des Vergessens, wer sich damit das Gesicht wäscht und sich davon antrinkt, dem wird sein Glaube verhaßt werden und er wird seine Familie vergessen.[2])

Camden gibt an, die Irländer „äßen die Gemüse gern . . . namentlich die Brunnenkresse, die Pilze und die Rüben".[3])

Weitere Angaben über den sibirischen Pilz habe ich unten zusammengestellt, damit dem Forscher die Gelegenheit gegeben sei, alles kennen zu lernen, was mir von dieser Sache zugänglich war.

„Agaricus muscarius ist einer der schädlichsten Pilze und doch wird er von den Kamtschadalen als ein Berauschungmittel gebraucht. Einer oder zwei Pilze genügen, um eine leichte Betrunkenheit hervorzurufen, die sich in ganz eigenartiger Weise äußert. Die Muskelkraft wird erhöht und das Nervensystem sehr stark angeregt, wodurch die Pilzesser zu überaus lächerlichen tollen Streichen veranlaßt werden".[4])

Agaricus muscarius. „Dieser Pilz ist der „muhomor" der Russen, Kamtschadalen und Koräken, die ihn zum Betrunkenmachen gebrauchen. Manchmal essen sie ihn getrocknet und manchmal legen sie ihn in eine Flüssigkeit ein, die aus Epilobium (Feuerkraut, St. Antoniuskraut) hergestellt ist. Und wenn sie dieses Getränk zu sich nehmen, werden sie von Zuckungen in allen Gliedern ergriffen, worauf eine Art von Raserei folgt, wie sie eine Begleiterscheinung des hitzigen Fiebers ist. Sie betrachten diesen Pilz als ein besonderes Wesen, und wenn sie durch seine Wirkungen zum Selbstmord oder irgend einem schrecklichen Verbrechen verleitet werden, so sagt man, sie hätten seinem Befehle gehorcht. Wollen sie sich zu einem vorher überlegten Meuchelmord Mut machen, so greifen sie zum „muhomor". Ein Pulver aus der Wurzel oder aus dem Teil des Stengels, der in der Erde steckt, wird bei epileptischen Anfällen empfohlen und äußerlich angewendet, um harte kugelförmige Geschwülste zu vertreiben und Geschwüre zu heilen".[5])

„Eine der giftigsten Arten der Gattung ist der Fliegenpilz (fly agaric), der deshalb seinen Namen hat, weil man den Pilz oft einweicht und die Lösung für die Vernichtung der Hausfliege gebraucht. Er ist ebenso anziehend und ebenso giftig, wie er schön ist. In Kamtschatka schätzt man ihn wegen seiner giftigen Eigenschaften hoch, weil er nämlich, wenn man ihn ißt, eine ganz sonderbare Berauschung erzeugt. Man sammelt den Pilz und trocknet ihn; und wenn ein Eingeborener die Absicht hat, sich einmal ordentlich auszutoben, dann braucht er nur ein Stück zu verschlucken und nach einigen Stunden wird er sich in seiner ganzen Glorie zeigen können".[6])

Giftige Pilze. „Einige von dieser Art sind giftig, besonders diejenigen, die zur Gattung Amanita und Agaricus gehören. Die an Vergiftung Leidenden werden häufig durch Erbrechen erleichtert".[7])

---

[1]) Black, Folk-Medicine, London 1883, S. 104. (In wörtlicher Übersetzung lautet der Vers: „Ein Schluck vom Borgie-[Wasser] und ein Bissen vom Unkraut — Macht die Leute von Cambuslang verdreht im Kopfe." Der Reim von „weed" und „head" ist nur in der Dialekt-Aussprache vorhanden. I.). — [2]) Der ganze Text, doch ohne Verdeutschung, bei Krauss, Volkglaube und religiöser Brauch der Südslaven, Münster i. W. 1890, S. 89. — [3]) Camden, Brittania, Londoner Ausgabe 1753, II, S. 1422. — [4]) American Cyclopaedia, New-York 1881, unter „Fungi". — [5]) Samuel Bradford, Cyclopaedia, Philadelphia o. J., I, unter Agaric. — [6]) Johnsons New Universal Cyclopaedia, New-York 1878, unter Mushroom. — [7]) Encyclopaedia Britannica, Ausgabe von 1841, unter Medical Jurisprudence, XIV, S. 506 u. 507.

Bei einer Besprechuug der giftigen Pilze lesen wir in demselben Werke: „Die Wirkungen sind ungemein verschieden . . . sie zeigen sich unter anderem in Schwindelanfällen, Verwirrung, Raserei, Betäubung, Schlafsucht und Krämpfen".[1]

„Den Röhrenpilz (Boletus) erwähnt Juvenal gelegentlich des Todes des Kaisers Claudius".[2] Bei Juvenal findet man mehrere Hinweise auf die Sitte, Menschen mit Pilzen zu vergiften, z. B. in der ersten und fünften Satire.[3] Tacitus berichtet, daß man zur Vergiftung des Claudius das Gift in ein Pilzgericht schüttete.[4]

Nach Vergiftung des Kaisers Claudius durch Pilze, die ihm seine Frau Agrippina (im Texte steht irrtümlich Messalina) eingegeben hatte, pflegte sein Nachfolger, Kaiser Nero, den Boletus „die Götterspeise" zu nennen.[5]

Plutarch erzählt, es sei weitverbreitete Ansicht gewesen, daß „der Donner Pilze hervorbringe".[6]

Gilder, der ganz Sibirien von der Behringstraße bis nach St. Petersburg durchquerte und unterwegs sich bei vielen der primitiven Stämme aufhielt, spricht nirgends von dem Gebrauch des „muhomor" oder von einer Harnorgie.[7] „Den Agaricus muscarius verwenden die Eingeborenen Kamtschatkas und Koreas zum Hervorbringen der Betrunkenheit".[8] „Ihren Ruf als Aphrodisiaka hält man für unbegründet, er wird seinen Ursprung lediglich in der alten Lehre von der Ähnlichkeit (Signatur) haben".[9] Es handelt sich wahrscheinlich um das äußere Aussehen des Phalluspilzes. (Phallus impudicus, Gichtschwamm.)

Ein gewisser Volkglaube, der schon aus uralten Zeiten herrührt, scheint sich an den Holunder geheftet zu haben. In Gerrards „Herbal"[10] findet sich angegeben, „daß der arbor Judae für den Baum gehalten wird, an dem sich Judas aufhing, und nicht am Holunderbaum, wie man gewöhnlich sagt." Ich bin der festen Überzeugung, daß die Pilze oder Auswüchse des Holunderbaumes, die man auf Lateinisch auriculae Judae nennt, was man gewöhnlich mit „Jew's-ear" (Judenohr) wiedergibt, richtig mit „Judas's-ears" (Judasohren) bezeichnet werden sollten, im Anklang an den oben erwähnten Volkglauben. Coles, in seinem Buche „Adam in Eden", sagt über die Judenohren folgendes: „Sie heißen auf Lateinisch Fungus Sambucinum und Auriculae Judae, da einige angenommen haben, daß der Holunderbaum derjenige sei, an dem sich Judas aufgehängt habe, und daß seit dieser Zeit diese Pilze, die wie Ohren aussehen, darauf gewachsen sind. Ich will Euch aber nicht zureden, daß Ihr daran glauben sollt." In den „Parodoxical Assertions" findet man die alberne Frage: Weshalb man von den Juden behauptet, daß sie von Natur aus stinken? Dies kommt daher, weil die Judenohren auf dem stinkigen Holunderbaume wachsen und sich der fuchsköpfige Judas an diesem Baume aufgehängt haben soll, sodaß ein natürlicher Gestank ihnen und ihrer Nachkommenschaft auferlegt worden ist, gewissermaßen als Verleumdung. Der Holunder scheint zur Zeit der Königin Elisabeth von England als ein Zeichen der Schande angesehen worden zu sein. Man

---

[1] A. a. O., XVIII, S. 178, unter Poison. — [2] Cyclopaedia, Philadelphia o. J., XXV, unter Mushroom. — [3] In Bezug auf die erste Satire Juvenals liegt ein Irrtum vor. Vers 70: rubeta ist Krötengift und Vers 158: aconita, das Gift der Pflanze Eisenhut, gegen die das Altertum kein Gegengift kannte. Der Satire 5, 147 erwähnte Boletus, wird als unser Champignon angesehen; es handelt sich also nicht um giftige Pilze, sondern um vergiftete, wie auch Tacitus, Annales 12, 67 sagt: infusum delectabili cibo boleto venenum. I. — [4] Tacitus, Annals, Oxforder Übersetzung, London 1871, Bohn. Siehe Anmerk. 3. — [5] Vergl. Lewis Evans, Übersetzung der sechsten Satire Juvenals, S. 64, Anmerkung, New-Yorker Ausgabe 1860. Er führt an: Suetonius Nero (Kap. 33), Tacitus Annalen und Martials Epigramme (1,20). — [6] Morals, Goodwins englische Übersetzung, Boston 1870, III, S. 298. — [7] Gilder, Ice-pack and Tundra, New-York 1883. — [8] Ures Dictionary of Arts, Manufactures and Mines, London 1878, II, unter Fungi. — [9] American Cyclopaedia, New-York 1881, unter Fungi. — [10] Johnsons Ausgabe, S. 1428.

schrieb ihm die Kraft zu, die Fallsucht zu heilen, die Lenden des Mannes zu stärken, besonders beim Reiten, da er das Wundreiben usw. verhindere und obendrein noch die Eigenschaft habe, die Pferde ruhig zu machen.[1])

Frommann gibt Sambucus (Holunder) als ein Mittel gegen die fallende Sucht an.[2]) Haben wir nicht das Recht, nachzuforschen, weshalb man in der primitiven Arzneikunde gewisse Heilmittel angewandt hat? Der Grundsatz Similia similibus ist gewiß sehr alt und tief eingewurzelt. Vielleicht gebrauchte man auch den Pilz des Holunderbaumes früher einmal, um Betrunkenheit und Raserei hervorzubringen.

„Die Ostjaken, die Kamtschadalen und andere Bewohner des asiatischen Rußlands finden bei einem der wertvollen Pilze dieser Familie — der Amanita muscaria — die Erheiterung und die Verrücktheit, welche gesittetere Völker beim Alkohol suchen und finden, und sie genießen eine Betäubung durch seinen Extrakt, die ebenso verführerisch ist, wie diejenige des Opiums. Die Bewohner der Fidschi-Inseln sind den Pilzen zu Dank verpflichtet, denn sie ziehen sie auf eine Schnur auf und tragen sie so als Gürtel, die sie allein davor bewahren, daß man sie unter die „Armen und Nackten" rechnet, und ihre ganze künstlerische Beschäftigung beruht darin, ihre etwas beschränkte Kleidung zu verzieren. Namentlich die Fischer unter den Fidschi-Insulanern schätzen diese Kleidung sehr, denn sie ist wasserdicht. Cerdier erzählt uns, daß die Neger an der Westküste Afrikas eine gewisse Art Champignon zu der Heiligkeit eines Gottes erheben und sich in Verehrung tief davor verbeugen; aus diesem Grunde hat Afzeltus dieser Abart den Namen „Boletus sacer" gegeben. Ein französischer Chemiker hat aus den milchgebenden Pilzen Wachs hergestellt, aber er hat nicht mitgeteilt, was Kerzen aus diesem Wachse kosten sollen. Andere aus der Erfindergilde haben nachgewiesen, daß man Pilze anstatt Blut bei der Herstellung des Preußisch-Blaus verwenden kann, denn wie gewisse tierische Stoffe, liefern sie Blausäure.[3]) Da die Pilze, wie im tierischen Leben, Sauerstoff einatmen und Kohlensäure in Gasform ausstoßen, besitzt ihr Fleisch mehr tierischen als pflanzlichen Charakter.

„Bei ihrer Zersetzung werden sie zu einem ganz hervorragenden Düngemittel für die umgebenden Pflanzen und in den Jahren, in denen es viele von ihnen gibt, lohnt es sich für die Landwirtschaft sie als Düngemittel zu verwenden.

„Nach Linné ergötzten sich die Lappländer an dem Geruch einiger Arten und trugen sie mit sich herum, um sich anziehender zu machen! Linné ruft aus: Oh, Venus, die Du Dich in andern Ländern kaum mit Schmucksachen, Diamanten, kostbaren Steinen, Gold, Purpur, Musik und Schauspielen begnügst, hier bist Du mit einem einfachen Pilz zufrieden!

„Eine Abart des Champignons — eine röhrentragende Gattung — pulvert man und verwendet sie als Schutz für die Kleider gegen Insekten. Der Agaricus muscarius gibt ein wohlbekanntes Gift gegen die Stubenfliege. Es macht sie derart betrunken, daß man sie zusammenkehren und vernichten kann.

„Gewisse Löcherpilze (Polypori) — jene großen, trockenen, korkartigen Gewächse, die man auf Holzstücken und Bäumen findet — geben, wenn sie richtig getrocknet, in

---

[1]) Brand, III, S. 283, unter Physical Charms. Vergl. des näheren H. Reling und J. Bohnhorst, Unsere Pflanzen nach ihren deutschen Volknamen, ihrer Stellung in Mythologie und Volkglauben, in Sitte und Sage, in Geschichte und Literatur. III. Auflage, Gotha 1898, S. 224—228 (Holunder). — Eine ausgezeichnete folkloristische Monographie über den Holunder verdankt man Erasmus Majewski, Bez in Hebd (Sambucus nigra u. S. ebul. L.) ich folklor oraz historja nazwisk. Wisła, Warschau 1900, XV, 527—597. — [2]) Tractatus de Fascinatione, Nürnberg 1675, S. 270. — [3]) Im Urtext beruht das Wortspiel auf der Ähnlichkeit zwischen Prussian blue und prussic acid; im Deutschen kommt es dadurch in anderer Fassung zum Vorschein, daß prussic acid bei uns Blausäure heißt. —

Scheiben geschnitten und geklopft werden, den Zunder, mit dessen Herstellung große Betriebe beschäftigt sind, den der Wundarzt verwendet, um das fließende Blut zu stillen, der Künstler für seinen Wischer und der Straßenjunge am Nationalfest (4. Juli) für seine Feuerwerkkünste.[1]) Eine Art des Polyporus benützt man in Italien als Scheuerbesen. In Ländern, in denen das Feuermachen unbekannt oder sehr mühselig ist und in denen man sich den Luxus der Streichhölzer nicht leisten kann, ermöglicht der getrocknete Pilz die Fortschaffung des Feuers von einem Ort zu einem anderen über große Entfernungen hinweg.

„Die Bewohner des Frankenlandes gebrauchten die geklopften Stücke als Unterkleider anstelle von Gemsenleder.

„Ein anderer Polyporus dient Gewerbetreibenden zur Herstellung der so sehr notwendigen Streichriemen für die Rasiermesser. Nördliche Völker machen Flaschenstopfen daraus, worauf ihr korkartiger Stoff hinweist. Der Polyporus des Birkenbaumes (Polyporus betulinus) vermehrt den Genuß der Raucher durch seinen köstlichen Geruch, weshalb man ihn unter den Tabak mischt".[2])

Ehe wir fortfahren, wollen wir die Tatsache feststellen, daß sich afrikanische Neger vor einer gewissen Art des Boletus bei Kulthandlungen verbeugen. Es ist sehr zu bedauern, daß Cerdier nicht herausfand, welcher giftigen oder anderen Eigenschaft der Pilz diese Verehrung verdankte.

Im weiteren können sich die Forscher nicht mit der Versicherung zufrieden geben, daß die Fidschi-Insulaner die Pilze lediglich für Gürtel verwenden oder daß die Lappländer andere Arten bei sich tragen, um ihre persönliche Anziehungkraft zu vergrößern. In beiden Fällen ist es viel wahrscheinlicher, daß man ihnen irgend eine aphrodisische Wirkung zuschrieb, denn diese erklärte die Sorgfalt, die man bei ihrer Aufbewahrung entfaltete und rechtfertigte ebenso den Verdacht, daß man sie immer bereit hielt, um als Anreger zur Wollust zu dienen.

Dr. J. H. Porter ist mein Gewährmann für die Angabe, daß in einer der Sagas die Rede von einem Manne ist, den eine lappländische Hexe verzauberte, indem sie ihm eine Abkochung von giftigen Pilzen eingab, wodurch er verrückt wurde.

„Die Flechten" sagte De Candolle, „zeigen zwei verschiedene Klassen von Eigenschaften, die durch besondere Mittel hervorgerufen werden, namentlich durch Einweichen im Harn".[3])

Es gibt auch ein Beispiel für die Anwendung von Pilzen in der Medizin zur Stillung von Blutflüssen jeder Art und man kann dies bis auf die Schriften des Hippokrates zurückführen.[4]) „Einige Pilzarten, namentlich der Agaricus volvaceus, enthalten Zucker, den man in Kristallen ausziehen kann und der die Eigenschaft hat, die Gährung des Weines hervorzurufen".[5])

In den Beschreibungen der Australier findet sich keine Angabe über etwas, was den Harnorgien der Bewohner Sibiriens ähnlich wäre, man kann aber nicht wissen, ob weitere Forschungen über das Leben und die Denkweise der primitiven Stämme, die dieses Festland oder auch, wenn der Leser will, diese Insel bewohnen, nichts entdecken werden.

„Die Australier pflegen den „gewöhnlichen Pilz" nicht zu essen, obwohl sie fast alle anderen Arten von Pilzen verzehren".[6]) „Die Pilze gebrauchte man jedoch als

---

[1]) Gemeint ist der echte Feuerschwamm, Polyporus fomentarius, der hauptsächlich im Thüringerwald verarbeitet wird. I. — [2]) Lippincotts Magazine, Philadelphia 1888. — [3]) Encyclopaedia Britannica, V, Ausgabe von 1841. — [4]) Vergl. Saxon Leechdoms, III, S. 143. — [5]) Encyclopaedia Britannica, Ausgabe von 1841, VI, S. 473f, unter Chemistry. — [6]) The Native Tribes of South Australia, Adelaide 1879. Das Werk machte mir der Sekretär der Royal Society von Sydney zugänglich. (Der Satz ist nicht recht verständlich, „the common mushroom" steht auch im Urtext in Anführungzeichen, offenbar weil sich Bourke nicht im Klaren war, welcher Pilz da eigentlich gemeint sei.)

Nahrungmittel. Die einheimische Trüffel — Mylitta Australis — ein unter der Erde wachsender Pilz — suchten die Eingeborenen eifrig. Wenn man ihn durchschneidet, hat sein Aussehen etwas Ähnlichkeit mit nicht ganz durchgebackenem Schwarzbrot. Ich habe große Stücke gesehen, die mehrere Pfund schwer waren, und an manchen Orten findet man zuweilen einen Pilz, der fünfzig Pfund wiegt".[1]

„Pilze, die von den Chinesen „Stones' ears" genannt werden, sammeln manche für die Tafel und sie gehören zu den vegetarischen Lebenmitteln der Priester".[2]

Aber weshalb gerade zu den Lebenmitteln der Priester? Kann dabei nicht irgend eine mystische Vorschrift in Betracht kommen?

(Mombuttus in Afrika). „Pilze verwendet man ganz allgemein bei der Zubereitung ihrer Brühen".[3]

„Es gibt eine ganze Menge von verschiedenen Pilzen, von denen man die meisten ißt. Einige sind aber giftig und Unglückfälle kommen ziemlich häufig vor".[4]

A. Brough Smith spricht von dem Gebrauche, den die Australier „von einer getrockneten, weißen Pilzart machen, um rasch Feuer anzuzünden".[5]

Agaricus. „Er wächst in Frankreich, hauptsächlich auf Eichen und Buchen und sieht wie ein weißer Pilz aus; er hat einen süßlichen Geschmack und ist in der Heilkunde sehr wirksam, wird auch bei vielen Gegengiften gebraucht und bei sehr wirksamen Latwergen, er wächst auf den Spitzen und Wipfeln der Bäume und leuchtet in der Nacht, so daß die Leute ihn im Dunkeln sammeln können".[6]

„In Rußland ißt man ganz allgemein alle Arten von Champignons", aber „der Fliegenchampignon" und zwei andere Arten sind davon ausgenommen.[7] „Die Ostjaken von Sibirien machen aus einem Stück Birkenpilz eine Moxa".[8] Bogle rechnet die Pilze zu den Nahrungmitteln der Lamas".[9] „Große und kleine Pilze aller Art dienen den Bongos der oberen Nilgegend zur Nahrung".[10]

„Die Njam-Njams im Innern-Afrika verwenden Pilze als Nahrung".[11]

In dem Berichte über einen Vortrag, den der Forscher Stanley vor der Royal Geographical Society in London hielt, wird darauf hingewiesen, daß Stanley die Geschicklichkeit der Njam-Njams in der Jägerei und die Sicherheit hervorhob, mit der sie die eßbaren Pilze von den giftigen unterschieden.[12]

Agaricus. Avicenna glaubte, daß der weiße oder „weibliche" Pilz gut sei, der schwarze oder „männliche" aber schädlich; den weißen verordnete man bei Fallsucht, Fieber, Hüftweh, Asthma, Lungenkrankheiten usw.[13] Er kam auch in eine Menge von Universalmitteln, wie die „Theriaca", „Theodoricon Magnum", „Mithradatum" und andere. Er rief auch nach Avicenna den Monatfluß hervor.[14]

Thurnberg erwähnt eine Pflanze — Bupleorum giganteum — die man in der Kapkolonie findet und aus der man Kleider machte, man verwandte sie aber auch als

---

[1] A. Brough Smith, Aborigines of Victoria, London 1878, I, S. 209. — [2] Chinese Repository, Canton 1835, III, S. 462. (Ich habe Stones' ears aus dem englischen Texte stehen lassen; es kann Stein-Ohren, aber auch Stein-Ähren heißen; was gemeint ist, läßt sich aus dem Zusammenhang nicht ersehen. I.). — [3] Schweinfurths Heart of Africa, London 1878, II, S. 42. — [4] Kemper, History of Japan, in Pinkertons Voyages, London 1814, VII, 698. — [5] Aborigines of Australia, S. 132. — [6] Plinius, Buch 16, Kap. 8; Hollands Übersetzung. — [7] Vergl. Pallas, Voyages, Paris 1793, I, S. 65. — [8] Pallas, IV, S. 68. (Das portugiesische Wort Moxa bedeutet einen Brennkegel, ein kegelförmiges Stück eines Stoffes, der beim Anbrennen rasch ohne Flamme verglimmt. Durch die erzeugte Brandwunde auf dem Körper wollte man bei Gicht usw. die Krankheitstoffe an die Oberfläche ziehen. I.). — [9] Vergl. Markhams Thibet, London 1879, S. 105. — [10] Schweinfurth, Heart of Africa, London 1878, I, S. 177ff. — [11] Schweinfurth, a. a. O., S. 281. — [12] Vergl. Tribune, Chicago, vom 28. Juni 1890. — [13] Avicenna, I, S. 278 (fälschlich als S. 287 bezeichnet) a. 10ff. — [14] Avicenna, I, S. 287, a. 54.

Feuerschwamm.[1]) „Pilze oder verdorbene Fische und Weidenrinde sind bei den Kamtschadalen Leckerbissen".[2])

Es gibt einige Abarten des Agaricus, namentlich derjenige des Oelbaumes, die
zuweilen nachts ein phosphoreszierendes Licht von sich geben. Diese Besonderheit
könnte ganz gut die Veranlassung gewesen sein, daß man den Pilz mit ehrfürchtiger
Scheu betrachtete. Über dieses Leuchten vergleiche man Salverte, Philosophy of Magic.[3])

Papst Clemens VII. starb, weil er zuviel Pilze gegessen hatte.[4])

(Tierra del Fuego). „In diesem Lande gibt es ein pflanzliches Erzeugnis, das der
Erwähnung wert ist, da es das hauptsächlichste Nahrungmittel der Eingeborenen bildet.
Es ist ein kugelförmiger Pilz von hell-gelber Farbe und etwa von der Größe eines kleinen
Apfels und er hängt in großer Anzahl an der Rinde der Birkenbäume . . . . . Die Feuer-
länder essen ihn in großer Menge und zwar roh, und wenn man ihn gut kaut, hat er
einen schleimigen, etwas süßlichen Geschmack, dazu einen schwachen Geruch wie der
Champignon. Außer einigen Beeren einer Zwerg-Arbutus-Art (Sandbeere, Erdbeerbaum),
die kaum nennenswert sind, eßen diese armen Primitiven niemals eine andere pflanzliche
Speise als diesen Pilz".[5])

„Diese Feuerländer schienen die Auswüchse, die auf den Birkenbäumen wachsen,
wie die Galläpfel auf einer Eiche, für einen schätzbaren Leckerbissen zu halten"[6].)

Blätterpilze und giftige Schwämme wendete man in der Heilkunde an, um „Erbrechen"[7]) oder „um die Monatflüsse hervorzurufen"[8]) oder „um offenen Leib zu machen".[9])

Um die Empfängnis sicher zu stellen, war es nach dem allgemeinen Glauben
erforderlich, daß sowohl der Mann als auch die Frau ein Getränk aus Hasenmagen-Lab
in Wein nehmen sollten, — „dann wird sie rasch schwanger werden und als Speise soll
sie einige Zeit lang Champignons essen".[10])

Die Bannocks und die Shoshonees im Felsengebirge Nord-Amerikas essen
Champignons, „jene Art, die auf den Baumstumpfen der Pappeln wächst; sie wissen,
daß einige Arten ungenießbar sind".[11])

Die genannten Indianer wußten nichts von Tänzen, die auf Champignons oder
sonstige Pilze Bezug hatten.

XII. Die Verbindung zwischen Pilzen und Feen.

Nach der Ansicht der Bevölkerung Groß-Britanniens und Irlands, möglicherweise
auch nach der des Festlandes, stand der Pilz in inniger Beziehung zu den Angehörigen
des Geister- und Feen-Reiches. Dies kann man ohne weiteres mit einfachem Hinweis
auf bekannte Angaben dartun.

In dem Wissen der Bauern jener Länder spielten die unheimlichen „Feenkreise"
eine große Rolle. Die Untersuchung in neuerer Zeit hat ergeben, daß diese Feenkreise,

---

[1]) Vergl. Pinkertons Voyages, London 1814, XVI, S. 21 f. Er weist auf Thurnbergs
Account of the Cape of Good Hope hin. — [2]) William Coxe, Russian Discoveries between
Asia and America, London 1803, S. 60, unter Hinweis auf Stellers Bericht über die Behring-
reise. — [3]) New-York 1862, I, S. 63. — [4]) Vergl. Schurigs Chylologia, Dresden 1725, I,
S. 60. — [5]) Darwin in „Voyage of Adventure and Beagle", London 1839, III, S. 298f. —
[6]) Band I, S. 440, ferner II, S. 185. — [7]) Vergl. Most Excellent and Approved Medicines,
London 1654, S. 3 u. 10. — [8]) S. 23. — [9]) S. 36. — [10]) Saxon Leechdoms, I, S. 347. —
[11]) Unterredung mit den Bannocks und Shoshonees durch Vermittelung der Dolmetscher Joe
und Charlie Rainey, im Fort Hall, Idaho, im Jahre 1881.

d. h. ringförmige Stellen auf grünen Wiesen, an denen der Graswuchs zurückgeblieben ist, einer Pilzart ihre Entstehung verdanken. In Deutschland nennt man sie Hexenringe, bei den Südslaven vilinsko kolo.[1])

„Unter der Bauernschaft liefen verschiedene Versuche um, die ihre Entstehung erklären sollten. Einige von ihnen schreiben sie dem Blitze, andere den Maulwürfen oder irgend einem andern Tier und wieder andere dem Wachsen einer Pilzart zu. Dies war die Ansicht einer gebildeteren Schichte. Aber die weniger Gebildeten glaubten unbedingt, daß sie das Werk der Feen seien und von ihnen bei ihren nächtlichen Tänzen benutzt würden. Wehe dem armen Sterblichen, der sich bei solchen Gelegenheiten in die Nähe wagte. Er wurde gefaßt, gezwungen mitzutanzen und verlor bald das Bewußtsein und konnte von Glück sagen, wenn es ihm gelang, zu seinen sterblichen Angehörigen zurückzukehren". Einen sehr ausführlichen Bericht über diese Feenkreise und die mit ihnen verknüpften volkgläubischen Ansichten findet man im dritten Bande von Brands Popular Antiquities.[2])

„Die klarsten und befriedigendsten Bemerkungen über den Ursprung der Feenringe sind wohl diejenigen des Dr. Wallaston, Sekretärs der Royal Society, die im zweiten Teil der Philosophical Transactions für 1807 gedruckt vorliegen . . . . Er schreibt die Ursache ihres Auftretens dem Wachstum gewisser Arten des Agaricus zu, der aus dem darunter befindlichen Erdboden alle Nährstoffe so vollständig auszieht, daß der Graswuchs einige Zeit lang vernichtet wird".[3])

„In Northumberland bezeichnen die gewöhnlichen Leute gewisse Pilzwucherungen, die man zuweilen auf den Wurzeln alter Bäume findet, als Feenbutter. Wenn nach heftigen Regengüssen ein bestimmter Fäulniszustand eingetreten ist, nimmt die Pilzmasse eine gewisse Dickflüssigkeit an, die sie in Verbindung mit der gelben Farbe ähnlich wie Butter aussehen läßt und daher der Name".[4])

Das schon angeführte Buch Lady Wildes enthält weder Angaben über den Gebrauch von Pilzen noch über den der Mistel bei den irischen Bauern.

Brand erwähnt, wie die Einbildungkraft des Volkes die Feen und die Druiden durcheinandermengt, indem es bald von Feen- bald von Druidenkreisen spricht.[5])

Vielleicht steckt in allen diesen Dingen eine dunkle Erinnerung an die frühere Verwendung von Blätterpilzen zu Getränken, die derjenigen nicht ganz unähnlich gewesen sein wird, die man noch heute bei den Koräken und Tschuktschen vorfindet. Wir haben auch Angaben darüber, daß man diese Hexenbutter bei Zaubereien gebrauchte. In Schweden glaubte man, sie sei von der Katze ausgespien worden, die die Hexe begleitete.[6])

„Kein Gegenstand würde lehrreicher sein, als eine Untersuchung über den Ursprung der Glaubenansichten primitiver Völker".[7]) Salverte bemerkt ferner, daß die Feen „angeblich winzige, luftartige Wesen seien, schön, lebhaft und gütig in ihrem Verkehr mit Sterblichen; sie bewohnten eine Gegend, die man das Feenland nannte, — Alf-Heiner — und erscheinen gewöhnlich von Zeit zu Zeit auf der Erde, wo sie dann die Spuren ihrer

---

[1]) Vergl. Dr. Adolf Wuttke, der deutsche Volkaberglaube der Gegenwart, dritte Bearbeitung von Elard Hugo Meyer, Berlin 1900, S. 209 u. 215 und Krauss, Volkglaube und religiöser Brauch der Südslaven, Münster i. W., S. 91. Tritt ein Mensch zufällig in eine Vilenschüssel (vilovski čanak), d. h. einen Pilz oder in einen Vilenreigen ein, so verfällt er auf sieben Jahre den Vilen. Vergl. die Ballade bei Krauss, Die Braut muß billig sein. Ein Singspiel. Leipzig 1903, S. 26 f. — Reiche Nachweise bei Wilhelm Mannhardt, Der Baumkultus der Germanen und ihrer Nachbarstämme. Mythologische Untersuchungen. Berlin 1875 und dann betreffs der Čechen: Josef Koštiál, Divi lidé v nazorech, pověrách a zvycích lidu českého, Progr. des Realobergymnasiums zu Neu-Bydschow 1889. — [2]) London 1854, unter Fairy Mythology, S. 476 ff. — [3]) S. 483. — [4]) S. 493. — [5]) S. 505, unter Fairy Mythologie. — [6]) Brand, Popular Antiquities, London 1872, III, S. 7, unter Sorcery. — [7]) Salverte, Philosophy of Magic, I, S. 138.

Besuche in schönen grünen Ringen zurücklassen, wo sie den tauigen Rasenboden bei ihren Mondscheintänzen niedergetreten haben. . . . . Wissenschaftliche Forschung hat diese Ringe auf eine Pilzgattung zurückgeführt — Agaricus oreades —, aber die Einbildungkraft führt uns auch heute noch gern zu dem überlieferten Auftauchen dieser kleinen Wesen im Gefolge ihrer Königin zurück; . . . . und wir sehen auch heute noch ihre winzigen Begleiter die Mitternachtstunden hindurchtanzen, beim Klange der bezaubernden Musik".[1] (Siehe Nachtrag).

In Hazlitts Fairy Tales findet man folgende Bemerkung: „Zu beachten ist, daß Taubenmist und Salpeter in Wasser getan, die Feenkreise hervorrufen; das zieht den Salpeter aus der Luft an, und wird sich niemals abnutzen".[2]

„Die Pilze haben immer zu der Kunde von den Feen Beziehungen gehabt. Sie werden bei den Tafelfreuden der Feen (S. 502) erwähnt; während wir in der Liste der Speisen, die Oberon zu sich nahm, folgendes lesen:

> „ . . . . mit einem Wein,
> Der nie mit einer Traube von der Rebe geschändet,
> Sondern sanft aus der Seite einer süßen
> Und zierlichen Braut ausgepreßt wurde;
> Den brachte man in einem Blumenkelche,
> Und er leerte ihn ganz aus, um sein
> Blut für Höheres zu verzaubern".

Während Robin Goodfellow folgendes singt:

> „Wenn Burschen und Mädchen fröhlich sind,
> Bei Molken und Binsen so schön,
> Dann eße ich ihren Kuchen und schlürfe ihren Wein,
> Ohne daß mich jemand von der Gesellschaft sieht.
> Und wenn ich einen Scherz machen will,
> Dann farze ich und schnarche ich
> Und blase die Lichter aus".[3]

Herrick beschreibt so die Speise der Feen:

> „ . . . . . mit einem Wein,
> Der nicht von der schmeichelnden Rebe stammte,
> Sondern sanft aus der zarten Seite
> Der süßesten und lieblichsten Braut gepreßt war".[4]

Der im Vorstehenden beschriebene „Wein" scheint mir, aufrichtig gesagt, in die Klasse der Harnorgien zu gehören.

Eine sorgfältige Nachforschung bei Shakespeare führt zu dem Ergebnis, daß ihm zwar vielleicht wenig bekannt war, was unmittelbar mit unserem Stoff in Beziehung steht, daß er aber doch manches wußte, was wir verwerten können; so spricht er beispielsweise von dem „Mitternachtpilz" und zeigt, daß er einen Bestandteil der mitternächtlichen Lustbarkeiten der Feen bildete; er spielt auch auf Gebräuche an, die ganz bestimmt darauf hinweisen, daß man in früheren Zeiten Sklaven und Verbrecher zur Strafe unter Dunghaufen begrub; und man kann ihn auch heranziehen, zum Beweise, daß die Anrede „Misthaufen" für einen Mann als eine tötliche Beleidigung galt. Wir wollen aber den Dichter selber sprechen lassen:

---

[1] A. a. O., I, S. 138, Anm. Allseitige Ergänzungen zu Brands Werk findet man in dem kostbaren Buche John Gregorson Campbells (Minister of Tiree) vor: Superstitions of the Highlands and Islands of Scotland. Collected entirely from Oral Sources, Glasgow 1900, S. 318, 8°. — [2] London 1875, S. 35. — [3] Brand, S. 476ff unter Fairy Mythology und „Robin Goodfellow". — [4] Herrick, Hesperides; bei Hazlitt, Fairy Tales ebenfalls angeführt, London 1875, S. 300.

Prospero: „Ihr Elfen der Hügel, der Büsche, der Teiche und Wälder;
Und die ihr auf dem Sande mit spurlosem Fuße
Den ebbenden Neptun verjagt und vor ihm flieht,
Wenn er zurückkommt; ihr Püppchen, die ihr
Beim Mondenschein die grünen, sauren Ringe macht,
Wovon das Mutterschaf nicht frißt; und ihr, die ihr
Zum Zeitvertreib die mitternächt'gen Pilze macht".
(Der Sturm, Akt 5, Szene 1).

Ajax: „Du Stuhl für eine Hexe".
(Troilus und Cressida, Akt 2, Szene 1).

Die Verbindung zwischen „toadstools" (Krötenstühle = Pilze) und der Hexerei wird durch den Glauben entstanden sein, daß Kröten die beständigen Begleiter und Diener von Hexen und Feen waren.

Gesner gibt an, daß die Hexen die Kröten als Zaubermittel benutzten, „um den Männern, wenn ich mich nicht täusche, die Kraft zum Beischlafe zu nehmen".[1]

„Eine schwarze giftige Kröte" mußten diejenigen gebrauchen, die in der ehemaligen französischen Provinz Bourbonnais die Gunst der Hexen zu erlangen suchten.[2]

Den Maitau sah man als ein ganz besonders zuträgliches Mittel für die Behandlung der Haut an; die jungen Mädchen, die ihn sammelten, mußten aber darauf bedacht sein, den Fuß nicht in einen Ring hineinzusetzen, weil sie sonst der Macht der Feen unterworfen gewesen wären".[3]

Es hat den Anschein, als ob die Sachsen in England zur Zeit der Eroberung durch die Normannen mit den tötlichen Wirkungen, die man mit Hilfe der Pilze hervorbringen konnte, sehr wohl bekannt gewesen seien. „Die alte Frau kam nochmals zu ihr zurück, ehe sie zu Bett ging. „Ich habe das alles und noch mehr herausgefunden. Ich weiß, wo man scharlachrote Pilze finden kann und ich tat ihren Saft in das Bier seiner Männer. Jetzt lachen und brüllen sie, jeder einzelne ist lustig-toll".

Die Wirkungen des Trankes werden folgendermaßen beschrieben: „Seine Leute standen gruppenweise außerhalb des Tores und schwatzten wie Affen; der Türhüter und die Mönche suchten vergebens sie zu überreden, daß sie ins Haus kommen und ruhig zu Bett gehen sollten.

„Aber das wollten sie nicht. Sie schworen hoch und teuer, daß sich am ganzen Weg entlang ein großer Abgrund aufgetan habe und daß sie kopfüber hineinstürzen würden, wenn sie noch einen Schritt weiter machten .... Vergebens wütete Hereward; vergebens versicherte er ihnen, daß der angebliche Abgrund nichts weiter als die Gosse wäre und er bewies ihnen diese Tatsache dadurch, daß er Martin durch einen Fußtritt hinüber beförderte. Die Männer waren aber entschlossen, ihren eigenen Augen mehr zu glauben und nach einer Weile schliefen sie haufenweise auf der Seite des Wegs ein und lagen dort bis zum Morgen und als sie erwachten, behaupteten sie, wie es schon die Mönche getan, man habe sie verhext. Sie wußten eben nicht, — und glücklicherweise wissen es die niederen Stände sowohl in England als auch auf dem Festlande heute noch nicht — daß jener seltsame Pilz ganz besondere Eigenschaften hat, durch die von den Lappländern und Samojeden, wie man sagt, schon seit Jahrhunderten Wunder getan wurden".[4]

Man vergleiche auch die Abschnitte „Gottesurteile und Strafen" und „Beleidigungen".

---

[1] Brand, II, S. 170, unter Divination at Weddings. — [2] J. Tuchmann, La Fascination, in der „Mélusine" Paris, Nummern vom Juli und August 1890. — [3] Francis Douce, Illustrations of Shakespeare, London 1807, I, Seite 180. — [4] Charles Kingsley, Hereward, the last of the English, New-York 1866, S. 111.

XIII. Der Gebrauch giftiger Pilze bestand sehr wahrscheinlich auch bei den Mexikanern.

Beim Fehlen aller unmittelbaren Zeugnisse dafür, daß eine ähnliche Verwendung giftiger Pilze, wie wir sie unter den Stämmen Sibiriens kennen gelernt haben, auch bei andern Völkern vorkam, würde ein solcher Gebrauch schwer nachzuweisen sein. Wir finden aber doch viele zufällige Andeutungen, die wir sorgfältig in Betracht ziehen müssen, ehe wir sie als völlig wertlos für unsern vorliegenden Stoff verwerfen. Wie wir aus Sahagun erfahren, war den Mexikanern der Champignon sehr wohl bekannt, er bildete sogar den Mittelpunkt eines ihrer Feste. Sahagun erzählt, daß sie den nanacatl aßen, eine Art von giftigem Pilz, der gerade so wie Wein berauschte; nachdem sie ihn verzehrt hatten, versammelten sie sich in einer ebenen Gegend und sangen und tanzten dort Tag und Nacht, bis sie genug hatten. Dies geschah am ersten Tage, denn am darauf folgenden Tage weinten alle bitterlich und dabei sagten sie, daß sie sich reinigten, indem sie ihre Augen und ihre Gesichter mit ihren Tränen wuschen.[1]

Sahagun beschreibt zwar bei dieser Orgie keinen besonders abstoßenden Zug, aber soviel geht aus allem hervor, daß er lediglich vom Hörensagen etwas von der Sache wußte, und wahrscheinlich sorgte man schon dafür, daß er nicht zuviel erfuhr. Bei einer zweiten Erwähnung dieses Pilzes, den er an dieser Stelle teo-nanacatl nennt, spielt er aber auf seine giftigen Eigenschaften an, die sich fast mit denen der in Sibirien und auf der Nordwest-Küste von Amerika bekannten Pilze decken.

„In dieser Gegend gibt es gewisse Pilze, die man teo-nanacatl nennt. Sie wachsen unter dem Gras auf den Feldern und Ebenen, ... sie sind schädlich für den Hals und berauschen, ... diejenigen, die sie essen, haben Erscheinungen und bekommen Herzklopfen; diejenigen, die viele davon essen, werden zur Wollust angeregt; einige auch, wenn sie nur wenig essen".[2]

Der Beweis, daß diese Betrunkenheit auf dieselbe Weise erzeugt wurde, wie bei den Bewohnern Sibiriens und den Stämmen am Kap Flattery, läßt sich hiernach zwar nicht führen, aber es ist doch sehr auffallend, daß die Azteken in derselben Absicht jene Pilze aßen, daß sie ferner ihre Tänze draußen auf einer Ebene abhielten und zwar zur Nachtzeit — was soviel bedeutet, als möglichst weit entfernt von der Aufsicht des Paters Sahagun. Am zweiten Tage beklagten sie anscheinend, wenn Sahaguns Erklärung richtig ist, ihr Betragen am ersten Tage; wozu bemerkt werden muß, daß Weinen im Kulte bei den Eingeborenen Amerikas durchaus nicht unbekannt ist und im vorliegenden Falle aus Gründen stattfand, die man dem Fremden nicht offenbarte. Und schließlich ist die Angabe von besonderer Wichtigkeit, daß dieser giftige Pilz ein heftiges Reizmittel für die Nerven und ein Aphrodisiacum war.

Ein anderer alter spanischer Beobachter, den gleichfalls Kingsborough anführt, beschreibt die Pilze wie folgt:

„Sie kannten auch noch eine andere Art von Betrunkenheit, ... die durch kleine Pilze oder Champignons hervorgerufen wurde, ... die man genießt und weil sie bitter sind, trinken sie dazu oder essen etwas Bienenhonig und gleich darauf sehen sie tausenderlei Erscheinungen, namentlich Schlangen.

„Sie werden rasend toll und rennen in einem wilden Zustand in den Straßen umher (bestial embriaguez = viehisch besoffen, lautet der spanische Text). Sie nennen

---

[1] Sahagun in Kingsboroughs Mexican Antiquities, VII, S. 308. — [2] Sahagun, VII, S. 369. —

diese Pilze „teo-na-m-catl", was soviel bedeutet als „Götterbrot". Dieser Schriftsteller erwähnt nichts von einer Wirkung auf die Nieren.[1])

Diesen Bericht kann man Wort für Wort mit dem früher über die Moki-Indianer gebrachten und mit den Beschreibungen der Harnorgien der Sibirier ebenfalls vergleichen.

Die Zusammenstellung der Angaben ist damit noch nicht vollständig. Tezozomoc, auch ein Schriftsteller von gutem Rufe, berichtet, daß bei der Krönung Montezumas die Mexikaner den Fremden wildwachsende Pilze zum essen gaben und daß die Fremden davon betrunken wurden und zu tanzen begannen.[2]) Und dies ist weiter nichts, als eine klare und bündige Beschreibung einer Orgie der Betrunkenheit, die durch giftige Pilze erzeugt wurde; die ekelhaften Folgen, die dazu hätten dienen können, eine Beziehung zu den Harntänzen herzustellen, werden in dieser Darstellung allerdings nicht erwähnt.

Auch Diego Duran berichtet Einzelheiten von der Krönung Montezumas, des zweiten dieses Namens und desjenigen, der bei der Landung von Cortez auf dem Throne saß. Er sagt, daß, nach dem gewöhnlichen Menschenopfer in den Tempeln, alle hingingen und rohe Pilze aßen, die die Ursache waren, daß sie außer sich gerieten und zwar viel heftiger, als wenn sie vielen Wein getrunken hätten. Sie seien so vollständig der Vernunft beraubt gewesen, daß sich einige mit eigener Hand umgebracht hätten, und durch die Kraft dieses Pilzes sahen sie Erscheinungen und hatten Offenbarungen über die Zukunft, da der Teufel in ihrer Betrunkenheit zu ihnen sprach.[3]) Duran beschreibt selbstverständlich nicht etwas, was er mit eigenen Augen gesehen hatte, denn in diesem Falle würde seine Erzählung zweifellos lebendiger gewesen sein und vielleicht auch ergiebiger für unsere Zwecke.

Eßbare und giftige Pilze von den amerikanischen Indianern verehrt.

Unsere Quelle für die Angabe, daß eßbare Pilze von den Indianern der Antillen und giftige Pilze von den Indianern in Virginia göttlich verehrt wurden, ist Rushton M. Dorman,[4]) aber er sagt nicht auf Grund welcher giftigen oder heilenden, wirklichen oder angenommenen Eigenschaften dies geschah. Die giftigen Eigenschaften der Pilze scheinen den Algonkinern bekannt gewesen zu sein.

> „Unter einem Fichtenbaume hielt er Rast,
> Von dessen Zweigen Moos herunterhing,
> Und dessen Stamm ganz umkleidet war
> Mit des toten Mannes Mokassinleder,
> Mit dem weißen und gelben Pilze".
>
> Longfellow, Hiawatha, Gesang 0.

In den Mythen Ceylons und in den Gesetzen der Brahminen wird eine frühere Verwendung von Pilzen angedeutet.

Auf der Westküste des Stillen Ozeans, abseits von den Orgien der sibirischen Schamanen, begegnen wir nirgends in der Neuzeit einer Erwähnung, daß eßbare oder andere Pilze bei religiösen Gebräuchen Verwendung fanden.

---

[1]) Vom Verfasser der Ritos Antiguos, Sacrificios é Idolatrias en Nueva España, bei Kingsborough, IX, S. 17. Dieser Verfasser scheint der Franziskanermönch Fray Toribio de Benvento gewesen zu sein, der besser unter seinem aztekischen Spottnamen „Motolonia der Bettler" bekannt ist. Kingsborough bezeichnet ihn als den „unbekannten Franziskaner", weil er aus Bescheidenheit darauf verzichtete, seine wertvollen Schriften mit seinem Namen zu unterschreiben. — [2]) Tezozomoc, Crónica Mexicana, bei Kingsborough, IX, S. 153. — [3]) Diego Duran, II, Kap. 54, S. 564. — [4]) Rushton M. Dorman, Primitive Superstitions, New-York 1881, S. 295.

Einen früheren Gebrauch erwähnen jedoch singhalesische Mythen. Die Überlieferung lautet: „Der Zufall brachte eine Art Pilz hervor, den man mattika[1]) oder jessa-
thon nennt, von dem sie 65 000 Jahre lang lebten; da sie sich aber entschlossen hatten,
damit eine gleiche Teilung vorzunehmen (?), verloren sie ihn auch. Zu ihrem Glücke
wuchs eine andere kriechende Pflanze auf, die man badrilata (Mistel?) nennt, von welcher
sie (die Brahminen) sich 35 000 Jahre lang ernährten, die sie aber aus demselben Grunde
verloren, wie die früheren".[2])

Unter den Brahminen des indischen Festlandes war von einer solchen Mythe
nichts bekannt. Aber ein englischer Schriftsteller sagt:

„Die alten Hindus verabscheuten den Pilz so sehr, daß Yama, ein Gesetzgeber,
den man jetzt als Richter der abgeschiedenen Seelen ansieht, folgendes erklärt: „Diejenigen, die Pilze essen, gleichviel, ob sie auf dem Erdboden entstehen oder auf einem
Baume wachsen, sind an Schuld demjenigen gleich, der einen Brahminen erschlägt, und
die verabscheuungwürdigsten von allen Todsündern".[3])

Dubois erwähnt den gleichen Gegenstand. „Die Brahminen", sagt er, „schließen
von ihrer pflanzlichen Nahrung, die die Grundlage ihrer Lebenführung bildet, alle Wurzeln
aus, die einen Kopf oder eine Knolle in der Erde bilden, wie die Zwiebeln,[4]) und ebenso
diejenigen, die über der Erde dieselbe Gestalt annehmen, wie die Pilze und einige andere
Gewächse . . . Sollen wir annehmen, daß sie irgend etwas unzuträgliches bei der einen
Art entdeckt hatten und die andere Art wegen ihres üblen Geruchs verboten? Darüber
kann ich keine Entscheidung treffen, denn von allen, die ich über die Gründe befragte,
weshalb sie sich dieser Pflanzen enthielten, erhielt ich immer die gleiche Antwort: Es
sei herkömmlich, sie zu meiden".[5])

Dieses Verbot, unter Androhung so furchtbarer Strafen, kann eigentlich nur eine
Bedeutung haben. In den ältesten Zeiten mußte sich Indiens Bevölkerung im Übermaße
solchen Ausschweifungen hingegeben haben, die aus Getränken entstanden, in denen
giftige Pilze und Mistel (der Pilz, „der auf einem Baum wächst") enthalten waren. Die
Wirkungen dieser Ausschweifungen fand man so entwürdigend und verderblich, daß die herr-
schende Priesterklasse sich gezwungen sah, zu ähnlichen Flüchen zu greifen, wie sie Moses
für zweckmäßig fand, um die Kinder Israels von der Götzenbilder-Anbetung abzuhalten.[6])

---

[1]) Das Wort „Mattika" ist im English-Hindustani Dictionary von Forbes (London 1848)
nicht aufzufinden. Vielleicht gehört es zu einem erloschenen Dialekt. Das Wort „matt" bedeutet
„betrunken" und es würde für unsere Zwecke sehr dienlich sein, wenn nachgewiesen werden
könnte, daß zwischen ihm und mattika eine Abhängigkeit besteht. Der Verfasser kann hierüber
selbstverständlich keine Entscheidung treffen, weil ihm das Hindustani gänzlich unbekannt ist.
Badrilata ist gleichfalls bei Forbes nicht zu finden; Mistel gibt er mit banda wieder. Der Mitarbeiter der Asiatic Researches, der das Wort anführt, glaubt, daß es agaricus bedeutet. —
[2]) Asiatic Researches, Calcutta 1807, VII, S. 441. — [3]) Asiatic Researches, Calcutta 1795, IV,
S. 311. — [4]) Higgins nahm an, daß die alten Ägypter zwischen den Schalen einer Zwiebel
und den Planetensphären eine Ähnlichkeit entdeckt hätten und sagt, daß „die Zwiebel (von den
Griechen) onion genannt wurde, weil sie dem Vater der Zeitalter, oionoon, geheiligt gewesen
wäre . . . die Zwiebel beteten die Ägypter an — so wie wir den schwarzen Stein in der West-
minster-Abtei verehren — wegen dieser Eigenschaft als ein Sinnbild der ewigen Erneuerung
der Zeitalter . . . Die Zwiebel betet man in Indien an und es ist verboten, sie zu essen".
Higgins Anacalypsis, II, S. 427. Als Beleg führt er an: Forsters Sketches of Hindoos, S. 35.
— [5]) Abbé Dubois, People of India, London 1817, S. 117. — [6]) Aber wenn der Mond sechs
Tage alt war, „gingen Frauen mit einem Fächer in der Hand in den Wald und aßen dort gewisse
Pflanzen, in der Hoffnung schöne Kinder zu bekommen. Man vergleiche den Bericht des Plinius
über die Mistel der Druiden, oder viscum, die man gleichfalls sammeln mußte, wenn der Mond
sechs Tage alt war; sie galt auch als ein Vorbeugemittel gegen Unfruchtbarkeit". Sir William
Jones in Asiatic Researches, Calcutta 1790, III, S. 284, nach der Anführung bei Edward Moor,
Hindu Pantheon, London 1810, S. 134.

XIV. Die von den Ägyptern verehrte Zwiebel.

In vielen Ländern finden wir Beispiele für bestimmte Anschauungen, die sich auf Zwiebeln, Lauch, Knoblauch und zwiebelartige Gewächse der verschiedensten Art beziehen.

„Die Ägypter verglichen das ganze Firmament mit einer Zwiebel mit ihren verschiedenartigen Schalen und Ausstrahlungen; und dadurch wurde sie heilig, wozu noch die aphrodisischen und befruchtenden Eigenschaften kamen, die man dieser Pflanze fast auf der ganzen Erde zuschreibt".[1]

„Die Zwiebelart, die von den Ägyptern verabscheut wurde, war die Meerzwiebel oder die rote Meerzwiebel, weil sie dem Typhon geweiht war; die anderen Arten aßen sie unterschiedlos".[2]

„Zu Babylon, wie auch zu Memphis, machten sie eine Zwiebel zu ihrem Gotte".[3]

„Bohnen säen die Ägypter überhaupt nicht in ihrem Lande; sie essen aber auch diejenigen nicht, die zufällig wachsen, und auch gekocht wollen sie nichts davon. Die Priester verabscheuen selbst den Anblick dieser Hülsenfrüchte, da man sie für unrein hält".[4]

„Bei den Römern durfte der Priester des Jupiter (flamen dialis) nicht über Bohnen oder Epheu reiten oder diese Pflanzen gar berühren".[5]

Plinius erwähnt die Verwendung gewisser Knollengewächse in der Medizin; es läßt sich heute aber nicht mehr feststellen, welche er meinte. „Die Zwiebel von Megara wirkt als starkes Aphrodisiacum"; andere „sind bei der Entbindung förderlich", wieder andere gebraucht man „bei der Heilung der Schlangenbisse". Die Alten pflegten Zwiebelsamen Leuten, die verrückt geworden waren, mit Tränken einzugeben.[6]

Martial sagt:

Bulbi.

Cum sit anus conjunx et sint tibi mortua membra,
Nil aliud bulbis quam satur esse potes.[7]

Eine Anmerkung sagt hierzu: „Welcher besonderen Zwiebelart man diese anregenden Wirkungen zuschrieb, ist nicht bekannt".

Acosta berichtet über die Peruaner, daß vor jedem ihrer großen religiösen Feste „um sich vorzubereiten, die ganze Bevölkerung zwei Tage lang fastete und während dieser Zeit schliefen sie nicht bei ihren Frauen, noch aßen sie eine Speise, die mit Salz oder Knoblauch zubereitet war, noch tranken sie chica".[8]

Nach Avicenna war der Knoblauch geeignet, den Monatfluß hervorzurufen. (B. I, S. 276, a 52).

---

[1] Forlong, Rivers of Life, London 1883, I, S. 474. — Eine erschöpfende Darstellung gibt Charles Joret: Les plantes dans l'antiquité et au moyen age. Histoire, usage et symbolisme. Première partie. Les plantes dans l'Orient classique I. Égypte, Chaldée, Assyrie, Iudée, Phénicie, Paris 1897. Der VII. Abschnitt, S. 252—301, ist nur den Gewächsen im Kult der Ägypter gewidmet. Ein weiterer Band dieses grundlegenden Werkes erschien leider nicht. — [2] Fosbroke, Cyclopaedia of Antiquities, London 1843, II, S. 109, Artikel: Onion. (Die Meerzwiebel, Scilla maritima, ist ungenießbar, sie wurde aber von den ägyptischen Priestern als Arzneimittel gebraucht und „Auge des Typhon" genannt. I.). — [3] Reginald Scott, Discovery of Witchcraft, London 1651, S. 376. — [4] Herodot, Euterpe, Kap. 37. — [5] J. G. Frazer, I, S. 117. — [6] Plinius, XX, Kap. 40. — [7] Buch XIII, Epigr. 34: Wenn Deine Frau alt ist und Deine Glieder hinfällig, dann können Zwiebeln für Dich nichts weiter tun, als Dir den Leib füllen. (Londoner Ausgabe 1871). — [8] Acosta, Historie of the Indies, Londoner Ausgabe 1604, angeführt bei Lang, Myth, Ritual and Religion, London 1887, II, S. 283. (Chica, gewöhnlich Chicha, ist gegohrenes Maiswasser. I.).

Wenn ein Priester der chinesischen Staatreligion ein Opfer darbringen will, so muß er sich des Beischlafes mit seinen Frauen enthalten und darf „Zwiebeln, Lauch und Knoblauch" nicht essen.[1]

Juvenal sagt von den Ägyptern:

Porrum et caepe nefas violare et frangere morsu.

Satire 15, Vers 9.[2]

Die Bauern in Irland „setzen Knoblauch in die Strohdächer ihrer Hütten ein", um Geister und Hexen zu vertreiben.[3]

Die Dänen legten den neugeborenen Kindern Knoblauch in die Wiege, um Untaten der Hexen fernzuhalten.[4] Ebenso tun die Südslaven.

Einfältige Leute unter der bäuerischen Bevölkerung Englands glauben heute noch, daß ein Haus, auf dessen Dach Lauch wächst, niemals vom Blitz getroffen wird.[5]

Bei einer Besprechung der russischen Dissidenten, die unter dem Namen Raskolniki (Ketzer, Abtrünnige) bekannt sind, sagt Heard: „Sie trugen ihren Widerstand bis in die kleinsten Einzelheiten des täglichen Lebens; es war ihnen Gewissensache, den Gebrauch des Tabaks zu verabscheuen, denn „die Dinge, die aus dem Menschen kommen, verunreinigen ihn" (Ev. Mark. 7,15); sie verabscheuten auch die Kartoffeln, weil das die Frucht gewesen sei, mit der Eva von der Schlange versucht wurde".[6]

Die Anführung aus dem Neuen Testamente könnte irgendwie mit den Harntänzen in Beziehung stehen, und das Verbot, die Kartoffeln zu verwenden, scheint vielleicht mehr zu bedeuten, wie es auf den ersten Blick aussieht.

Vielleicht hatte man in Rußland die Absicht, die Sektirer von der Verwendung der Knollengewächse oder Pilze abzuhalten, weil sie nicht nach dem Geschmacke der nachdenklicheren Führer der neuen Bewegung waren.

„Seit der ältesten Zeit hat der Knoblauch zu den Nahrungmitteln des Menschen gehört".[7]

Zu Shakespeares Zeit „galt es als ein Zeichen der Pöbelhaftigkeit, wenn jemand nach Knoblauch roch".[8]

„Die alten Griechen legten Knoblauch auf die Steinhaufen an den Kreuzwegen, als Speise für Hekate".[9] „Nach Plinius wurden Zwiebeln und Knoblauch von den Ägyptern wie Götter beim Ablegen von Eiden angerufen. Die Bewohner von Pelusium in Unter-Ägypten, welche die Zwiebel verehrten, sollen aber sowohl diese als auch den Knoblauch als Speise verabscheut haben".[10]

In der Levante befestigt man Knoblauch an die Mützen der Kinder, hängt ihn an das Heck der Schiffe und an neue Häuser genau so, wie man ihn Jahrhunderte früher in den gesitteteren Teilen Europas über die Tür hängte.[11]

„Die Zwiebel war unter den ältesten angebauten Pflanzen und in Ägypten war sie eine Art Gottheit".[12]

„An der Zwiebel scheint eine phallische Bedeutung geheftet zu haben. Burton spricht von „Cromnysmantia" als einer Art von Wahrsagerei mit Zwiebeln, die man am

---

[1] Chinese Repository, Canton 1835, III, S. 52. — [2] Es ist eine gottlose Handlung, Lauch und Zwiebeln zu verletzen und mit den Zähnen zu kauen. — [3] James Mooney, Medical Mythology of Ireland, American Philosophical Society, 1887. — [4] Vergl. Brand, II, S. 73, Artikel: Groaning Cakes and Cheese. — [5] Vergl. Brand, III, S. 317, unter Rural Charms. — [6] Albert F. Heard, The Russian Church and Russian Dissent, New-York und London 1887, S. 194. — [7] Encyclopaedia Britannica, die Israeliten, Ägypter, Griechen und Römer aufzählt. — [8] Unter Bezugnahme auf Coriolanus, Akt 4, Szene 6 und Measure for Measure, Akt 3, Szene 2. — [9] A. a. O. — [10] Encyclopaedia Britannica, Artikel: Garlic. — [11] John Graham Dalbell, Superstitions of Scotland, Edinburgh 1834, S. 219. — [12] American Encyclopaedia, New-York 1881, unter Onion.

Weihnachtabend auf den Altar legte, und dies geschah von Mädchen, die wissen wollten, wann sie sich verheiraten würden und wieviel Ehemänner sie bekämen. Dies scheint auch ein deutscher Brauch gewesen zu sein".[1]

Sir Thomas More schrieb die folgenden Verse und zwar ursprünglich lateinisch, die Übersetzung stammt von Harington.

„If leeks you leek, but do their smell disleek,
Eat onions and you shall not smell the leek;
If you of onions would the scent expel,
Eat garlic, that shall drown the onion's smell;
But against garlic's savour, at one word,
I know but one receipt. What's that? Go look!"

Die letzte Zeile ist nicht mit übersetzt; im Original lautet sie:
Aut nihil, aut tantum, tollere merda potest.[2]

XV. Heilige Trunkenheit und Phalluskult.

Zwei wesentliche Bestandteile liegen dem Gebäude der uranfänglichen Religion zu Grunde: Berauschung und Phalluskult.[3] Jede Verkehrtheit der Gehirntätigkeiten, mag es sich um zeitweises Irresein oder um dauernden Wahnsinn handeln, ist Besessenheit und die tollen Streiche und das dumme Geschwätz des Verrückten oder des Blödsinnigen bewertet man feierlich als Äußerungen göttlicher Eingebung.

Kann man solche zeitweilige Begeisterung durch irgend ein Kraut, eine Wurzel, eine Flüssigkeit oder eine Speise hervorrufen, so hält man die Kenntnis eines solchen Erregungmittels so lange als möglich vor der Menge geheim; und selbst nachdem die allgemeine Ausbreitung einer aufgeklärteren Geistbildung den geistigen Gesichtkreis der Gläubigen erweitert hat, bleiben diese Betäubung- und Reizmittel „heilig" und die besonderen Gehirnzustände, die jene hervorrufen, gelten gleichfalls als „heilig".

Empfiehlt sich nun ein solcher Stoff, es mag sein, was es will, obendrein noch dadurch, daß er auf die Harn- und Geschlechtwerkzeuge eine Wirkung ausübt und durch die Steigerung der Geschlechtkraft auf den phallischen Bestandteil in der religiösen Natur hinzielt, so muß die Vergöttlichung dieses Stoffes als selbstverständlich erfolgen, wobei es ganz bedeutunglos ist, unter welchem Ausdruck oder Sinnbild man sie verschleiert. Und da die menschliche Natur die Notwendigkeit fühlt, in Bezug auf die Leidenschaften und ihre Reizmittel Zurückhaltung zu zeigen, so folgt hieraus, daß man viele Fälle beobachten kann, in denen auch Pflanzen und Stoffen eine Verehrung erzeigt wird, obwohl sie gerade im entgegengesetzten Sinne wirken, — mit andern Worten: wo man ein Aphrodisiacum zu den heiligen Wesen oder wirkenden Kräften rechnet, da schätzt man das entgegengesetzte oder bekämpfende Mittel fast gleich hoch.

---

[1] Brand, Popular Antiquities, III, S. 356 f. — Die phallische Bedeutung der Zwiebel steht nach den in den Anthropophyteia beigebrachten Erhebungen nunmehr außer jedem Zweifel. — [2] „Wenn Du gern Lauch ißest, aber seinen Geschmack nicht gern hast, dann iß Zwiebeln hinterher, wodurch Du den Lauch nicht mehr schmecken wirst. Willst Du aber auch den Geschmack der Zwiebeln vertreiben, dann iß Knoblauch, der wird den Zwiebelgeschmack schon vernichten. Aber gegen den Knoblauchgeruch, um es kurz zu sagen, weiß ich nur ein einziges Mittel. Und was ist das? Geh hin und sieh selber". Entweder nichts oder alles, das kann nur der Kot hinwegnehmen. — Harington, Ajax, wo Sir Thomas More angeführt wird. — [3] Richtiger spricht man von einem Phalloktenismus. Vergl. Krauss, Das Geschlechtleben in Sitte, Brauch, Glauben und Gewohnheitrecht der Japaner, Leipzig 1911, II. Aufl.

Pilz, Mistel, Raute, Alraun, Hanf, Opium, der Stechapfel des Medizinmannes der Hualpai-Indianer von Arizona — alle kann man unter diesem Gesichtpunkte betrachten. Frazer sagt: „Nach der Auffassung des Primitiven werden alle unnatürlichen Zustände — wie z. B. Trunkenheit oder Wahnsinn — dadurch verursacht, daß ein Geist in die betreffende Person eintritt; mit anderen Worten: solche Gehirnzustände sieht man als besondere Arten der Besessenheit oder göttlicher Begeisterung an". [1]

„Frauen, die dem bakchanalischen Entzücken verfielen, rannten sofort zum Epheu hin, pflückten ihn ab, zerrissen ihn mit den Händen in Stückchen und kauten diese mit dem Munde . . . . Man erzählte, im Epheu sei ein Geist, der aufregt und zum Wahnsinn treibt, der hinreißt und der Sinne beraubt und der ganz allein aus sich selbst heraus ohne Wein Trunkenheit bei solchen Menschen herbeiführt, die leicht zur Begeisterung geneigt sind". [2]

Ein ewiges Berauschtsein war die Belohnung, die man in vielen Teilen der Erde dem wilden Krieger in Aussicht stellte; die Skandinavier hatten diesen Glauben, sogut wie die Pampas-Indianer. [3]

Bei einer Schilderung der Harnorgien der Bewohner Sibiriens gebraucht Dr. J. W. Kingsley die Worte: „Ich erinnere mich, daß mir ein Engländer, der mit der Central-Pacific Railway aus Sibirien zurückkehrte, diesen Pilz gezeigt hat. Er bestätigte mir ganz und gar alles, was ich von der Sache gehört hatte, denn er war selber Augenzeuge der Orgie gewesen . . . Sie werden vielleicht sagen, das hat mit Religion nichts zu tun, aber wenn Sie sich die Sache etwas näher betrachten, so werden Sie doch erkennen, daß man diese „Berauschungmittel", die man heutzutage lediglich anwendet, um eine Aufregung oder viehische Betrunkenheit hervorzurufen, ursprünglich doch als Vermittler angesehen hat, die im Stande waren, den sterblichen Menschen auf die gleiche Stufe mit seinen Göttern zu erheben und ihn zu befähigen, mit ihnen in Verbindung zu treten, wie es ganz sicher der Fall war mit dem Soma der Verzückten bei den Hindus und mit dem Haschisch, den ich bei einigen arabischen Stämmen in Anwendung gesehen habe. Es würde ganz bestimmt von großer Bedeutung sein, sollte man versuchen festzustellen, ob die Teilnehmer an den Harn-Orgien vor deren Beginn nicht irgend ein bestimmtes Kraut gegessen haben, oder ob sie wenigstens eine Überlieferung darüber haben, daß ihre Vorfahren es taten". [4]

Über heilige Betrunkenheit bei den Finnen vergl. Lenormant, Chaldean Magic, S. 255, wo sich auch ein Hinweis auf „berauschende Stoffe" findet.

---

[1] J. G. Frazer, The Golden Bough, I, S. 184. — [2] Plutarch, Morals, Goodwins englische Übersetzung, Boston 1870, II, S. 264. — [3] Vergl. Élie Réclus, les Primitifs, Paris 1885, S. 123. — [4] Briefliche Mitteilung Dr. Kingsleys aus Cambridge (England) vom Mai 1888.

XVI. Untersuchung über die Verwendung der Mistel bei den Druiden.

Aber hier tritt uns sofort die Frage entgegen: Aus welchem Grunde gebrauchten die keltischen Druiden die hoch verehrte Mistel? Diese Frage erhält eine tiefe Bedeutung in dem Lichte der gelehrten Forschung, mit der Godfrey Higgins und General Vallencey die Abstammung der Druiden aus buddhistischem oder brahminischem Ursprung aufgehellt haben.[1])

„Ajasson zählt die folgenden volkgläubischen Gebräuche im alten Britannien auf, die deutliche Zeichen ihres orientalischen Ursprungs tragen: . . . die Zeremonien, die man beim Schneiden der Pflanzen anwendet."[2])

Daß man die Mistel als Medizin angesehen und zwar als sehr kräftige, läßt sich leicht nachweisen. Sämtliche Enzyklopaedien geben dies zu; aber die Berichte, die uns über die Ansichten erhalten sind, die mit diesem Kulte in Verbindung stehen, sind keineswegs vollständig oder ausreichend.

„Die Mistel, die sie (die Druiden) „All-Heiler" nannten, benutzte man, um Krankheiten zu heilen."[3])

„Die britischen Barden uud Druiden hatten eine außerordentliche Verehrung für die Zahl Drei: „Die Mistel", sagt Vallencey in seiner Grammar of the Irish Language, „war den Druiden heilig, weil nicht allein ihre Beeren, sondern auch ihre Blätter in Büscheln zu je drei Stücken an demselben Stengel wachsen. Die christlichen Irländer hielten den Klee (shamrock, irisch: seamrog) in gleicher Weise für heilig, weil drei Blätter an einem Stengel vereinigt sind".[4])

„Auch in neueren Zeiten hat man die Mistel als wertvolles Heilmittel bei Fallsucht (es fragt sich, ob nach dem Grundsatz des „Ähnliches mit Ähnlichem"?) und anderen Krankheiten angesehen, aber neuerdings wendet man sie nicht mehr an . . . Die Blätter gebrauchte man als Futter für Schafe, wenn andere Fütterung nicht zu haben war (was wenigstens beweist, daß die Mistel eßbar ist)."[5]) „Sie scheint keine wirklichen Heilkräfte zu besitzen".[6]) „Es ist heute vielleicht unmöglich zu erklären, worauf die Verehrung beruhte, die man ihr zuteil werden ließ, und worauf die wunderbaren Eigenschaften, die sie angeblich besaß, zurückzuführen waren".[7])

Plinius erwähnt drei verschiedene Abarten der Mistel. Von diesen ist „der Hyphar für das Mästen des Viehes gut zu gebrauchen, nur muß es kräftig genug sein, um die abführenden Wirkungen zu überstehen, die sich anfangs zeigen; das Viscum ist in der Heilkunde wertvoll als erweichendes Mittel, namentlich bei Anschwellungen, Geschwüren und dergleichen."

---

[1]) Die Volkforschung hat seither die Methode, alles oder das meiste an Folklore der in der Büchergeschichte jüngeren Völker als Entlehnung verwandten Gutes literarisch älterer, bekannter hinzustellen, so gut wie ganz fallen gelassen. Die Annahmen Higgins und Vallenceys sind unhaltbar, ohne daß dabei ihre Parallelennachweise für die Lehre vom Völkergedanken im Sinne Bastians an Wert verlören. Über die gegenwärtig allgemein befolgten Grundsätze der Ethnologie und Folklore vergl. Krauss: Methodik der Volkkunde, Erlangen 1897, S. A. Vollmöllers Roman. Jahrbericht IV, S. 113, 8⁰ und Krauss, Die Volkkunde in den Jahren 1897—1902. S. A. Vollmöllers Roman. Forschungen, XVI, S. 180 8⁰. — Eine sehr verdienstliche Zusammenstellung des Völkerglaubens von der Mistel — ohne Kenntnis der Arbeit Bourkes — gibt P. J. Veth, De Mistel en de riembloem. Intern. Archiv für Ethnographie, Leiden 1894, VII, S. 105—114. — [2]) „Mistel", Plinius, Bohns Ausgabe, Buch 30, Kap. 6, Anmerkung. — [3]) McClintock and Strongs Encyclopaedia, wo Stukeley angeführt wird. — [4]) Brand, Popular Antiquities, London 1872, I, S. 109, unter St. Patricks Day. — [5]) Appletons American Encyclopaedia. — [6]) International Encyclopaedia. — [7]) Richard Smiddy, The Druids, Dublin 1871, S. 90.

Plinius kann auch als Zeuge dafür gelten, daß man die Mistel bei der Empfängnis für nützlich hielt, — „in conceptum feminarum adjuvare si omnino secum habeant".[1]) Plinius ist auch Gewährmann für die Verehrung, in der besonders die Mistel bei den Druiden stand, die auf der Steineiche wuchs (robur, spanisch: roble, immergrüne Eichen). Die Steineiche, sagt er, ist ihr heiliger Baum und alles, was man auf ihr gewachsen findet, betrachten sie als vom Himmel gesendet und als ein Zeichen, daß ein Baum von Gott auserwählt sei.[2])

Brand führt die Ansichten verschiedener alter Schriftsteller dafür an, daß man die Mistel „als ein Heilmittel ansah, das nicht nur geeignet war, die fallende Sucht, sondern auch alle andern krampfartigen Zufälle zu vertreiben . . . Die hohe Verehrung, die Leute jeden Ranges den Druiden zollten, entsprang zum größten Teil den wunderbaren Heilungen, die sie mittels der Mistel der Eiche erzielten . . . Die Eichen-Mistel, die sehr selten vorkommt, wird allgemein als ein Heilmittel für die Brüche bei Kindern angesehen; die Art, die man auf dem Apfelbaum findet, soll bei Anfällen (Krämpfen) sehr gut sein".[3])

„Die Perser und die Massageten hielten die Mistel für etwas göttliches, gerade wie die Druiden".[4])

Nachdem er über die Verwendung dieser Pflanze bei den Druiden und die Art des Einsammelns gesprochen hat, fährt Fosbroke fort: „Die Mistel war bei den religiösen Gebräuchen der Alten nicht unbekannt und man schrieb ihr zauberische und heilende Wirkungen zu".[5])

W. Winwood Reade erwähnt, daß man die Mistel (missolding oder mistletoe) der Eiche heute noch in Wales „all-iach" oder „Allheiler" nennt und daß sie das hervorragendste Heilmittel der Druiden war,[6]) und später setzt er noch hinzu, man habe ein Pulver aus ihren getrockneten Beeren als Heilmittel gegen Unfruchtbarkeit angesehen.[7]) Er beschreibt die Wirkung der Mistel als die eines starken Abführmittels.

„Die Druiden nannten sie Uil-loc oder All-Heiler, denn sie behaupteten, daß sie die Vermehrung von Menschen und Tieren befördere oder die Unfruchtbarkeit verhindere".[8])

„Wahrscheinlich werden wir niemals die volle Wahrheit über diese uralte Religion des Druidentums erfahren; denn, wie Davies sagt, „müssen die meisten der anstößigen Gebräuche entweder abgeschafft oder geheim gehalten worden sein", und römische Gesetze und Verordnungen hatten auf lange Zeit (vor den Schriften der Barden) die grausameren und blutigeren Opfer unterdrückt und zu der Zeit der Barden war nichts übrig geblieben als sinnbildliche Gebräuche".[9])

„Diese Pflanze (die Mistel) ist in der ganzen Welt berühmt. Massageten, Skythen und die Perser der ältesten Zeit nannten sie „die Heilerin" und Virgil nennt sie einen „goldenen Zweig"; während Charon einer solchen Verheißung zukünftiger Seeligkeit gegenüber verstummte; sie war die frohe Hoffnung aller Völker, longe post tempore visum, als Wahrzeichen dafür, daß der Sonnengott auf die Erde zurückkehrte".[10])

Borlase sieht große Ähnlichkeit zwischen den Magiern und den Druiden und Strabo tat dasselbe. „Beide hielten während der Feier ihrer Riten ein Büschel Pflanzen in der Hand; dasjenige der Magier bestand selbstverständlich aus der Pflanze Hom, die

---

[1]) Wie bereits früher gesagt, sammelten die Druiden die beim Opfer verwendete Mistel, wenn der Mond sechs Tage alt war, und dieser Tag war der erste Tag des Monats, des Jahres und der Zeiteinteilung bei den Druiden. — [2]) Encyclopaedia Britannica. — [3]) Brand, Popular Antiquities, London 1849, unter „Mistel", I. — [4]) Antiquities of Cornwall, 1796, S. 63. — [5]) Fosbroke, Cyclopaedia of Antiquities, London 1843, II, S. 1047, unter Mistletoe. — [6]) Winwood Reade, Veil of Isis, London 1861, S. 69; briefliche Mitteilung von Frank Rede Fowke am South Kensington Museum in London, vom 18. Juni 1888. — [7]) S. 71. — [8]) Forlong, Rivers of Life, II, S. 331. — [9]) Forlong, Rivers of Life, II, S. 331. — [10]) Forlong, Rivers of Life, I, S. 81. — [11]) I, S. 43.

man Barsom nannte — assyrische Bildhauereien, sowie diejenigen zu Persepolis, geben uns den Nachweis; die Hompflanze sieht der Mistel sehr ähnlich und der gelehrte Dr. Stukeley ist der Ansicht, daß die Mistel jene Schmarotzerpflanze ist, die bei Jesaja 6, 13 als auf einem Baume erwähnt wird".[1]

„Und dennoch wird es der zehnte Teil sein, und er wird zurückkehren und verzehrt werden, wie ein Lindenbaum oder wie eine Eiche, deren Hauptsache bleibt, auch wenn sie ihre Blätter verlieren; so wird auch der heilige Same die Hauptsache dabei sein". (Jesaja 6, 13).[2]

„Der Mistelkranz bezeichnet in gewissem Sinne einen Venustempel, denn jedes Mädchen, das unter seinen Zweigen gefangen wird, darf man küssen, — eine Sitte, die zwar gemildert ist, aber uns trotzdem jenen scheußlichen Gebrauch, den Herodot erwähnt, ins Gedächtnis zurückruft, daß nämlich alle Frauen wenigstens einmal das Eigentum des Mannes waren, der sie im Tempel Mylittas aufsuchte".[3]

Frazers Ansicht über diesen Gegenstand lautet: „Man sah die Mistel als den Sitz des Lebens der Eiche an. Diese Auffassung der Mistel als Sitz des Lebens der Eiche wurde selbstverständlich dem primitiven Menschen durch die Beobachtung aufgedrängt, daß die Eiche ihr Laub verliert, während die darauf wachsende Mistel immer grün bleibt. Im Winter müssen die Verehrer dieses Baumes den Anblick der frischen grünen Blätter inmitten der kahlen Zweige freudig begrüßt haben, als ein Zeichen, daß das göttliche Leben, das aufgehört hatte in den Zweigen fortzuleben, doch in der Mistel noch vorhanden war, wie das Herz eines Schlafenden weiter schlägt, wenn auch sein Körper bewegunglos daliegt. Wenn daher der Gott getötet, mit andern Worten, wenn der heilige Baum verbrannt werden mußte, war es erforderlich, zuerst die Mistel abzubrechen, denn so lange die Mistel unberührt am Baume blieb, so lange war die Eiche — wie das Volk glaubte — unverwundbar, alle Hiebe ihrer Messer und Äxte würden von ihrer Oberfläche abgleiten, ohne Schaden anzurichten. Aber ist der Eiche erst einmal ihr heiliges Herz genommen, nämlich die Mistel, dann gab der Baum die Zustimmung zum Fällen".[4]

Diese Schlußfolgerung würde unwiderlegbar sein, denn sie ist folgerichtig aufgebaut, wenn wir wirklich in der Lage wären zu behaupten, daß nach dem Entfernen der Pflanze auch das Fällen des Baumes erfolgte, aber unglücklicherweise ist gerade dieser Umstand nicht festzustellen. Man kann vielleicht die Vermutung äußern, daß ein solches Ausschneiden der Mistel ein Zeichen dafür sein sollte, daß die Eiche später gefällt wurde; aber vorläufig können wir keinen Gewährmann dafür beibringen, daß sich diese Vermutung aus dem oben Angeführten rechtfertigen läßt. Daß aber der heilige Charakter der Eiche eigentlich nur den Eigenschaften zu verdanken war, die man an der Mistel entdeckte, ist in Anbetracht aller beigebrachten Tatsachen ziemlich wahrscheinlich.

---

[1] I, S. 43. — [2] Die Jesajastelle ist nicht ganz klar. Franz Herrmann (Das Buch des Propheten Jesaja, Leipzig o. J., Reclam) übersetzt: „Und ist darin noch ein Zehnteil (inmitten des Landes), so soll er wiederum zur Verbrennung bestimmt sein, gleich einer Terebinthe und einer Eiche, an denen beim Fällen noch ein Wurzelstock bleibt. Ein heiliger Same (aber) ist sein (Israels) Wurzelstock". (S. 136). Herrmann erklärt die Stelle so: „Das Gericht über Israel soll so lange währen, bis die ungöttliche Masse des Volkes weggetilgt und nur noch ein heiliger Same übrig sein wird. — Wenn auf einer Neurodung die Bäume gefällt sind, werden in manchen Gegenden die Wurzelstöcke, deren Ausgrabung zuviel Mühe kosten würde, durch Feuer unschädlich gemacht. Demnach wollen die Worte: Ein heiliger Same usw. sagen: der Wurzelstock Israels kommt auch ins Feuer, doch wird er als heiliger Same nicht verbrannt, sondern nur geläutert". Für die Annahme, die Mistel sei gemeint, läge hiernach kein Grund vor. — [3] Forlong, Rivers of Life, London 1883, I, S. 91. Die Parallele ist ganz und gar willkürlich. Eine ungezwungene Erklärung ergibt sich aus dem Gewächseglauben, den der Ungenannte in den Notes and Queries, second series IV, S. 506 anführt. Vergl. die Stelle weiterhin. — [4] James G. Frazer, The Golden Bough, London 1890, II, S. 295 f.

O'Curry, der alles gewußt zu haben scheint, was man über das Druidentum in Erfahrung bringen konnte, gibt ohne weiteres zu, daß man eigentlich sehr wenig zuverlässiges besitzt; er neigt aber zu der Ansicht, daß das Druidentum aus dem Orient stammte.[1]) Er behauptet, daß der „heilige Stab" der Druiden aus Eibenholz gemacht wurde und nicht etwa aus Eichenholz oder aus der Mistel.[2])

Vallencey glaubte nicht, daß den Persern die Mistel bekannt gewesen; er konnte wenigstens im Persischen keine Bezeichnung dafür finden.[3])

„Wenn in Cambodja jemand eine gewisse Schmarotzerpflanze auf einem Tamarindenbaum findet, zieht er weiße Kleider an, nimmt einen neuen irdenen Topf und klettert um die Mittagzeit auf den Baum. Er bringt die Pflanze in den Topf und läßt das Ganze auf die Erde fallen. Dann kocht er die Pflanze in dem Topf aus und dieses Mittel macht ihn unverwundbar".[4])

Bei den Slaven steht die Mistel gleichfalls hoch in Ehren. Sie verleiht Kraft gegen Hexen, zeigt vergrabene Schätze an usw.[5]) In Bulgarien schätzt man die Mistel (imila), die im Lande vorzugweise auf Äpfel-, Birn- und Nußbäumen gedeiht, als ein sehr kräftig Heilkraut, dessen Beeren man ißt. Man gibt sie zumal unfruchtbaren Frauen, damit sie empfangen sollen. Der Gesundheit und des langen Lebens wegen steckt man Mistelzweige hinter die Zimmerquerbalken. Am geschätztesten ist die Nußbaummistel.[6])

„Die Druiden verwandten nur diejenige Mistel, die auf der Eiche wächst, und da sie eine Schmarotzerpflanze ist, deren Samen nicht durch die Hand des Menschen ausgestreut wird, so war sie für gläubische Zwecke sehr gut geeignet".[7])

Man könnte viele Zeugnisse zum Beweise dafür beibringen, daß man die Mistel als ein Aphrodisiacum schätzte, als ein Beförderungmittel der Fruchtbarkeit, als der Liebe geheiligt, und, um es ganz allgemein auszudrücken, als ein Reizmittel für die Harn- und Geschlechtwerkzeuge, und dies ist ja auch der wahre Zweck, für den die Bewohner Sibiriens und die nordamerikanischen Medizin-Männer den Pilz gebrauchten. Vielleicht ist dies auch der wirkliche Grund, weshalb sowohl der Pilz als auch die Mistel den Brahminen als Nahrungmittel verboten war.

Brand weist nach, daß „die Mistel bei den religiösen Feierlichkeiten der Alten, namentlich bei den Griechen, nicht unbekannt war", und daß ihre Verwendung, mit einem starken Anklang an das Druidentum, am Christfest bei dem Gottesdienst in der Kathedrale von York heute noch eine Rolle spielt.[8])

Der lustige Zeitvertreib, der darin besteht, daß man hübsche Mädchen am Christfeste unter dem Mistelzweige küßt, scheint auf einen phallischen Ursprung hinzudeuten. „Diese sehr alte Sitte ist aus den Zeiten des Lehnwesens bis zu uns gekommen, aber ihr wirklicher Ursprung und ihre Bedeutung sind verloren gegangen".[9]) Brand weist darauf hin, daß die jungen Leute die Sitte beobachteten, „bei jedem Kuß eine Beere von der Mistel abzupflücken".[10]) Vielleicht bestand man in früheren Zeiten darauf, daß sie die Beere verschluckten. Die Schlußfolgerungen eines neueren Schriftstellers verdienen Beachtung:

[1]) Eugene O'Curry, Manners and Customs of the Ancient Irish, London, Edinburgh, Dublin and New-York 1873. — [2]) A. a. O., II, S. 194. — [3]) Vergl. Major Charles Vallencey, Collectanea de Rebus Hibernicis, Dublin 1774, II, S. 433. — [4]) Aymonier, Notes sur les Coûtumes etc. des Cambodgiens, nach der Anführung in „The Golden Bough, II, S. 286, Anmerkung. — [5]) Vergl. Krauss, Slavische Volkforschungen, Abhandlungen über Glauben, Gewohnheitrechte, Sitten, Bräuche und die Guslarenlieder der Südslaven. Vorwiegend auf Grund eigener Erhebungen. Leipzig 1908, S. 75, Anm. 2. Den deutschen Volkglauben vermerken ausführlich Belling u. Bohnhorst a. a. O. — [6]) C. Ginčev, Nešto po blgarskata narodna medicina. Sbornik za narodni umotvor. Sofija 1890, III, S. 94 f. — [7]) Salverte, Philosophy of Magic, I, S. 229. — [8]) Vergl. Brand, Popular Antiquities, London 1849, I. S. 524. — [9]) Appletons American Encyclopaedia. — [10]) I, S. 524.

„Die Mistel war der Mylitta geweiht, bei deren Kult sich jede Frau einmal in ihrem Leben der geschlechtlichen Umarmung eines Fremden hingeben mußte. Wenn sie beschlossen hatte, sich dieser religiösen Pflicht zu Ehren ihrer anerkannten Gottheit zu unterziehen, dann begab sie sich in den Tempel und stellte sich unter die Mistel und in dieser Weise bot sie sich dem erstbesten Fremdling an, der ihre Gunst verlangte. Die neuzeitliche Umbildung dieser Zeremonie kann man in dem Brauche einiger Völker finden, zu gewissen Zeiten des Jahres die Mistel in dem Empfangzimmer über der Tür aufzuhängen und dann muß jede Frau, die durch diese Tür eintritt oder unter dem Mistelzweig angetroffen wird, den ersten Mann küssen, der ihr entgegenkommt und das Vorrecht in Anspruch nimmt".[1]

Ein Schriftsteller führt in „Notes and Queries"[2] Nares zu dem Zwecke an, um darauf hinzuweisen, daß sich „das am Christfest unter der Mistel nicht geküßte Mädchen in diesem Jahre nicht verheiraten würde". Aber ein anderer Verfasser[3] weist darauf hin, daß „wir die Sitte mit der skandinavischen Mythologie in Beziehung setzen müssen, denn in dieser sei die Mistel der Friga, der Venus der Skandinavier, geweiht".[4]

Grimm spricht davon, daß Paltar (Balder) durch einen Schlag mit einem Stück Mistel getötet wurde, aber er läßt sich auf keine Erklärung ein.[5]

„Im Heiligtum von Nemi wuchs ein gewisser Baum, von dem man keinen Zweig abbrechen durfte. Nur ein durchgebrannter Sklave hatte die Erlaubnis, einen seiner Zweige abzubrechen, wenn es ihm gelang. Hatte er bei seinem Versuche Erfolg, so war er berechtigt im Einzelkampf mit dem Priester zu fechten, und erschlug er ihn, so herrschte er an des Erschlagenen Stelle mit dem Titel eines Königs des Waldes (Rex Nemorensis). Die Überlieferung behauptete, der verhängnisvolle Ast sei jener „goldene Zweig", den Aeneas auf das Geheiß der Sibylle abgebrochen habe, bevor er die gefährliche Fahrt in die Unterwelt antrat".[6]

„Ein Gewächs, das mit dem Tode eines ihrer größten und am meisten geliebten Götter in Verbindung stand, mußte allen germanischen Blutangehörigen ganz besonders heilig sein und obendrein teilten diese Ansicht von ihrer Heiligkeit die keltischen Völker".[7] „Unsere Pflanzenbücher teilen die Mistel ein in die der Eiche, der Haselstaude und des Birnbaums und keine von diesen dreien darf man den Boden berühren lassen."[8]

Ein anderer Schriftsteller sagt: „Da man annahm, daß die Mistel eine geheimnisvolle Kraft besaß, Fruchtbarkeit hervorzubringen und die Macht hatte gegen Gift zu schützen, mag der lustige Brauch unter der Mistel zu küssen, eine gewisse Beziehung zu diesem Glauben haben".[9]

In derselben Zeitschrift[10] wird folgendes erzählt: „Ein Gutbesitzer in Worcestershire hatte die Gewohnheit, seinen Mistelzweig herunterzunehmen und ihn derjenigen Kuh zum Fressen zu geben, die nach dem Neujahrtage zuerst kalbte. Man nahm an, daß dies für die ganze Milchwirtschaft glückbringend sei. Kühe und Schafe fressen die Mistel gierig, worauf noch besonders hingewiesen werden soll".

Und weiterhin stellt ein anderer fest, daß „die Mistel der heidnischen Göttin der Schönheit geweiht war" und „es sei sicher, daß die Mistel in früheren Zeiten unter den immergrünen Gewächsen, die man zum Schmücken der christlichen Kirchen verwandte,

---

[1] Zivilingenieur Robert Allen Campbell, Phallic Worship, St. Louis Mo. 1888, S. 202. — [2] 3. Januar 1852, V, S. 13. — [3] 28. Februar 1852. — [4] Die Mistel war das einzige Gewächs in der ganzen Welt, das Baldur, dem Sohn Odins und Frigas, Schaden bringen konnte. Als ihn ein solcher Zweig traf, fiel er tot hin. (Vergl. Bulfinchs Mythology, revised by E. E. Hale, Boston 1883, S. 428). — [5] Teutonic Mythology, I, S. 220, Artikel: Paltar. Die weitere Literatur vermerkt Elard Hugo Meyer, Germanische Mythologie, Berlin 1891, § 342, S. 259ff. — [6] Frazer, The Golden Bough, I, S. 4, Artikel: The Arician Grove. — [7] Grimm, Teutonic Mythology, III, S. 1205. — [8] S. 1207. — [9] Notes and Queries, second series, IV, S. 506. — [10] III, S. 343.

eine Rolle spielte, daß man sie aber nachher davon ausschloss".[1]) Diese Ausschließung erklärt der Verfasser so: „Es ist ferner als sicher anzusehen, daß in den älteren Zeiten der Kirche manche Festlichkeiten, die nicht gerade der Erbauung dienten, — unter anderem das gegenseitige Küssen — sich allmählich eingeschlichen und festen Fuß gefaßt hatten, sodaß z. B. ein bestimmter Teil des Gottesdienstes darin bestand, daß „statim clerus, ipseque populus per basia blande sese invicim oscularetur".

Dieser Verfasser führt Hone, Hook, Moroni, Bescherelle, Ducange und andere an. Und schließlich will noch ein Neugieriger wissen: „Wie kam es, daß man zu Shakespeares Zeit die Mistel als unheilbringend ansah, während sie heutzutage als eine Frohsinn hervorbringende Pflanze gilt?"[2]) Und ein anderer Mitarbeiter behauptet, daß „die Mistel bei dem Weibchen des Hirsches und des Hundes Frühgeburt erzeuge".[3])

„Sir John Ollbach, der eine Abhandlung über die Mistel geschrieben, empfiehlt sie angelegentlich als eine Arznei, die nicht nur die Fallsucht vertreibe, sondern alle krampfartigen Zufälle, und er bemerkt ferner, daß der Allmächtige diese schöne Pflanze noch zu anderen und zwar edleren Zwecken bestimmt haben müsse, als lediglich den Drosseln zum Futter zu dienen oder in abergläubiger Absicht in den Häusern aufgehängt zu werden, um böse Geister zu vertreiben. Er gibt weiter an (Seite 12), daß sich „die große Verehrung, die man den Druiden in früheren Zeiten allgemein zollte, zum großen Teil auf die wunderbaren Heilungen gründete, die sie mit der Mistel der Eiche zuwege brachten; dieser Baum war ihnen heilig, aber eigentlich nur diejenigen, auf denen Misteln wuchsen". F. Williams erzählt uns in einem Briefe vom 28. Januar 1791 aus Pembroke im „Gentlemans Magazine" für den Monat Februar dieses Jahres, daß „Guidhel", die Mistel, ein zauberisches Gewächs, anscheinend der verbotene Baum in der Mitte des Gartens Eden gewesen sei, denn in der Edda wird erzählt, daß Balders Tod von der Mistel verursacht wurde und er ist doch durch Blindheit und ein Weib umgekommen".[4])

Frühere Verwendung der Mistel zu Aufgüssen oder Abkochungen.

Daß ein Aufguß oder eine Abkochung dieses Gewächses früher einmal gebräuchlich war, kann man aus einer Tatsache schließen, die John Eliot Howard berichtet: „Wasser, in das man die heilige Mistel eingelegt hatte, gab man dem Volke oder besprengte es damit".[5])

Montfaucon sagt von den Druiden: „Sie glauben, daß die unfruchtbaren Tiere trächtig werden, wenn sie Mistelwasser trinken".[6])

„Die Mistel oder „Uil-ice" mußte man der Vorschrift nach, wenn irgend möglich, vom Baume Jupiters nehmen, wenn er in seiner vollen Lebenkraft war; aber man fand sie nur sehr selten auf einer Eiche. Wenn man sie von einer Eiche bekommen konnte, die etwa 35 Jahre alt war, und dann in einem Getränk zu sich nahm, so bewirkte sie Fruchtbarkeit bei Männern, Frauen und Kindern".[7])

Eugene O'Curry berichtet von den Druiden Irlands, daß sie einen „Trank der Vergessenheit" hatten, dessen Zusammensetzung indessen nicht bis auf uns gelangt ist.[8]) O'Curry nennt diesen Trank ein „druidisches Zaubermittel" und einen „druidischen Zauberspruch".[9])

---

[1]) VI, S. 523 (Second Series). — [2]) In Third Series VII, S. 76. — [3]) VII, S. 237. — [4]) Brand, Popular Antiquities, London 1872, I, S. 519, Artikel: Evergreen-decking at Christmas. — [5]) John Eliot Howard, The Druids and their Religion in den Transactions of Victoria Institute, XIV, S. 118, unter Anführung von E. Magdaleine, Le gui de chêne et les Druides, Paris 1877. — [6]) L'Antiquité Expliquée, Paris 1722, II, Teil 2, S. 436; er bezieht sich auf Plinius. — [7]) Forlong, Rivers of Life, II, S. 355. — [8]) Vergl. Manners and Customs of the Ancient Irish, II, S. 198. — [9]) II, S. 226. Lenormant spricht von „gewissen verzauberten Tränken, . . . die zweifellos Arzneimittel enthielten und für die Heilung von Krankheiten Verwendung fanden. (Chaldean Magic, London 1877, S. 41).

Man vergleiche auch die Bemerkungen über den Hindu-Lingam in diesem Werke.

Angebliche Heilighaltung der Mistel durch die Mound-Builders.

Ein amerikanischer Schriftsteller namens Pidgeon sagt, daß bei den Mound-Builders die Mistel „die heiligste und seltenste immergrüne Pflanze" gewesen sei und daß man bei Darbringung von Menschenopfern der Sonne und dem Mond, das Opfer mit Misteln bedeckt habe, die dann wie eine Art Weihrauch verbrannt worden seien.[1]) Pidgeon erklärte, seine Angaben stammten von Indianern, die in den Überlieferungen und dem Wissen ihrer Stämme wohlbewandert waren.

Frau Eastman gibt eine Zeichnung, die den Altar des Haokah, des naturfeindlichen Gottes der Sioux, darstellen soll. Auf diesem Altar befindet sich die Darstellung „eines großen Pilzes, der auf Bäumen wächst" (sollte das die Mistel sein?) und die den Tod der Tiere verursacht, die davon fressen.[2])

Die Mistelfeierlichkeit bei den Mexikanern.

Daß die Mexikaner der Mistel eine besondere Verehrung bezeigten, scheint festzustehen. Sie hatten ein Mistelfest. Im Oktober feierten sie das Fest des Neypachtly oder des bösen Auges. Dies war eine Pflanze, die auf Bäumen wuchs und von ihnen herunterhing, durch die Feuchtigkeit des Regens grau wurde und namentlich auf den verschiedenen Arten der Eiche vorkam.[3]) Der Berichterstatter gibt an, daß er keine Erklärung dieses Festes beibringen kann.

Spuren druidischer Bräuche in unserer Zeit.

Es ist jedenfalls sehr lehrreich, den Spuren druidischer Bräuche nachzugehen, wie sie sich zäh der veränderten Lebensweise der Gesittung der neueren Zeit angepaßt haben.

In dem französischen Departement Seine-et-Oise, etwa 60 Kilometer von Paris entfernt, brachte man nach den Angaben eines neueren Schriftstellers ein Kind, wenn es einen Bruch hatte, unter eine gewisse Eiche, und einige Frauen, die sich zweifellos ihren Lebensunterhalt mit diesem Geschäft verdienten, tanzten um die Eiche herum und murmelten dabei Zaubersprüche, bis das Kind geheilt, mit anderen Worten tot war.[4])

---

[1]) Pidgeon, Dee-coo-dah, New-York 1853, S. 91 ff. Vergl. auch Ellen Russell Emerson, Indian Myths, Boston 1884, S. 331, wo Pidgeon angeführt wird. (Mound-Builders sind die Erbauer der eigentümlichen Erdwerke der Ur-Einwohner Nord-Amerikas. Eine Verdeutschung des Wortes ist nicht angängig. I.). — [2]) Mrs. Eastman, Legends of the Sioux, New-York 1849, S. 210. Leser, die sich über Altäre der Indianer genauer unterrichten wollen, finden Beschreibungen nebst farbigen Tafeln in dem Werke des Verfassers „The Snake Dance of the Moquis", London und New-York 1884; und ferner in der umfangreichen Abhandlung des Stabarztes Washington Matthews in dem Annual Report of the Bureau of Ethnology, Washington 1888. Viele noch in den weiteren Bänden. — [3]) „Neypachtly bedeutet soviel wie „böses Auge" (mal ojo, böser Blick), es ist ein Kraut, das auf den Bäumen und ihren Ästen entsteht, trieft von der Feuchtigkeit des Wassers, kommt namentlich auf der Eiche und der Steineiche (robles) vor". (Diego Duran, III, Kap. 16, S. 391$^1/_2$, nach der Handschrift in der Kongreß-Bibliothek zu Washington. Auffällig bleibt, daß von dem Fest keinerlei Erwähnung geschieht in dem Werke: Mexican and Central American Antiquities, Calendar Systems and History, twenty four papers by E. Seler, E. Förstemann, P. Schellhas und E. P. Dieseldorff, translated from the German under the supervision of Charles P. Bowditch, Washington 1911, 682 p. gr. 8⁰. Smithson. Instit. Bulletin 28, vielleicht darum, weil sich die Mexikanisten hier hauptsächlich auf Erklärung der Steindenkmäler beschränken, auf denen wahrscheinlich das Mistelfest nicht verewigt erscheint. Noch auffälliger ist das gänzliche Schweigen von Hodges Handbook of American Indians. — [4]) Notes and Queries, Fifth Series, VII, S. 163.

Ich wies schon oben darauf hin, daß die Druiden gerade bei Brüchen der Eichen-mistel eine Heilwirkung zuschrieben. „In der Bretagne hält man heute noch ein Fest für die Mistel ab. . . . die Leute nennen es dort „touzon ar gros", d. h. das Kraut des Kreuzes".[1]

In England verbrannte man die Mistel bei Liebe-Orakeln.[2] Frommann zählt die Mistel unter „den Mitteln der Neueren gegen den bösen Blick" auf . . . . Viscum corylineum et tiliaceum (die Mistel des Haselnußstrauches und des Lindenbaumes). Die Geschlechtteile verhexter Leute bestrich man mit einer Salbe, die aus der Haselstrauch-mistel hergestellt war; dies sollte das Nestelknüpfen auflösen.[3]

„In Schweden tragen Leute, die an der fallenden Krankheit leiden, ein Messer bei sich, dessen Griff aus Eichenmistel besteht, um Anfälle abzuwehren. Trägt man ein Stück der Mistel um den Hals gehängt, so würde das andere Krankheiten fernhalten. Hierfür haben wir das Zeugnis Culpeppers, der da sagt: „Die Mistel ist ein ausge-zeichnetes Heilmittel für Sehnenzerrungen, Krätze, Geschwüre und Zahnweh, gegen den Biß toller Hunde und giftiger Tiere; sie führt auch die Galle sehr mild ab". Grimm bemerkt, Balder sei mit einem Mistelzweig getötet worden. Der Kadeir Taliasin sagt, die Mistel sei einer der Bestandteile des „awen a gwyboden" oder des Wassers der Begeisterung, der Wissenschaft und der Unsterblichkeit gewesen, das die Göttin Kod in ihrem großen Kessel zubereitete. Man glaubte, daß Hexen denjenigen keinen Schaden zufügen konnten, die Mistelstückchen um den Hals gehängt trugen. Sir Thomas Browne spricht von der Wirkung der Mistel bei der Fallsucht".[4]

Derselbe Glaube an Wasser des Lebens, der Wissenschaft, der Unsterblichkeit usw. scheint auch bei den slavischen Völkern vorhanden zu sein, denn diese reden auch in ihren Sagen von dem „verrückten Unkraut", das man vielleicht mit dem Unkraut des Borgie-Brunnens zusammenstellen muß, denn dieses machte, wie wir gesehen haben, „die Camerslang-Leute im Kopfe verrückt".[5]

Die Mistel, besonders die des Lindenbaumes und der Eiche, zählte Etmuller unter die Heilmittel für Fallsucht (tiliaceum et quercinum); andere empfehlen wieder die Mistel des Holunderstrauches und die der Weide. Für dieselbe Krankheit wird auf der gleichen Seite auch „zibethum" verordnet".[6]

Die Mistel des Wachholders war für Augenwasser gut zu gebrauchen, sie mußte aber im Monat Mai eingesammelt sein.[7]

Verschiedene Arten von getrockneten Pilzen gebrauchte man als blutstillende Mittel.[8]

Der Pilz der Eiche war für diesen Zweck ganz besonders geeignet.[9] Die Mistel der Eiche sah man als ganz besonders wertvoll bei allen Störungen der Gebärmutter an, z. B. bei Blutungen, Unterdrückung des Monatflußes usw.[10]

In der Kalewala-Sage wird berichtet, daß ein junges Mädchen schwanger wurde, als es eine Beere aß.[11]

---

[1] Buckle, Commonplace Book, II seiner Werke, S. 440, London 1872. — [2] Vergl. Brand, Popular Antiquities, London 1872, III, S. 358, Artikel: Divination by Flowers. — [3] Vgl. Frommann, Tractatus de Fascinatione, Nürnberg 1675, S. 938, 957, 958, 965. — [4] Black, Folk-Medicine, London 1883, S. 196. — [5] Vergl. Jeremiah Curtin, Myths and Folk-Tales of the Russians, Western Slavs and Magyars, Boston 1890. — [6] Vergl. Etmuller, Opera Omnia, Lyon 1690, I, S. 198; als Quelle gibt er „Comment. Ludovic." an. (Zibethum ist die fettige Absonderung besonderer Drüsen der Zibethkatze und galt früher als krampfstillendes Mittel. I.). — [7] Etmuller, I, S. 84; er führt „Schroderi Dilucidati Phytologia" an. — [8] S. 70. — [9] S. 127. — [10] S. 127. — [11] Vergl. Andrew Lang, Myth, Ritual and Religion, London 1882, II, S. 179. Reiche Angaben vergl. bei P. Saintyves, Les vierges mères et les naissances miraculeuses, Paris 1908, Edw. Sidney Hartland, Primitive Paternity. The myth of super-natural birth in relation to the history of the family, II vol. London 1909 und Krauss, Folk-loristisches von der Mutterschaft, in Adele Schreibers Mutterschaft, München 1912, S. 42 ff.

Wir können hier die Frage aufwerfen, was das für eine Art Beere gewesen ist. In Bezug hierauf kann man die Angaben bei La ng über die mythische Auffassung nachlesen, die sich an Wachholder- und andere Beeren knüpft.[1])

Die Eichenmistel wurde innerlich gegen Fallsucht verordnet.[2]) Ein aus der Mistel gemachter Ring gilt in Schweden als Amulet.[3])

In der Grafschaft Murrayshire in Schottland „schneiden die Bewohner am Vollmond im März Mistelzweige oder Epheuzweige ab, machen Ringe daraus und heben sie das Jahr über auf. Sie behaupten, daß man hektisches Fieber, Schwindsucht und andere Leiden damit heilen könne".[4])

„In Nord-Deutschland, wo der alte germanische Kult noch sein kümmerliches Dasein fristet, rennen die Dorfbewohner am Christfeste herum, schlagen mit Hämmern an Türen und Fenster und rufen dazu laut: „Guthyl! Guthyl!" und das ist offenbar der druidische Name für die Mistel, den Plinius angibt.[5]) In Holstein nennen die Leute die Mistel „den Gespensterzweig" . . . sie glauben, daß man frische Wunden damit heilen kann, und daß man auf der Jagd mit ihm Erfolg hat". Dann wird Stukeley angeführt, um zu beweisen, daß man die Verehrung für diese Pflanze in der Kathedrale von York bis in die jüngsten Zeiten herein zum Ausdruck gebracht hat.[6])

„Wenn man die Eichenmistel trinkt, so heilt dies gewißlich diese Krankheit" (nämlich die Fallsucht).[7])

Noch ein anderer Schriftsteller bezeichnet die Mistel als ein spezifisches Mittel gegen Fallsucht; ferner gegen Schlaganfälle, Schwindel, um Krampfanfällen vorzubeugen und Kindern beim Zahnen förderlich zu sein, wenn sie es um den Hals gehängt tragen. „Wir haben Berichte von sonderbaren abergläubigen Gebräuchen, die man beim Einsammeln der Mistel beobachtet und ohne deren Anwendung die Pflanze ihre wirksamen Eigenschaften verliert. Einige halten die Mistel für den goldenen Zweig, den Aeneas gebrauchte, um in die elysäischen Gefilde zu gelangen, wie es Virgil im sechsten Buche der Aeneis so schön schildert".[8])

Culpepper gibt an, daß die Mistel, besonders diejenige, die auf der Eiche wächst, bei der fallenden Krankheit, bei Schlaganfällen und Lähmungen sehr nützlich ist, ferner als Vorbeugemittel gegen Behexungen; im letzteren Fall soll man sie um den Hals tragen. Vom Ursprung dieser Meinungen und Gebräuche scheint er nicht das Mindeste gewußt zu haben.[9])

Pomet beschreibt den Agaricus [10]) als einen Auswuchs, den „man auf der Lärche, der Eiche usw. findet . . . . . Der beste Agaricus ist derjenige, der aus der Levante kommt", und nur jenen Agaricus, „den die Alten den weiblichen nannten, sollte man in der Heilkunde verwenden". Man „verordnete ihn bei allen Unpäßlichkeiten, die von unreinen Säften und Verstopfungen herrühren", wie z. B. Fallsucht, Schwindelanfälle, Wahnsinn usw. und zwar zum Teil nach sympathetischem Grundsatze, d. h. similia similibus.[11])

---

[1]) S, 180. — [2]) Most Excellent and Most Approved Remedies, London 1654, S. 14. — [3]) Black, Folk-Medicine, S. 173. — [4]) Brand, Popular Antiquities, III, S. 151, Artikel: Moon. — [5]) Damit vergleiche man den deutschen Turnergruss: Gut Heil! Das Wort hat selbstverständlich mit dem druidischen Namen für die Mistel nichts gemeinsam. Die Gleichsetzung kommt auf Rechnung des Enzyklopädisten, der offenbar mit der deutschen Sprache ebensowenig, wie leider Bourke auch, vertraut war. — [6]) Encyclopaedia Metropolitana. — [7]) John Moncrief, The Poor Man's Physician, Edinburgh 1716, S. 71. — [8]) John Quincy, Dr. med., Complete English Dispensatory, London 1730, S. 134. — [9]) Vergl. Richard Culpepper, The English Physician, London 1765, S. 217. — [10]) Die von Pomet genannten Pilze haben mit der Mistel nichts zu tun; es sind Polyporen, von denen der bekannteste der Lärchenschwamm ist, der heute noch in Hausmitteln verwendet wird. Er wirkt stark abführend, daher sein Ansehen als sogen. Blutreinigungmittel. Er kommt auch bei uns vor, meistens aber in Südeuropa. I. — [11]) Pomet, History of Drugs, London 1737.

Bei einer der Arzneien für Fallsucht, die Beckherius zufolge Galen empfahl, kommt auch „Agaricus Viscum Querci" vor. [1])

„Wenn man die Mistel auf der Eiche fand, so galt sie als ein Sinnbild des Menschen", nach der Ansicht des französischen Forschers Reynaud, dessen Abhandlung über das Druidentum in der Encyclopaedia Britannica angeführt wird.

Trotz dieser zahlreichen Beweise, die man noch vermehren könnte, für die Verwendung der Mistel, die sowohl in der Volkheilkunde als auch in der anspruchvolleren Berufmedizin heute noch fortlebt und namentlich bei Fallsucht in Ansehen steht, findet sich in dem Werke „Saxon Leechdoms" kein Beispiel angeführt.

Die Erklärung hierfür kann man in der Tatsache begründet finden, daß jenes Sammelwerk weniger die Geschicklichkeit, die die Sachsen selbst in der Heilkunde erreicht hatten, als vielmehr die Wissenschaft nachweist, die den Mönchen noch aus der klassischen Zeit her überliefert war; deshalb sind auch ganze Seiten mit Anführungen aus Sextus Placitus und anderen Quellenschriften angefüllt, während wir kaum etwas antreffen, das uns den Nachweis bringt, daß man die Ansichten der Sachsen selbst darstellt.

Die vergleichende Sprachwissenschaft und die Mistel.

Weitere merkwürdige Beispiele für das Fortleben von alten Anschauungen bietet uns für den vorliegenden Fall die vergleichende Sprachwissenschaft dar. Das französische Wort „gui", das Mistel bedeutet, stammt nicht aus dem Lateinischen, sondern rührt von den Druiden her, und ebenso bewahrt uns das spanische „aguinalda", das Wort für das Weihnacht- oder Neujahrgeschenk, mit einer kleinen Abänderung den Ruf auf, den der Druidenpriester beim Anfang des neuen Jahres zur Begrüßung des „gui" ausstieß.

„Aguillaneuf, und deutlicher „au gui, l'an neuf" oder auch „l'anguil l'an neuf". [2])

„Die nächste Verrichtung bestand darin, für das Einsammeln der heiligen Pflanze die Vorbereitungen zu treffen und man sandte Barden nach allen Himmelgegenden aus, um das Volk zur Teilnahme an der großen religiösen Feierlichkeit aufzufordern. Die Verkündigungworte sind uns, wie man annimmt, in der Sitte überliefert, die heute noch zu Chartres, dem alten Mittelpunkt des Druidentums, geübt wird, indem man nämlich mit den Worten „Au gui l'an neuf" am Neujahrtage Geschenke fordert". [3])

„Der keltische Name für die Eiche war „gue" oder „guy". [4])

Ein Mitarbeiter der „Notes and Queries" zeigt, daß die Mistel im französischen „le gui" heißt und daß man auf dem Festlande den Druiden Gui oder Guy nannte, von cuidare, woher das Wort Guide (Führer) stammt. Während die Mistel heutzutage noch als ein Zaubermittel gilt, ist der Name selbst zu einem Schimpfwort gemacht worden, im Englischen guy. [5])   *   *

---

[1]) Vergl. Danielius Beckherius, Medicus Microcosmus, London 1660, S. 208. (Heute bezeichnet man die Mistel (Viscum) nicht mehr als Agaricus, worunter man nur noch die Gattung der Blätterpilze versteht. Der von Pomet erwähnte Agaricus ist der Polyporus officinalis, der Lärchenschwamm, der früher ausschließlich aus Aleppo kam; er gehört nicht zu den Blätterpilzen. Fungus, das Bourke anscheinend auch für die Mistel gebraucht, bedeutet lediglich Pilz; die auf Bäumen wachsenden Pilze sind zwar Schmarotzer, haben aber mit der Mistel nichts zu tun. I.). — [2]) Le Roux de Lincy, Livre des Proverbes Français, Paris 1848, I, S. 2, angeführt in Buckles Commonplace Book, II, S. 440. — [3]) Magdaleine, Le Gui de Chêne et les Druides, angeführt von John Eliot Howard in den Victoria Society Transactions, Band 14. — [4]) Brand, Popular Antiquities, I, S. 458. — [5]) Notes and Queries, II, S. 163. (Guy bedeutet im Englischen soviel wie Vogelscheuche, eine schlecht oder sonderbar gekleidete Person; es ist aber auch der Vorname Guido oder Veit. Ob die Bedeutung Vogelscheuche etwas mit der Mistel zu tun hat, scheint mir zweifelhaft; ich bin eher geneigt, diese Bedeutung von der bekannten Strohpuppe abzuleiten, die man am 5. November in England herumträgt und

H. Gaidoz legt das Wort anders aus. Nach seiner Ansicht stammte „aguinaldo"
und „à gui l'an neuf" aus dem Lateinischen „Ad calendas".[1])

Mystizismus in der Erklärung der Baum- und Blumenverehrung ist ebenso ein
Hemmnis für die richtige Erkenntnis der Erscheinungen, wie der von Schurtz[2]) versuchte
Rationalismus. Der eine schießt über, der andere unter das Ziel. Dem wirklichen Sach-
verhalt kommt man jedoch durch Vergleichung der Dinge auf den Grund, wie dies
Gaidoz,[3]) der Altmeister der Volkforschung, an der Geschichte der Mistel dargetan hat.
Das Pflücken der Eichenmistel gelangte als religiöse Übung der alten Gallier, gleichsam
als eine Art von Hauptopfer der gallischen Religion zufolge eines irrtümlichen Berichtes
Plinius des älteren zu einer unverdienten Bedeutung, weil es die Gelehrten unterließen
auch die tausend ähnlichen, an anderen Tagen des Jahres vorgenommenen Übungen auf-
zuzeichnen.

Gaidoz verficht die Meinung, daß man am Brauch des Einsammelns von Misteln
blos eines unter den vielen Beispielen des allgemein verbreiteten Pflanzenkultes zu erblicken habe. Er erhielt sich sogar trotz dem Christentum und erlitt eigentlich keine
andere Veränderung, als daß man den Kräutern andere Namen gab oder deren Eigenschaften mit Fabeln der neuen Religion zu erklären suchte.

Woher rührte aber der Glaube an die außerordentliche Wunderkraft der Mistel?
Von einem sehr einfachen Umstande, nämlich von der Seltenheit der Eichenmistel und
von der Seltsamkeit ihres Wachstums. Was wunderbar ist, erscheint auch allemal als
göttlich und bildet den Vorwurf einer um so höheren Verehrung, jemehr der betreffende
Gegenstand von gewöhnlichen, natürlichen Formen abweicht. So verdankt der vierblättrige
Klee der Seltenheit seines Vorkommens die ihm beigelegte Eigenschaft, seinen Besitzer
vor jedem Unglück zu beschützen, und in Berry versichert man, ihm wohne diese Wirkung
nur dann inne, wenn ihn ein jungfräuliches Mädchen in der Nacht von St. Johann ge-
pflückt hat.

Die Mistel besitzt vor allem die Eigenschaft, daß sie nicht selbständig, sondern
wie zufällig auf anderen Pflanzen vorkommt. Das Wunderbare an ihr wird noch durch
die seltsame Art ihrer Keimung erhöht. Nach Plinius wächst sie nur dann, wenn ihr
Same zuvor im Magen eines Vogels gezeitigt worden. Außerdem ist die Mistel, die auf
verschiedenen Baumgattungen vorkommt, am allerseltensten auf Eichen.

Alle diese Umstände zusammengenommen erklären die besondere Verehrung, in
der die Mistel bei den Galliern stand. Heutzutage hat sie in Frankreich freilich nicht
mehr dieselbe Bedeutung, dagegen bei den germanischen Völkern noch immer ein gewisses
Ansehen bewahrt. Im Norden schrieb man die Zauberkraft der Mistel von dem Umstande
her, daß Baldur mit einer aus Mistelholz angefertigten Waffe getötet worden, doch ist es
fraglich, ob diese Überlieferung je wirklich dem Volke angehörte. In Tirol glaubt man,
die Mistel halte die Diebe fern, während sie andererseits alle Schlösser von selbst auf-
springen mache. In einzelnen Gegenden Deutschlands gilt sie für ein Schutzmittel gegen
Zauberkünste und Verhexung, zumal wenn man die Vorsicht gebraucht, sie über der Türe
aufzuhängen.

Aus der Allgemeinheit der Mistelverehrung folgert Gaidoz mit Recht, daß jene
Theorien, die den Mistelkult nachgerade zum Symbol der gallischen Religion stempeln
wollten, und wonach er als das Sinnbild des höchsten Mysteriums der Schöpfung,

---

verbrennt, zur Erinnerung an die 1605 entdeckte, sogen. „Pulververschwörung", die das Parla-
ment in die Luft sprengen wollte. Die Hauptperson war ein gewisser Guy Fawkes, dessen
Vorname auf die Strohpuppe übergegangen ist. I.).

[1]) Briefliche Mitteilung an Bourke aus Paris vom 11. März 1889. — [2]) Heinrich
Schurtz, Eine Religion der Urzeit, „Ausland", Stuttgart 1890. — [3]) La religion gauloise et
le gui de chêne, Paris 1880.

gewissermaßen als das Symbol der der Menschenseele mitgeteilten Unsterblichkeit wäre, ins Reich der Ausgeburten einer ungebundenen Fantasie zu verweisen seien. Angenommen selbst, daß die Zeremonie, wie sie Plinius schildert, richtig wäre, so berechtigt uns noch nichts, sie zu einem Religionakt von außergewöhnlicher Bedeutung zu erheben. Nur die Spärlichkeit unserer Kenntnisse von den religiösen Gebräuchen der Gallier überhaupt, ließ diesen einen in besonderem Licht erscheinen. Allein es genügt nicht, eine vereinzelte Tatsache festzustellen, man muß sie auch nach Gebühr zu würdigen trachten und sie an ihre richtige Stelle in der Reihenfolge der Begebenheiten setzen. Das ist die Aufgabe der Volkforschung, darin beruht ihr Verdienst.

Nicht anders als wie mit der Mistel verhält es sich z. B. auch mit der Zeder, die gleichfalls als ein „mystischer", als ein gar heiliger Baum gilt, wo er nämlich gedeiht. Wie ihn die Juden des Altertums hoch in Ehren gehalten, weiß jeder aus der Bibel; so steht er nicht minder im höchsten Ansehen fast bei allen östlichen und westlichen Indianerstämmen. Die Gründe hierfür ergeben sich leichthin aus seinem Immergrün, seinem balsamischen Wohlgeruch und der wunderlieblichen Färbung seines feingeäderten Holzes, das unbiegsam und schier unverwüstlich ist. Wie Mooney anmerkt, werfen die Cherokees bei bestimmten Zeremonien dünne grüne Zweige ins Feuer, um einen Weihrauch zu erzeugen, namentlich mit der Absicht, die Wirkung von Alpträumen zu hintertreiben, denn sie glauben, daß die Anisgína (die Alpe) diesen Geruch nicht schmecken können, wie ja auch der christliche Teufel vor dem Weihrauch verduftet; das Holz jedoch hält man für zu heilig, als daß man es zu Feuerungzwecken zu verwenden wagte. Beim Kriegtanz hängt man die über schmale Reifen gezogenen Skalptrophäen an ein zu diesem Anlaß aufgeputztes und geschmücktes Zederbäumchen. Einer Sage nach stammt die rote Färbung ursprünglich vom Blut eines verwünschten Zauberers her, dessen abgehauenes Haupt im Wipfel einer schlanken Zeder gehangen. Nach der bei den Yuchi vorhandenen Fassung, die Gatschet aufgezeichnet, störte arg ein tückischer Zauberer den täglichen Lauf der Sonne, bis ihn endlich zwei wackere Krieger aufsuchten und in seiner Höhle töteten. Sie schlugen ihm den Kopf ab und trugen ihn mit sich heim, um ihn dem Volke zu weisen, doch der lebte und lebte weiter. Um ihm dem Garaus zu machen, beschlossen sie, ihn in das höchste Wipfelgezweig eines Baumes zu stecken. Gesagt, getan. Sie versuchten es bei einem Baum nach dem anderen, doch an jedem Morgen fand man den Kopf am Fuße des Baumes und noch immer lebend. Zuguterletzt banden sie ihn an eine Zeder an, und dort verblieb er, bis er hin wurde. Mittlerweile verlieh das langsam zum Stamm herabsickernde Blut dem Holze seine rote Farbe und seit der Zeit ist die Zeder ein Zauber-(„medicine")Baum geworden.

XVII. Kuhkot und Kuhpisse in der Religion.

Die Wertschätzung von Kuhkot und Kuhpiṣse bei den Opfern ist in ganz Indien und Tibet viel größer, als der Leser aus der bereits mitgeteilten kurzen Anführung Max Müllers zu schließen geneigt sein wird.

„Hindu-Kaufleute aus Bochara klagen nun laut beim Anblick eines Stückes Kuhfleisch und mischen gleichzeitig zu ihrer Speise, damit ihnen diese gut bekommen möge, den Harn einer heiligen Kuh, die man an diesem Platze hält".[1]

Picart berichtet, daß die Brahminen einer heiligen Kuh Getreidekörner zum Futter geben und später aus dem Mist die heiligen Körner heraussuchen, die unversehrt geblieben sind; diese Körner trocknet man und verabreicht sie den Kranken nicht blos als gewöhnliche Arznei, sondern als etwas Heiliges.[2]

Diese Sitte findet man nicht allein bei der Bevölkerung der Ebenen, sondern auch bei derjenigen der Hügelländer am Fuße des Himalayagebirges: „Dort wird richtiger Kuhmist als Mittel zur Sündenvergebung gegessen und Kuhpisse findet beim Gottesdienste Verwendung".[3] „Das größte, oder auf alle Fälle, das geeignetste Reinigungmittel für Sünder ist der Harn einer Kuh . . . . Man besprengt Bilder damit. Kein Mensch, der auf Frömmigkeit oder Reinlichkeit irgend welchen Anspruch macht, wird an einer Kuh, die gerade ihr Wasser läßt, vorübergehen, ohne den heiligen Strahl in der Hand aufzufangen und einige Tropfen davon zu schlürfen . . . . Hält ein Tier den Harn zurück, so wird ein frommer Mann, der darauf wartet, ungeduldig seinen Finger dazu benutzen, um durch geschicktes Kitzeln die gnadenvolle Flüssigkeit zum Vorschein zu bringen".[4]

„Man muß darauf aufmerksam machen, daß nach Lagarde „Kuhwasser" ursprünglich Regenwasser bedeutete, weil man die Wolken als Kühe bezeichnete. Ich erwähne dies hier nur, obwohl ich keinen besonderen Wert darauf lege. Ihre Sammlung von Tatsachen steht sehr im Gegensatz zu dieser Erklärung".[5]

Bei der Besprechung der als „Poojah" bezeichneten Opferhandlung sagt Maurice: „Der Brahmane bereitet einen mit getrocknetem Kuhdünger gereinigten Platz vor. Mit dem Dünger bewirft man den Fußboden und man besprengt das Zimmer mit dem Harn desselben Tieres".[6]

„Wie in Indien verwendet man auch in Persien Kuhharn bei allen Reinigungebräuchen, wobei man ihn auch trinkt".[7]

Dubois sagt in seinem Kapitel „Restoration to the Caste", ein indischer Büßer müsse „das panchakaryam trinken, dieses Wort bedeutet eigentlich „die fünf Dinge", nämlich Milch, Butter, Quark, Kot und Harn, die man alle zusammenmischte". Und er fügt hinzu:

[1] Erman, Siberia, London 1848, I, S. 384. — [2] Picart, Coûtumes et Cérémonies religieuses, Amsterdam 1729, VII, S. 18. (Er spricht von Reiskörnern). Dieser Brauch ist weder besser noch schlechter, als der früher beschriebene der Indianer von Texas, Florida und Kalifornien. Picart sagt ferner: „Der Kot der Kuh ist bei den Indiern sehr heilig". (A. a. O., VI, Teil 2, S. 191—193). Er teilt auch mit, daß die Banianen bei einer Kuh schwören. (VII, S. 16). Manche Hindus schlürfen täglich ein wenig Harn der Kuh. (Asiatic Researches, Calcutta 1805, VIII, S. 81). — [3] Short, Notes on the Hill Tribes of the Neilgherries, Transactions of the Ethnol. Society, London 1868, S. 268. — [4] Moor's, Hindu Pantheon, London 1810, S. 143. Man vergleiche auch die Anmerkung aus Forlong, im Kapitel „Kriegerweihe, Aufnahme in die Gemeinde". — [5] Briefliche Mitteilung von Professor W. Robertson Smith, aus dem Christ College in Cambridge vom 11. August 1888. — [6] Maurice, Indian Antiquities, London 1800, I, S. 77. — [7] Angelo de Gubernatis, Zoological Mythology, London 1872, I, S. 96; er führt als Beleg an: Anquétil du Pérron, Zendavesta, II, S. 245. Die ausführlichste und beste Arbeit verdankt man W. Crooke, The veneration of the Cow in India, Folk-Lore, London 1912, XXIII, 275—306.

„Man glaubt, der Harn der Kuh sei das wirksamste Mittel, um jede erdenkliche Unreinheit weg zu schaffen. Ich habe oft gesehen, wie die gläubigen Hindus diese Tiere begleiten, wenn sie auf der Weide sind, und auf den Augenblick warten, um den Harn, wenn er läuft, in Gefäßen aufzufangen, die sie zu diesem Zwecke mitgebracht haben, um ihn dann möglichst frisch nach Hause zu tragen; oder sie fangen ihn auch in der hohlen Hand auf, um ihr Gesicht und den ganzen Körper damit zu benetzen. Wenn man ihn so gebraucht, entfernt er alle äußerlichen Unreinigkeiten; nimmt man ihn aber innerlich, wie es ganz allgemein geschieht, so reinigt er innerlich Alles".[1]

Sehr häufig verwandelt man den Kot erst zu Asche. Die Mönche des Gottes Chivem, die man Pandaronen nennt, beschmieren sich die Gesichter, die Brust und die Arme mit der Asche von Kuhkot; sie laufen so auf den Straßen herum und betteln um Almosen, beinahe in derselben Weise, wie die Mitwirkenden bei den Zuñis eine Mahlzeit verlangten, und singen dabei das Lob des Chivem, wobei sie ein Bündel Pfauenfedern in der Hand tragen und den Lingam um den Hals gehängt haben.[2]

Kuhdung auch bei den Israeliten verwendet.

„Die Stämme hatten in ihrem Denken und Fühlen nur wenig Gemeinsames zu der Zeit, als die ersten Schriftsteller bei ihnen auftauchten, die da mitteilen, was jene von einander hielten. In der Regel schimpften sie tüchtig über die Götter und die Tempel der anderen . . . . . Die Juden bezeichneten den samaritischen Tempel, in dem man Kälber und Stiere als heilig ansah, mit einem Worte griechischer Herkunft als „Pelethos Naos", den Düngerhaufen-Tempel . . . Die Samariter ihrerseits bezeichneten den Tempel zu Jerusalem als „das Düngerhaus".[3]

Die Erklärer würden jedenfalls im Recht sein, wenn sie annähmen, in diesen Ausdrücken werde die Tatsache überliefert, daß man an diesen Kultstätten früher einmal dieselbe Verehrung für Kot hatte, wie man sie bis auf den heutigen Tag bei der Bevölkerung von Ost-Indien vorfindet.

An einer anderen Stelle macht Dulaure auf den ähnlichen Gebrauch aufmerksam, den die Juden in Bezug auf die Kotasche der roten Kuh hatten, die sie als Sühnemittel verwandten.[4]

Während einer Fastenzeit der Hindus benutzt der Gläubige diesen ekelhaften Kot als Speise. Am vierten Tage besteht sein ekelhaftes Getränk in dem Harn der Kuh; am fünften Tage ist der Kot dieses heiligen Tieres seine erlaubte Speise".[5]

„Ich glaube nicht, daß Sie ein besonderes Gewicht auf die Tatsache legen können, daß man auch den Kot nicht vom Feuer verschont habe, wenn die Juden ein Opfertier ganz verbrannten. Ich meine, dies bedeutet nur, daß man das Opfertier nicht von den Abfällen reinigte, wie dies bei Opfern der Fall war, die man aß".[6]

„Waltherius Schulzius berichtet auch in seiner ostindischen Reise, Buch 3, Kap. 10, S. 188 ff, eine gewisse Sekte der Inder, die man Gioghi[7] nenne, solle keinerlei

---

[1] Abbé Dubois, People of India, London 1817, S. 29. — [2] Dulaure, Des Divinités Génératrices, Paris 1825, S. 105; Ausgabe von Krauss, Reiskel u. Ihm, S. 46. — [3] Forlong, Rivers of Life, I, S. 162. — [4] Dulaure, Des Divinités Génératrices, Paris 1825, S. 23, Anm. 1; Ausgabe von Krauss, Reiskel u. Ihm, S. 25, Anm. 1.

„Sie werden ihren Kot im Feuer verbrennen". (3. Mos. 16, 27).
„Er wird ihr Blut mit ihrem Kot verbrennen". (4. Mos. 19, 5).

In Ermangelung tadelloserer Belege muß man diese Stellen mit Hinblick auf die Sekten geläufige Schmäh- und Verleumdungsucht mit aller Zurückhaltung beurteilen. — [5] Maurice, Indian Antiquities, London 1800, V, S. 222. — [6] Briefliche Mitteilung von Professor W. Robertson Smith in Cambridge. — [7] Es soll heißen Yogins. Vergl. Richard Schmidt, Fakire und Fakirtum im alten und modernen Indien. Yoga-Lehre und Yoga-Praxis nach den indischen Originalquellen. Berlin 1908, S. 229, 8°. In den Quellen vermissen wir diese Angaben. In

Speise zu sich nehmen, die nicht mit dem Kote der Kuh gekocht ist. Die Haare und das Gesicht beschmieren sie sich mit Crocus und Kuhmist; auch wird keiner in dieser Gesellschaft zugelassen, der nicht vorher während eines längeren Zeitraums seinen Körper mit Kuhkot ernährt hat usw." [1]

Etmuller sagt, daß die Benjani, eine orientalische Sekte, die an die Seelenwanderung glauben, den Kot ihrer Kühe sammeln, wobei sie ihn mit den Händen aufheben. [2]

Rosinus Lentilius berichtet über die Scybolophagi bei den Indern, daß sie bei der Befolgung ihres Gelübdes, nur Fleisch essen zu wollen, den Mist von Pferden, Stieren, Kühen und Schafen zusammenscharren. „Scybolophagi Indorum, de qua Tavernier, quod Benjanae aliaeque mulieres voto semet obstringant soli manducationi quisquiliarum, quas in pecorum, equorum, boum, vaccarum stercoribus ruspatione sedula conquirunt . . . . Nec proprie de homerda seu humanis excrementis quibus Indorum nonnulli cibos condire, iisque pharmici pulvere vice uti, quin et medicamentis, ceu panaceam, commiscere, non aversuntur". [3]

Marco Polo spricht nirgends darüber, daß die Bewohner Indiens bei irgend einem ihrer religiösen Gebräuche den Kot oder den Harn von Kühen verwendet hätten, mit Ausnahme eines einzigen Beispiels, das wir später im Abschnitt von der Kotverwendung usw. in Gewerbebetrieben anführen werden. Aber das hohe Alter dieses Ritus ist hinreichend nachgewiesen durch die Tatsache, daß sich in den ältesten der kanonischen Bücher der Inder häufige Anspielungen darauf vorfinden.

„In Bezug auf die Thronbesteigung des Yudhisthira (des ältesten Sohnes des Pandu und des ältesten Bruders der Pandavas), der nach der Niederlage und dem Tode der Kauravas auf dem Schlachtfelde von Kuruk-shetra Maharadschah wurde, beschreiben die brahmanischen Verfasser des Maha-Bharata in seiner gegenwärtigen Gestalt unter den bei dieser Gelegenheit vorgenommenen Zeremonien auch folgende: „Hierauf wurden die fünf reinigenden Stoffe, die von der heiligen Kuh gewonnen werden — nämlich Milch, Quark, zerlassene Butter, Harn und Kot — von Krishna und dem Maharadschah und von den Brüdern des Yudisthira herbeigebracht und von ihnen über die Häupter des Yudisthira und des Draupadi ausgegossen". [4]

„Das Auftreten Krishnas bei dieser Gelegenheit bringt in die Erzählung einen bezeichnenden Zug aus einem Kult hinein, der aus einem viel früheren Zeitraum stammt, als aus dem, in dem bei den vedischen Ariern die Kuh ein religiöses Sinnbild war. Dieses Tier war jetzt dem Wishnu heilig, der in dem vedischen Götterhimmel keine Stelle hatte, dessen Kult sich aber hinreichend entwickelte, um seine Inkarnation zu Krishna als annehmbar erscheinen zu lassen". [5]

De Gubernatis spricht von der „Glaubenssitte der Hindus sich mittelst Kuhkotes zu reinigen. Dieselbe Sitte verbreitete sich auch nach Persien; und im Kharda-Avesta ist uns die Formel erhalten, die der Gläubige hersagen mußte, während er den Harn

---

den aus der indischen Yoga-Praxis übersetzten Vorschriften beziehen sich nur zwei darauf (S. 201). Nachdem sie gute aus verbrannte Kuhdünger bestehende Asche mit Wasser gemischt haben, sollen sich der Mann und das Weib nach dem Vajroli-coitus einreiben . . . Diese immer zuverlässige Übung nennen die Yogin: Sahajoli. Sie verleiht Schönheit und führt, obgleich sie mit Genuß verbunden ist, zur Erlösung. — Amaroli (S. 202): Die durch Übung herausgetretene Cāndri (Soma) vermische man mit Kuhdüngerasche und lege die Mischung auf den oberen Teil des Körpers; so wird man helläugig.

[1] Schurig, Chylologia, S. 783 nach der Anführung in der Bibliotheca Scatologica, S. 93—96. — [2] Etmuller, Opera Omnia, Commentar. Ludovic., Lyon 1690, II, S. 171 f. — [3] Rosinus Lentilius, Ephemeridum Physico-Medicorum, Leipzig 1694, unter Anführung der Reisebeschreibung von Tavernier, I, Kap. 18. — [4] Auszug aus J. Talboys Wheeler, History of India, The Vedic Period and the Maha-Bharata, I, S. 371. — [5] Briefliche Mitteilung von Dr. J. Hampden Porter aus Washington vom 29. September 1888.

eines Ochsen oder einer Kuh in der Hand trägt, bevor er sich daran macht, sein Gesicht damit zu waschen: „Vernichtet, vernichtet sei der böse Geist Ahriman, dessen Taten und Werke verflucht sein sollen".[1]

„Wir müssen die Erklärung einer anderen Mythe vervollständigen, nämlich derjenigen, daß man dem Kuhkot reinigende Eigenschaften zuschreibt. Der Mond erzeugt Ambrosia, gerade wie die Morgenröte. Da man nun den Mond für eine Kuh hält, so ist der Harn dieser Kuh Ambrosia oder heiliges Wasser; wer dieses Wasser trinkt, reinigt sich, genau wie die Ambrosia, die von den Mondstrahlen und der Morgenröte ausströmt, reinigend und erhellend auf den Himmelpfad wirkt, den die Schatten der Nacht verdunkeln und beflecken.

„Dieselbe Kraft schreibt man ferner dem Kuhkot zu und diese Auffassung hängt gleichfalls mit der Kuh zusammen, wenn man den Mond und die Morgenröte als solche ansieht. Diese beiden Kühe gelten als Befruchter der Erde und zwar durch ihre ambrosiaartigen Exkremente; da diese Exkremente ebenfalls leuchtend sind, gelten diejenigen des Mondes und der Morgenröte als Reiniger. Die Asche dieser Kühe, die von der Heldin, ihrer Freundin, aufbewahrt wird, ist keine gewöhnliche Asche, sondern goldenes Pulver oder goldenes Mehl, (der goldene Kuchen kehrt in jenem goldenen Mehl oder goldenen Pulver wieder, das die Hexe in russischen Märchen von dem Helden verlangt) das man mit Kot mischt und das dem schlauen Räuberhelden Glück bringt.

„Die Asche der geopferten trächtigen Kuh, d. h. der Kuh, die verendet, nachdem sie ein Kalb zur Welt gebracht hat, bewahrten die Römer im Tempel der Vesta in frommer Weise auf, zusammen mit Bohnenranken, die man dazu verwandte, um den mit Korn besäten Boden zu düngen, sie galt als ein Sühnemittel. Ovid erwähnt diesen Brauch in den Fasten (4, 721). „Die Asche einer Kuh bewahrt man auf, sowohl als ein Sinnbild der Auferstehung, als auch als ein Mittel der Reinigung".[2]

Der gelehrte Verfasser denkt aber bei seiner Auseinandersetzung nicht daran, daß man in Indien die Kühe geopfert und sie angebetet habe, lange bevor man sie mit dem Tierkreis und der sinnbildlichen Erklärung der Naturerscheinungen in Beziehung brachte.[3]

„Die Religion ist in ihrer letzten Grundlage ein Ergebnis der Einbildungkraft, die sich beim Urmenschen mit seinen Bedürfnissen und seinen Befürchtungen beschäftigt hat; sie ist keinesfalls etwas Übernatürliches oder das Erzeugnis vorgefaßter Meinungen und des Nachdenkens oder des Wunsches, eine Sittenlehre auszuarbeiten. Sie entstand jedesmal daraus, was als Bedürfnisse des Tages oder der Jahrzeit erschien, die den einzelnen Menschen oder seinen Stamm bedrückten. Die weiter ausgebildeten und in Lehrsätze zusammengefaßten Glaubensysteme wären dann weiter nichts, als das langwierige Ergebnis des Nachdenkens und der Lehrtätigkeit beschaulicher Geister, die gewöhnlich darauf hinwirken, die erwähnte urtümliche Naturverehrung zu verfeinern und ihre Gedanken, Sinnbilder und Sagen klarer darzustellen. Der ungeschlachte Gläubige der Urzeit konnte mit Begriffen nichts anfangen, und weder Predigten, noch geheimnis-

---

[1] De Gubernatis, Zoological Mythology, I, S. 99 f. — [2] De Gubernatis, Zoological Mythology, I, S. 275 ff. — [3] Nach der Veröffentlichung meines ursprünglichen Schriftchens lernte ich die Ansichten Andrew Langs über diesen Gegenstand kennen. Ihre Überprüfung, wie Lang sie in seinem Werke „Myth, Ritual and Religion", II, S. 137 gibt, wird dartun, daß er die Mängel in der von De Gubernatis gegebenen Erklärung ungefähr in derselben Weise erkannt hat, wie sie hier zum Ausdruck gekommen ist. — „Die Wolken in der Atmosphäre werden oft als eine Herde Kühe angesehen". Einleitung zu B. IV des Zendavesta von James Darmesteter, S. 64. Oxforder Ausgabe von 1880; Sacred Books of the East, edited by Max Müller. Nach einer brieflichen Mitteilung W. S. Wyndhams, Boyne Island, Queensland Australien, erklären die australischen Stämme die Sternbilder in derselben Weise wie wir, nur haben sie statt des großen Bären usw. den Emu, das Känguruh und andere Dinge.

volle Theorien begreifen, die sich mit solchen Sachen beschäftigen, wie die im Abendlande als Sonnentheorie bezeichnete".[1]

„Im Shapast la Shayast (Sacred Books of the East, V, Teil 1) wird grosser Wert auf Stierharn als Reinigungmittel gelegt".[2]

„Während der paar letzten Jahre hat man uns mit zum großen Teil närrischen Herzergüssen von der Schönheit und Erhabenheit der Religionen des Morgenlandes geradezu überschüttet. Ich will durchaus nicht in Abrede stellen, d .ß man auch bei ihnen ganz nachähmenswerte Züge findet und daß sie oft bis auf den Kern der wahren Religion vordringen, wie wir sie auffassen. Aber in den praktischen Ergebnissen kann man sie mit dem Christentum niemals auf eine Linie stellen. Hierfür will ich ein handgreifliches Beispiel geben:

„Der Geistliche T. W. Jex-Blake weiß von Benares mit seinen dreitausend Hindutempeln Folgendes zu sagen: Gehet nur in diese Stadt hinein; der eine Tempel ist voll von stinkenden Affen; den anderen benutzen Kühe, um ihren Mist darin abzulegen. Der Gestank in den Straßen, die zu den Tempeln führen, ist entsetzlich; der Schmutz unter Euren Füßen ist derartig, daß selbst ein unerschrockener Reisender sich kaum ein zweites Mal dahinein wagte. Überall, in den Tempeln sowohl, als auch in den kleinen Heiligtümern an der Straße ist das Abzeichen des Schöpfers phallisch dargestellt. Rund um einen sehr malerischen Tempel herum, der anscheinend lange vor der englischen Besitzergreifung, wahrscheinlich vor der Schlacht von Waterloo erbaut wurde, läuft außen, etwa zehn Fuß über dem Erdboden, ein Bildersims, das so unanständig ist, daß es die Feder nicht beschreiben kann — es sind alle Laster dargestellt, natürliche und unnatürliche, die jedermann fortwährend sichtbar sind, schlimmer als alles im Bordell zu Pompeji. Von dem, was ich in Indien sah, führt mir nichts so zwingend die Notwendigkeit vor Augen, durch das Evangelium Christi eine Erneuerung des religiösen Lebens herbeizuführen, als das, was ich zu Benares öffentlich überall sehen mußte".[3]

„Als ich mich vor vierzig Jahren drei Monate lang in Bombay aufhielt, sah ich häufig, wie fromme Hindus den auf der Straße herumlaufenden Kühen den Schwanz aufhoben, mit der rechten Hand über die darunter befindliche Gegend rieben und darnach ihr eigenes Gesicht mit derselben Hand abrieben".[4]

Eine ziemlich ähnliche Mitteilung erhielt ich von dem General der Armee der Vereinigten Staaten J. J. Dana, der vor über vierzig Jahren in der Umgegend von Calcutta fromme Hindus sah, die vom Kopf bis zum Fuß mit menschlichem Kot beschmiert waren.

Unter den Glaubenbräuchen der Griechen erwähnt Plutarch auch, daß sie sich „auf Misthaufen herumwälzten".[5] Plutarch spricht ferner von „widerwärtigen Sühnegebräuchen", „gemeinen Arten der Reinigung", „Beschmutzungen im Tempel", und erwähnt „Büßer, die in schmutzige und ekelhafte Lumpen gehüllt waren" oder „die sich nackt im Straßendreck herumwälzten" und von „gemeiner und abscheulicher Art der Anbetung".[6]

Eine derartige Verehrung des Kuhkotes findet man auch bei andern Völkern. Die Hottentotten „beschmieren ihren Körper mit Fett und anderen ölartigen Stoffen und reiben dann Kuhmist, Fett und ähnliches Zeug darauf".[7]

---

[1] Forlong, Rivers of Life, I, S. 36. — [2] Briefliche Mitteilung von Prof. R. A. Oakes, Watertown, New-York vom 20. April 1888. — [3] Aus der New-Yorker Tribune vom 11. Nov. 1888 (Eine Probe der erwähnten Darstellungen an Tempeln findet man in der Dulaure-Ausgabe von Krauss, Reiskel u. Ihm, Abbildungen 187 u. 188. Das Verständnis für solche Dinge fördern die Schimpfereien eines glaubeneifrigen Missionars jedenfalls nicht. I.). — [4] Briefliche Mitteilung des Kapitäns Henri Jouan (französischen Marine-Offiziers) aus Cherbourg (Frankreich) vom 29. Juli 1888. — [5] Plutarch, Morals, Goodwins Übersetzung, Boston 1870, I, S. 171, Abhandlung über den Aberglauben. — [6] S. 171—180. — [7] Thurnbergs Account of the Cape of Good Hope, bei Pinkerton, XVI, S. 25, 73, 139.

„Das ganze Dichten und Trachten der Dinka-Neger ist darauf gerichtet, wie sie sich Vieh verschaffen und züchten können; es hat fast den Anschein, als ob man dem Vieh eine gewisse Verehrung zollte; sogar seine Leib-Ausscheidungen sind hoch angesehen. Zu ihren täglichen Bedürfnissen gehört der Kot, den sie zu Asche verbrennen, um darauf zu schlafen und sich damit zu beschmieren, und der Harn, den sie zum waschen und als Ersatz für das Salz gebrauchen".[1]

Wenn die Lamas der Kalmücken ihre religiösen Gebräuche vornehmen, „werfen die armen Leute beim Beginn des Gottesdienstes, der einen ganzen Tag lang dauert, etwas Weihrauch auf brennenden Kuhmist, der auf einem kleinen eisernen Dreifuß liegt".[2]

XVIII. Angebliche Verwendung von Kot usw. in der Nahrungzubereitung der Juden des Altertums.

Bei den Banianen in Indien werden Neubekehrte von den Brahmanen verpflichtet, sechs Monate lang Kuhmist zu essen. Sie beginnen mit einem Pfund täglich und verringern die Menge von Tag zu Tag. Ein spitzfindiger Erklärer, sagt Picart, könnte darauf verfallen, einen Vergleich zwischen der Ernährung dieser Glaubeneiferer und dem Kuhmist zu ziehen, den der Prophet Hesekiel auf den Befehl des Herrn unter seine Speise mischen sollte.[3]

Dies war auch die Ansicht, die Voltaire von diesem Gegenstand hatte. Bei Erwähnung des Propheten Hesekiel sagte er: „Er soll Brot aus Gerste, Weizen, Bohnen, Linsen und Hirse backen und es mit Menschenkot belegen".[4]

Einige Bibelerklärer sind allerdings der Meinung, daß der Kot benutzt wurde, um das Brot damit zu backen; aber wenn dies richtig wäre, warum sollte man dann menschliche Exkremente für einen solchen Zweck gebrauchen?[5]

„Was lediglich den Schmutz angeht, so möchte ich fragen, was könnte ekelhafter sein als 2. Könige 18, 27, Jesajah 36, 12 und Hesekiel 4, 12—15 (wo der Herr Menschen-

---

[1] Schweinfurth, Heart of Africa, I, S. 58. — Man beachte aber, daß die Neger alles, was von der Kuh kommt, für edel und erhaben halten, so auch die Milch. Vergl. Ferdinand Goldstein, Die soziale Dreistufentheorie, Zeitschrift für Sozialwissenschaft, Leipzig 1907, 664 ff. Darnach erscheint die Bewertung des Kuhwassers in einer weniger auffälligen Beleuchtung. — [2] Voyage de Pallas, I, S. 563. — [3] „Wir wollen noch ein Wort über die Art und Weise sagen, wie man die Neubekehrten der Banianen während der ersten Monate nach ihrer Bekehrung zu leben verhält: Die Brahminen befehlen ihnen Kuhmist unter alles zu mischen, was sie während dieser Zeit der Wiedergeburt essen . . . Was könnte hier nicht alles ein spitzfindiger Erklärer sagen, der die Nahrung dieser Neubekehrten mit den Befehlen vergleichen wollte, die Gott ehemals Hesekiel gab, er solle nämlich Kuhmist unter seine Speisen mischen. Hesekiel, Kap. 4 (Picart, Coûtumes et cérémonies religieuses, usw. Amsterdam 1729, VII, S. 15). — [4] Voltaire, Essais sur les Moeurs, Paris 1795, I, S. 195. — (Hesekiel 4, 12: „Gerstenkuchen sollst Du essen, die Du vor ihren Augen auf Menschenmist backen sollst". Luthers Übersetzung. Nach andern Übersetzungen lautet die Stelle: „ . . . mit Kot, der vor ihren Augen aus dem Menschen kommt". Vers 15 lautet: „Ich will Dir Kuhmist statt Menschenmist zulassen". I. — (Diese Merkwürdigkeit kann man noch gegenwärtig in wald- und kohlenlosen südungarischen Tiefebenen, sowie anderswo z. B. bei den Tataren beobachten, die getrockneten Kuh- und Pferdemist zur Feuerung ihrer Backöfen verwenden. Man legt den rohen Teigfladen auf den verkohlenden Mist auf und bedeckt ihn auch wieder mit glühendheißem Mist, sonst bliebe die obere Seite halbroh. Solches Brot aß Krauss oft auf seinen Reisen. Hat man Hunger, so ißt man bald auch den an der Rinde anhaftenden, knusperigen Mist mit. Er schmeckt den anderen gleichfalls). — [5] Man vergleiche hierzu Langes Commentaries, Artikel „Ezekiel" und McClintock and Strongs Cyclopaedia, unter „Dung".

kot in Kuhmist abändert)? „Was Gott entschuldigt", sagt Henri Bayle, „ist lediglich, daß er nicht vorhanden ist". Ich füge hinzu: „wie ihn der Mensch gemacht hat".[1])

Bayle hat in seinem kurzen Artikel über den Propheten Hesekiel keinen Hinweis auf diese Brotbäckerei mit Menschenkot gebracht, ebensowenig Professor J. Stuart Blaikie in seiner umfangreicheren Abhandlung in der Encyclopaedia Britannica, unter „Ezekiel".

„Die Verwendung von Kot bei den Juden des Altertums, erschließt man zufällig aus der Stelle des Propheten Hesekiel, dem als sinnbildliche Handlung befohlen wird, er solle sein Brot mit Menschenmist backen; als er sich aber gegen die Verwendung von etwas Unreinem wehrt, wird ihm gestattet, an seiner Stelle Kuhmist zu verwenden".[2])

„Ich glaube kaum, daß man Voltaire in hebräischen Dingen als maßgebend ansehen kann. Ich bin der Meinung, daß die Stelle aus Hesekiel in der durchgesehenen Bibelübersetzung richtig wiedergegeben ist, wenn im 15. Vers daselbst „darauf" für „damit" in der alten Übersetzung eingetreten ist. Die Verwendung von getrocknetem Kuhmist als Brennmaterial ist im Orient unter den ärmeren Schichten der Bevölkerung allgemein üblich; und bei einer Belagerung (wovon in der Hesekielstelle die Rede ist) würde Brennmaterial, das an sich dort schon schwer zu erlangen ist, so knapp werden, daß auch Menschenmist als solches Verwendung finden könnte. (?) Ich denke nicht, daß man gezwungen wäre für die Verse 15—17 eine andere Erklärung zu suchen; die Worte des 15. Verses sind keineswegs zweideutig und das hebräische Wort für Mist ist dasselbe, das heute noch die Araber gebrauchen, um die getrockneten Kuchen aus Kuhmist, die sie als Brennmaterial verwenden, zu bezeichnen. Voltaire und Picart scheinen beide die lateinische Vulgata benutzt zu haben, in der Vers 12 falsch übersetzt ist".[3])

„Die zahlreichen Beispiele, die im Vorstehenden angeführt sind, lassen die Frage, ob Hesekiel wirklich Menschenkot gegessen habe, weniger wichtig erscheinen; es würde schließlich nur ein solcher Esser mehr sein. Man kann aber trotzdem in der Bibel den 12. Vers im 4. Kapitel dieses Propheten nachlesen: „Et quasi sub cinericium hordeaceum comedes illud et stercore quod egreditur de homine operies illud in oculis eorum"; man vergleiche auch die verschiedenartigen Erklärungen, die von den einzelnen Übersetzern und Auslegern gegeben worden sind".[4])

Schurig widmet der Frage: „an Ezechiel stercus comederit" einen besonderen Absatz.[5])

Deshalb soll hier die Ansicht Schurigs von diesem Gegenstand mit seinen eigenen Worten folgen: Wenn er es auch nicht geradezu ausspricht, so neigt er doch der Meinung zu, Hezekiel habe wirklich Kot gegessen:

„Denique, mandato divino, Propheta Ezechiel, cap. IV, ver. 12, placentam hordeaceam cum stercore humano parasse atque comedisse primo intuitu videtur, juxta versionem Lutheri . . . Juxta Junium et Tremellium allegata verba sic sonant: Comedes

---

[1]) Richard F. Burton, Terminal Essay in seiner Ausgabe von „Tausend und einer Nacht" (Arabian Nights), London 1886, X, S. 181, Anmerkung. (2. Könige 18, 27 = Jesajah 36, 12: „ . . . zu den Männern, die auf der Mauer sitzen, daß sie mit Euch ihren eigenen Mist fressen und ihren Harn saufen?" Jesajah 36 ist gleichlautend mit 2. Kön. 18, 13—37. Weshalb? I.). — [2]) Strong and McClintocks Cyclopaedia of Biblical and Classical Literature, New-York 1868, II, unter Dung. — [3]) Briefliche Mitteilung von Prof. W. Robertson Smith in Cambridge, England. Smiths Bedenken gegen Voltaire sind leicht zu begründen. Voltaire kannte weder die Juden noch die Literatur des Judentums aus unmittelbaren Studien. Er wollte die christliche Religion und ihre Priester der Lächerlichkeit und Verachtung preisgeben und drosch unbarmherzig auf die Juden los, was vor 150 Jahren ungefährlicher war als heutzutage. Alle sogen. Antisemiten sind verkappte Christumfeinde. — [4]) Bibliotheca Scatologica, S. 93—96. (Der sonst so gründliche Johannes Spencer, De legibus Hebraeorum ritualibus, schweigt sich über diese Frage aus. I.). — [5]) S. 39.

7*

cibum ut placentam hordeaceam, et ad orbes excrementi humani parabis placentam istam in oculis illorum. Bene etiam hunc locum explicat Textus Gallicus meae editionis: Tu mangeras des fouaces d'orge et les cuiras avec la fiente qui sort hors de l'homme eux le voyans". Zu Deutsch: „Ferner scheint auch beim ersten Blick der Prophet Hesekiel (Kap. 4, Vers 12) auf göttlichen Befehl Gerstenkuchen mit menschlichem Kot zubereitet und gegessen zu haben, nach Luthers Übersetzung . . . Nach Junius und Tremellius lauten die angeführten Worte so: Du sollst eine Speise essen wie ein Gerstenkuchen und zu Scheiben menschlichen Kotes bereitest Du jenen Kuchen vor ihren Augen zu. Nach Sebastian Schmid: Wie einen Gerstenkuchen sollst Du jenen essen; wie für ihn selbst wirst Du ihn vor ihren Augen mit Menschenkot machen. Gut erklärt auch diese Stelle der französische Wortlaut meiner Ausgabe: Du sollst Aschenkuchen aus Gerste essen und Du sollst sie, während sie zusehen, mit dem Kote backen, der aus dem Menschen ausgeht".[1]

„Hesekiel erzählt, daß sein Gott ihm auftrug, zuerst 390 Tage auf der linken Seite und dann 40 Tage auf der rechten Seite zu liegen; dann „würde er die Hände an ihn legen und ihn von einer Seite auf die andere wenden"; auch sollte er während dieser ganzen Zeit nur Gerstenbrot essen, das auf eine Art gebacken war, die zu ekelhaft ist, als daß sie hier beschrieben werden könnte".[2]

„Dieser letzte Befehl begegnete indessen sehr übler Aufnahme, sodaß ihn seine Gottheit etwas erleichterte".[3]

Die vernünftigste Erklärung dieser viel umstrittenen und auch nicht ganz klaren Stelle kann man notwendigerweise nur dann geben, wenn man die näheren Umstände bei Hesekiel in Betracht zieht.

Wenn man jeden Zweifel zu Worte kommen läßt, so bleibt doch folgendes Bild übrig: Der Prophet stand ohne Frage bei seinem Denken und Handeln unter dem Einflusse seiner Zeit und seiner Stammgenossen, die die Erniedrigung, der er sich selbst unterwarf, als die äußere Kundgebung eines inneren geistigen Vorgangs ansahen.

Vom psychologischen Standpunkt aus ist kein großer Unterschied, ob jemand Menschenkot verzehrt oder ob er dreihundertundneunzig Tage lang auf ein und derselben Seite liegt; beides kann als Zeichen derselben verdrehten Gehirnverfassung angesehen werden, die man so häufig mit Frömmigkeit und Heiligkeit verwechselt.

„Jesajah hatte von Zeit zu Zeit Anfälle einer schamlosen Raserei, denn es wird uns erzählt, daß er einmal drei Jahre lang völlig nackt umherging, weil es ihm der Herr so befohlen hatte".[4]

---

[1] Schurig, Chylologia, Dresden 1725, S. 782f. (Die sehr verbreitete französische Übersetzung von Ostervald gibt die angeführte Stelle fast genau so wieder, wie Schurig. l.). — [2] Forlong, Rivers of Life, II, S. 597. (Die Anführung ist falsch; Hesekiel 4, 8 lautet: „Ich will Dir Stricke anlegen, daß Du Dich nicht wenden mögest von einer Seite zur andern usw." Forlong sagt gerade das Gegenteil; er hat im englischen Bibeltext statt „bands" (Stricke) „hands" (Hände) gelesen. — [3] A. a. O. — [4] Forlong, Rivers of Life, II, 537, unter Berufung auf Jes. 20, 2 u. 3. (Es wird sich schwer feststellen lassen, ob es sich in diesem Falle um zeitweises Irresein oder um rituelle Nacktheit handelte, durch die der Prophet einen besonderen Zweck verfolgte. Nach Herrmann ist bei „entkleidet und barfuß" nicht an eine völlige Entkleidung zu denken; der Prophet war noch mit dem Unterkleid bekleidet. Der Sinn wäre: wie ein Beraubter und Beschimpfter. Vgl. Herrmann, das Buch des Propheten Jesaija, Leipzig, Reclam, o. J., S. 50.). — Das sind lauter Zwanghandlungen, wie sie bei Neurotikern ganz gewöhnlich auftreten. Freud, Stekel und Sadger verdanken wir die endliche psychoanalytische Aufdeckung dieser Erscheinungen, die sich so gut wie ausnahmslos als symbolischer Ersatz von Geschlechtakten erweisen. Die überreiche einschlägige Literatur der Freudischen Schule vermerken ständig das Zentralblatt für Psychoanalyse, Wiesbaden 1911 ff und Imago, Wien 1912 ff.

Der Kot der heiligen Kuh als Ersatz für Menschenopfer.

Die oben angeführten Beispiele, die man leicht zu einem ganzen Band erweitern könnte, beweisen jedenfalls das heilige Ansehen dieser Ausscheidungen, die man als Ersatz für ein vollkommeneres Opfer betrachten kann. Es läßt sich mit ziemlicher Wahrscheinlichkeit annehmen, daß in früheren Zeiten die Hindus die ausgewachsene oder die junge Kuh mit dem Messer abschlachteten oder verbrannten; als aber die Bevölkerungdichtigkeit zunahm, wurden die Haustiere zu kostbar, als daß man sie als Gabe den Göttern dargebracht hätte. Und nach dem Grundsatze, daß der Teil das Ganze darstellt, traten Haar, Milch, Butter, Harn und Kot an die Stelle des ganzen Opfertierkörpers, während man den zu Asche verbrannten Mist die Rolle des früher verbrannten Opfertieres spielen ließ.[1]

Es war kaum anzunehmen, daß solche Bräuche oder die Erklärung der Ursachen, die zu ihrer Annahme und Beibehaltung führten, dem scharfsinnigen Forscher E. B. Tylor entgehen würden. Er sagt hierüber:

„Für die Zwecke einiger seiner mannichfaltigen Sühnegebräuche hielt sich der Hindu an seine heilige Kuh . . . . Die Religion der Parsen enthält Sühnevorschriften, die ihren gemeinsamen Ursprung mit denjenigen des Hinduismus durch die gleichartige Verwendung von Kuhharn und Wasser deutlich anzeigen . . . . Die Anwendungen von Nirang, den man mit Wasser abwäscht, bilden einen Teil der täglichen religiösen Gebräuche, und ebenso auch solcher besonderer Zeremonien, wie der Namengebung bei einem neugeborenen Kinde, der Anlegung der heiligen Schnur, der Reinigung der Mutter nach dem Gebären und der Reinigung dessen, der einen Leichnam berührt hat.[2]

„Wenn wir uns klar machen wollen, wie das Opfer eines Tieres zum Ersatz für ein Menschenleben werden konnte, wird uns Folgendes auf die Spur helfen: In Süd-Afrika muß ein Zulu sein verlorenes Kind beim Finder mit einem jungen Stier auslösen und ein Kimbunda-Neger wird das Blut eines Sklaven mit dem Opfer eines Ochsen sühnen, dessen Blut das andere abwäscht. Als Beispiele, daß das Tier beim Opfer an die Stelle eines Menschen tritt, mag folgendes dienen: Bei den Khonds von Orissa, bei denen der Oberst MacPherson den Auftrag hatte, die Menschenopfer bei der Sekte der Erdgöttin zu unterdrücken, warf man sofort die Frage auf, ob man Vieh als Ersatz opfern solle. Nun haben wir aber hinreichenden Grund zur Annahme, daß bei der andern Sekte der Khonds derselbe Verlauf der Dinge in Bezug auf die Zeremonien stattgefunden hat, wenn wir die folgende Opfersitte in Betracht ziehen: Es hat den Anschein, als ob diejenigen, die den Lichtgott anbeten, zu dessen Ehren ein Fest abhalten, bei dem sie einen Büffel schlachten. Dies geschähe, wie sie sagen, zur Erinnerung an die Zeit, in der die Erdgöttin noch die Macht hatte, die Leute zu Menschenopfern für sie zu zwingen, aber der Lichtgott sandte eine Stammgottheit, die die blutgierige Erdgöttin mit einem Berge zudeckte und einen Büffel aus dem Dickicht zog, wobei sie sagte: „Macht den Menschen frei und opfert einen Büffel!" Entkleidet man diese Legende ihres sagenhaften Gewandes, so kann sie nichts anders geben wollen, als die geschichtlich wahre Ersetzung des Menschenopfers durch das Tieropfer. Auf Ceylon pflegt der Beschwörer nach dem Namen des bösen Geistes zu fragen, der in einem Besessenen steckt und der Kranke antwortet dann in seiner Raserei und gibt den Namen des bösen Geistes an: „Ich bin der So-und-so;

---

[1] Eine solche haushälterische Neigung bei den Opfergebräuchen der Parsen weist Tylor nach. Das vedische Opfer Agnishtoma stellte die Anforderung, daß man die Tiere schlachtete und ihr Fleisch teils den Göttern durch Feuer zukommen mußte, teils von den Teilnehmern am Opfer und den Priestern gegessen wurde. Die parsische Zeremonie Izeshne, die wirkliche Nachfolgerin des blutigen Brauches, verlangt aber nicht mehr das Töten eines Tieres, sondern es genügt, wenn man das Haar eines Ochsen in ein Gefäß legt und dieses an das Feuer bringt. — E. B. Tylor, Primitive Culture, New-York 1874, II, S. 400. — [2] E. B. Tylor, Primitive Culture, London 1871, II, S. 396 f.

ich fordere ein Menschenopfer; und ohne dieses werde ich nicht fortgehen!" Das Opfer sagt man zu, der Kranke kommt von seinem Anfall wieder zu sich und ein paar Wochen später bringt man das Opfer dar. Aber anstelle eines Menschen geben sie ein Huhn. Als klassische Beispiele für Ersatz in der geschilderten Weise kann man das Opfer einer Hirschkuh an Artemis für eine Jungfrau in Laodicea und einer Ziege an Dionysos für einen Knaben zu Potniae anführen.

„Hier scheint ein Zusammenhang mit semitischen Anschauungen vorzuliegen, wenigstens ist ein solcher in der Erzählung von den Aeoliern zu Tenedos klar vorhanden. Diese opferten dem Melikertes (Melkarth) anstelle eines neugeborenen Kindes ein neugeborenes Kalb, dem sie Schuhe anzogen, während sie die Mutterkuh pflegten, als wenn sie die Mutter eines Menschen wäre".[1]

„Oh Schöpfer der stofflichen Welt, Du Heiliger! Wie verhält es sich mit dem Harn, mit dem die Leichenträger ihre Haare und ihren Körper waschen sollen? Soll er vom Schaf oder vom Ochsen sein? Soll er von einem Manne oder von einer Frau sein?

„Ahura Mazda sprach: Er soll vom Schaf oder vom Ochsen sein, aber nicht von einem Manne oder von einer Frau, ausgenommen von diesen beiden: von dem nächsten männlichen Verwandten (des Toten) oder von seinem nächsten weiblichen Verwandten. Die Verehrer des Mazda sollen in dieser Weise den Harn herbeischaffen, mit dem sich die Leichenträger ihre Haare und ihren Körper waschen sollen".[2]

„Ein Fürst kann seinen Feind opfern, nachdem er zuvor das Beil mit heiligen Aussprüchen angerufen hat, indem er einen Büffel oder eine Ziege als Ersatz nimmt, während der ganzen Zeremonie das Opfertier aber mit dem Namen seines Feindes bezeichnet".[3]

„Ein sehr lehrreiches Kapitel aus dem Aitareya-brahmanam vom Opfern der Tiere zeigt uns, daß neben dem Menschen das Pferd das größte Opfer war, das man den Göttern darbringen konnte; daß die Kuh später an die Stelle des Pferdes trat, das Schaf an die Stelle der Kuh, die Ziege an die Stelle des Schafes, daß schließlich Erzeugnisse aus dem Pflanzenreich als Ersatz für die Tiere dienten — eine Unterschiebung oder ein Betrügen der Götter beim Opfern, die vielleicht ganz zutreffend den Betrug erklären, dessen Opfer in Volkerzählungen immer der Einfältige ist; der einfältige Held ist der Gott selbst und der Betrüger ist der Mensch, der unter einem heiligen Vorwande die edelsten und am höchsten geschätzten Tiere gegen gewöhnliche und weniger geschätzte und schließlich noch gegen Pflanzen austauscht, die anscheinend überhaupt keinen Wert mehr haben. In den Gesetzbüchern der Hindus haben wir unter einem rechtlichen Vorwande denselben betrügerischen Ersatz für Tiere. „Der Mörder einer Kuh", sagt das dem Yagnavalkyas zugeschriebene Gesetzbuch, „muß einen Monat lange Buße tun, wobei er das Panchakaryam zu trinken hat, (nämlich die fünf guten Erzeugnisse der Kuh, die nach Manu in Milch, Qua k, Butter, Harn und Mist bestehen), in einem Stall schlafen und mit den Kühen gehen n.u ."".[4]

„Die heiligen Bücher der Hindus enthalten ganz ausdrückliche und bis in die kleinsten Einzelheiten gehende Vorschriften über Menschenopfer, bei welchen Gelegenheiten und mit welchen Förmlichkeiten man sie darbringen müsse und zwar in manchen

---

[1] A. a. O., II, S. 366; oder in der New-Yorker Ausgabe von 1879, II, S. 403 u. 404. — Man vergl. dazu die äußerst lehrreiche Studie von H. Hubert und M. Mauss, Essai sur la nature el la fonction du sacrifice. S. A. Année Sociologique, II, 1897/98, Paris 1899, p. 29 bis 138 und dazu den Bericht über Opferdienst bei Krauss, Die Volkkunde in den Jahren 1897—1902, S. 119—122. — [2] Fargard VII, Avendidad, Zendavesta, Oxford 1890, S. 96. — [3] „Das blutige Kapitel" aus dem Calica Purana übersetzt, im V. Bande der Transactions of the Asiatic Society, 4. Ausgabe. London 1807, S. 386. — [4] De Gubernatis, Zoological Mythology, I, S. 44 f.

Fällen in ganz ungeheuerlichem Umfange — bis zu einhundertundfünfzig Menschen bei einem einzigen Opfer".[1]

Im weiteren sagt Ragozin: „Als man die blutigen Opfer, selbst diejenigen von Tieren, zum großen Teil abgeschafft hatte und Gaben aus Reis- oder Weizenkuchen an deren Stelle traten, wurde die menschliche Änderung durch ein Gleichnis als berechtigt hingestellt, in dem man schilderte, wie die im Opfer liegende Kraft den Menschen, das höchste und wertvollste Opfer, verlassen hatte und auf das Pferd übergegangen war, vom Pferde auf den Stier, vom Stier auf die Ziege, von der Ziege auf das Schaf nnd von diesem endlich auf die Erde, wo man diese Kraft nun in den Reis- und Weizenkörnern ruhend findet, die man als Samen in die Erde gelegt hat.

„Dies war der äußerst geschickt erdachte Weg, um anzudeuten, daß von nun ab unschuldige Gaben an Reis- und Weizenkuchen der Gottheit ebenso gefällig erschienen, als es vorher die lebendigen Opfer, Menschen und Tiere, waren".[2]

Als das Tieropfer immer wertvoller wurde, traten Kot und Harn an seine Stelle, wie wir eben gesehen haben.

Der keltische Stamm stellt, wie man heute allgemein annimmt, eine sehr frühe Einwanderung aus Indien dar.[3] Wir haben zwar keine Mittel, um genau zu bestimmen, wann diese Wanderung begann und wann sie zu Ende war, aber soviel können wir mit ziemlicher Sicherheit sagen, wenn wir von der ganz hervorragenden Rolle ausgehen, die der Hühnermist in der keltischen Folklore spielt, daß sie nicht stattgefunden haben kann, ehe der Kult in Indien sich damit zu beschäftigen begann, worin man für das Menschenopfer einen passenden Ersatz sehen könne.[4]

Inman steht auf dem Standpunkt, daß bei den Hebräern ganz dieselben Unterschiebungen stattgefunden haben. Gelegentlich einer Besprechung von 1. Könige 19,18 sagt er: „In der Vulgata wird diese Stelle so übersetzt: „Sie sprechen zu diesen: „Opfere die Menschen, die die Kälber anbeten"; während die Septuaginta diese Worte so wiedergeben: „Opfere Menschen, denn es sind keine Kälber mehr vorhanden", worin eine Rückkehr zum Menschenopfer läge".[5]

„Wer einen Ochsen schlachtet, der ist wie einer, der einen Menschen tötet; wer ein Lamm opfert, der ist wie einer, der einem Hunde den Hals abgeschnitten hat; wer ein Speiseopfer darbringt, der ist wie einer, der Schweineblut darbringt; wer Weihrauch verbrennt, der ist wie einer, der ein Götzenbild anbetet".[6]

„In der ältesten Zeit scheint das Pferd das beliebteste Opfertier gewesen zu sein".[7] „Die Brahmanen lehren uns, wie man in Hindostan die niederen Tiere als stellvertretendes Opfer für den Menschen untergeschoben hat".[8] Wenn die Kuh als Ersatz für ein Menschenopfer anzusehen ist, so halten wir uns jedenfalls in den Grenzen der Wahrscheinlichkeit, wenn wir annehmen, daß Kot und Harn von der heiligen Gattung der Rinder Ersatzmittel sind, nicht nur für den vollständigen Leib, sondern auch als

---

[1] Ragozin, Assyria, New-York 1887, S. 127f. — [2] S. 128. — [3] Diese Theorie ist seither fast gänzlich in Verruf geraten. — [4] Dubois erklärt, daß im Atharvana Veda „blutige Opfer (menschliche nicht ausgenommen) vorgeschrieben werden". (People of India, London 1817, S. 341). Und in denjenigen Teilen Indiens, in denen man die Menschenopfer abgeschafft hatte, nahm man als Ersatz eine Zeremonie vor, „bei der man eine menschliche Gestalt aus Mehlbrei oder Lehm herstellte; diese tragen sie in den Tempel, schneiden ihr dort den Kopf ab und verstümmeln sie auf verschiedene Weise vor ihren Götzenbildern". (S. 490). — [5] Inman, Ancient Faiths Embodied in Ancient Names, London 1878, unter Hosea. (Hosea 13, 2 steht: Wer die Kälber küssen will, der soll Menschen opfern. Die Stelle 1. Kön. 19, 18 lautet anders, wie oben angegeben; ich habe nichts ähnliches finden können. Die Hosea-Stelle lautet bei Ostervald: Diejenigen, die opfern, küssen die Kälber. I.). — [6] Jesajah 66, 3. Den Hinweis verdanke ich dem Prof. W. Robertson Smith. — [7] Jacob Grimm, Teutonic Mythology, I, S. 47. — [8] Andrew Lang, Myth, Ritual and Religion, II, S. 40, Anm.

Sinnbild für einen Gebrauch der menschlichen Exkremente.[1]) In Sibirien, wo die Religion manche Kennzeichen des Buddhismus[2]) aufweist, ist das Vorhandensein von Harnorgien nachgewiesen worden. Die Drohungen, mit denen die Brahminen die Verwendung der Pilze, die man bei diesen Orgien gebraucht, zu verhindern suchen, haben wir im Wortlaut gebracht; damit ist aber, selbst wenn wir keine besseren Beweismittel hätten, ausreichender Stoff beigebracht, um den Erörterungen über das frühere Verbreitunggebiet Ekel und Abscheu erregender Gebräuche, die heute glücklicherweise auf unbedeutende und sich fortwährend verengende Himmelstriche beschränkt sind, ein weites Feld zu eröffnen.

Menschlichen Kot und Harn gebraucht man heute noch in Indien.

Es wird hier angebracht sein, daß wir darauf hinweisen, wie sich in Indien, obwohl dort die Wirksamkeit von Kuhmist und Kuhpisse allgemein anerkannt ist, fanatische Gläubige dennoch nicht abhalten lassen, gelegentlich auf das menschliche Erzeugnis zurückzugehen, weil sie es für notwendig erachten.

„Ungefähr zehn englische Meilen[3]) im Süden von Seringapatam liegt ein Dorf namens Nan-ja-na-gud mit einem Tempel, der im ganzen (Vasallenstaat) Mysore berühmt ist. Die Zahl der Anhänger aus jeder Kaste, die zu diesem Tempel hingehen, besteht zum großen Teil aus kinderlosen Frauen, die dem Gott des Ortes Gaben darbringen und um die Gabe der Fruchtbarkeit als Gegengeschenk bitten. Aber diesen Zweck kann man nicht mit den Gaben und Gebeten allein erreichen, sondern dazu ist es noch erforderlich, den ekelhaften Teil der Zeremonie auszuführen. Wenn die Frau und ihr Gatte von dem Tempel weggehen, begeben sie sich zu der gemeinsamen Kloake, von der alle Pilger im Drange eines natürlichen Bedürfnisses Gebrauch machen. Dort nehmen der Gatte und seine Frau mit den Händen ein wenig von dem Kot heraus, legen es bei Seite und bringen ein Zeichen darauf an, damit das Häufchen nicht von einem andern angerührt werden soll. Und mit ihren Fingern, die sich noch in entsprechender Verfassung befinden, schöpfen sie Wasser aus der Kloake in der hohlen Hand und trinken davon. Dann nehmen sie die Abwaschung vor und entfernen sich. Nach zwei oder drei Tagen kehren sie zu der schmutzigen Stelle zurück und suchen das Kothäufchen, das sie dort zurückgelassen haben, wieder auf. Sie drehen und wenden es in den Händen hin und her, zerbrechen es und durchsuchen es auf jede mögliche Weise; und wenn sie finden, daß irgend ein Insekt oder ein Wurm darin (nach ihrer Meinung: entstanden) ist, so betrachten sie dies als ein günstiges Anzeichen für die Frau".[4])

---

[1]) Als die Juden von ihrem Gotte gedemütigt und angehalten worden waren, Menschenkot unter ihr Brot zu mischen, ward die Bestrafung durch ein Ersatzmittel gemildert. „Er aber sprach zu mir: „Siehe, ich will Dir Kuhmist für Menschenmist zulassen, darauf Du Dein Brot machen sollst". Hesekiel 4, 15. — [2]) Pallas glaubte, „daß der Lamaismus der mongolischen Kalmücken aus Indien stammte". (Voyage de Pallas, I, S. 535). [Dies ist ganz sicher. I.]. — [3]) = leagues, etwa 50 km. — [4]) Abbé Dubois, People of India, London 1817, S. 411. — Unsere früheren Bemerkungen über den Großlama von Tibet und über die abscheulichen Gebräuche der Agozis und Gurus scheinen zu dem Obigen in gewisser Beziehung zu stehen. Vergl. Abschnitt VII, Schluß und Abschnitt VIII.

XIX. Kotgötter der Römer und der Ägypter.

Die Römer und die Ägypter gingen hierin noch weiter; sie hatten Kotgötter, deren besondere Verrichtungen in der Fürsorge für die Latrinen und für diejenigen bestanden, die diese aufsuchten. Torquemada, ein spanischer Schriftsteller von hohem Ansehen, spricht sich darüber mit folgenden, sehr deutlichen Worten aus:

„Ich weise darauf hin, daß sie stinkige und schmutzige private und öffentliche Aborte zu verehren pflegten (wie der heilige Clemens an den heiligen Jacobus den Jüngeren schreibt); und was noch viel nichtswürdiger und verabscheuungwürdiger ist, sodaß man darüber Tränen vergießen möchte, weil man es nicht ertragen kann und am liebsten gar nicht bei seinem Namen nennen möchte: sie beteten das Geräusch und den Wind der Eingeweide an, wenn er durch irgend eine Erkältung oder Blähung oder sonst irgend etwas dieser Art herausgetrieben wird, was, nach dem Ausdrucke desselben Heiligen schändlich wäre, es zu beschreiben oder bei seinem Namen zu nennen".[1]

In den obigen Zeilen berichtet Torquemada lediglich über die Ägypter, aber wenn man die unten angeführten spanischen Anmerkungen liest, wird man sehen, daß er sich in Bezug auf die Römer fast derselben Sprache bedient.[2] Die römische Göttin hatte den Namen Cloacina. Sie war eine der ersten römischen Gottheiten und man glaubte, daß ihr Romulus selbst diesen Namen gegeben hatte. Unter ihrem Schutze standen die verschiedenen Abzugkanäle, Kloaken, Aborte usw. der ewigen Stadt.[3]

„Die Alten hatten mehrere Gottheiten des Kotes geschaffen: 1. Stercus oder Sterces, der Vater des Picus, war der Erfinder des Verfahrens die Äcker zu düngen (St. Augustinus, De Civitate Dei, XVIII, Kap. 15); 2. Sterculius (Macrobius, Saturnalia, I, Kap. 7); 3. Stercutius (Lactantius, de falsa rel.), Stercutus, Sterquilinus, Sterquilina, Gottheiten, die dem Dünger vorstanden. Manche Leute nehmen an, dies sei ein Beiname des Saturnus gewesen, um ihn als Erfinder des Ackerbaues zu bezeichnen; andere wollen darin die Erde selbst wiederfinden. Plinius gibt an, dieser Gott sei ein Sohn des Gottes Faunus und ein Enkel des Picus, des Königs der Latiner

---

[1] Torquemada, Monarchia Indiana, Madrid 1723, VI, Kap. 13. — [2] Los Romanos . . . constituieron Diosa á los hediondas necessarias ó latrinas y la adoraban y consagraban y ofrecian sacrificios. (A. a. O., VI, Kap. 16). — [3] Es gibt noch eine andere Ansicht über die Cloacina, dies sei nämlich eine Bezeichnung für ein Standbild der Venus, das man in der Cloaca Maxima gefunden hatte. In seinem Dictionary of Antiquities, London 1850, bringt Smith diese Ansicht zum Ausdruck und die amerikanischen und englischen Enzyklopädien scheinen ihm darin gefolgt zu sein. Lemprière erklärt die Cloacina folgendermaßen: „Eine Göttin von Rom, der die Kloaken unterstellt waren — einige halten sie für die Venus — deren Standbild man in den Kloaken gefunden, woher sie den Namen erhielt". (Vergl. ferner Anthons Classical Dictionary). Higgins sagt, „das berühmte Standbild der Venus Cloacina von Romulus habe man in ihnen (den Cloacae Maximae) gefunden". (Anacalypsis, London 1836, Anmerk. zu S. 624). Torquemada betont, daß die Römer diese Göttin den Ägyptern entlehnten: „Und diese Gottheit nannten sie Cloacina, eine Göttin, die ihren Abzugkanälen vorstand und sie behütete, obgleich das die Örtlichkeiten sind, durch die alle üblen Gerüche, aller Schmutz und alle Abfallstoffe des Staates hindurchgehen". (Torquemada, Buch 6, Kap. 17). — Torquemada, der in seinen Schriften eine genaue Kenntnis der griechischen und römischen Götterlehre bekundet, belegt seine Angaben mit Anführungen aus: St. Clemens, Itinerar. V, Lactantius, Divin. Inst. I, Kap. 20; Epistel des St. Clemens an Jacobus den Jüngeren; Eusebius, Praep. Evang. Kap. 1; St. Augustin, de Civ. Dei, II, Kap. 22; Diodor. Sic., I, Kap. 2 und II, Kap. 4; Lucian, Gespräche, Cicero de nat. Deor., Plinius 10, 27 und 11, 21; Theodoret, De Evang. Ver. Cogn., III.

gewesen.[1]) „Man verehrt aber auch den Faunus mit den beiden zuletzt erwähnten Beinamen."[2])

„Weitere Nachrichten über diese Göttin, zu deren Ehren man Münzen geprägt hat, findet man bei: Lactantius, Div. Instit., I, Kap. 20; St. Cyprian, De Van. Idol., Kap. 2, Absatz 6; Minutius Felix, Octavius., Kap. 25; Plinius, Hist. Nat., XIV, Kap. 29; Titus Livius, 3,48; Banier, Mythologie, I, 348, IV, 329 u. 238."[3])

So weit als möglich prüfte ich die vorstehenden Anführungen nach; für St. Augustin benutzte ich die Ausgabe von Maurice Dods, Edinburgh 1871.

„Tatius fand die Cloacina auf und verehrte sie".[4]) „Colatina, oder auch Clocina, war die Göttin der Nachtstühle und der Aborte, der wie auch allen andern ein besonderer Tempel erbaut worden war".[5])

Das folgende Sinngedicht stammt aus Haringtons Ajax:

„The Romans, ever counted superstitious,
Adored with high titles of divinity
Dame Cloacina und the Lord Stercutius, —
Two persons, in their state, of great affinity".[6])

Eine Anspielung auf die Göttin Cloacina findet man in Kap. XXXVIII, letzter Absatz.

„Stercus, ein besonderer Gott für das heimliche Gemach. Er erinnert uns daran, daß wir in dem Artikel Scopetarius, Nr. 111, einige Worte von Cloacina, der Göttin der Abflußkanäle, gesagt haben.

„Arnobius erwähnt auch einen Gott namens Latrinus, von dem er sagt: „Wer (kennt nicht) Latrinus, den Vorsteher der Latrinen?"[7])

„Horaz und alle Dichter aus der Zeit des Augustus sprechen von Stercus an hundert Stellen ihrer Werke mit allen Einzelheiten und Nebenumständen. Martial, Catull, Petron, Macrobius und Lucretius würzen ihre Gedichte mit ihm; Homer,(?) Plinius und Lampridius sprechen offen und versteckt von ihm; die heiligen Hieronymus und Augustinus verschmähen es durchaus nicht, ihre Leser über ihn zu unterhalten".[8])

„Bei Plautus läßt Aristophanes den Carion sagen, Gott Aesculap habe den Kot gern und esse ihn auch: er ist ein Kotesser, wie der lateinische Übersetzer schreibt; ein unschicklicher Gott, von dem aber Sganarelle das heilige und tiefsinnige Wort gesprochen hat: „Ist dieser Stoff lobenswert?" — Er findet in den Exkrementen das Geheimnis der menschlichen Leiden. Sein prophetischer und medizinischer Dreifuß ist ein Leibstuhl![9])

„Sterculius. (Mythologie). Ein Beiname, den man Saturnus beilegt, weil er der Erste war, der die Menschen lehrte, wie man den Erdboden düngt, um ihn fruchtbar zu machen".[10])

Die Römer „hatten einen Gott des Kotes, der Stercutius genannt wurde; einen für andere Bequemlichkeiten, den sie Crepitus (Furz) nannten; und eine Göttin für die allgemeinen Abzugkanäle, die Cloacina".[11])

---

[1]) Plinius, XVII, Kap. 9, Absatz 40; Persius 1, 3 (der Name kommt an dieser Stelle und auch sonst bei Persius nicht vor. I.). — [2]) Plinius, a. a. O. — [3]) Bibliotheca Scatologica, S. 43, Anmerk. — [4]) Minutius Felix, Octavius, Kap. 25. — [5]) Reginald Scot, Discovery of Witchcraft, XVI, Kap. 22, wo er ein Verzeichnis der römischen Götter gibt. — [6]) Ajax, S. XVIII. (Die Römer, die stets als abergläubisch angesehen werden, verehrten unter dem erhabenen Namen von Gottheiten: Dame Cloacina und Herrn Stercutius, — zwei Persönlichkeiten, die ihrem Stande nach auch nahe miteinander verwandt waren. I.). — [7]) Arnobius, adv. Gentes, IV. (Wohl eine Verwechslung mit dem Gott oder Genius der Kamine, Lateranus? Latrinus habe ich bei Arnobius nicht finden können. I.). — [8]) Bibliotheca Scatologica, S. 1 f. — [9]) S. 66. (Sganarelle ist eine stehende Figur des älteren französischen Lustspiels, der manchmal etwas boshafte Vertreter des gesunden Menschenverstandes, vergl. Molière, Le médecin malgré soi. I.). — [10]) Encyclopédie Raisonnée des Sciences, Neufchatel 1765, XV, unter Sterculius. — [11]) Banier, Mythology, I, S. 199.

„Sterculius war einer der Beinamen, den man Saturnus gab, weil er der Erste war, der Dung auf den Ackerboden gebracht hatte, um ihn fruchtbar zu machen".[1]

Der assyrischen Venus legte man Dung als Opfergabe auf die Altäre.

Ein anderer Schriftsteller berichtet, daß „die eifrigen Verehrer S i v a s ihre Stirn Brust und Schultern mit der Asche von Kuhmist einreiben". und er fügt ferner noch hinzu: „Es ist jedenfalls beachtenswert, daß man der assyrischen Venus nach den Angaben Lucians Opfergaben an Mist auf die Altäre legte".[2]

Die mexikanische Göttin Suchiquecal ißt Kot.

Die Mexikaner hatten eine Göttin, von der wir lesen: „Pater Fabreya sagt in seinen Erläuterungen zum Codex Borgianus, darin sei die Mutter des Menschengeschlechts in einer sehr demütigenden Lage dargestellt, sie ißt nämlich cuitlatl (auf griechisch kopros). Das Gefäß in der linken Hand der Suchiquecal enthält nach dem Erklärer dieser Malereien mierda".[3] Das spanische Wort mierda bedeutet, ebenso wie das griechische kopros, Kot.

Neben Suchiquecal, der Mutter der Götter, die dargestellt wird, wie sie als Zeichen der Erniedrigung Kot ißt, hatten die Mexikaner noch andere Gottheiten, deren Verrichtungen mehr oder weniger deutlich mit den Auswurfstoffen des Leibes verflochten waren. Das meiste Ansehen von diesen genoß Ixcuina, auch Tlaçolteotl genannt, von der Brasseur de Bourbourg so berichtet: „Die Göttin des Kotes oder Tlaçolquani, die Kotesserin zu deutsch, hatte diesen Namen, weil sie den Liebschaften und den fleischlichen Vergnügungen vorstand".[4]

Mendieta bezeichnet die Göttin als männlich mit den Worten: „Der Gott der Laster und der Gemeinheiten, den sie Tlazulteotl nannten".[5]

Bancroft spricht von „der mexikanischen Göttin der fleischlichen Liebe, die Tlazoltecotl, Ixcuina, Tlacloquani hieß" usw. und er gibt weiter an, daß sie in „ihrem Dienste eine Unmenge von Zwergen, Lustigmachern und Buckligen hatte, die sie mit ihren Liedern und Tänzen erheitern mußten und die sie als Boten an die Götter benutzte, an denen sie gerade Gefallen fand. Der zuletzt erwähnte Name dieser Göttin bedeutet soviel als: „Esserin von schmutzigem Zeug" und bezieht sich, wie behauptet wird, darauf, daß sie bei ihrer Amttätigkeit die Beichte von solchen Männern und Frauen hören und denen Verzeihung gewähren muß, die sich schmutzige und fleischliche Vergehen haben zu schulden kommen lassen".[6]

In der Handschrift, die den Codex Talleriano erklärt und die Kingsborough in seinen „Mexican Antiquities", V, 131 wiedergibt, findet man den Namen der Göttin

---

[1] A. a. O., II, S. 540. — [2] Maurice, Indian Antiquities, London 1800, I, S. 172f. „Ist der Hinweis von M a u r i c e auf L u c i a n richtig? In der Abhandlung über die syrische Göttin ist nichts derartiges enthalten, ich kann auch sonst in seinen Werken nichts darüber finden, obwohl der Index von R e n t z tatsächlich ein vollständiges Wörterbuch ist. Ich will aber nicht behaupten, daß es doch nicht bei ihm steht". Briefliche Mitteilung von Prof. R o b e r t s o n Smith, Christ College, Cambridge). (Bei L u c i a n steht wirklich nichts derartiges, es handelt sich wahrscheinlich um eine Verwechslung mit B e l p h e g o r, dem „assyrischen" Bel, von dem gleich die Rede sein wird. I.). Oben im Kap. VIII ist davon gesprochen worden, daß S a k y a - M u n i seinen eigenen Kot ißt und von einem der Bourkane oder Götter der Kalmücken erzählt man, er habe dieselbe schmutzige Gewohnheit. — [3] Kingsborough, Mexican Antiquities, IV, S. 120, Anmerk. — [4] Brasseur de Bourbourg, Einleitung zur französischen Ausgabe von L a n d a, Paris 1864, S. 87. (Der richtige Name der Göttin ist Ixcuinamé. I.). — [5] Mendieta, Icazbalceta, Mexico 1870, I, S. 81. — [6] H. H. Bancroft, Native Races of the Pacific Slope, III, S. 380.

Ochpaniztli,[1]) deren Fest auf den 12. September unseres Kalenders fiel. Man beschreibt sie als „die eine, die sündigte, indem sie von der Frucht des Baumes aß".) Die spanischen Mönche stellten sie, und ebenso auch eine andere Göttin, Tlazolteotl, als „La diosa de bosura ó pecado" hin, „die Göttin des Unrats oder der Sünde". Aber „basura" ist kein Wechselwort für pecado (Sünde), sondern es bedeutet „Dung, Mist, Dreck, Kot".[2])

Es ist möglich, daß die alten Missionare, in ihrem Eifer zwischen der azte-kischen und der christlichen Religion Entsprechungen zu finden, eine ganze Menge von Dingen verschwiegen haben, über die wir heute nur noch auf Mutmaßungen ange-wiesen sind.

In demselben Bande von Kingsboroughs Werk, S. 136, findet sich eine An-spielung auf die Opfergaben, die man der Tepeololtec darbrachte, „que, en romance, quiere decir sacrificios de mierda", das heißt: „die man klar und deutlich als Darbringungen von Kot bezeichnen muß". Weitere Angaben über den vorliegenden Gegenstand lassen sich nicht beibringen; eine Anmerkung auf dieser Seite bei Kingsborough besagt, daß an diese Stelle mehrere Blätter des Codex Talleriano zerstört oder verstümmelt worden sind, wahrscheinlich von einem übereifrigen Reinigungfanatiker.

Gottheiten, die der Unwissenheit der Gläubigen oder der abergläubigen Furcht ihre Entstehung verdanken, sind der Hauptsache nach in ihren Eigenschaften immer menschenähnlich; wo man sie als grausam und blutdürstig gegen ihre Feinde schildert, da war das Volk, das sie verehrte, und mag es auch heute noch so friedlich gesinnt sein, einstmals doch ebenso grausam und blutdürstig. Menschenfressenden Göttern zollen nur Abkömmlinge von Kannibalen Verehrung und kotessenden nur Nachkommen solcher Leute, die mit der Verwendung von Kot bei der menschlichen Ernährung nicht unbekannt waren. (Siehe Anhang).

Mistgötter der Israeliten.

Dulaure bringt Anführungen aus einer ganzen Anzahl von Schriftstellern zum Nachweis bei, daß die Israeliten und die Moabiter bei ihrem Bel-Phegorkulte dieselben lächerlichen und ekelhaften Gebräuche hatten. Der fromme Verehrer zeigte seinen nackten Hintern vor dem Altar, erleichterte seine Därme und brachte das stinkende Ergebnis dem

---

[1]) Eduard Seler, Mexican picture writings of Alexander Humboldt (Mexican and Central American Antiquities, von Bowditch, Washington 1904, S. 130) übersetzt Ochpaniztli mit the broomfeast or house cleaning festival, das man zu Ehren der Erdgöttin Toci oder Teteo innan (Göttermutter) am 11. Tage des 18. Jahrfestes beging. Dem spanischen Mönche unterlief demnach aus Sprachunkenntnis ein arger Fehler.

[2]) Nach Neumann und Barettis Velasquez. Nach dem Wörterbuch der spanischen Akademie bedeutet das Wort aber den Schmutz und den Abfall, der beim Auskehren gesammelt wird, den Kehricht und Mist der Ställe. Derselbe Gedanke ist inzwischen in einem Auszug aus einem alten Schriftsteller gefunden und in der Nummer der Mélusine vom 5. Mai 1888 angeführt worden. „Die Freigeister des klassischen Altertums. Eusebius führt in seinem Werke Prae-paratio Evangelica (XIII, 13) einige Verse von Xenophanes von Kolophon von der Einheit und Unsterblichkeit Gottes an, der den Menschen weder der Gestalt noch dem Geiste nach ähnlich sein kann. Die Schlußverse lauten: „Wenn aber die Ochsen und die Löwen Hände hätten, — wenn sie mit diesen Händen zeichnen und dieselben Werke wie die Menschen hervorbringen könnten, — so würden sie (die Götter nämlich) bei den Ochsen wie Ochsen und bei den Pferden wie Pferde aussehen. Und diese würden die Gestalten der Götter, wie ihre eigenen zeichnen und sie würden ihnen Leiber geben, wie sie sie selber haben". — Vergl. Patrologie Grecque von Migne, Band XXI, Spalte 1121. Vgl. ferner J. Bizouard, Rapports de l'homme avec le démon, Paris 1864 (die Beziehungen zwischen beiden werden in demselben Sinne aufgefaßt). — Andrew Lang betrachtet Tlazolteotl als die „Aphrodite von Mexiko". (Myth, Ritual and Religion, II, S. 42).

Götzenbild als Opfergabe dar.[1]) Kotgötter erwähnt auch die Bibel; sie waren dem auserwählten Volke während der Zeit seiner Götzendienerei wohl bekannt.[2])

Dr. John Frazer gibt eine Beschreibung der Einweihunggebräuche, die bei den
Australiern als „Bora" bekannt sind. Er bezeichnet damit „gewisse Einweihunggebräuche",
die ein junger Mann durchmachen muß, wenn er das Alter der Mannbarkeit erreicht.
Er soll dadurch nachweisen, daß er einen Platz unter den Männern des Stammes verdient und der Vorrechte der Männlichkeit würdig ist. Mit diesen Zeremonien macht man
ihn mit den Göttern seines Vaters bekannt, ferner mit den mythischen Stamm-Überlieferungen
und den Pflichten, die er als Mann zu erfüllen hat . . . . Der ganze Vorgang steht unter
dem Schutze eines großen Geistes namens Dharamoolun . . . . Aber bei den heiligen
Handlungen ist ein böser Geist zugegen, obwohl er keine Rolle dabei spielt. Er heißt
Gunungdhukhya, d. h. der Kotesser, und die Schwarzen haben eine ungeheure Angst
vor ihm. Man vergleiche dieses Wort Gunungdhukhya mit dem Sanskrit-Wurzelwort „Gu"
d. h. Kot; Dhuk ist das australische Wort für essen".[3])

---

[1]) Dulaure, Des Divinités génératrices, 2. Ausgabe, S. 76 oder S. 36 der deutschen
Ausgabe von Krauss, Reiskel u. Ihm, Leipzig 1909, Beiwerke zum Studium der Anthropophyteia, I. Band. — Philo berichtet, der Verehrer des Baal-Peor habe dem Götterbild alle
äußeren Körperöffnungen dargeboten. Ein anderer Schrifsteller fügt dem noch hinzu, der Anbetende
habe nicht nur die Körperöffnungen dem Götterbild hingehalten, sondern man habe ihm auch
alle Ausflüsse oder Absonderungen dargebracht: Tränen aus den Augen, Schmalz aus den Ohren,
Schleim aus der Nase, Speichel aus dem Munde, Harn und Kot aus den unteren Körperöffnungen. Dies war also der Gott, zu dem die Juden abfielen und so waren aller Wahrscheinlichkeit nach die Gebräuche, die sie bei seinem Kulte ausübten. (Robert Allen Campbell,
Phallic Worship, St. Louis 1888, S. 171). — Und wieder ein anderer Schriftsteller sagt, daß
der Verehrer des Gottes seinen nackten Hintern dem Altar darbot, seine Därme erleichterte und
das Erzeugnis dem Götterbild darbrachte: „Distendebant coram illo foramen podicis et stercus
offerebant". (Hargrave Jennings, Phallicism, London 1884, nach einer Anführung aus Rabbi
Salomon Jarchis Kommentar zu Mosis V, Kap. 25, Vers 3). [Maimonides leitet aus diesem
Brauche die Vorschrift her, daß die jüdischen Priester Hosen tragen mußten, damit beim Opfern
nicht einmal unfreiwillig etwas an den Baaldienst Erinnerndes vorkommen könne; More Nebu-
chim, Teil 3, Kap. 46. I.]. — Diese beiden Anführungen zeigen deutlich, daß der Verehrer des
Gottes nicht etwa die Absicht hatte, als Opfergabe der Förmlichkeit halber einen Wind darzu-
bringen, sondern daß eine wirkliche Niederlegung des Kotes stattfand, wie es nach dem oben
Erwähnten bei ihren Nachbarn, den Assyrern, bei den frommen Handlungen am Altar ihrer
Venus Sitte war. — [2]) Ye have seen their abominations and their idols, wood and stone;
(V. Mos. 29, 17). [Am Rande steht in den englischen Bibeln: „Hebräisch: Dungy Gods", also:
kotische Götter. Luther übersetzt: „Und sahet ihre Greuel und ihre Götzen". Bourke geht
mit seiner Erklärung zu weit, nach der ganzen Fassung der Stelle kann es sich nur um ein
beschimpfendes Beiwort handeln; der Schreiber wollte wohl Dreckgötter oder etwas Ähnliches
sagen. Daran ändert auch eine Anmerkung nichts, die Bourke aus Langes Commentary on
Deuteronomy, edited by Dr. Philip Schaff, New-York 1879, beibringt, wonach diese Götzenbilder die Bezeichnung ihrer Gestalt zu verdanken hätten, sie wären einem Kothaufen ähnlich
gewesen, eine Art Lehmklumpen. Davon wissen wir aber nichts. I.]. — [3]) Nach einer brieflichen Mitteilung des Dr. John Frazers aus Sydney vom 24. Dezember 1889. Bei seinen weiteren
Bemerkungen über den bösen Geist Gunungdhukhya sagt er: „Von diesem Wesen nimmt man
ganz sicher an, daß es Kot ißt und das ist auch die Bedeutung seines Namens". [Nach neueren
Forschungen über die geheimen Weihen der Australier steht fest, daß man wirklich Fäkalien
dabei verzehrt. So müssen auf der Insel Mabuiag in der Torresstraße die Zauberer-Schüler,
die, immer nur einer zu gleicher Zeit, im Busch in die Geheimnisse eingeweiht werden, zuerst
die Fäkalien ihres Lehrers verzehren, denn im Kot und Harn wird ja eine hohe Zauberkraft
vorausgesetzt. (Vgl. K. Th. Preuß im Globus, LXXXVII, S. 326). Ein beständiges Genußmittel
der Zauberer, namentlich bei allen magischen Handlungen, ist Leichenfleisch. (Archiv für
Religionswissenschaft, 1907, S. 144). Bei einer bestimmten Stufe der Jünglingweihe müssen sie
den Harn des Krieghäuptlings trinken, damit sie Krieger werden. (S. 297). Vergleiche auch
Dulaure von Krauss, Reiskel u. Ihm, Leipzig 1909, S. 288f. I.].

König Jacob von England belehrt uns ganz ernstlich darüber, daß Hexen oftmals beichten, daß bei ihrer Verehrung des Teufels eine Art der Anbetung darin bestand, daß sie ihm den Hintern küßten.[1]

„Hexen bezeigten dem anwesenden Teufel ihre Verehrung; er hatte gewöhnlich die Gestalt einer Ziege, eines Hundes oder eines Affen angenommen. Sie boten sich ihm an, sowohl den Körper als auch die Seele und küßten ihn unter den Schwanz, wobei sie eine brennende Kerze in der Hand hielten".[2]

Wenn wir von dem Vorhandensein von „Kotgöttern" bei den Römern, den Ägyptern, den Hebräern und den Moabitern Kunde haben, so ist es jedenfalls angebracht, sich mit Bezug auf unseren vorliegenden Stoff streng an die überlieferten Texte zu halten und die Feststellung zu machen, daß überall da, wo sie von einem Opfer als Kotopfer sprechen und eine Gottheit als Kotesser bezeichnen, auch das wirklich gemeint ist, was sie besagen. Man darf sie unter dem Vorwande, daß es sich um sinnbildliche Ausdrücke handle, nicht in Bezug auf Tatsachen und Ansichten verdrehen.[3]

Einige Schriftsteller haben auch die Behauptung aufgestellt, der Name des Gottes „Belzebul" sei gleichbedeutend mit „Beelzebub" und bedeute „Herr des Mistes", aber diese Auslegung bestreitet Schaff-Herzog.[4]

XX. Von Aborten.

Die Erwähnung der römischen Göttin Cloacina weist uns auf eine Untersuchung der allgemeinen Geschichte der Aborte und Pißhäuser hin. Ihre Einführung läßt sich nicht lediglich aus gesundheitlichen Erwägungen erklären, denn wir haben viele Völker auf verhältnismäßig hoher Entwicklungstufe, die es fertig gebracht haben, auch ohne sie vorwärts zu kommen, während andererseits auf einer niedrigen Stufe der Gesittung befindliche Stämme auf ihre Einrichtung verfielen.

Im Abschnitt von Hexereien und Beschwörungen ist genug Beweisstoff zusammengetragen, um auch den größten Zweifler davon zu überzeugen, es sei jedenfalls früher der Glaube weit verbreitet gewesen, daß Hexenmeister und alle andern Angehörigen dieser Sippe Macht über diejenigen unglückseligen Menschenkinder besaßen, deren Auswurfstoffe mochten sie nun fest oder flüssig sein, in ihre Hände fielen; 'die Angst wird deshalb wohl der treibende Beweggrund gewesen sein, die Reste der Verdauung einer Gemeinschaft zu zerstreuen, zu verbergen oder in passenden Behältnissen zu sammeln. Als dann später die Erfahrung den Menschen belehrte, daß diese Abfallstoffe wertvolle Düngemittel für die Äcker und die Weinberge wären oder als Flüssigkeiten zum Bleichen und Gerben dienen konnten, haben jedenfalls die staatlichen Machthaber durch gesetzliche Vorschriften für ihre Aufbewahrung Sorge getragen.

---

[1] King James, Daemonologie, London 1616, S. 113. Dieses Buch erschien mit einer empfehlenden Vorrede von Hinton, einem Bischofe der englischen Kirche. (Vgl. hierzu auch Dulaure von Krauss. Reiskel u. Ihm, Leipzig 1909, S. 243 ff. I.) — [2] Henry C. Lea, History of Inquisition, New-York 1888, III, S. 500. (Die Belege, für die bei den Hexenversammlungen üblichen skatologischen Gebräuche, wie sie im Mittelalter geglaubt wurden, lassen sich nach den vorhandenen weitschweifigen Darstellungen der bekannten geistlichen Schriftsteller ins Ungemessene vermehren, deshalb sei hier nur auf die Dulaure-Ausgabe von Krauss, Reiskel u. Ihm, sowie auf Hoensbroech, das Papsttum hingewiesen. I.) — [3] Es handelt sich dabei um eine feste Verankerung infantiler Anschauungen und Gebräuche, von denen sich auch die Erwachsenen nicht immer ganz frei zu machen vermögen. Diese Einsicht gewann man erst auf Grund der Freudischen Psychoanalyse, die nun die Annahme Bourkes glänzend bestätigt. — [4] Schaff-Herzog, Encyclopaedia of Religious Knowledge, New-York, unter Beelzebub.

Die Trojaner verrichteten ihre leiblichen Bedürfnisse im vollen Licht des Tages, wenn wir den Feststellungen vertrauen dürfen, die sich hierüber in der Bibliotheca Scatologica auf Seite 8 vorfinden. Dort wird nämlich darauf hingewiesen, daß ein französischer Schriftsteller, dessen Name ungenannt bleibt, eine zwar lustig zu lesende, aber dabei sehr gelehrte Abhandlung über diesen Gegenstand geschrieben habe.

Kapitän Cook erzählt uns, daß die Neu-Seeländer Abtritte für immer drei oder vier ihrer Häuser hatten; bei dieser Gelegenheit gibt er auch an, daß man in Madrid vor dem Jahre 1760 keine Abtritte kannte und daß der Entschluß des Königs, solche und auch Abflußkanäle einzuführen und zugleich zu verbieten, nach Einbruch der Dunkelheit Menschenkot aus den Fenstern auf die Straße zu werfen, wie es bisher Sitte gewesen, fast zu einem Aufstande geführt hätte.[1]

„In Bezug auf Auswurfstoffe waren diese (die Maoris) viel reinlicher als die meisten Wilden. Jedes Haus hatte seinen, wenn es möglich war, versteckt liegenden Abtritt und an großen Vorsprüngen an der Küste war ein Pfahl über die Klippe ausgesteckt, worauf man sich nach Matrosenart setzen konnte".[2]

Marquesas-Inseln. „In Bezug auf die Überreste der Verdauung sind sie ganz besonders reinlich. Auf den Gesellschaft-Inseln werden Augen und Nase des Wanderers jeden Morgen mitten auf den Pfaden von den natürlichen Ergebnissen einer gesunden Verdauung beleidigt; aber die Eingeborenen der Marquesas-Inseln haben die Gewohnheit, nach Art unserer Katzen, diese Auge und Nase beleidigenden Dinge in der Erde zu vergraben. Auf Taheite verlassen sie sich indessen auf die freundschaftliche Mithilfe der Ratten, die gierig diese wohlriechenden Leckerbissen verschlingen; sie scheinen sogar der festen Überzeugung zu sein, daß ihre Sitte die anständigste in der ganzen Welt ist, denn ihr witziger Landsmann Tupaya bekrittelte es, als er zu Batavia in jedem Hause jenes kleine Gebäude sah, das für die Ausübung des Kultes der Cloacina besonders geeignet ist".[3]

Forster spricht von den Handelgeschäften zwischen den englischen Matrosen und den Weibern von Tahiti, bei denen die letzteren als Gegenleistung für ihre persönlichen Gunstbezeugungen rote Federn und frisches Schweinefleisch erhielten. Die Damen taten sich aber an dieser schwer verdaulichen Nahrung etwas zu sehr gütlich und litten daher an Verdauungstörungen. „Ihre ganz vortreffliche Eßlust und rasche Verarbeitung setzte sie indessen der Unannehmlichkeit einer gewissen Ruhelosigkeit aus, wodurch sich öfters diejenigen gestört sahen, die nach den Anstrengungen des Tages schlafen wollten. Bei gewissen dringenden Gelegenheiten verlangten sie immer die Dienstleistung ihrer Liebhaber und da man ihnen diese sehr häufig abschlug, so gaben sie dem Verdeck des Schiffes ein den Pfaden auf den Inseln ähnliches Aussehen".[4]

Im alten Rom gab es öffentliche Latrinen, aber in den Häusern hatte man keine Aborte. Es gab Becken und Kübel, die täglich von besonders zu diesem Zwecke bestimmten Sklaven ausgeleert wurden. Klosetpapier war nicht im Gebrauch, wie man sich wohl denken kann, da es noch nicht erfunden oder in Europa eingeführt worden war, aber in jeder öffentlichen Latrine war ein mit Salzwasser gefüllter Eimer und ein Stock, an dessen einem Ende ein Schwamm befestigt war, mit dem sich die Besucher reinigten, worauf sie den Stock wieder in den Eimer steckten. In seinem Briefe Nr. 70 beschreibt Seneca den Selbstmord eines germanischen Sklaven, der sich einen dieser Stöcke in den Schlund hinunterstieß. Bei Martial findet sich eine Anspielung auf die Verwendung des Stockes und des Schwammes im 48. Sinngedicht des 12. Buches.

---

[1] Vergl. in Hawkesworths Voyages, London 1773, II, S. 314. — [2] E. Tregear, The Maoris of New-Zealand im Journal of the Anthropological Institute, London, November 1889. — [3] Forster, Voyage round the World, London 1777, II, S. 28. — [4] II, S. 83.

Martial spricht auch von einer römischen Dame, deren Nachttopf aus Gold, ihr Trinkgefäß aber aus Glas war:

Ventris onus misero, nec te pudet, excipis auro,
Basse, bibis vitro: carius ergo cacas.[1]

Tertullian sagt von diesen kostbaren Nachtgeschirren: „Eine unsinnige Menge von Gold und Silber hat man zu unflätigen Gefäßen verschwendet".[2] Selbst bescheidene Leute hatten solche Nachttöpfe aus Silber. Tiberius hat dann bestimmt, daß man Gold nur zu gottesdienstlichen Zwecken verwenden dürfe.[3] Der Rechtgelehrte Ulpian ist der Ansicht, daß ein Legat Becken aus Silber nicht bei sich haben solle.[4]

In Korea pissen hohe Beamte öffentlich in Bronzeschalen, die ihnen von Dienern in einer Art Netz nachgetragen und auf Verlangen gereicht werden.[5] In Tibet waren die Männer- und die Frauenklöster mit Latrinen versehen. Unter den Sünden, vor denen die Nonnen (Bhikshuni) gewarnt wurden, befand sich auch die folgende: „Wenn eine Bhikshuni allein auf den Abtritt geht", usw.[6]

Die Mahnung „Commit no nuisance" oder auf Französisch „Il est défendu de faire ici des ordures", zu Deutsch: „Jede Verunreinigung dieses Ortes ist bei Polizeistrafe verboten" läßt sich bis zu den Zeiten der alten Römer nachweisen; diese riefen den Zorn der zwölf großen Götter und auch Jupiters und ebenso Dianas auf alle diejenigen herab, die eine Schamlosigkeit in der Nähe der Tempel oder Denkmäler begehen. „Man wird uns gewiß dankbar sein, daß wir hier eine Inschrift wiedergeben, die man einstmals in den Thermen des Titus lesen konnte: „Duodecim Deos et Dianam et Jovem Optimum Maximum habeat iratos quisquis hic minxerit aut cacarit".[7] In Genua waren mit Kirchenbann alle die bedroht, die sich gegen dieselben Verbote vergingen.

Aborte ordnete man zu Paris im Jahre 1513 für jedes einzelne Haus an, woraus wir schließen können, daß manche Hauserbauer schon vorher aus eigenem Antriebe für solche Bequemlichkeiten gesorgt hatten; bereits im Jahre 1372 und ebenso im Jahre 1395 ergingen königliche Verordnungen, die da verboten, in Paris Unrat aus den Fenstern zu werfen. Hiernach sind wir zu der Annahme berechtigt, daß diese Sitte allgemein gewesen sein muß und sich unangenehm bemerkbar gemacht hat; dieselben Anordnungen traf man im Jahre 1585 für die Stadt Bordeaux.

Zotige Versemacherei war zu Rom in den Latrinen genau so bekannt, wie heute noch bei uns und einige Gedichte solcher Art sind erhalten.[8]

Die Römer schützten ihre Mauern „gegen solche Verunreinigungen . . . . indem sie die einer solchen Gefahr ausgesetzten Mauern mit dem Bilde einer Gottheit oder irgend eines andern heiligen Sinnbildes weihten und den Zorn des Himmels allen denjenigen androhten, die gottlos genug wären, das zu beschmutzen, was sie pflichtgemäß anbeten sollten. Wie es scheint, verwandte man zuweilen die Gestalt einer Schlange

---

[1]) Harington, Ajax, S. 37; Martial 1, 37. (Bourke gibt das Epigramm nach der Fassung bei Harington: Sed bibis in vitreo. Obige Fassung stammt aus der Martialausgabe von Schneidewin, Leipzig 1881, darnach war ein gewisser Bassus der Eigentümer des goldenen Nachttopfes. Aber auch nach dem Bourkeschen Text ist von keiner Dame die Rede; wahrscheinlich handelt es sich bei ihm um eine Ausgabe mit der im Mittelalter in die Handschriften eingeflickten Überschrift: An Bassa. I.) — [2] De Habitu Mulierum. — [3] Dio Cassius, Buch 27. — [4] L. Quintus Mutius, 27 D. Tit. Vgl. Meursius, de luxu Romanorum, Thesaurus Graevii, VIII, S. 1232. — [5] Nach Mitteilung von W. W. Rockhill an den Verfasser. — [6] Pratikamoksha Sutra, nach der tibetischen Fassung übersetzt von W. W. Rockhill, Paris 1884, S. 84, École des langues orientales vivantes. — [7] Es handelt sich anscheinend um eine Anführung aus der Bibliotheca Scatologica. I. Den Spruch vermerkt aus Pompei und Herculanum auch das Corpus Inscriptionum latinarum Mommsens. — [8] Vgl. Bibliotheca Scatologica, S. 13—17 und die in dem Pompejanischen Inschriftenband vereinigten Abortergüsse.

für diesen Zweck . . . und die Schlange reihte man, wie allgemein bekannt ist, bei den Heiden unter die Götter ein".[1]

Herodot belehrt seine Leser darüber, daß die Ägypter „ihre Notdurft in den Häusern verrichten, aber auf der Gasse essen, denn sie denken so: was unanständig, aber notwendig ist, das muß man im Verborgenen, was aber nicht unanständig ist, vor aller Welt tun".[2]

Herodot erzählt auch, der ägyptische König Amasis habe ein Götzenbild aus einem goldenen Fußbecken gemacht, „in welches zuvor die Ägypter gespieen und geharnt und in welchem sie ihre Füße gewaschen hatten".[3] Minutius Felix nimmt hierauf in seinem „Octavius" Bezug und ist entrüstet darüber, daß heidnische Götzenbilder, die aus so widerwärtigen Stoffen hergestellt sind, angebetet werden müssen.[4]

Eine isländische Saga aus dem elften oder dem Anfang des zwölften Jahrhunderts berichtet von Torstein dem Gruseler, der nachts auf dem königlichen mit elf Löchern versehenen Abort die Bekanntschaft des sehr tückischen bösen Geistes macht und das Gruseln kennen lernt.[5] Man ersieht aus den Angaben, daß sich die hohen Herren nicht genierten, korporativ ihre Notdurft zu verrichten. Eine andere Saga erzählt wieder von verwegenen Kämpen, die da sich vermaßen, auf der Tor geweihten Tempelgrasfläche ihre Notdurft zu besorgen und dadurch in wilden Streit mit den Heiligtumwächtern gerieten.[6]

Im alten Irland galten bei den Mönchen die Aborte und Pißhäuschen als Aufenthaltorte der Dämonen. „Wer sie betrat, mußte einen Segen sprechen und es war nicht statthaft, ein anderes Gebet als Deus in adjutorium bis festina zu sagen".[7]

Tournefort erwähnt Latrinen in Marseille. „Sie ziehen sogar aus den Exkrementen der Galeerensklaven Vorteil, indem sie an dem einen Ende der Schiffe geeignete Gefäße für den Dünger aufstellen, der für das dortige Land so sehr notwendig ist".[8]

In Schottland muß es Latrinen gegeben haben, denn der König Jakob der Erste wurde im Kloster der Dominikanermönche zu Perth im Jahre 1437 in einer Latrine ermordet; indessen konnte man sich noch viele Jahre später in Edinburg nach Einbruch der Nacht nur mit großer Gefahr zu Fuß bewegen, weil die Hausmädchen die schöne Gewohnheit hatten, Ströme von Schmutz wie eine wahre Sintflut aus den Fenstern der hohen Häuser herabzugießen.

„Wie im heutigen Edinburg so war auch im alten Rom die Nacht die geeignete Zeit für den sorgsamen Haushalter, allen Unrat aus den oberen Fenstern in die offenen Abflußgräben zu werfen, die unten durch die Straßen liefen".[9]

„ . . . . Sofern
Zu einem Abendessen Du Dich hinbegiebst,
Eh' Du den letzten Willen aufgesetzt,
So könntest Du für einen Menschen leicht
Gehalten werden, der aus Trägheit nicht
An unvorhergeseh'ne Fälle denkt!

---

[1] John James Blunt, Vestiges of Ancient Manners and Customs, London 1823, S. 43. Die Schlange in Stellvertretung des Zumptes, also, wie man sonst sagt, ein phallisches Symbol und Abwehrmittel. — [2] Herodot 1, 35. (Buch 1 = Euterpe). — [3] Herodot 1, 172. [Amasis war aus niederem Stande hervorgegangen und wollte seinen Untertanen sinnbildlich vor Augen führen, daß es auf die Abstammung gar nicht ankäme, wenn er doch einmal König wäre. Deshalb erzählte er ihnen nachträglich, daß er das Götterbild aus einem Fußbecken habe anfertigen lassen und sie beteten es dennoch an. I.]. — [4] Octavius, Kap. 25. — [5] Vergl. Arthur Bonus, Isländerbuch II. Sammlung altgermanischer Bauern- und Königgeschichten. Isländerbuch III. München 1908, S. 299—306. — [6] Ebenda, S. 155ff. — [7] Dr. Reeves, On the Culdees, Trans. of the R. Irish Academy, XXV, Antiquities II, p. 209. Nach Kryptadia, Heilbronn 1888, IV, 387. — [8] A Voyage to the Levant, Londoner Ausgabe von 1718, I, S. 13f. — [9] Edward Walfords Juvenal-Ausgabe, S. 146, Anmerk., in Ancient Classics for English Readers, Philadelphia 1872. Es handelt sich um Satire 3, Vers 274.

Ja, so viel Todeswege gibt es gar,
Als in der Nacht, wo Du vorübergehst,
Wachsame Fenster unverschlossen sind.
Drum wünsche denn und nimm den traurigen
Wunsch mit Dir, jene Fenster gössen nur
Des Nachtgeschirres Inhalt über Dich". [1]

„Und siehe, es gibt nirgends „goaks" im ganzen Königreiche (Schottland) noch sonst irgend etwas für arme Dienstboten, außer einem Fasse mit einer quer darüber gelegten Feuerzange, und dahinein werden noch die ganzen Leibstühle der Familie jeden Tag einmal ausgeleert, in dieses selbige Faß; und um zehn Uhr abends schleudert man dann die ganze Ladung zu einem hinteren Fenster hinaus, das auf irgend eine Straße oder ein Gäßchen Aussicht hat, und das Dienstmädchen schreit dann den Vorübergehenden zu: „Gardy loo!" (Nehmt Euch in Acht), und das bedeutet soviel als: „Herrgott, sei uns gnädig!" und so etwas geschieht zu Edinburg in jeder Nacht in jedem Hause". [2]

Der oben angeführte Ausdruck „Gardy loo!" scheint aus dem Französischen zu stammen und „Gare de l'eau" zu bedeuten. [loo wird wohl eher eine Abkürzung von halloo! sein, wie es heute noch gebräuchlich ist. I.].

„Im ganzen Süden äußerte man sich mißliebig darüber, daß die öffentlichen Ämter, das Landheer und die Marine voll waren von Drummonds und Erskines und McGillvrays mit vorstehenden Backenknochen . . . Alle die alten Witze über Hügel ohne Bäume, Mädchen ohne Strümpfe, Männer, die Pferdefutter aßen, Kübel, die aus dem vierzehnten Stockwerk ausgeleert werden, tischte man mit einer Spitze gegen diese glücklichen Abenteurer wieder auf". [3]

Das Anbringen von Aborten auf Landadelsitzen scheint eine Neuerung zu sein, die zur Zeit der Königin Elisabeth aufkam; denn sonst würde über das Vorgehen von Sir John Harington, einem entfernten Vetter der Königin Elisabeth, nicht soviel geredet worden sein. Harington ließ als besondere Bequemlichkeit für sein neues Haus in der Umgegend von Bath einen Abort bauen und veröffentlichte im Jahre 1596 zu London über diesen Gegenstand ein Buch ganz im Stile von Rabelais. Den Titel dieses Buches, der etwas lang ist, — A Discourse on a Stale Subject, called the Metamorphosis of Ajax — wollen wir in nachfolgenden Anführungen kurz als Haringtons Ajax wiedergeben. Aus der Beschreibung der fraglichen Latrine geht deutlich hervor, daß Harington fast alle mechanischen Vorrichtungen der neueren Zeit vorwegnahm.

Richard III. soll auf einem Abtritt gesessen haben, „auf einem Seile sitzend", als er mit Terril darüber beratschlagte, wie er seine Neffen im geheimen ermorden lassen könne. [4]

Es läßt sich kaum bezweifeln, daß alle Häuser in England und ebenso im ganzen festländischen Europa in den Schlafzimmern mit Gefäßen für den Harn versehen waren, selbst wenn außerhalb der Klöster und anderer von Gemeinschaften bewohnten Häusern keine regelrechten Latrinen vorhanden waren. Dr. Robert Fletcher, Stabarzt der Armee der Vereinigten Staaten, der den folgenden Beitrag geliefert hat, ist der Ansicht, daß solche Bequemlichkeiten für die Frauen allein vorgesehen waren; als Stütze für seine Schlußfolgerungen bringt er folgende Stellen bei:

„Wo Hamjo im „Wanderer" von Sir Thomas Killigrew, [zweiter Teil, der Senilia das mutmaßliche Verhalten eines ungebildeten Gatten schildert, spricht er auch

---

[1] Juvenal 3, S. 268—275, nach der Übersetzung von Dr. Th. Jos. Hilgers, weil. Direktor des Gymnasiums zu Hagenau, Leizig 1876. [Der Dichter schildert vorher, wie Scherben und zerbrochene Gefäße auf die Straße hinunterfliegen; diesen gegenüber, meint er, ist der Inhalt eines Nachttopfes noch erwünschter. I.]. — [2] Tobias Smollett, Humphrey Clinker, Londoner Ausgabe von 1872, S. 542. — [3] T. B. Macaulay, The Earl of Chatam, amerikanische Ausgabe, New-York 1874, S. 720. [Es handelt sich um englische Volkwitze über die Schotten, deren verbreitetste Familiennamen man da anführt. I.]. — [4] Harington, Ajax, S. 46.

davon, daß der Riese, wenn er zu Bett geht, „sich ausstreckt, gähnt, einen oder auch zwei Rülpser ausstößt, in Deinen Topf pißt, zum Scherz so laut wie eine Muskete furzt" usw.

In den „Illustrations of Shakespeare" von Douce befindet sich ein merkwürdiger Holzschnitt, der einen Bischof darstellt, wie er ein neuvermähltes Paar im Brautbett segnet; auf der Seite der Frau ist ein Nachttopf in auffälliger Weise angebracht.

Douce führt aus einer alten „Moralität" mit dem Titel „La Condemnation des Banquets" folgende Stelle an: „Pause pour pisser le fol. Il prengt un coffinet en lieu de orinal et pisse dedans et tout coule par bas".[1]

Hobbs, der Gerber von Tamworth, den Heywood in seinem Schauspiel „König Eduard der Vierte" auftreten läßt, ist der Held einer alten Ballade, der seine Zimmer mit Harngefäßen versah, die zu seinem Geschäft paßten. Er sagt zu seinen Gästen, dem Könige und Sellinger: „Kommt, geht mit, wir wollen zu Bett gehen! Ihr werdet reine Bettücher bekommen, Eduardchen; es ist aber grobe, gute, starke Hanfleinewand, von meiner Tochter selbst gesponnen. Und ich sage Dir, Dein Nachttopf wird aus einem hübschen Ochsenhorn bestehen, denn das ist ein Abzeichen unserer Beschäftigung; Zinngerät, das sich verbiegt, oder irdenes Geschirr, das zerbricht, kaufen wir uns nicht!"[2]

Weitere Belegstellen des gleichen Inhalts kann man in den „Pilgrims" von Beaumont und Fletcher[3] finden und in den folgenden Anführungen, die aber mit der Ansicht Dr. Fletchers, daß solche Gebrauchgegenstände für die weiblichen Mitglieder des Haushaltes allein vorgesehen waren, nicht übereinstimmen.

„Der Wirt: Hausknechte! Ihr Spitzbuben und Befehlhaber! Nehmt die Pferde der Ritter und Mitbewerber! Eure ehrenwerten abgetakelten Schiffe sind in den Hafen eingelaufen; sie wollen hier frisches Wasser einnehmen und ich habe reine Nachttöpfe zurecht gestellt".[4]

Solche Gefäße waren auch in Irland gebräuchlich, wo man sie „omarfuail" nannte, von omar, ein Gefäß, unser „Eimer" und fuail, Harn. Sie müssen schon seit uralten Zeiten Verwendung gefunden haben. „Und sie (nämlich die Sybariten) waren das erste Volk, das die Sitte einführte, bei Lustbarkeiten Nachttöpfe hereinzubringen".[5]

Irgend ein wesentlicher Unterschied zwischen den Sitten der Bewohner von Island, wie sie Bleekmans in der an anderer Stelle angeführten Angabe beschreibt, und denjenigen der etwas feineren Römer wird sich kaum herausfinden lassen.

Bettpfannen waren in Frankreich schon ganz im Anfange des fünfzehnten Jahrhunderts im Gebrauch. In der „Farce des Meisters Pathelin" aus dem Jahre 1480 sind sie erwähnt.[6]

„Maids need no more their silver pisse-pots scour,
— — — — — — — — — — — — — — —
Presumptuous pisse-pot, how did'st thou offend?
Compelling females on their hams to bend?
To kings and queens we humbly bend the knee,

---

[1] Moralitäten nannte man die im Mittelalter aufgeführten öffentlichen Schauspiele, durch die bestimmte sittliche Lehren dem Volke gegeben werden sollten. Die obige Stelle aus der „Verurteilung der Gelage" lautet: „Pause, um den Narren pissen zu lassen. Er nimmt ein Futteral für einen Wetzstein statt eines Harngefäßes und alles läuft unten wieder heraus". I. — [2] Heywood, 1. König Edward the Fourth, III, 2; S. 1600. — [3] II, 1: The Scourge of Villanie, Marston 1599, Satire 2. — [4] The Merry Devil of Edmonton, S. 1608. — [5] Athenäus, XII, Kap. 17. Das Bruchstück einer griechischen Komödie preist die Thebaner als höher denn die Athener gesittet, weil sie gleich beim Türeingange Aborte haben. Zu Athen, der Stadt der Denker, Dichter und Künstler, sah es in dieser Hinsicht wie noch gegenwärtig in einem chrowotischen Dorf aus. Von den Aborten der Hellenen und der Römer handelt ausführlich und witzig der ungenannte Verfasser der Merdiana, Paris 1870. — [6] Vergl. Dupouy, Le Moyen Age Médical, Paris 1888, S. 280 ff, oder die englische Übersetzung von Minor, Cincinnati (Ohio) 1890, S. 82.

8*

But queens themselves are forced to stoop to thee".[1]
„What need hath Nature of silver dishes or gold chamber-pots?" [2])

„In der im fünfzehnten Jahrhundert geschriebenen „Chronik von London" wird eine merkwürdige Geschichte erzählt, wie in der Zeit zwischen 1258 und 1260 ein Jude an einem Samstag in der Stadt Tewksbury in einen Abort fiel, aber es aus Ehrfurcht vor seinem Sabbath nicht dulden wollte, daß man ihn herauszog. Da nun der folgende Tag ein Sonntag war, wollte der Graf von Gloucester nicht erlauben, daß ihn jemand heraus holte, und daher, sagt die Chronik, „kam der Jude in dem Abort um".[3])

„Die Leiche Heliogabals warf man in eine Latrine, wie Suetonius schreibt".[4]) Heliogabalus ermordete man in einer Latrine. Arius, der große Ketzerführer, und Papst Leo, sein Gegner, erfuhren dasselbe Schicksal.[5]) Karl V., Kaiser von Deutschland und König von Spanien, wurde von Johanna von Aragonien im Jahre 1500 im Palaste zu Gent in einem Abort geboren; hieraus ergibt sich, daß solche in den genannten Orten bereits eingeführt waren.[6])

„Harnbehälter waren in den Straßen von Rom aufgestellt, entweder zum Zwecke der öffentlichen Reinlichkeit oder für den Gebrauch der Tuchwalker, die deren Inhalt während der Regierung Vespasians und wahrscheinlich auch anderer Kaiser, gegen eine bestimmte jährliche Abgabe von der Staatverwaltung zu kaufen pflegten, denn Harn war vor der Erfindung oder der allgemeinen Einführung der Seife der Stoff, den man in den Walkmühlen hauptsächlich zum Reinigen der Tuche und Zeuge gebrauchte, bevor man sie färbte".[7])

---

[1]) On Melting down the Plate, or the Pisse-Pots Farewell, State Poems, I, Teil 2, S. 215, aus dem Jahre 1697. — (Mädchen brauchen ihre silbernen Nachttöpfe nicht mehr zu scheuern. — Du anmaßender Nachttopf, wie sehr hast Du Anstoß erregt! Du zwingst die Frauen ihre Schenkel zu beugen! Vor Königen und Königinnen beugen wir demütig das Knie, aber die Königinnen selbst sind gezwungen, sich zu Dir herunterzulassen.) Man vergl. damit Aloys Blumauers grotesk witzige Ode „An den Nachttopf", die vielleicht in Anlehnung an das um hundert Jahre ältere englische Vorbild entstanden ist. — [2]) Ben Jonson. The Staple of News, III, S. 2, London 1628. (Welches Bedürfnis hat die Natur nach silbernen Schüsseln oder goldenen Nachttöpfen?) — [3]) A Chronicle of London from 1089 to 1483, London 1827, S. 20, angeführt von Buckle in seinem „Commonplace Book", S. 507 im II. B. seiner Werke, London 1872. — [4]) Haringtons Ajax, S. 46. [Diese Angabe ist falsch; sie rührt nicht von Suetonius her, dessen Kaiserbiographien mit Domitian abschließen, sondern von Aelius Lampridius, einem der sechs Scriptores historiae Augustae, Kap. 17. Da aber die Kloake, in die man den Leichnam geworfen hatte, zufällig zu klein war, holte man ihn wieder heraus und versenkte ihn, mit einem Gewicht beschwert, in den Tiber, damit ihm kein Begräbnis zuteil werden konnte. I.]. — [5]) Arius und Papst Leo der Große (der Erste) können nicht Gegner gewesen sein, denn Arius starb 327 u. Z., während Leo im Jahre 440 Papst wurde. Die genaueren Umstände beim Tode Arius' sind nicht bekannt. Gibbon sagt im 21. Kap. der „History of the Decline and Fall of the Roman Empire", daß Kaiser Konstantin den Arius aus der Verbannung zurückrief, weil er seinen Ansichten zuneigte, und einen Tag festgesetzt hatte, an dem Arius in der Kathedrale von Konstantinopel feierlich zur heiligen Kommunion zugelassen werden sollte. Gerade an dem Tage, der zu seinem Triumph bestimmt war, starb Arius. „Aber die seltsamen und entsetzlichen Begleitumstände seines Todes müssen den Verdacht erregen, daß die rechtgläubigen Heiligen doch etwas wirksamer als nur durch ihre Gebete dazu beigetragen hatten, die Kirche von dem furchtbarsten ihrer Feinde zu befreien". Und in der Anmerkung setzt Gibbon boshaft hinzu: „Wer auf eine wörtliche Auslegung der Erzählung vom Tode Arius' Gewicht legt (daß nämlich auf einem Abtritte seine Eingeweide aus dem Leibe herausfielen), der muß zwischen Gift und Wunder seinen Standpunkt wählen". Jedenfalls kann von einer eigentlichen Ermordung, die in der Bibliotheca Scatologica behauptet wird, keine Rede sein. Über den Tod Papst Leos auf einem Abtritte habe ich nichts ermitteln können; die mir zugänglichen Papstgeschichten sprechen alle nur davon, daß er „starb". I.]. — [6]) Vergl. Bibliotheca Scatologica, S. 17. — [7]) John Mason Good, II, S. 154, Anmerkung zur Übersetzung von Lucretius, De Natura Rerum, London 1805. Vergl. Kap. LIX. — Als Bleichmittel steht noch heutzutage Harn bei südslavischen Bäuerinnen in Ansehen.

„Gefäße, die man Gastra nannte, stellten die Römer zur Bequemlichkeit der Vorübergehenden an den Ecken der Straßen und Wege auf". [1])

„Bei den Chinesen scheint es an Düngemitteln zu mangeln, denn man findet überall Abtritte für die Bedürfnisse der Reisenden". [2]) „Große Gefäße aus Steingut sind an passenden Stellen in den Boden versenkt, zum Gebrauche vorüberkommender Reisender". [3]) „Ein Reisender, der kürzlich aus Peking zurückkehrte, versichert, es gebe wohl genug zu riechen in dieser Stadt, aber sehr wenig zu sehen . . . . . Alle Häuser sind niedrig und sehr armseelig, die Straßen ohne jegliches Pflaster und stets voller Schlamm und Schmutz und da es keine Abzugkanäle oder Senkgruben gibt, so ist die Unreinlichkeit in der Stadt geradezu unbeschreiblich". [4])

„Nach Mohammeds Gesetze wird der Menschenleib nach jeder Ausleerung unrein, . . . nach der Verrichtung eines größeren oder kleineren Bedürfnisses ist je nach den Umständen eine Abwaschung erforderlich. Wenn ein Harntropfen an die Kleider kommt, muß man sie schon waschen". Aus Furcht, daß ihre Gewänder in dieser Weise beschmutzt worden sein könnten, verrichten die Bewohner von Bokhara häufig ihre Gebete vollkommen nackt. Die Art und Weise, wie der Leib nach einer Ausleerung in irgend welcher Form gereinigt werden muß, schreibt das religiöse Ritual genau vor. „Das Gesetz ordnet an „Istindjah" — Entfernung —, „Istinkah" — Abwaschung —, „Istibra" — Trocknen —, d. h. zuerst gebraucht man einen kleinen Erdklumpen zur örtlichen Reinigung, dann Wasser zum mindesten zwei Mal, und schließlich ein Stück Leinwand, das eine Elle lang ist. . . . In der Türkei, Arabien und Persien sind alle drei unbedingt erforderlich und fromme Männer tragen zu diesem Zweck einige Erdklümpchen in ihrem Turban mit sich herum . . . . Diese Reinigunghandlungen führt man auch in den Bazaren vollständig in aller Öffentlichkeit aus und zwar mit dem Wunsche, das strenge Festhalten an dem frommen Brauche der Welt vor Augen zu führen". Vambéry sah, wie „ein Lehrer seinen Zöglingen, sowohl Knaben als auch Mädchen, Unterricht im Gebrauche des Erdklumpens usw. durch praktische Vorführungen gab". [5])

Moslimen lassen ihr Wasser, indem sie sich auf die Fersen niederhocken, denn „ein Harnspritzerchen würde die Haare und die Kleider rituell unrein machen . . . . Nach dem Wasserlassen wischt der Moslim die Zumptmündung mit einem bis drei Stückchen Stein, Lehm oder einer Handvoll Erde ab und bevor er sein Gebet verrichten kann, muß er Wuzu machen". Tournefort erzählt eine ergötzliche Geschichte von gewissen Christen zu Konstantinopel, die an einer Mauer, an der sich die Moslimen die Zumptmündung, um sie abzuwischen, zu reiben pflegten, die Steine mit indischem Pfeffer bestreuten. [6]) Burton sagt, daß gewissenhafte Moslimen vor ihren Füßen den Boden mit einem Stocke aufkratzen, um das Umherspritzen des Harns und das hieraus entstehende Unreinsein zu verhindern". [7])

Marco Polo sagt in einem Berichte von den Brahminen: „Sie verrichten ihre Bedürfnisse in den Sand und zerstreuen diesen dann nach allen Richtungen, damit keine Würmer daraus entstehen, die aus Mangel an Nahrung zugrunde gehen könnten". [8])

Von den Moslimen berichtet Tournefort: „Wenn sie das Wasser lassen, hocken sie sich nieder wie Weiber, aus Furcht, einige Tropfen Harn könnten in ihre Hosen fallen·

---

[1]) Fosbroke, Encyclopaedia of Antiquities, London o. J., I, S. 526, unter Urine. [Belegstellen zu dem Worte Gastra, das zweifellos griechischen Ursprungs ist, habe ich nur bei Petronius gefunden. I.]. — [2]) De Guignes, Voyage à Pékin, Paris 1808, I, S. 284, und auch III, S. 322. — [3]) Chinese Repository, Canton 1835, III, S. 134. — [4]) Chicago News, abgedruckt in der „Press", Philadelphia, Nummer vom 14. Mai 1889. — [5]) Arminius Vambéry, Sketches of Central Asia, London 1868, S. 190f. — [6]) Tournefort, Voyage au Levant, III, S. 355, nach der Anführung bei Burton, Arabian Nights, II, S. 326. — [7]) Burton, III, S. 229, Anmerkung. — [8]) Marco Polo, Travels, bei Pinkerton, VII, S. 164f.

Um dieses Unglück zu verhüten, pressen sie ihren Geschlechtteil sehr sorgfältig aus und reiben seine Spitze gegen die Wände und man kann an einigen Plätzen, die Beobachtung machen, daß die Steine durch diese Gewohnheit abgenutzt sind. Um sich einen Spaß zu machen, schmieren die Christen manchmal indischen Pfeffer und die Wurzel, die „Calf's-Foot"[1]) genannt wird, oder irgend eine andere beißende Pflanze an diese Steine, wodurch häufig Entzündungen bei denjenigen hervorgerufen werden, die einen solchen Stein benutzen. Da der Schmerz sehr heftig ist, so laufen die armen Türken wegen der Heilung gewöhnlich gerade zu denselben christlichen Wundärzten, die die Urheber dieser unglücklichen Zufälle sind. Diese unterlassen es denn auch niemals, jenen zu sagen, daß es sich um eine sehr schlimme Sache handelt und daß sie vielleicht gezwungen sein würden, eine Amputation vorzunehmen. Die Türken erheben dagegen Einspruch und beteuern, daß sie niemals mit einer Sorte von Weibern, die verdächtig sein könnten, Umgang gehabt hätten. Schließlich wickeln sie dann den leidenden Teil in einen mit einer Mischung von Weinessig und Wasser getränkten und mit einem bischen armenischer Siegelerde gefärbten Leinenlappen; und das verkaufen sie ihnen dann als ein großartiges Sonderheilmittel für diese Art von Krankheit".[2])

„Einige von ihren Gelehrten glauben, die Beschneidung sei nicht von den Juden übernommen, sondern lediglich wegen der besseren Beobachtung der Reinheitsvorschriften eingeführt, denn es ist ihnen verboten, Harn auf ihr Fleisch fallen zu lassen. Und es ist sicher, daß einige Tropfen Harn jedesmal leicht an der Vorhaut hängen bleiben können, namentlich bei den Arabern, bei denen diese Haut von Natur aus viel länger als bei den andern Menschen ist".[3])

Die Moslimen „haben zwei Arten der Abwaschung, die große und die kleine . . . Die erste geschieht am ganzen Leib, man legt sie aber nur denjenigen auf, die einige Tropfen Harn auf ihr Fleisch haben fallen lassen, als sie ihr Wasser ließen". Und das rechnet man unter „die drei großen Verunreinigungen der Muselmanen".[4])

John Leo sagt von „den Arabern, die in der Barbarei oder an der Küste des Mittelländischen Meeres wohnen", daß sie „ihre Kirchen sehr fleißig besuchen, um bestimmte vorgeschriebene und regelmäßige Gebete herzusagen, indem sie sich abergläubischerweise einbilden, es sei an demselben Tage, an dem sie ihre Gebete verrichten, gesetzlich nicht erlaubt, gewisse Glieder zu waschen, während sie, wie zu anderen Zeiten, ihren ganzen Leib waschen wollen".[5])

„Die für die natürlichen Entleerungen bestimmten Örtlichkeiten . . . sind immer reinlich . . . Die Türken setzen sich nicht wie wir, wenn sie an diesen Örtlichkeiten sind, sondern sie hocken sich nieder über dem Loch, das nur einen halben Fuß oder etwas mehr über dem Boden erhöht ist . . . Die Türken und überhaupt alle Moslimen bedienen sich für gewisse Zwecke niemals des Papiers und wenn sie einen gewissen Ort aufsuchen, nehmen sie jedesmal einen Topf voll Wasser mit, um sich abzuwaschen".[6])

„Die Türken benutzen niemals Papier, um sich den Hintern abzuwischen, denn dies gilt bei ihnen als ein großes Verbrechen, und zwar deshalb, weil vielleicht der Name Gottes darauf geschrieben ist oder darauf hätte geschrieben werden können, wie Thevenot berichtet in seinem Itinerarium Orient., 1, Kap. 33, S. 60. Und nach A. Bubeqvius, Epistel 3, S. 184, leeren sich die Türken niemals aus, ohne daß sie Wasser mitnehmen, um die betreffenden Teile abzuwaschen".[7])

---

[1]) Ingwer (Aram L.) reizt scharf brennend zarte Schleimhäute. — [2]) Tournefort, A Voyage to the Levant, London 1718, II, S. 49. — [3]) II, S. 46. — [4]) II, S. 48. — [5]) John Leo, Observations of Africa, in Purchas, Pilgrims, II, S. 766. — [6]) J. B. Tavernier, Relation de l'Intérieur du Sérail du Grand Seigneur, Paris 1675, S. 194. — [7]) Schurig, Chylologia, Dresden 1725, S. 796.

In Bosnien haben die Moslimen ihre Pißstätten aus Holz an die Häuser angebaut, die eigentlichen Aborte jedoch im Hof oder anstoßenden Garten. Auf dem Felde verscharrt man seinen Kot. Als eine wahre Wohltat empfände der Reisende in jedem moslimischen Dorfe die regelmäßig am Bachrande aufgestellten, sehr sauberen Aborte (čenif), die der allgemeinen Benutzung dienen. Den Christen nennen sie wegen seiner Sorglosigkeit in dieser Angelegenheit peksijan (der Unreine).[1]

Rabelais hat ein sehr anschauliches Kapitel von den Notbehelfen geschrieben, zu denen die Menschen greifen mußten, ehe man das Papier allgemein für den Gebrauch in den Latrinen eingeführt hatte; man vergleiche hierzu sein Kapitel 13: „Anisterges".[2]

„Es ist beachtenswert, daß man, soweit mir bekannt, die einzigsten Aborte unter den Maori Neuseelands gefunden hat, die zweifellos im übrigen die unreinlichsten aller Polynesier waren. Ein Abort in Gestalt eines kleinen Schilderhauses, den sich ein vagabondierender Naturaliensammler unbekannter Herkunft auf dem Strand von Leitere, Neu-Guinea gebaut hatte, zeigten mir die Leitere-Leute als die größte Sehenswürdigkeit ihres Platzes. Diesen braven, über den Wassern schwebenden Pfahlbauern muß allerdings ein solcher Ort etwas ganz Unerhörtes gewesen sein".[3]

Gelegentlich der Beschreibung des Palastes des Königs Kamresi am oberen Nil sagt Speke: „Nichts konnte schmutziger sein, als der Zustand des Palastes und aller Wege, die zu ihm hinaufführten. Es war vielleicht gut, daß man von uns nicht erwartete, wir kämen hin, denn ohne Stelzen und Atemfilter vor dem Mund würde es gar nicht durchführbar gewesen sein, so groß ist die Veranlaguug dieses Volkes für den Schmutz. Die Kühe des Königs hält man innerhalb der Umzäunung des Palastes und die Kälber betreten wirklich die Hütte, in der Kamresi, wie ein echter Bauer, mitten unter ihnen herumspaziert und sie, bis über die Knöchel im Schmutz stehend, aufmerksam betrachtet und seine Anordnungen trifft".[4]

„Bald nachher entstand ein Streit zwischen einigen meiner Leute und den Eingeborenen; die Veranlassung hierzu war einer meiner Begleiter, der sich auf ein Stück bebautes Ackerland zurückgezogen und den dort der Eigentümer entdeckt hatte. Er verlangte Entschädigung dafür, daß sein Land beschmutzt worden sei und man mußte ihn mit einem Geschenk von einem Stück Tuch beruhigen. Könnte man ihnen in Bezug auf ihre Wohnungen ein nur halbwegs so sonderbares Verhalten, wie in Bezug auf ihre Felder beibringen, so erreichte man damit etwas sehr gutes; denn ihre Dörfer sind geradezu ungeheuerlich schmutzig, und wären noch viel schmutziger, wenn nicht eine ganz bedeutende Menge von Schweinen vorhanden wäre, die sich als Straßenreiniger aufspielen".[5]

„Meinen Ekel erregte eine Gewohnheit, die in den Häusern, wie in demjenigen, in dem ich wohnte, vorherrschte: man benutzte nämlich die Terrasse als eine Art Abtritt; und meinen Führer, Amer el Walati, der noch bei mir war und die Terrasse zu seinem

---

[1] Nach Krauss. — [2] [Zur Erheiterung der Leser, denen vielleicht Rabelais' Werke nicht zur Hand sein dürften, will ich ein abgekürztes Verzeichnis der von Gargantua benutzten torchecul, zu Deutsch: Arschwischer, hersetzen, unter Weglassung der stark gewürzten Zwischenbemerkungen, die Vorteil oder Nachteil von manchen Mitteln angeben. Solche sind: eine Damenmaske von Samt, ein Häubchen aus Samt, ein Halstuch, Ohrenklappen aus roter Seide, ein Hut eines Edelknaben, ein lebendiger Marder, die Handschuhe seiner Mutter, alle möglichen Pflanzen (Salbei, Fenchel, Anis, Kürbisblätter usw.), ferner die Hosen, die Bettdecke, Vorhänge, Servietten usw., Hühner, Tauben, Hasenfelle, aber den Vorzug gibt Gargantua einer jungen Gans, die noch den Flaum am Körper hat. I.]. — [3] Dr. Georg Friederici, Beiträge zur Völker- und Sprachenkunde von Deutsch-Neu-Guinea. Mitteil. a. d. Deutsch. Schutzgebieten, herausg. von Dr. H. Marquardsen, Berlin 1912, S. 63. — [4] Speke, Nile, London 1863, II, S. 526. — [5] Cameron, Across Africa, London 1877, II, S. 200.

gewöhnlichen Aufenthaltorte erwählt hatte, konnte ich nur mit großer Mühe davon abhalten, daß er sich auch dieses schmutzige Verfahren angewöhnte".[1]

„Sie (die Tataren nämlich) halten es nicht für gut, wenn man lange an einem Platze bleibt, denn wenn sie eines von ihren Kindern schimpfen wollen, so sagen sie zu ihm: „Ich wünschte nur, Du müßtest so lange an einem Platz bleiben, daß Du Deinen eigenen Kot riechen könntest, wie es die Christen auch machen", und dies ist die größte Schimpfrede, die sie kennen".[2]

Die Tungusen in Sibirien erzählten Sauer, daß sie „keinen größeren Fluch kennen, als denjenigen, daß man an einem und demselben Platze wohnen müsse, wie ein Russe oder ein Jakute, denn an einem solchen Platze häuft sich der Schmutz an und dieser macht die Menschen stinkend und krank".[3]

„Es ist eine weit verbreitete Verleumdung, daß die Türken, die sich in Bezug auf ihren Kot noch an die Vorschriften des fünften Mosisbuches halten, den Christen vorhalten, daß die letzteren mit ihrem eigenen Kot vergiftet sind".[4]

„Der Anblick des Dorfes an sich ist sehr hübsch, da der Boden vor den hauptsächlichsten Häusern oft gefegt wird; aber es herrschen sehr schlechte Gerüche vor, die daraus entstehen, daß sich unter jedem Hause eine stinkende Abortgrube befindet, in die alle unverwendbaren Flüssigkeiten und Abfallstoffe durch den darüber befindlichen Fußboden hinabgegossen werden. In den meisten anderen Dingen sind die Malaien ziemlich reinlich — in einigen sogar peinlich reinlich — und diese sonderbare und ekelhafte Sitte, die fast allgemein verbreitet ist, liegt darin begründet, wie ich fast als gewiß annehme, daß sie ursprünglich ein wasserliebendes und am Meere wohnendes Volk gewesen sind, das seine Häuser auf Pfählen im Wasser baute und allmählich landeinwärts wanderte, zuerst dem Laufe der Flüsse und Ströme folgend, bis sie schließlich ins wasserlose Binnenland kamen.

„Gewohnheiten, die einstmals ganz am Platze und reinlich waren und die solange bestanden hatten, daß sie einen Teil des häuslichen Lebens des Volkes ausmachten, behielt man natürlich bei, als die ersten Ansiedler ihre Häuser im Binnenlande bauten; und da sie keine regelrechten Entwässerunganlagen haben, so ist die Anlage ihrer Dörfer derart, daß irgend eine andere Vorkehrung zu großen Unzuträglichkeiten führen würde".[5]

Forster spricht von „einem unerträglichen Gestank, den die vielen Gruben ausströmen, die über die verschiedenen Stadtviertel verteilt waren, deren Gewässer und Ufer für den allgemeinen Gebrauch der Einwohner sehr geeignet sind", aber er fügt hinzu, daß der Schmutz allein schon genügt, den man ohne Unterschied auf die Straße wirft.[6]

„Es gibt einige Guai, die ihre Häuser über und über mit Ochsenmist beschmieren . . . . Ihre Mahlzeiten rühren sie aber nicht mit der linken Hand an, sondern gebrauchen diese Hand nur zum Abwischen und andern unreinlichen Geschäften".[7]

„Wenn sie zu irgend einer beliebigen Zeit die Lust ergriff, sich zu erleichtern, so hatten diese schmutzigen Lausekerle nicht einmal soviel Anstand, daß sie sich weiter von uns zurückzogen, wie man mit einer Bohne werfen kann. Ja, wie richtige Schmutzfinken, entblößten sie ihren Hintern in unserer Gegenwart, während sie noch mit uns sprachen", erzählt der Frater William de Rubruquis, ein Franziskanermönch, den der

[1] Dr. Henry Barth, Travels in North and Central Africa, Philadelphia 1859, S. 429, Beschreibung von Timbuktu. — [2] Notes of Richard Johnson, servant to Master Richard Chancellor, bei Pinkerton, I, S. 62. Voyages of Sir Hugh Willunghby and others to the Northern Parts of Siberia and Russia. — [3] Sauer, Expeditions to the North parts of Russia, London 1802, S. 49. — [4] Harington, Ajax, S. 115. — [5] Alfred Russell Wallace, The Malay Archipelago, London 1869, I, S. 126. — [6] George Forster, Sketch of the Mythology of the Hindoos, London 1785, S. 7. — [7] Marco Polo, bei Purchas, I, S. 105.

heilige **Ludwig** von Frankreich (Ludwig IX) im Jahre 1285 als Gesandten zum Großchan der Tatarei schickte.[1]

„Ein hochstehender Edelmann von Venedig, der Gesandter in Frankreich war, hörte, daß ein angesehener Mann zu ihm kommen wollte, um ihn zu sprechen; er ließ ihn so lange warten, bis er seine Hosen aufgenestelt hatte, und als er dann auf seinem Leibstuhl saß, ließ er den Edelmann holen, um während dieser Zeit bei ihm zu sein — als eine ganz besondere Gunstbezeigung".[2]

„Die französische Höflichkeit, von der ich vorhin sprach, stammte von den Römern her, da man zu **Martials** Zeiten beim Monsieur Ajax nicht einander aus dem Wege zu gehen pflegte". (Zum Verständnis dieser Stelle muß bemerkt werden, daß **Harington** Ajax als ein Wortspiel für „a jakes" gebraucht. A jakes heißt auf Deutsch „ein Abtritt" und man spricht es fast wie Ajax im Englischen aus.[3]

Carl Lumholtz machte dem Verfasser die Angabe, daß die Australier im Beisein von Fremden pissen und während sie mit ihnen sprechen.

„Es gibt keine körperliche Verrichtung und kein natürliches Bedürfnis, daß sie nicht öffentlich befriedigen, ohne sich irgend welchen Zwang aufzuerlegen. Ein Brauch hat garnichts unzüchtiges an sich, sobald er allgemein verbreitet ist", bemerkt einer unserer Reisenden von seinem philosophischen Standpunkt aus.[4]

Pater **Gumilla** berichtet, daß die Indianer am Orinocco denselben Brauch haben, wie die Juden und Türken; sie graben mit einer Hacke ein Loch in die Erde und decken ihre Ausleerungen zu.[5] Den Indianern der Ebenen von Nord-Amerika oder den herumziehenden Stämmen im Südwesten kann man keine solche Reinlichkeit nachsagen.

Vom Schamgefühl der Primitiven.

Friederici faßt übersichtlich und fein die eigenen Beobachtungen und die der Ethnologen und Sexualforscher über das Schamgefühl so zusammen:[6] „Beachtenswert ist, daß bis zu einer gewissen Grenze weder in der Südsee noch in Amerika das Fehlen jeglicher Bekleidung bei Tropenbewohnern einen niedereren Kulturstand anzeigt, als bei Leuten, die unter denselben Verhältnissen ein Lendentuch tragen. Ein Lendentuch an sich bedeutet unter den Tropen keinen Kulturfortschritt. Die Malaita-Leute gingen zur Zeit von **Mendaña** ohne jede Bekleidung, aber sie besaßen in den kontrollierbaren Punkten eine höhere Kultur als ihre ein wenig bedeckten Nachbarn.[7] Die nackten Buka-Leute haben ganz zweifellos eine erheblich höhere Kultur als die malotragenden Bewohner von West-Neu-Pommern.

„Vielleicht alle Völker besitzen eine „Scham", aber diese Scham sitzt lange nicht überall dort, wo sie bei uns sitzt. Mein Junge **Kábui** sagte mir eines Tages, als wir über diesen Punkt sprachen, in einer Weise, die nicht den geringsten Zweifel übrig ließ: „Wir haben auch eine Scham, aber es ist eine andere als die des weißen Mannes!" Und, in der Tat, sie haben eine Scham, sowohl in moralischer, wie in sexueller Hinsicht, nur

---

[1] Purchas, I, S. 11. — [2] Harington, Ajax, S. 30. — Diese gleiche Auszeichnung kann man auch in unseren Tagen noch in Dalmatien sowohl bei Italienern als vornehm sich geberdenden Slaven erleben. In den engen Straßen pflegen die Damen auf den Balkonen über Nachttöpfen kauernd laute Gespräche mit den Nachbarn und Nachbarinnen zu führen und auch unten Wandelnde mit Ansprachen zu beehren. Mit ihrer Leibererleichterung beschäftigt entwickeln Frauen häufig eine bedeutende Redseligkeit. — [3] Vergl. Harington, Ajax, S. 38. — [4] Elie Réclus, Les Primitifs, Paris 1885, S. 71. — Les Inoits Occidentaux, nach einer Anführung aus Dall. — [5] Padre Gumilla, Orinoco, Madrid 1741, S. 109. — [6] Dr. Georg Friederici, Beiträge zur Völker- und Sprachenkunde von Deutsch-Neu-Guinea, Berlin 1912, S. 159f. — [7] The Discovery of the Solomon-Islands, II, S. 347 (Übersetzung des spanischen Berichtes aus dem Jahre 1567).

sind ihre Moralgesetze und ihre sexuellen Auffassungen andere als die unsrigen. Ein Wort für „Scham" ist den melanesischen Sprachen keineswegs fremd, und das „shame" des Pidgin—Englisch ist einer der wenigen abstrakten Begriffe dieses Jargons, der verstanden und von den Melanesiern nicht selten angewandt wird".

„Es dürfte kaum bezweifelt werden können, daß eine jede „Scham" in ihren Anfängen ein Kunstprodukt ist. Die Scheu und Verlegenheit, etwas zu tun oder sehen zu lassen, das dem allgemeinen Herkommen und den üblichen Anstandregeln widerspricht, kann sich nur in einer Gesellschaft gebildet haben, die schon über eine Reihe von Erfahrungen und daraus emanierenden Sitten und Einrichtungen verfügte, die vor Generationen gemacht worden waren. Der Umstand nun, daß wir unsere in einer gemäßigten Zone entstandene und uns durch vielleicht hunderte von Generationen überkommene „Scham" für ganz vortrefflich und ganz besonders moralisch halten, ändert doch nichts daran, daß andere Völker ihre von ihren Vorfahren ererbte Scham für nicht weniger vortrefflich halten und dies umsomehr, als sie für ihre sozialen Verhältnisse, ihre Umgebung, ihr Klima viel besser paßt als unsere Scham. Wir haben daher absolut kein Recht, unsere Begriffe von Scham Leuten aufpfropfen zu wollen, die eine andere Sorte von Scham überkommen haben und die sich wohl mit ihr befinden; und es ist eine Anmaßung, Leute „schamlos" zu nennen, denen unsere Auffassung fremd ist. Das Wort „Scham" ein für allemal auf die Geschlechtteile übertragen — wie dies in vielen europäischen Sprachen der Fall ist — ist weiter nichts als ein Denkmal des beschränkten Horizonts unserer Vorväter, und bei dem, der heute noch trotz den trefflichen, auf exakter Forschungen beruhenden Bemerkungen von Westermarck, E. Grosse, Karl von den Steinen, Havelock Ellis (und vorzüglich Theodor Schroeder)[1]) an den veralteten Anschauungen festhält, ist dies ein Zeichen von Rückständigkeit".[2])

„Admiral von Wrangell zählt alle möglichen Umstände und Vorfälle auf, weswegen sich Aleúten schämen, aber sie schämen sich nicht im geringsten, Männer sowohl wie Weiber, sich nackend zu zeigen und unter einander gemischt zu baden. Sonst kennt man noch als Gegenstand des Schamgefühls, das bei Naturvölkern häufig tiefer eingewurzelt und schwer auszurotten ist als bei uns, die weibliche Brust, das Gesicht, die Füße, den Bauch und schließlich den After".

„Das Schamgefühl inbezug auf den After interessiert an dieser Stelle, da es das Schamgefühl der Barriai ist. Das Schamgefühl äußert sich bei ihnen nämlich dahin, daß jedermann Penis, Hodensack und das Geschäft des Harnens sehen kann. Der Anblick des Afters aber und das Geschäft des Stuhlganges wird auf das allerpeinlichste von jedermann verborgen. Wenn jemand, aus welchem Grunde es auch sei, einem anderen nach diesem als Tabú betrachteten Ort greift, so ist er durch Herkommen und allgemeine Stimme verurteilt, ein Schwein oder $^3/_4$ Faden Muschelgeld zur Strafe zu zahlen".

„Diese sich auf den Anus beziehende Scham, während man inbezug auf Geschlechtteile indifferent ist oder absolut keine Scham inbezug auf sie hat, scheint in der Südsee weiter verbreitet zu sein. Die schon von mir erwähnten, vorne kleinen, hinten

---

[1]) „Obscene" Literature and Constitutional Law. A forensic defense of freedom of the Press, New-York 1911, S. 427, gr, 8⁰. Dieses Werk kann noch zu großer Bedeutung im Kampf gegen Dummheit, Verlogenheit und Sexualwahn unserer Tage gelangen. Alle Anerkennung gebührt auch Johannes Guttzeit für sein Buch: Schamgefühl, Sittlichkeit und Anstand besonders in geschlechtlicher Hinsicht. Das Wechselnde und Bleibende in den Anschauungen darüber. Mit vielen Abbild., 2. verm. Auflage, Leipzig 1911. Vergl. den Bericht Ihms, Anthropophyteia IX, S. 581f. Es sei auch auf die ausgezeichnete Darlegung Gustav Roskoffs in seiner, einer unverdienten Vergessenheit anheimgefallenen Schrift: Das Religionwesen der rohesten Naturvölker, Leipzig 1880, S. 145—153 (Die Sittlichkeit des Wilden) hingewiesen. — [2]) Vergl. dazu die Bemerkungen Krauss' und Dr. Magnus Hirschfelds, Anthropophyteia IX, S. 544 f.

aber großen Schürzen der Neu-Hannover-Weiber scheinen wenigstens darauf hinzudeuten, in Neu-Kaledonien haben wir dieselbe Erscheinung".

„Ganz besonders scharf tritt diese Erscheinung aber in Amerika hervor. Die Irokesen-Weiber harnten ungeniert vor aller Welt, aber sie gingen lieber eine Meile weit in den Wald, ehe sie sich von irgend jemand beim Geschäft des Stuhlganges sehen ließen. Ähnliches erzählt Perrin du Lac von Stämmen des mittleren Missouri. Genau dasselbe oder ähnliches sagen Vespucci von den Indianern des nördlichen Südamerikas und L'Hermite und Schapenhan von den Anwohnern der Magelhães-Straße. Die Bewohner der Isla Camelán und Isla Wellington tragen, Männer und Weiber, hinten einen Mantel, der gerade noch das Gesäß deckte, „vorn absolut nichts".

Friederici weist noch an der Hand von neun von ihm selber zu Kairo und Memphis aufgenommenen Abbildungen nach, daß vor 2700 Jahren v. u. Z. im alten Ägypten ganz dasselbe Schamgefühl herrschte. Sollte dies Werk gewissen schamgefühlvollen Gelehrten zu Gesicht kommen, so stehen Friederici heftige Anklagen wegen „beabsichtigter Unzüchtigkeit, um einen besseren Absatz seiner Kompilation zu erzielen" in Aussicht, ähnlich wie derlei Krauss wegen der Anthropophyteia erfahren mußte.

Religiöse Vorschriften über die Notdurft-Verrichtung.

„Du sollst außen vor dem Lager einen Ort haben, dahin Du zur Not hinausgehst. Und Du sollst ein Schäuflein haben und wenn Du Dich draußen setzen willst, sollst Du damit graben; und wenn Du gesessen hast, sollst Du zuscharren, was von Dir gegangen ist. Denn der Herr Dein Gott wandelt unter Deinem Lager, daß er Dich errette und gebe Deine Feinde vor Dir. Darum soll Dein Lager heilig sein, daß nichts schändliches unter Dir gesehen werde und er sich von Dir wende".[1] Um diese Vorschriften für die Heilighaltung des jüdischen Krieglagers zu verstehen, muß man gleichartige Erscheinungen bei andern Völkern heranziehen. Mit der gewöhnlichen Ausrede, es handle sich um eine sanitäre Maßregel, womit man oft die Beschneidung, die Speisegebote und andere Gesetzvorschriften abtut, ist hier nicht viel zu machen. Die Vorschrift ist um so auffallender, weil ähnliches in den sonstigen kultischen Reinheitgesetzen nicht erwähnt wird. Die Moslimen sprechen bei der Verrichtung der natürlichen Bedürfnisse ein Gebet (ta'avudh) und nehmen nachher Abwaschungen oder Abreibungen vor, wie bereits oben erwähnt. Die Reinlichkeit ist auch hier nicht die Hauptsache, sondern es handelt sich um uralten Glauben inbezug auf die Leiböffnungen, von dem in den Anthropophyteien und den Beiwerken öfter die Rede ist. Man glaubt eben, daß diese Körperöffnungen von Dämonen benutzt werden könnten und naturgemäß mußte man annehmen, daß dämonischer Einfluß bei Verrichtung der natürlichen Bedürfnisse am meisten zu fürchten sei, weil alsdann die anscheinend sonst geschlossenen Leibausgänge offen zu sein schienen. Die Timoresen glauben, daß die bösen Geister durch den Anus eingehen.[2] Von den Ansichten des Talmud haben wir anderswo gesprochen. Hier ist noch die Warnung des Rabbi Hanina bar Papa nachzutragen, beim Gebete die Öffnungen des Leibes zu hüten, der eine ähnliche Anschauung zugrunde zu liegen scheint.[3] Der Isländer Thornstein wagte einmal nachts nicht auf den Abtritt zu gehen, bis der König Olaf die Kirchenglocken läuten ließ, worauf die Dämonen verschwanden.[4] Bei Christen muß man natürlich Kirchenglocken benutzen, bei andern Völkern genügen Glöckchen oder Klingeln. Die Furcht vor Dämonenbelästigung ist also überall gleich, aber in unserm

---

[1] 5. Moses 23, 13—15 nach Luthers Übersetzung. Das Schändliche ist nach dem Urtext: die Nacktheit irgend eines Dinges, deshalb haben sowohl die englische revidierte als auch die französische Übersetzung von Ostervald den milderen Ausdruck: unreines. — [2] Bastian, Indonesien, II, S. 6. — [3] Berakhot, fol. 23a. — [4] Bastian, Rechtverhältnisse, S. 298.

Falle gelangt sie garnicht mehr zum Ausdruck, sondern der eigentliche Sinn der Vorschrift ist zugunsten des allein herrschenden Jahwe umgebogen und läuft schließlich darauf hinaus, daß der heilige Gott des Krieglagers nicht den Hintern der Soldaten zu sehen bekommen soll. Der Talmud hat aber den Glauben, daß sich an den Abtritten Dämonen besonders gern aufhalten, getreulich aufbewahrt. Auch andere Bibelstellen enthalten wenigstens noch Anspielungen darauf. Wenn 2. Könige 10,27 der zerstörte Tempel des Baal zum Scheißplatz[1]) gemacht wird, so liegt dieser Verunreinigung die stillschweigende Absicht zugrunde, das Heiligtum zum Tummelplatz ekelhafter Dämonen umzuwandeln.

Auch die weitere Bestimmung der jüdischen Kriegesetzvorschriften, die Exkremente in das zu diesem Zweck gegrabene Loch fallen zu lassen und sie dann sorgfältig zu bedecken, hat mit hygienischen Erwägungen nichts zu tun, sondern beruht auf dem oben mehrfach erwähnten Glauben, man könne mit Dingen, die zum Leibe eines Menschen gehört haben, zaubern und dem früheren Besitzer Schaden zufügen. Hier ist dazu noch nachzutragen:[2]) Die Eingeborenen Australiens fürchten, daß ein Feind, wenn er ihre Exkremente findet, sie verbrenne und dadurch Siechtum für sie herbeiführe. Sie entledigen sich deshalb ihrer Exkremente an heimlichen Orten und decken sie mit Erde zu.[3]) Die Melanesier glauben, daß sich der Beschwörer, um Krankheit und Tod herbeizuführen, unter Anderm den Auswurf der Person verschaffen muß, die erkranken oder sterben soll.[4]) Die Nukahiva-Insulaner bringen es fertig, einen Feind binnen zwanzig Tagen zu töten, indem sie Teile seines Auswurfs oder seiner Exkremente mit Zuhilfenahme gewisser Ingredienzien verzaubern.[5]) Dieser Brauch ist ferner in gewissen Teilen Afrikas[6]) und bei den Upaupés in Brasilien nachzuweisen.[7])

Von Helmont gibt, offenbar für europäisches Gebiet, nachstehende Weisung an: Si quis ad ostium tuum cacaverit, idque prohibere intendas, ignem ferri recenti excremento superstruito; mox per magnetismum natibus scabiosus cacator fiet; igne videlicet torrente excrementum et tosturae acrimonium quasi dorso magnetico, in anum impudentem propellendo.[8]) Den gleichen Glauben bezeugt auch für die Neger der Goldküste Major Ellis. Der Priester vermengt den Kot seines Opfers mit irgend einer Mischung und der Betroffene muß darnach bald an einem inneren Leiden in großen Schmerzen sterben.[9])

Die Sitte, die Exkremente zu vergraben, haben die Essener, die ja vieles Altertümliche in ihren Gebräuchen wieder aufleben ließen, ganz allgemein eingeführt Josephus sagt darüber folgendes: „Peinlicher als alle übrigen Juden vermeiden sie es, am Sabbat sich mit Arbeit zu befassen, und demzufolge bereiten sie sich nicht nur die Speisen tagvorher, um am Sabbat kein Feuer anzünden zu müssen, sondern sie wagen am Ruhetage nicht einmal ein Gefäß von der Stelle zu rücken oder ihre Notdurft zu verrichten. An andern Tagen aber höhlen sie mit der einer Hacke ähnlichen kleinen Axt, die man jedem neu Eintretenden verabfolgt, eine Grube von der Tiefe eines Fußes aus, verhüllen sie mit ihrem Mantel, um den Lichtglanz Gottes nicht zu beleidigen, entleeren sich darein und scharren dann mit der ausgegrabenen Erde das Loch wieder zu; auch suchen sie zu dieser Vorrichtung die abgelegensten Plätze aus. Und obwohl die Entleerung der Körperexkremente etwas Natürliches ist, ist es doch bei ihnen gebräuchlich, sich nachher zu waschen, als ob sie sich verunreinigt hätten". Hier mag man noch die Bemerkung

---

[1]) Maharaoth, Luther übersetzt: heimliche Gemächer, die englische Bibelübersetzung noch züchtiger: Draught house, ein Haus, wo man altes Gerümpel aufbewahrt. — [2]) Zum Vorhergehenden und Folgenden vergl. Schwally, Semitische Kriegaltertümer, 1. Heft, Leipzig 1901. — [3]) Brough Smyth, Aborigines of Victoria, I, S. 165. — [4]) Parkinson, Im Bismarck-Archipel, S. 143 f. — [5]) A. Bastian, Die Völker des östlichen Asiens, V, S. 297. — [6]) Journal of the Anthropological Institute, XX, S. 131. — [7]) Martius, Zur Ethnographie Amerikas, S. 600. — [8]) De magnetica vulnerum curatione, § 21. — [9]) The Tshi-speaking Peoples of the Gold-Coast of West-Africa, London 1887, S. 143. Nach Kryptadia, Heilbronn 1888, IV, S. 387.

einschalten, die sich an derselben Stelle [1]) findet, die Essener hüteten sich vor anderen oder nach der rechten Seite hin auszuspucken.

Noch mehr mit religiösen Vorschriften geplagt, als die Angehörigen der Sekte der Essener, war der indische Brahmane. Daß sich die bis ins Kleinste gehenden Vorschriften über sämtliche Verrichtungen des täglichen Lebens auch auf die Verrichtung der Notdurft bezogen, darf uns daher nicht Wunder nehmen. Der Brahmane war der Sklave seines Glaubens sein ganzes Leben lang, von der Geburt bis zum Tode, und wenn wir die Unsumme von althergebrachten, geheiligten Vorschriften, die man tatsächlich auch auf das Peinlichste befolgte und zum großen Teil heute noch befolgt, im Zusammenhang betrachten, dann kommen wir zu der Überzeugung, daß der Angehörige dieser Kaste für sich selbst überhaupt keinen Augenblick zur Verfügung hatte. Über die geschichtliche Entwickelung dieser Vorschriften sind wir meistens völlig im Unklaren und es dürfte auch schwer halten, ihre Begründung heute noch zu ermitteln. Die folgenden Vorschriften über die Verrichtung der Notdurft sind dem „Dabistan" entnommen.[2])

Wenn ein Brahmane ein natürliches Bedürfnis verrichtet, soll er den Munji (den heiligen Faden, den man um den Hals trägt) gut am rechten Ohr befestigen und sein Gesicht nach Norden, bei Nacht aber nach Süden wenden.[3]) Wenn er sein Bedürfnis verrichtet hat, soll er sein Werkzeug nehmen und sich drei Schritte entfernen und dann seine Hände mit Wasser abwischen, das in einem Gefäß sein muß und mit Erde gemischt wurde. Dieses Abwischen ist solange fortzusetzen, bis jeder üble Geruch entfernt ist. Hierauf soll der Brahmane an einem reinen Platze seine Abwaschung vornehmen. Wie diese Abwischung vorzunehmen ist, steht nicht im Dabistan, ist aber in den Gesetzen des Manu genau angegeben.[4]) Er darf nämlich dazu nicht den Teil der Hand nehmen, der nach den Pitris genannt ist, sondern den reinen Teil der Hand, der von den Veden seinen Namen hat, oder den Teil „der dem Herrn der Schöpfung geweiht ist, oder den Teil, der den Göttern geweiht ist". Bei dieser Abwaschung soll er sich so hinsetzen, daß sich seine Hände unter seinen Knien befinden und sein Gesicht nach Norden oder Osten blickt, dann hat er die vorgeschriebenen Gebetformeln herzusagen und dabei dreimal hintereinander etwas Wasser in den rechten Handteller zu tun und das Wasser, ohne dabei irgend ein Gebet herzusagen, hinunterzuschlucken. Dann muß er den Mund mit dem Rücken der rechten Hand reinwischen und darauf, nachdem er in den Handteller anderes Wasser genommen und die Finger hinein getaucht hat, soll er sie an seine Nase, seine Augen und Ohren bringen; das Wasser muß aber rein sein, ohne Schaum und ohne Blasen. Bei dieser Gelegenheit soll der Brahmane soviel Wasser verschlucken, daß die Feuchtigkeit bis in die Höhe der Brust kommt; bei den etwas niedriger stehenden Kasten braucht die Feuchtigkeit nur bis zur Kehle (Chattri) oder auch nur in den Mund zu kommen (Vaisya); bei Bauern, Frauen und Kindern genügt das Anfeuchten der Lippen.[5])

---

[1]) Josephus, Geschichte des jüdischen Krieges, 2, 8, 9, nach der Übersetzung von Dr. Heinrich Clementz, Halle (Saale), Hendel, o. J., S. 210. — [2]) The Dabistan or School of Manners, translated from the original Persian by David Shea and Anthony Troyer, Paris 1843, 3 Bände; Band 2, S. 58ff. Das Werk stammt aus dem 17. Jahrhundert; als sein Verfasser gilt ein weitgereister Moslim, Mohsan Fani. Der persische Text erschien 1789 zu Kalkutta mit einer englischen Übersetzung des ersten Kapitels. Nach dieser englischen Übersetzung erschien 1809 eine deutsche Übersetzung von Dalberg. Diese war mir nicht zugänglich, ist auch für den vorliegenden Stoff, der aus dem 2. Kapitel stammt, ohne Bedeutung. Einen Abschnitt daraus enthält der IX. B. der Anthropophyteia, S. 255—263. I. — [3]) Hierbei spielt wohl die Rücksicht auf das heilige Licht der Sonne eine Rolle, aber es ist doch merkwürdig, daß der Brahmane dabei der Sonne seine Kehrseite zuwendet. I. — [4]) Ward, on the Hindoos, II, S. 29f. — [5]) Die ganze Zeremonie heißt Achamana; der Brahmane muß sie auch vornehmen, wenn er vor Sonnenaufgang mit einem 15 cm langen, grünen Hölzchen seine Zähne reinigt. Nimmt er die Zahnreinigung nach Sonnenaufgang vor, so wird er als ein von Kot lebendes Insekt wiedergeboren!

Hiernach soll der Brahmane die Nasenflügel zusammenpressen, sodaß der Durchgang für das Ausatmen und Einatmen gesperrt ist, und dabei die für diese Gelegenheit vorgeschriebenen Gebete hersagen; dann soll er einige Zeit lang dastehen, sein Gesicht der großen Leuchte zuwenden und die notwendigen Formeln wiederholen. Damit ¦beginnt jeden Morgen die Arbeit des Brahmanen, wenn er sich erhoben und pflichtgemäß sein natürliches Bedürfnis verrichtet hat. Tagüber geht die Zeremonienpflicht des Brahmanen in diesem Stile weiter, aber die Einzelheiten haben mit unserm Stoffe nichts mehr zu tun. Hier wären nur noch die allgemeinen Vorschriften zu erwähnen, daß ein Brahmane seine natürlichen Bedürfnisse weder in fließendes Wasser verrichten soll, noch unter einem Wetterdach für die Kühe, noch im Angesicht der großen Leuchte, noch auf Asche, weder vor einem Brahmanen, noch vor einer Kuh. Wenn er sich zu diesem Zwecke an irgend einen Ort zurückzieht, so soll er in diesem Zustand der Nacktheit nicht zu den Sternen aufschauen; er soll auch nicht nackt in den Regen hinausgehen oder mit dem Kopf nach Westen zu schlafen; er darf weder Speichel, noch Samen, noch Blut in Wasser werfen..... Er soll auch nicht nach seiner Frau hinsehen, wenn die niest, gähnt oder in einem geheimen Gemache sich in aller Bequemlichkeit hingesetzt hat, wenn sie ihre Augen schminkt oder ihr Haar salbt usw. [1]

„Die rabbinischen Juden glaubten, daß jeder Abtritt der Aufenthaltort eines unreinen Geistes dieser Art (nämlich eines kotverzehrenden Gottes) sei, „den man mit dem Atem einziehen könne und der dann in die unteren Teile des Körpers hinabsteige, dort wohnen bleibe und auf diese Art, wie die Bhutas der Inder, Leiden und Krankheit hervorbringe". [2] Zu erwähnen ist, daß es jüdischen Männern streng verboten ist, Frauen bei der Entleerung zuzuschauen. Das Verbot wiederholt ausdrücklich das Gebetbuch (machsor) für Jom Kipurim (den Versöhnungtag).

In Beschreibungen von Jerusalem wird das Kot-Tor erwähnt, durch das man alle Abfallstoffe aus der Stadt hinausschaffen mußte. [3]

„Will ein Ureinwohner ein natürliches Bedürfnis befriedigen, so nimmt er jedesmal ein spitzes Werkzeug mit, mit dem er den Boden aufgräbt, damit seine Entleerungen vor dem scharfen Blick der herumziehenden Bangalen verborgen bleiben". — Diese Bangalen sind die einheimischen Hexen oder etwas ähnliches. [4] (Nach Krauss' Feststellungen menschenfeindliche Baumgeister).

Diese Sitte hat man auch bei den Dayaken auf Borneo gefunden. Man kann es durchaus nicht als sicher ansehen, daß diese Sitte irgend einer Absicht nach Reinlichkeit ihren Ursprung zu verdanken hätte; es ist im Gegenteil ziemlich wahrscheinlich, daß man den bösen Einfluß von Hexereien abwenden wollte, indem man einen Stoff dem Anblick entzog, dessen Besitz den Hexen soviel Macht über seinen früheren Eigentümer verliehen hätte.

John F. Mann bestätigt auf Grund persönlicher Beobachtung, daß die Eingeborenen von Australien die Vorschrift befolgten, die den Juden im 5. Buche Mosis gegeben worden war. „Nach eigenen Beobachtungen kann ich bestätigen, daß sich die Eingeborenen überall im Lande als Regel in diesem Punkte sehr merkwürdig verhalten, aber es dauerte mehrere Jahre, bis ich die Beweggründe für eine solche Sorgfalt herausgefunden hatte. Zauberei und Hexerei sind bei jedem Stamm vorhanden; jeder Stamm hat seinen „Koradgee" oder Medizinmann; die Eingeborenen stellen sich vor, daß jeder Todfall, jedes

---

[1] A. a. O., S. 84 u. 85. Die Verbote inbezug auf die Verrichtung der Notdurft beziehen sich meistens auf die Heiligkeit des Wassers und der Kuh. Die Asche soll man dazu nicht benutzen, weil sie meistens durch Verbrennen von Kuhmist entstanden ist. — [2] Nach einer brieflichen Mitteilung von Dr. John Frazer in Sidney, Neu-Süd-Wales, vom 24. Dezember 1889. — [3] Vergl. Harington, Ajax, S. 87. — [4] A. Brough-Smith, Aborigines of Victoria and Riverina, I, S. 165.

Unglück, oder jeder Schmerz vom bösen Einfluß irgend eines Feindes verursacht wird. Diese „Koradgees" haben die Macht, nicht nur jede Art von Schmerz zuzufügen, sondern alle möglichen Arten von Leiden hervorzurufen. Sie vergessen nie, in einem geflochtenen Täschchen immer irgend einen „Zauber" bei sich zu tragen; dieser Zauber besteht gewöhnlich aus Bergkristall, Menschenkot und Nierenfett. Gelingt es einem solchen Medizinmann, sich in den Besitz von etwas Kot des in Aussicht genommenen Opfers zu setzen oder von Haaren, überhaupt von irgend etwas, das zu seiner Person gehörte, so ist es das einfachste Ding in der Welt, diesen zu verhexen".[1]

„Die Verfügung über die Exkremente geschieht weniger wegen der Reinlichkeit, als in der Absicht zu verhindern, daß irgend ein Stoff des menschlichen Körpers in die Hände eines Feindes fällt".[2]

Schurig widmet einen langen Absatz einer Auseinandersetzung über die Ansichten, die gelehrte Ärzte in Bezug auf die Wirkungen geäußert haben, die sich aus dem Niederlegen von menschlichen Auswurfstoffen auf Pflanzen ergeben könnten, die für den menschlichen Körper entweder schädlich oder heilsam sind. Im ersteren Falle konnte man aus der geheimen Wechselwirkung auf die schlimmsten Ergebnisse gefaßt sein; im zweiten Falle dagegen auf sehr günstige. Die Landbewohner erfreuen sich seiner Ansicht nach einer besseren Gesundheit als die Bewohner der Städte, und zwar in erster Linie aus dem Grunde, weil die zuletzt Genannten ihre Ausleerungen auf den Aborten besorgen müssen und während dieser Vornahme gezwungen sind, die verderblichen Gase einzuatmen, die von den bereits vorhandenen verfaulenden Ablagerungen ausgeströmt werden; die Landleute dagegen könnten zu irgend einem passenden Platz auf die Felder hinausgehen und sich dort ausleeren, ohne die Gefahren und die Unzuträglichkeiten, denen die städtische Bevölkerung ausgesetzt ist.

Aber er ergreift doch die Gelegenheit, um seine Leser darauf hinzuweisen, daß sie so vorsichtig sein sollen, nicht den Kot auf gewisse bösartige Pflanzen fallen zu lassen, denn diese könnten die Veranlassung zu einer ansteckenden Eingeweideentzündung sein. „Praeterea cavendum est, ne faeces supra herbas malignas exulcerantes sive violenter purgantes deponamus, hinc enim causa latente dysenteria periculosa inducitur quae vix nisi herbis prorsus putrefactis ullis medicamentis cedit".[3]

Obrist Garrick Mallery von der Armee der Vereinigten Staaten berichtet, daß er in den gebirgigen Teilen von Virginia angesehene und gebildete Menschen getroffen habe, die inbezug auf die Aborte dieselben Ansichten gehabt hätten.

> „Ye great ones, why will you disdain
> To pay your tribute on the plain?
> Why will you place in lazy pride?
> When from the homeliest earthenware
> Are sent up offerings more sincere
> Than where the haughty Duchess locks
> Her silver vase in cedar box".[4]

„Wenn eine Bhikshuni Exkremente auf wachsendes Gras wirft, so ist das ein Pacittiya".[5] Diese Bhikshuni sind die Nonnen in Tibet und das Wort Pacittiya bedeutet soviel wie Sünde.

---

[1] Nach einer brieflichen Mitteilung von John F. Mann, Neutral Bay, Neu-Süd-Wales. — [2] Von demselben. — [3] Schurig, Chylologia, S. 792, § 66. — [4] Dean Swift. [Ihr Großen, weshalb wollt Ihr es verschmähen auf der Ebene Euren Tribut zu entrichten? Weshalb wollt Ihr in müßigem Stolze etwas anderes sein, wenn von dem schlichtesten irdenen Topf aufrichtigere Opfer dargebracht werden, als dort, wo die hochmütige Herzogin ihr silbernes Gefäß in ein Schränkchen aus Zedernholz einschließt?] — [5] Pratimoksha Sutra, übersetzt von W. W. Rockhill, Paris 1884, Société Asiatique.

Von den Kapuzinermönchen berichtet man folgendes rohe Verfahren: „Tunica replicata, absque impedimento cacat et mingit, anum fune abstergens". [1]

In Angola, Westafrika, gibt es keine Abtritte irgend welcher Art; die Neger halten es für eine sehr schmutzige Gewohnheit, für solche Zwecke immer denselben Platz aufzusuchen. Sie decken ihre Exkremente nicht zu, sondern legen sie in den Gebüschen ab. Zuweilen kommt es vor, daß ein Mann einmal sein Geschäft im Innern des Hauses verrichtet und in diesem Falle wird er bis zu seinem Lebenende verspottet; sie nennen einen solchen Menschen „D'kombe", worunter eine Art von Leopard zu verstehen ist. [2]

Bei Catull findet man das folgende Epigramm an Furius:

A te sudor abest, abest saliva
Mucusque et mala pituita nasi.
Hanc ad munditiem adde mundiorem,
Quod culus tibi purior salillost,
Nec toto decies cacas in anno,
Atque id durius est faba et lapillis,
Quod tu si manibus teras fricesque
Non umquam digitum inquinare possis". [3]

John F. Finerty lenkte die öffentliche Aufmerksamkeit auf die Tatsache, daß in der Stadt Mexiko vor zehn Jahren Bettler von der niedrigsten Sorte es sich zur ständigen Gewohnheit gemacht hatten, ihre Bedürfnisse auf den Marmorstufen des Haupteingangs der großen Kathedrale zu verrichten.

Dr. J. H. Porter berichtet, in einigen Teilen des Staates Mexiko kämen die Frauen aus dem Hause heraus und pissen vor der Tür; der Verfasser hat dies selbst mit angesehen, ebenso, wie in Tucson, das zu jener Zeit die Hauptstadt von Arizona war, die Leute ihre großen Bedürfnisse auf der Straße verrichteten; dieselbe Gewohnheit hat er in einigen der kleineren Dörfer dieses Territoriums, in Sonora und in Neu-Mexiko beobachtet, aber immer nur zur Nachtzeit.

Die Mexikaner, die diesseits der Grenzen der Vereinigten Staaten leben, errichteten niemals Aborte in ihren Wohnhäusern; diese Sitte stammt vielleicht aus Spanien her, wo, wie wir oben gesehen haben, selbst in Madrid die Errichtung solcher Bequemlichkeiten bis in die Mitte des siebzehnten Jahrhunderts unbekannt war.

Die Haltung beim Harnen.

Bei den Apache-Indianern hocken sich die Männer beim Pissen stets nieder, während die Frauen dagegen aufrecht stehen. Giraldus Cambrensis berichtet von den Irländern: „Praeterea viri in hac gente sedendo, mulieres stando, urinas emittunt". [4]

Ich sah im Jahre 1883 zu Rom in der Straße bei der Kirche San Pietro in Vinculis am hellen Tage eine Frau aus den niederen Ständen ihr Bedürfnis in dieser Weise

---

[1] Fosbroke, British Monachism, nach einer Anführung aus „Specimen Monachologiae". (Nachdem er seine Kutte aufgehoben hat, kackt und pisst er ohne sich durch etwas abhalten zu lassen, den Hintern dann mit seinem Strick abwischend.) — [2] Muhongo, ein afrikanischer Knabe, nach der Übersetzung von Chatelain. — [3] Catull, Gedicht 23, Zeile 16—23. [Bei Bourke, S. 148, ist irrtümlicherweise Martial als Verfasser genannt. — „Dir fehlt der Schweiß und fehlt der Speichel, der Rotz und der böse Schnupfen. Zu dieser Reinlichkeit nimm aber eine noch feinere hinzu: daß nämlich Dein Hinterer noch sauberer als ein Salzfäßchen ist und daß Du im ganzen Jahre nur zehnmal kackst und das ist dann härter als Bohnen und Steinchen; und wenn Du das mit den Händen abputzest und abreibst, kannst Du Dir niemals die Finger verschmieren. I.]. — [4] Giraldus Cambrensis, Opera, edited by James Dimock und published under the direction of the Master of the Rolls (Oberarchivar), London 1867, V, S. 172. — Übrigens lassen bei diesem Volke die Männer im Sitzen, die Frauen im Stehen ihr Wasser.

verrichten. In den Straßen von Paris konnte man Französinnen sehen, die ihr Bedürfnis verrichteten, wobei sie sich über den Rinnstein stellten.[1]

„Bei den Türken gilt es als eine Ketzerei im Stehen zu pissen".[2]

„Die Ägypter sind . . . . in ihren Sitten und Gebräuchen gerade umgekehrt, wie alle andern Völker . . . . . die Weiber lassen ihren Harn im Stehen und die Männer im Sitzen".[3]

Karl Lumholtz teilt gleichfalls mit, die australischen Ureinwohner hockten sich zum harnen nieder, die Frauen dagegen besorgten dies stehend, doch war er in dieser Hinsicht seiner Sache nicht ganz gewiß.[4]

„Während bei den Indianern Nord- und Mittelamerikas und auch wohl in Südamerika, ebenso wie bei den alten Ägyptern, die Männer im allgemeinen in Hockstellung harnen, die Weiber aber stehend, scheinen, soweit meine Beobachtung reicht, in Polynesien die Männer stehend zu harnen, in Melanesien bald in der einen, bald in der anderen Art... nach einer Angabe tun es die Weiber in West-Neu-Pommern hockend, während es die Männer hier stehend tun".[5]

„Die Isthmus-Indianer und die Karaiben harnen hockend, und zwar Männer und Weiber. Auch die Chinesen harnen hockend, während in Deutschland die Weiber vom Lande, mindestens stellenweise, stehend harnen, wenn sie sich unbeobachtet glauben; ich selber habe dies in Pommern, in der südlichen Rheinprovinz und im Elsaß gesehen. — Zur Zeit des alten arabischen Reisenden Soleiman harnten die Chinesen stehend, während sie es jetzt — wenigstens jetzt nach meinen Beobachtungen in Nordchina und der Kanton-Swatan-Gegend — in der Hauptsache in der Hockstellung tun. Die Moslimen harnen hockend".[6]

„In seinen „Gli amori degli uomini" beschreibt Mantegazza das Aufschlitzen der männlichen Harnröhre, wie es bei den australischen Stämmen ausgeübt wird und bemerkt dabei: „Um zu harnen, hocken sie nieder, erheben den Penis ein wenig und tun es wie die Frauen; die Australierinnen dagegen harnen stehend". (Es handelt sich anscheinend um Anführungen aus einer Abhandlung von Miklucho-Maclay). Bei den Kaffern usw. in der Kapkolonie ist der gewöhnliche Brauch, wie ich erfahren habe, von dem unsrigen nicht verschieden".[7]

---

[1] Nach einer Mitteilung von W. W. Rockhill. [Ich habe dieselbe Beobachtung gemacht, auch Frauen gesehen, die sich an Bäume stellten oder die öffentlichen Pissoirs für Männer aufsuchten. Das war 1895. I.]. Dieses Schauspiel konnte man auch in Wien täglich genießen, ehe man öffentliche Kack- und Pisshäuser für Männer und Frauen für Gemeindekosten errichtet hatte. Nach Polizeivorschrift muß jeder Kaffeesieder und Wirt seinen Abort für jeden Passanten offen halten und die Hausbesorger sind verpflichtet, jedem Fremden der ins Haus tritt, unentgeltlich den Schlüssel zum Scheißhäusl auszufolgen. In russischen, galizischen, ungarischen und vollends in christlichen kleineren Ortschaften auf dem Balkan, muß man sich an die öffentlichen Kack- und Pissdarbietungen gewöhnen und Obacht geben, daß man nicht in den Gestank hineintrete. — [2] Harington, Ajax, in dem Kapitel: Ulisses on Ajax, S. 43. — [3] Herodot, 1, 35. — [4] Among Cannibals, New-York 1889. Ist auch verdeutscht erschienen: Unter Menschenfressern. Eine vierjährige Reise in Australien, Hamburg 1892. — [5] Dr. Georg Friederici, Beiträge zur Völker- und Sprachenkunde von Deutsch-Neu-Guinea. Mitteil. aus den Deutschen Schutzgebieten, herausg. von Dr. H. Marquardsen, Berlin 1912, S. 61. — [6] S. 62, Anm. mit Verweis auf Reinaud, Relation des Voyages etc. dans l'Inde et à la Chine, Paris 1845, I, S. 118—119; II, S. 51. — [7] Briefliche Mitteilung von Havelock Ellis, dem Herausgeber der Contemporary Science Series, aus Red Hill, Surrey, vom 8. Oktober 1889. Havelock Ellis hat dem Verfasser noch vielen sehr wertvollen Stoff geliefert, namentlich aus den älteren Dramatikern, Reiseschriftstellern und anderen, was bereits nach Anführungen aus den Quellenschriften beigebracht worden ist. [Mantegazza's Buch ist deutsch erschienen unter dem Titel: Die Geschlechtverhältnisse des Menschen, Berlin o. J. Die Angaben über die oben erwähnte, sogen. Mika-Operation finden sich auf Seite 162ff; sie stammen zum großen Teil aus der Zeitschrift für Ethnologie, 1880, Verhandlungen S. 85. Die Mika-Operation ist nach

„Sieh da, mit welchem Knirschen sie den Hieb
Ausführt, den eben angedeuteten!
Von welcher Last des Helmes sie gebeugt
Wird, aus wie dichtem Bast sich an ihr Bein
Die Hose schmiegt — und lache, wenn sie dann
Die Waffen ablegt und ein Scaphium
Zur Hand nimmt".[1]

Den tibetischen Nonnen ist es verboten, gewisse Haltungen einzunehmen, ebenso den Mönchen.

„Du sollst nicht stehend ein Bedürfnis befriedigen, außer wenn Du krank bist; das ist eine Regel, die man lernen muß".[2]

„Aesop, jener große Mann, sah seinen Herrn während des Gehens Wasser lassen. „Ei ei!" sagte er, „müssen wir denn düngen, wenn wir gehen?"[3]

Von den bei den Serben geschätzten Vilensprüchen führt Krauss an: Ti ne seri gje te svijet glegje = Kack nicht, wo Leute zuschauen; ti s ne mokri kada putem igješ jer ćeš gaće sebi pomokriti = piß nicht, wenn du auf dem Wege einherschreitest, denn du wirst dir die Hosen benässen.[4] Der wahre Grund des Verbotes ist wohl der, den Krauss anderswo anführt, daß man sich scheut, über fremden Harn hinwegzuschreiten, weil man sich einen Hautausschlag zuziehen könnte (ograisati). Die Hellenen kannten fast gleichlautende Piß- und Kackgebote und -Verbote, wie die Serben.[5]

Die Lazzaroni von Neapel sind in allen diesen Beziehungen viel gemeiner, als die wildesten Maori, Beduinen oder Apache-Indianer, wie ich nach eigenen, sehr unangenehmen Beobachtungen behaupten kann.

„Man darf ganz ruhig sagen, daß die Bewohner von Cadiack, wenn wir die Frauen während der monatlichen Reinigung und während des Kindbettes ausnehmen, auch

den Angaben der Eingeborenen uralt; ob sie religiösen Ansichten ihr Dasein verdankt, läßt sich nicht behaupten, wenigstens ist heute keine Zeremonie irgend welcher Art damit verbunden. Daß aber etwas Besonderes in der Operation gesehen wird, geht daraus hervor, daß der Mann, der sich ihr unterzogen hat, ohne Schamhülle im Lager und vor den Frauen erscheinen darf. Das Heiraten ist den Operierten gestattet; seitens der Eingeborenen wird mit der Mika auch durchaus nicht die Idee verbunden, daß dadurch die Befruchtung beim Coitus unmöglich gemacht werden solle, wie man früher allgemein annahm. Vergl. Stoll, Das Geschlechtleben in der Völkerpsychologie, Leipzig 1908, S. 529. I.]. Am eingehendsten handelt darüber mit der bei ihm gewohnten Gründlichkeit, F. Karsch-Haack, Das gleichgeschlechtliche Leben der Naturvölker, München 1911, S. 45 – 87 mit 5 Abbildungen.

[1] Juvenal 6, V. 261 – 264. [Bourke führt diese Stelle nach Drydens sehr freier englischer Übersetzung an. Nach dieser schließt die Beschreibung des Mannweibes, die sich mit Gladiatorenkünsten abgibt: „Call for the pot and like a man piss out". „Like a man" ist freie Zutat Drydens; die obige Übersetzung von Hilgers gibt den Sinn des Originals viel besser wieder. Juvenal will offenbar gerade das Gegenteil sagen: „Sie gibt sich mit Waffenspielen wie ein Mann ab und schließlich pisst sie wie ein Weib in ein Becken" (Scaphium). Das ist eben das Lächerliche, das der Dichter hervorheben will, denn ein Mann hätte das Becken nicht nötig. Die Stelle beweist also nicht, was sie nach Bourke beweisen soll. I.) — [2] Pratimoksha Sutra 110, 111, nach der Übersetzung von W. W. Rockhill, Paris 1884. — [3] Planudes, angeführt bei Montaigne, Essays, Hazlitts Übersetzung, New-York 1859, III, S. 467. (Die Stelle steht bei Montaigne in den Essais, III, Kap. 13, vorletzter Absatz. Die englische Übersetzung, nach der sie bei Bourke angeführt ist, trifft nicht den Sinn des Originals. Dort heißt es: Esope, ce grand homme, veid son maistre qui pissoit en se promenant: „Quoy doncques! feit il, nous fauldra il chier en courant?", zu Deutsch: „Ei ei! müssen wir beim Laufen kacken?" (wenn wir nämlich im Gehen pissen). Dieser Witz ist in der englischen Übersetzung verloren gegangen. I.) — [4] Krauss, Volkglaube und religiöser Brauch der Südslaven. Münster i. W. 1890, S. 83, dazu Nr. 6 u. 7 auf S. 84. — [5] Vrgl. die Belegstellen in Le Nouveau Merdiana ou Manuel Scatologique par une Société de Gens sans gêne. A Paris 1870, p. 19 sq.

nicht den geringsten Sinn für Reinlichkeit haben. Sie gehen auch nicht einen einzigen Schritt aus dem Wege, um die dringendsten natürlichen Bedürfnisse zu verrichten; für die Aufnahme des Harns sind unmittelbar vor den Türen der Häuser Gefäße aufgestellt, deren sich die beiden Geschlechter unterschiedlos bedienen".[1]

(Eskimos.) „Wegen des Kotes und des Mangels an frischer Luft herrscht im Innern der Hütten ein fast unerträglicher Gestank".[2]

In der Schweiz harnen alte Frauen im Stehen, namentlich bei kaltem Wetter.[3]

In Angola, West-Afrika, harnen Männer im Stehen, Frauen derselben Stämme im allgemeinen gleichfalls stehend, obwohl es auch einige Ausnahmen gibt. Hierbei muß man daran erinnern, daß die Jesuiten in dieser Gegend über zweihundert Jahre lang ihre Missionen hatten und man daher erwarten sollte, daß ein gewisser Einfluß auf die Anschauungen des Volkes bemerkbar sein müßte, sowohl im Hinblick auf diese geistlichen Dienste als auch auf die Besitzergreifung des Landes durch die Portugiesen.

Gomara sagt über die Indianer von Nicaragua: „Mean todos do les toma la gana, — ellos en cuclillas y ellas en pie".[4]

Die Mojaven am Rio Colorado richten sich nach derselben Regel, wie die Apachen.

In Ounalashka sind die Häuser durch Querwände abgeteilt. „Jeder Teil hat einen besonderen hölzernen Behälter für den Harn, den sie zum Färben des Grases und zum Waschen der Hände gebrauchen; sie spülen aber die Hände im Wasser ab, nachdem sie sie in dieser Weise gereinigt haben".[5]

Dr. Porter teilte dem Verfasser mit, er habe oft gehört, wie der Polarforscher Dr. Hayes von der Neigung der Eskimos an der Ostküste von Grönland gesprochen habe, den Graben nach der Hütte als Latrine zu benutzen. Er versuchte vergebens, diesen Brauch bei den ihn begleitenden Eskimos zu verhindern, kam jedoch zu der Ansicht, daß sie einen gewissen Stolz darein setzten, in die Augen fallende Spuren ihrer Anwesenheit zu hinterlassen.

Wegen der Gelegenheiten zum Harnen unter den Eskimos vergleiche man die Bemerkungen aus Egede, Egede Saabye und Richardson im Abschnitt „Gewerbebetriebe" dieses Buches.

„Es ist niemandem gestattet, vom Tische aufzustehen, um sein Wasser zu lassen, sondern zu diesem Zwecke wartet die Tochter des Hauses oder ein anderes Mädchen oder eine Frau immer bei Tisch auf; sie geben acht, ob ihnen jemand zuwinkt; demjenigen, der ihr zuwinkt, reicht sie den Kammertopf unter dem Tische eigenhändig hin; die übrigen grunzen unterdessen laut wie die Schweine, damit man das Geräusch nicht hören kann. Nachdem das Wasser weggegossen ist, wäscht sie das Gefäß aus und bietet ihre Dienste demjenigen an, der bereit dazu ist. Und wer diesen Gebrauch verabscheut, der wird für unhöflich gehalten".[6]

Stellers Bericht zeigt, daß die Bewohner von Kamtschatka zu seiner Zeit keine regelrechten Aborte hatten.

„Die Hunde stehlen Nahrungmittel so oft sie können und fressen sogar ihre Zugriemen auf. In ihrem Beisein ist niemand in der Lage, ein natürliches Bedürfnis zu verrichten, wenn er sich nicht mit einem tüchtigen Knüttel versieht, um sie sich vom

[1]) Lisiansky, Voyages, S. 214, auch angeführt bei Bancroft, Native Races of the Pacific Slope, I, S. 81. — [2]) Elie Réclus, Les Primitifs, Paris 1885, „Les Inoïts Orientaux". — [3]) Nach einer Angabe Chatelains, der eingeborener Schweizer ist, jetzt protestantischer Missionar in Angola. — [4]) Gomara, Historia de las Indias, S. 283. Sie pissen, wie es gerade der Zufall fügt, die Männer im Hocken, die Frauen im Stehen. — [5]) Sarytschew, in Phillip's Voyages, London 1807, VI, S. 72. — [6]) Dittmar Bleecken's Voyage to Iceland and Greenland (im Jahre 1565) bei Purchas, I, S. 636 ff.

Leibe zu halten. Sobald er aber fortgeht, stürzen die Hunde auf die betreffende Stelle los und unter vielem Knurren und Schnappen sucht ein jeder das Abgelegte zu erhaschen".[1]

Unter den Eskimo-Legenden gibt es eine Erzählung von einem Waisenknaben, den man dazu mißbrauchte, daß er das große Harngefäß aus der Hütte hinaustragen mußte. Damit wäre der Nachweis erbracht, daß diese Gefäße schon seit sehr alter Zeit Verwendung fanden.[2]

In der Stadt Bogota in Columbien, Süd-Amerika, harnen die niederen Klassen öffentlich auf den Straßen; in der Stadt Mexiko herrschte bis vor kurzem dieselbe Sitte.

In der Abhandlung über den Schlangentanz der Mokis von Arizona habe ich verschiedene Angaben gemacht über die Sitte der Mokis, der Zuñis und anderer Pueblo-Stämme, den Harn in irdenen Gefäßen zu sammeln. Dies geschah zu dem Zwecke, diese Flüssigkeit aufzuheben, um sie zum Färben der Wolle zu verwenden, aus der sie ihre Decken und andere Kleidungstücke machten. Ich wies jedoch darauf hin, daß für solche Notfälle, die sich daraus ergeben konnten, wo die gewöhnlichen Behältnisse nicht erreichbar waren, ein besonderer Platz bestimmt war. So gab es in der Stadt Hualpi, auf der östlichen Hochebene in der nordöstlichen Ecke des Territoriums Arizona, einen Winkel, der so andauernd und während so langer Zeit benutzt worden war, daß der Strahl, der von der Wand herunterlief, in dem weichen Sandsteinboden einen Kanal ausgewaschen hatte. Dies würde als Beweis dienen können, daß die Stelle seit einer langen Reihe von Jahren zu diesen Zwecken gedient hatte.

Latrinen irgend einer Art scheinen unter den Eingeborenen Australiens im Gebrauch gewesen zu sein, wenn wir die Ausdrücke, die A. Brough Smyth gebraucht, wörtlich auslegen sollen. Man kann die Stelle im Abschnitt von den „Mythen" nachlesen. Die Tonga-Insulaner sollen nach den Berichten bei den Begräbnisfeierlichkeiten ihrer großen Häuptlinge Latrinen gehabt haben. Man findet die Angaben im Abschnitt von den „Begräbnisfeierlichkeiten".

Karl Lumholtz konnte unter denjenigen Australiern, die er besuchte, keine Latrinen irgend welcher Art beobachten.

Bei den Chinesen „ist es bei den Fürsten und auch beim Volke gebräuchlich, das Wasser im Stehen zu lassen. Leute von hohem Range, ebenso auch die Vizekönige und die höheren Beamten, haben vergoldete Bambusrohre, die eine Elle lang und durchbohrt sind; sie gebrauchen sie jedesmal, wenn sie Wasser lassen, wobei sie die ganze Zeit lang stehen; und auf diese Weise leitet die Röhre das Wasser eine ziemliche Entfernung von ihnen weg.[3] Die Chinesen sind der Meinung, alle Schmerzen in den Nieren, der Harnzwang und selbst die Blasensteine entständen daraus, daß man das Wasser in sitzender Stellung läßt; und daß die Nieren sich von ihrer Flüssigkeit nur dann vollkommen befreien können, wenn man sie im Stehen entleert. Auf diese Weise trägt diese Haltung in ganz außerordentlicher Weise zur Erhaltung der Gesundheit bei".[4]

Die Perser „dürfen vor einer überhängenden Mauer oder in einem Zimmer, in dem sich ein Nachttopf befindet, keine Gebete verrichten".[5]

Auf den Sandwichinseln wird jeder Mann, dessen Schatten auf einen Häuptling gefallen ist, getötet.[6]

„Diese Eingeborenen (im östlichen Sibirien) bewahren stets den Harn der ganzen Familie zum Gebrauche in ihrer Häuslichkeit auf; er ist in einem großen Kübel oder

---

[1] Steller, übersetzt von Bunnemeyer. — [2] Franz Boas, The Central Eskimo, im: Sixth Annual Report des Bureau of Ethnology, Washington 1888, S. 631. — [3] Dies erinnert an den bereits besprochenen Abscheu der Moslimen vor Harnspritzern an ihrem Körper oder an ihrer Kleidung. — [4] The Travels of Two Mahometans through India and China, bei Pinkerton; VII, S. 215. — [5] Benjamin, Persia, London 1887, S. 444, unter Anführung aus dem Buche Shahr. — [6] Vergl. Frazer, The Golden Bough, I, S. 100.

Halbfasse untergebracht, den man sich von den Walfischfängerschiffen verschafft oder unter den von der Meerströmung an der Küste angetriebenen Gegenständen findet. Wenn das Wasser warm aus dem Leib kommt, benutzen sie es zum Reinigen der Hände; den Ansatz von Harnsalzen, der sich am oberen Rande ihrer Senkgrube ansammelt, verwenden sie zum Einreiben des Leibes, um das Ungeziefer zu töten . . . Die Gewohnheiten dieses Volkes sind im höchsten Grade schweinisch . . . Sie schienen gegen eine nahe Berührung mit menschlichem oder tierischem Kot nicht die geringste Abneigung zu hegen".[1]

Van Stralenberg berichtet von den Koräken: „Für die Verrichtung ihrer Notdurft gebrauchen sie einen Kübel, den sie in der Hütte bei sich haben und wenn er voll ist, tragen sie ihn hinaus; und sie verwenden denselben Kübel, um für andere Zwecke reines Wasser darin hereinzutragen".[2]

Im Abschnitt von der Zauberei werden wir im vorliegenden Werke Angaben darüber beibringen, daß die Lappländer beim Abbrechen ihres Lagers streng darauf hielten, den Kot ihrer Renntiere in allen denjenigen Fällen zu verbrennen, in denen einige von diesen Tieren an einer Krankheit gestorben waren; ebenso wird berichtet, daß die Auswanderer, die aus den Staaten Missouri und Arkansas nach Kalifornien kamen, die sonderbare Gewohnheit hatten, aus irgend einem unbekannten Beweggrunde ihren eigenen Kot im Lagerfeuer zu verbrennen.

(Neger der Goldküste in Afrika). „Wenn sie ihre Notdurft verrichten wollen, gehen sie gewöhnlich morgens vor die Stadt hinaus, wo für diesen ausdrücklichen Zweck ein Platz für sie zurecht gemacht ist, damit man sie nicht sehen kann und damit auch Leute, die vorübergehen, durch den Geruch nicht belästigt werden sollen. Sie halten es auch für etwas sehr Schlechtes, daß sich jemand auf den Erdboden entleert und deshalb machen sie Häuser, die sich über dem Erdboden erheben, und entleeren sich auf deren Boden, und jedesmal, wenn sie dies tun, wischen sie sich ab; sonst gehen sie auch an den Rand des Wassers und entleeren sich in den Sand. Und wenn diese Abtritthäuser voll sind, dann stecken sie sie in Brand und lassen sie zu Asche verbrennen; sie pissen in Strahlen, wie es die Hunde tun und nicht alles zu derselben Zeit auf einmal".[3]

Über Aborte usw. sind in den Anthropophyteien folgende Angaben enthalten:

Die Abessinier benützen nach Friedrich J. Bieber als Abtritt teils im Innern ihrer Wohnhäuser gegrabene schmale Gruben oder — wie die Hellenen die Umgebung ihrer Tempel — den ersten besten freien Platz, wobei sie sich verhüllen. Die Bauern verrichten ihre Notdurft womöglich auf ihren Feldern (V, 51).

Bei den Serben kommen Aborte so gut wie gar nicht vor. Auf den Dörfern stehlen sich sowohl klein als groß, sowohl Mann als Frau, alt und jung, Gesunde und Kranke von den andern weg und verrichten ihre Notdurft irgendwo an einem versteckten Platze, z. B. hinterm Hause, oder hinterm Heuschober. Es kommt aber auch vor, daß sich einer nicht grade viel verbirgt, vielmehr dies Geschäft frank und frei besorgt, wo ihn der Drang befällt: im Obstgarten, im Blumengarten, auf der Tenne, nahe am Brunnen, vor dem Hause und auch gleich just neben der Hausschwelle. Im Winter heizt der Bauer ununterbrochen und wenn es ihn hinaustreibt, namentlich nachts, geht er erhitzt und schwitzend hinaus und erkältet sich. Im Sommer erstickt und vergiftet sich der Bauer sozusagen in seiner eigenen Unreinlichkeit. Jene Haufen überall zerstreuten menschlichen Unflats machen sich überall mit ihrem Gestank bemerkbar. Durch Hineintreten verschleppt das Hausgesinde Krankheiten, die Schweine wühlen darin herum, starker Regen schwemmt den Unrat in die offenen Brunnen: das alles geniert den Bauern nicht, obwohl ihm die

---

[1] Briefliche Mitteilung des Oberingenieurs Melville von der Marine der Vereinigten Staaten. — [2] Histori-Geographical Description of the North and East Parts of Europe and Asia, S. 397. — [3] Master Richard Jobson, Gold Coast of Africa, (aus dem Jahre 1620), bei Purchas, II, S. 932.

Gesundheitschädlichkeit bekannt ist, sodaß er sich z. B. beim Auftreten der roten Ruhr ängstlich hütet, mit bloßen Füßen in Unrat zu treten. (V, 273 f).

Chrowotische und serbische Bäuerinnen pissen gewöhnlich stehend mit ausgespreizten Beinen; die Chrowotin kackt zuweilen auch stehend, die Serbin ausnahmlos hockend. Die Bäuerinnen gehen gewöhnlich zu mehreren zugleich ihre Notdurft verrichten und laden einander dazu durch Augenzwinkern ein. Beim Kacken plauschen sie sich am liebsten aus. Krauss hatte zweimal Gelegenheit, slavonischen Zigeunerinnen zuzuschauen, wie sie mit ihrem Kind auf den Hüften hinter dem Mann einhergehend und mit ihm im Gespräch, den Dreck von sich fallen ließen.

Es ist nicht gut, zu scheißen und zu essen, denn davon wird Dir die Seele stinken. Beim Sonnenuntergang ist es am gefährlichsten, sich zum Scheißen auf den Misthaufen zu begeben, denn da kann der Mensch bös abschneiden. Man hat eben Furcht vor bösen Geistern. Aus diesem Grunde ist es auch nicht ratsam, dorthin zu gehen, wo die Weiber Wäsche auslaugen, oder sich nachts um die elfte oder zwölfte Stunde auf den Hof zu begeben. Man soll auch nicht den Düngerhaufen oder den Holzplatz verunreinigen; auf dem Holzplatze würde man einen Hautausschlag davontragen. Wenn man aber nachts durchaus hinaus muß, dann hat man verschiedene Mittel, um sich gegen böse Einflüsse zu schützen. Man wirft entweder einen Nagel vor sich hin, oder man nimmt Brod und Salz mit sich hinaus. (V, 276 ff: Von der Defaekation in Glauben, Sitte und Brauch der Südslaven, woselbst man noch eine große Menge des hierher gehörigen Stoffes finden wird).

In Neuvorpommern und auf der Insel Rügen gibt es wenige Sprichwörter, Lieder oder Verschen, die auf das Sexualleben Bezug haben. Die Volkphantasie beschäftigt oder beschäftigte sich früher augenscheinlich mehr mit dem Akte der Defäkation als mit dem der Kohabitation. Das hat seinen Grund wohl darin, daß in den Häusern des niederen Landvolkes Aborte ein unbekannter Luxus waren und es zum Teil noch sind. Man ging einfach hinter das Haus oder den Stall und erleichterte sich. Der Anblick eines oder einer Defäzierenden war daher so häufig, daß man es kaum noch als unanständig empfand. Darum existieren allerhand meist sehr witzlose Redenarten, die mit derartigem im Zusammenhang stehen, usw. (C. F. von Schlichtegroll, VII, 216 f).

(Abessinien). Die Defäkation vor andern zu verrichten, gilt (nach Bieber) bei den Harari, wie bei den Galla von Harar und den Somal als Schande. In keinem Fall darf man dabei essen. Die Männer und die Frauen waschen sich sowohl nach der Defäkation als auch nach der Miktion die betreffende Partie. Ohne Gefäß mit Wasser geht kein Moslim an die Defäkation. Da nun, so auf der Reise, nicht immer Wasser zur Hand ist, muß ein Stein oder Sand genügen. Nach der Miktion wird gewöhnlich in diesem Falle die Eichel mit dem ersten besten Stein gerieben. Diese figürliche Waschung wird auch mitunter coram publico und immer mit der rechten Hand vorgenommen, während die linke Hand, die den Moslimen als unrein gilt, das Glied hält. Diese Waschungen werden jedoch nur von den Moslimen vorgenommen. Die Christen und zwar weder die Männer noch die Frauen waschen sich nach der Defäkation. Nur wenn es not tut, reinigen sie sich mit einem Stein oder einem Blatte. Frägt man eine Christin, ob sie sich wäscht, so wird sie gewöhnlich entrüstet antworten, daß sie keine Moslimin sei. (VII, 231) —

Bei den Juden des Altertums gab es einen besonderen Dämon des Abortes, gegen den man folgenden Spruch gebrauchte: „Auf dem Haupte des Löwen und auf der Nase der Löwin fand ich Schidai bar Scherika Panda. Ich stürzte ihn in ein Kressenbeet und schlug ihn mit einer Eselkinnlade".[1] Wenn jemand seine Notdurft nicht ver-

---

[1] Blau, das altjüdische Zauberwesen, Straßburg 1898, S. 76.

richtet, wird er vom bösen Geist (Ruach raah) ergriffen (Sabbath 82 a). Die Aussprüche über die Notdurft im Talmud gehören zum weitaus größten Teil den Babyloniern an, wo die Lehre über diesen Gegenstand unzweifelhaft unter persischem Einfluß ausgebildet wurde. [1]

Das Weib Rabas machte, wenn er seine Notdurft verrichtete und infolge des unreinen Orts der Gefährdung durch die Dämonen ausgesetzt war, ein Geräusch durch das Schütteln einer Nuß in einem kupfernen Becken (Berachot 62 a). Aus demselben Gedankengange heraus klingelte Rabba ben Huna beim Koitus mit den Schellen (Nidda 17 a b). Raschi meint, um die Hausleute zu vertreiben, wogegen Tosafoth mit Recht einwenden, ein solches Verfahren sei nicht sittsam. Das Klingeln sollte wohl die bösen Geister vertreiben. [2]

„Es ist bei den Melanesiern eine vom Glauben diktierte Sitte, alle Abfälle und allen Unrat, der von ihrer Person herstammt und greifbar ist, zu vernichten oder sorgfältig zu verbergen. Während der Melanesier in seiner Unberührtheit, soweit mir bekannt, nicht die geringste Scham hat, die Geschlechtteile sehen zu lassen, ist er zum Teil außerordentlich verschämt und scheu inbezug auf den Anus und vermeidet es durchweg, sich beim Defäzieren sehen zu lassen. Die Folge von alledem ist die, daß sich im Innern bei den Buschleuten ein jeder in aller Frühe weit fort und ungesehen an einen abgelegenen Ort begibt, während bei den Uferleuten ebenso in aller Frühe eine allgemeine Wanderung an den Strand stattfindet, aber doch so, daß der eine möglichst weit ab vom Nachbar ist. Stellt man sich selber früh ein, so hat man jeden Morgen dasselbe liebliche Bild. Dicht am Strand, so nahe am Wasser, daß die auslaufenden Brecher die Füße berühren, hocken, etwa von 50 zu 50 m oder mehr von einander getrennt, mit dem Rücken nach der See eifrig beschäftigte Kanaker, während Wellen und Hunde dabei sind, mit dem aufzuräumen, was die bereits Zurückgekehrten als Andenken zurückgelassen haben. Genau so machten es nach Wafer [3] die Isthmus-Indianer Amerikas, wo Männlein und Weiblein in den Fluß pilgerten, um bei dieser Gelegenheit nicht gesehen zu werden. Sehr ängstliche Leute, oder solche, die glauben, daß ihnen Gefahr drohe, bleiben auch wohl wartend stehen, bis die Wellen ihre Exkremente aufgelöst haben. Nach G. Brown sollen in Neu-Mecklenburg sogar Leute in ihre Hände defäzieren, um dann ihren eigenen Kot in die See zu tragen und ihn so sicherer Auflösung preiszugeben. [4] Zur Reinigung des Gesäßes bewaffnet sich der Melanesier von West-Neu-Pommern mit einem kurzen, etwa fingerdicken Stöckchen, mit dem von vorn nach hinten fahrend, der Anus gereinigt wird. Es wird dann ebenfalls in die See geworfen. Die Melanesier halten ihre Art zu defäzieren nicht nur für die sicherste gegen Bezauberunggefahr, sondern auch für eine sehr reinliche". [5]

[1] A. a. O., S. 13. — [2] A. a. O., S. 160. — [3] Wafer, A New Voyage and Description of the Isthmus of America, Cleveland 1903, S. 138. — [4] Brown, Melanesians and Polynesians, London 1910, S. 184. — [5] Dr. Georg Friederici, Beiträge zur Völker- u. Sprachenkunde von Deutsch Neu-Guinea, Berlin 1912, S. 62.

XXI. Eine Untersuchung von Art und Wesen der mit dem Bel-Phegor-Kulte verbundenen Gebräuche.

Man wird kaum jemals ganz genau feststellen können, welche Gebräuche man im Ritual des Bel-Phegor von den Anbetern vor dem Altar verlangte. Es würde daher in einer Abhandlung, wie der vorliegenden, kaum von irgend welchem Nutzen sein, wollte man es versuchen, das Vorhandensein der unzüchtigen Gebräuche, die einen Teil seines Kultes ausgemacht haben sollen, zu bejahen oder abzuleugnen; für unsere Zwecke genügt es, für diejenigen, die darüber nachdenken wollen, die Zeugnisse für die beiden Seiten der Streitfrage beizubringen. Wir lernen daneben auch noch Gründe kennen, für den Glauben, daß man Blähungen als Opfer darbringen konnte und sehen, daß es wunderliche Sitten gibt, die man ihrer Natur nach unter die Überlebsel religiöser Zeremonien einreihen muß, die nicht sehr weit von denjenigen entfernt sind, die mit den Kultgebräuchen des Bel-Phegor verbunden gewesen sein sollen.

Ein älterer Schriftsteller machte die zutreffende Bemerkung: „In nichts anderem sind die Menschen sosehr ihrer Vernunft verlustig gegangen, als in ihrer Religion, in der Steine und alte Lappen Märtyrer darstellen; und da die Religion des einen dem andern als Verrücktheit vorkommt, so braucht man nicht die Rücksichtslosigkeit des Lesers zu befürchten, will man eine Schilderung oder eine Erklärung alter Kultgebräuche geben".[1]

„Der Furz war eine Gottheit der alten Ägypter; sie war die Verkörperung einer natürlichen Verrichtung. Man stellte sie als ein Kind dar, das niedergehockt war und Anstrengungen zu machen schien und man kann Abbildungen davon in den Werken über Altertümer sehen. Das Gedicht von Calotin mit der Überschrift „Le Conseil de Momus" (worüber näheres unter „Polygraphes") gibt gegenüber Seite 19 zwei Figuren dieses Gottes wieder. Die eine bestand aus dreifarbigem Karneol, die andere war aus gebranntem Ton und befand sich in der Sammlung des Marquis de Cospy; eine Abbildung davon ist im „Museum Cospianum" gegeben worden. Der Verfasser der „Dissertation sur un ancien Usage" (man vergleiche Nr. 18) bestreitet, daß diese Figuren mit dem Gotte Crepitus etwas zu tun haben und glaubt, sie seien zu einem solideren Zwecke erfunden worden.

„Bei Minutius Felix machen wir die Bekanntschaft des Crepitus, der, wenn er auch bei den Ägyptern wirklich verehrt worden sein sollte, vielleicht nur ein Zerrbild war, das ein Spötter jener Zeit ausgedacht hatte. Ménage versichert jedoch, daß die Einwohner von Pelusium den Furz anbeteten; er sagt, daß Baudelot hierfür in den Ausgaben seines ersten Bandes den Nachweis erbracht habe und daß er auch eine Figur des Gottes besaß.[2]

„Einige Altertumforscher haben geglaubt, den Gott Crepitus der Römer mit Bel-Phegor, Baal-Phegor oder Baal-Peor, dem syrischen Gotte vergleichen zu können, denn Phegor hat, wie man versichert, im Hebräischen diese Bedeutung. (Origenes contra Celsum; Minutius Felix). Aber in Bezug auf die zuletzt genannte Gottheit stimmen die Ansichten der Gelehrten sehr wenig überein.

---

[1] Sir Thomas Browne, Religio Medici, in der Bostoner Ausgabe von 1868, S. 329, Artikel Urn-Burial. — [2] Vergl. Menagiana, 1697, Nr. 397; St. Hieronymus sagt dasselbe in seiner Erklärung von Jesajas 13, 46; vergl. ferner Klotz, Act. littéraires, V, Teil 1, 1; Elmenhorst zum Octavius von Minutius Felix; Mythologie von Banier, I; Montfaucon, l'Antiquité expliquée, III, Teil 2, S. 336. [Das Werk von Baudelot hat den Titel: L'utilité des Voyages … par M. Baudelot d' Airval, Paris 1693, 2 vol. I.] Nach Ansicht des Verfassers der Dissertation Sur un ancienne usage. Le nouveau Merdiana etc., Paris 1870, p. 35 sq. ist der Deus Crepitus eine Erfindung der Archäologen, die da mißverständlich römische Statuetten ihre Notdurft verrichtender Männer als Götterbilder deuteten.

„Origenes, St. Hieronymus, Salomon Ben Jarchi schreiben ihm eine Bedeutung zu, die ihn einer Anführung in unserem Verzeichnisse gänzlich unwürdig machte; aber Maimonides (More Nebuchim, Kap. 46) und Salomon Ben Jarchi (Comment. 3 zum 4. Buch Mosis Kap. 25) behaupten doch, daß sein Kult nicht gerade unzüchtig, wohl aber schmutzig war, und die Übersetzer dieser Rabbiner sagen, um die bedeutendste Einzelheit der feierlichen Handlungen auszudrücken, die zu Ehren des syrischen Gottes stattfanden: Distendere coram eo foramen podicis et stercus offere.

„Hierbei denke man noch daran, daß die Fürze bei den Griechen von guter, bei den Römern von schlechter Vorbedeutung waren.[1])

„Heute glaubt jeder, daß die Rabbinen bei den Angaben, die sie von Baal-Peor machen, lediglich ihrer Einbildungskraft freies Spiel gelassen haben; sie erfanden das Geschichtchen als wunderliche Erklärung des Namens".[2])

Die Bibliotheca Scatologica, aus der wir schon mehrfach Anführungen gebracht haben, ist eine merkwürdige Sammlung von Gelehrsamkeit. Der Name des Verfassers oder der Ort der Veröffentlichung konnte nicht entdeckt werden, das Buch scheint aber von Giraudet und Jouaust, 315 Rue Saint Honoré zu Paris gedruckt worden zu sein, vorausgesetzt, daß das kein angenommener Titel ist. In diesem Werke findet sich ein Verzeichnis von nicht weniger als einhundert und dreiunddreißig Abhandlungen über den Furz, einige wunderlich, einige gemein und eine oder zwei von seltsamer Gelehrsamkeit.

Nr. 88 führt den Titel: Éloge du Pet, dissertation historique, anatomique et philosophique sur son origine, son antiquité, ses vertus, sa figure, les honneurs qu'on lui a rendus chez les peuples anciens etc.; avec une figure représentant le Dieu Pet et cette inscription: Crepitui ventris conservatori deo propitio (S. 38); das wunderbar gelehrte Werk von Sclopetarius, Frankfurt a. M. 1628, (Nr. 111 der Bibliotheca) scheint eine denkwürdige Arbeit über einen Gegenstand zu sein, der nicht gerade häufig zergliedert wird. Dieselbe Bemerkung kann man auf das Buch anwenden: Physiologia crepitus ventris von Rod. Goclenius, Frankfurt und Leipzig 1607 (Nr. 123 der Bibliotheca).

Die älteste bekannte Arbeit über diesen sonderbaren Gegenstand ist: Le plaisant devis du Pet, Paris 1530.

„Origenes sagt, das Wort Baal-Peor bedeute soviel wie Schmutz, aber um welche Art des Schmutzes es sich handelte, wußte er nicht; Salomon Ben Jarchi

---

[1]) Siehe die Anmerkungen Scaliger's zu Ausonius. — [2]) Briefliche Mitteilung des Prof. W. Robertson Smith. Zu Baal-Peor bemerke ich noch folgendes: „Baal-Peor. Über die Natur seines Kultes ist in Wirklichkeit nur sehr wenig bekannt, aber die Ansicht, die sich auf 4. Mosis 25 zu stützen können glaubt, daß er seiner Art nach unzüchtig war, ist ziemlich verbreitet. Auch Menschenopfer scheint man ihm dargebracht zu haben und aus Psalm 106, 28 schloß man, daß die Verehrer des Gottes von den Opfern aßen, die man ihm dargebracht". Abbott and Conant, Dictionary of Religious Knowledge, New-York 1875, unter Baal and Baal-Peor. — „In einer Erzählung aus Armagnac rennt Joan lou Pec hinter einem Manne her, den er für einen Weisen hält und fragt ihn, wann er sterben werde. Der Mann antwortet ihm: „Joan lou Pec, Du wirst beim dritten Furze Deines Esels sterben". Der Esel läßt zweimal einen Wind fahren, und der Narr versucht nun, den dritten Furz zu verhindern, indem er einen sehr spitzen Stock nimmt und ihn dem Esel mit einem Hammer in den Hals treibt. Aber der Esel wehrt sich mächtig und bei seinen Anstrengungen fliegt der spitze Stock wie ein Wurfgeschoß heraus und tötet den armen Joan lou Pec. Aus: Contes et Proverbes populaires, recueillis en Armagnac par J. F. Bladé, Paris, nach einer Anführung bei Angelo de Gubernatis, Zoologie mythologique, I, S. 397f. Steht südslavisch auch in den Anthropophyteia III, S. 401, Nr. 563. Weitere Fassungen aus der Folkloreliteratur vermerkt Albert Wesselski, Der Hodscha Nasreddin, Weimar 1911, Zur 49. Schnurre I, S. 217f. — Im Kapitel: Mythen wird der Leser ein ähnliches Abenteuer finden, das man von dem Gotte Kutka der Eskimo oder besser der Kamtschadalen erzählt. — Jesaias 16, 11: Darum klagen meine Eingeweide um Moab; einer Laute gleich erzittern sie, und mein Innerstes um Kir Heres.

schreibt aber, daß sie ihm Kot opferten, indem sie vor seinen Mund ein Abbild jenes Körperteils hinhielten, den die Natur für die Entleerung bestimmt hat".[1]

Einen Hinweis auf die Wirksamkeit des Bel-Phegor findet man in der folgenden Strophe aus einem Buche, das den Titel führt: Conseil de Momus. —

„Die zweite Hälfte des ersten Gesanges ist gewidmet

„A certains vents coulis
Jadis adorés à Memphis".[2]

„Die alten Bewohner von Pelusium, einer Stadt in Unter-Ägypten, verehrten neben anderen absonderlichen und seltsamen Gegenständen der Anbetung und des Kultes auch einen Furz, den sie unter dem Sinnbild eines aufgeschwellten Bauches anbeteten".[3]

„Eine Figur dieser lächerlichen Gottheit hat sich bis heute erhalten; sie stellt ein ganz kleines Kind in jener Haltung der unanständigen Vornahme dar, der der Gott seinen Namen verdankt".[4]

„Ihre Käfergottheiten aus ihren Aborten, ja, ihre Aborte und ihre Fürze genossen eine übelduftende Heiligkeit und galten bei den Ägyptern als Gottheiten . . . In dieser Weise zieht der heilige Hieronymus ihre abscheulichen Gottheiten, die Zwiebel und einen stinkenden Furz, ins Lächerliche, Crepitus ventris inflati quae Pelusiaco religio est, den sie zu Pelusium anbeteten".[5]

Man muß bei diesen Dingen immer im Auge behalten, daß die heidnische Vorstellung von der Macht eines Gottes von unserer eigenen vollkommen verschieden war. Die Götter der Heiden waren in ihrer Macht und in ihrer Tätigkeit beschränkt; ihnen war die Sorge für bestimmte Gegenden, Bezirke, Täler, Flüsse, Quellen usw. anvertraut. Aber nicht nur das, sie konnten sogar nur bestimmten Handelzweigen, Handwerken usw. Hilfe leisten. Sie konnten nicht etwa alle Krankheiten heilen, sondern nur bestimmte Arten, da jeder Gott für ein Sondergebiet Fachmann war; hieraus ergab sich die Folgerung, daß man annahm, jeder befasse sich nur mit einem Teil des menschlichen Körpers. Dies war bei den Griechen, den Römern, den Ägyptern und anderen der Fall. In den Zeiten des Mittelalters befolgte man dieselbe Regel, nur finden wir an Stelle der Götter jetzt Heilige, denen diese Verrichtungen übertragen waren. Brand gibt ein Verzeichnis dieser Heiligen und der Verrichtungen, die einem jeden zugeteilt waren.[6] Aus diesem Verzeichnis kann man ersehen, daß dem heiligen Erasmus die Aufsicht über den Bauch samt den Eingeweiden übertragen war.[7] Behalten wir das Vorstehende im Auge, so können wir auch die eigentümlichen Feierlichkeiten, die mit dem Kulte Bel-Phegors verbunden waren, verstehen; er war zweifellos die Gottheit, an die sich die Gläubigen wandten, wenn es sich um die Behebung von Schmerzen in dem Bauche und Mastdarm handelte, genau so wie sich die Gläubigen zu einer späteren Zeit in der Geschichte der Religion an den heiligen Phiacre gewendet haben würden, damit er sie von den

---

[1] Purchas, V, S. 85. — [2] Bibliotheca Scatologica, S. 7. (Einer gewissen Zugluft, die in früheren Zeiten zu Memphis angebetet wurde). — [3] Charles Percy, Dr. med., A View of the Levant, London 1743, S. 419. — [4] Abbé Banier, Mythology, Englische Übersetzung 1740, II, S. 52 ff. — „Die Eskimos nennen das bessere Wesen „Torngarsuk". Über seine Gestalt und sein Aussehen sind sie unter einander nicht einig. Manche sagen, er habe überhaupt keine Gestalt, andere beschreiben ihn als einen großen Bären oder als einen großen, einarmigen Mann oder nur als fingerlang. Er ist unsterblich, könnte aber dennoch auf die Veranlassung des Gottes Crepitus getötet werden. Andrew Lang, Myth, Ritual and Religion, London 1887, II, S. 48. In einer Anmerkung zu Obigem heißt es: „Die Umstände, unter denen dies möglich ist, kann man nachlesen bei Crantz, History of Greenland, London 1767, I, S. 206. Crantz sagt an dieser Stelle von Torngarsuk: „Er ist unsterblich und man kann ihn dennoch töten, wenn jemand in einem Hause, in dem Zauberei getrieben wird, einen Wind läßt". — [5] Purchas. V, S. 641. — [6] Popular Antiquities, I, S. 356 ff. — [7] Brand, S. 366.

„Haemorrhoiden, namentlich von denen, die am After wachsen", befreien möge.[1]) Nach denselben Grundsätzen, nach denen die Verehrer gewohnt waren, Nachbildungen aus Wachs und Ton von kranken Armen, Beinen und andern Körpergliedern, die sie schmerzten, in den Tempeln des Äskulap aufzuhängen, pflegten auch die Verehrer des Bel-Phegor ihm das Opfer an Blähungen und Kot darzubringen, als Zeichen der guten Gesundheit, für welche man der älteren Gottheit Dank schuldig war.

„Die Ägypter teilten den menschlichen Körper in 36 Teile, von denen jeder, wie sie glaubten, unter der besonderen Herrschaft der Dekane oder Luftgeister stand, die über die dreifachen Teilungen der zwölf Himmelzeichen den Vorsitz führten; und wir haben das Zeugnis des Origenes dafür, daß man die Heilung irgend eines von einer Krankheit ergriffenen Körperteiles, durch Anrufung des Geistes, zu dessen Bezirk er gehörte, zu bewirken suchte".[2])

Daß man besonderen Zeichen des Tierkreises die Sorge für die verschiedenen Teile des menschlichen Leibes übertrug, hängt mit derselben religiösen Auffassung eng zusammen, denn die Zeichen des Tierkreises, namentlich diejenigen, die wirklich Tiere darstellen, waren einst Tiergötter.

Hone gibt in seinem „Every-Day Book" eine Aufzählung der in der praktischen Heilkunde tätigen Heiligen, die zu lang ist, um sie hier wiederzugeben.

„Milton sagt: „Die Heiligen der Römisch-Katholischen haben sich das Amt der Bilder des Tierkreises in ihrer Herrschaft über die einzelnen Teile des menschlichen Leibes angemaßt, und für jedes Glied haben sie einen besonderen Heiligen. So beherrscht der heilige Erasmus den Bauch und die Eingeweide anstelle der Wage und des Skorpions".[3]) Dann folgt eine lange Liste von Heiligen mit den besonderen Verrichtungen, die jedem einzelnen zugeteilt sind, wobei das Verzeichnis, das sich bei Hone vorfindet, zugrunde gelegt, von Pettigrew aber bedeutend erweitert wird.

„In späteren Zeiten zeichneten sich die Ägypter nach Herodot durch eine ganz besondere, bis ins kleinste gehende Arbeitteilung aus; die Heilkunde war in verschiedene Zweige eingeteilt; jeder Arzt war nur für eine bestimmte Krankheit und nicht für mehrere und es war alles voll von Ärzten. Denn da gab es Ärzte für die Augen, Ärzte für den Kopf, Ärzte für die Zähne, Ärzte für den Magen und Ärzte für verborgene (innere) Krankheiten. Es gab auch besondere Ärzte für Frauenleiden. Die Söhne folgten den Vätern in ihrem Berufe, sodaß ihre Zahl notwendigerweise sehr ,groß gewesen sein muß".[4])

Da die ägyptischen Priester die Ärzte dieses Landes waren, so steht es mit der ewigen Folgerichtigkeit der Dinge völlig im Einklang, daß wir sie, selbst nachdem sie sich in verschiedene Berufe getrennt hatten, doch auf die Behandlung von bestimmten Krankheiten beschränkt finden, gerade so wie die Götter, deren Vertreter die Priester früher vorstellten, beschränkt gewesen waren.

Ein Ausschnitt aus der „Times" von Indien, der in dem „Sunday Herald" von Washington vom 2. Juni 1889 abgedruckt war, bringt über diesen Punkt folgendes:

---

[1]) Brand, S. 362. Man lese über diese Wandlungen bei P. Saintyves nach: Les Saints Successeurs des Dieux. Essais de Mythologie chrétienne, Paris 1907. Einzelne Untersuchungen zu solchen Übergängen lieferte H. Gaidoz in der Mélusine. Es sind in der Folkloristik grundlegende Studien. — [2]) Pettigrew, Medical Superstitions, Philadelphia 1844, S. 47. Vergl. ferner A. Bouchinet, Les Etats primitifs de la médicine, Paris 1891, S. 88, in 8⁰. — Dr. Max Bartels, Die Medizin der Naturvölker, Ethnologische Beiträge zur Urgeschichte der Medizin. Mit 175 Original-Holzschnitten, Leipzig 1893, XII, S. 361, gr. 8⁰ und Dr. M. Höfler, Die volkmedizinische Organotherapie und ihr Verhältnis zum Kultopfer. Stuttgart 1909, S. 305, gr. 8⁰ mit 44 Abbild. — [3]) Pettigrew, S. 54. (Sankt Giles und Sankt Hyazinth gegen Unfruchtbarkeit, S. 56f). — [4]) Pettigrew, S. 44. [Die Stelle aus Herodot steht Buch 1, Kap. 84. Von den Frauenleiden ist dort nichts erwähnt. I.].

„Nur wenige Leute kennen einen lächerlichen Brauch, den man heute noch in Hindufamilien Bengalens übt. Am letzten Tage des Monats Falgoon, der auf den zwölften des vorigen Monats fiel, hielt man eine Feier zu Ehren des Ghantoo ab, des Gottes der Krätze und der Hautkrankheiten, von denen die Eingeborenen befallen werden. Schon sehr frühe am Morgen dieses Tages legen die Hausmütter ihre Nachtgewänder ab und stellen ein nicht mehr verwendbares, schwarzes irdenes Gefäß vor die Schwelle ihres hinteren Ausgangs, nebst einer Handvoll Reis und „masoor dal" (Bedeutung war nicht zu ermitteln), vier Kaurimuscheln und dazu ein Stück Lappen, das mit Kurkumawurzel-saft beschmiert ist. Wilde Blumen, die in dieser Jahrzeit blühen, bringt man beim Kult dar. (Diese Blumen nennt man „Ghantoo fool") [Ghantoo-Narr]. Die Knaben der Familie stehen im Halbkreis um die Hausherrin herum und haben Knüttel in der Hand. Wenn die weiblichen Teilnehmer an der Feier in die Muscheln bliesen, zum Zeichen, daß der Gottesdienst vorüber war, zerschlugen die Knaben die Gefäße in tausend Stücke. Die fröhlichen Kinder schlugen zuweilen, in dem eifrigen Bestreben, den ersten Schlag zu tun, den Frauen Finger und Hände entzwei. Den alten Lappen bewahrt man über der Tür des Hauses in dem Frauengemach auf. Am Abend dieses Tages singen die Knaben der niederen Klasse des Dorfes von Tür zu Tür besondere, für die Gelegenheit passende Lieder und erhalten dafür kleine Kupfermünzen".

Obwohl sich die Verehrung der Blähungen bei den Chinesen nicht nachweisen läßt, so schrieb man ihnen doch ebenso empörende religiöse Gebräuche zu. „Die Chinesen geben sich dem abscheulichen Laster der Sodomie hin und dieses schmutzige Gebahren rechnen sie unter die gleichgültigen Dinge, die sie zu Ehren ihrer Götzen ausführen". (The Travels of Two Mahometans through India and China, bei Pinkerton, VII, 195. Diese beiden Moslimen reisten im neunten Jahrhundert u. Z.).

„Die Neger von Guinea haben einen Gott der Pocken". (Pater B. Baudin, Fetichism, Neu-York 1885, S. 74).

Nach der Ansicht der Neger von Guinea hat jeder Mensch drei Genien oder Schutzgeister. Der erste ist Eleda, der im Kopfe wohnt, den er leitet . . . . Der zweite Genius (Ojehun) hat seinen Aufenthaltort im Magen . . . . Ipori, der dritte Schutzgeist, hält sich in der großen Zehe auf". (S. 43).

„Die Samoaner nahmen an, Krankheit werde durch den Zorn irgend einer be-sonderen Gottheit hervorgerufen . . . . Die Freunde des Kranken gingen zu dem Ober-priester des Dorfes . . . . Für jede Krankheit war ein besonderer Arzt vorhanden". (Turner, Samoa, London 1884, S. 140). Weitere Angaben hierzu findet man in Baniers Mythology, Englische Übersetzung, I, S. 196 ff.

„Sie (die Alten) hatten Götter und Göttinnen für alle Bedürfnisse des täglichen Lebens von der Wiege bis zum Grabe, nämlich 1. für das Säugen; 2. für das Einwickeln; 3. für das Essen; 4. für das Trinken; 5. für das Schlafen; 6. für den Ackerbau; 7. für die Jagd; 8. für den Kampf; 9. für die Arzneikunde; 10 für die Ehe; 11. für das Kind-bett; 12. für das Feuer; 13. für das Wasser; 14. für die Türschwellen; 15. für die Kamine; (Harington, Ajax, S. 27). [Diese recht dürftige Aufzählung ließe sich noch hundertfach vermehren, denn man könnte zu jeder oben genannten Abteilung noch viele Unterab-teilungen hinzufügen. Zu Nr. 1 findet man die Ergänzunggottheiten für die intimsten Vorgänge im Dulaure von Krauss, Reiskel u. Ihm, Leipzig 1909, S. 70, Anm. 11 u. 12. Man kann daraus ersehen, wie vorsorglich die Römer darauf bedacht waren, die Ehe unter den Schutz einer Menge von Göttern zu stellen, um schließlich der Frau die Gelegenheit zum Säugen zu geben. I.]

In Bezug auf die Chaldäer findet man zu Vorstehendem Angaben bei: George Smith, The Chaldean Account of Genesis, New-York 1880, Seiten 11 und 125. Dibbara, der Gott der Seuchen, führt den Titel: Der Verdunkelnde, wodurch man an die Stelle aus Psalm 91,6 erinnert wird: „Die Pest, die im Dunkeln wandelt . . ." „Jeder babylonische Gott hatte seine besondere Stadt". (Smith, a. a. O., S. 46). „Die Chaldäer hatten zwölf große Götter (A. a. O., S. 47). Vgl. ferner Lenormant, Chaldean Magic, S. 35. (Sehr ausführliche Angaben zu diesem Punkte enthält das neueste Werk über die Religion Babyloniens und Assyriens von Morris Jastrow, Gießen 1905—1909, namentlich im 20. Kap. des II. Bandes über die Leberschau. Man ersieht daraus, daß die Priester mit anatomischen Einzelheiten vertraut sein mußten, die man zu jener Zeit gar nicht als bekannt erwartet hätte. I.].

Über den verstorbenen Ägypter heißt es im Totenbuche: „Es gibt kein Glied an ihm, das nicht seinen Gott hätte". (Ritual of the Dead, Kap. 43. Vgl. auch A. Wiedemann, Die Toten und ihre Reiche im Glauben der alten Ägypter. (Der alte Orient, Heft 2), Leipzig 1900, eine für die Beurteilung des Glaubens äußerst bedeutsame Schrift.) Ein Verzeichnis der Heiligen und Heiligtümer, die in Europa gegen alle Beschwerden halfen, findet man bei Dupouy, Le Moyen-Age médicale, in der Übersetzung von Minor, S. 83. Die Besessenen behaupteten in der Gewalt eines bösen Geistes zu sein, der durch eine der natürlichen Öffnungen in ihren Körper eingedrungen wäre und nun mit ihrer Person sein Spiel treibe (A. a. O, S. 50). Die Kirche erkannte die Richtigkeit dieses Glaubens an. Vergl. auch die Bemerkungen aus Turners Samoa.

Hone zeigt, daß jedes Fingerglied einem besonderen Heiligen geweiht war.[1]

„Aber unter dem hochverehrten Namen des Hermes gab man Bücher heraus, die astronomische Vorausbestimmungen von Krankheiten enthielten und die vom ungünstigen Einfluß übelwollender Sterne auf die Ungeborenen Auskunft erteilten; sie eröffnen, wie das rechte Auge der Sonne unterstellt ist, das linke dem Mond, das Gehör Saturn, das Gehirn Jupiter, die Zunge und die Kehle Merkur, Geschmack und Gefühl der Venus, die Teile, die voll Blut sind, Mars . . . . . Die ersten Jahrhunderte nach dem Beginn der christlichen Zeitrechnung brachten eine fruchtbare Ernte an literarischen Fälschungen".[2]

„Die Neu-Seeländer teilten jedem Stück des Leibes eine besondere Gottheit zu".[3]

Die Unterredung zwischen Moses und Jehovah, bei der letzterer dem Propheten die Erlaubnis verweigerte, ihn die Herrlichkeit seines Antlitzes sehen zu lassen, ihn schließlich aber damit zufriedenstellte, daß er ihm einen Anblick seiner hinteren Teile gestattete, kann als Anzeichen dafür gelten, daß die heiligen Schriftsteller der früheren Zeiten in einem Gedankenkreis lebten, der solche Vorstellungen hegte, wie sie mit den heiligen Handlungen des Bel-Phegor-Kultes verbunden waren.[4]

Die Juden glaubten, Jehovah könne man mit süßen Gerüchen günstig stimmen: „Zünde es (Brot und Ölkuchen) an auf dem Altar zu dem Brandopfer, zum süßen Geruch vor dem Herrn".[5] Bel-Phegor und andere Gottheiten der Heiden, die als Götter für besondere Teile des menschlichen Leibes galten, mußten aller Wahrscheinlichkeit nach über ein Opfer erfreut sein, das gerade von einem solchen besonderen Teil herkam; deshalb brachte man dem Jagdgott Wildopfer dar; dem Gott der Meere gab man Fisch-

---

[1] Hone, Every Day Book, II, S. 48. — [2] Saxon Leechdoms, III, S. 11 f. — [3] Black, Folk-Medicine, S. 11. — [4] 2. Moses, 33, 18 ff. [Nach 24, 9—11 hatten aber Moses, die Priester und 70 Älteste den Herrn, ohne Schaden zu nehmen, doch gesehen! I.]. — [5] 2. Mos. 29, 25. [Vergl. ferner: 3. Mos. 26, 31: „Ich will Euern süßen Geruch nicht riechen" (zur Strafe); 2. Mos. 29, 18: . . . Du sollst den ganzen Widder anzünden auf dem Altar . . . denn es ist dem Herrn ein süßer Geruch", und noch an vielen andern Stellen. I.]. Diese Anschauung erhielt sich auch bei den ältesten Christen: „ein süßer Geruch, ein angenehmes Opfer, Gott gefällig". (Phil. 4, 18) [2. Corinther 2, 15: „Wir sind Gott ein guter Geruch Christi"; Epheser 5, 2: „Christus hat sich selbst dargegeben . . . Gott zu einem süßen Geruch". I.]. Bei den Chaldäern war es ebenso: „Die Götter rochen den Geruch, die Götter rochen den guten Geruch". — Smith, Chaldean Account of Genesis, S. 286.

opfer; kleine Kinder brachte man den Geburt-Gottheiten dar; deshalb machte man auch den Gottheiten des Alters folgerichtig mit den Blähungen und dem Kot eine Freude.

Harington macht auf Davids Weissagung im 78. Psalm aufmerksam: „Percussit inimicos suos in posteriores, opprobrium sempiternum dedit illis“. „Er schlug seine Feinde auf die hinteren Teile und hängte ihnen eine ewige Schande an“. [1]

Der gänzliche Mangel an Zusammenfassung ist das besondere Kennzeichen aller Urformen religiösen Denkens; deshalb ist die oben erwähnte bis ins Einzelne gehende Arbeitteilung in religiöser Beziehung als selbstverständlich anzusehen.

Unter den Gebräuchen, die die taoistische Religion verbietet, wird aufgezählt: „Ein Mann darf am letzten Tage des Mondes weder singen noch tanzen. . . . . er darf nach Norden zu weder weinen, noch ausspeien, noch sich einer sonstigen unschicklichen Handlung schuldig machen“. [2]

Bei den Parsen findet man eine merkwürdige Anschauung, die auf die bei den Juden vorhandene Abneigung gegen den Kult des Bel-Phegor hinweist: „Die Regel ist, wenn jemand ein Gebet innerlich zurückhält und es kommt ein Wind von unten, so ist das dasselbe, als wenn ein Wind aus dem Munde kommt“. [3]

„Der Bedawi, der als ein Zeichen der Höflichkeit rülpst, hat einen tötlichen Abscheu vor einem Crepitus ventris; und lachte ein Dabeistehender über eine zufällige Äußerung dieser Art, so stäche er ihn sofort als einen Beleidiger nieder. Dieselbe Anschauung trifft man bei den Bewohnern des Hochlandes von Afghanistan an. Und das Erkünstelte an der Sache weist auf einen unmittelbaren Zusammenhang hin, obwohl die beiden Gebiete durch mehrere Stämme, Perser und Belutschen, getrennt sind, die eine solche Beleidigung durchaus nicht kennen und sich in diesem Falle wie wir Europäer verhalten. Die Beutezüge der vor-ismaëlitischen Araber durch die Länder, die von ihnen aus nordöstlich liegen, sind zwar fast vergessen; aber dennoch findet man Spuren davon und dieses mag eine von ihnen sein“. [4]

Nach Niebuhr wird das Lassen eines Windes bei den Arabern als die schwerwiegendste Unanständigkeit angesehen; einige Stämme machen einen Menschen, der sich einmal einen solchen Verstoß gegen die guten Sitten hat zu schulden kommen lassen, zu einer ewigen Zielscheibe ihres Spottes; die Belutschen an der persischen Grenze verjagen den Schuldbeladenen aus dem Stamme. Indessen erzählt Niebuhr selber, daß ein Scheik des Stammes „Montesids“ einmal einen Wettkampf dieser Art unter seinen Dienern veranstaltete, „avait autorisé un défi dans ce genre entre ses domestiques et couronné le vainqueur“. [5] Das Schnarchen und die Blähungen scheinen bei den Tataren als in gleicher Weise anstößig angesehen worden zu sein, wie man aus dem Berichte schließen kann, den Marco Polo von der Art und Weise gibt, wie man für den Großchan Frauen ausgesucht hat. Er sagt nämlich, daß der Großchan diejenigen Frauen, die für die Auswahl in Betracht kommen, der Obhut der Frauen seiner Barone anvertraut, damit diese beobachten können, ob jene nicht im Schlafe schnarchen oder ob ihr Geruch oder ihr Betragen nicht anstößig sind“. [6]

„Und trotzdem gilt es bei ihnen als etwas Schändliches einen Furz zu lassen, worüber sie sich bei den Holländern sehr verwunderten, denn sie hielten es für ein Zeichen der Verachtung“. [7]

---

[1] Harington, Ajax, S. 25. [Luther übersetzt: „Er schlug seine Feinde zurück“. Die Stelle steht Psalm 78, 66; bei Bourke ist Psalm 77 angegeben. I.]. — [2] Legge, Religions of China, S. 187. — [3] Shayast la Shayast, Max Müllers Ausgabe, Oxford 1880, Kap. 10, Vers 14, S. 221. Eine Anmerkung gibt hierzu die Erklärung: In beiden Fällen ist der Zauber des „Vag“ oder Gebetes gebrochen [denn es ist verunreinigt. I.]. — [4] Burton, Arabian Nights, V, S. 137. — [5] Niebuhr, Description de l'Arabie, Amsterdam 1774, S. 27. — [6] Purchas, V, S. 82. — [7] Negroes of Guinea, bei Purchas, V, S. 718.

Friederici berichtet:[1] „In bewegten Worten haben sich mehrfach die Missionare über die Ungezogenheit der Indianer Nordamerikas beklagt, unbekümmert um den Nächsten übelriechende Gase von sich zu geben. Ich kann mit Ribbe[2] feststellen, daß ich auch nicht das leiseste Anzeichen einer solchen Ungezogenheit je unter Polynesiern, Melanesiern und Mikronesiern bemerkt habe. Es gilt das unter ihnen für ebenso unanständig, wie bei uns.[3] Wenn unter den mich begleitenden Melanesiern in ganz wenigen Fällen einem unter ihnen aus Versehen ein solcher Verstoß passierte, dann wurde sofort der Urheber festgestellt und unbarmherzig verhöhnt. Hohn ist aber für manchen Melanesier eine fast schlimmere Strafe wie Prügel".

In der Anmerkung führt Friederici weiter an: „Relations des Jésuites (Quebec 1858, vol. I, 1634, S. 38): Dieu sçait quelle musique apres le banquet, car ces barbares donnent toute liberté à leur estomach et à leur ventre de tenir le langage qui leur plaist pour se soulager: quand aux odeurs qu' on sent pour lors dans leurs cabanes, elles sont plus fortes que l'odeur des roses, mais elles ne sont pas si douces. — Sagard: Histoire du Canada, Paris 1866, I, 175; II, 379. — Hennepin, Description de la Louisiane, Paris 1683, Moeurs des Sauvages, S. 52. — Las Casas, Historia de las Indias, II, 399, Madrid 1875". Daraus geht mit Sicherheit hervor, daß die Indianer, so wie es die Südslaven zu tun pflegen, auf ihre unerwünschten Besucher farzten. Einen S̄chās̄s (= Furz) gibt auch der Niederösterreicher zum Besten, wenn er einen wegekeln will. Dagegen flößte die Anwesenheit des wohlbewaffneten kaiserlichen Hauptmannes Friederici, des Vertreters der gefürchteten Macht, seiner Umgebung alle Ehrfurcht ein. Darum sind seine Angaben ebenso richtig, wie die der Missionare.

An der Goldküste in Afrika „achten die Neger sehr sorgfältig darauf, daß sie keinen Furz lassen, wenn jemand bei ihnen ist; sie waren über unsere Niederländer sehr erstaunt, die es sehr häufig aus Gewohnheit taten. Sie konnten sich nicht darüber beruhigen, daß ein Mensch in ihrer Gegenwart einen Furz ließe, weil sie es für eine große Unanständigkeit und Zeichen der Mißachtung gegen sie ansahen".[4]

„Holzhacker im Gebirge gelten durchweg als saugrobe Gesellen in Frankreich sogut als in Süddeutschland. Manches Stücklein, was diese Gesellen zu erzählen wissen, geht über das Bohnenlied. Auch das Zusammenschei . . . . . , die defaecatio zu zweien und dreien ist etwas ungemein Grobianisches, das aber von Kennern der Holzhackerleute als wohl verbürgt gilt. Zwei Individuen setzen sich mit dem Gesäß stoßend zusammen ad cacandum, die Beine des einen werden an die Beine des anderen gebunden. Der „Witz" besteht darin, daß der Stärkere den Unterliegenden per merdam zieht. Eine andere grobianische Manier soll im „Arsch ausmessen" bestehen. Man zählt die Anwesenden ab, einer legt sich auf den Boden und eine Haselgerte wird gebogen über die posteriora in den Boden gesteckt. Durch diesen Bogen müssen alle anderen schlüpfen. Wer es nicht kann, hat verloren und muß Schnaps oder sonstwas zahlen. Waldarbeiterinnen, Pilze- und Kräuterweiblein, die sich am Spiel beteiligen, die mit den Kleidern nicht durchkriechen können, ziehen die Röcke aus und kriechen im Hemd, oft mangels eines solchen auch nur mit der Anmut ihrer Lenden bekleidet durch. Eine andere gemeinere Art besteht darin, daß sich eine Waldarbeiterin mit entblößtem Gesäß an das Gesäß einer anderen oder eines Waldarbeiters setzt. Wer ein schmales Gesäß hat, muß dem breit-

---

[1] Dr. Georg Friederici, Beiträge zur Völker- und Sprachenkunde von] Deutsch-Neu-Guinea. Mitteil. a. d. Deutsch. Schutzgebieten, herausg. von Dr. H. Marquardsen, Berlin 1912, S. 34. — [2] Zwei Jahre unter den Kannibalen der Salomo-Inseln. Dresden 1903. S. 69. — [3] Wenn man sich dort „wie bei uns" benimmt, so herrschen auch dort je nach der Gesellschaft und den Umständen größere oder kleinere Farzfreiheiten. Darüber kann man sich aus den vielen Beiträgen zur Skatologie in den Anthropophyteia ausgiebige Aufklärung holen. — [4] Master Richard Jobson, aus dem Jahre 1620, bei Purchas, II, S. 936.

gesäßigeren Partner die Restspanne in Bierglas ausgedrückt beim nächsten Zahltag als Bierstoff schenken oder bei Frauen oft in Liebzelten oder einem bunten Tuch. Ähnliche Bräuche sollen auch bei den Kartoffel- und Zuckerrübenpolen d. h. den Wanderarbeitern bis nach Westfalen vorkommen. Genauere Sachkenntnis vermittelt uns da wohl ein in jenen Gebieten tätiger Folklorist. Endlich erwähnen wir das bei landwirtschaftlichen Tagelöhnerfamilien, bei Holzhackern und Steinhauern im Gebirge einst — ob jetzt noch, ist nicht bekannt — als Unterhaltung nicht unbekannt gewesene Lichtausblasen mit dem Hintern. Wer mit einem crepitus ein Unschlittlicht zum Verlöschen bringen konnte, erhielt einen Einsatz, etwa eine Tabakpfeife oder ein Krügchen Schnaps, Mädchen bekamen Nüsse, Süßigkeiten oder ein Kopftuch.

Uns scheint nach dem alten Sprichwort: „Die schöne Maid bläst das Licht mit dem Arsch aus", daß dieses Spiel ehedem sehr verbreitet war. Denkbar wäre, daß es eine bäuerische Anerkennung eines schönen Gesichtes, eines guten Gesäßes sein sollte. Namentlich Holland dürfte der Mittelpunkt dieser Lichtausblaserei gewesen sein. Das holländische Wort: Jedes Ding hat seine Wissenschaft, das hübsche Weib löscht das Licht mit dem Arsch aus, wurde durch das drollige Gemälde des jüngeren Mieris unter dem Stichwort: „Die schalkhafte Schöne" drastisch illustriert. (Cr. Ed. Fuchs: Galante Zeit. Ergänzungband. Beilage nach S. 296). Gerade in Holland war es ja nichts Außergewöhnliches. Hier war das Röckeaufheben, das auf den Boden werfen von Jungfern ein Zeitvertreib ausgelassener Gesellschaften, das nicht heimlich, sondern im Freien geübt wurde. Cr. Fuchs: Ergänzungband, Bild 64".[1]

Bei der russischen Sekte Bezpopovščinnyj sitzen gewisse Mitglieder, die als die „Mundaufsperrer" oder „Gähner" bekannt sind, am heiligen Donnerstage (Himmelfahrttage) stundenlang mit weit geöffnetem Munde da und warten auf dienende Engel, die ihren Durst nach geistiger Nahrung aus unsichtbaren Kelchen stillen sollen".[2]

Bastian führt an,[3] daß man bei den Eingeborenen dieser Inseln bei Todfällen die Scheide, die Harnröhre, den After, die Nasenlöcher und alle andern Körperöffnungen der Leiche dicht mit den Fasern einer gewissen Wurzel oder mit Schwamm zustopft, um zu verhindern, daß irgend eine Flüssigkeit der Leiche aus dem Körper herauskomme, weil man anzunehmen schien, daß diese Flüssigkeit dem Geiste des Verstorbenen irgendwie von Nutzen wäre.[4]

In der Wallachei „gilt keine Hinrichtungart als schmachvoller, als der Galgen. Als Grund hierfür gibt man an, die Seele eines Menschen, dem man einen Strick um den Hals geschlungen hat, könne nicht aus seinem Munde entweichen".[5]

„Im Allgemeinen nimmt man an, daß die Seele durch die natürlichen Öffnungen, namentlich durch den Mund und die Nasenlöcher den Leib verläßt".[6]

„Cato wandte auf den Gegenstand eines unserer Abschnitte die Redenart an: „Nullum mihi vitium facit" . . . . . „Mir schadet es ja nicht", sagte Cato, als einer seiner Sklaven in seiner Gegenwart einen Furz ließ".[7]

In Angola an der Westküste von Afrika sind Blähungen bei den Eingeborenen frei gestattet, aber wenn sich jemand eine solche Freiheit nimmt, während Fremde in der Nähe sind, so gilt dies als die tötlichste Beleidigung.[8]

---

[1] Jean Wegeli, Das Gesäß im Völkergedanken. Ein Beitrag zur Glutealerotik. Anthropophyteia, IX, S. 232f. — [2] Heard, Russian Church and Russian Dissent, S. 200f. (Bezpopovščinnyj, die keinen Popen anerkennen). — [3] Nach Joh. S. Kubary, Die Religion der Pelauer in Adolf Bastians Allerlei aus Volk- und Menschenkunde, Berlin 1888, I, S. 9. — [4] Nach einer brieflichen Mitteilung des Dr. Gatchet. — [5] Maltebrun, Universal Geography, Boston 1847, II, S. 458, unter Hungary. — [6] Frazer, I, S. 125. — [7] Bibliotheca Scatologica, Oratio pro Guano Humano, S. 21. — [8] Muhongo, an African boy from Angola, interpretation by Rev. Mr. Chatelain.

Horaz hat dem Vorwurf, der uns hier beschäftigt, mehrere Verse gewidmet. Namentlich kann man in Bezug hierauf die achte Satire des ersten Buches nachlesen, die folgende Stelle enthält:

> „Mentior at siquid, merdis caput inquiner albis
> Corvorum atque in me veniat mictum atque cacatum
> Julius et fragilis Pediatia furque Voranus". [1]

Der berühmte englische Redner Charles James F o x wird für den Verfasser von „An Essay upon Wind" gehalten. Die Schrift ist zu London ohne Angabe des Verfassers erschienen und in der Bibliotheca Scatologica unter Nr. 91 aufgeführt. (S. 91). [2]

Martin Luther hatte viele Kämpfe und Streitigkeiten mit Seiner Satanischen Majestät, die aber dabei immer den kürzeren zog. Melanchthon hat einen solchen Vorfall in einer Weise beschrieben, daß sein Ausgang einer Aufnahme in das vorliegende Buch wert ist: „Hoc dicto victus Daemon indignabundus secumque murmurans abiit, eliso crepitu, non exiguo, cujus fussimen tetri odoris dies aliquot redolebat hypocaustum". [3]

„Luther erzählt eine Geschichte von einer Frau, die den Satan mit einem Furz in die Flucht schlug, Sathanum crepitu ventris fugavit". [4]

„Cicero betrachtete den Furz als ein unschuldiges Opfer, das von der Gesittung seiner Zeit unterdrückt würde. Er stieß daher zu seinen Gunsten einen Schrei nach Freiheit aus und stellte seine Rechte fest". In einer Anmerkung dazu lesen wir folgenden Auszug aus Ciceros Briefen: „Crepitus aeque liberos ac ructus esse oportere" (Buch 9, Brief 22). „Sowohl der Furz als auch das Rülpsen müssen in gleicher Weise gestattet sein".

„Memento, quia ventus est vita mea". — Hiob 7, 9: Gedenke daran, weil mein Leben ein Wind ist.

> „Pedere te vellem: namque hoc nec inutile dicit
> Symmachus et risum res movet ista simul".
>
> Martial, 7, 18, 9 u. 10.

„Ich wollte lieber, Du fürztest: denn Symmachus sagt, das wäre sehr nützlich und zugleich regt dieses Ding auch zum Lachen an".

„Der Donner ist weiter nichts als ein Furz. Das sagt Aristophanes. Βροντὴ καὶ πορδή, ὁμοίω". [5]

„Dissertation sur le Dieu Pet" par M. Claude Terrin. — Der Verfasser hat, wie angegeben wird, Anführungen aus Clemens Romanus und Sankt Caesar gebracht. [6]

Bei Suetonius stehen folgende Bemerkungen über den römischen Kaiser Claudius: „Er soll auch über einen Erlaß nachgedacht haben, durch den die Erlaubnis erteilt wurde, beim Mahle einen Rülpser oder einen Wind loszulassen, nachdem er in

---

[1] Vers 37—40, Satir. 1, 8. [Oben nach der Ausgabe von Lucian Müller, Leipzig 1883 angeführt; die Lesart weicht von der bei Bourke gegebenen etwas ab. Nach der Übersetzung von Voss: Rede ich im mindesten falsch, so werde das Haupt von den Raben weiß betüncht, so komme, mich gröber denn grob zu besudeln usw. I.] — [2] [Charles James Fox (1749—1806) war einer der größten Staatmänner von England und Vorkämpfer für Abschaffung des Sklavenhandels. I.]. — [3] Joh. Wier, de Praest. Daem., Kap. 7, S. 54 bei Schurig, Chylologia, S. 795, Artikel: De Crepitu Diaboli. (Nach diesen Worten ging der besiegte Dämon unwillig und vor sich hinmurmelnd hinweg, nachdem er einen gar nicht so kleinen Furz ausgestoßen, dessen abscheulicher Gestank noch einige Tage lang zu spüren war). — [4] Les Propos de Table Luther par G. Brunet, Paris 1846, S. 22, nach der Anführung in Buckle's Commonplace Book, S. 472, II seiner Werke. Alle englischen Ausgaben von Luther's Tischreden, soweit sie der Verfasser kennen gelernt hat, sind gereinigt. — [5] Aristophanes, Die Wolken, Akt 5, Szene 2. [Nach der Übersetzung von Hieronymus Müller, Leipzig 1843: Drum ob es im Bauch, ob im Himmel rumort, man sagt von beiden: es donnre. Vers 392. I.]. — [6] Das Vorstehende ist der Bibliotheca Scatologica entnommen, Artikel: Oratio pro Guano Humano.

Erfahrung gebracht, daß irgend jemand, der aus Schamgefühl dergleichen unterdrückt hatte, daran fast gestorben wäre".[1])

Plutarch wirft die Frage auf: „Weshalb hat man angeordnet, daß diejenigen, die keusch leben mußten, keine Hülsenfrüchte essen sollen? . . . Oder geschah es vielmehr deshalb, weil sie mit leerem Magen und magerem Körper zu ihren Reinigung- und Sühnegebräuchen kommen sollten? Denn Hülsenfrüchte wirken blähend und erzeugen eine große Menge Kot, der ein Abführmittel verlangt. Oder auch deshalb, weil sie durch ihre blähende und windeerzeugende Natur Geilheit hervorrufen?"[2])

„Die Tatsachen, daß man zu Ehren von Freunden, deren Ankunft man erwartet, das Haus ausfegt und Sand streut und daß die Leute bei solchen Gelegenheiten baden, zeigt doch, daß man auf Reinlichkeit hält. Der landläufige Ausdruck hierfür ist die Redenart, ein Haus solle so rein sein, daß kein übler Geruch übrig bleibt, der den Gast verletzen könnte. Aus demselben Grunde baden die Indianer wiederholt, ehe sie ihre Gebete verrichten, „damit sie der Gottheit angenehm seien".[3])

„Saul ging in eine Höhle, „ut purgaret ventrem".[4])

XXII. Zotige Lehendienstleistungen.

In enger Verbindung mit diesem Kulte des Bel-Phegor, vorausgesetzt, daß es überhaupt einen solchen Kult gab, stehen die folgenden Untersuchungen von den zotigen Lehendienstleistungen, mit denen gewisse Besitzungen in England ihre Lehenpflicht anerkennen mußten. Kein Geringerer als der angesehene Geschichtschreiber Buckle hat Nachforschungen nach diesen Dingen nicht unter seiner Würde gehalten, wie man sich überzeugen kann, wenn man auf seinen Aufsatz „Contributions to the History of the Pet" in seinem „Commonplace Book", S. 427 einen Blick werfen wird. Er nimmt bezug auf „Miscellanea antica Anglicana", Blount's „Ancient Tenures", Luthers „Table Talk" (wovon oben bereits die Rede war), Dulaures „Des Divinités Génératrices", Niebuhrs „Description of Arabia", Giffords Ausgabe der Werke Ben Jonsons „The Staple of News" von Ben Jonson, Wrights „Political Ballads" im III. und VII. Bande der Veröffentlichungen der Percy Society. Mit Ausnahme des zuerst genannten Werkes haben wir alle andern durchgesehen und die Auszüge mit den hierher gehörenden Stellen, wo sie hinpaßten, eingeschaltet.

„Der Besitzer des Rittergutes von Essington hat gegen den von Hilton folgende Lehendienstleistung auszuführen. Er, nämlich der eingangs genannte, muß an jedem Neujahrtage eine Gans in die Eintritthalle des Rittergutes von Hilton bringen und muß sie mindestens dreimal um das Feuer herumjagen, „während Jack von Hilton das Feuer anbläst". Dieser Jack von Hilton ist eine ungefähr 30 Zentimeter hohe Bronzefigur, die auf dem linken Knie kniet, die rechte Hand auf den Kopf legt, die linke Hand aber auf das „Pego" oder das männliche Glied, das in aufgerichtetem Zustand dargestellt und an der Spitze eine kleine Öffnung hat. Da die Figur mit Wasser gefüllt ist und an einem

---

[1]) Suetonius, Divus Claudius, Kap. 32. — [2]) Plutarch, Moralia, Goodwin's Englische Übersetzung, Boston 1870, II, S. 254, Frage 95. — [3]) Dr. Franz Boas, Report on the Northwestern Tribes of Canada, British Association for the Advancement of Science, Newcastle-upon-Tyne Meeting, 1889, S. 19. — [4]) Harington, Ajax, S. 25. [1. Sam. 24, 4. Luther: um daselbst seine Füße zu decken. Dieselbe Redewendung steht Richter 3, 24, wo Luther aber übersetzt: er ist zu Stuhl gegangen. Das merkwürdigste aber ist, daß David in der Höhle zwei Psalmen gesungen hat, nämlich den 57. und 142., worauf am Rande hingewiesen ist. I.].

starken Feuer steht, so entströmt dieser Öffnung Dampf wie einem Gebläse und es entsteht ein anhaltender Luftzug, der so stark ist, daß man ihn deutlich hören kann. Auf diese Weise wird das Feuer kräftig angeblasen".[1])

Das Vorstehende erinnert uns lebhaft an das „Manneken Piss" in Brüssel, das an die Stelle einer längst vergessenen Ortgottheit getreten sein mag; es dient heute noch gelegentlich politischen Zwecken.[2])

Das Werk von Blount erschien zuerst unter dem Titel „Jocular Tenures" (scherzhafte Lehendienstleistungen).

Bei der Erwähnung des Männchens von Brüssel muß man im Auge behalten, daß einstmals der Phalluskult in ganz Flandern verbreitet war.

Dulaure beschreibt die phallischen Heiligtümer der Heiligen Foutin, Guerlichon und anderer. „Anna von Österreich, die Gemahlin Ludwig des Dreizehnten wallfahrtete dorthin", nämlich zu einem Heiligtum des Sankt Foutin.[3])

Dulaure weist auch darauf hin, daß die Verwendung von abgekratzten Teilen vom Gliede dieser phallischen Heiligen in Frankreich noch in den ersten Jahren des neunzehnten Jahrhunderts üblich war.

„Rowland le Sarcere hatte zu Hennington in der Grafschaft Suffolk einhundert und zehn Acker Land (etwa 44 $1/_2$ Hektar) zu Lehen, mit der Verpflichtung am ersten Weihnachtfeiertage jeden Jahres vor unserm allerhöchsten Herrn dem Könige von England zu erscheinen und vor ihm, zusammen und zu gleicher Zeit, einen Luftsprung, einen Schnauber und einen Furz auszuführen".[4]) „Ein gewisser Baldwin hatte früher dieselben Grundstücke mit derselben Lehendienstleistung im Besitz und man hatte ihm den Spottnamen Baldwin le Péteur oder Baldwin der Furzer gegeben".[5])

Dr. Fletcher, der Vorsitzende der Anthropologischen Gesellschaft zu Washington, machte mich darauf aufmerksam, daß sich in den Ingoldby-Legenden „The Spectre of Tappington" ein Hinweis auf die oben angeführte Lehendienstleistung des Baldwin „per saltum, sufflatum et pettum" vorfindet, die auf Blount's Angaben beruht. Ducange weist das Alter solcher Lehendienstleistungen in seinem „Glossarium" nach und sie gehen tatsächlich, soviel bekannt ist, bis in die frühesten Jahre des vierzehnten Jahrhunderts zurück.[6])

Ducange gibt auch eine Beschreibung der sonderbaren Sitte, die als Bedingung für die Zulassung einer „filia communis" — einer öffentlichen Dirne — in die „villa

---

[1]) Blount, Tenures of Land and Customs of Manors, Hazlitt's Ausgabe, London 1874, S. 118. — Vergl. dazu Deutsche Rechtaltertümer von Jacob Grimm. Vierte vermehrte Ausgabe von Andreas Heusler und Rudolf Hübner, Leipzig 1899, I, S. 501 ff. (Zins vom Vieh). — [2]) [Das Maneken-Pis in Brüssel, „der älteste Bürger Brüssels", ist eine Brunnenfigur aus Erz. Sie stellt ein Kind dar, das sein Glied in der Hand hält. Aus der Spitze des Gliedes läuft fortwährend Wasser. Von der ältesten Geschichte dieser Figur ist nichts bekannt. Jedenfalls ist die heutige Bronzefigur, deren Gußform sich im städtischen Museum befindet, als Ersatz für eine aus Sandstein zu betrachten. Das Maneken-Pis ist die größte Sehenwürdigkeit Brüssels und der Rolle entsprechend, die es von jeher gespielt hat, sind ihm Orden verliehen worden, auch von Napoleon dem Ersten, von dem sonst wenig Scherze bekannt sind. Diese Orden nebst Prunkgewändern, Hüten und Degen sind im Museum zu sehen. Am Frohnleichnamtage bekleidet man das Männchen, da nach einer alten Sage ein Kind angesichts der Prozession an diesem Tage gepißt habe und nicht aufhören konnte, bis die ganze Prozession vorüber war. Abbildung bei Flögel, Das Grotesk-Komische. I.] — [3]) Dulaure, Histoire abrégée de différens cultes, Paris 1825, II, S. 272 ff. [Das Kapitel über Sanct Foutin und Genossen beginnt S. 267 a. a. O. Vergl. die deutsche Ausgabe Dulaure's von Krauss, Reiskel und Ihm, Leipzig 1909, S. 101 ff und S. 313 (zu S. 108), daselbst ist die Quelle der von Bourke angeführten Stelle über Anna von Österreich angegeben. I.]. — [4]) Blount, S. 154. [Das englische Wort puff, zu Deutsch Puffer, bedeutet rasches Ausstoßen der Luft durch die zusammengepressten Lippen. I.]. — [5]) S. 154. — [6]) Vergl. bei Ducange den Artikel: Bombus.

10*

Montis Lucii" vorgeschrieben war. Wir werden später ausführlich darauf zurückkommen.

„In seinem „Observations on the Statutes" sagt Barrington, wo er von dem Volke spricht: „Sie waren auch durch die Gebräuche, die in bestimmten Bezirken herrschten, Dienstleistungen unterworfen, nicht nur von knechtiger, sondern von ganz lächerlicher Art. Utpote Die Nativitatis Domini coram eo saltare, buccas cum sonitu inflare et ventrum crepitum edere.[1]) Sir Richard Cox erwähnt in seiner „History of Ireland" ebenfalls einige sehr lustige Gebräuche, die noch im Jahre 1565 in Kraft waren".[2])

„Monstrelet sagt bei der Beschreibung eines Festes, das der Herzog von Burgund im Jahre 1453 gab, daß man dort sah: eine Jungfrau, die aus ihrer Brust Gewürzwein in Hülle und Fülle fließen ließ; neben der Jungfrau stand ein kleines Kind, das aus seinem Penis Rosenwasser spritzte".[3])

Daß diese Gebräuche, die uns im Lichte unserer Zeit sinnlos, unanständig und unvernünftig vorkommen mögen, ihren Ursprung in dem Dunkel längst vergangener Zeiten hatten, ist durchaus nicht unwahrscheinlich; vielleicht ist es auch eine ungezwungene Erklärung, wenn man ihnen einen religiösen Ursprung zuschreibt. Es wird auch zugegeben, daß sie alle die Kraft gesetzlich anerkannter Gebräuche hatten und das Gesetz war in alten Zeiten ein ganz wesentlicher Bestandteil der Zutaten der Religion.

Die Bemerkungen aus Ducange sollen hier eine Stelle finden, weil sie nicht allen Lesern leicht zugänglich sein werden. Er stützt sich auf Anführungen aus Camden und Speltman.

Baldwin „Qui tenuit terras in Comitatu Suffolciensi per sergenciam pro qua debuit facere, singulis annis (die Natali Domini), coram Domino Rege, unum saltum, unum sufflatum et unum bombulum".

„Henningston, wo Baldwin le Péteur (man beachte den Namen) Land zum Lehen hatte auf Grund von „serjeantcy" (diesen Ausdruck gebraucht ein altes Buch), wofür er gezwungen war, an jedem Weihnachttage vor unserm Herrn dem König von England einen saltus, einen sufflatus und einen bombulus vorzuführen; oder wie es an einer anderen Stelle zu lesen ist: er hatte das Land zu Lehen durch einen saltus, einen sufflus und einen pettus, das heißt (wenn ich es so recht verstehe): er mußte tanzen, mit seinen Backen ein Geräusch machen und einen Furz lassen. So war die schlichte, muntere Fröhlichkeit in jenen Tagen beschaffen".[4])

Grimm war von der nicht abzuleugnenden Vermischung von uraltem religiösen Glauben und Gesetzvorschriften durchdrungen; denn die letzteren „pflegten gewisse alte Formen und Bräuche selbst dann nicht aufzugeben, als schon der neue Glaube angenommen war".[5]) An einer andern Stelle sagt er: „Ich werde später den Versuch machen, im Einzelnen nachzuweisen, wie ein ganz beträchtlicher Teil in den Gebärden und Körperstellungen, die für gewisse gesetzliche Handlungen vorgeschrieben sind, den Anschein priesterlicher Zeremonien bei Opfer und Gebet erweckt".[6])

---

[1]) Struvii, Jurisprud. Feud., S. 541. — [2]) Brand, Popular Antiquities, I, S. 515, Artikel „Fool-Plough and Sworddance". — [3]) Monstrelet, Chronique, III, Blatt 55 Rückseite bei Dulaure, II, S. 324, Anm. [Bei Krauss, Reiskel u. Ihm, S. 128, Anm. 26. Es handelt sich um Tafelaufsätze. I.]. — [4]) Camden. Brittania, Londoner Ausgabe, 1753, I, S. 444. — [5]) Grimm, Teutonic Mythology, Einleitung S. 12. — [6]) I, S. 92. — Man vergl. dazu Felix Liebrecht, Zur Volkkunde. Alte und neue Aufsätze, Heilbronn 1879: Der Humor im Recht, S. 414—430, insbesondere S. 427 ff. Vom Hosenherablassen und Zeigen des nackten Arsches zur Befriedigung der Gläubiger.

XXIII. Abgaben, die man in Frankreich von Freudenmädchen in der Gestalt von Blähungen einzog.

Eine andere ganz sonderbare Sitte, für die uns keine Erklärung überliefert worden ist, beschreiben uns Ducange, Dulaure und andere in folgender Weise:

„Außerdem muß jedes öffentliche Mädchen, die sich jedem beliebigen Manne hingibt, wenn sie zum ersten Male in die Stadt Montluçon kommt, auf der Brücke dieser Stadt vier Pfennige bezahlen oder daselbst einen Furz lassen".[1]

In einem Werke des Abbé Roubaud, das den Titel hat: „La Pétérade, poème en quatre chants", weist man uns darauf hin, man finde bei Ducange die Beweise dafür, daß man früher in Frankreich die Fürze als Scheidemünze für die Bezahlung von Brückenzoll zuließ . . . Bombi pro scudis valebant".[2]

Wenn wir Victor Hugo glauben dürfen, war die Sitte des Brückenzolles, wie man ihn an der Brücke von Montluc erhob, im 15. Jahrhundert bei den Leuten in Frankreich allgemein bekannt. Er schildert nämlich im ersten Kapitel seines Romanes „Notre Dame", wie sich die Bevölkerung von Paris am Narrenfeste mit Scherzreden belustigt:

„Dr. Claude Choart, suchen Sie vielleicht Marie la Giffards?"

„Sie ist in der Rue de Glatigny".

„Sie bezahlt dort ihre vier Pfennige, — quatuor denarios!"

„Aut unum bombum!"

Dulaure führt gleichfalls Ducange an mit Beziehung auf den Zoll, den man von öffentlichen Dirnen einhob, wenn sie zum ersten Male die Brücke von Montluc überschritten. Er fand auch Beschreibungen dieser sonderbaren Abgaben in alten Akten, die bis auf das Jahr 1398 zurückgingen; er hat ferner die Ähnlichkeit zwischen diesem Zoll und der Lehendienstleistung des Rittergutes von Essington bemerkt.[3]

Robert M. O'Reilly, Wundarzt der Armee der Vereinigten Staaten von Nord-Amerika, machte den Verfasser darauf aufmerksam, daß unter den irischen Ansiedlern, die in den letzten Jahren des 18. Jahrhunderts nach den Vereinigten Staaten kamen, der Ausdruck „Sir Reverence" (Herr Ehrwürden) ganz allgemein gebräuchlich war, wenn sie von Blähungen sprachen.

„Sir Reverence. Bei alten Schriftstellern eine häufig gebrauchte Entstellung von „save reverence" oder „saving your reverence" — eine Redenart, die man zur Entschuldigung vorbringt, wenn man von irgend etwas spricht, das man für ungeeignet oder unpassend hält, besonders aber ein beschönigender Ausdruck für stercus humanum".

„Cagada", a surreverence".[4]

„Sitz, Stuhl, Sir Reverence, Kot".[5]

---

[1] Dulaure, Des Divinités Génératrices, S. 315 (S. 279 bei Bourke ist Druckfehler). Nach Ducange, unter Bombum. [Im Dulaure von Krauss, Reiskel und Ihm, S. 127, Anm. 14, woselbst weitere Belege. I.]. — [2] Bibliotheca Scatologica, S. 48. — [3] Dulaure, S. 315, Anm. [Die Erklärung für die merkwürdige Sitte liegt vielleicht darin, daß den Freudenmädchen noch aus der Zeit der Tempelprostitution vielfach ein heiliger Charakter anhaftete, worauf hier nicht näher eingegangen werden kann. Die sonderbare Äußerung, womit sie sich von der Bezahlung des Brückenzolles befreiten, kann nun nach alten Anschauungen als Unglück abwendend angesehen worden sein; damit wäre auch der von Bourke vermutete religiöse Ursprung solcher Gebräuche erklärt. I.]. — [4] Stevens's Sp. Dict. 1706. [Saving your reverence ist unser „Mit Erlaubnis zu sagen", oder wie man früher sagte: Mit Respekt zu vermelden. Über Cagada, das veraltet ist, war nichts zu ermitteln. I.]. — [5] Bishop Wilkin's Essay towards a Philosophical Language, 1688, S. 241.

„Thou grins like a dog eating Sir-reverence". Vergleiche das Spanische Salvanor = anus (Hintere).[1]

Brückenbau als heilige Handlung.

Mit Schlußfolgerungen und Beweisen läßt sich zeigen, daß die Römer das Bauen einer Brücke als eine heilige Arbeit ansahen. Nur wenn wir dies annehmen, läßt es sich erklären, weshalb sie ihren Oberpriester als den „Größten Brückenbauer" — Pontifex Maximus — bezeichneten. Und daß diese Anschauung den nicht-römischen Völkerschaften, die das Festland und auch die Inseln Europas bewohnten, übermittelt wurde, könnte man als eine völlig zutreffende Vermutung ansehen, selbst wenn die Beweise dafür aus der Geschichte nicht beizubringen wären.

In Bezug auf die Abgaben, die man von öffentlichen Dirnen einhob, wenn sie gewisse Brücken in Frankreich überschritten, und hinsichtlich der Lehendienstleistungen, zu denen gewisse Güter in England verpflichtet waren, müssen wir im Auge behalten, daß während des Mittelalters die Brücken durch Körperschaften oder Gesellschaften von Brückenbauern erbaut wurden, die anscheinend geheime Vereine bildeten. „Es ist ziemlich wahrscheinlich, daß bereits in sehr früher Zeit Gesellschaften oder Logen von Brückenbauern vorhanden waren und daß sie Überreste der Staatklugheit aus römischen Zeiten waren, aber die Geschichte solcher Gesellschaften ist in Dunkel gehüllt. Die Kirche scheint diese Gesellschaften aufgenommen und im 12. Jahrhundert begünstigt zu haben und schließlich legte man ihnen ein gewisses religiöses Ansehen bei . . . Der Orden der Brückenbauer zu Avignon, mit seiner merkwürdigen Vorliebe für Witzeleien, die ein besonderes Kennzeichen des Mittelalters bildet, führte den Namen „fratres pontificales" oder manchmal auch „fratres pontis" oder „factores pontium" . . . Nach Ducange (im Glossarium unter dem Stichworte „Fratres pontis") bestand ihre Kleidung aus einem weißen Gewande mit dem Abzeichen einer Brücke und eines Kreuzes aus Tuch auf der Brust".[2] Und an dieser Stelle mag auch daran erinnert sein, daß der Papst zu Rom heute noch der Pontifex Maximus ist.

Wissen wir erst, daß geheime Gesellschaften die Brücken erbauten, so haben wir unsere Behauptung schon halb bewiesen; denn diese geheimen Gesellschaften standen in heidnischen Zeiten ganz bestimmt unter Schutz und Schirm irgend eines Gottes oder in späteren Zeiten irgend eines Heiligen, wobei aber zu Ehren des letzteren die Förmlichkeiten beibehalten wurden, die einst der Verehrung seines heidnischen Vorgängers gegolten hatten.

Die folgenden Worte Fosbrokes fügen sich in diesem Zusammenhange passend ein: „Plutarch leitet das Wort Pontifex von den Opfern ab, die man auf Brücken darbrachte — heilige Handlungen von sehr hohem Alter. Diese Pontifices, die Brückenpriester, sollen zugleich die Verpflichtung gehabt haben, die Brücken instand zu halten, als unerläßlichen Teil ihres Amtes. Diese Sitte war zweifellos der Anlaß, daß auf der alten Brücke zu London eine Kapelle erbaut worden war und die Gaben, die man darin niederlegte, dienten selbstverständlich zur Unterhaltung der Brücke". An einer andern Stelle spricht Fosbroke davon, daß fast alle alten bekannteren Brücken mit angebauten Kapellen versehen waren.[3]

---

[1] Du fletschest die Zähne wie ein Hund, der Kot frißt. — Holderness, Glossary, English Dialect Society. — A. Smidh Palmer, Folk-Etymology, London 1882. — [2] Thomas Wright, Essays on Archaeological Subjects, London 1861, II, S. 137ff, Artikel: Mediaeval Bridge-Builders. — [3] Fosbroke, Cyclopaedia of Antiquities, London 1843, I, S. 62 u. 146, unter Bridges.

„Göttling ist der Ansicht, daß das Wort Pontifex lediglich eine andere Form für Pompifex sei.[1]) Dadurch würden die Pontifices nur als die Veranstalter und Anführer von öffentlichen Umzügen und Feierlichkeiten (pompae) bezeichnet werden. Aber es ist doch viel wahrscheinlicher, daß das Wort aus pons und facere gebildet ist . . . . und daß es folglich einen Priester bezeichnet, der auf einer Brücke Opfer darbrachte".[2])

„Die Römer hatten ihre Brückenbauer zu einem Priesterkollegium vereinigt".[3])

Bei den Römern — die für die europäischen Teile der Welt die großen Baumeister waren und deren Wasserleitungen, Bäder, Straßen und Brücken weder an Widerstandfähigkeit noch an Schönheit von irgend einem anderen Volke in jenen Zeiten auch nur annähernd erreicht wurden — durfte man erwarten, daß der Titel des Oberpriesters „Pontifex Maximus" gewesen ist, nach denselben Grundsätzen, nach denen bei dem Volkstamme der Todas in dem Nilgherri-Gebirge, die vorwiegend Viehzüchter sind, der oberste Medizinmann oder Priester „Palal" genannt wird, und Palal bedeutet „der große Melker".[4])

Die Sagen des Mittelalters sind im ganzen Europa, von Süddeutschland bis nach Skandinavien, angefüllt mit Nachrichten von Brücken, Mühlen und Kirchen, namentlich aber von Brücken, die entweder vom Teufel allein oder mit seiner Hilfe erbaut wurden; und in jedem Falle scheint die Annahme begründet, daß man dabei Menschenopfer dargebracht habe.

„In der Regel dienten gefangene Feinde, gekaufte Sklaven oder zum Tode verurteilte Verbrecher als Opfer . . . . . Hierauf gründet es sich, daß in unsern Volkerzählungen der Erste, der eine Brücke überschreitet, der Erste, der ein neues Gebäude oder ein neu in Besitz genommenes Land betrit, dies mit seinem Leben bezahlen muß, mit andern Worten, als Opfer fällt . . . . . In Volkerzählungen finden wir öfters Spuren, daß man Kinder geopfert; man tötet sie als Heilmittel gegen Aussatz, mauert sie in Grundmauern ein . . . . . Außergewöhnliche Ereignisse konnten den Tod von Söhnen und Töchtern von Königen, ja der Könige selbst verlangen".[5])

„Wenn der Teufel eine Brücke baut, so steht er entweder unter dem Zwange von Menschen, oder er jagt einer Seele nach; er muß sich aber schließlich mit einem Hahn oder einer Ziege begnügen, die man zuerst über die neue Brücke jagt". oder „sie lassen einen Wolf oder eine Ziege durch die Tür der neuen Kirche laufen".[6])

„Als die neue Brücke bei Halle an der Saale, die im Jahre 1843 fertig wurde, im Bau begriffen war, glaubte das gewöhnliche Volk, daß es nötig sein würde, ein Kind in die Grundmauern der Brücke einzumauern".[7])

„Wenn im heutigen Griechenland der Grundstein zu einem neuen Gebäude gelegt werden soll, so verlangt die Sitte, daß ein Hahn, ein Ziegenbock oder ein Lamm geopfert wird und daß man das Blut über den Grundstein laufen läßt, unter dem man das Tier nachher begräbt. Der Zweck des Opfers besteht darin, dem Gebäude Stärke und Standfestigkeit zu geben. Aber manchmal lockt der Baumeister, anstatt ein Tier zu töten, einen Menschen in die Nähe des Grundsteines, mißt im Geheimen seinen Körper oder einen Teil davon oder seinen Schatten und begräbt das Maß unter dem Grundstein, oder er legt auch wohl den Grundstein auf den Schatten dieses Menschen. Man nimmt an, daß dieser Mensch im Laufe eines Jahres sterben werde".[8])

---

[1]) Göttling, Geschichte der römischen Staatverfassung bis zu Cäsars Tode, Halle 1840, S. 173. — [2]) Dr. William Smith, Dictionary of Greek and Roman Antiquities, Boston 1849, unter Pontifex. — [3]) Élie Réclus, Les Primitifs, Paris 1885, S. 116. — [4]) Über diese Angaben vergl. Réclus, S. 260, unter Les Monticules des Nilgherris. — [5]) Grimm, Teutonic Mythology, I, S. 46. — [6]) III, S. 102, — [7]) III, S. 1142. — [8]) Frazer, I, S. 144. Vergl. dazu Krauss, Das Bauopfer bei den Südslaven, Wien 1886 und Paul Sartoris umfassende Studie ‚Das Bauopfer', Zeitschrift für Ethnologie, Berlin 1898 (54 S.). Nachträge erotischer Natur enthalten dazu die Anthropophyteia.

Ich habe nicht die Absicht, diesen Teil meiner Arbeit weiter auszuspinnen. Wer mehr darüber wissen will, lese bei Grimm nach, wie häufig Menschenopfer lebendig in neuen Burgen, Wällen, Brücken und anderen Bauwerken eingemauert wurden. Als die Zeit weiter fortschritt und die Menschen gescheiter wurden, mußte ein Sarg als Sinnbild des Menschenopfers gelten; in Ställen begrub man ein Kalb oder ein Lamm lebendig unter dem Haupteingange, manchmal auch einen Hahn oder eine Ziege; unter Altären ein lebendiges Lamm; in neu eröffneten Friedhöfen ein lebendes Pferd. Aus dem ganzen Beweisstoffe läßt sich in letzter Linie nur die unvermeidliche Schlußfolgerung ziehen, daß alle diese Bauwerke unter Maßnahmen begonnen wurden, aus denen die letzten Spuren und Andeutungen des Heidentums noch nicht vollständig ausgeschlossen waren. Wir werden daher wohl auch in der Annahme nicht ganz fehl gehen, wenn wir in dem sonderbaren Brauch, der beim Überschreiten der Brücke von Montluc auszuführen war, ein Überlebsel einer ursprünglich religiösen Handlung erblicken oder vermuten, daß auch diese Brücke, wie alle andern, von Baumeistern erbaut wurde, die noch am alten Kulte festhielten und Einfluß genug besaßen, um bei der bäuerlichen Bevölkerung die Annahme gewisser Formen von heiligem Ansehen durchzusetzen, die zu den verdrängten heiligen Förmlichkeiten gehörten und die man bis auf unsere Zeit oder fast bis auf unsere Tage in einer mehr oder weniger verstümmelten und verkümmerten Weise überliefert hat.

Ein sehr belehrender Aufsatz in der von Henri Gaidoz herausgegebenen „Mélusine",[1] dessen Durchlesen in Bezug auf das Vorstehende von großem Nutzen sein wird, führt die Überschrift „Les Rites de la Construction". Er berichtet über die volktümliche Überlieferung, daß es an einem Orte namens Resporden in der Grafschaft Cornwall nicht gelingen wollte, einen Brückenbau auszuführen, weil das fertig gestellte Stück jedesmal von der Flut hinweggespült worden sei. Die „klugen" Leute in der Umgegend dachten natürlich sofort an Zauberei und Hexenkünste und wendeten sich an eine Hexe, die ihren Ratschlägen folgende Fassung gab: „Wenn die Bewohner von Resporden eine Brücke haben wollen, die nicht wieder zusammenstürzt, so müssen sie in den Grundmauern einen kleinen Knaben von vier Jahren lebendig einmauern . . . . . Man soll das Kind ganz nackt in ein Faß ohne Boden stellen, und in der einen Hand soll es eine geweihte Kerze, in der andern Hand ein Stück Brot halten".

Man fand eine unnatürliche Mutter, die ihr Söhnchen für das Opfer hergab, sie erhielt eine Entschädigung und das arme Kind mauerte man der Anweisung entsprechend lebendig ein; den Brückenbau konnte man zu Ende führen und er hat seitdem allen Verwüstungen der Stürme und Hochwässer widerstanden, aber die Volkerzählung gibt heute noch die letzten Worte des unglückseligen Kindes wieder:

> „Ma chandelle est morte, ma mère,
> Et du pain, il ne me reste miette".

> „Mein Licht ist erloschen, oh Mutter,
> Und vom Brot ist kein Krümchen mehr übrig".

Die unnatürliche Mutter wurde einige Zeit nach dem Opfer wahnsinnig und die Klagen des preisgegebenen Kindes kann man heute noch in dem Heulen des Windes und dem Seufzen des Regens hören, der auf Resporden niederfällt.

(Weiteres über die Gebräuche beim Brückenbau, Häuserbau usw. findet man bei Grant Allen, die Entwickelung des Gottesgedankens. Deutsche Bearbeitung von H. Ihm, Jena 1906, S. 208 ff. Grant Allen gibt auch im Zusammenhange mit den Untersuchungen, denen seine Arbeit gewidmet ist, die Erklärung für die sonderbaren

---

[1] Paris, Nummer vom 5. Mai 1888. Die Umfrage setzte dann Paul Sébillot in der Revue des Traditions populaires mit vielem Erfolge fort. Er kam darauf später in seinem großen Werke: Le Folk-Lore de France, Paris 1905, II des weiteren zurück.

Anschauungen, denen diese Grundsteinopfer, die zweifellos in älterer Zeit stets Menschen waren, ihre Entstehung verdanken. Es handelt sich darum für das betreffende Bauwerk einen Schutzgeist zu schaffen und dies geschieht dadurch, daß man einen Menschen tötet, um seine Seele frei zu machen. Diese Seele ist dann die „Tyche", das „Glück" des betreffenden Bauwerks. Daß solche Anschauungen aus den Urschichten menschlichen Denkens sich mit zäher Hartnäckigkeit erhalten, beweist die Auffindung des Skelettes eines jungen Mädchens in einer Höhlung der Mauer der Burg zu Manderscheid in der Eifel im Jahre 1844. Die Burg, die in ihren ältesten Teilen aus dem dreizehnten Jahrhundert stammt, ist also noch in der alten Weise mit einem Schutzgeist versehen worden und die Volküberlieferung wußte noch in dem Jahre der Auffindung des Skeletts, daß ein Mädchen in der Burg eingemauert war. Der wahre Grund hierfür war den Leuten natürlich nicht mehr bekannt; an seine Stelle sind im Laufe der Zeit Schauergeschichten getreten, aber selbst diese halten noch an dem Glauben fest, daß ein Geist „umgeht", d. h. sich an dem Orte herumtreibt, für den er einst als Schutzgottheit geschaffen wurde. In den Überlebseln, die man nur auf Grund dieser Anschauungen erklären kann, ist natürlich die ursprüngliche Bedeutung des Menschenopfers kaum noch zu erkennen, aber an der Hauptsache hält man fest: mit dem Grundstein muß etwas besonderes geschehen, das auf uralter religiöser Überlieferung beruht. Die Ersatzmittel für das einst allein zulässige Menschenopfer sind mit dem Fortschritt der Menschheit immer schattenhafter geworden und selbst darüber lächeln die Aufgeklärten. Und dennoch muß man heute noch bei offiziellen Grundsteinlegungen ein Opfer von einigen Münzen darbringen, denen man allerdings Urkunden, Zeitungnummern [usw. mitgibt. Für den Wissenden handelt es sich aber auch hier um ein Überlebsel für einen nicht mehr verstandenen uralten religiösen Brauch. I.)

XXIV. Zotige Überlebsel in den Spielen der englischen Landbevölkerung.

Die derben Spiele der englischen Bauern sind nicht ganz frei von Spuren derselben Art, wie wir sie auf einer der vorhergehenden Seiten von jenem arabischen Scheich erzählt haben. So gab es beispielweise in der Grafschaft Northumberland in England ein sonderbares Unterhaltungspiel, das man „F—g for the pig" (um das Schwein furzen) nannte. Brand gibt keine Erklärung dieses Brauches, den man den scherzhaften Lehendienstleistungen, die Blount erwähnt, zurechnen kann, und mit diesen auch dem Kulte Bel-Phegors. Brand sagt: „Die urtümliche Derbheit unserer Sitten erschien geradezu unglaublich. In den Bühnenvermerken der alten Moralitäten finden wir oft angegeben: „Hier läßt Satan einen Furz".[1]

Selbst in London haben sich solche Überlebsel bis in die neuesten Zeiten herein erhalten. „Früher pflegten die Torwächter, die ihr Amt zu Billingsgate ausübten, jeden Mann, der vorüberging, in höflicher Weise zu veranlassen und zu ersuchen, daß er einen Pfosten begrüße, der daselbst an einem leeren Platze stand. Weigerte er sich, es zu tun, so packten sie ihn ohne weiteres und stießen ihn gewaltsam mit dem Hintern gegen den Pfosten; wenn er sich aber ohne Widerspruch herbeiließ den Pfosten zu küssen und sechs Pence bezahlte, dann gaben sie ihm einen Namen und wählten aus ihrer Mitte einen zu

---

[1] Brand, II, S. 9, Artikel: Country Wakes.

seinem Gevatter. Ich glaube, daß man dies zur Erinnerung an irgend ein altes Bildwerk getan hat, das früher an diesem Platze stand, vielleicht war es ein Standbild des Belius oder Belin".[1])

Alle diese Gebräuche, so unsinnig sie uns auch heute vorkommen mögen, können doch Bestandteile des Rituals von Gottheiten derselben Art wie Bel-Phegor gewesen sein, denen die Fürsorge für die Körperauswürfe und die Organe, die zu diesen in Beziehung standen, anvertraut war; man forderte irgend eine Art von Abgabe und keine konnte passender sein als die Opferung der Körperteile oder wenigstens die Unterwerfung unter irgend einen Schmerz, den ihnen diejenigen zufügten, denen die Aufsicht über das Heiligtum anvertraut war.

Gehen wir auf die andere Seite des atlantischen Ozeans, so konnte man noch vor dreißig oder mehr Jahren in Philadelphia von einer Sitte hören, die der eben beschriebenen auffallend ähnlich war und die man als derben Jungenstreich ansah. Sobald es geschah, daß sich ein Knabe eine laute Blähung zu Schulden kommen ließ, schrie die ganze Bande der Schüler: „Touch wood!" (Berührt Holz) und dann liefen sie davon, um den nächsten Baumstamm zu berühren; diejenigen, die sich dabei als langsam erwiesen, wurden von den Flinkeren durchgeprügelt.

> „Then, lads and lasses, merry be,
> — — — — — — —
>
> And to make sport
> I f——t and snort".

> „Dann seid lustig, Ihr Burschen und Mädchen,
> — — — — — — —
>
> Und um Euch einen Spaß zu machen,
> Furze ich und schnarche ich". [2])

Die folgenden Angaben aus Buckle's Commonplace Book scheinen keinen weiteren Wert zu haben, als daß es sich lediglich um schmutzige Geschichten handelt:

> „Ludlow's f— was a phrophetic trump;
> There never was anything so jump;
> 'Twas a very type of a vote of this rump;
> Which nobody can deny".

> [Ludlow's Furz war ein weissagender Trompetenstoß; niemals gab es etwas derartig Glückliches; es war das richtige Urbild einer Abstimmung dieses Hintern, was niemand leugnen kann.]

Ludlow ist ein strammer Republikaner. Der Vorfall, auf den hier angespielt wird, gab seinerzeit Stoff zur allgemeinen Heiterkeit und setzte die Feder einiger der angesehensten Dichter aus der letzten Hälfte des siebzehnten Jahrhunderts in Bewegung". [3])

> „And then my poets,
> The same that writ so subtly of the fart". [4])

> [Und dann meine Dichter, derselbe, der so scharfsinnig über den Furz schrieb, es kann aber auch heißen: dieselben, die so scharfsinnig über den Furz schrieben].

„Wer der Schriftsteller sein soll, der hier gemeint ist, vermag ich nicht zu sagen. In der Gedichtsammlung mit dem Titel „Musarum Deliciae; or, The Muse's Recreation" von Sir John Ennis und Dr. Smith findet man ein Gedicht mit der Überschrift: „The Fart censured in the Parliament House". (Der im Parlamentgebäude gerügte Furz). Die Veranlassung zu diesem Gedichte war ein Entwischen dieser Art im Hause der Abge-

---

[1]) Brand, II, S. 433, Artikel: Kissing the Post. — [2]) The Pranks of Robin Goodfellow, angeblich von Ben Jonson verfaßt, nach der Anführung in Hazlitt's Fairy Tales, London 1875, S. 420. — [3]) Siehe die Ballade: A New Years Gift for the Rump, vom 5. Januar 1659 und die Anmerkung dazu in „Early English Poetry", herausgegeben von der Percy Society, London 1841, III, S. 176. — [4]) Ben Jonson, The Alchemist, Akt 2, Szene 1.

ordneten. Ich habe einen Teil davon gesehen, den man einem Schriftsteller aus der Zeit der Königin Elisabeth zuschrieb und möglicherweise ist dieses die Sache, auf die Ben Jonson anspielt". (Whalley). Aber Gifford, aus dessen späteren Ausgaben ich meinen Stoff entnahm, gibt eine andere Erklärung, die darauf hinausläuft, „daß sich dieses Entwischen, wie es Whalley nennt, im Jahre 1607 ereignete, also lange nach der Zeit der Königin Elisabeth. Die Ballade befindet sich unter den Harleyschen Handschriften und ist auch in den State Poems abgedruckt; sie enthält ungefähr vierzig Strophen in ganz jämmerlichen Knüttelversen".[1]

„Der Narr von Cornwall". „Man erzählte mir von einem scherzhaft veranlagten Ritter, der in derselben Gegend (nämlich in der Grafschaft Cornwall) wohnte und der einmal, als er auf einem öffentlichen Marktplatze eine große Versammlung von Rittern, Edelleuten, adligen Groß- und Kleingrundbesitzern zusammengebracht hatte und als alles dastand und darauf wartete, daß er irgend eine Rede oder Ansprache halte, in närrischer Weise (nicht ohne zu lachen) auf einmal anfing tausend Grimassen zu schneiden und seine Augen bald nach dieser, bald nach jener Richtung zu drehen, sodaß es aussah, als ob er gerade zu sprechen anfangen wollte. Und schließlich holte er tief Atem und ließ einen mächtig lauten Furz fahren, wobei er wie ein Schwein grunzte. Darauf erzählte er ihnen dann, die Veranlassung dazu, daß er sie alle zusammengerufen habe, bestände lediglich darin, daß ein so edler Furz von einer so edlen Gesellschaft, wie sie hier wäre, geehrt werde".[2]

„Der Narr von Lincoln". „Es wohnt da zu Lincoln seit einiger Zeit ein Arbeitmann, der einmal, als ihn sein Weib mit ihrer scharfen Zunge wieder derart ausgeschimpft hatte, daß die ganze Straße darüber entrüstet war, schließlich aus dem Hause hinausging und sich ganz ruhig auf einen Steinblock vor seiner eigenen Tür setzte. Seine Frau, die wegen seiner Gemütruhe und seines ruhigen Ertragens noch mehr außer sich geriet, lief in die Kammer hinauf und goß einen Nachttopf zum Fenster hinaus über seinen Kopf aus. Und als der arme Mann dieses sah, sprach er in einer fröhlichen Laune folgende Worte: „Ich dachte es mir doch gleich, daß wir nach einem solchen Donnerwetter auch etwas Regen bekommen würden".[3]

Dieser schmutzige Scherz stammt ursprünglich aus einer berühmten Quelle. Harington erzählt das Abenteuer des „guten Sokrates, der den Nachttopf, mit dem ihn Xantippe gekrönt hatte, auf Kopf und Schultern einfach davontrug und zu denjenigen, die darüber lachten, sagte:

„It never yet was deemed a wonder
To see that rain should follow thunder".[4]

[Man erachtete es doch noch niemals für ein Wunder, wenn man sah, daß auf einen Donner auch Regen folgte].

Nathaniel: „They write from Libtzig (reverence to your ears)
The art of drawing farts out of dead bodies
Is by the brotherhood of the Rosie Cross
Produced unto perfection, in so sweet
And rich a tincture".[5]

---

[1] Gifford's Ausgabe der Werke Ben Jonsons, London 1816. — [2] Jack of Dover's Quest of Inquiry, in den Veröffentlichungen der Percy Society, VII, S. 30, London 1852. „Jack of Dover 1604". Vergl. dazu Dr. Alfred Adler: Erotische Kinderspiele, Anthropophyteia, VIII, S. 256 ff. Nr. 8: Kot- und Harnspiele, gen. Wettspiele. Wer höher harnen, schneller masturbieren kann. — [3] VII, S. 15. — [4] Harington, Ajax, S. 94. — [5] The Staple of News von Ben Jonson, Gifford's Ausgabe, London 1816, Akt 3, Szene 1, S. 240. (Sie berichten aus Leipzig, mit Respekt zu vermelden, daß die Kunst, aus Leichen Fürze herauszuziehen, von der Brüderschaft der Rosenkreuzer in höchster Vollkommenheit vorgeführt wird, in einer so süßen und kräftigen Tinktur).

XXV. Harn und Kot als Zeichen der Trauer.

Man muß sorgfältig unterscheiden zwischen der religiösen Verwendung von Kot und Harn und derjenigen, bei der sie als äußere Zeichen der Trauer gelten, die durch einen übermächtigen Kummer veranlaßt sind, oder wo sie sich in den Gewerben nützlich erwiesen haben.

Lord Kingsborough schildert solche Besudelungen ganz kurz bei den feierlichen Förmlichkeiten der Totengebräuche bei den Hebräern und Azteken, wobei er seine Beweismittel für die letzteren aus Diego Duran, für die ersteren aus dem Propheten Sacharjah nimmt: „Nun war Josua mit schmutzigen Gewändern bekleidet und stand vor dem Engel usw".[1]

„Die nächsten Verwandten schneiden sich die Haare ab und schwärzen das Gesicht und die alten Frauen schmieren sich Menschenkot auf den Kopf. Dies ist das Zeichen der höchsten Trauer".[2]

XXVI. Harn und Kot in Gewerbebetrieben.

Der volkwirtschaftliche Wert menschlicher und tierischer Ausscheidungen scheint bei allen Völkern und seit den ältesten Zeiten erkannt worden zu sein. Es ist keine allzukühne Behauptung, wenn wir sagen, daß man über diesen Teil unseres Gegenstandes allein ein ganzes Buch schreiben könnte.[3] Es ist zwar nicht unbedingt erforderlich, hier alles anzuführen, was man in dieser Hinsicht zusammenbringen könnte, aber wir führen dem Leser doch genug Stoff vor, aus dem er die Wahrheit obiger Behauptung ersehen kann und in dem wenigstens jede einzelne Seite des Gegenstandes berührt wird.

Es wäre vielleicht angebracht, zu untersuchen, ob nicht etwa die beständige Verwendung und die Vertrautheit mit menschlichem Harn und Kot im Hause, in den Künsten und Gewerbebetrieben der verschiedensten Art darauf hingewirkt haben könnten, daß das Gefühl niedrig stehender Gruppen abgestumpft worden wäre, sodaß wir auf diese Weise die Einführung dieser ekelhaften Sachen in ihre gottesdienstlichen Förmlichkeiten erklären könnten; wir finden ja auch, daß gerade die Völker, deren Frauen man nackt herumlaufen läßt, der Keuschheit nur ganz geringen Wert beilegen.[4]

„Soviel ist jedenfalls gewiß, daß es nicht möglich ist, die religiöse Verwendung von Harn von seinem Gebrauche in Gewerbebetrieben und in der Heilkunde zu trennen ...

[1] Sacharjah, Kap. 3. — Mexican Antiquities, VIII, S. 237. — [2] The Native Tribes of South Australia, Adelaide 1879, S. 200. Das Werk verdanke ich der Freundlichkeit des Sekretärs der Royal Society of New South Wales, Herrn T. B. Kyngdon. — [3] Es besteht sogar eine sehr ausgedehnte Literatur über Düngemittel, sowohl natürliche als künstliche. — [4] [Darin ist Bourke völlig im Irrtum, denn man könnte fast sagen, gerade das Gegenteil ist wahr. Die Sittlichkeit in geschlechtlicher Beziehung ist eine merkwürdige Sache und hat mit dem Nacktgehen gar nichts zu tun. Namentlich bietet Innerafrika hierfür die auffallendsten Beispiele, die man in allen Werken über Völkerkunde finden kann. Nach unsern Begriffen „keusche" nackte Völker leben dort neben „bekleideten" Stämmen, die weniger Wert auf sogen. Keuschheit legen. I.]. Vergl. dazu Bloss-Bartels, Das Weib in der Natur- und Völkerkunde, 9. Auflage von Dr. Paul Bartels, Leipzig 1908, I, S. 538—555 und die vielen Erhebungen in den Anthropophyteia.

Wahrscheinlich hat man den Harn überall als die zuerst bekannte Seife benutzt. Muß man nicht darauf bei Behandlung des Stoffes besonderes Gewicht legen, selbst wenn man ihn in Bezug auf den religiösen Standpunkt betrachtet? . . . . . In England und in Frankreich, und wahrscheinlich auch noch anderswo, ist heute noch unter Frauen die Anschauung verbreitet, daß man die Hände in Harn waschen muß, weil sie durch dessen Einwirkung zart und schön werden sollen. Ich habe selbst Damen gekannt, die in dieser Absicht jedesmal ihren Harn über ihre Hände laufen ließen".[1]

Gerberei.

Die Bewohner von Kodiak gebrauchen nach Lisiansky den Harn, um die Vogelbälge herzurichten.[2]

„Die Handschuhe, diese Gegenstände der Prachtliebe und des feinen Geschmackes, die man herstellt, um weiße Hände und rundliche Arme zu bedecken, sind mit Eigelb getränkt, dem eine tüchtige Menge der bekannten bernsteinfarbenen Flüssigkeit zugesetzt ist".[3]

Die Eskimos bewahren den Harn auf, um Häute damit zu gerben,[4] während seine Verwendung bei der Zubereitung des Leders in Europa sowohl, als auch in Amerika hinreichend genug bekannt ist und keine weiteren Belege aus Schriftstellern nötig macht.

Die Kiowaysindianer in den „Great Plains" der Vereinigten Staaten weichten ihre Büffelhäute in Harn ein, um sie zart und biegsam zu machen.[5]

Harn verwendeten die Tschuktschen in Sibirien um Häute haltbar zu machen oder zu gerben.[6]

Sauer berichtet, daß die Jakuten die Felle der Hirsche und Elche mit Kuhmist gerben.[7]

Mist gebrauchen auch die Bongoneger in der oberen Nilgegend zum Gerben.[8]

Bernal Diaz drückt sich bei der Aufzählung der Dinge, die man auf den „Tianguez" oder den Marktplätzen von Tenochtitlan verkauft, folgendermaßen aus: „Ich muß dabei auch den Menschenkot erwähnen, den man in Kähnen, die auf den Kanälen in der Nähe dieses Platzes lagen, zum Verkauf ausbot; er dient zum Ledergerben, denn nach den Versicherungen der Mexikaner ist es ohne ihn unmöglich, ordentlich zu gerben".[9]

Dieselbe Verwendung von Kot beim Gerben der Bärenfelle findet man bei den nomadisierenden Apachen in Arizona, sie ziehen es jedoch vor, den Kot des Tieres selbst zu verwenden.

Gomara, der gleichfalls die Dinge zusammengestellt hat, die man auf den mexikanischen Märkten verkaufte, gibt keine unmittelbaren Nachrichten vom Menschenkot; er drückt sich vielmehr etwas unbestimmt aus: „Alle diese Dinge, von denen ich hier spreche, verkauft man auf diesem Markte der Mexikaner, nebst vielen andern, die ich nicht kenne, und auch anderen, über die ich schweigen will".[10]

---

[1] Nach einer brieflichen Mitteilung von Havelock Ellis, dem Herausgeber der Contemporary Science Series. — [2] Lisiansky, Voyage round the World, London 1814, S. 214. — [3] Réclus, Les Primitifs, S. 72. — [4] Sie bewahren auch in ihren Hütten den Harn in Kübeln auf, um ihn bei der Zubereitung der Felle von Hirschen und Robben zu verwenden (Hans Egede, wird auch bei Richardson, Polar Regions, Edinburgh 1861, S. 304 erwähnt). Denselben Brauch traf man auch in Alaska an. Dieselbe Sache erwähnt ferner Egede's Großneffe, Hans Egede Saabye in seinem Werke Greenland, London 1816, S. 6. — [5] Das ganze Verfahren hierbei hat Captain Robert G. Carter vom 4. Kavallerie-Regiment der Vereinigten Staaten ausführlich beobachtet. — [6] Melville, In the Lena Delta, Boston 1885, S. 318. — [7] Sauer, Expedition to the North parts of Russia, London 1802, S. 131. — [8] Vergl. Schweinfurth, Heart of Africa, London 1878, I, S. 134. — [9] Bernal Diaz, Conquest of Mexico, London 1844, I, S. 236. — [10] Gomara, Historia de la Conquista de Mejico, S. 349.

Der Harn spielt auch eine Rolle als Beizmittel, um die Farben der Decken und anderer Erzeugnisse aus Wolle haltbar. zu machen. Hierfür gebrauchen ihn die Navajoes in Neu-Mexiko, die Mokis in Arizona, die Zuñis und andere in Dörfern angesiedelte Indianer im Südwesten der Vereinigten Staaten, ferner die Araukaner in Chile, die Mexikaner, die Peruaner, einige Stämme in Afghanistan und andere Völker, die alle den Harn sorgsam aufheben.[1])

Bleichen.

„Die römischen Tuchwalker verwandten Menschenharn in ihrem Geschäfte, und man hat die Beobachtung gemacht, daß sie niemals an Gicht litten".[2])

Harn gebrauchte man auch als Reinigungmittel für Wolle.[3])

Färben.

Nach Langsdorff[4]) verwenden die Bewohner von Ounalashka den Harn beim Färben; auch Sarytschew[5]) spricht davon.

Dieselbe Verwendung von Harn hat Camden bei den Irländern behauptet.[6]) Seine Angaben führt Buckle an: „Im Jahre 1562 kam O'Neal mit einigen seiner Begleiter nach London und erregte das Erstaunen der Bürger, denn ihr Haar fiel in Locken über ihre Schultern. Dazu trugen sie gelbe Umhänge, die mit Saffran gefärbt oder mit Harn gebeizt waren".[7])

„Als ein Ersatzmittel für Alaun gebrauchte man Harn".[8])

„Die Herstellung von blauen, violetten oder blauroten Farbstoffen aus Flechten durch die Einwirkung des Ammoniaks von abgestandenem Harn scheint den um das mittelländische Meer wohnenden Völkern schon in sehr alten Zeiten bekannt gewesen zu sein, und die Fortdauer dieser Erfahrung in den abgelegeneren Teilen von Irland, Schottland und Skandinavien fast bis auf den heutigen Tag läßt es wahrscheinlich erscheinen, daß die Kunst solche Farben herzustellen, auch den nördlichen Völkern Europas nicht unbekannt war".[9])

Mauerbewurf.

Zum Bewerfen des Innern von Wohnungen verwandte man Kuhmist sehr häufig; daß der Gebrauch des Kotes eines Tieres, das so manche Völker heilig gehalten, eine religiöse Grundlage hat, ist vielleicht zuviel gesagt, aber es soll später darauf hingewiesen werden, daß man verschiedene Arten von Kot im Hause aufbewahrte, um Glück zu bringen oder die bösen Einflüsse von Zaubereien abzuwenden.

Marco Polo bringt folgende Angaben bei: „In Malabar . . . . gibt es Leute, die man Gaui nennt, die das Fleisch von Ochsen essen, die eines natürlichen Todes gestorben sind, denn sie töten sie niemals und ihre Häuser beschmieren sie mit Kuhmist".[10])

„Die Hütten in Senegal bewarf man mit Kuhmist, der einen abscheulichen Gestank verbreitete".[11])

---

[1]) [Die Hundekotsammler kann man auch bei uns bei ihrer Tätigkeit beobachten; meine Erkundigungen in einer großen Lederfabrik ergaben, daß man ein Ersatzmittel dafür nicht kennt; namentlich die feineren Ledersorten für Geldbörsen und Damentäschchen bereitet man damit zu. I.]. — [2]) Plinius, XXVIII, Kap. 3. — [3]) Encyclopaedia Brittanica, unter Bleaching. — [4]) Langsdorff, Voyages, II, S. 47. — [5]) In Philip's Voyages, VI, S. 72. — [6]) Camden, Brittania, II, S. 1419 in der Londoner Ausgabe vom Jahre 1753. — [7]) Commonplace Book, II, S. 236. — [8]) Dr. med. W. J. Hoffmann, Folk-Lore of the Pennsylvania Germans, im Journal of American Folk-Lore, 1889. — [9]) Eugene O'Curry, The Manners and Customs of the Ancient Irish, Einleitung von W. K. Sullivan, London, Dublin, Edinburgh and New York 1873, S. 450. — [10]) Marco Polo bei Pinkerton, VII, S. 162. — [11]) Adamson, Voyage to Senegal, bei Pinkerton, XVI, S. 611.

„Die Ablagerungen von Kuhmist an dem Grunde der Zelte" bei den Mongolen erwähnt James Gilmour.[1])

„Dann wird der Estrich aus weichem Tuffstein und Kuhmist hergestellt". [2])

Tierischen Kot gebrauchen die Bewohner der kleinasiatischen Türkei im Tigristale als Mörtel. [3])

Die Eingeborenen am weißen Nil, die Stämme der Bari, machen „einen Mörtel aus Asche, Kuhmist und Sand, mit dem sie den Fußboden und die Einfriedigungen um ihre Häuser bewerfen". [4])

Plinius berichtet uns, daß die Dreschtennen der römischen Bauern mit Kuhmist „gepflastert" waren; in einer Anmerkung dazu findet man die Feststellung, daß man dasselbe Verfahren heute noch in Frankreich anwendet. [5])

Pferdemist sah man als sehr wertvolles Mittel an, um chemische Destillier-Apparate und Öfen zu dichten. [6])

Von den Jakuten in Sibirien berichtet man: „In Bezug auf Unreinlichkeit stehen sie keinem nach, denn ein ernst zu nehmender Schriftsteller versichert uns, daß die Mörser, die sie verwenden, um darin ihre getrockneten Fische zu zerstampfen, aus Kuhmist angefertigt sind, den die Kälte erhärtet hat". [7])

„Die Leute von Jungeion . . . . sammelten den Mist von Kühen und Schafen . . . trockneten ihn, rösteten ihn am Feuer und gebrauchten ihn nachher als Bett". [8])

„Die Gefäße, in denen sie (die Jakuten) ihre getrockneten Fische, Wurzeln und Beeren zerstampfen, stellt man aus getrocknetem Ochsen- und Kuhmist her". [9])

Das Sachwörterverzeichnis zum ersten Bande von Purchas enthält die Angaben: „Dung bought by sound of tabor, p. 270, 1. 40"; und „Dung of Birds, a strange report of it", aber keine von den beiden Stellen war in dem angegebenen Teil des Werkes aufzufinden.

Als Behandlungmittel für Tabak.

Die besten Tabaksorten, die aus Amerika kamen, wurden in Bündel verpackt, an Stangen gebunden und in Aborten aufgehängt, damit die Dünste, die von dem menschlichen Kot und Harn aufsteigen, die verdorbenen und schädlichen Stoffe in der Pflanze in ihrem rohen Zustande verbesserten.[10])

„Ich erfuhr vor kurzem aus einer guten Quelle, daß man in Havanna beim Zigarrenmachen den weiblichen Harn als ein gutes Einweichungmittel gebrauchte". [11])

Eine Tabakarbeiterin aus Fiume erzählte Dr. Krauss: „Wir müssen in der Zigarrenfabrik in eigens für uns bereitgestellte Gefäße harnen. Die Pisse dient dazu, in ihr die zur Anfertigung von Virginiazigarren ausgesuchten Blätter zu beizen. Früher goß man den Harn in den Fluß aus, doch als davon die Fische verendeten, ins Meer hinein. Seit einigen Jahren kauft ein Zigarrenfabrikant aus Deutschland der königlichen Fabrik unser mit Nikotin gesättigtes Pisswasser ab und läßt es in Fässern nach Deutschland verfrachten. Daheim legt er Nußbaum-, Erdäpfel- und Rübenblätter in die Flüssigkeit ein und wenn

---

[1]) Gilmour, Among the Mongols, London 1883, S. 176. — [2]) Livingston, Zambesi, London 1865, S. 293. — [3]) Vergl. George Smith, Assyrian Discoveries, New-York 1876, S. 82. — [4]) Sir Samuel Baker, The Albert Nyanza, Philadelphia 1869, S. 58. Über die Latookas berichtet derselbe Verfasser S. 135 und für die Angabe, daß die Obbos Einfriedigungen, Mauern und Fußboden in derselben Weise bewerfen, S. 203 u. 262. — [5]) Plinius, LXXVIII, Kap. 71, Bohn's Ausgabe. — [6]) Vergl. Schurig, Chylologia, S. 815 und derselbe Stoff als Erweichungmittel ebenda. — [7]) Maltebrun, Universal Geography, I, S. 347. — [8]) Mungo Park, Travels in Africa, bei Pinkerton, XVI, S. 834. — [9]) van Stralenberg, S. 382. — [10]) Schurig, Chylologia, S. 776. „Ex paxillo aliquamdiu suspendere in Cloacis Tabacum" usw. — [11]) Nach einer brieflichen Mitteilung von Prof. Dr. Gustav Jaeger in Stuttgart vom 29. August 1888.

sie gut durchgebeizt sind, trocknet und verarbeitet er sie zu verschiedenen Sorten feinster Zigarren. Auch einige Sorten ägyptischer Zigarettentabake, das sind solche, die man von uns aus nach Ägypten exportiert, behandelt man mit Frauenpisse. Männerharn taugt nicht dazu. Er ist zu scharf". — Regiebeamte erklärten auf Anfragen hin den Bericht für ein Märchen.

Zur Wiederherstellung des Moschusgeruchs und der Korallenfarbe.

Den Moschusgeruch und die Korallenfarbe konnte man wieder herstellen, indem man sie eine Zeit lang in einem Aborte aufhing.[1]

„Paracelsus scil. mediante digestione stercus humanum ad odorem Moschi redigere voluit".[2]

„Moschi odorem deperditum restitui posse, ubi urina et excrementa alvina putrescunt, detineatur, apud autores legimus".[3]

„Fit, ut Moschus longo tempore aemittat odorem, quem tamen recuperat si irroretur cum pueri urina vel si suspendatur in latrina humana".[4]

Käsebereitung.

„Ein Ladenbesitzer in Berlin wurde vor einigen Jahren bestraft, weil er den Harn junger Mädchen in der Absicht verwandte, seinen Käse kräftiger und schmackhafter zu machen. Trotzdem gingen die Leute hin, kauften seinen Käse und aßen ihn mit großem Wohlbehagen. Und was mag die Ursache aller dieser närrischen und geheimnisvollen Dinge sein? Im menschlichen Harn ist das Anthropin enthalten".[5]

Am 4. August 1912 brachte die Arbeiterzeitung in Wien nachstehende Mitteilung: „Wovon man fett wird. Ein Seitenstück zu dem in den Neunzigerjahren vielbesprochenen Berliner Käsehandel des Butterhändlers Vallentin, der seine Verkäuferinnen zu den scheußlichsten Manipulationen bei der Käsebehandlung zwang und trotzdem den größten Zulauf hatte, beschäftigte das Schöffengericht von Hannover, vor dem sich die Käsehändlerin Henriette Heßler wegen fast unglaublicher Vorgänge beim Harzkäsehandel zu verantworten hatte. Es wurde ihr vorgeworfen, daß sie in ihrem Stand in der Markthalle in eine Konservenbüchse harnte und in diesem Harn die Käsemesser aufbewahrte, die sie beim Verkauf von Harzkäse zu gebrauchen pflegte. Außerdem soll sie ihre Hände jedesmal vor einem Käseverkauf in dem Harn gewaschen haben. Weiter wurde ihr zur Last gelegt, in diesem Harn einen Lappen befeuchtet und diesen über den Käse ausgebreitet zu haben. Auf Vorhaltungen über diese Schweinereien sollte sie erwidert haben: „Ach was, in Hannover frettet sich alles weg". In der Verhandlung bestritt die Angeklagte die ihr zur Last gelegten Handlungen, die Leute hätten sie nur aus Rache angezeigt. Auf die Frage des Vorsitzenden an die Zeugen, warum sie eine derartige Schweinerei jahrelang mit angesehen hätten, ohne die Angeklagte anzuzeigen, erklärten mehrere Zeugen, daß die Heßler in der Markthalle eine mit Rücksicht auf ihr Mundwerk sehr gefürchtete Persönlichkeit sei und sie sich daher nicht getraut hätten, gegen sie vorzugehen. Das Gericht kam zu dem Schlusse, eine eingehende Untersuchung in dieser Sache noch einmal vorzunehmen, und vertagte die Verhandlung, in deren Verlauf noch angedeutet wurde, daß

---

[1] Danielus Beckherius, Medicus Microcosmus, London 1600, S. 113. — [2] Etmuller, Opera Omnia, Comment. Ludovic., Lyon 1690, II, 171 f. (P. wollte den Moschusgeruch durch ein Verdauungmittel dem menschlichen Kot mitteilen). — [3] Schurig, Chylologia, S. 768. (Den verloren gegangenen Geruch des Moschus kann man wiederherstellen, wenn man ihn an einem Orte, an dem Harn und Kot verwesen, aufbewahrt.) — [4] Es kommt vor, daß Moschus nach langer Zeit den Geruch verliert, den er jedoch wieder gewinnt, wenn man ihn mit Knabenharn benetzt oder in einem Aborte aufhängt. Etmuller, II, S. 276. — [5] Nach einer brieflichen Mitteilung von Prof. Dr. Gustav Jaeger, wie oben. [Ich erinnere mich auch noch dieser Geschichte, die damals durch alle Zeitungen ging. I.].

die Frau vielleicht einem verhängnisvollen Aberglauben mancher Käsehändler und Käse-
liebhaber zu Opfer gefallen sei".

Zur Erzeugung gewisser Käsesorten benötigen die Fabriken das in den Kälbermagen enthaltene tierische Labferment. Nun hängt die Qualität der Käsesorten von der
Güte der Kälbermagen als ein vor der Konkurrenz ängstlich zu hütendes Geschäft-
geheimnis ab. Die Fabrik Jeantin Ainé & Fils in Aoully bei Genf bezieht die Kälbermagen
vom Wiener Schlachtviehmarkt, worüber ein lustiges Geschichtchen in Wiener Blättern
am 15. August 1912 zu lesen war.

Käse, Schweiß, faulenden Knochen und ranzigem Fett oder Talg entströmt ein
Bockgeruch (odor hircini), dem Katzenharn, der Scheidenausscheidung und dem männlichen Samen der Brunftgeruch (odor aphrodisiacus)[1]. Gewächse von ähnlichem und
gleichem Duft regen den Geschlechttrieb an. Ein mit Harn gewürzter Käse oder eine
sonstige Speise wird damit für Feinschmecker begehrenswert.

„Wichtig ist, daß das tierische Empfinden in den erotischen Gerüchen Analogien
zu Speisegerüchen entdeckt".[2]

„Auf gewissen Gütern in der Schweiz benutzt man, wie mir versichert worden ist,
den Harn, um die Gährung gewisser Käsesorten, die man hineintaucht, anzuregen".[3]

Die chrowotischen Bauern bereiten ihren sehr scharfen, sich bröselnden, in Holznäpfen eingelegten Schmodderkäse mit Knabenharn. Nach einiger Zeit bilden sich darin
lange, weißschimmernde Käsewürmer. Die zerquetscht man durch häufiges Kneten des
Quarkes, bis er die beliebte Schärfe erreicht.[4]

Mag der Gebrauch des menschlichen Harns, um Käse reif zu machen nun in dem
alten Verfahren seinen Ursprung haben, daß man solche Auswurfstoffe benutzte, um die
Erzeugnisse der Milchwirtschaft vor dem bösen Einfluß der Hexen zu schützen, oder mag
er nicht darin begründet sein, eine Untersuchung darüber würde kaum Wert für uns
haben; ebenso ist es anderseits gleichgültig, ob eine solche Verwendung als ein Mittel,
um die Bemühungen der Hexen unschädlich zu machen, auf die Tatsache zurückzuführen
ist, daß der abgestandene Harn ursprünglich der wirksame Gährungstoff war, um das
Gerinnen der Milch zu beschleunigen, oder ob dies nicht der Fall war.

Opium-Fälschung.

Der Opiumraucher wird wohl kaum auf den Gedanken kommen, daß er bei der
Verwendung des totbringenden Giftes oft einen verfälschten Stoff raucht, und zwar gebraucht man Hühnermist als fälschenden Zusatz; der Opiumraucher steht in diesem Falle
auf gleicher Stufe mit dem amerikanischen Indianer, der getrockneten Büffelmist, und mit
dem Afrikaner, der Antilopen- oder Nashornmist schmaucht.

Das Ausbrüten von Eiern.

Bei der Beschreibung der Provinz Quang-tong findet sich bei Du Halde die
Angabe, daß die Chinesen Eier „im Ofen oder in Mist ausbrüten".[5]

---

[1] Vergl. H. Zwaardemaker, Die Physiologie des Geruchs, Leipzig 1895, S. 235. —
[2] Alb. Hagen, Die sexuelle Osphresiologie. Die Beziehungen des Geruchsinnes und der
Gerüche zur menschlichen Geschlechttätigkeit, Charlottenburg 1901, S. 23. Nach C. M. Gießler,
Wegweiser zu einer Psychologie des Geruches, Hamburg 1894, S. 44. — [3] Briefl. Mitteilung
von Dr. Bernard in Cannes vom 7. Juli 1888. — [4] Dieser Käse ähnelt sehr dem Primser,
den die rumänischen Bauern um Wallachisch Meseritz in Mähren erzeugen und in ungeheuren
Mengen nach Wien verkaufen. — [5] Du Halde, History of China, London 1741, I, S. 38.
In China füttern sie auch die Fische hauptsächlich mit Ochsenmist, der sie sehr fett macht.
Perera bei Purchas, I, S. 205.

Bourke, Krauss u. Ihm: Der Unrat.   11

Abgaben auf Harn.

Die römischen Kaiser legten auf Harn Abgaben und Zoll, weil er für manche Zwecke gut zu gebrauchen ist.[1])

Chrysocollon.

Es gab einen Kitt, den man gebrauchte, um die Edelmetalle zu befestigen und der unter dem Namen „Chrysocollon" bekannt war. Man stellte ihn mit vielen Zeremonien „aus dem Harn eines unschuldigen Knaben" her. Es sind verschiedene Beschreibungen davon vorhanden, aber die folgende, obwohl sie kurz ist, enthält dennoch alle hauptsächlichen Punkte.

Galen beschreibt dieses Chrysocollon oder den Goldleim, wie ihn einige Ärzte aus dem Harn eines Knaben herstellten. Der Knabe mußte seinen Harn in einen Mörser aus rotem Kupfer lassen, während eine Mörserkeule aus demselben Stoff in Bewegung war; den Harn setzte man dann sorgsam der Sonne aus, bis er die Dicke des Honigs erreicht hatte, dann hielt man ihn für geeignet, um Gold zu löten und hartnäckige Krankheiten zu heilen: „Attamen medicamentum quod ex urina pueri conficetur quod quidam vocant chrysocollon, quia eo ad auri glutinationem utuntur, ad ulcera difficilia sanatu optimum esse assero, fit autem id figura phiali confecto mortario ex aere rubro habentem pistillum ejusdem materiae in quod mejente puero pistillum circumages, identidem, ut non tantum a mortario deradedet etc." [2])

Dioscorides beschreibt die Herstellung so: „Quinetiam ex ea (i. e. „pueri innocentis urina") et aere cyprio idoneum ferruminando glutea paratur". Aus diesem (Harn eines unschuldigen Knaben) und Kupfer stellt man einen zum Löten geeigneten Leim her.[3])

Reibt man den Harn eines Knaben in einem kupfernen Mörser mit einer kupfernen Mörserkeule, so gibt dies eine Art Gummilösung, die man benutzen kann, um Gegenstände aus Gold an einander zu befestigen, wie uns Sextus Placitus erzählt: „Si pueri lotium cuprino mortario et cuprino pistello contritum fuerit, aurum solidat".[4])

Die Erklärung, die Avicenna, der arabische Sachkenner, gibt, lautet: „Quae fit ex urina infantium mota in mortario aero cum aceto in sole".[5])

Wir lesen auch von einem Wasser der Alchymisten, das man „Diana" nannte und das Metalle in Gold und Silber verwandelte; man glaubte, daß dieses Mittel wirksam war „ad mutandum Mercurium in Solem vel Lunam" um den Merkur (Quecksilber) in die Sonne (Gold) und den Mond (Silber) zu verwandeln; vergleiche die weiter unten beigebrachten Angaben aus Paracelsus. Diese „Diana" wandte man bei der Herstellung von „Crocus Martis" sowohl, als auch des „Oleum Martis" an, um Metallen die Goldfarbe zu geben, um Goldgeschirr zu polieren, um den besten Eisen- oder Stahlgeräten ein schönes Aussehen zu geben und um das obenerwähnte Chrysocollon herzustellen.[6])

Paracelsus bemerkt über die Metalle folgendes: „Sol ist Gold; Luna ist Silber; Venus ist Kupfer; Merkur ist Quecksilber; Saturnus ist Blei; Jupiter ist Zinn; Mars ist Eisen".[7])

---

[1]) Paullini, Dreck-Apotheke, S. 8. Siehe auch oben die Angaben und vergl. Suetonius, Vespasian. [Sueton, Vespasian 23 und Cassius Dio, 66, 14 erzählen dieselbe Geschichte von der Abgabe auf Bedürfnisanstalten, wie Vespasian seinem Sohne Titus Steuergroschen aus dieser Abgabe unter die Nase hielt. Daher: Non olet! I.] — [2]) Galen, Opera Omnia, Kuhn's Ausgabe, XII, S. 286 f. — [3]) Dioscorides, Materia Medica, Kuhn's Ausgabe, I, 227 ff. [Es handelt sich offenbar um die Herstellung von Grünspan; ob dieser zum Löten von Gold und Heilen von Geschwüren brauchbar war, bezweifle ich. I.] — [4]) Sextus Placitus, De Medicamentis ex Animalibus, Lyoner Ausgabe von 1537, ohne Seitenzahlen, Absatz: De Puello et Puella Virgine. — [5]) Avicenna, I, S. 336, Zeile 34 ff. [Hier tritt der Essig als stärkeres Lösungmittel hinzu! I.] — [6]) Beckherius, Medicus Microcosmus, S. 103—108. — [7]) Paracelsus, The Secrets of Physicke, Englische Übersetzung, London 1633, S. 117.

Um Tintenflecken zu entfernen.

Menschlichen Harn hielt man auch zur Entfernung von Tintenflecken für geeignet.[1]

Als Schmuckgegenstände.

Versteinerten Kot verwendet man bei der Herstellung von Schmuckgegenständen unter dem Namen „Koprolith".

Die Frauen der Lappländer tragen ein kleines, aus der Rinde von Birkenbäumen gemachtes Kästchen und zwar gewöhnlich unter dem Gürtel; in diesem Kästchen befindet sich Renntiermist. Es ist aber kein Amulet, sondern sie benutzen es, um die jungen Renntiere abzugewöhnen, indem sie die Euter der Muttertiere mit dem Mist beschmieren.[2]

Aus anderen Quellen erfahren wir jedoch, daß die Lappländer dem Kot und Harn die mächtigsten Einflüsse zuschrieben, denn sie glaubten, ihre Renntiere könnten damit behext werden, daß Schiffe beschleunigt oder in ihrem Laufe aufgehalten würden usw., wenn man die genannten Stoffe anwende. Mehrere Beispiele hierfür folgen später; man vergleiche die Angaben unter „Zauberei".

Tätowieren.

Langsdorff berichtete, Harn finde bei den häuslichen Verrichtungen der Eingeborenen von Ounalashka Verwendung. Er erzählt uns auch, man führe das Tätowieren mit einer Art Kohlenstaub aus, den man mit Harn vermischte und in die Stiche einrieb, die man in die Haut gemacht hatte.[3] Daß die Tätowierung, mit der die Wilden ihren Leib verzieren, eine Bedeutung hat, die über einen einfachen persönlichen Schmuck hinausgeht, kann man nicht bestreiten, obwohl sich die Stufe der Entartung aus einem ursprünglichen religiösen Sinnbildertum heute nicht mehr bestimmt nachweisen läßt. Selbst wenn man das Tätowieren lediglich von dem Gesichtpunkte aus betrachtet, es sollte ein Mittel zur Unterscheidung der Stämme bilden, so haben wir doch Andeutungen, die auf einen veralteten heiligen Brauch hinzielen, denn die Trennung in Kasten und Geschlechter beschreiben die Primitiven immer in einer Weise, daß man erkennen kann, sie sei auf Geheiß einer ihrer unzähligen Gottheiten erfolgt, die einem jeden Stamm sein besonderes Totemzeichen zuwies. Stammabzeichen können durch das Tätowieren dargestellt sein, obwohl die durch Übereinkunft der kulturlosen Gruppen festgestellten Zeichen noch nicht hinreichend erforscht sind; so stellen zum Beispiel bei den Apachen drei Striche, die aus einem einzigen Stamm hervorgehen, einen Truthahn dar, weil dies die Gestalt des Fußes dieses Vogels ist. Bei den Tänzen der Indianer des Dorfes Santo Domingo am Rio Grande in Neu-Mexiko standen in fast allen Fällen die Leibverzierungen in Beziehung zum Stammtotem; aber diese Tatsache hätte man niemals vermutet, wäre sie nicht von einem der Eingeweihten auseinandergesetzt worden. Bei einem der Tänze der Mokis traten die Mitglieder des Tejon- oder Dachsgeschlechtes mit weißen Streifen auf, die von oben nach unten über das Gesicht gingen; dies ist eines der Zeichen des Dachses, wie sie erklärten.

Ich habe nicht die Absicht, über diesen Gegenstand viel zu sagen, da meine Aufmerksamkeit erst darauf gelenkt wurde, als meine Forschungen schon ziemlich weit fortgeschritten waren; aber ich war doch überrascht, als ich bemerkte, daß die Apachen, bei denen ich mich aufhielt, obwohl sie sich selbst nur wenig bemalten, fast unabänderlich von Sinnbildern eines heiligen Ansehens Gebrauch machten; obendrein war dies gewöhnlich die Arbeit irgend eines ihrer Medizinmänner.

Die Tätowierung der Bewohner von Otahaiti, die Cook gesehen hatte, war seiner Vermutung nach von religiöser Bedeutung, denn sie stellte in vielen Fällen Vierecke,

---

[1] Plinius, Buch 5 und 28. — [2] Leems' Account of Danish Lapland, bei Pinkerton, S. 405. — [3] Langsdorff, Voyages, II, S. 40.

Kreise, Halbmonde und schlecht gezeichnete Bilder von Menschen und Hunden dar.[1])
Jeder einzelne dieses Volkes wurde tätowiert, sobald er großjährig geworden war.[2]) Es
wird auch angegeben, daß gewisse Häuptlinge auf Neu-Seeland, die ihren Namen nicht
auf eine Urkunde schreiben konnten, die man ihnen zur Unterschrift vorlegte, Linien
zogen, die denjenigen gleich waren, die sie im Gesicht und auf der Nase tätowiert
trugen.[3])

Bei den Dajaken auf Borneo „sind alle verheirateten Frauen auf den Händen
und den Füßen, manchmal auch auf den Oberschenkeln tätowiert. Diese Verzierungen
bilden eines der Vorrechte der Ehe und man gestattet sie unverheirateten Mädchen nicht".[4])

Ein neuerer Schriftsteller macht über diesen Gegenstand folgende Angaben: „Die
Zeichen der Tätowierung ermöglichen es, entfernte Verwandtschaft zwischen den einzelnen
Geschlechtern zu entdecken; und diese Kennzeichen haben einen derart mächtigen Einfluß
auf die Anschauungen, daß es zwischen den Stämmen, die in derselben Weise tätowiert
sind, niemals zu Streitigkeiten kommt. Der Form nach stehen diese Zeichen in Beziehung
zum Tierreich; wir können aber keine Überlieferung oder Sage entdecken, die auf die
Sitte Bezug hätte. Es liegt kein Grund zu der Behauptung vor, daß zwischen den Zeichen
der Tätowierung und dem Totemismus irgend eine Verbindung besteht, obschon ich
persönlich der Ansicht zuneige, daß dies zuweilen doch der Fall ist. Die Tätowierung,
die gewöhnlich aus der Nachahmung irgend welcher Tiergestalten besteht, kann zu dem
Kulte solcher Tiere als religiöser Gegenstände führen".[5]) Hier haben wir ein Beispiel,
daß man die Pferde hinten an den Wagen anspannt; denn in allen Fällen würden die
Nachforschungen ergeben, daß das Tier ein Gott war, und aus diesem Grunde drückte
man es gerade auf den Leib des Verehrers auf, als ein Gelübde der Demut und des
Gebetes. An einer andern Stelle sagt derselbe Verfasser, das Tätowieren „habe ein Priester
ausführen müssen".[6])

Den religiösen Bestandteil des Totemismus haben W. Robertson Smith[7]) und
Dr. James G. Frazer[8]) klargelegt. Eine einsichtvolle psychoanalytische Aufhellung des
Problems verdanken wir Sigmund Freud.[9])

Andrew Lang widmet diesem Gegenstand mehrere Kapitel seines Werkes
„Myth, Ritual and Religion". Von den australischen Stämmen sagt er: „Es hat den Anschein, als ob bei gewissen Stämmen der „Wingong" oder das Totem eines jeden Mannes
durch eine auf das Fleisch tätowierte Darstellung dieses Totems angezeigt wird".[10]) An
einer andern Stelle sagt er unter Anführung von Longs Voyages 1791: „Die heilige Sitte
bei einer Annahme an Kindesstatt war äußerst beschwerlich; sie begann mit einem Festmahl aus Hundefleisch, dem ein türkisches Bad und längere Zeit fortgesetztes Tätowieren
folgte".[11])

[1]) In Hawkesworth's Voyages, London 1773, II, S. 190. — [2]) S. 191. — [3]) Vgl.
Voyage of Adventure and Beagle, London 1839, II, S. 586. — [4]) Carl Bock, Head-Hunters
of Borneo, London 1881, S. 67. — [5]) C. N. Starcke, The Primitive Family, New-York 1889,
S. 42 oder Die primitive Familie in ihrer Entstehung und Entwickelung, Leipzig 1888, S. 44 ff. —
Vgl. Friedrich von Hellwald, Die menschliche Familie nach ihrer Entstehung und natürlichen
Entwickelung, Leipzig 1888, S. 83. — Andrew Lang, The Secret of the Totem, London 1905.
— R. Thurnwald, Die Denkart als Wurzel des Totemismus. Korrbl. d. D. Ges. f. Anthrop.,
Ethn. u. Urg. 1911, XLII, Nr. 8—12. — Arnold Van Gennep: Tabou et Totémisme à Mada-
gascar, étude descriptive et théoretique, Paris 1904. — V. Zapletal, Der Totemismus und die
Religion Israels, Freiburg i. Schw. 1901. — Charles Hill-Tout, Totemism. A consideration of
its origin and import. Transact. of the Roy. Soc. of Canada 1903/4, Toronto 1903. — Sehr wichtig
ist Heinrich Cunows Schrift: Zur Urgeschichte der Ehe und Familie, Stuttgart 1912. —
[6]) A. a. O., S. 241. — [7]) Encyclopaedia Britannica, unter Sacrifice. — [8]) Totemism, Edinburgh
1887. —[9]) In der Zeitschrift Imago, Wien 1912. — [10]) Lang, Myth, Ritual and Religion, London
1887, I, S. 65. — [11]) S. 71.

Ein Reisender von einer sehr guten Auffassunggabe beschreibt den körperlichen Schmuck der Bewohner von Birma mit folgenden Worten:

„Birma ist das Land der tätowierten Menschen . . . . . Bei meinem Besuche in dem hiesigen großen Gefängnis, das mehr als dreitausend Männer enthält, sah ich sechstausend tätowierte Beine . . . . . Den Ursprung dieser Sitte habe ich nicht ermitteln können. Hier ist es das birmanische Zeichen der Mannbarkeit, und das Tätowieren erfolgt mit ebenso vielen besonderen Gebräuchen, wie das Ohrlöcherstechen bei den Mädchen, das ein Anzeichen dafür ist, daß sie nunmehr als Weiber anzusehen sind. Es gibt geschäftmäßige Tätowierer, die mit ihren Musterbüchern herumziehen . . . . . Das Volk bringt abergläubische Vorstellungen damit in Verbindung und gewisse Arten der Tätowierung stehen in dem Rufe, daß sie Krankheiten fernhalten. Eine andere Art schützt gegen Schlangenbiß und wieder eine andere bewahrt den Menschen vor dem Ertrinken“.[1]

Corbusier, Stabarzt der Armee der Vereinigten Staaten, sagt von dem Yuma-Apachen des Arizona-Territoriums: „Die verheirateten Frauen kennzeichnet man mit sieben schmalen blauen Linien, die von der Unterlippe über das Kinn hinunterlaufen . . . . . Das Tätowieren führen Frauen, seltener auch Männer aus . . . . . Eine junge Frau, die darauf bedacht ist, Mutter zu werden, tätowiert sich die Gestalt eines kleinen Kindes auf die Stirn“.[2]

Die Sektenabzeichen der Hindus sind möglicherweise Überbleibsel einer früheren Sitte des Tätowierens. Coleman[3] hat Angaben über diese Abzeichen beigebracht.

Squier berichtet in seiner Abhandlung über „Manobosho“,[4] daß die Mandanen eine Sage haben, in der ein Göttername „das tätowierte Antlitz“ vorkommt.

Alice Oatman gab ausdrücklich an, daß sie von zwei ihrer (mojavischen) Ärzte tätowiert worden sei, und zwar „nicht mit den Zeichen, mit denen sie ihre Frauen, sondern mit denen sie ihre Gefangenen tätowierten“. Wie dem auch sein mag, soviel ist sicher, daß die vier Linien auf ihrem Kinn, die man auf dem ziemlich guten Holzschnitt deutlich sehen kann, ebenso sind, wie man sie heute auf dem Kinn der Mojave-Frauen erblickt.[5]

Maltebrun berichtet von den Bewohnern der Insel Formosa: „Ihre Haut ist mit unauslöschbaren Zeichen bedeckt, die Bäume, Tiere und Blumen von wunderlicher Gestalt darstellen“.[6]

„Der Brauch, die Haut mit Abbildungen von Tieren, Blumen oder Sternen zu versehen, der schon vor der Zeit des Muhamed vorhanden war, hat bis heute seine Spuren bei den Frauen der Beduinen hinterlassen“.[7]

„Von den persischen Damen finden wir bei demselben Verfasser folgendes: „Sie bringen auf ihrem Körper farbige Abbildungen von Bäumen, Vögeln und wilden Tieren, von Sonne, Mond und Sternen an“.[8]

---

[1] Frank G. Carpenter in einem Aufsatze in „The Bee“, Omaha (Nebraska), vom 19. Mai 1886. Man vergl. dazu Anthropophyteia I, S. 506—513: Erotische Tätowierungen mit 3 Abbild. von Krauss und Robinsohn; IV, S. 75—83 (von Hugo Ernst Luedecke) mit 10 Abbild.; V, S. 250f: Tätowierung zur Heilung der Syphilis. Von R. K. Neumann; IX, S. 263—266: Tät. bei belgischen Schiffknechten, Gefangenhaussträflingen und Landstreichern. Von Karl Amrain. Mit 31 Abbild. und S. 266—270: Ein Beitrag zur Frage der Analerotik. Von G. Schmidt. Mit 3 Abbild. Diese Abhandlungen ergänzen allseitig die hier beigebrachten Tatsachen und stellen die Frage nach den Zwecken der Tät. klar. Vergl. ferner Rud. Bergh: Über Tätowierung bei Frauenzimmern der öffentlichen und geheimen Prostitution, Monathefte für praktische Dermatologie, Hamburg 1902, XV und Em. Mirabella, Il tatuaggio dei domiciliati coatti in Favignana, Rom 1911. Behandelt die Tätowierung von 324 Verbrechern. — [2] Im American Antiquarian, November 1886. — [3] Coleman, Mythology of the Hindus, London 1832, S. 165. — [4] American Historical Review 1848. — [5] Stratton, Captivity of the Oatman Girls, San Francisco 1857, S. 151f. — [6] Maltebrun, Universal Geography, Amerikanische Ausgabe, Philadelphia 1832, II, Buch 43, S. 79, Artikel „China“. — [7] I, Buch 30, S. 395. — [8] l, Buch 33, S. 428, Artikel „Persien“,

„Von den Oraon-Knaben (in Indien) berichtet man, daß man sie als Kinder auf den Armen durch ein ziemlich schmerzhaftes Verfahren mit Einschnitten versieht, sie halten es für männlich, daß man diese Schmerzen erträgt.[1])

„Die Mojave-Mädchen tätowieren nach ihrer Verheiratung senkrechte Linien auf das Kinn".[2])

„Bei dem Menschenfresserei-Festmahle der Tupis am Amazonenstrom machte der Häuptling des Stammes, nach den Angaben von Southey, Einschnitte in die Arme des Matadors über dem Ellbogen, sodaß daselbst ein dauerndes Zeichen zurückblieb; und dies war gewissermaßen für sie der Stern und das Band des Hosenbandordens, ihr höchstes Ehrenzeichen. Einige waren da, die sich klaffende Wunden an den Armen, der Brust und den Oberschenkeln bei solchen Gelegenheiten beibrachten und ein schwarzes Pulver hineinrieben, das unverlöschliche Zeichen hinterließ".[3])

„Bei den Wilden trifft ein Mann ein Mädchen. Er spricht ihre Sprache nicht und sie nicht die seinige. Woher sollen sie nun wissen, ob sie nach den Ehegesetzen ihres Volkes als gesetzlich zulässige Genossen zu einander passen? Diese wichtige Frage ist ohne Weiteres gelöst, sobald sie ihre eintätowierten Abzeichen betrachten. Wenn ein Mann aus dem Thlinkeetstamme, der zum Schwanengeschlecht gehört, ein Irokesenmädchen trifft, so können sie sich nicht mit der Lautsprache verständigen und die Zeichensprache ist zu schwerfällig. Sind aber beide mit dem Schwan tätowiert, dann weiß der Mann sofort, daß diese Schwanentochter nicht für ihn erlaubt ist . . . . . Dieser Fall des Thlinkeetmannes und des Irokesenmädchens wird zwar höchstwahrscheinlich niemals vorkommen, aber ich bringe ihn hier bei, weil er ein Beispiel sein soll für den tatsächlichen Nutzen der darstellenden Kunst bei den Wilden".[4])

„Das Tätowieren hängt seinem Ursprung nach mit dem Fetischismus zusammen. Bei sämtlichen Stämmen hat fast jeder Indianer die Abbildung irgend eines Tieres auf seiner Brust oder auf seinem Arm eintätowiert und dieses Zeichen kann einen bösen Geist hinwegzaubern oder Unheil von ihnen abwenden".[5])

„Die Eskimofrau läßt sich ihr Gesicht mit Lampenruß tätowieren und wird dann in der Gesellschaft als würdige Dame angesehen".[6]) — „Niemals sah ich, daß man den Versuch machte, zum persönlichen Schmuck menschliche oder tierische Bilder zu verwenden. Die Darstellungen bestehen ganz allgemein der Zeichnung nach aus geometrischen, der Anordnung nach aus symmetrischen Figuren . . . . . Von den Männern ist niemand tätowiert".[7])

„Die Mojaven am Rio Colorado tätowieren sich, aber die Erklärung der Zeichen war außerordentlich unbestimmt und ungenügend. Wenn die Mädchen mannbar werden, tätowiert man sie auf das Kinn und man scheint sich dabei an vier verschiedene Muster zu halten, die wahrscheinlich in früheren Zeiten ebensoviele verschiedene Stamm- oder Geschlechterabzeichen darstellten".[8])

In seinen Angaben über die Indianer am Cape Flattery begnügt sich Swan mit der Bemerkung, daß sie ihre Tätowierung mit Kohle und menschlichem Harn ausführen.

„Damit der Geist den Geisterweg ungefährdet beschreiten kann, ist es erforderlich, daß sich jeder Dakota-Indianer während seines Lebens entweder auf die Mitte der Stirn oder auf die Handgelenke tätowieren läßt. In diesem Falle wird sein Geist

[1]) Transactions of the Ethnological Society of London, VI. — [2]) Palmer, nach der Anführung bei H. H. Bancroft, in „Native Races", I, S. 480. — [3]) Nach der Anführung in der Descriptive Sociology von Herbert Spencer. — [4]) Andrew Lang, Custom and Myth, New-York 1885, S. 292. — [5]) Dorman, Primitive Superstition, New-York 1881, S. 156. — [6]) William H. Gilder, Schwatka's Search, New-York 1881, S. 250. — [7]) S. 251. — [8]) Vgl. meinen Aufsatz im Journal of American Folklore, Cambridge (Massachusetts), Juli-September-Nummer 1888, mit dem Titel: „Notes on the Cosmogony and Theogony of the Mojaves".

unmittelbar zu den „Vielen Wohnungen" hingelangen . . . . . Am Wege sitzt eine alte Frau, die jeden vorbeikommenden Geist prüfend betrachtet. Kann sie die Tätowierungzeichen auf der Stirne oder auf den Handgelenken oder auf dem Kinn nicht finden, so wird der unglückliche Geist von einer Wolke oder von einer Klippe heruntergestoßen und fällt auf diese Welt". [1]

In Bezug auf die Inseln im Süden des Stillen Ozeans bemerkt Kotzebue: „Ich bin der Ansicht, daß das Tätowieren auf diesen Inseln als eine religiöse Sitte anzusehen ist; wenigstens schlug man einigen unserer Leute in Otdia das Tätowieren ab und versicherte ihnen, daß es nur in Egerup ausgeführt werden könnte". [2]

„Die Tätowierung ist keineswegs auf die Polynesier beschränkt, aber diese „Hautkunst" ist sicherlich bei ihnen in einer Weise verbreitet, die von keinem andern Volk erreicht wird . . . . . Alle Klassen der Bevölkerung üben sie aus . . . . Weitaus die größte Mehrzahl nimmt sie einfach als Leibschmuck hin, obwohl es auch Gründe gibt, die erkennen lassen, daß die Tätowierung in einigen wenigen Fällen und in geringer Ausdehnung als ein Zeichen der Trauer oder als Erinnerung an einen verstorbenen Freund angesehen wird. Wie alles Andere in Polynesien wird auch ihr Ursprung in einer Legende erzählt, die ihre Erfindung den Göttern zuschreibt und berichtet, daß sie zuerst die Kinder des Tharoa, ihrer Hauptgottheit, ausgeübt haben. Die Söhne des Tharoa und Apouvarou waren die Götter der Tätowierung und ihre Bilder bewahrte man in den Tempeln derjenigen auf, die diese Kunst als Beruf ausübten und sie richten Gebete an diese Götter, damit die Bilder hübsch werden, Aufmerksamkeit erregen und auch sonst den Zweck erfüllen, um dessentwillen sie sich dieser schmerzhaften Behandlung unterzogen haben . . . . Bei der Behandlung irgend welche Äußerungen zu tun, die auf die empfundenen Schmerzen hindeuten, gilt als entehrend". [3]

„Auf den Tonga- und den Samoainseln tätowierte man die jungen Leute sobald sie das mannbare Alter erreicht hatten, und ehe es geschehen war, konnten sie nicht an das Heiraten denken . . . . . Am Tätowieren wird auch heute noch in gewisser Ausdehnung festgehalten und man übt es als regelrechten Beruf aus . . . . . es gibt zwei Götter, die als Schutzherrn des Tätowierens gelten — Taema und Tilfanga". [4]

„Einer der Züge, aus denen sich bei dem Stamme von Port Lincoln die Jünglingweihe zusammensetzte, war das Tätowieren des jungen Mannes und die Verleihung eines neuen Namens an ihn". [5]

Man muß an dieser Stelle noch besonders darauf hinweisen, daß jeder Stamm in einem bestimmten Landstrich nicht nur seine eigenen Muster beim Tätowieren, sondern auch seine eigenen Ansichten darüber hat, welche Körperteile vorzugweise mit Tätowierungen versehen werden sollen. So findet man bei den Indianern an der Nordwestküste von Britisch Columbien „Tätowierungen auf den Armen, auf der Brust, dem Rücken, den Beinen und den Füßen bei den Haidas; auf den Armen und den Füßen bei den Tschimschianen, Kwakiutl und Bilqula; auf der Brust und den Armen unter den Nootka; auf den Kinnladen bei den Frauen der Salisch an der Küste". [6]

Sullivan gibt an, daß sich die Sitte des Tätowierens in England und in Irland bis in das siebente Jahrhundert erhielt; dies war das Tätowieren mit Färberwaid. [7]

---

[1] Dr. J. Owen Dorsey, im Journal of American Folk-Lore, April 1889. — [2] Kotzebue, Voyages, London 1821, II, S. 113 u. 135. — [3] Nach einer Anführung aus „The Peoples of the World" in der New-Yorker „World" vom 10. Mai 1890. — [4] Vgl. Turner's Samoa. — [5] The Native Tribes of South Australia, Adelaide 1879, Royal Society, New South Wales. — [6] Franz Boas, Report on the Northwestern Tribes of Canada, in den Transactions Brit. Assoc. Advancement of Science, 1889, S. 12. — [7] Vergl. Sullivan's Einleitung zu O'Curry, Manners and Customs of the Ancient Irish, S. 455. [Färberwaid oder Falscher Indigo ist die aus den Blättern von Isatis tinctoria durch einen Gährungsprozeß gewonnene blaue Farbe, deren Herstellung uralt ist. I.]

Die Innuits glauben, daß „die wohl tätowierten Frauen" der Glückseligkeit in der kommenden Welt gewiß sind".[1])

„Obgleich die Ausübung der Kunst so alt ist, daß wir Beweise für ihr Vorhandensein in vorgeschichtlichen Zeiten haben und daß die ältesten schriftlichen Zeugnisse unserer Gruppe Hinweise darauf enthalten, so ist doch die Bezeichnung selbst verhältnismäßig neu . . . . Die allgemeine Verbreitung sowohl, als auch das hohe Alter dieser Sitte hat ein französischer Schriftsteller, Ernest Berchon, in seiner „Histoire médicale du Tatouage", Paris 1869, nachgewiesen. Das Werk fängt mit einer Anführung aus dem dritten Buche Mosis Kap. 19 an, die in der Lutherschen Übersetzung lautet: „Ihr sollt kein Mal um eines Toten willen an Eurem Leib reißen, noch Buchstaben an Euch ätzen". (Vers 28). Dom Calmet sagt in seinen Erklärungen zu dieser Stelle, daß der hebräische Text wörtlich bedeute: „eine Schrift von Flecken". Viele Italiener haben sich in Loretto tätowieren lassen. Rings um dieses berühmte Heiligtum herum sieht man berufmäßige Tätowierer, sogenannte Marcatori, die einen halben bis dreiviertel Lire beanspruchen, wenn sie ein Erinnerungzeichen an den Besuch des Heiligtums unserer lieben Frau von Loretto bei einem Pilger hervorbringen sollen. Ein ebenso einträglicher Gewerbebetrieb wird in Jerusalem entfaltet . . . . Die Religion hat einigen Einfluß (in Bezug auf das Tätowieren) mit ihrem Bestreben, an alten Sitten festzuhalten. In Loretto und in Jerusalem ist das Tätowieren beinahe ein heiliger Brauch".[2])

„Pater Mathias G. berichtet, daß in Ozeanien jede königliche oder fürstliche Familie ihre eigene Tätowiererfamilie hat, die sich ihrem besonderen Dienste widmet. Keinem andern darf gestattet werden, die erforderlichen Körperverzierungen herzustellen".[3])

Über das mit prächtigen Abbildungen geschmückte Werk von Wilhelm Joest, „Tätowieren, Narbenzeichnen und Körperbemalen", Berlin 1887, hat der Stabarzt der Armee der Vereinigten Staaten Washington Matthews im „American Anthropologist" berichtet. Er schließt mit folgenden Worten: „Die Ansicht des Verfassers, daß das Tätowieren mit der Religion der Wilden nichts zu tun hat, sondern lediglich eine Spielerei oder ein Schmuckmittel ist, das höchstens auf das Erreichen der körperlichen Reife Bezug hat, wird indessen kaum die allgemeine Zustimmung derjenigen finden, die diese Sitte bei unseren amerikanischen Wilden untersucht haben".[4])

Ackerbau.

Reisende berichten, im Innern Chinas stelle man kupferne Gefäße an den Straßen auf, um sich vor dem Verluste eines Düngemittels zu bewahren, dessen Wert richtig erkannt ist.

Diese kupfernen Gefäße erinnern uns an die „Gastra" der Römer, von denen wir im Abschnitt „Aborte" bereits berichtet haben.

„Die Chinesen düngen ihre Ländereien so oft es in ihrer Macht steht; sie verwenden zu diesem Zwecke alle möglichen Stoffe, hauptsächlich aber menschlichen Kot, den sie in dieser Absicht mit großem Eifer sammeln. Man findet in den Städten, in den Dörfern und an den Wegen Plätzchen, die für die Bequemlichkeit der Vorübergehenden besonders hergerichtet sind, und an den Orten, wo man solche Gelegenheiten nicht hat,

---

[1]) Réclus, Les Primitifs, Paris 1885, S. 120. — [2]) Dr. Robert Fletcher, Tattooing among Civilized People, Anthropological Society, Washington 1883, S. 4, 12 u. 26. — [3]) S. 24. — [4]) Mit Nutzen vergleicht man dazu die Abhandlungen über Das Tatauieren und Die Erzeugung von Schmucknarben bei Ploss-Bartels, Das Weib in der Natur- und Völkerkunde, Leipzig 1908, 9. Aufl. von Dr. P. Bartels, I, S. 145—163 und Havelock Ellis, Mann und Weib. Eine Darstellung der sekundären Geschlechtmerkmale beim Menschen. 2. Aufl. von Dr. Hans Kurella, Würzburg 1909, S. 150 u. 410f.

suchen die Leute morgens und abends den Kot zusammen und bringen ihn mit Hilfe eines eisernen dreispitzigen Hakens in Körbe hinein.

„Man handelt in diesem Lande auch mit Dingen, die man anderswo mit Abscheu fortwirft. Und diejenigen, die in Frankreich Geld dafür bekommen, wenn sie eine Abtrittgrube reinigen, geben im Gegenteil in China noch Geld dazu, wenn man ihnen gestattet, das Erwähnte zu tun. Die Exkremente birgt man in große, gut dicht gemachte Löcher, die man mitten in den Feldern herstellt, und man verdünnte sie darin mit Wasser und Harn; sobald es erforderlich, verteilt man dann diesen Dünger auf das Land. Auf dem Flusse trifft man zu Kanton häufig Kähne von sonderbarer Gestalt, die zum Fortschaffen dieser schmutzigen Stoffe dienen und zu seinem großen Erstaunen wird man die Beobachtung machen, daß sich die Bootführer von dem angenehmen Geruche einer solchen Handelware durchaus nicht unangenehm berührt zu fühlen scheinen".[1]

„Den Mist von Tieren jeder Gattung schätzt man höher ein, als jedes andere Düngemittel. Er wird häufig zum Handelartikel in der Gestalt von kleinen Kuchen, die man dadurch herstellt, daß man einen Teil Lehm und Erde mit dem Kote mischt und das Ganze dann ordentlich trocknet. Diese Kuchen führt man sogar von Siam ein und sie bilden auch zwischen den einzelnen Provinzen einen Handelartikel. Man wendet sie jedoch niemals trocken an, sondern verdünnt sie mit soviel Harn, als man bekommen kann".[2]

„Sie bringen sogar das zum Verkauf, was man in Europa um Mitternacht im Stillen in einige Entfernung hinwegzubringen pflegt".[3] Diese Angabe des Paters Du Halde kann man mit dem vergleichen, was Bernal Diaz über die Märkte der Stadt Mexiko zur Zeit des Ferdinand Cortez sagt: „In jeder Provinz gibt es eine große Anzahl von Leuten, die zu diesem Zwecke mit Kübeln herumziehen; an einigen Plätzen kommen sie mit ihren Booten auf die Kanäle, die an der Rückseite ihrer Häuser herlaufen und füllen sie fast zu jeder Tagzeit".[4]

Rosinus Lentilius bemerkt, daß die Bewohner von China und Java menschlichen Kot gegen Tabak und Nüsse eintauschen.[5] Dies geschah wahrscheinlich wegen seines Wertes als Düngemittel für ihre Felder, denn das Düngen führte man dreimal im Jahre mit menschlichen Exkrementen aus, wie Lentilius berichtet. Diese Angabe bringt ihn auf die Bemerkung, der Mensch kehre wieder zu seinem Kot zurück: „Unde stercus in alimentum et hoc rursum in stercus".

„Die Japaner düngen ihre Felder mit menschlichem Kot".[6]

„Dort verkauft man sogar den Menschenmist und es ist nicht einmal die schlechteste Ware, denn obwohl sie stinkt, bringt sie doch wohlriechenden Reichtum einigen Leuten ein, die trommelschlagend in den Straßen hin und hergehen und in dieser Weise darauf aufmerksam machen, was sie kaufen wollen. Zwei bis dreihundert Segelschiffe verfrachtet man zuweilen mit solcher Ladung aus irgend einem Seehafen; der so gedüngte Boden gibt dann drei Ernten in einem Jahre".[7]

„Auf jedem Felde liegen in bestimmten Zwischenräumen Düngerhaufen zur Verteilung über die Saat bereit".[8]

Die Perser verwandten Taubenmist, um ihre Melonenpflanzen zu düngen.[9]

Die beste Sorte Melonen, die sogenannte Zuckermelone, düngt man mit der größten Sorgfalt mit Taubenmist, den man für diesen Zweck aufbewahrt.[10]

---

[1] De Guignes, Voyage á Pékin, Paris 1808, III, S. 322. — [2] Chinese Repository, Canton 1835, III, S. 124. — [3] Du Halde, History of China, London 1736, II, S. 126. — [4] S. 126. — [5] Rosinus Lentilius, Ephemeridum Physico-Medicorum, Leipzig 1694, S. 170. — [6] Kemper's History of Japan, bei Pinkerton, VII, S. 698. — [7] Mendez Pinto, Account of China, bei Purchas, I, S. 270. — [8] Turner, Embassy to Tibet, London 1806, S. 62. — [9] John Matthews Eaton, Treatise on Breeding Pigeons, London o. J., S. 39 f, unter Berufung auf Tavernier's Persian Travels, I. — [10] Benjamin, Persia, London 1877, S. 428.

Fosbroke führt Tavernier für die Angabe an, daß der Beherrscher von Persien aus dem Mist ein größeres Einkommen bezieht, als aus den Tauben, die ihm in Ispahan gehören. Von den Persern berichtet man, daß sie während der Sommermonate von Melonen leben und Taubenmist bei ihrer Zucht benutzen.[1]

Auch nach Plinius waren die menschlichen Exkremente das beste Düngemittel für die Felder. Homer berichtet, daß König Laertes Dung auf seine Ländereien brachte. Augias war der erste König in Griechenland, der ihn dafür verwandte und Herkules machte diese Verwendung bei den Italienern bekannt.[2]

Harn sah man als eines der besten Düngemittel für Weinstöcke an. „Verletzungen und Einschnitte an Bäumen behandelt man ebenfalls mit Taubenkot und Schweinemist... Wenn Granatäpfel sauer sind, legt man die Baumwurzeln offen und bringt Schweinemist darauf; dies hat zur Folge, daß in dem ersten Jahr die Frucht einen weinartigen Geschmack bekommen wird, im folgenden Jahre aber ist sie süß . . . . . Die Granatäpfelbäume muß man vier Mal im Jahre mit einem Gemisch von Menschenharn und Wasser begießen. Um zu verhindern, daß Tiere dadurch Schaden anrichten, daß sie die jungen Schößlinge und die Blätter abfressen, soll man diese nach jedem Regen mit Kuhmist besprengen.[3]

Schurig macht auf den großen Wert aufmerksam, den die Besitzer von Bauern- und Weingütern dem menschlichen Kot beimessen, den man für sich oder mit tierischem Kot vermengt verwendet, um Schweine zu füttern, Felder zu düngen und dem Boden, auf dem Weinstöcke wachsen, größere Fruchtbarkeit zu verschaffen.[4]

Während des vergangenen Jahrhunderts verwendeten die Bauern und die Gärtner in Deutschland und in Frankreich ganz allgemein menschliche Exkremente. (Und das tun sie auch heute noch, denn der echte Bauer will von den neuzeitlichen künstlichen Düngemitteln nichts wissen).

„Im Tale von Cuzco in Peru und auch sonst fast überall in der Sierra verwendete man menschlichen Kot zum Düngen der Maispflanzen, weil sie behaupteten, das wäre das Beste".[5]

„Sie kennen sehr gut das Verfahren, die Felder mit Menschenkot zu düngen und das nennen sie Vunaltu".[6]

In ihrem Roman „Virginia of Virginia" berichtet Amelie Rives, daß die Glieder einer gewissen Familie in Virginien an typhösem Fieber erkrankten, weil sie Dünger in ihrem Keller gemacht hatten. Wir dürfen daraus den Schluß ziehen, daß dieses Düngemittel zum großen Teil aus Mist bestand. Die Unterhaltung zwischen Herrn Scott und Fräulein Virginia Herrick lautet: „Das abscheuliche Fieber wütet bis nach Annesville herauf", sagte er jetzt. Virginia wandte sich ihm zum ersten Male zu. „Wirklich?" fragte sie, „wer liegt daran darnieder?" „Fast alle Glieder der Familie Davis. Der Arzt sagt, es käme daher, daß sie Dünger in ihrem Keller machten".

Tiermist als Düngemittel war auch den Juden bekannt. Ebenso die Verwendung des menschlichen Kotes als Dünger.[7] 2. Kön. 9,37: „ . . . . soll wie Kot auf dem Felde sein". Jeremias 8,2: „. . . . Kot auf der Erde". 9,22: „Mist auf dem Felde". Ebenso 16,4 und 25,33.

---

[1] Fosbroke, Cyclopaedia of Antiquities, II. — [2] Plinius, Hist. Nat., XVII, Kap. 9. — [3] Plinius, XVII, Kap. 47. — [4] Schurig, Chylologia, S. 795. — [5] Garcilasso de la Vega, Comentarios Reales, nach der Übersetzung von Clement C. Markham, in den Veröffentlichungen der Hakluyt Society, XXV, S. 11. — [6] Don Juan Ignacio Molina, Historia Civil del Reyno de Chile, Madrider Ausgabe von 1788, S. 15. — [7] Vergleiche Encyclopaedia von McClintock and Strong, unter Dung.

Harnverwendung bei der Salzgewinnung.

Gomara berichtet, daß den Indianern von Bogota menschlicher Harn mit Geschabsel von Palmbaumrinde als Salz diente. „Hacen sal de raspaduras de palma y orinas de hombre".[1])

Die Latukas am weißen Nil stellen Salz aus Ziegenmistasche her".[2])

Pallas schildert, wie die Burjäten in Sibirien, wenn sie Salz an den Ufern gewisser Seen in ihrem Lande sammeln, sehr sorgfältig auf den Geschmack achten. „Sie verwenden nur dasjenige, das einen Geschmack wie Harn und Laugensalz hat".[3]) Daraus geht hervor, daß sie in früheren Zeiten Harn anstelle von Salz verwandt haben müssen, wie es ja soviele andere Stämme taten.

Die Bewohner Sibiriens geben menschlichen Harn ihren Renntieren zu trinken. „Nichts ist einem Renntier willkommener als menschlicher Harn und ich habe sie sogar rasch laufen sehen, wenn sich ihnen die Gelegenheit bot, ihn zu bekommen".[4])

Melville berichtet ebenfalls, er habe im Lenadelta gesehen, wie die Treiber ihren Renntieren in das Maul pißten.[5])

Die Absicht ist in diesem Falle ganz klar: Die Tiere brauchten Salz und während der Wintermonate läßt sich eben die Herbeischaffung auf keine andere Weise ermöglichen. Cochrane spricht zwar oben von den Tschuktschen, er war aber auch bei den Jakuten und anderen Stämmen. Er wanderte von St. Petersburg nach Kamtschatka und von einem Punkt zum andern in Sibirien über eine Strecke von etwa zehntausend Kilometern. Auf jeder Seite seines Werkes findet man abfällige Urteile über die schmutzigen und ekelhaften Gewohnheiten der primitiven Wandervölker. So sagt er von den Jakuten: „Ihr Gestank und Schmutz ist geradezu unfaßbar . . . . . Die großen Zelte (der Tschuktschen) waren ekelhaft schmutzig und widerlich, jede Art von Gemeinheit und Rohheit war vertreten". Im Innern der Zelte waren Männer, Frauen und Mädchen vollständig nackt. „Während des Winters trinken sie nur Schneewasser und um es zu schmelzen, greifen sie zu ganz ekelhaften und schmutzigen Mitteln, wenn sie kein Holz erlangen können", usw. Er spricht aber nirgends davon, daß man den menschlichen Harn trank, was jedoch, wie wir aus andern Quellen erfahren haben, bei ihnen vorkommt.[6])

(Tschuktschen in Sibirien). „Es würde, wenn man den Anstand wahren will, unmöglich sein, ihre Sitten zu beschreiben und darzulegen, wie ihre Bemühungen um Reinlichkeit sie noch ekelhafter machen . . . . . Es gehört eine ziemliche Gewöhnung oder die ungeheuerlichsten Erfahrungen in frischer Luft dazu, um irgend eine Spur von Bequemlichkeit in einer solchen Unterkunft zu finden. Die Augias-Ställe oder die Ställe der Stumpfschwanzkühe kämen uns im Vergleich hierzu wie Paradiese vor".

Herstellung von Ammoniaksalz, Phosphor und Indigofarbe.

In der Encyclopaedie von Diderot und D'Alembert findet sich die Angabe, daß die Alten das Ammoniaksalz aus dem Harn der Kamele hergestellt haben; daß Phosphor, wie man ihn damals in England erzeugte, aus menschlichem Harn herstammte, wie auch der Salpeter.[7])

Das Ammoniaksalz hat seinen Namen daher, daß man es zuerst in der Nachbarschaft des Jupiter-Ammon-Tempels zubereitet hat; es wäre daher für uns von großer Bedeutung, könnten wir erfahren, ob nicht die Priester dieses Tempels bei Krankheiten

---

[1]) Gomara, Historia de las Indias, S. 202. — [2]) Sir Samuel Baker, The Albert Nyanza, Philadelphia 1869, S. 224. — [3]) Pallas, Voyages, Paris 1793, IV, S. 246. — [4]) John Dundas Cochrane, Pedestrian Journey through Siberian Tartary (in den Jahren 1820—23), Philadelphia 1824, S. 235. — [5]) Briefliche Mitteilung an Bourke. — [6]) Gilder, Ice-Pack and Tundra, New-York 1883, S. 105. — [7]) Encyclopaedia von Diderot und D'Alembert, Genf 1789, unter Urine.

Harn verordneten, ehe sie es verstanden, aus ihm das heilkräftige Salz auszuziehen, das bis auf unsere Zeit gekommen ist.

Schurig widmet den Heilmitteln, die man aus menschlichem Kot und Harn herstellt, ein ganzes Kapitel. Auf alle Fälle mußten diese Auswurfstoffe von einem jungen Manne herstammen, der zwischen 25 und 30 Jahren alt war. Diese Art, chemische Stoffe aus menschlichen Exkrementen herzustellen, einschließlich der Herstellung von Phosphor aus Harn, trieb man zu einer solchen Höhe, daß es tatsächlich einige Philosophen gab, die da glaubten, daß man den Stein der Weisen entdecken könne, wenn man die Salze, die man aus Menschenharn erhielt, mit denjenigen vermischte, die man aus Menschenkot darstellte.[1]

Das Verfahren, wie man Ammoniaksalz machte, war Plinius nicht bekannt; er wußte nur etwas von einem Ammoniakgummi, das, wie er angibt, aus einem Baume herauströpfelte, den man Metopia nannte, und der beim Tempel des Jupiter Ammon in Äthiopien in den Sandwüsten wuchs.[2]

„Es ist die Ansicht verbreitet gewesen, daß das Ammoniaksalz aus der Erde hergestellt würde, auf der Kamele ihr Wasser gelassen hätten und daß die große Anzahl davon, die zum Tempel des Jupiter Ammon ging, zu dem Namen Ammoniak, verdorben zu Armoniak, Veranlassung gab. Ob dieses Salz aber jemals in der Weise hergestellt werden konnte, daß man den Sand nahm und ihn mit Feuer bearbeitete, wie es heute mit dem Kamelmist geschieht, darüber ein Urteil abzugeben, werden wohl nur diejenigen imstande sein, die sich mit der Natur dieser Vorgänge eingehend vertraut gemacht haben. Mich belehrte man, daß das Salz aus dem Ruß hergestellt würde, der entsteht, wenn man den Mist von Kühen und anderen Tieren verbrennt. Je hitziger dieser ist, desto besseres Salz wird erzeugt und aus diesem Grunde ist der Taubenmist am besten zu gebrauchen; Kamelmist wird gleichfalls sehr geschätzt".[3] Dann folgt eine Beschreibung der Art und Weise, wie man diesen Ruß läutert.

„Gereinigten Harn gebrauchen Handwerker, um Wolle zu entfetten, um Indigo aufzulösen, und das Ammoniaksalz herzustellen".[4]

Mist als Heizstoff gebraucht.

Auf die Verwendung von Düngemitteln als Heizmaterial zum Brennen von Tonwaren bei den Mokis, den Zuñis und anderen Pueblo-Indianern, sowie zum Heizen im allgemeinen in Tibet hat der Verfasser bereits in einer früheren Arbeit hingewiesen.[5] Nach den Angaben von Mungo Park verwandte man sie zu demselben Zwecke in Afrika.[6] Der Mist des Büffels diente zu demselben Zwecke im Haushalte der Plains-Indianer. Kamelmist ist das Brennmaterial der Beduinen. Menschen- und Tierkot sammelten und trockneten ebenfalls die Syrer, Araber, Ägypter und Bewohner von Westengland, um als Heizmaterial zu dienen. Die Ägypter heizten ihre aus Lehm hergestellten Öfen damit.[7]

Pocock sagt vom Kamelmist: „Um Brennmaterial daraus herzustellen, mischen sie ihn, wenn ich mich darin nicht irre, mit kleingehacktem Stroh und ich glaube manchmal auch mit Erde; daraus machen sie Kuchen; die man trocknet; und so verbrennen ihn die gewöhnlichen Leute in Ägypten; denn das Holz, das sie in Kairo als Brennmaterial benutzen, ist sehr teuer, weil man es aus Kleinasien herbeischafft".[8]

---

[1] Schurig, Chylologia, S. 739—742. — Vgl. dazu Otto Schell, Das Salz im Volkglauben, Ztschft. d. Ver. f. Volkk. XV, 137—149 und Ernest Jones, Die Bedeutung des Salzes in Sitte u. Brauch der Völker. Imago I, 361ff., 454 ff. — [2] Plinius, XII, Kap, 22. — [3] Pocock's Travels in Egypt, bei Pinkerton, XV, S. 381. — [4] Briefliche Mitteilung von Prof. Frank Rede Fowke am South Kensington Museum vom 18. Juni 1888. — [5] Bourke, Snake Dance of the Moquis, London 1884. — [6] Mungo Park, Travels, S. 119. — [7] McClintock and Strong, Encyclopaedia, unter „Dung"; vergleiche auch in Kitto's Biblical Encyclopaedia den Artikel „Dung". — [8] Pocock, bei Pinkerton, XV, S. 381.

Bei Bruce findet sich keine Anspielung auf die schmutzigen Gewohnheiten, die von Schweinfurth, Sir Samuel Baker und anderen eingehend geschildert werden; er sagt aber, daß die Nuba in den Dörfern, die Daher heißen, an den Quellen des weißen Nils in Abessinien „niemals ihre Nahrung roh verzehren, wie die Abessinier; sondern sie stellen aus den Stengeln der Durra oder der Hirse und dem Miste der Kamele in der Erde Öfen her, in denen sie ihre Schweine ganz rösten, in ziemlich reinlicher und gar nicht unangenehmer Weise“.[1]

„Argol, der Kuchen aus dem getrockneten Kamelmist, ist in der Mongolei das allgemein verbreitete Brennmaterial“.[2]

Der Kamelmist ist auch der Heizstoff der Kirghisen.[3]

„Eselmist verwendet man als Heizstoff und auch zu anderen Zwecken, zum Beispiel, um die Räucherrohre in den chinesischen Tempeln herzustellen“.[4]

Heizstoffe aus Kuhmist und solche aus Schafmist benutzte man auch nach den Angaben von Huc in Tibet.[5]

Der Minoritenpater William de Rubruquis, den König Ludwig der Heilige von Frankreich im Jahre 1253 als Gesandten zum Großchan der Tatarei geschickt hat, erzählt von „ungesäuertem Brote, das in Ochsenmist oder in Pferdemist gebacken worden war“.[6]

Zu demselbe Zwecke gebrauchte man auch Kuhmist in Tibet.[7]

„Cowe-dung fewell“ (altenglisch = cow-dung fuel) d. h. Heizstoff aus Kuhmist, erwähnt Master George Sandys im Jahre 1610 auf der Insel Malta.[8] Den Mist des Yaks (Grunzochsen in Tibet) verwendet man im östlichen Tibet als Brennmaterial.[9] Kuhmist gebrauchen nach Angaben George Smiths die Bewohner des Tigristales bei Mosul in der kleinasiatischen Türkei zu denselben Zwecken.[10]

„Das ganze Brennmaterial“ der Mongolen besteht lediglich „aus Kuhmist und Pferdemist, den man an der Sonne trocknet“.[11] An manchen Orten der Erde scheint die Verwendung des Kuhmistes als Brennmaterial noch nicht ganz von religiösen Ideen losgelöst zu sein. „Anfeuerholz ist in Seringapatam ein kostbarer Artikel und das am meisten gebrauchte Heizmaterial besteht aus zu Kuchen geformtem Kuhmist. Diesen gebraucht man tatsächlich viel in allen Teilen Indiens, namentlich tun es Leute in hoher Stellung; denn er stammt ja von der Kuh her, der man Verehrung zollt und man sieht ihn deshalb als weitaus den reinsten Stoff an, den man überhaupt verwenden kann. Jeder Viehherde, die auf der Weide ist, folgen Frauen, und zwar oft aus hoher Kaste, die mit ihren Händen den Mist einsammeln und in Körben nach Hause tragen.

„Sie geben ihm dann die Form von etwa einen halben Zoll dicken Kuchen, die etwa neun Zoll Durchmesser haben und heften sie zum Trocknen an die Mauern. Die Reinlichkeitbegriffe der Hindus sind tatsächlich von den unsrigen so verschieden, daß die Mauern ihrer schönsten Häuser manchmal ganz mit solchen Kuchen behängt sind, und

[1] Bruce, Nile, Dublin 1791, V, S. 172. — [2] James Gilmour, Among the Mongols, London 1883, S. 84, 146, 191, 296. — [3] T. W. Atkinson, Oriental and Western Siberia, New-York 1865, S. 218 u. 221. — [4] Bourton's Ausgabe der Arabian Nights (Märchen aus tausend und einer Nacht), II, S. 149, Anmerk.; vergl. ferner III, S. 51; Meignan, From Paris to Pekin, London 1885, S. 186. 306, 310, 333; Pater Gerbillon's Account of Tatary, bei Du Halde, IV, S. 151. — [5] Vergl. auch Manning, Bogle und Della Penna in Markham's Thibet, London 1879, S. 70. — [6] Bei Purchas, I, S. 34. — [7] Vergl. Turner, Embassy to Thibet, London 1806, S. 202. — [8] Bei Purchas, II, S. 916. Stercus bovinum in Ägypten wird ebendaselbst II, S. 898 erwähnt. — [9] W. W. Rockhill in „Border Land of China“, im Century Magazine, New-York 1890. — [10] George Smith, Assyrian Discoveries, New-York 1876, S. 122. — [11] Pater Gerbillon's Account of Tatary, bei Du Halde, IV, S. 234 u. 270.

jeden Morgen bringen zahlreiche Frauen aus der ganzen Umgegend Körbe mit diesem Brennmaterial nach Seringapatam. Manche von den Frauen, die große Körbe voll Kuhmist auf dem Kopfe tragen, sind sehr gut gekleidete und schön gewachsene Mädchen. [1]

Räuchermittel.

Getrockneten Kot gebraucht man allgemein als Räuchermittel, um Insekten zu vertreiben; die Indianer der großen Ebenen jenseits des Missouri verbrannten die „chips" (Abfälle) des Büffels in dieser Absicht.

Die Eingeborenen am weißen Nil „stellen Misthaufen her, die man fortwährend in Brand hält und auf die man beständig frischen Dung wirft, um die Moskitos zu vertreiben". [2] „Wenn man ihn (nämlich den Mist des Kamels) verbrennt, so zerstört der von ihm ausgehende Rauch die Mücken und alle Arten von Ungeziefer". [3] Schweinfurth erzählt von den Schillucknegern am westlichen Ufer des Nils, wie sie „Haufen Kuhmist verbrennen, um die Fliegen abzuhalten". [4]

Solche Räuchermittel wandten auch die Araber an, um Wanzen zu vertreiben. Die „Effugatio Cimicum" bewirkte ein „suffumigium", das aus „stercore vaccino" bestand. [5]

In den Niederungen der Donau, Theiss, Save und Drau behilft man sich mit Dungräucherungen gegen die nächtlichen Anfälle der Gelsen und in Serbien schützt man die Rinder so gegen die Golubacer Fliegen.

James Gilmour beschreibt die Art und Weise, wie die Mongolen das Feuer eines brennenden Zeltes löschen; das Gegenstück hierzu findet man in Gullivers Reisen. [6]

Marcus Cicero klagte den Lucius Catilina an, er wolle in der Stadt Rom einen Brand verursachen. „Ich glaube es", sagte Cicero, „und wenn ich ihn nicht mit Wasser löschen kann, werde ich es mit Harn tun". [7]

Verwendung von menschlichen und tierischen Exkrementen zur Förderung des Haarwuchses und zur Grindausrottung.

Bei den Eskimos war Harn das bevorzugteste Mittel zur Haarwaschung. [8]

Sahagun gibt eine sehr eingehende Beschreibung der Vorschrift an, nach der sich die Mexikaner richteten, wollten sie den Kopfgrind entfernen. „Schneide das Haar dicht über der Wurzel ab, wasche den Kopf tüchtig mit Harn und nachher nimm Amole (Seifenkraut) und Coixochitlblätter — das Amole ist der Wermut dieses Landes (darin hat sich Sahagun jedoch geirrt) — und die Kerne von Aguacate, gemahlen und mit der bereits erwähnten Asche vermischt (nämlich Holzasche von der Feuerstelle) und dann reibe schwarzen Schlamm und eine entsprechende Menge der bereits erwähnten Rinde (Mesquite) daran". [9]

Eine ähnliche Art und Weise der Haarbehandlung, aber ohne Harn, kommt bei den Indianern an den Ufern des Rio Colorado und in Sonora in Mexiko vor. Zuerst wendet man eine Auflage von Flußschlamm an (in Arizona nennt man ihn „blauen

---

[1] Buchanan, A Journey through Mysore, bei Pinkerton VIII, S. 612. — [2] Baker, The Albert Nyanza, S. 53. — [3] Eine chinesische Vorschrift, bei Du Halde, History of China, IV, S. 34. — [4] Schweinfurth, Heart of Africa, I, S. 16. Vergl. auch Chaillé Long, Central Africa, New-York 1877, S. 215. — [5] Avicenna, II, S. 214, Zeile 47. (Die Bettwanze heißt lateinisch Cimex lecticularius). — [6] James Gilmour, Among the Mongols, S. 23. [Die Stelle aus Swift's Gulliver's Travels steht im 5. Kapitel der Reise nach Liliput. Gulliver, der am Abend vorher viel Wein getrunken hatte, löscht das Feuer des Königpalastes in so unanständiger Weise, daß die Königin auf die Wiederherstellung ihrer Gemächer verzichtet. I.] — [7] Harington, Ajax, S. 22, Kap. Ulisses on Ajax. — [8] Vergl. Graah, Greenland, London 1837, S. 111 und Hans Egede Saabye, Greenland, London 1816, S. 256. — [9] Sahagun, bei Kingsborough, VII, S. 294.

Schlamm") und zerstoßene Mesquite-Rinde. Nach drei Tagen wird dieses entfernt und das Haar ordentlich mit Wasser ausgewaschen, in das man die seifenartige Wurzel des Amole eingelegt hat. Das Haar bekommt dann eine schöne blau-schwarze Farbe und bleibt weich, zart und glänzend.

Taubenmist wandte man auch bei der Behandlung der Kahlköpfigkeit äußerlich an.[1]) Eselfüllenharn soll der Annahme nach das Haar dicker machen.[2])

Zu Asche verbrannter und mit Öl vermischter Kamelmist stand im Rufe das Haar zu kräuseln und zu Locken zu bilden.[3]) Die Eingeborenen am Nil oberhalb von Khartum „färben sich das Haar rot mit einer Paste aus Asche und Kuhharn".[4])

Und die Schilluks am westlichen Ufer wenden für ihr Haar wiederholte Auflagen von Lehm, Gummi oder Mist an.[5])

„Das aus dem Kot destillierte Wasser bringt die Haare zum Wachsen",[6]) während Schurig angibt, daß dasselbe Präparat „das Wachstum des Haares befördert und sein Ausfallen verhindert".[7])

Schurig gibt weiterhin an, der Schwalbenmist sei als Haarfärbemittel anerkanntermaßen wirksam und würde auch sehr häufig als Pomade verwendet.[8]) Er empfiehlt die Anwendung von Mäusekot für den Kopfgrind und Schuppen und sogar als Bartwuchsmittel.[9]) Ammoniak oder richtiger gesagt, „die Asche von Hirschhorn, gebrannt und mit Wein angerührt" war Plinius als ein Mittel gegen Kopfgrind und Schuppen bekannt.[10]) Die Verwendung von Hirschhornsalz zu diesen Zwecken entstand vielleicht aus der früheren Verwendung von Harn, aus dem man Hirschhorn oder Ammoniak im Laufe der Zeit herstellte.

Gegen Haarausfall empfiehlt den Mist der Tauben, der Katzen, der Ratten, der Mäuse, der Gänse, der Schwalben, der Kaninchen oder der Ziegen, oder auch menschlichen Harn Paullini in seiner „Dreck Apothek" angelegentlich.[11])

Katzenkot stellte auch Sextus Placitus als gutes Mittel hin.

Aus der Kreddurhandschrift (isländisch); für Haarwuchs: Katzenkot und Senf durcheinandergeknetet läßt auf einem kahlen Kopf Haare wachsen.[12])

Als Mittel, um Gefäße damit zu waschen.

Bei den Schilluks „gehören Asche, Mist und der Harn von Kühen zu den unentbehrlichen Bestandteilen der Verschönerungkunst. Der zuletzt erwähnte Stoff berührt die Nase eines Fremden ziemlich unangenehm, nimmt er irgend eines ihrer Milchgefäße in Gebrauch, denn diese sind nach einer regelrechten afrikanischen Sitte damit gewaschen, wahrscheinlich, um auf diese Weise den Mangel an Kochsalz auszugleichen".[13])

„Die Obboneger gleichen den Barinegern in Bezug auf einige ihrer Sitten. Ich habe große Schwierigkeit gehabt, um meinem Kuhwärter seine ekelhafte Angewohnheit zu vertreiben, den Milcheimer mit Kuhpisse zu waschen und sogar etwas davon unter die Milch zu mischen. Er erklärt mir nämlich, wenn er vor dem Melken seine Hände nicht mit solchem Wasser wasche, werde die Kuh ihre Milch verlieren. Diese schmutzige Sitte ist unerklärbar".[14])

[1]) Hippokrates, Kuhn's Ausgabe, II, S. 854. — [2]) Plinius, XXVIII, Kap. 11. — [3]) Plinius, Kap. 8. — [4]) Sir Samuel Baker, The Albert Nyanza, S. 39. — [5]) Schweinfurth, Heart of Africa, I, S. 17, und über die Nueirs ebendaselbst, S. 32. — [6]) Bibliotheca Scatologica, S. 29. — [7]) Schurig, Chylologia, S. 760. — [8]) Schurig, S. 817. — [9]) Schurig, S. 823f. — [10]) Plinius, XXVIII, Kap. 11. — [11]) Frankfurt a. M., 1696. — [12]) Zeitschrift des Vereins für Volkkunde, 1903, S. 271. — [13]) Schweinfurth, Heart of Africa, I, S. 16. — [14]) Baker, The Albert Nyanza, S. 240.

In einer brieflichen Mitteilung teilt mir der Oberingenieur der Marine der Vereinigten Staaten Melville mit, daß die Eingeborenen im östlichen Sibirien Harn „zur Reinigung ihrer Küchengerätschaften" anwenden.

Von den Stämmen am Albert Nyanza „wurde die Butter stets in ein Bananenblatt eingepackt, aber häufig die Umhüllung auch mit Kuhmist und Lehm verklebt". [1] Dies scheint jedenfalls eine Spur jenes Glaubens zu sein, den Sir Samuel Baker in dem oben zuerst angeführten Falle erwähnt.

In der Grafschaft Cork in Irland scheuert man angelaufene Zinnschüsseln mit Kuhmist; der Mist ist gesegnet und nützt auf diese Weise den Schüsseln und wird daher Glück bringen. Nach einem gar nicht so seltenen Brauche vergräbt man „Keetars" und andere Schüsseln, die für die Aufnahme von Milch bestimmt sind, während des Winters und des Frühlinganfangs (wenn die Kühe keine Milch geben und die Milchschüsseln infolgedessen leer bleiben) in Misthaufen, um sie (die Schüsseln nämlich) vor böswilligen Leuten zu bewahren, denn solche könnten ihnen irgend eine Hexerei antun und auf diese Weise entweder die Kühe oder die Milch besprechen. Solche mit dem bösen Blick behaftete Menschen können einer Schüssel nur dann etwas antun, wenn sie leer ist.

„Man hält die Kuh für ein heiliges Tier und deshalb gilt der Mist auch als heilig". [2] Dieser Glaube der keltischen bäuerlichen Bevölkerung steht augenscheinlich mit der religiösen Verehrung in Beziehung, die auch die Bewohner Indiens der Kuh zollen.

Schmutzige Gewohnheiten beim Kochen.

Die Eskimos erzählen Sagen von einem Volke, das vor ihnen in den Polargegenden lebte und das sie die Tornit nennen. Von diesen Vorgängern berichten sie: „Ihr Verfahren, um Fleisch zuzubereiten, war ekelhaft, denn sie ließen es stinkig werden und brachten es dann zwischen den Oberschenkeln und dem Leib unter, um es warm zu machen". [3]

Dies erinnert uns an das ähnliche Verfahren der Tataren, die sich mit dem Fleische unter sich auf ihre Pferde zu setzen pflegten.

XXVII. Harn bei gottesdienstlichen Abwaschungen.

Wo Harn für Leibabwaschungen Verwendung findet, ist der Zweck, der damit erreicht werden soll, offenbar der, daß man durch die Zersetzung Ammoniak erzeugen will und in keinem derartigen Falle wird man die Absicht haben, religiöse Gedanken damit in Verbindung zu bringen. Wo aber diese Abwaschungen von gottesdienstlichen Gebräuchen begleitet werden oder wo man sie in ein Ritual einverleibt hat oder wo sie in Räumen stattfinden, die gottesdienstlichen Zwecken vorbehalten sind, ist es wohl angebracht, die Vermutung auszusprechen, daß alles, was dort gebraucht wird, einschließlich des Harns, eine geheiligte oder wenigstens halbwegs geheiligte Bedeutung hat.

Es macht weiter keine Schwierigkeiten, den Harnabwaschungen der Eskimos [4] von Grönland ihre eigentliche Bedeutung zuzuweisen oder denjenigen der Bewohner von

---

[1] Baker, The Albert Nyanza, S. 363. Vergl. auch den Auszug aus Paullini in dem Kapitel über Menschenkot und Harn als Heilmittel und die Angaben aus Schurig, oben im Kap. XVIII. — [2] Nach einer brieflichen Mitteilung von Frau Fanny D. Bergen in Cambridge, Massachusetts. — [3] Dr. Franz Boas, The Central Eskimo, im Sixth Annual Report, Bureau of Ethnology, Washington 1888, S. 635. — [4] Hans Egede Saabye, S. 256.

Alaska[1]) oder denjenigen der Indianer an der nordwestlichen Küste von Amerika[2]) oder denjenigen der Indianer am Kap Flattery,[3]) der Bewohner von Island[4]) oder von Sibirien[5]) oder der Wilden im unteren Kalifornien.

Pericuis (Pirigua) des unteren Kalifornien. „Um ihre Kinder gegen Witterung-einflüsse zu schützen, bedecken Mütter deren ganzen Körper mit einem Anstrich aus Kohle und Harn".[6]) Clavigero bringt nicht allein alle Angaben, die wir bei Bancroft finden, sondern er fügt noch hinzu, daß die kalifornischen Weiber ihr eigenes Gesicht mit Harn wuschen.[7])

„Von den Bewohnern Islands berichtet man, daß sie ihr Gesicht und ihre Hände in Pisse waschen".[8]) Die Richtigkeit dieses Berichts hat indessen Arugrianus Jonas, ein isländischer Schriftsteller, entrüstet für alle zurückgewiesen, ausgenommen für die geringen Leute.

Die Bewohner von Ounalashka „wuschen sich zuerst mit ihrem eigenen Harn und darnach mit Wasser".[9])

In demselben Werk findet man auch die Angabe, daß in Alaska und auf den Fuchsinseln „die Bewohner sich zuerst mit Harn und dann mit Wasser wuschen, wie es althergebrachte Sitte war".[10])

Wenn ein Kind von lauter Ruß und Fett sehr schmierig geworden ist, nimmt das Weib der Vancouverinsel abgestandenen Harn, um es zu reinigen. „Diese Art Lauge als Ersatzmittel für Seife ist das allgemein gebräuchliche Zubehör zu der Morgenwäsche beider Geschlechter, sowohl des männlichen als auch des weiblichen. Während des Winters reiben sie sich von Zeit zu Zeit mit Sand und Harn ab".[11]) Bei den Tschuktschen ist der Harn „ein sehr nützlicher Gegenstand im Haushalt; man bewahrt ihn in einem besonderen Gefäß auf und verwendet ihn als Seife oder Lauge zum Reinigen des Leibes und der Kleider".[12])

„Aber sie waschen sich selbst sowohl, als auch ihre Kleider damit, und sogar in den heißen Bädern, die bei Männern und Frauen in gleicher Weise beliebt sind, weil sie sehr gern schwitzen, machen sie ihre Abwaschungen manchmal mit dieser Flüssigkeit".[13])

Nach Angaben Langsdorffs gebraucht man Harn als Ersatz für Seifenlauge.[14])

„Nachts liegt der Hausherr mit seiner ganzen Familie, seiner Frau und den Kindern, in einem einzigen Raum beisammen . . . . . . Sie alle lassen ihr Wasser in einen einzigen Nachttopf, mit dessen Inhalt sie sich morgens das Gesicht, den Mund, die Zähne und die Hände waschen. Sie behaupten, dafür manche Gründe zu haben, nämlich es mache das Gesicht schön, erhalte die Kraft, festige die Sehnen in der Hand und bewahre die Zähne vor dem Faulwerden".[15])

Nachdem W. H. Gilder, der Verfasser von „Schwatka's Search", das doppelte Zelt aus Häuten beschrieben hat, das die Tschuktschen benutzen, berichtet er, daß man alle Nahrungmittel in dem „Yoronger" oder dem inneren Zelt aufbewahrt, in dem Männer und Frauen vollkommen nackt sitzen; sie haben nur einen schmalen Streifen von Seehundfell um die Hüften geschlungen.

---

[1]) Sarytschew, bei Phillips, Band 6. — [2]) Whymper, Alaska, London 1868, S. 142; H. H. Bancroft, Native Races, I, S. 83. — [3]) Swan in den Smithsonian Contributions. — [4]) Siehe unten. — [5]) Siehe unten. — [6]) Bancroft, I, S. 559. — [7]) Clavigero, Historia de Baja California, Mexiko 1852, S. 28; vergl. auch Orozco y Berra und Baegert. — [8]) Hakluyt, Voyages, I, S. 664. — [9]) William Coxe, Russian Discoveries, London 1803; er führt Solovoof's Reise an, 1764, S. 226. — [10]) S. 225, unter Hinweis auf die Reise des Kapitäns Krenitzin, 1768. — [11]) J. G. Swan, Indians of Cape Flattery, Smithsonian Contributions to Knowledge, Nr. 220, S. 19. — [12]) Melville, In the Lena Delta, S. 318. — [13]) Lisiansky, Voyage round the World, London 1811, S. 214. — [14]) Langsdorff, Voyages, London 1814, II, S. 47. — [15]) Dittmar Bleckens, bei Purchas, I, S. 647.

„Nach Beendigung der Mahlzeit überreicht man „einen kleinen flachen Eimer oder eine hölzerne Pfanne jedem, der ein Bedürfnis dafür empfindet, den warmen Harn zu liefern, mit dem die Hausfrau die Tischplatte und die Messer wäscht. Es ist ganz gleichgültig, wer die Flüssigkeit liefert, ob es die Männer, die Frauen oder die Kinder sind; und ich selbst habe häufig die Wirtin mit dem Abwaschwasser versehen. Fast in jedem Zelte bewahrt man einen kleinen Vorrat von getrocknetem Gras von der Sommerzeit her auf. Ein kleines Bündel davon taucht man in den warmen Harn und es dient als Aufwaschlumpen und als Tellertuch. Diese Leute sind im allgemeinen entgegenkommend und gastfreundlich und sorgten aufmerksam für die Bedürfnisse, die ich als Fremder hatte, den sie als hilfloser als einen Eingeborenen ansahen. Die Frauen pflegten deshalb oft zu mir zu kommen, nachdem sie Tischplatte und Messer abgewaschen hatten, und mir die Finger zu waschen, sowie das Fett von meinem Munde mit dem angefeuchteten Gras abzuwischen. Auch irgend ein Mann oder eine Frau im Zelte, die Verlangen darnach hatten, ließen sich das nasse Gras geben und wandten es auf dieselbe Weise an.

„Es geschah dies nicht etwa als Förmlichkeit, sondern als eine natürliche und notwendige Sache. Ich glaube nicht, daß sie den Harn zu solchen Zwecken verwendeten, wenn sie soviel Wasser und besonders soviel warmes Wasser bekommen könnten, wie sie brauchen. Aber das ganze Wasser, das sie im Winter haben, beschafft man dadurch, daß sie Schnee oder Eis über einer Tranlampe schmelzen, was sehr langsam vor sich geht; und der Vorrat ist daher sehr beschränkt, denn es ist kaum mehr da, als sie zum Trinken nötig haben oder um frisches Fleisch zu kochen, wenn sie gerade welches haben.

„Der Harn, der warm ist und eine kleine Menge von Ammoniak enthält, läßt sich besonders gut verwenden, wenn es sich um die Entfernung von Fett von der Tischplatte und den Gerätschaften handelt, die sonst bald schmierig und dadurch für ihren Geschmack viel unangenehmer gerieten.

„Der Boden des „Yoronger" ist im allgemeinen mit gegerbten Seehundfellen belegt und auch die wäscht man häufig mit derselben Flüssigkeit ab. Die Folge davon ist, daß die Luft in einem wohlhabenden und glücklichen Tschuktschenheim immer nach einem Gemisch von Ammoniak und verdorbenem Walroßfleisch riecht". [1]

„Vice-Admiral of the Narrow Seas" — „Ein Betrunkener, der unter dem Tische seinem Nachbar in die Schuhe pißt". [2]

Die oben erwähnte Verwendung von Harn als Zahnwasser hat früher einmal eine sehr weite Verbreitung gehabt; man findet sie sogar heute noch in manchen Gegenden von Europa und Amerika, die sich ihrer hohen Kultur rühmen. Die Keltiberer Spaniens „rühmten sich zwar ihrer Reinlichkeit sowohl in der Nahrung als auch in der Kleidung, es war aber durchaus nichts ungewöhnliches, daß man sich bei ihnen die Zähne und den Leib mit Harn abwusch, ein Brauch, den sie als sehr förderlich für die Gesundheit ansahen". [3]

Von Strabo erfahren wir, daß die Iberer „auf ein bequemes Wohlleben kein Gewicht legen, wenn nicht jemand der Ansicht ist, daß es zur Glückseligkeit des Lebens beiträgt, wenn sie sich und ihre Frauen mit abgestandenem Harn waschen, den man in Zisternen aufbewahrt, und ihren Mund damit ausspülen. Und das ist, wie sie sagen, Sitte bei den Kantabrern und deren Nachbarn". [4] Auf denselben Brauch weist auch Percy

---

[1] Nach einer brieflichen Mitteilung von W. H. Gilder aus New-York vom 15. Oktober 1889. — [2] Grose, Dictionary of Buckish Slang, London 1811, unter dem Worte „Vice-Admiral of the Narrow Seas" [das übersetzt Vize-Admiral der Meerengen bedeutet; der Ausdruck entstammt dem Kauderwelsch der Stutzer, dem Buckish-Slang. I.] — [3] Maltebrun, Universal Geography, V, Buch 137, S. 357, unter Spanien. — [4] Strabo, Geographie, III, Kap. 4, § 16, London 1854, Bohn's Ausgabe. In einer Anmerkung wird darauf hingewiesen, daß Apuleius, Catullus und Diodorus Siculus diese sonderbare Sitte gleichfalls erwähnen.

und die „Encyclopédie"[1]) hin; und selbst bei den heutigen Spaniern soll sich der Brauch noch erhalten haben. „Die Spanier machen viel Gebrauch vom Harn, um sich damit die Zähne zu reinigen. Die alten Keltiberer taten dasselbe".[2])

„Obwohl die Keltiberer ihren Körper sehr sorgfältig behandeln und in ihrer Lebenweise reinlich sind, so waschen sie sich doch den ganzen Leib mit Harn und reiben sogar ihre Zähne damit ab, weil sie das für ein gutes Mittel halten, die Gesundheit des Körpers zu bewahren".[3])

> „Nunc Celtiber es: Celtiberia in terra,
> Quod quisque minxit, hoc sibi solet mane
> Dentem atque russam defricare gingivam" etc.[4])

Die Sitten der Keltiberer, nach Strabos und anderer Schilderungen, haben sich viele Geschlechter hindurch bis auf ihre Nachkommen in allen Teilen der Welt erhalten; alles das, was er über die Verwendung von menschlichem Harn als Mundwasser, als Waschwasser und als Zahnwasser berichtete, haben nach den Küsten Amerikas die spanischen Ansiedler gebracht und selbst in dem heute lebenden Geschlecht lassen sich nach den Angaben des Generals der Armee der Vereinigten Staaten S. V. Bénèt bei den Ansiedlern in Florida Spuren solcher Sitten nachweisen.

Denselben Brauch hat man auch bei den Eingeborenen am oberen Laufe des Nils beobachtet. „Die Obboneger waschen den Mund mit dem eigenen Harn aus. Diese Gewohnheit mag aus dem vollkommenen Fehlen des Salzes in ihrem Lande entstanden sein".[5])

Auch in England wandte man früher in gleicher Weise diese Flüssigkeit als Zahnwasser an.

„Sich die Zähne mit Harn zu reinigen, ist spanische Sitte, sagt Erasmus von Rotterdam".[6])

Harn verwandte man allein oder mit Pulver der Wurzel der Schwertlilie gemischt. „Farina orobi (bittere Wicke) permisceatur cum urina".[7])

Ein Absatz in Paullinis Dreck Apothek[8]) bewiese, daß auch in Deutschland dieselben Sitten nicht unbekannt waren. Als Zahnwasser empfiehlt er die Anwendung des Harns, als Zahnpulver ein Gemenge aus zerstoßenem Sand mit Harn gemischt.

„Wer vor Zauberei will sicher sein, der muß in frischen Harn oder in den rechten Schuh seinen Speichel fallen lassen. — Der Zauberer Osthanes sagte, es sei vor Zauberey nichts besser, als wenn man des Morgens seine Füße in Menschenharn wasche".[9])

„Die Hände des Morgens mit Harn gewaschen, so kann einem keine Hexe was antun. Deswegen ließ der Richter Paschasius die H. Lucia mit Harn besprengen, weil er meinte, sie sei eine Hexe und könne hernach die Pein der Folter nicht abwenden".[10])

---

[1]) Encyclopédie et Dictionnaire Raisonnée des Sciences, Neufchatel 1745, XVII, S. 499. —
[2]) Mitteilung von Prof. Frank Rede Fowke aus London vom 18. Juni 1888. — [3]) Diodorus Siculus 5, 33. — [4]) Catull, Gedicht 39. [Nach der Ausgabe von Lucian Müller, Leipzig 1883. Zu deutsch: Nun bist Du aber ein Keltiberer: im keltiberischen Lande pflegt sich morgens jeder mit dem, was er gepisst hat, die Zähne und das rote Zahnfleisch abzureiben. I.] —
[5]) Sir Samuel Baker, The Albert Nyanza, S. 240. — [6]) Élie Réclus, Les Primitifs, Paris 1885, unter Hinweis auf Erasmus, De Civilitate. — [7]) Danielus Beckherius, Medicus Microcosmus, S. 62—64. [Bourke hat hier offenbar Orris = Iris, die Schwertlilie, mit Orobus = die Walderve verwechselt, die englisch bitter vetch heißt; gemeint ist mit Orris wahrscheinlich die Veilchenwurzel, Wurzel der Iris florentina. I.] — [8]) S. 74. — [9]) Le Loyer, p. 830. — [10]) Apud Surium Thiers T. I, p. 171 nach Bourdelot, S. 528f; Historie oder wunderliche Erzählung der seltsamen Einbildungen, welche Monsieur Oufle (le fou) aus Lesung solcher Bücher bekommen, die von der Zauberei, Beschwörungen, Besessenen usw. . . . handeln. Durchgehends mit vielen kuriosen Noten versehen, worin alle Stellen in den Büchern, welche solche seltsamen Einbildungen verursacht haben, getreulich angezeigt und in zwei Teilen abgehandelt sind. Aus dem Franzö-

12*

Im Jászer Komitat in Ungarn pflegt man das Kind des Morgens gewöhnlich mit dem Harn der Mutter zu waschen und mit dem unteren Teil ihres Hemdes abzutrocknen. Im Trencséner Komitat benetzt die slovakische Mutter ihr schlafendes Kind mit ihrem Harn, indem sie unter ihre Röcke greift, in die Hand Wasser läßt und dies so dem Kinde aufs Gesicht streicht. Zum Überfluß leckt sie dann noch den Harn vom Gesicht ab.[1] Bei den Slovaken im Nyitraer Komitat wäscht die Frau, besonders wenn sie einer besuchte, der zusammentreffende Augenbrauen hat, sich selber und ihr Kind mit ihrem eigenen Harn, wischt sich und das Kind mit dem unteren Hemdteile ab und bindet noch ein Säckchen mit Wolffleisch um den Hals.

Ivan Petroff berichtet, daß in Portugal die Bauern heute noch ihre Kleider mit Harn waschen.[2]

Harn verwendet man auf Walfischfängerschiffen, wenn er abgestanden ist, zum Waschen von Flanellhemden; diese wirft man dann über Bord und zieht sie an Seilen hinter dem Schiffe her.[3]

Dr. V. T. McGillicuddy in Rapid City (Dakota), machte mir die Angabe, daß irische, deutsche und skandinavische Waschfrauen, die in die Vereinigten Staaten eingewandert sind, an der Gewohnheit festhalten, dem Wasser, das zum Reinigen von wollenen Decken gebraucht werden soll, menschlichen Harn zuzusetzen.

„Ich habe irgendwo gelesen, daß die Basken und auch zum Teil die Hindus ihren Mund mit Harn ausspülen, aber ich kann mich an das Buch nicht mehr erinnern".[4]

Dr. Karl Lumholtz in Christiania (Norwegen) berichtet, daß er bei den Ureinwohnern am Herbert-River in Australien, unter 18 Grad südlicher Breite, bei denen er einige Monate lebte, gesehen habe, wie sie ihren eigenen Harn gebrauchten, um die Hände zu reinigen, nachdem sie wilden Honig eingesammelt hatten.

Die Angabe über die Keltiberer sind auch bei Clavigero[5] zu finden.

Diderot und D'Alembert berichten ganz unzweideutig, daß noch gegen Ende des 18. Jahrhunderts die Bewohner der spanischen Halbinsel den Harn als Zahnwasser benutzten.[6]

(Aus Serbien). „Die dörflichen Hebammen sind voll Afterglaubens und törichter Bräuche! ... Es gibt ihrer welche, so da glauben, das neugeborene Kind werden die Säugerinnen beschreien (dojnice uročiti), wenn sie (die Hebammen) es nicht gleich nach seiner Geburt in einem Wasser baden, in das sie vorher hineingepisst hatten ... Was aber diese dojnice für Wesen sind, das wissen uns nicht einmal die Hebammen selber zu sagen".[7]

---

sischen übersetzt. Danzig, Verlegts Pharamund Kretschmer, 1712, XIV, 571 S. Kl. 8⁰. — Nach der Angabe des ungenannten Übersetzers war Abt Bourdelot Verfasser dieses merkwürdigen Buches, das man als einen Vorläufer des Bourkeschen bezeichnen könnte. Herr Karl Amrain schenkte es der Anthropophyteia-Bibliothek, wofür wir ihm hier freundlichst danken. Wir führen es unter Bourdelot an.

[1] Temesváry, S. 76 u. 78. — [2] Ivan Petroff in den Transactions American Anthropological Society, 1882, I. — [3] Mitteilung von Dr. J. H. Porter. — [4] Mitteil. von Dr. Albert Gatchet. — [5] Clavigero, Historia de Baja California, S. 28: er führt auch Diodorus Siculus an. — [6] Encyclopédie, Genf 1789, unter urine. — [7] Zdravlje, Belgrad 1907, II, S. 182. — Der Berichterstatter tut den klugen Frauen Unrecht, wenn er meint, sie selber wüßten nicht, was diese Sauger wären. Ob sie es nicht wissen! Nur heraussagen mögen sie es nicht, um die Hexen nicht herbeizurufen. Man lese darüber bei Krauss in den Slavischen Volkforschungen (Leipzig 1908) nach.

XXVIII. Harn bei feierlichen Gebräuchen.

In den aus Whymper beigebrachten Angaben von den Bewohnern des Dorfes Unlacheet am Norton-Sund lesen wir, daß sich „die Tänzer der Malemuten des Norton-Sunds in Harn badeten".[1]) An einer andern Stelle gibt Whymper jedoch an, daß dies aus Mangel an Seife geschah, was man aber aus bestimmten Gründen nicht als richtig ansehen kann. Baden ist eine häufige Zutat, ja ein notwendiger Bestandteil der religiösen heiligen Gebräuche bei allen Indianern Amerikas und ohne Zweifel auch bei den Innuits oder Eskimos; und wenn es von Tänzern geschieht, so ist das ein weiterer Grund, sorgfältig nach religiösen Beziehungen zu forschen, namentlich dann, wenn man diese Tänze an heiligen Orten ausführt, wie es nach Petroffs Angaben geschieht.

„Sie baden oder waschen ihren Leib niemals, aber bei gewissen Gelegenheiten zünden die Männer in der Kashima ein Feuer an, ziehen sich nackt aus, tanzen und springen herum, bis sie vollständig in Schweiß geraten sind. Dann bringen sie Harn auf ihren öligen Leib und reiben sich, bis Schaum erscheint, worauf sie sich in den Fluß stürzen".[2])

„In jedem Dorfe der Kuskutchewak (in Alaska) gibt es ein öffentliches Gebäude, das man Kashima heißt, in dem man die Ratversammlungen abhält und die Feste feiert; es muß groß genug sein, um alle erwachsenen Männer des Dorfes aufnehmen zu können. Es hat erhöhte Plattformen um die Mauern herum und im Mittelpunkt einen Platz für ein Feuer; im Dache befindet sich eine Öffnung, um das Licht hereinzulassen".[3])

„Diese Kashima sind dasselbe, wie die Estufas der Zuñis, Mokis und Pueblos-Indianer im Rio Grande. Whymper selber beschreibt sie so: „Diese Gebäude kann man als die Stadthäuser der Eingeborenen ansehen; in ihnen hält man Reden, darin finden Feierlichkeiten und Festessen statt".

Jeder Zweifel entfällt, wenn wir die ausführlichere Beschreibung dieser Kashima bei Bancroft lesen. Er sagt, daß die Eskimos in ihnen tanzen, oft in puris naturalibus, also ganz nackt, und daß sie dabei in schnurriger Weise Vögel und wilde Tiere nachahmen. „Schwänze von Hunden oder Wölfen hängen am Hinterteil ihrer Kleider herab. Eine heilige Mahlzeit, aus Fischen und Beeren bestehend, geht neben diesen Tänzen her, bei denen die Teilnehmer die Eßvorräte nacheinander nach den vier Himmelrichtungen und einmal nach dem Himmel selbst emporheben, worauf sich alle an das Verzehren begeben".[4])

Es gibt eine Beschreibung eines dieser Tänze von dem Amerikaner W. H. Gilder, einem Augenzeugen. „Das Kashine (sic!) ist eine Art von Stadthaus für die männlichen Mitglieder des Stammes ... Es ist fast ganz in den Boden gebaut und hat ein Dach, das hoch mit Erde bedeckt ist. Sein Licht empfängt es durch einen Ausschnitt im Dache und man gelangt durch einen bedeckten Gang und eine Öffnung hinein, durch die man nur auf Händen und Füßen hindurchkommen kann ... In der Mitte des Raumes befindet sich eine tiefe Höhlung, in der man im Winter ein Feuer anzündet, um das Gebäude zu heizen; dann schließt man es ab, wodurch die Wärme einen ganzen Tag lang zurückgehalten wird. In diesem Gebäude leben die Männer fast ausschließlich. Hier schlafen sie und hier essen sie auch und nur selten halten sie sich bei ihrer Familie auf". Er berichtet ferner, daß „ein Sims vorhanden war, das sich rings in dem ganzen Raum an

---

[1]) Whymper, Alaska, London 1868, S. 142 u. 152. — [2]) Ivan Petroff, in den Transactions American Anthropological Society, 1882, I. — [3]) Richardson, Arctic Searching Expedition London 1851, S. 365. — [4]) Bancroft, Native Races, I, S. 78.

der Mauer hin erstreckt ... Ein junger Mann bereitete sich zum Tanze vor, indem er alle seine Kleider ablegte, seine Hosen ausgenommen, und dann ein Paar Fausthandschuhe aus Renntierleder anzog ... Der Tanz war den Darstellungen der Indianer viel ähnlicher, wie irgend ein anderer, den ich früher bei den Eskimos gesehen hatte".[1]

Folgende Nachricht stammt von Victor Namoff, einem Mischblut-Kadiaken; sie bezieht sich auf einen feierlichen Tanz, den er bei den Aiga-lukamut-Eskimos an der südlichen Küste von Alaska beobachtete. Den Berichterstatter, wie schon vorher seinen Vater, hatten die Russen eine Reihe von Jahren hindurch dazu verwendet, die verschiedenen Stämme auf dem Festlande zu besuchen, um wegen der Einsammlung von Pelzen und Fellen Handel zu treiben. Er war nicht allein mit der englischen und der russischen Sprache vollkommen vertraut, sondern er hatte auch eine bedeutende Fertigkeit im Sprechen einer ganzen Anzahl von eingeborenen Mundarten und war dadurch imstande, mit den Leuten zu verkehren, unter denen er einen großen Teil seines Lebens zubrachte. Die feierliche Handlung führte man in einem großen, länglichen Zimmer aus, das zum Teil in der Erde lag, eine fortlaufende Plattform oder ein so eingerichtetes Sims besaß, daß es zum Sitzen und auch zum Schlafen dienen konnte. Die ganze Beleuchtung bestand aus Öllampen, wie sie die Eingeborenen gebrauchen. Die Teilnehmer, ungefähr einhundertzwanzig an der Zahl, waren vollkommen nackt und nachdem sie eine Zeit lang ruhig dagesessen, begannen einige als Musiker bezeichnete Eingeborene zu singen. Dann stand einer von ihnen auf und machte sich an die etwas ekelhafte Aufgabe, der ihm zunächst sitzenden Person über die Schultern und den Rücken zu pissen, worauf er auf den Boden hinabsprang und zu tanzen anfing, indem er mit der Musik Takt hielt. Derjenige, mit dem er die eben geschilderte Handlung vorgenommen, gab nun seinem nächsten Nachbar dieselbe Dusche und so ging es der Reihe nach weiter, bis auch der letzte auf der Bank seinen Anteil erhielt, der nun seinerseits wieder verpflichtet war, denjenigen, der mit der Sache angefangen hatte und der zu diesem Zwecke aufhörte zu tanzen, in derselben Weise zu versorgen. In der Zwischenzeit waren alle, die sich erleichtert hatten, hinuntergesprungen und hatten sich dem Tanze angeschlossen, der so wild und heftig war, daß er starken Schweiß und einen unerträglichen Gestank verursachte. Eine weitere Auskunft konnte mir der Gewährmann nicht erteilen, als daß das Gebäude in diesem Falle lediglich als Schwitzstube gedient haben kann, wobei man den Harn und die heftigen Bewegungen für ausreichend hielt, den erforderlichen Bedarf an Feuchtigkeit und Hitze zu beschaffen, um den Teilnehmern als Schwitzbad zu dienen".[2]

Elliot beschreibt die „Orgien" in den „Kashgas", wie er die Gebäude nennt, so: „Gewöhnlich benutzt man die Hitze der heißen Steine auf dem Herd ..... Man gießt ein Gefäß voll Nachttopflauge darüber, die nun in dichten Dampfwolken aufsteigt und mit ihrer Gegenwart und dem abscheulichen Gestank nach Ammoniak den entzückten Insassen anzeigt, daß das Bad bereit ist. Das Kashgas wird zum Ersticken erhitzt; es ist mit Rauch angefüllt, und die außen stehenden Männer rennen nun aus ihren Hütten hinein, wobei sie Büsche trockenen Grases als Wischtücher und Bündel von Erlenzweigen mitbringen, um damit den nackten Leib zu peitschen.

„Sie legen ihre Kleider ab; sie schreien und tanzen und peitschen sich, bis sie bei dem Herumspringen in dem heißen Dampf vollständig in Schweiß geraten. Dann reibt man noch mehr von ihrem ekelhaften Ersatz für Seife auf und das erzeugt einen Schaum, den sie mit kaltem Wasser abwischen ..... Dies ist der genußreichste Augenblick im Dasein eines Indianers, wie er uns feierlich versichert. Nichts sonst gewährt

---

[1] W. H. Gilder, Ice-Pack and Tundra, S. 51—58. Man vergl. dazu Heinrich Schurtz, Alterklassen und Männerbünde. Eine Darstellung der Grundformen der Gesellschaft, Berlin 1902. — [2] Briefliche Mitteilung von Dr. W. J. Hoffmann vom Ethnologischen Bureau in Washington vom 16. Juni 1890.

ihm auch nur den kleinsten Teil des unendlichen Vergnügens, das ihm diese Orgie bereitet. Für uns ist jedoch nichts so widerlich dabei, als jener Gestank, den ein solcher Vorgang erzeugt".[1]

„Obgleich diese Leute im allgemeinen unreinlich sind, so hegen sie dennoch wie die andern Innuits und die meisten Indianer eine große Vorliebe für Dampfbäder, für die sie in ihrem Kachim eine stets gebrauchfertige Einrichtung haben.

„Mit dem Harn, den sie sorgfältig für ihre Gerbereizwecke sammeln, reiben sie sich den Körper ab; das Alkali, das sich mit dem Schweiße des Leibes vermischt und mit dem Öl, mit dem sie ihren Leib bestreichen, reinigt die Haut genau so, wie Seife; der scharfe Geruch dieser faulenden Flüssigkeit scheint ihnen angenehm zu sein; er greift aber den Fremden die Kehle an und sie weichen zurück, weil es ihnen schwer fällt, sich damit abzufinden. Abscheulich! Abscheulich! Ja, ganz gewiß für diejenigen, die ein Stück Seife auf ihrem Waschtisch haben; aber was sollen denn die machen, die ein solches Reinigungmittel nicht besitzen?"[2]

„Niemand wird darüber erstaunt sein, daß es die Wahabiten und die Ugagos im östlichen Afrika immer ganz genau so machen. Aber jeder hat seine besondere Vorliebe. So bevorzugen die Araber und die Beduinen den Harn der weiblichen Kamele. Die Banianen von Momba waschen sich das Gesicht mit dem Harn der Kühe, weil, wie sie sagen, die Kuh ihre Mutter ist. Den zuletzt genannten Stoff gebrauchen auch die Schlesier gegen die Sommersprossen. Die Chewsuren im Kaukasus finden ihn ausgezeichnet zur Erhaltung der Gesundheit und zur üppigen Entwickelung des Haarwuchses. Zu diesem Zwecke sammeln sie sorgfältig in den Ställen die Mistjauche, aber die Flüssigkeit gilt für am wirksamsten, solange sie noch die Lebenwärme bewahrt hat. Die Melkerinnen schmeicheln dem Tier, pfeifen ihm ein Liedchen, kitzeln gewisse Körperteile und bringen im genau abgepaßten Augenblicke den Kopf darunter, um den Strom, der sich daraus ergießt, aufzufangen; die sorgsame Mutter ist darauf bedacht, daß der Kopf ihres Säuglings zu gleicher Zeit wie der ihrige benetzt wird".[3]

Die „Estufa" der Pueblosindianer war zweifellos in den früheren Zeiten ihres Stammlebens, ein gemeinsames Wohnhaus, ähnlich wie die Jurten der Bewohner Sibiriens; sie hatten wie diese nur eine einzige große Öffnung im Dach, die als Eintritt für die Mitglieder der Familie oder des Geschlechtes und als Austritt für den Rauch diente. Eine Durchforschung der Sagen und der Volkkunde Sibiriens gäbe uns sicher Aufschluß über die Geburt und die Besuche unseres guten alten Freundes am Christfeste, des heiligen Nikolaus, der gewiß niemals auf europäischem Boden entstanden ist. Ein Gott, der mit Geschenken für brave kleine Kinder beladen ist, konnte wohl auf einer Leiter herabsteigen, die man in die Kamine der „Jurten" und „Estufas" gestellt hatte, aber ein solches Kunststück würde auch in den geräumigsten Kaminen unmöglich gewesen sein, die jemals in Deutschland oder in England in einem Privathause gebaut worden sind.[4]

Die Wohnungen der Eingeborenen von Ounalashka haben nach Langsdorff ihren Eingang im Dache, genau wie diejenigen der Bewohner von Kamtschatka.[5]

---

[1]) Henry W. Elliot, Our Arctic Province, New-York 1887, S. 387. — [2]) Réclus, Les Primitifs, S. 71, Les Inoits Occidentaux. — [3]) Réclus, S. 73. — [4]) Der heil. Nikolo als weihnachtlicher Kinderbescherer trat zuerst um das Jahr 1740 auf der Landstraße in Wien als Abgesandter eines Nonnenklosters auf, dessen Insassinnen ihren Schulkindern Belohnungen als himmlische Gaben zuwandten. Der Heilige war ursprünglich eine verkleidete Nonne und ihn begleitete der Hinkteufel mit dem Krampffuß, der wieder die unartigen Kinder schrecken und züchtigen sollte. St. Nikolaus und der Krampus eroberten sich von Wien aus die gesamte Christenheit. So berichten Wiener Chroniken. Von den ursprünglicheren Nikolaus-Umzügen, gegen die die protestantische Geistlichkeit um das Jahr 1679 eiferte und von dem Unfug, den man in der Nikolausnacht trieb, handelt Alex. Tille, Die Geschichte der Deutschen Weihnacht, Leipzig 1893, S. 32—36 und 298 ff. — [5]) Langsdorff, Voyages, II, S. 32.

Das Urbild der „Estufa" hat sich in den Tempelbauten Indiens bis heute erhalten,[1]) genau wie die Markthallen des kaiserlichen Roms das Muster für die Basiliken der christlichen Kirche abgaben. Eine Abhandlung in „Frazers Magazin", F. P. C. unterzeichnet, enthält Angaben über die Größenverhältnisse des großen Schlangentempels von Nakhon-Vat in Kambodscha: „Er hat sechshundert (englische) Fuß im Geviert am Boden, . . . erhebt sich in der Mitte bis zu einer Höhe von 180 Fuß,[2]) . . . . . und ist vielleicht der größte Tempel der Welt . . . im inneren Hofe des Tempels sind Gruben, in denen die lebendigen Schlangen wohnten und angebetet wurden . . . Der Unterschied zwischen diesen Gruben und den „öffentlichen Estufas" ist lediglich der, daß die letzteren teilweise oder fast vollständig mit einem Dache versehen sind".

Einige Zeit, nachdem ich die eben besprochene Schlußfolgerung gezogen und viel Zeit mit dem ergebnislosen Durchsuchen aller möglichen Encyclopädien, die außer dem Namen über den Schutzheiligen der Kindheit fast nichts boten, verloren, fiel mir das Werk von George Kennan in die Hände, das dieselben Ansichten schon eine ganze Reihe von Jahren vorher ausgesprochen hatte; und diese Angaben sind keineswegs die am wenigsten wichtigsten in einem so außerordentlich belehrenden Buche.

„Die Häuser, wenn man sie überhaupt als Häuser bezeichnen kann, waren ungefähr zwanzig Fuß hoch[3]) und roh aus dem vom Meere an die Küste geworfenen Treibholz zusammengezimmert; seiner äußeren Gestalt nach kann man es am besten mit einer Sanduhr vergleichen. Es waren weder Türen noch Fenster irgend welcher Art vorhanden und man konnte nur hineingelangen, wenn man außen an einer Stange emporkletterte und durch den Kamin im Innern an einer anderen Stange wieder herunterrutschte . . . . eine Weise hineinzugelangen, deren Ausführbarkeit vollkommen von der Wirksamkeit und der Stärke des Feuers abhing, das unten brannte.

„Der Rauch und die Funken waren zwar hinlänglich unangenehm, an sich aber Kleinigkeiten ohne besondere Bedeutung. Ich erinnere mich daran, daß man mir in meiner Kindheit erzählte, der heilige Nikolaus käme immer durch den Kamin in ein Haus und obgleich ich diese Angabe mit dem kindlichen Glauben, der nicht weiter nachdenkt, hinnahm, so konnte ich doch niemals begreifen, wie einer das sonderbare Kunststück in einem Kamin hinunterzuklettern, hätte ausführen können, ohne Schaden zu nehmen. Aber mein erster „Eintritt" in eine Koräken-Jurte in Kamenoi löste alle meine kindlichen Einwendungen und bewies die Möglichkeit, in der etwas sonderbaren Art, die man dem heiligen Nikolaus zuschreibt, in ein Haus zu gelangen".[4])

Steller beschreibt ein Fest der Bewohner Kamtschatkas, das man Ende November feiert, wenn die Wintervorräte eingebracht sind; dabei versucht der eine Teil außerhalb des Hauses einen Birkenzweig durch den Kamin hinabzulassen, während der andere im Innern den Zweig zu erfassen sucht.[5])

„Jedesmal, wenn sie Wasser lassen oder andere natürliche Bedürfnisse verrichten, waschen sie die betreffenden Teile ab, ohne sich viel darum zu bekümmern, wer dabei

---

[1]) Auch die althellenischen Tempel waren von derselben Art. — [2]) [Etwa 183 m im Geviert und 55 m hoch. I.] — [3]) [Etwa 6 m. I.] — [4]) George Kennan, Tent Life in Siberia, 12. Auflage, New-York 1887, S. 222. Bis zur Einführung der Kohlenheizung zog auch bei uns, wie noch in Bosnien und Rußland bei den Bauern in waldreichen Gegenden der Rauch durch hohe offene Rauchfänge ab, in die man Würste und Schinken zum Räuchern hing. Die Volkerzählungen wissen von Dieben zu sagen, die durch den Rauchfang ins Haus eindrangen und mit ihrer Beute auf gleichem Wege abzogen. Es war doch einfach, auch den Heiligen diese nicht ungewöhnliche Kletterreise machen zu lassen. Gegenwärtig stellt man die Kinderschuhe aufs Fensterbrett hin und in der Früh finden die Kinder in Wien darin die Bescherung, meist Nüsse und Knusperwerk. Seit 1900 sind die Nikolobesuche in Wien polizeilich verboten, weil so manches Kind aus Schreck vor dem Krampus schwer erkrankte und weil Strolche in der Verkleidung sehr unwillkommene Diebstähle auszuführen pflegten. — [5]) Steller, Kamtschatka; die Übersetzung hat mir Bunnemeyer geliefert.

steht. Vor dem Beten waschen sie sowohl das Gesicht als auch die Hände, zuweilen auch den Kopf und die heimlichen Körperteile".[1])

„Bei den Negern von Guinea muß eine Frau, die zum ersten Male schwanger ist, gewisse feierliche Handlungen ausführen, zu denen es auch gehört, daß sie ans Meerufer geht, um gewaschen zu werden. Eine große Anzahl von Knaben und Mädchen folgt ihr, die alle möglichen Arten von Kot und Unrat bei ihrem Gange zum Meer auf sie werfen, dort wird sie dann untergetaucht und gereinigt".[2])

„Im Jahre 1847 — ich war damals 26 Jahre alt — kam einmal (in Cherbourg) eine alte Frau mit einer Waschschüssel zu mir und bat mich hineinzupissen, da man den Harn eines kräftigen, gesunden jungen Mannes nötig hätte, um die Brüste einer jungen Frau, die gerade von einem Kinde entbunden worden war, damit zu waschen".[3])

In Schottland wurde die Brust einer jungen Mutter mit Salzwasser gewaschen, um ein reichliches Fließen der Milch zu veranlassen. Auf diesem Brauch spielt der Vers eines Liedes aus der „Glücklichen Schäferin" von Alexander Ross (1788) an:

„Jean's paps wi' sa't and water washen clean,
Reed that her milk get wrang, fen it was green".[4])

Dieser Brauch scheint zu dem kurz vorher geschilderten in enger Beziehung zu stehen. Wir werden noch Gelegenheit haben, darauf hinzuweisen, daß Salzwasser, heiliges Wasser, d. h. Weihwasser und andere Flüssigkeiten in verschiedenen Gegenden, darunter auch in Schottland, als Ersatz für menschlichen Harn anzusehen sind.

„Wenn sie eines ihrer Kinder von der Mutterbrust entwöhnen wollen, legen Vater und Mutter es auf den Boden und während sie etwas tun, was der Anstand mir zu erzählen verbietet, hebt es der Vater am Arm in die Höhe und hält es so einige Zeit lang in der Luft hängend; sie glauben fälschlicher Weise, daß das Kind durch diese Mittel stärker und kräftiger wird".[5])

Bei der Bareshnun-Zeremonie muß sich bei den Parsen „der Priester gewissen Waschungen unterziehen, bei denen er Kuhpisse an seinen Leib bringt und ferner Sand und Lehm; das scheinen die gebräuchlichsten und billigsten Beseitigungmittel für Ansteckungstoffe gewesen zu sein, die den alten Iraniern bekannt waren".[6])

Die Sekte der Manichäer badete in Harn.[7])

„Jeder Leser, und mag er sich noch so leicht vor etwas ekeln, beschäftigt sich doch damit, fast ohne, daß er es merkt, wenn er seinen Freund fragt: „Wie geht es Dir?" Nun bitte ich Euch, ist es denn nicht etwa hier der Fall, daß das geschieht, was wir behauptet haben? In einem benachbarten Lande begrüßt man sich in der Weise, daß man sagt: „Ist die Sache in Ordnung?" Und in England drückt man denselben Gedanken mit denselben Worten aus, wie in Frankreich: How do You do? Comment faites-vous?"[8])

---

[1]) Blount, Voyage into the Levant, bei Pinkerton, X, S. 261. — [2]) Bosman, Guinea, bei Pinkerton, XVI, S. 423. — [3]) Briefliche Mitteilung von Kapitän Henri Juan (französische Kriegmarine) aus Cherbourg vom 29. Juli 1888. — [4]) Angeführt bei Brand, Popular Antiquities, II, S. 80, Artikel: Christening Customs. (Johannas Brüste wurden mit Salzwasser rein gewaschen, das verhinderte, daß ihre Milch, die frisch war, schlecht wurde). — [5]) Pater Merolla, Voyage to the Congo, bei Pinkerton, XVI, S. 37. Bericht aus dem Jahre 1682. — [6]) Nach einer brieflichen Mitteilung von Dr. J. W. Kingsley; die Angabe stammt anscheinend aus „The History of the Parsees" von Dosabhai Framje Karaka. — [7]) Picart, Coûtumes usw.; Dissertation sur les Perses, S. 18. — [8]) Bibliotheca Scatologica, S. 21. (Das Wortspiel geht bei der Übersetzung verloren, denn die wörtliche Übersetzung: „Wie machen Sie?" würde man bei uns in Norddeutschland als Begrüßung höchstens dem Hausarzt erlauben. — In Österreich sagt man machen und tun bei Kindern, von Erwachsenen: sich anmachen oder sich betun. Die übliche Höflichkeitfrage: „Was machen Sie?" bei Begegnungen, hat ihre ursprüngliche skatologische Bedeutung im deutsch-österreichischen Sprachgebrauche noch nicht ganz eingebüßt.

„Es gibt einen Ort, wo die vornehmsten Damen jedesmal die Hände ausstrecken, um etwas aufzufangen, wenn der König ausspuckt; und bei einem andern Volke bemühen sich die angesehensten Leute um den König, seinen Kot in einem leinenen Tuche aufzufangen". [1]

Schweinfurth beobachtete zweimal bei den Djur-Negern am oberen Nil den Brauch des gegenseitigen Anspeiens. Es drückte den höchsten Grad intimer Zuneigung aus, eine Art von Schwur der Treue und Ergebenheit, wie sich denn die Afrikaner überhaupt in für Europäer sonderbaren Bräuchen und fremdartigem Hokuspokus zu überbieten suchen, wenn einem Freundschaftbündnis die rechte Weihe und ein friedlicher Ausdruck gegeben werden soll. [2]

„Einige Tage nach der Geburt, oder wie es den Eltern sonst gerade in den Sinn kommt, benutzt ein „angekok", der durch Verwandtschaft oder lange Bekanntschaft mit der Familie sehr eng befreundet ist, irgend ein Gefäß, um darin mit dem Harn der Mutter das Kind zu waschen, während die Bekannten aus der Nachbarschaft ihre Wünsche dahin aussprechen, daß das Kleine ein tatkräftiger Mann werden möge, wenn es ein Knabe ist, und die Mutter einer großen Menge von Kindern, wenn es ein Mädchen ist. Ich glaube, daß dieser Brauch niemals außer Acht gelassen wird; man nennt ihn Gogsinariva". [3]

Denselben Brauch beobachten die Eskimo am Cumberland-Sund. [4]

„Büffelmist war, wie ich selber gesehen habe, in den Tanzhütten der Crow-Indianer (Krähenindianer) sorgfältig aufgestapelt; er stand augenscheinlich zu den Zeremonien in irgend einer Beziehung". [5] „Bei einem der heiligen Tänze der Cheyennes ist ein Altar zu sehen, der in einem Halbkreis von Büffelkothaufen umgeben ist; diesen Tanz oder diese Zeremonie feiert man zu dem Zwecke, eine reichliche Zahl von Ponies zu bekommen". [6] Die heiligen Pfeifen, die beim Sonnentanz der Sioux Verwendung finden, stellt man so auf, daß der Pfeifenkopt auf einem Büffelkothaufen ruht". [7]

In den Mythen der Samoaner ist davon die Rede, daß man das Wasser trinkt, in dem ein neugeborenes Kind gebadet worden. Als das erste Kind zur Welt kam, „schaffte Salevao Wasser herbei, um das Kind zu baden und er machte es Saor, dem Moa heilig. Die Felsen und die Erde sagten dann, sie hätten den Wunsch, von diesem Wasser etwas zum Trinken zu bekommen. Salevao erwiderte, sie möchten ein Bambusrohr nehmen, dann würde er ihnen durch dieses einen Wasserstrahl zuschicken, und dies ist der Ursprung der Quellen". [8]

Obwohl es aus dem Wortlaut nicht hervorgeht, so können wir doch aus der Ähnlichkeit mit andern Weltentstehungsagen den Verdacht aussprechen, auf welche

---

[1] Montaigne, Essais. [Buch I, Kap. 22: De la coustume: Il en est (des peuples) ou, quand le roy crache, la plus favorie des dames de sa court tend la main; et en aultre nation, les plus apparents, qui sont autour de luy, se baissent à terre pour amasser en du linge son ordure. Das Zitat soll aus einem alten Schriftsteller stammen, vielleicht aus Valerius Maximus. I.] — [2] Georg Schweinfurth, Im Herzen von Afrika. Reisen und Entdeckungen im zentralen Äquatorial-Afrika während der Jahre 1868—1871, Leipzig 1878, S. 66. — Vergl. dazu F. Karsch-Haack, Das gleichgeschlechtliche Leben der Naturvölker, München 1911, S. 92. — Über den Speichel vergl. Karl Knortz, Folkloristische Streifzüge, Oppeln 1900, Edward Clodd, Tom tit tot. An Essay on savage philosophy in Folk-tale, London 1898 und W. H. Furness, Folklore of Borneo 1899, S. 28. — [3] Boas, The Central Eskimo, S. 610; nach C. F. Lyon, Private Journal of H. M. S. Hecla, during the recent Voyage of Discovery unter Captain Parry, London 1824. — [4] A. a. O. — [5] Brieflliche Mitteilung von Dr. A. B. Holder in Memphis (Tennessee) vom 6. Februar 1890. — [6] Vgl. die Beschreibung in Dodge's „Wild Indians", S. 127f. — [7] Alice Fletcher, The Sun Dance of the Ogallalla Sioux, in den „Proceedings of the American Association for the Advancement of Science", 1882. — [8] Turner, Samoa, London 1884, S. 10.

Weise der Gott das Wasser herbeigeschafft haben mag, es war nämlich Wasser seiner eigenen Person.

Der Gott Gimavong an der Küste von Guinea kündigt seine Ankunft durch einen Laut an, der dem Geschrei der Gänse ähnlich ist . . . Er hält weitläufige Reden, in denen er die umherstehenden Neger zum Guten ermahnt oder ihnen ihre bösen Taten vorwirft. Er nimmt die Flaschen mit Branntwein an, die man ihm opfert und leert sie so gierig aus, daß diejenigen, die der Tür am nächsten sind, das Schlucken deutlich hören können. Wenn er genug geredet und getrunken hat, so verschwindet er wieder . . . und hinterläßt ein Gefäß voll Harn, in welches die Neger ihre Finger tunken und diese dann ablecken.[1]

Die Sella stercoraria der Päpste.

„Chaire stercoraire (Kotstuhl; Geschichte der Päpste). Nach dem Berichte von L'Enfant bezeichnete man in Rom mit diesem Namen einen Stuhl, der früher vor dem Säulengang der Basilika stand und auf den sich der Papst am Tage seiner Weihe setzen mußte. Der Sängerchor sang ihm alsdann die folgenden Worte aus dem Psalm 113, Vers 7f vor: „Der Herr . . . richtet den Geringen auf aus dem Staube und erhöhet den Armen aus dem Kot, daß er ihn setze neben die Fürsten, neben die Fürsten seines Volkes". Auf diese Weise sollte man, wie Kardinal Raspon sagt, dem Papste zu Gemüt führen, daß die Tugend der Demut die Begleiterin seiner großen Macht sein müsse. Diesen Brauch schaffte Leo X. ab, der kein Freund von solchen nebensächlichen Dingen war".[2]

Man lese auch bei Ducange unter „Stercoraria Sedes" nach, woselbst angegeben ist, daß man den Gebrauch dieses Stuhles bis ins zehnte Jahrhundert zurückverfolgen kann.

„Stercoraria sedes, in qua creati pontifices ad frangendos elatos spiritus considerent, unde dicta".[3] Man vergleiche auch die Bemerkungen über Untertauchstühle im Kapitel „Gottesurteile und Strafen"; die sella stercoraria scheint von diesen abgeleitet zu sein. Pater Le Jeune berichtet bei der Schilderung der bei Indianern in Kanada abgehaltenen Zeremonien, wenn sie einen Bären gefangen haben, man gestatte keinem Weibe, bei dem toten Tier in der Hütte zu bleiben und man wache sorgfältig darüber, daß Hunde keine Gelegenheit haben, das Blut aufzulecken, die Knochen anzunagen oder den Kot des Bären zu fressen.[4]

[Mit den Untertauchstühlen oder Käfigen, den bekannten Folterinstrumenten, hat der Nachtstuhl der Päpste gar nichts zu tun. Bourke vermag auch die Beziehung zwischen beiden nicht nachzuweisen. Die sinnbildliche Bedeutung der Sella stercoraria ist ohne weiteres klar, wenn man weiß, daß der neugewählte Papst sich nachher auf einen prächtigen Thronsessel setzte. Er sollte eben bei seiner Standerhöhung seine Herkunft nie vergessen. Den Namen hat der Stuhl offenbar nach der angeführten Psalmenstelle bekommen, die in der Vulgata lautet: „Suscitat de pulvere egenum et de stercore erigit pauperem". Dem Volke war natürlich diese sinnbildliche Handlung zu fein und so entstand die Sage, daß sich der Papst auf den Sessel setzen müsse, damit der jüngste Diakon prüfen könne, ob der Papst ein Mann sei. Der Diakon soll dann, wenn er sich davon überzeugt hatte, dreimal ausgerufen haben: „Habet!" d. h. „Er hat einen!", worauf

---

[1] Meiners, Allgemeine kritische Geschichte der Religionen, I. Band, Hannover 1806, S. 376, nach Römer, Nachrichten von der Küste Guinea, Kopenhagen 1769, S. 49 ff. — [2] Encyclopédie ou Dictionnaire Raisonné des Sciences usw., Neufchatel 1765, XV, Stichwort: Stercoraire, Chaire. — Diese Fabel erlangte die weiteste Verbreitung in deutschen Landen durch Otto Julius von Corvin Wiersbitzkis an Kritiklosigkeit überreiche Machwerke: Illustrierte Weltgeschichte (mit Held) 1844—1851 und den Pfaffenspiegel. — [3] Baronius, Annales, Lucca 1758. (Kotstuhl, auf den sich die Päpste nach ihrer Wahl setzen mußten, um ihren stolzen Übermut zu demütigen, daher der Name). — [4] Pater Le Jeune, Relations, aus dem Jahre 1634, Quebec 1858, I.

das Volk mit lautem: „Deo gratias!" „Gott sei Dank" geantwortet habe. Die Veranlassung zu dem Brauch brachte man dann mit der Legende von der Päpstin Johanna in Verbindung, die zwischen Leo IV. und Benedikt III. von 855 bis 857 auf dem päpstlichen Stuhl gesessen haben soll. Diese Tradition hat sich hartnäckig erhalten und eine ganze Anzahl von Gelehrten hat an die geschichtliche Tatsache geglaubt, während andere eine Widerlegung versuchten. Auch Johannes Huß hat in der Kirchenversammlung zu Konstanz und in seinem Werke de ecclesia davon gesprochen und offenbar die Überlieferung für wahr gehalten. Döllinger hat dann auf Grund der Quellenschriften die Gegenbeweise zusammengestellt. (Die Papstfabeln des Mittelalters, München 1863). Das Buch von L'Enfant ist auch Deutsch erschienen: Historie der Päpstin Johanna, Frankfurt a. M. 1737, mit Abbildungen, die das Bild der Päpstin, die Szene ihrer Niederkunft und die sella stercoraria darstellen. Man vergleiche ferner: Kleine, Die Päpstin Johanna keine Fabel, Einbeck 1855; Roidis, Die Päpstin Johanna, Leipzig 1875; Carl Julius Weber, Das Papsttum und die Päpste, 2. Auflage, Stuttgart 1845, I, S. 239ff; und die Artikel in den Konversationlexika. I.]

XXIX. Verwendung von Kot zum Rauchen und Schnupfen.

Von allen Gebräuchen im täglichen Leben der amerikanischen Eingeborenen ist keiner so deutlich mit dem religiösen Denken verknüpft, wie das Rauchen. Wenn wir daher in dieser Beziehung die Verwendung von menschlichem oder tierischem Kot antreffen, so kann man die Vermutung nicht von der Hand weisen, daß irgend eine geheim gehaltene Bedeutung einer solchen Zeremonie anhaftet. Dies scheint auch die Ansicht des unermüdlich tätigen Missionars De Smet zu sein, der eine solche Sitte bei den Flachkopf- und den Krähenindianern im Jahre 1846 beschreibt: „Um den Geruch des Friedenrauchopfers ihren Göttern angenehm zu machen, ist es erforderlich, daß der Tabak und das Gras (skwiltz), die gewöhnlichen Bestandteile, mit einer Menge von Büffelmist vermischt werden". [1]

Die Sioux, Cheyennes, Arapahoes und andere Stämme der Ebenen, bei denen der Büffel als Gott gilt, haben dieselbe oder fast dieselbe Sitte. [2]

Wenn es den Hottentotten an Tabak mangelt, rauchen sie den Mist des zweihörnigen Nashorns oder des Elefanten". [3]

---

[1] Pater De Smet, Oregon Missions, New-York 1847, S. 383. — [2] Unumgänglich notwendig war das Rauchen als Opfer nicht; man muß vielmehr sagen, daß auch das Rauchen zum Opferdienst gehörte und daß man in Gegenden, wo man den Büffel hochschätzte, auch seinen Dung mit als Brandopfer darbrachte, was weniger Aufwand als die Opferung des Tieres verursachte. Über das Rauchen, die Pfeifen und den Tabak bei den Indianern vergl. Joseph D. McGuire im Handbook of American Indians, Washington 1910, II unter Smoking S. 603f mit 2 Abbild., unter pipes S. 257—261 mit 25 Abbild. und unter tobacco S. 767—769, wo er auch die einschlägigen Sonderuntersuchungen vermerkt. Von der Beigabe des Büffeldungs schweigt er, wie das ganze, sonst ausgezeichnet nützliche Werk alles vermeidet zu berühren, was den Leser auf die Vermutung bringen könnte, der Indianer sei ein Geschlechtwesen. — [3] Thurnberg's Bericht über das Kap der Guten Hoffnung, angeführt bei Pinkerton, XVI, S. 141. — (Auch andere Negervölker lieben den Rauch des Kuhdüngers. So hat z. B. das K. K. Hofmuseum in der naturhistorischen Abteilung in Wien mehrere armlange, drei Finger dicke Kuhdreckzigarren aus Afrika. Wie man und ob man diese keulenartigen Stücke so wie wir unsere Zigarren raucht oder rauchen kann, ist mir unklar geblieben).

Die Anhänger des Großlamas in Tibet benutzen, wie schon oben erwähnt, seinen getrockneten Kot wie Schnupftabak und eine ähnliche Verwendung von getrocknetem Schweinekot hatte sich in der Ausübung der Heilkunde bis zum Beginn des neunzehnten Jahrhunderts erhalten und mag vielleicht in abgelegenen Dörfern heute noch als ein Stück Volkheilkunde fortleben.

Die Bewohner von Achaja behaupten, „daß der Rauch von getrocknetem Kuhmist, ich meine damit den Mist des Tieres, wenn es sich auf der Weide befindet, ganz auffällig heilkräftig bei der Schwindsucht ist, wenn man ihn durch ein Schilfrohr einatmet".[1]

Auch in Innerafrika verwendet man Kot beim Rauchen. „Man füllt ein großes Gefäß mit Tabak und Lehm und manchmal auch mit einer sehr fragwürdigen Mischung an; den Rauch davon atmet man so lange ein, bis die Raucher betäubt oder mit ausgesprochener Übelkeit zu Boden fallen — und das ist gerade die Wirkung, die sie erreichen wollen".[2]

„In Algier mischt man Gazellenmist unter Schnupftabak und Rauchtabak; die mongolischen Tataren setzen ihrem Schnupftabak die Asche vom Miste des Yakochsen zu".[3]

Rudyard Kipling erzählt in seinen „Plain Tales from the Hills" (Miss Joughal's Sais), die eingeborene Bevölkerung von Indien habe die Gewohnheit, unter einen Teil Tabak zwei Teile Kuhmist zu mengen.

XXX. Liebewerben und Heirat.

„Sich zu vermehren und die Erde zu bevölkern" war das erste den Menschen gegebene Gebot; zu lieben und der Wunsch nach Gegenliebe ist der stärkste Trieb unserer Natur und deshalb darf niemand, der sich mit der Erforschung der geheimen Eigenschaften beschäftigt, die man menschlichen und tierischen Ausleerungen zuschreibt, darüber erstaunt sein, stößt er auf ihre allgemeine Anwendung bei Anfertigung von Liebetränken, bei Gegenmitteln gegen solche Tränke, als Steigerungmittel des Geschlechttriebes, als Gegenmittel gegen solche und als Hilfmittel bei der Entbindung.

Kot und Harn bei Liebetränken.

Liebebedürftigen Mädchen in Frankreich macht man den Vorwurf, daß sie als Liebemittel einen Kuchen herstellen, zu dessen Bestandteilen „unaussprechliche Beimischungen" gehören. Wenn ein abtrünniger Liebhaber dieses Backwerk gegessen hat, lebt seine schwindende Zuneigung von neuem wieder auf.[4] Dieses Verfahren stand aber so stark im Geruche der Hexerei, daß es einige Kirchenversammlungen verboten haben.

Die Hexen und Hexenmeister des Apachenstammes stellen gleichfalls ein Backwerk oder einen Liebetrank her, unter dessen Bestandteilen sich gewöhnlich menschlicher Kot befindet, wie ich vor einigen Jahren von einem Mitglied der Zunft erfuhr. Die Navajoes, die gleicher Herkunft wie die Apachen sind und dieselbe Sprache sprechen, nehmen dazu den Mist von Kühen.[5]

---

[1] Plinius, Hist. Nat., XXVIII, Kap. 67. — [2] Chaillé Long, Central-Africa, S. 266. — [3] Briefliche Mitteilung von W. W. Rockhill. — [4] Jean-Baptiste Thiers berichtet über „le maléfice amoureuse ou le philtre": „Es benützen es gewisse Frauen und gewisse Mädchen, die ihre Liebhaber zwingen wollen . . . sie wie früher zu lieben . . . sie lassen diese eine Art Kuchen essen, in die sie Schmutzereien hineingetan haben, die ich nicht näher bezeichnen will". (Traité des Superstitions, Paris 1741, S. 150.) — [5] Darüber habe ich in der Abhandlung „The Snake Dance of the Moquis", S. 27 berichtet.

Frommann führt das Beispiel einer Frau an, die aus ihrem eigenen Kot Liebetränke herstellte. Noch zu Frommann's Zeiten stand die Todstrafe auf die Anwendung solcher Liebetränke. Als Bestandteile derartiger Mittelchen galten Menschenschädel, Korallen, Eisenkrautblüten, [1] Nachgeburt und eine tüchtige Beigabe von Harn. Er weist auch darauf hin, Paracelsus habe gelehrt, jeder Mensch, der irgend etwas von dem esse oder trinke, was die Haut eines andern von sich gegeben habe, verliebe sich unweigerlich in jenen andern. „Quod illi, qui ederunt aut biberunt aliquid a scorte datum, in amorem alicujus conjiciantur et rapiantur". [2] Er führt auch Beckherius dafür an, daß man gewisse Liebetränke aus Schweiß, Monatblut oder menschlichem Samen herstellt. [3]

John Leo spricht von der „Wurzel Surnay, die auch auf dem westlichen Teile des Atlasgebirges wächst. . . . Die Bewohner des Atlasgebirges erzählen allgemein, daß viele von den Mädchen, die in dem genannten Gebirge das Vieh hüten, ihre Jungfrauschaft nur bei einer Gelegenheit verlieren, wenn sie nämlich ihr Wasser auf diese Wurzel lassen. . . . . Diese Wurzel soll für die Geschlechteile des Mannes sehr zuträglich und erhaltend wirken und zum Geschlechtvergnügen anreizen, wenn man sie in einer Latwerge zu sich nimmt". [4]

Reginald Scot erwähnt unter den Liebemittelchen auch das Geschlechtglied eines Wolfes. [5]

„Wenn man will beständig geliebet werden, soll man das Marck aus dem lincken Fusz eines Wolffs nehmen und daraus nebst Ambra und dem pulvere Cypri eine Pomade machen, dieselbe bey sich führen, und die Persohn öfft dran riechen lassen". [6]

Menschlichen Kot gebrauchte man bei der Herstellung dieser Mittel zu allen Zeiten und er fand sowohl innerlich als auch äußerlich Verwendung. Es erscheint angebracht, über diesen Punkt die genauen Worte Schurigs anzuführen, der die Erklärung abgibt, daß man ihn teils in Kräutersuppen eingab, in anderen Fällen aber in die Schuhe legte. Dann war die Wirkung aber entgegengesetzt, denn der Mann, der einen solchen Gebrauch von dem Kote seiner geliebten Dame machte, wurde von seiner Narrheit vollständig geheilt, hatte er die beschmutzten Schuhe eine Stunde lang getragen. „Gegen die Liebetränke pflegt man den Kot des geliebten Mädchen sowohl innerlich als auch äußerlich anzuwenden. Eberhardus Gockelius hat darauf hingewiesen, daß der Kot, getrocknet und der durch den Liebetrank betörten Person in einer Speise eingegeben, die Liebe in die größte Abneigung verwandelt habe . . . . . er gedenkt dabei auch eines Hauptmanns, der den Kot seines Liebchens in neue Schuhe getan hatte, dann eine ganze Stunde lang in ihnen spazieren gegangen war und von seiner Liebe befreit wurde". [7]

Leopardenmist galt als Liebereizmittel. [8]

„Der Harn, den ein Stier unmittelbar nach dem Decken gelassen hat . . . . in einem Getränk genommen" ist ein Liebereizmittel; und man muß „die Schamgegend tüchtig mit Erde abreiben, die mit diesem Harn angefeuchtet ist". [9]

„Der Hexenmeister, die Hexe, der Zauberer, der Drogenhändler, der Arzt oder der Medizinmann . . . . sie alle spielten die Rolle eines abscheulichen Liebegottes. Anstelle von Lächeln und leuchtenden Augen gab er sich mit einem ekelhaften Stoffe ab, den man in Bier tat oder heimlich auf Brot spritzte. . . . . Im Beichtbuche des Erbischofs

---

[1] [Das Eisenkraut, Verbena officinalis, hat einen uralten Ruf als Heilmittel für alle möglichen Krankheiten. Es war der Isis geweiht und stand bei Griechen und Römern in hohem Ansehen. Auch bei den Druiden galt es für heilig. I.] — [2] Frommann, Tractatus de Fascinatione, S. 820, 826 u. 970, unter Hinweis auf Paracelsus, Tract. I, de Morbis Amantium, Kap. 5. — [3] A. a. O., unter Anführung von Beckherius, Spagyr. Microc., S. 89. — [4] Bei Purchas, II, S. 850. — [5] Reginald Scot, Discoverie of Witchcraft, London 1651, S. 62. — [6] Le solide Tresor du Petit Albert, p. 12. Nach Bourdelot, S. 97. — [7] Schurig, Chylologia, S. 774. — [8] A. a. O., S. 820. — [9] Plinius, Naturgeschichte XXVIII, Kap. 80.

Egbert von York wird eine Art ihres Vorgehens gerügt und die ist so unanständig, daß ich es in dem Dunkel des ursprünglichen Altenglisch stehen lassen muß".[1]

Eine Salbe aus der Galle von Ziegen, Weihrauch, Ziegenmist und Brennesselsamen legte man vor dem Beischlaf auf die Geschlechtteile, um die Verliebtheit der Frauen zu steigern.[2]

„Liebezaubermittel fertigte man aus Bestandteilen an, die zu nennen zu ekelhaft ist und die Moslimen geben sie Frauen ein, wenn sie diese dazu bringen wollen, sie zu lieben".[3]

Bei Vambéry findet sich folgende schwer verständliche Angabe: „Die gute Frau kam auf den glücklichen Gedanken, dem kranken Chan fünfhundert Gaben jenes Arzneimittels vorzuschreiben, das im Rufe stand, auf den berühmten Dichterfürsten der alten Geschichte so wohltätige Wirkungen ausgeübt zu haben. . . . . Der Chan von Khiwa nahm etwa fünfzig bis sechzig von diesen Pillen — wegen Unvermögens ein".[4]

Außer diesen Stoffen fanden noch andere, ebenso ekelhafte, Verwendung; so z. B. das Monatblut der Frauen, das für solche Zwecke in hohem Rufe gestanden zu haben scheint: „Man hat gehört, daß sich einige Weiber gerühmt haben, sie hätten ihren Kot, namentlich aber das Monatblut eingegeben, wodurch sie Gegenliebe erzwingen".[5]

„Er hat den Zaubertrank genommen und mein Gewand damit beschmutzt".[6]

„Man behauptet, daß, wenn ein Mann einen Frosch nimmt und ein Schilfrohr hindurchsteckt, das bei den Geschlechtteilen in den Körper eintritt und aus dem Munde wieder herauskommt, und dann das Schilfrohr in das Monatblut seiner Frau taucht, sie ganz sicherlich gegen alle Liebhaber Abneigung empfinden wird".[7]

Paracelsus nennt das erste Monatblut Zenith Juvencularum; „es ist das erste Monatblut einer unbefleckten Jungfrau und hat viele geheime Eigenschaften, die man eigentlich nicht enthüllen darf. Aber einiges will ich doch anführen: Wenn man das Ende eines Leinentuches, das von dem ersten Monatblute getränkt und dann getrocknet war, wieder anfeuchtet und auf einen gichtkranken Fuß legt, so wird man erstaunt sein, wie sehr es die Schmerzen der Gicht lindert. Ein solches Leinentuch, das man auf einen Körperteil legt, der mit dem Rotlauf behaftet ist, heilt den Rotlauf sofort. Bei Krankheiten, die aus Hexereien und Giften entstehen, ist das Monatblut von großer Wirkung; das Monatblut zählt man sogar selbst zu den Giften und es gibt Weiber, die ihr Monatblut zu Liebetränken verwenden". Er bringt ein Beispiel bei, wie solcher Liebetrank aus Monatblut und Hasenblut gemacht worden war und der ihn erhielt, zum Wahnsinn und Selbstmord getrieben wurde. Monatblut wandte man auch an, wenn sich Leute gegen feindliche Waffen unverwundbar machen und wenn man hitzige Geschwüre heilen wollte".[9]

„Nimm von deinem eigenen Blute an einem Freytag im Frühling, lasz dasselbe nebst zwey testiculis von einem Hasen und einer Tauben-Galle in einem kleinen glasirten Haffen im Ofen, nachdem das Brod heraus ist, dürre werden; stoße es hernach miteinander zu subtilen Pulver, und gieb davon der Persohn, die dich lieben soll, etwa eine halbe Drachme ein".[10]

[1] Saxon Leechdoms, I, S. 45. — [2] I, 351, wo auf Sextus Placitus verwiesen ist. — [3] H. C., Indo-Mahomedan Folklore, Nr. 3, S. 180, in Notes and Queries, London 1867, 3. Reihe, Band 11. — [4] Vambéry, Travels in Central Asia, New-York 1865, S. 166. — [5] Saxon Leechdoms, I, S. 45, unter Anführung von Caesalpinus, Daemonum Investigatio, Blatt 154 b. Caesalpinus starb im Jahre 1603. — [6] Lenormant, Chaldean Magic, London 1877, S. 61; die angeführten Worte gehören zu einer Beschwörungsformel der chaldäischen Zauberer. Es ist natürlich unmöglich anzugeben, woraus dieser Zaubertrank zusammengesetzt war. — [7] Plinius, Naturgeschichte, XXII, Kap. 13. — [9] Vergl. Michael Etmuller, Opera Omnia, II, S. 270, Schrod. Dilucid. Zoologia. — [10] Le solide Tresor du petit Albert, p. 7. Nach Bourdelot, S. 103.

Einem Studenten der Heilkunde machte die Tochter seines Nachbars häufig die Kur, aber er lehnte ihre Bemühungen ab. Als er jedoch einmal bei dem Bruder des Mädchens im Hause ihres Vater geschlafen hatte, wurde er so närrisch, daß er nachts aufzustehen pflegte, um die Türpfosten ihres Hauses zu küssen. Als er einige Zeit nachher seine Kleider zu einem Schneider schickte, um sie ausbessern zu lassen, fand man eingenäht in seinen Hosen ein kleines Bündel Haare von einem nicht näher zu bezeichnenden Körperteil des Mädchens und darauf waren die Buchstaben S. T. I. A. M., aus welchen einige herauslesen wollten: „Satanas te trahat in amorem mei" — Der Teufel ziehe Dich in die Liebe zu mir hinein. Sobald das kleine Haarbündelchen verbrannt war, hatte der arme Bursche Ruhe.[1]) In gleicher Weise hilft Frauenharn.

„Ein Mädchen vermag eine Mannperson sehr leicht an sich zu fesseln, wenn sie ihm in die Stiefel pinkelt".[2]) (In Preußen).

Menschlichen Samen gebrauchte man ebenfalls zu diesem Zwecke. Es sind keine Angaben darüber vorhanden, ob das männliche Geschlecht diesen Stoff verwandte und Mädchen das Monatblut oder beide durcheinander; aber es ist anzunehmen, daß jedes Geschlecht sich seiner eigenen Ausscheidung bediente.

„Den männlichen Samen (das Sperma) benutzen einige nicht nur, wie wir in Erfahrung gebracht haben, dazu, um die Hexerei, die man Liebeverknüpfung nennt, aufzulösen, sondern auch um ein magnetisches Mittel herzustellen, wodurch die Liebeglut erzeugt wird. Ebendaraus wollte ja auch Paracelsus seinen künstlichen Menschen, den Homunculus, zurechtmachen".[3])

Männlicher Samen diente auch dazu, wie uns Beckherius berichtet, um „Verknüpfungen" zu nichte zu machen, die von Hexen oder vom Teufel angelegt waren, und ferner um geschwächte Mannkraft wieder herzustellen. Man wandte ihn aber manchmal auch auf eine Art und Weise an, die so stark im Geruch der Gottlosigkeit stand, daß es Beckherius vorzog, nicht weiter darüber zu sprechen.[4])

Flemming teilt uns mit, wir dürfen die Tatsache nicht mit Stillschweigen übergehen, daß manche Leute menschlichen Samen als Arzneimittel angewandt haben. Sie glaubten, man könne seine magnetische Kraft zu Liebeträken benutzen und ein Liebender damit die Flamme der Zuneigung seiner Geliebten nähren. Aus diesem Grunde stellte man das her, was als „magnetische Mumie" bekannt worden ist; wenn man es einer Frau eingab, so geriet sie in eine unauslöschliche Liebewut zu dem Manne oder dem lebenden Wesen, von dem es herstammte — ein Hinweis auf die Tierverehrung. Andere schreiben ihm eine geradezu wunderbare Wirksamkeit bei der Heilung von veralteter Fallsucht zu oder bei der Wiederherstellung der Mannkraft, die durch Beschwörungen oder Hexerei geschwächt war; zu diesem Zwecke gebrauchte man ihn, wenn er noch ganz frisch und noch nicht der Luft ausgesetzt gewesen war, in Fleischbrühe, in die man Muskatnußpulver getan. Flemming macht auch Anspielungen auf die abscheuliche Verwendung von Reliquien in gutem und schlechtem Sinne, auf die menschlicher Samen ejakuliert worden war; aber damit war soviel von der gröbsten Gottlosigkeit verbunden, daß er es ablehnt, weitere Einzelheiten beizubringen.[5])

Der im vorstehenden Absatz beschriebene Liebetrank erinnert an einen etwas ähnlichen Brauch bei der Sekte der Manichäer, bei denen man das Abendmahlbrot mit menschlichem Samen mischte oder bespritzte, möglicherweise mit dem Gedanken, daß das Brot des Lebens mit der Leben erzeugenden Ausscheidung gemischt sein sollte.

---

[1]) Paullini, S. 258f. — [2]) H. Frischbier, Hexenspruch u. Zauberbann, Berlin 1870, S. 160. — [3]) Etmuller, Opera Omnia, II, S. 266. — [4]) Beckherius, Medicus Microcosmus, S. 122. — [5]) Samuel Augustus Flemming, De Remediis ex Corpore Humano desumtis, Erfurt 1738, S. 22.

Qua occasione vel potius execrabilis superstitionis quadam necessitate coguntur electi eorum velut eucharistiam conspersam cum semine humano sumere.[1]

Die Albigenser oder Katharer, die Nachkommen der Manichäer, stehen in dem Rufe, daß sie gleichfalls in diesen scheußlichen Aberglauben verfallen sind oder ihn bewahrt haben.[2]

E. B. Tylor berichtet, daß „etwa um das Jahr 700 Johann von Osun, der Patriarch von Armenien, eine Streitschrift gegen die Sekte der Paulicianer schrieb, von denen man annahm, daß sie von den Manichäern abstammten und deren Lehren sie ihrerseits wieder den Albigensern übermittelt hätten. Im Laufe seiner Ausführungen erklärt der Patriarch, daß sie „Weizenmehl mit Kinderblut vermischen und damit ihr heiliges Abendmahl feiern".[3]

Man muß hierbei berücksichtigen, daß diese Angaben aus gegnerischen Schriften stammen; sie sind auch lediglich aus dem Grunde angeführt, weil man annimmt, daß die Sittenlehre und Gebräuche der Manichäer sowohl mit der Religion der Parsen als auch mit derjenigen der Buddhisten Ähnlichkeit haben, aus denen sie ja bis zu einem gewissen Grade entstanden sein mögen. Daher hat man auch Grund zu der Annahme, daß die gottesdienstlichen Abwaschungen, Besprengungen und andere derartige Gebräuche von der älteren und größeren Sekte im fernen Osten der jüngeren Religion in Europa überliefert worden sind.[4]

Das Folgende ist einem Hirtenbriefe des Bischofs Burchard von Worms entnommen: „Habt Ihr nicht getan, was gewisse Frauen gewohnt sind zu tun? Sie entledigen sich ihrer Kleider, salben ihren nackten Leib mit Honig, breiten auf der Erde ein Tuch aus, worauf sie Getreide streuen, wälzen sich wiederholt darin herum; hierauf sammeln sie sorgfältig alle Körner, die sich an ihren Leib geheftet haben und mahlen sie auf dem Mühlstein, den sie dabei verkehrt drehen. Wenn die Körner zu Mehl gemahlen sind, so backen sie ein Brot daraus, das sie ihren Männern zum Essen geben, damit sie siech werden und sterben. Wenn Ihr es getan habt, so werdet Ihr 40 Tage lang bei Wasser und Brot Buße tun . . . Hast Du getan, was einige Weiber zu tun pflegen? Sie nehmen ihr Monatblut und mischen es unter Speisen oder Getränke und das geben sie ihren Männern zu essen oder zu trinken ein, damit sie um so mehr von ihnen geliebt werden . . . Hast Du getan, was einige Weiber zu tun pflegen? Sie legen sich mit auseinanderstehendem Hintern auf das Gesicht und befehlen, daß über ihrem nackten Hintern Brot geformt werde, und wenn dies gebacken ist, geben sie es ihren Männern zum Essen. Dies tun sie deshalb, damit jene um so heftiger in Liebe zu ihnen entbrennen sollen. Wenn Du das getan hast, sollst Du zwei Jahre lang während der gesetzmäßigen Festzeit Buße tun".[5]

---

[1] Sanctus Augustinus, nach der Anführung bei Bayle, Philosophical Dictionary, Englische Ausgabe, London 1737, unter Manicheans. — [2] Die Katharer waren eine Art auserwählter Manichäer, die das Abendmahlbrot mit menschlichem Samen anfeuchteten. — Thiers, Superstitions, Paris 1741, II, Buch 2, Kap. 1, S. 216 und Picart, Coûtumes et Cérémonies usw., Amsterdam 1729, VIII, S. 79. — [3] E. B. Tylor, Primitive Culture, London 1871, I, S. 69. — [4] Eine Annahme, die einer folkloristischen Bestätigung entbehrt. — [5] J.-A. Dulaure, Histoire abrégée de différens Cultes, Paris 1825, 2. Auflage; Tome second, S. 262 ff; in der deutschen Ausgabe von Krauss, Reiskel u. Ihm, Leipzig 1909, S. 100, Anm. 16. [Burchard von Worms lebte im 12. Jahrhundert. Seine Schriften sind öfter erschienen. Hier sind benutzt: Loci communes congesti cum ex Decretorum libris . . . authore D. Burchardo Wormaciensis eccl. Episcopo. Coloniae Agrippinae 1560. Auch über die Verwendung des männlichen Samens hat Burchard eine Stelle: „Gustasti de semine viri tui ut propter tua diabolica facta plus in amorem tuum exardesceret? Si fecisti, septem annos per legitimas ferias poenitere debes". Weitere Beispiele solcher Beichtfragen siehe an der oben angeführten Stelle. Man sieht daraus, wie man neben harmlosen Äußerungen des Volkglaubens geradezu scheußliche Handlungen vornahm. Der gute Bischof hat alles gewissenhaft aufgeschrieben und der Volkkunde damit einen großen Dienst geleistet, den er allerdings nicht voraussehen konnte. I.]

Das vom weiblichen Geschlecht versuchte Mittel, die schwindenden Flammen der Zuneigung in den Herzen der Ehegatten und Liebhaber wieder neu zu entfachen, indem sie aus Teig, der auf dem Hintern der Frau geknetet war, einen Kuchen backen ließen, wie im vorstehenden Absatz beschrieben, scheint in England als ein Spiel der kleinen Mädchen lebendig geblieben zu sein. Bei diesem legt sich nämlich ein Kind auf den Boden nieder und zwar auf den Rücken; während es sich rückwärts und vorwärts herumrollt, wiederholt es das folgende Verschen:

> „Cockledy bread, mistley cake,
> When you do that for our sake!"

Während ein Kind aus der Gesellschaft so daliegt, sitzen die übrigen ringsherum; sie legten sich abwechselnd nieder und wälzten sich in derselben Weise herum.

„Cockle Bread. Dieses sonderbare Spiel beschreiben Aubray und Kennett so: „Junge Mädchen haben ein lustiges Spiel, daß sie „moulding of cockle bread" nennen; es wird so gemacht: „Sie setzen sich auf eine Tischplatte, ziehen dann die Knie so hoch herauf als sie können und wackeln dann hin und her, als wenn sie Teig durchkneteten; dazu sprechen sie folgende Worte:

> „My dame is sick, and gone to bed,
> And I'll go mould my cockle bread,
> Up with my heels, and down with my head! —
> And this is the way to mould cockle bread".[1]

Die Wörter „mistley" und „cockledy" waren in keinem der zu Rate gezogenen Wörterbücher aufzufinden, auch nicht in dem „Dictionary of Obsolete (veraltetem) and Provincial English" von Thomas Wright, London 1869; allerdings ist darin das Wort „mizzly" in der Bedeutung von schimmelig angeführt. Vielleicht bedeutet mistley die Mistel (englisch: mistletoe).

„Cockle ist das unglückliche „lolium" Virgils. Man glaubte, daß es Schwindelanfälle und Kopfschmerzen hervorrufe, wenn man es unter das Brot mischt; deshalb geht man um die Osterzeit ins Feld, um es auszurupfen. Die Leute nehmen dann Kuchen, Obstwein und gerösteten Käse mit hinaus. Wer zuerst das cockle aus dem Hafer ausreißt, erhält den ersten Kuß von einem Mädchen und das erste Stück vom Kuchen".[2]

Vallencey beschreibt eine ganz merkwürdige Zeremonie bei den Iren im Monat September. „Am Abend vor dem Vollmond im September . . . . verbrennt man Stroh zu Asche und in der Asche versteckt jeder Bauernbursche der Reihe nach ein Getreidekorn, wobei er ausruft: „Ich werde Dich in Stücke reißen, wenn Du mein Korn findest". Das in ihn verliebte Mädchen sucht dann und ihr Kummer ist groß, wenn sie das Korn nicht findet. Holt sie es aber heraus, so wird sie von der Gesellschaft mit einem Freuden-

---

[1] Brand, Popular Antiquities, II, S. 414, Artikel: Cockle Bread. [Das nicht mehr zu verstehende Kinderliedchen läßt sich übersetzen: „Cockledy Brot, mistley Kuchen; wenn Ihr das zu unserm Besten tut". Der zweite Vers heißt verdeutscht: „Meine Herrin ist krank und zu Bett gegangen, und ich will hingehen und mein Cocklebrot kneten: herauf mit meinen Fersen und hinunter mit meinem Kopf! — Und das ist die Art, wie ·man Cocklebrot knetet". Cockle bedeutet heute die eßbare Herzmuschel und bei der sinnbildlichen Bedeutung der Muschel im Kulte der Venus (vergl. Dr. Aigremont, Muschel und Schnecke als Symbole der Vulva ehemals und jetzt. Anthropophyteia VI, S. 35- 50) kann man das nach der Erklärung des Spielverses geknetete Brot ganz gut „Muschelbrot" nennen. Aubray und Kennett bezeichnen dann allerdings das Spiel der jungen Mädchen mit vollem Recht als „sonderbar". I.] — [2] Fosbroke, Encyclopaedia of Antiquities, II, S. 1040. [Das Lolium ist unser Schwindelkorn, auch Taumellolch genannt, dessen Körner man für giftig hielt und das man als Ursache von Krankheiten ansah, wenn es ins Mehl geriet. Man glaubt neuerdings nicht mehr recht an die Giftigkeit der Körner. Da die Pflanze besonders nach nassen Frühjahren gedeiht, kann auch das Getreide infolge anderer Krankheiten schädlich wirken. I.]

geschrei begrüßt; ihr Liebhaber legt sie zuerst auf den Rücken und zieht sie so durch die Asche, dann dreht er sie herum auf das Gesicht und wiederholt die Zeremonie so lange, bis die bloßen Stellen des Körpers ordentlich heiß geworden sind. Man nennt das „posadamin" oder die Mehlhochzeit. . . . . . Haben sich alle Mädchen der Zeremonie unterzogen, so setzen sie sich nieder und verzehren den gerösteten Weizen, wovon sie manchmal betrunken werden".[1])

Vallencey meint zweifellos das Mutterkorn; er sagt auch selbst, daß es ein „Korn ist, das man zuweilen in Irland unter dem Weizen antrifft". Er bezeichnet auch diese „Hochzeiten" als eine „druidische Sitte".[2]) Auf einen ähnlichen phallischen Tanz spielt John Graham Dalyell an.[3])

In Sardinien gehen die Burschen des Dorfes gruppenweise herum . . . . um auf die Mädchen zu warten, die sich zur Festfeier auf dem öffentlichen Platze versammeln. Hier zündet man dann ein großes Freudenfeuer an, um das sie herumtanzen und allerlei Kurzweil treiben. Diejenigen, die „das Liebchen des heiligen Johannes" spielen wollen, tun folgendes: Der junge Mann steht auf der einen Seite des Scheiterhaufens und das Mädchen auf der andern Seite; sie reichen sich gewissermaßen die Hände, indem jedes von ihnen einen langen Stab ergreift, den sie dreimal rückwärts und vorwärts durch das Feuer ziehen, wobei sie ihre Hände dreimal rasch in das Feuer stecken müssen". Bei diesem Tanze berichtet man auch von einer Priapus-ähnlichen Figur, die aus Teig hergestellt ist, aber diese Sitte wurde von der Kirche streng verboten und ist dadurch außer Gebrauch gekommen".[4]) „In einigen Gegenden Deutschlands springen junge Männer und Mädchen über Sommersonnwendfeuer zu dem ausdrücklichen Zweck, den Hanf oder Flachs zum Wachsen zu bringen".[5])

„Bei den Kara-Kirghisen wälzen sich unfruchtbare Frauen unter einem alleinstehenden Apfelbaum auf dem Boden umher, um Nachkommenschaft zu erhalten".[6]) Dies ist eine Äußerung des Baumkultes, worüber uns der Verfasser nicht im Zweifel läßt; wer seine weiteren Ausführungen liest, den belohnen mehrere Beispiele von noch bestimmteren Anzeichen, — wie z. B. eine Hochzeit mit Bäumen, wobei man deren Rinde in der Hoffnung auf Nachkommenschaft als Kleidung trägt[7]) usw.

Hoffmann erzählt von einer Witwe bei den Deutschen in Pennsylvanien, auf die „ein Schiffer, mit dem sie zufällig bekannt wurde, besonderen Eindruck machte; als er aber in keiner Weise ihren mannigfachen Äußerungen des Entgegenkommens Beachtung zu schenken schien, griff sie zu folgendem Mittel, um ihn, selbst gegen seinen Willen, zu zwingen, sie zu lieben. Mit der Klinge eines Federmessers schabte sie ihr Knie ab, bis sie eine kleine Menge Haut beisammen hatte; diese buk sie in einen besonders hergestellten Kuchen ein, den sie ihm schickte, mit welchem Ergebnis, ist allerdings nicht bekannt. Jedenfalls war aber bekannt, daß die Frau einen felsenfesten Glauben an ihr Zaubermittel hegte."[8])

„Im Jahre 1784 war ich in Madrid . . . Ein Bettler, der gewöhnlich an dem Tor einer Kirche seinen Standort hatte, benutzte seine Mußestunden, um eine Art Pulver, dem er wunderbare Wirkungen zuschrieb, herzustellen und zu verkaufen. Es bestand aus

---

[1]) Vallencey, De Rebus Hibernicis, II, S. 559. [Es handelt sich offenbar um einen Fruchtbarkeitzauber, wie ihn Mannhardt in den verschiedensten Gestalten geschildert hat. Vergl. auch Krauss, Anthropophyteia III, S. 20—33, Beischlafausübung als Kulthandlung und Dr. Heinrich Marzell, Flachssaat und Frauen, Hessische Blätter für Volkkunde, Leipzig 1912, S. 20—22. I.] — [2]) De Rebus Hibernicis, II, S. 598. — [3]) Superstitions of Scotland, Edinburg 1834, S. 219. — [4]) Frazer, The Golden Bough, I, S. 291. — [5]) A. a. O., S. 293. — [6]) A. a. O., S. 73. [Es ist ein sogen. Analogie-Zauber. I.] — [7]) Das ist der eigentliche Sinn der vielberufenen indischen Baumhochzeiten. Die Baumseele, der Vegetationdämon, soll der Braut Fruchtbarkeit verleihen. — [8]) Folkmedicine of Pennsylvania Germans, American Philosophical Society, 1889.

Stoffen, deren Erwähnung dem Leser die Schamröte ins Gesicht triebe. Der Bettler hatte einige sonderbare Formeln aufgezeichnet, die man zu der Zeit hersagen mußte, wenn man das Pulver einnahm, außerdem verlangte er, um die richtige Wirkung hervorzubringen, beim Einnehmen gewisse Körperstellungen, die man sich viel eher denken, als sie beschreiben kann. Sein Gemisch war eines jener liebeerzeugenden Tränklein, zu welchen unsere unwissenden Vorfahren soviel Vertrauen hatten; seines, behauptete er, hatte die Kraft, einen widerwilligen Liebhaber zu besänftigen und das Herz eines grausamen hübschen jungen Mannes zu erweichen".[1]

„Wenn ein junger Mann den Versuch macht, die Liebe eines widerspenstigen Mädchens zu gewinnen, so befragt er zuerst den Medizinmann, der sich dann bemüht, etwas von dem Harn und dem Speichel, die vom Mädchen herrühren, sowie auch den Sand, auf den sie gefallen sind, aufzufinden. Diese mischt er dann mit einigen Stückchen von gewissen Hölzern und legt alles zusammen in einen Flaschenkürbis und gibt ihn dem jungen Mann, der ihn mit nach Hause nimmt und einen Teil Tabak hinzufügt. Nach ungefähr einer Stunde nimmt er den Tabak wieder heraus und gibt ihn dem Mädchen zum Rauchen; dies bringt dann eine vollständige Umwälzung in ihren Gefühlen hervor".[2]

Liebhaber, die die Zuneigung ihrer Geliebten zu vergrößern wünschten, erhielten den Rat erteilt, eine Überleitung ihres eigenen Blutes in die Adern der Geliebten zu versuchen.[3]

Weitere Auszüge aus Flemming findet man unter „Schweiß"; ferner unter „Nachgeburt und Frauenmilch" und unter „Monatfluß".

Beaumont und Fletcher scheinen solche Gebräuche im Sinne gehabt zu haben, als sie ihr Lustspiel „Wit without Money" — Witz ohne Geld — schrieben.

Ralph: „Bitte, leere meinen rechten Schuh aus, den du als Kammertopf benutzt hast, und verbrenne etwas Rosmarin darin". (Akt 5, Szene 1).

Rosmarin benutzte man, ebenso wie Wachholder, in ausgedehnter Weise zum Luftreinigen in Schlafzimmern.

Mit vorstehenden Angaben hatte Bourke seinen Stoff erschöpft und bei seiner großen Belesenheit kann man annehmen, daß ihm weitere Angaben nicht zur Verfügung standen. Namentlich für die heutige Zeit sind seine Ermittelungen recht dürftig ausgefallen und doch ist dieser uralte Glaube, daß man sich die Liebe erzwingen könne, heute noch in voller Kraft. Was hierüber in den Anthropophyteien gesammelt ist, soll im folgenden auszugweise wiedergegeben werden.

Wir wollen mit den Südslaven beginnen, weil bei ihrer kulturellen Ursprünglichkeit aller hierher gehörige Glaube gewissermaßen am reinsten erhalten ist.

Die Frau bestreicht ihre Brustwarzen mit dem nach dem Coitus aus der Scheide ausgelaufenen Samen, damit der Mann, wenn er, von der Lust übermannt, an den Brustwarzen saugt, durch den Samen an sie gekettet wird, damit er niemals ein anderes Weib lieben soll. Ein Mädchen schnitt jungen Hunden, als sie gerade zur Welt kamen, die Köpfe ab. Diese Köpfe dörrte sie, zerstieß sie zu Staub und gab ihn ihrem Liebsten im Kaffee ein. Später erzählte sie selber ihrer Hauswirtin, daß nunmehr ihr Liebhaber wie blind hinter ihr einherrenne und sie wie toll liebe. Hier wie im folgenden Falle spielt allerdings noch der Sympathiezauber eine Rolle. Blinde Kätzchen hat man zu Asche

[1] Bourgoanne's Travels in Spain, bei Pinkerton, V, S. 413. — [2] Mitteilung von Muhongo, einem afrikanischen Knaben aus Angola, nach der Übersetznng von Chatelain. — [3] Flemming, De Remediis usw., S. 15. Weitere ausgiebige Angaben bei Ploss-Bartels. Das Weib in der Natur- und Völkerkunde, 9. Auflage, von Dr. Paul Bartels, Leipzig 1908, I, S. 639—677. (Liebe, Liebezauber, Liebhelfer, Liebabwehr, Heiratorakel, Ehestandprognose, Brautwerbung und Brautstand).

zu verbrennen, die Asche davon neunmal durchzusieben und jener zu essen zu geben, deren Liebe man gewinnen möchte und dabei hat man zu sprechen: „So wie dieses Kätzchen blind, so soll auch sie blind sein".

Zur Sommerzeit gibt es eine grüne Mücke, der darf man blos den Kopf abreißen, den Leib wirft man weg; hierauf gibt man dies in die Sonne zum trocknen und mahlt es, und man nimmt ein wenig von dem Staube, bestreut damit das Frauenzimmer oder tut es ihr in eine Speise oder ein Getränk und sie wird dem Liebhaber sofort alles gewähren.

Will man die Gegenliebe eines Mannes gewinnen, dann gebraucht man, wie folgt: man fängt einen blinden Kater ein, der ganz schwarz ist, nimmt ihm die Eier aus und legt sie in Kohlenglut, den Staub dieser Eier aber setzt man der Speise jenes zu, von dem man geliebt sein will.

Will man erreichen, daß ein Mann Neigung für ein Frauenzimmer faßt, dann soll sie zur Zeit ihrer Reinigung drei Tropfen Blut nehmen und diese drei Tropfen in Branntwein, Wein oder einem andern Getränk jenem eingeben, dessen Liebe sie gewinnen möchte. (Anthropophyteia, V, 202 ff).

Um die Liebegunst eines Burschen zu gewinnen, fängt das Mädchen von ihrer Blüte zur Zeit der Menstruation auf, sättigt Zucker damit und gibt ihn dem Burschen in Kaffee zu trinken und er muß dann Liebe zu ihr fassen und sie heiraten.

Das Mädchen sticht sich mit einer Nadel in den kleinen Finger der rechten Hand, fängt in einem Porzellanschälchen von dem Blut auf, gießt darauf Kaffee und gibt die Mischung ihrem geliebten Burschen zu trinken und er wird sie heimführen. (I, S. 58. Wegen der Verwendung des Menstruationblutes vergleiche man auch III, S. 165; VI, S. 214. Bei den Friaulern und Slovenen IX, 349—350).

Will ein Mädchen einen Burschen toll verliebt machen, so kauft sie eine Fledermaus, schlachtet sie ab und bestreicht mit diesem Blut Bonbons und wenn sie trocken sind, gibt sie sie dem Burschen zu essen und der steigt ihr dann wie blind nach. (III, S. 166). Auch hier ist etwas Sympathiezauber dabei, denn die Fledermaus heißt im serbischen blinde Maus. Statt des Blutes der Fledermaus kann man auch die Eingeweide nehmen, die man mit Ei bestreicht, in Semmelmehl wälzt und in heißem Fett ausbäckt. Das ausgebackene Zeug muß der Bursche allein aufessen. (A. a. O.)

Wenn Mann und Frau nicht gut mit einander leben, dann kocht das Weib in die Speise ein wenig Storchdreck ein und gibt ihn dem Gatten zu essen; alsdann ist er ihr wohlgeneigt und liebt sie (III, S. 167). Für dieses Mittel war wohl die allgemein verbreitete Ansicht maßgebend, daß die Störche ein mustergiltiges Eheleben führen.

Will eine Frau erzielen, daß ihr Ehegatte ihr herzlich zugetan sei, dann nimmt sie das erste Ei, das eine schwarze Henne gelegt hat; ein solches Ei ist von außen blutig. Sie trägt dieses Ei sieben Tage lang unter der Achsel und bei Nacht darf sie den Gatten unter keiner Bedingung berühren. Am achten Tage nimmt das Weib das Ei und bäckt es mit andern guten Eiern in heißem Fett aus und gibt es dem Ehegatten zum Aufessen. Alsdann ist er ihr wohlgeneigt. (III, S. 168).

Dem Liebhaber soll man Dreck eines Blinden eingeben, damit er nach der Liebsten verblendet werde. Manche neigen auch zu der Ansicht, daß man nur die Spitze des Dreckes verwenden dürfe und geben diese mit einem Getränke oder in einer Speise dem zukünftigen Gatten zum Verzehren ein. (IV, S. 330).

In Dalmatien glaubt man auch, ein Jüngling werde sich mit einem Mädchen vermählen, wenn er, ohne es zu wissen, von deren monatlichen Reinigung getrunken oder gegessen habe. Deshalb laden Mutter und Tochter den Jüngling zum Mittag- oder Nachtessen ein. Das dem Jüngling zugedachte Fleisch tauchen sie tüchtig in die monatliche Reinigung ein. Dann bereiten sie das Fleisch so zu, wie sie wissen, daß es dem jungen

Mann am liebsten ist. Der Jüngling als Gast, der davon nichts weiß, ißt das ihm vorgesetzte Fleisch mit Behagen auf. Von diesem Augenblicke an, fängt er derart nach dem Frauenzimmer zu tollen an, daß er ohne sie nicht mehr leben kann. (VI, S. 215). Das Fleischbraten kommt häufiger vor, als daß man die monatliche Reinigung dem jungen Mann als Trank eingäbe, weil er es im Getränke merken könnte.

Ein Mädchen, von dem der geliebte junge Mann nichts wissen wollte, tat auf den Rat alter Weiber folgendes: Sie riß sich je drei Haare oberhalb der Stirn, je drei aus jeder Augenbraue, je drei aus der einen und der andern Achselhöhle und drei Haare vom Schamberg heraus und gab sie in ein Glas mit Wasser. In das Glas träufelte sie drei Tropfen von ihrer monatlichen Reinigung und drei Bluttropfen aus dem Ringfinger hinein. Dies alles siedete sie gehörig ab, bis das Wasser auf die Hälfte eindampfte. Sie reinigte das Wasser, damit darin kein einziges Haar zurückbleibe. Dieses halbe Glas Wasser gab sie irgend einem Mütterchen und die wieder ließ es bei günstiger Gelegenheit jenen Jüngling in einem Trunk Wein mittrinken. Mit dem Jüngling vollzog sich nun eine völlige Umwandlung; er fand nicht eher Ruhe, als bis er das Mädchen gefreit und zu seiner Frau gemacht hatte (VI, S. 207).

Will ein Frauenzimmer, daß sie einer liebe, so soll sie sich bemühen, von jenem, den sie liebt, mit einem Löffel Samenflüssigkeit aufzufangen und soll sie dem Liebsten mit einer Speise oder einem Getränk zu verzehren geben; dann wird er sie lieben (VI, 223). Mit dieser Angabe ist auch Bourkes Vermutung widerlegt, daß jedes Geschlecht nur seine eigenen Ausscheidungen zu Liebetränken benutze. Daß dieses allerdings das gewöhnliche Mittel ist, wird uns mehrfach bezeugt; wie z. B. im folgenden Falle: Wenn ein Mann will, daß ihn eine lieben soll, der soll seine Natur auffangen und bei günstiger Gelegenheit der Geliebten in die Speise hineintun, damit sie es aufesse. (A. a. O.).

Will man Gegenliebe gewinnen, so nimmt man von seinem Brunzerich und tut davon in die Speise oder in das Getränk dem oder der, dessen oder deren Liebe man haben möchte (A. a. O., S. 224).

Man nehme einen alten gefundenen Strang, verbrenne ihn am Neumondsonntag morgens, die Asche davon stecke man in die Tasche und gebe sie dem Mädchen im Getränk ein. Viel darf man ihr nicht geben, denn sie würde davon verrückt werden. Man kann auch die glänzende Fliege nehmen, die auf Weidenbäumen lebt, sie austrocknen, damit man sie verbröseln kann, und ein wenig dem Frauenzimmer ins Getränke tun. Auch in diesem Falle ist es nicht ratsam, viel zu nehmen, um böse Folgen zu vermeiden.

Man hat einen Apfel zu nehmen, ein Stückchen von einer Fledermaus hineinzutun und am Sonntag im Neumond dem Frauenzimmer zum Aufessen zu geben. Dann rennt sie wie verrückt dem Manne nach. Man kocht eine Fledermaus ein und streichelt mit den Knochen eine Stute und bei welchem Knöchlein die Stute aufwiehert und brunzelt, das halte man fest, verbrenne es und gebe die Asche in einem Trank jenem Mädchen ein, das man liebt. Nach einer Anmerkung von Krauss ist dieser Zauber mit sehr geringen unwesentlichen Abweichungen in der Ausführung ungemein weit verbreitet. Am gewöhnlichsten ist der Zauber mit dem einer Fledermaus ausgerissenen und pulverisierten Herzen, das man dem Frauenzimmer beibringt. (Ebenda).

In Indien ist die Verwendung von Menstrualblut und Sperma beim Liebezauber gleichfalls bekannt. Der allgemein verbreitete Gebrauch des Betelkauens bietet eine günstige Gelegenheit zum Austausch der Priemchen dar, die mit den angegebenen Mittelchen versetzt sind. Die Frau mischt unter die Bestandteile des Priemchens getrocknetes Menstrualblut oder einige von den Geschlechtteilen abgeschabte Hautschuppen und Schleim. Der Betreffende darf aber unter keinen Umständen etwas davon wissen, sonst versagt die Zauberkraft. Der Mann, der die Liebe einer Frau gewinnen will, mischt sein getrocknetes Sperma in das Priemchen. (Anthropophyteia, VIII, S. 248).

Die im Vorstehenden angegebenen Mittelchen sind ihrem Wesen nach zwar zauberhaft; es findet dabei aber doch eine unmittelbare Verwendung bei der Person statt, die man gewinnen will. Es gibt aber eine Unmenge von Gebräuchen, bei denen man der betreffenden Person selbst nichts beibringt, sondern man nimmt die Gebräuche in der Absicht vor, auf die Betreffenden eine Fernwirkung auszuüben; sie fallen damit also in das Gebiet der eigentlichen Hexerei. Bourke liefert zwar in seinem 43. Abschnitt Angaben von der Verwendung allerlei Unrats im Hexenwesen; aber er hat dabei mehr die etwas sagenhaften mittelalterlichen Hexen im Sinne. Es wird aber heute noch überall gehext und dabei spielt die Gewinnung der Liebe immer noch die Hauptrolle. Deshalb wollen wir die in den Anthropophyteien vorliegenden Angaben an dieser Stelle unterbringen, da es sich im vorliegenden Abschnitt in erster Linie um das „Liebewerben" handelt. Wir geben auch hier zunächst einen Teil aus dem Stoff, der über die entsprechenden Gebräuche bei den Südslaven gesammelt ist.

Man steckt ein Stückchen von einer Fledermaus in den Mund, küßt das Frauenzimmer, das man liebt, und spricht: „So soll sie blind nach mir sein, wie die Fledermaus blind ist". (VII, 224). Hier treffen wir immer wieder auf den alten Glauben, daß die Fledermaus blind ist; sie sieht aber in Wirklichkeit sehr gut.

Man hat eine Fledermaus einzufangen und im Ringen das Frauenzimmer zu umfassen, in der Hand aber die Maus zu halten und sie dann, wenn man sie umfaßt, in dieselbe Tasche über die Schulter des Frauenzimmers hinweg zu stecken; so kann man es heranlocken. (S. 225). Man hat einer Fledermaus den linken Flügel abzureißen und damit das Frauenzimmer zu streicheln. (Ebenda).

In Norddalmatien nimmt man von drei Weibern, die Knaben säugen, Milch und bäckt daraus einen kleinen Weizenkuchen. Diesen Rundkuchen hat man zu durchlöchern durch die Lücke auf das Frauenzimmer zu schauen und zu sprechen: „Ich schaue Dich durch dreier Frauen Milch an; Du jedoch schaue mich durch drei Herzen an". Oder: man nimmt Butter und Honig und mischt es durcheinander; die Mischung legt man auf zwei Efeublätter. Das eine Blatt mit Honig und Butter legt man an eine Seite des Wegs, wo das Weibsbild vorbeigehen wird. Nachdem das Frauenzimmer vorüber ist, steckt man das andere Blatt in die Ledergurttasche. Damit ist die Sache fertig! (S. 226).

Hat der Mann im Dorfe eine Geliebte, so trachtet die Gattin ein Hemd von jener zu ergattern. In dem Hemde schläft sie dann in einer Neumondnacht mit ihrem Gatten. Ist er diese Nacht zärtlich, dann wischt die Gattin mit jenem Hemde sich und ihm die Pudenda ab und spricht siebenmal: „So wie sich jetzt unsere Naturen vermischen, so mögen sie sich allezeit vermengen". Des Morgens verbrennt sie jenes Hemd und die Asche bekommt der Gatte solange in Speise und Trank gemischt, bis er von jener Geliebten ganz abläßt. (VII, S. 91).

In Slavonien tragen die Weiber, um Glück zu haben, in ihren Hemden geschickt eingenäht, zwei rechenähnliche Knochen aus dem Flügel einer Fledermaus und das Hemd, mit dem so manches Kind zur Welt kommt. (VII, S. 105. Nach dem Texte handelt es sich um die Nachgeburt, es wird aber damit wohl die Eihaut gemeint sein).

Hat eine hübsche junge Frau einen ungetreuen Gatten und hilft da kein gelindes Zaubermittel, so trägt sie während neun Tage und neun Nächte das Totenhemd einer Jungfrau am nackten Leibe und am neunten Tage begibt sie sich zur Zauberin, um die Verführerin ihres Gatten zu verfluchen. Das geschieht mit einer großartigen Zeremonie, deren Einzelheiten abweichen. Sie sollen stark an das erinnern, was man in Frankreich als Teufelmesse bezeichnet (S. 111; siehe Nachtrag). Man kann auch von dem Hemd eines Toten einen Knopf, einen ausgezogenen Faden oder ein Stück vom Gewebe nehmen und es dem Vielgeliebten beibringen, indem man es geschickt in die Speise oder den Trank mischt. (A. a. O.).

Will ein Mädchen einen Burschen toll verliebt machen, so schlachtet sie mit dem Fingerhut eine Fledermaus ab und seiht das Blut aus. Hernach kauft sie Storchenfett und mengt dies tüchtig durcheinander, nämlich das Blut und das Fett und beschmiert damit dem Burschen das Gewand oder die Pantalonen und der tollt dann nach ihr. (III, 166). Einfacher ist folgendes: Das Mädchen trägt immer unter der Achsel linker Seite eine Fledermaus (S. 167). Wenn Mann und Frau nicht gut zusammen leben, so kann die Frau folgendes tun: Wenn sie hört, daß irgendwo das uneheliche Kind eines Mädchens verstorben ist, so trägt sie einen Apfel hin und legt ihn diesem verstorbenen Kind in die Hand, damit er da über Nacht bleibe und hernach gibt sie diesen Apfel ihrem Ehegemahl, damit er ihn aufesse, dann liebt und ehrt er sie und sie leben in Eintracht und Liebe (A. a. O.). Die Frau kann auch Dreck eines Storches in die Speise kochen und dem Gatten davon zu essen geben (s. oben).

Wenn man in Neuvorpommern eine Person in sich verliebt machen will, so kocht man ihren Schuh. Der Betreffende muß dann herbeikommen und kann von dem, der diese zauberische Praktik ausübte, nicht mehr lassen. Ein noch stärkeres Mittel ist es, den Harn jemandes zu kochen. Der, dem es gilt, gerät in starken Schweiß und wird um so verliebter, je stärker der Sud brodelt (VII, 204).

In der Gegend von Puerto de Eten in Peru kommt nach Brüning ein Vogel vor, welchem dem Volksmunde nach ein starker Liebezauber inne wohnen soll. Er heißt la putilla, das Hürchen, und man benutzt seine Federn zum Liebeerzwingen. Will ein Frauenzimmer sich einem Manne nicht freiwillig hingeben, so läßt dieser einige Federn der Putilla zur Erde fallen; sowie das Frauenzimmer über diesen Federn steht, muß sie sich ihm ergeben. Man kann auch folgendes Mittel anwenden: Der Mann paßt auf, wo das Frauenzimmer pißt; in das Loch, das der Harnstrahl in der Erde hinterlassen hat, legt er einige Federn der Putilla; das Frauenzimmer sucht dann den Mann auf, wo immer er sich befinden mag. Oder der Mann sucht etwas von dem Haar des Weibes zu bekommen. Dieses Haar wird dann mit etwas Zucker in eine frisch geöffnete Putilla gesteckt; das Ganze wird dann eingewickelt vom Manne an irgend einem Orte seines Hauses aufbewahrt. Das Frauenzimmer muß sich dann unwiderstehlich dem Manne geschlechtlich ergeben. Auch soll ein wenig von einem Knochen der Putilla in irgend ein Getränk geschabt und dies dem Frauenzimmer dann zu trinken gegeben, zum geschlechtlichen Umgang geneigt machen. Läuft ein Frauenzimmer den Männern zum Zwecke der geschlechtlichen Befriedigung nach, so sagen die Leute: „Man wird ihr wohl von der Putilla eingegeben haben". Vielfach nimmt man auch die Dienste des Brujo, des Zauberers, zur Erlangung von Gegenliebe in Anspruch. Der Brujo verlangt von dem Manne etwas Haar des Frauenzimmers, dessen Gegenliebe erregt werden soll. Das Haar tut man zusammen mit einem Stückchen Magneteisenstein und einigen Nähnadeln in ein Gläschen, worüber dann der Brujo seinen Hokuspokus macht. Sowie die Nadeln von dem Magneten, so soll die spröde Frau von dem Manne angezogen werden. Allbekannt in dieser Gegend ist auch das Agua de culo (Vozenwasser), das ist das Wasser, mit dem eine Frau ihre Geschlechtteile gewaschen hat. Dieses Wasser einem Mann zu trinken eingegeben, soll ihn wie toll für das Frauenzimmer in Liebe erglühen machen. Wenn ein Mann auf die Reise geht, so soll sich die Frau mit einem Baumwollenbausche den Geschlechtteil abwischen und ihn dann dem Manne mit auf die Reise geben, damit er sich bei dessen Geruch seiner Frau erinnere und nicht auf Abwege gerate. (VII, 279 ff u. IX, 348).

Wird eine Sau für den Weihnachtbraten geschächtet, so schneidet das Mädchen den Wasserlasser (die Voz) ab, solang als sich das Schwein noch bewegt und spricht: „Sowie sich dieses Schwein plagt, so möge sich auch der und der Bursche nach mir plagen!" und zu Weihnacht schaut sie durch diesen Wasserlasser auf den Burschen hin und er wird sie, behauptet man, lieb gewinnen. Oder, wenn man eine Sau abschlachtet, schneidet man, während das Schwein noch zuckt, Voz und Arschloch kreisförmig aus. Das hebt man auf und trocknet es ausgespannt wie Augengläser. Das Mädchen blickt dann jenen Burschen, zu dem sie Neigung gefaßt, durch jene Brille an und spricht dabei ähnlich, wie vorhin angeführt. Und man sagt, der Bursche fände keinen Frieden, ehe er jenes Mädchen nicht zum Weibe nimmt (Anthropophyteia, I, S. 58f; im Mittellaufgebiet des Bosna erhoben). Statt dieser Schweinebrille kann das Mädchen auch ihre Hosen herabziehen — der Bursche darf es nicht sehen — und durch die Hosen auf den Burschen schauen und dabei sprechen: „So wie ich nicht ohne diese Hosen sein könnte, so mag er auch mich nicht missen können". Und hernach faßt er Liebe zu ihr und heiratet sie. (A. a. O., S. 57).[1]

Gegenmittel.

Um die Bevölkerung gegen die unheilvollen Wirkungen der Liebeträcke zu schützen, gab es glücklicherweise Gegenmittel, bei denen wir, seltsam genug, auf ganz dieselben Bestandteile stoßen. So wirkt Mäusekot nach Plinius in der Form einer Einreibung angewandt als Gegenmittel gegen die Liebe.[2] „Eine in Harn ersäufte Eidechse hat die Wirkung eines Mittels gegen die Liebe auf den Mann, von dem der Harn stammt".[3] „Dieselbe Eigenschaft wird dem Kot der Schnecken und dem Taubenmist zugeschrieben; man nimmt sie mit Wein und Öl ein".[4]

Ein besonders kräftiges Mittel gegen die Liebe stellte man aus dem Harn eines Stieres und der Asche einer Pflanze her, die „brya" genannt wurde. „Auch die Holzkohle von diesem Strauch wird im Harn von ähnlicher Art abgelöscht und an einem schattigen Orte aufbewahrt. Wenn man die Absicht hat, die Flammen des Verlangens von neuem zu entfachen, so bringt man die Holzkohle wieder an Feuer. Die Zauberer sagen, daß der Harn eines Eunuchen eine ähnliche Wirkung hat."[5]

„Nach Osthanes Angaben . . . vergißt eine Frau ihre frühere Liebe, wenn sie den Harn eines Ziegenbocks in einem Getränk einnimmt".[6]

Hennenkot war ein Gegenmittel gegen Liebeträcke, namentlich gegen solche, die aus Monatblut hergestellt waren. „Contra Philtra magica, in specie ex sanguine menstruo femineo".[7] Taubenmist verordnete man auch zu demselben Zwecke, er war aber nicht ganz so wirksam.

Einem Kunsttischlergesellen hatte eine junge Frau ein Liebeträckchen eingegeben, sodaß er nicht mehr von ihr lassen konnte. Daraufhin kaufte seine Mutter für ihn ein Paar neuer Schuhe, legte gewisse Kräuter hinein, und er mußte dann in ihnen nach einer bestimmten Stadt laufen. Ein Kännchen Harn goß man dann in den rechten Schuh ein, daraus er trank, worauf er den Gegenstand seiner früheren Zuneigung vollständig verschmähte.

Eine öffentliche Dirne gab einem Hauptmann des Heeres einen Liebetrank. Daraufhin brachte man ein wenig ihres Kotes in einen neuen Schuh und nachdem er eine Stunde lang damit gegangen war und von dem Gestank genug hatte, war der Zauber gebrochen. Paullini führt hier Ovid an:

„Ille tuas redolens Phineu medicamina mensas
Non semel est stomacho nausea facta meo".

[1] Bis zum X. B. sind allein in der Umfrage über Liebezauber 98 Mittel angegeben, ebensoviel und mehr noch unter anderen Rubriken, sowohl der Jahrbücher als der Beiwerke verzeichnet. — Man vergl. dazu auch die treffliche Studie A. Abels' Arzneimittel zur Erregung des Geschlechttriebes, H. Grosz' Archiv 1912, L, 201—230. — [2] Plinius, Naturgeschichte, XXVIII, Kap. 80. — [3] A. a. O., XXX, Kap. 49. — [4] Ebenda. — [5] A. a. O., XXIV., Kap. 42. — [6] A. a. O., XXVIII, Kap. 77. — [7] Schurig, Chylologia, S. 816f.

„Willst Du die Herzen zweier Liebenden trennen, so nimm Unrat von dem einen und lege ihn in des anderen Schuh, so werden sie einander Feind werden".[1]

Einem Manne gab man in seinem Essen etwas von dem getrockneten Kot einer Frau ein, die er vorher geliebt hatte, und dadurch erwuchs bei ihm eine schreckliche Abneigung gegen sie.[2] „Wenn man die Samenkörner der Tamariske in einem Getränk oder in einer Speise mit dem Harn eines verschnittenen Ochsen vermischt, so wird der Venus dadurch ein Ende bereitet".[3] „Galen sagt, daß die Priester Raute und Keuschlamm (Agnus castus) aßen, allem Anscheine nach als Beruhigungmittel".[4]

Den Rautenstrauch gebrauchten die Römer als Amulet gegen Zauberei und er fand auch bei den Exorzismen der römisch-katholischen Kirche Anwendung.[5]

Eine Durchsicht der empfehlenswertesten Quellenwerke über die Eigenschaften dieser Pflanze ergab folgenden Aufschluß: „Früher nannte man die Pflanze ‚Gnadenkraut' (vergl. Shakespeare, Hamlet, Akt 4, Auftritt 5, herb-grace), weil man sie anwandte, um die Leute mit Weihwasser zu besprengen. Sie stand bei den Alten in großem Ansehen, denn zur Zeit des Aristoteles hing man sie als ein Schutzmittel gegen Zauberei um den Hals . . . Sie ist ein wirksames Reizmittel".[6] „Die Raute ist ein Reizmittel und hilft gegen Krämpfe . . . sie befördert manchmal auch die Ausscheidungen . . . sie scheint auch eine Neigung zu haben, auf die Gebärmutter zu wirken; in mäßigen Gaben dient sie als Mittel zur Beförderung des Monatflusses, in größeren Mengen genommen übt sie auf das Organ einen so großen Reiz aus, daß es manchmal zu Frühgeburten kommt; . . . wenn schwangere Weiber sie gebrauchen, entsteht Fehlgeburt; . . . man verwendet sie bei Aufhören des Monatflusses und bei Gebärmutterblutungen".[7] Wir finden hier also fast dieselben Eigenschaften wieder, die wir bei der Mistel kennen gelernt haben — die Pflanze hatte eine unmittelbare, reizende Wirkung auf die Harn- und Geschlechtwerkzeuge und man wandte sie aller Wahrscheinlichkeit nach an, um eine für heilige Zwecke dienende Harnabsonderung zu bewirken und gleichzeitig die Versammelten mit der Flüssigkeit zu besprengen, an deren Stelle später das Weihwasser getreten ist.

Raute und Keuschlamm erwähnt Avicenna als Arzneimittel, die „coitus desiderium sedant".[8] Er spricht auch davon, daß Rautenblätter mit den Hoden eines Fuchses den Geschlechttrieb befördern, und in gleicher Verbindung gedenkt er auch der Ziegenbockhoden.[9]

Dulaure spricht von gewissen „fasciniers" oder Quacksalbern, die im Geheimen Liebemittel an unfruchtbare Frauen verkaufen. „Wenn sie ihren Zauber zustande bringen wollen, sprechen sie lateinische Worte aus, achten aber gleichzeitig darauf, in die Speisen der Ehegatten ein Pulver zu mischen, das aus den getrockneten Hoden eines Wolfes hergestellt ist".[10]

---

[1] Aug. Witzschel, Sagen, Sitten und Gebräuche aus Thüringen, herausgegeben von G. L. Schmidt, Wien 1878, S. 270. — [2] Paullini, Dreck-Apotheke, S. 258. — [3] Saxon Leechdoms, I, S. 43, woselbst auf Plinius, Naturgeschichte, XXI, Kap. 92 hingewiesen ist. — [4] S. 43. — [5] Brand, Popular Antiquities, III, S. 315, Artikel: Rural Charms. — [6] Chamber's Encyclopaedia, Artikel: Rue. [Mit der Raute als Beruhigungmittel ist es also nichts, denn die in dem stark duftenden und scharf schmeckenden Kraut enthaltenen Extraktivstoffe und ätherischen Öle würden wohl gerade das Gegenteil bewirkt haben. Geringe Mengen wirken anregend auf Magen und Därme. I.] Man vergl. die Studie Franz Brankys über die Rauten. Ein kleines Kapitel zur Sittenkunde des deutschen Volkes, im Archiv für Religionwissenschaft, herausg. von Thomas Achelis, Freiburg i. Br. 1898, I, S. 104 ff. — [7] United States Dispensatory, Philadelphia 1886, Artikel: Ruta. — [8] Avicenna, I, S. 266, b 45; 406 a 60. — [9] S. 907, b 67. [„Sie beruhigen den Geschlechttrieb" und gleich darauf befördern sie ihn! Man sieht, auch berühmte Ärzte hielten gedankenlos an der Überlieferung von der entgegengesetzten Wirkung fest. I.] — [10] Dulaure, Des Différens Cultes, II, S. 288, oder in der Deutschen Ausgabe von Krauss, Reiskel und Ihm, Leipzig 1909, S. 108, Anm. 27. [Es handelt sich um Angaben aus dem Anfange des 19. Jahrhunderts! I.]

Beckherius spricht ebenfalls davon, daß man als Gegenmittel gegen Liebezauber etwas von dem Kot der Frau in den Schuh des Mannes tun müsse: Si in amantis calceum stercus amatae ponatur. Er wiederholt auch den oben angeführten Vers Ovids.

„Secundina" (Nachgeburt) wurde gleichfalls gebraucht, um die Wirkung von Liebemitteln unschädlich zu machen.[1] „In philtris curandis spiritus secundinae vel pulvis secundinae mirabilia facit". Dies war auch bei Fallsucht von besonderem Nutzen, sollte aber, wenn irgend möglich „die Nachgeburt eines gesunden Weibes sein, wenn angängig einer Erstgebärenden und die einem Sohne das Leben gegeben hat".[2]

Gegen Liebemittel, aber auch um den Wirkungen von Hexen entgegenzuarbeiten, die eben in den Ehestand tretende Leute mit so bösartigen Zaubermitteln, wie z. B. Nestelknüpfen und anderen Hinderungmitteln, angreifen, war Kot das ganz besonders geeignete Gegenstück. Ebenso war zu dem Zwecke, um eine Liebelei zu zerstören, nichts besser, als das einfache Mittel, daß diejenige Person, die sich der Knechtschaft der Liebe entziehen wollte, etwas von ihrem Kot in den Schuh der noch anhänglichen Person brachte. Und es ist durchaus nicht unmöglich, daß dieses Mittel in der heutigen Zeit noch wirksam sein würde, wenn man es im festen Glauben anwendete. Schurig gibt mehrere Beispiele an, wo dieses untrügliche Mittel gewirkt hat und er beruft sich auf seinen Gewährmann Johannes Jacobus Weckerus.[3]

Herr Chrisfield, Beamter der Kongreß-Bibliothek zu Washington, teilte mir eine Tatsache mit, die sich dem Vorstehenden in sehr belehrender Weise anschließt. Er sagt nämlich, er habe in seiner Jugend, die er an der östlichen Küste von Maryland verbrachte, erfahren, daß unter der unwissenderen Bevölkerung jener Gegend es die Regel war, daß ein Vater, sobald er merkte, daß sein Sohn für irgend ein junges Mädchen eine wachsende Zuneigung zeigte, sich etwas von ihrem Kot zu verschaffen suchte und ihn den jungen Mann unter der linken Achselhöhle tragen ließ. Wenn er dann, nachdem man ihn dieser Prüfung unterworfen, in seiner Anhänglichkeit verharrte, so ersah der Vater daraus, es würde nutzlos sein, gegen die eheliche Verbindung der beiden Einspruch zu erheben.

Für Schottland wird der Fall erwähnt, daß „von Seiten des weiblichen Teils Abneigung hervorgerufen wurde". Um dies zu bewerkstelligen, erhielt der Mann einen Kuchen, dessen Bestandteile jedoch nicht näher angegeben werden, „den er unter den linken Arm legen mußte, zwischen sein Hemd und seine Haut, wobei er Stillschweigen beobachten sollte, bis die eheliche Lagerstätte mit Wasser besprengt und der geheimnisvolle Kuchen weggetan worden war".[4]

Man kann ruhig eins gegen hundert wetten, daß in dem eben geschilderten Beispiel der geheimnisvolle Kuchen der rechtmäßige Nachkomme eines solchen gewesen sein wird, der früher aus nicht sehr wohlriechenden Bestandteilen zusammengesetzt war und daß das Wasser, mit dem man die eheliche Lagerstätte besprengte, an die Stelle einer Flüssigkeit getreten ist, die mit der von den Hottentotten bei solchen Gelegenheiten verwendeten sehr nahe verwandt gewesen sein dürfte.

„Um die Vernichtung einer durch Hexerei oder Zwang hervorgerufenen Liebe herbeizuführen, muß der behexte Teil den Schuh des Liebenden als Abtritt benutzen. Und um einen Mann, mag er auch noch so anständig sein, dazu zu bringen, eine alte Hexe zu lieben, gibt sie ihm (unter anderer Speise) ihren eigenen Kot zu essen".[5]

Über diese Sache, französisch: nouer l'aiguillette, deutsch: Nestelknüpfen, bringt auch Dulaure einiges in seinem oben angeführten Werke bei.[6]

---

[1] Etmuller, Opera Omnia, Schroderi dilucidati Zoologia, II, S. 265. — [2] II, S. 271. — [3] Schurig, Chylologia, S. 791. — [4] Dalyell, Superstitions of Scotland, S. 305. — [5] Scot's Discoverie, S. 62. — [6] Dulaure, Traité des Differens Cultes, II, S. 288 und Ausgabe von Krauss, Reiskel und Ihm, Leipzig 1909, S. 108, Anm. 27.

Bei den Südslaven ist der Glaube an die Wirksamkeit des Nestelknüpfens heute noch vollständig vorhanden. Ein chrowotischer Bauernschmied erzählte Krauss, er habe als junger Mann einmal ein hübsches Bauernweib drangekriegt und ihr nach erledigtem Geschäft den zugesicherten Liebelohn nicht bezahlt. Darauf habe sie ihm gedroht, seine Mannkraft zu lähmen. Tatsächlich sei er plötzlich impotent geworden und ihm sei erst geholfen gewesen, als er die Gefoppte wiederfand und versöhnte. Der Zauber bestand darin, daß sie einen Faden seines Gewandes verknotete und den Knoten irgendwo auf dem Friedhofe versteckte. (Anthropophyteia, I, S. 9).

„Wenn ein Mann sein Wasser auf den Harn eines Hundes läßt, wird er gegen den Beischlaf abgeneigt werden, wie man sagt".[1]

„Gib acht, daß Du nicht hinharnst, wohin der Hund gepisst hat; einige Leute behaupten, eines Mannes Leib verändere sich dadurch so, daß er nicht seine Frau beschlafen kann, wenn er zu ihr in das Bett steigt".[2]

Will ein Ehemann seinem Weib den Chevalier oder die Frau dem Manne die Kebsin verhaßt machen, so steckt er ihr oder sie ihm in den Schuh einen Dreck hinein und spricht dabei: „So wie dieser Dreck stinkt, so stinkt sie ihm (er ihr) zu!" (Anthropophyteia, IV, S. 183). Hier haben wir also bei den Südslaven den lebendigen Brauch vor uns, den Bourke nur aus alten Büchern belegen konnte.

Eine ähnliche Verwendung von Dreck wird in der folgenden (hier gekürzt wiedergegebenen) Erzählung geschildert: Um sich zu rächen tat ein Mädchen, das ein Bursche sitzen gelassen hatte, nach dessen Verheiratung mit einer andern folgendes: Sie verschaffte sich den Dreck jenes Mannes und als der Neumondsonntag eintrat, erhob sich das Mädchen zeitlich morgens — ihr Haus grenzte an das Haus dieses Mannes — und setzte an den Zaun ein Kupferbecken, in das Becken tat sie Glutkohlen und auf die Glutkohlen den Dreck jenes Mannes und seiner Frau und räucherte damit. Der Mann roch den Gestank und sprach zum Weibe: „Hör mal, Weib, was stinkt da?" Das Mädchen hinter dem Zaune spricht aber im Stillen: „Sie stinkt Dir zu! Sie stinkt Dir zu!" Von da an gab es keinen Segen mehr in dem Hause, Weib und Mann stritten sich immer miteinander und hauten sich. Aus Slavonien. (A. a. O., S. 183). Nach den Angaben von Krauss ist dieser Zauber allgemein unter Chrowoten üblich.

Will sich bei den Lausitzer Sorben ein Mann seiner Geliebten entledigen, so möge er ihr seinen Harn aus seinem Schuh (ohne ihr Wissen) zu trinken geben.[3]

---

[1] Plinius, Naturgeschichte, Buch XXX, Kap. 49. — [2] Saxon Leechdoms, I, S. 365, wo Sextus Placitus, De Med. de Quad. angeführt ist. — [3] Joh. Koštiál, Anthropophyteia, IX, S. 349, Nr. 91.

XXXI. Sibirische Gastfreundlichkeit.

Eine sonderbare Äußerung der Gastfreundlichkeit ist bei den Tschuktschen in Sibirien beobachtet worden: Die Tschuktschen bieten ihre Frauen den Reisenden an; aber diese müssen sich einer ekelhaften Probe unterziehen, um sich ihrer würdig zu zeigen. Die Tochter oder die Frau, die die Nacht mit dem neuen Gast zubringen soll, stellt ihm eine mit ihrem Harn vollgefüllte Schale hin; er muß sich damit den Mund ausspülen. Wenn er so mutig ist, so sieht man ihn als ehrlichen Freund an, wenn nicht, so behandelt man ihn als einen Feind der Familie.[1]

Bei den Tschuktschen in Sibirien „ist es eine allbekannte Sitte, bei einer heiligen Handlung den Harn beider Teile als Trankopfer zu verwenden; und in gleicher Weise zwischen Verbündeten und Verbrüderten, um sich gegenseitig zu verpflichten und ewige Freundschaft zu schwören".[2]

Das Anbieten von Frauen an angesehene Freunde ist ein Zeichen der Gastfreundschaft der Primitiven, das man in der ganzen Welt beobachtet hat, aber niemals an anderer Stelle mit der vorher geschilderten wunderlichen Begleiterscheinung; indessen versichert Mungo Park seinen Lesern, daß man einmal während seiner Reisen im Innern Afrikas bei den Mohren eine Hochzeit gefeiert hat, indess er schlief und daß sich dabei folgendes zutrug: Er wurde von einer alten Frau, die eine hölzerne Schale trug, dadurch aus seinem Schlummer geweckt, daß sie ihm deren Inhalt mitten ins Gesicht schüttete, wobei sie sagte, es wäre ein Geschenk der Braut.

Als er herausgefunden hatte, es sei dieselbe Art heiligen Wassers, womit der Hottentottenpriester angeblich ein eben verheiratetes Paar besprengt, nahm er zuerst an, es sollte ein schlechter Scherz sein, aber man klärte ihn darüber auf, daß es ein bräutlicher Segen von der Braut selbst sei, den bei solchen Gelegenheiten die jungen unverheirateten Mohren als ein Zeichen besonderer Gunst immer empfingen.[3]

Bei den Hottentottenhochzeiten „betritt der Priester, der in dem Kraal der Braut lebt, den Kreis der Männer und wenn er vor den Bräutigam kommt, pisst er ein wenig auf ihn. Der Bräutigam fängt den Strom auf und verreibt ihn eifrig über seinen ganzen Körper und kratzt sich Furchen mit seinen Nägeln, damit der Harn um so besser eindringen kann. Der Priester geht sodann in den äußeren Kreis und entleert ein wenig auf die Braut, die es mit demselben Eifer einreibt wie der Bräutigam. Zu diesem kehrt der Priester sodann zurück und nachdem er ihn ein wenig stärker besprengt hat, geht er wieder zur Braut und begießt auch diese wieder mit seinem Wasser. In dieser Weise geht er nun von einem zum andern, bis er seinen ganzen Vorrat erschöpft hat; wobei er jedesmal einem der beiden ein Stück der folgenden Wünsche zuspricht, bis er bei beiden damit zu Ende gekommen ist: „Mögt Ihr lange und glücklich miteinander leben! Mögt Ihr einen Sohn haben, ehe dies Jahr zu Ende geht! Möge dieser Sohn leben, um Euch in Eurem Alter eine Stütze zu sein! Möge sich dieser Sohn als ein Mann von Mut erweisen und als ein guter Jäger!"[4]

---

[1] Dulaure, Des Divinités Génératrices, Paris 1825, 2. Auflage, S. 400, Anmerk.; in der deutschen Ausgabe von Krauss, Reiskel und Ihm, Leipzig 1909, S. 149, Anm. 5. [Die Belegstelle ist nicht angegeben. I.] — [2] Melville, In the Lena Delta, S. 318. — [3] Angeführt bei Brand, Popular Antiquities, London 1849, II, S. 152, Artikel: Bride-Ales; vergleiche auch Mungo Park, Travels in Africa, New-York 1813, S. 109. Über die gastliche Prostitution vgl. Friedrich von Hellwald, Die menschliche Familie nach ihrer Entstehung und natürlichen Entwickelung, Leipzig 1888, S. 326—330. — [4] Peter Kolbein, Voyage to the Cape of Good Hope, bei Knox, Voyages, London 1777, II, S. 300 f. Die Angaben von Kolbein führt

„Bei den Koräken spült sich der Liebhaber mit einem Schälchen Harn von seiner Geliebten den Mund aus".[1])

„Habe ich nicht auf Eure Gesundheit getrunken, Rosinen aus brennendem Branntwein herausgeholt, Gläser gefressen, Wein getrunken, mit Waffen gestochen, und um Euretwillen alle Pflichten der beteuerten Ritterlichkeit ausgeübt".[2])

In der „Histoire Secrète du Prince Croq 'Êtron" von Mademoiselle Laubert unterhält die Prinzessin Clysterine den Prinzen Constipati; sie gab ihm Limonade nach Art der Urinette.[3])

Brand hat ein sehr lehrreiches Kapitel mit der Überschrift: „Drinking Wine in the Church at Marriages" — „Weintrinken in der Kirche bei Hochzeiten". Daraus geht hervor, daß auch bei Völkern, die in der Gesittung sehr hoch standen, der Brauch allgemein verbreitet war, die Braut, den Bräutigam und die eingeladenen Gäste gemeinsam aus einer Schale oder einem Becher trinken zu lassen, die mit irgend einem berauschenden Getränk gefüllt waren; in England, einem Lande, wo man den Weinstock niemals zog, ist Wein ein solches Getränk; in Irland nahm man Branntwein. Brand spricht der Sitte einen gothischen Ursprung zu, macht aber selber darauf aufmerksam, daß bei den jüdischen Hochzeitzeremonien Weingläser zerbrochen wurden; aus diesem Umstande könnte man auf ein noch viel höheres Alter der Sitte schließen.

Unter „Cobbler's punch" — Flickschusterpunsch — versteht man Harn mit einem Stück ausgeglühter Kohle darin.[4]) „Als eine hübsche Frau ein kaltes Bad genommen, trank einer ihrer Bewunderer aus Ritterlichkeit etwas von dem Wasser".[5])

„Uns erzählte man, der Priester (der Hottentotten) erteile den Ehesegen ganz bestimmt dadurch, daß er die Braut und den Bräutigam mit seinem Harn besprengt".[6]) Ähnliche Angaben findet man in den Schriften von Hahn und anderen holländischen Missionaren, die bei den Eingeborenen in Südafrika gewesen sind.

Die Bosheit der Hexerei scheint das größte Vergnügen daran zu haben, gerale diejenigen, die sich in den Ehestand begeben wollten, mit hinterlistigen Angriffen zu verfolgen. Glücklicherweise waren aber Amulete, Talismane und Gegenzauber für alle erreichbar, die sie nötig hatten. Das beste von allen diesen Mitteln, wie man glaubte, bestand darin, daß man durch den Ehering pißte.[7]) In diesem Verfahren gibt es unzählige Spielarten und alle alten Schriftsteller bringen Angaben darüber.

Maltebrun, Univ.-Geogr., II, Artikel: Cape of Good Hope an, aber er nennt als Quellen Thurnberg, Sparmann und Forster. Pinkerton, Band XVI, S. 89 und 141 gibt ebenfalls Thurnberg als Gewährmann an.

[1]) Georgi: Beschreibung aller Nationen des russischen Reiches, I, S. 349, 353. Zitiert nach Roscher: Grundlage der Nationalökonomie, 22. Aufl., 1892, S. 625. — [2]) Marston, Dutch Courtesan, London 1605; siehe auch die Anmerkung über dieselbe Sache in der „Honest Whore" von Thomas Dekkar, 1608, Londoner Ausgabe von 1825. „Dutch flap-dragons". „Healths in urine". Vergl. ferner „A New Way to Catch the Old One" von Thomas Middleton, 1608, Ausgabe von Alexander Dyce, London 1840; dort findet sich folgende Anmerkung zu obigem: „Mit Harn auf die Gesundheit trinken war ein anderer und noch ekelhafterer Zug der Ritterlichkeit". Ferner siehe über „flap-dragons" in „Ram Alley" von Ludowick Barry, 1611, Londoner Ausgabe von 1825. [Unter flap-dragons oder snap-dragons, wörtlich: Drachen schnappen oder haschen, versteht man ein Weihnachtspiel, bei dem Rosinen aus brennendem Branntwein herausgeholt werden müssen. Deshalb ist es oben im Text so übersetzt. Snapdragon bezeichnet auch die Pflanze Löwenmaul. I.] — [3]) Paris 1790, S. 17. [Ich konnte kein Exemplar auftreiben, aber aus den Personennamen: Croq' Êtron = Knotknapperer, Constipati = Hartleibig usw. kann man auf den Inhalt schließen. I.] — [4]) Grose, Dictionary of Buckish Slang, London 1811. — [5]) Artikel: Toast. — [6]) Cook, Leutnant der Marine, in „Hawkesworth's Voyages", London 1773, III, S. 387. — [7]) Brand, Popular Antiquities, III, S. 305.

Beckherius erzählt seinen Lesern folgendes, wie man die Wirkungen der Hexerei aufheben und namentlich das Nestelknüpfen vernichten könne: „Wenn der Ehegemahl durch den Ehering pißt, so wird der Zauber und die Unfähigkeit zur Liebe gelöst, die von den Hexen geknüpft worden war".[1] „Pisse durch einen Ehering, wenn Du erfahren willst, wer an seinen Geschlechtteilen durch Hexerei beschädigt worden ist".[2] „Wenn einer durch giftige Mittel zur Ausübung der Liebe unfähig gemacht worden ist, so muß er sobald als möglich durch den Ehering pissen".[3]

Etmuller war der Ansicht, das Nestelknüpfen könnten die Hexen nicht ausführen; er schrieb die Wirkung übertriebener Sittsamkeit zu, enthielten doch alle von ihm erwähnten Mittel, die die Prüfungen des Bräutigams beenden sollten, als Bestandteil das „Zibethum".[4]

Beim Verlust der Mannbarkeit empfiehlt Paullini das Trinken von Stierharn, der unmittelbar nach dem Bespringen einer Kuh gesammelt ist, auch soll man den Schamberg mit Stierkot einreiben oder man soll durch den Verlobungring hindurch pissen.[5]

Haben aber Hexen solche Mannschwäche herbeigeführt, so sollte deren Opfer sofort, nachdem er sein Mißgeschick entdeckt hat, durch den Ehering pissen; er empfiehlt auch auf einen Besen zu pissen; menschlicher Kot war ebenfalls wirksam. Oder man soll eine Ricinuspflanze nehmen, in einen Topf tun, etwas vom Harn der Leidenden hinzubringen und den Topf luftdicht verschließen, dann langsam kochen lassen und schließlich den Topf an einem einsamen Orte vergraben. Auf diese Weise wird man es fertig bringen, daß entweder die Hexe Blut pißt oder andere quälende Schmerzen auszustehen hat, bis sie den Verzauberten von der Hexerei erlöst.[6]

Etmuller beschreibt noch eine andere „sympathetische" Kur für diese Schwäche: Die Kur erforderte, daß der Bräutigam einen Fisch fing, den er mit dem lateinischen Namen „lucium" bezeichnet, er meinte damit wahrscheinlich unsern Hecht. Diesem Fisch mußte man das Maul gewaltsam öffnen, der Bräutigam mußte hineinpissen und dann warf man den Fisch wieder ins Wasser zurück, und zwar stromaufwärts. Darauf sollte man den Beischlaf versuchen, aber vorher und nachher durch den Ehering pissen. Er gibt auch noch eine andere Kur an ungefähr derselben Art, dabei jedoch verlangte man, daß das Pissen durch einen Ehering auf einem Kirchhofe geschehen solle, wobei der Kranke auf einem Grabstein auf dem Rücken liegen mußte. „A vetula suppeditato dum scil. in cementerio quodam missit urinam per annulum cuiusdam lapidis sepulchro incumbentis".[7]

In Friaul. Wenn Eheleute durch Zauber an der Vollziehung des Beischlafs in der Brautnacht gehindert sind, so muß man durch das Schlüsselloch einer Kirche pissen.[8]

In einigen Gegenden Deutschlands glauben die Bauern heute noch an dieses Mittel und wenden es noch an. „Ein verheirateter, durch böse Einflüsse geschwächter Mann, kann sich davon befreien, wenn er mit Daumen und Zeigefinger einen Ring bildet und insgeheim durchpißt".[9] Dem anzureihen ist ein Thüringisches Mittel gegen das Bettnässen.

---

[1] Beckherius, Medicus Microcosmus, S. 66. — [2] Reginald Scot, Discoverie, S. 64. — [3] Frommann, Tractatus de Fascinatione, S. 997. Das Mittel ist noch gegenwärtig bei chrowotischen Kleinbürgern im Schwange. — [4] Etmuller, Opera Omnia, I, S. 461 b und 462 a. [Zibeth ist die in einer Drüse der Zibethkatze sich vorfindende fettige Masse, dem Bibergeil ähnlich. I.] — [5] Paullini, S. 152 f. — [6] S. 264 f. — [7] Etmuller, Opera Omnia, I, S. 462 a und 462 b. Zu bemerken ist, daß Hecht und Karpfen stellvertretend in vielen Sprachen den Zumpt bezeichnen. Die Symbolik des Zaubers ist weit verbreitet und leicht verständlich. Der Fisch — anderswo der freigelassene Vogel — nimmt mit ihm den Harn mitgeteilte Schwäche mit sich fort und der Mensch genest. Bei Neurotikern, die unter einer Zwangvorstellung leiden, kann das Mittel mitunter wirklich zur Potenz wieder verhelfen. — [8] Professor Joh. Koštiál, Anthropophyteia, IX, S. 351. — [9] A. Birlinger, Volktümliches aus Schwaben. Sagen, Märchen, Volkaberglauben, Gebräuche usw., 2 Bände, Freiburg 1861—62, S. 486.

„Pißt jemand beständig ins Bett, so brate man ihm beim Schlachten die vulva des Schweines und gebe sie ihm zu essen. Das Übel wird sich verlieren".[1]

Grimm spricht im 3. Bande seiner Deutschen Mythologie vom Nestelknüpfen, bringt aber nichts Neues zu dem bei, was wir oben schon erwähnt haben.[2]

Bei den russischen Bauern gibt es noch gewisse sonderbare Gebräuche, die mit der Hochzeit in Verbindung stehen, ebenso auch bei der bäuerlichen Bevölkerung in England solche, die für die Forscher von Interesse sein könnten. Im ersten Falle findet sich ein Besprengen mit Wasser, das die Braut früher anwendete, um ihre eigene Person zu baden; im andern Falle wird der Verkauf einer Flüssigkeit durch die Braut erwähnt, wobei es sich um ein berauschendes Mittel handelt.

Hochzeitgebräuche bei den Bauern in Samogitien: „Die Braut führt man am Hochzeittage dreimal um die Feuerstelle ihres zukünftigen Gatten; dabei ist es Sitte, ihre Füße zu waschen und mit dem Wasser, das zu diesem Zwecke gedient hat, besprengt man das Brautbett, die Wohnungeinrichtung und sämtliche Gäste".[3]

Am Schlusse des IX. Abschnittes des vorliegenden Werkes war die Rede davon, daß die Königin von Madagaskar ihren Untertanen dieselbe Gunstbezeigung zuteil werden ließ. Das Besprengen mit dem Wasser, das man zu dem oben angeführten Zweck gebrauchte, ist vielleicht das Überlebsel einer älteren Sitte, bei der man die Besprengung mit dem Harn der Braut ausführte.

„Bride-Ale, Bride-Bush und Bride-Stake sind fast gleichbedeutende Ausdrücke und sie stammen alle von dem Umstande her, daß die Braut am Hochzeittage Bier verkaufte, für das sie beim Einsammeln von den Freunden, die bei dieser Gelegenheit zusammengekommen waren, irgend einen hübschen Preis bekam, wie ihn gerade jeder für passend hielt". Bei dieser Gelegenheit führt Brand auch die bereits oben erwähnte Erzählung aus Mungo Park an und scheint den Verdacht zu hegen, daß die beschriebene Sitte auf einen etwas weniger angenehmen Ursprung zurückgeführt werden könnte.[4]

Die Ableitung des englischen Wortes „bridal" ist ganz dunkel; Fosbroke sagt, daß das Wort „Bride-Ale" davon herkomme, daß die Braut an ihrem Hochzeittage Bier verkaufte, wofür sie die anwesenden Freunde nach Belieben bezahlten.[5]

Der lateinische Name für Bier war „cerevisia" und dieses Wort scheint von dem Namen einer Göttin abgeleitet zu sein. Es kann aber auch in älteren Zeiten ein Getränk gewesen sein, daß dieser Göttin geweiht war und das man bei ihren Trankopfern verwandte. Man hielt es für heilig, weil es das Mittel war, um den Zustand der Berauschtheit herbeizuführen, die bei allen Völkern als heilig galt. Réclus erzählt, es gebe heute noch Völker, die ihre Bierbrauer als Priester betrachten und andere erheben ihre Milch-

---

[1] A. Witzschel, Sagen, Sitten und Gebräuche aus Thüringen, herausg. von G. L. Schmidt, Wien 1878, S. 286. — [2] Dr. Adolf Wuttke u. Elard Hugo Meyer geben im deutschen Volkaberglauben der Gegenwart, Berlin 1900, 3. Aufl., S. 270 an, sie haben das in der Magie häufige Nestelknüpfen zur Schaffung von Zeugungunfähigkeit im deutschen Volkglauben nicht gefunden. Bei den slavischen Völkern ist es aber noch immer gang u. gäbe. Dagegen führt Wuttke auf S. 540 an: Bettharnen heilt man in Mecklenburg und in Baden dadurch, daß man das Wasser durch einen Feuerstein, der ein Loch hat, hindurchläßt. Man vergleiche dazu Henri Gaidoz, Un vieux rite médical, Paris 1892, les pierres à trou et les anneaux de marriage, S. 55—72. — [3] Maltebrun, Universal Geography, II, S. 548, Artikel: Russia. — Der Brauch besteht noch überall bei Polen, Russen, Kleinrussen, Chrowoten, Serben und Bulgaren. — [4] Brand, Popular Antiquities, II, 143, Abschn.: Bride-Ale. [Bride-Ale = Brautbier, Bride-Bush = Brautbusch, Bride-Stake = Brautpfahl.] — [5] Fosbroke, Cyclopaedia of Antiquities, II, S. 818 unter „Marriage und Bride-Ales". [Bridal als Hauptwort = Hochzeit (dichterisch), als Eigenschaftwort = bräutlich, kommt vom alt-englischen bryd-aclu = Brautbier, Hochzeitschmaus. I.]

leute zu diesem Amte. „Die Chewsuren im Kaukasus haben ihre Bierbrauerpriester, die Todas der Nilgherry-Berge ihre göttlichen Käsefabrikanten“.[1]

Hazlitt erwähnt den Fall, daß die Elfen, die eine Spottaufe aufführten und kein Wasser zur Hand hatten, starkes Bier zur Taufe benutzten.[2]

Das Bier scheint Anspruch darauf zu machen, einen ebenso alten Ursprung zu haben, als der Alkohol; es wird bereits in den heiligen Büchern der Buddhisten von Tibet erwähnt als das „Winterbier“ (dguntchang).[3]

XXXII. Zeugung und Geburt.

Nach der Angabe des Plinius haben „Schriftsteller von sehr hohem Ansehen“ für die Beseitigung der Unfruchtbarkeit „die Anbringung eines Mutterzäpfchens empfohlen, das aus frischem Kot hergestellt ist, den ein Kind im Augenblicke seiner Geburt von sich gegeben hat“. Den Eunuchenharn hielt man für „besonders wirksam, um bei Frauen die Fruchtbarkeit zu befördern“.[4] „Habichtkot, der in einem mit Honig versetztem Wein eingenommen wird, scheint Frauen fruchtbar machen zu können“.[5] Plinius Angaben finden sich auch bei Sextus Placitus.[6]

Schurig empfiehlt zur Erleichterung der Schwangerschaft das Auflegen von Stierkot auf die Geschlechtteile der Frauen.[7] Frauen tranken ihren eigenen Harn, um sich die Beschwerden der Schwangerschaft zu erleichtern.[8] Es gab auch noch eine besondere Art und Weise, wie man die Empfängnis herbeiführen konnte, indem man ein Bad[9] Harn nahm, den man über rostiges altes Eisen gegossen hatte.[9] Als Mutterzäpfchen bei der Schwangerschaft gebrauchte man auch Mäusedung.[10] Aufgelöster Habichtkot, der von einer Frau vor dem Beischlafe getrunken wird, führt sicher zur Empfängnis.[11] Gänsekot oder Fuchskot half bei der Empfängnis, wenn man sie auf die Schamteile einer Frau schmierte.[12] Auch vom Leopardenkot nahm man an, er erleichtere die Empfängnis; man machte Pastillen daraus oder räucherte die Geschlechtteile damit; oder man führte ein daraus angefertigtes Mutterzäpfchen ein und ließ es drei Tage und drei Nächte liegen: „Ea quamvis antea sterilis fuit, deinceps tamen concipiet“.[13]

Aber Schurig weist seine Leser doch darauf hin, daß man bei der Anwendung solcher Heilmittel sehr vorsichtig sein müsse. Er führt ein Beispiel an, wie eine Frau den Kot eines Wolfes auf ihre Geschlechtteile aufgelegt, als sie aber bald darauf ein Kind gebar, fand sie, daß dieses einen Wolfhunger hatte.[14]

„Wollen Frauen wissen, ob sie schwanger sind oder nicht“, dann empfiehlt Paullini, daß sie ihren Harn in ein irdenes Gefäß lassen, in das man eine Nadel geworfen hat. Man läßt ihn über Nacht stehen; hat sich dann die Nadel mit kleinen roten Punkten bedeckt, dann ist die Frau schwanger; wird aber die Nadel schwarz oder rostig, dann ist sie es nicht. Will man feststellen, ob sie einen Sohn oder eine Tochter bekommen wird, macht man zwei kleine Gruben; in die eine legt man Gerste, in die andere Weizen, die schwangere Frau muß ihren Harn in beide Löcher lassen, die man

---

[1] Réclus, Les Primitifs, S. 116, Abschnitt: Les Inoits Occidentaux. — [2] Hazlitt, Fairy Tales, London 1875, S. 385. — [3] Pratimoksha Sutra, übersetzt von W. W. Rockhill, Paris 1885, Abhandlungen der Société Asiatique. — [4] Plinius, Hist. nat., XXVIII, Kap. 18. — [5] A. a. O., XXX, Kap. 44. — [6] Sextus Placitus, De Medicamentis ex Animalibus, Lyon 1537, ohne Seitenzahlen, im Kapitel „De Puello et Puella Virgine“. — [7] Schurig, Chylologia, II, S. 602. — [8] S. 535. — [9] S. 712. — [10] S. 728. — [11] u. [12] S. 748. — [13] S. 820. — [14] I, Kap. 1, im Artikel: De Bulimo Brutorum, S. 24.

dann mit Erde zudeckt; wenn der Weizen zuerst aufgeht, wird es ein Junge sein; keimt aber die Gerste vor dem Weizen auf, dann wird es ein Mädchen sein".[1]

Man kann aber auch eine Erbse in jede Pißgrube werfen; dann wird die Erbse, die zuerst keimt usw. usw. Auch zu andern Zwecken, kann man dieses Verfahren verwenden, wie Danielus Beckherius andeutet: „Oder man werfe eine Linse in den Harn von einem jeden und wessen Linse zuerst aufgeht, der ist frei von Schuld".[2]

Er gibt auch noch eine andere Vorschrift: „Willst Du feststellen, ob eine Frau Kinder gebären wird, dann gieße ein wenig von ihrem Harn auf Eibischblätter; findest Du diese am dritten Tag trocken vor, so wird sie nicht schwanger werden".[3]

Paullini weist darauf hin, daß man den Kot von Ziegen, Habichten, Pferden, Gänsen und den Harn von Kamelen zur Beseitigung der Unfruchtbarkeit einnehmen könne.[4]

Ganz die gleichen Mittel empfehlen Beckherius und noch ältere Schriftsteller.

In einigen Orten Englands tranken die Frauen den Harn ihrer Ehemänner, wenn sie sich die Stunde der Niederkunft erleichtern wollten.

„In der Sammlung, die den Titel führt: „Sylon or the Wood", lesen wir auf S. 130, daß „noch vor einigen Jahren in dem gleichen Dorfe die Frauen bei der Niederkunft den Harn ihrer Männer zu trinken pflegten. Diese standen inzwischen da, wie ich es bei den Kühen im Parke von St. James gesehen habe, und bemühten sich, soviel als möglich davon herzugeben".[5] „Eine schwere Niederkunft soll man dadurch erleichtern, daß man den Harn des Ehemannes trinkt".[6]

Bei den Slovaken der Nográder Gespanschaft gibt der Mann seiner kreißenden Frau aus seinem Munde zu trinken, bindet ihr sein Unterhosenband um den Leib, pißt in die Stiefeln und läßt die Frau vom Harn trinken. Auch bei den Mármaroser Ruthenen (Ukrainern) glaubt man, die Frau könne ihr Kind nicht eher zur Welt bringen als bis sie von ihrem Manne „nicht noch einmal Wasser erhält". Das erste Mal erhielt sie nämlich beim Beischlaf Wasser (Samen für Wasser). Daher der Brauch, daß der Mann seine Frau während des Kreißens dreimal aus seinem Munde tränkt.[7]

Ein Beispiel, daß eine Frau ihren eigenen Harn getrunken hat, findet man bei Schurig.[8]

Den warmen Harn des Ehemannes trank man zu demselben Zwecke. „Hartmann gibt eine Vorschrift, wonach eine schwer Gebärende vom Harn ihres Ehemannes einen Schluck trinken soll und zwar glaubt er, daß der Gebärenden die Geburt erleichtert werde, wenn das Kind im Mutterleibe auf rechtmäßige Weise gezeugt wäre".[9] In diesem Falle wird also der Harn des Ehemannes nicht allein als Medizin, sondern auch als Beweis für die Treue der Gattin angewandt.

Johann Moncrief verordnet, daß man, um die Empfängnis zu erleichtern, ein Mutterzäpfchen in die Scheide einführen soll, das zum Teil aus Hasenkot besteht. Pferdekot in Wasser genommen half einer Frau bei der Entbindung.[10]

„Damit die Frau nach der Entbindung mit der Nachgeburt keine Schwierigkeiten hat, soll sie etwas von dem Harn ihres Mannes trinken und die Nachgeburt wird sofort abgehen".[11]

---

[1] Paullini, S. 161. — [2] Beckherius, Med. Microcosm. oder Spagyria Microcosmi. S. 60 f; er beruft sich auf noch viel ältere Quellen. — [3] S. 61. — [4] Paullini, S. 161. — [5] Brand, Popular Antiquities, London 1849, III, Artikel: Lady in the Straw. — [6] Etmuller, II, S. 265, Schroderi „Dilucidati Zoologia". — [7] Dr. Rudolf Temesváry, Volkbräuche und Aberglauben in der Geburthilfe usw. in Ungarn. Leipzig 1900, S. 54. — [8] Schurig, Artikel: de Pica, S. 45. — [9] Etmuller, II, S. 171 f. — [10] Moncrief, The Poor Man's Physician, Edinburg 1716, S. 149. — [11] Sextus Placitus.

Dioscorides schrieb sowohl menschlichen Kot als auch Geiermist vor, um die Ausstoßung des Fötus herbeizuführen.[1])

Plinius empfahl Gänsemist zu demselben Zwecke innerlich genommen.[2]) Dagegen verhinderte Elefantenkot oder Monatblut die Empfängnis nach Avicennas Angaben: „Impregnationem prohibent . . . stercus elephantis";[3]) „Impregnationem prohibent . . . sanguis menstruus, si supponatus".[4])

Bei unglücklichen Zufällen sollen schwangere Frauen Kaninchenkot äußerlich anwenden; bei Fehlgeburten den Harn des Mannes innerlich; die Exkremente von Löwinnen, Falken und jungen Hühnchen innerlich; von Pferden und Gänsen äußerlich und auch innerlich; von Tauben und Kühen äußerlich; bei Schmerzen nach der Geburt den eigenen Harn der Leidenden äußerlich; oder den Kot von Hühnchen innerlich.[5])

Schurig empfahl die Anwendung von Löwenkot innerlich bei schwerer Entbindung.[6])

Etmuller sagt von der Nachgeburt: „Es gibt nichts Vortrefflicheres bei einer schweren Geburt".[7])

Sowohl Plinius als auch Hippokrates empfehlen Falkendung bei der Behandlung der Unfruchtbarkeit und als Hilfmittel bei der Austreibung des Fötus; man mußte ihn in Wein trinken; ihre Vorschriften findet man bei Etmuller wieder.[8])

Um den toten Fötus auszutreiben, empfahl Plinius eine Räucherung mit Pferdemist.[9])

Und Sextus Placitus sagt: „In derselben Weise bewirkt sie (die Räucherung mit Pferdemist) auch das Ausstoßen der toten Leibfrucht. Sie bringt aber auch eine leichte Geburt zustande; wenn man den ganzen Leib räuchert, verschließt sie auch die Mutter".[10])

Etmuller rät zur Anwendung solcher Räucherungen, um das Ausstoßen der Leibfrucht und der Nachgeburt zu beschleunigen; auch sollte man in allen solchen Fällen einen Trank mit dem Kote eingeben, denn dieser sei seiner Meinung nach ebenso wirksam, wie der Kot von Hunden oder Schwalben.[11])

In New-Hampshire trank eine gebärende Frau den Harn ihres Mannes als harntreibendes Mittel noch um die Mitte des vorigen Jahrhunderts.[12])

Flemming gehört auch zu denen, die einen Schluck Harn des Ehemannes als Hilfe bei der Entbindung empfehlen; aber man muß ihn warm auffangen und warm trinken.[13])

Über den Kopf einer Frau, die sich in Kindnöten befand, hielt man einen Harnkübel, um jede mögliche Art eines bösen Einflußes zu entfernen".[14])

„Gomez (das ist der „Nirang" oder Harn eines Ochsen) mußte nach einer Fehlgeburt die Frau als Reinigungopfer trinken".[15]) „Sie soll Gomez gemischt mit Asche trinken, und zwar drei Schalen davon, oder sechs, oder neun, um das Grab in ihrer Gebärmutter auszuwaschen, . . . wenn drei Nächte vergangen sind, soll sie ihren Leib

[1]) Dioscorides, Materia Medica, Ausgabe von Kuhn, I, S. 232 ff. — [2]) Plinius, hist. nat., XXX, Kap. 4. — [3]) Avicenna, I, S. 390 b 11. — [4]) I, S. 330 a 35 u. 388 b 50. — [5]) Paullini, a. a. O. — [6]) Schurig, Chylologia, S. 819. — [7]) Etmuller, II, S. 285. — [8]) Etmuller, S. 270. — [9]) Plinius, hist. nat., XXVIII, Kap. 77. — [10]) Sextus Placitus, Kap: De Equo. — [11]) Etmuller, II, S. 263. — [12]) Nach einer mündlichen Mitteilung von Frau Fanny D. Bergen in Cambridge (Massachusetts). — Eine große Reihe solcher Angaben vereinigte C. Vieillard, L'Urologie et les médecins dans la médecine ancienne. Paris 1903, 390 S. 8⁰. Zur Ergänzung Bourkes kann man das Buch vielfach mit Nutzen heranziehen. — [13]) Flemming, S. 23. — [14]) Henry Rink, Tales and Traditions of the Eskimo, Edinburg 1875, S. 55. — [15]) Vergl. Fargard 5, Avendidad, Zendavesta; Darmesteter's Übersetzung nach der Ausgabe von Max Müller; Sacred Books of the East, Oxford 1880, S. 62.

waschen, sie soll ihre Kleider waschen, mit Gomez und mit Wasser durch die neun Höhlen, und dann soll sie rein sein".[1]

„Mit zärtlicher Sorgfalt gießen die guten Freundinnen den Inhalt eines Nachttopfes auf den Kopf einer Frau während ihrer Entbindung, um sie zu kräftigen, wie sie sagen".[2]

„Die Kommentare des Bernard des Provençalen belehren uns", sagt Daremberg, „daß gewisse Maßnahmen, die nicht allein abergläubig, sondern auch ekelhaft sind, unter den Vorschriften von Salerno sehr häufig vorkommen; zum Beispiel sollten Frauen, um die Unfruchtbarkeit zu verhüten, den Kot eines Esels im Ofen schmoren und nicht nur selber davon essen, sondern auch ihre Ehemänner veranlassen, dasselbe zu tun".[3]

Havelock Ellis macht darauf aufmerksam, daß die Frauen bei den Chewsuren im Kaukasus nach der Niederkunft den Harn von Kühen angewendet haben.[4] Weitere Angaben findet man in den Abschnitten: Harn bei feierlichen Gebräuchen, Weissagungen — Vorbedeutungen — Träume, Hexerei — Zauberei, Amulete und Talismane, Heilungen durch Übertragung, Kot und Harn in der Heilkunde.

In Neuvorpommern und auf der Insel Rügen empfiehlt man unlustigen Männern das Verspeisen der Geschlechtteile einer Sau an, ein Mittel, das der „Büdelwust" (= Beutelwurst, der Penis) unter allen Umständen gut tun soll (Anthropophyteia, VII, S. 213). Bei den Südslaven bekommt der Gatte, wenn er zu lau ist, blutbefleckten Zucker in Kaffee oder Wein zu trinken und zwar vom Menstruationblut; das Hemd seiner Frau wird solange sein Kopfkissen, bis der Zauber wirkt, was man als unfehlbar empfiehlt (A. a. O., Seite 90).

Damit sich ein schwangeres Weib ihres Kindes entledige, soll sie das mit Soda vermengte Seifenwasser trinken, das man unter dem Laugenfaß auffängt (Aus Slavonien, städtisch). Das, was der Schleifstein abschleift, jenes Wasser mit dem Dreck soll sie austrinken und die schwangere Frau entledigt sich des Kindes (Aus Slavonien). Auch Salzwassertrinken wird empfohlen (VII, 263).

In Oberösterreich und Salzburg soll die Nachgeburt 24 Stunden unter dem Bett der Wöchnerin stehen bleiben, das hindert den Eintritt eines starken Blutflußes. Im Pinzgau im Salzburgischen wirft man die Nachgeburt sofort, ohne dem Fall nachzusehen, von einer Brücke aus in fließendes Wasser. Eine Kröte in einem verschlossenen Gefäße in den ersten Tagen unter das Bett der Wöchnerin gestellt, hindert das Großbleiben des Unterleibes (III, 38 f).

So wie man zaubert, um Kinder zu bekommen, so kann man auch das Gegenteil mit allerlei gläubischen Gebräuchen bewirken. Soweit die Skatologie in Betracht kommt, finden wir hierüber in den Anthropophyteien folgende Angaben:

Aus Slavonien. Das Weib nimmt drei erglühte Kohlenstückchen und wenn sie ihre Reinigung hat, löscht sie mit ihrem Blute diese drei Kohlenstückchen. So wird sie keine Kinder haben. Wenn jedoch das Weib Kinder haben will, so nehme es ein solches Kohlenstückchen und werfe es ins Feuer (IV, 195).

---

[1] Zendavesta, S. 63 u. 90. — [2] Élie Réclus, Les Primitifs, S. 43, Les Inoits Orientaux. — [3] Daremberg, The Physicians of the Middle Ages, S. 6; übersetzt aus Dupuoy, Le Moyen Age Médicale. [Salernos Universität war bis zum 14. Jahrhundert durch ihre „Heilkunde" berühmt, verfiel aber dann. I.] — [4] Nach einer brieflichen Mitteilung an Bourke. Ellis wiederholt sie in seinem Werke: Die krankhaften Geschlechtempfindungen auf dissoziativer Grundlage, deutsch von Dr. Ernst Jentsch, Würzburg 1907, S. 160: „Bei den Chewsuren im Kaukasus, die vielleicht iranischen Ursprungs sind, reinigt sich das Weib nach dem Wochenbett, für das es sich zurückzuziehen hat, durch Waschung mit dem Harn der Kuh und kehrt dann nach Haus zurück. Diese Art der Reinigung wird im Avesta empfohlen und soll bei den gegenwärtig nur noch in geringer Anzahl sich erhaltenden Anhängern dieses Glaubens noch im Schwange sein". Diese Stelle kommt im Abschnitt vom skatologischen Symbolismus vor; es ist eine willkommene Ergänzung zu Bourkes Mitteilungen.

Mag ein Frauenzimmer nach dem ersten Kind nicht wieder gebären, so nehme sie den Nabelstrang und ziehe ihn so oft durch den Hemdenbrustlatz durch, als sie Jahre hindurch kinderlos bleiben will und jedesmal soll sie einen Knoten in den Nabelstrang knüpfen. Solch einen Nabelstrang vergräbt man unter dem trockenen Stamm eines Zwetschkenbaumes und spricht dazu: „Sowie dieser Zwetschkenstamm Früchte tragen wird, so möge ich auch gebären!" Sollte das Frauenzimmer doch wieder ein Kind haben wollen, so begebe sie sich frühzeitig morgens zu jener Zwetschke und beseitige die Stelle, wo der Nabelstrang vergraben liegt. Von der Zauberfrau zu Škrabutnjik in Slavonien (IV, 205). Wir haben hier eine geschickte Kombination von Nestelknüpfen und Analogiezauber: Durch die Knoten im Nabelstrang soll die Gebärmutter verschlossen und durch Vergraben unter dem vertrockneten, also unfruchtbaren Baum der Zauber verstärkt werden. Ähnliche Methoden mit zugesperrten Schlössern, die von Rachsüchtigen oder Neidischen benutzt werden, um den Beischlaf zu verhindern, werden an der gleichen Stelle öfter erwähnt.

Wünscht die Gebärerin auch in Zukunft zu gebären, so wirft man die Nachgeburt einfach weg oder vergräbt sie; wünscht jedoch die Frau nicht mehr zu gebären, dann vergräbt man das Fleisch und das Blut unterm Zaun und spricht dazu: „Wenn der Zaun Blätter treiben wird, dann soll auch diese Gebärerin wieder gebären!" (A. a. O., S. 222; Analogiezauber; der Zaun trägt selbstverständlich niemals Blätter).

In den ersten fünf Tagen nach der Geburt soll die chinesische Mutter täglich dreimal Wein und warmen Knabenharn trinken; dies wird im Ta sheng pien, dem Buche von der Geburt des Menschen empfohlen, das in seiner letzten Bearbeitung aus dem Jahre 1715 stammt. Bis heute ist aber nichts Neues hinzugekommen![1]

Japaninnen trinken, wenn sie schwanger sind, eine Abkochung von getrockneten und gepulverten Hirschkälbern, die noch nicht geboren waren. Schwangere verschlucken kurz vor ihrer Entbindung ein Stückchen Papier, auf dem der Schutzpatron der Gebärenden abgebildet ist, in der Hoffnung, so einer leichteren Entbindung entgegenzugehen. Bekommt die Mutter nach der Geburt eines Kindes ein hartnäckiges Magenweh, so verbrenne sie einen alten Teesack und verzehre die Asche davon; das heilt die Schmerzen. Trinkt eine Schwangere Reiswein und ißt Spatzenfleisch dazu, so wird ihr Kind unsittlich und unzüchtig werden. Wenn eine Frau den Abort auskehrt und reinigt, so wird sie eine leichte Entbindung haben.[2]

Im IX. B. der Anthropophyteien teilt Donna Levantina de Taragona verwandte Bräuche bosnischer Spaniolinnen (S. 356—360), Mlada Ana Gospoja die bosnischer Slavinnen (S. 360—62) und Prof. Joh. Koštiál die der Sloveninnen und Friaulerinnen mit.

Abgewöhnen von der Mutterbrust.

Über die Verwendung von Harnabwaschungen beim Abgewöhnen eines Kindes von der Mutterbrust finden sich Angaben oben in dem Abschnitt: Harn bei feierlichen Gebräuchen.

---

[1] Zeitschrift für Ethnologie, Berlin 1907, S. 735. — [2] Krauss, Das Geschlechtleben der Japaner, 2. neu bearbeitete Auflage, Leipzig 1911, S. 146f.

XXXIII. Kriegerweihe — Aufnahme in die Gemeinde.

Wenn junge Leute das Mannbarkeitalter erreichen, so gilt dies als ein Ereignis, das man bei allen primitiven Völkern mit ganz besonderen heiligen Gebräuchen ankündigt. Es läßt sich eine Menge von Beispielen anführen, daß hierbei Kot und Harn zur Verwendung gelangen.

In Australien hält man bei diesen Gelegenheiten die im Leben der Krieger zu beobachtenden Gebräuche streng geheim, aber unter dem Wenigen, was man erfahren konnte, ist die Tatsache bekannt, daß man den Aufzunehmenden mit Ziegenkot beschmiert.[1]

Nach Smyths Angaben muß sich der junge Mann von vierzehn bis fünfzehn Jahren in einigen Teilen Australiens dem Gebrauche des „Tid-but" unterwerfen, wobei man seinen Kopf rasiert und mit Schmutz bestreicht („der Kopf wird dann mit Erde beschmiert"), „und auch der Körper wird mit Erde, Schmutz und Kohlenstaub, überhaupt mit Unrat jeder Art beschmiert". (Smyth hat vorher ausdrücklich Ziegenkot angegeben). „Er trägt einen Korb unter dem Arm, der nassen Lehm, Kohlen und Schmutz enthält ... Er sucht auch beim Weitergehen Schmutz zusammen und bringt ihn in den Korb hinein".[2]

Der Neugeweihte wirft diesen Schmutz auf alle Männer, die er antrifft, aber nicht auf Frauen und Kinder, da diese gewarnt worden sind und ihm aus dem Wege gehen. So lautet zwar der Bericht, den Smyth gibt, aber Featherman, aus dem Smyth seine Angaben entnommen hat, macht in seinem Texte keine solche Einschränkung, sondern berichtet lediglich, daß man den jungen Mann „tatsächlich wie einen Gebannten" angesehen habe.[3] Es ist aber auf jeden Fall sehr beachtenswert, daß man in einer so abgelegenen Ecke der Erde auf ein Gegenstück zu dem bei dem Narrenfeste gebräuchlichen Verfahren stößt.

„Bei vielen Stämmen sollen die Gebräuche, die man beim Einführen eines Eingeborenen unter die Männer anwendet, mit einigen scheußlichen und abstoßenden Vornahmen verbunden sein".[4]

„Um den Knaben Mut einzuflößen, pflegte ein Krieger, Kerketegerkai genannt, Auge und Zunge eines toten Menschen zu nehmen (wahrscheinlich eines erschlagenen Feindes), diese in kleine Stücke zu schneiden und mit seinem Harn zu vermischen. Dieses Gemengsel verwendete er dann in folgender Weise: Er sagte dem Knaben, daß er die Augen schließen und nicht hinsehen solle, wobei er hinzufügte: „Ich gebe Dir richtiges Kaikai" (Kaikai ist ein entliehenes Wort, das im englischen Kauderwelsch soviel als Speise bedeutet). Der Krieger stand dabei aufrecht hinter dem sitzenden Knaben und fütterte ihn, wobei er des Knaben Hände zwischen seine Beine klemmte. Nach einer solchen Gabe „ist das Herz stark und der Knabe hat keine Furcht mehr".[5]

„Einige andere Sitten sind so außerordentlich unzüchtig und ekelhaft, daß ich selbst auf die Gefahr hin, meinen Stoff unvollständig zu lassen, darüber hinweggehen muß, nachdem ich nur auf diese Weise kurz darauf Bezug genommen habe".[6]

---

[1] A. Brough Smyth, Aborigines of Australia, London 1878, I, S. 59, Anmerk. — [2] Smyth, I, S. 60. — [3] A. Featherman, Social History of the Races of Mankind, 2. Teil, London 1887, S. 152. — [4] The Native Tribes of South Australia, Adelaide 1879, Einleitung S. XXVIII, herausgegeben von der Royal Society of Sydney. — [5] A. C. Haddon, The Ethnography of the Western Tribes of Torres Straits, im Journal of the Anthropol. Institute of Great Britain and Ireland, XIX, Nr. 3, 1890, S. 420. — [6] The Native Tribes of South Australia, S. 280. — Eingehende Aufschlüsse über die Einweihungbräuche der Australier gewähren Spencer and Gillen, Native Tribes of Central Australia, London 1901, S. 212—230; 271—86; 347—51; 372—82; A. W. Howitt, Native Tribes of South East Australia, London 1904, S. 529—641;

Monier Williams wiederholt ungefähr das, was Müller über die Parsen berichtet. Ein junger Parse muß sich einer Art von Einweihung unterziehen, bei der man ihn veranlaßt, eine kleine Menge von dem Harn eines Stieres zu trinken".[1]

Abscheulicher Brauch der Hottentotten.

Einen religiösen Brauch von noch weit abscheulicherer Art findet man bei diesem Volke, wenn sie ihre jungen Männer in die Reihen der Krieger aufnehmen. Diese Zeremonie schiebt man hinaus, bis der Einzuführende sein achtes oder neuntes Lebenjahr erreicht hat. Sie besteht in der Hauptsache darin, daß man ihm den linken Hoden entfernt, worauf der Medizinmann seinen Harn über ihn entleert.[2]

„Im achten oder neunten Lebenjahr beraubt man den jungen Hottentotten mit großer Feierlichkeit seines linken Hodens".[3] Kolbein sagt an dieser Stelle nichts von der Übergießung mit dem Harn, aber auf der folgenden Seite erzählt er, daß zuerst einer der alten Männer eine Ansprache hält und nachher „einen rauchenden Strahl Harns über den Jungen entleert, indem er sein Wasser vorher zu diesem Zwecke zurückgehalten hat. Der Jüngling nimmt diesen Strahl mit Begier und voll Freude entgegen und kratzt mit seinen langen Fingernägeln Furchen in das Fett auf seinem Leib und reibt die salzige Flüssigkeit so rasch als möglich ein. Nachdem er ihm den letzten Tropfen gespendet, ruft der alte Mann laut den folgenden Segenspruch aus: „Das Glück sei Dir hold; mögest Du ein hohes Alter erreichen; wachse und vermehre Dich; möge Dein Bart Dir bald wachsen!"[4]

„Sobald der junge Hottentott einen Löwen, einen Tiger, einen Leoparden, einen Elephanten usw. getötet hat, erwirbt er sich den Titel eines Helden und ist dann berechtigt, eine Harnblase in seinem Haar zu tragen; sein ganzer Kraal beglückwünscht ihn in aller Form. Einer der Medizinmänner geht auf den Helden zu und gießt seinen vollen Strahl über ihn vom Kopf bis zum Fuß — und spricht gewisse Worte über ihn aus, deren Sinn mir niemals erklärt worden ist. Der Held reibt auch diesmal, wie in den andern Fällen, den rauchenden Strahl ein, und zwar mit großer Begierde sowohl in sein Gesicht als auch in jeden andern Körperteil".[5]

Wie mir Dr. Gatchet mitteilt, führt der Pfarrer Theophilus Hahn auch Kolbein in den „Beiträgen für Kunde der Hottentotten" im Jahrbuch für Erdkunde von Dresden 1870, S. 9 an. Weitere Nachweise vom Besprengen mit Harn bei der hottentottischen Zeremonie der Kriegerweihe findet man in Pinkerton's Voyages, XVI, S. 89 und 141, wo eine Anführung aus Thurnberg's „Account of the Cape of Good Hope" wiedergegeben ist. Man vergleiche auch Maltebrun, Universal Geography, II, Artikel „The Cape of the Good Hope".

Die Indianer Kaliforniens geben den neugeborenen Kindern Harn zu trinken. „Bei der Entbindung findet man viele sonderbare Gebräuche; so wuschen z. B. die alten Weiber das Kind, sobald es geboren war, und tranken von diesem Waschwasser; das unglückselige Kind wurde gezwungen, einen Schluck Harn als Medizin zu nehmen".[6]

Forlong gibt an, man zünde ein Feuer aus dem Miste der heiligen Kuh an, sobald dem indischen Knaben die heilige Schnur verliehen werden soll.[7]

Carl Lumholtz, Unter Menschenfressern a. a. O. und R. H. Mathews in seinen zahlreichen höchst wertvollen Berichten in Fachzeitschriften. Ein Verzeichnis der einschlägigen Literatur gibt das ausgezeichnet zuverlässige Source Book for Social Origins. Ethnological materials, Psychological Standpoint, classified and annotated Bibliographia for the interpretation of Savage Society by William J. Thomas, Chicago 1909, S. 891—894 (87 Schriften).

[1] Monier Williams, Modern India, London 1878, S. 178. — [2] Picart, Coûtumes et Cérémonies Religieuses, VII, S. 47. — [3] Kolbein, S. 402. — [4] Kolbein, S. 403. — [5] Kolbein, S. 404. — [6] H. H. Bancroft, Native Races, I, S. 413. — [7] Forlong, Rivers of Life, London 1883, I, S. 323.

Wertvolle Nachrichten erhielt ich auch von Herrn Edward Palmer in Brisbane, Queensland, Australien, besonders über den Kalkadoon-Stamm bei Cloncurry, der zu denjenigen gehört, die die Harnröhre aufschlitzen.[1])

Um es fertig zu bringen, daß ein Eskimokind zu einem „Angerd-lartug-sick" wird, das bedeutet „einen Mann, der in besonderer Weise großgezogen worden ist, in der Absicht, eine gewisse Fähigkeit zu erlangen, die es ermöglicht, daß er ins Leben zurückgerufen wird und wieder an das Land kommen kann, für den Fall, daß er ertrinken sollte", muß die Mutter strenges Fasten einhalten und das Kind an den Geschmack des Harns gewöhnen.[2])

Réclus erzählt folgendes von dem Inuitkinde, das man auswählt, um es zu einem Angekok heranzubilden: „Sobald das kleine Geschöpf geboren ist, besprengt man es derart mit Harn, daß es dessen eigenartigen Geruch annimmt, das wäre also jedenfalls ihr Weihwasser. Anderswo salbt man den Bart, das Kopfhaar, oder den ganzen Leib der Könige und Opferpriester mit Öl, das aus geheiligten Gefäßen stammt, und wieder anderswo nimmt man dazu Butter oder Kuhmist, die man mit großer Sorgfalt aufstreicht".[3])

Soll in Hessen in die Hexerei eingeführt werden, so muß sich der Neuling auf einen Misthaufen stellen, wobei man Zauberformeln hersagt und eine Kröte mit einem weißen Stab durchsticht, den man nachher ins Wasser wirft.[4])

„Ich neige meinerseits sehr zu der Ansicht, daß alle diese Gebräuche weiter nichts sind als Überlebsel oder verdorbene Anklänge an die als Blutbund bezeichnete Sitte, bei der zwei Personen gewissermaßen zu einer einzigen verschmolzen werden, indem sie bei dieser Art des Vertragschließens irgend einen Teil ihres eigenen Ichs, ganz gleich welcher Art, gemeinschaftlich genießen. Ist Ihnen die Tatsache bekannt, daß sich die Sitte einem neugeborenen Säugling den Harn eines gesunden Kindes zu trinken zu geben bei den Kinderfrauen vom Lande bis auf den heutigen Tag in Neu-England und vielleicht auch noch anderswo in Amerika erhalten hat? Ich kann persönlich für diese Tatsache Zeugnis ablegen, da sie mir aus eigener Erfahrung bekannt wurde. Es ist ganz besonders beachtenswert, daß das hebräische Wort chaneek, das man mit „eingeübt" oder „eingeweiht" übersetzt und das in dem Sprichwort verwendet wird: „Übe ein Kind" usw., wie aus dem entsprechenden arabischen Wort hervorgeht, als Wurzelbegriff die Bedeutung hat, „einem neugeborenen Kind den Schlund öffnen", d. h. den Eintritt des Kindes in sein neues Dasein darstellt. Bei einigen primitiven Völkern gibt man daher dem neugeborenen Kinde frisches Blut zu trinken, gewissermaßen als konzentriertes Leben, und in andern Fällen nimmt man Harn dazu".[5])

„Das Priestertum der falschen Götter ist in der Familie erblich . . . Andere können wohl in die Körperschaft der Fetischpriester Aufnahme erlangen, aber sie müssen sich diese Ehre teuer erkaufen . . . Jeden Morgen vor Sonnenaufgang und jeden Abend beim Sonnenuntergang hörte man die Bewerber im Chor singen, den eine alte Fetischpriesterin leitete". Die Einweihungzeremonien „dauern mehrere Tage . . . Sie bestehen darin, daß man das gekräuselte Haar bei einigen vollständig abrasiert, bei anderen nur auf dem Scheitel des Kopfes; daß man sie mit Weihwasser besprengt; daß man ihnen einen neuen Namen erteilt".[6])

---

[1]) Vergl. dazu die Abbildungen bei F. Karsch-Haack a. a. O., S. 68 u. 70 und die Ausführungen dazu, sowie E. Palmer, Notes on some Australian Tribes, Journal Anthrop. Institute, London, XIII, S. 276—346. — [2]) Rink, Tales and Traditions of the Eskimo, S. 45. — [3]) Réclus, Les Primitifs, S. 84, Les Inoits Occidentaux. — [4]) Julius Tuchmann, La Fascination, in Mélusine, Juli-August 1890, S. 93. — [5]) Nach einer brieflichen Mitteilung von H. K. Trumbull, dem Herausgeber der Sunday-School-Times, Philadelphia, vom 19. April 1888. — [6]) P. Baudin, Fetichism, New-York 1885, S. 74 f.

„Ein Beobachter der Sitten der Schwarzen hat im Journal of the Anthropological Society of London berichtet, daß im Hunter-River-Distrikt in Neu-Süd-Wales die Neulinge während einiger Abteilungen der Bora-Zeremonien Kot essen müssen; ich habe aber an dieser Stelle und auch sonstwo eifrig Nachforschungen angestellt, aber nichts gefunden, was diese Angabe bestätigen könnte. In ähnlicher Weise erzählt man, daß in einem Distrikt in Queensland die Schwarzen — ob es bei der Bora-Zeremonie oder sonst ist, kann ich nicht sagen — in den Lehmboden schalenartige Vertiefungen machen, ihren Harn darin sammeln und ihn nachher trinken. Die zuletzt erwähnte Angabe mag wahr sein, ich konnte aber durch Befragen derjenigen, die etwas davon wissen mußten, keine Bestätigung darüber erhalten. Aus verschiedenen Gründen halte ich es indessen gar nicht für so unwahrscheinlich, daß unsere Schwarzen wenigstens an einigen Orten — denn ihre Gebräuche sind nicht überall gleich — Kot und Harn in dieser Weise verwenden können, wobei sie von der Überlegung ausgehen, daß man sich den bösen Geist dadurch günstig machen könne, indem man zu seiner Ehre jene Stoffe verzehrt, die er selber mit Vergnügen ißt; wie man auch im nordwestlichen Indien fromme Leute herumlaufen sehen kann, die sich zu Ehren ihres Gottes den ganzen Leib mit Menschenkot beschmiert haben. Und unsere Schwarzen haben ihre ganz bestimmten Gründe dafür, daß sie es versuchen, diesen unreinen Geist (Gunung-dhukhya) auf jede mögliche Weise zu versöhnen, denn sie glauben, daß er in ihren Körper eingehen kann und sich in ihrem Unterleibe eine Wohnung sucht, von dessen faul gewordenem Inhalt lebt und auf diese Weise Krämpfe, Ohnmachten, Wahnsinn und andere schwere Störungen hervorruft. Die nicht arische Bevölkerung Indiens hat einen ähnlichen Glauben; denn bei den Teufelanbetern im westlichen Indien gibt es gewisse bösartige Geister, die man Bhutas nennt; und diese haben ähnliche Gewohnheiten, wie der Gunung-dhukhya. Auch sie verursachen Unheil, indem sie vom Menschenleib Besitz ergreifen und es macht ihnen Freude, wenn sie menschliche Wesen verschlingen können; auch sie leben an verlassenen Orten, namentlich unter hohen Bäumen. Sie nehmen die Gestalt von Menschen und Tieren an, treiben sich an Begräbnisplätzen herum und fressen die Leichen".[1]

Dieser Berichterstatter hat den Schlüssel zu dem sonderbaren Verhalten des Propheten Hesekiel und anderer gefunden. Sie glaubten eben, wie jedermann zu ihrer Zeit glaubte, daß Gottheiten Exkremente äßen; warum sollten sie also als Vertreter der Götter solche Stoffe nicht auch essen? Und wenn ein Gott in eines Menschen Leib eingeht, um dessen Kot zu verzehren, weshalb sollte ihn der davon Betroffene nicht mit den Dingen füttern, die ihm so angenehm sind, und indem er ihn reichlich damit versieht, sich selber von Schmerzen befreien?

Vergleiche auch unter „Kriegsitten" den Brauch „wysoccan" zu trinken, den die Indianer Virginiens bei ihren Weihezeremonien haben.

Um in die Reihen der Krieger einzurücken, muß bei den Papua der Jüngling (heapu) rücklings auf dem Boden liegend den frischen Harn eines der Heerführer trinken, den dieser, über ihm stehend, unmittelbar in seinen Mund träufeln läßt; damit wird er frei und selbständig und hat das Recht, nun an den Mysterien des Tiparu-Festes teilzunehmen. Da nicht jeder Mann ein Heerführer werden kann, so klagt so mancher darüber, er habe als Jüngling Harn trinken müssen, daß aber kein Jüngling von seinem Harn zu kosten bekomme.[2] Der Grund dieser Vorstellung ist wohl die Glaubenvorstellung, daß der Heerführer mit seinem Harn seine soldatischen Fähigkeiten und seine

---

[1] Briefliche Mitteilung von Dr. John Frazer in Sydney vom 24. Dezember 1889. — Die Bhutas sind Baumgeister, die aber auch Wohltaten den Menschen gewähren, denen sie geneigt sind. — [2] J. Holmes, Initiation ceremonies of Natives of the Papuan Gulf; Journal of the Anthropological Institute, London XXXII, 1902, S. 424.

männliche Kraft auf den heapu übertrage, wodurch dieser erst frei und selbständig würde.[1])

Im Abschnitt „Gottesurteile, irdische und himmlische Strafen" findet man weitere Angaben über den Glauben der Australier.

Kriegsitten — Waffen und Rüstung.

Es ist beachtenswert, daß wir überhaupt in der Lage sind, ein Beispiel für die Anwendung von kotartigen Stoffen bei Kriegsitten beibringen zu können; nicht, daß wir ihr Vorhandensein nicht vermuten dürften, sondern weil bei so wichtigen Gelegenheiten die Medizinmänner, die sich in allen kriegerischen Dingen eine so große Wichtigkeit anmaßen, natürlicher Weise besonders sorgfältig darauf achten, ihre Kunststückchen vor profanen Augen zu verbergen. Es ist gar nicht zweifelhaft, daß genauere Nachforschungen neue Tatsachen von großem Wert ans Licht fördern würden.

Als die Holländer im Jahre 1623 Batavia auf der Insel Java belagerten, beschmierten sich die Eingeborenen mit Menschenkot, aller Wahrscheinlichkeit nach zu irgend einem nicht ganz klaren religiösen Zweck.[2])

„Die Malaien bedienen sich des Harns, um ihre berühmten Dolchmesser, die Kris, damit anzufeuchten. Sie stecken diese Dolche in die Erde und pißen eine bestimmte Zeit lang darüber, sodaß auf diese Weise die umgebende Erde fortwährend mit Harn getränkt ist", nach Mitteilung von Dr. Bernard in Cannes vom 7. Juli 1888.

Gegen das, was man im Mittelalter als „zauberische Undurchdringlichkeit" bezeichnete, stand Menschenkot in besonderem Ansehen. Das Schwert oder „Machete" des Mannes, der dem Angriff eines solchen Feindes ausgesetzt war, sollte mit Schweinemist abgerieben sein. Aber Schurig mag seine Geschichte selbst erzählen: „Man soll nämlich, bevor man mit einem Gegner zusammentrifft, der dieser Sache verdächtig ist, die Spitze des Säbels oder Schwertes mit Schweinekot bestreichen; wenn dies aber sofort geschehen muß, schiebe man sich Kotkügelchen durch den Schließmuskel des Afters ein; das soll ein ganz sicheres Gegenmittel gegen diese und auch andere Verzauberungen des Teufels sein".[3])

Wie sich die Neger auf Haïti hieb-, stich- und kugelfest machen, berichtet heiter Fritz Häußler: Man geht aufs Land, wohnt da wochenlang bei dem Zauberer — wobei man natürlich die Unkosten aller Lebenmittel zu bestreiten hat; da muß man so und soviel Thés und Mixturen verschlucken und ist endlich soweit gereinigt (purgé) — auch von ödem Mammon — daß das Fest angesagt werden kann . . . Aus den am meisten stinkenden Kräutern und aus Pfeffer (Piment) bereitet man mit Hilfe von kochendem Wasser und Schnaps (Tafia, Zuckerrohrschnaps) ein großes Bad (in einer Holzwanne). Darein muß der Neuempfangene während 24 Stunden seinen Stuhlgang abladen und darnach drei Stunden darin baden.[4])

---

[1]) E. Bethe, Die Dorische Knabenliebe, ihre Ethik und ihre Idee. Rhein. Museum für Philologie N. F. LXII, 1907, S. 464, Anm. 57. — Die Stellen angeführt nach F. Karsch-Haack, Das gleichgeschlechtliche Leben der Naturvölker, München 1911, S. 91f. — [2]) Schurig, Chylologia, S. 795. [Der von Bourke angeführte lateinische Text besagt aber etwas anderes, daß nämlich die Bewohner von Batavia, weil ihnen die zur Verteidigung notwendigen Gerätschaften fehlten, aus den Kloaken den Kot in Töpfen sammelten, sich selbst damit begossen und ihre Feinde, die Inder, auf diese Weise in die Flucht schlugen. Anscheinend war also irgend ein Vorurteil auf Seiten der Inder die Veranlassung. daß sie vor den mit Kot beschmierten Belagerten die Flucht ergriffen. I.] — [3]) Schurig, Chylologia, S. 791, § 64. — [4]) Fritz Häußler, Cuï pa prang. Die Passauerkunst bei den Negern auf Haïti. Anthropophyteia VIII, S. 173. — Die einschlägige deutsche Literatur vermerkt Robert Sprenger, Am Urquell, Monatschrift für Volkkunde, herausg. von Krauss, Hamburg 1893, IV, 93f.

Frommann führt an, daß man Waffen verhexen kann, sodaß sie Schaden anrichten; aber in Bezug hierauf erwähnt er menschliche oder tierische Exkremente nicht.[1]

„Dann streicht man auf das Schwert, mit dem die Wunde hervorgebracht wurde, mag es blutig sein oder nicht, eine Salbe auf, die man als „Magneticum Armarium" bezeichnet, wodurch die Wunde heilt".[2] Diese magnetische Salbe bestand aus Menschenkot und Menschenharn. Man vergleiche hierzu auch aus dem Abschnitt „Kot und Harn in der Heilkunde" den Teil „Verschiedenes".

„Die Skythen ziehen für kriegerische Zwecke Hengste vor, weil die ihren Harn lassen können, ohne im Laufen Halt zu machen".[3]

Das „schwarze Getränk" der Creek-Indianer und der Seminolen war ein Brech- und Abführmittel etwas heftiger Art. Die Krieger dieser Stämme gebrauchten es, wenn sie sich auf den Kriegpfad begeben wollten oder sich mit irgend welchen wichtigen Beratungen befassen mußten".[4] Den schwarzen Trank der Creek-Indianer stellte man aus Iris versicolor, einer Wasserlilienart, her; „es ist ein kräftiges Brech- und Abführmittel, die Pflanze kommt in allen Südstaaten auf sumpfigem Boden sehr häufig vor".[5]

Beverly erwähnt „einen verrückten Trank", den Wysoccan, den die Indianer in Virginien „bei einer Weihezeremonie, die sie Huskansaw nennen, gebrauchen; sie fand alle sechzehn oder zwanzig Jahre statt". Den Trank nennt er „Lethewasser", da man durch seine Anwendung „die Erinnerung an alle früheren Vorgänge vollständig verliert, auch die an Verwandte, Besitztum und selbst die Sprache".[6]

Man vergleiche im Abschnitt „Beleidigungen" die Kriegsitten der Samoaner, ferner die Abschnitte „Monatblut" und „Hexerei".

XXXIV. Jagen und Fischen.

Der afrikanische Jäger, der Wild, z. B. Elefanten, jagen will, beschmiert sich am ganzen Körper mit ihrem Kot. Nach Pater Merollas Angaben dient dies lediglich dazu, um die Tiere über den Geruch zu täuschen.[7]

Plinius berichtet, daß in Heraklea die Landbevölkerung die Panther mit Eisenhut (Aconitum napellus) vergiftete. Aber die Panther waren so klug, zu wissen, daß Menschenkot ein Gegenmittel gegen dieses Gift sei.[8] Weiterhin erzählt Plinius nochmals, der mit Eisenhut vergiftete Panther fresse Menschenkot und heile sich dadurch selber. Da den Bauern aber diese Tatsache bekannt ist, hängen sie Menschenkot in einem Topf so hoch in der Luft auf, daß der Panther sich bei den Springen nach dem Topfe erschöpft und desto eher verendet.[9]

Schurig, der die eben angeführte Mär bringt, hat sie, wie auch Plinius, Claudius Aemilianus entnommen.[10]

Die Renntier-Tschuktschen stellen sich so, als ob sie ihren Harn lassen wollten, um ihre Tiere zu fangen, wenn sie sie zum Schlittenziehen brauchen. Das Renntier, die

[1] Frommann, Tractatus de Fascinatione, S. 654. — [2] Etmuller, I, S. 68. — [3] Plinius, hist. nat., VIII, Kap. 66. — [4] Abhandlung von Cornwallis Clay über die Seminolen im Annual Report of Bureau of Ethnology, Washington 1888. — [5] Brinton, Myths of the New-World, New-York 1868, S. 274. — [6] Frazer, Golden Bough, II, S. 349 nach einer Angabe in Beverly, History of Virginia, London 1722, S. 177. — [7] Pater Merolla, Voyage to Congo, bei Pinkerton, XVI, S. 251. — [8] Plinius, hist. nat., XXVIII, Kap. 2. — [9] Plinius, VIII, Kap. 41. — [10] Schurig, Chylologia, S. 774.

Pferde und das Vieh der sibirischen Stämme lieben den Harn sehr, wahrscheinlich wegen seines Salzgehaltes, und wenn sie sehen, daß ein Mann aus der Hütte herauskommt, wohl in der Absicht, seine Blase zu erleichtern, so laufen sie ihm nach und kommen so dicht an ihn heran, daß ihm seine Beschäftigung alles eher als angenehm vorkommt.

„Die Eskimos von König Wilhelmland und der anstoßenden Halbinsel fangen oft das wilde Renntier in der Weise, daß sie ein Loch in den tiefen Schnee graben und es mit dünnen Schneeplatten zudecken, die unter dem Gewicht eines Tieres zusammenbrechen. Dann bringen sie aus verschiedenen Richtungen Harnstriche an, die alle zum Mittelpunkt der Grubenfalle hinführen und dort wird als Köder ein Schneehäufchen angebracht, das mit Hundeharn getränkt ist. Damit lockt man eins oder mehrere Tiere zu ihrem Verderben herbei".[1]

„Die Eskimohunde sind ebenso begierig nach Kot, namentlich bei kaltem Wetter, und wenn sich ein Bewohner der Polarländer erleichtern will, so hat er nötig, einen Stock oder eine Peitsche mitzunehmen, um sich gegen die Belästigungen der hungrigen Hunde zu wehren. Will ein Mann sein Hundegespann zu größerer Anstrengung antreiben, so schickt er oft seine Frau oder einen seiner Jungen voraus, die weglaufen müssen, um sich in einiger Entfernung hinzuhocken und den Anschein zu erwecken, als ob sie sich erleichtern wollten. Das stachelt die Hunde zu den heftigsten Anstrengungen auf und der Knabe rennt dann weiter, um die Täuschung zu wiederholen. Die gewünschte Wirkung erzielt man jedesmal bei noch so oftmaliger Wiederholung.[2]

„Ich kenne nur eine abergläubische Anwendung von Exkrementen — nämlich jene, wobei man die Angeln rund um solche herumlegte, bevor man mit den Fischerei-Zaubersprüchen begann".[3] Dieser Brauch hat große Ähnlichkeit mit gewissen Anwendungen von Kuhmist in Indien.

Die Bewohner von Angola an der Westküste von Afrika sammeln sorgfältig den Kot des Elefanten, der Antilope und anderer Arten von wilden Tieren, wenn sie auf die Jagd gehen wollen; sie übergeben ihn dem Medizinmann, der dann ein Zaubermittel daraus macht und dieses in ein Horn legt. Es dient dann als Amulet und verschafft Erfolg bei der Jagd.[4]

Entdeckt der magyarische Fischer an der Theiß oder Donau eine ergiebige Fischfangstelle, so kacken sich er und seine Gehilfen am Ufer aus, womit sie sich gegen andere Fischer den Ort sichern. Nur wenn der Nachfolger den Dreck aufäße, erlangte er ein Recht, daselbst seine Netze auszuwerfen. (Nach Krauss allgemeiner Glaube).

[1] Briefliche Mitteilung des Polarforschers W. H. Gilder aus New-York vom 15. Oktober 1889. — [2] A. a. O. — [3] E. Tregear, The Maoris of New Zealand, im Journal of the Anthropological Institute, London 1889. — [4] Muhongo, ein afrikanischer Knabe aus Angola, nach der Übersetzung von Chatelain. — Zur Ergänzung der in diesem Buche beigebrachten Angaben wird man jeweilig mit Nutzen auch Otto Kellers: Die antike Tierwelt, Leipzig I 1909, II 1913 zu Rate ziehen, obwohl der greise Meister der Altertumforschung in dem überaus gründlichen Werke, das da alle Quellen erschöpft, der Erotik und Skatologie in Einzelheiten nicht nachgeht. Um alles richtig zu verstehen, muß man jedes Tier nach jeder Richtung hin kennen, wie es im Glauben eines Volkes lebt. Daraus ergibt sich erst die Bedeutung, die seinen Ausscheidungen beigemessen wird.

XXXV. Weissagungen — Vorbedeutungen — Träume.

Bei den Alten gab es eine besondere Art der Weissagung aus kotigen Stoffen.[1]) Gaule zählt die verschiedenen Arten der Weissagung auf.[2]) Eine der angeführten Arten ist die Spatalomancie, „Weissagung aus Haut, Knochen, Kot".[3])

Im „Rhudhiradhyay oder blutigen Abschnitt" in der Übersetzung des Calica Puran steht in Bezug auf Menschenopfer: „Wenn zu der Zeit, wo man das Blut darbringt, das Opfer Kot oder Harn läßt oder sich umdreht, so bedeutet dies sicheren Tod für den Opferer".[4])

Die Peruer hatten eine besondere Klasse von Hexenmeistern, d. h. Medizinmännern, „die aus Mais und aus Schafmist die Zukunft voraussagten".[5])

Die Hachus, eine besondere Abteilung der peruischen Priesterschaft, befragten die Zukunft mittels Maiskörnern oder Tier-Exkrementen.[6])

Ducange erwähnt gelegentlich der Aufzählung des heidnischen Aberglaubens, der noch im Jahre 743 u. Z. in Europa lebendig war, auch die Weissagung oder Zukunftschau aus dem Mist von Pferden, Hornvieh oder Vögeln: De auguriis vel avium, vel equorum vel boum stercoracibus.[7])

„Welcher vernünftige Mensch kann der Ansicht sein, daß Gott seine Ratschläge einem Hund, einer Eule, einem Schwein oder einer Kröte anvertraute; oder daß er seine verborgenen Ziele in dem Mist oder den Eingeweiden von Tieren unterbrächte?" Ferner sagt Reginald Scot, wo er von den Vorbedeutungen spricht, die von Spaniern, Engländern und andern Völkern befragt werden: „Bei den Bauern von Frankreich galt das Träumen von Mist als ein gutes Zeichen; in derselben Weise war es eine glückliche Vorbedeutung, wenn eine Kugel oder sonst irgend etwas, das man gerade in der Hand trug, in den Kot fiel".[8])

„Wenn man von Unrat träumt, so bedeutet das, daß jemand mit der Absicht umgeht, Dich zu behexen".[9])

Der Glaube an die gute oder schlechte Vorbedeutung, die man aus Träumen von Unrat entnimmt, war ganz außerordentlich weit verbreitet. „Luck, or Good Luck. To tread in Sir Reverence; to be bewrayed; an allusion to the proverb: „Sh—tt—n luck is good luck".[10])

---

[1]) Siehe „Scatomancie" in der Bibliotheca Scatologica, S. 28. — [2]) Gaule, Mag-Astromancers Posed and Puzzled, S. 165. Er bringt eine Aufzählung von 53 verschiedenen Arten bei. — [3]) Brand, Popular Antiquities, S. 329 f. — [4]) Asiatic Researches, IV, 4. Auflage, London 1807. — [5]) Padre Cristoval de Molina, Fables and Rites of the Yncas, übersetzt von Clement C. Markham, Hakluyt Society Transactions, London 1873, XLVIII, S. 14. Molina lebte als Missionar in Cuzco von 1570 bis 1584. — [6]) Balbao, Histoire du Pérou, bei Ternaux, XV, S. 29. Vergl. auch D. G. Brinton, Myths of the New World, New-York 1866, S. 278 f (in der 3. Auflage, Philadelphia 1896, S. 319, wo Brinton in Anmerk. 2 auch auf John Murdochs The Point Barrow Eskimo, S. 434 verweist). — [7]) Ducange, Glossarium, unter Stercoraces. — [8]) Reginald Scot, Discoverie, S. 150. — [9]) Angabe des Muhongo, eines afrikanischen Knaben aus Angola, bei der Unterhaltung mit dem Verfasser, Übersetzung von Chatelain. — [10]) Grose, Dictionary of Buckish Slang, London 1811. [„Glück oder glücklicher Zufall. In einen Kothaufen treten; verleumdet werden; eine Anspielung auf das Sprichwort: Beschissenes Glück ist gutes Glück". Sir Reverence = Ehrwürden ist die humoristische Bezeichnung für einen Kothaufen. I.] Dreck ist gleich Gold oder Geld. Darum bedeutet er symbolisch gutes. Nach Artemidoros aus Daldis, Symbolik der Träume, übersetzt von Krauss, Wien 1881, S. 135—137 und S. 226 hat das Kacken und Pissen, je nach den Umständen und Örtlichkeiten, wo es und von wem es geschieht, seine eigene Bedeutung. Die Auslegungen sind

„Insofern als die Morgensonne oder die Frühlingsonne aus dem dunkelblauen Nachtvogel herauskommt, können wir es auch verstehen, daß es nach italienischem und deutschem Volkglauben als eine glückliche Vorbedeutung gilt, wenn der Kot eines Vogels auf einen Menschen fällt. Der Kot des sagenhaften Nachtvogels oder des Winters ist eben die Sonne".[1]

„Wenn das Horoskop eines Hindukindes Unglück oder Verbrechen anzeigt, wird es in folgender Weise von einer Kuh wiedergeboren: Man zieht dem Kinde ein scharlachrotes Kleid an, bindet es auf ein neues Sieb und zieht es so zwischen den Hinterbeinen einer Kuh durch, dann zwischen den Vorderbeinen hindurch nach vorne bis zum Maul und wieder in umgekehrter Richtung zurück, um den Geburtakt nachzuahmen; dann nimmt man die gewöhnlichen Bräuche bei einer Geburt (Besprengung usw.) vor und der Vater beschnüffelt dann seinen Sohn, genau wie eine Kuh ihr Kalb beriecht".[2]

Tritt man mit einem Fuß in Kot, so bedeutet dies nach der Annahme der französischen Landbevölkerung, man werde sich Reichtum erwerben.[3]

Bei den Bewohnern von Kamtschatka herrscht der Glaube, es gelte als eine böse Vorbedeutung, wird ein Kind bei stürmischem Wetter geboren und das Kind werde überall da, wo es hinkommt, Sturm und Regen verursachen. Sobald es soweit erwachsen ist, daß es sprechen kann, nehmen sie eine Reinigung mit ihm vor und besänftigen den Himmel auf folgende Weise: Während eines heftigen Sturmes und Regenwetters läßt man das Kind nackt, wobei es eine Schale oder eine Mytues-Muschel hoch über den Kopf halten muß, um den Ostrag und alle Balagane und Hundehütten herumlaufen und folgendes Gebet an Billukai und seinen Kamuli sprechen: „Gsaulga, setzt Euch nieder und hört mit dem Pissen oder dem Regenwetter auf; diese Schale wird für salziges, doch nicht für süßes Wasser verwendet; Ihr macht mich ganz naß und ich friere fast zu Tode; außerdem habe ich keine Kleider an; seht nur, wie ich zittere!"[4]

Die Weissagung aus Harn scheint durch solche aus Weihwasser in einer Kristallschale verdrängt worden zu sein. Scot sagt bei Besprechung dieser Art und Weise: „Sie nehmen eine Phiole aus Glas, die mit Weihwasser gefüllt ist ... auf die Mündung der Phiole oder des Harnglases ..." usw.[5]

Unter den Kindern findet man in den Vereinigten Staaten Amerikas, in England und wahrscheinlich auch auf dem europäischen Festlande den Glauben, daß jemand, der den Löwenzahn pflückt, sich angewöhnt, während des Schlafes in das Bett zu pissen. Dem Verfasser ist es nicht gelungen, den Ursprung dieser sonderbaren Ansicht zu ermitteln, oder irgend eine Erklärung dafür zu erhalten.

„Leontodon - Dandelion. Kinder, die den Löwenzahn abends essen, lernen seine harntreibenden Wirkungen nachts kennen und dies ist der Grund, daß die Pflanze sowohl bei den Briten als auch bei andern europäischen Völkern im Volkmunde „piss-a-bed" genannt wird".[6]

---

als uralte Zeugnisse eines Volkglaubens sehr zu beachten, zumal die Lehre von der Traumdeutung, wie sie Freud begründet hat und seine Schüler, besonders Stekel, die Symbolik des Daldiers vielfach psychoanalytisch als begründet erweist.

[1] Angelo de Gubernatis, Zool. Mythology, London 1872, II, S. 176. — [2] Frazer, Totemism, Edinburgh 1887, S. 33. — [3] Nach mündlicher Mitteilung von W. W. Rockhill. — [4] Steller, nach der Übersetzung von Bunnemeyer. — [5] Scot, Discoverie, S. 188. — [6] Encyclopaedia, Philadelphia 1797, unter Leontodon. [Der Löwenzahn, engl. dandelion = dent de lion, franzöS. pissenlit, Leontodon Taraxacum, genießt den oben beschriebenen Ruf überall in Europa. In Deutschland bezeichnet man ihn vielfach (z. B. in Hessen) als Bettpisserblume oder kurz als Pissblume. Er ist, besonders in Frankreich, wegen seiner harntreibenden und blutreinigenden Kraft als Salat im Frühjahr beliebt. Bourke brauchte also nicht weiter nach einer Erklärung zu suchen. I.]

„Die folgende abgekürzte neue Art zauberischer Weissagung, deren so humorvolle Beschreibung wir in Butler's Hudibras finden, wendet man, wie Le Blanc in seiner Reisebeschreibung bestätigt, in Ostindien an.

> „Your modern Indian Magician
> Makes but a hole in th' earth to pisse in,
> And straight resolves all questions by it,
> And seldom fails to be in th' right".[1]

Cicero spricht nirgends von einer Art der Weissagung aus dem Kot, obgleich solche Vornahmen verbreitet gewesen sein müssen, wie sich aus den Angaben in der „Bibliotheca Scatologica" und bei Ducange ergibt.

Die Kamtschadalen glauben, „daß sie Gäste aus ihrem eigenen Volke zu erwarten haben, wenn sie sich im Schlafe erleichtern".[2]

Montfaucon sagt, daß die römischen Haruspices „bei den Opfertieren nicht nur die Eingeweide im allgemeinen besichtigten, sondern hauptsächlich auch die Galle und die Harnblase".[3]

Von einem eigentümlichen Brauch, Blähungen als Orakel zu benutzen, berichtet Graul in seiner Reise nach Ostindien. Bei den Tamulen kommen die beiderseitigen Verwandten der Braut in deren Haus zusammen und bringen verschiedene Kornarten mit, die man zu einer Mahlzeit verarbeitet. Die Frauen lassen sich im Innern des Hauses auf kleinen Matten nieder, die Männer draußen auf der Veranda. Braut und Bräutigam müssen nun von dem Kornbrei in sich stopfen, soviel als geht; da die Kornarten alle blähender Natur sind, folgt binnen kurzer Zeit ein Blähungenkonzert, das man sich nicht gut vorstellen kann. Lassen aber die Blähungen an Intensität zu wünschen übrig oder bleiben sie fast völlig aus, dann ist das ein Zeichen von schlimmer Vorbedeutung. Die Verwandten erheben sich und erklären; „Wir können Deinem Sohn das Mädchen nicht geben!" Geht dagegen alles nach Wunsch, so erhält der Bräutigam ein Gelddarlehen, mit dem er vier bis fünf Monate auf den Handel geht, um sein Handelmeisterstück zu machen.

Bei den Kurumbern singen die Frauen der Braut und dem Bräutigam den Segenspruch vor: „Amma, gib Wind, gib Wind, gib dem armen Bauche Wind!"[4]

Ein serbischer Hausvorstand läßt nach dem Essen einen tüchtigen fahren, was für die Haus- und Tischgenossen die Bedeutung eines glückbringenden Vorzeichens hat.[5]

Weitere Angaben findet man in dem Auszuge aus Gilder's „Schwatka's Search" im Abschnitt von den Begräbnisgebräuchen. Man vergleiche ferner die Abschnitte: Hexerei, Amulete und Talismane, Urinoskopie, Jungfrauschaft, Unfruchtbarkeit, Liebewerben und Heirat, Zeugung und Geburt.

---

[1] Brand, Popular Antiquities, III, S. 331, Artikel: Divination. [Euer neumodischer indischer Zauberer macht nur ein Loch in die Erde und pisst hinein und löst dadurch flugs alle Fragen und es mißlingt ihm nur selten, daß er Recht hat.] — [2] Steller, übersetzt von Bunnemeyer. — [3] Montfaucon, L'Antiquité expliquée, I, Teil 1, Kap. 6. — [4] Vergleiche Karl Amrain, Blähungorakel. Anthropophyteia, VII, S. 389—395. — [5] Vgl. Krauss, Anthropophyteia, IX, S. 519, Nr. 871.

XXXVI. Gottesurteile, irdische und himmlische Strafen.

Gleich zu Beginn dieses Abschnitts wird die Erklärung angebracht sein, daß wir darin den Eid als eine abgeänderte Form des altertümlichen Gottesurteils auffassen, denn bei dem ersteren ruft der schwörende Zeuge für den Fall eines Meineides die irdischen oder himmlischen Qualen auf sich herab, denen er sich unter einer älteren Form der Gesittung als einer vorläufigen Prüfung hätte unterziehen müssen.[1]

Während eines Feldzuges gegen die Sioux- und Cheyenne-Indianer in den Jahren 1876 und 1877 erfuhr ich, daß die Sioux und die Assinaboinen eine Form des Eides hatten, bei der der Schwörende in jeder Hand ein Stück getrockneten Büffelmistes hielt.

Bei den Hindus „beschränkte sich manchmal die Vorprüfung auf das Hinunterschlucken des Wassers, in dem der Priester das Bild einer der Gottheiten gebadet hatte. Die Neger von Issyny haben nicht den Mut, das Wasser zu trinken, in das man die Fetische eingetaucht, wenn sie etwas behauptet haben, was nicht wahr ist".[2]

Möglicherweise haben sie früher den Harn des Gottes oder des Priesters getrunken.

In dem „Domesday Survey" in der Beschreibung der Stadt Chester lesen wir im 1. B. S. 262: „Vir sive mulier falsam mensuram in civitate deprehensus, IV solid. emendab. Similiter malam cervisiam faciens, aut in Cathedra ponebatur stercoris, aut IV solid. de prepotis".[3]

„Der Tauchstuhl war eine gesetzlich bestimmte Strafe. Man unterwarf ihm auch spitzbübische Bierbrauer und Bäcker und man tauchte sie in den Schlamm des Stadtgrabens unter".[4]

Gerät in Loango in Afrika ein Mann in den Verdacht, er habe sich eines Vergehens schuldig gemacht, so schleppt man ihn vor den König und zwingt ihn, eine Abkochung einer Wurzelart, die Imbando heißt, zu trinken. Diese Wurzel wirkt dergestalt, daß man nicht pissen kann, wenn man zuviel davon in das Wasser getan hat. Das Gottesurteil besteht nun darin, daß man den Aufguß trinkt und danach als Beweis der Unschuld Harn läßt.[5]

In Sierra Leone haben die Eingeborenen einen sonderbaren Brauch, dem sich alle Stammangehörigen unterwerfen müssen, die im Verdacht stehen, Giftmorde zu begehen. Man läßt den Angeschuldigten ein gewisses „rotes Wasser trinken; hiernach darf er sich die nächsten 24 Stunden nicht durch irgend eine Ausleerung erleichtern; falls es ihm nicht gelingt, alles bei sich zu behalten, so würde man dies als ein ebenso

---

[1] Vergl. R. Lasch, Der Eid, seine Entstehung und Beziehung zu Glaube und Brauch der Naturvölker. Stuttgart 1908. — Über Gottesurteile und Eid vergl. auch die vortreffliche Übersicht bei Albert H. Post. Grundriß der ethnologischen Jurisprudenz, Oldenburg 1895, II, S. 459—502 und Dr. John R. Swanton, Ordeals, Handbook of Amer. Indians, II, S. 144 bis 146. Von bedeutendem Wert ist das Werk Dr. S. R. Steinmetzs, Ethnologische Studien zur ersten Entwicklung der Strafe nebst einer psychologischen Abhandlung über Grausamkeit und Rachsucht. Leiden 1894, II, S. 1—82. — [2] Eusèbe Salverte, Philosophy of Magic, New-York 1862, II. S. 123. — [3] Brand, Popular Antiquities, III, S. 103, Artikel: Cucking-Stool. [D. h. Belferstuhl, auf dem man Betrüger, Zänker usw. öffentlich ausstellte. Der lateinische Text besagt, daß man den, der falsches Maß macht, oder schlechtes Bier braut, entweder zu 4 Solidi Geldstrafe verurteilte oder auf den Dreckstuhl setzte. I.] — [4] Southey, Commonplace Book, London 1849, 1. Reihe, S. 401. — [5] Adventures of Andrew Battell, bei Pinkerton, Voyages, XVI, S. 334.

starken Beweis für seine Schuld halten, als wenn er dem ersten Schluck zum Opfer gefallen wäre".[1])

Nach der Hindu-Mythologie werden Verleumder und Ehrabschneider im Jenseits auf Betten aus rotglühendem Eisen ausgestreckt und gezwungen Kot zu essen.[2])

„Nach dem brahmanischen Religionssystem besteht die Bestrafung der Verleumder in der Hölle darin, daß man sie mit Kot füttert".[3])

Herodot erzählt, daß Pheron, der Sohn des Sesostris, des Èroberers von Ägypten, erblindete und zehn Jahre lang blind blieb.

„Im elften Jahre aber kam vor ihn ein Götterspruch aus der Stadt Buto, der dahin lautete, daß die Zeit seiner Buße abgelaufen sei und daß er sein Augenlicht wieder erhalten würde, wüsche er seine Augen mit dem Harn einer Frau, die mit ihrem Manne allein Umgang gehabt und keinen andern Mann kennen gelernt hatte". Herodot erzählt nun weiter, daß Pheron den Harn seiner eigenen Frau und denjenigen noch vieler anderer Weiber ohne jeden Erfolg versucht habe; schließlich heilte ihn der Harn eines Weibes, das er zur Frau nahm; alle andern verbrannte er.[4])

In der „Histoire Secrète du Prince Croq 'Êtron" von Mademoiselle Laubert[5]) befiehlt der König Petaud, daß der Prinz Gadourd lebendig in Kot begraben werde; diese Strafe würde die Bekanntschaft der Verfasserin mit der brahminischen Literatur verraten haben, selbst wenn sie nicht mit diesen Worten darauf hingewiesen hätte: „Diese Art der Todstrafe war nichts neues, denn nach dem brahmanischen Religionssystem besteht die Strafe der Verleumder in der Hölle darin, daß sie mit Kot gefüttert werden".[6])

Bei den Afrikanern findet sich ein gläubisches Gottesurteil, das in dem Trinken des giftigen Muave besteht, das aber nach Livingstone lediglich Erbrechen hervorruft.[7]) Dies ist vielleicht das oben erwähnte „rote Wasser" des Leutnants Matthews.

Im Abschnitt von den Aborten erwähnten wir, daß sich in den Gesetzen der tibetischen Buddhisten ein Verbot findet, auf wachsende Pflanzen Kot zu werfen usw. Rockhill erwähnt einen andern Fall, der hier eine Stelle finden möge: „Wenn eine Bikshuni (d. h. eine buddhistische Nonne) Exkremente auf die andere Seite einer Mauer wirft, ohne darauf acht zu geben, wohin sie sie wirft, so ist das ein pacittiya".[8])

Mit den eben angeführten Worten ist der Verstoß als ein pacittiya, d. h. als eine Sünde bezeichnet. Die Strafe für jede einzelne Sünde war in den tibetischen Nonnenklöstern peinlich geregelt und wurde genau gehandhabt.

„Cock-Stool". „Ein Schandplatz . . . auf dem sich zanksüchtige oder unzüchtige Weiber früher zur Strafe niederlassen mußten . . . dasselbe wie „Sedes Stercoraria".[9])

Bei den Chinesen findet man eine merkwürdige und scheußliche Art der Bestrafung: Eine bestimmte Klasse von Verbrechern schließt man in Fässern oder Kisten, die mit ungelöschtem Kalk angefüllt sind, ein und setzt sie auf einer öffentlichen Straße den Strahlen der Nachmittagssonne aus. Nahrung ist in ausreichender Menge in der Nähe der elenden Unglücklichen niedergelegt, aber es ist gesalzener Fisch oder sonstiger ge-

---

[1]) Schiffleutnant John Matthews, Voyage to Sierra Leone 1785, London 1788, S. 126. — [2]) Southey, Commonplace Book, London 1849, 1. Reihe, S. 249. Er weist auch auf 2. Könige 18, 27 und Jes. 36, 12 hin, wo an beiden Stellen folgendes steht: Aber der Erzschenke sprach zu ihnen: Hat mich denn mein Herr zu Deinem Herrn oder zu Dir gesandt, daß ich solche Worte rede? und nicht vielmehr zu den Männern, die auf der Mauer sitzen, daß sie mit Euch ihren eigenen Mist fressen und ihren Harn saufen? — [3]) Majer, Mythol. Wörterbuch, II, S. 46; Bibliotheca Scatologica, S. 12. — [4]) Herodot, II, 111. — [5]) Paris 1790. — [6]) Aber auch im Thalmud kommt siedender Kot als Höllenstrafe vor, vergleiche die Angaben im Kap. XLIII über Jesus. — [7]) Livingstone, Zambesi, London 1865, S. 120. — [8]) Pratimoksha Sutra, übersetzt von W. W. Rockhill, Société Asiatique, Paris 1885. — [9]) A. Smythe-Palmer, Folk-Etymology, London 1882. Vergl. auch Chamber's Book of Days, I, S. 211. [Cock-Stool, wörtlich übersetzt: Hahnenstuhl, wohl verstümmelt aus Cucking-Stool = Schreistuhl; siehe oben. I.]

salzener Mundvorrat und dabei steht genug Wasser, um den Durst zu löschen, den die Speisen ganz gewiß hervorrufen werden. Aber gerade durch diese Wasseraufnahme verschaffen sich diese armen Verbrecher selber die Qualen, denen sie ausgesetzt sind, wenn durch eine reichlichere Entleerung der Blase der Kalk anfängt lebendig zu werden und sie langsam zu Tode brennt.

In der berüchtigten Bulle des Bischofs Ernulphus von Rochester, die im Tristram Shandy erwähnt wird, sollte der Verbrecher verflucht sein „mingendo, cacando".[1]) Bei polnischen Juden ist die Verwünschung nicht selten: Sollst den tinev (Dreck) von Dir essen! Der tinev soll von Dir rinnen!

„Fasten bei Brot und Trinken von Wasser, das durch den Kot von Hühnern verunreinigt ist", kommt unter den Disziplinarstrafen vor, die Fosbroke in seinem Werk vom Mönchwesen anführt.[2])

Dieses Beispiel von mönchiger Klosterzucht begreift man erst ganz, wenn man zwischen den Zeilen liest. Die Verehrung, die man dem Hühnerkot in dem Religionsystem der Kelten zollte, wie es schon vor der Einführung des Christentums bestand, konnte man nicht besser vernichten, als dadurch, daß man seine Verwendung zu einer Sache des Spottes und der Verachtung machte; die Geschichte liefert uns eine Unmenge Beispiele dafür, daß die Dinge, die in dem einen Kult besonders heilig gehalten werden, gerade diejenigen sind, an denen die Wut und die Verachtung des sie abschaffenden Kultes ausgelassen wird. Über diesen Punkt muß man die Bemerkungen lesen, die einer Abhandlung von James Mooney entnommen sind, in der von dem gläubischen Festhalten der irischen Landbevölkerung an dem Gebrauche von Hühnerkot die Rede ist.

„Vom Hähneopfer bei den Kelten habe ich schon gesprochen; der Hahn war und ist heute noch in ganz Asien der billige, gewöhnliche und vollkommen erlaubte Ersatz für den Menschen".[3])

Wir können mithin mit ziemlicher Wahrscheinlichkeit annehmen, daß der Hühnerkot in der Weise, wie ihn die Irländer anwenden, als Vertreter und als Ersatz für Menschenkot zu gelten hat.

In der Osterzeit, die so viele heidnische Bräuche aufbewahrt und bis auf unsere Zeit überliefert hat, ist unter anderem abergläubigem Zeug auch heute noch die Ansicht lebendig, „daß jeder Mensch am Ostertage an seiner Kleidung irgend etwas Neues haben muß, wenn er in diesem Jahre Glück haben will. Eine andere Redenart besteht darin, daß die Vögel Deine Kleider beschmutzen werden, wenn Du nicht die eingangs erwähnte Bedingung erfüllst".[4])

Die Kalmücken glauben an viele zukünftige Straforte, von denen einer mit einer Wolke von Kot und Unrat bedeckt ist. Dies ist der Glaube, den ihnen ihre Lamas beibringen.[5])

Bei dem „Sabarios" genannten lithauischen Feste schlachtete und aß man Hühner. „Die Knochen gab man dann den Hunden zum Fressen, und wenn diese sie nicht alle auffraßen, begrub man die Überreste unter dem Mist im Viehstall".[6])

In Krankheitfällen „wird den Bewohnern eines Dorfes verboten, sich eine bestimmte Anzahl von Tagen zu waschen . . . . . und ihre Nachttöpfe vor Sonnenaufgang zu reinigen".[7]) Der chrowotische Landmann wäscht sich selten sein Gesicht und erkrankt er, dann erst recht nicht, weil es nicht gut tue (ne valja se).

---

[1]) Lawrence Sterne, Tristram Shandy, Londoner Ausgabe von 1873, I, S. 188 (beim Pissen und beim Kacken). — [2]) Fosbroke, Monachism, London 1817, S. 308, Anmerk. — [3]) Forlong, Rivers of Life, London 1883, II, S. 274. — [4]) Brand, Popular Antiquities, I, S. 165, unter Easter-Day. — Der Glaube besteht auch bei den Juden in Osteuropa. — [5]) Pallas Reise. Paris 1793, I, S. 552. — [6]) Frazer, The Golden Bough, II, S. 70. — [7]) Dr. Franz Boas, The Central Eskimo im Sixth Annual Report Bureau of Ethnology, Washington 1888, S. 593.

„Wir haben gesehen, daß im heutigen Europa derjenige, der die letzte Garbe bindet oder schneidet oder drischt, sich oft einer rohen Behandlung seitens der Fäuste seiner Mitarbeiter aussetzt. So wird er beispielweise in die letzte Garbe eingebunden und in dieser Verpackung herumgetragen oder auf einer Karre herumgefahren, geschlagen, mit Wasser begossen, auf einen Misthaufen geworfen usw".[1]

In einigen Gegenden Deutschlands wurde der Karnevalnarr in einem Dunghaufen begraben.[2] Hierfür wird dann folgende Erklärung gegeben: „Das Begraben des Vertreters des Karnevals in einem Dunghaufen ist leicht zu verstehen, wenn man annimmt, daß er einen lebenspendenden und fruchtbarmachenden Einfluß hat, wie etwa denjenigen, den man einem Bilde des Todes zuschreibt".[3]

„In Siam herrschte früher die Sitte, daß man an einem bestimmten Tage eine durch Ausschweifungen heruntergekommene Frau aussuchte und auf einer Tragbahre durch alle Straßen trug, wobei man mit Trommeln und Klarinetten Musik machte. Die Volkmenge beschimpfte sie und bewarf sie mit Dreck; und nachdem man sie in der ganzen Stadt herumgetragen hatte, warf man sie auf einen Misthaufen. Die Leute glaubten, daß die Frau auf diese Weise alle bösen Einflüße der Luft und der bösen Geister auf sich zöge".[4]

In Schwaben gibt es ein etwas rohes Erntespiel, bei dem einer der Arbeiter die Rolle des Mutterschweins übernimmt; er wird von seinen Kameraden verfolgt und wenn sie ihn einholen „gehen sie ziemlich roh mit ihm um, schlagen ihn, machen ihm das Gesicht schwarz oder beschmieren es mit Dreck, werfen ihn in Unrat . . . . manchmal setzt man ihn auch in einen Schubkarren hinein . . . . Wenn er darin um das Dorf herumgefahren worden ist, wirft man ihn auf einen Düngerhaufen".[5]

Die Neger in Guinea halten fest am Glauben an die Besessenheit und sie haben einen Gott „Abiku", der „seinen Aufenthalt im menschlichen Körper nimmt. Gewöhnlich belästigt er kleine Kinder, die manchmal daran sterben". Stirbt das Kind, so wirft man die Leiche auf den Kehrichthaufen, damit sie die wilden Tiere fressen".[6]

„Die Irokesen begannen das neue Jahr im Januar mit einem „Fest der Träume" . . . Es war eine Zeit allgemeiner Zügellosigkeit . . . Viele ergriffen die Gelegenheit, um alte Schulden abzutragen, indem sie mißliebige Leute verprügelten, . . . mit Dreck und heißer Asche bedeckten".[7]

„Während der Krappernte in der holländischen Provinz Zealand pflegt zuweilen ein Fremder, der an einem Felde vorübergeht, auf dem die Leute gerade Krappwurzeln ausgraben, diesen ein Schimpfwort — Koortspillers — zuzurufen. Daraufhin machen sich zwei der besten Läufer hinter ihm her und wenn sie ihn einholen, bringen sie ihn zu dem Krappfelde zurück und graben ihn wenigstens bis zur Mitte des Körpers in die Erde ein, wobei sie sich über ihn lustig machen; schließlich erleichtern sie ihren Darm vor seinem Gesicht".[8]

„Es ist aber ein alter Aberglaube, daß sich die Diebe, wenn sie sich an dem Orte, an dem sie einen Diebstahl begehen, erleichtern, für eine gewisse Zeit gegen Störung sichern . . . Deshalb beweist die Tatsache, wonach sich die Krappwurzelgräber dieses Verfahrens bedienen, daß sie sich als Diebe betrachten und den andern als die bestohlene Person".[9]

---

[1] Frazer, The Golden Bough, I, S. 367. — [2] S. 256. — [3] S. 270. In Köln warf man früher den den Karneval vorstellenden Strohmann in den Rhein hinein. — [4] Frazer, The Golden Bough, II, S. 196. — [5] S. 27f. — [6] Baudin, Fetichism, S. 57. — [7] Frazer, The Golden Bough, II, S. 165, unter Berufung auf Charlevoix, La Nouvelle France. Von den Vorstellungen der Primitiven hinsichtlich der Träume sprechen William I. Thomas, Source Book for Social Origins, Chicago 1909, S. 733f (er widerlegt Spencers Theorie) und Havelock Ellis, Die Welt der Träume, deutsch von Dr. Hans Kurella, Würzburg 1911, S. 196—214. — [8] I, S. 379. — [9] S. 380. Vergl. Abschnitt LV: Vom Einbrecherhaufen.

Mit Bezug darauf verdient das Folgende besondere Beachtung: „Reverence (Ehr-erbietung, Verbeugung). Dies ist ein alter Brauch, der jeden, der sich an der Landstraße, oder an einem Fußpfade erleichtert hat, zwingt, sobald ihm ein Vorübergehender das Wort „Reverence" zuruft, seinen Hut mit den Zähnen zu packen und diesen, ohne sich von der Stelle zu bewegen, rückwärts über den Kopf zu werfen, sodaß er auf diese Weise häufig in den Kot hineinfällt. Man sah dies als eine Strafe für die Verletzung der schul-digen Rücksicht an. Man konnte ja einen, der sich weigerte, diesem Gesetz zu gehorchen, nach rückwärts stoßen. Hiervon rührt vielleicht der Ausdruck „Sir-Reverence" her". [1]

Es ist jedoch wahrscheinlicher, daß dieser Brauch irgendwie mit Furcht vor Hexerei oder vor dem bösen Auge des Fremden zusammenhing, denn es ist nicht recht glaublich, daß die Landbevölkerung, die in einer Zeit lebte, wo die höchsten Gesellschaftklassen ihre Gäste im Schlafzimmer auf dem Bette sitzend empfingen oder gar in ihrem Cabinet d'aisance, in der oben erwähnten, ganz nebensächlichen Sache so feinfühlig ge-wesen wäre.

Stirbt in Japan ein Kuppler, so wirft man seine Leiche auf einen Misthaufen. [2]

„Die Streiche der Fee namens Pach". „Ich beschmiere ihr das Gesicht, wenn es rein ist; wenn es aber schmutzig ist, dann wasche ich es in dem ersten besten Pißpott, den ich finden kann". [3]

„Die Elfenweiber waschen aber ihr Gesicht und die Hände unter ähnlichen Um-ständen mit einem goldenen Kinderlappen". [4]

„Aber auch ihre eigenen Geister werden weiter nichts als Kot zu essen bekommen, wenn sie während des Lebens die Gebräuche der Bora-Weihe nicht in gehöriger Weise ausgeführt haben. Hierzu vergleiche man die Erklärung des indischen Manes (XII, 71), daß ein Kahatya, der seine Pflicht nicht getan hat, nach seinem Tode von Kot und Tier-leichen leben muß. Und im Hades der Melanesier bekommen die Geister der Gottlosen weiter nichts zu eßen, als ekelhafte Abfälle und Kot". [5]

Die Australier glauben, daß ein Mann, der sich die Nasenscheidewand nicht hat durchbohren lassen, in der andern Welt deswegen leiden müsse. „Sobald der Geist Egowk den Leib verlassen hat, würde man von ihm verlangen, daß er Toorta-gwännang zur Strafe esse". (Das Wort bedeutet eine besondere Art Dreck, dessen nähere Bezeichnung der Verfasser nicht geben will). [6]

Bei einigen australischen Stämmen findet man eine mächtige Gottheit namens Pund-jel, die nach Andrew Langs Ansicht als Habicht-Adler aufgefaßt werden kann. „Als ein Bestrafer gottloser Menschen sah sich Pund-jel einstmals veranlaßt, die Welt zu er-tränken und er tat dies, indem er eine Flut hervorrief, durch die bekannte Anwendung gulliverischer Wasserkünste, um die Worte Dr. Browns von einer andern Gelegenheit zu gebrauchen". [7]

Maurice erwähnt fünf verdienstvolle Arten des Selbstmords. Bei der zweiten Art beschreibt er, wie der fromme Hindu „sich mit Kuhmist bedeckt, diesen in Brand setzt und sich so darin verbrennt". [8]

„Wirf diesen Sklaven auf den Misthaufen". [9]

---

[1] Grose, Dictionary of Buckish Slang. — [2] John Saris bei Purchas, I, S. 368; im Jahre 1611. — [3] Life of Robin Good Fellow, London 1628, in Hazlitt's Fairy Tales, London 1875, S. 205. — [4] S. 206. — [5] Briefliche Mitteilung von Dr. John Frazer, aus Sydney vom 24. Dezember 1889. — [6] Smyth, Aborigines of Victoria, I, S. 274. — [7] Andrew Lang, Myth, Ritual and Religion, London 1887, II, S. 5. [Jonathan Swift erzählt im 5. Kap. der Reise nach Liliput, wie Gulliver beim Brand des Königpalastes das Zimmer der Königin rettet, indem er das Feuer auspisst. I.] — [8] Maurice, Indian Antiquities, London 1800, II, S. 49. — [9] Shakespeare, König Lear, Akt 3, Szene 6.

Als der Landedelmann Iden den Rebellen Jack Cade getötet hatte, da rief er aus:

„Von hier will ich Dich bei den Fersen schleppen
Zu einem Düngerhaufen, der Dein Grab sein soll".[1]

Oswald: „Hinweg, Du Düngerhaufen".[2]

„Enthaltung von Speise und Arbeit wird auch einer ledigen Frau vorgeschrieben, wenn die Sonne oder der Mond (wir würden es eher als einen vorüberfliegenden Vogel bezeichnen) irgend etwas Unreines auf sie herabfallen lassen sollte; geschähe dies nicht, so würde sie unglücklich werden, oder sogar das Leben verlieren".[3]

Das „bittere Wasser" des jüdischen Gottesurteils gehört auch hierher. Die Frau, die der Untreue angeklagt war, erwies sich beim Trinken entweder als unschuldig oder ihr Leib platzte auf.[4]

Dante bezeichnet die wegen Schmeichelei Verdammten „als einen Haufen, der in Kot eingetaucht ist".[5]

Ducange enthält einen Hinweis auf einen Brauch, der ein Gottesurteil oder eine Strafe gewesen sein mag: „Auf die Gattin schmutziges oder mit Kot verunreinigtes Wasser schütten".[6]

Die jüdischen Propheten saßen auf Düngerhaufen, wenn das widerspenstige Volk Israel gewarnt werden sollte: „Siehe ich will schelten Euch samt der Saat und den Kot Eurer Festopfer Euch ins Angesicht werfen und soll an Euch kleben bleiben".[7]

An einer andern Stelle dieses Buches ist darauf hingewiesen, daß man glaubte, Unrat vermöge Hexerei zu entkräften. So empfahl man einer Mutter einen Wechselbalg (ein untergeschobenes Kind) auf einen Düngerhaufen zu werfen. (Vergl. das Kapitel Hexerei gegen Schluß). Die öffentlichen Dirnen zu Amsterdam bewahrten Pferdemist in ihrer Wohnung auf, um Glück zu haben usw. Wenn wir daher irgendwo lesen, daß man die Leichen von Verbrechern oder Hexen auf Düngerhaufen geworfen habe, so bietet sich uns der Gedanke von selbst dar, daß man auf diese Weise alle Pläne, die der Geist zur Befriedigung seiner Rache aushecken könnte, unschädlich machen wollte.

Der Geschichtschreiber Suetonius berichtet, man habe den unglücklichen römischen Kaiser Vitellius mit Kot beworfen, bevor man ihn umbrachte.[8]

Unter den ungesetzlichen Handlungen für Brahmanen oder Kshatriyas, die gezwungen sind, sich ihren Lebenunterhalt dadurch zu erwerben, daß sie sich der Beschäftigung der Vaisyas widmen, befindet sich auch der Verkauf von Sesam, „wenn sie ihn nicht selber beim Ackerbau gezogen haben . . . Wenn er Sesam zu etwas anderem als zur Speise verwendet, oder zum Salben oder als milde Gabe, so wird er als ein Wurm wiedergeboren und zusammen mit seinen Vorfahren in seinen eigenen Kot eingetaucht werden".[9]

---

[1] Shakespeare, König Heinrich VI., Zweiter Teil, Akt 6, Szene 10. Die Chrowoten drohen ähnlich dem gehaßten Gegner: baciću te na gjubre! ich werde Dich auf den Misthaufen werfen! Sie verwünschen: crknućeš na buništu! Du wirst auf dem Mistberg verrecken! — Ein Schimpfwort ist: ti gjubre! Du Dünger! — [2] Shakespeare, König Lear, Akt 4, Szene 6. — [3] Crantz, History of Greenland, London 1667, I, S. 216. — [4] 4. Moses, Kap. 5. [Wo übrigens nur vom „Schwellen des Bauches" die Rede ist beim Trinken des „bitteren, verfluchten Wassers". I.] Vergl. Die eheliche Ethik der Juden zur Zeit Jesu. Beitrag zur zeitgeschichtlichen Beleuchtung der Aussprüche des Neuen Testamentes in sexuellen Fragen. Von Hjalmar J. Nordin, deutsch von Kastner und Lewié, IV. B. der Beiwerke zum Studium der Anthropophyteia, Leipzig 1911, S. 74—81. — [5] Dante, Kap. 13. — [6] In Lege Longobardi, lib. I, tit. 16, c. 8. — [7] Maleachi 2, 3. [Nach Luther's Übersetzung. Die englische lautet etwas anders. I.] — [8] Suetonius, Vitellius, cap. 17. [Ausgabe Teubner, Leipzig 1882, S. 223: stercore et caeno, mit Kot und Unrat. I.] — [9] Vasishta, Kap. II, S. 27—30, in: Sacred Books of the East, Oxford

XXXVII. Beleidigungen.

Es ist einigermaßen sonderbar, daß man in den Sagen der Zuñis — gerade dem Volke, bei dem man die ekelhafte Sitte, den Harn zu trinken entdeckt hat — eine Anspielung darauf findet, wonach es als eine Beleidigung der schwersten Art galt, wenn man auf Leute Harn schüttete oder in der Nähe der Wohnungen sein Bedürfnis verrichtete. Im Frühwinter des Jahres 1881 befand ich mich im Dorfe der Zuñis in Neu-Mexiko zu der Zeit, als Frank H. Cushing mit den Forschungen beschäftigt war, die ihn heute als das Haupt der amerikanischen Anthropologen erscheinen lassen. Damals hörte ich die umfangreiche Sage vortragen von dem Jungen, der ins Geisterland ging, um seinen Vater zu suchen. Einer der Umstände, auf den die Märchenerzähler besonderes Gewicht legten, war die unwürdige und schimpfliche Lage, in der sich der Junge und seine Mutter in ihrem heimatlichen Dorfe befanden. Dies zeigte sich namentlich darin, daß die Nachbarn die Gewohnhei hatten, ihre Harngefäße auf das Dach oder vor die Haustür der Mutter auszuleeren.

In diesem Zusammenhang verdient auch die Drohung Beachtung, die Sennacherib gegen die Juden aussprach[1]) und ebenso die Drohung im Alten Testament: „Es soll nicht einer übrig bleiben, der die Wand bepisst".[2])

„In Bezug auf die Kriege der Samoaner mögen hier noch einige andere Dinge erwähnt werden, wie das Befragen der Götter . . . die Reden der beiden Parteien vor dem Kampf, ein Gegenstück zu Abijah, dem König von Juda und fast Wort für Wort zu dem schmutzige Redenarten anwendenden Rabshakeh".[3])

Die Samoaner haben eine Sage, in der von der Trennung berichtet wird, die zwischen den Eingeborenen verschiedener Inseln entstand, weil die Männer und Frauen, die auf Tutuaila lebten, „anfingen, aus ihrer schwimmenden Insel einen Düngerhaufen zu machen".[4])

„Nebukadnezar gab ebenso dem Zedekiah (nachdem er ihn eine Weile lang vor sich hatte tanzen und spielen lassen) einen abführenden Trank, sodaß er wie ein schweiniger alter Knabe (wie es deren so viele zwischen York und London gibt) totus detur-

---

1882, XIV, Ausgabe von Max Müller. Es ist eines der ältesten heiligen Bücher. Dasselbe Verbot steht im „Prasna", Kap. 11, im „Adhyaya", Kap. 1 und im „Kandika", Kap. 2. [Zu was man Sesamöl sonst noch verwenden könnte, ist nicht recht erfindlich; vielleicht handelt es sich um ein Verbot, es bei gottesdienstlichen Handlungen zu gebrauchen, bei denen bekanntlich die zerlassene Butter, die von der „heiligen" Kuh stammte und deshalb auch als „heilig" galt, vorgeschrieben war. I.]

[1]) Jesajah, 36, 12. (Siehe voriges Kapitel). — [2]) [Man wird den Ausdruck „einer, der die Wand bepisst", in den Bibelübersetzungen vergeblich suchen; sie behelfen sich mit der Wendung „was männlich ist", oder „Mann", um eine wörtliche Übersetzung des hebräischen Textes zu umgehen. Dieser hat den Ausdruck an folgenden Stellen: 1. Sam. 25, 22; 25, 34 gebraucht ihn David sogar gegen eine Frau; 1. Kön. 14, 10, wo ihn Jahweh selbst, durch den Mund des Propheten Ahias, anwendet; 1. Kön. 16, 11; 1. Kön. 21, 21; 2. Kön. 9, 8, wo der Prophet Elisa einen seiner Schüler zu Jehu schickt, um ihn zum König zu salben. Nach Vers 6 spricht dann der Herr, der Gott Israels: „Ich will von Ahab ausrotten, was die Wand bepisst!" Eine Beziehung, wie sie Bourke annimmt, besteht nicht. Vergleiche jedoch oben die Angaben über Essener usw. I.] — [3]) Turner, Samoa, S. 194. [Es handelt sich auch hier wieder um die bereits angeführte Stelle Jes. 36, 12. Das ganze Kapitel ist gleichlautend mit 2. Kön. 18, 13—37, wo die Stelle im 27. Vers steht. In Luther's Übersetzung findet man statt des Eigennamens Rabshakeh, der heute als richtig gilt, die Angabe: der Erzschenke. I.] — [4]) Olosenga, a. a. O., S. 225.

patus fuit, er roch ebenso schlecht wie Euer Ajax". In einer Randbemerkung wird dem noch hinzugefügt: „Nach einer alten Ballade —

And all to b . . . . . . n was he, was he".[1])

Ein solches Verhalten, so ekelhaft es uns auch in jeder Beziehung erscheinen mag, hat doch in dem Benehmen eines hervorragenden Mitgliedes des europäischen Adels sein Gegenstück gefunden. Dieser Mann war gewohnt, seinen Zorn in einer Weise auszulassen, die der oben geschilderten merkwürdig ähnlich ist. Es geschah bei solchen Gelegenheiten, bei denen er die Bestrafung seiner Diener für erforderlich hielt. Der Name ist hier nicht genannt, weil der Berichterstatter, der mir die Angaben geliefert hat, es so wünschte.

Nach den Angaben Niebuhr's gilt es als die größte Beleidigung, die man in Arabien einem Menschen, namentlich einem Muhamedaner, antun kann, wenn man ihm auf den Bart spuckt oder zu ihm sagt: „Dreck auf deinen Bart".[2]) Sagt einer einem bosnischen Moslimen: redim (oder: serem) ti se u bradu (ich scheiße dir in den Bart), so wäscht sich der Beschimpfte zuerst gleich den Bart, dann aber trachtet er den Beleidiger tot oder wenigstens halbtot zu schlagen.

Die Bemerkung Niebuhr's über die Beleidigung, die man bei den Beduinen als grobe Verletzung der Höflichkeit darin erblickt, wenn man eine Blähung losläßt, widerholt Maltebrun in einer unbestimmten und zurückhaltenden Weise.[3])

In Angola in Afrika gilt es als die größte Beleidigung, sagt man zu einem: „Geh und friß Dreck".[4])

„Düngerhaufen (Dunghill). Ein Feigling. Ein Fachausdruck beim Hahnenkampf, da man außer den Kampfhähnen alle andern als Düngerhaufen bezeichnet".[5])

Schneider, die den gesetzlich vorgeschriebenen Lohn annahmen, wurden von den „Flints" (Kieselsteinen), die ihn zurückwiesen, als „Dung" bezeichnet.[6])

„Unter den rohen Spielen der englischen Seeleute gab es eines, The Galley, die Galeere, genannt, bei dem man einen Scheuerlappen voll Kot einer Landratte in das Gesicht schleuderte".[7])

In Angola in Afrika ist ein Furz bei den Einheimischen ohne Weiteres gestattet, es gilt aber als eine tötliche Beleidigung, erlaubt man sich dergleichen, solange ein Fremder dabei ist.[8])

Ein Bericht über eine der älteren amerikanischen Forschungreisen in das Gebiet jenseits des Missouri erzählt, die freistaatlichen Pawnee-Indianer in Nebraska hätten einmal in der Zeit zwischen 1780 und 1790 die Gesetze der Gastfreundschaft dadurch verletzt, daß sie einen Friedenpfeifeträger aus dem Stamme der Omahas, der in ihr Dorf gekommen war, ergriffen und neben anderen Schändlichkeiten zwangen, „Harn mit Bisonochsengalle zu trinken".[9])

Bisonochsengalle selbst, auf rohe Leber gespritzt, die noch warm eben aus dem toten Tier genommen worden war, galt als Delikatesse. Den Ausdruck „Dreckfresser" gebrauchen die Mandanen und andere Stämme am oberen Missouri als ganz gemeines

---

[1]) Harington, Ajax, S. 35. [Er war ganz verunstaltet; die Stelle aus dem Volkliede bedeutet: Er war nur zu sehr beschissen. Ajax = a jakes = ein Kothaufen, ein sich aus der englischen gleichen Aussprache ergebendes Wortspiel, wie bereits oben erwähnt. Die Belegstelle zu der Geschichte des Zedekiah habe ich der Bibel nicht finden können. I.] — [2]) Niebuhr, Description de l'Arabie, Amsterdam 1774, S. 26. Vergl. auch Anthropophyteia IV, S. 335. — [3]) Maltebrun, Géographie Universelle, II, Abschnitt: Arabien. — [4]) Nach Muhongo. — [5]) Grose, Dictionary of Slang, London 1811. — [6]) A. a. O. — [7]) A. a. O. — [8]) Nach den Angaben Muhongos, übersetzt von Chatelain. — [9]) Long's Expedition, Philadelphia 1823, I, S. 300.

Schimpfwort, wie **Washington Matthews**[1]), Arzt in dem Heere der Vereinigten Staaten, berichtet.

„Sie mißhandelten mich nach der Weise der Punjabi, . . . bewarfen mich mit Knüppeln und Kuhmist, bis ich niederfiel und um Gnade flehte".[2])

„Der Abfall aus den Gräben der Stadt soll Deine Nahrung sein; die Abwässer der Stadt sollen Dein Getränk sein".[3])

Bei den Cheyenne-Indianern findet man einen Ausdruck der Verachtung, der an die Schimpfworte der Beduinen erinnert, nämlich natsi-viz, das heißt: Dreckmaul.[4])

Der Geistliche J. Owen Dorsey, der über die Sitten und Sagen der Stämme des Sioux-Volkes lange und sorgfältige Forschungen angestellt hat, ist mein Gewährmann für die Angabe, daß die schwerste Beleidigung, die ein Ponka-Indianer einem andern antun kann, darin besteht, daß er zu ihm sagt: „Du bist ein Hundedreckfresser" und es ist beachtenswert, daß man diesen Ausdruck in der Sprache des täglichen Lebens nur selten gebraucht. Dorsey kennt auch andere Beispiele aus Sagen usw. und bringt auch eine andere Lesart der Erzählung des Kapitäns Long bei; da aber dies Alles in einem der demnächst erscheinenden Bücher dieses Gelehrten veröffentlicht wird, lasse ich es hier weg.[5])

Die Bewohner von Kamtschatka sagen: „Du sollst hundert brennende Lampen in Deinem Hintern haben!" „Dreckfresser mit Fischlaich" usw.[6])

„Stercus" (Kot) wird als Schimpfwort gebraucht. „Nolo stercus curiae dici Glauciam".[7]) Caracalla ließ diejenigen hinrichten, die vor seinen Standbildern oder Bildern ihr Wasser abließen.[8])

Inbezug auf Schimpfworte gab es bei den alten Burgundern einige ganz merkwürdige Gesetze. „Wenn einer einen andern als „beschissen" bezeichnet hatte, so soll er mit 120 Denarien bestraft werden".[9])

„I'll pick thy head upon my sword
And piss in thy very visonomy".[10])

„The devil's dung in thy teeth".[11]) [Teufeldreck in Deine Zähne].

„Hier gebraucht man wieder das besonders rohe Wort khara. Es ist eine Anspielung auf die volktümliche Redenart: „Du frißest Dreck", das bedeutet: „Du sprichst Unsinn". Schamhafte englische Schriftsteller mildern es in „Du ißest Schmutz" und Lord Beaconsfield macht es lächerlich, indem er es mit „Sand essen" wiedergibt.[12])

Wer sich mit der Geschichte des Altertums beschäftigt hat, wird sich an die Beschimpfung des römischen Gesandten Posthumus durch den Pöbel von Tarent im Jahre 282 v. u. Z. erinnern. Ein Possenreißer warf ihm auf der Straße Dreck auf die Toga.

---

[1]) Verfasser von „Hidatsa" und anderer angesehener ethnologischer Werke, er verfügt aber über eine ungewöhnlich reiche und geschickt verwertete Erfahrung. — [2]) Rudyard Kipling, Gemini, in „Soldiers Three", New-York 1890. — [3]) George Smith, The Chaldaean Account of Genesis, New-York 1880. — [4]) Eigene Aufzeichnung vom 25. September 1878; Besprechung mit den Häuptlingen der nördlichen Cheyennen; Ben Clark war Dolmetscher. — [5]) Vergl. J. Owen Dorsey, Omaha and Ponka letters, Bulletin 11 des Bureau of American Ethnology, Smithsonian Institution, Washington 1891. — [6]) Steller, nach einer Übersetzung von Bunnemeyer. — [7]) Cicero, De Oratoribus 3, 41, 164; Andrew, Latin Dictionary, New-York 1879, unter Stercus. — [8]) Aelius Spartianus, Caracalla; Kap. 5. (Bourke zitiert fälschlich Lampridius). — [9]) Barrington, Obs. on the Statutes, London 1775, S. 315. — [10]) Ludowick Barry, Ram Alley, 1611, Londoner Ausgabe 1825. (Ich will Dein Haupt auf mein Schwert stecken und Dir gerade ins Gesicht pissen). — [11]) Thomas Dekkar, The Honest Whore, 1604, Londoner Ausgabe von 1825. — [12]) Arabian Nights, Burton's Ausgabe, II, 222 f. Über die entsprechende chrowotische und serbische Wendung govna jisti oder grizti vergl. Anthropophyteia IV, S. 376 f. Anmerkung.

Der Gesandte ließ sich nicht besänftigen, sondern rief seinen Angreifern kurz und bündig zu, daß mancher Tropfen tarentischen Blutes erforderlich sein würde, um die Flecken auszuwaschen, worauf er abreiste. Ein grauenhafter Krieg begann dann und die Tarenter wurden nach der Besiegung zu einer eroberten Provinz erniedrigt, d. h. sie hatten nicht das volle römische Bürgerrecht.[1]

„Als das Volk zum Feste der ungesäuerten Brote nach Jerusalem zusammenströmte, war über der Säulenhalle des Tempels eine römische Kohorte aufgestellt ... Da zog auf einmal einer der Soldaten seinen Mantel in die Höhe, kehrte mit einer unanständigen Verbeugung den Juden das Gesäß zu und gab einen seiner Stellung entsprechenden Laut von sich". Weiterhin wird erzählt, daß sich unter dem Volk ein Tumult erhob, bei dem die römischen Soldaten mit Steinen beworfen wurden, sodaß nun Schwerbewaffnete vorrückten und den Tempel räumten. Bei dem fürchterlichen Gedränge sollen zehntausend Menschen umgekommen sein".[2]

Der Streit zwischen Richard Loewenherz und dem Herzog von Österreich, der später zu der Einkerkerung des englischen Königs in einem Burgverließ führte, verdankt seine Entstehung einer schweren Beleidigung, indem man die österreichische Fahne in einen Abort warf. Matthäus von Paris sagt ausdrücklich, Richard selber habe es getan. „Nun wurde er, da er der Sache der Normannen sehr zugetan war, zornig über den Zug des Herzogs und gab den starrköpfigen, unziemlichen Befehl, das Banner des Herzogs in eine Abtrittgrube zu werfen".[3]

Bigot: „Hinaus, Du Düngerhaufen! Wagst Du einen Edelmann zu fordern?"[4]

Gloster: „Soll ich von solchen Dreckhaufenknechten so verhöhnt werden?"[5]

York: „Gemeiner Dreckhaufenschuft und Handwerker!"[6]

„Khara bedeutet Kot und gilt als das niedrigste Schimpfwort. Ta-kara ist die gewöhnlichste Beleidigung, die auch von anständigen Frauen gebraucht wird. Ich habe gehört, wie es eine Mutter gegen ihren Sohn gebrauchte".[7]

Aus Rache scheißt der Chrowot auf das Grab seines Feindes. Auf dem Grabe des Advokaten und Bürgermeisters P. zu Požega fand man soviele Dreckhaufen, daß die Leute der Sehenswürdigkeit halber dahin pilgerten. Selbstverständlich verrichteten die Grabschänder ihre Notdurft im frühen Morgengrauen. Bei Nacht hätten sie die Strafe des Toten und bei hellem Tag die der Lebenden gefürchtet. — Zu Levač in Serbien bestand bis jüngsthin der Brauch, den man hie und da auch gegenwärtig noch antreffen kann, daß sich der lebende Gegner auf das Grab des Toten ausschiß. Daher rührt auch die bei den Weibern übliche Schimpfrede her: „Scheißen werde ich Dir aufs Grab!"

Aus Rache scheißen sie dem Gegner nächtlicherweile auf die Haustorschwelle hin. Oder: Wenn der Bauer zur Winterzeit in seinem Hofe scheißt, steckt er ein Holz in den Dreck ein. Wann der Dreck gefriert, wirft er ihn mit dem ganzen Hölzchen dem Gegner

---

[1] Victor Duruy, History of Rome, Boston 1887, I, S. 462. — [2] Josephus, Jüdischer Krieg, 2, 12, 1. [Es war im Jahre 49 u. Z.; nach den „Jüdischen Altertümern" des Josephus, 20, 5, 3, hat ein Soldat am Paschahfest die Schamteile entblößt und es sollen sogar 20 000 Menschen umgekommen sein. Bourke führt die Ausgabe New-York 1821 für die erste Stelle an, wonach der römische Soldat „Worte gesprochen hat, die bei einer solchen Haltung zu erwarten waren". I.] — [3] T. A. Archer, The Third Crusade and Richard the First, in „English History from Contemporary Writers", New-York 1889. — [4] Shakespeare, König Johann, 4. Akt, 3. Szene. — [5] Shakespeare, König Heinrich VI., 1. Teil, 1. Akt, 3. Szene. — [6] Shakespeare, König Heinrich VI., 2. Teil, 1. Akt, 3. Szene. — Vergleiche dazu die alten deutschen Schelt- und Schmähreden bei Jacob Grimm, Deutsche Rechtaltertümer, Leipzig 1899, 4. Aufl., II, S. 204—210. — [7] Burton, Arabian Nights, II, S. 59, Anmerkung.

in den Hofraum hinein. So tut er den ganzen Winter über. Wann der Frühling anbricht und warme Tage da sind, so hat jener einen furchtbaren Gestank im Hofe. Aus Ostserbien.[1]

Der Chrowot sagt gewöhnlich, wenn er jemandem seine Verachtung ausdrücken will: „Ich scheiße Dir auf den Kopf!" An mannigfacher Derbheit des Ausdrucks kommen dem Chrowoten und Serben jedenfalls der Pole und Russe gleich.[2]

XXXVIII. Begräbnisgebräuche.

Ein Parse verunreinigt sich, wenn er einen Leichnam anrührt. „Und wenn er damit in Berührung kommt und stößt ihn nicht fort, so muß er sich mit Stierharn und Wasser waschen".[3]

Bei der Verbrennung einer Hinduleiche zu Bombay besprengte man die Asche des Scheiterhaufens mit Wasser; dann stellte man einen Kuchen aus Kuhmist in die Mitte und goß um ihn herum einen dünnen Strahl Kuhharn; zuletzt legte man Bananenblätter, Reiskuchen und Blumen darauf.[4]

„Diejenigen, die von einem Begräbnis zurückkommen, waren gehalten, den Stein des Priapus, ein Feuer, den Kot einer Kuh, ein Sesamkorn und Wasser anzurühren — lauter Sinnbilder jener Fruchtbarkeit, die durch die Berührung einer Leiche hätte vernichtet werden können".[5]

Den Anhängern des Zoroaster war es zur Pflicht gemacht, einen Leichnam aus dem Wasser herauszuziehen. „Es wird ihm aber nicht als Sünde angerechnet, wenn ein Knochen, Haar, Gras(?), Fleisch, Kot oder Blut in das Wasser zurückfällt".[6]

„Und es stirbt ein Mann in den Tiefen des Tales; ein Vogel nimmt seinen Flug von dem Gipfel des Berges hinunter in die Tiefen des Tales und er frißt den Leichnam des toten Mannes dort auf, dann fliegt er aus den Tiefen des Tales zu dem Gipfel des Berges; er fliegt zu einem der dort stehenden Bäume — zu einem mit hartem Holze oder zu einem mit weichem Holze und auf diesem Baume speit er aus, legt er Kot ab, läßt er Stücke des Leichnams fallen . . . Wenn ein Mann ein Stück von diesem Holze für ein Feuer abhackt, so wird er deswegen nicht als verunreinigt angesehen, weil . . . Ahura-Mazda antwortete: „Es liegt keine Sünde auf einen Menschen wegen irgend eines toten Dinges, das Hunde, Vögel, Wölfe, Winde oder Fliegen herbeigebracht haben".[7]

War ein Hund auf einem Stück Ackerland verendet, so mußte das Ackerland ein Jahr lang brach liegen; am Ende dieser Zeit „sollen sie auf dem Ackerland nachsehen nach Knochen, Haaren, Fleisch, Kot oder Blut, die darauf liegen könnten".[8]

Waren die Kleider des Toten „nicht verunreinigt mit Samen oder Schweiß oder Schmutz oder Erbrochènem, dann sollen sie die Verehrer des Mazda mit gomez waschen".[9]

---

[1] Anthropophyteia IV, S. 355. — [2] Vergl. B. Blinkiewicz, Erotische und skatologische Schmähreden. Anthropophyteia VIII, S. 294—8 und die kleinrussischen bei Vołodymyr Hnatjuk, Das Geschlechtleben des Ukrainischen Bauernvolkes in Österreich-Ungarn, Beiwerke zum Studium der Anthropophyteia, Leipzig 1912, S. 2, Nr. 3. Im besonderen bieten viele Abwechslung die in den Anthropophyteia II—X enthaltenen 54 Idiotika dar. — [3] Shayast la Shayast, Kap. 2; Sacred Books of the East, herausgegeben von Max Müller, Oxford 1880, S. 262, 269, 270, 272, 273, 281, 282, 333, 349. — [4] Monier Williams, Modern India, S. 65. — [5] De Gubernatis, Zoological Mythology, S. 49. — [6] Fargard VI, Vendidad, Zendavesta, Ausgabe von Darmesteter; Sacred Books of the East, herausgegeben von Max Müller, Oxford 1880, S. 70. — [7] Fargard V. — [8] Fargard VI. — [9] Fargard VII. Gomez, d. h. Stierharn wird ferner als das große Reinigungmittel erwähnt auf den Seiten 78 ff, 104, 117 f, 122 f, 128, 182 f, 212.

Auch die heiligen Gefäße, die durch die Berührung mit einer Leiche verunreinigt waren, mußte man mit gomez reinigen.[1]) Als wirksamster gomez galt der eines nicht verschnittenen Stieres.[2]) „Die Oberfläche des Grabes sollen sie mit Asche oder Kuhmist bedecken“.[3]) „Laßt die Verehrer des Mazda hierher den Harn bringen, mit dem die Leichenträger ihr Haar und ihren Leib waschen sollen“.[4])

Bei der Beschreibung der Leichenbegängnisse der Eskimos erzählt Gilder: „Der Schluß der Gebräuche war sehr ergreifend. Nachdem „Papa“ vom Grabe zurückgekehrt war, ging Armow zur Tür hinaus und brachte ein Stück von einem gefrorenen Etwas herein, das die Wohlanständigkeit zu nennen verbietet, und zwar glücklicherweise, ehe die Hunde damit fertig geworden waren. Mit diesem berührte er jeden Schneeblock in der Höhe der Betten des Igloo. Dann trug man das Ding zur Tür hinaus und warf es in die Luft, sodaß es zu seinen Füßen niederfiel und nach der Art, wie es fiel, konnte er freudig verkünden, daß im Lager einige Zeit lang kein neuer Todfall zu erwarten war“.[5])

„Die Afrikaner haben einen bösen Geist, den sie Abiku nennen, der im menschlichen Körper seinen Aufenthalt nimmt“. Man glaubt, daß dieser Geist den Kindertod verursacht. „Wenn das Kind stirbt, so wirft man die Leiche auf den Kehrichthaufen“.[6])

In ähnlich sonderbarer Weise sucht man auch die Seele eines Sterbenden zu reinigen. „An der Koromandelküste legt man das Gesicht des Sterbenden auf das Hinterteil einer Kuh, hebt den Schwanz des Tieres empor und sucht es dazu zu bringen, seinen Harn auf das Gesicht zu lassen . . . fließt der Harn auf das Gesicht des Kranken, so schreien die Versammelten vor Freude und rechnen ihn zu den Seligen, aber . . . wenn die Kuh nicht in der Laune ist, ihren Harn zu lassen, so ist man darüber traurig“.[7])

„Die Bewohner der Koromandelküste legen diejenigen ihrer Kranken, mit denen es zu Ende ging, als letztes Rettungmittel mit dem Gesicht auf den Rücken einer fetten Kuh, deren Schwanz sie hin und herdrehten, um sie zu veranlassen ihren Harn zu lassen; wenn nun der Harn über das Gesicht des Kranken floß, so galt dieses den Schmutzfinken als ein gutes Zeichen“.[8])

Mit derselben Besorgtheit folgt der hottentottische Medizinmann den sterblichen Überresten seiner Landsleute zum Grabe, besprengt den Körper des Toten mit derselben heiligen Flüssigkeit, aber auch die Leidtragenden, die sein Schicksal beweinen.[9])

Bei den Begräbnissen der Hottentotten „treten zwei alte Männer, Freunde oder Verwandte des Verstorbenen, in jeden Kreis und verteilen ihren Strahl sparsam auf jede einzelne Person, sodaß jeder etwas abbekommen kann; die ganze Gesellschaft nimmt deren Wasser eifrig und ehrfurchtvoll in Empfang. Wenn dies geschehen ist, begibt sich jeder in die Hütte, nimmt eine Hand voll Asche vom Herd, kommt zu dem Loche heraus, das man für die Leiche gemacht hat und streut die Asche nach und nach über die ganze Gesellschaft. Dies geschieht, wie sie sagen, um ihren Stolz zu demütigen“.[10])

Es ist bedauerlich, daß der Mensch in seinem primitiven Zustande seine Freude daran hat, ekelhafte Handlungen vorzunehmen, aber es ist Tatsache. „Bei diesem Stamme oder wenigstens bei dem Teil, zu dem der Verstorbene gehörte, herrschte allgemein die Sitte, sich mit der Flüssigkeit einzureiben, die von dem toten Freund kommt. Sie reiben sich solange damit ein, bis sie genau so stinken, wie die Leiche“.[11])

---

[1]) S. 91 f. — [2]) S. 212. — [3]) Fargard VIII. — [4]) Fargard VIII. Vergl. auch den Anfang des XXVII. Abschnittes. — [5]) Gilder, Schwatka's Search, S. 234. — [6]) Baudin, Fetichism, S. 57. — [7]) Picart, Coûtumes et cérémonies religieuses, Amsterdam 1729, VII, S. 28. — [8]) Paullini, S. 80 f. — [9]) Picart, VII, S. 52 u. 57. — [10]) Kolbein, S. 401. — [11]) Smyth, Aborigines of Victoria, I, S. 131. Er macht aber in einer Anmerkung den Zusatz, daß manche Australier sich scheuen, eine Leiche mit der bloßen Hand anzurühren.

Bei den Begräbnisgebräuchen des Stammes an der Encounter-Bay in Südaustralien „legten die alten Frauen zum Zeichen der tiefsten Trauer Menschenkot auf ihren Kopf".[1]) Die Leiche eines australischen Häuptlings war „mit klagenden Frauen umgeben, die sich mit Unrat und Asche beschmiert hatten."[2])

„Bei den Begräbniszeremonien beschmieren die Frauen vieler Stämme ihren Kopf mit Kot und Pfeifenton".[3])

Es fragt sich, ob nicht die Beschmierung mit Unflat da und dort nicht allein zur Abwehr böser Geister, vielmehr zur Bejahung des Lebens gebräuchlich ist. Aus Dreck und im Dreck entsteht ja auch das Leben. So erzählte z. B. G. F. Speck eine Pequot-Mohegan-Sage aus Connecticut, in der eine Indianerin Puppen, die sie in ihrer Wohnung zurückließ, durch Bestreichung mit Exkrementen vorübergehend Leben eingab.[4])

„Stirbt ein Kind, so müssen die Frauen, die es auf dem Arm getragen haben, ihre Jacke wegwerfen, falls das Kind darauf geharnt hat. Dies ist ein Teil der Sitte, wonach man alles, was mit einem toten Menschen in Berührung gekommen ist, vernichten muß".[5])

Die Kootenays in Kanada haben das Besprengen nach dem Begräbnis als Sitte. „Wenn diejenigen, die den Leichnam begraben haben, zurückkommen, nehmen sie ein Dornenbüschel, tauchen es in einen Wasserkessel und besprengen die Türen sämtlicher Hütten".[6])

Blunt sagt bei der Beschreibung italienischer Leichenbegängnisse: „Wenn der Leichenzug in der Kirche angekommen ist, setzen sie die Bahre in dem Schiff nieder und der amthandelnde Priester besprengt den Leichnam im Verlauf des bestellten Gottesdienstes dreimal mit Weihwasser — ein Brauch, der zweifellos von den alten Römern herstammt, die die Anwesenden auch dreimal mit derselben Flüssigkeit zu besprengen pflegten".[7])

Auf den Tonga-Inseln gibt es zwei hervorragende Persönlichkeiten, Tooi-Tonga und Veachi, die man für die lebenden Vertreter mächtiger Götter hält. Beim Tode des Tooi-Tonga finden gewisse Zeremonien statt, darunter auch folgende: „Wenn es dunkel ist, nähern sich dann die Männer dem Berge, d. h. dem Grabhügel und, man möge mir den Ausdruck gestatten, verrichten ihre Andacht an Cloacina, worauf sie sich zurückziehen. Sobald am andern Morgen der Tag anbricht, versammeln sich die Frauen von höchstem Range, die Weiber und Töchter der größten Häuptlinge, mit ihrem Gefolge, bringen Körbe herbei, die sie zu zweien tragen, und räumen mit großen Muscheln die Ablagen der vergangenen Nacht weg. An dieser sinnbildlichen Handlung der Demütigung weigert sich keine Frau von noch so hoher Stellung teilzunehmen. Von den Leidtragenden in der „fytoca" kommen gewöhnlich einige und helfen, sodaß der Platz in ganz kurzer Zeit wieder rein ist. Dieser Vorgang wiederholt sich die vierzehn folgenden Nächte und ebenso pünktlich ist jeden Tag bei Sonnenaufgang alles wieder rein gemacht. Außer den Mitwirkenden wird niemandem gestattet, Zeuge dieser außergewöhnlichen Zeremonien zu sein; man sah es wenigstens als äußerst schamlos und unreligiös an, wollte jemand dabei sein. Am sechzehnten Tage versammeln sich dieselben Frauen wieder am frühen Morgen; jetzt sind sie aber mit den feinsten „gnatoo" und den hübschesten Hamao-Matten bekleidet, mit Bändern geschmückt und tragen Blumengewinde um den Hals; sie bringen auch neue Körbe mit, die mit Blumen verziert und kleine Kehrbesen, die sehr

---

[1]) I, S. 113. — [2]) Native Tribes of South Australia, Royal Society, Adelaide 1879, S. 75. — [3]) Briefliche Mitteilung von John F. Mann in Neutral Bay bei Sidney, New South Wales. — [4]) The Journal of Amerik. Folklore XVI, Heft 61. — [5]) Boas, The Central Eskimo, S. 612. — [6]) Dr. Franz Boas, Report on the Northwest Tribes of Canada, British Association for the Advancement of Science, Newcastle-on-Tyne-Meeting 1889, S. 46. — [7]) Blunt, Vestiges, S. 183.

geschmackvoll hergestellt sind. Mit dieser Ausrüstung kommen sie herbei und tun gerade so, als ob sie dieselbe Arbeit zu erledigen hätten wie vorher, sie räumen anscheinend den Schmutz weg und nehmen ihn in ihren Decken fort . . . Die Eingeborenen bedauern gewöhnlich, daß der schmutzige Teil der Zeremonien unbedingt stattfinden muß . . . und daß es gerade die Pflicht der vornehmsten Adligen und sogar der zartesten Frauen von hohem Range ist, dieses niedrige und ekelhafte Amt zu übernehmen, lieber als daß der geheiligte Boden, auf dem das Begräbnis stattfand, verunreinigt bleiben dürfe. Dillon bemerkt noch dazu, daß man den ganzen Vorgang als eine heilige Handlung ansehen müsse, die auf einer uralten Sitte beruhe.[1]

Bei einigen Völkern sucht man hin und wieder, aus dem Toten noch Nutzen zu ziehen, namentlich dessen gute Eigenschaften zu erwerben. Die unfruchtbare Chrowotin bemüht sich, vom Grabe einer toten Schwangeren die Fruchtbarkeit zu erlangen. Die Bedeutung der Leichname für die Überlebenden äußert sich in den Totenfetischen (den Ausdruck führte Krauss in Ermangelung eines besseren ein). Darum verspeist man da und dort Teile eines Verstorbenen oder gar dessen ganzen Leib.[2] „Bei den australischen Stämmen gilt namentlich das Nierenfett als wertvoll, als Sitz der Seele des Verstorbenen; die Angehörigen sind dabei bevorzugt: die Mutter ißt vom Kinde, das Kind von der Mutter. Bei manchen Stämmen ißt die Mutter vom Verstorbenen, nicht aber der Vater und nicht die Kinder. Die Eltern glauben, wenn sie das Kind essen, daß dessen Kraft auf sie zurückkehre.[3] Analog bei den Batak auf Sumatra und bei den Wenden in Wagrien, in Aschanti und vielfach sonst in Afrika. Der Gedanke scheint ganz universell zu sein. Neuerlich bei den von der Maistreischen Expedition entdeckten Ndris, die ihre Toten nicht begraben, sondern verzehren.[4] Den gleichen Gebrauch bezeugen nach Brugsch[5] Inschriften der Pyramiden von Sakkara für die alten Ägypter. Der König Onnos verzehrt die Menschen, um damit seine geistigen Fähigkeiten zu erhöhen".[6]

Friederici berichtet von den Polynesiern in Sissano nach den Aussagen des Händlers Schulz: „Es ist ihm gelungen, durch Hüttenspalten heimlich zu sehen, wie die Anverwandten um eine schon stark in Zersetzung übergegangene Leiche hockten, mit den Fingern Fleisch oder Haut von dem zerfallenden Körper abrißen und an diesen Fetzen lutschten. Schulz sagte mir, daß sie sehr besorgt sind, dieses Tun zu verbergen und daß sie ungern davon sprechen".[7] Von den Buddhisten in Tibet berichtet Henry S. Landor: „Sie setzen den Leichnam auf einem Hügel aus, damit ihn Raben und Hunde in Stücke reißen können. Bei der Sekte der Bombos kauern sich nachher die Verwandten

[1] Dillon, Expedition in Search of La Perouse, London 1829, II, S. 57—59. — Vergleiche noch Krauss, Der Tod in Sitte, Brauch und Glauben der Südslaven, Zeitschrift des Vereins für Volkkunde, Berlin 1891, I, S. 148—163; II, S. 177—189. Weinhold, der damalige Herausgeber strich aus der Abhandlung alle kräftig skatologischen Angaben, worauf sich Krauss veranlaßt sah, seine Arbeit weiter daselbst erscheinen zu lassen. — Sehr wertvoll sind die Zusammenstellungen von Ploss-Bartels a. a. O. II, S. 750—809. — Für die Indianerbräuche behalten bleibenden Wert die zwei Studien H. C. Yarrow's: Introduction in the study of mortuary customs among the North American Indians, Washington 1880 und A further contribution to the study of the North Americ. Indians, im First Report ot the Bureau of Americ. Ethnology, Washington 1881, die seltsamerweise Bourke entgangen sind, obwohl sie vieles zu diesem Abschnitt enthalten. — Im allgemeinen sehr wichtig: Arnold van Gennep, Les rites de passage. Étude systématique des rites de la porte et du seuil, de l'hospitalité, de l'adoption, de la grossesse et de l'accouchement, de la naissance, de l'enfance, de la puberté, de l'initiation, de l'ordination, du couronnement. des fiançailles et du marriage, des funérailles etc. Paris 1909. — [2] Vergleiche Krauss, Slavische Volkforschungen, Leipzig 1908, S. 155—163. — [3] Josef Kohler, Zeitschrift für vergleichende Rechtswissenschaft, VII, S. 362. — [4] Globus LXIV, S. 33. — [5] Globus LXIV, Nr. 10, S. 107. — [6] Dr. Albert Hermann Post, Grundriß der ethnologischen Jurisprudenz, Oldenburg 1895, II, S. 25 f. Anmerk. — [7] Dr. G. Friederici, Beiträge zur Völker- und Sprachenkunde von Deutsch-Neu-Guinea. Berlin 1912, S. 165 f.

ringsherum, die Lamas setzen sich dicht neben den Leichnam und schneiden mit ihren Dolchen das noch übrig gebliebene Fleisch in Stücke. Der Oberlama ißt den ersten Bissen, darnach genießen unter Murmeln von Gebeten auch die anderen Lamas davon; dann werfen sich die Verwandten und Freunde über das jetzt fast gänzlich entblößte Skelett, um die letzten Stückchen Fleisch abzukratzen, die sie gierig verschlingen. Dieses Mahl von Menschenfleisch wird fortgesetzt, bis die Knochen trocken und rein sind". [1]

XXXIX. Sagen.

„Ein jedes Volk hat Sagen erfunden, um zu erklären, weshalb es gewisse Gebräuche beobachtet". [2]

„Die Sage ändert sich, während die Sitte gleich bleibt; die Menschen fahren fort, das zu tun, was ihre Väter vor ihnen taten, obwohl die Gründe, nach denen ihre Väter handelten, längst in Vergessenheit gerieten. Die Religiongeschichte ist ein langer Versuch, alte Sitten mit neuen Anschauungen zu versöhnen und für sonderbare Gebräuche vernünftige Erklärungen zu finden". [3]

„Die Australier haben eine Sage von der Erschaffung des Menschen: Ningorope bemerkte voller Freude in der Abtrittgrube den Kot und errötete lieblich; sie formte ihn zu einer menschlichen Gestalt, die infolge der Berührung durch die Göttin lebendige Bewegung annahm und zu lachen anfing". [4]

Die Schöpfungsage der Australier berichtet, Gott „Bund-jil" habe das Weltmeer dadurch erschaffen, daß er mehrere Tage lang auf den Erdkreis pißte. Bullarto Bulgo bedeutet die große Menge dieser Flüssigkeit. [5] Die Eingeborenen sagen, daß der Gott, weil er böse war, „Bullarto Bulgo" auf die Erde ließ, d. h. einen großen Strahl Harnes. Dieselbe Sage ist bereits nach Andrew Lang im Abschnitt „Gottesurteile" erwähnt. Dort heißt der Gott Pund-jel.

In der Weltschöpfungsage der Kadiack-Insulaner wird berichtet, die erste Frau „habe die Seen dadurch hervorgebracht, daß sie Wasser ließ". [6]

„In der vierten Erzählung (d. h. der von den Kalmücken und Mongolen berichteten Erzählungen) wird der verzauberte Edelstein, den die Tochter des Königs verloren hat, unter dem Kot einer Kuh wiedergefunden". [7]

In den sagenhaften Überlieferungen der Hindus tritt der Gott Utanka unter dem Schutze des Indra eine Reise an. „Auf seinem Wege trifft er einen riesenhaften Stier und einen Reitermann an, der ihn auffordert, den Kot des Stieres zu essen, wenn er Erfolg haben wolle. Er tut es und spült sich nachher den Mund aus". [8]

Weiterhin erfahren wir, Utanka sei belehrt worden, „daß der Kot des Stieres die Götterspeise sei, die ihn im Schlangenreiche unsterblich machte". [9] Hier haben wir ein

---

[1] Auf verbotenen Wegen. Reisen und Abenteuer in Tibet. 5. Aufl. Leipzig 1900, S. 302 f. — Vergleiche dazu die von Krauss, Die Volkkunde usw. Erlangen 1903, S. 121 f. geäußerten Bedenken gegen die Richtigkeit der Angaben. Sind denn die Leute gegen Leichengift gefeit?! — [2] Frazer, The Golden Bough, II, S. 128. — [3] S. 62. Vergl. dazu Karl Wehrhan, Die Sage, Leipzig 1908. (Handbücher zur Volkkunde I). — [4] Smyth, Aborigines of Victoria, I, S, 425. [Smyth gibt diese Geschichte in lateinischer Sprache! Bourke weist dann darauf hin, daß sie auf der nächsten Seite seines Werkes auch englisch zu lesen sei. I.] — [5] S. 429. (Gleichfalls lateinisch). — [6] Lisiansky, Voyage round the World, London 1814, S. 197. — [7] De Gubernatis, Zoological Mythology, S. 129. — [8] S. 80. — [9] S. 81 u. 95.

Gegenstück zu der Verwendung von Kot und Harn in Europa, um Hexen unschädlich zu machen und zu dem Harntrinken eines sibirischen Mädchens; man bot ihn sehr wahrscheinlich dem Gaste als Versicherung dar, daß Zauberei nicht in Betracht komme oder vielleicht auch um Hexen unschädlich zu machen, gerade wie in England Brautpaare durch den Ehering pißten.

Die Chinesen haben ein sagenhaftes Tier, das man in dem Tapir zu erkennen glaubte; sie nennen es den Mih und schreiben ihm die Fähigkeit zu, Eisen und Kupfer zu fressen. „Aus diesem Grunde verordnet man den Harn dieses Tieres, wenn jemand Eisen- oder Kupferstücke verschluckt hat, denn der Harn wird sie in kurzer Zeit zu Wasser verwandeln".[1]

„Die Geschichte von Joa lo Praube wird in den Abenteuern des Kamtschadalengottes Kutka fast wörtlich wiederholt, oder, genauer gesagt, es gibt eine Sage, die da berichtet, daß man diesem Gotte viele böse Streiche gespielt habe; bei einem stößt er sich Stöcke in seine Gesäßgegend".[2]

Dieser Gott Kutka war ein großer Sodomit und gleicht in einigen Zügen dem widernatürlichen Gott der Sioux-Indianer.

Im Bericht über den Gott Aidowedo, der Schlange im Regenbogen nach dem Glauben der Neger in Guinea, sagt Pater Baudin: „Derjenige, der den Kot dieser Schlange findet, wird für immer reich werden, denn mit diesem Talisman kann er Getreidekörner zu Muscheln verwandeln, die man als Geld gebraucht".[3] Weiterhin erzählt er eine sehr lustige Geschichte, wie der Neger zu dem Glauben kam, daß ihm ein Prisma in seinem Besitze die Macht verleihe, den Regenbogen nach seinem Willen in sein Zimmer zu bringen und er sich daher unbeschränkte Mengen des kostbaren Kotes verschaffen könne.[4]

In einer andern Sage von diesem possierlichen Gott Kutka wird erzählt, wie er sich in seinen eigenen Kot verliebte und ihm als seiner Braut den Hof machte; er nahm ihn auf seinem Schlitten mit nach Hause, legte ihn in sein Bett und kommt erst durch den ekelhaften Geruch wieder zur Erkenntnis seiner unvernünftigen ·Lage.

Es ist nicht leicht, diese Sagen zu erklären. Vielleicht spiegeln sie nur den geistigen Zustand dieser Menschen wieder, die eine gewisse Vorliebe für unflätige Dinge hatten, aber auch diese Auslegung trifft vielleicht nicht das Richtige. (Eine ausreichende Erklärung ergab die Psychoanalyse nach Freud).

Es wird berichtet, daß sich Sir John Moore in seinen eigenen Harn verliebte und bei Montaigne finden wir die Erzählung von dem französischen Edelmann, der seinen Kot aufhob, um ihn seinen Besuchern zu zeigen.

Die Stämme der Narinyeri an der Encounter Bay in Süd-Australien haben eine Legende, die Verschiedenheit in der Sprache sei dadurch verursacht, daß einmal ihre Vorfahren, „den Inhalt der Eingeweide der Göttin Wurruri aßen".[5] In diesem Abschnitt berichtet man uns, daß mehrere Zeremonien fortgelassen sind, weil sie für die meisten Leser zu unzüchtig seien.[6]

In Le bachelier de Salamanque (1738) zeigt uns Le Sage einen Helden, dessen Mißgeschicke uns auf die Vermutung bringen, daß Le Sage etwas von den Taten des Kamtschadalengottes Kutka gelesen. Unter den vielen Streichen, die ihm seine Feinde, die Mäuse, spielten, war auch der, daß man ihm schimpflicherweise einen Sack aus Fischhaut vor den Hintern band, als er in tiefem Schlafe lag. Auf dem Heimwege wollte sich Kutka erleichtern, war aber, als er aufstand, über die ganz verschwindend kleine Ablage sehr erstaunt, da er seiner Ansicht nach eine sehr große Last losgeworden war.

---

[1] Chinese Repository, Canton 1839, VII, S. 46 f. — [2] Steller, nach der Übersetzung von Bunnemeyer. — [3] Baudin, Fetichism, New-York 1885, S. 47. — [4] Steller, übersetzt von Bunnemeyer. — [5] Native Tribes of South Australia, Adelaide 1879, S. 60. — [6] S. 61.

„Erstaunt über seine Reinlichkeit erzählte er seinem Weibe Clachy die näheren Umstände. Diese entdeckte bald den wahren Stand der Dinge und, indem sie Kutka die Hosen auszog, entdeckte sie unter großem Gelächter den schwer gefüllten Sack".[1]

In dem aus dem vierzehnten Jahrhundert stammenden Schwanke „Le Muynier" hat sich der Müller einige volktümliche Gedanken, wie sie von gewissen Philosophen jener Zeit gelehrt wurden, angeeignet. Er glaubt, daß im Augenblick des Todes die Seele eines Menschen durch den Hintern entweicht und bittet den Priester, ihn von seinen Sünden loszusprechen, mit den Worten: „Mein Leib entschließt sich zusehr dazu. Ach! Ich weiß nicht, was ich tun soll! Geht fort!" Der Priester antwortet: „Ha! Denkt an Euer Seelenheil!" Darauf bemerkt der Müller: „Geht fort, denn ich bekacke mich!"

Die Frau und der Priester zerren nun den kranken Mann an die Bettkante und bringen ihn in eine solche Lage, daß sie für den Fall, daß die Lehre von dem Entweichen der Seele aus dem Hintern richtig ist, Zeugen der letzten Verrichtung des Müllers sein können. Sie beobachten nun den Vorgang einer Blähung aus dem Hintern, als plötzlich zur Bestürzung der Frau und des Priesters ein Dämon erscheint, der einen Sack über den Hintern des sterbenden Müllers legt, das Mastdarmgas auffängt und im Schwefeldampf davonfliegt.[2]

In Europa herrschte allgemein der Glaube, daß die Eier des Basilisken oder Cocatrix nur von einer Kröte oder durch die Wärme eines Düngerhaufens ausgebrütet werden könnten.[3]

Irland erhielt den Beinamen des „Urinal of the Planets" (Pißtopf der Planeten) wegen des anhaltenden und reichlichen Regens der dort fällt.[4]

Die Apachen haben eine Sage oder ein Märchen, das Gegenstück zu dem „Feefo-fum" unserer eigenen Kindheit; aber der Riese wittert nicht etwa das Blut eines Engländers, sondern, um die Worte auf Spanisch wiederzugeben „huele la cagada". (wittert den Kot).

Die chinesische Sage von den wunderbaren Verdauungkräften des Mih hat ihr Gegenstück in dem alten Glauben, daß der Strauß dieselbe Kraft habe.[5]

„Die Wangwana und Wangumbo teilten mir mit, . . . daß der Elefant, wenn er den Kot des Rhinozeros nicht zerstreut findet, wütend wird und sich sofort auf die Suche nach dem Verbrecher begibt. Diesem geht es schlecht, wenn er ihn findet, denn er ist mürrisch und geneigt für das stolze Vorrecht zu kämpfen, daß er seinen Kot so liegen lassen kann, wie er hinfällt. In einem solchen Falle bricht der Elefant einen starken Ast von einem Baum ab oder entwurzelt einen kräftigen jungen Baum wie ein Schiffmast groß und bearbeitet damit das unglückliche Tier, das froh ist, wenn es sich in eiliger Flucht retten kann. Aus diesem Grunde, behaupten die Eingeborenen, dreht sich das Rhinozeros jedesmal um und zerstreut sorgfältig, was es hat fallen lassen".[6]

„Nach anderen Sagen in den Brahmanas schafft Prajapati den Menschen aus seinem Leib, oder vielmehr die Flüssigkeit aus seinem Leib wird zu einer Schildkröte und die Schildkröte wird zu einem Menschen usw."[7]

---

[1] Steller, übersetzt von Bunnemeyer. — [2] Dupuoy, Le Moyen Age Médical, übersetzt von Minor, S. 84. — Man vergl. dazu Dr. Rudolf Reitler, Eine infantile Sexualtheorie und ihre Beziehung zur Selbstmordsymbolik, Zentralblatt für Psychoanalyse, herausg. von Freud, Wiesbaden 1911, S. 114—121, Dr. Th. Reik, ebenda, 1912, S. 448, Dr. S. Ferenczi, ebenda, S. 594; Volod. Hnatjuk, Das Geschlechtleben des ukrain. Bauernvolkes in Österreich-Ungarn 1912, S. 257, Nr. 287, Das Stänkerlein, ein Kind, entsteht aus Fürzen. — [3] Mélusine, Paris 1890, Januar-Februar, S. 20. Über den Haselwurm und den Basilisk vergl. Wuttke a. a. O. S. 58 (52 der 3. Aufl.). — [4] Grose, Dictionary of Buckish Slang, London 1811. — [5] [Der Strauß verschlingt wirklich Kieselsteine usw., die aber im Magen liegen bleiben und zum Zerkleinern der Nahrung dienen mögen. I.] — [6] Henry M. Stanley, Through the Dark Continent, New-York 1878, I, S. 477. — [7] Andrew Lang, Myth, Ritual and Religion, II, S. 248.

„Moffat ist über die afrikanische Auffassung erstaunt, daß das Meer zufällig von einem Mädchen geschaffen wurde".[1] Dieses Märchen gehört vielleicht auch zu unserer Aufzählung von Sagen.

„Die Leute an der Encounter Bay haben noch eine andere Sage, die Dean Swift den Yahoos hätte zuschreiben können, denn sie spricht den Menschen einen sehr ekelhaften Ursprung zu".[2]

„Gerade so wie bei andern heidnischen Völkern Mythologie und Überlieferungen mehr oder weniger unsittlich und unzüchtig sind, so ist es auch bei diesem Volke".[3] „Als sich Mingarope bei einer natürlichen Gelegenheit zurückgezogen hatte, war sie hoch erfreut über die rote Farbe ihres Kotes und sie begann ihn sofort in die Gestalt eines Menschen zu bilden. Als sie diese kitzelte, gab sie Lebenzeichen von sich und fing an zu lachen".[4]

Die Sage, die davon berichtet, daß die Verschiedenheit der Sprachen entstand, nachdem gewisse Stämme den Kot der Göttin Wurruri verspeist hatten, erwähnten wir bereits oben. Es gab noch einen andern Gott, mit Namen Nurunduri, von dem man erzählt, daß er einst an einer bestimmten Stelle Wasser ließ „und wegen dieses Umstandes heißt der Platz „Kainjamin", d. h. pissen".[5]

Bei den Bilgula in Britisch Columbia gibt es eine Sage, die da berichtet, daß ein gewisser Baumstumpf ein Menschenfresser war, der sich einst ein Mädchen eingefangen hatte. Als er einmal auf den Fischfang ging, um Heilbutten zu fangen, „befahl er seinem Pisstopf, ihn zurückzurufen, falls das Mädchen versuchen sollte, zu entwischen. Als sie es wirklich tat, rief der Topf: Rota-gota, Rota-gota, gota!"[6]

Die Kamtschadalen haben ein Rätsel vom Kot: „Mein Vater hat zahlreiche Gestalten und Kleider; meine Mutter ist warm und dünn und gebärt jeden Tag. Ehe ich geboren bin, liebe ich kalt und warm, aber nachdem ich geboren bin, nur kalt. In der Kälte bin ich stark und in der Wärme schwach; wenn ich kalt bin, sieht man mich von weitem; wenn ich warm bin, riecht man mich von weitem".[7]

Bei einigen Eskimostämmen erzählt man vom Raben, daß er mit seinem eigenen Kot spreche und ihn um Rat frage; auch sonst erwähnen ihre Sagen häufig den Kot.[8]

Aus dem letzten Absatz geht hervor, daß die Eskimos früher einmal bei ihren Weissagungen den Kot zu Rat gezogen haben, wenn sie es auch heute nicht mehr tun; die Stelle aus Gilder, die wir im Abschnitt „Begräbnisgebräuche" angeführt haben, bestätigt diese Annahme.

Die Bewohner von Kamtschatka glaubten, daß der Regen der Harn des Billutschi, eines ihrer Götter, und seiner Geister sei; wenn aber der Gott genug gepißt hat, zieht er ein neues Kleid in der Form eines Sackes an, der mit Fransen aus roten Seehundhaaren und verschiedenfarbigen Streifen aus Leder versehen ist. Diese sind der Ursprung des Regenbogens.

Gott Kutka der Kamtschadalen wurde einstmals von Feinden verfolgt, aber er rettete sich dadurch, daß er aus seinen Eingeweiden alle möglichen Arten von Beeren fallen ließ, wodurch seine Verfolger aufgehalten wurden.

Die Sagen der Kamtschadalen bieten ein Gegenstück zu unseren Märchen dar, in denen sich die Geschenke des Teufels immer zu Unrat verwandeln. Dies geschieht auch in der Legende des Gottes Kutka, dem, wie wir bereits sahen, fortwährend Streiche

---

[1] I, S. 91. — [2] [In Gullivers Reisen, Teil 4, Kap. 1 erzählt Swift, wie das Pferdevolk der Yahoos Gulliver bekämpfte, indem einige auf den Baum kletterten, unter dem er stand und ihren Kot auf seinen Kopf fallen ließen. I.] A. a. O., I, S. 170. — [3] Native Tribes of South Australia, S. 200. — [4] S. 201. — [5] S. 205. — [6] Briefliche Mitteilung von Dr. Franz Boas. — [7] Steller, übersetzt von Bunnemeyer. — [8] Briefliche Mitteilung von Dr. Boas.

gespielt werden. Ein solcher Streich besteht auch darin, daß sich die Speisen, die er sich selbst verschafft hatte, zu Torf, verfaultem Holz und Harn verwandeln. [1])

Die Zentral-Eskimos glauben, daß der Regen der Harn einer Gottheit sei. [2])

„Der weiße Augenstein (d. i. Bernstein) macht (in Pommern) die schwangeren Weiber bald gebärend, so man ihn ein wenig auf das Feuer legt und vor die Nase hält, daß sie den Geruch davon schmecken. Aus dem J. 1590". [3])

„Der Bernstein entsteht, wie manche glauben, aus dem Kot des Walfisches". [4]) Die graue Ambra (eine Absonderung des Pottfisches) hielt man früher für den Kot der Walfische oder anderer Meerungeheuer. [5]) Diese Ansicht vom Ursprung der Ambra teilte Avicenna nicht. „Ambra ist nicht der Kot eines Seetieres". [6])

In den gottesdienstlichen Texten der Stämme an den Nilgherri-Hügeln kommt die Stelle vor:

„Mada hat in das Feuer gepißt".
„Mada hat im Angesicht der Sonne gekackt". [7])

Réclus gibt in demselben Werk ein Bruchstück aus einem orphischen Lied: „Glorreicher Jupiter, Du größter der Olympier, Du, der Du Dir in dem Miste der Schafe gefällst, der Du Dich gern in den Kot der Pferde und Maultiere steckst". [8])

„Der gesegnete Apostel Paulus, hingerissen von der Betrachtung der göttlichen Glückseligkeit, vergleicht die hauptsächlichen Freuden der Erde, um seine eigenen Worte zu gebrauchen, mit „stercora", mit schmutzigem Kot im Vergleich zu den Freuden, die er erhoffte". [9])

„Der ist wahrhaft weise, der alle irdischen Dinge als Kot ansieht, damit er Christum gewinnen könne". [10])

„Vor etwa fünfunddreißig Jahren ging unter den Schulbuben das Gerede um, eine Frau stürbe, ließe ein Mann, der mit ihr zusammen war, sein Wasser!" [11])

Den Namen der Stadt Chicago hat irgend ein Sprachforscher auf das Indianerwort für das Stinktier zurückgeführt; er soll angeblich soviel bedeuten wie: Gleich dem pissenden Stinktierchen. Der Harn dieses kleinen Tieres war nach dem Glauben einiger Indianerstämme imstande, einen Menschen blind zu machen, wenn er ihm ins Auge kam, das Tier selbst haben die Azteken unter dem Namen des Tezkatlipoka [12]) als Gott angesehen.

Über die dem Worte Chicago gegebene Auslegung vergleiche man das Werk: „Indian Names of Places near the Great Lakes" von Kapitain Dwight Kelton, Offizier der Armee der Vereinigten Staaten, Chicago III. 1888.

---

[1]) Steller, übersetzt von Bunnemeyer. — [2]) Boas, The Central Eskimo, S. 600. — [3]) Dr. A. Haas, Am Urquell, 1894, V, S. 252. — [4]) John Leo, Observations of Africa, bei Purchas, II, S. 772. — [5]) Mitteilung von W. W. Rockhill. — [6]) Avicenna, I, S. 273, b. 10. — Vergl. dazu Berthold Laufer, Historical jottings on Amber in Asia, Memoirs of the Americ. Anthropological Association, Lancaster, PA. U. S. A. 1907, I, S. 215—244. L. bespricht eingehend die ältesten Meinungen der Völker vom Bernstein, dann insbesondere die der Chinesen, Inder, Tibeter, Römer, Perser, Birmanen, Turkestaner und die Verbreitung europäischen Bernsteins in China. Nach der Ansicht des chinesischen Arztes T'ang Shên-wei hilft Bernsteinpulver vorzüglich gegen weibliche Harnleiden, Eingeweide- und sonstige Schmerzen. — [7]) Réclus, Les Primitifs, S. 245. — [8]) S. 246, angeführt aus Fragmenta Orphei von Hermann. — [9]) Harington, Ajax, S. 26. — [10]) Matt. 17, 23, angeführt bei Thomas a Kempis, Kap. 4, Über die Lehre von der Wahrheit. (An dieser Stelle steht etwas anderes; ähnlich lautet Philipper 3, 8]. — [11]) Briefl. Mitteil. von Prof. Frank Rede Fowke am South Kensington Museum in London. — [12]) Über Tezcatlipoca oder Tlatlauhqui vergl. Ed. Seler, Ancient Mexican Feather Ornaments bei Bowditch a. a. O., S. 68 f und 670.

XL. Harnbeschau oder Krankheiterkennung aus dem Harn.

Die Besichtigung von Kot und Harn der Kranken scheint bei allen Arten von Menschen und in allen Teilen der Erde bestanden zu haben, aber auf den früheren Stufen menschlicher Gesittung war sie mit Gedanken an Weissagungen und Vorbedeutungen verknüpft, wodurch sie zu einem religiösen Brauch wurde.

Den Gesundheitzustand eines Patienten wies man aus dem Zustand seines Harnes nach.[1]) Die Araber pflegten ihren Ärzten „den Harn ihrer Kranken in Fläschchen zu bringen".[2])

In dem Sachverzeichnis zu den Werken Avicennas finden sich 275 Hinweise auf das Aussehen usw. des Krankenharns.[3]) „Apotheker pflegten das Wasser ihrer Patienten zum Arzt zu tragen".[4])

Um feststellen zu können, ob ein Mensch an einer Krankheit der Lunge oder der Leber litt, goß man ein wenig von seinem Harn auf Weizenkleie und stellte das Gemisch an einem kühlen Orte auf; erschienen darin Würmer, so war der Mensch krank usw.[5])

Besichtigte man den Kot und den Harn eines Kranken, um daraus seinen gegenwärtigen Gesundheitzustand zu erkennen und, wenn möglich, eine Voraussage über sein zukünftiges Befinden zu machen, so war das nach der Meinung der unwissenden und halbgebildeten Menschen lediglich der erste Schritt auf dem Wege, um die Zukunft des Gemeinwesens durch eine Besichtigung der Eingeweide und des Kotes der Opfer zu bestimmen, deren Blut auf seinen Altären rauchte. Die Römer hatten diese Art der Weissagung, die Schurig unrichtig als Anthropomantie, Wahrsagung aus menschlichen Eingeweiden, bezeichnet. Er erzählt, daß Heliogabalus ganz besonders dafür eingenommen war, er schreibt sogar diesem Lüstling ihre Einführung zu und drückt seine Genugtuung darüber aus, daß er seinen Lohn dafür erhielt, als man ihn in einem Abtritt tötete und ihn in Kot sterben ließ. Die Sachsen kannten gleichfalls diese Art, die Zukunft zu befragen.[6])

„Uromantie. Das Wort ist gebildet aus ouron, Urin, und manteia, Wahrsagung; es bezeichnet die Kunst aus dem Harn den gegenwärtigen Zustand einer Krankheit zu erraten und die zukünftigen Ereignisse vorauszusagen".[7])

Fallstaff: „Bursche, Du Riese, was sagt der Doktor zu meinem Wasser?"
Page: „Er sagte, Herr, daß das Wasser wohl ein gutes, gesundes Wasser wäre; aber was die Partei beträfe, der es gehöre, so möchte er mehr Krankheiten haben, als er wüßte".[8])

Sir Thomas More besaß großen Witz und ausgelassene Laune, die selbst die Nähe des Todes nicht austreiben konnte. Als man ihm die amtliche Mitteilung machte, sein Gebieter, König Heinrich VIII., habe ihn zum Tode verurteilt, „ließ er sein Harnglas holen und als er Wasser hineinließ, betrachtete er es eine Zeit lang, wie es die Ärzte tun, und schließlich beteuerte er ganz ernsthaft, er erblicke in dem Wasser dieses

---

[1]) Plinius, XXVIII, Kap. 6. — [2]) Burton, Arabian Nights, IV, S. 11. — [3]) In der Übersetzung des Avicenna durch Gerhard von Cremona, Venedig 1595. — [4]) Fosbroke, Encyclopaedia of Antiquities, I, S. 526, unter Urin. — [5]) Beckherius, Med. Microc., S. 62. — [6]) Schurig, Chylologia, S. 749 f. Das ist nur eine Abart der Schulterblattwahrsagung, der Scapulamantia. Vergl. R. Andree, Boas Anniversary Volume, Anthropological papers, New-York 1906, S. 143—165. — [7]) Encyclopédie ou Dict. Rais. des Sciences, Neufchatel 1745, XVII, S. 499, in einem Briefe von Prof. Frank Rede Fowke. — [8]) Shakespeare, König Heinrich IV., Teil 2, Aufzug 1, Auftritt 2.

Mannes weiter nichts, als daß er auch am Leben bleiben könne, wenn es dem König gefiele". [1])

Die tibetischen Ärzte betrachten den Harn der Kranken; dann schütteln sie ihn heftig und horchen auf das Geräusch, das die Blasen machen. [2])

> „Wie man sie quäle
> Und so stark zum Schreien bringe, daß der Arzt,
> Wenn sie davon erkrankt, den Harn benötigt,
> Um es herauszufinden, und sie dann, hilflos,
> In ihrem Unglauben sterbe". [3])

Die Bewohner Europas beschränkten ihre Besichtigung nicht auf die menschliche Ausscheidung; sie durchforschten ebenso sorgfältig jeden Tag die Exkremente von Hunden, Falken und anderen Tieren, die man zur Jagd verwandte. [4])

In dem Schwank „Maitre Pathelin" (aus dem Jahre 1480) schimpft der Held des Stückes „in seinen wahnsinnigen Redereien auf die Ärzte . . . weil sie für seinen Harn kein Verständnis haben. . . . Kurpfuscher beschäftigten sich ganz besonders mit dieser Seite der Heilkunde und übten ihr Handwerk in ungesetzlicher Weise unter dem Namen der „Harndoktoren" oder „Harnkenner" aus. Solche Leute praktizieren heute noch in der Normandie und in gewissen Landstrichen des nördlichen Frankreichs". [5])

„Es ist ein ganz gewöhnliches Verfahren in diesen Tagen, zufällige und gewöhnliche Ereignisse im Leben, die Schwangerschaft einer Frau und sogar die bestimmte Entscheidung über das Männliche und das Weibliche im Mutterleibe aus dem Harn nach erfundenen Schlüssen auf Grund eines angeblichen Wissens vorherzusagen". Weiterhin gibt man dann an, daß sogar als eine Art streng wissenschaftlicher Diagnose die Urinoskopie kein sicheres Ergebnis haben könne, weil bei jeder Krankheit der Körper mehr oder weniger in Unordnung geraten sei und sich diese Unordnung im Harn bemerkbar mache. [6])

Montaigne bringt die Geschichte eines Edelmannes, der seinen Kot sieben oder acht Tage lang in verschiedenen Gefäßen aufbewahrte, um darüber sprechen und ihn vorzeigen zu können. [7])

Bei seiner Schilderung melancholischer Menschen sagt Burton: „Ihr Harn ist meistens blaß und wenig gefärbt, „Harn wenig, scharf, gallig" sagt Aretäus. . . . Bei Melancholischen ist der Kot bei einigen sehr reichlich, bei andern weniger". [8])

Vom Einfluß der Gemütbewegungen auf die leiblichen Ausscheidungen.

Den Einfluß, den Gemütbewegungen auf Störungen in der Tätigkeit der Organe ausüben, haben gelehrte Forscher zum Gegenstand ihrer Untersuchungen gemacht.

„In den „physischen Problemen" beschäftigt sich Aristoteles mit den Beziehungen, die zwischen selischen Eindrücken und der Tätigkeit der inneren Organe bestehen. Er forscht nach, weshalb ein plötzlicher und heftiger Schreck fast immer unwillkürlichen Harnabgang und Durchfall verursacht". [9])

---

[1]) Harington, Ajax, S. 61. (More war der Kanzler Heinrichs VIII., den man wegen seines Festhaltens an der katholischen Kirche hingerichtet hat). — [2]) Mitteilung von W. W. Rockhill. — [3]) Beaumont und Fletcher, Scornful Lady, Vers 1. — [4]) Harington, Ajax. — [5]) Minor, Medicine in the Middle Ages, S. 82. (Sie praktizieren heute noch in ganz Europa!) Auf einem Jahrmarkte in einem slavonischen Marktflecken hörte Krauss noch vor wenigen Jahren einen italienischen Quacksalber (ciarlatano, serbisch: čaratan) von seinem Wagen herab den Bauern den Harn zur Untersuchung abverlangen. Er beguckte den Harn und gab öffentlich seine Diagnosen ab. — [6]) Cotta, Short Discovery, London 1612, S. 104. — [7]) Buckle, Commonplace Book, II, S. 357, unter Anführung von Montaigne, Essais, III, Kap. 9. — [8]) Burton, Anatomy of Melancholy, I, S. 268. — [9]) Aulus Gellius, XIX, Kap. 4, nach Bibliotheca Scatologica, S. 16.

Schurig führt eine große Anzahl von Beispielen für die Macht des Geistes über den Akt der Darmentleerung an; es können ihn geistige Störungen, Furcht, Schlaflosigkeit, Donner, Zorn usw. hervorrufen.[1]) In einem früheren Abschnitt erzählt Schurig mehrere Fälle, in denen Leute, namentlich Frauen, die ohne Zuhilfenahme künstlicher Mittel niemals Stuhlgang hatten, irgend welche geistigen Tätigkeiten, wie Einbildungkraft, Lachen usw. anwandten.

Harington erwähnt in seinem Werke „Ajax" den Fall des päpstlichen Legaten, „der das letzte Jubiläum nach Frankreich brachte; aus Furcht vor seinen Dienern, die sich aus Gewohnheit lärmend um ihn herumtrieben, weil sie am Tragen des Thronhimmels teil haben wollten, und weil er Angst vor Verrätereien hatte, legte er wahrhaftig ganz plötzlich etwas in seine Hosen".[2])

Dr. Fletcher schenkte diesem Gegenstande große Aufmerksamkeit. Er hat mir die Ergebnisse seiner umfangreichen Studien freundlichst zur Verfügung gestellt.

„Je mehr Du weinst, je weniger brauchst Du zu pissen" ist eine volktümliche Redenart von sehr hohem Alter. Der Ausspruch beruht auf ganz richtiger physiologischer Beobachtung; ein Übermaß irgend einer Absonderung erzeugt entsprechende Verminderung einer andern.[3])

Der große Gelehrte Porson versuchte seinen Witz darin, daß er den angeführten familiären Ausspruch in griechische Buchstaben übertrug und führte damit die gelehrten Stubenhocker, denen er die Inschrift zum Lesen vorlegte, hinters Licht.[4])

„Wenn die Liebe Weinen erforderlich macht, oh, weshalb sollte ich mir diese Fluten ersparen, die doch natürlich sonst anderswo vergeudet werden müßten".

„Und bei ihrem Schreien und Zischen
Weinten sie, um sich das Pissen zu sparen,
Denn sie fanden, daß ihr Wasser doch herauskäme,
Und da hielten sie es für das Beste, ohne Streit,
Statt die Hosen und die Beine naß zu machen,
Es aus den Augen sprudeln zu lassen".[5])

„Ich muß von zwischen Deinen Beinen
Den Harn zu Deinen Augen heraufrufen,
Und Dich dazu bringen, wenn Du meine Geschichte hörst,
Daß Deine Wangen von umgekehrtem Harn überfließen".[6])

Das im Urtext in der letzten Zeile vorkommende Wort „launt" ist veraltet, es bedeutet Harn. Vgl. Cotgrave's Dictionary.

„Was liegt darin, wenn sie jammert, Tränen vergießt und die Stirn runzelt?
Lache über ihre Narrheit, sie wird schon aufhören;
Trockne niemals ihre Tränen mit Küssen;
Je mehr sie weint, desto weniger pisst sie".[7])

Auch im alten Französisch findet man diesen Ausdruck und er stammt vielleicht sogar daher: „Pleurez donc et chiez bien des yeux, vous en pissez moins". „Weint also und scheißt tüchtig mit den Augen, Ihr werdet um so weniger pissen".[8])

---

[1]) Schurig, Chylologia, S. 701. — [2]) Harington, Ajax, S. 16. — [3]) Der Volkmund in Niederösterreich sagt von einem Frauenzimmer, das da sehr leicht Tränen vergießt, sie bepisse sich jeden Augenblick. ‚Die wischelt mit den Gluren' (sie pißt mit den Augen). — [4]) Eloise scheint hier auf die wohlbekannte griechische Inschrift anzuspielen, die man noch in den medicäischen Gärten sehen kann: „Θεμῶϱ εὐχϱὶ ϑελες εὐπίς." Darüber ist eine zierliche Gestalt in Hochrelief, die man für die in Tränen aufgelöste Niobe hält — Eloise, en déshabillé. — [5]) Homer Burlesqued, Buch 12. — [6]) Musarum Deliciae, I, S. 110. — [7]) Reflections, Moral, Critical, and Cosmical, III, S. 23; aus dem Jahre 1707. — [8]) Moyen de Parvenir (von Beroalde), aus dem Jahre 1610.

„Wie unwillig war Juletta zu sprechen, wie fürchtete sie mich auch!
Ich könnte mir vor lauter Ärger die Augen auspissen!"[1])

Diese Redenart ist in dem folgenden Spottgedicht auf eine Dame, die ihr Wasser
vergoß, als sie das Trauerspiel „Cato" ansah, in umgekehrtem Sinne dargestellt:

„Während weinerliche Hauptleute ihres Catos Schicksal beklagen,
Saß die Tory-Celia still mit trockenen Augen da;
Aber obwohl ihr Stolz verbot, die Augen überfließen zu lassen,
Fanden die überschwänglichen Gewässer unten einen Ausweg.
Zwar im Geheimen, aber mit reichlichem Strömen trauert sie so,
Wie zwanzig Flußgötter mit allen ihren Urnen.
Laß andere heuchlerisch das Gesicht verzerren,
Sie zeigt ihren Kummer an aufrichtigerer Stelle;
Hier herrscht Natur und ungekünstelte Leidenschaft,
Denn dieser Weg führt unmittelbar zum Herzen!"[2])

„Aber Sandwich sah zu seinem größten Erstaunen
Tränen aus den Augen des Königs fließen,
Und sagte zu ihm, das wäre ja gar nicht so übel —
Je mehr er weinte, je weniger er pisste".[3])

Den gleichen Erfolg erzielt absichtlich Demokrit in Wielands Abderiten, indem
er den Damen so lange lauter lustige Schnurren erzählt, bis sie sich vor Lachen bepissen.

„Boh soll der Name eines dänischen Generals sein, der seinen Gegner Foh so
in Schrecken versetzte, daß er ihn zum Selbstverrat brachte.[4])

XLI. Kot und Harn in der Heilkunde.

Die Verordnung des Harns als Heilmittels, bringt uns eine Fülle von Gedanken.
Die Heilkunde hat sich sowohl in der Theorie als auch in der Praxis, selbst bei Völkern
mit fortgeschrittener und verfeinerter Kultur, bis in unsere Zeit hinein von den Glauben-
vorstellungen des Mittelalters noch nicht ganz freimachen können. Gerade wie bei Völkerstämmen auf einer niedrigen Kulturstufe ist sie noch den Zaubersprüchen und Beschwörungen
des „Medizinmannes" unterworfen. Es ist wohl nicht zu weit gegangen, wenn man behauptet, daß die wissenschaftliche Therapie als solche unter Primitiven noch nicht ausgebildet ist; um aber Erörterungen abzuschneiden und Auseinandersetzungen zu vermeiden,
wollen wir hier annehmen, daß eine solche Wissenschaft, wenn auch noch im außerordentlich rohen Anfangstadium, wirklich vorhanden ist. Und hierher gehören alle Ein-
führungen von Kot und Harn in die Materia medica, solange die Hilfe des Medizinmannes noch nicht in Anspruch genommen worden zu sein scheint, wie bei der Methode
zur Entfernung des Kopfgrindes bei den Mexikanern, bei den Eskimos und anderen, bei
dem Zahnreinigungmittel der Keltiberer usw.[5])

---

[1]) Beaumont und Fletcher, The Pilgrim, 3. Aufz.; 4. Auftr. — [2]) Nick Rowe. —
[3]) The New Foundling Hospital of Wit, IV, S. 204. — [4]) Grose, Dictionary of Buckish Slang,
unter Boh. In demselben Werk findet sich auch die Geschichte des puritanischen Predigers,
dem auf seiner Kanzel derselbe Zwischenfall zustieß, wie er hörte, daß die königlichen Truppen
im Anmarsch waren. — Artikel: Sh—t Sack. — [5]) „Wir haben in der Volksheilkunde, wie sie
heute noch vorhanden ist, die ungeschriebene Überlieferung aus dem Anfange der praktischen
Heilkunde und Chirurgie . . . Die älteste Geschichte der medizinischen Wissenschaft, wie überhaupt jeder Kulturentwicklung, kann man am besten und eingehendsten in der Volkkunde unseres

Als ich mit dem Zusammensuchen und Vergleichen der Tatsachen, die sich auf diesen Gegenstand beziehen, zuerst begann, machte sich die überragende Wichtigkeit des pharmazeutischen Teiles sofort bemerkbar. Ich war der Ansicht, daß diesen Teil der Forschungen ein Gelehrter unternehmen sollte, der schon im Besitz medizinischer Kenntnisse ist und ich entschloß mich erst auf das freundliche Drängen von Gelehrten, mit denen ich im Briefwechsel stand, die Hinweise mit Anführungen aus den hervorragenderen Schriftstellern alter und neuer Zeit zu vermehren. Denn bei diesen erweist sich die Wichtigkeit des Gegenstandes schon dadurch, daß sie seiner Besprechung nicht etwa gelegentlich einige Worte oder dürftige Anspielungen, sondern inhaltreiche Abschnitte und sogar dicke Bücher widmeten.

Dank einem besonders glücklichen Zufall war ich in der Lage, von der Büchersammlung des Army Medical Museum den ausgiebigsten Gebrauch zu machen. Sie ist unter der Leitung des Stabarztes John S. Billings eine der besten Spezialbibliotheken der Welt geworden.

Stabarzt Billings und seine beiden tüchtigen Assistenten, die Doktoren Fletcher und Wise, brachten mir nicht nur höfliche Aufmerksamkeit entgegen, auf die jeder Forscher Anspruch hat, sondern sie arbeiteten in einsichtiger und anteilnehmender Weise mit, wofür ich ihnen hier noch ganz besonderen Dank aussprehe.

Einem solchen Stoffreichtum gegenüber sah ich es als mein gutes Recht an, mich nur an die Schriftsteller zu halten, die jeder Kritik standhalten konnten; hätte ich einen andern Weg eingeschlagen und den Versuch gemacht, jeden irgendwie erreichbaren Stoff zusammenzubringen, so wäre dieser Abschnitt auf hunderte, vielleicht tausende von Seiten angeschwollen.

* * *

„Sprengel glaubt, Asklepiades mit dem Beinamen Pharmakion sei der erste, der Menschenkot verschrieben hat; es ist aber wahrscheinlich, daß er lediglich Vorschriften zu Papier brachte, die als bereits geheiligter Brauch schon im Orient, namentlich in Ägypten längst vorhanden waren".[1]

Der älteste Schriftsteller, dessen Werke ich heranzog, ist der im Jahre 460 v. u. Z. geborene Hippokrates, den man den Vater der Heilkunde genannt hat. „Er war ein Glied der Familie der Asklepiaden . . . ein Nachkomme sowohl des Aeskulap als auch des Herkules. Er stammte aus einer Familie von Priesterärzten und war der erste, der den Aberglauben beiseite warf und die Ausübung der Heilkunde auf die Grundsätze der induktiven Philosophie gründete".[2]

---

und anderer Länder studieren, besser als es einige Forscher der Geschichte moderner Wissenschaft und genauer moderner Urkunden für möglich halten". William George Black, Folk-Medicine, London 1883, S. 2 f. — Man vergl. dazu die nachdrücklichen Ablehnungen der sogen. pragmatischen Weltgeschichte und die Bewertung der Folklore bei William I. Thomas im Source Book for Social Origins, Washington 1909, S. 12 u. 13. Nach seiner Ansicht, deren Begründung sein ganzes Werk dient, ist folgerichtig alle die Menge von Geschichtwerken, die z. B. die chrowotische Akademie in Agram herausgab, lauter Makulatur. Was man alles aus der Volksmedizin lernen kann, zeigten uns Julius Tuchmann mit seiner Studie von der Fascination (Mélusine III—XI), Max Bartels und Max Höfler, De Cock, Dr. Aigremont und einige andere in ihren zahlreichen, für den Volkforscher unentbehrlichen allgemeinen und Einzeluntersuchungen. Alle diese Leistungen erfüllen überreichlich die von Bourke gehegten Erwartungen. Zieht man noch die in den Folklore- und Ethnologie-Zeitschriften erschienenen Erhebungen und Abhandlungen hinzu, so- wird die „exceeding importance" der Volksheilkunst für jeden Zweig unserer Forschung gewiß offenbar. Gerade aber wegen der übergroßen Fülle des Stoffes müssen wir bei diesem Abschnitte von erheblichen Zusätzen aus Druckschriften absehen, um das Buch nicht über alle Gebühr anschwellen zu lassen.

[1] Bibliotheca Scatologica, S. 29 f. — [2] Encyclopaedia Britannica.

Galen schrieb eine Reihe von erklärenden Zusätzen zu dessen Schriften. Medizinische Schriftsteller stimmen zwar nicht darin überein, wieviele von den ihm zugeschriebenen Werken echt sind; aber die Ausgaben der anerkannt echten und der für verdächtig gehaltenen sind fast unzählig und in jeder europäischen Sprache gedruckt vorhanden.

In der Ausgabe von Francis Adams[1] findet sich nirgends eine Erwähnung von menschlichem oder tierischem Kot als Arzneimittel. Aber in einer anderen Ausgabe findet man die Angabe, daß man Eselmist als Mittel gegen allzu reichlichen Monatfluß verschrieb.[2]

Etmuller sagt, Hippokrates habe Habichtdung verordnet, um die Austreibung des Foetus zu beschleunigen und auch als Mittel gegen Unfruchtbarkeit.[3] Die allgemeine Verwendung von kotartigen Stoffen bei der Ausübung der Heilkunde zur Zeit des Hippokrates läßt sich aus Angaben nachweisen, die anderen Quellen entnommen sind. So belegte zum Beispiel Aristophanes, der sein Zeitgenosse war (geboren 446 v. u. Z.), die ganze ärztliche Bruderschaft mit dem Beinamen „Dreckfresser", und Xenokrates, ein anderer praktischer Arzt jener Zeit, von dessen Schriften sich allerdings weiter nichts erhalten hat, als der magere Abriß, den man in den Kommentaren Galens findet, wandte häufig nicht nur menschlichen und tierischen Kot an, sondern auch alle sonstigen Absonderungen und Ausscheidungen. Nach Appleton's Encyclopaedia war Xenokrates im Jahre 396 v. u. Z. geboren.

Schurig berichtet von Aristophanes, daß er die Ärzte als „Dreckfresser" bezeichnete, „weil sie so große Verehrer davon gewesen seien, daß sie sogar von dem Kot der angesehenen Leute kosten wollten". Er sagt ferner: „Daher hat auch jemand von ihm nicht ganz unpaßend gesagt, er sei des Arztes Xenokrates würdig gewesen, der alle Krankheiten mit allem möglichen Tierkot zu heilen pflegte".[4]

„Sechzig Jahre vor Galen hatte Xenokrates auch ein ausgiebiges Verzeichnis ekelhafter Vorschriften, für die der Schleier einer toten Sprache erforderlich ist".[5] Darunter befanden sich auch Frauenharn und Monatblut.

Aristophanes nannte die Ärzte seiner Zeit σκατοφάγους oder Dreckfresser. „Dies war eher boshaft als wahr, denn die Zunftbrüder ließen ihre Kunden jedenfalls mehr davon essen, als sie selber genossen haben mögen".[6] Menschenkot wandte unter der Bezeichnung „botryon" der Athener Aeschines als Heilmittel gegen die Halsbräune an.[7] Aeschines lebte zwischen 389 und 317 v. u. Z. „Serapion von Alexandria lebte um das Jahr 278 v. u. Z., vierzig Jahre nach Alexander dem Großen, und war eines der Häupter der empirischen Schule . . . Bei fallender Sucht . . . verordnete er Krokodilmist".[8]

In zeitlicher Reihenfolge würde Plinius der Nächste sein, dessen Naturgeschichte eine wahre Fundgrube für den vorliegenden Gegenstand ist; dann käme Dioskorides, der in den letzten Jahren des ersten und den beginnenden Jahren des zweiten Jahrhunderts unserer Zeitrechnung lebte; und schließlich Galen, der im Jahre 130 u. Z. zu Pergamos in Mysien geboren wurde. „Er war der berühmteste der alten medizinischen Schriftsteller und Kaiser Marcus Aurelius ernannte ihn zum Leibarzt seines Sohnes, des jungen Prinzen und späteren Kaisers Commodus".[9] Die Reihe der klassischen Quellen schließt mit Sextus Placitus, dessen Werken ich vieles für uns Wichtiges entnehme.

---

[1] Sydenham Society, London 1849. — [2] Kuhn's Ausgabe, Leipzig 1829, I, S. 481. — [3] Etmuller, II, S. 285. — [4] Schurig, Chylologia, S. 82. — [5] Saxon Leechdoms, I, S. 18. — [6] Bibliotheca Scatologica. — [7] Plinius, Naturgeschichte, XXVIII, Kap. 10. — [8] Saxon Leechdoms, I, S. 14. — [9] Encyclopaedia Britannica. — Was wir heutigentags Volksmedizin heißen, ist vielfach der Überrest wissenschaftlich längst obsoleter Heillehren, die mit ihrem Ursprung mitunter ins graue Altertum hinführen, oder zumindest sind es solche, deren Vorkommen wir

Jeder Schriftsteller soll hier zunächst mit seinen eigenen Worten reden, die erforderlichen Schlußfolgerungen ziehe ich daraus später; die Bemerkungen über Liebetränke und Geburt wies ich jedoch den Abschnitten zu, die von diesen Dingen handeln und zwar lediglich aus dem Grunde, um Wiederholungen soviel als möglich zu vermeiden.

Die zunächst angeführten Heilmittel sind aus Plinius entnommen und zwar den jedesmal in Klammern angeführten Stellen.

Auszüge aus Plinius' Schriften.

„Eine Pflanze, die auf einem Dunghaufen in einem Felde gewachsen ist, gilt als ein sehr wirksames Mittel gegen Halsbräune, nimmt man sie in Wasser ein". (XXVIII, Kap. 110). „Eine Pflanze, auf die ein Hund gepißt hat und die man mit den Wurzeln herausriß, ohne sie mit Eisen zu berühren, ist ein sehr schnell wirkendes Heilmittel gegen Verstauchungen". (Ebenda, Kap. 111).

„Zu Asche gebrannter und mit Öl angerührter Kamelmist kräuselt das Kopfhaar und macht es lockig, und nimmt man soviel wie ein Mann mit drei Fingern faßen kann, in einem Getränk ein, so heilt er die rote Ruhr; ebenso heilt er die fallende Krankheit. Kamelpisse ist, wie man behauptet, ein gutes Mittel für die Walker, um damit das Tuch abzureiben; ebenso heilt sie jedes laufende Geschwür, das man darin badet. Es ist wohl bekannt, daß die Barbarenvölker den Harn ihrer Kamele aufbewahren, bis er fünf Jahre alt geworden ist, denn dann ist ein Schluck davon, etwa die Menge einer Hemina,[1]) ein guter Abführtrank". (XXVIII, Kap. 8).

Ziegenbockmist ist ein gutes Mittel gegen böse Augen. (XXVIII, Kap. 11).

Gegen den Grindkopf wandten die Römer Stierharn an. Abgestandene Kammertopflauge hielt man auch für gut. Ziegenbockgalle mit Stierharn vermischt tötete die Läuse. Hundekot und Ziegenkot verordnete man gleichfalls. (XXVIII, Kap. 11). Wolfkot wird als gut gegen den grauen Star erwähnt. (Ebenda).

Hennenkot, d. h. dessen weißen Teil, verordnete man als Gegenmittel gegen giftige Pilze; ebenso um Blähungen zu heilen, (aber bei allen lebenden Wesen bringt er Blähungen hervor, sagt Plinius). Frisch gebrannte Pferdemistasche, Wildschweinharn, grünen Eselkot erwähnt man bei den Heilmitteln für Ohrenschmerzen. (Ebenda); auch Harn eines Stieres oder eines Ziegenbocks, ferner warm gemachten abgestandenen Menschenharn; ebenso Kälberpisse und Kälberkot. Mist von Ziegenböcken und Pferden benutzte man, um Schlangen zu vertreiben. (Ebenda, Kap. 110).

Menschenharn verwendete man, um die Bisse toller Hunde zu heilen. (Ebenda, Kap. 18).[2])

---

auch bei den ältesten Geschichtvölkern nachweisen können. Wie die Verbreitung stattfand, zeigt in aller Kürze sehr lehrreich J. Stadler in der Allgem. Med. Zentral-Ztg., Berlin 1900, Nr. 35 und Nr. 90 u. 91. Er setzt da auseinander, wie uralte römische und griechische Rezepte ihren Weg aus romanischen Ländern über ganz Europa gefunden. Die slavischen mönchischen Heilbücher gehen samt und sonders darauf zurück. Vergl. Krauss, Die Volkkunde in den Jahren 1897—1902, Erlangen 1903, S. 99—104. Wieviel davon ins Volk gedrungen und was örtlich selbständige Überlieferung ist, läßt sich nur jeweilig mit umständlichen Untersuchungen ermitteln. Jedenfalls hat man möglichst genau zwischen den Rezepten auf Papier und der wirklichen Übung im Volkbrauch zu unterscheiden. Hier setzt die folkloristische Forschung ein.

[1]) Da liegt wohl ein Fehler in der Überlieferung vor. Eine Hemina umfaßte etwa 5,48 Liter, und das wäre denn doch ein bißchen zu viel, selbst gegen hartnäckigste Verstopfung. —
[2]) Man begnügte sich wohlweislich nicht mit dem einen Mittel, sondern gebrauchte noch manche andere dazu, die ebensoviel taugen. Vergl. Henri Gaidoz, La Rage et St. Hubert (1. Band der Bibliotheca Mythica), Paris 1887, 224. S., gr. 8°. 1. Abschnitt: La rage dans l'antiquité classique; ses causes; survivances thérapeutiques, S. 5—21. Für das Studium der Volkmedizin ist diese Monographie sehr empfehlenswert.

Plinius bemerkt, daß die Griechen das von den Leibern der Athleten abgekratzte Zeug als ein den Monatfluß beförderndes Mittel anwandten, ebenso für Gebärmutterstörungen, Verstauchungen, Muskelrheumatismus usw. „Wir finden auch, daß sehr angesehene Schriftsteller laut verkünden, Samenflüssigkeit sei ein unübertreffliches Mittel gegen Skorpionstich. Und in dem Falle, daß eine Frau mit Unfruchtbarkeit behaftet ist, empfehlen sie die Anwendung eines Mutterkranzes aus frischem Kot, den ein Kind bei der Geburt entleert hat. . . . Sie sind sogar so weit gegangen, den Schmutz von Turnhallenmauern abzukratzen und zu behaupten, daß dieser gewisse, Wärme erzeugende Eigenschaften besitze. . . . Der Harn ist nicht allein bei zahlreichen Schriftstellern ein Gegenstand für alle möglichen Theorien gewesen, sondern man verwandte ihn auch bei mehreren religiösen Gebräuchen, und von seinen Eigenschaften handelt man ab, indem man sie nach ganz bestimmten Gesichtspunkten ordnet. So behaupten sie, z. B., daß der Harn von Verschnittenen als ein Beförderer der Fruchtbarkeit bei Frauen ganz besonders wirksam sei". Er erwähnt auch den Kinderharn als bestes Mittel gegen die giftige Absonderung der ägyptischen Brillenschlange, die „ihr Gift in die Augen der Menschen spritzt". Bei Augenkrankheiten wandte man menschlichen Harn an, namentlich bei Häutchen und weißen Flecken auf der Hornhaut oder bei Krankheiten der Augenlider. Man benutzte ihn ferner zur Heilung von Brandwunden, von laufenden Ohren, als monatflußbeförderndes Mittel, gegen Sonnenbrand und um Tintenflecke zu entfernen. Männerharn heilt Podagra. Harn heilt Hautausschläge bei Kindern, fressende Geschwüre, Eiterbeulen, aufgesprungene Haut, Schlangenbisse, Kopfgeschwüre und krebsartige Wunden an den Geschlechtteilen . . . Für jeden Menschen ist der eigene Harn der beste". (XXVIII, Kap. 18).

Kamelmistasche verordnete man innerlich bei Fallsucht und auch gegen die rote Ruhr (Kap. 27). Flußpferdmist gebrauchte man zu Räucherungen, um das kalte Fieber zu heilen (Kap. 31). Jaguarharn hilft gegen Harnzwang; man nahm ihn auch innerlich gegen Halsschmerzen. (Ebenda).

Hyaenenharn soll gegen veraltete Leiden gut sein, (Ebenda, Kap. 27); wird auch als Trank gegen die Ruhr eingegeben; auch zu Aufschlägen verwandt. (Ebenda). Krokodilenkot gegen Augenkrankheiten und Fallsucht; in der Form des Mutterkranzes als monatflußförderndes Mittel. (XXVIII, Kap. 29). Luchsharn gegen Harnzwang und Brustschmerzen. (Kap. 32). Ziegenbockharn als Gegengift gegen Schlangenbisse. (Kap. 42).

Ziegenbockkot als Gegengift gegen Schlangenbisse. — Pferdemist von Pferden, die auf der Weide sind, gegen Schlangenbisse. — Ziegenbockkot gegen Skorpionenstiche. — Kälberkot gegen Skorpionenbisse. — Ziegenkot gegen den Biss toller Hunde. — Dachskot, Kuckuckkot, Schwalbenkot, innerlich genommen, gegen den Biss toller Hunde. (Ebenda). Stierkot innerlich gegen Grind. — Ziegenkot gegen Grind. (Kap. 46). Wolfkot gegen grauen Star. — Ziegenkot innerlich gegen Augenentzündung und Augenleiden im Allgemeinen. (Kap. 47). Wildschweinharn gegen Augenleiden. — Eselmist gegen Taubheit. — Pferdemist gegen Taubheit, auch für Umschläge gebraucht. — Stierharn gegen Taubheit. — Ziegenharn gegen Taubheit. — Kälbermist gegen Taubheit. — Kälberharn gegen Taubheit. (Kap. 48). Eselharn innerlich gegen Elefantiasis. (Kap. 30).

Katzenkot auf den Nacken gerieben ist gut, wenn man einen Knochen im Hals stecken hat. — Warmer Harn, Kuhmist und Ziegenmist gegen skrofulöse Leiden. (Kap. 51). Ziegenharn und Ziegenkot gegen steifen Hals. (Ebenda, Kap. 52). Hasenkot innerlich gegen Husten. (Kap. 53). Eberkot, Schweinekot innerlich gegen Lendenschmerzen. (Ebenda, Kap. 56). Kuhmist äußerlich gegen Hüftweh. (Kap. 56). Eselmist innerlich gegen Leberleiden. (Kap. 57).

Pferdemist innerlich gegen Eingeweideleiden. (Kap. 58). Eberkot oder Schweinekot innerlich gegen Ruhr. — Hasenkot, Eselkot, Pferdemist oder Ziegenkot innerlich gegen Ruhr. — Kälberkot innerlich gegen Blähungen. — Hasenkot innerlich gegen Brüche. —

Eselkot innerlich gegen Darmgrimmen. — Schweinekot innerlich gegen Darmgrimmen. — Wildschweinkot innerlich gegen Blasenleiden; wird auch innerlich gegen Blasensteine angewendet. (Kap. 59). Ziegenkot innerlich gegen Blasensteine. — Ziegenkot äußerlich gegen Geschwüre an den Geschlechtteilen. — Wildeselharn äußerlich gegen Krankheiten der Geschlechtteile. — Ziegenharn äußerlich gegen Krankheiten der Geschlechtteile. — Ziegenkot äußerlich gegen Krankheiten der Geschlechtteile, ebenso innerlich gegen Podagra. Kuhmist innerlich gegen Podagra. — Kälberkot innerlich gegen Podagra. — Ziegenkot äußerlich gegen Hüftweh. (Kap. 60 u. 61). — Wildschweinkot, Schweinekot gegen Hautrisse, Hornhaut, Schwielen. — Eselharn für auf der Reise wund gewordene Füße. — Kälberkot gebrannt gegen Krampfadern. — Wildschweinharn getrunken gegen fallende Sucht. — Pferdeharn getrunken gegen fallende Sucht, auch gegen Fieberwahnsinn. — Eselharn äußerlich gegen Lähmung. (Kap. 63).

Kot eines neugeborenen Esels innerlich gegen Gelbsucht. — Kot eines Füllens gegen Gelbsucht. (Kap. 64). — Ziegenkot äußerlich gegen Knochenbrüche. (Kap. 65). Kuhmist gebrannt, mit Knabenharn verdünnt, rieb man beim viertägigen Fieber auf die Zehen des Kranken (Kap. 66). Kälberkot innerlich gegen Melancholie. — Schweinekot innerlich gegen Auszehrung. (Kap. 67). Wildschweinharn innerlich gegen Wassersucht. — Kuhpisse innerlich gegen Wassersucht. — Kälberharn innerlich gegen Wassersucht. — Stierharn innerlich gegen Wassersucht. (Stierharn gab man den Männern, Kuhharn den Frauen ein). (Kap. 68). — Kälberkot, Kuhmist, Schweinekot, Eselkot wandte man sämtlich äußerlich als Heilmittel gegen Rose und eiternde Hautausschläge an. (Kap. 69).

Wildschweinkot, Schweinekot, Hasenkot, Ziegenkot äußerlich gegen alle Arten von Brandwunden. (Kap. 71). Wildschweinkot, Schweinekot, Kälberkot, Ziegenkot, Kuhmist äußerlich gegen Verstauchungen, Verhärtungen und Blutgeschwüre. (Kap. 70). Ziegenkot, Wildschweinkot äußerlich gegen Quetschungen, Beulen usw. — Kaiser Nero, der skrofulös veranlagt war, trank die Asche von Wildschweinkot in Wasser, um sich zu erfrischen. (Kap. 72). Eselkot gebrannt äußerlich gegen Blutflüsse. — Kälberkot äußerlich gegen Blutflüsse. (Kap. 73). Schweinekot äußerlich gegen Geschwüre. — Ziegenkot äußerlich gegen Geschwüre. — Schweinekot, frisch, äußerlich gegen Wunden. — Pferdemist, Kuhmist, frisch, äußerlich gegen Wunden. (Kap. 74). Kuhmist äußerlich gegen Hautjucken. — Kuhmist, Ziegenkot äußerlich aufgelegt, um Dorne herauszuziehen. (Kap. 76).

Wildschweinkot oder Schweinekot innerlich gegen Entzündungen der Gebärmutter (Kap, 77). — Eselkot als Pflaster oder Pulver oder Räucherungen für alle Gebärmutterleiden. — Ochsenmist als Räucherung gegen Gebärmuttersenkungen. — Katzenkot als Mutterkranz gegen Geschwüre der Gebärmutter. — Ziegenharn innerlich genommen und der Kot örtlich angewandt, wird Gebärmutterblutungen Einhalt tun und mögen sie noch so reichlich sein. (Ebenda). — Schweinekot gebrauchte man als Einlage um trächtige Tiere vom Blutflusse zu heilen. — Die Ochsen auf der Insel Cypern heilen sich selber die Leibschmerzen dadurch, daß sie Menschenkot fressen. (Ebenda, Kap. 81).

Mäusekot und die Asche vom Schafmist verordnete man gegen Grind. Der Pfauenkot wird als sehr nützlich in der Heilkunde erklärt, aber für was, ist nicht angegeben. (Kap. 6). Schafmist äußerlich gegen Schlangenbisse. (Kap. 15). Ein sehr wirksames Heilmittel für von der Brillenschlange herrührende Wunden war für die gebissenen Leute das Trinken des eigenen Harns. (Kap. 18). — Gegen den Biss aller Arten Spinnen Schafmist in Essig eingelegt. (Kap. 27). — Geflügelkot ist gut als Auflage bei Skorpionenstich. (Kap. 29).

Der Kot des Federviehs ist mit Essig angesetzt sehr nützlich, er muß aber eine rote Farbe haben. Wird auch bei Bissen von tollen Hunden angewandt. (Kap. 32). Man glaubte, daß der Harn eines tollen Hundes den Leuten, die darauf traten, schädlich sein würde, „namentlich solchen, die an skrofulösen Erkrankungen litten". Das rechte Mittel für solche Fälle ist die Anwendung von Pferdemist. (Ebenda). — Wer sein Wasser läßt, wo vorher ein Hund Wasser gelassen hat, wird Steifigkeit in den Lenden davontragen. (Kap. 32). — Geflügelkot, aber nur der weiße Teil, ist ein ausgezeichnetes Gegenmittel gegen das Gift von Pilzen und Schwämmen; er ist auch ein Heilmittel gegen Blähungen und Erstickunganfälle, worüber man sich um so mehr wundern muß, wenn man sieht, daß jedes lebende Wesen, das nur von diesem Kot kostet, sofort von Leibschmerzen und Blähungen ergriffen wird. — Waldtaubenkot ist ein Gegenmittel gegen Quecksilbervergiftung. (Kap. 33). — Schafmist, Mäusekot, Geflügelkot äußerlich angewandt bei der Behandlung der Kahlköpfigkeit oder alopoecia, sogenannt nach alopex, dem Fuchs, „ein Tier, das dem Verlust seiner Haare sehr häufig unterworfen ist". Kap. 34). — Mäusekot äußerlich gegen Erkrankungen der Augenlider. (Kap. 37). — Geflügelkot als Umschläge für kurzsichtige Leute. — Der Pfau verschlingt seinen Kot, wie man sagt, gerade als wenn er den Menschen um dessen verschiedenartigen Gebrauch beneide. — Taubenmist äußerlich gegen Fisteln. — Habichtkot, Turteltaubenkot äußerlich gegen Flecken auf der Hornhaut. (Kap. 38). — Taubenkot äußerlich gegen Entzündungen der Ohrspeicheldrüse. (XXIX, Kap. 39). — Mäusekot, Rabenkot, Sperlingkot. Die Asche derselben füllte man in hohle Zähne und wandte sie äußerlich gegen alle Arten von Zahnschmerzen an. (XXX, Kap. 8). — Mäusekot ist gut für übelriechenden Atem, es macht ihn angenehm. (Kap. 9); wird auch für Gallensteine verschrieben. (Kap. 8).

Der Mist von Lämmern, ehe sie zu grasen angefangen haben, mildert Krankheiten des Gaumens und Halsschmerzen. Man muß ihn aber im Schatten trocknen. (Kap. 11). — Taubenmist zum Gurgeln bei Halsleiden (ebenda); innerlich bei Halsbräune (ebenda. Kap. 12); innerlich gegen die Ruhr (Kap. 19) und äußerlich für die Heilung der Krummdarmgicht (Kap. 20). — Mäusekot auf den Unterleib gerieben galt als ein Mittel gegen Blasensteine. (Kap. 21). — Das Fleisch eines Igels, den man getötet, ehe er Zeit hatte, seinen Harn über seinen Körper zu lassen, war ein Heilmittel gegen Harnzwang; es pflegte aber Harnzwang hervorzurufen, wenn es dem Igel gelang, vor seinem Tode sein eigenes Fleisch zu bepissen. — Taubenkot innerlich gegen Nierensteine. — Schwalbenkot als Stuhlzäpfchen und Abführmittel. (Kap. 21). — Hundekot äußerlich gegen Mastdarmfistel. — Mäusekot und Taubenkot äußerlich gegen Geschwülste. — Schafmist und Geflügelkot äußerlich gegen Gicht. (Kap. 22). — Ringeltaubenkot als Umschläge gegen Schmerzen in den Gelenken. (Kap. 23). — Die Asche von Tauben- oder Geflügelkot äußerlich gegen Hautabschürfungen an den Füßen. — Mauleselharn, Schafmist und Geflügelkot äußerlich gegen Hühneraugen. — Hundepisse, Schafmist und Geflügelkot äußerlich gegen Hautauswüchse jeder Art (Warzen). — Schwalbenkot innerlich zur Heilung von Fiebern. (Kap. 25 und 30). — Taubenkot, Geflügelkot und Schafmist äußerlich gegen Blutgeschwüre (Furunkel und Karbunkel, (Kap. 33 und 34). — Schafmist äußerlich gegen Verbrennungen. (Kap. 35).

Schnupfmittel aus Taubenmist gegen Gehirnblutflüsse. — Pferdemist äußerlich gegen Blutflüsse aus Wunden. (Kap. 38). — Die Asche von Schafmist äußerlich gegen Krebsgeschwüre. — Schafmist äußerlich gegen Wunden und Fisteln. — Mäusekot zum Ätzen. — Asche von Wieselkot zum Ätzen. — Asche von Taubenmist zum Ätzen. — Taubenmist und Geflügelkot gegen alte Wundennarben. (Kap. 39 und 40). — Schafmist äußerlich gegen Frauenleiden. — Mäusekot äußerlich gegen geschwollene Brüste. (Kap. 43).

Auszüge aus Dioskorides' Schriften.

Dioskorides widmet der Verwendung verschiedenster Kotarten in der Heilkunde einen ganzen Abschnitt, von dem wir im folgenden eine Übersetzung geben. (Bourke bringt zunächst Auszüge daraus in englischer Sprache, die wir hier weglassen,

weil sie sich in der folgenden Übersetzung des ganzen Abschnittes, den Bourke lateinisch anführt, wiederholen).

„Legt man den frischen Kot des Hornviehes auf Wunden auf, so mildert das
die Entzündungen; man soll ihn aber in Blätter gewickelt in heißer Asche warm machen
und dann auflegen. In derselben Weise warm angewandt mildert er auch Schmerzen
am Ende des Rückgrats. In gleicher Weise aber als Umschlag mit Essig aufgelegt zerteilt er Verhärtungen, Drüsenanschwellungen und Geschwulste der Mandeln. Ganz besonders aber heilt der Mist des männlichen Hornviehes den Vorfall der Gebärmutter, wenn
er als Räucherungmittel angewendet wird, auch vertreibt der aufsteigende Dunst die
Mücken. Ziegenmist, namentlich von solchen Ziegen, die auf den Bergen weiden, bessert
in Wein getrunken die fallende Sucht, als Trank mit aromatischen Mitteln bringt er den
Monatfluß in Gang und hilft bei der Austreibung des Fötus.

„Getrocknet, zerrieben und mit Weihrauch in Wolle aufgelegt bringt er den Monat-
fluß der Frauen zum Stillstand und schränkt auch mit Essig alle anderen Blutflüsse ein.
Gebrannt und mit Weinessig oder Honigessig eingeschmiert heilt er die Kahlköpfigkeit.
Als Umschläge mit Schweinefett aufgelegt ist er gut gegen Gichtleiden. Mit Essig oder
Wein gekocht und aufgelegt hilft er gegen Schlangenbisse, Flechten, Rotlauf (Rose) und
Entzündungen der Ohrdrüse. In derselben Weise kann man ihn auch mit Nutzen gegen
Hüftweh gebrauchen; in die Höhlung, die sich zwischen dem Daumen und dem Zeige-
finger befindet, legt man zu diesem Zwecke dort, wo sie dem Daumen am nächsten ist,
zunächst mit Öl getränkte Wolle und dann legt man einzeln heiße Pillen aus Ziegenmist
auf, bis die Empfindung durch den Arm bis zum Hüftknochen gelangt und den Schmerz
mildert. Das nennt man die arabische Erhitzung.

„Schafmist aber, mit Essig aufgelegt, heilt die nachts ausbrechenden schmerzhaften
Blattern, Leichdörner, Warzen, die Hitzblattern genannten Ausschläge, die trocken sind . . .
Getrockneter Wildschweinkot, in Wasser oder Wein eingenommen, bringt das Blutspeien
zum Stillstand und vertreibt länger anhaltendes Seitenstechen. Bei Anfällen von Wahnsinn aber und bei Krämpfen muß man ihn mit Essig trinken; ausgenommen bei Ver-
renkungen ist er auch ein gutes Heilmittel gegen Rotlauf. Weiterhin stillt sowohl Esel-
als auch Pferdemist, entweder frisch oder gebrannt, unter Hinzufügen von Essig alle Blutflüsse. Der trockene Kot aber desjenigen Hornviehes, das Gras frißt, in Wein eingelegt
und getrunken heilt ganz besonders den Skorpionstich.

„Taubenmist wird, weil er heftig erhitzt und brennt, mit frischem Mehl vermischt,
und mit Essig verteilt er geschwollene Drüsen. Mit Honig, Leinsamen und Öl angerieben
zieht er Karbunkel auf und hilft auch gegen Verbrennungen. Hühnerkot ist gleichfalls,
namentlich bei bösartigen Fällen, gut zu gebrauchen. Besonders wirksam ist er aber bei
giftigen Pilzen und bei Kolikschmerzen, nimmt man ihn mit Essig oder Wein ein. Storch-
mist wird, mit Wasser getrunken, als nützlich gegen die fallende Sucht angesehen. Geierkot soll als Räuchermittel den Fötus ans Licht ziehen. Mäusekot mit Essig angerieben
und aufgestrichen, hilft gegen Kahlköpfigkeit; mit Weihrauch aber und Weinmeth getrunken
treibt er die Steine ab. Bei Verstopfung der Kinder reizt er die Därme zur Entleerung.
Hundekot, den man zur Zeit der Hundtage gesammelt, hilft trocken mit Wein oder Wasser
getrunken gegen Durchfall. Aber frischer Menschenkot, der als Umschlag abwechselnd
aufgelegt wird, hält bei Wunden die Entzündung fern und zieht sie zusammen. Trocken
aber mit Honig als Salbe eingeschmiert soll er gegen Halskrankheiten helfen.

„Der Kot des Landkrokodils verschafft den Frauen eine gute Gesichtfarbe und
zarte Haut". „Am besten ist er, wenn er ganz hell ist und nach Art von kleinen Stärke-
körnern sich in Wasser sogleich leicht auflöst und, wenn er gerieben wird, etwas säuer-
lich ist und nach Sauerteig riecht. Es gibt aber unter den Leuten, die ihn verkaufen,
solche, die ihn mit dem einigermaßen ähnlichen Kot von Spechten verfälschen, die Reis

gefressen haben. Andere mischen auch Stärke oder weiße Siegelerde darunter und lassen sie in der richtigen Weise gefärbt durch ein grobes Sieb hindurchgehen und trocknen diese wie Würmchen aussehenden Dinger, die sie dann anstelle der echten verkaufen. Übrigens hat man im getrockneten und mit Honig vermischten Menschenkot, ebenso wie im Hundekot, wenn man ihn auf die Kehle auflegt, ein Heilmittel gegen Halsleiden, sowohl gegen geheime als auch gegen bösartige. [1]

„Trinkt ein Mensch seinen eigenen Harn, so hilft dies gegen Schlangenbisse und tötliche Gifte, auch gegen beginnende Wassersucht. Er ist auch gut gegen Bisse des Seeigels, des Skorpions und großer Schlangen. Der Kot eines tollwütigen Hundes ist sehr geeignet, um Wunden damit zu bedecken; fügt man Soda hinzu, so kann man damit Aussatz und Hautkrankheiten vertreiben. Alter Hundekot fegt Kopfgrind, Krätze, Pickeln und brennende Hautausschläge um so stärker weg, da er ja auch fressende Geschwüre, selbst solche an den Geschlechtteilen verschwinden läßt. In eiternde Ohren eingegossen zieht er den Eiter zusammen, und mit Granatäpfeln gekocht bringt er kleine Tiere, die etwa in das Ohr gekrochen sind, bald heraus. Der Harn unschuldiger Kinder hilft getrunken gegen Atemnot, aber mit Honig in einem Gefäß aus Erz gekocht bessert er Narben, weiße Flecken im Auge und Augenverdunkelung.

„Aus diesem läßt sich auch mit Kupfer ein Leim herstellen, der geeignet ist, um Gold auf Eisen zu befestigen. Harnsatz heilt aufgestrichen den Rotlauf. Heiß gemacht und mit Cyprinus[2] auf die Gebärmutter gelegt, zerteilt er die Schmerzen, entfernt Einschnürungen, reinigt die Augenlider und bessert Narben am Auge. Stierharn heilt mit Myrrhen angerieben und eingetröpfelt die Ohrenschmerzen.

„Wildschweinharn ist mit denselben Kräften begabt, besonders aber zerkleinert er getrunken die Blasensteine und treibt sie ab. Ziegenharn soll, mit Nardenöl und zwei Bechern Wasser täglich getrunken, Wassersucht unter der Haut heilen, auf die Harnabsonderung einwirken und namentlich in die Ohrhöhle eingeträufelt Ohrschmerzen heilen. Endlich schreibt man dem Eselharn die Eigenschaft zu, Nierenentzündung zu heilen". [3]

Dioskorides spricht auch von der Verwendung eines Heilmittels, das als Luchsharn bekannt war, aber er meint, es sei eine Art Ambra gewesen. [4]

Dioskorides II, Kap. 73 und seine Ausleger, P. Andreas Mathicle Fol. 238 und J. Cornarius, comment. Kap. 69, Fol. m. 134 gestatten den Gebrauch von kotartigen Stoffen bei den Bauern und wenn man nichts Besseres zur Hand hat; sie untersagen ihn aber für die Stadtbewohner und diejenigen Leute, die sich besonderen Ansehens erfreuen. Außer seinem großen Werke De materia medica schreibt man dem Dioskorides allgemein eine Abhandlung zu, die den Titel „Euporista" trägt, d. h. leicht zu beschaffende Heilmittel (in Straßburg 1565 und nochmals in Frankfurt am Main 1598 nach dem ursprünglichen griechischen Text herausgegeben). „In den Euporista sucht Dioskorides nachzuweisen, daß die einheimischen Heilmittel oft viel mehr wert sind als diejenigen, die man mit großen Unkosten aus fremden Ländern kommen läßt und in dieser Beziehung erwähnt er den Kot, der eine ganz merkwürdige vielseitige Verwendung zulasse". [5]

Galens Anschauungen.

Galen billigt die Anwendung des menschlichen Kotes als Arzneimittels deshalb nicht, weil er einen so abscheulichen Geruch verbreite, aber mit der Verwendung des

---

[1] Dioskorides, Materia Medica, lateinisch-griechische Ausgabe von Kuhn, Leipzig 1829, I, S. 222 ff. — [2] [Cyprinus ist eine Art olivengrüner oder brauner am Vesuv gefundener Edelsteine, die man deshalb auch Vesuvian oder Idokras nennt. Es handelt sich wahrscheinlich um Anwendung in Pulverform. I.] — [3] Dioskorides, I, S. 227 ff. [Die Narde war eine wohlriechende Pflanze, wahrscheinlich unser Lavendel oder Bergbaldrian; die kostbarste war die indische. I.] — [4] S. 228. — [5] Bibliotheca Scatologica, S. 74.

Kotes von Haustieren, Ziegen, Krokodilen und Hunden war er einverstanden; er teilt auch mit, daß trotzdem viele Leute Menschenkot innerlich als Medizin einnehmen.

„Den Kot nennt man Stercus, Copros, Copron oder Apoptema. Du sollst erfahren, daß diesem Stoff eine ganz besonders zerteilende Kraft innewohnt. Der menschliche Kot ist zwar wegen seines Gestankes zu verabscheuen, aber derjenige der Rinder, der Ziegen, der Landkrokodile und der Hunde, wenn man diese nur mit Knochen auffüttert und der Kot nicht stark riecht, ist durch viele Versuche nicht allein von mir, sondern auch von anderen älteren Ärzten als nützlich festgestellt worden. Asklepiades, der den Beinamen Pharmakeon führte, hat ja auch alle andern Heilmittel gesammelt und viele Bücher damit angefüllt, und er verwendet den Kot für viele Krankheiten, häufig nicht nur als Heilmittel, die man äußerlich auflegt, sondern auch als solche, die man innerlich einnimmt".[1]

„Hundekot verwendet man auch, namentlich von solchen Tieren, die an zwei aufeinanderfolgenden Tagen weiter nichts als Knochen gefressen haben, wodurch ein harter, weißer und nur ganz wenig riechender Kot erzielt wird". Einen derartigen Hunde-kot verschrieb man bei Halsentzündung, Durchfall, veralteten Geschwüren usw. in Milch oder anderen geeigneten Lösemitteln.[2]

Knabenharn tranken in Syrien Kranke, die an der Pest litten; das Jahr dieser Seuche wird jedoch nicht angegeben.[3]

Galen glaubte nicht daran, daß Kot bei der Zerkleinerung von Gallensteinen den geringsten Wert habe.[4] Mit der Ansicht des Xenokrates, der die innerliche und äußerliche Anwendung von Schweiß, Harn, Monatblut und Ohrenschmalz in der Heilkunde empfahl, konnte sich Galen nicht befreunden.[5] Er erwähnt, daß einige Ärzte den Kot bei der Krätze und bei dem Aussatz, zum waschen von Geschwüren, bei Entzündungen des Ohres und der Geschlechtteile, als Einreibung oder Salbe für Kopfgrind und Schorf verordnen und daß ihn die Bauern zur Schmerzenlinderung bei wunden Füßen gebrauchen.[6]

Galen führt auch an, daß man Knabenkot, getrocknet und mit attischem Honig gemischt, als Mittel gegen Schwindsucht eingegeben.[7] Den Knaben mußte man aber mit Gemüsen und gut ausgebackenem, ein wenig gesalzenem Brot, das in einem kleinen Ofen hergestellt war, ernähren. Der Knabe sollte auch sehr mäßig im Trinken sein und nur eine kleine Menge guten Weines zu sich nehmen.[8]

Wolfkot gab man in Getränken in den Pausen zwischen Kolikanfällen ein; weißen Kot, der nach dem Fressen von Knochen entstand, sah man als den stärker wirkenden an, und besonders denjenigen, der den Boden nicht berührt hatte, — der aber nicht sehr schwer aufzufinden sei, weil seiner Angabe nach der Wolf in dieser Beziehung wie der Hund veranlagt ist; er läßt nämlich seinen Kot und Harn, wenn irgend möglich, auf Felsen, Steine, Dornen und Gebüsch fallen usw.[9]

Ziegenmist war nützlich bei der Zusammenziehung von alten harten Geschwülsten und Blutgeschwüren. Galen verordnete ihn mit großem Erfolg zu Umschlägen mit Gerstenmehl. „Wir wenden ihn auch bei Wassersucht an", setzt er hinzu. Auch bei Aussatz, Krätze und andern Hautkrankheiten war er zu gebrauchen. Als Pflaster benutzte man ihn bei Geschwülsten und andern Anschwellungen und bei Ohrgeschwüren; auch gegen Bisse von Schlangen und anderen wilden Tieren. In Wein getrunken half er gegen die Gelbsucht und mit Weihrauch gemischt als Mutterkranz bei Gebärmutter-Blutungen. Aber Galen meinte, daß wenigstens die innerliche Anwendung solcher ekelhafter Arznei-mittel von zweifelhaftem Nutzen sei, namentlich dann, wenn angenehmere Dinge zur Ver-fügung ständen. Dieser Einwand würde natürlich in Städten noch berechtigter sein,

---

[1] Galeni Claudii Opera Omnia, Ausgabe von Dr. Karl Gottlieb Kuhn, Leipzig 1826, XII, S. 290 f. — [2] S. 291. — [3] S. 285. — [4] S. 290. — [5] S. 249. — [6] S. 285 ff. [7] S. 294. — [8] S. 294. — [9] S. 295 ff.

wenn er auch zugibt, daß Reisende, Landbewohner und diejenigen, die an Vergiftungen leiden, das erste beste Mittel anwenden müssen, das ihnen erreichbar ist.[1]) Stiermist hielt Galen für wertvoll bei Bienen- und Wespenstichen, womit man die Beobachtungen über den gleichen Gegenstand im Staate New-Jersey vergleiche. In Mysien, einer Landschaft in der Nähe des Hellesponts, verordneten ihn Ärzte zum Aufschmieren auf die Haut der Wassersüchtigen in der Sonne. Diese Behandlung sollte auch schwindsüchtigen Kranken helfen, wenn der Mist von einer mit Gras gefütterten Herde stammte; aber er wiederholt auch hier wieder, daß solche Mittel besser für Bauern geeignet sind, als für die Bewohner der Städte.[2])

Schafmist verwandte man bei allen Arten von warzenähnlichen Auswüchsen äußerlich, entweder frisch oder zu Asche gebrannt; in letzterem Falle oft mit Ziegenmist vermischt oder mit solchem zugedeckt.[3]) Den Mist wilder Tauben zog man dem Mist der Haustaube vor; innerlich gebraucht und im allgemeinen mit dem Samen der Brunnenkresse vermischt galt er als Mittel gegen alle veralteten Leiden in den Seiten, den Schultern, dem Gehirn, den Weichen, den Nieren, bei Schwindelanfällen, Kopfschmerzen usw. Man gebrauchte ihn ebenso häufig in den Städten als in Landgemeinden.[4]) Mäusekot scheint man in der Heilkunde außerordentlich oft verordnet zu haben, obgleich sich Galen darüber lustig macht und den Zweck der Verwendung nicht mitteilt.[5])

Den Kot des Hausgeflügels gebrauchte man zu denselben Zwecken wie den Taubenmist. Manche Leute glaubten, daß der Kot wirksamer wäre, wenn er von Geflügel herrührte, das man mit Pilzen auffüttert. Bei dieser Gelegenheit sieht sich Galen zu der Bemerkung veranlaßt, daß sich alle Tiere in der Art ihres Kotes so verschieden verhalten müssen, wie ihre Nahrung verschieden ist; bei dem gleichen Tier muß also bei einem Wechsel des Aufenthaltortes und daraus sich ergebendem Wechsel der Nahrung notwendigerweise auch eine wahrnehmbare Änderung in den Eigenschaften des Kotes eintreten.[6]) Galen bringt es rundweg zum Ausdruck, daß er an den Heilwert des Kotes der Gans, des Storches, des Adlers und des Habichts nicht glaubt, obgleich er zugibt, daß ihn innerlich bei Unpäßlichkeiten der Atmungorgane viele angesehene Praktiker anwenden; aber er sagt doch, daß dieselben maßgebenden Leute gewohnheitsmäßig bei der Behandlung solcher Krankheiten die Verdienstlichkeit dieser einfältigen Heilmittel wie Nachteulenblut, Menschenharn usw. übertreiben.[7])

In seiner Abhandlung über die Mittel zur Heilung der Gicht erwähnt Lucian an mehreren Stellen Heilmittel aus Kotstoffen, so z. B. „Kot der Bergziege und des Menschen" „Und Knochen und Haut und Fett und Blut und Kot, Mark, Milch und Harn bringt man zum Kampfe herbei".[8])

Sextus Placitus' Lehren.

Man nimmt an, dieser Schriftsteller habe im Anfange des vierten Jahrhunderts unserer Zeitrechnung gelebt. Die Erstausgabe seines Werkes „De Medicamentis ex Animalibus" erschien im Jahre 1537 zu Lyon. Die Seiten sind nicht mit Zahlen versehen, deshalb müssen wir Anführungen daraus nach den Abschnitten wiedergeben.

Ziegenharn gab man wassersüchtigen Kranken ein.[9]) Diesen Harn tranken auch Frauen, um das Ausbleiben des Monatflusses zu heilen.

Gegen Gelenkentzündung trocknete man Ziegenkot und legte ihn als feines Pulver auf; gegen Bauchschmerzen wandte man Bähungen mit heißem Ziegenmist auf den Unterleib an; gegen Schlangenbisse verwandte man ihn als Pflaster oder trank ihn auch in irgend einer geeigneten Flüssigkeit. Gegen Geschwülste gebrauchte man Ziegenmist äußerlich.

---

[1]) S. 299. — [2]) S. 301. — [3]) u. [4]) S. 302. — [5]) S. 307. — [6]) S. 304. — [7]) S. 305. —
[8]) Ausgabe von William Tooke, London 1820, I, S. 741. — [9]) De Capro.

Gegen Ohrenleiden nahm man Wildschweinharn zu Waschungen; zu diesem Zwecke vermischte man ihn mit Soda, machte ihn warm und träufelte ihn in das Ohr; dies sollte auch das Gehör verbessern. [1])

Bei Brandwunden, sie mochten von heißem Wasser oder Feuer herrühren, streute man zu Asche gebrannten Kuhmist auf. [2])

Um den Monatfluß hervorzurufen, soll man Mist, der von einem lediglich mit Ulmenblättern gefütterten Stier herrührt, trocknen und zu ganz feinem Staub zerreiben. Dieses Pulver legt man auf einen Topfdeckel mit glühenden Kohlen, bringt das ganze in ein weites Gefäß und läßt die Kranke sich wohlverhüllt darübersetzen und ein Dampfbad nehmen. „Und Du wirst Dich wundern, wie gesund sie werden wird". [3])

Gegen alle Arten von Geschwülsten, sowie gegen jede Art von Kopfschmerzen wandte man Elefantenmist äußerlich an. [4]) Er erwähnt die Verwendung von Eselmist zwar nicht, empfiehlt aber sehr die Verwendung von Pferdemist. Gegen Nasenbluten streut man getrockneten Pferdemist ein oder räuchert damit die Nase. Er empfiehlt auch die äußerliche Anwendung von Pferdemist gegen Ohrenschmerzen und innerlich gegen ausbleibenden Monatfluß. [5])

Katzenkot brauchte man gegen Krätze und Kopfgrind; ebenso bei heftigen Blutungen nach einer Geburt als Räuchermittel oder im Bade. Um einen Menschen, der einen Knochen oder einen Dorn verschluckt hatte, Erleichterung zu verschaffen, rieb man ihm die Kehle mit Katzenkot ein. Um das viertägige Fieber zu heilen, hing man Katzenkot und Kuhhorn oder Kuhhuf an den Arm des Kranken; dann wird ihn nach dem siebenten Anfalle das Fieber für immer verlassen. [6]) — Geierkot, mit dem weißen Kot des Hundes gemischt, heilte Wassersucht und Lähmungen, besonders wenn er von einem Geier herrührte, der Menschenfleisch gefressen hatte; diese Arznei mußte innerlich genommen werden. [7])

Der Harn eines unschuldigen Knaben oder Mädchens war unschätzbar zu Umschlägen bei Augenkrankheiten; auch gegen den Stich von Bienen, Wespen oder anderen Insekten. Als Heilmittel gegen Elefantiasis mußte man den Knabenharn reichlich trinken. Der Niederschlag des menschlichen Harns war nützlich bei Verbrennungen und bei Bissen tollwütiger Hunde. [8]) Gegen Krebsgeschwüre streute man zu Asche gebrannten Menschenkot auf die wunden Stellen; für das dreitägige Fieber mußte es der Kot des Kranken selbst sein, man mußte ihn beim Verbrennen in der linken Hand halten, in einen Lappen einwickeln und an den linken Arm binden, ehe die Zeit der Wiederkehr des Fiebers herankam. [9])

Falkenkot, der in Öl gekocht war, galt als vortrefflicher Umschlag für kranke Augen. [10]) Krähenkot gab man Kindern gegen Husten ein und legte ihn in hohle Zähne ein, um Zahnschmerzen zu stillen. [11]) — Taubenkot gebrauchte man äußerlich gegen Geschwülste. [12])

Die Saxon Leechdoms-Sammlung.

In „Saxon Leechdoms" ist die Heilwissenschaft der Gelehrten bei den Angelsachsen in den ersten Jahrhunderten nach der Eroberung Englands zusammengestellt.

„Alexander von Tralles (um das Jahr 550) . . . leistet Gewähr dafür, daß der Kot eines Wolfes, der Knochensplitter enthält, für Bauchschmerzen hilft, nach seiner eigenen Erfahrung und unter Zustimmung fast aller angesehenen Ärzte". [13]) — „Ochsenmist ist gut für wassersüchtige Männer, Kuhmist für Frauen". [14]) — Schweinemist gebrauchte

---

[1]) De Apro. — [2]) De Tauro. — [3]) De Tauro. — [4]) De Elephantis. — [5]) De Equo. — [6]) De Equo. Vergl. auch im Kapitel Hexerei den Auszug aus Etmuller. — [7]) De Vulture. — [8]) A. a. O., vergl. die Bemerkungen über die Pariser Mangeurs du blanc. — [9]) De Puello et Puella Virgine. — [10]) De Accipitro. — [11]) De Corvo. — [12]) De Columba. — [13]) Saxon Leechdoms, I, Kap. 18. — [14]) Buch 1, Kap. 12, unter Hinweis auf Plinius, XXVIII, Kap. 68.

man gegen Hautauswüchse.[1] — „Gegen den Biß irgend einer Schlange schmilzt man Ziegenfett, Kot und Ohrenschmalz zusammen und rührt es durcheinander; mache es so heiß, wie es ein Mensch verschlingen kann".[2] — Gegen Wassersucht „laß ihn Ziegenharn trinken . . . dieser Harn ist der beste . . . Gegen böse Ohren bringe Ziegenharn an das Ohr . . . Gegen Hautausschläge mische Ziegenmist mit Honig . . . und schmiere es darauf". — „Gegen Schmerzen in den Schenkeln", „gegen kranke Gelenke, gegen Krebsgeschwüre, gegen Geschwülste, gegen Sehnenzerrungen", „Karbunkel", soll man Ziegenmist aufschmieren.[3] — „Gegen alle Schmerzen . . . läßt man Stierharn in heißem Wasser trinken; das heilt bald . . . Gegen Knochenbruch . . . legt man Stiermist warm auf die gebrochene Stelle . . . Gegen Verbrennungen mit heißem Wasser oder mit Feuer verbrenne man Stiermist zu Asche und streue ihn auf".[4] — „Gegen geschwollene Mandeln oder Halsbräune gebrauchten die Angelsachsen äußerlich Umschläge aus dem weißen Kot eines Hundes, der vorher Knochen gefressen hatte".[5] — „Gegen Schulterschmerzen lege den Kot eines alten Schweines auf".[6]

„Wenn eine Sehne einschrumpft, nimm den Kot einer Ziege".[7] — „Gegen Geschwülste nimm Ziegenfüße, die in scharfem Essig gesotten worden sind".[8] — „Für Aussätzige koche Hainbuche, Flieder und andere Rinden und Wurzeln in Harn".[9] — „Eine Wundensalbe für Lungenkrankheiten" — Gänsekot war ein wichtiger Bestandteil dieses Mittels.[10] — „Eine Salbe für allerlei Wunden . . . Sammle Kuhmist, Kuhpisse, schlage es in einem großen geheizten Kessel durcheinander, wie ein Mann Seife macht, dazu nimm Rinde vom Apfelbaum" und noch andere Rinden, die auch angeführt werden, und mache einen Umschlag damit.[11] — Gegen Nagelgeschwüre, offene Beine und Rotlauf wandte man Kälbermist und Ochsenmist als Aufschläge an.[12]

„Gegen die Tollwut nehmen einige warmen, dünnen Menschenkot und legen ihn während einer Nacht als Umschlag auf die gebissene Stelle auf".[13] — „Gegen Brandwunden macht man eine Salbe, wozu man Ziegenmist nimmt", usw.[14] — „Gegen den Aussatz des Pferdes nimmt man Harn, den man mit Steinen erhitzt, und mit dem heißen Harn wäscht man die Pferde ab".[15]

„Hat man Nebel vor den Augen, so nimmt man den Harn eines Kindes und Jungfernhonig, mischt es untereinander und schmiert die Augen auf der Innenseite damit ein".[16] „Gegen Gelenkschmerzen nimmt man Taubenkot und Ziegenmist" äußerlich.[17] „Gegen Hautauswüchse nimmt man Hundedreck und Mäuseblut" äußerlich.[18]

„Gegen Krebs nimmt man Menschenkot, trocknet ihn vollständig, zerreibt ihn zu Staub und legt ihn auf. Wenn es Dir nicht gelingt den Krebs damit zu heilen, kannst Du es auch mit keinem andern Mittel tun".[19] „Wenn der Monatfluß zu reichlich ist, nimmt man einen frischen Pferdehaufen, legt ihn auf heiß gemachte Steine, sodaß er unter den Kleidern ordentlich zwischen die Beine räuchert und die Frau tüchtig schwitzen muß".[20] Eine Salbe zum Einschmieren gegen in das Fleisch eingedrungene Würmer machte man neben anderen Bestandteilen aus Ochsenmist.[21]

„Wenn sich Jemand einen Dorn oder ein Stückchen Holz in den Fuß gestoßen hat und es will nicht von selbst herauskommen, so nehme man frischen Gänsedreck und grüne Schafgarbe . . . und schmiere es auf die Wunde".[22]

„Gegen den Fingerwurm schmiere Deinen Speichel auf und bade mit heißem Kuhharn".[23] „Gegen eine warzenartige Hauterhöhung lege den warmgemachten Mist eines

---

[1] B. I, S. 101. — [2] B. I, S. 355, unter Anführung von Sextus Placitus. — [3] B. I, S. 355 u. 357. — [4] S. 369. — [5] B. II, S. 49. — [6] S. 64. — [7] S. 69. — [8] S. 73. — [9] S. 79. — [10] S. 93. — [11] S. 99. — [12] S. 101. — [13] B. II, S. 125. — [14] B. II, S. 131. — [15] B. II, S. 157. — [16] B. II, S. 309. — [17] B. II, S. 323. — [18] Ebenda. — [19] S. 329. — [20] S. 332 f. — [21] S. 333. — [22] S. 337. — [23] B. III, S. 11.

Kalbes oder eines alten Ochsen auf".[1] — „Eselmist empfahl man zum Auflegen auf schwache Augen".[2]

Avicennas Lehrmeinungen.

Trotz sorgfältigem Durchlesen einer lateinischen Ausgabe des „Averrhoes," die im Jahre 1537 zu Lyon erschien, konnte ich inbezug auf die Verwendung menschlicher oder tierischer Ausfallstoffe als Heilmittel darin nichts finden.

Im Gegensatz hierzu sind die Werke des Avicenna mit bezüglichen Angaben geradezu angefüllt; es gibt kaum eine Spalte in dem Schlagwörterverzeichnis seiner umfangreichen Bände, die nicht Angaben über die Verwendung von Dreckheilmitteln enthielte. Die folgende kleine Auswahl aus dieser ungeheuren Reichhaltigkeit wird beweisen, daß die arabischen Ärzte denselben freigebigen Gebrauch von solchen Heilmitteln machten, wie ihre älteren Fachgenossen im untergegangenen römischen Reich. Da heilt Harn Gebärmutterkrankheiten und stillt das Blut, wenn er mit der Asche von Weinreben gemischt ist; er heilt auch Krätze und derartige Geschwüre. Hüftschmerzen verschwinden bei der Behandlung mit Kuhmist und Ziegenmist, der mit Schweinefett gemengt ist; Wolfkot vertreibt Sommersprossen; der Niederschlag aus Menschenharn heilt Hautausschläge, während gegen dieselbe Krankheit und gegen Hautverhärtungen Kamel- und Hornviehmist verschrieben wird; Mäusekot mit Weihrauch treibt die Steine ab, ebenso Schweinepisse. — Eidechsenkot ist ein Bestandteil einer Salbe. — Mit Zwiebeln gekochter Menschenharn ist gut gegen Schmerzen in der Gebärmutter, während getrockneter Ziegenmist gegen Blutflüsse der Gebärmutter empfohlen wird.

Gegen die fallende Sucht war ein Heilmittel im Kamelmist angegeben; gegen Gelbsucht sollte Weiberpisse mit Honigwasser helfen; gegen Brandwunden gebrauchte man Ziegen- oder Schafmist mit Essig. Ein anderes Heilmittel gegen Verbrennungen bestand aus Taubenmist mit Honig und Leinsamen. Gegen Flechten half Harn, gegen Geschwüre Kamel- und Haustiermist; im gleichen Falle half auch der Kot von Hunden, die mit Knochen gefüttert waren, mit Honig gemischt, ebenso Eselharn und Menschenharn; gegen Geschwüre wird Menschenharn später nochmals verschrieben.

Eine Abkochung von Mäusekot hob Beschwerden beim Harnen; gegen Flechten empfiehlt man Kot von Tauben und Krammetvögeln. Als Heilmittel gegen die Wunden von armenischen Pfeilen empfiehlt Avicenna folgendes: „Man hat mir auch schon mitgeteilt, daß ein Getränk aus Menschenkot ein gutes Mittel dagegen ist".

Gegen die Bisse von giftigen Schlangen und allerlei anderem giftigen Getier, empfiehlt Avicenna als „gute" Arznei in Wein als Getränk eingenommenen Ziegenmist. An der gleichen Stelle verschreibt er zu demselben Zweck auch Menschenharn. Eine Mischung aus Ziegenmist. Pfeffer und Zimmt galt als ein den Monatfluß beförderndes Mittel. — Gegen laufendes Ohr sollte man Mäusekot innerlich einnehmen, ebenso gegen Steine, gegen Schlangengift und um die Ausstoßung der Nachgeburt zu fördern. — Blutflüsse aus der Gebärmutter heilt auch getrockneter Schafmist.

Harn war auch gut gegen Krämpfe und Ziegenmist heilte Leberverhärtungen. — Der Harn von Säuglingen heilte Hämorrhoiden. — Gebrannten Mist von Haustieren, mit Essig gemischt, verschrieb man gegen den Biss toller Hunde; Harn mit Soda und Hundekot gegen Halsbräune.[3]

Die Ansichten verschiedener anderer Schriftsteller.

Marco Polo erwähnt, daß in der Provinz Carazan (Khorassan?) Leute aus niederen Volkschichten Gift mit sich herumtrugen, sodaß sie jederzeit Selbstmord begehen konnten,

---

[1] B. III, S. 45. — [2] B. III, S. 99. — [3] Die umfangreiche Angabe der Fundstellen ist als überflüssig weggelassen.

17*

falls sie in Gefangenschaft der Tataren gerieten; die Tataren zwangen sie aber Hundekot als Gegengift hinunterzuschlucken.[1]

Als Gegenmittel gegen Gift gebrauchen Chrowoten und Serben frischen Dreck, dessen man just habhaft wird. Ein Zigeuner, der sich vergiftet glaubte, aß ohne Bedenken einen frischen Kuhfladen blank weg.[2]

„In Krankheitfällen erlaubt man bei den Eskimos am Cumberland Sund nicht, daß man vor Sonnenaufgang die Kammern reinige".[3]

In den Werken der besten Schriftsteller über Heilkunde in den ersten zwei Jahrhunderten nach der Erfindung der Buchdruckerkunst findet man zahlreiche Abhandlungen vom Wert solcher Arzneien bei allen Krankheiten und ihre Verwendung als kräftiges Mittel, um die Boshaftigkeit der Hexen zu durchkreuzen; die angesehensten dieser Schriften habe ich ausgewählt und im Folgenden der Zeit nach zusammengestellt.

„A dram of a shepe's tyrdle,
And Good Saint Francis gyrdle
With the hamlet of a hyrdle
Are wholsom for the pyppe".[4]

„Ein Öl, das aus Kinderkot abgezogen" und „ein Öl, das man aus Männerkot gewonnen" bespricht George Baker als Arzneien und empfiehlt sie gegen Fisteln und verschiedene andere Leiden.[5]

Wasser. „Aus Menschenkot destilliertes Wasser" gab man innerlich gegen die fallende Krankheit ein, ferner gegen Wassersucht usw. Es gab auch noch ein „Öl, das aus Kinderkot ausgezogen war" und ebenso ein solches aus „Menschenkot".[6] In demselben Werk lesen wir von „Wasser aus Taubenkot, . . . hilft gegen den Stein", wird es innerlich eingenommen.[7]

Paracelsus scheint doch mehr Vertrauen zu verdienen, als man ihm im allgemeinen entgegenbringt; er war ein richtiger Chemiker, der auf den frühesten Stufen dieser Wissenschaft im Dunkeln herumtappte, aber er war durchaus nicht etwa der Quacksalber, als den ihn so manche Leute hinstellen möchten. Er verwirft die althergebrachte Ausübungart der Heilkunde: „Die alten Ärzte stellten viele Arzneien aus den schmutzigsten Dingen her, so z. B. aus Ohrenschmalz, Leibschweiß, Monatblut der Weiber und aus etwas, wovon einem zu reden schaudert, aus dem Kot von Menschen und anderen Tieren, aus Speichel, Pisse, Fliegen, Mäusen, Asche von Eulenköpfen usw. . . . Wahrlich, wenn ich so bei mir selber den Hochmut dieser Narren überlege, die von der Verwendung von metallhaltigen Stoffen in der Heilkunde nichts wissen wollen, — sie nennen nach ihrer Weise verächtlich diese Anwendung chimärisch und können deshalb weder ihre eigenen, noch viele andere Krankheiten heilen — dann denke ich an die Geschichte vom Epheser Herachius, der an dem Aussatz litt und sich selbst mit Kuhmist beschmierte, weil er den Beistand der Ärzte nicht haben wollte. Er setzte sich selber in die Sonne, damit der Mist trockne, schlief dabei ein und da ward er von Hunden zerrißen".[8] Diese Angabe vergleiche man mit der Beschreibung des Selbstmordes ostindischer Fanatiker, die wir im Abschnitt: Gottesurteile, irdische und himmlische Strafen gebracht haben.

---

[1] Marco Polo bei Pinkerton, VII, S. 143. — In der Ausgabe von Lemke auf S. 326; dort ist aber die Rede von Verbrechern, die sich durch Selbstmord der Folter entziehen wollen. Den Hundekot gibt man auch weniger als Gegengift, sondern zunächst als Brechmittel ein. — [2] Anthropophyteia IV, S. 363, Nr. 598. — [3] Boas, The Central Eskimo, S. 593. — [4] Brand, Popular Antiquities, III, S. 311, Artikel: Rural Charms; das angeführte Verschen stammt aus: Bale, Interlude concerning the Laws of Nature, Moses and Christ, 1562. (Trank aus Schafmist und Schwalbenkot gegen Halsschmerzen). — [5] George Baker, Chirurgeon, Newe Jewell of Health, London 1576, S. 171 f. — [6] Doctor Gesnerus, faithfully Englished, S. 76. — [7] S. 77. — [8] Paracelsus, Experiments, Übersetzung von 1576, S. 59.

Dr. Fletcher gibt an, daß man in der alten Heilpraxis von der Zeit der Königin Elisabeth an bis in verhältnismäßig neuere Zeit hinein schwindsüchtige Kranke anwies, den Dampf von Kot einzuatmen. „Einige Ärzte sagen, daß der Geruch eines Kothaufens gut gegen die Pest sei".[1]

Harn war einer von den Bestandteilen, aus denen Paracelsus sein Mittel „Crocus oder Metalltinktur" herstellte.

Weiterhin sagt er: „Das Salz aus dem Harn eines Mannes hat eine vorzügliche Eigenschaft zu reinigen; man stellt es so her" usw.[2] Er sagt auch: „Menschlicher Kot hat sehr große Kräfte, weil er alle edlen Essenzen in sich enthält, nämlich aus Speise und Trank, worüber man ganz wundervolle Dinge schreiben könnte".[3]

„Um Öl aus Menschenkot zu destillieren . . . nimmt man den Kot eines kleinen vollblütigen Kindes oder eines Mannes, soviel als man will . . . Dies heilt den Krebs und erweicht Fisteln; es hilft auch denjenigen, die an Haarausfall leiden".[4]

„Für jede Art von Schmerzen . . . hilft ein Pflaster aus Taubenmist", ebenso aus Hühnerkot; um Harnbeschwerden zu heben, legt man dem Kranken ein Pflaster aus Pferdemist auf.[5]

„Gegen Blutspucken . . . trank man Mäusekot in Wein";[6] gegen wunde Brüste der Frauen brauchte man ein Pflaster aus Gänsekot;[7] gegen Verbrennungen und Verbrühungen . . . ein Pflaster aus Schafmist oder Gänsekot.[8]

„Gegen Taubheit . . . den Harn einer hellfarbigen Ziege, den man in die Ohren träufelte";[9] Pferdemist gebrauchte man auch zum Gesichtwaschen;[10] gegen Blutflüsse stellte man die Füße in Wasser, in dem Taubenmist abgekocht worden.[11] Gegen die Gicht gebrauchte man äußerlich ein Mittel, das zum Teil aus altem, abgestandenem Harn bestand.[12] Gegen Stiche in den Seiten und im Rücken wandte man Taubenmist äußerlich an;[13] gegen Hüftschmerzen legte man Ochsenmist und Taubenkot zu gleichen Teilen als Pflaster auf.[14]

Kuhmist nahm man innerlich bei Hodenwasserbruch ein.[15] Knabenharn gebrauchte man zu Umschlägen bei Beingeschwüren;[16] ebenso benutzte man den Harn unschuldiger Knaben zur Heilung aller veralteter Geschwüre;[17] Ziegenmist legte man bei der Behandlung von Auswüchsen im Ohr äußerlich auf, ebenso bei Geschwüren;[18] Kuhmist und Taubenkot wandte man in derselben Weise an;[19] Taubenkot gebrauchte man auch äußerlich bei der Behandlung von Hüftschmerzen[20] und gegen die Gürtelrose;[21] Ziegenmist äußerlich gegen Geschwülste;[22] Gänsedreck äußerlich gegen Brustkrebs der Frauen;[23] Schwalbendreck äußerlich gegen Halsentzündung; Kot junger Ziegen gegen dieselbe Krankheit;[24] Kuhmist äußerlich gegen geschwollene Füße;[25] Kuh- und Ziegenmist äußerlich gegen Wassersucht[26] und so geht es weiter durch das ganze Buch in noch vielen andern Fällen.

In einer Ausgabe in gotischer Schrift (black letter der ältesten Drucke) von „The Englishman's Treasure" wird eine Wundbehandlung beschrieben, in der angegeben ist, daß man die Wunde mit Harn ganz rein waschen solle.[27]

Um zureichlichen Fluß des Monatblutes einzudämmen, soll man heiße Pflaster aus Pferdemist zwischen den Nabel und den Geschlechtteilen auflegen.[28] — Pferdemist

---

[1] Harington, Ajax, S. 74. — [2] Archidoxes, Englische Übersetzung, London 1661, S. 59. — [3] S. 74. — [4] The Secrets of Physicke, London 1633, S. 98. — [5] Ralph Blower, A Rich Storehause or Treasurie for the Diseased, London 1616, S. 25. — [6] S. 29. — [7] S. 33. — [8] S. 38. — [9] S. 39. — [10] S. 67. — [11] S. 106. — [12] u. [13] S. 119. — [14] S. 173. — [15] The Chyrurgeon's Closet, London 1632, S. 38. — [16] S. 24. — [17] S. 27. — [18] S. 35 und 42. — [19] S. 42. — [20] S. 48. — [21] S. 51. — [22] S. 49. — [23] S. 50. — [24] S. 58. — [25] S. 56. — [26] S. 222. — [27] The Englishman's Treasure by Thomas Vicary (Wundarzt des Königs Heinrich VIII., der Königin Marie und der Königin Elisabeth), London 1641. — [28] S. 184. Weiter enthält dieser kleine Band nichts für die vorliegende Arbeit.

wandte man bei Rippenfellentzündung innerlich an;[1]) Gänsedreck innerlich bei Gelbsucht;[2]) Hundekot äußerlich gegen das Bluten einer Wunde;[3]) Pfauenkot innerlich gegen die fallende Sucht oder gegen Krämpfe;[4]) des Kranken eigenen Harn äußerlich gegen Brustschmerzen;[5]) Taubendreck, sowohl innerlich als auch äußerlich, bei Geburtwehen;[6]) Gänsedreck äußerlich bei Verbrennungen[7]) und bei kranken Augen;[8]) abgestandenen Harn äußerlich bei wunden Füßen.[9])

„Die Pisse einer Kuh und den Niederschlag in einem Nachttopf sollte man örtlich und äußerlich gegen Kahlköpfigkeit anwenden.[10]) „Der Harn des Erkrankten" äußerlich gegen Seitenstechen;[11]) Gänsedreck äußerlich gegen Brustkrebs bei Frauen.[12]) „Der Harn eines männlichen Kindes, das aber nicht über drei Jahre alt sein soll", war ein Bestandteil für eine Salbe gegen die Skrofeln.[13]) Für Pestkranke ordnete man an: „Lasse sie zweimal am Tage einen Schluck ihres eigenen Harns trinken".[14])

„Ein gewisser Landmann zu Antwerpen gibt hierzu ein Beispiel ab. Er fing an in Ohnmacht zu fallen, als er in einen mit süßen Gerüchen erfüllten Laden eintrat, aber jemand hielt ihm sofort einen rauchenden Klumpen frischen Pferdemistes unter die Nase und er kam gleich wieder zu sich".[15])

„Der Harn einer Eidechse . . . der Mist des Elefanten" waren als Arzneimittel im Gebrauch, nach Montaignes Angaben; ferner „der Kot von Ratten, zu Pulver gestoßen".[16]) Es waren Mittel gegen den Stein.

Dr. Garrett erwähnt „Bernsteinwasser, das Paracelsus aus Kuhmist hergestellt habe"; er gibt auch die Vorschrift für die Destillation, ebenso wie die für etwas ähnliches, für ein „Kotwasser" an, dessen Rezept mit den Worten beginnt: „Nimm irgend eine Art von Kot, wie es Dir gerade paßt".[17])

Das im Jahre 1660 zu London erschienene Werk „Medicus Microcosmus" von Daniel Beckherius enthält eine Fülle von Angaben über die Wertschätzung von Kotstoffen als Heilmittel.

Harn allein brauchte man, um Kopfläuse beim Menschen auszurotten, aber als Nachhilfe legte man dann ein Pflaster aus Taubendreck auf;[18]) Harn trank man als Heilmittel bei fallender Sucht, benutzte ihn als Waschwasser für die Augen bei verschiedenen Augenkrankheiten und wegen verschiedenartiger Auswüchse und träufelte ihn gegen Taubheit in das Ohr.[19])

Abwaschungen mit dem eigenen Harn waren gut gegen Lähmung; wenn die Lähmung aber von geschlechtlichen Ausschweifungen, übermäßigem Trinken oder Quecksilber herrührte, war Knabenharn vorzuziehen.[20]) Das Trinken des eigenen Harns, wenn man gleichzeitig fastete, empfahl man bei Stockungen in der Leber und in der Milz, ebenso bei Wassersucht und Gelbsucht; manche zogen aber den Harn eines kleinen Knaben vor.[21]) Gegen Gelbsucht sollte man das Mittel jeden Morgen trinken; diese Behandlung war eine Zeit lang fortzusetzen.[22])

Gegen Harnverhaltung galt als Heilmittel, den Harn eines jungen Mädchens zu trinken.[23]) Harn trank man auch als Heilmittel gegen lang anhaltende Verstopfung; gegen

---

[1]) Secrets in Physicke by the Comtesse of Kent, London 1657, S. 26 f. — [2]) S. 37. — [3]) S. 46. — [4]) S. 56. — [5]) S. 64. — [6]) S. 68. — [7]) S. 96. — [8]) S. 152. — [9]) S. 163. — [10]) Most excellent and most approved Remedies, London 1652, S. 80. — [11]) S. 115. — [12]) 129. — [13]) S. 132. [Die Skrofeln heißen im Englischen „The King's Evil", die Königkrankheit, weil sie der König angeblich durch Berührung heilen konnte. I.] — [14]) S. 143. — [15]) Levinus Lemnius, The Secret Miracles of Nature, Englische Übersetzung, London 1658, S. 107; er spricht an dieser Stelle von der Wirkung süßer oder widerlicher Gerüche auf verschiedene Personen. — [16]) Montaigne Essays, Hazlitt's Übersetzung, New-York 1859, III, S. 23. — [17]) Garrett, Myths in Medicine, New-York 1884, S. 148 f. — [18]) Beckherius, S. 62. — [19]) S. 63 f. — [20]) S. 64. — [21]) S. 65. — [22]) S. 65. — [23]) S. 66.

Gebärmuttervorfall wandte man abgestandenen Harn als Bähung an; gegen Hysterie legte man Menschenkot und alten Harn auf die Nasenlöcher; als Würmerkur mußte der Kranke seinen eigenen Harn trinken; Harn benutzte man als Waschmittel bei aufgesprungenen Händen, ebenso bei allen Hautunreinlichkeiten; auch gegen Feigwarzen am After.[1]) Gegen Fußgicht sollte der Kranke die Füße im eigenen Harn baden, auch gegen offene Füße beim Wandern, da er alsdann instand gesetzt würde, seine Reise am nächsten Tage fortzusetzen. [2])

Den eigenen Harn sollte man auch als Vorbeugemittel zur Pestzeit trinken. Beckherius berichtet, er wisse aus eigener Kenntnis, daß man Harn zu diesem Zwecke zwischen den Jahren 1620 und 1630 mit wunderbarem Erfolg gebraucht habe.

Bei der Lustseuche (Syphilis) verschrieb man Harn zum Trinken; einen, der an Krebs litt, badete man in einer Mischung, die aus seinem eigenen Harn und einer Kupfervitriollösung bestand; Geschwüre benetzte man ebenfalls mit dem eigenen Harn des Kranken;[3]) bei Wunden, Beulen und Quetschungen machte man Umschläge mit Harn.[4]) Beckherius erzählt den Fall eines Arbeiters, den im Jahre 1522 eine herabfallende Erdmasse begrub; da ihn aber ein Hindernis vor dem Ersticken schützte, ernährte er sich sieben Tage lang von seinem Harn. In den oben angeführten Fällen benutzte man Harn allein, er bildete aber auch in vielen andern Mitteln einen Teil der Arznei, so z. B. gegen alte Wunden[5]), gegen das Wachsen von „wilden Haaren", gegen Augenkrankheiten, gegen Halsleiden als Gurgelwasser,[6]) gegen Milzkrankheiten.[7]) Den Harn eines Knaben mußte man bei Schlaganfällen und bei Rose gebrauchen; auch beim Ausbleiben des Monatflußes verschrieb man Knabenharn; bei Podagra den Harn eines Mannes.[8]) Der Harn eines unschuldigen Knaben kam als Bestandteil unter ein „aqua ophthalmica" (Augenwasser) und man gebrauchte ihn auch äußerlich bei Rheumatismus in den Beinen.[9])

Knabenharn benutzte man bei einigen Fieberkrankheiten zum Einreiben; ferner zu Umschlägen bei Blähsucht; zu Pflastern bei Wassersucht, gegen Brand und Podagra, zu den verschiedenartigsten Klystieren, bei der Behandlung von Steinleiden und Siechtum;[10]) zu einigen Pflastern nahm man auch Kuhmist und Taubendreck hinzu. Zur Behandlung der Hautwassersucht hatte man eine „spagyrische Präparation des Harns".[11]) Um Harngeist mittels Destillation herzustellen, nahmen die einen den Harn eines gesunden Mannes, die andern den eines zwölfjährigen Knaben, der Wein trinken mußte.[12]) Diesen Harn benutzte man bei Lungenleiden, bei Wassersucht, Ausbleiben des Monatflusses, bei allen Arten von Fiebern, Harnverhaltung Steinleiden usw.[13]) Ferner bei Augenleiden, Harnzwang, Zuckerkrankheit, Podagra, Katarrh, Leberleiden (Melancholie), Tobsucht, Sodbrennen, Ohnmachten, Durchfall, Pest, bösartigen Fiebern.[14]) Einen anderen „Harngeist" destillierte man mit Vitriol und er sollte ein Heilmittel gegen Podagra abgeben.[15])

Harnsalz stellte man her, indem man den Harn eines Knaben destillierte und den salzigen Rückstand sammelte; man verordnete es bei Herzleiden und es sollte auch das Ausstoßen einer abgestorbenen Leibfrucht fördern; aus diesem Salze stellte man die verschiedenartigsten Quacksalbereien her: Mondsalz, Salz des Jupiter, Salz des Merkur, Geist des Orion, Mercurius microcosmicus usw., die man gegen alle möglichen Arten von körperlichen Leiden gebrauchte.[16]) Die „Quintessenz des Harns" gewann man aus dem Harn eines starken, gesunden und keuschen Mannes von dreißig Jahren; er mußte aus diesem Anlaß aber tüchtig Wein getrunken haben; ein anderer angesehener Schriftsteller empfiehlt noch besonders die Herstellung dieser Quintessenz dann vorzunehmen,

---

[1]) S. 67. — [2]) Ebenda. — [3]) S. 68. — [4]) S. 69. — [5]) S. 72. — [6]) u. [7]) S. 73. — [8]) S. 74. — [9]) S. 75. — [10]) S. 78 u. 79. — [11]) [Unter Spagyrie verstand man die Scheidung zur Veredelung der Metalle, das Goldmachen; spagyrisch hatte also die Bedeutung veredelt. I.] — [12]) S. 81 f. — [13]) S. 85. — [14]) S. 86. — [15]) S. 85. — [16]) S. 87.

wenn die Sonne und der Planet Jupiter im Sternbild der Fische (in piscibus) stehen. Man gebrauchte sie bei Nierensteinen, Blasensteinen und allen möglichen Geschwüren dieser Teile; äußerlich als Waschmittel bei Tripper und äußerlichen Geschwüren der Geschlechtteile, bei Wunden und Verletzungen aller Art, bei Harnleiden, Würmern, Faulfieber, als Vorbeugemittel gegen die Pest, gegen harte Geschwülste usw.[1]

Ein „anti-epileptischer Geist" bestand in erster Linie aus Knabenharn.[2] Es gab auch ein „anti-epileptisches Extrakt des Mondes",[3] ein „Anti-Podagra-Medikament" aus fast den gleichen Bestandteilen, eine „panacea solaris" (Sonnenallheilmittel), deren Hauptbestandteil der Harn eines Knaben war, den man tüchtig hatte Wein trinken lassen.[4]

Menschenkot.

Beckherius führt einen Fall an, in dem die dreitägige Anwendung des Menschenkotes einen Mann von der Gelbsucht heilte; getrocknet, zu Pulver zerstoßen und in Wein eingenommen heilte er Fieberparoxysmen; man empfahl hierfür besonders den Kot eines Knaben, den man einige Zeit lang mit Brot und Bohnen genährt hatte.[5] — Das Riechen an Menschenkot morgens früh nüchtern sollte gegen die Pest schützen.[6] — Beckherius bringt auch Beschreibungen, wie man „zibethum" oder „occidentalen Schwefel" herstellt.[7]

Als Kur gegen Halsentzündung verschrieb man eine Mixtur, die den weißen Hundekot enthielt; ferner Menschenkot, Schwalbendreck, Süßholzsaft und Kandiszucker.[8] Bei Krebs legte man Menschenkot als Pflaster auf, indem man ihn mit Terpentin, Tabak, Antimon (Spießglanz), gepulverter Bleiglätte, gepulverten Krebsen (oder Holzäpfeln?) usw. vermischte.[9]

Weiterhin gibt er die Formeln, um „Wasser" und „Öl aus Menschenkot" herzustellen, aqua und oleum ex stercore humano.[10] An andern Stellen seines Buches wird die Verwendung von Kot und Harn in der Heilkunde als eine ganz natürliche Sache erwähnt.[11] Beckherius bringt ferner ein Verzeichnis einer langen Reihe von Praeparaten, die unseren aufgeklärten Anschauungen über solche Dinge etwas kleinlich vorkommen und deshalb hier im Einzelnen nicht angeführt werden sollen, wie z. B. eine Vorschrift, um „Vitriol aus Metallen auszuziehen" usw. Bei der Herstellung aller dieser Dinge verwandte man auch menschlichen Harn.

Trinkbares Gold stellte man mit einem Auflösemittel aus Weingeist und menschlichem Harn her, von jedem die Hälfte;[12] es gab auch ein „Schwefelöl" aus menschlichem Harn;[13] es gab ferner ein „Präcipitat aus Quecksilber und Harn",[14] und schließlich gab es ein „ludum urinae", der Rückstand aus der Destillation der aqua oder des spiritus, den man als Heilmittel in derselben Weise wie diese verschrieb.[15]

Von Helmont nannte das Salz, das man bei der Destillation des menschlichen Harns erhielt „Duelech".[16] Dies ist auch der Name, den Paracelsus ganz allgemein den Blasensteinen gibt. Von Helmont bringt auch ein Beispiel bei, wie Blähsucht oder Wassersucht mit einem Bauchpflaster aus heißem Kuhmist geheilt worden und fügt hinzu: „Und somit empfiehlt Paracelsus Kot nicht vergebens, denn man sieht doch, daß er die Salze der zersetzten Nahrung enthält".[17]

„Petraeus (Henricus) Nosolog. Harmon. lib. 1, dissert. 13, S. 251 und Joh. Schaederus, pharmocop. med. chym. lib. 5, S. 829 geben an, daß getrockneter Kot zerrieben und mit Honig aufgeschmiert bei der Heilung von Halsschmerzen von größem

---

[1] S. 97. — [2] S. 95. — [3] S. 96. — [4] S. 97. — [5] S. 112. — [6] S. 112 f. — [7] S. 116. — [8] S. 113. — [9] S. 114 f. — [10] S. 114. — [11] Man vergleiche das Kapitel Harnbeschau; ferner die Angaben unter den Überschriften „Esel", „Maus", „Pferd" usw. — [12] S. 100—102. — [13] S. 103. — [14] Ebenda. — [15] S. 109 f. — [16] John Baptist von Helmont, Oritrike or Physicke refined, Englische Übersetzung, London 1662, S. 847 ff. — [17] S. 520.

Nutzen sei".[1] — Die gewichtigen Bände Michael Etmullers enthalten alles, was zur Zeit ihrer Veröffentlichung über unseren Gegenstand bekannt war oder geglaubt wurde; sie erschienen im Jahre 1690. Er gibt auch Gründe für die Anwendung jedes Kotes an, mag er fest oder flüssig, menschlich oder tierisch sein; auf Einzelheiten kann ich an dieser Stelle nicht eingehen.

Menschlicher Harn. — „Warm gemachter Harn trocknet auf, löst auf, vertreibt, zerteilt, reinigt, hält Fäulnis auf und ist daher von ganz besonderem Nutzen bei Stockungen der Leber, der Milz, der Gallenblase, bei der Vorbeugung der Pest, bei Wassersucht, bei Gelbsucht innerlich; äußerlich trocknet er die Krätze auf, zerteilt Geschwülste, reinigt Wunden, sogar vergiftete, verhindert das Brandigwerden, sorgt (durch Klystiere) für Stuhlgang, vertreibt Kopfgrind ... schränkt Fieberanfälle ein, wenn man ihn auf den Puls auflegt, heilt Ohrgeschwüre, wenn man Knabenharn einträufelt, hilft eingeträufelt bei Augenschwäche, hebt durch Abwaschungen Zittern der Glieder, zerteilt durch Gurgeln geschwollene Mandeln, mildert Milzschmerzen durch Umschläge mit Asche".

Aus dem Harn eines weintrinkenden zwölfjährigen Knaben, den man mit menschlichem Kot zusammen destilliert hatte, stellte man den „Harngeist" her, der bei Austreibung von Steinen von großem Nutzen war, „trotzdem er ganz abscheulich stank". Ferner gebrauchte man ihn bei der Behandlung der Gicht, des Asthmas und der Blasenleiden.[2] Es gab auch noch mehrere andere Herstellungarten für diesen „spiritus urinae per distillationem".

Ferner gab es noch einen „spiritus urinae per putrefactionem", Harngeist durch Fauligwerden hergestellt. Um ihn zu erzeugen, brachte man den Harn eines zwölfjährigen, weintrinkenden Knaben in ein Gefäß, das man vierzig Tage lang mit Pferdemist umgab und so ließ man den Harn faulig werden, dann mußte er über Menschenkot abklären und man destillierte ihn schließlich in einem Kolben usw. Es gab noch andere Herstellungweisen, aber die Beschreibung dieser einen wird genügen. Die sich zuletzt ergebende Flüssigkeit sah man als das „große Heilmittel" für alle möglichen Schmerzen an und verordnete sie sowohl innerlich als auch äußerlich bei Skorbut, Schwermut, schlechtem Blut, Gelbsucht, Gallenfieber, Nierensteinen und Blasensteinen, fallender Sucht und Wahnsinn.

Aus diesem Harngeist stellte man das „trinkbare Gold" her. „Besonders gut gereinigter Spiritus urinae wird in Regenwasser aufgelöst und mit Weingeist destilliert, diese Flüssigkeit vereinigt sich chemisch mit dem Gold und löst es auf, deshalb nennt man sie trinkbares Gold".[3]

Harnbäder waren gut für Gicht in den Füßen. Das Trinken des eigenen Harns rühmte man sehr als Vorbeugemittel gegen die Pest. Dasselbe Getränk gebrauchten auch Frauen beim Gebären. Klystiere mit Harn wandte man bei Blähsucht oder Unterleibwassersucht an. Ebenso gebrauchte man Harn bei Ohrengeschwüren.

Salpeter stellte man früher aus Erde, Lehm usw. her, die man mit menschlichem Harn, Kot usw. sättigte. -- „Der „Spiritus urinae", den man durch die Destillation des Harns erhielt, entfernte Verengerungen der Blase, der Harnröhre usw., vertrieb Steine, war ein schweißtreibendes Mittel und half gegen Skorbut; er half auch gegen Bleichsucht, wenn man ihn innerlich nahm usw.

Durch die Destillation von Harn mit Vitriol stellte man eine Arznei gegen die fallende Sucht her.[4] — Aus dem oben erwähnten „Spiritus urinae per distillationem" gewann man „Magisterium urinae seu microcosmi", das Meistermittel des Harns oder

---

[1] Bibliotheca Scatologica, S. 84. — [2] Etmuller, Schroderi Diluc., II, S. 265. — [3] B. II, S. 266. -- [4] B. II, S. 271.

des Mikrokosmus,[1]) das bei Abmagerung (Darrsucht) nützlich war; es verhinderte auch Steinschmerzen, wenn man es alle vier Wochen vor dem Neumond nahm.[2])

Menschlicher Kot. — „Kot (bei Paracelsus carbon humanum, menschlicher Kohlenstoff, bei andern Sulphur occidentale, westlicher Schwefel genannt) erweicht, macht reif und ist ein schmerzstillendes Mittel. Deshalb ist er von großem Werte, um Schmerzen zu lindern, die durch Behexung hervorgerufen werden; (man legt ihn auf), um die schwarze Pest zu heilen, bei Blutgeschwülsten, bei Halsschmerzen (getrocknet, gepulvert und mit Honig eingerieben), um Entzündungen von Wunden fernzuhalten. Auch innerlich gebrauchen ihn so manche bei Halsentzündung (zu Asche gebrannt und als Trank eingegeben), bei Fiebern, die zu stärkeren Anfällen neigen (in derselben Weise verordnet, 32 Dosen), bei fallender Sucht, die durch den getrockneten und gepulverten ersten Kot eines neugeborenen Kindes vollständig vertrieben werden soll".[3])

Er weist auch auf „aqua" und „oleum" „ex stercore distillatum" hin, die beide bei Augenkrankheiten Verwendung finden, ebenso als Schönheitmittel, um eine gesunde Gesichtfarbe hervorzubringen, um Haarwuchs wieder herzustellen und zu erzeugen, um Geschwülste und Fisteln zu heilen und Narben zu beseitigen, ferner zur Heilung der fallenden Sucht. „Innerlich soll es gegen die fallende Sucht und die Wassersucht, gegen Nierensteine und Blasensteine, gegen die Bisse tollwütiger Hunde und giftiger Tiere helfen". Das „Öl aus Kot" mußte man aus dem Kot eines jungen Mannes, nicht aus demjenigen eines Knaben herstellen.[4])

Etmuller erzählt in Bezug auf die heilenden Eigenschaften, die man dem menschlichen Kote zuschrieb, dieselben Geschichten, die wir schon aus so manchen andern Quellen kennen gelernt haben. Man betrachtete ihn als eine schätzbare Arznei, die man bei allen möglichen Entzündungen und Vereiterungen, Blutgeschwüren und Pestbeulen als Umschlag benutzte und zur Heilung der Bisse von Schlangen und allen giftigen Tieren verwandte. Man sollte ihn frisch, getrocknet oder als Trank einnehmen. Er war das einzige Sondermittel gegen die Bisse der indischen Schlangen, namentlich des „Napellus", dessen Biß in vier Stunden tötet, wenn sich der Kranke nicht zur Anwendung jener Heilweise entschließt. Er galt auch als Sondermittel gegen die Pest und als sehr nützlich bei der Ausführung von „magico-magnetischen" und „sympathetischen oder Übertragungheilungen". Er stand auch in großem Ansehen als Mittel, um die Anstrengungen von Hexen zu nichte zu machen.

Wasser, das aus Kot destilliert war, galt als Heilmittel für kranke Augen, namentlich wenn sich der Mann, dessen Kot man dazu benutzte, lediglich von Brot und Wein ernährt hatte. Dieses Wasser verordnete man innerlich gegen Wassersucht, Steinbildungen, fallende Sucht, Bisse von tollwütigen Hunden, Blutgeschwüren usw.[5])

„Zibetta occidentalis ist weiter nichts als Kot, der durch Auflösung wohlriechend gemacht wurde, wodurch Zibetta vorgetäuscht wird; vergleiche Agricola, II, S. 266". — Über den Wert dieses „Zibethum" bringt Etmuller Belege aus einem älteren Schriftsteller bei: „Rosencranzerus sagt in seinem Werke „Astronomia inferior" auf S. 232, daß das Zibethum humanum . . . wenn man es auf die Geschlechtteile einer Frau schmiert, den Fötus ans Licht zieht und eine Fehlgeburt verhindert".[6])

Menschenkot, der einen „anodynen[7]) Schwefel, der Säuren zerstört", enthielt, sollte bei Verbrennungen, Entzündungen und als Pflaster zur Zerteilung von Pestbeulen wirksam sein . . . „Auf den sogenannten Botischen Inseln findet sich eine Schlangenart, durch deren Biß jeder getötet wird, wenn er nicht seinen eigenen Kot sofort einnimmt.

---

[1]) [Mikrokosmisches Salz war der Name des aus Harn dargestellten phosphorsauren Natrons, des Harnsalzes oder Ammoniaks. I.] — [2]) B. II, S. 266. — [3]) B. II, S. 266. — [4]) Ebenda. — [5]) B. II, S. 272. — [6]) Ebenda. — [7]) Schmerzstillenden Schwefel.

Außerdem ist das Wasser aus menschlichem Kot ein Schönheitmittel, manche verordnen es auch bei Augenkrankheiten, ebenso wie man auch das aus ihm hergestellte Öl besonders bei Brustkrebs empfiehlt".[1]

„Im Kot der Tiere liegt eine große Heilkraft verborgen, die auf dem Vorhandensein eines flüchtigen Salzes begründet ist; so stillt namentlich Schweinekot alle Arten von Blutflüssen in geradezu wunderbarer Weise, wenn er entweder in Pulverform oder flüssig aufgelegt wird; es ist ein Jahr her, daß eine gewisse Bäuerin, die nach einer Fehlgeburt an starkem Blutflusse litt, geheilt wurde, als ihr der Ehemann ohne ihr Wissen auf meinen Rat hin Schweinekot auflegte; der Blutfluß hörte auf und die Frau erhielt ihre frühere Gesundheit wieder. Pferdemist ist das beste Heilmittel bei hysterischen Leiden und bei Bauchschmerzen, wenn man den ausgepreßten Saft mit Bier oder Wein zu Umschlägen gebraucht; ebenso hilft er auch bei Pocken und Masern der Kinder, wenn man ihn mit warmem Bier eingibt, weil er dann mit dem Schweiße alles austreibt; von der nur zu lobenden Wirkung, die er bei Brustfellentzündung erzielt, will ich schweigen". „Wenn diese flüchtigen Stoffe zwar in einem Punkte gut zu sein scheinen, so wirken sie doch bei der Heilung der Krankheiten je nach der besonderen Veranlagung bei den einzelnen Menschen verschieden".[2]

„Es ist wohlbekannt, daß alle Tiere an der Natur dieses Ammoniaksalzes teilhaben, das aus Säure und einem flüchtigen öligen Alkali besteht, und daß sich diese beim Zutritt der Luft zu Soda umwandeln, was namentlich beim Vögelkot der Fall ist. Was der Kot also leistet, bringt er durch die Kraft des Ammoniaksalzes hervor".[3]

Etmuller beschrieb zwar die Verwendung von tierischem Kot, aber er empfahl ihn nicht unbedingt in folgenden Fällen: Hundekot mit Honig gemischt bei Kehlkopfentzündungen; Wolfkot in Pulverform bei Leibschmerzen.

Hundekot (album Graecum officinale) hielt man bei Durchfall, Epilepsie und Kolik für nützlich, auch wandte man ihn äußerlich bei Halsentzündung, bösartigen Geschwüren, harten Geschwülsten, Hautwucherungen an usw. Besonderen Wert legte man solchem Kot bei, der im Monat Juli gesammelt war und von einem mit Knochen gefütterten Hunde herstammte, weil er dann weißer, reiner und weniger stinkend war. Hundeharn gebrauchte man als Waschmittel bei Hautwucherungen, Geschwüren am Kopfe usw.[4] „In den Apotheken sagt man immer Album Graecum, niemals aber Kot". Den Hund soll man nur mit Knochen füttern und er darf wenig oder gar nichts zu trinken bekommen.[5]

Ziegenmist gebrauchte man bei harten Geschwülsten der Milz und anderer Körperteile, ferner bei Beulen, Ohrgeschwüren, veralteten Geschwüren, Wassersucht, Kopfgrind, Flechten usw.[6] In allen diesen Fällen war die Anwendung äußerlich, aber bei anderen Leiden der Milz, bei Gelbsucht, Ausbleiben des Monatflusses und ähnlichen Krankheiten gab man ihn innerlich ein; Ziegenharn innerlich zur Austreibung von Steinen, bei Harnleiden und destilliert gegen Wassersucht. Die Auswurfstoffe der wilden Ziege gebrauchte man in beinahe derselben Weise bei den gleichen Krankheiten.[7]

Pferdemistjauche gebrauchten Engländer bei Kolik, Rippenfellentzündung und Hysterie.[8]

Wildschweinkot, getrocknet und geschnupft, heilte Nasenbluten. Hiermit vergleiche man die Verwendung des getrockneten Kotes des Dalai-Lama als Schnupfmittel und allgemeines Arzneimittel.

Auch Hyänenmist benutzte man in der Heilkunde, bei welchen Krankheiten ist jedoch nicht angegeben. — Sperling- und Mäusekot brachte den Monatfluß der Frauen in Gang, wenn man ihn zu Pillen verarbeitete und neun Stück davon einnahm.[9]

---

[1] B. II, S. 171. — [2] Etmuller, Opera Omnia, II, Abschnitt 3, Pyrotechnia Rationalis — De Animalibus. — [3] B. II, S. 171. — [4] B. II, S. 253. — [5] B. II, S. 254. — [6] Ebenda. — [7] u. [8] B. II, S. 254. — [9] Die Neunzahl spielt in der Medizin der meisten

Kuhmist empfahl man bei Gicht zu Umschlägen. Die Verwendung von Kuhmist innerlich pries man zur Austreibung von Steinen und zur Heilung von Harnverhaltung besonders an, wegen „der flüchtigen Salpetersalze, die beim Destillieren entstehen und die eine gute Wirkung auf die Nieren haben". Die gewöhnlichen Leute tranken den aus diesem Kot gepreßten Saft bei allen Anfällen von Kolik und Rippenfellentzündung, bei welcher sie es für eine besonders wohltuende Arznei hielten. „Ferner ist er auch sehr gut, um den Stein auszutreiben und den Harn zu befördern" usw.[1]

Die Kotjauche junger Gänse, die man im Monat März gesammelt, war gut gegen Gelbsucht und gegen Bleichsucht ... Hennenkot gebrauchte man manchmal als Ersatz für Gänsekot; Pfauenkot bei allen Arten von Schwindelanfällen ... Schwalbenkot bei Halsschmerzen und Mandelentzündung.[2] — Falkenkot nahm man bei kranken Augen. Entenkot wird bei Bissen giftiger Tiere aufgelegt,[3] — Ziegenmist bei Blutflüssen getrunken ... Ziegenharn galt als Sondermittel zum Austreiben der Blasensteine. Eselharn trank man bei Krankheiten der Nieren, ferner bei Muskelschwund, Lähmungen, Auszehrung usw. Eselmist in Pulverform innerlich eingenommen oder getrunken, auch äußerlich zu Umschlägen benutzt, heilte alle Fälle von Blutflüssen, starken Monatfluß und ähnliche derartige Leiden.[4] Manche glaubten auch, er sei am Besten, wenn man ihn im Monat Mai sammele; andere waren der Ansicht, daß man ihn durch Hundekot ersetzen solle. Kuhpisse war zu wohltuenden Umschlägen bei kranken Augen geeignet. Kuhmist nahm man in allen Fällen von Verbrennungen, Entzündungen, Rheumatismus usw., bei Bienen- oder Wespenstichen (wie noch gegenwärtig bei den Südslaven). Wie wir oben gesehen haben, benutzte man auch im Staate New-Jersey Kuhmist gegen Bienenstiche. „Mit Räucherungen kann man Gebärmuttervorfall heilen". Schließlich gebrauchte man Kuhmist auch bei Wassersucht zu Umschlägen.[5]

Taubendreck verwandte man gewöhnlich zu feuchten Aufschlägen und hautrötendem Pflaster bei der Behandlung von Rheumatismus, Kopfschmerzen, Schwindelanfällen, Kolikschmerzen und Lähmungen; auch bei Beulen, Skorbutgeschwülsten usw.; gegen Wassersucht nahm man ihn in Getränken ein.[6] — „Wachteldreck heilt in Wein aufgelöst und getrunken die Ruhr, nach Kynarides' Angabe".[7]

Frischen Kälbermist rieb man bei der Behandlung der Rose auf die Haut auf. Fuchskot gebrauchte man bei der Behandlung aller Hautkrankheiten äußerlich.[8] Den Kot von Zicklein trank man bei der Gelbsucht.[9] Katzendreck legte man bei Kopfgrind und Fußgicht als erweichenden Umschlag auf.[10]

Perdemist, frisch oder zu Asche gebrannt, gebrauchte man äußerlich als blutstillendes Mittel und als Räuchermittel zur Austreibung des Kindes und der Nachgeburt; man trank ihn auch gegen Kolikschmerzen, Gebärmuttereinschnürungen, zur Austreibung des Foetus und der Nachgeburt und bei Rippenfellentzündung, denn „Pferdemist ist eine wichtige und häufig angewandte Arznei ... innerlich gebraucht man den aus frischem Mist ausgespressten Saft". Als ganz sicheres Heilmittel bei Rippenfellentzündung galt der

Völker eine besondere Rolle. Über das Warum gibt es bereits einige umfangreiche Untersuchungen: Edward Washburn Hopkins, The holy numbers of the Rig-Veda, Oriental studies, Philadelphia 1888—1894. Boston 1894, S. 141—159. — Eduard Wölfflin, Zur Zahlensymbolik, Archiv für latein. Lexikographie und Grammatik, IX, Heft 3. Leipzig 1895, S. 343 bis 351. — Adolf Kaegi, Die Neunzahl bei den Ostariern, Kulturhistorische Analekten in den philolog. Abhandl. für Heinrich Schweizer-Sidler (o. J.). — D. G. Brinton, The sacred number, its origin and application, in: The myths of the New World, Philadelphia 1896, S. 83 bis 119. — Über den Ursprung der Zahl vergl. Karl von den Steinen, Unter den Naturvölkern Zentral-Brasiliens, Berlin 1894, S. 404—423. (Referate darüber bei Krauss, Allgem. Methodik der Volkkunde 1891—1897. Erlangen 1899, S. 101 f).
[1] B. II, S. 249f. — [2] B. II, S. 171. — [3] B. II, S. 286. — [4] B. II, S. 247. — [5] Etmuller, II, S. 248. — [6] S. 287. — [7] S. 288. — [8] S. 283 ff. — [9] 257. — [10] S. 259.

Mist eines jungen Hengstes, namentlich eines mit Hafer gefütterten. „Bei Halsentzündung gibt der Pferdemist dem Schwalbendreck . . . oder dem Hundekot gewiß nichts nach".[1]

Löwenkot innerlich genommen ein Mittel gegen die fallende Sucht. Hasenkot wandte man bei Steinleiden und Ruhr innerlich, bei Verbrennungen äußerlich an. Hasenharn gebrauchte man bei Ohrleiden. Wolfkot galt innerlich genommen als Mittel gegen Kolikschmerzen.

Moschus verordnete man mit Zibethum gemischt häufig als Blähungen vertreibendes Mittel, ebenso als Nerven- und Herzmittel. Mäusekot fand seine Fürsprecher als Heilmittel gegen Verstopfung bei Kindern, innerlich eingegeben, ebenso bei Steinleiden; man wandte ihn auch bei Klystieren an. Der innerliche Gebrauch von Rattendreck half gegen Stockungen des Monatflusses. Mäusekot führte die Bezeichnung „album nigrum", Hundedreck hieß „album Graecum".

Schafmist verschrieb man bei Gelbsucht innerlich, mit der wilden Petersilie zusammen, während man ihn äußerlich bei harten Geschwülsten, Beulen, Anschwellungen und Verbrennungen anwandte. Harn roter oder schwarzer Schafe nahm man innerlich bei Wassersucht ein. Die Menge war fünf bis sechs Unzen. (150—180 Gramm). Schweinemist äußerlich gegen Hautleiden, Bisse von giftigen Tieren und Nasenbluten; im letzteren Falle genügte auch der Geruch allein.[2] Wachteldreck half gegen fallende Sucht; den Vogel sollte man hierfür mit Nieswurz füttern.[3] Kuckuckdreck heilte, in einem Trank eingenommen, den Biß toller Hunde.[4] Weißer Hennenkot war ein bevorzugtes Mittel zu Heilzwecken. Man verwandte ihn für dieselben Krankheiten wie den Taubendreck, man hielt ihn aber nicht für so wirksam. Besonders wertvoll sollte er jedoch bei Koliken und Gebärmutterleiden, bei Gelbsucht, Steinleiden, Geschwüren in den Weichen und bei Harnverhaltung sein.[5]

Gegen die Bisse toller Hunde gab es noch ein anderes Heilmittel — Schwalbendreck innerlich genommen. Man hielt ihn auch für eine gute Arznei bei Koliken und Nierenleiden; bei Entzündungen des Mastdarms gebrauchte man ihn als Stuhlzäpfchen.[6]

Den Kot der Gabelweihe wandte man zuweilen äußerlich bei Gliederschmerzen an.[7] Als Abführmittel wird in dieser seltsamen Liste von Dreck-Arzneien der Starmist genannt.[8] Den Mist des wilden Ochsen gebrauchte man als Heilmittel in denselben Fällen wie den Mist des zahmen Ochsen.[9]

Pfauendreck. — Wenn man diesen Kot längere Zeit hindurch gebraucht, so hat er die Eigenschaft, Schwindelanfälle und Epilepsie zu heilen. Man sollte ihn in Wein einnehmen und die Behandlung mußte vom Neumond bis zum Vollmond dauern, oder auch noch länger. Für die Heilung der Epilepsie sprach eine vielfältige Erfahrung. Bei Schwindelanfällen war diese Arznei von großem Wert; den Männern sollte man den Kot des männlichen Tieres, den Frauen denjenigen der Pfauenhennen geben. Etmuller hielt diesen Unterschied jedoch nicht für erheblich.[10]

Den Gänsedreck, von jungen oder alten Tieren stammend, verordnete man bei der Behandlung der Gelbsucht, für die er als Sondermittel galt. Die zu nehmende Menge betrug 1 Skrupel (etwa 1¹/₈ Gramm). Die Gänse sollte man mit Schöllkraut füttern. Neben der Gelbsucht hielt man ihn für noch besonders wertvoll bei Skorbut; man mußte ihn dann entweder als Pulver oder als Abkochung nehmen. Bei den Arzneien für die Heilung der Wassersucht war Gänsedreck einer der Hauptbestandteile von verschiedenen der verordneten Mittel. Er war auch die Hauptsache bei dem „Augenwasser des Kaisers Maximilian", „Aqua ophthalmica Imperatoris Maximiliani". Um dieses Augenwasser herzustellen, mußte man den Kot junger Gänse in den Monaten April und Mai einsammeln.[11]

---

[1] S. 263. — [2] Etmuller, S. 263—279. — [3] S. 288. — [4] Ebenda. — [5] S. 289. — [6] S. 290. — [7] S. 291. — [8] S. 292. — [9] S. 252. — [10] S. 292f. — [11] S. 287.

Storchendreck, Stercus ciconiae. — Man hielt ihn für wertvoll bei fallender Sucht und Krankheiten ähnlicher Art. „Trinkt man diesen Kot in Wasser, so hält man ihn für nützlich bei fallender Sucht und ähnlichen Kopfleiden“.[1]

Die abführenden Eigenschaften des Mäusedrecks lobt Dr. Jacob Augustin Hunerwolf ganz besonders.[2]

Rosinus Lentilius berichtet: da gab es einen gewissen alten hypochondrischen Menschen, der etwa fünfzig Jahre alt war und sich von einer hartnäckigen Verstopfung dadurch heilen wollte, daß er länger als einen Monat hindurch öfter einen tüchtigen Schluck seines eigenen Harns und zwar frisch und warm trank; aber der Erfolg blieb gänzlich aus.[3]

An derselben Stelle des angeführten Werkes und auf den unmittelbar folgenden Seiten kann man zehn oder zwölf engbedruckte Quartseiten finden, die von der Verwendung menschlicher Auswurfstoffe in der Heilkunde und als Gegenstand krankhaften Verlangens handeln.

Zu den Ephemeriden hat Dr. Lentilius auch eine sorgfältige Übersicht über alles dasjenige beigetragen, was zu seiner Zeit über die innerliche Anwendung menschlicher Auswurfstoffe bekannt war, sei es in der Heilkunde oder aus irgend einer anderen Veranlassung; als Vorrede zu seinen Bemerkungen sagt er, daß zwar manche Leute fremde Länder durchforschen und dort in den Wäldern nach Heilmitteln suchen ließen, daß es aber andere gäbe, die ihre Arzneien sich etwas näher in der Heimat holten und dabei die Verwendung der ekelhaftesten Kotstoffe nicht verabscheuten. „Ich will hier nicht“, lauten seine Worte, „vom Kot der Tiere sprechen, sondern von Menschenkot und Menschenharn. Wir wissen, daß man Pferdemist zur Behandlung von Kolik, Schweinemist zur Stillung von innerlichen Blutflüssen gebraucht, ferner Hundekot oder Album Graecum gegen Halsentzündung, Gänsedreck gegen Gelbsucht, Pfauenkot gegen Schwindelanfälle und Ziegenmist, in Kurland Bier, gegen bösartiges Fieber. Die Mexikaner gebrauchten Menschenkot als Gegengift bei den Bissen giftiger Schlangen; sie nahmen ihn in einer Menge von 2 Skrupeln (2,5 g) in einem beliebigen Getränk ein. Dieselbe Mischung trank man auch bei den Japanern als Mittel für die Behandlung von Wunden, die von vergifteten Waffen herrührten. Im letzteren Falle ist darauf zu achten, daß der Kot von dem verwundeten Manne selbst herrührt“.[4]

Etmuller empfiehlt seine Anwendung, um das Gift der „Napelli“ aus dem Blutkreislauf zu vertreiben, was immer auch unter „Napelli“ zu verstehen sein mag. Als Heilmittel gegen die Pest sollte der Kranke eine Menge zu sich nehmen, die der Größe einer Haselnuß entsprach. Um die Wirkungen von Zauberformeln und Behexungen zu vernichten, mußte man den Kot in Öl einnehmen. In dieser Weise sollte der Kot auch ein Mittel sein, um Würmer zu vertreiben. Er weist auch auf „Oletum“ hin und auf die Heilmittel, bei denen es einen Bestandteil bildet, sagt aber gleichzeitig, daß er die Anwendung von „Zibethum“ und „Westlichem Schwefel“ dem Paracelsus und den Mitgliedern seiner Schule überlasse. Er führt Galen an, der das Trinken des Harns eines kräftigen, gesunden Knaben als Vorbeugemittel gegen die Pest empfehle. Ein Schluck vom Harn ihres Mannes war einer Frau bei Gebärmutterstörungen sehr nützlich. Den Harn eines keuschen Knaben empfahlen manche Schriftsteller angelegentlich zum innerlichen Gebrauch bei Wassersucht, Milzentzündung usw. Weitere Anführungen aus diesem Werke erübrigen sich. Lentilius empfiehlt das Trinken des eigenen Harns bei Schlangenbissen, vergifteten Wunden, Beginn der Wassersucht und Auszehrung.

---

[1] B. II, 287. — [2] Ephemeridum Physico-Medicorum, Leipzig 1694, I, S. 189. — [3] II, S. 169. — [4] Nach serbischer Volksmedizin hilft unbedingt gegen Biß einer giftigen Schlange, legt man auf die Wunde den Kopf der getöteten Schlange oder auch nur deren Dreck auf. Das ist eine Signaturheilung, wie man sie einst hieß.

Trank man den eigenen Harn drei Tage lang, so half das sicher gegen Gelbsucht, bewahrte auch vor der Pest. Von Helmont war aber der Ansicht, in letzterem
Falle beruhe die Wirkung lediglich darauf, daß der Harn ein Reizmittel sei und dazu
diene, die Lebengeister frisch zu erhalten. Etmuller empfiehlt ihn sehr bei Gelbsucht
und auch Avicenna erwähnt ihn gar sehr lobend.

In Etmullers Werk finden wir sodann mit einem großen Aufgebot von Worten
eine Erklärung für die Wirksamkeit des Harns. Wir erfahren, daß sein „Salpetergehalt"
und seine „Flüchtigkeit" ihn als zerteilendes und durchdringendes Mittel geeignet machen,
während der Alkaligehalt dazu beitrage, daß er „gährende Säuren" neutralisiere. Deshalb sei er verwendbar bei Magenkrämpfen, Appetitlosigkeit, Gicht, Zahnschmerzen, Kolik,
Gelbsucht, Wechselfieber und zwar entweder der Harn des Kranken selbst oder der eines
weintrinkenden Knaben.

Der hervorragende Naturforscher („philosopher") Boyle wird dann angeführt,
er habe gesagt, seiner Ansicht nach würde die Beschreibung der Wirkung des menschlichen Harns als Heilmittels, innerlich und äußerlich genommen, einen ganzen Band für
sich allein beanspruchen. Boyle soll auch selbst eine Abhandlung darüber geschrieben
haben, die mit der Angabe des Verfassers als „B" im Jahre 1692 zu Leipzig erschien.[1]

Lentilius widmet eine ganze Anzahl von Seiten dem genauen und logischen
Nachweis, daß es ein Irrtum sei, wenn man annehme, die Verwendung der menschlichen
Auswurfstoffe könne in der Heilkunde irgendwie von Nutzen sein. Nach seiner Ansicht
sorgte die Natur für ihre Entfernung aus dem Leibe deshalb, weil er eben gar keine
weitere Verwendung für sie hatte; deshalb könne ihre Wiederaufnahme nur schädlich
wirken und bei Krankheiten müsse dies erst recht der Fall sein, weil sich der Leidende
in einem hinfälligen Zustande befinde, sodaß das, was er ausstoße, auf dem Wege einer
gesunden Überlegung keinesfalls als ersprießlich angesehen werden könne. Diese Be-
weisführung ist zwar sehr lehrreich und wichtig, sie gehört aber in ihrer ganzen Ausführlichkeit eher in die Geschichte der Heilkunde als in die vorliegende Abhandlung hinein.

Lentilius erklärt zum Schluße, es könne keine grauenhaftere Drohung geben,
als die des Sennacherib gegen die Juden, er werde sie zwingen, ihren eigenen Kot
zu essen und das Wasser zu trinken, das ihre Füße benetzt habe; Jesajas, Kap. 36,
Vers 12: „Wehe den armen Kranken, die ihren eigenen Harn zu trinken veranlaßt werden".[2]

Von dem im folgenden erwähnten Werk Paullinis hat Lentilius entweder un-
rechtmäßigen Gebrauch gemacht oder er war sein Vorgänger, denn er bringt alle Angaben
Paullinis, scheint aber obendrein ein philosophischer Kopf gewesen zu sein, was man
von Paullini nicht behaupten kann.

Christian Franz Paullinis „Heilsame Dreck-Apotheke" Frankfurt am Main 1696,
ist besser bekannt, als die sämtlichen bisher aufgeführten Werke; das Werk ist wenig
umfangreich und beschränkt sich fast ausschließlich auf eine Aufzählung von Krankheiten,
bei denen jedesmal die geeigneten Dreckheilmittel angegeben sind. Das in der Büchersammlung des U. S. Army Medical Museum zu Washington befindliche Exemplar ist ein
Duodezband von 268 Seiten.

Paullini hat sich lediglich darauf beschränkt eine umfangreiche Aufzählung von
Fällen zusammen zu tragen, in denen man menschliche und tierische Auswurfstoffe bei
der Behandlung von Krankheiten angewandt; er hat sich nirgends daran gewagt, eine
Erklärung dafür beizubringen, aus welchem Grunde man solche Mittel gebrauchte, wie
es Etmuller wenigstens versucht hat.

---

[1] Der Naturforscher Robert B. Boyle verschied am 30. Dezember 1691 zu London.
Etmuller verlegt wohlweislich das Erscheinen der Abhandlung aufs Jahr 1692 und legt das
B. mit Boyle aus, um dem Stuß Nachdruck und Glaubwürdigkeit zu verschaffen. — [2] B. II,
S. 169—176; es ist ein Quartband, der etwa 375 Worte auf einer Seite enthält.

Er handelt von der Verwendung des menschlichen Kotes und Harns, sowie tierischer Auswurfstoffe bei folgenden Krankheiten: Kopfschmerzen, Schlaflosigkeit, Schwindelanfällen, Wahnsinn, Trübsinn, Verrücktheit, Gicht, Krämpfen, Schlagfluß, fallender Sucht, kranken Augen, grauem Staar, Augenschwäche, Ohrleiden, Nasenbluten, Nasenpolypen, hohlen Zähnen, Wasserkopf, Balggeschwulst, asthmatischen Leiden, Husten, Blutspeien, Auszehrung, Rippenfellentzündung, Ohnmachtanfällen, Krankheiten der Brustdrüsen, Geschwülsten, Koliken, Heißhunger, Würmern, Bruchleiden, Hüftweh, Darmgeschwüren, Verstopfung, Durchfall, Ruhr, Steinleiden, Leberschwellungen, Wassersucht, Gelbsucht, Nierenleiden, Blasensteinen, Harnverhaltung, Harnzwang, geschwächter Mannkraft, Hodenschwellung, Gebärmutterverlagerungen, Störungen des Monatflusses, Unfruchtbarkeit, Zufällen bei schwangeren Frauen, Fehlgeburten, schweren Entbindungen, Schmerzen nach der Geburt, Fußgicht, Rheumatismus, Fieber jeder Art, Vergiftungen, Pest, syphilitischen und venerischen Leiden, Geschwüren, Verstauchungen, Quetschungen, Beulen, Wunden, Hautschwamm, Nagelgeschwüre, Krätze, Sommerprossen, als Kosmetikum, bei Hitzblattern, Flechten, Haarausfall, Läusen, Brand, Erkältungen, Warzen, Dammrissen, Fisteln, Hühneraugen, Entzündungen am Ballen der großen Zehe, Liebeträngen, und zur Unschädlichmachung von Behexungen.

Gegen Kopfschmerzen gebrauchte man Taubendreck innerlich, den Mist einer roten Kuh und Pfauenkot äußerlich.

Gegen Schlaflosigkeit Eselmist innerlich; gegen Gicht Taubendreck äußerlich. Menschlichen Harn gebrauchte man ebenfalls zu diesem Zwecke. Gegen Schwindelanfälle Taubendreck, Pfauendreck und Eichhörnchenkot, sämtlich innerlich gebraucht. Gegen Irresein Eselmist äußerlich. Gegen Melancholie Kälber- oder Ochsenmist innerlich; Eulenkot äußerlich. Gegen Wahnsinn Menschenkot innerlich, Knabenharn innerlich, ebenso Eulenkot und Zickleinmist innerlich. Gegen Gicht Knabenharn äußerlich und Eulenkot, Eselinnenmist, Pferdemist, Kuhmist, Hirschmist und Schweinekot äußerlich. Gegen Krämpfe Pfauenkot und Pferdemist äußerlich. Gegen Schlagfluß soll sich der Leidende mit seinem eigenen Harn oder dem eines kleinen Knaben waschen; man wende auch Pfauenkot oder Pferdemist innerlich an.

Gegen Epilepsie, eine besonders gefürchtete Krankheit, verschrieb man Menschenkot und Knabenharn innerlich, ebenso gab es innerliche Anwendungen von Pferdemist, Pfauenkot, Mäusedreck, Hundekot, Mist von schwarzen Kühen, Löwenkot, Storchkot und Wildschweinmist; äußerliche Anwendungen bei diesen Leiden teilt er nicht mit. Ein anderes Mittel gegen die fallende Sucht bestand darin, daß man den Kot eines hübschen, gesunden jungen Mannes nahm, ihn trocknete und durch Hitze das Öl auszog; dieses Öl reinigte man und nahm es innerlich ein.

Gegen entzündete und triefende Augen machte man ein Augenwasser aus dem warmen Harn junger Knaben, worunter man andere Dinge mischte. Ferner machte man äußerlich Aufschläge mit Knabenharn oder mit Schwalbenkot, Taubendreck, Kuhmist, Ziegenmist, Feldhühnerkot, Pferdemist, Eidechsenkot, Taubendreck von Haustauben. Die innerliche Anwendung obiger Mittel wird nicht erwähnt. Gegen geschwächte Sehkraft gebrauchte man dieselben Mittel. Gegen grauen Star wandte man Menschenkot, Knabenharn, den Kot von Wölfen, grünen Eidechsen oder Gänsen äußerlich an.

Ohrenschmerzen oder Ohrensausen oder Ohrgeschwüre heilte man durch Aufschläge mit einer Mischung aus Knabenharn und Honig oder auch mit frischem Menschenharn allein. Gegen andere Ohrenleiden empfahl man die äußerliche Anwendung von Knabenharn oder vom eigenen Harn des Kranken, ferner die äußerliche Anwendung des Kotes der weißen Ziege, der Taube, der Katze, des Hirsches, des Kaninchens, der Eselin, des wilden Schweines oder des Wolfes.

Gegen Nasenpolypen Hunde- oder Eselkot äußerlich. Gegen Zahnweh oder hohle Zähne den eigenen Kot oder den Kot des Wolfes, des Hundes, des Raben, der Maus oder des Pferdes in allen Fällen äußerlich anwenden.

Gegen Zahnweh macht man Aufschläge mit Menschenkot, unter den Kamillenblüten gemischt sind, auf die Wange. Wasserkopf heilt man durch Trinken von Knabenharn. — Halsbräune und Halsleiden im Allgemeinen. Man nimmt Knabenharn sowohl innerlich als auch äußerlich; gurgelt mit dem eigenen Harn und trinkt ihn; ferner wendet man den weißen Kot von Hunden, den man in Monat Juli einsammelt, innerlich und äußerlich an, ferner den Kot von Gänsen, Tauben, Adlern, Ziegen, Eulen, Hennen oder Wölfen.

Bei Asthmaleiden gebraucht man Harnsalze oder Taubendreck äußerlich. Husten heilt man mit innerlichem Gebrauch von Hundekot oder mit Gänsekot; äußerlich nimmt man den Kot von Raben, Hirschen oder Sperlingen. — Blutspeien verschwindet beim innerlichen Gebrauch von Kot des Wildschweins, der Tauben, der Schafe, der Kühe, der Pferde, der Mäuse, der Hunde oder der Pfaue.

Gegen Auszehrung nimmt der Kranke seinen eigenen Kot innerlich; ferner seinen eigenen Harn oder den eines Knaben oder Mäusekot innerlich. Ein anderes Mittel gegen die Auszehrung bestand darin, daß man den Kranken eine Mischung seines eigenen Harns und eingequirlter frischer Eier trinken ließ; dies mußte man mehrere Tage lang hintereinander morgens wiederholen; er soll auch seinen eigenen Kot essen.

Gegen Rippenfellentzündung wird eine äußerliche Anwendung des eigenen Harns des Kranken empfohlen oder man gab den Kot von Eseln, Pferden, Zuchthengsten, Stuten, Hennen, Tauben und Hunden innerlich ein. Bei Ohnmachtanfällen brauchte man Menschenkot äußerlich, den eigenen Harn innerlich, ferner Kuhpisse oder Pferdemist, Schafmist und Vogelkot äußerlich.

Krankheiten der Brustdrüsen behandelte man mit Kuhmist oder Mäusekot innerlich; man kannte aber auch eine äußerliche Behandlung mit dem Mist von Ochsen, Ziegen, Schweinen und Kühen, mit Hundekot oder mit Taubendreck.

Brustkrebs heilte man durch innerlichen Gebrauch des eigenen Kotes des Kranken, durch äußerliche Anwendung von Gänsekot oder Kuhmist, Ziegenmist und Kaninchenkot. — Gegen Balggeschwülste gebrauchte man Kuhmist, Rattenkot, Mäusedreck, Ziegenmist, Schafmist, Gänsekot, Taubendreck oder Eselinnenmist äußerlich. — Gegen Kolikschmerzen nahm man Menschenkot innerlich oder Eau de Millefleurs innerlich; wir haben oben gesehen, daß man auch Eau de Millefleurs aus Kuhmist herstellte; ferner nehme man Bienen innerlich, dies ist das einzige Beispiel einer solchen Verwendung dieses Insekts,[1] oder Pferdemist, Katzendreck, Schwalbendreck, Mist von jungen Ziegen äußerlich.

Ein junger Mann in Leyden verliebte sich ganz närrisch in ein junges Mädchen, konnte aber die Einwilligung seiner Eltern zur Heirat mit ihr nicht erlangen. Es ergriff ihn ein starkes Fieber, verbunden mit Verstopfung. In dieser verzweifelten Lage kam er auf den Gedanken, es könne ihm das Trinken des frischen Harns seiner Geliebten helfen; er schrieb daher an sie, und bat sie, seinem Verlangen zu entsprechen, was sie auch tat. Und als er sich an diesem Getränk satt getrunken hatte, fühlte er sich sofort erleichtert (ob von der Verstopfung oder von seiner Leidenschaft hat Paullini leider nicht mitgeteilt).[2]

Heißhunger stillt man mit denselben Mitteln, die bei Kolikschmerzen angeführt sind. — Gegen Würmer trinkt der Kranke seinen eigenen Harn; er kann auch Pferdemist, Kuhmist oder Schweinekot innerlich nehmen. — Bei Bruchleiden nimmt man

---

[1] In medizinischen Werken jener Zeit vielleicht, in der Volksmedizin jedoch nicht. —
[2] Nur seine Sehnsucht war befriedigt. Mehr verlangte der Neurotiker gar nicht.

Kaninchenkot innerlich. — Gegen Hüftweh gebraucht man Ziegenmist, Taubendreck, Pferdemist oder Zickleinmist äußerlich. — Gegen Verstopfung hilft Menschenkot innerlich genommen, oder Menschenharn innerlich, ferner Kot von Schweinen, Mäusen, jungen Ziegen, Gänsen, Sperlingen, Elstern oder Tauben, innerlich.

„In den Zwölften geschossene Elstern soll man mit Lehm umwickeln und in einen Backofen setzen, wo man sie völlig dörren läßt; dann soll man den Lehm wieder abmachen und die ganze Elster zu Pulver reiben. Dieses Pulver eingenommen hilft gegen mancherlei Krankheiten". [1]

Durchfall heilt man mit Schweinekot innerlich oder mit Umschlägen von Schweinemist, Eselmist oder Kuhmist. Gegen die Ruhr nimmt der Kranke seinen eigenen Kot oder den eines Knaben innerlich; Menschenharn innerlich, ferner Kot von Hunden, Pferden, Schweinen, Krähen, Kaninchen, Eseln, Maultieren oder Elefanten innerlich.

Bei Wassersucht: Menschenkot innerlich; den eigenen Harn des Kranken oder Knabenharn innerlich, oder man macht äußerlich Umschläge mit Kot von Gänsen, jungen Ziegen, alten Ziegen, Eseln, Hunden, Hirschen, Pferden; oder Schafmist wird innerlich genommen.

Gegen Leberleiden nimmt man die Harnsalze innerlich, ferner Kot von Gänsen, Schwalben oder Hirschen, gleichfalls innerlich. — Nierenleiden behandelt man mit Menschenharn, sowohl innerlich als auch äußerlich, Gänsekot innerlich, Schafmist äußerlich, Eselmist oder Hirschmist innerlich.

Gegen Blasensteine gebraucht man innerlich entweder menschlichen Harn oder Wasser, das über menschlichen Kot destilliert ist, oder getrocknetes Monatblut der Frauen oder den Niederschlag des Kammertopfes in Branntwein eingenommen. — Bei Harnverhaltung trinkt der Kranke seinen eigenen Harn oder er gebraucht Taubendreck, Rattenkot, Zickleinmist, Mäusedreck, Wildschweinmist oder Eselmist sowohl innerlich als auch äußerlich. — Bei Harnzwang nimmt man Ziegenmist, Mäusekot oder Wildschweinmist innerlich. — Bei schmerzhaftem Harnlassen muß man den Harn eines Mädchens innerlich gebrauchen; den Harn des Kranken innerlich und äußerlich; Sperlingkot innerlich; ferner den Mist von Eseln, Ziegen und Zicklein, den Kot von Gänsen, Haushähnen oder Tauben äußerlich. Geschwächte Mannkraft und Hodenschwellung heilt man mit Feldhühnerkot oder demjenigen von Sperlingen, innerlich genommen; oder mit dem Kot von Kaninchen, mit Stiermist, Kuhmist oder Ziegenmist äußerlich.

Gegen Gebärmutterverlagerung gebrauchte man Menschenkot innerlich; Falkenkot, Pferdemist oder Bullenmist innerlich, ferner Schweinekot, Eselmist oder Schafmist. Bei Gebärmuttervorfall legte man Menschenkot äußerlich auf; diese Behandlung galt auch als geeignet bei Scheidenentzündung; abgestandenen Harn und die Ausdünstung von alten Socken, sowie Eselmist gebrauchte man äußerlich. Den Bodensatz aus Kammertöpfen mit andern Sachen vermischt nahm man innerlich ein. — Gegen Störungen des Monatflußes verschrieb man Monatblut innerlich, ebenso Knabenharn innerlich, ferner Eselmist und Kaninchenkot, sowohl innerlich als auch äußerlich; ferner Schweinekot, Rattenkot und Pferdemist äußerlich. — Gegen die Unterdrückung des Monatflußes nimmt man getrocknetes und gepulvertes Monatblut innerlich und trägt noch ein mit Menschenblut beschmiertes Hemd (wahrscheinlich das Hemd einer Frau, die mit ihrer monatlichen Reinigung mehr Glück gehabt hatte, noch gegenwärtig in Slavonien gebräuchlich); oder man koche Knabenharn mit Knoblauch zusammen und atme den Dampf ein.

Bei Gicht und Rheumatismus gebraucht der Kranke seinen eigenen Harn, sowohl innerlich als auch äußerlich; Knabenharn äußerlich, Mäuse- oder Kaninchenkot innerlich;

---

[1] Von einem deutschen Jäger bei Rogasen. O. Knoop, Volktümliches aus der Tierwelt, Rogasen 1905, S. 6.

Mist von Kühen, Bullen, Kälbern, Ziegen, Wildschweinen und Eseln, Kot von Tauben, Pfauen und Störchen äußerlich. Als ein anderes Mittel gegen Gicht und Rheumatismus galten Zickleinmist, Hundekot oder Hähnekot innerlich genommen.

Tertiärfieber heilte man durch innerliche Anwendung von Menschenkot und Menschenharn, Schweinekot, Eselmist, Zickleinmist und Schwalbendreck, weißem Hundekot. — Quarternärfieber vertrieb man mit Kinderkot innerlich; äußerlich gebrauchte man mit Eselmist gemischten Harn einer alten Frau; Gänsedreck, den man im Monat Mai eingesammelt, Hundekot, Zickleinmist und Schafmist innerlich und Katzenkot äußerlich.

Gegen bösartige Fieber mußte der Kranke seinen eigenen Harn innerlich einnehmen; ferner den Harn einer Eselin innerlich; Mist einer roten Kuh, des Renntieres, Pferdes, Schafs oder der Ziege innerlich; für diesen Fall hatte man keine äußerlichen Mittel.

Als Gegengifte galten: Menschenkot innerlich und Menschenharn innerlich und äußerlich; die Auswurfstoffe von Schweinen, Enten, Schwalben, Ziegen, Kälbern oder Zicklein innerlich; von Tauben, Kühen, Schafen, Eseln und Pferden äußerlich.

Gegen die Pest verordnete man Menschenkot und Menschenharn innerlich, Bullenmist innerlich, Kuhmist, Zickleinmist oder Taubendreck äußerlich.

Gegen Syphilis und venerische Krankheiten gebrauchte man Menschenharn innerlich und auch äußerlich, die Auswurfstoffe von Pferden und Hunden äußerlich.

Gegen Geschwüre und Verstauchungen benutzte man Knabenharn äußerlich, den Kot von Kühen, Ziegen, Hunden, Tauben, Zicklein, Kamelen, Gänsen äußerlich; oder des Wildschweins sowohl innerlich als auch äußerlich.

Furunkel heilt man mit äußerlicher Anwendung von Menschenkot und Menschenharn, ferner äußerlich mit Mist des Zickleins, Taubenkot, Ziegenmist, Kuhmist, Bullenmist, Schafmist oder Fuchskot. — Wunden behandelte man äußerlich mit Menschenkot und Menschenharn, Hundekot, Ziegenmist, Kuhmist, Taubendreck, Zickleinmist, Eselmist und Schafmist. (So helfen sich auch Hajduken in Montenegro).

Gegen Hautschwamm und Nagelgeschwüre verordnete man äußerlich Menschenkot und Monatblut, ferner Mist von Kühen, Schweinen, Schafen, Ziegen oder Zicklein, Gänsedreck und Katzenkot. — Krätze, Sommersprossen, Hitzblattern, Flechten behandelte man innerlich mit Gänsedreck, äußerlich mit Eselmist, Zickleinmist, Hundekot, Taubendreck, Krokodilenkot und Fuchskot.

Bei Haarausfall und Läusen gebrauchte man Menschenharn äußerlich; Taubendreck, Katzenkot, Rattenkot, Mäusedreck, Schwalbenkot, Gänsekot, Kaninchenkot oder Ziegenmist äußerlich.

Gegen Brand wandte man den Harn einer Jungfrau äußerlich an, ferner den weißen Kot von Zicklein oder Pferdemist, äußerlich.

Erkältungen heilte man mit äußerlichem Gebrauch von Menschenkot und Menschenharn, ferner mit Mist des Schafes, der Kühe, der Bullen, der Zicklein, der Schweine, der Pferde oder mit Taubendreck, äußerlich.

Gegen Warzen verordnete man den eigenen Harn des Betreffenden äußerlich, ferner gleichfalls äußerlich den Kot von Hunden, Schafen, Kamelen, Ziegen, Kühen, Kälbern oder eines schwarzen Hundes.

Gegen Dammrisse, Ballenentzündung und Hühneraugen gebrauchte man den Kot von Hunden, Schweinen, Schafen, Tauben, Zicklein, Ziegen, Mäusen oder Kühen; man mußte ihn im Mai einsammeln; äußerlich. — Fisteln behandelte man äußerlich mit Menschenkot, innerlich mit Hundekot und Mäusekot.

Bei Gelbsucht soll man das Öl der menschlichen Exkremente innerlich nehmen oder menschlichen Harn neun Tage lang trinken. — Bei Blutflüssen sind menschliche

Exkremente, getrocknet und innerlich genommen, von großem Nutzen. — Gegen Schlaflosigkeit sollte man den „Spiritus urinae" innerlich einnehmen. — Bei Krampfanfällen sollte man den Harn eines Knaben innerlich gebrauchen.

„Nimm ein altes rostiges Stück Eisen, es mag ein Hufeisen oder sonst ein Gegenstand sein, lege es in das Feuer, bis es rotglühend ist, dann nimm es heraus und lasse den Kranken darauf pissen, den entstehenden Dampf soll er durch Mund und Nase einatmen und das drei Tage lang machen, das wird ihn von der Gelbsucht heilen".[1]

In diesem Werke findet man noch folgende Angaben über die Verwendung von Kotstoffen usw.:

Gegen laufende Geschwüre am Kopf . . . bade den ganzen Kopf mit altem Harn (S. 66). — Um das Fließen des Harns zu bewirken . . . nimm Hornviehmist, mit Honig gemischt und heiß gemacht, und lege ihn auf das Schambein auf. (S. 133). — Gegen Steine in der Blase . . . trinke man Mäusekot. (S. 134). Auf S. 131 werden der Kot, das Fleisch und die Haare des Hasen zum Trinken (!) verordnet. — Bei Gelbsucht soll man Ziegenmist drei Tage lang trinken. (S. 116). Wenn man Ziegenmist trinkt, so bringt das den Monatfluß der Frauen im Gang. (S. 141). — Gänsekot und Hennenkot mit bestem Wein getrunken heilte plötzliche Stockungen der Gebärmutter in wunderbarer Weise. (S. 144). — Gegen eine eigensinnige oder bösartige Gebärmutter (!) wendet man stinkende Dämpfe gegen die Geschlechtteile und wohlriechende für die Nase an. (S. 144 und 151). Gegen die Halsbräune nimmt man den eben fallen gelassenen Kot eines Schweines so warm, als man ihn bekommen kann, und legt ihn auf die betreffende Stelle auf und das heilt sicher. (S. 172). Gegen alle Arten von Anschwellungen gebrauchte man äußerlich den Kot einer Gans, die man erst drei Tage lang hatte fasten lassen und der man, bevor man sie tötete, einen Aal (!) zu fressen gegeben. (S. 180).

Für Anschwellungen hinter den Ohren sollte gekochter Ziegenmist gut sein; man legte ihn als Pflaster auf. (S. 84). Karbunkel, Furunkel usw. heilt man ganz sicher mit einer Auflage von Pfauenkot. (S. 163). — Um Fisteln zu heilen legt man Menschenkot mit Pfeffer äußerlich auf; ferner Ziegenmist äußerlich; Taubendreck sollte man in Ziegenmilch trinken; den Saft des Kuhmistes sollte man in Wein tun und in die Fistel einspritzen, auch ein Pflaster aus Kuhmist auflegen. (S. 165 f.).

Wer neun Tage lang morgens früh nüchtern seinen eigenen Harn trinkt, wird weder an Epilepsie, noch an Schlagflüssen, noch an Koliken zu leiden haben, und wer seinen eigenen Harn trinkt, wird von den Wirkungen eines eingenommenen Giftes bewahrt bleiben. (S. 169 f.).

„Nach Karl Lancilottis Zeugnis ist das Wasser des menschlichen Kotes durch ein Sieb gerieben und neun Tage lang getrunken ein Heilmittel für diejenigen, die an der fallenden Sucht leiden". Aus dem Guida alla Chimica.[2]

---

[1] John Mongrief, The Poor Man's Physician, Edinburg 1716, S. 174. — Über diesen in der Welt weitverbreiteten Glauben handeln Robert Means Lawrence, The Magic of the Horse-Shoe with other Folk-lore Notes. Boston and New-York 1898, S. 344, 8 °. — Ludwig Freitag, Das Pferd im germanischen Volkglauben (79 S.), Festschrift zu dem 50jähr. Jubiläum des Friedrich-Realgymnasium in Berlin 1900. — Julius von Negelein, Das Pferd in der Volkmedizin, Globus vom 23. August 1901 und Das Pferd im arischen Altertum. Teutonia, Arbeiten zur germanischen Philologie 1903, 2. Heft. — Hieher gehören mittelbar auch Wiechel, Hufeisen als Schutzzeichen, Grenzmarken und Geboteisen, Mitteil. Verein für sächs. Volkkunde, Leipzig 1902, II, 25 ff. 240 ff. Clemens Pfau, Das Pferd, ebenda 1903, III, 44—25; 70—79; 108—117. — Über Pferde- und Kuhtrappen, über das Pferd als ein Tier der Fruchtbarkeit, des Wassers vergl. Dr. Aigremont, Fuß- und Schuh-Symbolik und -Erotik, folklorist. und sexualwissenschaftliche Untersuchungen. Mit einem Geleitwort von Krauss, Leipzig, 1909, S. 10 ff. —
[2] Bibliotheca Scatologica, S. 29.

Das im Jahre 1725 zu Dresden erschienene Werk „Chylologia" von Schurig enthält Anführungen aus nahezu siebenhundert Schriftstellern. Da die letzteren fast alle aus älterer Zeit stammen und in vielen Fällen nur sehr schwer in Bibliotheken aufzufinden sind, so ist das gelehrte Werk von Schurig um so wertvoller für alle diejenigen, die dem vorliegenden Gegenstand, der Verwendung menschlicher und tierischer Kotstoffe in Glauben, Sitte und Brauch der Völker ihre besondere Aufmerksamkeit und ein eingehendes wissenschaftliches Studium widmen wollen.

Einige der Schriftsteller, die Schurig anführt, sind für, andere gegen die Anwendung menschlicher Auswurfstoffe als Arzneimittel. Unter denjenigen, die sich für die Anwendung aussprechen, sind seiner Angabe nach, die Namen Galens und Dioskorides'. Zu Schurigs Zeiten scheint sich aber eine starke Gegnerschaft gegen derartige Mittel entwickelt zu haben, namentlich dann, wenn man andere Heilmittel bekommen konnte; Schurig berichtet jedoch, daß sich die holländischen Soldaten, die aus Indien zurückkehrten, sehr lobend darüber aussprachen, was sie dort von der Anwendung solcher Arzneien gesehen hatten. Bei europäischen Heilkundigen fand Menschenkot vielfache Anwendung, entweder allein, mit Wasser oder mit anderen Sachen gemischt; man destillierte auch ein Wasser und ein Öl daraus.

Es hätte wenig Zweck, die Namen aller Schriftsteller aufzuführen, die dieser gelehrte deutsche Arzt erwähnt, oder alle Einzelheiten der vielen Vorschriften wiederzugeben, bei denen die Absonderungen der Unterleiborgane Verwendung fanden. Mit allen diesen Angaben wäre für unsere Arbeit wenig gewonnen, denn es handelt sich bei Schurig zunächst um pharmazeutische Vorschriften; es wird aber von allgemeinerem Interesse sein, wenigstens einiges darüber zu erfahren, in welchen Fällen man Krankheiten bei dieser Behandlungweise für heilbar hielt und daneben noch, in welcher Weise man diese Arzneien anwandte.

Gegen Brustbräune nahm man innerlich den Kot eines Knaben ein, der Wolfbohnen (Lupinen) gegessen hatte. (S. 758). Gegen dieselbe Krankheit gab es aber noch andere Dreckrezepte zu Pillen, Pflastern, Abkochungen, ebenso wie zu Latwergen aus Kot, die man mit Honig versetzte. (S. 756). — Um Nagelentzündungen, Geschwüre usw. zum Aufgehen zu bringen, für Verstauchungen und Knochenbrüche hielt man einen heißen Umschlag aus ˙Menschenkot für das beste Sondermittel. (S. 757). — Auch bei rheumatischer Gicht hielt man solche warmen Umschläge aus Menschenkot für wertvoll. (S. 757). — Bei Nierensteinen gab man „Aqua ex stercore distillata" innerlich ein. (S. 757). Gegen Krebs und bösartige Geschwüre verschrieb man Menschenkot als örtlichen Umschlag; man gab ihn aber auch innerlich in Pillenform oder als Pulver ein. Der Papst Benedikt wurde durch diese Behandlung von einem Krebsleiden geheilt. (S. 758f).

Gegen fallende Sucht nahm man Pfauendreck mit einer Zutat von Menschenkot innerlich ein. (S. 762). Den Rotlauf, die Rose behandelte man mit Umschlägen von Menschenkot. (S. 762); auch gab man „Oleum ex stercore distillatum" innerlich ein. (S. 762). — Narben und die Pusteln von Blattern badete man mit „Aqua ex stercore distillata". (S. 760). — Den Brand heilte man durch Auflegen von warmem Kot und Harn. (S. 763).

Bei Wassersucht gebrauchte man „Aqua ex stercore distillata" innerlich. (S. 764). — Gegen Gelbsucht trank man Menschenkot in Wein (S. 764); in diesem Falle verweist Schurig auf Paullini und andere Schriftsteller, mit denen wir bereits bekannt geworden sind.

Bei Hämorrhoiden legte man Pflaster aus Menschenkot auf. (S. 766); in derselben Weise behandelte man auch Geschwülste. (S. 777). — Gegen Hautschwamm und andere Hautkrankheiten gebrauchte man „Oleum ex stercore" innerlich. (S. 766). — Bei Entzündung der Brüste junger Mütter war örtliche Anwendung von Menschenkot geboten. (S. 767). — Aqua ex stercore fand noch Verwendung in folgenden Fällen: Bei Verbrennungen und Kopfgrind örtlich (S. 769); bei Entzündungen (S. 766); bei Ruhr innerlich, unter Berufung auf Paullini (S. 761); bei Augenleiden innerlich (S. 771); bei Bissen von tollen Hunden, Schlangen und allen wilden Tieren innerlich. (S. 767 f.)

Das „Oleum ex stercore distillatum" erfreute sich gleichfalls großer Beliebtheit; man gebrauchte es bei Eiteransammlungen innerlich (S. 761); bei Bissen von tollen Hunden, Schlangen usw. innerlich (S. 767 f); bei Würmern im Kopfe (!) örtlich (S. 777); bei Krätze und flechtenartigen Ausschlägen örtlich (S. 776); bei Rippen- oder Brustfellentzündung innerlich (S. 774).

Ebenso ausgedehnte Verwendung fand Menschenkot. Die fallende Sucht verhinderte und heilte man mit Kinderkot; das Mittel war innerlich zu nehmen (S. 761); bei allen Fieberkrankheiten Menschenkot mit Honig gemischt, unter Hinweis auf Paullini (S. 762 f); Fisteln des Afters oder des Tränenkanals behandelte man mit örtlichen Aufschlägen aus Menschenkot (S. 763); die Muttermale vertrieb man mit Pflastern aus Menschenkot oder aus Kindpech (S. 771); bei Augenleiden, grauem Star usw. legte man Pflaster aus Menschenkot auf (S. 771); Zahnweh heilte man ebenso mit Beimischungen von Kamillenblüten, wofür auf Paullini hingewiesen wird (S. 772); Wassergeschwülste beseitigte man mit Pflastern aus Menschenkot oder aus Kuhmist (S. 772); Fingergeschwüre behandelte man mit Kotpflastern; nach einem andern Rezept wurde Asa foetida, Teufeldreck, darunter gemischt, unter Berufung auf Paullini (S. 772); bei Hysterie trank man Menschenkot in Wein (S. 773); Bisse von tollen Hunden, von Schlangen und allen wilden Tieren heilte man durch Einnehmen von Kot, oder „oleum ex stercore distillatum" oder „aqua ex stercore distillata". (S. 767 f).

Auf der Insel Manilla stand Menschenkot in so hohem Ansehen als Heilmittel für Schlangenbisse und Bisse aller giftigen Tiere, daß man ihn getrocknet oder frisch in kleinen Büchsen oder Beutelchen um den Hals bei sich trug, um ihn zur sofortigen Verwendung zur Hand zu haben. Ein Beispiel von einem Manne wird angeführt, der heftig gebissen worden war und sich schon so nahe dem Tode befand, daß er seinen Mund nicht mehr aufmachen konnte; man mußte ihm die Zähne auseinanderzwängen, um ihm das Mittel einzuflößen. Er kam sofort wieder zu sich. Für diese Angabe wird als Gewährmann ein Franziskanerpater angeführt, der jahrelang als Missionar auf der Insel lebte. — Auch in Mexiko nahm man Menschenkot bei Schlangenbissen innerlich ein, wie bereits erwähnt. (S. 767). Bei Vergiftungen nahm man Menschenkot innerlich. (S. 777 f.). Wunden, die von vergifteten Waffen herrührten, behandelte man auf der Insel Macassar innerlich mit Menschenkot. Man mußte soviel zu sich nehmen, daß Erbrechen eintrat. Auch in Armenien verfuhr man in dieser Weise, während man auf der Insel Celebes Menschenkot als Gegengift bei Pflanzengiften eingab, wofür Paullini angeführt wird. (S. 778 f.).

Um die Pest zu heilen oder fern zu halten, nahm man Menschenkot mit Menschenharn gemischt, innerlich ein. Man verordnete auch Menschenkot allein in Pillenform und legte ihn auf die Pestbeulen als Pflaster auf. Schurig berichtet, daß er einen gewissen Geistlichen persönlich kannte, der im Jahre 1680 in Dresden solche Pillen mit gutem Erfolg eingenommen hatte. (S. 775). — Bei Gicht legte man Menschenkot als Pflaster auf oder nahm ihn innerlich ein (S. 775); auch hierfür beruft er sich wieder auf Paullini, neben andern mir nicht weiter bekannten Schriftstellern.

Schurigs Vorstellungen von der Verwendung tierischer Kotstoffe in der Heilkunde.

Im vierzehnten Abschnitt seines Werkes bringt Schurig eine Abhandlung: „De stercoribus Brutorum". Es ist nicht erforderlich, in dieser Hinsicht daraus allzuviele Einzelheiten hier aufzuführen; es genügt, wenn wir eine kleine Anzahl von seinen Rezepten mit Bemerkungen über die Gebrauchweise der Mittel wiedergeben und, soweit es möglich ist, über ihre Wirksamkeit, sofern er hierüber Meinungen ausdrückt. Dies wird ausreichen, um uns von der Anschauungweise der alten Ärzte über ihre Heilmittel ein deutliches Bild zu machen.

Wir wollen mit dem Gänsekot beginnen, den er uns inbezug auf seine Wirksamkeit als wärmend und auftrocknend schildert. Dieser Kot ist ein Abführmittel und hat auch Einfluß auf die monatliche Reinigung; ebenso auf die Nachgeburt und die Harnabsonderung; er ist deshalb wertvoll bei Gelbsucht, Skorbut und Wassersucht. Man gebrauchte ihn auch noch bei vielen andern Krankheiten, namentlich bei Fieber, bei Keuchhusten, bei schlechtem Blut, bei Leberleiden. Man benutzte ihn auch äußerlich zu Umschlägen, und als Pflaster bei der Behandlung von Augenleiden war der Gänsedreck so wirksam, daß ihn Kaiser Maximilian mit dem besten Erfolg anwandte. Man gebrauchte ihn auch bei Halsentzündung und Brustkrebs als Pflaster. Den Kot junger Gänse hielt man für den besten und man mußte ihn, wenn irgendwie möglich, im Frühlinganfang sammeln, besonders wird der März empfohlen, solange noch das erste „Grün" auf den Wiesen ist; auf diesen Punkt legen viele der alten Vorschriften ganz besonderes Gewicht, wie man aus den später angeführten Beispielen sehen wird.

Die Dosis bestand aus einer halben Drachme des getrockneten Pulvers bis zu einer ganzen Drachme (etwa 2 bis 4 Gramm); das Mittel nahm man in Wein ein, oder mit Zucker und Zimt gemischt. Häufig stellte man auch Mischungen von Gänse- und Hennenkot her, oder man verdünnte ihn mit dem Harn von weiblichen Ziegen oder männlichen Kälbern. Einige Ärzte hegten jedoch Zweifel, ob Gänsekot bei den angeführten Krankheiten besser als Taubenkot wäre. Bei Keuchhusten und Halsschwellungen legte man den Gänsekot unter die Zunge des Kranken. Wir geben hier die Worte wieder, mit denen Schurig sein Loblied auf die Heilkräfte des Gänsedrecks anhebt.

„Calefacit et siccat vehementer; incidit, aperit; menses, secundinas et urinas potenter movet; hinc maximi usus est in morbo regio, scorbuto et hydrope".

Sein Rezept setzt sich zusammen aus:

Stercor. Anserin. vern. temp. collect. et in Sole exsic. — Pull. Gallinae. — ava. ʒι, Absinth. ϶ιι. — Cinnamoni. ϶ι. — Sacchar. ʒι¹/₂. — M. ft. Pulv. subtiliss.

Eselkot hielt Schurig für ein ganz besonders gutes Mittel bei allen Arten von Blutflüssen (S. 800), man mußte ihn aber im Monat Mai einsammeln. Man konnte ihn in Mengen von einer oder mehreren Drachmen nehmen oder auch den ausgepreßten Saft allein in irgend einem medizinischen Trank.

In der Sonne oder an einem warmen Platze getrocknet, konnte man ihn bei Nasenbluten gut gebrauchen; man schnupfte ihn in Pulverform ein. „Man hielt ihn auch für ein unfehlbares Mittel, um zu reichliche Monatblutungen zu stillen; dies versichert uns Johannes Petrus Albrechtus".

Der Eselkot stand auch in großem Ansehen bei der Behandlung aller Fälle von Gebärmutterentzündung; man benutzte ihn zu örtlichen Pflastern. Sowohl innerlich als auch äußerlich verordnete man ihn bei Fußgicht; bei einem Pflaster für Wassersucht bildete er einen Bestandteil. Man gab ihn auch innerlich bei Koliken. Um Steine aufzulösen, gebrauchte man im Monat Mai gesammelten Eselkot. „Er gibt ein wunderbares Wasser ab, das die Steine auflöst und die Harnabsonderung befördert. Am ersten Tage wird der Harn dadurch ganz schwarz; die Steine werden davon heftig zerrieben. In den Apotheken nennt man dies Wasser: aqua omnium florum". Dieses „Wasser aller Blumen" gebrauchte man bei Pestanfällen, ferner bei Brand, Entzündungen, Rheumatismus usw.; auch bei Wassersucht und krebsartigen Geschwüren. (S. 800 ff.).

Ziemlich viel Raum gewährt Schurig dem Hundekot, den einige „Blumen des Melampius", andere aber mit dem ehrenwerteren Namen „Album Graecum" benennen,

zum Unterschiede gegen das „griechische Schwarz", denn das war der Mäusekot. (S. 803).
Die Wirksamkeit des Hundekots erblickt Schurig in folgenden Eigenschaften „auftrocknend, reinigend, lösend, abführend; verteilend bei Geschwülsten, wie z. B. bei Karbunkeln;
auflösend bei Geschwüren usw. Deshalb ist er von Nutzen bei Ruhr, Fallsucht, Kolik
und ähnlichen Krankheiten, ferner bei Halsentzündung, Kehlkopfleiden, bösartigen Geschwüren, harten Geschwülsten, Wassersucht, Warzen". Auch bei Fisteln, Mandelentzündung usw. war Hundekot angezeigt. Bei bösartigen Geschwüren wandte man ihn
äußerlich an, indem man ihn aufstreute, oder als Pflaster; auch bei Wassersucht gebrauchte man ihn als Pflaster. In Verbindung mit Schwalbenkot oder Eulenkot benutzte
man ihn gleichfalls und bei Halsleiden zum Gurgeln. (S. 803—807).

Man hielt das Album Graecum für am besten, wenn es von „weißen" Hunden
herrührte, denn solche Hunde waren der Meinung nach von bester Gesundheit. Namentlich bei der Behandlung der fallenden Sucht stellte man diese Anforderung. (S. 80). Hier
hätten wir also eine sehr deutliche Spur von „Farbensymbolismus". Man nahm auch
das Album Graecum vorzugweise von Hunden, die wenigstens die letzten drei Tage vorher weiter nichts als harte Knochen zu fressen und möglichst wenig Wasser zu trinken
bekommen hatten; solcher Kot war hart, weiß und hatte nur einen ganz schwachen Geruch. Bei einigen Rezepten wird auch der Kot eines hungernden Hundes gefordert.
(S. 806).

Vom Ziegenmist berichtet uns Schurig, daß man ihn in der Heilkunde sowohl
innerlich als auch äußerlich gebrauchte. Man hielt ihn für wirksam bei der Austreibung
von Steinen, bei der Auflösung von harten Geschwülsten, beim Vertreiben der Flechten,
des Hautschwammes, der Krätze, des Aussatzes, der Geschwüre hinter den Ohren, der
Bisse von Schlangen und anderen wilden Tieren, bei der Einschränkung von allzureichlichem Monatflusse usw. Bei Geschwüren an den Gliedern, bei Hodenschwellungen,
bei Gicht, bei Wassergeschwülsten, bei Krebs, bei entzündlichem Rheumatismus, bei Karbunkeln, bei Muskelschwund, bei Geschwülsten der Brustdrüsen usw. gebrauchte man
den Ziegenmist als Pflaster. In diesem Falle mischte man dem Pflaster häufig den eigenen
Harn des Kranken bei (S. 809).

Schurig erklärt auch den Ziegenmist für ein hautrötendes, d. h. blutziehendes
Mittel; man gebrauchte ihn daher zur Milderung rheumatischer Schmerzen, bei Kopfweh,
bei Schwindelanfällen, bei Seitenstechen, bei Schmerzen in den Schultern, im Gehirn und
in den Lenden, bei Koliken, bei Schlaganfällen, bei Schlafsucht; man glaubte auch, daß
Ziegenmist imstande sei, skrofulöse und alle andern Geschwülste aufzulösen; er galt auch
als wirksam bei der Behandlung der Gicht. Bei innerlichem Gebrauch trieb er bei
Wassersüchtigen das Wasser durch den Harn ab und löste auch Steine auf. Als Pflaster
gebrauchte man ihn bei der Behandlung der Bisse toller Hunde; ebenso bei Kopfgrind.
Innerlich verordneten ihn die österreichischen Hebammen bei der Behandlung der Hysterie,
während man ihn in ganz Deutschland beim Ausbleiben des Monatflusses gebrauchte.
(S. 809 ff).

Vom Pferdemist gibt Schurig an, daß man entweder ihn selbst oder den daraus gezogenen Saft trinke und zwar als Arznei für die Erleichterung von Kolikschmerzen,
ferner um die Nachgeburt oder auch einen toten Foetus auszutreiben und auch bei Gebärmutterknickungen. Äußerlich hielt man ihn für sehr dienlich, um Blutungen zu stillen.
Wenn der Pferdemist in der Heilkunde aber von ganz besonderer Kraft sein sollte, mußte
er von einem mit Hafer gefütterten Zuchthengst herstammen. Man glaubte auch, daß
der Pferdemist imstande sei, bei Frauen die Blattern-Pusteln rascher zu entwickeln.
(S. 812 ff.).

Als ein ländliches Heilmittel, das sich eines besonders ausgedehnten Ansehens
erfreut zu haben scheint, gebrauchte man bei krampfartigen Koliken den aus Pferdemist

ausgepreßten Saft. Man nahm ihn, mit warmem Bier vermischt, innerlich ein und legte gleichzeitig in der Nabelgegend ein Pflaster aus warmem Pferdemist und heißer Asche auf; dasselbe Pflaster wandte man auch in England bei Rippenfellentzündung an. Wer nicht den Saft auspressen wollte, konnte auch den Pferdemist selbst mit warmem Bier hinunterschlucken und gleichzeitig ein Pflaster aus diesen beiden Bestandteilen auflegen.

Katzenkot in Wein eingenommen war ein beliebtes Heilmittel bei Schwindelanfällen und fallender Sucht. Im Allgemeinen empfahl man zwar hauptsächlich die äußere Anwendung, es fehlte aber auch nicht an Ärzten, die den innerlichen Gebrauch für verläßlicher hielten. Katzenkot stand in dem Rufe, bei Haarausfall von ganz besonderer Wirksamkeit zu sein, und man wandte ihn daher als Salbe an, wollte man Kahlköpfigkeit verhindern. Innerlich genommen brachte er auch allzu reichliche Monatblutungen zum Stillstand. Zur Heilung von Nagelgeschwüren, die nach der Ansicht vieler Leute der damaligen Zeit ein kleiner Wurm hervorrief, war Katzenkot ganz bestimmt verwendbar; man mußte ihn um den kranken Daumen oder Finger binden. Paullini wird als Zeuge dafür angeführt, daß er die Heilung von Nagelgeschwüren auf diese Weise aus persönlicher Erfahrung bestätigen könne. Paullini selber war jedoch der Ansicht, daß man im vorliegenden Falle Gänsedreck gerade so gut anwenden dürfe. (S. 815).

Hennenkot empfahl man bei Verbrennungen. Man hielt ihn aber für ganz besonders wirksam gegen Zaubertränke, namentlich gegen solche, die aus dem Monatblute der Frauen bestanden. Im Allgemeinen war Hennenkot auch bei allen denjenigen Leiden gut zu gebrauchen, bei denen man sonst Taubendreck verordnete, aber man hielt ersteren nicht für ganz so wirksam. Man verschrieb Hennenkot für Kolik, Gebärmutterschmerzen, Gelbsucht, Steinleiden, Harnverhaltung, für alle Schmerzen in den Därmen, für Gebärmutterknickungen, für Vergiftungen, für Behexungen, für Stuhlwürmer usw. Äußerlich gebrauchte man Hennenkot gegen Schmerzen jeder Art in den Augen, gegen Geschwüre, Warzen, Narben, Hämorrhoiden, Schmerzen in den Füßen und in den Armen. (S. 816f),

Schwalbenkot verschreibt man zum inneren und äußeren Gebrauch. Man hielt ihn für besonders wirksam bei der Behandlung von Bissen toller Hunde, bei Wechselfieber, bei Kolik, bei Nierenentzündung usw. Als Pflaster legte man ihn auf bei Kopfschmerzen, Halsentzündung, Mandelentzündung und als Stuhlzäpfchen gebrauchte man ihn bei Mastdarmerschlaffung. Man gab auch die Wirkung des Schwalbenkotes beim Haarefärben zu und betrachtete die häufige Anwendung als Pomade von unschätzbarem Werte. Etmuller wird dafür angeführt, daß er der Ansicht Ausdruck gebe, die Wirkung des Schwalbenkotes beruhe auf dem Vorhandensein von „ammoniakalen Salzen". Das Schwalbennest mahlte man auch manchmal samt seinem ganzen Inhalt zu Pulver und verarbeitete es zu einem Pflaster. Den Schwalbenkot selbst gebrauchte man zuweilen als Ersatz für „Album Graecum". (S. 817 ff).

Löwenkot zeigte seine besondere Kraft bei schweren Entbindungen und er war das Allheilmittel bei fallender Sucht und Schlaganfällen. Einer der Erzherzöge von Österreich wurde durch seinen Gebrauch von der fallenden Sucht geheilt. Man bevorzugte den Kot von Löwinnen, ausgenommen wenn sie eben erst Junge zur Welt gebracht hatten. Ein sehr hoch angesehenes Heilmittel für die fallende Sucht setzte sich zusammen aus gebranntem Krähennest, gebrannter Schildkröte, gebranntem Menschenschädel, Lindenbaumrinde und Löwenkot; aus alledem stellte man einen Aufguß her, den man möglichst lange mit Weingeist ausziehen ließ. (S. 819f).

Leopardenkot löste Steine auf; man nahm ihn auch zur Heilung der Ruhr in Tränken ein. Als Pflaster legte man ihn bei Verbrennungen auf. Brüche heilte man mit Arzneikugeln, die aus Leopardenkot, Menschenmumien,[1] gebrannten Würmern, Sirup und

---

[1] Vergl. Über die Mumien in der Heilkunde die höchst wertvolle Untersuchung Alfred Wiedemanns, Zeitschrift d. Ver. für westfäl. und rhein. Volkkunde, Elberfeld 1906, 1. Heft.

andern Bestandteilen zusammengesetzt waren. Die Asche von Kot, Haut und Haaren des Leoparden zusammengemischt, trieb Steine aus. Dieses Heilmittel sollte man trinken und zwar in Wein aufgelöst; es war auch ein sicher helfendes Mittel bei hartnäckigen Kolikfällen. Äußerlich wandte man Leopardenkot bei Hüftweh an, ferner bei Scheidenverengungen; er sollte auch die Empfängnis erleichtern. Im letzterwähnten Falle stellte man ebenfalls Pillen (trochisci) her und räucherte damit die Geschlechtteile; oder man schob ein Mutterzäpfchen ein und ließ es drei Tage und drei Nächte an seiner Stelle liegen und „quamvis antea sterilis fuerit, deinceps tamen concipiet". Um das Ausfallen der Augenwimpern und Augenbrauen zu verhindern, stellte man eine Salbe her, für die Leopardenkot einen Hauptbestandteil bildete. Und schließlich hielt man ihn auch für ein Aphrodisiacum und glaubte, daß er Winde aus der Gebärmutter austreiben könne. (S. 820).

Wolfkot sollte, in Wein getrunken oder als Pulver eingenommen, in Mengen von einem Skrupel oder mehr, gegen Kolikschmerzen helfen. Paullini wird dafür angeführt, daß die Verwendung des Wolfkotes auch bei Fiebern zu empfehlen sei. Er sollte, ebenso wie der Hundekot, wenn möglich von weißer Farbe sein und von Tieren stammen, die sich von Knochen ernährt hatten. Am besten war der Kot, der auf Felsen, Dornen, Gebüschen oder auf die niederen Zweige der Bäume abgelegt war; auf den Boden abgelegter Kot war nicht besonders wertvoll. Man gebrauchte ihn innerlich bei Gliederschmerzen und wandte ihn gleichfalls innerlich in Pulverform bei Schwindelanfällen an. Getrocknet blies man ihn in Augen ein, die vom grauen Star befallen waren. Hohle Zähne füllte man mit Wolfkot aus, um die Schmerzen zu lindern. Gegen Nasenbluten zog man den Rauch brennenden Wolfkotes in die Nase ein; nach einem andern Rezept sollte man in Rotwein aufgelösten Wolfkot trinken. Entdeckten Schafe den Geruch des Wolfkotes in der Nähe ihres Stalles oder ihrer Hürde, so pflegten sie sich wie verrückt zu gebärden: sie rannten von einer Ecke in die andere, blökten und trugen eine solche Angst zur Schau, als wenn ihr Erzfeind, der Wolf selbst, in der Nähe wäre. Schurkige Landstreicher, denen diese Tatsache bekannt war, pflegten den unwissenden und harmlosen Bauern damit einen Streich zu spielen, daß sie ein Stückchen Wolfkot bei den Mutterschafen und Lämmern im Stall versteckten und sie dadurch in Angst und Schrecken versetzten. Dann logen sie dem Besitzer vor, seine Herde litte an irgend einer geheimen Krankheit, für deren Heilung sie dann eine tüchtige Belohnung in Geld oder fetten Schafen verlangten.

Auch Schafmist spielte bei den ärztlichen Verordnungen eine Rolle; man mußte ihn innerlich und äußerlich anwenden. Innerlich als Abkochung bei Gelbsucht und Darmverstopfungen, auch bei den Blattern. Schafmist galt auch als ein Sondermittel bei Tripper und man nahm ihn in Pillenform ein. Gegen Schmerzen in den Eingeweiden, gegen Anschwellungen, Verbrennungen und eingewachsene Zehennägel gebrauchte man ihn als Pflaster. (S. 826ff).

Pfauenkot war das große Sondermittel in allen Fällen von Epilepsie und Schwindel und man verschrieb ihn in Mengen von einer Drachme (etwa 4 Gramm); namentlich in Frankreich stand der Pfauenkot für solche Zwecke in hohem Ansehen. Man sollte ihn vom Neumond bis zum Vollmond gebrauchen und in Weißwein einnehmen. (S. 828).

Schurig empfiehlt die Verwendung von Mäusekot, sowohl innerlich als äußerlich, bei den verschiedensten Störungen: gegen Verstopfung bei Kindern, gegen Kahlkopf und Kopfgrind (Schuppen); in diesen Fällen sollte man den Mäusekot in Salben gebrauchen. Ferner heilt er Blasensteine und Nierensteine, alle Schwellungen im After, Hämorrhoiden, Warzen, Geschwüre am Hintern, Lungenblutungen, Ausbleiben des Monatflusses, ja, er konnte sogar das Wachsen des Barthaares beeinflußen. Wenn man Mäusekot innerlich nehmen mußte, verordnete man ihn in Fleischbrühe, Milch oder Brotsuppe; äußerlich stellte man mit Butter und anderen derartigen Bestandteilen ein Pflaster her. Zuweilen mischte man Mäusedreck auch mit Sperlingkot. (S. 823ff.).

Der oben angeführte Absatz vom Pfauenkot und seinem Wert als Arzneimittel verdient mehr als eine flüchtige Betrachtung; denn wir haben in seiner Anwendung einen starken Hinweis auf die frühere Verbindung dieses Vogels mit dem Mondkultus. Der Pfau war ja, wie wir wissen, der Vogel, der den Wagen der Juno zog und diese Göttin hatte fast ebenso sehr den Charakter einer Mondgöttin wie Diana.[1]

Kot vom männlichen oder vom weiblichen Schwein tritt als eines der Heilmittel auf, die man besonders bei Nasenbluten und Gebärmutterblutungen sowohl innerlich als auch äußerlich gebrauchte. Für Nasenbluten trocknete und pulverte man ihn und zog ihn dann wie eine Art Schnupftabak in die Nase ein. Äußerlich warm auf die weiblichen Geschlechtteile aufgelegt galt Schweinekot als ein hervorragendes Hilfmittel bei Gebärmutterblutungen; zu demselben Zwecke verordnete man ihn auch innerlich. Man benutzte ihn nicht bei solchen Blutflüssen ausschließlich, sondern er stand ganz allgemein als blutstillendes Mittel in hohem Ansehen und man legte ihn auch auf Wunden jeder Art auf. Man gab ihn innerlich und äußerlich zur Unterdrückung von allzureichlichem Monatblut und innerlich allein, um Blutspeien zu heilen. Auch bei Nagelgeschwüren machte man allgemein Gebrauch davon und außerdem betrachtete man ihn als ein unschätzbares Fiebermittel.

Gegen Nasenbluten band man auch hin und wieder Schweinekot um die Schläfe. Sonderbar ist jedenfalls der Glaube, daß Schweinekot ein Mittel gegen übelriechenden Atem sei. Man trocknete ihn zu diesem Zwecke und vermischte ihn mit Rosenblätterpulver. (S. 830ff).

Als Umschlag für alle Arten von Geschwülsten hatte Kuhmist eine ganze Menge von Verteidigern, die auch seine Anwendung auf die Heilung von skrofulösen Leiden ausdehnten. Gegen skrofulöse Balggeschwülste gab es einen aus verschiedenen Kotarten zusammengesetzten Umschlag, unter anderm war Kuhmist, Ziegenmist und Taubendreck darin enthalten. Dieses Mittel konnte man auch innerlich in Weißwein einnehmen.

Pflaster aus Kuhmist gebrauchte man gegen die Fußgicht. Der Kot von Kühen, die mit Gras gefüttert waren, galt als ein ausgezeichnetes Mittel gegen Geschwülste[2] usw.; seine Wirkung wurde aber noch verstärkt, wenn man Kuhpisse oder den Harn des Kranken selbst darunter mischte; auch bei Wassergeschwülsten war eine gleiche Behandlung erforderlich. Gegen Bienen- und Wespenstiche gebrauchte man häufig Pflaster aus Kuhmist. Man mischte in diesem Falle auch Essig dazu. (S. 837). Der Kot einer schwarzen Kuh, gebrannt und in Menge von einem Skrupel neugeborenen Kindern eingegeben, bewahrte diese vor fallender Sucht und Auszehrung; man gebrauchte ihn in derselben Weise, um die Schmerzen beim Zahnen zu lindern. Der Kot von Bullen und Kühen galt als ein Allheilmittel bei Nierenleiden, wenn er im Monat Mai eingesammelt und mit Wasser destilliert worden war; er trieb auch Steine ab und führte das Fließen des Harns bei Harnverhaltung herbei.

---

[1] Man braucht gar nicht so weit auszuholen. Wie Höfler, Die volkmedizin. Organotherapie und ihr Verhältnis zum Kultopfer, Leipzig (o. J.) S. 135, bemerkt, ist das bei Sext. Platon. cap. XXIX erwähnte Mittel gegen Epilepsie eine späte Nachahmung anderer Vogelkotverwendungen. Den Pfauenvogel führte man erst um die Mitte des 6. Jahrhunderts v. u. Z. in Griechenland und viel später in Italien ein. Demnach war seine Beziehung zu den Göttinnen jung und nicht von langer Dauer. Zudem ist Bourkes Folgerung auf jeden Fall sehr stark anfechtbar. — [2] Eine Frau in Essegg in Slavonien badete allabendlich ihre angeschwollenen Füße in heißem Wasser, in dem sie vorher frischen Kuhfladen aufgelöst hatte. Das Mittel, zu dem ihr ein vračar (Heilzauberkräutler) geraten, bewährte sich bestens. Warmes Wasser allein hätte es wahrscheinlich auch getan.

Aqua omnium florum, wie dieses Destillat hieß, wendete man innerlich und äußerlich bei Brand, Entzündungen, Rheumatismus, Krämpfen, Wassersucht, Harnverhaltung usw. an; äußerlich vertrieb es Sommersprossen und war überhaupt ein allgemeines Schönheitmittel. (S. 835 ff).

In dem „Complete English Physician", London 1730, findet man viele Vorschriften über die Verwendung des Kotes von Gänsen, Hunden, Tauben, Pferden, Pfauen, Schweinen und Kühen.

Im „Complete English Dispensatory" John Quincys, London 1730, S. 307, steht unter der Überschrift „Distillation of Urine" der Hinweis, daß die aus dem frischen Harn eines gesunden jungen Mannes hergestellten Salze bei Rheumatismus und Gelenkentzündung sehr wohltuend wirken. „Urina hominis — Menschenharn. Bei manchen Leuten hat sich die Meinung gebildet, Harn sei gut gegen Skorbut und sie trinken zu diesem Zwecke ihren eigenen; ich kann jedoch den Grund dafür nicht einsehen. Einige empfehlen ihn auch, bis zur Honigdicke eingekocht, gegen rheumatische Schmerzen, wobei man ihn in die betroffenen Teile reibt, in diesem Falle mag er ja gut sein, weil er wohl ordentlich eindringen wird. . . . Urina vaccae — Kuhpisse. Einige trinken das als Abführmittel. Es wirkt zwar sehr heftig, aber nur die gewöhnlichen Leute nehmen es ein und dieses Mittel hat auch wirklich gar nichts besonderes an sich, das dafür spräche, daß man es anständigeren und reinlicheren Arzneien vorziehen soll". (S. 248 f.).

Pater Du Halde berichtet vom Kamelmist: „Getrocknet und zu Pulver gestoßen, stillt er Nasenbluten, bläst man ihn in die Nase ein".[1]

„Schafmist ist die vorherrschende Arznei gegen Gelbsucht, Wassersucht, Kolik, Rippenfellentzündung, Milzkrankheiten, Steinleiden, Nierengries, Skorbut usw.; man nimmt ihn entweder als Pulver, in einer Tinktur oder als Abkochung ein. Macht man aus dem Schafmist mit Kampher, Ammoniaksalz und ein wenig Wein einen Umschlag, so öffnet er, vertreibt, zieht zusammen und lindert Schmerzen. Er ist ausgezeichnet für Geschwüre an den Ohren und andern Absonderungorganen, für Anschwellungen in den Frauenbrüsten, Schmerzen in der Milz und Gicht".[2]

Die seltene, gelehrte Abhandlung Samuel Augustus Flemmings „De Remediis ex Corpore Humano desumtis", Erfurt 1738, enthält zwar nur 32 Seiten, ist aber mit einer Unmenge von merkwürdigen Mitteilungen von sonst wenig beachteten Dingen angefüllt. Flemming bemerkt, diejenigen, die Harn, Gallensteine und ähnliche Dinge in der Heilkunde anwenden, brauchten auch vor der Anwendung des eigentlichen Kotes nicht zurückzuschrecken. „Und es ist geradezu wunderbar", sagt er, „daß man einen Stoff, der schon durch seinen Anblick und seinen Geruch allein imstande ist, einen unwiderstehlichen Ekel hervorzurufen, nicht allein als eine Sache der Merkwürdigkeit und des wissenschaftlichen Studiums betrachtet, sondern ihn auch als einzigartigen und höchst kostbaren Schatz für die Erhaltung der Gesundheit in höchstem Ansehen hält".

Und dennoch bereiteten Paracelsus und andere Ärzte aus seiner Schule, denen die natürliche Abneigung gegen die Aufnahme solcher Heilmittel wohl bekannt war, den

---

[1]) Nach einem chinesischen Rezept in Du Halde, History of China, London 1736, IV, S. 34. — In den Vereinigten Staaten ist die Ausübung der Heilkunst ein freies Gewerbe. Chinesische Ärzte machen sich dies zunutze und heilen die ihnen in Menge zulaufenden Weißgesichter, wenn auch nicht immer von ihren Schmerzen, so doch vom Überfluß an Geld. Man muß ihnen ihren Dreck buchstäblich mit Gold aufwägen. Dieselbe Kunst trifft auch ein Bauer in einem Dörfchen bei Stockerau in Niederösterreich. Man hat ihn bereits wiederholt gerichtlich mit schweren Freiheitstrafen belegt und damit blos den Zulauf aus Wien vergrößert. Die christlich-soziale Landtagmajorität hätte es beinahe durchgesetzt, dem Schwindler, der nebenher stramm klerikal ist, ein Privileg gegen die geschulten Ärzte zu verschaffen. Er verkauft indeß weiter unter dem Schutz eines in seinen Diensten stehenden Doktors der Medizin seine Dreck- und Harnmittel. — [2]) Pomet, History of Drugs, Englische Übersetzung, London 1738, S. 256.

Kot unter der Bezeichnung „Zibethum Occidentale" zu und verordneten ihn in Mengen von einer bis zu zwei Drachmen, in Honig oder Wein eingenommen, um Fieberanfälle fernzuhalten; andere gebrauchten ihn als Pflaster bei Halsentzündungen; in diesem Falle nannte man ihn „Aureum". Andere wieder waren der Ansicht, daß der Kot auf Grund einer Untersuchung seiner chemischen Zusammensetzung zu einem Platze in dem Arzneischatz wohlberechtigt sei. Ein Öl und ein Wasser destillierte man aus Kot und wandte sie bei Augenleiden, fressenden Geschwüren und allen Arten von Fisteln an; ferner gegen Haarleiden, gegen Geschwüre bei Rotlauf, gegen Hautschwamm und Flechten und hauptsächlich gegen Gichtschmerzen. Schließlich glaubten auch viele Leute an die Wirksamkeit des Kotes bei Pestanfällen, wenn man ihn innerlich einnahm.

Im übrigen trägt Flemming ganz dieselben Ansichten vor wie Schurig, Paullini, Etmuller, Beckherius und andere. Er bringt Aufführungen aus Zacutus Lusitanus Poterus und Johannes Anglicanus, deren Schriften nur sehr schwer zugänglich sind.

Gelegentlich der Angaben über menschlichen Harn sagt Flemming, es gäbe Ärzte, die sich nicht allein ihrer Fähigkeit rühmten, die Krankheit aus dem Harn festzustellen, sondern die auch diese Flüssigkeit selbst bei der Behandlung der Krankheiten anwendeten. Es gab zwei Arten des Gebrauches: entweder im frischen Zustand, wie der Mensch im gewöhnlichen Laufe der Natur das Wasser läßt, oder in chemischen Zubereitungen, die man daraus herstellt. Man verordnete den Harn oft mit gutem Erfolg bei Wassersucht und zu Klystieren. Bei schwierigen Entbindungen verschaffte ein Schluck warmen Harns des Ehemannes leichte und sichere Geburt.

Bei Hysterie empfahl man das Trinken des eigenen Harns angelegentlich. Bei den gewöhnlichen Leuten stand die äußere Anwendung des Harns bei Kopfgrind, Krätze und anderen Hautleiden in hohem Ansehen. Salz und Geist stellte man durch Destillation aus dem Harn her und diese Mittel lobt man sehr für Irresein, Wahnsinn und ähnliche Geistkrankheiten ernsterer Art. Flemming bringt Anführungen aus Beckherius, dessen Schriften wir oben schon besprochen haben, und aus Quercetanus, Pharmac. Dogm., Seite 119.

In dem Werke „Physiological Memoirs of Surgeon General Hammond, U. S. Army", New-York 1863, behandelt ein besonderer Abschnitt die Uraemie, d. h. die Blutvergiftung durch Harn, die durch Eintritt des Harns in das Blut entweder durch künstliche Einspritzung oder durch krankhafte Aufnahme erzeugt wird und eine sonderbare Heiterkeit zur Folge hat. Medizinische Sachverständige sollten diesem Teil des Gegenstandes ein sorgfältiges Studium widmen, sodaß man feststellen könnte, ob man die ausgelassene Trunkenheit der Zuñi-Tänzer diesem unnatürlichen Getränk allein zuschreiben darf oder ob man in Verbindung damit noch andere Berauschungmittel gebraucht.

Dunglison sagt: „Menschlichen Harn sah man früher als Abführmittel an und man gab ihn bei Gelbsucht in Mengen von einer oder zwei Unzen (31 oder 62 Gramm) ein. Kuhpisse, urina vaccae, Allerblumenwasser, gebrauchte man einst warm von der Kuh als Abführmittel".[1]

In der Zeitschrift „Lancet" macht Herr G. F. Mastermann[2] auf die chemische Zusammensetzung des Fleischextraktes aufmerksam und zeigt, daß diese dem Harn ganz

---

[1] Dunglison's Medical Dictionary, Philadelphia 1860, unter: Harn. — [2] Lancet, Oktober 1880, S. 56. Vergl. Beef Tea, Liebig's Extract, Extractum Carnis, and Urine von Dr. med. Richard Neale, im Practitioner, London 1881, S. 343ff. [Unter Beef Tea — Rindfleischtee — versteht der Engländer: klare Fleischbrühe ohne Gewürz und sonstige Zutaten, besonders für Kranke, im weiteren Sinne: Fleischextrakt. I.] — Vergl. dazu Havelock Ellis, Die krankhaften Geschlechtempfindungen auf dissoziativer Grundlage, deutsch von Dr. Ernst Jentsch, Würzburg 1907, S. 168f: „Lusini wies übrigens nach, daß der normale Urin die

ähnlich ist, nur mit dem Unterschiede, daß Fleischextrakt weniger Harnstoff und weniger Harnsäure enthält. „Viele Schriftsteller haben sich bemüht, die Öffentlichkeit und die Berufkollegen auf den wahren Wert des Fleischextraktes eindringlich hinzuweisen, daß Fleischextrakt nämlich durchaus kein Nährmittel, sondern ein Reizmittel ist und daß es in der Hauptsache „excrementitious materials" d. h. die Ausscheidungstoffe des menschlichen Körpers enthält".

„In Südamerika ist der Harn ein ganz gewöhnliches Mittel in der Heilkunde und als Reizmittel bei bösartigen Blattern steht Knabenharn in großem Ansehen. Bei den Chinesen und bei den Malaien Batavias kennt man eine sehr ausgiebige Verwendung des Harns. Ein ganz schlimmer Fall von Nasenbluten hörte sofort auf, nachdem der Patient eine Pinte frischen Harns (etwa über $^1/_2$ Liter) getrunken, trotzdem die Behandlung nach europäischer Heilkunst über 36 Stunden lang völlig vergeblich blieb. Wie mir die Eingeborenen erzählten, war dieses Ergebnis der Behandlung mit Harn durchaus nichts ungewöhnliches ... Als Reizmittel und allgemeines Reinigungmittel hat so mancher, wie ich häufig gesehen habe, ein Glas Kinder- oder Mädchenharn mit großem Wohlbehagen und augenscheinlichem Nutzen hinuntergestürzt. Die Anwendung von harnsaurem Ammoniak und Guano hat Bauer bereits im Jahre 1852 beobachtet und er fand deren äußerlichen Gebrauch bei Schwindsucht, Aussatz, Hautflecken und anderen hartnäckigen Hautkrankheiten für angezeigt. Dr. Hastings Bericht aus dem Jahre 1862 über den Wert von Reptilienkot bei Behandlung von Schwindsucht wird den älteren Berufkollegen wohl noch in frischer Erinnerung sein".[1]

Einige Stämme in Innerafrika gebrauchen während der Fieberzeit menschlichen Harn als Stärkungmittel, in derselben Weise wie die Europäer Chinin anwenden.[2]

„Die Leute in Angola behandeln alle Schnittwunden und Quetschungen mit frischem Harn".[3]

Kot und Harn in der Volkheilkunde.

Kotartige Stoffe sind als Heilmittel auch heute noch in der Volkheilkunde der verschiedensten Länder anzutreffen, sodaß tatsächlich eher die Frage zu lösen wäre, in welchen Ländern der Erde in unseren Tagen die unwissenderen Volkschichten solche Mittel nicht mehr gebrauchen. Die Hinweise, welche wir im folgenden geben, werden zeigen, daß die Volkheilkunde auch gegenwärtig noch an Heilmitteln festhält, deren Anwendung, wie man gewöhnlich glaubt, längst vergangenen Jahrhunderten angehört.[4]

Frequenz der Herzschläge konstant erhöht (Archivio di Farmacologia, Nr. 19—21, 1893). Doch ist es ein Irrtum anzunehmen, daß diese Dinge für das Harntrinken in Betracht kommen. Wie bei der Befriedigung des normalen Geschlechttriebes bewirkt die intensive Erregung der Befriedigung des skatologischen Impulses die Höhe der emotionellen Reizung, die weit größer ist, als die Ingestion des geringen Betrages an animalen Extraktivstoffen sie hervorrufen könnte. In solchen Fällen ist die Reizung also, wie beim normalen Sexualleben, rein psychisch".

[1] A. a. O. — [2] Nach Angabe des Missionars Chatelain in Angola. — [3] Angabe des angolischen Knaben Muhongo in einer persönlichen Unterredung mit dem Verfasser, wobei Missionar Chatelain Dolmetscher war. — [4] Bourke stellt die Frage nicht richtig. Man hat so zu fragen: Warum behaupten sich überall unter den Völkern die Dreckgebräuche? Warum sind sie schier unausrottbar? — Die Antwort gibt uns die Psychoanalyse. Weil die Stoffentleerungen die ersten mit Lustgefühlen verknüpften Geschlechtempfindungen des Menschen sind. Weil die Mehrheit der Menschen bei den Kindheiterinnerungen mit ihrem Fühlen und Denken verankert bleibt und darum statt eines anerzogenen Ekels eine bleibende Vorliebe für die Leibausscheidungen bewahrt. Weil ganze Volkschichten oder Volkgruppen mit ihren ererbten Sitten und Bräuchen dahinsumpern; weil sie mit ihrem Volktum sozusagen in Dreck und Schmutz stecken geblieben sind und weil sich unsere junge naturwissenschaftliche Kultur noch immer als zu schwach erweist, um die Massen aus dem alten, liebtrauten Gestank herauszuziehen.

„Ich hatte niemals Gelegenheit, den folgenden Vorgang mit anzusehen, aber ernsthafte Leute haben mir die Richtigkeit öfter versichert: In unserer Provinz, der Bretagne, hält man es für ein sehr gutes Heilmittel, wenn Bauerleute, die infolge schlechter Zähne eine geschwollene Backe kriegen, mit frischem Kuhmist einen Umschlag auf die geschwollene Backe machen, ja, man nimmt sogar frischen und noch rauchenden Menschenkot dazu, weil man den für wirksamer hält".[1]

„In Ungarn legt man an Mastitis (Brustentzündung) leidenden Frauen mit ihrem Harn vermengten Kuhdünger oder auf Klettenblätter gestrichen auf die Brüste auf".[2]

In Csiker Komitat macht man Umschläge mit einem von einem noch nicht einjährigen Kinde stammenden Harn auf die Brüste und holt von neun verschiedenen Plätzen Wasser, von dem die Frau aus neun kleinen Gläsern trinkt.

„In unserer Gegend kennt man gegen die Stiche der Wespen und anderer giftiger Insekten, sowie gegen Brennessel-Verbrennungen kein besseres Mittel als Harnaufschläge".[3]

Bei der Schilderung der Heilkunde der Samoaner sagt Turner: „Bei manchen Gelegenheiten mischte man Schmutz und selbst hier nicht zu erwähnenden Dreck zusammen und nahm es als Brechmittel ein".[4]

Maw-wallop (ein Wort der Slangsprache, Volkausdruck, der wörtlich etwa Magenprügel bedeutet). — Eine Dreckmischung, die hinreicht, um Erbrechen zu bewirken.[5]

„In der Grafschaft Fayette (Vereinigte Staaten) stellt man bei der Halsbräune ein Brechmittel her, indem man Harn und Gänseschmalz zusammenmischt und innerlich nehmen läßt; man reibt auch etwas von der Mischung auf Hals und Brust".[6]

Im Bergischen „heilt der eigene Harn rauhe gerissene Haut, wird aber auch als letztes, fast nie versagendes Mittel gegen Heiserkeit in Anwendung gebracht".[7]

„Der eigene Harn heilt rauhe, gerissene Haut, namentlich an den Händen. Er wird auch als letztes, nach dem Volkglauben fast nie versagendes Mittel gegen chronische Heiserkeit in Anwendung gebracht und zwar wird er am frühen Morgen und in nüchternem Zustande getrunken. Auch gegen die Wassersucht trinkt man seinen eigenen Harn. Harn soll in der Fastenzeit auch zum Wässern des Stockfisches verwandt werden".[8]

In Schleswig-Holstein rät man an: „Wer die Schwindsucht hat, trinke vom eigenen Harn; das hilft sicher. Der Rat ward mir noch i. J. 1889, als meine sel. Frau an der Schwindsucht darniederlag, von einer geb. Eiderstedterin erteilt".[9]

Alexander Treichel berichtete Krauss, in der Gegend von Hoch-Palleschken tränke man seinen eigenen Harn gegen Fieber.

Die achtzehnjährige Tochter eines Wiener Anstreichers, der aus dem niederösterreichischen Waldviertel eingewandert war, litt an Halsbräune. Sie bat ihren Vater um ein Glas voll seines Harns. Er entblödete sich nicht, in Gegenwart der Tochter und des Dr. Krauss in ein Glas hineinzupissen und die Kranke leerte den warmen Trank auf einen Zug. Der Meister sagte, daheim in Roseldorf und in der Umgebung stünde das Mittel als bewährt in großem Ansehen.

Galizische jüdische „Mütter waschen ihre vom bösen Blick betroffenen Säuglinge mit Harn, manche geben ihnen auch etwas davon in den Mund. — Man befeuchte das Unterhemd mit Harn und streiche damit das Gesicht des vom bösen Blick Befallenen".[10]

[1] Briefliche Mitteilung des französischen Marinekapitäns Henri Jouan in Cherbourg vom 29. Juli 1888. — [2] Temesváry, S. 120 u. 121. — [3] Briefl. Mitteilung von Dr. Bernard in Cannes aus August 1888. — [4] Turner, Samoa, London 1884, S. 139. [Der Herr Missionar hätte für unsere Zwecke besser getan, den „Dreck" ruhig mit seinem richtigen Namen zu benennen. I.] — [5] Grose, Dictionary of Buckish Slang, London 1811. — [6] Hoffmann, Folklore of the Pennsylvania Germans, im Journal of American Folklore, Cambridge (Massachusetts), 1889, S. 28. — [7] O. Schell, Am Urquell 1893, III, S. 153. — [8] Aus Westfalen. Brieflich von Dr. Heinrich Felder an Krauss. — [9] H. Volkmann, Am Urquell, 1893, IV, S. 279. — [10] B. W. Schiffer, Am Urquell 1893, IV, S. 211.

Nach einer alten siebenbürgisch sächsischen Handschrift hat der Fieberkranke einen gewissen Spruch aufzusagen, in den Brunnen zu pissen und neun Tage hindurch jedesmal vor Sonnenaufgang Wasser aus diesem Brunnen zu trinken.[1]

In der Bistritzer Gegend in Siebenbürgen rät man, gegen Kopfschmerz in einen Pferdekopf zu harnen.[2]

Gegen die Gelbsucht. — In Samland. Der Kranke benetzt Leinwandläppchen mit seinem Harn und läßt sie an der Sonne oder auf dem Schnee bleichen. — Man höhlt eine große Gelbmöhre aus; der Kranke harnt in sie und nun wird die Möhre nebst Inhalt in den Rauch gehängt. So wie der Harn verdampft, verschwindet auch die Gelbsucht".[3]

In Schleswig-Holstein legt man den Harn des Kranken in einer Medizinflasche einer Leiche in den Sarg, um Krämpfe zu heilen. „Mein Neffe litt als kleiner Knabe an Krämpfen. Von seinem Harn ward etwas einer Leiche mitgegeben; seitdem blieben die Krämpfe fort".[4]

„Spürt eine galizische Jüdin beim Harnen ein Brennen an der Scheide, so harne sie auf einen alten Kehrbesen und werfe ihn fort".[5]

Bei Schnittwunden gebraucht man Harn als Waschmittel; bei Reißwunden legt man Menschenkot auf.[6]

Sehr verbreitet ist namentlich unter der ländlichen Bevölkerung der Glaube, daß die menschlichen Exkremente Geschwüre aufziehen und sie auch mit Erfolg gegen Brandwunden angewandt werden. Ein „goldenes Pflaster" ist darum ein Pflaster aus Menschenkot. Scherzweise, und doch andererseits auch ernsthaft, rät man darum dem, der einen schwärenden Finger hat, ihn in den Arsch zu stecken. Auch gegen Blutungen hilft der Arsch; so heißt es im Sprichwort: Dülldelüdd! Mine Finger blot; Steck en in de Fott, Dann gêt et wider gott.[1]

„Pferdemist mit Bier" wird in England und Frankreich bei außergewöhnlicher Fettleibigkeit als Kurmittel erwähnt.[8]

Unter den vielen etwas sonderbaren Rezepten, die uns der Arzneischatz englischer Ärzte aufbewahrt, finden wir bis fast in unsere Zeit hinein die Angabe, daß man Taubendreck gebrauchte, um „Aufschläge bei skrofulösen und anderen ähnlichen harten Geschwülsten zu machen; . . . ferner als Salbe bei Kahlköpfigkeit . . . als Pflaster, um Pestgeschwüre aufzuziehen . . . um Pulver gegen Steinleiden herzustellen".[9]

Wolfkot empfahl man zur Behandlung der Kolik.[10]

„Einen Sud von Schafmist mit Wasser wandte man noch in der jüngsten Zeit in Schottland gegen Keuchhusten und Gelbsucht an".[11] Auf derselben Seite gibt Black an, daß man dieses Heilmittel in Irland bei der Behandlung der Masern in weitestem Umfange gebrauchte. „Im Süden von Hamshire legt man ein Pflaster aus warmem Kuhmist auf offene Wunden".[12]

„Wasser aus Kuhmist", den man im Mai und Juni eingesammelt, benutzte man in England beim Volke als Abführmittel.[13] Auf derselben Seite sagt Southey, daß man

---

[1] H. v. Wlislocki, Volkglaube und Volkbrauch der Siebenbürger Sachsen. Berlin 1893, S. 90 (dort steht auch der Spruch). — [2] H. v. Wlislocki, S. 99. — [3] H. Frischbier, Hexenspruch und Zauberbann, Berlin 1870, S. 58. — Ebenso bei den Siebenbürger Sachsen. Vergl. H. v. Wlislocki, Volkglaube und Volkbrauch der Siebenb. Sachsen, Berlin 1893, S. 91. — [4] H. Volkmann, Am Urquell 1893, IV, S. 278. — [5] B. W. Schiffer, Am Urquell 1893, IV, S. 141. — [6] Sagen, Märchen, Volkaberglauben aus Schwaben, Freiburg 1861, S. 487. — [7] Aus Westfalen. Dr. Heinrich Felder brieflich an Krauss. — [8] Black, Folk-Medizine, London 1883, S. 152; er beruft sich auf Floyer und De La Pryne. — [9] John Mathews Eaton, Treatise on Breeding Pigeons, London (o. J.) S. 39f; er beruft sich auf Dr. Salmon. — [10] Black, Folk-Medicine, S. 54. — [11] S. 167. — [12] S. 161. — [13] Southey, Commonplace Book, S. 554.

einige Tage alten Menschenkot mit der gleichen Menge Bier verdünnte und Pferden eingab, die an Schwindel (sog. Koller) litten — „ein allgemein bekanntes Verfahren." — Einen Umschlag aus Taubenkot und zerstoßenen Rosenblättern gebrauchte man gegen Seitenstechen. [1]

Daß Borlase von der Anwendung des Schweinemistes als Heilmittels bei der Ruhr in Irland mit Worten höchster Anerkennung sprach, erwähnt Southey in seinem „Commonplace Book" auf S. 149.

Herr E. W. P. Smith, Sekretär der Gesandtschaft der Vereinigten Staaten bei der Republik Columbia in Süd-Amerika, berichtet, daß in diesem Lande die San-Blas-Indianer und die niederen Volkschichten den eigenen Harn des Kranken warm zu Umschlägen für entzündete Augen benutzen.

Frau Fanny D. Bergen in Cambridge (Massachusetts) hat mehrere Jahre lang eifrige Nachforschungen angestellt, um Stoff über abergläubige Vorstellungen und Gebräuche zu sammeln, die sich auf den menschlichen Speichel beziehen. Während ihrer wichtigen und seltsamen Sammeltätigkeit hat sie zufälligerweise vieles aufgestöbert, was sich auf verwandte abergläubige Anschauungen bezieht. Die Angaben über die Anwendung von menschlichen und tierischen Auswurfstoffen, die sich in ihren Notizen befanden, hat sie mir freundlichst zur Verfügung gestellt.

Harn als Heilmittel für aufgesprungene Hände, auf der Hirschinsel im Gebrauch. — Pisse in Deinen Schuh, wenn Du das Knarren fern halten willst; ebenfalls auf der Hirschinsel. [2] — Tee aus Schafmist wird ebendaselbst in ausgedehntester Weise als Heilmittel gegen die Masern gebraucht. — Knaben pissen auf ihre Beine, um Krämpfe fernzuhalten. Dieses Verfahren war im östlichen Maine vor vierzig bis fünfzig Jahren allgemein verbreitet. — Das Wasser, das in den Vertiefungen der Kuhmisthaufen stand, empfahl man früher in New-York als sicheres Heilmittel der Lungenschwindsucht.

Das mit Spiritus aus dem männlichen Geschlechtteil der Schweine ausgezogene Öl rieb man einem Kinde, das schwache Nieren oder eine schwache Blase hatte, auf die Lenden; gebräuchlich in den nördlichen Teilen der Vereinigten Staaten und in Teilen von Neu-Schottland. — In Staffordshire (England) trank man noch vor dreißig Jahren den eigenen Harn bei Nierengries als Heilmittel.

In England mußten Frauen nach schweren Krankheiten noch in jüngster Zeit ihren eigenen Harn trinken; das sollte „Anfälle" fernhalten. Aufschläge aus frischem, warmem Kuhmist heilten bei einem Manne den Rheumatismus. In Brunswick im Staate New-York heilte man um das Jahr 1825 herum die Masern dadurch, daß man dem Kranken eine Abkochung von Lämmerkot gab; letzteren nannte man dort „Ziegenperlen" (nanny-beads), [in einigen Gegenden Deutschlands sagt man: Kaffeebohnen]. In St. Albans im Staate Vermont gab man den neugeborenen Kindern um das Jahr 1814 als Abführmittel einen Löffel voll Frauenharn ein. Den weißen, lehmigen Teil des Hennenkotes wandte man in Abingdon im Staate Illinois gegen Krebsgeschwüre im Munde an. Für geschwollene Brüste benutzte man in der Grafschaft Cork, Irland, Kuhdünger. Tee aus Schafmist trank man in der Grafschaft Cork gegen Masern, auch bei den Negern von Chestertown im Staate Maryland gebräuchlich. Tee aus Schafkot galt im ganzen Neu-England, Ohio und Cape Breton als Mittel gegen Masern. Kuhmist, so frisch als möglich auf entzündete Brüste aufgelegt, war noch vor fünfundvierzig Jahren am Cape Breton gebräuchlich.

Ähnliche Kotstoffe wendet man auch bei den Deutschen in Pennsylvania als Heilmittel an. Umschläge aus Kuhmist legte man bei der Behandlung der Diphteritis auf,

---

[1] Southey, The Doctor, London 1848, S. 59. — [2] [Auch in Deutschland bekanntes Mittel. I.]

ebenso als Linderungmittel bei entzündeten oder eiternden Brüsten. „Tee, der aus Schaf-
kirschen (Schafkotkügelchen) gemacht ist, trinkt man bei Masern". [1]

Aus Gründen, die sich nicht mehr ermitteln lassen, hat man die Verwendung
dieser abstoßenden Heilmittel fast stets mit Umschreibungen zu verschleiern gesucht.
Schafmist wird nur selten bei seinem richtigen Namen genannt, sondern, wie aus den
obigen Angaben hervorgeht, häufig „Sheep-nanny-tea" usw. genannt. In derselben Weise
verbarg man die Anwendung von Menschenkot unter hochtönenden Bezeichnungen wie
„Zibethum, Orientalischer Schwefel" usw.

Die Verwendung von Schafmist bei der Behandlung der Masern muß sehr alt
und sehr weit verbreitet gewesen sein. Der Arzt Washington Matthews bemerkte
seine Anwendung bei den Navojoes, die sie ihrerseits durch die Spanier kennen lernten.

Leichte Wunden heilt man bei den Eingeborenen in Süd-Australien damit, daß
man Dreck auf den betroffenen Teil bringt. [2]

Herr Christfield, Beamter der Kongreß-Bibliothek in Washington, erzählte mir,
daß man auf der östlichen Küste von Maryland und Virginia Harn als Heilmittel gegen
Ohrenschmerzen gebrauche, während man in Neu-England bei Gelbsucht Spinnen und
ein noch viel ekelhafteres Mittel in einem Löffel voll Zuckersyrup verordnet. [3]

„Ich will Ihnen von einer Sitte berichten, die im Staate Jowa unter dem Volke
ziemlich verbreitet war: nämlich die Anwendung von Schafmist bei den Masern. Den
Mist machte man zu einem „Tee" zurecht, wie die alten Weiber das Zeug nannten; man
bezeichnete ihn allgemein als „Sheep-nanny-tea". Man hielt ihn für ganz besonders wirksam, um den Hautausschlag herauszutreiben. Man versüßte diese Mixtur mit Zucker und
gab sie in dieser Verkleidung den Kindern zu trinken ein. Dieses Verfahren hat sich
bis vor etwa zwanzig Jahren in gewissen Volkschichten erhalten; in den letzten Jahren
habe ich nichts mehr davon gehört. Den Ursprung dieser Sitte in Indiana und Nord-
Carolina kann ich durch die Familien verfolgen, die sie hier ausübten". [4]

„Ein inzwischen verstorbener alter Mann erzählte mir, daß man vor etwa fünfzig
Jahren den Harn einer Kuh innerlich gab als Heilmittel für Bleichsucht. (In den Graf-
schaften Norfolk und Suffolk)". [5]

„In der Gegend, in der ich geboren bin, habe ich öfter gesehen, daß man den
Kühen oder Ochsen, die durch einen Stoß oder aus irgend einem andern Grunde ein
Horn verloren, das Horn wieder auf die Wurzel setzte, nachdem man vorher hineingepißt
hatte. Dies hielt man für erforderlich, damit das Horn fest an seiner Wurzel anhafte". [6]

„Das Vorhandensein von Ammoniak in den Absonderungen, (deren Vermögen,
Säuren zu neutralisieren, man vielleicht zufällig entdeckte), wird wohl die Veranlassung
gewesen sein, daß die Nierenausscheidung in so hohem Ansehen stand. Ich erinnere
mich, daß man mir, als ich noch ein kleiner Knabe war, von der Wirksamkeit des Harns
als Linderungmittels bei aufgesprungenen Händen und als Heilmittels bei entzündeten
Augen erzählte. Im ersten Falle milderte das Ammoniak als Alkali, während im letzten
Falle die vorhandenen Salze, gerade wie gewöhnliches Kochsalz aufgesaugt werden und
so den Blutandrang vermindern". [7]

---

[1] Folk-Medicine of the Pennsylvanian Germans. — [2] National Tribes of South Australia,
S. 284. — [3] Black, Folk-Medicine, London 1883, S. 61; er führt an: Napier, Folk-Lore,
S. 95 und Folk-Lore Record, I, S. 45. [Mein Vater erzählte mir, daß eine Waschfrau, die bei
uns wusch, an Gelbsucht gelitten hatte, aber ziemlich rasch davon geheilt worden war. Als sie
mein Vater fragte, was sie dagegen getan habe, sagte sie ganz ruhig, sie habe eine lebende
Kopflaus in eine gedörrte Pflaume gesteckt und so gegessen; das sei ein uraltes und gutes
Mittel. I.] — [4] Briefliche Mitteilung von Prof. S. B. Evans in Ottumwa (Jowa) vom 16. April
1888. — [5] Briefl. Mitteilung Prof. Frank Rede Fowke's aus London vom 18. Juni 1888. —
[6] Briefliche Mitteilung des Schiffkapitäns Henri Jouan aus Cherbourg vom 29. Juli 1888. —
[7] Briefl. Mitteilung von Prof. E. N. Horsford an der Harvard-Universität vom 19. April 1888.

„Ein Bekannter, der mit den Besonderheiten des Lebens in Paris bekannt ist, hat mir kürzlich mitgeteilt, daß es dort Leute gibt, die sich angewöhnt haben, den Schaum, den sie in den Straßenpissoirs sammeln, hinunterzuschlucken, und daß diese Leute als „Les mangeurs du blanc" bekannt sind".[1]) Nach Parent du Chatelet bedeutete bis zum Jahre 1810 ein „mangeur du blanc" „einen Menschen, der von den Einkünften einer Hure lebte". Diesen Namen hat man später in „Paillasson" geändert.[2])

„In meiner Knabenzeit hatten wir im Hause meines Vater eine ganze Menge Katzen und ich erinnere mich noch, daß häufig Leute aus Cherbourg kamen und um die Erlaubnis baten, in unserem Dachgeschoß nach Katzenkot suchen zu dürfen; wenn man diesen in Weißwein auflöse, gäbe das ein sehr wirksames Getränk gegen Wechselfieberanfälle, behaupteten sie".[3])

Lye-tea (Laugentee), der aus menschlichem Harn und limewater (kann im Deutschen Leimwasser, Kalkwasser, Lindenblütenwasser oder Zitronenwasser heißen!) hergestellt war, gebrauchten in den ländlichen Teilen von Central-New-York „alte Leute" bei Erkältungen.[4])

Die Ureinwohner Australiens legen das Harz des Eukalyptus-Baumes und auch seine Rinde, die sie vorher in menschlichen Harn getaucht haben, auf Wunden auf.[5])

„Philos.; hermet.; urine du vin, le vinaigre. Urine des jeunes colériques, Le Mercure Philosophe".[6])

Wir haben schon von Marco Polo erfahren,[7]) daß die Gefangenen der Tataren sich oft selber vergifteten, „aus diesem Grunde halten die großen Herrn Hundekot bereit, den man die Gefangenen zu verschlingen zwingt und das bringt sie dazu, das Gift auszubrechen", und ebenso haben wir aus vielen Quellen — Etmuller, Schurig, Levinus Lemnius, Flemming, Paullini, Beckherius, Lentilius — die Wirkung der Kotstoffe als Gegengift kennen gelernt. Auch bei den Ureinwohnern Amerikas hat man denselben Glauben angetroffen.

Pater Inamma, dessen lehrreiche Forschungen über die Klapperschlangenbisse und deren Heilmittel, die er in Niederkalifornien im Jahre 1767 kurze Zeit vor der Austreibung der Jesuiten gemacht hat, bei Clavigero[8]) veröffentlicht sind, berichtet, daß das gebräuchlichste und wirksamste Gegengift Menschenkot war, den die gebissene Person frisch und in Wasser aufgelöst trank.

Auf der Landenge von Darien war der Glaube bei den Eingeborenen herrschend, das beste Mittel gegen vergiftete Pfeile bestehe darin, daß der verwundete Mann Pillen aus seinem eigenen Kot verschluckte.[9])

Wenn in Peru „Säuglinge erkrankten und dann namentlich, wenn das Leiden fieberhafter Natur war, wusch man sie morgens mit Harn und wenn man etwas von dem eigenen Harn des Kindes auffangen konnte, gab man diesen ihm zu trinken.[10])

Dem Kot und dem Harn zugeschriebene geheime Einflüsse.

In Kanada trank man menschlichen Harn als Heilmittel. Pater Sagard war Augenzeuge bei einem Tanze der Huronen, bei dem die jungen Männer, Frauen und

---

[1]) Angabe von Prof. Frank Rede Fowke. — [2]) La Prostitution, Paris 1857, I, S. 138. [Paillasson bedeutet Strohmatte und Strohgeflechte zum Schutze der Pflanzen gegen Kälte. I.] — [3]) Im Briefe von Kapitän Jouan. — [4]) Mündliche Mitteilung von Colonel Pieree, Dr. Pangborn und Leutnant W. G. Elliot zu San Carlos Agency in Arizona. — [5]) Briefliche Mitteilung von John Mathew aus Coburg, Victoria, vom November 1889. — [6]) Dictionnaire Nationale par M. Bescherel ainé, Paris 1857, unter Urin, S. 1573. — [7]) Bei Purchas, I, S. 92. — [8]) Clavigero, Historia de la Baja California, Mexico 1852. — [9]) Herrera, Decades, II, Buch 1, S. 3, 9, 10. [Im spanischen Text steht: Man pflegte zu sagen, die Gegenmittel dieses Gift seien Feuer — also Ausbrennen —, Seewasser, Fasten und Enthaltsamkeit. Ein anderes Mittel, von dem sie sprachen, war der Kot des Verwundeten, in Pillenform oder in anderer Form genommen. I.] — [10]) Garcilasso de la Vega, Commentarios Reales, Hakluit Society, XLI, S. 186.

Mädchen nackt um eine kranke Frau herumtanzten, der einer von den Jünglingen in den Mund pißte, worauf sie die ekelhafte Flüssigkeit hinunterschluckte, in der Hoffnung, dadurch Heilung zu erlangen.[1])

Auf ähnliche Heilmittel spielt wohl Smith's Schilderung der Araukanier in Chile an: „Ihre Heilmittel gehören hauptsächlich, vielleicht sogar ganz dem Pflanzenreich an, obwohl sie auch noch viele ekelhafte Mischungen aus tierischen Stoffen kennen, von denen sie behaupten, es sei eine wunderbare Kraft darin enthalten".[2])

Brand zählt eine Menge veralteter Rezepte auf, von denen eines, bei dem er die damit behandelte Krankheit jedoch nicht angibt, die Weisung enthielt, daß der Kranke fünf Löffel voll von dem Harn eines unschuldigen Knäbleins einzunehmen habe".[3])

Die Crees legen den Kot frisch getöteter Tiere auf Verstauchungen auf.[4])

Henry M. Stanley berichtet von der Heilung gewisser Geschwüre, die von Fliegenstichen herrührten, an denen seine Leute viel zu leiden hatten: „Safeni, mein Bootführer auf dem Victoria Nyanza, . . . nahm eine ganz sonderbare Behandlung vor, die aber, wie ich zugeben muß, ebenso wunderbar erfolgreich war . . . Dies Heilmittel bestand in einem Pulver aus Kupfer und Kinderharn, das er täglich zweimal mit einer Feder auf die Wunde aufpinselte".[5])

„Anscheinend nahm man an, daß auf die Haut geriebener Eselkot ein Heilmittel gegen Rheumatismus sei und dieses seltene Sondermittel schaffte man aus einer weit entfernten Gegend im Osten, wo diese Tiere vorhanden waren, herbei".[6]) — „Die Mandingo in Afrika ziehen Geschwüre mit Kuhmist auf".[7]) Ich selber sah in New-Jersey, wie man Kuhdünger als Pflaster auf Bienenstiche auflegte, wodurch Linderung eintrat.

„Bei vielen Krankheiten wendet man Frauenharn äußerlich an und dieses Mittel steht in außerordentlichem Ansehen".[8])

„Pilgrim's Salve. A Sir-Reverence; human excrement".[9])

„Die Medizinmänner der Ove-Herrero, die im Süden von Angola an der Westküste von Afrika wohnen, bepissen den Kranken, um ihn damit zu heilen".[10])

Die Medizinmänner der Inuits besprengen die Kranken mit Harn, „der alt sein muß, gerade wie bei den Giftdoktoren der Buschmänner. . . . Die Einwohner von Cambodja besprengen in derselben Weise den bösen Geist der Pocken mit Harn, aber dieser Harn ist der eines Falben".[11])

Der gleiche Glaube offenbart sich auch im deutschen Volke, zumal in Bannsprüchen, so z. B. gegen den Alp und die bösen Feldgeister. „Sprichst du von einem Alp, so setz hinzu: „Dreck vor die Ohren", sonst wirst du die Nacht vom Alp heimgesucht".[12])

„Bisweilen wird im Herbste bei trockenem Wetter das Grummet durch einen Wirbelwind umhergetrieben. An dieser Erscheinung haftet der Glaube, der Böse wolle

---

[1]) Sagard, Histoire du Canada, Pariser Neuausgabe von 1885, S. 107. — [Im französischen Texte sagt der vernünftige Pater: „Ich weiß nicht, weshalb ich diese Einzelheit entschuldigen oder mit Stillschweigen übergehen sollte". Er fügt auch hinzu, daß die Frau großen Mut zeigte. I.] — [2]) Smith, Araucanians, New-York 1855, S. 234. — [3]) Brand, Popular Antiquities, London 1849, III, S. 282. — [4]) Mackenzie's Voyages to the Arctic Circle, London 1809, Einl., S. 106. — [5]) Stanley, Through the Dark Continent, New-York 1878, II, S. 369. — [6]) Baker, The Albert Nyanza, Philadelphia 1869, S. 372. — [7]) Mungo Park, Travels in Africa, bei Pinkerton, XVII, S. 877. — [8]) The Native Tribes of South Australia, Adelaide 1879, Einleitung S. XVI; [dort ist diese Stelle im englischen Text „lateinisch" gegeben!]; vergl. Eyre, Expedition into Central Australia, London 1845, II, S. 300. — [9]) Grose, Dictionary. [Pilgersalbe. Ein Herr Ehrwürden; menschlicher Kot]. — [10]) Muhongo, nach der Übersetzung von Chatelain. — [11]) Réclus, Les Primitifs, S. 98. — [12]) A. Witzschel, Sagen, Sitten und Gebräuche aus Thüringen, herausg. von G. S. Schmidt, Wien 1878, S. 268.

das Grummet einem seiner Diener zuführen. Um das zu verhüten, schreien sie, so sehr sie können: Saudreck! Saudreck!" [1])

„Es gibt wenig Krankheiten, die der Ureinwohner nicht zu heilen versuchte, sei es mit Zauberei, sei es mit gewissen Heilmitteln. Zu den letzteren gehört ein sehr sonderbares Mittel, die eigene Verwendung des Harns einer Frau, eine allgemein gebräuchliche Arznei, die man für die meisten Leiden als unbedingt zuverlässig ansieht". [2]) Man vergleiche auch die früher gebrachten Angaben über die Heilkunde der Ureinwohner Australiens.

„Pflaster aus einer Mischung von Gras, Butter und Kuhmist legte man in Abessynien auf die Wunden auf, wenn sich Lasttiere den Rücken durchgerieben hatten". [3])

Cameron ließ in der Nähe des Tanganjika-Sees einen seiner Leute, der sich das Auge verletzt hatte, von einem einheimischen Medizinmann behandeln. „Seine Behandlung bestand in einem Pflaster aus Schmutz und Dreck und sein Honorar bestand aus vierzig Perlenschnüren". Mit dem Worte „Dreck" meint Cameron im vorstehenden Satze offenbar „Kot". [4])

Stewart Culin, der sehr eingehende Forschungen über den Arzneischatz der Chinesen angestellt hat, berichtet, man finde unter den anerkannten Mitteln des Kräuterbuches sehr häufig Anweisungen über Anwendung von Harn. [5]) Wir haben ja oben gesehen, daß die Chinesen in Batavia von allen möglichen Arten von Kotstoffen Gebrauch machen.

Pfarrer Maurice J. Bywater schreibt mir aus Nassau auf den Bahamasinseln, er habe in den sieben Jahren seiner Missionartätigkeit auf der Insel Borneo mehrere sehr sonderbare und auffällige Beispiele von den wiederherstellenden und anreizenden Wirkungen des menschlichen Harns, den die chinesischen Einwanderer bei Unfällen anwandten, als Augenzeuge gesehen. Die Koreer haben in der Heilkunde dieselben Methoden, wie die Chinesen. Sie wenden beide Pflaster aus Menschenkot gegen giftige Bisse, Rotlauf, Entzündungen usw. an. Harn eines gesunden Knaben gebrauchen sie als stärkendes Mittel. [6])

Unsere Kenntnisse von den Tibetern sind noch so beschränkt, daß das Wenige, was wir über sie zusammengebracht haben, keinen Anspruch auf besondere Bedeutung erheben kann; über dieses sonderbare, sich abschließende Volk hat man noch eingehendere Forschungen anzustellen. [7])

Die merkwürdige Verehrung, die sie dem Kote des Dalai-Lama zu teil werden lassen, haben wir zwar eingehend besprochen, doch ihre heiligen Bücher enthalten nichts darüber, daß die Verwendung von Kotstoffen in der Heilkunde eine weitere Verbreitung habe.

Nach der von W. W. Rockhill angefertigten Übersetzung der „Pratimoksha Sutra" weist man kranke buddhistische Mönche an, folgende Heilmittel anzuwenden: „Zerlassene Butter, Öl, Zuckersyrup, Honig, Zuckersyrupschaum". [8])

---

[1]) S. 224. — [2]) Eyre, Expedition usw. wie oben. — [3]) W. Winstanley, A Visit to Abyssinia, London 1881, II, S. 3. — [4]) Cameron, Across Africa, London 1877, I, S. 322. — [5]) Evening Star vom 11. Oktober 1890 (Washington): Der Harn kleiner Kinder wird mit Kalk gemischt und abgedampft, bis eine feste Masse entsteht. Damit heilt man allgemeine Schwächen, aufgelöst ist es ein gutes Wasser für kranke Augen. [6]) Nach einer Mitteilung des Gesandtschaftssekretärs Dr. H. T. Allen bei der Koreischen Gesandtschaft in Washington (1888). Herr Frank G. Carpenter, der Korea bereist hat, bestätigt diese Angaben. — [7]) Dr. Berthold Laufer bereiste als der erste geschulte Ethnolog in den Jahren 1909 f. Tibet. Er beherrscht die Sprache vollkommen, brachte viele tibetische alte Handschriften mit und wir haben von ihm allseitige Aufschlüsse zu erwarten. — [8]) Asiatic Society, Paris 1885, S. 22.

Dr. Francis Parkmann spricht in seinem Werke „Jesuits in North America" von den „abstoßenden Heilmitteln", deren sich die Huronen, Irokesen und Algonquin-Stämme bedienen.[1])

Unter einer Menge von sonderbaren Vorschriften, die in dem Werke „Tragedy of the Gout", das Blambeauseant im Jahre 1600 verfaßte, angeführt sind, befinden sich auch die folgenden:

„Da ist der wohlriechende Schafmist, den man immer insgeheim eingibt". — „Ein wenig von einer blauen Salbe, die aus Menschenkot hergestellt ist". — „Jungfrauenharn, als ein Heilmittel für alle Männer in der Stadt".[2])

Weitere Hinweise in nachfolgender, der „Bibliotheca Scatologica" entnommenen Liste, mit einigen Angaben, die wir bereits beigebracht:

„Diese Verwendung der Kotstoffe, und im besonderen menschlicher, zu arzneikundlichem Behufe ist tatsächlich vorhanden. Man nannte solche Ärzte, die sie verordneten, Dreckärzte, und man verschleierte die Herkunft des Stoffes unter den verschiedenartigsten, sonderbaren oder lächerlichen Bezeichnungen, wie z. B. carbon humanum, oletum, sulphur occidentale. Nach Paracelsus' Angaben konnten die menschlichen Kotstoffe durch eine bestimmte Zubereitung den Geruch des Moschus und des Zibeth annehmen; deshalb gab man ihnen den Namen „Zibeth" oder „Westlicher Moschus".[3])

Ganin, De Simplic. Medicament. facultat. lib. X. fol. m. 75 seq. „An stercoris usus licitur?" „Conceditur". (Ob die Anwendung des Kotes gestattet sei? — Ja!)[4])

202. Gufer, Joh. Medicin. domest. tab. 3, p. 11, et Joh. phil. Gieswein, De Mater. Medic. p. 292, imprimis laudant stercus hominis qui lupinos comedit. (Namentlich lobt man den Kot eines Mannes, der Lupinen gegessen hat).[5])

203. Helvetius, Joh. Freder. Diribitor. med. p. 112. seq, empfiehlt den menschlichen Kot frisch und noch warm.[6])

Herodotos, Buch 2; Hesiod, Werke und Tage.

In Milch gekochten Schafmist empfahl der schwedische Arzt Hjoort und ebenso der französische Doktor Baumer als Mittel gegen den Keuchhusten (Bibliotheca Scatologica, S. 78).

Hoffmann, Fred. annot. in Petr. poter, Pharmacop. Spagyria. (lib. I, p. 445) sagt, daß die Exkremente eine große Kraft besitzen.

Homer, Odyssee, Buch 6. (S. 78). — Kircher, Prodromus Aegyptiacus, cap. ult. — Diogenes Laërtius in Pythagor. — Langius (Christ.), Opera Medica, hält die Heilmittel aus Kotstoffen für eine unwürdige und abscheuliche Sache, gestattet jedoch ihren Gebrauch in ganz verzweifelten Krankheitfällen. (S. 79).

Lotichus, Johan., De casei nequitiis, Francofurta 1640, sagt: „Dreckige Kurpfuscher und Schmutzfresser pflegen zwar Kot einzunehmen, aber ein vernünftiger und einsichtiger Mensch enthält sich solcher Dinge". (S. 81).

Gustav Brunet hat in seine Übersetzung der Tischgespräche Martin Luthers (Paris 1844, S. 377) auch einige Gedanken des berühmten Reformators aufgenommen, die sich auf unseren Gegenstand beziehen. Der eine handelt davon, daß die Kotstoffe zu neuen Nahrungmitteln umgewandelt werden, der andere verbreitet sich über die Eigenschaften des Kotes" usw. (S. 81).

Macrobii Saturnalia, Buch III; Martialis, Epigrammata IV, 88; VII, 18; XII, 40, 77 und auch anderswo (S. 81). — Mayern Theodor. de Prax. Medic. Syntagma alter: Rezept über eine Mischung von Kot nnd gepulverten Nelkenblumen. — Menagiana,

---

[1]) Boston 1867, Einleitung S. XL. — [2]) Minor, Medicine in the Middle Ages, S. 88· — [3]) Bibliotheca Scatologica, S. 29. — [4]) S. 77, Nr. 200. — [5]) u. [6]) S. 78.

Paris 1715, 4 Bände in 12. In diesem Buche findet man mehrere Stellen, die auf unsern Gegenstand Bezug haben. Vergl. B. I, S. 9, 180, 222; II, S. 198; III, S. 329. — Clemens von Alexandrien, Recognitiones, V, S. 71. — Denne, Ludovic. Pharmac. dissertat. I. p m. 411 seq. tadelt die Verwendung menschlichen Kotes in der Heilkunde. (S. 73).

Diodorus von Sizilien, lib. I, cap. 8. (S. 73). — Damian P. Opuscula, cap. 2 (S. 73). — Praterius, Praxis, lib. III, p. 330 empfiehlt besonders das aus menschlichem Kot ausgezogene Öl und Wasser. Nach den Angaben von Belleste, Chirurg. d'hôpital, part. 3, p. 248, chap. 4 heilt das Salz aus dem Harn eines Kranken diesen, wenn er von der Ruhr befallen ist.

Plutarch, Apoph. Laconic. p. 232. Petrus Pharmacop. Spagiric. p. m. 445, ist der Ansicht, der Kot könne seltene und vollkommene Heilmittel liefern. Er nimmt auf das dreizehnte Kapitel des Rabelais „Sur les anisterges" (Über die Arschwischer) Bezug. Rivinus (Augustus Quirinus) Censur. Medicament. officinal. cap. 2; p. 10 et seq: „Kämpft heftig gegen die Verwendung der Kotstoffe an". Es werden auch noch andere angesehene medizinische Schriftsteller angeführt, die sich, die einen ganz, die andern nur teilweise, zu Gunsten der Verwendung von Kotstoffen in der Heilkunde aussprechen; auch mehrere, die den Gebrauch verwerfen, kommen zu Worte. (S. 38 ff.).

„Die früher von den Dreckärzten als Abführmittel verschriebenen Kotkügelchen der Ratten und Mäuse hat man als „Album nigrum" bezeichnet. (Schwarzes Weiss!) Merde du diable, stercus diaboli, Teufeldreck, ist die Asa foetida, Stinkasant, eine Art von Gummi. (S. 128). Man vergleiche hierzu auch Grose's Dictionary of Buckish Slang, London 1811, unter dem Stichwort: Asa foetida. Nach dem Grundsatze: Lucus a non lucendo, sind die Werke des Dr. Swieten, Commentariorum usw. Lyon 1776 noch einer besonderen Erwähnung wert, denn selbst die sorgfältigste Prüfung kann darin keine Spur von einer Verwendung weder tierischer noch menschlicher Kotstoffe, weder pharmazeutisch noch therapeutisch, entdecken und von Hexerei ist auch darin keine Rede. Man kann daher behaupten, daß die Werke dieses Schriftstellers eine neue Stufe in der Entwickelung des wissenschaftlichen und des religiösen Denkens darstellen.[1]

In dem Werke Warner's „Topographical Remarks relating to the southwestern parts of Hampshire", 1793, II, 131, sagt uns der Verfasser bei der Besprechung des alten Urkundenbuches der Christ Church: „Dieses Urkundenbuch enthält auch verschiedene ganz sonderbare Vorschriften oder Heilmethoden für einige merkwürdige Krankheitfälle; die Angaben stammen anscheinend aus dem Anfang des siebzehnten Jahrhunderts und sind in der ungeschlachten Schreibweise dieser Zeit abgefaßt. Ich verzichte indessen aus Gründen des Anstandes sie hier wiederzugeben.[2]

„Man hielt ein neugeborenes Kind solange für nicht genügend vorbereitet für die Lebenreise, solange sein Magen nicht mit einem Trank gefüllt und davon wieder entleert war, der aus Zuckersyrup und den Blasenabsonderungen des ersten jungen Mannes bestand, dessen man zu diesem Zweck habhaft werden konnte".[3]

---

[1] [Der Name Gerards van Swieten ist in der Geschichte der Heilkunde hinreichend bekannt. Er war im Iahre 1700 zu Leyden geboren und seit 1745 Leibarzt der Kaiserin Maria Theresia, Direktor der Wiener Hofbibliothek, Präsident der medizinischen Fakultät der Universität Wien, Direktor des gesamten Medizinalwesens und Bücherzensor. Er starb 1772 zu Schönbrunn. Der vollständige Titel seines Hauptwerkes lautet: Commentarii in Boerhaavii Aphorismos de cognoscendis et curandis morbis, in 5 Bänden zum ersten Mal erschienen Leyden 1741 u. 42. I.] — [2] Brand, III, S. 306, Artikel: Physical Charms. [Es ist bedauerlich, daß der Verfasser seine Angabe nicht wenigstens in dem züchtigen Latein gemacht hat, zu dem Engländer in solchen Fällen gern greifen. Das Buch war nicht zu ermitteln. I.] — [3] Dr. Benjamin Eddy Cutting, Professional Reminiscences, Boston 1888, S. 40.

Der Peterdreck.

„Am Petertage (22. Februar) ist es im Werragrunde Brauch, daß gute Freunde und Nachbarn einander den „Peterdreck" bringen. Sie füllen einen Topf mit Leinsamen oder den Annen*) vom Flachse, auch wohl mit Kehricht aus der Spinnstube, schleichen sich damit in des Nachbars Haus und werfen den Topf mit den Worten: „So hoch soll der Flachs werden!" in die Stube oder vor die Stubentür. Je höher der Topf geworfen wird, desto höher wird auch der Flachs. Wer den Topf wirft, muß sich in Acht nehmen, daß er nicht gefaßt und ergriffen wird, denn er bekommt dafür sein Gesicht geschwärzt. Übrigens ist der Peterdreck demjenigen, dem er gebracht wird, eine gute Vorbedeutung für das Wachsen und Gedeihen der Leinsaat. Auch sehen es die Leute aus demselben Grunde gern, wenn ihnen am Fastnachtabende Töpfe wider die Tür geworfen werden".[1]

Schmutzige Heilmittel jeder Art.

Man begnügte sich noch nicht damit, Kot und Harn von Menschen und Tieren in der Arzneikunde zu verwenden; man zog auch noch alles, was man dem Leib der Menschen oder der Tiere entnehmen konnte, mochten sie wild oder zahm, tot oder lebendig sein, heran, um die scheußliche Liste der Dreckheilmittel zu verlängern.

Etmuller gibt folgendes Verzeichnis: „Von dem lebenden Körper nimmt man: Haare, Nägel, Speichel, Ohrenschmalz, Schweiß, Milch, Monatblut, Nachgeburt, Harn, Kot, Samen, Blut, Steine, Würmer, Läuse, die Eihäute der neugeborenen Kinder; und von dem toten Körper: den ganzen Leichnam, Fleisch, Haut, Fett, Knochen, Schädel, auf einem Schädel gewachsenes Moos, Hirn, Galle, Herz". Die Galle von Tieren haben Indianer Nordamerikas als Reizmittel eingenommen.[2] — Etmuller berichtet auch, man gebrauche von dem zahmen Hornvieh in der Heilkunde folgendes: Hörner, Galle, Leber, Milz, Blut, Mark, Talg, Fett, Hufe, Harn, Kot, Hoden, Milch, Butter, Käse, Voze, Zumpt und Knochen.[3]

Haar.

„Das erste Haar, das von dem Kopfe eines Kindes abgeschnitten wird, mildert Gichtanfälle. . . . Das Haar eines ans Kreuz geschlagenen Mannes soll gut für Wechselfieber sein".[4]

„Der Geruch von verbranntem Frauenhaar verscheucht Schlangen und soll auch hysterische Erstickunganfälle vertreiben. Die Asche von Frauenhaar, das in einem irdenen Gefäß verbrannt worden ist, heilt Hautausschläge und Augenentzündungen . . . Warzen und Geschwüre bei Kindern . . . Wunden am Kopf . . . fressende Geschwüre . . . entzündliche Geschwülste und Gicht . . . Rotlauf und Blutungen und juckende Pusteln".[5]

Schurig empfiehlt den Gebrauch von Menschenhaar in Fällen der Kahlköpfigkeit, äußerlich als Salbe angewendet und zwar feingeschnitten oder als Asche; als Heilmittel gegen Gelbsucht pulverte man das Haar und trank es in irgend einer passenden Flüssigkeit; man gebrauchte es außerdem bei Gelenkverrenkungen und bei Blutflüssen aus Wunden. Gegen Bisse toller Hunde legte man Kinderhaare mit Essig auf, dann heilen die Wunden ohne Geschwülste; auch gegen Kopfgeschwüre wandte man dasselbe Mittel an.[6]

Flemming gab den Rat, gepulvertes Haar als Mittel gegen die Gelbsucht in Wein zu trinken; Frauenhaar, gepulvert und mit Schmalz zu einer Salbe verarbeitet, sollte

---

*) Annen sind die holzartigen, wertlosen Flachsstengelteile.
[1] August Witzschel, Sagen, Sitten und Gebräuche aus Thüringen, herausg. von G. S. Schmidt, Wien 1878, S. 189. — Nach der Erklärung auf S. 49 heißt man den Kehricht „Peterdreck". — [2] Etmuller, II, S. 256. — [3] S. 248. — [4] Plinius, Naturgeschichte, XXVIII, Kap. 7. — [5] Plinius, XXVIII, Kap. 20. — [6] Sextus Placitus, Artikel: De Puello et Puella Virgine.

gegen alle möglichen Krankheiten helfen; Männerhaar hielt man gebrannt denen unter die Nase, die an Schlafsucht litten; und man trank es „bei Erstickungen der Gebärmutter". [1])

„Man verwandte nicht blos die Hoden und Nieren der Opfertiere als Mittel gegen Blasenleiden (volkmedizinisch: Genitalleiden) „similia similibus", sondern auch als Stellvertretung dieser die Haare der Genitalien. [2]) Eine Illustration dafür, wie in den altgriechischen Tempeln der lokalen Heilgötter das volle Opfer immer mehr in Rudimente zerfiel, liefert der Wunderbericht im Leben der beiden Ärzte Kosmas und Damian, der Substituten des Dioskurenpaares Kastor und Polydeukes. [3]) Ein an Dysuria Leidender erhält in der Inkubation des Tempelschlafes von den beiden Arztheiligen, die eigentlich nie existierten, die Weisung: „Willst du gesund werden, so nimm von der Mannbarkeit des Kosmas einige Haare, verbrenn sie und wirf den Aschenrest ins Wasser. Dies trink gut gemengt aus und du wirst geheilt werden!" Die Deutung dieses Heilorakels ergab sich aus der Praxis der Opferhandlanger im christlichen Heiltempel, wo nach alter Tradition stets Scherer genug da waren neben den eigentlichen Priesterärzten und also mit dem hergebrachten Opferritus Bescheid wußten. Sie schnitten die Genitalhaare (τρίχες ἐκ τοῦ ἐφήβου, crines pubis) eines Tempellammes ab, das die Tempelleute scherzweise mit dem Rufnamen Kosmas belegten, zu welchem Genitalopfersymbol sich das muntere Lamm nach dem Wunderberichte ganz freiwillig stellte. Sobald der Blasenkranke die abgeschnittenen und verbrannten Haare des durch den geheiligten Namen gleichfalls geheiligten Lammes als Asche gleichsam als Katharsis zu sich genommen hatte (= Communio mit dem Heilgotte, dem das Lamm symbolisch als Opfer verbrannt worden war), wurde er geheilt. Das Verbrennen der Lammhaare ist hier das Überbleibsel des vollen Brandopfers, wobei die Genitalhaare den Wunsch des Opfernden demonstrieren sollten, gerade vom Blasenleiden geheilt zu werden. . . . So erklärt es sich auch, daß Hippokrates [4]) die Haare vom Unterleib des Hasen als Tampon für die Scheide der unterleibkranken Frauen benutzte". [5])

„Die Homöopathie Jägers hat zu seiner Darstellung des „Anthropin" geführt, d. h. homöopathischer Streukügelchen, die mit der aus den menschlichen Haaren (!) gewonnenen „Humanisierungflüssigkeit" in der 16. Potenz imprägniert waren und sich von wunderbarer Heilkraft bei den verschiedensten Krankheiten erwiesen". [6])

Ein medizinisches Öl stellte man aus dem Haar eines Vollbartes durch Destillation her und machte auch eine Salbe daraus. Gepulvertes Haar nahm man als Trank bei Gelbsucht ein; die Asche von gebranntem Haar wurde mit Schaftalg zu einer Salbe zurecht gemacht und Leuten, die sich im Zustande der Starrsucht befanden, unter die Nase geschmiert; bei der „Erstickung der Gebärmutter" brachte man diese Salbe auf die Geschlechtteile. Haare eines Kranken verwendete man häufig zur Ausführung der „sympathetischen Kuren" oder bei den sogenannten „Kuren durch Übertragung" (Transplantation), Flemming gibt jedoch in diesem Falle die Namen der besonderen Krankheiten nicht an. [7]) Vergleiche auch Abschnitt 45: Heilungen durch Übertragung.

---

[1]) Flemming, De Remediis usw., S. 8. — [2]) Unterleib — wie auch die Stirnhaare den Kopf, das Vlies oder Fell das ganze Tier vertreten. Vergleiche das Haaropfer in Teigform, Archiv für Anthropologie IV, 1906, S. 130. — [3]) L. Deubner, Kosmas u. Damian, Leipzig 1907, S. 104ff, ferner S. 76, 106, 230. — [4]) Fuchs, Hippokrates sämtliche Werke, München 1896, III. S. 359, 382, 371, 378. — [5]) M. Höfler, Die volkmediz. Organotherapie, Stuttgart 1909, S. 278. — [6]) Gustav Jäger, Entdeckung der Seele, Leipzig 1884, II, S. 300—12. Nach Alb. Hagen, Die sex. Osphresiologie, Charlottenburg 1901, S. 163. Hagen rügt mit Recht die unbegrenzte Einfalt der Jäger'schen Entdeckungen, die einen kräftigen Einschlag von Altweiberglauben aufweisen. An Leichtgläubigkeit, Urteilosigkeit und Unverstand ist sein Buch fast so reich wie das irgend eines chrowotischen Akademikers. Es ist unbegreiflich, daß man ihn je ernst genommen hat. — [7]) S. 21.

In China hebt man die vom Kopfe abgeschabten Haare auf, um das Land damit zu düngen und die Menge Haare, die auf diese Weise zusammenkommt, muß wohl ziemlich bedeutend sein, da sich täglich mehrere hundert Millionen Menschen dort den Kopf vollständig glatt rasieren.[1]

In China gilt heute noch alles, was zum Bebauen der Felder gehört, als religiöser Brauch. Wahrscheinlich hat kein Land der Erde, das sich in einem ähnlichen fortgeschrittenen Zustande befindet, mit solcher Zähigkeit an alten Gebräuchen bei allem, was zur Beackerung des Bodens gehört, festgehalten; es gibt heilige Handlungen, die der Kaiser selber mit einem Pfluge anführen muß. Inwieweit alles dies mit der Verwendung von Abfällen zusammenhängt, denen der Glaube in der ganzen Welt so allgemein Zauber- oder Heilkräfte zugesprochen hat, wird sich aller Wahrscheinlichkeit nach, niemals feststellen lassen; aber man sollte doch der Tatsache Beachtung schenken, gerade wie es sich für uns wohl gelohnt hat, in die Geschichte der Latrinen näher einzudringen.

„Gibt man einem pulverisierte Haare eines Toten in Schnaps gemischt zu trinken, so wird er an der Trunksucht zugrunde gehen. Im Kalotaszeger Bezirk sagt man von einem Trunkenbold: Man hat ihm gebrannten Pelz gegeben (perkel bundát adtak neki). In anderen ungarischen Gegenden bewirkt man mit selbem Mittel gerade das Gegenteil: man verleidet dem Trinker das Trinken".[2]

„Die Caraiber wollen sich dadurch vor Hexerei verwahren, da sie die Haare oder etliche Beine von ihren verstorbenen Eltern in einer Kürbisflasche aufheben, und sagen, der Geist des Toten rede drinnen, und entdecke ihnen das Vorhaben ihrer Feinde".[3]

„Bei uns selbst ist in Devonshire der Glaube vorhanden, daß man seinem Nachbar Fieber verursachen kann, wenn man ihm das Haar eines Toten unter die Schwelle vergräbt".[4] — „In Devonshire und ebenso in Schottland nimmt man einem Kinde, das den Keuchhusten hat, ein Haar vom Kopfe, legt es in ein Butterbrot und gibt es einem Hunde zu fressen, und wenn der Hund es frißt und dabei hustet, was er natürlicherweise ganz von selbst tun wird, dann ist der Keuchhusten auf das Tier übertragen und das Kind wird davon befreit sein". Dieselbe Behandlungweise ist auch in Irland gebräuchlich, aber man wählt dort an Stelle des Hundes einen Esel.[5] — „Gewisse Eichenbäume bei Berkhampstead in Hertfordshire waren lange Zeit hindurch als Mittel gegen Fieber berühmt. Die Übertragung war sehr einfach, aber etwas schmerzhaft. Eine Haarlocke befestigte man mit einem Pflock an einer Eiche und dann übertrug man sie mit einem plötzlichen Ruck vom Kopfe des Kranken auf den Baum".[6]

Abgeschnittenes Haar und Lappen brachte man in Irland, Borneo, Malabar usw. den heiligen Brunnen als Opfer dar, aber nicht nur als Opfer für Gottheiten, sondern auch um eine Übertragung von Krankheiten auf die Leute zu bewirken, die von ihnen Besitz ergreifen würden.[7]

„Will man in Neu-England bei einem Kinde die Rachitis heilen, so vergräbt man eine Locke von seinem Haare an Kreuzwegen und es ist am besten, wenn dies bei Vollmond geschieht".[8]

---

[1] Bingham, Expedition to China, London 1842, II, S. 7. — [2] H. v. Wlislocki, Tod und Totenfetische im Volkglauben der Magyaren, Mitt. Anthrop. Ges. Wien 1892, XXII, S. 3. — [3] De la Borde, Bezauberte Welt t. I, p. 128. Nach Bourdelot, S. 531. — [4] Black, Folk-Medicine, S. 27. — [5] S. 35. — [6] S. 39. — [7] S. 39f, nach Tylor, Primitive Culture und anderen. — Vergl. dazu Krauss, Haarschurgodschaft bei den Südslaven, Leiden 1894, wo auch die reiche bis dahin erschienene Literatur angeführt ist. Eine gründliche Untersuchung über die Haare bei den Slaven und Germanen (Postrzyzny u slowian i germanow) von K. Potkanski, Akad. der Wissensch., Krakau 1895, S. 370—422. Im besonderen von den Haaren bei den Zigeunern H. v. Wlislocki, Mitt. der Anthr. Ges., Wien 1895. — Über Haaropfer vergl. noch K. Th. Preuß, Menschenopfer und Selbstverstümmlung bei der Totentrauer in Amerika, Adolf Bastian als Festgruß, Berlin 1896, S. 223ff. — [8] S. 56.

In einigen Teilen von England glaubt man, das Haar vom Rücken eines Esels, in Brot eingepackt und einem kranken Kinde zu essen gegeben, werde den Keuchhusten heilen; ein anderes Heilmittel ähnlicher Art besteht darin, daß man die abgeschnittenen Haare vom eigenen Kopf des Kindes nimmt, mit Butter vermischt und einem Hunde gibt, wodurch die Krankheit von dem Kinde genommen wird; ein weiteres Mittel bestand darin, daß man das leidende Kind auf den Rücken eines Esels setzte und es neunmal um einen Eichenbaum herumführte.[1]

Die Römer verbanden gewisse Vorbedeutungen mit der Art und Weise, der Zeit und des Ortes beim Schneiden der Nägel und des Haares.[2]

Die Alten glaubten, daß an Bord eines Schiffes niemand seine Nägel oder sein Haar schneiden dürfe, ausgenommen bei einem Sturme.[3]

„Läßt sich ein Mann sein Haar schneiden, so hält er sorgsam darauf, daß es im geheimen verbrannt wird, denn wenn es jemand in die Hände fiele, der das böse Auge hat oder einer Hexe so könnte es einer als Zaubermittel gebrauchen, um ihm Kopfschmerzen zu verschaffen.".[4] Die chrowotischen Bauern vergraben oder verbrennen es.

Etmuller berichtet, daß zu seiner Zeit Frauen, die an ausgebliebenem Monatflusse litten, die Gewohnheit hatten, das Haar, das auf dem Schamberg wuchs, auszureißen, denn das führte sofort das Wiedererscheinen herbei; es ist jedoch nicht klar, ob dies durch den Reiz allein bewirkt werden sollte, oder ob das Haar innerlich eingenommen werden mußte. Abgeschnittene Fingernägel wurden als Brechmittel getrunken, namentlich von Soldaten im Feldzuge. (Nach Etmuller's Text mußten die Fingernägelschnitzel eine Nacht lang in warmem Wein gelegen haben; dies gebrauchte man auch als Abführmittel.[5]

Will die Chrowotin eines Mannes Liebe erringen, so schneidet sie einem toten Manne kreuzweise (u nakrst) die Fingernägel ab, d. h. erst die von der rechten Hand und vom linken Fuß, dann die von der linken Hand und vom rechten Fuß, röstet die Nägelabschnitzel und stößert sie zu Pulver. Dies Pulver mischt sie in ein Getränke oder eine feste Speise und gibt sie dem geliebten Manne ein. Daraufhin muß der Mann ununterbrochen an selbes Frauenzimmer danken und sie, wenn es irgendwie angeht, auch ehelichen.[6]

„Haare und Nägel werden bei Vollmond geschnitten",[7] bei den Südslaven bei zunehmendem Mond.

Die Patagonier „glauben alle, daß männliche und weibliche Hexenmeister denen ein Leid zufügen, ja sogar das Leben nehmen können, von denen sie ein Stückchen vom Körper erlangen oder irgend sonst etwas, das von dem Leib des in Aussicht genommenen Opfers ausgegangen ist, wie z. B. Haare, Stückchen von den Nägeln usw. . . . Und dieser Aberglaube ist um so sonderbarer, weil er mit dem in Polynesien allgemein herrschenden Aberglauben übereinstimmt".[8]

„Welches ist die totbringendste Tat, wodurch ein Mensch die unheilvolle Macht der Devas am meisten stärkt, gerade so, als wenn er ihnen Opfer brächte?" Ahura Mazda antwortete: „Das geschieht, wenn ein Mensch hier unten, der sein Haar kämmt oder es abrasiert oder seine Nägel schneidet, die Abfälle in eine Höhlung oder einen Riß fallen läßt".[9]

---

[1] Brand, Popular Antiquities, III, S. 288, Artikel: Physical Charms. — [2] Plinius, XXVIII, Kap. 5. — [3] Brand, Popular Antiquities, III, S. 239, Artikel: Omens Among Sailors, unter Anführung von Petronius Arbiter. [Die Stelle steht im Kapitel 104 der Ausgabe von Bücheler, Berlin 1882.] — [4] Livingston, Zambesi, London 1865, S. 47. — [5] Etmuller, II, S. 269. — [6] Krauss, Volkglaube und religiöser Brauch der Südslaven, Münster i. W. 1890, S. 143. — [7] Grimm, Teutonic Mythology, London 1882, II, S. 712ff. — [8] Voyage of the Adventure and Beagle, London 1839, II, S. 163; unter Berufung auf den Jesuiten Faulkner. — [9] Fargard 17, Avendidad, Zendavesta, Oxford 1880, S. 186.

Beckherius berichtet, die Schnitzel der Fingernägel gäben ein ganz vorzügliches Brechmittel ab.[1] Flemming geht mehr auf die Einzelheiten ein; er sagt, daß man die gut gemahlenen Abfälle von den Hufen des Elentieres, des Hirsches, der Ziege, des Stieres usw., als Brechmittel anwendete, daß man aber, wenn sie nicht zu haben waren, menschliche Fingernägel an ihre Stelle treten ließ. Schnitzel von menschlichen Fingernägeln empfahl man auch für sympathetische Kuren.[2]

„Wer seine Nägel putzt und die Abfälle vergräbt, ist ein frommer Mann; wer sie verbrennt, ist ein rechtschaffener Mann; wer sie aber fortwirft, ist ein gottloser Mensch; denn wenn eine Frau darüber hinwegschreitet, so kann ein Unfall daraus entstehen".[3]

Auf dem Bruchstück eines chaldäischen Tontäfelchens findet sich die folgende merkwürdige Stelle:

„Ein Sohn an seine Mutter,
Wenn er zu ihr gesagt hat, Du bist nicht meine Mutter,
Seine Haare und seine Nägel sollen abgeschnitten werden,
In der Stadt soll er verbannt sein von Land und Wasser".[4]

In der Provinz Moray in Schottland „schneidet man bei hektischem Fieber und auszehrenden Krankheiten dem Kranken die Nägel an den Fingern und den Zehen, legt die Schnitzel in ein Säckchen, das aus einem Lappen von den Kleidern des Kranken gemacht ist, . . . dann schwingt man die Hand mit dem Säckchen dreimal über seinem Kopf und ruft dabei „Deas Soil", worauf man das Säckchen an irgend einem unbekannten Platze vergräbt". In seiner Naturgeschichte erwähnt Plinius diesen Brauch auch bei den Zauberern oder Druiden seiner Zeit.[5]

Fast im ganzen Elsaß herrscht die Ansicht, man könne eine Person rasch und unauffällig vergiften, wenn man ihr „Nägelschawet", also geschabte Fingernägel in den Wein gibt.[6]

Speichel und Totenschaum im Zauberglauben.

Das neueste Werk über diesen Gegenstand ist die umfangreiche Monographie der Frau Fanny D. Bergen in Cambridge, Massachusetts, die sich gegenwärtig (1891) im Druck befindet und zu der ich beigetragen habe.[7]

John Graham Dalyell, Superstions of Scotland, Edinburgh 1834, bringt einen Abschnitt über die geheimen Einflüsse, die man dem menschlichen Speichel zuschreibt. Wenn die Khonds von Orissa in Ostindien einen Menschen opfern wollten, so pflegten sie sich von ihm vorher die Gunstbezeugung auszubitten, er möge ihnen ins Gesicht spucken; sie streichen dann den Speichel sorgfältig auseinander.[8]

In dem Ritual der Stämme an den Nilgherri-Bergen (in Ostindien) findet sich folgende Stelle:

„Mada hat in die Quellen gespuckt".[9]

In seiner Abhandlung De Fascinatione, Nürnberg 1675, spricht Frommann von dem Bestreichen der Augen mit Speichel, um Blindheit zu verhindern; dies vergleicht er mit der Anwendung, die Jesus von Nazareth machte.[10]

---

[1] Beckherius, Medic. Microcosm. — [2] Flemming, De Remediis, S. 21. — [3] Paul Isaac Hershon, Talmudic Miscellany, Boston 1880, S. 49; in einer Anmerkung dazu sagt er: „Die rechtgläubigen Juden in Polen achten noch bis auf den heutigen Tag sorgfältig darauf, daß sie ihre Nägelabschnitzel vergraben oder verbrennen". — [4] François Lenormant, Chaldaean Magic, London 1873, S. 382. — [5] Brand, A. a. O., III, S. 286. — [6] Anthropophyteia, VI, S. 424. — [7] Weitere Angaben findet man bei Brand, Popular Antiquities, bei Reginald Scot, Discoverie of Witchcraft, bei Black, Folkmedicine, bei Samuel Augustus Flemming, De Remediis ex Corpore Humano desumtis, bei Lenormant, La Magie chez les Chaldéens, und in den Werken von Plinius, Galen, Levinus Lemnius, Beckherius, Etmuller und anderen, ferner in „Saxon Leechdoms". — [8] Réclus, Les Primitifs, S. 368. — [9] S. 244. — [10] S. 196.

„Die Khirgisenstämme wenden sich an ihre Zauberer oder Baksy, damit sie böse Geister vertreiben und auf diese Weise die Krankheiten heilen, die der Einfluß böser Geister hervorruft. Zu diesem Zwecke peitschen sie den Kranken, bis er blutet, und spucken ihm dann ins Gesicht".[1]

Auch nach den Angaben des Talmud ist menschlicher Speichel vorzüglich heilkräftig. Augenschmerzen heilte man mit Spucken in die Augen. Als ein Mann von seiner Frau forderte, sie solle Rabbi Meir ins Gesicht spucken, simulierte der berühmte Lehrer Augenschmerzen, damit die Frau dem Wunsche ihres Mannes entsprechen könne und der Hausfriede hergestellt wäre (Debarim r. c. 5. Nr. 15). Am kräftigsten war der Speichel eines Menschen, der noch nichts gegessen hatte (jerus. Sabbath 14 d). In der Nacht befallen den Menschen die bösen Geister. Mit der Hand soll man deshalb in der Früh, bevor man sich gewaschen hat, das Auge nicht berühren (Sabbath 108 b), denn man könnte blind werden. Der Speichel, der Dämonen vertreibende und Zauber brechende Kraft besitzt, wird geschwächt, wenn er infolge des Imbisses mit Speise in Berührung gekommen ist (Kethubot 61 b).[2]

Schaut ein Fremder bei den Magyaren ein hübsches Kind an, so muß er dabei sagen: „Wie häßlich!" „O wie häßlich!" oder „Daß ich dich nicht behexe!" usw. und es dreimal entweder beim Kommen oder beim Fortgehen anspucken.[3] Bewundert einer ihr Kind wegen seiner Schönheit, so spuckt die fürsorgliche serbische Bäuerin ihrem Kinde ins Gesicht, um die Beschreiung (urok) zu bannen (Krauss). In Siebenbürgen spuckt die rumänische Hebamme in jedes Bad des Kindes. Auch die Mutter spuckt bis zur Einsegnung des Kindes immer dorthin, wo sie das Kind hinlegt. Ein gleiches tut sie während des Stillens oder wenn sie über die Schwelle tritt. Ist das Kind bereits behext, so schmiert man an vielen Orten mit seinem Speichel die Türklinke ein und meint, die Behexung gehe auf den über, der die Klinke abtrocknet. Auch schmiert die Mutter dem Kinde die Gliedmaßen und spricht: „Krankheit heraus aus den Beinen, Krankheit heraus aus den Armen, Krankheit heraus aus dem Kopfe! usw., Laufe von dannen!" wobei sie nach Schmierung eines jeden Leibteiles ausspucken muß.[4]

In Ugocsa in Ungarn streicht die Mutter Speichel auf ihre wunden Brustwarzen oder wäscht sie mit Milch ab und tut in Branntwein aufgeweichte Tabakblätter darauf.[5]

Von eigener Kraft ist die Speichelwirkung eines Toten, wenn der Speichel zum Totenfetisch wird. Chrowotinnen, deren Männer dem Suff ergeben sind, stehlen heimlich einem Toten den Schaum vom Munde weg, mischen ihn ins Lieblinggetränk des Mannes und geben ihm die Mischung zu trinken. Sie glauben, er werde von da ab vom selben Getränke nicht mehr auf einmal trinken können, als die dargereichte Mengung betrug. Kata Vidović, eine Katholikin in Požega, gab ihrem Manne einen so bereiteten Trunk ein. Eine Woche später hatte er sich das Trinken für immer abgewöhnt. Er starb nämlich unter fürchterlichen Qualen. Das trug sich um das Jahr 1860 zu. — Die südungarischen Serbinnen pflegen einem Toten einen Fetzen in den Mund zu stecken und darin übernachten zu lassen. In der Frühe ziehen sie den Fetzen heraus und schwaben ihn in dem

---

[1] Lenormant, Chaldaean Magic, London 1873, S. 212. — Weiter findet man sehr lehrreiche Gebräuche, die zum menschlichen Speichel in Beziehung stehen, in Lady Wilde's Ancient Legends and Superstitions of Ireland, Boston 1888. Man vergl. auch Frazer's The Golden Bough, London 1890, I, S. 385 f. — Die allerreichste Fundgrube bleibt jedoch für lange hinaus Julius Tuchmanns Fascination, Mélusine II—XI., von welcher Arbeit Dr. S. Seligmann, Der böse Blick und Verwandtes, 2 Bände gr. 8⁰, Berlin 1910 einen Auszug mit einigen Zusätzen lieferte. Vergl. auch die Literaturnachweise oben. — [2] Blau, Das altjüdische Zauberwesen, Straßburg 1898, S. 162 f. — [3] u. [4] Dr. Rudolf Temesváry, Volkbräuche und Aberglauben in der Geburthilfe und der Pflege der Neugeborenen in Ungarn. Leipzig 1900, S. 75. — [5] Temesváry, S. 125.

Weine aus, den die Männer zur Stärkung bekommen. Wer da von einem solchen Trunk
genossen, der bleibt stumm und still gleich jenem Toten, in dessen Mund der Fetzen
übernachtet, und die Frauen dürfen tun und treiben, wie es und was ihnen beliebt. —
Äußerlich gebraucht, so glaubt man, sei der Totenschaum ein unfehlbares Heilmittel.
Kommt ein bosnischer Moslim, der noch nie vorher einen Toten gesehen, zu einem
Leichnam, dem Schaum vor dem Munde steht, so hebt er ihn sorgfältig ab und bewahrt
ihn auf. Trifft es sich, daß jemand einen epileptischen Anfall (zgoropad, padavica) erleidet,
so braucht nur einer, der nie vorher einen solchen Kranken gesehen, dem Befallenen
das Gesicht mit jenem Totenschaum zu bestreichen und der Kranke wird ganz und gar
genesen.[1])

„Will sich ein siebenbürgisch Zigeunermädchen einen Jüngling „erzaubern", so
nimmt sie einige ihrer Haare, etwas Erde von der Fußspur des Geliebten und mischt
dies mit ihrem Speichel. Das ganze verbrennt sie zu Pulver und gibt es ihm ein".

„Gedeiht ein Säugling nicht, so tröpfelt ihm die Mutter einige Tropfen ihres Blutes
in den Mund, seinen Speichel aber legt sie in ein Baumloch".[2])

„Kranke Kinder versucht man in Litauen dadurch zu heilen, daß der Besprechende
an drei Morgen nüchtern einen Mund voll Wasser nimmt und dieses im Namen des Vaters,
des Sohnes und heiligen Geistes in ein Glas speit. Dies Wasser gibt man dem kranken
Kinde zu trinken".[3])

Nach jakutischem Glauben geht mit dem Speichel das Leiden des Kranken auf
das angespuckte Opfertier über. Dreimal spucken es der Schamane und der Kranke an.[4])

„Dem Landmann ist es vorzugweise darum zu tun, sein Vieh vor allem bösen
Zauber zu behüten. Wird es gelobt, so heißt es ähnlich wie beim Lob der Kinder: „Du
kannst ihn in Arsch lecken!"[5])

„Der praktische Nutzen des Beleckens, sagt Hofschlaeger,[6]) besteht darin, daß
der Speichel an sich eine schmerzstillende Wirkung und auch eine nicht gering zu ver-
anschlagende Heilkraft entfaltet. Bei Insektenstichen führt offenbar die Anwendung des
alkalischen Speichels durch Neutralisation der Säure zu einer Aufhebung der brennenden
Schmerzempfindung. Andererseits trägt beim Belecken die mechanische Reinigung, die
Entfernung von Staub, Eiter, Blut, Maden zu schneller Wundheilung bei. . . . Die Sitten
tiefstehender Völkerschaften, die den Begriff der Reinlichkeit nicht kennen, bezeugen, daß
auch der Mensch einst in tierischer Weise durch Belecken die Körperpflege ausgeübt
hat. Bei den Kindern der Buräten sind Augenkrankheiten häufig, die von der Ansiedlung von Morpionen in den Augenwimpern herrühren. Die verklebten Augenlider pflegt
die Mutter mit der Zunge abzulecken. Ein neugeborenes Kind wird bei den Inuit von
der Mutter trocken geleckt, auch im späteren Alter, so lange sie gesäugt werden, bis zum
siebenten Jahr, werden die Kinder von der Mutter nur durch · Ablecken, nie durch Abwaschen vom Schmutz gereinigt, auch das Putzen der Nase wird von der Mutter lediglich mit dem Munde besorgt.[7]) Daß die mechanische Reinigung der Haut durch Belecken in der Vorzeit allgemeiner Menschheitbrauch war, bestätigen Überlebsel dieses
Brauches im Leben der Kulturvolker. Merkwürdigerweise stimmt ein großer Teil dieser
Gebräuche darin überein, daß sie bei Augenleiden zur Anwendung kommen, die also,
wie man auch aus anderen Gründen anzunehmen ein Recht hat, in der Vorzeit besonders

[1]) Krauss, Volkglaube und religiöser Brauch der Südslaven, Münster i. Westf. 1890,
S. 143f. — [2]) H. v. Wlislocki, Vom wandernden Zigeunervolk. Bilder aus dem Leben Sieben-
bürger Zigeuner, Hamburg 1890, S. 233 u. 235. — [3]) H. Frischbier, Hexenspruch und
Zauberbann, Berlin 1870, S. 23. — [4]) V. L. Priklonskij, Das Schamanentum der Jakuten.
Deutsch von Friedr. S. Krauss, Wien 1888, S. 33. — [5]) H. Frischbier, Hexenspruch und
Zauberbann in Preußen. Berlin 1870, S. 10. — [6]) Über den Ursprung der Heilmethoden 1908,
S. 148 u. 156f. — [7]) Nach E. Bessel, bei H. Ploß, Das Kind, 1884, II, S. 325 u. 339.

häufig waren. Die Sehkraft der Augen wird nach der chinesischen Volkmedizin durch Waschen mit Speichel gestärkt.[1])

Die Heilsamkeit des Speichels bei Augenentzündungen rühmen Plinius und der Talmud.[2]) Auch der deutsche Volkglaube, nach welchem der Mutter Speichel die verklebten und entzündeten Augen des Kindes heilt, läßt sich mit dem Brauch der Buräten- und Eskimofrauen vergleichen. Dem Morgenspeichel, d. h. dem Speichel nüchterner Personen, kommt nach der Meinung des deutschen Volkes eine große Heilkraft zu. Er ist angeblich gut bei kleinen Wunden, Insektenstichen, Warzen, Hautausschlägen, Gerstenkorn, Kropf und Haarausfall.[3]) Andere deutsche Volkbräuche lassen erkennen, daß die Heilmethode des Beleckens nicht auf Haut- und Haarleiden beschränkt war; ist doch in manchen Gegenden nach der Volkmeinung das Belecken noch heute ein Mittel zur Stellung der Diagnose. In Ostpreußen fährt eine Mutter mit der Zunge über die Stirn ihres ungetauften Kindes, um zu erfahren, ob es berufen sei. Bei salzigem Geschmack ist die Verrufung außer Zweifel.[4]) In derselben Weise stellt auch die oberpfälzische Mutter fest, ob das Neugeborene beschrieen ist. Sie leckt jeden Morgen die Stirn des Kindes bis zum sechsten Tag. Ist das Kind beschrieen, so leckt die Mutter es dreimal an der Stirne mit der Zunge ab und spuckt dreimal über dessen Kopf und Rücken, dann weicht der Zauber".[5]) (Hofschlaeger).

Cerumen oder Ohrenschmalz.

Plinius erwähnt die Verwendung des Ohrenschmalzes in der Heilkunde,[6]) ebenso Galen. Flemming empfahl den innerlichen Gebrauch bei Kolik und Krämpfen und äußerlich zum Auflegen auf Wunden.[7]) — Paullini war der Ansicht, daß aus Ohrenschmalz eine gute Salbe für kranke Augen hergestellt werden könnte.[8])

„Die Absonderung der Ohren, eine Art gelber Salbe, ist bei Sehnenschmerzen von großem Nutzen".[9])

Galen war der Ansicht, daß man Ohrenschmalz bei der Behandlung eingewachsener Nägel mit vorzüglichem Erfolg verwenden könne; andere Schmutzstoffe würden auch gebraucht, aber er wollte nichts von ihnen schreiben, weil sie so schwierig zu bekommen wären. Als solche Stoffe bezeichnet er: den im Bade fließenden Schweiß, oder den nach schweren Anstrengungen vom Leibe abgekratzten Schweiß, und schließlich den fettigen Stoff der Wolle, der auch wertvoll für die Heilkunde sei und dieselben Eigenschaften wie Butter zu haben scheine.[10])

Die Südslavin gebraucht Ohrenschmalz ähnlich wie Monatblut zu Liebeträken (Krauss).

Frauen- und Kuhmilch.

Frauenmilch milderte Augenröte und Entzündungen der Tränendrüsen; man sollte sie gleichzeitig mit Vitriol gebrauchen. Gegen „gutta serena" (den schwarzen Star) gebrauchte man sie als Salbe, in Fällen von Muskelschwund glaubten viele, sie mit Nutzen empfehlen zu können, namentlich war sie von einer Frauenbrust abgezogen; dieselbe Behandlung wandte man als Sondermittel gegen hartnäckiges Schlucken an.

---

[1]) Globus LXXXI, S. 97. — [2]) J. Berendes, Die Pharmacie bei den alten Kulturvölkern, Halle 1891, S. 91, 92. — [3]) G. Lammert, Volkmedizin und medizin. Aberglaube in Bayern, Würzburg 1869, S. 188. — Ignaz v. Zingerle, Sitten, Bräuche und Meinungen des Tiroler Volkes, Innsbruck 1871, S. 31. — Aug. Lieber, Die Volkmedizin in Deutsch-Tirol, Zeitschr. d. d.-öster. Alpenv. 1886, S. 225. — [4]) H. Frischbier, Hexenspruch usw. S. 8. — [5]) Fr. Schönwerth, Aus der Oberpfalz, Augsburg 1857, I, S. 186. — [6]) Plinius, XXVIII, Kap. 7. — [7]) De Remediis, S. 22. — [8]) S. 42f. — [9]) Von Helmont, Oritrika, Englische Übersetzung, London 1662, S. 247. — [10]) Galen, Opera Omnia, Kuhn's Ausgabe, Leipzig 1829, S. 309. [Das Wollfett findet heute als Lanolin eine ausgebreitete Verwendung. I.]

Aus Frauenmilch hergestellte Butter gebrauchte man bei Kinderkrankheiten, namentlich bei Kolik und bei Augenleiden.[1]) Ihre Wirkung als Heilmittel behandelt auch Plinius; die Milch sollte, wenn es möglich war, von einer Frau herstammen, die gerade männliche Zwillinge geboren hatte. „Wenn man eine Person zur selben Zeit mit der Milch sowohl der Mutter als auch der Tochter einreibt, so bleibt sie ihr ganzes übriges Leben lang von allen Augenkrankheiten verschont. Vermischt mit dem Harn eines jungen Mannes, der aber noch nicht mannbar geworden ist, vertreibt Frauenmilch Ohrensausen".[2])

„Für Wunden der Gebärmutter paßt Frauenmilch".[3])

Nach den Angaben Frank G. Carpenters nahm die Kaiserin von China die Milch von sechzig Ammen zu sich, um sich am Leben zu halten.

Frauenmilch gebrauchen afrikanische Kabylen heute noch beim Verbinden der Wunden, wenn sie ihre rohen Trepanierungen vornehmen.[4])

In dem aus dem IX.—XII. Jahrh. stammenden „Roman einer tibetischen Königin"[5]) ist zweimal die Rede von Milch als Arznei: „Darauf stellte er [der Meister] viele Dinge in einem magischen Kreis auf [zur Heilung der Königin], verschiedene Arzneien in einem goldenen und silbernen Gefäße und verschiedene Getreidearten mit der Milch einer roten Kuh vermischt". . . „Nachdem man in allen Plätzen, wo die Nāga der drei Welten hausen, milchhaltige Arzneien gesprengt hatte. . . ."

Menschlicher Schweiß.

Bei einigen Krankheiten hielt man den menschlichen Schweiß für ein schätzenswertes Mittel, um den weiteren Verlauf vorauszubestimmen, während man bei anderen Krankheiten sein Auftreten als gefährliches Anzeichen betrachtete. Wenn man den Schweiß eines mit Fieber behafteten unter Teig mischte und Brot daraus backen ließ, das man einem Hunde zu fressen gab, so sollte der Hund das Fieber bekommen und der Mensch gesunden. Schweiß galt auch als wirksam zur Vertreibung skrofulöser Balggeschwülste und zur Unschädlichmachung von Liebetränken. „Man erzählte sich, daß ein Mann, der unter dem Einfluße eines Liebetrankes stand und gegen seinen Willen gezwungen war, ein bestimmtes Mädchen zu lieben, ein Paar neue Schuhe anziehen und so lange damit herumlaufen mußte, bis sie ausgetreten waren. Dann sollte er aus dem rechten Schuh Wein trinken, der sich darin mit dem bereits vorhandenen Schweiß vermischt hatte; auf diese Weise würde er rasch von seiner Liebe geheilt werden und Haß an deren Stelle treten".[6])

Hier haben wir ein genaues Gegenstück zu dem Falle, wo man unter gleichen Umständen Harn anwandte und es war daher angebracht, die Worte Flemmings über diesen Gegenstand wiederzugeben.

Man vergleiche ferner Etmuller, der Schweiß bei Skrofeln verordnete, II, 265; Plinius, XXVIII, Galen und Avicenna, der Angaben über den Schweiß der Gladiatoren beibringt, Band 1, Seite 398, a 17 und viele andere Stellen.

---

[1]) Flemming, De Remediis, S. 18. — [2]) Plinius, XXVIII, Kap. 21. — [3]) Avicenna, I, S. 337, a 36. — [4]) Dr. Robert Fletcher, Prehistoric Trephining, Contributions to North American Ethnology T. V., Washington 1882. Zum Gegenstande vergl. man noch E. Cosquin, Le lait de la mère et le coffre flottant. Légendes, contes et mythes comparés. A propos d'une légende historique musulmane de Java, Revue des Questions historiques, Paris 1908. Darin der Abschnitt von der Muttermilch bedeutsam. — Von der Zauberkraft der Milch nach dem Glauben der Völker und insbesondere der Milchverwandtschaft im alten Ägypten handelt A. Wiedemann, Am Urquell 1892, III, S. 259—267. — [5]) Tibetischer Text und Übersetzung von Berthold Laufer, Leipzig 1911, S. 175 u. 178. — [6]) Flemming, De Remediis, S. 19.

Vom Monatblut im Zauberglauben.

Angaben über die Ansichten, die bei den Alten hinsichtlich der geheimen Kräfte des Monatblutes herrschten, finden wir bei Plinius, XXVIII, Kap. 23 und VIII, Kap. 13. „Nähert sich eine Frau, die sich in dem gewissen Zustande befindet, dem Most, so wird er sauer;[1]) Samenkörner, die sie anrührt, bleiben unfruchtbar; Pfropfreiser verdorren; Gartenpflanzen trocknen ein und von dem Baume, unter dem sie sitzt, fallen die Früchte ab; . . . ein Bienenschwarm, den sie ansieht, stirbt sofort ab; Erz und Eisen rosten sofort; . . . Hunde, die von dem Monatblute kosten, werden verrückt; . . . Und hier will ich noch angeben, daß das Erdpech, das man zu gewissen Zeiten des Jahres auf dem Meer von Judäa schwimmend findet, das als Asphaltites bekannt ist, — ein Stoff, der ganz besonders zäh ist und an allen Dingen kleben bleibt, die mit ihm in Berührung kommen — dieses Erdpech in einzelne Stücke zu zerteilen gelingt nur mit einem Faden, der in diesen giftigen Stoff (das Monatblut) eingetaucht worden ist". Eine Anmerkung der Bohn'schen Ausgabe gibt an, daß sowohl Josephus als auch Tacitus von der angeblichen Wirkung des Monatblutes auf das Erdpech des Meeres Asphaltites berichten.[2]) „Hagelstürme, sagt man, Wirbelwinde und sogar Blitze verscheucht eine Frau, die nur ihren Leib entblößt, selbst wenn sie zu dieser Zeit ihre monatliche Reinigung hat". In Kappadozien wandelten Frauen, die ihre Regel hatten, über die Felder, um sie vor Würmern und Raupen zu bewahren. „Man sagt, daß auch junge Weinstöcke durch die Berührung einer Frau in diesem Zustande nicht wieder gut zu machenden Schaden erleiden und daß auch Rauten- und Efeupflanzen, die doch in hohem Maße heilkräftige Eigenschaften besitzen, sofort zugrunde gehen, faßt sie sie an. . . . Die Schneide eines Rasiermessers wird stumpf, kommt es mit einer Frau, die ihre Regel hat, in Berührung".

„Alle Pflanzen werden bleich, wenn sich ihnen eine Frau nähert, die gerade die monatliche Blutung hat".[3]) Diese Ansicht hat sich in Frankreich bis auf unsere Zeit erhalten.

„Betritt eine Frauenperson zu gewisser Zeit eine Brauerei, so schlägt das Gebräude um; das von ihr Eingemachte verdirbt, ebenso Essig, Bier und Wein, wenn sie sie abzapft".[4])

In Ungarn: „Will man ein Mädchen oder eine Frau unfruchtbar machen, so reibe man das Gemächte eines toten Mannes mit dem Menstruationblute des betreffenden Weibes ein. Eine Redenart im Kalotaszeger Bezirk, auf kinderlose Weiber angewandt, lautet: „Sie hat auf einen Toten geharnt!" (holtra peselt).[5])

„Sühnopfer brachte man mit Monatblut dar, . . . nicht nur Hebammen, sondern auch Huren taten so".[6])

Frommann führt Aristoteles und Plinius als Gewährmänner für die bösartigen Wirkungen des Monatblutes und den unheimlichen Einfluß menstruierter Frauen an. Aristoteles behauptet, ihr Blick nehme den Spiegeln den Glanz hinweg und der

---

[1]) [Dieser Glaube ist heute noch verbreitet; man glaubt auch, daß Milch sauer wird, eingekochte Marmelade, eingemachte Früchte verderben, wenn sie von Frauen behandelt werden, die ihre monatliche Reinigung haben. Und das Merkwürdige ist jedenfalls, daß an der Sache etwas Wahres sein muß, denn gelegentlich einer längeren Diskussion über diesen Gegenstand bestätigte man mir von verschiedenen Seiten, daß die Betreffenden in ihrem Haushalt diese Erfahrung gemacht hatten. I.] — [2]) Tacitus, Historien 5, 6 und Josephus, jüdischer Krieg, 4, 8, 4. [Bourke's Angabe 4, 9 ist falsch. Josephus erzählt auch von dem Bindfaden nichts, sondern sagt, daß die Arbeiter auf dem Asphaltsee die Asphaltklumpen, die sie in ihren Booten eingesammelt haben und die infolge ihrer Zähigkeit an dem Fahrzeug festkleben, durch monatliches Blut der Weiber oder durch Harn abtrennen, denn diese Flüssigkeiten allein vermögen den Asphalt zu lösen. I.] — [3]) Plinius, Buch XIX, Kap. 57. — [4]) A. Witzschel, S. 278. — [5]) H. v. Wlislocki, Tod und Totenfetische im Volksglauben bei den Magyaren. Mitteil. Anthr. Ges., Wien 1892, XXII, S. 3. — [6]) Plinius, XXVIII, S. 20.

nächste Mensch, der in diesen Spiegel blicke, werde behext. Frommann führt das Beispiel eines Mannes an, der da erzählte, er habe in Goa in Ostindien einen Baum gesehen, der verdorrt gewesen sei, weil jemand einen Lappen mit Monatblut daran gehängt habe.[1]

„Von Monatblut herrührende Flecken an einem Kleide kann man nur mit dem Harn derselben Frau entfernen".[2]

„Ein schwarzer Eingeborener Australiens, der dahinter kam, daß seine Frau während der Zeit ihrer monatlichen Reinigung auf seiner Decke gelegen, tötete sie und starb selber aus Angst innerhalb eines Zeitraums von vierzehn Tagen. Daher ist auch den australischen Frauen während dieser Zeit unter Todstrafe verboten, irgend etwas anzurühren, das die Männer gebrauchen".[3]

Im folgenden Beispiel ist nicht vollkommen sicher, ob sich die ausgewählten jungen Frauen gerade in der monatlichen Reinigungzeit befanden, aber es sind doch Gründe vorhanden, die eine solche Annahme als gerechtfertigt erscheinen lassen, namentlich zieht man die allgemeine Verbreitung der Ansichten vom Monatfluß in Betracht. „In einem Teile von Siebenbürgen ziehen sich einige junge Mädchen, wenn der Boden von anhaltender Trockenheit ausgedörrt ist, nackt aus und stehlen unter Anführung einer älteren Frau, die gleichfalls nackt ist, eine Egge, die sie über die Felder zu einem Bache tragen, wo sie sie schwimmen lassen. Nachher setzen sie sich auf die Egge, halten an deren vier Ecken eine Stunde lang ein kleines Feuer in Brand; dann lassen sie die Egge liegen und gehen nach Hause. Einen ähnlichen Regenzauber führt man in Indien aus; dort ziehen nackte Frauen nachts einen Pflug über die Felder".[4]

Mit der Nacktheit verbindet man fast jede Art von Zauber. Krauss versuchte es wahrscheinlich zu machen, daß man am Zustand der Nacktheit als einem Überlebsel aus der Zeit dürftigster Bekleidung auch bei Zaubergebräuchen festhalte.

„Am ersten Jahrmarkttage nach Bartholomäi treibt man die Raupen von den Krautäckern auf den Markt. Eine Weibperson läuft vor Sonnenaufgang nackt dreimal um den fraglichen Acker. Die Raupen ziehen dann von der Ecke, an der das Laufen begonnen hat, vom Acker aus und auf den Markt".[5]

Gegen alle Bisse der Tausendfüße gebrauchen die Bewohner von Angola, sowohl die Portugiesen als auch die eingeborenen Neger, Frauen-Monatblut.[6]

Wegen der Inuits vergleiche man das Werk von Réclus, Les Primitifs, Paris 1885.

Die Furcht der amerikanischen Indianer in dieser Hinsicht ist zu gut bekannt, als daß es nötig wäre, hier noch besonders auf sie hinzuweisen; sie ist auch in jeder Beziehung ganz ähnlich den Schilderungen, die wir bei Plinius finden. Die indianischen Squaws zwingt man zur Zeit ihrer monatlichen Reinigung, sich von den andern abzusondern; bei den meisten Stämmen müssen sie abseits stehende Hütten bewohnen und überall ist es ihnen verboten, für niemand anders als für sich selbst Essen herzurichten.

Es herrscht der Glaube, daß eine Flinte oder ein Bogen oder eine Lanze, über die eine ihre Regel habende Frau hinwegschreitet, dadurch unbrauchbar werden.[7]

---

[1] Tractatus de Fascinatione, Nürnberg 1675, S. 17f. — [2] Plinius, XXVIII, Kap. 24. — [3] Frazer, The Golden Bough, I, S. 170. Frazer bringt auch noch andere Beispiele von den Eskimos und den nordamerikanischen Indianern bei „Tinneh" usw. S. 170. — [4] Frazer, The Golden Bough, I, S. 17. — Vergl. dazu die Umfrage vom Nacktheitzauber in den Anthropophyteia VI, S. 206—211; VII, S. 287—289; VIII, S. 287—288. — [5] A. Witzschel, Sagen, Sitten und Gebräuche aus Thüringen, herausg. von G. L. Schmidt, Wien 1878, S. 217. — [6] Nach Angabe des Missionars Chatelain in Angola. — [7] Von Bourke ganz unabhängig behandeln sehr eingehend die Menstruation im Volkglauben Ploß-Bartels, Das Weib in der Natur- und Völkerkunde, 9. Aufl. von Dr. P. Bartels, Leipzig 1908, S. 482—518. Wir verweisen auch auf die ständige Umfrage vom Frauenblut in den Anthropophyteia, für die wir wegen der Menge der uns noch zur Verfügung stehenden, meist ungedruckten Erhebungen zurücklegen müssen, weil uns hier der Raum mangelt.

Die Medizinmänner haben die Gewohnheit, sobald sie sich daran geben, eine „Medizin" herzustellen, jedesmal eine Vorbehaltformel auszusprechen; dadurch will man bewirken, daß die „Medizin" als vorschriftmäßig hergestellt gelte, vorausgesetzt, daß man keiner Frau, die sich in ihrem Sonderzustande befindet, das Zelt oder die Hütte des in seinem Amt tätigen Quacksalbers zu betreten erlaubt.

Bei den Navajoes in Arizona besteht bei den Frauen die Sitte, einen Schafhautstreifen zu tragen, den man „chogan" heißt; ist die Zeit, während welcher die Frau ihn tragen muß, vorüber, so geht die Frau zum Dorfe hinaus und verbirgt den Streifen in der Astgabel einer Zeder oder eines Wachholderbaumes; die kommen in den dortigen Bergen sehr häufig vor. Ich fand einmal einen solchen Streifen; aber die Leute, die bei mir waren, standen vollständig unter dem Eindruck, daß nichts gutes aus der Nähe dieses Dinges entstehen würde. Ein anderes Mal erfuhr ich, daß einen kleinen Knaben ein solcher chogan, den ein Sturm von seinem Platze herabgeweht hatte, getroffen. Der Knabe wurde fast wahnsinnig vor Angst und brachte drei oder vier Tage damit zu, Lieder zu singen und sich in einem Schwitzbadhause zu waschen.

Die Ostjaken in Sibirien scheinen davon dieselben Anschauungen zu haben, wie die Apachen und die Navajoes.[1]

Danielius Beckherius belehrt seine Leser, daß man Monatblut in der Heilkunde verwandte[2] und Liebeträne daraus herstellte.[3] Zenith juvencarum sc. sanguines menstruum verschrieb man bei der fallenden Sucht, d. h. das erste Monatblut eines jungen Mädchens,[4] ebenso verordnete man Charpie aus solchen Lappen. Den ersten Lappen, den eine gesunde Jungfrau gebraucht hatte, bewahrte man sorgfältig auf, damit man ihn bei Pestfällen, bösartigen Karbunkeln usw. gebrauchen konnte, man benetzte ihn dann mit Wasser und legte ihn auf den betroffenen Teil auf; man benutzte auch solche Lappen bei Rose. Getrocknetes Monatblut gab man innerlich bei Steinleiden, fallender Sucht usw. und äußerlich gegen Podagra; man verwendete es ferner bei der Behandlung der Pest, der Karbunkel, von Geschwüren usw., indem man es mit einem Lappen auflegte, der mit Rosenwasser oder Öl getränkt war, in denen man Monatblut aufgelöst hatte; es galt auch als ein gutes Schönheitmittel, um Knötchen in der Haut zu vertreiben.[5]

Um übermäßig starken Fluß des Monatflusses einzudämmen, sättigte man ein Tuch mit Menstruationblut und bewahrte es eine gewisse Zeit lang in einer Öffnung auf, die man in die Rinde eines Kirschbaumes gemacht. Wuchs die Öffnung zu, so stellte man sie von neuem her.[6]

Paullini verordnet das getrocknete Monatblut der Frauen zur Behandlung der Nierenleiden,[7] ferner bei Hautschwamm (= fressende Flechte), Nagelgeschwüren und Menstruationstörungen. Frommann berichtet über dieselbe Kur zur Heilung unmäßig starker Monatblutung durch Einstecken des Lappens in einen Kirschenbaum.[8]

„Bei Hautkrankheiten empfiehlt man . . . Monatblut".[9]

Nach Flemmings Angaben hielt man Menstruationblut für so kräftig, daß die bloße Berührung einer Frau in ihrer Regel Weinstöcke und alle Arten von fruchttragenden Bäumen unfruchtbar machte. (Hierin scheint er Plinius zu folgen).[10] Man glaubte auch, das Monatblut sei in der Heilkunde wirksam, um Störungen im Monatflusse bei anderen Frauen zu heilen; sogar das beschmutzte Hemd einer Frau, die ihre Regel ordnungmäßig gehabt, zeigte seine Heilkraft dadurch, daß es anderen Frauen, deren Monatblutung sich aus irgend einem Grunde verzögerte, Hilfe brachte. Ein wenig Monatblut, getrocknet und innerlich genommen, milderte die Schmerzen bei der sogenannten Dysmenorrhoe

---

[1] Pallas, Voyages, I, S. 95. — [2] S. 23ff. — [3] S. 341. — [4] S. 42. — [5] Medic. Microcosm., S. 43. — [6] Etmuller, Op. Omnia; Schrod. Dil. Zool., II, S. 265. — [7] S. 142f. — [8] De Fascinatione, S. 1006. — [9] Avicenna, I, S. 388. — [10] Oder den damals wohl noch allgemeinen Volkglauben zu teilen.

(krankhafte oder schwere Monatreinigung). Flemming berichtet, man sehe dieses Heilmittel zu seiner Zeit zwar etwas als veraltet an, seine Anwendung sei aber bei den armen und unwissenden Leuten noch immer bei Rose, Gesichtpusteln und als Zusatz zu einer Podagra- oder Gesichtsalbe gebräuchlich.[1]

Die Lappländer „erzählen, sie könnten ein Schiff mitten in seinem Laufe aufhalten und das einzige Mittel gegen diesen Zauber bestehe in der Besprengung mit Monatblut, weil dessen Geruch den bösen Geistern unausstehlich sei".[2]

Zu beachten ist ein anderer Glaube der Lappen. „Es gibt Leute, welche ihre Schiffe in- und auswendig mit Jungfer-Koth beschmieren, und sich also wider die böse Geister verwahren wollen. Wie Damian Goes aus Portugall in Lapiorum regione berichtet".[3]

„Um eine junge Frau von der Auszehrung zu heilen, gab man ihr Monatblut zu trinken".[4]

„Jesaijas vergleicht unsere Gerechtigkeit mit einem Menstruationlappen".[5]

„Die Haare von Frauen, die ihre Regel haben, verwandeln sich in ganz kurzer Zeit zu Schlangen".[6]

„Die Männer haben einen ganz besonderen Widerwillen dagegen, das Blut der Frauen zu gewissen Zeiten zu erblicken; sie sagen, sie könnten nicht gegen ihre Feinde kämpfen und man tötete sie, erblickten sie es".[7] Daher dürfen sich auch Frauen, obwohl das Aderlassen bei den Männern in Australien ein allgemein verbreitetes Kurmittel ist, nicht zur Ader lassen.[8] Diese Abneigung kann vielleicht zur Erklärung dafür dienen, daß man Frauen beim Mannbarwerden, bei der Geburt usw. einer Absonderung unterwirft, die in den verschiedenen Teilen der Erde mannigfache Formen angenommen hat".[9]

Man hatte alte Frauen im Verdacht, daß sie das erste Monatblut eines jungen Mädchens zu Liebetränken verwendeten.[10]

„Gegen Kolik nimmt man Schabsel von den Fingernägeln einer Jungfrau, die ihre Regel hat, mischt es mit Wasser und trinkt es".[11]

In alten Zeiten herrschten ganz sonderbare Ansichten von der Art und Weise, in der der Basilisk erzeugt werden könnte. „Bringt man in einen Glaskolben Menstruationblut und läßt dieses dann in dem Bauche eines Pferdes verfaulen, so entsteht daraus ein Basilisk".[12]

Obgleich den Israeliten und den amerikanischen Indianern viele Ansichten über die Monatblutungen gemeinsam waren, wie auch über die Absonderung der Frauen, die ihre Regel hatten, so scheint es doch nicht, daß man sich irgendwie bemüht hätte, die bei solchen Gelegenheiten gebrauchten Kleider aufzubewahren oder zu verbergen.[13] So sagt der Prophet Jesaijas (64,6) von den Götzen der Heiden, daß man sie fortwerfen müsse, wie die mit dem Menstruationblute beschmutzten Lappen.[14]

Hinweise auf die Verwendung des Monatblutes zu Zaubereien findet man bei Beckherius, der Josephus anführt.

---

[1] De Remediis, S. 16f. — [2] Regnard, Journey to Lapland, bei Pinkerton, I, S. 180. — [3] Bourdelot, S. 535. — [4] In der Grafschaft Duchess im Staate New-York etwa 1832, mitgeteilt von Joseph Y. Bergen jr. in Cambridge, Massachusetts. — [5] Harington, Ajax, S. 24. — [6] Scot, Discoverie, S. 221. — [7] Mrs. James Smith, The Roandik Tribes, S. 5. — [8] Angas, I, S. 3. — [9] Frazer, Totemism, S. 54, Anmerk. — [10] Flemming, De Remediis. — [11] Sagen, Märchen, Volkaberglauben aus Schwaben, Freiburg 1861, S. 487. — [12] Mélusine, Paris 1890, S. 19. — [13] Vergl. Israeliten und Indianer. Eine ethnographische Parallele von Garrick Mallery. Deutsch von Friedrich S. Krauss, Leipzig 1891, S. 45f: Befleckung und Reinigung. — Vergl. insbesondere Leopold Löw, Die Lebenalter in der jüdischen Literatur, Szegedin 1875, Embryologisches und Gynäkologisches S. 42—80. — [14] Mitteilung von Dr. Robert Fletcher.

„Hiawatha, weise und gedankenvoll,
Du sollst heute Nacht die Kornfelder segnen,
Ziehe einen Zauberkreis um sie herum,
Um sie gen Vernichtung zu schützen".

„Erhebe Dich stillschweigend von Deinem Bette,
Lege Deine Gewänder völlig bei Seite,
Wandle um die Felder, die Du bepflanztest,
„Mit Deinen Haarflechten allein bedeckt,
Bekleidet mit der Finsternis als Gewand".[1]

Frauen in ihrer Regel schloß man von den jüdischen Synagogen aus und ebenso vom Abendmahl der ältesten christlichen Kirche. „Menstruatae mulieres superstitiose exclusae ab ecclesia".[2]

Nachgeburt und Lochien.

Sowohl die Nachgeburt als auch die Lochien[3] verwandte man in der Heilkunde; die Lochien waren nützlich zum Zurückhalten von Gebärmutterblutungen; getrocknete und gepulverte Nachgeburt nahm Liebeträken ihre Wirksamkeit; man gebrauchte sie auch, um zurückgehaltene Monatblutungen wieder in Gang zu bringen, usw.[4] Die Nachgeburt fand auch bei der Behandlung der fallenden Sucht Verwendung.[5]

Fast in ganz Ungarn herrscht der Glaube, daß die Frau, wenn sie nach der Entbindung zwei- oder dreimal in die Nachgeburt hineinbeißt (eventuell wickelt man sie ihr vorher in einen Fetzen ein) im Wochenbett keine Nachwehen haben werde. Im Magyarischen heißt nämlich Kauen rágás und ein Volkausdruck für Nachwehen ist hasrágás (Bauchgrimmen).

Während der Wochenflußzeit oder wie die Magyaren sagen, der Wochenbettreinigung hält man die Frau für unrein und die Lochien selbst für schädlich, giftig. Schmiert man nun mit ihnen ein Tier ein, so stirbt es, und bestreicht man damit einen Baum, so geht er ein. Innerlich angewandt, beginnen davon sowohl Tiere als Menschen zu rasen. Darum wirft man alles, was mit den Lochien infiziert ist, in Flußwasser oder verbrennt es.[6]

Menschlicher Samen.

Etmuller wußte über die heilkräftige Wirkung des menschlichen Samens weiter nichts, als daß Paracelsus seine Anwendung in einigen Fällen empfahl.[7] Plinius erwähnt den Gebrauch des menschlichen Samens als Arznei.[8]

Die Wilden in Australien haben „ein letztes und höchst ekelhaftes Heilmittel, das sie bei den verzweifeltsten Fällen für ganz unfehlbar halten. . . . Eine Frau, die wegen ihrer Jugend und ihrer Leibstärke begehrt wird, führen sechs oder noch mehr Männer an eine Stelle, die vom Lagerplatz gar nicht so weit entfernt ist. Dort vollziehen alle zunächst nacheinander mit ihr den Beischlaf. Dann muß sich die Frau auf die Beine stellen, damit der von den Männern aufgenommene Samen um so leichter abfließen kann. Die Flüßigkeit fängt man in einem Gefäß auf und gibt sie dem Kranken zum Trinken ein". Die Eingeborenen hegen zu diesem wahrhaft scheußlichen Mittel unbeschränktes Vertrauen und zählen viele, viele Beispiele dafür auf, daß es geradezu wunderbare Kuren bewirkt hat. Wir selber haben jedoch in Erfahrung gebracht, daß man es in verschiedenen

---

[1] Longfellow, Hiawatha, Gesang 13: Die Aussegnung der Kornfelder. — [2] Baronius, Annales, Lucca 1758, III, S. 266, XI. — [3] [Unter Lochien versteht man Absonderungen der Gebärmutter nach der Geburt, die anfangs blutig und schließlich mehr milchähnlich sind und etwa 3—4 Wochen nach der Geburt verschwinden. Wochenfluß zu deutsch. I.] — [4] Flemming, De Remediis, S. 17. — [5] Etmuller, II, S. 265. — [6] Dr. R. Temesváry, S. 86 u. 89. — [7] B. II, S. 272. — [8] Plinius, XXVIII, Kap. 10.

Fällen ohne die geringste wiederbelebende Wirkung angewandt. Es wäre ja möglich, daß diese Flüßigkeit, — wie einige Gelehrte fest versichern — weil sie die eigentliche Lebenessenz ist und die Keime des Lebens enthält, bei der Verwendung als Trank durch einen langsam aber sicher an Erschöpfung sterbenden Kranken, der an einer langwierigen Krankheit gelitten hat, wobei die Krankheit aber verschwunden oder geheilt worden ist, die von den Eingeborenen mit allen Einzelheiten geschilderte wunderbare Wirkung haben kann; aber dies ist eine Frage, die der Entscheidung der Ärzte unterliegt".[1]

„Bei der Flechte . . . empfiehlt man menschlichen Samen".[2]

Gegen Gicht verordnete Avicenna Monatblut, menschlichen Samen,[3] warmes Monatblut,[4] ferner Ziegenmist.[5] Man vergleiche auch das unter „Liebetränke" von der Verwendung dieser Absonderung Gesagte.

Unter den Magyaren ist dieser Glaube weit verbreitet: „Man sperre einen schwarzen Hund ein und gebe ihm bei abnehmendem Monde etwas vom Sperma des Mannes oder den Menses oder der Nachgeburt der Frau zu fressen; dann sammle man den Kot des Hundes, pulverisiere ihn und mische ihn in die Speisen des Menschen, von dem man die betreffenden Dinge heimlich erlangt hat, und dessen Tod man herbeirufen will. Daher die Redenart in einigen oberungarischen Gegenden, die man auf einen plötzlich Gestorbenen anwendet: „Er ißt keinen schwarzen Hundekot mehr". (Nem eszik több fekete kutyaszart) . . Mit seinem Sperma befeuchte der Mann ein Läppchen und werfe dies in ein offenes Grab; seine Impotenz wird schwinden".[6]

Menschliches Blut.

Die Verwendung menschlichen Blutes in der Heilkunde beschreibt Plinius im 105. Kapitel.

Beckherius sagt, Menschenblut habe bei der Behandlung der fallenden Sucht Verwendung gefunden. Faustina, die Gemahlin des kaiserlichen Philosophen Marcus Aurelius, die gerne ein Kind haben wollte, trank das warme Blut eines sterbenden Gladiators, teilte darauf mit ihrem Gatten das Bett; sie wurde unmittelbar schwanger und gebar den grausamen Commodus. Menschenblut diente auch dazu, um sympathetische Kuren zu bewirken.[7]

Es war aber unbedingt erforderlich, daß das in dieser Weise zur Verwendung kommende Menschenblut rein und unverdorben war; Liebenden, die den Wunsch hatten, die Zuneigung ihrer Geliebten gegen sich noch zu vergrößern, erteilte man den Rat, eine Übertragung ihres eigenen Blutes in die Adern der Geliebten zu versuchen. Menschenblut, sowie das Blut einiger Tiere, namentlich des Hundes, des Schafes usw. wandte man bei Raserei, Delirium Krebs usw. an. Die Methode der Einspritzung wurde bevorzugt. Epileptiker pflegten zuweilen einen Schluck des warmen Blutes zu trinken, das man beim Hervorströmen aus dem Halse eines enthaupteten Verbrechers aufgefangen; solches Blut sollte auch Gebärmutterblutungen heilen.[8]

Im Mármaroser Komitat in Ungarn wischt man sich bei Chloasma uterinum neunmal das Gesicht mit dem blutigen Hemd einer Erstgebärenden ab.[9] An einigen Orten

---

[1] P. Beveridge, The Aborigines of Victoria and Riverina, Melbourne 1889, S. 55. — [2] Avicenna, I, S. 330, a 10. — [3] B. I, S. 330, a 12; a 13. — [4] B. I, S. 388, b 9. — [5] B. I, S. 390. a 13. — [6] H. v. Wlislocki, Tod und Totenfetische im Volkglauben der Magyaren. Mitteil. Anthrop. Ges., Wien 1892, XXII, 2 u. 5. — [7] Medic. Microcosm., S. 122 u. 128. [Der Glaube, daß Menschenblut gegen Epilepsie hilft, ist heute noch nicht ausgestorben. Mein Vater hat bei einer öffentlichen Hinrichtung im Jahre 1852 in Hessen gesehen, daß ein Epileptiker, der ihm persönlich bekannt war, die Absperrung durchbrach, auf das Schafott eilte und ehe ihn jemand daran hindern konnte, das Blut des Hingerichteten auffing und trank. I.] — [8] Etmuller, II, S. 272. — [9] Temesváry, S. 88f.

wickelt man die Nachgeburt in einen Leinwandlappen und wischt damit der Frau dreimal das Gesicht ab. Zumeist tut man dies nur nach der ersten Geburt. . . . Das blutige Gesicht wäscht man entweder mit dem Badewasser des Kindes oder mit dem nach der Geburt zuerst gelassenen Harn ab.

„Die Tendenz zur Ablösung des vollen blutigen Opfers bis zum kümmerlichsten Rudimente geht durch die Geschichte aller Kulturvölker. Selbstverständlich kann man nicht jede Verwendung von Tierblut, noch weniger von Tierteilen (Leber, Galle, Kot, Klaue, Haare usw. auf das Kultopfer zurückführen; einesteils spielt der Grundsatz pars pro toto hierbei mit (Ei z. B. für das Huhn), andernteils auch die Vorstellung von einer äußeren Seele gegen die innere im Blut oder Herzen angenommene Seele; oder das Blut ist die materia peccans, die vertragen wird, oder es ist das Blut eines elbischen Tieres, unter dessen Körperhülle ein Dämon steckt; andere Tiere geben solche Hüllen als Amulete ab, wobei die materia peccans in solche giftanziehende Objekte oder Tiere zurückversetzt werden soll. Auch kann das Blut irgendwie zum Dämonen verscheuchenden Apotropaeon werden. Der Zusammenhang der volkmedizinischen Verwendung eines Tieres mit dem Opferkulte ergibt sich aber nicht blos aus dem bis jetzt angegebenen allgemeinen Gründen (antidämonischer Zweck, Parallelismus dieser Heiltiere mit den Tieropfersymbolen, Tendenz zur Ablösung des vollen Opfers infolge religionphilosophischer Bestrebungen und volkwirtschaftlichen Zwangs); er ergibt sich aber auch oft genug bei den speziellen volkmedizinischen Verwendungen und zwar durch die verschiedenen Ausführungbestimmung, wie da sind: a) die Tötungart, b) die Farbe des Tieres, c) die Kultzeit, d) die Wahl der Opfertierart, e) die äußere Gestalt, f) das Ersatztier, g) Besprengung oder Bestreichung der Wände und h) die Krankheitart".[1])

Grimm weist auf die Tatsache hin, daß man das Blut unschuldiger Mädchen und Knaben als Heilmittel gegen Aussatz gebrauchte; das von Bösewichten bei fallender Sucht.[2]) — Man vergleiche auch die Angaben unter „Menschenschädel"; ferner kann man weitere Einzelheiten in dem Buche „Blood-Covenant" von Dr. H. C. Trumbull finden.

Über das Verhalten der Kaiserin Faustina findet man näheres bei Henry C. Lea, History of the Inquisition, New-York 1889, III, 391.

Nasenschleim.

Die Bulgaren im Temeser Komitat in Ungarn schmieren auf wunde Frauenbrüste Nasenschleim und bedecken sie mit Erbsenschalenhaut.[3])

Haut, Fleisch und Talg des Menschen.

Gürtel aus Menschenhaut sah man bei schwerer Niederkunft als wirksam an; in seinem „Comment. Ludovic." spricht Etmuller zwar seine Mißbilligung über ihre Verwendung aus, in anderen Teilen seiner Werke beschreibt er jedoch, wie und zu welchem Zwecke man sie gebrauchte. „Menschenhaut und ein daraus hergestellter Gürtel ist bei Fernhaltung von Gebärmutterstockungen sehr nützlich, ferner beim Austreiben eines abge-

---

[1]) M. Höfler, Das Tieropfer in der Volkmedizin, Janus. Archives internationales pour l'Histoire de la Médecine et la Géographie Médicale 1906, XI, IV, S. 7 ff, wo Höfler alles im einzelnen eingehend belegt. Eine Wiedergabe ist bei der Menge unserer Beispiele hier entbehrlich. — [2]) Teutonic Mythology, III, S. 1173. — Alle diese Angaben überholt Hermann L. Strack mit seinem berühmten Werk: Das Blut im Glauben und Aberglauben der Menschheit. Mit besonderer Berücksichtigung der „Volkmedizin" und des jüdischen Blutritus, 4. Aufl., München 1900, XII, 206 S. gr. 8⁰. Es bewirkte, daß man es zumindest im deutschen Volke nicht mehr wagt, die Gerichte mit Ritualmordanklagen gegen Juden zu belästigen. — [3]) Temesváry, S. 124.

storbenen Foetus und bei schwieriger Geburt".[1]) — Hinweise auf solche Gürtel, die man „cingulae" oder „chirothecae" nannte, findet man in den Werken Samuel Augustus Flemmings und anderer.

Menschenfleisch von Leichnamen verordnete[2]) man unter dem Namen „Mumie". Beckherius zählt nicht weniger als fünfzig Vorschriften auf, für alle möglichen Arten von Krankheiten. Die „Mumie" sollte von einem Verbrecher herstammen, der an einem Galgen gehangen hatte, aber nicht begraben gewesen war, und alt sollte er zwischen fünfundzwanzig und vierzig Jahren, von guter Körperbeschaffenheit, ohne organische oder andere Leiden, und sie sollte bei klarem Wetter gesucht worden sein. Menschenfleisch findet sich in Vorschriften von „The Chyrurgeon's Closet", London 1632, S. 6 und 53. — Andrew Lang weist auf die Verwendung von „Mumienpulver" durch die Ärzte am Hofe Karls des Zweiten von England hin.[3])

Menschlichen Talg gebrauchte man in der Heilkunde; die Herstellung erfolgte aus der Haut und anderen Körperteilen. Man hielt ihn für wirksam bei der Beseitigung von Pockenpusteln, während ein „Oleum Philosophorum", das man aus Talg destillierte, in hohem Ansehen bei der Behandlung von Geschwülsten, katarrhalischen Leiden, Ohrenschmerzen usw. stand.[4])

Menschenfleisch, „mumia" empfahl man für die Zubereitung der besten „Paracelsus-Salbe", als Heilmittel gegen Quetschungen und gegen geronnenes Blut.

Paracelsus im XVI. Jahrh. und später die Paracelsisten gebrauchten vielfach die sog. Mumie oder das sympathetische Ei. „Man füllte ein ausgeblasenes Hühnerei mit dem warmen Blute eines gesunden Menschen, verklebte es wieder sorgfältig und legte es sofort, damit die Lebenkraft nicht durch Erkalten daraus entschlüpfe, mit andern Hühnereiern einer Henne zum Bebrüten unter. Nach einigen Wochen brachte man das Ei zum Schluß in einen warmen Backofen und ließ es darin solange Zeit liegen, als notwendig ist, ein Brot fertig zu backen. Das so zubereitete Ei heilte jede Krankheit; denn, da man das Blut für den eigentlichen Sitz der Lebenkraft hielt, so hatte natürlich jeder Krankheitdämon zu diesem Ei, das das menschliche Blut in so verdichteter Form enthielt, eine natürliche Zuneigung. Man brauchte das warme Ei nur auf die krankhafte Körperstelle zu legen und nachher in die Erde zu vergraben, so war man geheilt; denn die Krankheit war natürlich sofort in das sympathetische Ei geschlüpft".[5])

„In China betrachtete man es in weiten Kreisen der Bevölkerung als etwas sehr verdienstliches, wenn Kinder für ihre kranken Eltern oder Schwiegereltern ihr eigenes Fleisch oder Blut als Medikament hergaben, falls sich andere Arzneien als wirkunglos erwiesen. . . . Derartige Fälle von Selbstverstümmlung waren in Indien, auch in buddhistischen Kreisen, nicht unerhört, sonst läge ja keine Veranlassung zu einer ausdrücklichen Verbotbestimmung vor. . . . In der Historia Regum Britanniae[6]) steht die Geschichte des Königs Katwallawn, der da schwer krank darniederlag. Als sein Neffe Breint gewünschtes Wildpret nicht erjagen konnte, schnitt er sich ein Stück aus den Schenkelmuskeln heraus, steckte es an einen Bratspieß, briet es und brachte es dem König. . . . Und nachdem der König davon gegessen, fühlte er sich froher, sodaß er nach drei Tagen vollkommen wieder hergestellt war".[7])

---

[1]) B. II, S. 272. — [2]) Med. Microcosm., S. 263 ff. — [3]) Myth usw., I, S. 96 — Man vergl. die auf S. 281 Anmerk. erwähnte Studie Wiedemanns. — [4]) Flemming, De Remediis, S. 9. — Vom Menschentalg in der Volkmedizin handelt F. Velc, Lidské sádlo lékem, Česky Lid, Prag, XVI, S. 480. — [5]) Hermann Peters, Aus pharmazeutischer Vorzeit in Bild und Wort, Berlin 1910, I, S. 231. — [6]) Ystorya Brenhined y Brytanyeis, herausg. von John Rhys und J. Gwenogeryn Evans, Oxford 1890, S. 243. — [7]) Ausführlich bei H. Kern, Menschenfleisch als Arznei. Festgabe zur Feier des 70. Geburttages Ad. Bastians, Leiden 1896, S. 37—40.

„Schaaffhausen[1]) teilt die merkwürdige Erzählung eines Missionars mit, dem eine alte Frau, die sonst alle Nahrung verweigerte, gestand, nur noch Appetit nach der Hand eines Kindes zu haben, indem sie hinzufügte: „Aber niemand wird mir zu Lieb ein Kind einfangen und töten".[2]) Man darf annehmen, daß die Kranke vom frischen Kinderfleisch als Arznei die einzige Heilung erwartete.

Zunge.

Magyarischer Volkglaube: „Die pulverisierten Zungen totgeborener Kinder gelten für ein besonders kräftiges Heilmittel nicht nur für Gelbsucht, sondern auch für die Rose, den Kinderweinkrampf, das Bettnässen und Halsweh. Vor einigen Jahren fand eine Frau unter Steinen am Theißufer der Marmaroser Gegend eine verstümmelte Kindleiche, der die Zunge, das Herz, der kleine Finger der linken Hand und die Zehen fehlten. Die gerichtliche Untersuchung ergab, daß eine Heilkünstlerin (javasasszony) im Einverständnis mit dem Totengräber aus diesen Körperteilen Heilmittel verfertigt habe".[3]

Menschenschädel.

In seinen Memoiren, die Plinius anführt, war Demokritus der Ansicht, daß „der Schädel eines Verbrechers bei einigen Krankheiten äußerst wirksam sei . . . Für die Behandlung von anderen Krankheiten ist der Schädel eines Mannes erforderlich, der Freund oder Gast war".[4]) Der Schädel muß von einem ermordeten Manne herrühren, dessen Leib unverbrannt bleibt, oder auch von einem Gehängten.[5])

Xenokrates, der, wie Galen sagt, zwei Geschlechter oder sechzig Jahre vor ihm blühte, schreibt mit einer Ernsthaftigkeit, die Zutrauen verdient, von den guten Wirkungen, die man erzielt, „wenn man menschliches Gehirn, Fleisch oder Leber ißt, oder wenn man die gebrannten oder ungebrannten Knochen des Kopfes, des Unterschenkels oder der Finger oder das Blut verschluckt".[6])

„Gegen einen bohrenden Wurm . . . verbrenne man die Kopfknochen oder den Schädel eines Menschen zu Asche und lege ihn mit einer Pfeife auf".[7]) — Paracelsus gibt die Vorschrift für die Destillation des „Öles aus dem Schädel eines Menschen" an: „Nimm den Schädel eines Menschen, der niemals begraben war, und zerstoße ihn zu Pulver".[8]) „Die gegen die fallende Sucht zu nehmende Menge beträgt 3 Gran". — Auch Schurig stellt fest, daß der menschliche Schädel ein Heilmittel gegen die fallende Krankheit ist.[9]) Den Schädel eines Mannes verwandten bei Krankheiten Männer, den einer Frau erkrankte Frauen.[10]) — Beckherius verordnet ihn bei Gehirnaffektionen, Epilepsie, Paralyse, Schlaganfällen, Schwindel usw.; er soll ihn als Pulver oder frisch, allein oder in Mischungen einnehmen.[11])

---

[1]) Anthropologische Studien, Bonn 1885, S. 519. — [2]) R. S. Steinmetz, Endokannibalismus, Wien 1896. Mitteil. der Anthr. Ges. XXVI, S. 9. Er faßt die gesuchte Heilwirkung unter dem unbestimmten Begriff der Zauberei auf und bringt sich damit um eine nähere Einsicht in den Zusammenhang der Erscheinungen. — Man vergl. dazu auch K. Alberts, Menschenfresserei und Menschenopfer in Europa, Völkerschau, herausg. von B. C. Renz, III, S. 150 bis 153. — Die Fälle, von denen Th. Koch und R. S. Steinmetz berichten — sie finden sich auch bei Sartori, Die Sitte der Alten- und Krankentötung, Globus 1895, S. 126 ff — handeln doch nur von Alten und Kränklichen, die man tötete, um sie zu verzehren, also vom frischen Fleisch, nicht jedoch vom verwesenden, das nicht einmal der Magen der Primitiven verträgt. — [3]) Varga, A babonák könyve, Arad 1877, S. 155 (Deutsch von Wlislocki). — [4]) Plinius, XXVIII, Kap. 2. — [5]) A. a. O. — [6]) Saxon Leechdoms, I, S. 18. — [7]) Saxon Leechdoms, II, S. 127, unter: Leech Book. — [8]) Theophrastus Paracelsus, The Secrets of Physicke, London 1633, S. 97. — [9]) Chylologia. — [10]) Rare Secrets in Physicke, Collected by the Comtesse of Kent, London 1654, S. 3. — [11]) Medicus Microcosmus, S. 199 ff.

Aber vorzuziehen war auf alle Fälle „ein noch niemals begraben gewesener Schädel"[1]) oder „der Schädel eines gewaltsamen Todes gestorbener Menschen".[2]) Auch das Moos eines solchen Schädels gebrauchte man in der Heilkunde.[8]) Wenn irgendwie möglich, sollte es von einem Menschen stammen, den man auf einem Schafott hingerichtet oder der am Kreuze gehängt hatte.

„Pulver, aus den Knochen eines Menschen gebrannt, hauptsächlich aus dem in der Erde gefundenen Schädel, heilt die fallende Sucht. Die Knochen eines Mannes heilen den Mann, die Knochen einer Frau heilen die Frau". Der Kranke muß sich aber neun Tage lang des Weines enthalten.[4]) Das Mittel gebrauchen die Serben noch immer so. — „Verbrannte Menschenknochen" sind ein Heilmittel gegen fallende Sucht;[5]) ferner „Mumia"[6]) und „Menschenknochen in einem Getränk eingegeben".[7])

Gegen fallende Sucht. „Nimm Pillen, die aus dem Schädel eines solchen gemacht worden sind, den man gehängt hat".[8]) Die Schädel ihrer Vorfahren benutzten die Tibeter als Trinkschalen nach den Angaben von Rubruquis, bei Purchas, I, S. 23. — „Bei primitiven Völkern gilt der Kopf als ganz besonders heilig".[9]) — Dr. Bernard Schaff gibt die folgende Vorschrift für die Heilung von Fiebern: „Nimm von den Menschenschädeln, die nicht in Gräbern eingeschlossen sind, einen heraus, und verbrenne ihn in einem Tiegel oder an offenem Feuer zu Asche; verordne diese in Mengen von einem Skrupel ($1\frac{1}{8}$ Gramm) bis zu einer halben Drachme (2 Gramm) eine oder zwei Stunden vor dem Fieberanfall".[10]) Er fügt noch hinzu, daß bei den gewöhnlichen Leuten der Glaube herrsche, man müsse sich den Schädel am frühen Morgen um die Zeit der Wintersonnenwende verschaffen und unter Vornahme der heiligen Handlungen (sacris), die dazu gehören, nämlich unter völligem Stillschweigen; seinerseits hält er dies allerdings für Aberglauben.

Der Schädel eines auf dem Schafott oder auf dem Rade gestorbenen Verbrechers mußte lange genug der Luft ausgesetzt gewesen sein, damit er vollständig trocken und weiß geworden war, dann galt er als Sondermittel gegen die fallende Sucht und war auch viel wirksamer zu diesem Zwecke als ein Schädel, den man von einem Kirchhofe geholt hatte.

Die Soldaten glaubten, daß sie sich gegen die Waffen der Feinde sicherten, wenn sie unmittelbar vor der Schlacht aus einem Schädel tränken. Dieser Glaube kam unzweifelhaft mit den Skythen nach Europa.[11]) Etmuller, aus dem diese Angabe herstammt, zeigt auch, daß man solche Schädel gemahlen und den Kranken eingegeben habe; hierüber bringt er viele Zubereitungarten und Verordnungen.

Etmullers Behauptung ist alles nur nicht unzweifelhaft. Vom skythischen Brauch berichten Herodot IV, 70 und Pomponius Mela (De chorograph. II, 1, 12—14): pocula ut Essedones parentium, ita inimicissimorum capitibus expoliunt. Nach Livius (XXIII, 24) legten die Bojer den Schädel des im J. 216 v. u. Z. im Litanawalde in Gallien gefallenen römischen Feldherrn Lucius Posthumius nach ihrer Sitte mit Gold aus. Dieser Schädel diente ihnen als heiliges Gefäß bei Feierlichkeiten zur Opferschale. Priester und Tempelvorsteher tranken daraus. Silius Italicus (Pun. XIII, 482) versichert von den Kelten, sie pflegten Menschenschädel mit Gold auszulegen und als Pokale zu verwenden. Ammianus Marcellinus behauptet von den Skordiskern, sie seien vor Zeiten ein grausames und wildes Volk gewesen, das da Kriegsgefangene Bellona und Mars geopfert und

[1]) S. 207. — [2]) S. 266. — [8]) S. 237. — [4]) John Moncrief, The Poor Man's Physician, Edinburg 1716, S. 70. — [5]) Avicenna, I, S. 330, a 18. — [6]) B. I, S. 357, a 55. — [7]) B. I, S. 371, a 6. — [8]) Reginald Scot, Discoverie, S. 175. — [9]) Frazer, The Golden Bough, B. I, S. 187. — [10]) Schaff in „Ephem. Phys. Medic.", Leipzig 1694, B. II, S. 93. — [11]) Etmuller, II, S. 268f.

mit Gier Menschenblut aus Schädeln getrunken habe. Der Bulgarenfürst Krum ließ aus dem Schädel des i. J. 811 erschlagenen griechischen Kaisers Nikephoros einen mit Silber ausgelegten Pokal machen, woraus seine slavischen Bojaren bei den Gastereien den Ehrentrunk genossen. So ließ auch der Pečenegenfürst Kurja dem russischen Fürsten Svjatoslav (gest. i. J. 972) den Kopf abschneiden und aus dessen Hirnschale einen Trinkbecher anfertigen. Der Longobardenkönig Alboin gebrauchte den Schädel seines Schwiegervaters, des Gepidenkönigs Kunimund, als Trinkbecher und trank daraus seiner Gemahlin Rosamunde, einer Tochter des Erschlagenen, zu, die ihn dafür i. J. 572 ermorden ließ.[1]

Auch im Christentum fand diese Sitte Eingang. Zu Zeiten galt es als besonders heilkräftig, aus Schädeln der Heiligen zu trinken. Man berichtet, Mönche zu Trier heilten damit Fieberkranke, daß sie ihnen aus der Hirnschale des hl. Theodulf zu trinken gaben.[2]

Flemming gibt an, man betrachte den Menschenschädel in allen denjenigen Fällen als kräftiges Heilmittel, in denen praktische Ärzte menschliches Hirn zu verordnen pflegten, d. h. bei nervösen Störungen und bei fallender Sucht. Vorzuziehen sei immer der Schädel, der der Leiche eines gewaltsamen Todes gestorbenen Menschen gehörte. Er bildete einen Bestandteil bei vielen Vorschriften mit hochtönenden Titeln, z. B. „Majesterium epilepticum", „Specificum cephalicum" usw. Als Pulver, entweder frisch gemahlen oder zu Asche gebrannt, verordnete man ihn zuweilen als Fiebermittel und bei Schlaganfällen.[3]

W. W. Rockhill berichtet, die Lamas in Tibet gebrauchten bei ihren religiösen Zeremonien Schädel, aber wiesen diejenigen Schädel zurück, die nach menschlichem Harn röchen.

„Blut vom Schädel eines toten Menschen" verwendete man, um Blutungen zu stillen.[4]

„Es gibt ein Weissagegefäß — ein unheimlicher Gegenstand, der aus dem umgedrehten Schädeldache eines buddhistischen Priesters besteht".[5]

Ehe die Weißen nach Australien kamen, benutzten die dortigen Eingeborenen menschliche Schädel als Trinkgefäße, wobei sie die Näte mit einer Art harzigen Gummis verschmierten.[6]

„Das Pulver aus den Knochen eines Menschen, namentlich dasjenige, das man aus einem in der Erde gefundenen Schädel herstellte, galt in Schottland als ein Heilmittel für die fallende Sucht. Wie gewöhnlich, gibt man auch hier an, daß die Knochen eines Mannes die Männer, die Knochen eines Weibes die Frauen heilen. Grose vermerkt auch die Nützlichkeit des auf einem menschlichen Schädel gewachsenen Mooses; getrocknet und gepulvert konnte man es bei Kopfschmerzen als Schnupfmittel nehmen".[7] Black belehrt uns auch darüber, daß ganz dieselben Ansichten über dieses Heilmittel in England und in Irland herrschten.

„Zu den Dingen, die man beinahe unter die Haushaltunggegenstände rechnen kann, gehören die getrockneten Schädel, die man, in Bananenblätter gewickelt, in der Behausung fast jeder Dayakenfamilie, die etwas auf sich hält, vorfinden kann. Sie sind an der Mauer angebracht oder hängen vom Dache herab. Der Unterkiefer fehlt immer,

---

[1] Die Belege in voller Breite in dem sonst ziemlich unbrauchbaren Buche Dr. Gregor Kreks: Einleitung in die slavische Literatur-Geschichte, Graz 1887, S. 766—770. Er entnahm die Stellen Richard Andree, Ethnograph. Parallelen und Vergleiche, Stuttgart 1878, S. 133 bis 136, der im übrigen mehr darbietet. — [2] Vergleiche J. Grimm, Geschichte der deutschen Sprache, 4. Aufl., Leipzig 1880, S. 104 f. — [3] De Remediis, S. 10. — [4] Pettigrew, Medical Superstitions, S. 113. — [5] Tidbits from Tibet, im Evening Star vom 3. Nov. 1888 (Washington) in der Beschreibung der Rockhill-Sammlung im National-Museum. — [6] Native Tribes of South-Australia, Adelaide 1879. — [7] Black, Folk-Medicine, S. 96.

weil es die Dayaken für richtiger halten, daß sie ihr Opfer unter dem Hinterhaupt köpfen, wobei sie den Unterkiefer jedesmal am Körper belassen".[1]

Wir erinnern hier an die sorgfältige Art und Weise, wie die Mandanen die Schädel ihrer Toten aufbewahrten, nach den oben angeführten Berichten Catlins.[2]

Auf Schädeln gewachsenes Moos.

Von der medizinischen Verwendung des auf dem Schädel eines gewaltsamen Todes gestorbenen Menschen gewachsenen Mooses spricht Von Helmont.[3]

Etmuller erwähnt, daß man auf dem Schädel eines Verbrechers gewachsene „usnea" oder Moos bei fallender Sucht eingab.[4]

Flemming hielt gleichfalls solches Moos für sehr wirksam bei fallender Sucht, bei Hirnleiden und als Stillungmittel bei Blutungen. Es mußte aber vom Schädel eines Verbrechers stammen, den man gehängt oder dem man die Glieder auf dem Rade gebrochen hatte.[5]

Trocknet und pulvert man solches Moos, so kann man es bei Kopfschmerzen als Schnupfmittel einnehmen.[6]

„Das Gemüs[7] auf Hirnschalen von einem der gewaltsam getötet worden und unbeerdigt in der Luft gelegen,[8] hatte magische Kraft. Die $\check{\alpha}\omega\varrho o\iota\ \beta\iota\alpha\iota\sigma\vartheta\acute{\alpha}\nu\alpha\tau o\iota$ sind dabei im alten Griechenlande die Zaubervermittler. Die mittelalterlichen Chemiker suchten in dem Totenschädelmoos einen besonderen Balsamus insitus, eine Art von taroana, sie stellten einen Spiritus antiepilepticus, den Spiritus calvariae humanae und den Spiritus ossium humanorum her".[9]

„Menschenschädelmoos, Usnea cranii humani, war meistens Parmelia saxatilis oder Parmelia omphalodes. Lemery schreibt in seinem 1675 erschienenen Cours de chimie darüber: „Haben die Hirnschädel viel Jahr in der Luft gehangen, so findet man eine Art grün Moos darauf, das man Usnee nennt. Man läßt es aus Irland bringen, wo es gäng und gäbe ist, weil man der Orten die armen Sünder solange an Pfählen im Felde hängen läßt, bis sie stückenweise herunterfallen. Wann nun das Fleisch und die Haut diese Zeit über vergangen, so wächst solch Moos auf dem Hirnschädel. Es adstringiret und stillet sonderlich das Blut wohl, wenn es außen aufgelegt wird. Man kann es auch innerlich zur Epilepsie brauchen, als daß es sehr viel volatisches Hirnschädelsalz in sich hält".[10]

Menschenhirn.

Menschenhirn, in Weingeist aufgelöst oder destilliert, gab man bei nervösen Störungen und gegen fallende Sucht ein.[11]

„Leighton Wilson sah in Süd-Guinea, wie man einem erst kürzlich verstorbenen angesehenen Manne den Kopf abschnitt und ihn auf Kreide auströpfeln ließ. „Man hält

---

[1] Carl Bock, Head-Hunters of Borneo, London 1881, S. 199. Man vergleiche dazu Alb. C. Kruyts eindringende Forschungen: Het Koppensnelen der Toradja's van Midden-Celebes en zijne beteekenis. S. A. Versl. en Meded. d. Koninkl. Ak. v. Wetensch. Amsterdam 1899, 80 S. gr. 8⁰. — [2] Die Verschiedenheit zwischen Menschenopferkult und Anthropophagie, die man nicht selten miteinander vermengt oder verwechselt, legt für Hawaii Karl von den Steinen klar, Reise nach den Marquesas-Inseln. Verhandl. d. Ges. f. Erdkunde 2, Berlin 1898, Nr. 10, S. 510f. — [3] Oritrika, S. 768. — [4] B. II, S. 273. — [5] S. 11. — [6] Brand, Popular Antiquities, III, S. 277. Artikel: Physical Charms. — [7] Moos, Usnea cranii humani = Parmelia saxatilis sive omphalodes. K. Peters, Aus pharmazeutischer Vorzeit, Berlin 1889—91, I, S. 218. — [8] Dr. Joh. Schröder, Trefflich versehene Medicin-Chymische Apotheke, Nürnberg 1685, S. 1308. — [9] Höfler, Die volkmediz. Organotherapie, Stuttgart 1909, S. 56. — [10] Hermann Peters, I, S. 220. — [11] Flemming, De Remediis, S. 10.

das Gehirn für den Sitz der Weisheit und die Kreide saugt sie angeblich ein. . . . . Wer dann mit solcher Kreide seine Stirn bestreicht, in dessen Kopf dringt die Weisheit desjenigen ein, dessen Hirn die Kreide eingesogen hat".[1]

Läuse-, Wanzen-, Flöhe-, Fliegen- und Eingeweidewürmeressen.

Will man sich nach den Ausdrücken der folgenden Beschreibung, die es anscheinend als ganz selbstverständlich betrachtet, daß der Kranke jederzeit das erforderliche Insekt zur Hand hat, von den Gewohnheiten hinsichtlich leiblicher Reinlichkeit im England vor zwei Jahrhunderten ein Bild machen, so wird man den Eindruck gewinnen, daß es damit nicht weit her war.

„Für die Heilung kranker Augen . . . nimm zwei oder drei Läuse vom Kopfe . . . und bringe sie unter das Augenlid".[2]

Ich weiß aus eigener ekelhafter Erfahrung und Beobachtung, daß es bei den nordamerikanischen Indianern allgemein Brauch ist, sich gegenseitig den Kopf abzusuchen und die erhaschte Beute im Munde verschwinden zu lassen. Es galt als ein Zeichen besonders zarter Aufmerksamkeit, übernahm ein weibliches Wesen bei ihrem Gatten oder Liebhaber dieses Geschäft, oder leisteten sich zwei männliche Freunde während eines Kriegzuges gegenseitig diesen Dienst. Über die Verwendung dieser lästigen Schmarotzer in der Heilkunde habe ich jedoch keine Beobachtungen machen können.

In erwünschtester Ausführlichkeit ergänzt Prof. Dr. W. Joest Bourkes Beobachtung über den Brauch des Läuseessens,[3] wie folgt:

„Vor 10 Jahren schrieb ich in meinem Buche „Durch Sibirien"[4]): „Von den Burjäten haben viele Russen die Gewohnheit angenommen, ein zähes Tannenharz zum Zeitvertreib zu kauen, und allverbreitet in Sibirien bis ins europäische Rußland hinein findet man die Sitte, große Mengen der kleinen Zedernüsse ebenfalls aus Langeweile zu verzehren. Man nennt diese Sitte sogar „Sibirsky Razgowór", „sibirische Unterhaltung", da hier zu Lande, wo der Gesprächstoff häufig mangelt, das gemeinsame Nüsseknacken die Unterhaltung vertritt. Sobald zwei oder mehr Leute zusammen sind, holt jeder aus der Tasche oder aus einem Säckchen eine Handvoll Zedernüsse, kleine Früchte von der Größe unserer Haselnüsse, die aus den Tannenzapfen der Zirbelfichte, Arve (Pinus cembra), herausgebrochen werden, hervor, und man beginnt mit erstaunlicher Gewandtheit, die sich ein Fremder nie zu eigen macht, die Nüßchen mit den Vorderzähnen aufzuknacken und die Früchte mit geschickter Zungenbewegung hervorzuholen. Niemand spricht dazu ein Wort, jedermann nagt und kaut, und nach beendeter „sibirischer Unterhaltung" ist der Boden dicht mit Nußschalen bedeckt. Vielleicht ist diese Liebhaberei die schon von Herodot erwähnte „Phtheirophagie" der Hyperboräer".

Die betreffende Stelle bei Herodot[5] lautet: „Die im Lande geborenen (Autochthonen) Budiner (Skythen) sind Nomaden „καὶ φϑειροτραγέουσι μοῦνοι τῶν ταύτῃ", „die Einzigen von den Völkern in jener Gegend". Was heißt nun φϑειροτραγεῖν? Man kann das Wort bekanntlich mit „Läuseknacken", „Zedernüsse knacken" oder „Fische abnagen" übersetzen. Letztere Deutung scheint nur wegen des „μοῦνοι" von vornherein ausgeschlossen. Ebensowenig paßt allerdings dieses „μοῦνοι" auf „Läuseessen" oder auf das Verzehren der Zirbelnüsse. Ich glaube aber dennoch, daß Herodot an dieser Stelle letzteres im Auge hatte, denn wenige Kapitel weiter, bei Beschreibung der Adyrmachiden

---

[1]) Nach R. S. Steinmetz, Endokannibalismus. Wien 1896, S. 46. — [2]) Rare Secrets in Physicke, London 1654, S. 75. — [3]) Im Globus, 1892, LXII, S. 195—198. Joest, Weltfahrten, 1895, III, S. 149—173. — [4]) „Aus Japan nach Deutschland durch Sibirien". Berlin 1883, S. 199 der 1. Aufl. — [5]) Buch IV, Kap. 109.

in Libyen, drückt er sich viel deutlicher aus. Er schreibt[1]): „Ihre Weiber tragen um jegliches Bein ein ehernes Band, die Haare lassen sie wachsen und wenn Eine eine Laus fängt, so beißt sie sie wieder und dann wirft sie sie weg". Nun folgt wieder: „es sind aber die einzigen Libyer, die solches tun". Hätte also Herodot unter dem obigen φθειροτραγεῖν „Läuseessen" verstanden, so würde er diese ihm anscheinend fremde und auffallende Sitte an jener Stelle zweifellos ebenso genau beschrieben haben, wie an der späteren.

Daß Strabo[2]) unter seinen „Phthyrophagiern" (in Dioscurias, wohl am Nordufer des Schwarzen Meeres) „Läuseesser" verstanden hat, geht aus seiner Bemerkung, daß dieselben diesen Namen „von ihrer überaus schmutzigen Lebenart" erhalten haben, mit ziemlicher Sicherheit hervor.

Beide Stellen scheinen aber zu beweisen, daß die alten Griechen im allgemeinen denselben Abscheu vor Läusen und vor Menschen, die mit ihnen behaftet waren, hegten, wie wir es heute in Europa tun; denn wäre die Läuseplage damals in Griechenland auch nur einigermaßen verbreitet gewesen, so würde es sicher kein Schriftsteller der Mühe wert gehalten haben, zu erwähnen, daß die Betreffenden das lästige Ungeziefer durch Totbeißen oder Verzehren zu vertilgen suchten.

Es ist eben eine unbestrittene Tatsache, daß überall in der Welt, wo der Mensch von Läusen heimgesucht wird, er diese Parasiten, gleichviel ob er sie auf seinem eigenen Kopfe oder im Haar eines Leidengenossen findet, mit Eifer, ja geradezu mit Passion totbeißt und verzehrt.

Ich glaube nun durchaus nicht, daß diesem universalen Gebrauche irgend ein hoch- oder tiefphilosophisches Motiv zugrunde zu legen ist,[3]) wenn auch bei diesem Totbeißen vielleicht manchmal der Wunsch, Gleiches mit Gleichem zu vergelten, eine gewisse Rolle spielen mag, so daß wir eine Art Racheakt in ihm sehen dürften. Der gebildete Europäer knipst seine Phtyr. pubis zwischen den Nägeln zu Tode, der Naturmensch beißt die Parasiten tot, gleichviel ob er sie bei sich oder einem Freunde findet, ebenso wie man von Flöhen behaftete Hunde sich gegenseitig diesen Liebedienst erweisen sieht. Vielleicht spielt auch Feinschmeckerei bei dieser Gewohnheit eine Rolle, denn irgendwie widerlich schmecken werden Läuse und Flöhe auf keinen Fall, dann wäre diese Sitte nicht so allverbreitet. Dr. Finsch schreibt mir: „Flöhe, direkt vom Hunde abgelesen, gelten in Melanesien als besondere Delikatesse. Als ich einst einem Koiäri, der eben dabei war, einen Hund abzuflöhen, fragte, warum er die Flöhe esse, antwortete er mir: „das ist gut für die Zähne".

Vollkommen sportmäßig können wir das Läusesuchen und essen täglich von den Affen betrieben sehen. Beide Teile, sowohl der aktive wie der passive, widmen sich diesem Geschäfte mit Hingabe und verraten dabei unverkennbares Wohlbehagen.

Ebenso schreibt Paul Reichard[4]) von den Negern im östlichen Zentralafrika: „Häufig sieht man, wie sich die Schwarzen gegenseitig einen Liebedienst erweisen, wie es Affen so gerne tun. Diese Prozedur geschieht genau in derselben hastigen und ruckweisen Art, wie es die Affen machen. Manche ahmen dabei ihr Vorbild so getreu nach, daß sie die erbeuteten Insekten verzehren, welche „süß wie Zucker" schmecken sollen.

Das Gefühl, sich den Kopf „krauen" und die Haare, gleichviel ob sich Läuse in ihm befinden oder nicht, durchwühlen zu lassen, ist bekanntlich kein unangenehmes. Raffinierte Sklavenbesitzer in alter und neuer Zeit liebten es, sich von rosenfingerigen Mädchen in den Schlaf krauen zu lassen. So schreibt z. B. Kappler[5]) von den Plan-

---

[1]) Buch IV, Kap. 168. — [2]) Hist. XI, p. 499. Übersetzt von Penzel. Lemgo 1875 bis 1877. — [3]) Vergl. Waitz, Anthropologie I, S. 144. Man hat ja im Läuseessen schon die erste Stufe zum Kannibalismus erblickt! — [4]) „Gebärden und Mienenspiel des Negers". Ausland 1890, S. 428. — [5]) A. Kappler, „Sechs Jahre in Surinam". Stuttgart 1854, S. 38.

tagenbesitzern in Surinam: „Ich kannte mehrere dieser Herren, die . . . nach der Mahlzeit sogleich von den Beschwerden der Tafel in der Hängematte ausruhten und sich da
von einem hübschen Negermädchen den Kopf kratzen ließen, bis ihnen die Augen
zufielen".

Auch europäische Damen lieben es, ihr Haar womöglich stundenlang von ihren
Zofen (oder Anbetern) kämmen oder bürsten zu lassen, und empfinden dabei — sit venia
verbo — ein gewisses Wollustgefühl.

Ich habe junge Brasilierinnen gekannt, die sich täglich zur Siesta in die Hängematte legten und sich von einer Sklavin so lange die Nackenhaare kitzeln ließen, bis sie
unter steten „frissons" einschliefen.

Verwandt hiermit ist auch die in Südamerika und Westindien weit verbreitete
Liebhaberei der Damen, sich stets einen sicca (nigua, jigger, pulex penetrans) in der Fußsohle zu erhalten, also gewissermaßen Sandfloh-Reinkultur in ihrer Haut zu treiben, weil
der Kitzel dieses sonst so lästigen Eindringlings und die Empfindung beim Jucken und
Kratzen um die betreffende infizierte Stelle herum wirklich außerordentlich reizvoll ist.

Stundenlang lassen sich junge Damen auf diese Weise von ihren Sandflöhen
oder Negerinnen die sonst so empfindlichen Sohlen ihrer reizenden Füßchen kitzeln.
Sämtliche Negerinnen sind äußerst geschickt im Herausholen dieser unangenehmen Parasiten — man fängt deren oft 30 bis 40 bei einem Bade oder Spaziergang — die erbsen-
großen entwickelten Exemplare mit ihren Eiern werden vielfach von den Negerinnen sofort
verspeist; sie sollen „just like peas" schmecken.

Als ich im Jahre 1877 Zentralamerika zum ersten Mal bereiste, machte ich der
Gattin eines früheren Präsidenten von Guatemala, an welche ich von Paris aus empfohlen
war, in der Hauptstadt meine Aufwartung. Madame Gr. empfing mich mit der allen Süd-
amerikanerinnen eigenen bezaubernden Liebenswürdigkeit. Während des Gesprächs kam
ein kleines Töchterchen I. Exzellenz ins Zimmer, begrüßte mich nach Landsitte mit Hand-
kuß und eilte dann auf die Mutter zu, um sein Köpfchen in deren Schoß zu bergen. Ein
reizendes Bild! Ich Unerfahrener glaubte aber meinen Augen nicht trauen zu dürfen, als
Madame de Gr. y V., ohne die Unterhaltung irgendwie zu unterbrechen, in derselben
Weise, wie etwa eine europäische Dame ihr Schoßhündchen streichelt, die Locken ihres
Sprößlings nach Läusen zu untersuchen begann und die uns so widerwärtigen Tiere ganz
harmlos mit ihren blendendweißen Zähnchen totbiß.

So schreibt auch Gerstäcker[1] s. Z. (1868) aus Quito: „Zu den Alltäglichkeiten,
auf die niemand mehr achtet — ja nicht einmal nur bei den ärmeren, sondern auch oft
der besseren Klasse —, gehört es, das Ungeziefer von den Köpfen ihrer Mitmenschen
zu verzehren".

Es ist das eben eine altamerikanisch-indianische Sitte, denn schon Grimmels-
hausen läßt seinen von Ungeziefer geplagten Simplicius[2] ausrufen: „Kein Wunder ist's,
daß die Brasilianer ihre Läuse aus Zorn und Rachgier fressen, weil sie einen so drängen".

Von denselben Brasiliern schreibt Karl von der Steinen[3] 200 Jahre später:
„Nur schwer vermochte ich mich vor den habgierigen Wünschen der Bakaïri zu retten
und mußte wenigstens meinen Strohhut wieder und wieder auf andern Häuptern spazieren
gehen lassen, auch das konnte ich nur mit Widerstreben erlauben, da ich für mein „Kopf-
haus" den Zuzug jener Einwohnerschaft befürchten mußte, die jeden Abend, besonders
von den zu dreien und vieren gruppierten Frauen, gesucht, gefunden und gegessen wurde".
Dr. Ehrenreich versichert mir, daß er keinen einzigen Indianerstamm kenne, bei dem
das Läuseessen nicht Sitte sei. Jeden Abend vor Sonnenuntergang hocken die Leute

---

[1] „Kreuz und Quer". Leipzig 1869, II, S. 308. — [2] B. I, p. 177. — [3] Über seine
zweite Schingu-Expedition. Verh. d. Ges. f. Erdkunde 1888, S. 378.

wie die Orgelpfeifen hintereinander und geben sich dieser Beschäftigung mit Lust und Liebe hin.

Ich glaube nicht, daß sich eine exotische Laus auf dem Kopfe des Europäers wohl fühlt[1]), wenigstens wurde mir dies auf Java und im Malaiischen Archipel häufig versichert. Auch hier leiden die sonst so reinlichen Eingeborenen durchgehend an dieser Plage, wie denn überhaupt gerade die reinlichsten Völker vielfach von ihr behaftet sind. Hundertmal habe ich Gruppen von vier, fünf und mehr hübschen, jungen, sauber und sorgfältig gekleideten Mädchen gesehen, die, wie die Affen, hintereinander hockend, sich gegenseitig die Läuse aus dem mit Kokosöl durchtränkten Haar lasen und sie verzehrten. Ein Europäer fängt aber von diesen Mädchen, trotz intimsten Verkehrs, nie eine Kopflaus.

Japaninnen widmen der Pflege ihres Körpers, zumal ihres Haupthaares, unendlich viel Zeit und Mühe; während eines längeren Aufenthaltes in Japan habe ich darum nie eine Laus gesehen, noch deren Namen erwähnen gehört. Die viel unreinlicheren Chinesen werden trotz der Sorge, die sie ihrem Zopf oder (die Frauen) ihrer „teapot"-Frisur widmen, sicher an diesem Ungeziefer leiden, indes erinnere ich mich nicht, jemals einen Kuli irgendwo in der Welt seine Läuse essen gesehen zu haben.

Von den Mongolen im transbaikalischen Sibirien schrieb ich früher[1]): „Der Eingeborene trägt seine Teetasse, eine kleine lackierte Holzschale, in einer seiner Achselhöhlen. Diese Schale dient zugleich als Läusefalle: sie wird mit einem Ruck aus ihrem Versteck herausgeholt und der Besitzer findet stets eine Anzahl genannter Insekten darin, die er Stück für Stück auf der Rückseite der Schale einen schmerzlosen Tod sterben läßt, dann wäscht er sie mit Kamel- oder Kuhmist rein, schöpft sich eine Portion Ziegeltee, schlürft sie mit Wohlbehagen, leckt die Schale aus und schiebt sie wieder unter den Arm".

Ich bin aber dennoch überzeugt, daß bei den Zentralasiaten, die zu den schmutzigsten Völkern der Erde gehören, die Sitte des Läuseessens zu finden, bezw. gefunden ist. Abgerechnet werden müssen aber hiervon die 340 Millionen Buddhisten, denen ihre Religion verbietet, irgend ein Tier (bei Menschen kommt es nicht so genau darauf an), also auch die eigene Laus zu töten. Die Tibeter sind in dieser Beziehung so streng, daß sie ihre Läuse bei einer gelegentlichen Körper- und Kleiderrevision sorgsam auf einem Filzlappen sammeln und diesen dann außerhalb ihres Zeltes irgendwo hinlegen.[2]) Hierbei nehmen diese Strenggläubigen jedenfalls mehr Rücksicht auf ihre Parasiten wie auf ihre Mitmenschen. Eine Laus will am Ende auch leben.

Die Laus spielt auch in einer alttibetischen Legende eine Rolle: Als bei irgend einem theologischen Streite zwischen den gelb und rot gekleideten Priestern die Roten einst in das Zelt des gelehrten Tsongkhapa drangen, um ihn zu einer Disputation zu zwingen, schleuderte der eben aus der Meditation Erwachende dem Anführer der Roten die Worte entgegen: „Du willst dich mit mir messen und merkst nicht einmal, daß du in eben diesem Augenblick den Tod eines unschuldigen Wesens herbeigeführt hast?" Bestürzt untersuchte der rote Hohepriester seine Lederhosen und fand darin wirklich eine Laus, die er aus Versehen totgedrückt hatte. Damit war die Überlegenheit der Gelben bewiesen.[3])

Um noch einmal zu den Amerikanern zurückzukehren, so macht auch Crévaux[4]) einen Unterschied zwischen der Laus des Indianers, Buschnegers und Europäers. Er berichtet von einem kleinen Oyampi-Jungen: „un insecte (Laus) capturé est placé sous ses petits dents, croqué et savouré . . . Apaton me fait remarquer que le pou de l'Indien est bien différent de celui des nègres etc."

---

[1]) „Durch Sibirien", S. 122. — [2]) u. [3]) Nach einer Mitteilung von Professor Grünwedel. — [4]) Voyages dans l'Amerique du Sud. Paris 1883, p. 171.

Über denselben Gebrauch schreiben Rath-Andrée[1]) von den Botokuden: „Sie leben in Reinlichkeit, ausgenommen das Kopfungeziefer, welches für sie eine Delikatesse zu sein scheint"; Ida Pfeiffer[2]) von den kalifornischen Indianern: „Sie sind überaus unrein, suchen sich gegenseitig das Ungeziefer vom Kopfe und geben jeden Fund gewissenhaft dem Eigentümer, der ihn gierig verspeist". Auch die Nordwestamerikaner machen keine Ausnahme, denn Kapt. Jacobsen[3]) erzählt aus einem alten Märchen: „Der jüngste Bruder . . . lag mit großer Vorliebe der bei den Indianern wie bei vielen wilden Völkern üblichen Beschäftigung ob, daß er seinen Brüdern und Nachbarn das Ungeziefer vom Kopfe suchte und es als Delikatesse verzehrte". (Also immer wieder die Delikatesse!)

Ebenso verbreitet wie in Amerika ist diese Sitte über die ganze Südsee. Dr. Finsch schreibt mir: „Alle Kanake, gleichviel ob braun oder schwarz, sind leidenschaftliche Läuseesser"; Lyne[4]) berichtet von den Papuas in Pt. Moresby: „It is common to see a native of one sex intently examining the head of one of the other sex, and eating with evident satisfaction what is found".

In Afrika habe ich bei den Kaffern und Wasuaheli nichts von dieser Sitte bemerkt; die Kaffern, zumal die Sulu, pflegen ihr Haar mit solch außerordentlicher Sorgfalt, daß ich kaum glaube, daß sie oft an Läusen leiden und die moslimischen Suaheli rasieren meist ihren Schädel. Die Neger und Nubier sind schon erwähnt worden.

Allgemein verbreitet ist das Läusefressen bei den arktischen Völkern. Der alte Steller sagt von den Kamtschadalen, daß sich diese an dem Ungeziefer „revanchieren", indem sie es fressen. „Einige sieht man am Feierabend nichts anderes tun, als diese Läuse blindlings greifen und nach dem Maule damit fahren". Auch beschreibt er ein Instrument, das man zum Fange des Ungeziefers anwendet: „ein Stock, woran ein Stück Hasenfell gebunden, mit diesem stoßen sie zwischen dem bloßen Rücken und der Kuklanke (Gewand) und reiben sich damit". Am Hasenfelle bleiben die Läuse sitzen, die dann hervorgezogen und vernichtet werden.[5]) Übereinstimmend verfahren die Eskimos, worüber wir eingehende Schilderungen Bessels verdanken, der widerliche Dinge bei den Itanern am Smithsunde beobachtete; das Läuseessen ist dort „allgemein verbreitete Sitte". Es wird gegenseitig mit „affenartigem Griff" besorgt und liebende Mütter stecken ihren Kindern den Leckerbissen in den Mund. Genau dasselbe Instrument, das Steller vor 150 Jahren in Kamtschatka beim Läusefang beobachtete, sah Bessels jetzt bei den Itanern: ein Knochenstäbchen, am unteren Ende mit geschorenem Fuchs- oder Hasenpelz umwickelt, das am Rücken eingeführt wurde und an dem die Läuse hängen blieben.[6])

Was diesen Brauch bei den Völkern Europas betrifft, bei denen Läuse endemisch sind (z. B. Juden, Polen, Zigeunern), so liegt mir ein sicheres Zeugnis nicht vor. Se. kaiserl. und königl. Hoheit, der Erzherzog Joseph von Österreich, der beste Kenner der Zigeuner Ungarns, hatte die Gnade, mir zu schreiben: „Bei den Zigeunern sind die Läuse ungefähr ebenso häufig, wie bei der sie umgebenden Bevölkerung. Bei den unter Slaven, Italienern und Romanen wohnenden ansässigen Zigeunern kommt das Ablesen häufig vor. In Italien, sowie unter den Slaven, geschieht dieses nach allgemeinem Brauche meist Sonnabends auf offener Straße. Bei den nomadisierenden Zeltzigeunern, die meist im Freien leben, findet man die lästigen Gäste gewöhnlich nur bei Kindern und da nicht häufig, da der Regen deren Köpfe wäscht und die Kinder in jeder Pfütze baden. Die Laus heißt zigeunerisch tschuv und das Adjektiv ist tschuvalo. Spottend nennt man die Weiber oft Tschuvalji = Lausige. Das sonnabendliche Läusesuchen nennen die Zigeuner

---

[1]) Z. für Ethnologie 1890, S. 26 d. Verh. — [2]) „Meine zweite Weltreise". Wien 1856, III, S. 58. — [3]) „Nordwestamerikanische Sagen". Ausland 1890, S. 981. — [4]) L. Charles, New Guinea etc. London 1885, S. 34. — [5]) Steller, Kamtschatka. Frankfurt 1774, S. 199. — [6]) Archiv für Anthropologie, VIII, S. 113.

Kuzinel, ein Ausdruck, über dessen Abstammung ich noch nicht klar bin. Hier (in Ungarn) sind Sonnabends Slaven, Juden, Romänen und Italiener mit Läusesuchen beschäftigt".

Erwünscht wäre es mir, wenn ich aus dem Kreise der Globusleser Mitteilungen erhielte, ob in Europa das Läuseessen wirklich vorkommt. Ich finde nur eine bezügliche Notiz von v. Kampen[1]), die polnischen „Dschimken" betreffend, zweifle aber nicht daran, daß auch bei uns überall da, wo die Menschen von dem lästigen Ungeziefer befallen sind, sie sich dessen auf die besprochene, mehr einfach-praktische wie gerade appetitliche Weise entledigen — Völkergedanke!"

Zu Joests Abhandlung bemerkte Krauss[2]): Die Juden, muß ich, auch als Kenner, in Schutz nehmen; nicht etwa, daß es unter ihnen keine auf körperliche Reinlichkeit minder erpichte Individuen gäbe, will ich behaupten, sondern bloß, daß Juden den Sonnabend mit Läusesuchen nicht entweihen, weil sie sich zu der Frist von jeder wie immer gearteten Beschäftigung enthalten. Je ärmer und sozial tiefer stehend ein Jude ist, desto eifriger klammert er sich an die Einhaltung der ihm vorgeschriebenen religiösen Äußerlichkeiten an.

Was die Slaven anbetrifft, so kann ich auf Grund meiner Erfahrungen das Urteil abgeben, daß sie nicht unreinlicher sind als reichdeutsche, tiroler und steiermärkische Bauern in entsprechenden Vermögenverhältnissen. Der Lausige (ušljivac) ist dem Bauern ebenso zuwider wie unsereinem. Der christliche Bauer tötet die Laus, wo er ihrer habhaft wird, der moslimische Slave kann Anspruch auf eine Ehrenmedaille unserer Tierschutzvereine erheben, denn er faßt zart und sachte die gefundene Laus an und stellt oder legt sie hübsch weit von sich entfernt auf eine trockene Stelle nieder. Hirten und Hirtinnen tragen in der Hängetasche stets einen Lauskamm mit und suchen gelegentlich einander die Läuse ab. Der Kunstausdruck für diese gegenseitigen Gefälligkeiten ist pobiskati se oder poiskati se. Die der untersten Volkklasse angehörige Redewendung: uši jesti (Läuse essen) ist mir nur in der Bedeutung: „jemand grundlos verdächtigen oder verleumden" einige Male zu Ohren gekommen.

Wir haben ein klassisches Zeugnis dafür, daß wie bei den brasilischen Doñen auch in Deutschland zu Ende des 16. Jahrhunderts das Läuseessen als Schleckerei galt, bei Johann Fischart, der in seinem köstlichen „Eulenspiegel Reimensweiß" aus dem Jahre 1572 (Ausgabe von Hauffen, Stuttgart 1892, S. 355) den Eulenspiegel von „Unflätern unter den Bauern" sagen läßt:

> Fressen doch beym Pastetenbeck
> Faul tod Hüner mit Oberdeck.
> O, mit den Affenmäulern auß,
> Die für ein schleck essen ein Lauß usw.

„Von der Sitte des Verzehrens der Parasiten ist Europa nicht etwa auszunehmen. Altdeutsche Bußbücher bezeugen, daß die heidnisch germanische Volkssitte, das Körperungeziefer zu verspeisen, von der Geistlichkeit mit den Strafmitteln der Kirche bekämpft wurde: Qui de sui comedens corporis cute vel scabie sive vermiculo qui pediculi nuncupantur, suam nec non bibens urinam stercorave comedens, cum impositione manuum episcopi annum integrum cum pane et aqua peniteat.[3])

„Völlig erloschen ist der Brauch des Läuseessens im deutschen Volke nicht. Läuse sind in der deutschen Volksmedizin ein Heilmittel, vor dem der Abscheu kaum

---

[1]) Petermann, 1890, Lit.-Bericht Nr. 2401. — [2]) Globus ebenda, S. 365. — [3]) Emil Friedberg, Aus deutschen Bußbüchern, Halle 1868, S. 56.

größer ist, wie vor manchen Medikamenten der wissenschaftlichen Medizin. Kundmann[1]) führt aus dem „Orientalischen Kunst- und Lustgärtner" (Kap. 253) von George Meister an: Selbst bey uns in Schlesien hat der Appetit Menschen zu der Läuse-Fresserey getrieben; dem sel. Herrn Gryphio ist von einem vornehmen Manne so bey Louyse des letzten Hertzogs von Lignitze, Hertzogl. Frau Mutter in Diensten gestanden / vor gewiß erzehlet worden: Dasz ein Edel-Knabe bey dasigem Hofe dem Läuse-Fang trefflich nachgegangen / und so bald er eine erhaschet / mit Begierde in das Maul gestecket: die Hertzogin / so einsmals diese Sauerey aufs nachdrücklichste ihm verweiset / bekommt von ihm folgende Entschuldigung zur Antwort: Gnädige Fürstin und Frau: Ich esse sie nicht / ich sauge sie man aus".

„Die Läuse sind nicht die einzige Parasitenart, an deren Genuß der Mensch Wohlgefallen findet. Auch Flöhe, Mücken, selbst Eingeweidewürmer sind für manche Völker eine Delikatesse. Medizinische Vorstellungen laufen dabei unter. Die Paumarys und viele andere Indianerstämme Südamerikas haben die Gewohnheit, eine Stechfliegenart, klein wie ein Nadelkopf, in den Mund zu stecken und zu verschlucken, weil die Tierchen wegen des eingesogenen Blutes von süßlichem Geschmack sind. Mit der gleichen Begierde verzehren sie den Inhalt der „Mitesser", die sie aus der Haut ausdrücken.[2]) Die Melanesier und Australneger haben eine Vorliebe für Hundeflöhe. Als O. Finsch einen Koiäri fragte, warum er die Flöhe esse, erhielt er zur Antwort: „Das ist gut für die Zähne!"[3])

„Mit der Gewohnheit der Paumarys, Stechfliegen und Moskitos in Mund und Magen zu versenken, läßt sich der deutsche Volkbrauch in Parallele stellen, demzufolge man sich durch Essen von Mücken Schutz gegen Mückenstiche verschaffen kann. Begeisterte Anhänger dieses volkmedizinischen Verfahrens sind nicht nur in den untersten Schichten des Volkes, sondern gelegentlich auch in den Kreisen der Gebildeten anzutreffen. In der Volkmedizin Deutsch-Tirols konkurrieren die Wanzen mit dem Stink-Asant als Mittel bei Hysterie und Epilepsie. Alltäglicher Genuß von 7—9 Wanzen, in Rosinen verborgen, heilt in der Gegend von Sterzing die „hinfallende Sucht".[4])

„Der gastronomische Genuß ist lediglich erst die Folge des tierischen Brauches der Ungezieferverspeisung, die man durch ungezählte Generationen zur Reinhaltung von Haut und Haar übte. So wichtig für die Fortdauer dieses Brauches in Kulturzeiten das Behagen am Wohlgeschmack der Parasiten sein mag, so wenig kann man dies zur Erklärung des Ursprungs einer Völkersitte heranziehen, die nur ein naturnotwendiges Ergebnis der in die tierische Vorzeit zurückreichenden Abwehrbestrebung des Menschen gegen die Schmarotzer durch Belecken und Besaugen ist".[5])

In Preußen: Sieben Läuse auf Butterbrot sind gut gegen das Fieber.[6]) — Läuse auf Butterbrot genossen vertreiben auch nach dem Glauben der Masuren die Gelbsucht.[7])

Vielleicht weist das Sprichwort: „Besser eine Laus im Kraut als gar kein Fleisch" auch auf eine Zeit hin, wo das Läuseessen allgemeiner verbreitet war.

---

[1]) Johann Christian Kundmann, Rariora Naturae Artis item in Re medica oder Seltenheiten der Natur und Kunst usw. Leipzig 1737 (Ungewöhnliche Delikatessen und abgeschmackte Speisen). — [2]) Ausland, LIX (1884) S. 263. — [3]) W. Joest, Weltfahrten, III, S. 154. — [4]) Aug. Lieber, Volkmed. in Deutsch-Tirol. Zeitschr. d. deutsch. und österreich. Alpenver., 1886, S. 223. — [5]) R. Hofschlaeger, Über den Ursprung der Heilmethoden. Naturwissenschaftl. Verein zu Krefeld 1858—1908, S. 173—176. Auf diese Untersuchung sei mit Nachdruck verwiesen, denn H. versucht es als erster, die primitiven Heilbräuche unter steter Berücksichtigung ihres praktischen Nutzens in die tierische Vorzeit zurückzuverfolgen und den Gang der organischen Weiterentwicklung aufzudecken. — [6]) H. Frischbier, Hexenspruch und Zauberbann, Berlin 1870, S. 52 u. 58. — [7]) M. Töppen, Aberglauben aus Masuren, 2. Aufl. Danzig 1867, S. 54. — Hofschlaeger bezeugt denselben Brauch für die Umgegend von Krefeld u. R. Andree für Braunschweig, Braunschweiger Volkkunde, S. 401.

Friederici berichtet in seinem an ausgezeichnet wertvollen Beobachtungen über-reichem Werke.[1] „Es ist bekannt, daß die Sitte des Läuseessens bei den Polynesiern weit verbreitet ist. Daß die melanesischen Weiber ihren Kindern das Ungeziefer vom Kopf suchen, habe ich häufig bemerkt, daß sie ihre Beute in den Mund stecken und zwischen den Zähnen zerdrücken auch, daß sie sie aber aufessen, in keinem Fall. Nur bei kleinen Kindern suchen die Mütter die Läuse auf dem Kopf ab, zerdrücken sie mit den Zähnen und spucken[2] sie wieder aus. Wilhelm Joest's Angaben sind etwas lückenhaft ausgefallen. Wie über die ganze polynesische Südsee, und in Gestalt des Läuseknackens scheinbar auch über ganz Melanesien, so war auch das Läuseessen über nahezu das ganze Amerika verbreitet. Abgesehen vom Inkareich und der Südspitze Amerikas liegt eigentlich für jeden größeren Bezirk ein Beleg vor. Die Gründe sind verschieden, aber der häufigste ist ein für die Indianer Amerikas sehr charakteristischer, die Rache: sie beißen das Ungeziefer und verzehren es, weil sie von ihm gebissen worden sind und ihre Feinde zu verspeisen pflegen". Diese Erklärung erinnert an jene im serbischen Guslarenlied: ždrijebe jebe Kraljeviću Marko; — ne jebe ga, jer je pičke želj-an, — već ga jebe, da mu se osveti, — što pojede ispod šarca sijeno. (Prinz Marko vögelt das Fohlen; — Er vögelt es nicht, weil er Sehnsucht nach Voze trüge, — sondern er vögelt es, um sich an ihm zu rächen, — weil es unterm Schecken das Heu weggefressen).

Frau Marie Babukić erzählte Krauss: ‚Im Sommer des Jahres 1901 war ich im Dorfe B. in Slavonien zu Besuch bei Bauern. Mehrere acht- bis fünfzehnjährige Kinder vertrieben sich in der Stube die Zeit mit Fliegenfangen. Die erwischten Fliegen steckten sie in den Mund und verzehrten sie. Ich tadelte sie deswegen, sie aber sagten, sie äßen doch keine Fliegen, sie saugten sie blos aus. Ein anwesender erwachsener Bursche bemerkte, wenn ich ihm acht Stück Rühreier mit Schmalz bereiten ließe, äße er darein auch einen halben Liter voll Fliegen auf. Das wollte ich doch sehen und willigte ein. Da ging er in den Hof zu zwei Stuten hinaus, fing ihnen die Roßfliegen unter den Schweifen ab, steckte sie in eine große Flasche und als sie voll Fliegen war, goß er siedend heißes Wasser dazu, bis die Fliegen hin wurden. Die toten Fliegen mengte er in die Rühreier ein und verspeiste alles mit Behagen. Daran fand niemand etwas auszusetzen, nur mir war drei Tage lang übel davon. Dem Burschen hat dies Mahl nicht im geringsten geschadet'. Aus eigener Erfahrung weiß Krauss keinen zweiten Beleg beizubringen, was allerdings noch lange als Gegenbeweis gegen die Mitteilung der Frau B. nicht gelten kann. Das Roßfliegenessen als chrowotischen Volkbrauch anzusehen, wäre aber doch nicht zulässig.

Läusebannen und Läusetraum.

Nach deutschem Volkglauben können Hexen ihre Nebenmenschen auf allerlei Weisen peinigen. „Eine allgemeine Kunst ist das Läuseanmachen. Dagegen gibt es jedoch viele Gegenmittel. Ist man von ihnen mit Läusen behext worden, so kann man sich an der Hexe dadurch rächen, daß man eine ungleiche Zahl dieses Ungeziefers in einen Federkiel, Papier oder in ein neues linnenes Läppchen tut und sie an dem Perpendikel einer Uhr befestigt. Die Hexe hat dann solange keine Ruhe mehr, als sie an dem Perpendikel hängen. Ebenso bringt man die Läuse in dem Kammrad einer Mühle heimlich an, weil der Müller diese Manipulation nicht gerne sieht, bis die Hexe dann gelaufen kommt und alles verspricht, um die Läuse wieder aus dem Rad heraustun zu lassen. Auch lädt man eine ungerade Zahl Läuse in eine Pistole und schießt sie

---

[1] Dr. Georg Friederici, Beiträge zur Völker- und Sprachenkunde von Deutsch-Neu-Guinea. Mitt. aus den deutschen Schutzgebieten, Ergänzungheft 5. Berlin 1912, S. 54f. — In Anm. 76 gibt F. weitere 21 Werke an, wo des Läuseessens der Indianer gedacht wird. —
[2] „Federmann und Stade", S. 180; — Nicholas, I, S. 282; — Lettres sur les Iles Mar-quises, S. 49; — Hawkesworth, III, S. 14.

während der Frühpredigt über die Flurgrenze in eine Dornenhecke ab, worauf die Hexe jeden Dorn in ihrem Gesäße spürt. Das hat noch im Jahre 1860 ein Pfarrer auf der Rhön ausführen lassen; natürlich ist er dafür enturlaubt worden".[1]

Träumt man von Läusen, so bekommt man Geld oder macht gute Geschäfte.[2]

Auf dem Kopf eines Standbildes gewachsenes Moos.

„Es wird versichert, daß man Kopfschmerzen sofort heilen kann, wenn man die Pflanzen, die auf dem Kopfe eines Standbildes wachsen, in einem Zipfel des Gewandes sammelt und mit einem roten Faden um den Nacken bindet".[3] Hieraus wird sich wohl die Ansicht von dem auf Menschenschädeln gewachsenen Moos gebildet haben.

Wolle.

„Die alten Römer schrieben der Wolle eine gewisse Art von religiöser Bedeutung zu; und in diesem Sinne ist auch die Vorschrift aufzufassen, daß die Braut die Türpfosten ihres Gattenhauses mit Wolle berühren mußte".[4]

„In der Grafschaft Cumberland in England gilt das Auflegen von ein wenig mit Kuhharn angefeuchteter Wolle eines schwarzen Schafes ganz allgemein als ein gutes Mittel gegen Ohrenschmerzen. Möglicherweise haben wir es hier mit der abgeänderten Form einer Ansicht zu tun, die man am Mount Desert findet, denn dort behauptet man nämlich, die Wolle müsse mit frischer Milch benetzt sein; in Vermont dagegen glaubt man, man könne nur dann eine Wirkung erzielen, wenn die Wolle von der linken Halsseite eines vollkommen schwarzen Schafes genommen sei. An anderen Orten genießt das wollige Negerhaar einen besonderen Ruf als Heilmittel gegen derartige Schmerzen.

Es scheint fast unglaublich, daß Heilmittel von so widerlicher Art, woher sie auch stammen mögen, in einer noch so rohen, überlieferten Arzneimittellehre ihren Platz behaupten können; aber man muß annehmen, daß in dem unerzogenen menschlichen Geist eine gewisse Ehrfurcht vor allem, was an sich selbst abstoßend oder ekelhaft ist, vorhanden zu sein scheint, oder daß es eine Art Glauben an solche Dinge gibt. Anstelle einer vernünftigen Überlegung herrschen solche Ansichten offenbar bei der Auswahl mancher volktümlicher Heilmittel vor, denn wir haben solche in der Form von Ölen, die man in geradezu Abscheu erregender Weise herstellt, wie z. B. Stinktieröl, Angelwürmeröl, das man durch langsames Trocknen von Regenwürmern in der Sonne gewinnt, ferner verschiedene Arten von Schlangenöl usw.[5]

Bei der vorigen Besprechung der Verwendung menschlichen Blutes und menschlicher Schädel wird auch dem oberflächlichsten Leser ein Zug aufgefallen sein: bei der Behandlung der fallenden Sucht war das Blut oder der Schädel eines sterbenden Gladiatoren oder eines Verbrechers vorzuziehen. Und hierfür gab es offenbar einen Grund, der außerhalb der bloßen Nützlichkeitannahme lag.

Die Gladiatorenspiele richtete man als heilige Spiele ein, in denen die der Gottheit darzubringenden Opfer das Schicksal des Kampfes auslas. Nachdem die bessere Einsicht und der bessere Charakter des Menschen sich gegen die abstoßenden Menschenopfergebräuche schon längst aufgelehnt hatten, lag man dennoch in den Fesseln der Religion und der Sitte. Der Mensch wollte zwar, wie es früher geschah, seine eigene

---

[1] Aug. Witzschel, Sagen, Sitten und Gebräuche aus Thüringen, herausgegeben von G. L. Schmidt, Wien 1878, S. 267. — [2] A. Witzschel, aus Thüringen, S. 286. — [3] Plinius, XXIV, Kap. 106. — [4] Plinius, XXIX, Kap. 10. — Die Art der religiösen Bedeutung erörtert vollkommen befriedigend Felix Liebrecht, Zur Volkkunde. Alte und neue Aufsätze, Heilbronn 1879: Der hegende Faden, S. 305—310. — [5] Frau Fanny D. Bergen, Animal and Plant Lore, in Popular Science Monthly, New-York 1888, September, S. 658. — Die befriedigendste, weil einfach einleuchtende Erklärung, die sich ihrem Wesen nach mit der im Text vorgebrachten deckt, gewährt uns, wie schon früher bemerkt, Freuds Psychoanalyse, die das Festhalten an ersten Kindheiterinnerungen als Grundursache derartiger Erscheinungen erkannte.

Nachkommenschaft nicht mehr als Opfer hingeben, aber er fuhr doch fort, Krieggefangene, wie die Gladiatoren, und Verbrecher hinzuopfern. — Das Opfer teilte im allgemeinen mit dem Opferpriester die Ehre, daß man es als Vertreter der Gottheit ansah, in deren Namen man ihm das Leben nahm. Es wurde also folgerichtig selber etwas Geheiligtes; alles, was ihm gehörte, zur „Medizin" im Sinne der Primitiven, und fand daher bei keiner anderen Krankheit eine bessere Verwendung, als bei der fallenden Sucht, denn diese war gerade die „heilige Krankheit", morbus sacer, eine unmittelbar von den Göttern ausgegangene Heimsuchung.

Außerdem mag man die Verbrecher, gleichviel, ob man sie wegen Verletzung der Gesetze eines Eroberervolkes oder wegen Verstöße gegen die Mannzucht oder wegen Verachtung einer siegreichen Religion hinrichtete, von den unterworfenen Landbewohnern, die eine halb verheimlichte Verehrung für die alten Herrscher und unterdrückten Gebräuche immer noch hegten, als Märtyrer angesehen haben, deren Knochen, Blut und Schädel Krankheiten heilten und Mißgeschick fern hielten. — Auch der Gedanke der Heiligkeit, die man „unschuldigen Mädchen und Knaben" zuschrieb, deren unverdorbenes Blut die vergiftete Flüssigkeit, die schwerfällig durch die Adern der Aussätzigen rann, reinigen könnte, bewegt sich in diesem Geleise.

Der Glaube, man könne den Göttern durch den Anblick menschlichen Leidens eine Lust bereiten und sie günstig stimmen, namentlich fügte man sich selber Schmerzen zu, ist seit Urzeiten vorhanden und wird wahrscheinlich, in der einen oder der andern Form, bis zum Ende der Welt dauern. Dieser Glaube ist in jeder möglichen Gestalt immer wieder zu Tage getreten, von der strengen Enthaltsamkeit der Büsser bis zur tierischen Geißelung der frommen Fanatiker und bis zur schließlichen Selbstentmannung der Galli, der Klysthi und der Hottentotten, ja, bis zur Selbstopferung der Gottesdiener von Jaggernaut. (Siehe Anhang). Maurice zählt fünf verschiedene Arten von verdienstlichem Selbstmord auf, die man heute noch in Hindostan anerkennt. Und wir haben keinen vernünftigen Grund, die Überzeugung abzulehnen, daß auch unsere eigenen Vorfahren in vollem Maße dieselben falschen Ansichten hegten; sie beweisen heute noch ihren Einfluß auf die Geister einer ungebildeten Landbevölkerung[1]) und umgeben heute noch jeden Akt der Selbstvernichtung, mag er dem Wahnsinn oder irgend einem andern Antriebe, die man einem höheren Einfluße zuschreibt, entstammen, mit dem Geheimnis der Heiligkeit.

Knochen und Knochenmark.

„Wenn man mit einem menschlichen Knochen einen Kreis um ein Geschwür herum beschreibt, so verhindert man wirksam dessen Ausbreitung".[2])

Etmuller glaubte, es sei durch die Anwendung eines unzerbrochenen menschlichen Knochens möglich, den Stuhlgang so reichlich herbeizuführen, wie man es wünsche.[3]) — „Das heilige Öl aus den Knochen toter Menschen ist gut für die fallende Krankheit".[4]) — Auch Beckherius verordnete menschliche Knochen als Heilmittel.[5]) — Etmuller, der sich mit der Empfehlung von zu Pulver gemahlenen Knochen nicht zufrieden gab, empfahl auch noch die Anwendung menschlichen Markes.[6])

„Der Indianer, unfähig das Körperliche vom Geistigen zu trennen, betrachtet die Knochen, die nach Zersetzung der Leiche allein noch übrig bleiben, als den eigentlichen

---

[1]) In dieser Hinsicht erweist sich die Masse großstädtischer Bevölkerung häufig als noch rückständiger, dümmer und begriffstütziger, weil ihr das Naturgefühl entschwindet. — [2]) Plinius, XXVIII, Kap. 11. — Gegen Überbeine (mrtva kost = toter Knochen) bei den Südslaven allgemein gebräuchlich und sonst auch vielfach in Europa nachweisbar. — [3]) B. II, S. 273. — [4]) Georg Baker, Chirurgeon, The Newe Jewell of Health, London 1576, S. 170. — [5]) Medic. Microcosm., S. 252ff. — [6]) B. II, S. 268.

und letzten Sitz der Seele. In Getränken genoß und genießt man die Knochen der verstorbenen Vorfahren, um sich ihres Geistes und Wesens auf handgreifliche Weise teilhaftig zu machen. Auf diese Art lebt der Verstorbene in dem wieder auf, der die Knochen getrunken".[1]

Magyarischer Volkglaube: „Hat jemand einen unheilbaren Ausschlag am Leibe, so holt ein Mensch, der Johannes heißen muß, vom Friedhof ein Totenbein, pulverisiert es und kocht dieses Pulver mit Hirse, Linsen und Bohnen zu einem halbflüssigen Brei, mit dem er die Wunden des Leidenden einreibt, wobei er spricht: „Aussätziger kam zu Jesus; bei seinem Anblick lief der Apostel Johannes weg. Aussätziger sprach zu Jesus: „Rühre mich nicht an!" Jesus sprach zu Johannes: „Rühre ihn an!" Jesus berührt ihn mit einem grünen Zweige. Eile von hier weg, du höllische Krankheit, wie Johannes einst weg lief . . ." Nach drei Stunden reinigt man den Leib von diesem Brei mit Wasser und das gießt man dann auf einen Friedhofstrauch. Syphilitische wenden dasselbe Mittel an, doch muß das Totenbein von einem „unschuldigen", womöglich 7jährigen Kinde sein.

„Nägel, Haare, Blut Erhängter gibt man, in Getränke gemischt, Fallsüchtigen ein, in Ermangelung dieser Sachen aber auch pulverisierte Menschenknochen. Ums J. 1874 entdeckte die Polizei in Debreczin eine „Teufelküche", wo man Menschenschädel, Totengebeine, Nägel, Haare und Kleidungstücke Erhängter vorfand, woraus ein Weib, das im Rufe einer Wunderdoktorin stand, Medikamente verfertigte".

Hat jemand die Gelbsucht, so trage er ein Totenknöchlein am bloßen Leibe bei sich und schlage täglich dreimal sein Wasser auf das Knöchlein ab, wobei er zu sagen hat: „Was Gelbes in mir ist, das gebe ich dir!" (a mi sárga van hennem, azt neked adom). Nach neun Tagen steckt man das Knöchlein in das Loch eines Friedhofbaumes, worauf der Kranke, so eilig als er es nur imstande ist, nach Haus laufen muß.[2]

„Bezeichnend für die ursprüngliche Krankheitauffaßung der Australneger ist die Art und Weise, wie die Zauberer in den Besitz ihrer magischen Fähigkeiten gelangen. Im östlichen Australien pflegen drei der Zauberer (Ka-ra-kul) auf dem Grabe einer frisch beerdigten Leiche zu schlafen Während des Schlafes stößt ihnen der Tote einen magischen Knochen, mur-ro-kun, in den Oberschenkel, wobei sie eine Schmerzempfindung wie bei einem Ameisenstich fühlen. Der magische Knochen verbleibt nun, ohne weitere Unbequemlichkeiten zu verursachen, im Fleische der Zauberer, bis sie etwa beabsichtigen, jemanden durch Hexerei zu töten. Der Krankheitzauber besteht darin, daß der magische Knochen auf übernatürliche Weise in den Leib des Feindes hineinpraktiziert wird, was für ihn den Tod zur Folge haben kann. Bei dem Dieyerie-Stamm heißt dieser Zauber Mookovellie Duchana, Todzauber mit einem Knochen".[3]

„Männer, Frauen und Kinder leben in beständiger Furcht, einen anderen Menschen beleidigt zu haben. Bei einer schweren Erkrankung wird derjenige, der in den Verdacht kommt, im Besitze eines krankmachenden Knochens zu sein, von der Frau des Kranken oder von der Frau des nächsten Verwandten besucht. Sie spricht keine offene Anschuldigung aus, sondern erzählt nur von der Hoffnunglosigkeit des Falles und überreicht Geschenke. Der Verdächtige weiß, daß er für den Täter gehalten wird und versichert, dem Knochen durch Eintauchen in Wasser alle Zauberkraft nehmen zu wollen. Stirbt der Kranke und war er ein einflußreicher Mann, so wird der vermeintliche Täter bei erster Gelegenheit ermordet".[4]

---

[1] Theodor Koch, Die Anthropophagie der südamerikan. Indianer. Intern. Archiv für Ethnogr. Leiden 1899, XII, S. 83 f. — [2] Varga, A babonák könyve (Buch des Aberglaubens), Arad 1877, S. 140, 145 u. 155 (deutsch von Wlislocki, Tod und Totenfetische, S. 4 u. 5.) — [3] O. Stoll, Suggestion und Hypnotismus, 2. Aufl. Leipzig 1911, S. 113 ff. — [4] R. Hofschlaeger, Über den Ursprung der Heilmethoden. Festschrift zur Feier des 50jähr. Bestehens des Naturw. Vereins zu Krefeld, 1908, S. 143 f.

Menschliche Zähne.

„Ein Zahn, den man einer Leiche vor der Bestattung entnimmt" und als Amulet trägt, heilt Zahnweh.[1]) „Der erste Zahn, den ein Kind verloren hat", schützt gegen Gebärmutterschmerzen, trägt man ihn als Amulet.[2])

Im Mörser zerstoßene Zähne toter Menschen verwandte man, um die Geschlechtteile von Leuten damit zu beräuchern, die durch Hexenkünste nicht voneinander los konnten.[3])

Etmuller lehrte, die Zähne seien den Knochen ähnlich und könnten daher auch bei der Behebung derselben Krankheiten in Anwendung kommen. Diejenigen, die aus dem Kiefer eines Mannes ausgezogen waren, der ein gewaltsames Ende gefunden, empfahl man namentlich für alle Krankheiten, die durch Hexerei erzeugt waren, ebenso auch für den Verlust der Mannkraft.[4])

„Wenn man Kinderzähne, namentlich die zuerst ausfallenden, auffängt, ehe sie auf die Erde fallen, mit Silberblech überzieht und über Frauen aufhängt, so verhindern sie deren Schwängerung und Niederkunft".[5])

Schwangere Frauen trugen Zähne als Amulete oder man nahm sie, zu Pulver gemahlen, in Tränken ein; in beiden Formen sah man sie auch für nützlich zur Pestabwehr an. Gepulverte Zähne trank man in Wein, wollte man die fallende Sucht heilen; sie stellten auch geschwächte Mannkraft wieder her.[6])

„Schlage einen ausgezogenen Zahn in die Rinde eines jungen Baumes ein".[7])

Menschliche Zähne, Knochen und andere Leichenteile sind bei den Negern in den südlichen Staaten der Vereinigten Staaten von Nordamerika heute noch bei ihren Voudoo-Zeremonien und als Zaubermittel in Gebrauch, nach dem Glauben längst entschwundener Zeiten, daß ihr Besitz einem Menschen Unsichtbarkeit verschaffe. Man vergleiche hierüber den Aufsatz im Evening Star von Washington vom 1. Januar 1889.

„In North Hants hüllt man oft einen einer Leiche aus dem Munde genommenen Zahn in ein kleines Säckchen ein und trägt ihn um den Hals, damit er seinen Träger gegen Kopfschmerzen schütze . . . Im Nordosten von Schottland war es erforderlich, daß der Leidende mit seinen eigenen Zähnen einen Zahn aus einem Schädel zog".[8])

Die Anwendung von menschlichen Zähnen und Fingern als Zaubermittel, Amulete und Medizin gedenke ich in einem andern Werk in größerer Ausführlichkeit zu behandeln. Für den vorliegenden Zweck genügt es, auf die große Macht hinzuweisen, die in den Anschauungen der amerikanischen Eingeborenen mit solchen Reliquien verbunden ist. Ich kam im Winter 1876 im nördlichen Wyoming in einem der Feldzüge des Generals Crook nach einem Kampfe mit den nördlichen Cheyennen in den Besitz eines Halsbandes aus menschlichen Fingern, des hochgeschätzten Schmucks und der „Medizin" des obersten Medizin-Mannes. Dieses sonderbare Glied zwischen amerikanischer Wildheit und europäischem Aberglauben befindet sich jetzt im Nationalmuseum zu Washington.

Flemming verordnete die gemahlenen Knochen von Verbrechern (roh oder gebrannt) als innerlich zu nehmende Arznei gegen Gicht, Ruhr usw.; aber er beschränkte sich nicht allein auf menschliche Knochen, sondern gibt ausdrücklich an, daß man in Ermangelung von Menschenknochen als Ersatz die Knochen von Pferden, Eseln oder anderen Tieren anwenden könne.[9])

---

[1]) Plinius, XXVIII, Kap. 12. — [2]) Plinius, XXVIII, Kap. 7. [Noch heute glaubt man, daß man solche Zähne in ein Mausloch stecken müsse, wenn das Kind nie wieder Zahnweh bekommen solle. I.] — [3]) Frommann, De Fascinatione, S. 965. — [4]) B. II, S. 273. — [5]) S. 263. — [6]) Flemming, De Remediis, S. 13. — [7]) Grimm, Teutonic Mythology, B. III, S. 1173. — [8]) Black, Folk-Medicine, S. 98. — [9]) De Remediis, S. 12.

„Man sol eines todten Menschen Zaan thun, wenn man einen wehethuenden Zaan damit anrüret, oder auff seinen Zaan helt, so sol er ausfallen. Man sol sich aber auch vorsehen, das man andere nicht damit berüre".[1]

Nordgermanischer Glaube: Trägt man den Zahn eines toten Mannes bei sich, so schützt dies vor Zahnweh, und hat man Zahnweh, so kann man es durch Reiben der wehen Zähne mit dem Zahn eines Toten vertreiben. Um Liebezauber erfolglos zu machen, braucht man nur mit dem Zahn eines Toten zu räuchern. Ebenso wenn eine Kuh behext ist, muß man mit dem Zahn eines Toten, mit echtem Bernstein und Teufeldreck unter ihr räuchern. Nimmst du eines toten Menschen Zahn, der drei Sonntage auf dem Altar gelegen und machst ihn über die Tür fest, dann müssen alle Weiber, die durch die Tür hineingehen, ihre Kleider aufheben und tanzen, solang der Zahn an seinem Ort bleibt. Eines Gewächses kann man los werden, wenn es ein Zwillingkind mit seinen Zähnen benagt. Sonst heißt es im allgemeinen, man müsse alle Zähne, Beinchen, Splitterchen, die ein Mensch während seines Lebens von seinem Leib verliert, ihm ins Grab mitgeben.[2]

Bei den Polen muß ein Furchtsamer, um sich zu einem Mutigen umzuwandeln, einen Totenzahn stets mit sich tragen.[3]

„In Marburg machte ich die Bekanntschaft eines deutschen Mädchens aus Friaul. Ihre Liebe war feil. Als sie ihre Börse aufschloß, zeigte sie mir einen Zahn darin. Sie habe früher ein Stück vom Schwamm mit sich herumgetragen, mit dem ihrer Mutter Leiche gewaschen worden und stets damit Glück gehabt. Als das Schwammstückchen verloren ging, verlor sie ihr Glück. Jetzt ginge es ihr wieder besser, seitdem sie den einer Leiche entnommenen Zahn mit sich in der Börse trage, doch brächte er ihr lange nicht soviel Glück, wie ehedem der Schwamm".[4]

Legt man, nach magyarischem Volkglauben, den ausgefallenen oder ausgerissenen Zahn eines Menschen ohne sein Wissen in Essig, und ist der Essig nach neun Tagen „klar", so lebt der Mensch noch lange; ist er aber trüb und bildet sich ein Schleier um den Zahn herum, dann „zieht er" (költözik) gar bald von dannen.[5]

„Will man [in Ungarn] erfahren, ob eine Person lange leben wird, so legt man ohne ihr Wissen einen ihr ausgefallenen oder ausgerissenen Zahn in Essig; ist der Essig nach neun Tagen klar, so lebt die betreffende Person noch lange; ist er aber trüb und bildet sich ein Schleim um den Zahn herum, dann „zieht" (költözik) die Person gar bald von dannen; deshalb muß man sie zum Kaufe fremder Lebenjahre bewegen, wenn man ihr eben langes Leben wünscht".[6]

„Soll ein Kind leicht zahnen, so bindet man ihm eine abgebissene Maulwurfpfote, in ein Läppchen eingenäht, um den Hals. — Mit einem Totennagel, den man beim Grabmachen aufgefunden, stillschweigend im Namen Gottes in einem kranken Zahn gestochert, bewirkt dessen Ausfaulen ohne Schmerzen".[7]

---

[1] K. Ed. Haase, nach Aufzeichnungen des Dr. Colerus ums Jahr 1598 in der Mark Brandenburg. Am Urquell, Hamburg 1892, III, S. 197. — [2] H. F. Feilberg, Totenfetische im Glauben nordgermanischer Völker. Am Urquell, III, S. 88. — [3] Oskar Kolberg, Lud. Jego zwyczaje, sposób życia etc. Serya XX. Kieleckie. Krakau 1886, II, S. 214, Nr. 30. — [4] Ein Wiener Kaufmann brieflich an Krauss. Vergl. Am Urquell, 1893, IV, S. 281. — [5] Anna Dörfler, Am Urquell, III, S. 147. — [6] H. v. Wlislocki, Tod und Totenfetische im Volkglauben der Magyaren. Mitteil. der Anthr. Ges., Wien 1892, XXII, S. 1 f. — [7] A. Witzschel, Sagen, Sitten und Gebräuche aus Thüringen. Herausg. von G. L. Schmidt, Wien 1878, S. 248 u. 254. — Zum Teil kann man mit Nutzen auch Dr. R. Laschs Abhandlung: Die Verstümmlung der Zähne in Amerika und Bemerkungen zur Zahndeformierung im allgemeinen, heranziehen. Mitt. d. Anthrop. Ges., Wien 1901, XXXI, S. 13—22.

Weinsteinansatz der Zähne.

Paullini geht soweit, die Verwendung des Weinsteinansatzes der Zähne und den Schmutz getragener Strümpfe als Mittel gegen Nasenbluten zu empfehlen.[1]

In dieser Beziehung schließt er sich wahrscheinlich einem alten Brauch an, von dem es andere Schriftsteller unterlassen haben, Einzelheiten beizubringen. Galen und andere haben gezeigt, daß man die Abfälle vom menschlichen Körper, sowie jeden anderen „Dreck" als Heilmittel verwandte und deshalb ist auch gar kein Grund vorhanden, weshalb man den Weinsteinansatz der Zähne früher einmal nicht in den Arzneischatz aufgenommen haben sollte.

Nierensteine — Gallensteine — menschliche Galle.

Steine gebrauchte man bei der Behandlung der Steinleiden und bei Geburten.[2] Vorschriften über ihre Verwendung bei Steinen in der Blase oder in den Nieren findet man auch bei Beckherius.[3] — Flemming empfiehlt gleichfalls ihren Gebrauch.[4]

„Eines Mannes Stein, den man nüchtern verschluckt, ist sehr kräftig, sodaß er Steine zerbricht und mit dem Harn austreibt".[5]

Menschliche Galle wandte man innerlich bei fallender Sucht, äußerlich bei Taubheit und Ohrengeschwüren an.[6]

Bezoarsteine — Lyncurius.

Seit den ältesten Zeiten verwendete man in der europäischen Heilkunde gewiße Steine, die unter dem Namen Belemniten, Donnerkeile, Lyncurius usw. bekannt waren und die man als ein wirksames Mittel für die Behandlung von Steinen in der Blase ansah. Den Lyncurius hielt man für geronnenen Harn des Luchses und aus diesem Umstande hielt ihn der Verfasser für erwähnenswert.[7]

Der Bezoarstein, dessen ältere Schriftsteller so häufig Erwähnung tun, war weiter nichts, als in tierischem Magen verhärteter Kotstoff. [Das Wort Bezoar stammt vom arabischen Badesar und bedeutet wörtlich Gegengift; im Orient haben diese Steine heute noch ihr altes Ansehen und werden hoch bezahlt. Von deren Heilkraft kann gar keine Rede sein. I.]

Edelsteine.

„Edelsteinen schrieb man schützende Kraft gegen Krankheiten zu und man trug sie daher in Gold, Silber oder Stahl gefaßt als Vorbeugmittel; denn:

Talisman im Karneol,
Gläubigen bringt er Glück und Wohl;
Steht er gar auf Onyx Grunde,
Küß ihn mit geweihtem Munde!
Alles Übel treibt er fort,
Schützet dich und schützt den Ort".[8]

---

[1] Paullini, S. 52. — [2] Plinius, XXVIII, Kap. 9. Vergl auch Galen. — [3] Med. Microcosm., S. 167—170. — [4] De Remediis, S. 23. — [5] De Remediis, S. 14. — [6] A. a. O. — [7] Pomet, On Drugs, Englische Übersetzung, London 1738, S. 408. — Über Donnerkeile in allen Weltteilen vergl. Rich. Andree, Ethnogr. Parallelen und Vergleiche, N. F., Leipzig 1889, S. 30—41; insbesondere behandelt das slavische Völkergebiet Juljan Javorskij, Gromovyja strĕlki. Očerk po istorii južno-rosskago folklore, Kievskaja Starina 1897, 12 S., Chr. Blinkenberg. The thunderweapon in religion and folklore. A study in comparative archaeology, Cambridge 1911, P. Saintyves, Reliques d'origine météorologique, les pierres de foudre, in Les Reliques et les Images légendaires, Paris 1912, S. 185—193. — [8] Hermann Peters, Aus pharmazeutischer Vorzeit in Bild und Wort. Berlin 1910, I, S. 222. Ausführlich über die Wirkung der Steine, S. 223 ff. — Bedeutsam ist für diesen Gegenstand das Werk W. T. Fernie's Precious Stones for Curative Wear and their Remedial Uses; likewise the Nobler Metals. London 1907, XVIII, S. 486. Ebenso P. Saintyves, Gemmae cerauniae, Reliques etc., S. 193—201.

Nierensteine von Tieren.

„Pripuzov gedenkt des jakutischen Volkglaubens, wonach man im Leibe von Tieren steinerne Idole finden kann, denen eine derartige Kraft innewohne, daß es genüge, sie an einem Sommertage auf die freie Luft hinauszutragen und schon entsteht ein Wind. Diese Steine heißen Sata. Von diesem Glauben habe ich zwar sonst nichts vernommen, doch möchte ich ihn nicht in Abrede stellen, weil ich selber solche Steine gesehen. Sie entwickeln sich infolge einer Krankheit beim Tiere, dessen Nierenbeckeninneres sich mit Steinen füllt. Das Tier wird nach der Erkrankung abgeschlachtet, das Fleisch aufgezehrt, das Steinklümpchen in der Art einer unförmigen Puterhenne aufgestutzt".[1]

Stein der Weisen.

„Zur Verfertigung des großen Werks braucht man Gold, Bley, Eisen, Antimonium, Vitriol, Arsenicum, Tartarum, Mercurium, Wasser, Erde und Lufft; wie auch ein Hahnen-Ey, Speichel, Harn und Exkrementa vom Menschen . . . Behaupten sie nicht, daß unsere Kunst eben die Principia habe als die Natur? Siehe da die Erde, Wasser und Lufft. Erfordern sie nicht hierzu ein Philosophisches Ey? Hier ist unser Hahnen-Ey. Sagen sie nicht, daß die Materie müsse Philosophice calciniert werden durch die Stimme der Natur, und daß man daher ein Saltz der Natur dazu brauche? deswegen kommt ein Speichel dazu, als welcher alle Metalle in Kalch verwandelt, ohne die Blumen zu verbrennen, und in diesem Speichel steckt eben das Saltz der Natur, Sagen sie nicht, daß ein Resoluens dazu gehört, welches aber kein corrosio seyn müsse? Ergo ist der Harn darin von nöthen; sintemal kein natürlicher zu finden; sie wollen eine stinckende Erde dazu haben; Ergo wollen wir Menschen-Koth nehmen".[2]

Waschwasser.

Auf der Insel Haïti trinkt man ein Glas Wasser aus der Schüssel, in der sich eine Jungfrau bei ihrer intimsten Toilette gewaschen hat, gegen Kolik. Hat man solches Waschwasser nicht zur Hand, so kann man auch ein großes Glas seines eigenen, womöglich noch warmen Harns trinken. Der Gewährmann sagt, er habe das zweite Mittel öfter mit bestem Erfolg angewendet. Da er weit von der Stadt entfernt wohnt, sind Arzt und Apotheke schwer zu erreichen, sodaß man zu diesem „am schnellsten helfenden Mittel" greift, das draußen auf dem Lande gang und gäbe ist.[3]

Maiwurm, Ölwurm gegen Tollwut.

„Ein gutes Mittel gegen die Tollwut soll der Maiwurm oder Ölwurm sein. Man fängt ihn im Monat Mai ein, tötet ihn, reibt ihn zu Staub und gibt ihn zum Verzehren einem von einem tollen Hunde gebissenen Menschen. Auch gibt man ihn dem Hunde selbst ein. (In Kujawien)".[4]

---

[1] V. L. Priklonskij, Das Schamanentum der Jakuten. Deutsch von Friedr. S. Krauss, Wien 1888, S. 53. — [2] Les avantures du Philosophe inconnu en la recherche et en l'invention de Pierre Philosophale, p. 120, 121. Nach Bourdelot S. 425f. — Diese Beschreibung wiederholt, doch unter Auslassung der skatologischen Teile, auch Dr. Ferd. Maack, Zweimal gestorben! Die Geschichte eines Rosenkreuzers aus dem 18. Jahrh. Nach urkundlichen Quellen . . . u. e. Abhandlung über vergangene und gegenwärtige Rosenkreuzerei, Leipzig 1912, S. 73ff. — [3] Fritz Häußler, Anthropophyteia, VIII, S. 162. — [4] O. Knoop, Volktümliches aus der Tierwelt. Rogasen 1905, S. 20f. — Alb. Hellwig bespricht (nach Joh. Jühling, Die Tiere in der deutschen Volkmedizin alter und neuer Zeit; Schönwerth, Sitten und Sagen aus der Oberpfalz; Strakerjahn, Aberglaube und Sagen aus der Oberpfalz, und Knoop, Zts. für pomm. Volkk.) die Regenwurmmedizin, Archiv f. Kriminalanthropologie und Kriminalistik, Leipzig 1907, XXVIII, S. 376—378.

Hundehaare.

Auf Haïti heilt man die Hundewut nach einem uralten Brauche in der Weise, daß man sich ein Büschel Haare des betreffenden Tieres verschafft, sie in die Wunde stopft und auch wohl mit Leinen festbindet.[1]

Briefpapier.

Als unfehlbares Mittel gegen Diarrhoe gilt auf der Insel Haïti Milch, in der ein Stück weißen Briefpapiers gekocht ist. Man trinkt davon nach und nach drei Tassen.[2]

Pferdezecke.

Gegen Zahnschmerzen gebrauchen die Haïtier eine zerquetschte Pferdezecke, die sie in die Höhlung des Zahnes legen.[3]

Auf allerhöchsten Befehl!

Folgendes Mittel wider den Grind ist auf Befehl des Großherzogs von Florenz im Jahre 1774 zum Besten seiner Untertanen öffentlich bekannt gemacht worden, nachdem es von den vornehmsten Ärzten untersucht und durch die Erfahrung bewährt gefunden. Man nehme lebendige Kröten, lege sie in einen wohlglasierten Topf und klebe den Deckel so fest auf, daß keine Ausdünstung herausdringen kann. Man setze den Topf öfter in einen heißen Ofen, damit die Kröten ganz trocken werden. Sind sie trocken und kalt geworden, so reibe man sie zu Pulver. Alsdann bestreiche man den Kopf des Patienten mit Speck, streue nachher das besagte Pulver auf, bedecke ihn mit einer Blase und Tüchern, damit das Pulver fest auf dem Kopfe bleibe. Man lasse es 24 Stunden liegen, nehme es alsdann ab, so wird der Patient ohne Schmerzen völlig rein sein. Nachher bestreicht man den Kopf noch einmal mit Speck, doch ohne Pulver, und bedeckt ihn, damit er warm bleibe, dann ist der Kranke völlig geheilt. Wenn der Kopf einige Tage nacheinander mit Speck bestrichen und warm gehalten wird, so verlieren sich die Narben, die etwa geblieben sind.[4]

Bärenzumpt.

Die Hindus empfehlen den Impotenten zunächst die peinliche Erfüllung aller religiösen Pflichten, um den Einfluß der bösen Geister, unter dem die Kranken leiden, zu vernichten. Daneben gebraucht man aber auch gegenständliche Mittel. Man nimmt einen getrockneten Bärenzumpt, pulverisiert ihn und mischt den Staub mit dem Fett aus der Nierengegend eines Tigers. Mit dieser Salbe schmiert man das schlaffe Glied vor dem Beischlaf ein.[5]

Kopraschlange.

In Indien benutzt man auch zu dem im Abschnitt Bärenzumpt erwähnten Zwecke den Kopf einer Kopraschlange, den man mit vielen Körnchen Weizen bezw. Cicer arietenum in einen irdenen Topf legt und den Topf einige Wochen in die Erde vergräbt. Dann füttert man Hühner oder Tauben mit seinem Inhalt. Eine Suppe aus dem Fleisch dieser Vögel zubereitet, ist ein souveränes Mittel zur Versteifung des männlichen Gliedes.[6]

---

[1] Häuszler, S. 166. — [2] A. a. O. — [3] S. 164. — [4] Gelehrte Beyträge zu den Braunschweigischen Anzeigen, Braunschweig 1774, Spalte 257f. [Wahrscheinlich genügt das Einfetten an sich schon, um den Grind zu heilen. I.] — [5] u. [6] Dr. Susruta II., Anthropophyteia, VIII, S. 24f.

Eine eigenartige Luftpumpe.

Wenn bei den Negern der Insel Haïti ein neugeborenes Kind nicht atmet, so fächeln und wedeln ihm die versammelten Weiber um den Kopf, blasen auch kräftig darauf. Wenn das nicht hilft, nimmt eine besonders Erfahrene das Kind bei den Beinen und setzt es wie einen Frosch mit dem Hintern an den Mund, worauf man kräftig auf diesem allerdings ungewöhnlichen Wege Luft einbläst. Hilft auch dies nicht, so holt man einen Hahn und steckt dessen Schnabel in den Hintern des scheintoten Kindes. Stirbt das Tier nach einer halben Stunde, so ist das Kind gerettet; wenn nicht, so bleibt es endgültig tot. Es gibt aber auch ein einfacheres Mittel. Eine dabeistehende Person zieht ihren linken Pantoffel aus, der noch warm sein muß und bearbeitet damit dem Neugeborenen kräftig das Hinterteil. Das Geschrei und die Atmung setzen dann unbedingt ein.[1] Bei uns behilft man sich mit einem Klaps mit der flachen Hand, der dieselben Dienste tut.

Narwalzähne.

Das geheime brandenburgische Archiv zu Plassenburg bei Kulmbach hatte früher vier Einhörner, d. h. Narwalzähne in Verwahrung. Eins davon gebrauchte man als Arznei für die fürstlichen Personen des markgräflich brandenburgischen Hauses, d. h. man schnitt nach den vorhandenen Urkunden von Zeit zu Zeit einen Ring herunter. Was weiter geschah, wird leider nicht berichtet; man hat aber vermutlich ein Pulver daraus hergestellt und irgendwie eingenommen. Man hielt den Narwalzahn als besonders wirksam gegen Gifte. Der größte der brandenburgischen Zähne galt als so wertvoll, daß die Venetianer im Jahre 1559 30 000 Dukaten dafür boten,[2] man wollte ihn aber nicht unter 60 000 Talern[3] hergeben. Die Einhörner waren Gemeingut der beiden fürstlichen Häuser in Franken und das angeschnittene Horn war versiegelt. Wenn ein Mitglied einen Abschnitt verlangte, so nahm man das Herunterschneiden in Gegenwart von Deputierten der beiden Häuser vor und versiegelte darauf das Einhorn wieder. Die Abschnitte wog man genau ab und buchte das Gewicht. Als man im Jahre 1550 den angeschnittenen Zahn zwischen den beiden Häusern teilte, erhielt Markgraf Georg Friedrich 1 Mark und 1 Lot mehr, als Markgraf Albrecht, der vorher schon mehr für Arznei bekommen hatte. Was aus den vier berühmten Einhörnern später geworden, hat sich nicht feststellen lassen. In Anbetracht des hohen Wertes, den man den Hörnern früher beimaß, ist dies auffallend. Vielleicht hat man sie heimlich in schlechten Zeiten doch in bar umgesetzt, wie der eine Zahn auch von Karl V. herrührte, der ihn den Markgrafen Casimir und Georg statt einer großen Schuldsumme als Rückzahlung gab.[4]

Schönheitmittel.

Gegen alle Flecken und sonstige Unreinheiten der Gesichthaut legte man Taubendreck auf.[5] Gegen Flechten gebrauchte man Mäusekot äußerlich.[6] Brandnarben (Stigmata) entfernte man durch die Behandlung mit einem in Essig aufgelösten Taubendreck.[7] Krokodilenkot, crocodilea genannt, entfernte Unreinigkeiten der Gesichthaut.[8] Auch Sommersprossen konnte man damit vertreiben. „Eine Auflage von Stiermist, sagt man, wird den Wangen eine rosige Farbe verleihen, und für diesen Zweck ist nicht einmal crocodilea besser".[9] Galen weist auf den ausgedehnten Gebrauch hin, den die griechischen und römischen Frauen von dem Krokodilenkot machten; in derselben Weise wandte

---

[1] Fritz Häuszler, Anthropophyteia, VIII, S. 168. — [2] Etwa 60 000 Gulden, heute etwa 300 000 Mark. — [3] Etwa 500 000 Mark heutiger Wert. — [4] Vergl. Spieß, Archivische Nebenarbeiten, Teil 1, Halle 1783, S. 69 ff. — [5] Plinius, XXX, Kap. 9. — [6] A. a. O. — [7] Kap. 10. — [8] Plinius, XXVIII, Kap. 29 u. 50. — [9] Kap. 50.

man auch den Kot nur mit Reis gefütterter Stare an.[1]) Auch Dioskorides empfiehlt den Frauen Krokodilenkot als ein Verschönerungmittel für das Gesicht.[2])

Stiermist gebrauchten Frauen als Mittel gegen alle Hautunreinheiten.[3])

Knabenharn entfernte Sommersprossen und Leberflecken, wusch man das Gesicht damit. Er war gut gegen Scheidenausflüsse der Frauen, wenn sie die betreffende Stelle häufig mit dem Harn eines Mannes wuschen. Gegen Muttermale bei Kindern nimmt man die Kruste, die sich bildet, wenn man Harn im Nachttopf stehen läßt; man zerbricht sie und trocknet sie im Ofen; dann bringt man das Kind in ein Bad und reibt die Muttermale ordentlich mit dem Niederschlag ab.[4]) — Beckherius billigte die Verwendung von Kindpech zur Entfernung von Muttermalen.[5])

Etmuller berichtet, daß man aus Kuhmist und ebenso aus Menschenkot durch wiederholte Digestion und Destillation und Sublimation das „Zibethum Occidentale" herstelle. Diesen Namen hat ihm Paracelsus gegeben. Daraus destillierte man dann das „Wasser aller Blumen", das daher seinen Namen hatte, weil das Vieh auf der Weide allerlei Blumen gefressen hatte. Dieses Wasser galt als ausgezeichnet zur Entfernung aller Pusteln und aller Arten von Hitzblattern. Auch Menschenkot selbst verwandte man zu denselben Zwecken.[6])

> „Es ist nicht schön, wenn Euch ein Geck die Hand küßt,
> Von der man eben erst die Lauge des Kammertopfes abgewischt hat".[7])

Hundepisse verordnete man, um die Farbe des Haares wieder herzustellen.[8]) — „Alopecia", Kahlköpfigkeit, heilte man mit Mäusekot,[9]) ferner mit Ziegenmist.[10]) — „Faul gewordene Hundepisse konserviert die schwarze Farbe der Haare".[11])

Réclus sagt, daß noch heutigen Tags in Paris viele Leute, die die besten Toilettenwässer zur Hand haben, dennoch Harn als Reinigungmittel vorziehen.[12])

Die Ova-Herreros, die im Süden von Angola in Westafrika leben, reiben ihren Körper mit trockenem Kuhmist ab, um ihn glänzend zu machen.[13])

„Aqua omnium florum" stellte man aus dem Kuhmist her, den man im Monat Mai eingesammelt. „Zur Frühling- oder Maienzeit . . . aus dem frischen Kot von Kühen, die auf der Weide Kräuter gefressen haben. Und aus diesem selben Kot kann man auf dieselbe Weise, wie aus Menschenkot, . . . das Zibethum Occidentale herstellen" usw.[14])

Manche Leute fügten hierzu noch „Wasser, das aus dem Samen der Frösche destilliert war".[15])

Blut der monatlichen Reinigung hielt man für ein Mittel gegen Pusteln im Gesicht.[16]) In einigen Teilen von Nord-Mexiko legen die Frauen dieses Blut als Schönheitmittel auf das Gesicht auf.

Zum Kuhmist hatte man in dieser Beziehung allgemeines Vertrauen. Der Kot einer schwarzen Kuh gehörte zu der Zusammensetzung des berühmten „Eau de Mille Fleurs". Den Kot kleiner Eidechsen benutzte man, um die Runzeln aus dem Gesichte alter Frauen zu entfernen.

Fuchskot und Kot von Sperlingen und Staren wandte man an, um die Hände zart zu machen. Arabische Frauen gebrauchen eine Mischung von Safran und Kot von

---

[1]) Opera Omnia, Kuhn's Ausgabe, XXX, S. 308. — [2]) Materia Medica, I, S. 222 ff. — [3]) Sextus Placitus, De Med. ex Animal., Artikel: De Tauro. — [4]) De Puello et Puella Virgine. — [5]) Med. Microcosm., S. 113. — [6]) II, S. 171. — [7]) Ludowick Barry, Ram Alley, London 1611, neue Ausgabe London 1825. — [8]) Avicenna, II, S. 333, a 50. — [9]) I, S. 360, b 50. — [10]) I, S. 389, b 53. — [11]) II, S. 333, a 50. — [12]) Les Primitifs, S. 72. — [13]) Muhongo, nach der Übersetzung von Chatelain. — [14]) Etmuller, II, S. 249. — [15]) S. 171 f. — [16]) S. 265.

jungen Ziegen als Schönheitmittel. Kuhmist ist zuweilen so wohlriechend, wie Moschus. Man gebrauchte ihn gewöhnlich, wollte man den Geruch von altem, fad gewordenem Moschus auffrischen, oder man hing den Moschus in einen Abtritt, wo er seine frühere Stärke wieder erlangen konnte; aber es hielt nicht lange an. Weiteres oben im Abschnitt „Aborte".

Um die Gesichthaut zu verbessern, empfahl Paullini ein Wasser, das aus menschlichem Kot destilliert war, ferner die Würmer, die darin wachsen, zu einem Wasser destilliert. Das Schönheitmittel der Landmädchen ist ihr eigener Harn.

Menschliche Exkremente enthalten besondere Salze, die kräftigender und wirksamer sind, als Seife. Ein junges Mädchen verbesserte ihren Teint in wunderbarer Weise dadurch, daß sie ihr Gesicht mit frischem Kuhmist wusch und den frischen und warmen Harn ihres Bruders trank; dabei fastete sie.[1]) Andere Schönheitmittel, die Paullini empfahl, bestanden aus Menschenkot, äußerlich angewandt; dem Kot eines kleinen Knaben, innerlich gebraucht; Eau de Mille Fleurs; dem Kot von Eidechsen, Krokodilen, Füchsen, Sperlingen, Staren, jungen Ziegen oder Kühen, der im Mai gesammelt war, äußerlich. Für die Entfernung von Pusteln empfahl Paullini ferner die äußerliche Anwendung des Kotes von Eseln, Hunden, jungen Ziegen, Krokodilen, Füchsen oder Tauben.

Schurig war ein Verfechter des „Aqua ex stercore distillata" für Verschönerung des Gesichts.[2]) — „Und noch mehr: die hübschesten Frauen haben sich das Gesicht mit Dreck beschmiert und der heilige Hieronymus tadelt deswegen die Damen seiner Zeit sehr hart". Eine Anmerkung gibt die Erklärung: „Man hat den Kot einiger Eidechsenarten Aegyptens wegen seines moschusartigen Geruches als Schönheitmittel gebraucht".[3]) „Eidechsenkot, das ist die sogenannte Cordilea, der Kot der Sterneidechse der Levante, wurde als Schönheitmittel verwendet".[4])

„Wasche das Gesicht mit der Leinwand ab, auf die ein neugeborenes Kind zum ersten Male gepißt hat, das wird die Sommersprossen vertreiben". Am Cape Breton gebräuchlich.[5]) Dieser Glaube an die verschönernde Kraft der ersten Absonderung der Nieren eines Kindes ist in den Vereinigten Staaten von Nord-Amerika allgemein verbreitet.

„Und schließlich haben bei uns die Kinderfrauen die Gewohnheit, das Gesicht ihrer Pflegebefohlenen mit den Windeln abzureiben, die mit deren Harn getränkt sind. Das läßt sie schön werden, sagen sie; das verhindert durch das Ammoniak auf alle Fälle gewisse Hautausschläge bei den Kindern".[6])

Professor Patrice de Janon teilt mir mit, daß die Frauen seines Heimatortes Carthagena in Südamerika, wie er persönlich erfahren habe, ihren eigenen Harn als Waschwasser für das Gesicht zu benutzen pflegen, um die Haut zu verschönern und weich zu machen. — Pferdemist war gleichfalls ein Waschmittel für das Gesicht.[7]) — Gänsekot genießt im Staate Indiana einen guten Ruf wegen der Entfernung von Pusteln.[8])

In der Gegend von Neubreisach im Elsaß verwenden die Mädchen, um eine schöne, weiße Haut zu bekommen, gleichfalls Exkremente von Gänsen. Gang und gäbe ist in dieser Gegend das Sprüchlein:

> Habermark macht d'Büwe stark;
> Gänsedreck macht d'Maidle nett.[9])

Habermark ist der gemeine Wiesenbockbart (Tragopon pratensis).

---

[1]) S. 263f. Vergl. auch S. 172 u. 207. — [2]) Chylologia, S. 762. — [3]) Bibliotheca Scatologica, S. 21. — [4]) S. 123. — [5]) Nach Mitteilung von Frau Fanny D. Bergen. — [6]) Briefliche Mitteilung von Dr. Bernard in Cannes (Südfrankreich). — [7]) Ralph Blower, A Rich Storehause or Treasurie for the Diseased, London 1616, S. 106. — [8]) Mitteilung von Frau Bergen. — [9]) Karl Amrain, Skatologisches aus dem Elsaß, Anthropophyteia, VI, S. 424.

Herr Sylvester Baxter erzählte mir, daß in Massachusetts junge Frauen, noch bis in die jüngste Zeit herein, menschlichen Harn als Waschmittel für die Erhaltung einer guten Gesichthaut benutzten.

„Wasser, das in den Höhlungen von Kuhdüngerhaufen steht", genießt in Walden (Massachusetts), den Angaben der Frau Bergen zufolge, denselben Ruf, sodaß hierdurch die Übertragung eines Glaubens nachgewiesen wäre, der seit den ältesten Zeiten in Europa verbreitet war.

XLII. Amulete und Talismane.

Als ein Bindeglied zwischen der eigentlichen Arzneimittellehre und den Gegen-mitteln gegen die Wirkungen der Zauberei schalten wir hier einen Abschnitt über Talis-mane und Amulete ein, die ja, soweit sie aus Kotstoffen bestehen, in unserm Werke eine besondere Behandlung verdienen.

„Von der Wiege an lehrt man die heutigen Engländer, gegen den Aberglauben einen wütenden Kampf zu führen und sie behandeln daher einen Talisman oder ein Zauber-mittel von oben herab mit Verachtung. Aber wir wollen das im Auge behalten, daß diese Spielzeuge darauf hinwirkten, den Leidenden zu beruhigen und zuversichtlich zu machen, seine Aufregung zu mildern und seine Nerven zu besänftigen, — alles Zwecke, die die besten Ärzte unserer heutigen Zeit, wenn wir nicht falsch unterrichtet sind, mit den Mitteln zu erreichen suchen, die man ihnen gelassen hat".

„Ob ein verständiger Arzt es fertig bringen wird, einem kleinmütigen Kranken seinen Zettel mit Zauberformeln oder den Hexenstein, den er um den Hals trägt, abzu-nehmen, weiß ich nicht; aber soviel ist sicher, daß die christliche Kirche der ältesten Zeit und die Heilwissenschaft des Kaiserreiches auf keinen Fall die Verwendung dieser Kunstgriffe der Heilkunde, dieser Linderungmittel abergläubiger Herkunft, zurückwiesen".

„Der Leser mag ja über solche Gedanken herzlich lachen, aber er sollte doch daran denken, daß die Furcht vor dem Tode und die Angst schlafloser Nächte durch irgend ein Mittel zum Schweigen gebracht werden müssen, denn sie beeinflussen eine Wiederherstellung nicht gerade günstig".[1]

Katzenkot, den man mit der Klaue einer Ohreule an den Leib binden mußte und der nicht eher entfernt werden durfte, bis der siebente Anfall vorbei war, — das war das Amulet, das Plinius für die Behandlung des viertägigen Wechselfiebers empfahl.[2]

Sextus Placitus befürwortet im Abschnitt: „De Puello et Puella Virgine" die Anwendung von Nieren- oder Gallensteinen, um Steine abzutreiben; man soll sie entweder zu Pulver mahlen oder als Amulet dem Kranken um den Hals hängen; in letzterem Falle, sagt er, erfolgt die Heilung mehr nach und nach. Römische Frauen benutzten einen kleinen Stein, den man im Kote einer Hirschkuh gefunden, als Vorbeugemittel gegen Fehlgeburten; sie trugen den Stein am Leibe.[3]

Bei verspätetem Durchbruch der Zähne hing man den Kindern ein Säckchen um den Hals, in dem sich ein Pulver befand, das aus gleichen Teilen Hasenkot, Wolf-kot und Krähenkot bestand.[4] „Wenn man Wolfkot bei sich trägt, so hilft das gegen Kolik".[5]

---

[1] Saxon Leechdoms, I, S. 11. — [2] XXVIII, Kap. 66. — [3] Kap. 77. — [4] Schurig, Chylologia, S. 820. — [5] Burton, Anatomy of Melancholy, II, S. 134.

In seiner „Anatomy of Melancholy" macht Burton folgende Bemerkungen über den vorliegenden Gegenstand: „Ich finde Amulete vorgeschrieben; die einen tadeln sie, andere billigen sie".[1] Für das folgende Zaubermittel läßt sich keine Erklärung finden; es ist aber in ganz Europa sehr verbreitet gewesen und kann bis in die Zeiten der „Saxon Leechdoms" zurückverfolgt werden.[2] „Viele Zauberformeln sind lediglich Anrufungen des Teufels . . . Eine Frau bekam ein Amulet für die Heilung kranker Augen. Sie unterließ das Weinen und ihre Augen gesundeten. Als ein neugieriger Bekannter das Papier mit der Zauberformel öffnete, fand man darauf folgende deutsche Worte: „Der Teufel kratze Dir die Augen aus, und scheiße Dir in die Loecher". Es war ganz natürlich, daß die Frau, als sie sah, auf was sie ihr Vertrauen gesetzt hatte, den Glauben an das Mittel verlor; sie fing wieder an zu weinen und nach einiger Zeit waren ihre Augen wieder so krank, wie zuvor".[3] Anderswo hatte man in lateinischer Sprache dieselbe Zauberformel in folgender Fassung: „Diabolus effodiat tibi oculos, impleat foramina stercoribus". So führt sie Pettigrew[4] an und auch Brand.[5] Reginald Scot gibt sie ins Englische übersetzt folgendermaßen wieder:

„The devil pull out both thine eyes,
And etihs in the holes likewise".

„Buchstabiere das Wort rückwärts und Du wirst diesen Zauber erkennen".[6]

„In der Grafschaft Fayette trägt man gegen Diphteritis einen Umschlag aus frischem Schweinekot eine Nacht lang um den Hals.[7]

Gegen Nierenleiden trug man als Amulet das Wort $\chi\alpha\rho\alpha\beta\rho\alpha\omega\vartheta$, das „Eingeweide" im Hebräischen bedeutet.[8] „Wer den Harn nicht halten kann, soll auf das Lager eines Hundes pissen und während er dies tut, soll er sagen, daß er auf seinem Lager den Harn nicht lasse, wie ein Hund".[9]

Sterben einer Serbin die Kinder hin, so versorgt sie sich mit einem Amulet, um ihr nächstes Kind am Leben zu erhalten. „Sie hat es in ein Beutelchen einzunähen und an einem roten und weißen Faden immer am Leib zu tragen: ein Stückchen hartgewordenen Eiters mit Blut, der aus den Nüstern eines makellosen Rappenfohlens gefallen, das eine rappenfarbige Stute als ihren Erstling geworfen; ein Propfreis, das nicht angegriffen, aus einem fremden Grundstück; man muß aber diesen Propf dreimal zu je neunmal durch einen Reitersporn hindurchziehen, der mit beiden Enden an den Erdboden festgehakt ist; drei Zehen Knoblauch; drei Weihrauchkörner; drei Körner Weihnachtsalzes; drei Brosamen vom Weihnachtbrod; drei Schwarzdornrindenblättchen; drei Stückchen Schwarzdornwurzel; den Nagel eines Wolfes und eines Maulwurfes; ein Zotenbüschelchen eines Bären; ein Stückchen abgeworfenen Schlangenbalgs; ein wenig Wachs junger Bienen; eine gefundene kleine Silbermünze; je ein Würzelchen des Gesundgewächses (zdravac = geranium macrorhizum), der Hauswurz (sempervivum tectorum), des omilen (Liebkrautes), und odolen (Baldrian, valeriana officinalis); je ein Haar vom Haupte des Vaters und der Mutter oder je einen Nagel von des Vaters und der Mutter Finger. Dies Beutelchen mit diesem Inhalt heißt man amajlija oder majlijä[10] (Amulet).

---

[1] S. 476 der Ausgabe von 1621, nach der Anführung bei Brand, Popular Antiquities, II, S. 324; Artikel: Amulets. — [2] B. X, S. 33. — [3] Black, Folk-Medicine, S. 171. [Der Zauberspruch stammt aus Deutschland. I.] — [4] Medical Superstitions, S. 102. — [5] Popular Antiquities, III, S. 324; Artikel: Characts. — [6] Discoverie of Witchcraft, London 1651, S. 178. [„Etihs" gibt rückwärts gelesen „shite", das auf Deutsch genau dasselbe bedeutet, wie in der oben wiedergegebenen deutschen Fassung. I.] — [7] Dr. W. J. Hoffmann, Folk-Lore of the Pennsylvanian Germans, im Journal of American Folk-Lore, 1889, S. 29. — [8] Richtig Kiljo, Mehrzahl Klojoth, haklojoth, bedeutet Niere, nicht aber Eingeweide = Kerew oder mēajim. — [9] Saxon Leechdoms, I, S. 31. Man vergleiche auch das über den Dalailama, Liebeträ.nke, Mistel und Hexerei Gesagte. — [10] Stanoje M. Mijatović, Narodna medicina u Srba seljaka u Levču i Temniću, Belgrad 1909, S. 290f.

Von Wlislocki beschreibt ein magyarisches Amulet, ein herzähnliches, dünnes Tontäfelchen mit zwei Löchern, neben welchen zwei Totenbeinsplitterchen eingebacken sind, die von Gebeinen einer im Kindbett verstorbenen Frau herrühren. Schwangere, die nicht nur eine leichte Geburt haben, sondern auch kräftige Kinder von langer Lebendauer zur Welt bringen wollen, vergraben solche Tontäfelchen unter ihre Schlafstätte, nachdem sie vorher durch die beiden Löcher einige ihrer eigenen Haare fest gewunden. Es gibt auch solche Amulete, die aus Ton verfertigt, weibliche Geschlechtteile darstellen sollen, in die man ebenfalls solche Totenbeinsplitter steckt, sie mit den eigenen Haaren umwindet und zu genanntem Zweck am angeführten Orte in die Erde vergräbt. Die gewissen Teile des Weibes sollen bei der Geburt so weich werden, wie der Ton es gewesen, dann aber dessen Härte in gebranntem Zustande annehmen, die Totenbeinsplitterchen aber das Schicksal abwenden, das ihre einstige, im Kindbett verunglückte Besitzerin gehabt hat, also einer unglücklichen Geburt vorbeugen. Dergleichen Amulete sind in der Szegeder Gegend verbreitet, alte Frauen verfertigen sie heimlich und verkaufen sie schwangeren Frauen.[1]

Jedes einzelne Mittel, das wir unter der Überschrift „Hexerei usw." anführen, hätte gerade so gut unter dem Begriffe „Arzneimittel" stehen können; wir trennten sie aber mit Absicht, um bei der Besprechung größere Klarheit zu erzielen. Wir führen daher als „Arzneimittel" alle diejenigen Mittel auf, die zur Heilung bekannter Krankheiten dienen sollen, während wir im Abschnitt „Hexerei" alles dasjenige unterbringen, was man zur Heilung von Leiden etwas geheimnisvollerer Art verordnet oder angewandt hat, sofern der unwissende Dulder ihren Ursprung unweigerlich der Böswilligkeit übernatürlicher Wesen oder den Machenschaften irdischer Feinde, die geheime Kräfte benutzten, zuschrieb. Neben diesen einher gehen richtigerweise alle solche Hilfmittel, durch die man sich größeres Glück beim Gelderwerb, beim Reisen usw. zu verschaffen glaubte.

„Eine Mischung aus Affenkot und Chamäleonkot schmierte man seinem Feinde an die Tür . . . er sollte durch deren Kraft der Gegenstand allgemeinen Haßes werden".[2] „Die Exkremente der Hyäne, die das Tier in dem Augenblicke, wo man es tötet, ausstößt, sieht man als ein Gegenmittel gegen Zaubersprüche an".[3] Für junge Mädchen schreiben die Zauberer neun Kügelchen aus Hexenkot vor, um eine dauernde Festigkeit der Brüste zu erzielen.[4]

Dr. Dupouy glaubt, daß die Druiden, „als man sie zwang, in dichten Wäldern, weit entfernt vom Volke, eine Zuflucht zu suchen, weil sie sich von den Römern, den Barbaren und den Christen verfolgt sahen, nach und nach zu Zauberern, Hexenmeistern, Wahrsagern und Beschwörern wurden. Konzile verdammten und die weltliche Macht ächtete sie. Das waren die Zeiten, in denen man böse Geister im Schatten der Nacht herumstreifen und sich den Handlungen einer zuchtlosen Verworfenheit hingeben sah . . . Im siebenten Jahrhundert verschwand das Druidentum, die Ausübung von Zauberei, geheimen Künsten und die geheimnisvolle Wissenschaft von den Geistern überlieferte jedoch ein Geschlecht dem anderen, aber in minderwertiger Fassung, weil der philosophische Zug alter Zeiten verloren ging".[5]

Noch in der zweiten Auflage des Dispensatorium regium electorale Borusso-Brandenburgicum, das 1731 erschien und als damalige Pharmakopöe bis zum Jahre 1744 gesetzliche Giltigkeit hatte, finden wir eine Vorschrift zur Bereitung eines Amuletes gegen die Pest: „Helmonts Amulet gegen die Pest. Wenn dies Mittel auch von einigen für nichts wert gehalten wird, so hat es sich doch vielfach in dem Kriege, der in Ungarn

---

[1] H. v. Wlislocki, Tod und Totenfetische im magyarischen Volkglauben, Mitteil. der Anthrop. Gesells., Wien 1892, XXII, S. 7 f. — [2] Plinius, XXVIII, Kap. 29. — [3] Kap. 27. — [4] Kap. 77. -- [5] Le Moyen Age Médical, oder die Übersetzung von Dr. T. C. Minor, Physicians in the Middle Ages, Cincinatti, 1889, S. 38.

zwischen den Kaiserlichen und den Rebellen geführt wurde, als die Pest fürchterlich
wütete, bei vielfachen Versuchen der Ärzte bewährt, so daß es, wie man sagt, den trief-
äugigen Hexen und Barbieren schon bekannt ist. Man macht es aus großen alten, an
Nachmittagen des Monats Juni gefangenen Kröten, indem man sie mit den Hinterbeinen
am Herde über einer mit Wachs bedeckten Schüssel, unter der ein Feuer angezündet ist,
aufhängt. Nach drei Tagen hauchen die Kröten eine scheußliche Luft und Geifer aus,
wodurch allerlei Gewürm, wie Fliegen hinzukommt, das auf dem Wachse kleben bleibt
und noch Geifer dazu ausspeiet. Wenn alle Kröten tot sind, zerreibe und wasche man
sie mit dem sorgfältig zusammengekratzten Geifer und forme etwa einen Zoll lange Rollen
davon, denen man, wie einige angeben, die Gestalt einer Kröte geben muß. Diese hänge
man, in Nesseltuch eingenäht, an einem seidenen oder leinenen Faden so um den Hals,
daß sie auf der Herzgrube liegen. Je länger man sie trägt und gebraucht, desto sicherer
bleibt man vor der Pest bewahrt". Eine reichere Auswahl ähnlicher Vorschriften finden
wir noch in Johannis Henrici Jünckens Corpus pharmaceutico-chymico-medicum
universale, das 1697 in Frankfurt erschien und im XVIII. Jahrh. in den meisten Apotheken
Deutschlands benutzt wurde. Man schien der Ansicht zu sein, die Krankheitgeister emp-
fänden denselben Abscheu gegen ekelhafte und widerwärtige Stoffe, wie wir Menschen,
und die Träger solcher Sachen hätten den Besuch der Krankheitgeister nicht so leicht
zu befürchten".[1]

In Požega in Slavonien und auch sonst bei den Südslaven gebräuchlich: Es ist
da ein Herr, der trägt ein Stück seines Dreckes in der Brieftasche mit sich herum. Ihm
kann man gar nichts böses anhaben, wenn einer gegen ihn zauberte oder wenn ihn ein
Stück Holz träfe. — Wenn sich abends der erste Stern zeigt, erwische man etwas Dreck
eines reichen Mannes und trage den heim, so wird diesem Menschen immer das Glück
lächeln. Chrowotisch, städtisch. — Wenn man aufs Gericht geht und hat in der Tasche
Dreck einer Wassereidechse (triton vulgaris), so gewinnt man den Prozeß. In Chrowotien
und Slavonien üblich.[2]

In den folgenden Fällen ist die Wesenart des Amulets nicht deutlich erkennbar;
es wirken dabei auch andere Gedankengänge mit, die dem Amulet mehr die Charakter-
eigenschaften des Sympathiezaubers verleihen. Es handelt sich um die merkwürdige
Verwendung der Samenflüssigkeit der Päderasten (Puzeranten), von der auch im Abschnitt
vom Festhalten an skatologischen Heilmitteln die Rede ist. Nach Krauss' Erklärung
hält man die Puzeranten für sehr schlaue und gescheite Leute, offenbar, weil es ihnen
gelingt, andere zu übertölpeln. In diesem Glauben läge die Verwendung als Amulete
begründet.

Gelingt es, Puzerantensamenflüssigkeit zu erlangen und näht man sie irgendwo
ins Gewand ein, so kann dem Manne, der sie bei sich trägt, nichts einen Schaden zufügen, kein Zauber etwas anhaben, überall begleitet ihn Glück. Unter Chrowoten ziemlich allgemeiner Glaube.

Wenn man einem Kinde beim ersten Schulgang Puzerantensamenflüssigkeit in
die Tasche steckt, so wird es gut lernen. Krauss kannte einen Fall, daß selbst ein
katholischer Pfarrer seinen leiblichen Neffen von 7 Jahren auf solche Weise für die Schule
ausgerüstet hat.

Gerät ein Mensch in eine Trinkergesellschaft, so lege er vor sein Glas einen
Tropfen Puzerantensamenflüssigkeit, dann kann er sich unter keinen Umständen betrinken.
Unter Chrowoten in allen Gesellschaftschichten gebräuchlich.[3] Hier ist die Beziehung

---

[1] Hermann Peters, Aus pharmazeutischer Vorzeit in Wort und Bild. Berlin 1910,
1. B., 3. Aufl., S. 219f. — [2] Anthropophyteia IV, S. 407f. — [3] Anthropophyteia V, S. 202f.

zwischen Talisman und der erhofften Wirkung nicht klar; es müßte denn sein, daß man die Puzeranten für sehr nüchterne Leute hält, worüber Krauss nichts weiter bekannt ist.

Trägt man zur Trauung Puzerantensamenflüssigkeit mit sich und spricht man dazu: „Sowie jene keine Kinder haben, so sollen auch wir keine Kinder haben!“, so werden sie niemals Kinder kriegen.[1] Hier ist die Gedankenverbindung klar, wenn auch die praktische Unfruchtbarkeit des Puzeranten nicht zutrifft, weil er mit einem Weibe physiologisch nicht unfruchtbar sein würde.

In der Gegend von Kalinovac in Chrowotien haben die Männer sehr viel Furcht vor Zaubereien, die man mit ihren Hemden treibt. Deshalb tragen sie oft in ihren Schuhen Exkremente von Schweinen, um den Zauber zu entkräften.[2]

Bei den Südslaven hält man es für gut, Pisse eines noch ungetauften Bastardkindes mit sich zu tragen; das gilt als glückbringend.[3] — Für die Gesundheit ihrer Kinder vorbedachte Mütter hängen oder binden ihnen um den Hals oder die Stirne Knoblauch, der beiläufig seinem Aussehen nach einem Gemächte ähnelt. Das hilft vornehmlich gegen Beschreiung und bösen Blick. Auch Mädchen gebrauchen zu gleichem Zweck als Abwehrmittel Knoblauch.[4] — Gut ist es, jenes Häutchen von der Zumpteichel zu tragen, das bei der Beschneidung eines Juden abfällt. Wenn man eines erlangt, hat man zu sagen: „So wie das Häutchen glücklich abgeschnitten, so soll auch mein Glück glücklich sein!“ Montenegrer pflegen auf Kriegzügen ihre Gefangenen zu entmannen und deren Zumpte als Amulete mit sich zu tragen. Mancher Kämpe ist mit einer ganzen Schnur solcher Amulete versehen.[5] Das Häutchen einer durchbrochenen Jungfrau ist gut mit sich in einem zugebundenen Tüchel zu haben und zu sagen: „So wie dies Tüchel zugebunden ist, so sei auch mein Glück auf der ganzen Welt aufgebunden“. Wenn ein Jüngling zum ersten Mal mit einem Frauenzimmer fleischlich verkehrt, so platzt auch ihm auf dem Zümptlein ein Häutchen (?); dies Häutchen möge er aufbewahren und mit sich tragen und wenn Räuber kommen oder ein Brand ausbricht, so wacht er auf und weiß von allem usw.[6]

---

[1] S. 203. — [2] Anthropophyteia, VII, S. 83. — [3] Dulaure, Die Zeugung in Glauben, Sitten und Bräuchen der Völker, deutsch von Krauss, Reiskel u. Ihm, Leipzig 1909, S. 181; (aus den Nachträgen, in der französischen Ausgabe nicht enthalten). — [4] S. 182f. — [5] Ebenda S. 184 und dazu die Anmerkung *). — [6] S. 184f.

XLIII. Hexerei — Zauberei — Zauberdinge — Zauberworte — Beschwörungen.

Es gibt nur einen Weg, auf dem man zu einem richtigen Verständnis dessen kommt, was das Hexenwesen war, wie es im gesitteten Gemeinschaften bekannt ist, wenn man es nämlich als verstümmeltes und verzerrtes Überlebsel einer verdrängten Religion betrachtet.[1]

Die ältesten schriftlichen Denkmäler von den Begriffen des Menschen, die Tafeln aus Marmor und aus Ton der alten Chaldäer und Assyrer, enthalten Anspielungen auf das böse Auge, auf Beschwörungen und auf die Angst vor bösen Geistern, Hexen und Zauberern. „Die chaldäischen Täfelchen verschaffen uns auch einen gewissen Einblick in das Hexenwesen, weil ihre Formeln bestimmt waren, sowohl die Wirkungen der Zaubereien dieser gottlosen Kunst, als auch die unmittelbaren Handlungen der Dämonen unschädlich zu machen".[2] „Eine ganze Reihe von chaldäischen Täfelchen beschäftigt sich mit Mitteln gegen Hexerei".[3] „Und schließlich gibt es eine dritte Abart der Magie, die ihrem Charakter nach völlig teuflisch ist und sich auch ganz offen als solche bekennt. Diese Art trägt, indem sie immer noch an die Macht der alten Götter glaubt und sie in lichtscheue Handlungen umsetzt, dazu bei, die Gebräuche ihrer Verehrung zu erhalten; die alten Götter sieht man nach dem Sieg der neuen Religion als böse Geister an, weil der exklusive Geist der neuen Religion jede Beziehung zu den Überbleibseln des alten Kultes von sich weist. Der Zauberer ist in diesem Falle weit davon entfernt, sich für eine erleuchtete und göttliche Persönlichkeit zu halten, er ist vielmehr völlig damit einverstanden, lediglich als das Werkzeug böser und unterirdischer Mächte zu gelten, vorausgesetzt, daß er alle Vorteile seiner magischen Tätigkeit einheimsen kann. Er sieht selber nur Teufel in den alten Göttern, die er mit seinen Zaubersprüchen herbeiruft, aber nichtsdestoweniger bleibt ihm das Vertrauen auf ihren Schutz; er verpflichtet sich mit Verträgen zu ihrem Dienste und glaubt selber daran, daß er in ihrer Gesellschaft zu einem Hexentanze gehe. Der größere Teil der Zauberei des Mittelalters trägt diese Züge und pflanzt die volktümlichen und abergläubischen Gebräuche des Heidentums in den geheimnisvollen und teuflischen Vornahmen der Zauberei fort. Mit der Zauberei in den meisten moslimischen Ländern verhält es sich genau ebenso. Seit der vollständigen Bekehrung der Bevölkerung der Insel Ceylon zum Buddhismus sind die alten Götter des Shiwaismus zu Dämonen geworden und ihre Verehrung ist eine verbrecherische Zauberei, die nur noch Beschwörer ausüben".[4]

---

[1] Dieser Weg führt nur zu mächtigen Redeergüssen, weil die Voraussetzung entwicklunggeschichtlich grundfalsch ist. Der Hexenglaube ist kein Überlebsel seiner Natur nach, vielmehr eine in der geschlechtlichen Neurotik beruhende selbständige, aus sich heraus ursprünglich gewordene und immer wieder neu werdende Erscheinung, deren Wesen die Psychoanalytiker, Freud voran, aller Rätselhaftigkeit entkleidet haben. Damit ist nicht die Mannigfaltigkeit der Gestaltungen zu verwechseln, in denen uns in verschiedenen geographischen Provinzen der Hexen- und Zauberglauben entgegentritt. Überall hat man ganze, mitunter sehr verworrene Vorstellungbündel vor sich, deren jeweiliges Verständnis sich uns häufig erst nach mühevollem Eindringen in das Sondervolktum erschließt. — [2] François Lenormant, Chaldaean Magic, London 1877, S. 59; über die Furcht der Chaldäer vor dem bösen Auge vergl. S. 61 desselben Werkes. — [3] George Smith, The Chaldaean Account of Genesis, New-York 1880, S. 28. — [4] Lenormant, Chaldaean Magic, S. 77. — Vergl. die verwandten, ungleich durchsichtigeren Formen des südslavischen, mit dem Baumseelenglauben innig verknüpften, weil aus ihm heraus erwachsenen Hexenglaubens bei Krauss, Slavische Volkforschungen usw. Leipzig 1908, S. 31—86. — Nicht minder durchsichtig sind die wunderbaren indischen Zauberheilmittel (bheshajani). Vergl. Victor Henry, La Magie dans l'Inde Antique, Paris 1909, S. 178—210. Raummangels halber müssen wir es uns versagen, daraus die Parallelen auszuheben.

Menschlichen und tierischen Kot erwähnt fast jede Abhandlung über Hexerei, und zwar in dreifacher Hinsicht: Erstens: als Mittel, mit deren Hilfe man die Zauberei ausführt; zweitens: als Gegenmittel, durch die man solche Machenschaften unschädlich macht; drittens: als das Mittel, durch das man die Persönlichkeit der Hexe herausfinden kann.

Viele Dinge, die in dem vorliegenden Abschnitt hätten zur Sprache gebracht werden können, sind unter den Überschriften: Liebetränke und Geburt aufgeführt, wo man die betreffenden Angaben nachlesen kann.

Ebenso steht der Begriff der Amulete und Talismane mit dem Stoff, den wir jetzt behandeln wollen, in so enger Verbindung, daß wir ihn auch jetzt in unsern Forschungen vielfach nicht außer Betracht lassen können.

Es ist niemals genau festzustellen, wo die Wissenschaft der Heilkunde aufhört und die der Hexerei anhebt; es sind, gerade wie Astrologie und Astronomie, Zwillingschwestern, die aus demselben Mutterleibe hervorgehen und Hand in Hand viele Jahre lang freundschaftlich der Fährte der Entwickelung menschlicher Gesittung folgen. Und als sich die Heilkunde in der Welt der Gedanken schon längst eine stolze Stellung erobert hatte und sich aus Scham gezwungen sah, ihre weniger begünstigte Genossin in der Öffentlichkeit zu verleugnen, da erhielt man dennoch in der Abgeschlossenheit des Familienlebens die engsten Beziehungen zwischen beiden aufrecht.

Als Zauberabwehrmittel galt auch der Brauch, in den Harn in demselben Augenblicke zu spucken, wo man ihn abschlug.[1] „Wenn man Kindern Ziegenmist in einem Stückchen Tuch umbindet, so verhindert das die Schlaflosigkeit, namentlich bei Kindern weiblichen Geschlechts".[2] Dies ist wahrscheinlich ein Überlebsel aus noch weiter zurückliegenden Zeiten, als man Kinder zuweilen von Ziegen säugen ließ und es angebracht war, sie mit dem Tiergeruch vollkommen vertraut zu machen. [Diese Erklärung Bourkes ist leicht als unhaltbar zu erweisen]. „Wenn man bei einer Feuerbrunst etwas von dem Miste aus den Ställen herausbringen kann, wird es um so leichter sein, auch die Schafe und die Ochsen herauszubringen, und sie werden keinen Versuch machen, wieder dahin zurückzukehren".[3]

Die Zauberkundigen verbieten es ausdrücklich, daß jemand, der Wasser lassen will, seinen Körper im Angesicht der Sonne oder des Mondes entblöße oder mit seinem Harn den Schatten irgend eines ganz beliebigen Gegenstandes benetze. Hesiod bringt eine Vorschrift, in der er empfiehlt, daß jemand, der bei einem Gegenstand Wasser lassen will, sich dicht davor stellt, damit keine Gottheit durch den Anblick des entblößten Körpers beleidigt werde. Osthanes behauptet, daß jeder Mensch, der morgens früh einige Tropfen Harns auf seinen Fuß fallen läßt, gegen alle schädlichen Arzneien gesichert sei.[4] An manchen Orten des südslavischen Gebietes hegt man den gegenteiligen Glauben.

Die der Zauberkunst Beflissenen glaubten auch, „es sei nicht angebracht, in das Meer zu spucken, oder dieses Element mit irgend einer der andern Entleerungen zu entweihen, die mit der Schwachheit der menschlichen Natur unzertrennlich verbunden sind".[5]

Die Tibeter haben dieselben Bedenken. Unter den Dingen die ihren „Bhikshuni", d. h. den Mönchen und Nonnen verboten sind, zählt man auch folgende auf: „Man soll sich nicht in das Wasser erleichtern, wenn man nicht krank ist; man soll nicht hinein spucken, die Nase putzen oder sich übergeben, noch irgend etwas Schmutziges hineinwerfen".[6]

---

[1] Plinius, XXVIII, Kap. 7. — [2] Kap. 78. — [3] Kap. 81. — [4] Kap. 19. — [5] Plinius, B. XXX, Kap. 6; er spricht an dieser Stelle von der Abneigung des armenischen Zauberers Tiridates, dem Kaiser Nero auf dem Seewege einen Besuch abzustatten. — [6] Pratimoksha Sutra, übersetzt von W. W. Rockhill, Paris 1884, Société Asiatique.

Man glaubte auch, ein Hund werde einen Menschen nicht anbellen, trägt dieser Hasenkot bei sich.[1])

„Der Theriak . . . hat die Wirkung, daß er wilde Tiere jeder Art in einen Zustand der Starrheit versetzt, den man nur dadurch vertreiben kann, daß man den Harn einer Hyäne auf sie spritzt".[2]) Die Hyäne hielt man für ein ganz besonderes „magisches" Tier.[3])

„Die Zauberer sagen uns, daß ein Kranker, der die Asche der Geschlechtteile eines Wildschweins in Harn eingenommen hat, in eine Hundehütte pissen und dabei die Worte sprechen muß: „Dies tue ich, damit ich nicht mein Bett naß mache, wie es die Hunde tun".[4])

Es hat den Anschein, als ob einige von diesen Ansichten über den atlantischen Ozean hinübergekommen sind. In den Vereinigten Staaten von Nord-Amerika pflegten Knaben noch in der vorigen Generation oder noch später „criss-cross" d. h. übers Kreuz zu pissen, als gute Vorbedeutung und dabei sorgfältig darauf zu achten, daß auch keine Spur des Harns auf ihren eigenen Schatten fiel.[5]) In Minden in Westfalen pissen die Knaben auch übers Kreuz und sprechen dabei: „Kreuzpissen, morgen stirbt ein Jude".[6]) „Verunreinige auch nicht das Wasser der Ströme, die nach dem Meere zu fließen, noch die Quellen, sondern vermeide dies auf alle Fälle".[7])

„Zauberer versuchen, sich etwas von dem Kot eines Menschen zu verschaffen, und bringen diesen sodann in seine Nahrung hinein, wenn sie ihn töten wollen".[8]) Muhongo sagte ferner, daß es einem anderen Menschen schweren Schaden bringe, mengt man seinen eigenen Harn, selbst unabsichtlich, unter die Nahrung eines andern, denn man bezaubert ihn damit.

Demokritos sagt von dem Stein „aspisatis": „Kranke sollen ihn mit Kamelmist zusammen am Körper befestigt tragen".[9]) In demselben Buche berichtet uns Plinius, daß Gladiatoren Steine dieser Art ganz allgemein getragen, z. B. Milo von Crotona. Was unter „Aspisatis" zu verstehen ist, läßt sich nicht mehr feststellen. — „Eine andere Sache, die allgemein anerkannt ist und die ich auch selber mit dem größten Vergnügen zu glauben bereit bin, ist die Tatsache, daß alle Zaubersprüche der Magier zu nichte gemacht werden, wenn man die Türpfosten mit Monatblut auch nur berührt".[10]) „Osthanes, der den persischen König Xerxes auf seinem Kriegzuge gegen Griechenland begleitete, . . . ist, soweit ich es ermitteln konnte, der erste Mensch, der über Zauberei schrieb".[11]) Plinius fügt bei seinen Angaben über Zauberei noch hinzu: „In Brittanien pflegt man diese Kunst heute noch und zwar mit solch erhabenen Zeremonien, daß es fast den Anschein hat, als ob man sie von dort aus zuerst nach Persien gebracht habe".[12])

Um Kindern Hilfe zu verschaffen, die an Gespensterfurcht litten, wickelte man etwas Kuhmist in Tuch und hing es den Kindern um den Hals.[13])

„Ein Zeitgenosse Plinius' war Josephus. Die Erzählungen von der Alraunwurzel in späterer Zeit, die man in dem angelsächsischen Herbarium findet, lassen sich auf das zurückführen, was Josephus vom Kraut Baaras sagt, das vor dem Menschen, der es sammeln will, fortläuft und erst dann stehen bleibt, wenn einer Harn oder Monatblut eines Weibes darüber gießt, weil Schmutz sehr oft ein geheimnisvolles Element ist; und auch

---

[1]) Plinius, XXX, Kap. 53. — [2]) B. XXIV, Kap. 102. — [3]) B. XXVIII, wie in Japan und China den Fuchs, im alten Ägypten die Katze. — [4]) B. XXVIII, Kap. 60. — [5]) Mitteilung von Oberst F. A. Seelye, Anthropologische Gesellschaft, und anderen. — [6]) Briefliche Mitteilung von Dr. Franz Boas. [In ganz Deutschland bekannt. I.] Vergl. auch Witzschel, S. 278. — [7]) Hesiod, Opera et Dies, übersetzt von J. Banks, London 1856, S. 115. — [8]) Angabe des Knaben Muhongo aus Angola, persönliche Unterredung, vom Missionar Chatelain verdolmetscht. — [9]) Plinius, XXVII, Kap. 54. — [10]) B. XXVIII, Kap. 24. — [11]) B. XXX, Kap. 3. — [12]) B. XXX, Kap. 4. — [13]) Sextus Placitus, De Capro.

dann noch wird der Hund getötet, der die Wurzel auszieht. Es ist nicht ganz sicher, ob im 1. Buch Mosis, 30,14 die Beeren der Mandragora gemeint sind".[1])

Dulaure sagt, daß der Ruf, in dem die Alraunwurzel stand, ihrer Ähnlichkeit mit der menschlichen Gestalt zu verdanken ist und den Erfindungen, die man den abergläubischen Menschen über sie aufband, wie z. B., daß die Alraunwurzel unter dem Galgen aus dem Harn eines gehängten Diebes entstehe.[2])

„Ein Mann, den Geistererscheinungen heimsuchen, macht sich am besten ein Getränk zurecht, das aus dem Kot eines weißen Hundes in bitterer Lauge besteht; das wird ihn wunderbar heilen".[3]) Denselben Kot empfahl man auch als Behandlung für die Nisse (Eier der Kopflaus, die das Weibchen an die Haare anklebt,) und anderes Ungeziefer an Kindern, gegen Wassersucht (innerlich) und ferner, um die „Zwerge" zu vertreiben, die, wie man annahm, von den an Krämpfen leidenden Kindern Besitz ergriffen hatten.

„Die Häusertüren beschmiert man mit Kuhmist und Nimbablättern, um giftige Reptilien abzuhalten".[4])

„In einigen Teilen des westlichen Afrika muß ein Mann, der nach langer Abwesenheit nach Hause zurückkehrt, seinen Leib mit einer besonderen Flüssigkeit abwaschen, ehe es ihm gestattet ist, seine Frau zu besuchen. Außerdem macht ihm der Zauberer ein besonderes Zeichen auf die Stirn, um allen Zaubereien entgegenzuwirken, die ihm vielleicht eine fremde Frau während seiner Abwesenheit angetan haben kann und die durch ihn auf die Frauen seines Dorfes übergingen".[5])

Wir sind zwar nicht unterrichtet, was diese „besondere Flüssigkeit" eigentlich war, aber wir haben schon soviel vom afrikanischen Glauben an die Macht des Harns in ähnlichen Fällen beigebracht, daß die Vermutung über diesen Punkt nicht unangebracht sein wird.

„Bei der Rückkehr von einer versuchten Besteigung des großen afrikanischen Berges, des Kilimandscharo, der nach dem Glauben der benachbarten Stämme im Besitze gefährlicher Geister ist, wurden New und seine Begleiter, sobald sie die Grenzen des bewohnten Landes wieder erreicht hatten, von den Eingeborenen entzaubert; man besprengte sie nämlich mit einer, von einem Kundigen hergestellten Flüssigkeit, der, wie man annahm, die Kraft innewohnt, böse Einflüsse unwirksam zu machen und den Zauber der schlechten Geister zu vernichten".[6])

Daß die Eskimos an die Kraft des menschlichen Kotes glaubten, er könne die Hexerei unschädlich machen, scheint aus den folgenden Angaben bei Boas hervorzugehen: „Obwohl der Angekok die Absichten der alten Hexe begriff, so folgte er dennoch dem Knaben und setzte sich neben ihr nieder. Sie stellte sich, als ob sie sehr erfreut

---

[1]) Saxon Leechdoms, I, S. 16. [Die Stelle bei Josephus steht in der Geschichte des jüdischen Krieges 7, 6, 3, woselbst er vom Kraut Baaras, das am gleichnamigen Orte in einem Tale im Norden der Festung Machaerus wächst, allerlei tolles Zeug erzählt. Ob Josephus damit die Mandragora meint, ist nicht sicher. I.] — [2]) Dulaure, Des différens Cultes, Paris 1825, B. II, S. 255, Anmerk. [In der deutschen Ausgabe von Krauss, Reiskel u. Ihm, S. 100, Anm. 9]. — Zu der daselbst angeführten Literatur über das Alraunmännchen vergl. noch die Monographie Dr. Alfred Schlossers: Die Sage vom Galgenmännlein im Volkglauben und in der Literatur, Münster i. W. 1912. — Fred. Starr, Notes upon the Mandragora, American Antiquarian 1901. — Dr. Aigremont, Volkerotik und Pflanzenwelt, Leipzig 1908, I, S. 14, 15, 17 und II, S. 4—7 (Kräuter und Blumen). — Die ältere Literatur vermerkt A. R. v. Perger, Über den Alraun, Berichte und Mitteil. des Altertumvereins zu Wien 1861, V, S. 259—269, S. 269 und Herm. Peters, Aus pharmazeutischer Vorzeit in Bild und Wort, Berlin 1910, I, S. 241 ff. — Im 10. B. der Anthropophyteia erscheint mit Erläuterungen die Abbildung eines Altwiener Alrauns aus dem Anthropophyteia-Museum. — [3]) Saxon Leechdoms, I, S. 365. — [4]) Moor, Hindu Pantheon, London 1810, S. 23. — [5]) Frazer, The Golden Bough, I, S. 157. — [6]) A. a. O., I, S. 151, unter Berufung auf Charles New, Life, Wanderings and Labors in Eastern Africa.

darüber sei, ihn zu sehen und gab ihm eine Schüssel Suppe, die er alsbald zu essen anfing. Aber mit der Hilfe seines Tornaq, d. h. des zauberischen Einflusses, der ihm beistand, fiel die Nahrung richtig durch ihn hindurch in ein Gefäß, das er auf den Boden der Hütte zwischen seine Füße gestellt hatte. Das gab er nun der alten Hexe und zwang sie, es zu essen. Sie starb, als sie kaum den ersten Löffelvoll an ihre Lippen gebracht hatte".[1]

„Der Zauberer Osthanes empfahl des Morgens früh die Füße in menschlichen Harn zu tauchen, als Vorbeugemittel gegen Bezauberung".[2] Frommann gibt an, daß man menschlichen Kot, Monatblut und Samen in die Speisen jener mischte, die man behexen wollte.[3] Auf einer andern Seite erweitert er diese Liste mit der Angabe, daß außer Kot, Harn und Blut auch Haare, Nägel, Knochen, Schädel und das Moos, das auf Schädeln wuchs, unter den Dingen waren, die man zur Hexerei gebrauchte.[4]

Wirft einer gebratene Bohnen in den Dreck, so wird ihm für jede Bohne, die er auf diese Art verschwendet, ein Geschwür am Hintern erscheinen.[5] Die folgende Stelle ist nicht ganz klar: „Vesicatorio excrementis adhuc calentibus imposito intestina corrosione afficiuntur". Es scheint zu bedeuten, es werde die Eingeweide zerfressen, tut man warmen Kot in eine Blase, etwa nach der Art der Würste, von denen wir anderswo sprechen. Heiße Asche oder ausgeglühte Kohlen, die man auf frisch abgelegten Kot wirft, rufen am Hintern Entzündungen und Geschwüre hervor. Auf dieselbe Weise können wir veranlassen, daß Abwesende das Abführen bekommen, ohne daß sie eine Medizin gebrauchten, schreibt Tilemannus de Materia medica S. 251.[6] Frommann fügt noch hinzu, daß diese Tatsache sowohl den Engländern, als auch den Franzosen und den Deutschen bekannt sei.[7]

Harn und Kot können auf Jahrzehnte hin unter Umständen eine Zauberwirkung im Bösen ausüben. So nach deutschem Volkglauben: „Der Pate darf vor der Taufhandlung, sobald er sich dazu rein angekleidet, die beiden natürlichen Bedürfnisse nicht befriedigen, deshalb auch nicht trinken. Der Täufling wird sonst unrein, kann den Harn nicht halten und wird ein Säufer".[8]

Menschlichen Kot und Harn warf man als einen kräftigen Zauber auf glühende Kohlen. Die Person, deren Exkremente man auf diese Weise verbrannte, litt an schrecklichen Schmerzen am After. Aber dieses Mittel ließ sich auf zwei verschiedene Weisen gebrauchen, denn man konnte sowohl Haß, als auch Liebe damit hervorrufen, sowohl zwischen Eheleuten, als auch zwischen alten Freunden.[9]

Über die Verwendung von Harn bei den Eskimos zur Abwehr der Hexenbosheit, siehe oben die Rink's „Tales and Traditions of the Eskimo" entnommenen Anführungen. Daselbst ist auch angegeben, daß sie Harn in derselben Absicht heute noch bei der Geburt gebrauchen. Man vergleiche ferner die Angaben aus Dr. Franz Boas' Schriften.

Den Knochen vom Bein oder Schenkel eines Mannes, der eines gewaltsamen Todes gestorben ist, entleerte man seines Marks und füllte ihn dann mit menschlichem Kot an, worauf man ihn mit Wachs verschloß und in kochendes Wasser legte. Solange man diesen Knochen im Wasser beließ, mußte der Unglückselige, von dem der Kot herstammte, seinen Darm entleeren und man konnte diesen Knochen sogar in der Weise gebrauchen, daß man den Unglücklichen zwang, jede Nacht sein Bett zu beschmutzen. [Nach dem lateinischen Texte konnte der zu verwendende Knochen von einem Fuß, einem

[1] Franz Boas, The Central Eskimo, im Sixth Annual Report, Bureau of Ethnology, Washington. — [2] Brand, Popular Antiquities, III, S. 286. — [3] Tractatus de Fascinatione, S. 683. — [4] S. 684. — [5] S. 1023. — [6] S. 1623. — [7] S. 1037. — [8] A. Witzschel, Sagen, Sitten und Gebräuche aus Thüringen, herausg. von G. L. Schmidt, Wien 1878, S. 250f. — [9] Paullini, S. 264f.

Arm oder einem Schenkel herrühren und der auf den Bezauberten ausgeübte Zwang ließ sich so lange fortsetzen, bis nicht das Abführen zum Tod führte.[1]

Die kleinen Knochen des menschlichen Beines gebrauchen die Australier bei ihren Zaubereien.[2]

„Um in den Därmen einen Abfluß herbeizuführen, war es nur nötig, den Kot eines Kranken in einen menschlichen Knochen einzufüllen und ihn in einen Wasserlauf zu werfen". Diese Angabe steht in den medizinischen Schriften „Peters von Spanien, der Erzbischof war und später unter dem Namen Johann XXI. Papst wurde."[3]

Schurig zählt viele Schriftsteller auf, um zu zeigen, daß in Fällen der „Unhöflichkeit", wenn jemand z. B. an der Tür seines Nachbars seinen Kot niederlegte, die beleidigte Person ein sicheres Mittel in der Hand hatte, sich Genugtuung zu verschaffen. Man brauchte nämlich nur etwas von dem Kote des Beleidigers zu nehmen, ihn mit glühenden Kohlen oder mit heißer Asche zu vermischen und dies dann auf die Straße zu werfen; oder man konnte Pfeffer und Wein mit den Kotstoffen zusammen verbrennen, oder ein Stück Eisen bis zur Weißglühhitze erhitzen und in den Kot hineinstoßen und erkaltete das Eisen, wurde der Vorgang wiederholt: so oft dies geschah, erduldete der Schuldige Schmerzen am Hintern. Andere Mittel bestanden darin, daß man Weingeist und Salz zusammenmischte, es auf den anstößigen Kothaufen spritzte und dann ein rotglühendes Eisenstück darauf legte, damit verursachte man, daß dieselben Schmerzen am Hintern des Beleidigers den ganzen Tag über dauerten, solange er sich nicht mit frischer Milch davon heilte. Oder man konnte kleine Erbsen in einer Bratpfanne heiß machen und mit dem frischen Kot auf die Straße hinauswerfen; soviele Erbsen darin waren, soviele Schmerzen mußte der Übeltäter erdulden. Das dem Betreffenden angezauberte Leiden bestand in Entzündungen und Geschwüren. Das sei in England, Frankreich, Deutschland und besonders bei seinen sächsischen Landsleuten . ganz allgemein bekannt, sagt Schurig.[4]

„Die Australier glauben, ihre Zauberer besäßen die Macht, Krankheit und Tod hervorzubringen, wenn sie das verbrennen, was man „Nahak" nennt. Nahak bedeutet soviel als Kehricht, Plunder, Schund, in erster Linie aber Nahrungabfälle. Alle diese Dinge vergraben oder werfen sie ins Meer, damit die Krankmacher nichts davon in die Hände bekommen können.[5] Weitere Angaben über „Nahak" findet man in Turner's Samoa, S. 320.

Die alte Heimat der Cheyennen von Dakota lag in den Black Hills, und dort glaubten die Siouxindianer, die Cheyennen seien unbesiegbar, weil ihre Medizinmänner aus dem Büffelmist alles mögliche herzustellen verstünden.[6]

Obgleich Livingstone sein Werk „Zambesi" mit vielen Angaben von Hexerei angefüllt hat, erwähnt er doch nichts von der Anwendung derartiger Mittel.

„Der Glaube an Hexerei und an die Wirksamkeit von Zauberdingen und Beschwörungen war vor vierzig Jahren in den mittleren und unteren Volkschichten Deutschlands noch sehr stark . . . Im Winter von 1845 auf 1846 nahm ich an einer Abendschule in meinem Heimatorte Schorndorf im kleinen Königreich Württemberg teil. In der Nähe der Schule war eine Schmiedewerkstätte, in der man bis spät in die Nacht hinein arbeitete. Das Feuerwerk im Kleinen, das die Funken erzeugten, die unter den Schlägen der von den geschwärzten, unheimlich aussehenden Söhnen Vulkans geführten, ungeheuren Hämmer

---

[1] Etmuller, II, S. 272f. — [2] Native Tribes of South Australia, Adelaide 1879, S. 276. — [3] T. C. Minor, Physicians of the Middle Ages, S. 6. [Johann XXI. hieß vorher Petrus Hispanus, obwohl er aus Lissabon stammte, war ein berühmter Arzt und schrieb einen Thesaurus pauperum, ein Schatzkästlein der Armen, in dem obiges Mittel steht. Papst war er 1276—1277. I.] — [4] Chylologia, S. 790. — [5] Native Tribes, Adelaide 1879, S. 23. — [6] Eigene Aufzeichnungen Bourkes.

umhersprühten, war eine der hauptsächlichsten Unterhaltungen der Schulknaben. Wir pflegten uns vor Schulbeginn in einiger Entfernung im Dunkeln aufzustellen, und starrten ehrfürchtig und bewundernd auf das glänzende und lärmende Schauspiel vor uns. Der Schmiedemeister, der leicht in zornige Erregung geriet, war bei uns nicht sehr beliebt und wir beschlossen, ihm einen Streich zu spielen. So beschmierten nun zwei Knaben, während die Arbeiter beim Abendessen saßen und daher die Schmiede unbeaufsichtigt war, die Hammerstiele mit Kot. Die Entrüstung der Gesellen war selbstverständlich sehr groß und unter Fluchen und Schimpfen auf die Schuldigen machten sie sich daran, ihre Werkzeuge zu reinigen, woran sie plötzlich der Meister hinderte, der da mit einem teuflischen Lächeln erklärte, er habe sich entschlossen, an den Übeltätern ein Exempel zu statuieren. Er befahl dem Lehrling, den Blasebalg in Gang zu bringen und hielt dann die beschmierten Hammerstiele, einen nach dem andern, über das Schmiedefeuer, wobei er sie fortwährend hin und her drehte und dabei unverständliche Beschwörungformeln mit leiser und feierlicher Stimme sprach. Die Arbeiter standen unterdessen um ihn herum und auf ihren rußigen Gesichtern malte sich Furcht und Schrecken ab. Als die Zeremonie zu Ende war, erklärte der Meister, es werde den Schuldigen ziemlich schlecht ergehen, denn ihre Hintern würden sich in einem schrecklichen Zustande befinden, aber es müsse ein Exempel statuiert werden, damit sich solche schmutzigen Streiche nicht wiederholten und die Knaben ließen sich dies auf alle Fälle zur Warnung dienen. Wir Jungen hatten dem ganzen Vorgange in Angst und Bangen zugeschaut und warteten darauf, daß uns etwas ganz Schreckliches befalle. Ich brauche kaum zu erwähnen, daß wir einigermaßen enttäuscht waren, als wir unbeschädigt blieben, obgleich unser Glauben an solchen Schwindel schwer erschüttert wurde".[1]

„Bei manchen Indianern Brasiliens geschieht folgendes, wenn ein Mädchen mannbar wird: Wenn sie einen natürlichen Drang fühlt, nimmt eine weibliche Verwandte das Mädchen auf ihren Rücken und schleppt sie hinaus, wobei sie eine glühende Kohle bei sich trägt, um zu verhindern, daß böse Einflüsse in den Leib des Mädchens eindringen".[2]

„Um einen Behexten zu entzaubern, muß man in den Nachttopf spucken, in den man sein Wasser gelassen hat".[3]

„Die Schamanen der Tlinkit in Alaska bewahren ihren Harn so lange auf, bis der Geruch so stark geworden ist, daß ihn die Geister nicht mehr ertragen können".[4]

Im dritten Bande der „Geschichte der Inquisition" von Henry C. Lea, New-York 1888, steht ein Abschnitt von „Zauberei und geheimen Künsten", der aber keine Angaben über die Verwendung von Kotstoffen in irgend einer Form enthält. Auch in dem Werke Dalyells „Superstitions of Scotland", Edinburgh 1834, ist nichts Hierhergehöriges zu finden.

Zu den Bestandteilen des heiligen Trankes der Parsen, des „Hum", gehört auch „die Pisse einer jungen, reinen Kuh".[5] Diesen heiligen Trank gebraucht man auch als „Opfergabe bei Beschwörungen".[6]

Schurig gibt an, man habe Pferdemist zuweilen bei „sympathetischer Magie" benutzt,[7] und er erzählt hierfür ein Beispiel, wie es ein gewisser Gutbesitzer, in dessen Wiesen die Pferde seiner Nachbarn eingedrungen, fertig brachte, diesen Pferden sämtlich die Schwindsucht anzuhexen, indem er etwas von dem Mist, den sie hatten fallen lassen, mit sich nahm und in seinem Kamin aufhängte. Die folgenden Angaben scheinen von einer Art von Beschwörung zu berichten, die der eben erwähnten ihrer Art nach nahe

---

[1] Briefl. Mitteilung von Herrn Charles Smith in Washington (der wohl in Schorndorf Karl Schmidt geheißen hat!) — [2] Frazer, The Golden Bough, II, S. 231. — [3] Reginald Scot, Discoverie of Witchcraft, S. 62. — [4] Franz Boas im Journal of American Folk-Lore, I, S. 218. — [5] Max Müller, Biographies of Words, London 1888, S. 237. — [6] A. a. O. — [7] Chylologia, S. 815.

verwandt ist. Zwei Jakutenhäuptlinge stritten sich um die Oberherrschaft. Der eine, der Onagai hieß, brachte seinem Nebenbuhler eine Niederlage bei und verbannte ihn, sodaß dieser nur mit seiner Frau und zwei Stuten entkam. Dieser zweite Häuptling, der Aley hieß, sammelte sorgfältig den Mist seiner Stuten und verbrannte ihn zu einer Zeit, als der Wind nach den Wohnstätten des Onagai zu wehte; der Geruch lockte das verirrte Vieh seines Feindes herbei. [1]

„Wer sich durch Zauberei an einem Feinde rächen will, sucht sich dessen Speichel oder Harn oder Kot zu verschaffen. Diese Stoffe mischt er mit einem Pulver und legt sie in ein Säckchen, das in einer ganz besonderen Art gewebt ist; dieses Säckchen vergräbt man dann". [2]

Langsdorff berichtet, daß sich auf den Washingtoninseln ein Mann, der einen Feind verhexen will, „etwas von seinem Haar oder Überreste von seinem Essen oder Erde, auf die er gespuckt oder sein Wasser abgelassen hat, zu verschaffen suche". [3]

Der Geistliche W. Ellis erzählt bei seiner Schilderung der Bewohner von Tahiti: Fingernägelschnitzel, Haarlocken, Mundspeichel oder andere Leibabsonderungen oder auch etwas von der Nahrung, die jemand essen sollte, dies alles hielt man für Mittel, durch die der böse Geist in den Betreffenden gelangen konnte, den man später für besessen ansah. . . . Der Zauberer nahm das Haar, den Speichel oder irgend einen andern Stoff, der seinem Opfer gehörte, mit nach seinem Hause, sprach seine Beschwörungformeln darüber aus und betete dann; daraufhin trat der böse Geist, wie man annahm, in den „Stoff", den man Tubu nannte, ein und gelangte von diesem in den hinein, dem die Zauberei galt. [4]

„Will man den Tod eines verhassten Menschen durch Hexerei herbeiführen, so verschafft sich der feindselig gesinnte Eingeborene etwas von dem Haar seines Feindes, Nahrungüberreste oder Kot; diese Stoffe bewahrt man in einem Sack auf, der ausschließlich für die Waffen der Zauberei bestimmt ist; eine Art kleines Felleisen, das man über die Schulter hängt. Die Nahrungüberreste unterwirft man einer ganz besonderen Behandlung, die zum Teil in deren Rösten und Schmelzen an einem Feuer besteht; aber inbetreff des Kotes teilte man mir mit, daß man ihn vermodern läßt und daß nach der Annahme in demselben Maße, wie er zerfällt, die Gesundheit und Stärke des Feindes gleichzeitig abnehme. In solcher Weise wendet man Kot im Süden von Queensland an". [5]

Die Patagonier sind der Ansicht, daß ihre Hexen jedem ein Leid antun können, von dem sie irgend etwas vom Leib oder Kot in die Hände bekommen, — „wenn sie irgend etwas von demjenigen, den sie sich als Opfer ausersehen haben, erlangen können oder irgend etwas, das von dem Leib herrührt, wie Haare, Stückchen von den Nägeln usw., und dieser Glaube ist um so auffälliger, weil er ganz genau mit dem in Polynesien so allgemein verbreiteten übereinstimmt". [6]

Es bestand irgend eine, nicht ganz deutlich umschriebene Beziehung zwischen der Macht des Harnens und der Jungfrauschaft. Burton spricht von „so sonderbaren, unsinnigen Verhören bei Albertus Magnus, . . . bei denen man sie mit Steinen und Räucherwerk dazu brachte, im Schlafe zu pissen und ich weiß nicht was alles zu gestehen". [7]

---

[1] Sauer, Expedition to the Northern Parts of Russia, London 1802, S. 133; nach tatarischer Überlieferung war dieser Aley ein geschickter Zauberer. A. a. O., S. 135. — [2] Krusenstern, Voyage round the World, Englische Übersetzung, London 1813, I, S. 174. Es handelt sich um die Insel Nukahiva. — [3] Voyages, London 1813, S. 156. — [4] Polynesian Researches II, S. 228; angeführt in The Northern Tribes of South Australia, S. 25. — [5] Briefliche Mitteilung Dr. John Matthews aus The Manse, Coburg, Victoria vom 29. November 1889. — [6] Voyage of the Adventure and Beagle, II, S. 163, woselbst der Jesuit Falkner angeführt wird. — [7] Anatomy of Melancholy, II, S. 451.

Von den Australiern sagt Smyth: „Die einzige auffallende Sitte bei ihren Kriegzügen, durch die sie sich von anderen Wilden unterscheiden, ist die Befolgung des Gebrauches, der auch den Israeliten vorgeschrieben war, wenn sie in den Krieg zogen (5. Moses, 23, 12—14). Die Eingeborenen glauben nämlich, daß der Feind, der ihren Kot entdeckt und ihn im Feuer verbrennt, auf diese Weise ihrer aller Vernichtung herbeiführen könne oder daß jeder einzelne sich in Gram verzehre und stürbe".[1]

„In der Mitte der Halle stand ein Gefäß, dessen Inhalt mindestens so verschiedenartig war, wie Macbeths Hexenkessel, eine Mischung, die zum Teil aus nicht wiederzugebenden Bestandteilen zusammengesetzt war".[2]

Es ist eine Niederschrift des Geständnisses einer jungen französischen Hexe, namens Jeanne Bosdean, in Bordeaux aus dem Jahre 1594 vorhanden. Darin wird eine Hexenmesse beschrieben, bei der der Teufel in der Verkleidung eines schwarzen Bockes erschien, mit einem Wachslicht zwischen den Hörnern. Als man Weihwasser verlangte, pißte der Bock in eine Höhlung im Erdboden und die das Priesteramt versehende Hexe besprengte damit die Versammlung mit einem schwarzen Weihwedel. Jeanne Bosdean hielt an ihrer Erzählung selbst dann noch fest, als sie schon auf dem brennenden Scheiterhaufen stand.[3] [Ist bei einer erblich belasteten Neurotikerin nicht besonders auffällig].

Eine der feierlichen Handlungen bei der Aufnahme von Neulingen in den Hexenbund bestand in dem „Küssen der nackten Hinterbacken des Teufels".[4] Papst Gregor IX. beschreibt in einem Briefe, den er im Jahre 1234 an mehrere deutsche Bischöfe richtete, die Einführung von Hexenmeistern folgendermaßen: „Die Neulinge sahen, als man sie in die Versammlung einführte, eine Kröte von ungeheurer Größe. Einige küßten sie auf den Mund, die andern auf das Hinterteil". Darauf brachte man eine schwarze Katze herbei, der Neuling küßte die Katze auf das anatomische Hinterteil und begrüßte nachher auf ähnliche Weise die Vorsitzenden bei dem Feste und auch noch andere, die dieser Ehre würdig sind.[5] Und weiter heißt es: „Bei den Zusammenkünften der Hexen küßten die Besessenen das Hinterteil des Teufels, indem sie nach Art der Ziegen dagegen stießen".[6] „Den Huldigungkuß gibt man dem Teufel auf den Hintern, weil nach dem zweiten Buch Mosis dem Moses erlaubt war, nur das Hinterteil Gottes zu sehen".[7]

Der Teufel haßt nichts so sehr wie menschlichen Kot. Über diesen Punkt möge man Luther's Tischgespräche nachsehen. Man kann den Teufel nicht besser unschädlich machen, als wenn man auf seine Werke menschlichen Kot legt oder solchen in den Rauch des Schornsteins hängt. Die Lappländer standen im Rufe, sie seien imstande, ein Schiff im vollen Segeln aufhalten zu können; war aber ein solches Schiff im Innern den Plankennähten entlang mit Jungfrauenkot bestrichen worden, dann blieben die Anstrengungen der Hexen ohne Erfolg.[8] „Ein gewisser Mann behexte einen neun Jahre alten Knaben dadurch, daß er den Kot des Knaben in eine Schweineblase tat und diese „Wurst" im Kamin aufhing".[9] Manche Leute waren auch der Ansicht, daß man durch solch Koträuchern

---

[1] Aborigines of Victoria, I, S. 165. [Die Stelle 5. Moses, 23, 12ff lautet: „Und Du sollst außen vor dem Lager einen Ort haben, dahin Du zur Not hinausgehest. Und sollst ein Schäuflein haben, und wenn Du Dich draußen setzen willst, sollst Du damit graben, und wenn Du gesessen hast, sollst Du zuscharren, was von Dir gegangen ist usw.]. — [2] Larousse, Dictionnaire Universal du XIX ième Siècle, angeführt in den Reports of Voudoo Worship in Hayti and Louisiana von W. W. Newell im Journal of American Folklore, 1889, S. 43. — [3] Thiers, Superstitions usw., II, B. 4, Kap. 1, S. 367. Dieselbe Geschichte findet sich auch bei Picart, VIII, S. 69. — [4] Reginald Scot, Discoverie, S. 36f. — [5] Minor, Medicine in Middle Ages, S. 41. — [6] A. a. O., S. 50. — [7] Mélusine, Paris 1890, S. 90; Artikel J. Tuchmanns, La Fascination. [Vergl. 2. Mos. 33, 20—23]. — Man vergleiche dazu die erschöpfenden Auseinandersetzungen Gustav Roskoffs, Geschichte des Teufels, II. B., Leipzig 1869 und Dulaure von Krauss, Reiskel u. Ihm. — [8] Paullini, S. 260. — [9] S. 261.

eine Krankheit verschlimmern könne; daß die kranken Leute allmählich eintrockneten, bis sie zuletzt starben; diese Erfahrung will Paullini bei seinem eigenen Schwiegervater gemacht haben. . . . „Die Bauernweiber gießen frische Kuhmilch auf menschlichen Kot oder in den Abtritt hinein, wenn sie trotz der Behexung Butter machen wollen und die Hexen werden dadurch machtlos".[1]

Die Magier lehrten auch, daß man die Asche des männlichen Geschlechtteils eines Schweines in Süßwein trinke und dann sein Wasser in eine Hundehütte hinein ablasse, wobei man die Worte sprechen soll: „Aus Furcht, daß er wie ein Hund den Harn in sein eigenes Bett lasse". Ließe ein Mann des Morgens früh ein klein wenig Wasser auf seine Füße, dann würde dies ein Vorbeugemittel gegen schlechte Arzneien oder allzugroße Mengen sein, die ihm Schaden zufügen könnten.[2]

Beckherius bringt auch die Erzählung von den lappländischen Hexen, die imstande sein sollen, ein Schiff in seinem Laufe aufzuhalten, außer man hatte die inneren Nähte des Fahrzeuges mit Jungfrauenkot bestrichen.[3] Beckherius beruft sich weiterhin auch auf Josephus, der berichte, ein gewisser See in der Nähe von Jericho werfe Asphalt aus, der so fest an den Schiffen anhafte, daß diese Gefahr liefen, zum Wrack zu werden, wenn man nicht den Asphalt durch eine Auflage von Monatblut und menschlichem Harn ablöse.[4]

Dittmar Bleekens sagt bei seiner Beschreibung der Isländer (Eisländer): „Und es ist wahrhaftig wunderbar, wie der Teufel mit ihnen sein Spiel treibt, denn er hat ihnen ein Mittel gezeigt, wie sie ihre Schiffe zum Stillstand bringen können, nämlich den Kot eines Mädchens, das noch eine Jungfrau ist. Bestreichen sie das Vorderteil des Schiffes und gewisse Planken des Schiffes damit, so hat er ihnen gezeigt, daß der Geist in die Flucht geschlagen und von diesem Gestank vertrieben wird".[5]

Josephus, dessen Angaben wir bereits erwähnten, soll hier nochmals wörtlich angeführt werden, um genau zu zeigen, was er eigentlich sagt. „Der Asphalt des Sees Asphaltites ist so zähe, daß das Schiff an den Klumpen hängen bleibt, bis man es davon befreit mit Monatblut und Harn, denen allein es nicht widersteht".[6]

Die Bewohner der Insel Mota oder der Banksinsel „haben eine ganz besondere Art von Totem, das sie tamaniu nennen. Es ist irgend ein Gegenstand, gewöhnlich ein Tier, etwa eine Eidechse oder eine Schlange, aber manchmal auch ein Stein, von dem der Einzelne glaubt, sein Leben hänge davon ab; wenn das Totem stirbt, oder verloren geht oder zerbricht, dann stirbt auch er. Der Zufall entscheidet über die Wahl eines solchen tamaniu; man kann es aber auch finden, wenn man eine Abkochung von gewissen Kräutern trinkt und die Abfälle vom Essen auf einen Haufen zusammenbringt. Das erste lebende Wesen, das man dann in diesem Haufen oder darauf sieht, das ist das tamaniu. Es wird bewacht, aber nicht gefüttert oder verehrt".[7]

Man ziehe einen Vergleich zwischen dem Vorstehenden und dem anderswo ausgeübten Brauch, dadurch zu bestimmen, ob eine Frau schwanger ist oder nicht, daß man ein wenig von ihrem Harn auf Kleie gießt, es gähren läßt und dann beobachtet, ob tierisches Leben entsteht. Man denke auch an die Art und Weise, wie man feststellen kann, ob ein Mensch aussätzig ist oder nicht.

Will man feststellen, ob eine Frau mit einem Knaben oder einem Mädchen schwanger geht, so mache man zwei kleine Höhlungen in den Boden; in die eine legt

---

[1] A. a. O., S. 263. Man vergl. auch die Anführung aus Schurigs Chylologia. — [2] Saxon Leechdoms, I, S. 12, wo Plinius angeführt wird. Man vergleiche die bereits aus diesem Schriftsteller beigebrachten Anführungen. — [3] Medicus Microcosmus, S. 114. — [4] S. 43, unter Anführung von „De Bello Judaico". — [5] Bei Purchas, I, S. 646. [Etwas verworren!] — [6] Jüdischer Krieg, Englische Übersetzung, New-York 1821. — [7] Frazer, Totemism, Edinburgh 1887, S. 56.

man Weizen, in die andere Gerste; dann läßt man die Frau auf beide pissen; sprießt der Weizen zuerst auf, wird sie einen Knaben, geht die Gerste zuerst auf, ein Mädchen bekommen. Um festzustellen, ob einen Menschen Aussatz oder Elephantiasis ergriffen, warf man die Asche von verbranntem Blei (plumbi usti cineres) in seinen Harn; fiel diese Asche auf den Boden, so war der Mensch gesund; wenn sie aber obenauf schwamm, dann schwebte er in Gefahr.

Will man herausbekommen, ob ein Mensch behext worden ist, so soll man am Feuer den Harn des Menschen in einem neuen Topfe kochen und hat man den Harn durchgekocht, dann wird der Mensch vom Gifte befreit sein.[1])

Um festzustellen, ob ein kranker Mann im laufenden Monat sterben wird, schüttelte man etwas von seinem Harn in einem gläsernen Gefäß, bis er schäumte; dann nahm der Untersucher etwas von seinem Ohrenschmalz (cerumen) und legte es auf diesen Schaum, ging der Schaum dann auseinander, dann gesundete der Mann wieder, im andern Falle aber nicht.[2])

„Man sagt, König Louis Philipp habe es niemals unterlassen, ehe er ein Pferd bestieg, es gegen das linke Hinterbein zu bepissen, gemäß einer alten Überlieferung bei der Reiterei, daß eine solche Handlung die Wirkung habe, daß das Bein des Tieres dadurch gestärkt werde und es deshalb geeigneter sei, die Anstrengung auszuhalten, wenn der Reiter in den Sattel springe. Ich erzähle Ihnen die Sache genau so, wie ich sie vor fünfundvierzig Jahren von einem der Söhne des Königs, dem Fürsten von Joinville erzählen hörte, als ich unter seinem Kommando auf der Fregatte La Belle Poule Dienst tat".[3])

Die Anwohner am See Ubidjwi, der in der Nähe des Tanganjika-Sees liegt, beschreibt man so: „In allen Klassen der Bevölkerung tragen beide Geschlechter kleine geschnitzte Bilder um den Hals gehängt oder am oberen Teil der Arme angebunden, als Zaubermittel gegen böse Geister. Sie sind gewöhnlich hohl und die Medizinmänner füllen sie mit Unrat an".[4])

Bei den Beschwörungen, die die Medizinmänner vornahmen, um Unglückfälle beim Umgehen mit dem Feuer fern zu halten oder seine Expedition vor Schaden zu bewahren, sah Cameron unter anderm auch „eine Kugel, die aus Rindenstückchen, Dreck und Unrat hergestellt war".[5]) Der Ausdruck „Dreck" kann hier nur in einer bestimmten Bedeutung gebraucht worden sein.

„In einem Almanach für 1695 macht sich der arme Robin über die folgenden ekelhaften Narrheiten, die damals im Schwange waren, lustig; sie müssen ganz bestimmt entweder holländischer oder vlämischer Herkunft gewesen sein. Er erklärt diejenigen für unverbesserliche Narren, die, wenn sie ihr Wasser lassen, an der Mauer mit ihrem Harn hin- und herstreichen, als wollten sie irgendwelche altertümliche Figuren entwerfen oder einige sonderbare Zeichnungen anbringen, oder die, die in Straßenstaub pissen und dabei, ich weiß nicht, was für durcheinanderlaufende Winkel und Kreise machen, oder die, die eine Spalte in einer Mauer oder eine kleine Höhlung im Erdboden dazu benutzen, nachdem er sie einige Male ermahnt hat".[6]) Dies war möglicherweise ein Überlebsel irgend einer uralten Art des Weissagens. In Niederösterreich pflegen nach einem frischen Schneefall verliebte Burschen den Namen der Liebsten unter deren Fenster in den Schnee hineinzupissen. Gelingt das Kunststück, so dürfen sie Erhörung erhoffen. Das Mädchen

---

[1]) Beckherius, Med. Microcosmus, S. 61 f. — [2]) S. 62. — [3]) Briefliche Mitteilung vom Kapitän Henri Jouan der französischen Kriegmarine. — [4]) Cameron, Across Africa, London 1877, I, S. 336. — [5]) B. II, S. 118. — [6]) Brand, Popular Antiquities, III, S. 175, Artikel: Nose and Mouth Omens.

wird nach dem leistungkräftigen Zumpt lüstern, doch erwischt ihr Vater den Pisser, so setzt es oft Keile ab.

Bei der Beschreibung des Tanzes eines Medizinmannes im Dorfe Kwinhata in der Nähe der Kongoflußquelle und der ehrfürchtigen Verehrung, die Frauen diesen Mgangas darbringen, berichtet Cameron von einem dieser Weiber: „Sie ging bald darauf ganz glücklich fort, als sie der oberste Mganga dadurch ausgezeichnet hatte, daß er ihr ins Gesicht spuckte und ihr eine seiner schweinigen Kugeln als Zaubermittel gab. Sie beeilte sich, diese Kugel in ihrer Hütte in Sicherheit zu bringen".[1]

In einem Aufsatz im „Table Talk", abgedruckt im Evening Star von Washington am 17. Dezember 1888: „Christmas under the Polar Star", steht, „im südlichen Lappland besudeln, nach dem im Volke verbreiteten Glauben, die geärgerten Yulemännchen oder christlichen Kobolde den Holzstoß derart, daß man gar nicht an ihn herankommen könne, wenn der Hausvater es unterlassen sollte, einen für die Bedürfnisse des Winters ausreichenden Vorrat an Heizstoffen zusammenzubringen".

Frommann widmet einen langen Aufsatz der Widerlegung des volktümlichen Glaubens seiner Zeit, man könne aus dem Harn oder dem Samen eines wegen Diebstahls unschuldig gehängten Mannes „homunculi" erzeugen.[2]

„Wenn Butler in seinem „Hudibras" einen schlauen Mann oder einen Wahrsager beschreibt, so bringt er dabei ein gut Teil seiner gewöhnlichen Spottsucht an:

„Zu ihm, mit Fragen und mit Urin,
Ziehen sie um Antwort oder Heilung hin".[3]

„Es gab etruskische Hexenmeister, die Regen machten oder Wasserquellen entdeckten; es steht nicht fest, was das für Wasser war. Man glaubte, daß sie den Regen oder das Wasser aus ihrem Leibe herausbringen könnten".[4]

„Die Schlafkammer des Königs der Mombottoes, Munza, war mit vielen geometrischen Zeichnungen bemalt, die mit dem Weißen des Hundekots (album Graecum) hergestellt waren".[5] Man kann ganz ruhig behaupten, daß diese „geometrischen Zeichnungen" „magische Zeichen" waren.

„Man nimmt an, daß Hexen über jeden beliebigen Menschen Macht bekommen können, wenn sie sich in den Besitz von irgend etwas setzen, das dem in Aussicht genommenen Opfer gehört hat, — wie z. B. ein Haar, ein Stück der Kleidung oder eine Stecknadel. Der Einfluß der Hexe wird noch größer, wenn ihr die betreffende Person, sobald sie darum gebeten wird, einen solchen Gegenstand freiwillig oder unwissentlich aushändigt. . . . Eine Hexe kann man dadurch unschädlich machen, daß man sich ein Haar von ihrem Kopfe verschafft, es in ein Stück Papier einwickelt, an einem Baume als Zielscheibe anbringt und mit einer Flinte eine silberne Kugel darauf schießt. . . . Tritt der Kranke in das Jünglingalter ein, so kann man die angedeutete Befreiung von der Krankheit (des Bettnässers) dadurch herbeiführen, daß er in ein frisch aufgeworfenes Grab pißt; der darin ruhende Leichnam muß das entgegengesetzte Geschlecht dessen haben, der die Handlung ausführt".[6]

Black weist auf dieselben Gedankengänge hin.[7]

Um die Wirkungen der Hexerei zunichte zu machen, empfiehlt Dr. Rosinus Lentilius, daß der Kranke ein haselnußgroßes Stück seines eigenen Kotes in Öl einnehmen soll.[8] Nach Paullini gebrauchte man als Gegenmittel menschlichen Kot sowohl

---

[1]) Across Africa, II, S. 82. — [2]) Tractatus de Fascinatione, S. 672. — [3]) Brand, Popular Antiquities, III, S. 62, Artikel: Sorcerers. — [4]) Frazer, The Golden Bough, I, S. 22. — [5]) Schweinfurth, Heart of Africa, London 1878, II, S. 36. — [6]) Hoffmann, Folklore of the Pennsylvanian Germans, Journal of American Folklore, Januar-März 1889, S. 28ff. — [7]) Folk-Medicine, S. 16. — [8]) Ephem. Medic., Leipzig 1694, S. 170.

innerlich als auch äußerlich und menschlichen Harn äußerlich. Zu demselben Zwecke empfahl Schurig menschlichen Harn und Kot, aber nach seiner Ansicht sollte man beide innerlich nehmen und zwar mit Bilsenkraut (Hyoscyamus) gemischt.[1]

In Frankreich glaubte man, Hexen könnten sich in Tiere verwandeln und umgekehrt, „wenn sie ihre Hände in einem gewissen Wasser wuschen, das sie in einem Topf aufbewahrten." Auch wird erwähnt „ein Gefäß, das alles andere enthielt, nur kein Weihwasser, mit dem man die Eingeweihten besprengte".[2]

Reginald Scot erzählt uns von einem „Meßpriester", den ein Incubus quälte; nachdem alle anderen Mittel versagt hatten, gab ihm eine schlaue Hexe den Rat, „er solle am folgenden Tage bei Taganbruch pissen und sofort den Nachttopf zudecken oder mit seinem Unterzeug verstopfen".[3]

Die Tlinkit an der Nordwestküste von Nordamerika glauben, man könne einen Ertrunkenen in das Leben zurückrufen, wenn man ihm Einschnitte in die Haut mache und eine Arznei auflege, die aus gewissen Wurzeln bestehe, die man mit drei Monate lang aufbewahrtem Harn eines Kindes ausgezogen habe. Ertrunkene Menschen verwandeln sich nach der Ansicht ihrer Medizinmänner zu Fischottern.[4]

„Als angebliches Mittel gegen Behexung galt folgendes: Man brachte etwas vom Wasser der behexten Person, zusammen mit einer Menge Stecknadeln, Nähnadeln und Nägeln, in eine Flasche, verkorkte diese gut und stellte sie an das Feuer, um den Geist zusammenzuhalten; aber manchmal zeigte sich, daß dies nicht ausreichend war, da er oftmals den Korkpfropfen mit lautem Knall heraustrieb, wie von einer Pistole, und den Inhalt hoch in die Luft hinauf schleuderte".[5]

Waren die Glieder eines Menschen behext worden, so sollte er sie in seinem eigenen Harn baden; manche empfahlen auch einen Zusatz von Knoblauch oder Asa foetida.[6]

„In seiner merkwürdigen Abhandlung „Über die Erstickung der Gebärmutter" aus dem Jahre 1603 sagt Jorden auf S. 24: „Von einem andern klugen Verfahren erzählt uns Marcellus Donatus: Ein Arzt wandte es bei der Gräfin von Mantua an, als diese an der Krankheit litt, die wir Melancholia hypochondriaca nennen, und tatsächlich glaubte, sie wäre behext. Sie wurde dadurch geheilt, daß man Nägel, Nadeln, Federn und ähnliche Dinge in ihren Nachtstuhl brachte, wenn sie Arznei eingenommen hatte, und dabei machte man sie glauben, daß diese Dinge aus ihrem Leib herauskämen".[7]

Schurig verordnete Hennendreck und Taubendreck zur Heilung der Behexten.[8] Beckherius lobt die Anwendung des Menschenkotes zu diesem Zwecke über alle Maßen.[9]

„Das Monatblut der Frauen hielt man für ein ganz besonders wirksames Mittel, um böse Geister zu vertreiben".[10]

In Schottland „legt man eine kleine Menge Salz in die erste Milch einer Kuh, nachdem sie gekalbt hat, und dieses gibt man dann allen Leuten zu trinken. Es geschieht in der Absicht, skaith, d. h. Unheil, fern zu halten, für den Fall, daß die Betreffenden nicht ganz ungefährlich sein sollten".[11] Hiermit vergleiche man die Angaben über afrika-

---

[1] Chylologia, S. 765f. — [2] Thomas Wright, Sorcery and Magic, London 1851, I, S. 310f, 328f. — [3] Discoverie, S. 65. — [4] Franz Boas, im Journal of American Folk-Lore, I, S. 218. — [5] Brand, Popular Antiquities, III, S. 13, Artikel: Sorcerers. — [6] Frommann, Tractatus de Fascinatione, S. 961f. — [7] Brand, Popular Antiquities, III, S. 13 im Artikel „Zauberer". [Dieser Arzt war zweifellos ein Menschenkenner, denn die Erfahrung zeigt, daß man eingebildete Kranke am besten dadurch heilt, daß man auf ihre Gedanken eingeht und ihnen irgend ein ganz unschuldiges Mittel als unfehlbar anpreist. I.] — [8] Chylologia, S. 817. — [9] Med. Microcosmus, S. 113. — [10] Black, Folk-Medicine, S. 754. Er führt Sinistrari an. — [11] Brand, III, S. 165, Artikel: Salt-Falling.

nische abergläubische Gebräuche, die wir weiter oben aus den Schilderungen Sir Samuel Bakers von der gleichen Sache angeführt haben.

„In Zeile 160 der „Dea Syria" in der Lukian-Ausgabe Reinerstein's und Retz's, III, S. 654 finden Sie erwähnt, daß menschlicher Kot und einige Zeilen weiter unten, daß Harn als Medizin oder Zauberabwehrmittel galt".[1]

Es nimmt sich ganz sonderbar aus, daß in Grimm's Deutscher Mythologie, in der englischen Übersetzung von Stallybrass, London 1882, jeder Hinweis auf die Verwendung von tierischem oder menschlichem Kot und Harn fehlt; wir erfahren nicht das geringste von deren Anwendung als Medizin oder religiösem Mittel, um Hexerei unschädlich zu machen. Vielleicht hat er einen Ergänzungband herausgegeben, in dem er alles dies richtig gestellt hat; wenn er es aber nicht tat, dann ist sein Werk in dieser Hinsicht als merkwürdig mangelhaft zu erklären.[2]

Herr Sylvester Baxter erzählte mir, er habe gelegentlich einer kürzlich stattgefundenen Unterhaltung mit Herrn Frank H. Cushing in der Nähe von Tempe im Staate Arizona erfahren, daß in der Jugendzeit Cushings die Leute im mittleren und westlichen Teile des Staates New-York noch Abwehrmittel gegen Hexerei hatten und daß Herr Cushing eine Familie persönlich kannte, die sich eine Abkochung hergestellt, zu deren Bestandteilen auch menschlicher Harn gehörte; dieser galt als ein Vorbeugemittel gegen Behexung. Die in Betracht kommende Örtlichkeit lag etwa 18 englische Meilen von der Stadt Rochester entfernt.

Spuckt man in frisch gelassenen Harn, so verhindert dies, daß man die sogen. Gerstenkörner auf die Augenlider bekommt.[3] Dieses Mittel läßt sich auf Plinius zurückführen. — „Um einer behexten Person von der Behexung zu helfen, mußt Du in den Topf spucken, in den Du Dein Wasser gelassen hast".[4]

„Verschiedene übelriechende und stinkende Dinge, wie z. B. alter Harn, sind ganz vorzügliche Mittel, um alle Arten von böswilligen Geistern und Gespenstern fern zu halten".[5]

„Die Bewohner der Insel Man stellen heute noch nachts ein Gefäß mit Wasser vor die Haustür, um die Feen, die, wie sie sagen, die ersten Bewohner ihrer Insel waren, in den Stand zu setzen, sich zu waschen und sie dadurch abzuhalten, ihnen Schaden zuzufügen".[6]

Es ist jedenfalls auffällig, daß man hier eine Spur jener Sitte findet, die auch bei den Lappen und den Bewohnern von Sibirien vorkommt, denn diese stellten Schalen mit Harn zu demselben Zwecke hin, weil man Harn gewöhnlich zum Waschen benutzte.

In England hegte man den Glauben, daß die Frau, die auf Nesseln Wasser ließ, „einen ganzen Tag lang verdrießlich sein würde".[7] Fosbroke sagt, diese Redensart sei sehr alt. „In alten Zeiten betrachtete man die Nesseln als ein Aphrodisiacum".[8] — Schurig gibt dieselbe Geschichte wieder, jedoch mit der Abänderung, die Lappen beschmierten die inneren Nähte ihrer Schiffe mit Jungfrauenkot zur Erhöhung der Schnellig-

---

[1] Briefliche Mitteilung von Prof. W. Robertson Smith vom 11. August 1888. — [2] J. Grimm erkannte die Notwendigkeit, die Erotik zu berücksichtigen, nur für das Wörterbuch an; auch in den Deutschen Kindermärchen trat er sehr dafür ein. Damals aber war er noch ein ganzer Forscher, späterhin jedoch unermüdlich in der Unterdrückung und im Übersehen aller Erotik und Skatologie, sodaß seine Schriften aus der zweiten Hälfte seines Lebens fast die Bezeichnung salonwissenschaftlich verdienten. Keine Analerotikerin nähme an ihnen Anstoß, interessierte sie sich überhaupt für derlei Studien. — [3] Nach Mitteilung von Frau Fanny D. Bergen. — [4] Brand, Popular Antiquities, III, S. 263, Artikel „Saliva", unter Anführung einer Stelle aus Reginald Scots Discoverie. — [5] Rink, Tales and Traditions of the Eskimo, Edinburg 1875, S. 50, 542. — [6] Brand, II, S. 494, Artikel „Fairy Mythology". — [7] Brand, III, S. 359, Artikel: Divination by Flowers. — [8] Encyclopaedia of Antiquities, II.

keit.[1]) Stirbt bei den Lappen eines ihrer Renntiere an einer Krankheit, so verlassen sie den Lagerplatz, verbrennen aber, ehe sie weggehen, sorgfältig sämtlichen Kot des Tieres.[2]) Hiermit vergleiche man die früheren Angaben über die Jakuten in Sibirien aus Sauer.

Vor ungefähr zwanzig Jahren erzählte man sich ganz allgemein in Kalifornien, daß die Einwanderer, die in den Goldgräberzeiten aus Missouri und Arkansas in jenen Staat kamen, die Gewohnheit hatten, ihre Ausleerungen, bevor sie zu ihrem Tagmarsche ausrückten, in die Lagerfeuer der vergangenen Nacht zu werfen. Es ließ sich nichts darüber in Erfahrung bringen, was diese Sitte für eine Bedeutung hatte, wenn überhaupt eine Bedeutung dahinter zu suchen ist. Säugende Frauen spritzten einige Tropfen ihrer Milch in die brennenden Kohlen der Feuerstelle, um sich ein ausreichendes Fließen der Milch zu sichern.[3])

Der Verfasser hat das Glück gehabt, daß er die Rede James Mooneys von der medizinischen Mythologie in Irland zu Gesicht bekam. Diese lehrreiche und äußerst wertvolle Abhandlung „Medical Mythology of Ireland" findet man in den „Transactions of the American Philosophical Society for 1887". Sie läßt uns über die geheimnisvollen Kräfte, die die keltischen Bauern sowohl dem Harn als auch dem Kot zuschreiben, durchaus nicht im Unklaren. Es wird darauf hingewiesen, daß Harn und Hühnermist die Macht haben, den Schaden, den Feen anrichten können, zu verhüten; „Feuer, Eisen und Kot" hält man für die „drei großen Schutzmittel gegen die Einflüsse der Feen und der unterirdischen Geister". Kot trägt man mit sich herum, er bildet einen Bestandteil des Inhalts der Amulete und Kinder, die an Krämpfen leiden, badet man, wenn gar nichts anderes helfen will, vom Kopf bis zum Fuß in Harn, um sie von ihren Plagegeistern zu befreien. Man vergleiche auch die früheren Bemerkungen betreffs der „Zwerge", die in England dieselbe Rolle zu spielen scheinen, wie in Irland die Feen.

In seinem Werke „The Land of the Midnight Sun" bringt Du Chaillu keine einzige Angabe darüber bei, daß die Bewohner jener Gegend Kotstoffe in irgend einer Weise zu irgend einem Zweck verwenden. Sein Aufenthalt daselbst war allerdings so kurz, daß seine Beobachtungen nicht mit denjenigen von Leems und anderen, die wir schon auszugsweise erwähnt haben, verglichen werden können.

In einem Aufsatz mit dem Titel „Le Nirang des Parsis en Basse Bretagne" in der Mainummer der „Mélusine", Paris 1888, wird auf ein merkwürdiges Überlebsel der persischen Sitte des „Nirang" in Frankreich hingewiesen: „Ich habe meine Kindheit bis zum vierzehnten Jahre in einem alten bretonischen Herrenhause zugebracht, namens Keramborgne, das in der Gemeinde Plouarte im Arondissement Lannion liegt. Das väterliche Herrenhaus war den Unglücklichen und den umherziehenden Bettlern wohlbekannt; sie kamen hin, um Nahrung und Unterkunft für die Nacht zu erbitten. Unter den armen Bettlern, die in Keramborgne zu den häufigsten Gästen gehörten, befand sich auch eine alte Frau, namens Gillette Kerlohiou, die immer alle Neuigkeiten der Gegend kannte, ... und die außerdem in dem Ruf stand, ein klein wenig von der Hexerei zu verstehen und gewisse Krankheiten mit Gebeten und Kräutern heilen zu können, die ihr allein bekannt waren. ... Eines Morgens, nachdem Gillette die Nacht im Stalle zugebracht, ... murmelte sie Gebete. ... Eine Kuh hatte gerade zu pissen angefangen, als sich die alte Bettlerin auf sie stürzte, den Harn in der hohlen Hand auffing und sich das Gesicht mehrere Male hintereinander damit abrieb ... Als der Kuhschweizer dies sah, schalt er sie Schmutzfink und alte Närrin. Ohne sich aber im geringsten aufzuregen, erwiderte ihm Gillette: „Es gibt gar nicht besseres, mein Sohn, als sich früh morgens, wenn man aufsteht, das Gesicht mit Kuhpisse zu waschen, oder sogar mit seinem eigenen Harn, wenn man sich

---

[1]) Chylologia, S. 795. — [2]) Leems, Account of Danish Lapland, bei Pinkerton, I, S. 484. — [3]) Etmuller, I, S. 68.

keinen von der Kuh verschaffen kann. Wenn Ihr eine solche Abwaschung morgens vorgenommen habt, seid Ihr für den ganzen Tag gegen alle Nachstellungen und Bosheiten des Teufels geschützt, denn Ihr werdet für ihn unsichtbar".

Der Schreiber vorstehender Zeilen, F. M. Luzel, erfuhr von andern Bauern und Bettlern, die dabei standen, daß den von der alten Frau ausgesprochenen Glauben ihre Kameraden in jeder Hinsicht teilten.

„Unsere französischen Bäuerinnen wuschen sich die Hände in ihrem eigenen oder im Harn ihrer Ehemänner oder ihrer Kinder, um hinterlistige Streiche unschädlich zu machen oder deren Wirkungen aufzuheben".[1]

Pater Le Jeune muß bei den Huronen wohl irgend etwas auf der Spur gewesen sein, was einer Harnorgie ähnlich sah, als er in Erfahrung brachte, daß der Teufel den Kranken in Träumen die Verpflichtung auferlegte, sich im Kote herumzuwälzen, falls sie auf Wiederherstellung ihrer Gesundheit hofften.[2]

Dieses bußfertige Herumwälzen behielten sogar Völker bei, die längst eine höhere Kulturstufe erreicht hatten, aber man ersetzte den Kot der älteren Zeit im allgemeinen durch Lehm und andere weniger schmutzige Stoffe.

„Es mag hier genügen, auf die Punkte hinzuweisen, in denen sich die Griechen in völliger Übereinstimmung mit australischer, amerikanischer und afrikanischer Sitte befanden . . .[3] Der Brauch, diejenigen, die eingeweiht werden sollten, mit Lehm zu beschmieren, . . . oder mit sonst irgend etwas schmutzigem, und dies dann wieder abzuwaschen, offenbar mit der Absicht, zu zeigen, daß eine alte Schuld weggeschafft wird und ein neues Leben begonnen werden soll".[3] — „In seiner Abhandlung vom Aberglauben stellt es Plutarch so dar, als ob der schuldige Mensch, der gereinigt sein wolle, sich tatsächlich im Lehm herumwälze".[4]

Folgendes beschreibt, was in Abessinien als die Art und Weise gilt, wie man aus einer Frau böse Geister austreibt: Der Beschwörer „legt ein Amulet auf die sich hebende und senkende Brust der Kranken, läßt sie an einem ekelhaften Gemisch riechen und beginnt ein Zwiegespräch mit dem Bouda (dem Dämon), der mit weiblicher Stimme antwortet, nachdem sich der aufgeregte Zustand der Kranken etwas gebessert hat: Der Teufel wird aufgefordert, im Namen aller Heiligen herauszukommen; aber die Drohung, ihn mit einigen glühenden Kohlen zu behandeln, ist gewöhnlich wirksamer, und nachdem er versprochen hat, zu gehorchen, sucht er seinen Weggang dadurch hinauszuschieben, daß er bittet, ihm etwas zu essen zu geben. Schmutziges Zeug aller Art wird dann unter einander gemischt und unter einem Busch versteckt, worauf die Frau zu der Erbrechen erregenden Mahlzeit hinkriecht und sie gierig hinunterwürgt".[5]

„Ein gutes Mittel oder ein Versuch für besessene Menschen . . . Der besessene Mann oder die besessene Frau müssen auf ihren Knieen zur Kirche gehen, . . . und zwar müssen sie so auf der gewöhnlichen Straße hinkriechen, ohne davon abzuweichen, dieser besagte Weg mag noch so unsauber und schmutzig sein, oder es mag in Wege liegen, was da will, nicht das Geringste darf er vermeiden, bis er zur Kirche kommt, wo er die Messe andächtig anhören muß".[6]

Bei den irischen Bauern war es Sitte, kranke Kinder mit Harn zu besprengen. Brand beruft sich hierfür auf Camden, der von den Irländern berichtet, „daß sie ein Kind, wenn es irgend einmal nicht ganz in Ordnung ist, mit dem ältesten Harn bespren-

---

[1] Réclus, Les Primitifs, S. 98. — [2] Père Le Jeune, Jesuit Relations, aus dem Jahre 1636, herausgegeben von der Kanadischen Regierung, Quebec 1858. — [3] Andrew Lang, Myth, Ritual and Religion, London 1887, II, S. 282. — [4] S. 286. — [5] Aus einem Artikel, der am 17. Oktober 1885 in dem Evening Star zu Washington unter dem Titel „Abyssinian Women" erschien. — [6] Scot, Discoverie, S. 178.

gen, den sie bekommen können".[1] — In Amerika pissen sich die Jungen auf die Beine, um beim Schwimmen keinen Krampf zu bekommen.

In Stirling in Schottland „stopft man einem Kalbe, unmittelbar nachdem es zur Welt gekommen ist, eine gewisse Menge Kuhmist in das Maul, oder wenigstens, solange es noch keine Nahrung zu sich genommen hat; nach dem Volkglauben soll dies bewirken, daß die Hexen und Feen nachher niemals die Macht haben werden, dem Kalb etwas anzutun".[2]

Frommann gibt eine Vorschrift für ein Gemengsel, das aus fünfundzwanzig verschiedenen Bestandteilen zusammengesetzt ist; damit soll man Kinder von Behexungen (fascinatio) befreien können; aber es findet sich dabei keine Erwähnung von menschlichen oder tierischen Ausleerungen.[3]

In seiner Geschichte Irlands bringt Cox die Beschreibung eines Verhörs der Lady Alice Kettle aus Ossory, die man beschuldigte, daß sie eine Hexe sei; darin wird angegeben, daß sie einem dienstbaren Geist nachts an Kreuzwegen neun rote Hähne und neun Augen von Truthähnen opfere, daß sie die Straßen von Kilkenny fege, „wobei sie allen Dreck vor der Haustür ihres Sohnes William Outlaw zusammenscharre und dabei im Geheimen die Worte vor sich hin murmele:

„Zum Hause meines Sohnes Wilhelm
Möge aller Reichtum der Stadt Kilkenny eilen".[4]

Auf der Insel Guernsey brachte man vor nicht allzulanger Zeit „John Lane aus Anneville in der Pfarrei Lane" vor Gericht mit der Anschuldigung, daß er „Geisterbeschwörungen vorgenommen habe", und „daß er viele Leute in den Landpfarreien zu dem Glauben verführte, sie seien behext", und „daß er den Teufel und andere böse Geister austreiben könne, „damit, daß er gewisse Kräuter koche, um dadurch einen Gestank hervorzurufen, der für die Riechnerven der bösen Geister nicht gerade angenehm sei, ... und durch das Besprengen mit himmlischem Wasser".[5]

In seiner wertvollen Zusammenstellung der von den Konzilen der römisch-katho-, lischen Kirche verbotenen abergläubischen Gebräuche spricht Thiers auch von den Leuten die morgens ihre Hände im Harn baden, um Behexungen fern zu halten oder deren Wirkungen zu nichte zu machen. Er sagt auch, daß die heilige Lucia in dem Rufe stand, eine Hexe zu sein, aus welchem Grunde sie der römische Richter Paschasius bei ihrem Verhör mit Harn besprengte.[6] Hiermit vergleiche man den oben angeführten Auszug aus der Zeitschrift „Mélusine".

Die Römer hatten ein Fest zu Ehren der Mutter aller Götter, Berecinthia, bei dem die Matronen deren Standbild herabnahmen und es mit ihrem Harn besprengten.[7]

Berecinthia war einer der Namen, unter denen Kybele oder Rhea, die älteste Erdgöttin, von den Römern und vielen anderen Völkern des Orients verehrt wurde. Ihre Priester, die Galloi zu Hierapolis in Syrien, entmannten sich selber bei Orgien, deren tobsüchtige Raserei von derselben Art war, wie diejenige der Omophagen bei den Griechen, von denen wir oben gesprochen haben. Die Entmannung der Priester der Kybele

---

[1] Brand, Popular Antiquities, London 1849, II, S. 86, Artikel: Christening Customs. — [2] Brand, Popular Antiquities, III, S. 257, Artikel: Rural Charms. — [3] Tractatus de Fascinatione, S. 450 f. — [4] Cox, History of Ireland, London 1639, I, S. 102. Der geschilderte Vorgang hat sich etwa um das Jahr 1325 abgespielt. Dieselbe Geschichte erwähnt auch Vallencey in Collect. de Rebus Hibernicis, Dublin 1774, II, S. 369, und Henry C. Lea, History of the Inquisition, New-York 1888, III, S. 457; ursprünglich findet sich dies bei Camden. — [5] Brand, Popular Antiquities, III, S. 66, Artikel: Sorcerers. — [6] Thiers, Traité des Superstitions, Paris 1741, I, Kap. 5, S. 471. — [7] Torquemada, Monarchia Indiana, X, Kap. 23. Er sagt: La rociaba con sus orinas. — Vergl. Arnobius, V, 10; Augustin, De civitate Dei, II, 5,7, 25 ff, Mythographi, I, 230, 1, 3, 2.

vollzog man mit Scherben von Tongefäßen, die auf der Insel Samos hergestellt waren.[1]) Die Kybelepriester haben, wie manche annehmen, ihren Namen von dem Fluße Gallos erhalten, „in dessen Nähe diese Priester die Selbstverstümmelung, von der wir sprechen, vornahmen . . . Es war die Wirkung des Wassers jenes Flußes, das die Anfälle von Raserei bei ihnen bewirkte, — „wer davon trinkt, wird rasend", sagt Ovid".[2])

Bei der Beschreibung der Gebräuche der Bona Dea sagt Juvenal:

> „Nachts stellen sie hier ihre Sänften auf;
> Dort harnen sie, besudeln dort das Bild
> Der Bona Dea langgezogenen Lauts.
> Abwechselnd reiten sie und drehen sich
> Im Schein des Mondes, darauf gehen sie
> Nach. Haus zurück. Du mittlerweile trittst
> Bei Tagesanbruch auf die Stelle, wo
> Dein Weib den Unfug trieb, wenn Du Besuch
> Den großen Freunden abzustatten gehst".[3])

Pater Baudin erzählt von der geheimen Gesellschaft, die man „Ogbuni" nannte, folgendes: „Aus allem, was ich in Erfahrung bringen konnte, geht hervor, daß diese Gesellschaft weiter nichts ist, als eine Verbindung, die den geheimen Gesellschaften der heidnischen Völker des Altertums ganz ähnlich ist, jenen Gesellschaften, in denen man die Mitglieder in die berüchtigten Geheimnisse der großen Göttin einweihte". Es handelt sich hierbei um die Neger in Guinea.[4])

Die Eskimos, die in der Nähe von Point Barrow wohnen, halten jährlich eine Feierlichkeit ab, bei der sie einen bösen Geist austreiben, den sie Tuna nennen. Zu den festlichen Handlungen, die man bei dieser Gelegenheit ausführt, gehört auch die: Einer der Teilnehmer brachte ein Gefäß mit Harn herbei und schleuderte es in das Feuer.[5])

Man muß es als sonderbar bezeichnen, daß man bei so verschiedenen Völkern, wie es Griechen und Hottentotten zweifellos sind, dieselben Gebräuche inbezug auf die Entmannung und das Besprengen mit Harn antrifft.[6])

Die Sekte der Skopzen oder „Verschnittenen" in Rußland begründet ihre eigentümlichen Lehrmeinungen auf den Ausspruch Jesu von Nazareth: „Denn es sind etliche verschnitten, die von Menschen verschnitten sind; und etliche sind verschnitten, die sich selbst verschnitten haben um des Himmelreiches Willen. Wer es fassen mag, der fasse es!" (Ev. Matthaei, Kap. 19, Vers 12).[7])

---

[1]) Lewis Evans, Übersetzung der Satiren des Lucilius, New-Yorker Ausgabe 1860, Anmerkung zum VII. Buche. Man vergl. die vortreffliche Studie A. Rapps, Kybele in W. H. Roschers Ausführl. Lexikon der griechischen und römischen Mythologie, Leipzig 1894, II, 1, S. 1638—1671. — [2]) Banier, Mythology, Englische Übersetzung, London 1740, II, S. 563. [Qui bibit inde furit; die Stelle steht Fasti, 4, 365. I.] — [3]) Juvenal, Satire VI, 309—313; nach Hilger's Übersetzung, Leipzig 1876, S. 98. — [4]) Baudin, Fetichism and Fetich-worshipers, New-York 1885, S. 64. — [5]) Frazer, The Golden Bough, II, S. 164, nach Angaben im Report of the International Polar Expedition to Point Barrow, Washington 1885, S. 42. — Vom Mysterienwesen in Afrika handelt ausgezeichnet gut Leo Frobenius, Die Masken und Geheimbünde Afrikas, Nova Acta, Abhandl. der Kaiserl. Leop.-Carol. Deutsch. Akademie der Naturforsch. LXXIV, I, 1898 und, Die Geheimbünde Afrikas, Sammlung gemeinverst. wissenschaftl. Vorträge N. F. 209. — Über die griech. und röm. Dr. K. H. E. De Jong, Das antike Mysterienwesen in religiongeschichtlicher, ethnologischer und psychologischer Beleuchtung, Leiden 1900. Vergl. dazu Krauss, Anthropophyteia VI, S. 485 ff. — [6]) Dank dem Fortschritt der Ethnologie und Folkloristik haben derartige Übereinstimmungen den Charakter der Sonderbarkeit eingebüßt. Gerade die Gleichartigkeit der Erscheinungen spricht für die Wahrheit des Völkergedankens im Sinne Bastians. — [7]) Heard, Russian Creed and Russian Dissent, S. 265. — Dagegen sagt Bernhard Stern in seiner Geschichte der öffentlichen Sittlichkeit in Rußland, Berlin 1907, S. 236 ff, wo er ausführlich von der Entmannung abhandelt: „Die russischen Skopzy beziehen

„Diese Ketzerei, die jetzt die neueste von allen ist, verdankt ihren Ursprung offenbar Einflüssen aus dem Orient, die allmählig durch die niedrigen Schichten der Bevölkerung hindurchsickern".[1])

Reginald Scot berichtet uns von einem Kurpfuscher, der die Angst von Kranken, die an Blähsucht (Tympanites) litten, in der Weise ausnutzte, daß er ihnen aufband, sie hätten Giftschlangen in ihrem Leibe und er würde versuchen, diese Giftschlangen in den Kot des Kranken hineinzuschmuggeln, wenn dieser seine Purgiermittel einnähme.[2])

Schurig erzählt uns, die Bauernweiber in Deutschland hegten, wenn sie ihre Kühe längere Zeit gemolken hätten und sie nicht mehr die erforderliche Menge Butter herstellen könnten, den Verdacht, eine Hexe müsse die Kühe besprochen haben; um nun diese Besprechung unwirksam zu machen, brauchte man nur ein wenig frische Milch mit menschlichem Kot zu mischen und diese Mischung in den Abort hineinzuwerfen; man konnte aber auch menschlichen Kot auf die Euter der Kühe legen, genau so wie es nach den Angaben Sir Samuel Bakers die heutigen Afrikaner tun.[3]) Man denke hierbei auch an die Berichte, die uns Paullini liefert. Der oben geschilderte Brauch scheint nach Pennsylvanien verpflanzt worden zu sein, wobei man allerdings nicht ganz einwandfreie |Züge weggelassen hat. „Manchmal trifft die Hausfrau beim Buttermachen auf Schwierigkeiten, dann liegt eine Besprechung vor, die man für das Werk einer Hexe hält . . . Als Gegenmittel galt es, wenn man ein rotglühend gemachtes Schüreisen in den Inhalt des Butterfaßes eintauchte; dadurch wurde der Zauber gebrochen und die Butter begann sich sofort zu bilden".[4])

Nach allem diesem könnte man eine ausreichende Erklärung dafür, warum man das Reifwerden des Käses mit einem Zusatz von menschlichem Harn herbeizuführen suchte, darin finden, daß man ursprünglich den Wunsch hegte, die bösen Einflüsse von Hexerei unschädlich zu machen. Hierfür kann man auch die Bemerkungen Sir Samuel Bakers heranziehen.

Frau M. V. Dahlgren bringt in ihrem Buche „South Mountain Magic", Boston 1882, Hinweise auf das Behexen von Milch und Rahm und auf das Gegenmittel, das darin bestand, daß man heiße Steine oder „einen Klumpen heißes Eisen" hineinlegte. (S. 165 ff.). In diesem teilweisen Überlebsel sind gleichfalls die etwas anrüchigen Bestandteile des Gebrauches im Ursprunglande verschwunden, wie wir schon oben gesehen haben. Das Buch der Frau Dahlgren handelt von den abergläubischen Gebräuchen der Deutschen in Pennsylvanien, die dicht an der Grenze von Maryland wohnen.

„Die Harnbegießer (urine casters) waren eine Sorte von Kurpfuschern, an die man sich noch in unserer Zeit erinnert; sie hatten ein eigenes Kauderwelsch, auf das wir aber hier nicht weiter eingehen wollen".[5])

Für den Fall einer Viehtötung durch Hexerei gibt Reginald Scot eine lange Vorschrift an, wie man den Schuldigen entdecken könne; neben manchen andern Dingen

---

sich auf keine Bibelstellen zur Begründung der Kastration; sie betrachten die ganze Bibel, wie wir sie besitzen, als eine Fälschung". Die Literatur über die Skopzen vermerkt er auf S. 238, Anm. 2. — Erschöpfender behandelt die Erscheinung: E. Pittard, Les Skoptzy. La castration chez l'homme et les modifications anthropométriques qu'elle entraîne, L'Anthropologie XIV, S. 453—491.
[1]) S. 267. Die Annahme ist nicht stichhaltig. — [2]) Scot, Discoverie, S. 198. —
[3]) Schurig, Chylologia, S. 788f, § 62. [Bourke's Angaben sind nicht ganz genau; nach Schurig's Text handelt es sich um Schwierigkeiten beim Buttermachen, die mit dem Melken der Kühe nichts zu tun haben. Schurig erwähnt auch das im folgenden Absatze besprochene Mittel der Deutschen in Pennsylvanien, läßt aber das glühende Eisen in Menschenkot und frische Milch eintauchen. I.] — [4]) Hoffmann, Folk-Lore of the Penn'a Germans im Journal of American Folk-Lore, 1889. — [5]) Dr. Bartholomew Parr, Medical Dictionary, Philadelphia 1819, Artikel: Urine.

erhielt der Landmann auch die Anweisung, die Eingeweide des toten Tieres „in sein Haus zu schleppen, sie in die Küche zu bringen, dort ein Feuer anzumachen und die Eingeweide auf einen Bratrost zu legen, der über dem Feuer angebracht ist. Wenn nun die Eingeweide heiß werden, so werden auch die Eingeweide der Hexe mit großer Hitze und Schmerzen behaftet sein".[1]) Hierbei ist besonders das Fehlen von Angaben zu beachten, daß die Eingeweide des Tieres vorher gereinigt werden müssen.

Unter den verschiedenen Arten, wie man in England eine Hexe herausfinden konnte, war auch eine, bei der man jedes Haar vom Leib der Beschuldigten entfernen mußte. Man konnte sie fernerhin auch dadurch entdecken, daß man Haare, Schnitzel von den Fingernägeln und Harn einer verhexten Person in ein steinernes Gefäß tat und dies im Rauchfang aufhing. Cotta spricht auch davon, daß man den Kot oder den Harn von solchen, die behext waren, verbrannte.[2])

In dem Buche „A Pleasant Grove of New Fancies" von H. R. finden wir folgendes Gedicht:

A charm to bring in the witch.
To house the hag you must do this:
Commix with meal a little piss
Of him bewitched; then forthwith make
A little wafer or a cake;
And this rarely baked, will bring
The old hag in; no surer thing![3])

Unter anderen Vorschriften, wie man Hexen hintergehen und ihre bösen Taten auf sie selbst zurückwerfen kann, finden wir auch die: „Nimm etwas von dem Dachstroh über der Tür oder einen Ziegelstein, wenn das Haus mit Ziegeln gedeckt ist, . . . besprenge es mit dem Wasser des Kranken . . . oder bringe Salz in das Wasser des Kranken und schütte es auf den rotglühend gemachten Ziegelstein". Eine andere Vorschrift lautet: „Mache ein Hufeisen rotglühend und lösche es in dem Harn des Kranken ab . . . dann nimm den Harn des Kranken und setze ihn auf das Feuer . . . lege drei Hufnägel und etwas Salz hinein . . . oder mache ein Hufeisen rotglühend und tauche es mehreremale in den Harn". Und noch eine andere Vorschrift lautet: „Bringe den Harn des Kranken in eine Flasche, wirf drei Nägel, Stecknadeln oder Nähnadeln mit etwas weißem Salz hinein, stopfe gut zu und halte den Harn andauernd warm".[4])

„Um sicher festzustellen, ob jemand behext ist, nimmt man seinen Harn und kocht ihn in einem neuen, noch nicht benutzten Topf; wenn der Harn aufschäumt, liegt keine Behexung vor; schäumt er nicht auf, dann ist es ungewiß. Oder man nimmt gereinigte Asche, bringt sie in einen neuen Topf und läßt den Kranken darauf pissen. Dann bindet man den Topf zu und stellt ihn in die Sonne; dann lege die Asche beiseite; wenn die Person behext ist, wird man Haare darin finden".[5])

Der kalmückische Arzt läßt sich den Harn des Kranken geben, klopft den Harn mit dem Stab, und wenn die Krankheit gefährlich oder der Patient vornehm ist, macht sich der Doktor kaltblütig daran, den Harn zu kosten.[6]) Offenbar versucht er ihn auf seinen Zaubergehalt hin.

---

[1]) Reginald Scot, Discoverie, S. 198. — [2]) Cotta, Short Discovery of the Unobserved Dangers, S. 54. — [3]) London 1857, S. 76. [Ein Zauber, um eine Hexe zu überführen. Um eine Hexe zu erkennen, mußt Du folgendes tun: Mische mit Mehl etwas Harn von dem Behexten; dann mache daraus sofort einen kleinen Kuchen und wenn der schwach gebacken ist, wird er die alte Hexe überführen; es gibt nichts Besseres!] — [4]) Brand, Popular Antiquities, III, S. 170ff, Artikel: Sorcery and Witchcraft. Vergl. dazu Robert Means Lawrence, The Magic of the Horseshoe, Boston 1898, S. 158—161. Salt uncongenial to witches and devils. — [5]) Paullini, S. 260f. — [6]) Benjamin Bergmann's Nomadische Streifereien unter den Kalmücken in den Jahren 1802 u. 1803, Riga 1804, II, S. 326. Vergl. B. Stern a. a. O., S. I, 487.

„Ich kann auch nicht glauben — ich spreche es mit aller Hochachtung vor ernsten Urteilen aus —, daß man . . . das Verbrennen von Kot oder Harn Behexter oder das Schwimmen von Leibern auf dem Wasser oder ähnliche Dinge irgendwie als Hexenprobe ansehen könne". [1]

Beckherius neigte zu der Ansicht, daß menschliche Zähne, als Gegenmittel eingenommen, Behexung unschädlich machten, contra maleficia et veneficia prodesse, es nützt gegen Behexung und Vergiftung. [2]

Am Neujahrtage verbrennen die schottischen Hochländer Wacholder vor ihrem Vieh und am ersten Montag in jedem Vierteljahr besprengen sie es mit Harn. [3]

„Bei den Slaven schütteten die Bauern am Johannistag (24. Juni) auf ihr Vieh solche Kräuter, die sie in Harn gekocht hatten, wodurch man die Tiere vor bösen Zufällen schützen wollte". [4]

Wir dürfen hierbei nicht vergessen, daß man seit den ältesten Zeiten, aus denen wir Angaben haben, die Zeder und den Wacholder bei heiligen Handlungen gebrauchte. Bei den Akkadern, den ältesten bekannten Bewohnern Mesopotamiens, gab es einen Gott der Zeder und diesem Baume schrieb man eine ganz besondere Kraft zu, bösartige Einflüsse und Zaubereien abzuwenden. [5]

Schon in sehr alter Zeit scheint man den Harn durch heiliges Wasser, Salz und Wasser, „himmlisches Wasser", „besprochenes Wasser", Wacholderwasser oder Wein und Wasser je nach den besonderen Umständen versinnbildlicht oder ersetzt zu haben. „Gegen Lungenkrankheiten beim Vieh . . . nimm Fenchel und Rasenschmiele [6] usw. . . . mache fünf Kreuze aus Rasenschmiele; singe dann ein Benedicam usw. . . . Besprenge es mit Weihwasser, verbrenne Weihrauch über ihm". [7] „Ist ein Pferd oder ein anderes Tier getroffen (von den Feen getroffen) worden, dann nimm Ampfersamen und schottisches Wachs, laß von einem Meßpriester zwölf Messen darüber lesen und besprenge das Pferd mit Weihwasser". [8]

Tritt eine ansteckende Krankheit unter dem Vieh auf, so löscht man in einigen Dörfern der Umgegend das Feuer aus; dann stellt man Feuer mit einem Rade oder dadurch her, daß man ein trockenes Stück Holz auf einem andern reibt. Mit diesem Feuer verbrennt man den Wacholder in den Viehställen, damit der Rauch die Luft in ihnen reinigt; sie kochen auch Wacholder in Wasser und besprengen damit das Vieh. [9]

Scot sagt: „Die Menschen bewahrt man vor Behexung, wenn man sie mit Weihwasser besprengt", usw. [10] „Denn man hat die Beobachtung gemacht, daß die Teufel einen sehr feinen Geruch haben und jede Art von Gestank verabscheuen und ihm aus dem Wege gehen; Beweis hierfür ist die Flucht des bösen Geistes in die abgelegensten Gegenden Ägyptens, wohin ihn der Geruch der von Tobias verbrannten Fischleber getrieben hat". Von den Geisterbeschwörern erzählt man, daß sie „immer zuerst sorgfältig den Wein und das Wasser durch Besprechen von Geistern reinigen, bevor sie ihren Kreis damit besprengen". [11]

---

[1] John Cotta, A Short Discoverie of the Unobserved Dangers of Severall Sorts of Ignorant and Unconsiderate Practisers of Physicke in England, London 1612, S. 54. — [2] Medicus Microcosmus, S. 265. — [3] Pennant's Tour in Scotland, bei Pinkerton, III, S. 90. — Vgl. Wilhelm Mannhardt, Der Baumkultus der Germanen und ihrer Nachbarstämme, Berlin 1875, S. 247 und öfters. — [4] Réclus, Les Primitifs, S. 98. — [5] Lenormant, Chaldaean Magic, S. 178, — [6] [Rasenschmiele, Aira cespidosa, eine Grasart, die sich auf leichtem feuchtem Boden findet und einen dichten Rasen bildet. I.] — [7] Saxon Leechdoms, III, S. 57; auf derselben Seite wird das Mittel auch für kranke Schafe empfohlen. — [8] B. III, S. 47 und 157. — [9] Brand, Popular Antiquities, III, S. 286; Artikel: Physical Charms; Brand beruft sich auf Shaw's History of the Province of Moray in Scotland und ist der Ansicht, daß es sich hierbei zweifellos um einen Brauch der Druiden handelt. — [10] Discoverie, S. 157, bei Brand, I, S. 19. — [11] Brand, Popular Antiquities III, S. 55 u. 57, Artikel: Sorcery. [Die Stelle steht im Buche

Der üble Geruch der Luft in Schlafzimmern sollte sich, der Annahme nach, durch das Verbrennen von Wacholder, manchmal auch von Rosmarin unschädlich machen lassen. „Er opfert ihr jeden Morgen zwei Groschen für Wacholder".[1] „Dann gieße frisches Wasser in die beiden Nachttöpfe und verbrenne etwas Wacholder im Kamin des Zimmers! Als der rohe Kerl, der ich nun einmal bin, habe ich das Feuer in der letzten Nacht ausgepißt".[2] „Verbrenne ein wenig Wacholder in meinem murrhinischem Gefäß[3]); die Magd hat etwas in ihren Nachttopf gemacht".[4]

Die harntreibenden Wirkungen der Wacholderbeeren sind wohlbekannt; wir dürfen die Vermutung aussprechen, daß das „Wacholderwasser" eine andere Flüssigkeit ersetzte, als man die Verwendung der Beeren kennen lernte.[5]

Das „besprochene Wasser", mit dem man auf den Orkney-Inseln krankes Vieh besprengt, ist an manchen Stellen des schottischen Hochlandes heute noch im Gebrauch.[6] Aus Herrick's Hesperides stammt der Zauberspruch:

> „Holy water come and bring;
> Cast in salt for seasoning;
> Set the brush for sprinkling!"[7]

„Der Geisterbeschwörer murmelte einige Worte über das Wasser; er ahmte damit dem katholischen Priester nach, wenn er das heilige Wasser weiht". Es ist die Rede von den Shetlands-Inseln.[8] Nach Dalyell stellte man dieses „besprochene Wasser" aus Wasser, Salz und dem Speichel des Geisterbeschwörers her.[9]

„Um sich über das Schicksal eines lieben Angehörigen in der andern Welt zu vergewissern, wenden sie sich an den Fetischpriester; dieser holt ein kleines Kind und badet ihm das Gesicht mit Reinigungwasser".[10] Das „Reinigungwasser", von dem hier die Rede ist, stellte man aus Schnecken- und Pflanzenfett her.[11]

Reginald Scot beschreibt eine „Kur" für einen „Besessenen", bei der ein Teil darin bestand, daß der Betroffene „Weihwasser mit seiner Speise und seinem Trank mischen mußte, und heiliges Salz gehört auch zu dieser Mischung".[12] Hexen zwang man beim Verhör Weihwasser zu trinken.[13]

Das Salz hatte im Altertum den Beinamen des „göttlichen".[14]

„Sowohl die Griechen als auch die Römer taten Salz an ihre Opferkuchen; bei ihren Reinigunggebräuchen verwandten sie auch Salzwasser; aus diesem Gebrauche entwickelte sich später der Aberglauben des Weihwassers".[15] Die Anwendung des Salzwassers in Schottland, worauf wir oben schon hingewiesen haben, beschreiben Black[16]

Tobiae 8, 2 u. 3: Und Tobias langte aus seinem Säcklein ein Stücklein von der Leber und legte es auf die glühenden Kohlen. Und der Engel Raphael nahm den Geist gefangen und band ihn in die Wüsten ferne in Ägypten.]

[1] Ben Jonson, Every Man out of his Humour. — [2] Beaumont und Fletcher, Mayor of Tumborough, S. 3. — [3] [Die Vasa murrhina schätzten die alten Römer höher als Gold; Pompejus soll sie im Jahre 61 n. Chr. zuerst aus dem Schatz des Königs Mithridates nach Rom gebracht haben. Woraus sie bestanden, ist nicht ganz sicher; wahrscheinlich handelt es sich um eine orientalische Art des Flußspats. Vergl. Guhl und Koner, Leben der Griechen und Römer. I.] — [4] Beaumont und Fletcher, Cupid's Rev., 4. Aufz., 3. Auftr. — [5] [Noch heute legt man in Südhessen Wacholderbeeren auf die heiße Ofenplatte, um üble Gerüche zu vertreiben oder um zu desinfizieren. I.] — [6] Brand, Popular Antiquities, III, S. 274, Artikel: Physical Charms. — [7] S. 304, nach Brand, Pop. Ant., III, S. 58, Artikel: Sorcerer. [Komm und bring Weihwasser; wirf Salz hinein, um es zu würzen; lege den Wedel zum Besprengen dazu.] — [8] Salverte, Philosophy of Magic, S. 52. — [9] Superstitions of Scotland, S. 98. — [10] Baudin, Fetichism, S. 65. — [11] S. 88. — [12] Discoverie, S. 178. — [13] S. 21. — [14] Plutarch, Morals, Goodwin's englische Übersetzung, Boston 1870 III, S. 338. — Vergl. Lawrence, S. 154—205. — [15] Brand, Popular Antiquities, III, S. 161, Artikel: Salt Falling. — [16] Black, Folk-Medicine, S. 23.

und Napier.[1]) In Holland legt man einem neugeborenen Kinde Salz in die Wiege.[2])
Das ist auch bei den Slaven Brauch. In Serbien und Bulgarien pflegt man an vielen
Orten das Neugeborene förmlich einzusalzen. Nicht anders im deutschen Brauch. Vergl.
Otto Schell, Das Salz im Volkglauben, Ztschft. d. Ver. f. Volkk. XV, 137—149 und Prof.
Jones, Imago 1912, mehrfach. — „In Schottland wird niemand sein Haus verlassen, um
geschäftliche Dinge zu erledigen, ohne etwas Salz in die Tasche zu stecken; noch viel
weniger wird man aus einem Hause in ein anderes gehen, heiraten, ein Kind an die
frische Luft bringen oder an eine Amme weitergeben, ohne daß man Salz austauscht".[3])
Die östlichen Inuits machen keinen Gebrauch von Salz. „Das Salz ist ihnen
widerlich, vielleicht weil die Luft und die rohen Fische schon damit gesättigt sind".[4])
Im Vorstehenden wiesen wir nach, daß man in Frankreich, in England, in Schottland usw. die Hexen mit Harnbesprengen bannte; wir können daher vernünftigerweise
in Anspruch nehmen, daß die im folgenden beschriebene Behandlung zum mindesten mit
unserm vorliegenden Gegenstande verwandt ist. Im westlichen Schottland kam man auf
die Vermutung, daß ein Bauer, der an einer geheimnisvollen und hartnäckigen Krankheit litt, unter dem Einfluß des „bösen Auges" stehen müsse. Man griff nun zu dem
folgenden Mittel: „Von irgend einem Nachbar borgt man sich ein altes Sechspencestück,
ohne daß man irgendwie verriet, was mit dem Ding angefangen werden sollte. Dann
gibt man soviel Salz, als man mit dem Geldstück fassen kann, in einen Eßlöffel voll
Wasser und läßt es zergehen. Hierauf legt man das Sechspencestück in die Lösung,
worauf man die Fußsohlen und die inneren Handflächen des Kranken dreimal mit dem
Salzwasser anfeuchtet. Dann kostet man dreimal davon und „versieht" den Kranken
„über dem Atem mit einem Strich", d. h. der Wunderdoktor taucht seine Fingerspitze in
das Salzwasser und zieht sie über die Stirn. Wenn dies alles geschehen ist, wird der
Inhalt des Löffels nach rückwärts geschleudert und zwar über das Feuer des Kamins
hinweg, wobei derjenige, der es tut, sagen muß: „Herrgott, bewahre uns vor allem
Schaden".[5])
Wright macht auf die Tatsache aufmerksam, daß Hexen bei ihren Versammlungen
„zuweilen jeder erdenkliche Luxus zur Verfügung stellt würde, und sie ihre Feste in
der üppigsten Weise feierten. Oft bestanden aber auch die Speisen, die man auftischte,
aus Kröten und Ratten und anderen ebenso widerwärtigen Dingen. Im allgemeinen hatten
sie kein Salz und nur selten Brot". Nach diesen Festgelagen kamen „wilde und lärmende
Tänze und ausgelassene Lustigkeit . . . Sie tanzten den Reigen mit dem Rücken nach
innen und dem Gesicht nach außen . . . Als merkwürdigen Umstand mag darauf hingewiesen sein, daß man den heutigen Walzer auf die Versammlungen der Hexen und ihrer
Kobolde zurückführen zu können glaubt . . . Die Lieder, die gesungen wurden, waren
durchweg unzüchtig, gemein oder lächerlich".[6]) Auch Reginald Scot berichtet, daß
man den Walzer von den Tänzen der Hexen herleite.[7]) Die Geschenke, die der Teufel
den Hexen machte, hatten sich am nächsten Morgen alle in Dreck verwandelt.[8])
Als ein Beispiel, wie der Kot in der Literatur eine Rolle spielt, mag man den
Traum des Zador von Vera Cruz lesen, der seine Seele dem Teufel verkaufen wollte.[9])

---

[1]) Napier, Folk-Lore, S. 36f. — [2]) New-Yorker Times vom 10. November 1889. —
[3]) Dalyell, Superstitions of Scotland, S. 96. — [4]) Réclus, Les Primitifs, S. 33. — [5]) Brand,
Pop. Ant., III, S. 47, Artikel: Fascination of Witches. — [6]) Thomas Wright, Sorcery and
Magic, London 1851, S. 310f u. 328f. Der Walzer ist ein echt deutscher Nationaltanz, der
mit dem Hexenwahn nicht das allergeringste gemeinsam hat. Vergleiche Franz M. Böhme,
Geschichte des Tanzes in Deutschland, Beitrag zur deutschen Sitten-, Literatur- und Musik-
geschichte, Leipzig 1886, I, 216—219. — [7]) Discoverie, S. 36. — [8]) Grimm, Teutonic Mytho-
logy, III, S. 1070. — [9]) Le Sage, El Bachillor de Salamanca, Paris 1847, IV, Kap. 2, S. 129.
[Diese Geschichte ist eine sogen. Wandererzählung, die von Spanien bis zum Ural, mit geringen
Abweichungen, überall bekannt ist. I.] Mehrere Fassungen stehen in den Anthropophyteia.

Nach dieser Erzählung schließt Zador einen Vertrag mit seiner satanischen Majestät, worin der Teufel als Entgeld für die Seele Zadors einen Goldschatz auf einem Kirchhofe zugänglich macht. Der arme Betrogene nimmt sich davon, soviel er gerade braucht, und bezeichnet dann den Ort des Schatzes in einer sehr schlauen Weise, um durch seine wütende Gattin aus dem Schlafe geweckt zu werden, wobei er zu der betrübenden Erkenntnis kommt, daß er sein eigenes Bett beschmutzt hat. — Die beste Erklärung für diese Geschichte ist die, daß sie die landläufige Meinung der Spanier zur Zeit des Le Sage darstellt, wonach sich die Geschenke, die man vom Bösen erhält, in gewisser Weise umwandeln. Man vergleiche hiermit die Erzählung vom Gott „Kutka".

„Volktümliche Erzählungen, die häufig aus alten Überlieferungen entstehen, . . . sind Überbleibsel längst vergangener Zeiten und deren Schilderungen. . . . Wird ein lasterhafter oder böser Geist in irgend einem Märchen oder einer Volküberlieferung erwähnt, so halte ich ihn immer für das Festhalten einer alten Erinnerung an ein Wesen, das früher einmal, als die jetzt zurückgedrängte Religion noch herrschte, göttliche Verehrung genoß. Man glaubt, er sei seinen Verehrern gnädig gesinnt, suchte aber diejenigen, die einen andern Glauben haben, mit Belästigungen heim. Die Menschheit schreibt oft ihren Göttern ihre eigene Unduldsamkeit zu, solange sie sich noch auf einer rohen Stufe befindet. In dieser Weise schafft sich die Menschheit ihren Gott nach ihrem eigenen Bilde".[1]

Durch Nachdenken allein erzielte man kein befriedigendes Ergebnis, bemühten wir uns mit seiner Hilfe, — und es wäre der einzige Weg, der uns heute noch übrig bleibt — die Dunkelheit aufzuhellen, von der die Bräuche und die Tänze, und ganz besonders die Speisen dieser Hexenversammlungen umgeben sind.

Dr. Dupouy vertritt in seinem Werke „Le Moyen Age Médical", das ganz besondere Beachtung verdient, eine Ansicht, die in logischer Weise manches auf dem Gebiete, mit dem wir uns beschäftigen, zu erklären scheint. Er vertritt, kurz gesagt, den Glauben, daß die Hexenversammlungen Europas nicht etwa Erzeugnisse der Einbildungkraft darstellen, sondern daß sie wirklich vorhanden waren und als Zusammenkünfte der Anhänger gewaltsam unterdrückter Kulte anzusehen sind, die sich nur noch in entstellten und fremdländisch anmutenden Zügen nachweisen lassen, was sie aber in ganz natürlicher Weise gerade einem ungebildeten Bauernvolke besonders anziehend machen mußte. „Unter diesen Zauberern gab es alte Kuppler, denen aus persönlicher Erfahrung alle Arten von Ausschweifungen bekannt waren und die den Saturnalien, mit denen die Bauern gewisse Nächte feierten, den Namen Vigilien[2]) beilegten; solche Versammlungen bestanden aus Kupplerinnen und Kupplern und man lud zahlreiche Neulinge in Ausschweifungen dazu ein. Diese Zauberer und Hexen kannten auch die Mittel, die junge Mädchen einnehmen mußten, wenn sie die physiologischen Folgen ihrer eigenen Unklugheit zu zerstören wünschten, und sie wußten auch, was alten Männern dienlich war, um die Mannkraft wieder herzustellen. Sie kannten die Heilwirkungen von Pflanzen, namentlich von betäubenden".[3]

Diejenigen, die in die Hexenkunst eingeweiht werden sollten, hat man vielleicht gezwungen, ekelerregende Speisen als Beweis für die Aufrichtigkeit ihrer Absicht zu sich zu nehmen, oder sie mögen sie auch zu sich genommen haben, um eine Berauschung zu erzeugen, wie sie die Zuñi-Indianer in Neu-Mexiko und die wilden Stämme in Sibirien kennen. Es ist aber noch eine andere Annahme denkbar, die wir hier erwähnen müssen, ehe wir diesen Gegenstand verlassen. Wir wissen, daß man die besten Speisen immer

---

[1]) Seven Nillson, The Primitive Inhabitants of Scandinavia, edited by Sir John Lubbock, London 1868, Vorrede S. 53. — [2]) Heiliger Abend vor Festen; Fasten vor einem Festtage. — [3]) Dupouy, Le Moyen Age Médical, übersetzt von Dr. F. C. Minor unter dem Titel „Medicine in the Middle Ages", S. 40.

den Göttern des herrschenden Glaubens darbrachte und die Verwendung irgend eines Zubehörs der Gebräuche der herrschenden Religion im Gebrauchtum eines unterdrückten Kultes sah man als schwersten Frevel und Gotteslästerung an. So betrachtete man beispielsweise die Verwendung von Weihwasser beim Hexensabbath als ein viel schlimmeres Verbrechen, als dasjenige, eine Hexe zu sein. Daraus können wir nun den Schluß ziehen, daß es die Anhänger des unterdrückten Glaubens nicht wagten, die besten Dinge zu verwenden und daher gezwungen waren, auf minderwertige Stoffe zurückzugreifen, aus denen sie ihre dargebrachten Gaben herstellten. Und da sie sich gewöhnlich in abgelegenen Gebirggegenden, in Höhlen usw. versammelten, wo man nichts besseres auftreiben konnte, so brachten sie sich eben selbst als Opfergabe dar, — das heißt, sie griffen auf die alte Sitte des Menschenopfers zurück, wenn sie überhaupt jemals davon abgelassen hatten, und gaben als Gelübde ihr Haar, Speichel, Harn und Kot. „Reine Gebete steigen zu dem empor, der droben in der Höhe thront; und zur Erde fällt der Schmutz, der für höllische Unholde geeigneter ist". Und ein ehrbarer Mönch gab dem Vater der Lüge folgende deutliche Antwort:

> „Ein frommer Pater setzt sich über ein Tau,
> Um das zu tun, was Bedürfnis und Natur uns lehrt".

Der Teufel hatte ihm nämlich Vorwürfe gemacht, daß er gerade in einem solchen Augenblicke seine Gebete hersagte.[1]

M o o n e y berichtet von einem Beispiel der Entführung einer Irländerin durch Kobolde. Es gelang ihr, die Kenntnis von den Mitteln, durch die ihre Befreiung bewirkt werden konnte, ihrem Gatten beizubringen: „Er müßte sich mit etwas Harn und Hühnerkot bereit halten, es auf sie werfen und sie dann packen . . . Er hörte gleich darauf, wie die Kobolde herankamen, und als der Lärm gerade vor ihm war, warf er den Kot und den Harn in die Richtung, woher das Geräusch kam, und sah dann sein Weib von ihrem Pferde fallen".[2] Die irische Landbevölkerung glaubt steif und fest daran, daß Kobolde ihre Kinder entführen könnten; um das Wiederherbeischaffen zu ermöglichen, läßt man eine „weise Frau" kommen, deren Maßnahmen darin bestehen, daß sie „die Kohlenschaufel an der Feuerstelle heiß macht, den Wechselbalg darauf legt und ihn hinaus auf den Düngerhaufen bringt".[3] „Feuer, Eisen und Kot, das sind die drei großen Schutzmittel gegen den Einfluß der Kobolde und der höllischen Geister".[4]

„In Irland tragen die Bauern auch „Medizinsäcke" bei sich, die den bei den nordamerikanischen Indianern gebrauchten sehr ähnlich sind. Unter dem Inhalte dieser Säcke findet man Tabak, Knoblauch, Salz, Hühnerkot, Lus-crea (?) und etwas Straßendreck".[5] Dies trägt man bei sich „als Schutz gegen das böse Auge; und Dinge derselben Art näht man auch der Braut in das Kleid, wenn sie ihre Freundinnen für die Heiratzeremonie zurecht machen".[6]

„Ein Zauberspruch, der von einer Hexe jeden Morgen nüchtern oder wenigstens, ehe sie das Haus verläßt, zu sprechen ist: „Das Feuer fresse, das Feuer fresse; Schweinekot darüber, Schweinekot darüber, Schweinekot darüber! Der Vater sei mit Dir; der Sohn sei mit Dir; der Heilige Geist soll zwischen uns beiden sein". Die letzten Worte sind dreimal zu wiederholen; dann spucke über die eine Schulter und darauf über die andere und schließlich dreimal geradeaus".[7]

„Ein gleiches. Sie hängen . . . Knoblauch an das Hausdach, um Hexen und böse Geister fern zu halten, . . . dasselbe geschieht auch mit Zwiebeln".[8] In Holland

---

[1] Harington, Ajax, S. 33f. — [2] James Mooney, The Medical Mythology of Ireland, in den Abhandlungen der Amerik. Phil. Society aus dem Jahre 1887. — [3] u. [4] A. a. O. und Wuttke, Der deutsche Volkaberglaube S. 581—585. — [5] u. [6] A. a. O. — [7] Scot, Discoverie, S. 177. — [8] S. 192.

legte man Knoblauch den neugeborenen Kindern in die Wiege.[1]) So auch noch gegenwärtig unter Chrowoten und Serben.

Die Mönche oder Nonnen in Tibet, die Bhikshuni, durften Knoblauch nicht essen; dies galt als Sünde. „140. Wenn eine Bhikshuni Knoblauch ißt, usw.". Aber in einer Anmerkung wird darauf hingewiesen, daß sie trotzdem Knoblauch essen durften, wenn es das einzige Heilmittel für irgendeine Krankheit oder für Schwächezustände war; aber dann durfte der Kranke weder einen Schlafraum, noch einen Abort betreten, er konnte ferner das Gesetz nicht auslegen, nicht mit Brahminen verkehren, einen Park besuchen, oder auf den Markt gehen oder in einen Tempel, bis er sich nicht einer dreitägigen Reinigung unterzogen, gebadet hatte und ausgeräuchert worden war.[2])

Der Glaube an Zauberei, Hexerei, Beschreiung, Besprechen usw. ist, wie wir wiederholt gesehen haben, bei den Südslaven noch heutzutage in seiner ältesten Stärke vorhanden. Dabei spielen, wie zu erwarten ist, die skatologischen Mittel noch in der alten Art und Weise ihre Rolle. Bei der Taufhandlung ist es Brauch, daß der Gevatter zur Verhütung einer Beschreiung auf das Patenkind spuckt. Ein Gevatter mochte dies einmal um keinen Preis tun. Er fürchtete sich davor, daß jemand beim Spucken sage: „Auf den Zumpt!," womit der Geist nicht nur von dem Kinde abgehalten, denn dafür ist das Spucken da, sondern auf den Gevatter selbst übergeleitet worden wäre.[3])

Liegt im Hause ein Kind schwer krank darnieder und glaubt man, die Ursache der Krankheit wäre eine Beschreiung oder eine Begegnung mit einem bösen Geiste oder sonst etwas, so tut man dagegen folgendes: Man schert mit der Schere einige Haare vom Zumpt des Vaters und der Voze der Mutter und unter der einen wie unter der andern Achselhöhle ab, wobei man zuerst von der rechten Achselhöhle und dann vom Zumpte (oder der Voze), hierauf von der linken Achselhöhle nach unten kreuzweis schert, denn so ist es geboten. Diese Haare legt man auf Glutkohlen auf und beräuchert damit dreimal den Kranken, wobei man spricht: „Entfleuch, du Wunderding vom Wunderding, hier ist dein Sitz nicht! Vater und Mutter haben mit Zumpt und Voze dieses Leben erschaffen und verteidigen es nun auch mit diesem Haarrauch, bannen jedes Übel von diesem Leben hinweg, denn hier ist nicht seines Verweilens. Entfleuch, Wunderding vom Wunderding, denn hier ist nicht dein Ort!" — Also dreimal. Aus Levač in Serbien.[4])

Gegen Beschreiung bei Notdurftverrichtung. Wenn einer scheißt und einer sieht ihn, daß er es tut, so sagt er im Stillen: „Zerquetsche, Spindelholz, auf daß ich den bewirte, der mich sieht!" Also dreimal. Man spricht, das wäre darum geboten, damit dem Betreffenden darnach das Arschloch nicht zupetschiert werden soll, d. h. damit er die Verstopfung nicht bekomme. Aus Levač in Serbien (Ebenda).

Bannspruch gegen Ungewittergeister. — Wenn der Hagelschlag die Felder zu vernichten droht, da soll sich ein altes Weib oder ein Mann aufdecken, den Arsch der Wolke zukehren und sprechen: „Fleuch, o Wundererscheinung vor der Wundererscheinung! Allhier ist ein größeres Wunder!" Also dreimal. Aus Levač in Serbien (A. a. O., S. 170). Gegen die Beschreiung von Füllen oder Kälbern soll der Hausvorstand oder seine Frau vor dem ersten Vorübergehenden den Hintern oder auch die Schamteile aufdecken (Ebendaher, S. 171). Ähnliches noch mehrfach auf den folgenden Seiten des IV. B. der Anthropophyteia.

Um ein Kind gegen Hexen zu schützen, solange es noch nicht getauft ist, stellt man zwei Besen kreuzweis nachts an die Tür und in die Tür steckt man ein Messer und malt mit Dreck den Drudenfuß auf die Tür, die man nicht öffnen darf, ehe der Tag

---

[1]) New-Yorker Times vom 10. Nov. 1889. — [2]) Vergl. Pratimoksha Sutra, übersetzt von W. W. Rockhill in den Abhandlungen der Société Asiatique, Paris 1885. — [3]) Anthropophyteia, I, S. 20. — [4]) Anthropophyteia, IV, S. 168.

graut. Wenn die Wöchnerin in der Frühe das Zimmer verläßt, soll sie den Scherben mit ihren Exkrementen voraushalten, damit sich ein etwa vorbereiteter Zauber auf die Exkremente setze und die Mutter verschone (S. 219).

„Wenn du mit den Zähnen dich beim Arsch wirst gepackt haben, dann sollst du auch mir einen Schaden zufügen können!" — So spricht man, wenn einer einem droht und man seine Absicht zu nichte machen will, oder wenn einer zaubert, damit ihm eine Hexe das Herz nicht ausfressen oder irgend ein Weib mit ihren Zaubereien einen Schaden zufügen soll. — Aus einer in der serbischen Nationalbibliothek zu Belgrad aufbewahrten Handschrift (Anthrop. IV, S. 174). Um die bösen Geister und die in ihrem Dienst stehenden Menschen zu entkräften, stellt ihnen der primitive Mensch unlösbare Aufgaben, wie im vorliegendem Falle, sich vorerst mit den Zähnen in die Arschbacken zu beißen. —

Von der Verwendung skatologischer Mittel im Zauberwesen der alten Juden macht Blau[1]) folgende Angaben:

Wenn ein Weib eine Schlange sieht und nicht weiß, ob diese ihre Begierde auf sie richtet, so werfe sie ihr die Kleider zu; wickelt sich die Schlange in diese ein, dann hat sie ihre Begierde auf das Weib gerichtet; wickelt sie sich nicht ein, dann nicht. Wie hilft man sich da? Das Weib übe den Koitus vor der Schlange aus oder es nehme von seinen Haaren und Nägeln und werfe dies der Schlange zu, indem es spricht: „Ich bin eine Menstruirende". (Sabbath 110a). Die Schlange ist das magische Tier katexochen. Menstrualblut findet in der Magie vielfache Anwendung, ebenso auch das menstruirende Weib. Die Bezeichnung dafür „daschtana" ist nach Blaus Ansicht ganz sicher persisch und man hätte es demnach mit persischem Glauben zu tun.[2])

Amemar sagt: „Das Haupt der Zauberweiber sagte mir, wenn man Zauberinnen begegnet, spreche man also: „Heißer Menschenkot in durchlöcherten Körben in Euer Maul, ihr zauberischen Weiber! Euer Haupt werde kahl, der Wind verwehe Eure Brotkrumen! Er zerstreue Eure Gewürze! Es verflüchtige sich Euer Safran, den Ihr in Euren Händen haltet, Hexen! So lange man mir gnädig und ich vorsichtig war, kam ich nicht in Eure Mitte, nun tat ich es und Ihr seid mir nicht hold!" Die Elemente dieses vor Bezauberung bewahrenden Spruches zeigen, was zauberkräftig und was zauberbrechend ist. Durch das Wort kann gezaubert werden, Menschenkot bricht den Zauber, daher der drastische Spruch. Haare und Brotkrumen sind zum Zaubern geeignete Mittel, ebenso der in der Hand gehaltene frische Safran, daher die Wünsche bezüglich der Zerstörung dieser Mittel.[3])

„Wenn man die bösen Geister sehen will, nehme man die Nachgeburt einer erstgeborenen schwarzen Katze, die die Tochter einer erstgeborenen schwarzen Katze ist, verbrenne sie und zerreibe sie und gebe aus der Asche ins Auge, dann sieht man die bösen Geister". (Berachot 6a).[4])

Den menschlichen Kot und Harn brachte man den Götzen dar. (Aboda Zara 50b). Da sie im Kultus Verwendung fanden, durften sie in der Magie, die eigentlich auch eine Kultübung ist, auch nicht fehlen. Beide brechen Zauber. Jesus war nach jüdischer und heidnischer Anschauung ein Goët [Zauberer]; vielleicht wird er deshalb in der Gittin 57a angegebenen Weise bestraft, damit der Zauber gebrochen wurde . . . Der Harn spielt im Glauben vieler Völker eine bedeutende Rolle; er bricht jeden Zauber. Besonderes Ansehen genießt 40 Tage alter Harn, . . . ein halber Log nützt gegen über Nacht stehen gebliebenes Wasser, das man getrunken hat (es könnten sich böse Geister darin festgesetzt haben), ein ganzer Log sogar gegen Bezauberung (Sabbath 109b).

---

[1]) Blau, das altjüdische Zauberwesen, Straßburg 1898. — [2]) S. 76f. — [3]) S. 77f. —
[4]) S. 159.

Gittin 57a: „Darauf ging Onkelos und beschwor den Geist Jesu herauf. Er fragte ihn: Wer ist in jener Welt geachtet? Der Geist antwortete: Die Israeliten. Onkelos fragte weiter: Soll man sich ihnen anschließen? Der Geist sprach: Suche ihr Bestes und nicht ihr Böses. Jeder, der sie antastet, gleicht einem, der seinen Augapfel antastet. Onkelos fragte: Wodurch wirst Du gerichtet? Der Geist sprach: Durch siedenden Kot. Denn der Herr hat gesagt: Wer die Worte der Weisen verspottet, wird durch siedenden Kot gerichtet!" Die Bestrafung durch siedenden Kot ist vielleicht erst mit Bezug auf Jesum erdacht und ein Ausdruck des Hasses gegen den Gehasstesten aller Gehassten; denn bei der Ausnahmestellung, die Jesus in jeder Beziehung einnimmt, ist es wohl denkbar, daß das Judentum, welches sehr erfinderisch war in neuen Vorstellungen über den Zustand der Hölle, bei Jesus sich nicht mit einer schon andern zugedachten Höllenstrafe begnügt hat. In der Tat finden wir den siedenden Kot nur noch an einer Stelle, nämlich Erubin 21b, wo es mit Bezug auf die Göttlichkeit der Worte der Schriftgelehrten im Namen des Rab Acha bar Ulla heißt: „Daraus geht hervor, daß wer über die Worte der Schriftgelehrten spottet, durch siedenden Kot gerichtet wird". . . . Daß wir beim siedenden Kot nicht an eine Abteilung der Hölle zu denken haben, geht klar aus dem Parallelismus hervor: von Bileam heißt es [in dem hier weggelassenen vorangehenden Stück des Gittin 57b], er werde gerichtet durch siedenden Samenerguß. Es sind Zustände gemeint, Gesichtarten. Erst die nachthalmudische Zeit hat, offenbar in der Lust alles Ungeheuerliche, was der Thalmud über Jesum enthält, auszubilden und auszumalen (vgl. die Tholedot Jeschu) den siedenden Kot zu einer Abteilung der Hölle gemacht und folgende Lehre aufgestellt: Der siedende Kot ist die unterste Wohnung der Hölle, in welche alle Unflätigkeit der Seelen fällt, welche sich in denjenigen Wohnungen, die darüber sind, aufhalten. Sie ist wie ein heimliches Gemach und es fällt alle Überflüssigkeit hinein, in welcher kein Fünklein der Heiligkeit ist. Deshalb wird sie der siedende Kot genannt, nach dem Geheimnis der Worte Jesajas 28,8: „Speien und Kot ist soviel, daß kein Platz mehr rein ist", wie Jesaja 30, 22 gesagt wird: „Du sollst ihn Kot nennen". (Emeq hammelekh 139c, Kap. 19. Siehe Eisenmenger,[1]) Entdecktes Judentum 2, 335 ff.). Vorstehendes aus Laible, Jesus Christus im Thalmud, in der Zeitschrift Nathanael, Jahrgang 6, Groß-Lichterfelde bei Berlin 1890, S. 119 ff., oder: Zweite Auflage (Anastatischer Neudruck), Leipzig 1900, S. 85 ff.; Prof. Dr. H. L. Strack, der Herausgeber, ist nach der Anmerkung auf S. 121 bezw. S. 87 der Ansicht, daß die Bestrafung nicht für Jesum erdacht ist. — Der Hinweis Laibles auf die Toledoth Jeschu richtet sich nur auf die Angaben über die Lebengeschichte Jesu von Nazareth. Über die hier in Betracht kommenden Angaben des Traktats Gittin des Thalmud vom siedenden Kot enthalten die Toledoth Jeschu gar nichts, ebensowenig von der Hölle. Vgl. hierzu!: Das Leben Jesu nach jüdischen Quellen. Herausgegeben und erläutert von Samuel Krauss, Berlin 1902.

Über die Zaubereien der alten Inder sind wir jetzt genauer unterrichtet, nachdem Dr. Caland die wichtigsten Teile des Kausika Sutra übersetzt und veröffentlicht hat.[2]) Wie zu erwarten ist, wird bei den Indern alles streng systematisch abgehandelt und daß dabei die skatologischen Mittel nicht fehlen, ist selbstverständlich, einmal, weil sie bei keinem Volke fehlen und dann, weil dem Inder aus seinen religiösen Anschauungen heraus Kuhharn und Kuhmist sowieso heilig sind und er bei der Vertrautheit mit diesen Stoffen im täglichen Leben bei Reinigung- und anderen Zeremonien ganz von selbst auf den Gedanken kommen mußte, mit diesen Dingen auch zu zaubern. Gelegentlich dienen sie aber auch zu Heilzwecken, diese wollen wir aber hier im Zusammenhang mit auf-

---

[1]) Das war sonst ein Erzlügner und sein Buch ist ein Beweis dafür. — [2]) Dr. Caland, Altindisches Zauberritual, Amsterdam 1900.

führen, wie sie im Zauberritual stehen; denn ihre Anführung darin beweist nur die überall vorkommende Erscheinung, daß für die primitiven Menschen die Heilkunde auch weiter nichts als Zauberwissen ist.

Eine große Rolle spielte beim Zaubern der Mistklumpen. Nach der allgemeinen Vorschrift soll er von einem Zugochsen sein. (S. 13). Von dem Wasser, womit ihn der Zauberer abwäscht und womit er ihn begießt, davon läßt er die betreffende Person auch einschlürfen. Nach S. 25 erhält man Lebenkraft, war der Mistklumpen unter dem Hersagen aller 5 in Sutra 6 erwähnten Lieder abgewaschen worden und trinkt man dieses Wasser.

Wünscht man sich jemandes Wohlfahrt selber zu eigen zu machen, so soll man aus dem Haus und Erbe der beneideten Person grünen, d. h. frischen Kuhdünger holen lassen, ihn trocknen und einen Pfannkuchen essen, der über einer dreifältigen Anhäufung dieses Kuhdüngers hergestellt ist (S. 48, ebenso S. 59, 86, 92, 95 und 105).

Jeder, der wünscht, daß es seinem Vieh wohl ergehe, trinkt Milch einer Färse, in die Speichel des Kalbes gemischt ist usw. Er kann aber auch, wenn er den Kuhstall ausgefegt hat, mit der rechten Hand Sand und Mist im Kuhstall ausstreuen, nachdem er eines der Lieder darüber gesprochen hat (S. 49).

Gegen den weißen Aussatz hilft das Reiben der aussätzigen Stelle mit trockenem Kuhdünger, bis sich Blut zeigt; dann wird die Stelle mit einem vorgeschriebenen Pulver bestreut (S. 76). — Mist von einem Stachelschwein hilft gegen Bisse giftiger Tiere (S. 92). In beiden Fällen hat natürlich das Hersagen von Liedern stattzufinden, denn ohne die Zaubersprüche wirkt die Arznei nicht.

Um Sicherheit und Glück auf einer Geschäftsreise zu haben, legt man Mistklöße um die Gelenke eines befreundeten Brahmanen und fragt ihn: „Kuhdung, was für ein Tag wird es heute sein?" und jener antwortet: „Gut und günstig!" (S. 174).

Um Wohlstand zu erwerben, muß man ein Gemisch von Wasser, Honig, saurer Milch, Lauge und Harn eines Menschen, der nur von Milch und Honig gelebt hat, nach dem Hersagen des Zauberliedes essen (S. 58). — Nicht offene Anschwellungen benetzt man mit Schaum von Kuhpisse; oder man streicht Unreinigkeit der Zähne darüber; oder man schmiert fein gestoßenes Steinsalz auf die Anschwellung und spuckt darauf (S. 101).

Um zu machen, daß sich Kuh und Kalb miteinander vertragen, wird das Kalb ganz gewaschen, dann mit Pisse der Kuh übergossen und dreimal um die Kuh herumgeführt (S. 142).

Um einen Feind zu vernichten, bespricht man einen Stein, den man in die für die Exkremente bestimmte Grube gelegt hat (S. 168). Wenn einer einen Feind zum Eunuchen machen will, tut er Harn und Kot eines Kalbes in die Vorhaut eines männlichen Kalbes, legt die Testikeln darauf, stampft dies alles vermittelst eines Stabes aus Badhakaholz zu Pulver und gräbt dieses in dem Felde, dem Hause usw. seines Feindes ein (S. 169). — Um Wohlstand, Glück und Gedeihen zu erwerben, ißt man von einer Frau, die ihre Periode hat, mit dem Zeigefinger und dem mittleren Finger das Menstrualblut (S. 57).

Um sich 7 Dörfer zu erwerben, muß man sich ein Jahr lang vom Geschlechtgenusse enthalten, dann den männlichen Samen in eine Perlmuschel lassen, Reiskörner dazu mischen uud das Ganze, nachdem man es mit den Zauberliedern ausgesegnet hat, essen (S. 58). — Um die Kühe gedeihen zu machen, schneidet man in die Ohren eines zuerst in diesem Jahre geborenen Kalbes, wischt das dabei fließende Blut ab, mischt es mit bestimmten Säften und ißt es (S. 61). — Reisbrei mit stinkenden Fischen einer besonderen Art hilft gegen Krankheiten, die durch Exzesse entstanden sind (S. 86). — Lähmungen heilt man, indem man die gelähmte Stelle mit einem Kohlenfeuer räuchert, auf das man die Laus eines Hundes geworfen hat (S. 101). — Um leichte Geburt zu erlangen, löst man alle Knoten im Hause (S. 108). —

Die im Vorstehenden gegebenen Vorschriften sind zweifellos uralt, obwohl die Niederschrift erst wohl vor etwa 2000 Jahren erfolgt ist. In den babylonischen Zauber- texten, soweit sie auf Keilschrifttäfelchen erhalten sind, finden sich skatologische Mittel nur sehr vereinzelt, ja, soweit ich es übersehen kann, wird lediglich der Speichel erwähnt. In einem längeren Zauberspruch, der sich gegen Ardat Lili, das Nachtmädchen richtet, heißt es:

Ich fülle Deine Augen mit Speichel,

wohl in der Absicht, das Nachtgespenst blind zu machen.[1] Auf einem andern Täfelchen wird

Übler Speichel, den man nicht mit Staub bedeckte,

unter den Mitteln angeführt, mit denen man jemandem Schaden antun kann.[2] Das Zu- decken des Speichels mit Staub geschah wohl, um ihn unwirksam zu machen.

Aus der mageren Ausbeute, die uns die Tontäfelchen für unsere Zwecke liefern, darf man nicht den Schluß ziehen, daß skatologische Zaubermittel bei den alten Baby- loniern und Assyriern kaum in Gebrauch waren. Wenn die Beweise auf den Tontäfelchen sicher 2500 Jahre alt sind, so waren die Babylonier doch damals schon ein hochgesittetes Volk, das bei allen seinen Äußerungen, soweit sie die Priester schriftlich niederlegten, auf literarischen Schliff sehr viel hielt, wie die Zaubertexte und noch mehr die Gebete und Hymnen mit ihrer geradezu dichterischen Sprache beweisen. Wie das gewöhnliche Volk hexte oder sich gegen Hexerei schützte, erfahren wir nicht und werden wir auch nie erfahren, denn für dieses fertigte die Priesterklasse, die sich hauptsächlich mit Be- schwörungen befaßte, keine Tontäfelchen an.

XLIV. Einige Bemerkungen über die heilige oder Tempelprostitution und über die Hahnreihörner.

„Die Kupplerinnen in Amsterdam glaubten (um das Jahr 1637), der Kot, den ein Pferd vor dem Hause fallen ließ, brächte ihren Häusern Glück, legte man ihn frisch hinter die Haustür".[3]

Während man für die Prostitution im Allgemeinen keinen heiligen Ursprung in Anspruch nehmen kann, so müssen doch in den ältesten Zeiten der Menschheit alle oder fast alle Tempel mit Prostituierten versehen gewesen sein. Die Notwendigkeit einer der- artigen Vorsorge liegt klar auf der Hand. Der Mensch belegte in seinem Glauben und in seiner Unwissenheit gewisse Orte oder die Schutzgeister solcher Orte mit der Kraft, ihm gutes oder böses anzutun, je nachdem man ihn mit Geschenken oder Opfern in guter Laune erhielt oder nicht. An solchen Plätzen errichtete man dann Tempel, an denen Priester dienten, die bei ihrem Berufe fett wurden und sich bereicherten, weil ihre Stellung das Asylrecht mit sich brachte, obwohl ein solches Recht ursprünglich nicht notwendigerweise mit den kleinen Gemeinwesen verbunden war, die sich nach und nach in der Umgegend solcher Tempel bildeten. Die Notwendigkeit der Verwaltung für das eigene Volk und der schied- richterlichen Entscheidung für Fremde oder nicht dem eigenen Stamm Angehörige mußte natürlicherweise die Gesetzgeber, die angesehenen Häuptlinge und ihr Gefolge von Zeit

---

[1] Morris Jastrow jun., Die Religion Babyloniens und Assyriens, Band 1, Gießen 1905, S. 319. — [2] S. 371. — [3] Le Putanisme d'Amsterdam, S. 56, angeführt bei Brand, Popular Antiquities, III, S. 18, Artikel: Sorcery.

zu Zeit herbeiziehen, vielleicht um ihre Streitigkeiten zu schlichten oder um im persönlichen Verkehr ihre Verträge abzuschließen, vielleicht auch um die Entscheidung des Oberpriesters einzuholen. Durch solche Zusammenkünfte mußte ein ausgebreiteter Tauschhandel und Geschäftverkehr entstehen und manche wurden wohl, wenn sie kaufmännisch veranlagt waren, veranlaßt, sich für das Vorteilhafte eines dauernden Aufenthaltes zu entschließen. Von den Matrosen und den Kaufleuten aus fremden Gegenden konnte man nicht erwarten, daß sie sich immer anständig betrugen; sie waren jedenfalls zuweilen ebenso darauf bedacht, den Ort einmal ordentlich „aufzuwischen," wie es heute noch die Cowboys im westlichen Amerika nach Empfang ihrer Löhnung zu tun pflegen. Die Frauen der Stadt schwebten also in steter Gefahr, beleidigt zu werden; man kann es daher als weise Vorsicht bezeichnen, daß man für den Dienst bei den Tempeln eine gewisse Klasse von jungen und anziehenden weiblichen Wesen bereit hielt, d. h. für die Befriedigung der geschlechtlichen Bedürfnisse der Fremden und zur Bereicherung der Priester.[1]

Es scheint in der Tat, als ob man bis zur Ausarbeitung eines solchen Planes und bis zu seiner Ausführung und vielleicht auch noch lange nachher, den Brauch gehabt, alle Frauen einer Stadt an dieser Verpflichtung teilnehmen zu lassen; so lesen wir, daß beim Mylittakulte es jeder Frau oblag, sich einem Fremden wenigstens einmal in ihrem Leben hinzugeben und zwar beim Tempel dieser Gottheit.

Die Priester pflegten den Prostituierten die Kenntnis von Zauberformeln mitzuteilen, die darauf hinzielten, sich Glück zu verschaffen; dieser Zauberformeln pflegten sich dann im Laufe der Zeit ganz allgemein Prostituierte zu bedienen, auch wenn sie überhaupt keine Beziehungen zu Tempeln hatten. Ähnliche Überlebsel kann man auch bei Spielern beobachten. Das Spielen war früher einmal ein heiliges Mittel zur Weissagung. Diejenigen, die Lose warfen, hielten fortwährend Umschau nach guten und bösen Anzeichen. Eins der besten Anzeichen war es, wenn man einen Menschen mit einem Buckel traf. Und noch heutzutage schätzen sich Spieler glücklich, wenn sie einem Krüppel über den Buckel streichen können.

Die heilige Prostitution beschränkte sich keineswegs auf die Babylonier. Die Juden hatten auch in Verbindung mit ihren Tempeln eine Klasse von Menschen beiderlei Geschlechts, die man „Kadeschim" nannte, denen man das schimpfliche Amt der öffentlichen Prostitution auferlegt hatte, und aus vielen andern Teilen der Welt haben wir Berichte von der gleichen Art persönlicher Erniedrigung. Die Frauen, die sich diesem Dienste geweiht hatten, trugen eine bestimmte Kleidung.[2]

„Eli aber war sehr alt und erfuhr alles, was seine Söhne taten dem ganzen Israel und daß sie schliefen bei den Weibern, die da dienten vor der Tür der Hütte des Stifts".[3]

---

[1] Bourke spricht den Priestern allzuvielen Geschäftgeist zu. Wo es reichlich zu verdienen gibt, finden sich Liebespenderinnen von selber ein und die befolgen meist den Grundsatz: leben und leben lassen. Zudem sind solche Weiber durchgehends sehr frommen Gemütes und lassen den Heiligtümern gern etwas vom Verdienst zukommen, weil das Glück bringt. Daß aber die unzutreffend als heilig bezeichnete Leibhingabe nur einem Fruchtbarkeitopferdienst geweiht ist, versuchte Krauss darzulegen: Beischlafausübung als Kulthandlung, Anthropophyteia III, S. 20—33. — Kurz, doch vorzüglich aufklärend besprach Ths. Achelis die Tempelprostitution in volkpsychologischer Beziehung, Sexual-Probleme, Frankfurt a. M., IV, S. 386—392. —
[2] Vergl. hierzu das öfter erwähnte Werk von Dulaure, Histoire de Différens Cultes, II. S. 75, wo von den Kadeschoth die Rede ist, ferner Smith's Dictionary of the Bible, New-York 1871, unter den Stichwörtern „Harlot" und „Sodomite". [In der deutschen Ausgabe Dulaure's von Krauss, Reiskel u. Ihm, Leipzig 1909, findet man die angeführten Stellen auf S. 77 und 146. I.] Über die Verhältnisse in Palästina vergl. B. III der Beiwerke zum Studium der Anthropophyteia: Hjalmar J. Nordin, Die eheliche Ethik der Juden zur Zeit Jesu. Leipzig 1911. —
[3] 1. Samuelis 2, 22. [Wie uralt diese Tempelprostitution bei den Juden war, geht aus 2. Mos. 38, 8 hervor, wo ganz naiv erzählt wird, daß der Künstler Bezaleel auf Anordnung

„In ganz Indien und auch in den dicht bevölkerten Teilen Asiens sowie der heutigen Türkei gibt es eine Klasse von Weibern, die sich dem Dienste der Gottheit weihen, die sie verehren und die Erträgnisse, die sie aus ihrer Prostitution ziehen, werden dem Dienste des Tempels und der Priester gewidmet, die am Tempel amtieren. Die Tempel der Hindus im Dekkan hatten dieselben Einrichtungen. Sie besaßen Gemeinschaften geweihter Tänzerinnen, die den Namen führten „Frauen des Götterbildes" und von den Priestern mit Rücksicht auf die Schönheit der Gestalt schon als Kinder ausgewählt wurden; man erzog sie mit allen raffinierten Zutaten, um sie so anziehend als möglich zu machen".[1]

Réclus bringt auch über diesen Gegenstand eine Abhandlung, die mit den Worten schließt: „Und so konnte sich Juvenal die Frage erlauben: „Wo ist der Tempel, in dem sich die Weiber nicht prostituieren?"[2]

Lenormant spricht von der „heiligen Prostitution, die man wenigstens einmal im Leben allen Frauen, selbst denjenigen, die freigeboren waren, auferlegte".[3]

„Caindu ist ein heidnisches Volk, bei dem man zu Ehren ihrer Götter die Ehefrauen, die Schwestern und die Töchter der geschlechtlichen Lust der Reisenden preisgibt".[4] Caindu scheint ein Gebiet dicht an der Grenze von Tibet gewesen zu sein.

In der Ausgabe des Marco Polo von Lemke lautet die Stelle von den Bewohnern der Provinz Kaindu so: Die Bewohner dieser Landschaft haben dieselbe häßliche und schamlose Gewohnheit, es nicht als eine Schande anzusehen, daß die Reisenden ihre Frauen, Töchter oder Schwestern mißbrauchen, sondern im Gegenteil, wenn Fremde ankommen, bemüht sich jeder Hausherr, einen von ihnen mit nach Hause zu nehmen und ihm alle Frauen seiner Familie zu übergeben; er läßt ihn als Herrn des Hauses zurück, während er selbst auszieht. Die Frauen hängen sogleich ein Zeichen über die Tür, welches nicht eher wieder weggenommen wird, als bis der Gast seine Reise weiter fortgesetzt hat, worauf der Hausherr wieder zurückkehren kann. Dies tun sie zu Ehren ihrer Götzen; denn sie glauben, daß sie durch solche Handlungen der Liebe und Gastfreundschaft gegen Reisende Segen auf sich herabrufen und mit Überfluß an Früchten der Erde gesegnet werden. (S. 318).

„Die Bewohner von Khasrowan, einer christlichen Provinz im Libanon, wo eine ganz besonders geile Rasse wohnt, halten gleichfalls hohe Festlichkeiten unter den weltbekannten Zedern, und bei dieser Gelegenheit opfern ihre Frauen der Venus, wie es einstens die „Kadeshah" der Phönizier getan haben. Dieses Überlebsel eines uralten Glaubens ist zwar den „Handbüchern" für Missionare nicht bekannt, verdient aber trotzdem die volle Aufmerksamkeit der Anthropologen".[5]

„In Patagonien befiehlt zuweilen auf Anordnung eines Hexenmeisters ein Mann seiner Frau, sich an einem bestimmten Platze, gewöhnlich in einem Gehölz einzufinden und sich dem ersten Manne, den sie antrifft, hinzugeben. Es gibt aber auch Frauen, die sich weigern, einer solchen Aufforderung Folge zu leisten".[6]

Mosis für die Stifthütte das Handfaß machte „von Erz und seinen Fuß auch von Erz aus Spiegeln der Weiber, die da vor der Tür der Hütte des Stifts dienten". Irgend ein Vorwurf gegen diese Einrichtung wird nirgends ausgesprochen. I.]

[1] The Masculine Cross, privately printed, 1886, S. 31. [In meiner Ausgabe, London 1898, lautet obige Stelle, S. 43 f, etwas anders. Der Verfasser, der unter dem Pseudonym Sha Rocco schreibt, weist noch darauf hin, daß man in neuerer Zeit die Einrichtung reformiert hat, d. h. das Geschäft nicht mehr so öffentlich betrieb wie früher. I.] Eingehend handelt darüber R. Schmidt, Liebe und Ehe in Indien, Berlin 1904, S. 543ff. — [2] Les Primitifs, S. 79. [Satire IX, 24: Nam quo non prostat femina templo? Vergl. Deutsche Ausgabe Dulaures von Krauss, Reiskel u. Ihm, S. 80. I.] — [3] François Lenormant, Chaldaean Magic, S. 386. — [4] Bei Purchas, V, S. 430. (Marco Polo). — [5] Burton, Arabian Nights, Schlußabhandlung, X, S. 230. — [6] Voyage of Adventure and Beagle, II, S. 154.

Die religiöse Prostitution der alten Babylonier scheint sich, allerdings nur in unbedeutenden Überresten, in den kleinen Dörfern Kesfin und Martaouan bei Aleppo in Syrien erhalten zu haben. „Die Frauen treiben ihre Gastfreundschaft soweit, wie einstmals die Frauen im alten Babylonien. Diese von der Sitte geheiligte Prostitution scheint ein Überlebsel alter asiatischer abergläubischer Gebräuche zu sein".[1]) Dulaure erwähnt gleichfalls die Verhältnisse in Martaouan und führt auch Marco Polo an, um das Vorhandensein derselben Sitte in Kamul bei Tanguth zu beweisen.[2])

„Die meisten Tempel im Orient und namentlich diejenigen, die dem Sonnenkulte geweiht sind, hatten und haben zum größten Teil heute noch „Deva-Dasis" oder „Gottesweiber", die Nachfolgerinnen der Mylitta, wenn sie auch im allgemeinen weder eine so ausgesprochene, noch eine so angesehene Stellung wie diejenigen einnehmen, die Herodot beschreibt. Unter ihnen sind zweifellos die Frauen mit Spiegeln zu verstehen, die um Tamuz, den Sonnengott, weinten, nach Hesekiel 8, 14".[3]) Die afrikanische Göttin Odudua versprach ihren Schutz „allen denjenigen, die sich an diesem Orte niederließen und ihr an Stelle der Hütte einen Tempel errichteten. Viele Leute kamen auch hin und ließen sich daselbst nieder und auf diese Weise gründete man Ado, dessen Name Prostitution zu Ehren der Göttin bedeutet".[4])

„Der Tempel, den man in dieser Stadt errichtet hat, ist bei den Schwarzen berühmt. Die Könige der Nachbarschaft bringen der Göttin an ihrem Festtage einen Ochsen dar und in Übereinstimmung mit der Gründungsage feiert man ihr zu Ehren unzüchtige Spiele".[5])

„Im babylonischen Kult der Göttin Mylitta waren die Frauen, die sich am Tor des Tempels den Fremden für Geld hingaben, durch ein besonderes Kleidungstück gekennzeichnet, wie im Buche Baruch berichtet |wird . . . Die Frauen sitzen am Wege, umgürtet mit Stricken aus Binsen und verbranntem Stroh und ihre Aufenthaltplätze sind mit Stricken gekennzeichnet".[6])

In Irland gebraucht die Landbevölkerung noch heutigentags beim Weissagen und bei Hexerei den „Strick Saint Bridgets", der aus Binsen geflochten wird und daher mit dem Strick der Göttin Mylitta eine gewisse Übereinstimmung zeigt.

Es sind uns keine Berichte darüber erhalten, daß man Hörner als ein besonderes Merkmal solcher Bekleidung anbrachte, aber wir werden immer wieder an die Tatsache erinnert, daß man viele, wenn nicht alle Gottheiten der Länder um das Mittelmeer herum zu irgend einer Zeit mit Hörnern als den Sinnbildern der Kraft ausgestattet hat. Man kann daher auch wohl vernünftigerweise annehmen, daß die Frauen, die sich der oben geschilderten Tätigkeit hingaben, eine Kopfbedeckung trugen, die mit Hörnern geziert war. Und man darf auch die Vermutung aussprechen, daß ihr Gatte, ohne dessen Genehmigung eine solche Prostitution gewiß unmöglich gewesen wäre und für den eine solche Handlung jedenfalls in religiöser Hinsicht ebenso bedeutungvoll war, sich in ähnlicher Weise schmückte.

Wenn es neuen Religionen gelungen war, die heiligen Bräuche der Vergangenheit in den Kot zu ziehen, dann konnte es für die übermütige Unduldsamkeit der Fanatiker wohl kein größeres Vergnügen geben, als gerade dasjenige lächerlich zu machen, was in

---

[1]) Maltebrun, Universal Geography, I, S. 353, Buch 28. — [2]) Dulaure, II, S. 598f. [Deutsche Ausgabe, S. 148, Anm. 5.] — [3]) Forlong, Rivers of Life, I, S. 329. — [4]) Baudin, Fetichism, S. 17. — [5]) Baudin, A. a. O. — [6]) Purchas, Pilgrims, V, S. 56, Hondius' Babylonia. [Ich habe die Stelle wörtlich übersetzt, obwohl man sich unter Stricken aus Binsen und gebranntem Stroh nichts vorstellen kann. Bei Baruch 6, 42 steht lediglich „mit Stricken umgürtet", und Olympiodorus erklärt die Stelle so, daß die Frauen Gürtel anhatten, durch die die Schamteile verdeckt wurden, im übrigen aber völlig nackt waren. Dafür spricht auch Vers 43, wonach die Bevorzugteren die andern verhöhnen, daß ihnen niemand den Gürtel gelöst habe. I.]

dem jüngst zu Boden geworfenen Kulte ein besonders hervorstechender Zug war. Daher übertrug man die Beziehung zu den Hörnern, die vorher das besondere Kennzeichen der heidnischen Götter waren, auf den betrogenen Ehemann und was vorher das äußere Zeichen der frömmsten Selbstverleugnung war, verkehrte man ins Lächerliche und Schimpfliche.

Brand bietet uns eine Überfülle von Belehrung inbezug auf den vorliegenden Gegenstand, aber keineswegs etwas Befriedigendes oder Aufklärendes.[1]) „Aktäon bedeutet einen Hahnrei und stammt von den Hörnern her, die dem Aktäon von Diana auf den Kopf gesetzt wurden".[2]) Es wäre möglich, daß hinter der Sage die Geschichte von dem Vorgehen des Aktäon gegen heilige Gebräuche einer Prostitution oder seine persönlichen Beziehungen dazu verborgen wären.[3])

„Highgate; geschworen zu Highgate. In den öffentlichen Häusern in Highgate herrschte früher die lächerliche Sitte, allen Reisenden der mittleren Klassen, die dort einkehrten, einen scherzhaften Eid aufzuerlegen. Der Betreffende mußte auf ein Paar Hörner schwören, die an einem Stocke befestigt waren; der Inhalt des Eides bezog sich auf die Verpflichtung, niemals die Magd zu küssen, wenn man die Herrin küssen könne; niemals dünnes Bier zu trinken, wenn man starkes bekommen könne; und so weiter noch eine ganze Menge von Verpflichtungen ähnlicher Art, deren jede als Zusatz die Vorbehaltklausel erhielt: „es sei denn, daß es Euch anders beliebt". Derjenige, der den Eid abnahm, mußte von dem Schwörenden immer mit „Vater" angeredet werden, wohingegen jener ihn immer als „Sohn" bezeichnen mußte, bei Strafe einer Flasche".[4])

„Horn-Fair — Hörnerjahrmarkt. So hieß ein Jahrmarkt, den man jedes Jahr am 18. Oktober, dem Sankt-Lukastag, zu Carlton in der Grafschaft Kent abhielt. Er wurde hauptsächlich von einem ausgelassenen Volkhaufen besucht, der sich auf eine gedruckte Aufforderung hin, die man in den umliegenden Städten verteilte, am Cuckold's Point (Hahnreiplatz) bei Deptford traf und von dort aus in feierlichem Aufzuge durch diese Stadt und Greenwich nach Carlton begab, wobei man Hörner der verschiedensten Art auf dem Kopf trug; und auf dem Jahrmarkte verkauft man Widderhörner und alle Arten von Spielzeug, das aus Horn hergestellt ist; sogar die Pfefferkuchenfiguren haben Hörner. Die Volküberlieferung kennt über die Entstehung dieses Jahrmarktes die folgende Geschichte: König Johann oder irgend ein anderer unserer früheren Könige hielt sich einmal im Palast zu Eltham in dieser Gegend auf und als er draußen auf der Jagd war, trennte er sich eines Tages von seinem Gefolge und geriet an jenen Ort, der damals ein armseliges Dörfchen war. Als er daselbst eine Hütte betrat, um sich nach dem Weg zu erkundigen, war er ganz betroffen von der Schönheit der Hausfrau, die er allein zu Hause fand. Und als er über ihre Sittsamkeit den Sieg davongetragen, kam plötzlich der Gatte nach Hause und überraschte die beiden zusammen. Als dieser drohte, beide zu töten, war der König gezwungen, sich zu erkennen zu geben und seine Sicherheit mit einer Börse voll Goldstücke zu erkaufen und außerdem eine Landschenkung von dem Dorfe

---

[1]) Brand, Popular Antiquities, II, S. 181 ff, Artikel: Cornutes. — [2]) Grose, Dictionary of Buckish Slang, London 1811. — [3]) In seiner Übersetzung der Symbolik der Träume des Daldiers Artemidoros, Wien 1881, S. 115, Anm. 3 führt Krauss eine, wie er damals annahm, eingeschobene Traumgeschichte von einem Manne an, dem sein Weib Hörner aufsetzte und bemerkt, daß sich zu Rom in der Vaticanahandschrift des Byzantiners Konstantinos Psellos das Bruchstück einer Schrift ‚Über einen Gehörnten' (περὶ τοῦ κερατᾶ) vorfinde. Erinnert man sich daran, daß bei den Griechen keras, wie bei den Serben rog (vgl. Anthropophyteia IX, S. 522, Nr. 875) und wie es die Zergliederung von Neurotikerträumen lehrt, das Horn regelmäßig das Symbol des Zumptes bedeutet, so versteht man ohne weiteres die Entstehung der Redewendung ohne Zuhilfenahme der Mythologie. Die Hörner an der Stirn von Gottheiten sind aber gewöhnlich Abwehramuleten gegen den bösen Blick gleichzusetzen. — [4]) Grose, Dictionary. [Highgate ist ein Stadtteil Londons. I.[

bis zu Cuckold's Point zu bewilligen, obendrein mußte er den Ehemann zum Herren des Dörfchens machen. Und es wird weiterhin berichtet, daß man zur Erinnerung an diesen Vorgang den Jahrmarkt für den Verkauf von Hörnern und allerlei aus diesem Stoffe hergestellten Waren einrichtete".[1]

„Auf der Insel Minorca hassen die Bewohner das Wort „cuerno" (Horn) geradeso wie das Wort „diablo" (Teufel).[2] Hier haben wir vielleicht ein Beispiel für den Einfluß, den die älteste christliche Kirche ausübte, um alles dem Abscheu preiszugeben, was mit der unterdrückten Religion der Mittelmeerländer irgendwie im Zusammenhang stand. [Man scheut sich einfach, das obszöne Wort auszusprechen].

Unter den afrikanischen Negerstämmen spielt das Horn heute noch eine große Rolle. „So oft einer der kleinen Könige an den Quellen des Nils mit einem benachbarten in Verbindung treten will, schickt er einen Boten, der ein Horn um den Hals gehängt trägt, ... und dieses Horn dient ihm sowohl als Beglaubigung als auch zu seiner Sicherheit ... Niemand wird es wagen, einen Mbakka anzurühren, der ein solches Horn um den Hals gehängt trägt".[3]

Bruce teilt uns mit, daß die abessinischen Befehlhaber nach einem Siege eine Kopfbedeckung tragen, die ein Horn überragt, ein kegelförmiger Aufsatz aus Silber, der vergoldet und etwa 4 englische Zoll lang ist, fast genau der Gestalt nach wie einer unserer gewöhnlichen Lichtlöscher aussehend. Man nennt dies den Kern oder das Horn und trägt es nur bei einer Heerschau nach einem Siege oder bei Paraden. Sein Ursprung geht meiner Ansicht nach, wie auch ihre andern Gebräuche auf die Hebräer zurück und auf die verschiedenen Anspielungen, die in der Bibel über einen solchen Brauch enthalten sind. „Ich sprach zu den Narren: Betragt Euch nicht närrisch, und zu den Gottlosen: Hebt das Horn nicht auf". Und ähnlich lauten mehrere Stellen in den Psalmen.[4]

Über dieses Horn, das Bruce ganz richtig beschreibt, sind wir jetzt von Friedrich J. Bieber genauer unterrichtet,[5] sodaß wir feststellen können, daß die Schlußfolgerungen Bourke's nicht richtig waren. Denn es ist gar kein Horn oder eine Nachbildung eines solchen und hat auch mit den eigentlichen Abessiniern nichts zu tun. Sein richtiger Name ist Kallatscho und es ist gewissermaßen ein Orden für bewiesene Tapferkeit, den der Kaiser von Kaffa verlieh. Kaffa war bis 1897, wo es die Abessinier unterwarfen, ein unabhängiges Königreich. Die Kaffitscho entmannten die getöteten Feinde und legten die erbeuteten Schamteile bei dem Siegfest vor dem Kaiser nieder, der ihnen dann am folgenden Neujahrfeste den Kallatscho verlieh. Dieser Ehrenzumpt ist ein stilisiertes männliches Glied aus Silber, Kupfer oder Messing und ein Sinnbild der Heldenschaft. Die Kaiserkrone von Kaffa war ein solcher Zumpt mit drei Eicheln (siehe das Bild in den Anthropophyteien), die das Palladium des ganzen Volkes war. Von ihm ging die Sage, daß das Volk frei und unabhängig sein werde, so lange es im Lande bleibe. Tatsächlich betrachteten sich die Kaffitscho 1897 erst dann als überwunden, als es den Abessiniern gelang, die Krone aufzufinden und außer Land zu schaffen. Menelik hat sie seinem Minister, dem Schweizer Ilg geschenkt, der sie mit nach Europa nahm.

Weitere Einzelheiten, die auf das vorliegende Kapitel Bezug haben, findet man bei den Angaben von der Mistel, von Milch, Samen, Arzneikunde, vgl. auch die Auszüge aus Plinius, aus Lentilius, aus Etmuller usw.

---

[1] Grose, A. a. O. — [2] Brand, Popular Antiquities, II, S. 186, Artikel: Cornutes. — [3] Speke, Nile, London 1863, II, S. 509 u. 521. — [4] Bruce, Nile, Dublin 1791, III, S. 551; vergl. auch: Encyclopaedia of Geography, Philadelphia 1745, II, S. 588, Abhandlung: Abyssinia. [5] Anthropophyteia, Leipzig 1908, V, S. 93f, Tafel 2, 3, 4 u. 8; vergl. auch: die Zeugung in Glauben, Sitten und Bräuchen der Völker von Dulaure, Leipzig 1909, S. 184 und 286.

Einen alten Druck des „Malleus Maleficarum", des Hexenhammers in gotischen Lettern, eine der Inkunabeln aus der Presse des Peter Schoeffer, Mainz 1487, sahen wir sorgfältig durch, obwohl er sehr undeutlich und schwer zu entziffern war, aber es war nichts darin enthalten, was wir für unsere Zwecke bereits aus andern Quellen zusammengesucht hatten.[1])

XLV. Heilungen durch Übertragung.

Die sonderbarste Art und Weise, um leibliche und geistige Störungen zu mildern, war wohl diejenige, die da verschiedene Schriftsteller bald „Heilungen durch Übertragung", bald „Übertragung", bald „Sympathie", bald „Magnetische Überpflanzung" nennen.[2])

Über diesen Teil unseres Gegenstandes ist eine solche Überfülle von Stoff vorhanden, daß die Schwierigkeit nicht darin lag, was auszuwählen, sondern, was wegzulassen sei.

Etmuller zählt fünf verschiedene Arten von Heilungen durch Übertragung auf: 1) Insemination — Besamung —, wobei man „magnes mumiae", d. h. die aus Mumienfleisch destillierte Essenz, dazu verwandte, um die fruchtbare Erde, in die man einen bestimmten Samen gesät, zu begießen; bei der Auswahl der Pflanze mußte man aber sehr vorsichtig zu Werke gehen, da einige Pflanzen nützlich, andere aber schädlich waren; 2) Implantation — Einpflanzung —, wobei eine Pflanze, die schon am Wachsen war, oder auch nur die Wurzel einer solchen Pflanze ausgewählt und in der oben angegebenen Weise begossen wird; 3) Imposition — Einlegung —, wobei man ein wenig von der Haut des kranken Körpergliedes oder etwas vom Kote des Kranken oder auch sonst irgend etwas, das in enger Beziehung zu ihm stand, zwischen die Rinde und den Stamm eines Baumes einlegte und die Öffnung dann mit Dreck zuschmierte. Aber man hatte dabei auf alle Fälle daran zu denken, daß man einen langsam wachsenden Baum auswählen mußte, wenn eine langsame, allmählich wirkende Kur zustande kommen sollte; für eine schnelle Genesung war dagegen ein schnell wachsender Baum auszusuchen; 4) Inoration — Einsprechung? —, bei der man täglich gewisse Bäume oder Pflanzen, bis die Heilung stattfand, mit dem Harn, dem Schweiß, dem Kot, dem Waschwasser des kranken Gliedes oder des ganzen Leibes begoß, aber es ist empfehlenswert, daß jede Bewässerung zur Abhaltung des Luftzutritts mit Erde zugedeckt wird; 5) Inescation — Einessen —, wobei man Mumienfleisch einem Tiere zum Essen eingab; das Tier wird davon sterben, der Kranke gesunden. Menschenkot war eine sehr häufig gebrauchte Beimischung zum Spiritus mumiae.

Frommann zeigt uns den Weg zu einem klareren Verständnis der Grundsätze, von denen solche Kuren abhängig waren. Er stellt zunächst fest, daß nicht alle Krankheiten auf diese Weise geheilt werden konnten, sondern nur diejenigen, die in sich selbst „beweglich" waren. Vergiftung konnte man z. B. nicht so heilen, weil die tötliche Wirkung zu schnell herbeigeführt wurde und die Heilkraft der Transplantation nur langsam wirkte. Ferner waren Verletzungen der für das Leben notwendigen Organe nicht übertragbar, wie

---

[1]) Das ist richtig, wie sich aus einer Nachprüfung der trefflichen Übersetzung des Hexenhammers von J. W. R. Schmidt (Berlin 1906, 3 Bände) ergab. So lehrreich dieser Wust sexuell-krimineller Träumereien auch sonst ist, als Quelle für Folklore kann man ihn nur mit größter Vorsicht gebrauchen. — [2]) Vergl. dazu die vorzügliche Studie P. J. Veths, De Leer der Signatuur. Intern. Archiv für Ethnographie. Leiden 1894, VII, S. 75—88; 105—141. De Mandragora, Nachschrift S. 109—205.

z. B. Geschwülste der Schlagadern. Auch Würmer waren nicht übertragbar, obwohl sie sich nach ihrem eigenen Willen bewegen konnten. Ferner war Lipothymia (plötzliche Schwäche oder Ohnmacht) nicht übertragbar. Alle übertragbaren Krankheiten nannte man „salzige" Krankheiten, weil man nach den medizinischen Theorien der damaligen Zeit ihren Ursprung in irgend einem Mangel der „Salze" des Leibes sah.[1])

Unter den stärksten „magnetischen" Heilmitteln befand sich nach Paracelsus auch eins aus Menschenkot.[2]) Und es gab noch ein anderes: „Nimm eine hinreichende Menge von dem Kot eines gesunden Menschen, mache daraus mit menschlichem Harn einen Brei, zu dem man Schweiß bringen muß, den man mit einem Schwamme vom menschlichen Leib aufgenommen hat. Das Ganze legt man dann an einer reinen Stelle in die Sonne und läßt es trocknen und wenn man es benutzen will, feuchtet man es mit Menschenblut an".

Etmüller erwähnt auch eine „sympathetische Kur" für das viertägige Fieber; hierbei mußte man Haare des Kranken mit Speise mischen und den Vögeln vorwerfen; diese nehmen dann das Fieber fort, wenn sie das Futter fressen. Dies Mittel wenden noch gegenwärtig chrowotische Heilweiber (vračare) gern an, ebenso die weiter folgenden.

Eine andere Art bestand darin, daß man die Schnitzel von den Zehen- und Fingernägeln des Kranken nahm, sie in ein Ei legte und dieses den Vögeln vorwarf; andere wiederum wickeln diese Schnitzel in Wachs ein und befestigen das Klümpchen früh am Tage, noch bevor die Sonne aufgeht, an der Tür eines benachbarten Hauses, oder sie binden das Klümpchen einem lebenden Krebse auf den Rücken und werfen den Krebs wieder in den Fluß.[3])

Den ersten Stuhlgang eines Menschen, der an der roten Ruhr (Dysenterie) litt, mischte man mit Salz zu einer „magnetischen" Kur; manche Leute mischten auch noch Pulver aus Aalhaut daran.[4]) Kranke, die an der Gelbsucht litten, pissten auf reine Leinenstücke; gelang es ihnen, diese gelb zu färben, so war das ein Zeichen, daß sie bald genesen würden; gelang es nicht, so gesundeten sie nicht[5]); auch verbrannte man mit dem Harn des Kranken angefeuchtete Wurzeln als Kur für Gelbsucht.[6]) Alle Kleider eines Kranken, der an der fallenden Sucht litt, verbrannte man und die Asche warf man stromabwärts in einen Fluß[7]); dies geschah namentlich dann, wenn die Kleidungstücke während eines unwillkürlichen Stuhlganges bei den Anfällen beschmutzt worden waren, und ebenso achtete man sorgfältig darauf, auch diesen Kot zu verbrennen.[8]) Man denke hierbei daran, daß man gerade die Fallsucht immer als heilige Krankheit ansah, und man könnte in dem geschilderten Verfahren eine Erinnerung an frühere Menschenopfer erblicken.

Frommann schildert auch die Methode einer Kur, bei der man den Boden aufgrub, irgend ein Gewächs einsetzte und dann den Boden rings umher mit den Entleerungen des Kranken düngte[9]); dabei mußten aber die Bäume oder sonst Gewächse, die man für diesen Zweck auswählte, entweder solche sein, die aus Wäldern stammten oder die eßbare Früchte trugen, wie die Esche, die Eiche, die Birke, die Linde, die Buche, die Erle usw. Von den Tieren mußte man solche auswählen, die kein Menschenfleisch fressen, wie die Hunde, die Katzen, die Pferde, die Wölfe, die Füchse; gelegentlich konnte

---

[1]) Frommann, Tractatus de Fascinatione, S. 1017f. [Merkwürdigerweise ist man heute in gewisser Weise wieder auf diese „veralteten" medizinischen Theorien zurückgekommen, denn das ganze Lahmann'sche System beruht auf seiner Theorie der richtigen Blutzusammensetzung, d. h. auf dem richtigen Gehalt des Blutes an blutbildenden Stoffen. Diesen Gehalt suchte Lahmann durch seine Nährsalze zu verbessern und seitdem gibt es eine Menge von „physiologischen" Salzpräparaten. I.] — [2]) Etmüller, I, S. 69. — [3]) Etmüller, II, S. 265. — [4]) Frommann, Tractatus, S. 1012ff. — [5]) S. 1012. — [6]) S. 1013. — [7]) S. 1073. — [8]) S. 1013. — [9]) S. 1016.

man ja wohl auch andere Tiere nehmen, aber dann war der Erfolg nicht so gewiß.[1]) Es gab zwei, gewöhnlich angewendete Methoden; die eine, bei der man „Blut, Haare, Kot" des Kranken selbst gebrauchte; die andere, bei der man Krebse, Fleisch, Eier, Speck, Äpfel und noch andere Dinge benutzte, mit denen man die erkrankten Körperteile rieb.[2])

Beckherius gibt eine Vorschrift an, wie man eine „sympathetische Kur" bei Fieber vornehmen könne, wenn man die Schnitzel der Finger- und Zehennägel des Kranken nehme und sie in einem Läppchen einem Nachbar an die Haustüre binde. Und es gab auch verruchte Menschen, die einen Trank herstellten, der zu gleichen Teilen aus Fingernägelschmutz und Kantharidentinktur bestand, und wer von dieser Flüssigkeit eingenommen hatte, bekam die Auszehrung.[3]) Wenn man bei solchen Kuren das eigene Haar des Kranken nahm, so legte man es in ein Ei und warf es den Hühnern vor.[4])

Frommann erzählte auch, daß man Stückchen von den Nägeln des Kranken oder abgeschnittenes Haar in irgend etwas eingebunden und das Päckchen auf die Straße geworfen habe. Wenn dann irgend ein neugieriger Mensch den Knoten löste, so mußte er die Krankheit bekommen.[5]) Ist bei den Magyaren und Südslaven noch immer gebräuchlich.

Das Blut, den Harn oder den Kot des Kranken sollte man auch in Eierschalen legen, die man dann dem Hausgeflügel als Futter hinwarf.[6])

„Auf ähnliche Weise kann dies auch mit dem Harn des Kranken geschehen; man kann überhaupt mit dem Blut, dem Harn oder dem Kote des Kranken vielerlei sympathetische Kuren vornehmen". Zu dieser Klasse gehören auch noch viele andere Heilmittel, die darin bestanden, daß man einen Apfel oder ein Stück Speck durchschnitt und dann ein Stück davon in den Schornstein hing, wo man es schmelzen oder verfaulen ließ; sobald dies geschehen war, verschwand auch die Krankheit. Von der Transplantation sagt Etmuller: „Als erstes Beispiel führe ich den Fall an, daß man den Kot des Kranken mit einem bestimmten Körperteil in Berührung bringt und die Krankheit dann in der Weise auf eine Pflanze überträgt, daß man ihren Samen mit Erde düngt, unter die der Kot gemischt ist".[7])

Etmuller belehrt uns auch, daß Zehen- oder Fingernägelschnitzel einem lebenden Krebs auf den Rücken gebunden werden könnten, worauf man das Tier in einen Fluß werfe, aber der Mann, der dieses Geschäft ausführe, müsse nach Hause zurückkehren, ohne ein Wort gesprochen zu haben; nur dann sei die Kur von Erfolg; ferner empfiehlt er für die Heilung der Gicht, daß man solche Schnitzel in eine Höhlung legen solle, die man in die Rinde einer Eiche gemacht habe; das Loch müsse dann mit einem Keil verschlossen werden. Auf diese Weise könne man seine frühere Kraft wieder erlangen und „wenn der Keil in das Loch eingetrieben ist, hören die Schmerzen plötzlich auf und das Podagra verschwindet".[8])

Auch an einer andern Stelle seines Werkes erwähnt Etmuller, wie man Heilungen bewirken könne, wenn man Stückchen der Finger- und Zehennägel einem Krebse auf den Rücken binde. Um die geschwächte Mannkraft wieder zu erlangen, soll man solche

---

[1]) S. 1017. — [2]) Ebenda. — [3]) Beckherius, Medicus Microcosmus, S. 15 f. — [4]) S. 8. [Alle diese Vorschriften leben heute noch hier und da im Volke. Ich erinnere mich vor einigen Jahren in einer Berliner Zeitung gelesen zu haben, daß eine Frau vor Gericht stand, weil sie einem ihr gänzlich unbekannten Menschen in das Gesicht gespuckt hatte. Bei der Verhandlung stellte sich heraus, daß die Frau ein Heilbuch über Sympathiemittel besaß, worin stand, daß man bei Gelbsucht morgens in aller Frühe nüchtern aus dem Hause gehen und dem ersten Menschen, der einem begegne, in das Gesicht spucken solle. Die Frau war von der Wirksamkeit dieses Mittels vollständig überzeugt. Sie wurde wegen Beleidigung zu einer kleinen Geldstrafe oder einem Tag Haft verurteilt, nachdem sich der Beleidigte selbst noch zu ihren Gunsten ausgesprochen hatte. I.] — [5]) Tractatus de Fascinatione, S. 1003. — [6]) A. a. O. — [7]) Etmuller, Opera Omnia, Lyon 1696, I, S. 69. — [8]) B. II, S. 270.

Schnitzel und abgeschnittene Haare unter die Rinde eines Kirschenbaumes bringen und die Öffnung mit Kot verstopfen.[1])

„Und schließlich gibt es noch eine ganz sonderbare Methode: Man nimmt ein frisches Ei und kocht es in dem Harn des Kranken solange, bis der Harn auf die Hälfte eingedampft ist. Ist dies geschehen, wird der übriggebliebene Harn in einen Fluß stromabwärts geschüttet, das Ei aber, das auf diese Weise gekocht ist, ein wenig geöffnet und dann in einen Ameisenhaufen vergraben. Und sobald die Ameisen das Ei aufgefressen haben, wird die Wirkung der Hexerei verschwinden“.[2])

Ferner kennt auch Etmuller das Heilverfahren für Gicht, daß man Nägelschnitzel in einer Öffnung der Rinde eines Eichbaumes unterbringt.[3])

Harn war auch von großem Nutzen bei der Heilung von Schlangen gebissener Menschen. Solche Heilungen bezeichnet Etmuller als magico-magnetisch. Man sollte Speck oder noch besser Fleisch eines Schweines dreimal im Harn des Kranken abkochen und dieses Fleisch einem Hund oder einem Schwein zum Fressen hinwerfen; auf diese Weise könnten sogar die meisten Krankheiten durch „Transplantation“ auf die Tiere übertragen werden, die das Fleisch und den Harn verschlingen.[4])

„In Preußen gibt man gegen Bauchgrimmen den Saft des gepreßten Schweinemistes in einem Glase Branntwein ein“.[5])

Schweinespeck oder speckische Schweineschwarte bringt Warzen zum Verschwinden, wenn man sie damit einreibt und dann den Speck entweder im Kamin aufhängt oder in Pferdemist vergräbt; sobald er verfault oder geschmolzen ist, verschwinden die Warzen. Für die Anwendung von Schweinekot kennt Etmuller ein halbes Dutzend verschiedener Methoden.[6])

Frommann beruft sich auf Ratray, der da gesagt habe, daß nach seiner eigenen Beobachtung zwischen dem Krankenharn, wenn man ihn in eine Glasflasche eingeschlossen, und dem Zustande des Kranken selbst eine „Sympathie“ bestände; wir würden es als eine Art von „barometrischer“ Sympathie bezeichnen. Auf einer früheren Kulturstufe hätte man den Harn wohl in dem Horn einer Ziege oder in einer Schweineblase untergebracht.

Die Methoden, wie man solche Kuren dadurch bewirken könne, daß man den Harn des Kranken auf irgend eine Weise in ein Ameisennest bringt, beschreibt sämtlich auch Johannes Christianus Frommann[7]); ferner auch die Methode, die vorschreibt, daß man ein Ei in Harn kochen und dann das Ei in ein Ameisennest bringen soll[8]); auch die Methode, daß man Harn des Kranken beim Brotbacken verwenden und das Brot einem Hunde zu essen geben soll. In Italien kannte man eine etwas abweichende Ausführung dieses Brauches, die darin bestand, daß man das Brot, das mit dem Harn eines männlichen Kranken hergestellt war, einem männlichen Hund und das mit dem Harn einer kranken Frau hergestellte Brot einer Hündin zu fressen gab.[9]) Die Gelbsucht heilte man dadurch, daß man ein Stückchen Fleisch im Harn des Kranken kochte und dieses Fleisch dann einem Hunde zu fressen gab[10]); um ein Bruchleiden zu heilen, sollte der Kranke etwas Gerste in seinem Harn einweichen und dann die Gerste in die Rinde eines Baumes stecken.[11]) Eine andere Art der Heilung durch Überpflanzung bestand

---

[1]) B. II, S. 265. — [2]) B. I, S. 462. [Etmuller hat ganz recht, wenn er das oben beschriebene Mittel als sehr sonderbar bezeichnet, denn man steht geradezu vor einem Rätsel, wenn man eine Erklärung dafür sucht, weshalb der Harn gerade um die Hälfte eingedampft werden muß, damit das Mittel wirke. Es ist auch auffallend und spottet jeder Erklärung, daß einmal der Harn mit dem Strom, im andern Falle gegen den Strom in den Fluß geschüttet werden soll. I.] — [3]) B. I, S. 69. — [4]) S. 271. — [5]) H. Frischbier, Hexenspruch und Zauberbann, Berlin 1870, S. 35. — [6]) A. a. O. Vergl. Alb. Hellwig, Das Ameisenbad als Heilmittel. Grosz' Archiv 1907, S. 366—8. — [7]) Tractatus de Fascinatione, S. 1004ff. — [8]) S. 1005. — [9]) u. [10]) Ebenda. — [11]) S. 1007.

darin, daß der Kranke in ein Glasfläschchen pisste, dieses mit einem leinenen Läppchen oder mit einem Papierpfropfen verschloß und es dann in die Erde vergrub.[1]) Um Gelbsucht zu heilen, mußte der Kranke ein Loch in den Boden graben und vor Sonnenaufgang hineinpissen.[2]); für die Heilung der roten Ruhr sollte der Kranke seinen Kot auf ein Stück Eschenholz ablegen und dieses dann in einer Grube zurücklassen[3]); an Fieber Leidende warfen ihren Kot in einen Fluß.[4]) Andere Arten solcher Kuren bestanden darin, daß man aus dem Harn des kranken Menschen und Asche eine Mischung herstellte und die Masse an der Sonne trocknen ließ, dann legte man sie neben die glimmenden Kohlen des Küchenfeuers zum Backen[5]); den Kot eines Menschen, der durch „Besprechen" krank geworden war, legte man auf die durch die Zauberworte besprochene Stelle und hing ihn dann in einer Schweineblase drei Tage lang in den Rauch des Schornsteins.[6])

In seinem langen und äußerst lehrreichen Kapitel von der Krankheitenheilung mittelst menschlichen Kotes, „auf magische oder sympathetische Weise", berichtet Schurig von vielen fantastischen und seltsamen Arten der Verwendung von Leibentleerungen solcher Menschen, von denen man annahm, daß sie in kurzer Zeit sterben würden, in articulo mortis. So nahm man z. B. den Kot des Kranken und brachte ihn in die Höhlung eines Menschenknochens, den man dann in kochendes Wasser warf. Wenn wir uns auf Schurig's Angaben verlassen können, war dieses Mittel ganz hervorragend wirksam. Eine andere Art bestand darin, daß man den Kot des Kranken mit Weinstein und Kirschenrückständen vermischte und die Masse zusammen gähren ließ; oder man sammelte den Kot und warf ihn in fließendes Wasser.[7])

Ziegenharn benutzte man zu Umschlägen auf entzündete Augen; aber in schweren Fällen hatte man noch eine sicherere Kur, die darin bestand, daß man zur Ergänzung der Umschläge noch etwas Ziegenharn in einem Ziegenhorn zwanzig Tage lang aufhing.[8])

Beckherius kennt eine „sympathetische" Kur für die Gelbsucht. Man stellt aus Pferdemist und dem eigenen Harn des Kranken einen Brei her und hängt ihn im Schornstein auf und zwar in einem leinenen Sack, sodaß fortwährend der Rauch daran kommen kann.[9]) Eine andere Art bestand darin, daß man den Harn des Kranken in einer Blase in den Schornstein hing; so wie der Harn allmählich verdunstete, so mußte auch der Kranke gesunden.[10]) Und wieder eine andere Kur für Gelbsucht bestand darin, daß man von einer Mischung aus Menschenharn und Meerrettig morgens und abends eine bestimmte Menge einnahm.[11]) Es gab noch eine „sympathetische" Kur für Gelbsucht: der Kranke pisste in ein Gefäß, das man solange auf das Feuer stellte, bis der Harn verdampft war; dies mußte man neun Tage lang fortsetzen.[12]) Gegen Auszehrung empfiehlt Beckherius eine „sympathetische" Kur, die wir schon aus andern Quellen kennen: man kocht in dem Harn des Kranken ein Ei hart und vergräbt es dann in einem Ameisenhügel.[13]) Auch bei Fieberanfällen konnte man diese Kur anwenden.[14])

Den Sympathiezauber mit Hühnereiern kennen die Neger der Insel Haiti auch, aber in etwas abweichender Form. Man wendet das Mittel gegen geschwollene Milz an. Um ein wirksames Ei zu erhalten, überwacht man eine Leghenne morgens in aller Frühe, hüte sich aber, vorher zu harnen. Alles muß aber ohne Zeugen vor sich gehen und man darf kein Wort dabei sprechen. Man nimmt das frisch gelegte Ei, öffnet es oben, läßt den Inhalt auslaufen und pißt die Schale voll, also mit dem ersten Morgenharn. Dann klebt man die Öffnung mit Papier und Mehlkleister wieder zu und vergräbt das

---

[1]) S. 1010. — [2]) Ebenda und S. 1011. — [3]), [4]) u. [5]) ebenda. — [6]) S. 1012. — [7]) Schurig, Chylologia, S. 783 f. Man sollte das ganze Kapitel „De Stercoris Humani Usu Magico seu Sympathetico", Nr. XIII, lesen. — [8]) Sextus Placitus, De Med. ex Animal., Artikel: De Capro. — [9]) Medic. Microcosm., S. 65. — [10]) S. 65. — [11]) S. 66. — [12]) Ebenda. — [13]) u. [14]) S. 75.

Ei in der Asche eines Feuerherdes. Davon darf aber niemand etwas wissen. Durch die auf das Ei fallende heiße Asche trocknet allmählich der Inhalt ein und in dem Verhältnis der Verminderung nimmt auch die Anschwellung der Milz ab. Ist alles ausgetrocknet, so ist der Kranke gesund.[1]

Eine Prise Salz, etwa soviel wie eine dicke Bohne, wickelte man in ein leinenes Läppchen und tauchte es einen ganzen Tag lang in den Harn des Kranken ein; dann erhitzte man es im Feuer, bis es eine rötliche Farbe bekam und schließlich streute man etwas davon auf Brot und rieb den Kranken morgens und abends damit ab.[2]

Ein frisches Ei kochte man im Harn der kranken Person ab und warf es dann den Fischen zum Fressen hin; „und man behauptet, daß das Fieber augenblicklich aufhört".[3]

Eine weitere Kur bestand darin, daß man aus Mehl, das mit dem Harn des Kranken angefeuchtet war, einen Kuchen herstellte, den man dann den Fischen vorwarf; sobald die Fische den Kuchen gefressen haben, wird das Fieber, namentlich das viertägige, verschwinden.[4]

Den Kuren durch Transplantation widmet Frommann einen langen Abschnitt. Er führt aus Plinius die Methode an, bei der man einen bösen Husten dadurch heilt, daß man einem Frosch in das Maul spuckt; es muß aber ein Laubfrosch sein, wie wir oben bereits gesehen haben; er erwähnt noch eine andere Kur, bei der man aus dem Harn des Kranken und Mehl einen Teig herstellte, den man einem Schwein oder einem Hund zu fressen gab.[5]

Frommann glaubte, in Übereinstimmung mit Von Helmont, daß an solchen Kuren gar nichts Abergläubisches sei, weil keine besonderen Gebräuche und keine Beschwörungen damit verbunden wären.[6] Aber an einer späteren Stelle spricht er doch davon, er habe gehört, wie eine Frau, die eine von diesen Kuren versuchte, indem sie vom Haare ihres Sohnes ein wenig in Wachs einrollte und die Wachskugel in einem Einschnitt eines Apfelbaums unterbrachte, dabei gewisse Worte hersagte; sie weigerte sich aber nachher, als er darnach fragte, ihm diese Worte zu wiederholen; deswegen war er über diesen besonderen Fall im Zweifel.[7] Er beruft sich auf den englischen Grafen von Digby, der da berichte, er habe eine Kinderfrau gekannt, die in ihrer Sorglosigkeit von dem Kot eines Kindes etwas in einem Feuer habe verbrennen lassen; die Folge sei gewesen, daß das Kind in schrecklicher Weise an Wundsein des Hinterteils litt.[8] Die Art und Weise, wie man in diesem Falle eine Heilung zustande brachte, gehört zu den „sympathetischen" Kuren; man brachte nämlich drei Tage lang den Kot des Kindes in ein Gefäß, das mit kaltem Wasser gefüllt war und das man an einen kühlen Platz stellte.[9]

Die Wassersucht heilte man dadurch, daß man den Harn des Kranken in einer Schweineblase in einem Schornstein aufhing und auf jedes andere Mittel verzichtete.[10] Ein junges Mädchen befreite man vom dreitägigen Fieber dadurch, daß man einer Henne Brot zum Fressen gab, das mit dem warmen Harn angefeuchtet war, den die Kranke während der Anfälle gelassen. Das Mädchen wurde gesund und die Henne starb.[11] Frommann spricht in allen diesen Fällen nicht etwa von Mittelchen, die das gewöhnliche Volk im Verborgenen anwandte, sondern es sind Kuren, die er selber verordnete und die, wenn wir ihm glauben dürfen, auch ausnahmslos von Erfolg waren, denn er schließt seine Vorschriften mit der Angabe: curavi, d. h. ich habe es geheilt! Man vergleiche auch oben die Angaben aus Samuel Augustus Flemming über Schweiß und Ausdünstungen.

---

[1] Fritz Häußler, Anthropophyteia, Leipzig 1911, VIII, S. 164. — [2] Medic. Microcosmus, S. 75f. — [3] u. [4] S. 78. — [5] Tractatus de Fascinatione, S. 1002. — [6] S. 1033. — [7] S. 1034. — [8] S. 1038. — [9] S. 1039. — [10] u. [11] S. 1047.

Dr. Joseph Lanzoni war der Ansicht, daß man bei Harnverhaltung mit dem Aufhängen des menschlichen Harns in einer Schweineblase, so, daß er die Erde nicht berühre, keine guten Erfolge erzielen könne, wie er bei einem Juden und auch bei den Angehörigen eines religiösen Ordens beobachtet habe.[1]

Paullini lehrte, man könne alle Arten von Fieber dadurch heilen, daß man den Harn des Kranken in einen Fischteich schütte. „Die Fische, die von diesem Wasser trinken, sagt er, werden das Fieber bekommen und den Kranken wird es verlassen".

Zu einer „sympathetischen" Kur für die fallende Sucht gehörte es auch, daß man die sämtlichen Kleider, die der Kranke während des Anfalles getragen, sogar seine Schuhe, sorgfältig verbrannte und die Asche in fließendes Wasser warf. Ja, man mußte noch mehr tun; wenn der Kranke während des Anfalles seinen Kot entleert hatte, so sammelte und verbrannte man ihn samt allem, was mit ihm in Berührung gekommen war, mit derselben Sorgfalt. Schurig erklärt noch ausdrücklich, daß es bei Befolgung dieser Vorschriften nicht darauf ankomme, ob es sich um einen jüngeren oder älteren Kranken handle, auch müßte man die Kleider, die Schuhe und die Strümpfe unter freiem Himmel verbrennen.[2]

Schurig bringt das Rezept des Johannes Philippus ab Hertodt für die Herstellung eines „sympathetischen" Pulvers, das vorzüglich dazu geeignet ist, uns eine Vorstellung davon zu geben, in welch unzusammenhängender Weise die Gedankenarbeit ausübender Ärzte vor ein paar Jahrhunderten vor sich ging. Wir geben dieses Rezept in freier Übersetzung wieder. „Nimm etwas von einer gesunden menschlichen Mumie und feuchte es mit ein wenig Harn an; dann laß es an einer Stelle trocknen, die dem Ostwinde ausgesetzt ist, aber nicht in der Sonne, und zwar solange, bis es zu Pulver geworden ist; dann mischt man es mit der gleichen Menge Weinstein (Cremor Tartari) und dem „sympathetischen Vitriolpulver", das man in den Hundtagen nach der vorgeschriebenen Formel hergestellt hat; oder man nimmt ungarischen Vitriol, den man in einem Ofen erhitzt hat, bis er weiß geworden ist. Eine Prise von diesem sympathetischen Pulver muß man auf den Kot des kranken Menschen streuen oder auf ein Tuch, das man in seinen Harn getaucht hat. Das Tuch muß man dann an einem kühlen Platz aufbewahren. „Die Wirksamkeit dieses Mittels preist er in den höchsten Tönen an: „Es heilt ganz wahrhaftig alle Arten von Wunden, Geschwüren, Fiebern, Fleckfiebern, Blasenkrankheiten, die gefährlichsten Blutungen der Wöchnerinnen, Gelenkentzündungen, Gicht, auch die sogen. herumziehende Gicht, Lungenkrankheiten, selbst die stärksten Hämorrhoiden, Nasenbluten, mag es noch so heftig sein, Kopfschmerzen, Katarrhe, den weißen Frauenfluß, allzureichliche Monatblutung, die Bisse toller Hunde oder irgend eines anderen Tieres, sogar Geschwüre an den Brüsten".[3]

Schurig bringt dann weiterhin noch eine ganze Anzahl von derartigen Kuren für die rote Ruhr bei, so z. B. eine Kur, bei der man die Entleerungen in eine Retorte einlegen soll, die man vorher zur Destillation des Vitriols benutzt hat, . . . wobei man solche Entleerungen mit Salz oder mit Vitriol bestreut oder mit heißer Asche und glühenden Kohlen mischt; vorzugweise sollen aber die in dieser Weise verwandten Kotstoffe solche sein, die man zuerst entleert hat und die ein blutiges Aussehen haben.

„Es führte zu weit, alle die verschiedenen Arten der Anwendung dieser Heilmittel hier aufzuzählen, aber ihre Erwähnung ist doch wertvoll für den Forscher, da sie zeigt, wie tief der Glaube an die geheimen Eigenschaften der Entleerungen eingenistet war".[4]

---

[1] Ephemer. Physico-Med., Leipzig 1694, I, S. 49. — [2] Schurig, Chylologia, S. 1013. Seine Quelle ist Frommann. — [3] Schurig, S. 775f. — [4] Chylologia, S. 784f.

Im folgenden geben wir ein altes französisches „sympathetisches" Rezept für die Heilung aller Arten von Koliken: „Für die Kolik wird zwar hier die Vorschrift zu einem ekelhaften Heilmittel gegeben, aber es wird doch wahrscheinlich den von Kolik Gequälten ganz angenehm sein. Denn wenn sie unter den Sitz des Aborts frisch gesammelten Kuhmist legen und sowohl darauf pissen als auch die Entleerungen ihres Leibes darauf ablegen, so werden sie durch Sympathie ohne Schwierigkeit Erleichterung haben".[1]

Um Brüche „sympathetisch" zu heilen, beschmierte man die Zwergholunderwurzel mit dem Kote des Leidenden und vergrub sie in die Erde.[2]

Um Blutflüsse „sympathetisch" zu stillen, sie mochten nun von Wunden oder von anderen Verletzungen herrühren, nahm man etwas vom ausfließenden Blute und mischte es mit dem Kote des Kranken, worauf man die Mischung in einem Kruge den Einwirkungen der Luft aussetzte, damit sie eintrocknete.[3]

Jemand, der an Gelbsucht litt, sollte auf Pferdemist pissen, solange dieser noch warm war. Dasselbe Mittel scheint auch sehr gebräuchlich gewesen sein, um Frauen zur Ausstoßung der Nachgeburt zu verhelfen. Unter den Vorschriften, die Schurig gibt, befindet sich auch eine, die da verlangt, daß der Pferdemist von einem Tiere stammen muß, das zur Zeit der Ausleerung nicht müde war.[4]

Eine „sympathetische" Kur durch Anwendung von Pferdemist scheint auch bei Kinderblattern gebräuchlich gewesen zu sein, worüber wir die Angabe finden, daß man in solchen Fällen den Pferdemist in Bier hängte (wohl in einem Lappen?), und zwar deswegen, damit die Blattern den Kehlkopf nicht angriffen, weil dann die Sache sehr gefährlich wäre.[5]

„Es kann kein Zweifel darüber bestehen, daß solche Anwendungen in früherer Zeit ganz allgemein gebräuchlich waren, aber man müßte es heutzutage als Zeitvergeudung ansehen, wollte man auf die Einzelheiten jener Kompositionen eingehen, die von den sympathetischen Heilkünstlern verordnet wurden; es ist ebenso überflüssig, von der Art und Weise zu reden, wie sie ihren Vitriol herstellten, indem sie ihn dreihundertfünfundsechzig Tage lang der Sonne aussetzten, wie sie Salben aus menschlichem Fett und Blut, Mumienfleisch, Moos von Totenschädeln, Stier-Blut und -Fett und anderes ekelhaftes Zeug verwandten".[6]

Gegen Wechselfieber und Fieberfrost „läßt man den früh am Morgen gelassenen Krankenharn neun Tage lang ohne Unterbrechung langsam erwärmen, bis er sich gänzlich in Dampf verwandelt hat".[7]

In Groß-Brittanien und Irland „heilt man bei einem Knaben das Fieber dadurch, daß man aus seinem Harn und Gerstenmehl einen Kuchen bäckt, den man einem Hunde zu fressen gibt; in dem oben erwähnten Falle bekam der Hund einen Anfall von Schüttelfrost und der Knabe wurde geheilt". Black fügt in einer Anmerkung hinzu, daß die Angabe aus Pettigrew stamme.[8] Madame de Scudéry erwähnt eine ähnliche Kur für Fieberkranke in einem Briefe vom 20. Oktober 1677 an den Grafen de Bussy. Sie erzählt von einem bekannten Abbé: „Man sagt, er verschreibe als Mittel gegen jedes Fieber lediglich, daß man in dem Harn des Kranken ein Ei hart kocht und es hierauf ohne Schale einem Hunde zu fressen gibt. Dieser Hund nimmt dann sofort das Fieber

---

[1] Lazarus Neyssonier, nach den Angaben bei Schurig, Chylologia, S. 784f. —
[2] A. a. O., S. 787. [Das lateinische Wort Symphitus, das Bourke mit Wallwort = Zwergholunder übersetzt, bedeutet gewöhnlich die Schwarzwurzel; der Zwergholunder heißt Sambucus. I.] — [3] A. a. O. — [4] S. 812ff. — [5] Etmuller, II, S. 264. — [6] Pettigrew, Med. Superstitions, Philadelphia 1844, S. 206. — [7] Reginald Scot, Discoverie, S. 196. — [8] Black, Folk-Medicine, S. 35; Pettigrew, Superstitions connected with the Practice of Medicine and Surgery, S. 77.

des Kranken an, der auf diese Weise geheilt wird. Ob es sich hier um eine Tatsache handelt, ist fraglich; ich habe es noch nicht ausprobiert".[1]

Als Kuren für die Transplantation — Überpflanzung oder Übertragung — wird angegeben: „Sieben oder neun Kuchen — es muß immer eine ungerade Zahl sein — stellt man aus dem frisch gelassenen Harn des Kranken und der Asche von Eschenholz her und vergräbt sie einige Tage lang in einem Misthaufen. Das heilt nach Paracelsus die Gelbsucht". Im Tagebuch Dr. Edward Brownes, das er seinem Vater Sir Thomas Browne übermittelt hat, lesen wir von einer magischen Kur für die Gelbsucht: „Verbrenne Holz unter einem mit Wasser gefüllten Gefäß; nimm die Asche dieses Holzes und koche sie mit dem Harn des Kranken, dann lege neun längliche Häufchen der gekochten Asche in einer Reihe auf ein Brett und dann lege auf jedes Häufchen neun Spitzen von Safranblättern".[2]

Bei Knaben heilte man Warzen dadurch, daß man einen Holunderstengel nahm und ebensoviel Kerben hineinschnitt, als Warzen vorhanden waren; dann rieb man mit ihm die Warzen und vergrub ihn schließlich in einem Dunghaufen.[3]

„Bläschen auf der Zunge entstehen, wenn man Lügengeschichten erzählt.[4] Zeigen sie keine Neigung zu verschwinden, so wendet man folgendes Mittel an. Von einem Baume schneidet man drei dünne Stöcke ab, von denen jeder ungefähr so lang wie ein Finger und so dick wie ein Bleistift ist; diese führt man in den Mund ein und steckt sie dann in einen Düngerhaufen; am nächsten Tag wiederholt sich dieser Vorgang, und ebenso am dritten Tage noch einmal; dann läßt man die drei Reihen der Stäbchen in dem Mist liegen und in derselben Weise, wie sie verfaulen, wird die Unpäßlichkeit verschwinden".[5]

„In der Grafschaft Berks ist zur Heilung eines Lungenkatarrhs heute noch folgendes Verfahren gebräuchlich. In den Türrahmen bohrt man ein Loch genau in der Höhe des Kopfes des Kranken und steckt ein kleines Büschel von seinem Haar hinein; hierauf verschließt man das Loch mit einem Holzpfropfen und schneidet dann das überstehende Ende des Pfropfens ab. So wie der Kranke mit seiner Leiblänge über den Pfropfen hinauswächst, so wird sich die Krankheit auch auswachsen, d. h. verschwinden".[6]

„Die Gicht kann man von einem Menschen in folgender Weise auf einen Baum übertragen. Man schneidet dem Leidenden die Fingernägel und einige Haare von seinen Beinen ab. Dann bohrt man ein Loch in einen Eichbaum, stopft die Nägelabschnitte und die Haare hinein, verschließt das Loch wieder und schmiert Kuhmist darauf".[7] In Bayern gebräuchlich. Ebenso in Polen und Rußland, wie Jan Karłowicz's Umfrage in der Wisła mannigfach ergibt.

Eine sonderbare Methode, um alle Arten von Kolik zu mildern und gänzlich zu vertreiben, indem man sie überpflanzt, beschreibt Schurig ausführlich. Den Kot, der während eines Anfalles entleert worden ist, muß man an einer einsamen Stelle vergraben. Das Gras, das dann auf dem Boden wächst, unter dem der Kot liegt, würde von Haustieren gefressen, die auf diese Weise die Krankheit bekommen, während der Leidende davon befreit wird. Das Vieh braucht das Gras nicht an der Stelle zu fressen, sondern man kann es einem Schaf oder einem Rind in den Stall bringen. Schurig hält das Mittel für so gut, daß man seiner Angabe nach nie wieder von einer Kolik geplagt wird.[8] Andere Leute nahmen auch den Kot des Kranken, trockneten ihn in der frischen Luft, vermischten ihn mit süßem Wein und gaben dies dem kranken Menschen zu trinken.[9]

---

[1] Notes and Queries, 5th series, VIII, S. 126. — [2] Pettigrew, Medical Superstitions, Philadelphia 1844, S. 103. — [3] S. 104. — [4] Denselben Glauben hegen auch die südungarischen Schwaben gegenwärtig. — [5] Hoffmann, Folk-Lore of the Pennsylvanian Germans, S. 28. — [6] S. 28. — [7] Frazer, The Golden Bough, II, S. 153 nach Grimm. — [8] u. [9] Schurig, Chylologia, S. 785.

Kinderfrauen wurden davor gewarnt, den Kot der kleinen Kinder, die ihnen anvertraut waren, mit den heißen Kohlen oder der glühenden Asche des Feuers in Berührung kommen zu lassen. Sie sollten den Kot entweder auf einmal oder überhaupt
nicht in das Feuer werfen. Dürfen wir daraus die Schlußfolgerung ziehen, daß man den
Kinderkot gewöhnlich in das Küchenfeuer warf, so gewinnen wir dadurch einen reizenden Einblick in die arkadische Einfachheit europäischen Lebens vor einigen hundert Jahren.
Für wie gefährlich Schurig die Berührung des Kotes mit den heißen Kohlen oder der
glühenden Asche hielt, geht aus seiner Angabe hervor, daß daraus die meisten Krankheiten zu entstehen pflegen. [1])

Von einem Arzte, der an Altersschwäche oder Abmagerung litt, wird folgender
Fall erzählt: „Er nahm ein Ei und kochte es in seinem eigenen Harn hart; dann durchlöcherte er die Schale an vielen Stellen mit einem Pfriem und vergrub es in einem
Ameisenhaufen, wo es liegen bleiben sollte, um von den Tierchen verzehrt zu werden;
und in derselben Weise, wie sie das Ei aufzehrten, fühlte er auch sein Leiden verschwinden". [2])

Black erzählt dieselbe Geschichte und gibt noch an, daß der Arzt ein Anhänger
Galens gewesen sei und der Philosoph Boyle sie erwähne. Er habe auf Anraten zu
dem geschilderten Mittel gegriffen, als alle andern versagt hätten. Aus Staffordshire hat
Black die briefliche Mitteilung, daß man die öfter erwähnte Kur für Gelbsucht dort auch
kenne, wonach man eine Blase mit dem Krankenharn füllen und dann am Feuer austrocknen lassen müsse; wie der Inhalt der Blase verschwindet, so verschwindet auch
die Gelbsucht. [3])

In Steller's Buch über Kamtschatka wird die folgende „sympathische" Kur
beschrieben: „Wenn ein Mann an Blasenschwäche leidet, so stellt man aus dem weichen
Gras „Eheu" einen Kranz her, in dessen Mitte man etwas Fischlaich bringt, worauf der
Leidende sein Wasser darauf läßt". [4])

Kot allein oder mit Harn gemischt und zu einer Art Wurst verarbeitet, indem
man sie in eine Schweineblase tat und im Schornstein aufhing, war von „magischem
Nutzen" bei der Behandlung von Gelbsucht. Christian Franz Paullini's eigener Sohn
wurde dadurch geheilt, daß man seinen Kot mit Eselharn in der erwähnten Weise mischte
und weiter behandelte. Im folgenden geben wir einige Auszüge aus Schurig's Angaben
über den im vorliegenden Abschnitt behandelten Gegenstand: Bei Schmerzen, die durch
Besprechung verursacht sind, soll der äußerlich aufgelegte Sulphur occidentale von großem
Nutzen sein. . . . Andere fügen Knoblauch hinzu und werfen das Ganze, nachdem es
vierundzwanzig Stunden lang aufgelegt gewesen war, in das Küchenfeuer. . . . Gegen
Schmerzen, die von Vergiftung herrühren, machen andere Umschläge aus dem Kote des
Leidenden, die sie dann in einer Schweineblase im Kamin zum Anräuchern aufhängen. . .
Um sich vor den Wirkungen des Giftes zu bewahren, soll man bekanntlich Menschenkot
mit großem Nutzen verwenden, namentlich wenn man auf die Körperteile, die infolge der
Vergiftung schmerzen, Umschläge macht, entweder aus Kot allein, oder mit Knoblauch,
oder auch mit Asa foetida gemischt; auf diese Weise haben es manche Menschen, die
die Wirkungen des eingedrungenen Giftes bereits an sich verspürten, fertig gebracht, mit
Menschenkot und Knoblauch das Gift aufzulösen usw. [5])

Sollten Kuren nach der Methode ausgeführt werden, die einige Schriftsteller als
„Insemination" bezeichnen, so hat es den Anschein, als ob jede Krankheit ihre besondere Pflanze erforderte. So waren bei Gelbsucht Schwalbenkraut (?) und Wacholderbeeren notwendig, bei Wassersucht Absinth oder Wermut und eschenblättriger Ahorn,

---

[1]) S. 995. — [2]) Black, Folk-Medicine, S. 56. — [3]) Pettigrew, S. 102. — [4]) S. 362
u. 367. — [5]) Schurig, Chylologia, S. 787f.

Bourke, Krauss u. Ihm: Der Unrat.

bei Rippenfellentzündung die Pappel, bei Pest die als Scordium bekannte Pflanze, die wie Knoblauch riecht, usw.[1]

Wir stellen die folgende Aufgabe zur Lösung oder zu einer Erklärung, die von maßgebenden Gelehrten für ausreichend gehalten werden mag! Wir wissen, daß man früher jede Krankheit als eine Verhängung eines zornigen Gottes ansah; andererseits wissen wir aber auch, daß für jede Krankheit wieder irgend ein Gott, in späterer Zeit irgend ein Heiliger vorhanden war, an den sich der Leidende um Hilfe wenden konnte; wir wissen ferner, daß gewisse Pflanzen gewissen Göttern geweiht waren. Hieraus ergibt sich nun folgende Frage, die zu beantworten ist: Waren die Pflanzen, von denen wir oben im einzelnen gesprochen haben, diejenigen, die den Göttern, deren Fürsorge die betreffenden Krankheiten anvertraut wurden, als heilig galten? Eine Prüfung dieser Frage, die auf Vollständigkeit Anspruch machen will, muß alle Überlebsel umfassen, die inbezug hierauf bei der Landbevölkerung Europas von dem Kulte der römischen, phönizischen, keltischen, germanischen, ja selbst der ägyptischen und etruskischen Götter noch vorhanden sind.[2]

Grimm zählt die Namen der Bäume auf, die man für die Heilung verschiedener Krankheiten anwandte: Pfirsichblüten für die fallende Sucht; den Holunderbaum für das Fieber; die Kiefer für die Gicht; die Weide für das Fieber; junge Tannenbäume für die Gicht.[3]

„Woher stammt die Annahme, daß Apollo für den Lorbeerbaum und die Kornellkirsche eine besondere Vorliebe habe, Pluto für die Zypresse und das Venushaar, eine die Feuchtigkeit liebende Farnkrautart, die, wie wir bestimmt annehmen dürfen, in dem Reich, das sich Pluto erwählt hatte, nicht sehr häufig vorkam? Weshalb bevorzugte ferner Luna die gemeine Diptamwurzel,[4] Ceres die gelbe Narzisse, Jupiter die Eiche, Minerva die Olive, Bakchus den Weinstock und Venus den Schatten der Myrte?"[5]

„Wischt man einem kranken Menschen den Schweiß mit Brot von der Stirne ab und gibt dieses Brot einem Hunde zu fressen, so wird der Kranke genesen."[6]

Es galt als ein ganz sicheres Mittel gegen Behexung, wenn man den Kot des Kranken nahm, ihn in eine Schweineblase tat und so in dem Schornstein aufhing; oder man konnte den Kranken auch ein wenig von seinem eigenen Kot, in Essig aufgelöst, trinken lassen; oder menschlichen Kot auf den behexten Körperteil auflegen, dann den in dieser Weise benutzten Kot in eine Schweineblase tun und ihn, im Schornstein aufgehängt, drei bis vier Tage dem Rauch aussetzen.[7]

Bei den Franzosen hielt man den Harn für ein ganz sicheres Heilmittel gegen Fieber. Um diesen Wunderbalsam bildete sich ein solcher Berg von Glauben, daß es

[1] Frommann, Tractatus de Fascinatione, S. 1030. [Was Scordium sein soll, habe ich nicht ermitteln können. Vielleicht liegt eine Verwechslung mit Scorodosma vor, die in den Steppen zwischen dem Persischen Meerbusen und dem Aralsee vorkommt und deren Wurzel die Asa foetida liefert. I.] — [2] Neben den schon öfters genannten Schriften Höfler's, unter denen in erster Reihe hier die ,Volkmedizinische Botanik der Germanen', Wien 1908, zu nennen ist, kommen insbesondere A. De Cock, Volkgeneeskunde in Vlaanderen, Gent 1891 und O. von Hovorka und A. Kronfeld, Vergleich. Volkmedizin, Stuttgart 1908 in Betracht. — [3] Grimm, Teutonic Mythology. — Grimm's Angaben sind allseitig überholt von Dr. Aigremont, Volkrotik und Pflanzenwelt. Eine Darstellung alter wie moderner sexueller Gebräuche usw. 2 Teile, Leipzig 1908. — [4] [Radix Dictamni, auch Spechtwurzel, Eschenwurzel oder Aschwurzel genannt, galt früher als Heilmittel gegen schwachen Magen, gegen Würmer und Menstruationstörungen. I.] — [5] Sagen, Märchen, Volkaberglauben aus Schwaben; Freiburg 1861, S. 494. — Höchst verdienstlich sind die erschöpfenden Untersuchungen über diese Fragen, die Josef Murr angestellt hat: Beiträge zur Kenntnis der altklassischen Botanik, Progr. des K. K. Staatgymn. in Innsbruck 1888 und Die Pflanzenwelt in der griechischen Mythologie, Innsbruck 1890. — [6] Auszug aus einem Artikel über „Flowers as Emblems" im Londoner Standard, abgedruckt in der New-Yorker „Sun" vom 12. Mai 1889. — [7] Paullini, S. 260f.

sich wohl der Mühe lohnt, die Vorschriften zu seiner Benutzung ausführlich wieder-zugeben:

„Knete einen kleinen Laib Brot mit dem Harn zusammen, den ein Kranker, der an viertägigem Fieber leidet, bei einem ganz besonders schlimmen Anfall gelassen hat. Dann backe das Brot, laß es auskühlen und gib es dann einem anderen Menschen zu essen. Dies mußt Du dreimal hintereinander bei verschiedenen Anfällen wiederholen, dann wird das Fieber den Kranken verlassen und auf den Menschen übergehen, der das Brot gegessen hat".

„Eine andere Vorschrift lautet so: Nimm ein Ei, koche es hart und entferne dann die Schale davon. Dann steche mit einer Nadel an verschiedenen Stellen in das Ei hinein, tauche es in den Harn einer Person, die das Fieber hat, und dann gib es Jemandem zu essen, einem Mann, wenn es sich um einen kranken Mann, einer Frau, wenn es sich um eine kranke Frau handelt, dann wird die Person, die das Ei ißt, das Fieber bekommen und den Kranken wird es verlassen".[1]

Thiers führt dieses Mittel auf die Römer zurück und bringt zur Begründung seiner Angabe ein Zitat aus Horaz bei.

Die zweite Vorschrift findet ihr Gegenstück in den „Chinook-Oliven", von denen wir oben gesprochen haben.

Die Tatsache, daß menschlicher Unrat das Allheilmittel war, mit dem man alle Wirkungen der Behexung unschädlich und alle Zaubersprüche und Besprechungen unwirksam machen konnte, läßt sich aus den Angaben, die man bei Schurig vorfindet, leicht beweisen. Sulphur occidentale sollte gegen Schmerzen, die von Besprechungen herrührten, äußerlich angewandt, sehr wirksam sein. Andere fügten noch Knoblauch hinzu und setzten die Mischung vierundzwanzig Stunden später dem Rauch des Küchenfeuers aus. Wieder andere nahmen den Kot der behexten Person und machten eine Wurst daraus, die sie über dem Küchenfeuer zum Räuchern aufhingen.

Verschiedene Beispiele führt man dafür an, daß Menschenkot besonders wirksam ist, um das Treiben der Hexen zunichte zu machen; man verwandte ihn allein oder in Mischung mit Knoblauch oder Asa foetida. „Man nehme eine Leber, schneide sie in Stücke und lege etwas davon im geheimen in den Nachttopf des Kranken; wenn der Kranke, ohne etwas davon zu wissen, die Kammer aufsucht, um sich zu entleeren, so wird er gesunden".[2]

Die Vorschrift, Fieberanfälle dadurch zu heilen, daß man Finger- und Zehennägelschnitzel in Wachs knetet und dieses einem andern Menschen an den Türpfosten klebt, erwähnt schon Plinius. Frommann kennt diese Art der Heilung, nebst andern Arten, deren wir bereits gedachten.[3]

Etmuller erklärt, daß die Eiche der Baum sei, der bei diesen Dingen in ganz besonderem Ansehen stünde. Um einem Kinde eine ordentliche Reihe von gesunden Zähnen zu verschaffen, grub man einen der Milchzähne in eine Eiche ein; um ausgefallenes Haar wieder herzustellen, geschah dasselbe mit einigen Haaren des Kranken; um Gicht zu heilen mit den Zehennägelschnitzeln usw.[4]

„Im Donegal mußte der Leidende einen Strohhalm mit neun Knoten suchen und die Zwischenglieder abschneiden, jeden weiteren Knoten warf man weg; dann vergrub man die neun Knoten in der Mitte eines Misthaufens, und so wie die Knoten dann verfaulen, so werden Warzen verschwinden".[5]

---

[1] Thiers, Traité des Superstitions, Paris 1745, I, Buch 5, Kap. 4, S. 386, nach der Anführung bei Picart, Coûtumes et Cérémonies, Amsterdam 1729, X, S. 80. — [2] Birlinger und Bock, Sagen, Märchen, Volkaberglauben, S. 481. — [3] Plinius, Hist. nat., XXXVIII, Kap. 24. — [4] Etmuller, I, S. 127. — [5] Black, Folk-Medicine, S. 57.

Grose sagt: „Um Warzen zu vertreiben, muß man in einem Metzgerladen ein Stückchen Rindfleisch stehlen und die Warzen damit reiben; darauf muß man das Fleisch in den Abort werfen oder vergraben, und so, wie das Fleisch verwest, so werden auch die Warzen verschwinden".[1])

Die in Amerika gebräuchlichen Heilmittel für Warzen, bei denen der Betroffene veranlaßt wird, Fleisch zu stehlen usw., sind vollkommene Überlebsel dieser Vorschriften, während man die „Kur", die Mark Twain in seiner Erzählung „Huckleberry Finn" beschreibt, als ein etwas verzerrtes Überlebsel bezeichnen kann:

> „Barley-corn, Barley-corn, Indian meal shorts,
> Spunk water, spunk water, swallow these warts".[2])

„Aus dem Arme eines Menschen, der auf den Tod darniederliegt, wird ein Stückchen Fleisch herausgeschnitten und eine Locke seines Haares aus dem Hinterkopfe und beides in das Feuer geworfen. Dann wird er mit Wermut abgerieben, der im Wasser gesteckt hat, weil diese Pflanze die Speise der Götter ist. Diese Handlungen muß man in vier auf einander folgenden Nächten wiederholen, wobei man aber das Ausschneiden des Fleisches und des Haares wegläßt".[3])

„Die Bewohner der Orkney-Inseln pflegen einen Kranken zu waschen und dann das Wasser durch einen Torweg hinauszuschütten, im Glauben, daß die Krankheit dann den Kranken verläßt und auf die erste Person übertragen wird, die unter dem Tor hindurchgeht".[4])

Diese Heilungen durch Übertragung stehen heute noch bei den Nachkommen der Einwanderer aus Westfalen und der Pfalz, die sich im Staate Pennsylvanien eine neue Heimat gesucht haben, in vollem Ansehen.

So berichtet Hoffmann von der Heilung der Gelbsucht: „Man höhle eine gelbe Rübe aus, fülle sie mit dem Harn des Kranken und hänge sie an einer Schnur über das Feuer. Sobald der Harn verdampft ist und die Rübe zusammenschrumpft, wird die Krankheit den Leidenden verlassen. In der Sache liegt ein deutlicher Glaube an die Beziehung zwischen den Eigenschaften und der Farbe der Rübe und der gelben Haut des Kranken, der an der Gelbsucht leidet. Zu dieser Klasse gehört auch der Glaube, daß ein Band aus rotem Flanell bei der Behandlung der Diphteritis von Nutzen sei und gelbe oder Bernsteinkügelchen gegen übelriechenden Ausfluß aus den Ohren".[5])

Man kann hier auch auf die Angaben Black's über eine ähnliche Sitte in Staffordshire hinweisen, wo man den Harn anstatt in eine Rübe in eine Blase füllt.[6])

„Krämpfe bei Kindern führt man manchmal auf Beeinflussungen durch Elfen zurück". Mooney beschreibt eine Kur, die von der Mutter eines an Krämpfen leidenden Kindes so ausgeführt wurde: „Sie suchte am Fußweg einer Landstraße zehn kleine weiße Kieselsteine zusammen, die unter dem Namen „Elfensteine" bekannt sind. Als sie nach Hause kam, legte sie neun von diesen Steinen in ein Gefäß voll Harn; den zehnten warf sie in das Feuer Ferner tat sie in das Gefäß etwas Hühnerkot und drei Schößlinge einer Pflanze (wahrscheinlich Efeu oder Knoblauch), die über der Haustür auf dem Dache wuchs. Dann zog sie das Kind aus und warf das Hemd und die andern Kleidungstücke, die auf der bloßen Haut getragen werden, in das Feuer. Hierauf wusch sie das Kind vom Kopf bis zum Fuß, wickelte es in eine wollene Decke und brachte es zu Bett. Auf

---

[1]) Nach Brand, Popular Antiquities, III, S. 276, Artikel: Physical Charms. — [2]) Gerstenkorn, Gerstenkorn, Maismehl ist teuer, entzünde Dich, Wasser; entzünde Dich, Wasser; verschlinge diese Warzen.] — [3]) Francis La Flesche, Death and Funeral Customs among the Omahas, im Journal of American Folk-Lore, 1889, S. 4. — [4]) Frazer, The Golden Bough, II, S. 153. — [5]) Hoffmann, a. a. O. — [6]) Folk-Medicine, S. 56. — Vergl. dazu P. J. Veth, De Leer der Signatuur, Intern. Archiv für Ethnographie, Leiden 1894.

den Sparren über der Haustür saßen neun Hennen und ein Haushahn. Nach kurzer Zeit hatte das Kind einen heftigen Anfall und die neun Hennen fielen tot zur Erde. Der Hahn flog von seiner Stange herunter, krähte dreimal und flog dann wieder auf die Sparren hinauf. Wenn die Frau auch den zehnten Stein zu den andern gelegt hätte, wäre der Hahn samt den Hennen tot heruntergefallen. Das Kind wurde geheilt".[1]

Mooney knüpft daran die Bemerkungen: „Dieses einzige Beispiel birgt eine ganze Anzahl von wichtigen Zügen in Verbindung mit der volktümlichen Mythologie in sich: den Kot, den Harn, die Pflanze über der Haustür, die Hühner, das Feuer und das Kleidungstück, das der Haut zunächst getragen wird, und führt außerdem ein neues Element in die volktümlichen Ansichten von Krankheit ein, nämlich den Gedanken einer stellvertretenden Heilung oder vielmehr eines stellvertretenden Opfers. Dieser Glaube, der allgemein verbreitet ist, besteht darin, daß niemand von einer gefährlichen Krankheit geheilt werden kann, solange nicht, wie das Volk sich ausdrückt, „etwas an seiner Stelle hingegeben wird", um Krankheit und Tod zu erleiden".

Im Falle ein Kind vertauscht worden war, d. h. bei einem sogenannten Wechselbalg, wurde der Mutter anempfohlen, das Kind auf einen Misthaufen zu werfen und sich durch sein Schreien nicht zum Mitleid bewegen zu lassen.[2]

In Wien hatten sich vor einigen Jahren Eltern strafgerichtlich wegen fahrlässiger Kindtötung zu verantworten. Sie hielten ihr Kindlein, das sie für einen Wechselbalg ansahen, auf Anraten einer „weisen Frau" über einem Nachttopf fest, in den sie ein rotglühendes Bügeleisen hineinlegten. Im Somogyer Komitat in Ungarn kocht man das Kind ab, um an dessen Stelle das ursprüngliche wieder zu erlangen.[3]

„Zu Sucla-Tirtha in Indien pflegt man alljährlich ein irdenes Gefäß, indem alle Sünden des Volkes angehäuft sind, den Fluß hinabtreiben zu lassen".[4]

Man vergleiche auch die Bemerkungen unter „Monatblut" aus Etmuller.

Den Heilungen durch Übertragung liegt ein so uralter Gedankengang zugrunde, daß wir uns nicht darüber wundern dürfen, wenn wir im Volke, das ja gerade an solchen Überlieferungen besonders zähe festhält, auch heute noch dieselben Anschauungen weit verbreitet vorfinden. Auch beim Gegenteil des Heilens, beim Schadenzufügen, besteht derselbe Gedankengang in unvermindeter Stärke fort und wir stoßen auf Beispiele dafür in der ganzen Welt beim sogenannten Sympathiezauber, den man jedoch besser als Analogiezauber bezeichnet. Diesen Gedankengängen ist Frazer[5] nachgegangen und er unterscheidet zwei Grundsätze: Erstens, gleiches bringt gleiches hervor, und zweitens: Dinge, die einmal mit einander in Berührung gewesen sind, fahren fort aufeinander zu wirken, auch nachdem die Berührung aufgehört hat. Im ersten Falle schließt der Zauberer, daß er jede gewünschte Wirkung hervorbringen kann, wenn er sie blos nachahmt; im zweiten Falle zieht er die Folgerung, daß alles, was er einem körperlichen Gegenstande antut, auch die Person beeinflussen wird, mit der ein solcher Gegenstand vorher in Berührung war, wobei es sich gleich bleibt, ob er ein Teil dieser Person war oder nicht. Dieser Zauberei will Frazer den Namen der homoeopathischen oder der nachahmenden Zauberei geben.

Bourke stützt sich bei seinen Beispielen fast ausschließlich auf ältere Schriftsteller; für das Leben der Gegenwart sind seine Angaben recht dürftig. Zu ihrer Ergänzung bringen wir im folgenden die in den Anthropophyteia niedergelegten Erhebungen.

---

[1] James Mooney, Medical Mythology of Ireland, in den Abhandlungen der American Phil. Society vom Jahre 1887. — [2] Hazlitt's Ausgabe der Fairy Tales, London 1875, S. 372. Vergl. dazu G. Polívka, Slavische Sagen vom Wechselbalg. Archiv f. Rel.-Wiss., herausg. von Th. Achelis, VI, 1903. — [3] Vergl. Gesundkochen, Ethnolog. Mitteilungen aus Ungarn, herausg. von Anton Herrmann, Budapest 1887, I, S. 175. — [4] Frazer, The Golden Bough, II, S. 192. — [5] J. G. Frazer, Lectures on the Early History of the Kingship, London 1905, S. 37f.

Können Mann oder Frau den Beischlaf nicht vollenden, so hat man folgendes zu tun: Wann der Stier die Kuh bespringt, so hat man einen Fetzen unter die Kuh zu legen, sodaß die Flüssigkeit des Stieres darauf hinabfällt, und wann der Stier vollendet, hat man den Fetzen aufzuheben und wenn man dann mit dem Weibe zusammenkommt, dann muß man dem Weibe den Fetzen so unterlegen, daß etwas von der Ochsennatur auf dem Fetzen sichtbar aufliegt und man muß gleichzeitig, sobald sich beim Mann oder dem Weibe die Lust zeigt, sagen: „Sowie der Stier und die Kuh beendet, so sollen auch wir beenden". Hernach hat man den Fetzen am Ende des Bettes auf die Bretter zu legen und darf nie den Fetzen hinwegtun. Darauf werden Mann und Frau ihr Geschäft immer zu Ende führen. (IV, 220; aus Slavonien).

Um eine leichte Niederkunft zu erzielen, hat man darauf zu achten, wenn der Hahn die Gluck bespringt und ihn dabei zu unterbrechen. Dabei fällt ein Ding heraus, das wie eine Seifenblase aussieht. Die muß man vor dem Gebären der Frau zum Trinken eingeben und sie hernach aus dem linken Schuh des Mannes mit Wasser erlaben, ihr über den Hintern leichthin mit einer scharfen Sense fahren, ihr einen Streich mit dem Hosenband über den After versetzen und sprechen: „Solang als der Hahn auf der Gluck geweilt, solang möge das Kind in diesem Weibe verweilen". Hierauf wird das Weib sogleich gebären. (S. 221; aus Serbien).

Wer lange Zeit an schwerem Fieber leidet, der nehme harten Hundedreck, koche ihn in Milch ab, seihe ihn durch und trinke ihn dann aus. Und er spreche dazu: „Sowie dieser Hund dies da schwer herausgeschissen hat, also falle auch dieses harte Fieber von mir ab". Alsdann nehme er eine Nuß, lege in die Nußschale eine Spinne und binde dies zusammen und trage es um den Hals, dazu spreche er: „Sowie die Spinne hinwelkt, so soll auch das Fieber dahinwelken". (IV, 408; unter Chrowoten allgemein verbreitet; es sind gleich zwei Sympathiemittel mit einander verbunden, um die Wirkung auf alle Fälle sicher zu stellen).

Wenn ein Mann seine Kraft dadurch einbüßt, weil er sich auf einen Blutfleck von der weiblichen Zeit gesetzt, so soll er sich bepissen und diesem Frauenzimmer sagen, sie soll hingehen und sich auf die Pisse setzen. Wenn sie dies tut, so wird seine Kraft wieder zurückkehren. (S. 409; hier spielt zugleich die Furcht vor dem Monatblut eine Rolle, dessen unheilbringende Macht im vorliegenden Werke besprochen ist).

Ist einer beschrien, so wasche er sich mit seiner Pisse das Gesicht ab. (S. 409).

Zeigt sich in Syrmien an jemand die große Krankheit, d. h. die fallende Sucht, so ziehen sie ihm das Hemd aus und werfen es über das Haus hinweg und graben es da ein, wo es gerade hingefallen ist. Syphilitische bedeckt man mit einem Mädchenhemd (VII, 87. Im letzteren Falle ist es wohl die Reinheit des Mädchens als der verbindende Gedanke anzusehen).

In Dalmatien schneidet man beim Auftreten einer eitrigen Geschwulst einer schwarzen Katze in das Ohr und malt mit dem Blute der Katze das Salomonzeichen ✡ auf das Hemd des Kranken siebenmal und die Geschwulst geht zurück. (S. 88). Die Krankheit poganica (Hautausschlag?) wird so behandelt: Man nimmt ein gesticktes Hemd (Blatt- oder Bäumchenmuster), eine Nadel und ein Steinchen. Mit diesen Dingen reibt man den Kranken am nackten Körper ab. Später hängt man Hemd, Nadel und Stein auf einem Kreuzweg auf, wo alles an irgend einem Baum oder Strauche stehen bleibt. Beim Abreiben des Kranken und beim Aufhängen des Hemdes am Kreuzweg sagt man einen langen Zauberspruch her, aus dem hervorgeht, daß man annimmt, man habe die Krankheit hinausgetragen. (Ebenda; der Grundgedanke, daß derjenige, der das Hemd findet, auch die Krankheit an sich nimmt, kommt hier nicht deutlich zum Ausdruck; man glaubt, mit dem Hinaustragen in die Natur genug getan zu haben; die Krankheit mag dann selber sehen, wo sie bleibt).

Auf Eierschalen einer schwarzen Henne zu treten, ist nicht gut; ein weibliches Wesen bekommt dann den weißen Fluß und verliert ihre Menstruation. (Von Daničić, VII, 107; hier laufen mehrere Gedankengänge durcheinander: die schwarze Henne ist an sich ein zauberisches Tier, vielleicht auch der Sitz eines bösen Geistes, den man sogar beleidigt, wenn man auf die Eierschalen tritt; für den weißen Fluß sind wohl die weißen Eierschalen entscheidend gewesen).

Wenn eine schwer gebiert, so hat der Mann ein Schlangenhäutchen über den Zumpt zu stecken und dabei zu sprechen: „O mein Weib! Der Zumpt gab dir das Kind, es kam dir die Schlange, zog dir das Kind heraus. So leicht als sich die Schlange gehäutet hat, so leicht möge sich das Kind aus dir herausziehen". Darnach soll der Mann die Frau mit dem Zumpt über die Voz betupfen. (VII, 262; aus Slavonien).

Gut ist es die unteren Hufe eines Rehes abzuschneiden und dem Weibe bei ihrer Niederkunft unters Kopfpolster zu legen. Darnach soll der Ehemann sagen: „So wie das Reh munter war, so sollst auch du rasch gebären". (S. 262; aus Slavonien).

Wenn das Weib gebiert, so soll der Ehegatte unters Bett Bärensamenflüssigkeit schmieren und dabei sprechen: „Sowie des Bären Samenflüssigkeit schwarz ist, solch schwarze Haare und schwarze Augen soll das Kind haben". Darnach stößt das Weib raschestens das Kind ab. (Man sagt, der Bär habe eine wie Wagenschmiere schwarze Samenflüssigkeit). (A. a. O.; von der slavonisch-bosnischen Grenze. Der Sympathiezauber bezieht sich zunächst auf das Aussehen des zu erwartenden Kindes; er hat trotz der Versicherung des Berichterstatters mit der Entbindung selbst nichts zu tun; vielleicht ist irgend etwas ausgelassen).

Müht sich ein Frauenzimmer schwer ab, so soll der Ehemann irgend etwas von seinem Leib herabnehmen und auf sie legen, dann wird sie leicht gebären; denn alles hängt vom Manne ab, ob ein Frauenzimmer leicht oder schwer gebären wird. (S. 263; allgemein in Slavonien. Die Erklärung des Berichterstatters hinkt etwas; die symbolische Handlung des Mannes, daß er etwas von seinem Leib abnimmt, war dem Berichterstatter wohl nicht mehr recht verständlich).

Damit es der Gebärenden leichter falle, gibt ihr der Mann Wasser aus seinem Mund zu trinken und schüttelt ihr den Leib. (Von der Bezirkhebamme in Brod im Jahre 1884). Damit es leichter gebäre, soll das Frauenzimmer in eine Flasche hineinblasen. (A. a. O., aus Slavonien. Der Gedankengang besteht wohl darin, daß das Kind so rasch wie die Luft aus der Flasche ans Taglicht kommen soll; ob die Flasche ihrer Gestalt nach ein Sinnbild der Gebärmutter sein soll, wagen wir nicht zu entscheiden).

Gegen die Syphilis hat man auf ein Papier aufzuschreiben: „Das ist ein Heilmittel und Martha möge die Syphilis davontragen". — Wenn ein Mann zu einem Weibbild geht, soll er vor dem Vögeln den Zumpt auf dies Papier legen und sagen: „Hier ist ein Heilmittel und Martha möge die Syphilis davon tragen". (S. 270; aus Slavonien).

Selten bekommt eine Schwangere die Periode. Hätte nun einer hochgradige Syphilis und er riebe seinen Zumpt mit diesem Periodenfluß ein und spräche dabei: „Sowie diese Periode über das Kind hinweggegangen ist, so gehe auch meine Krankheit hinweg!", so verginge alsdann auch die Syphilis (Ebenda; aus Slavonien).

Wenn ein Mann an Harnverhaltung leidet, so soll er acht geben, wenn ein Hündchen das Bein hebt, und soll dabei sprechen: „Ei, so leicht als da dieses Hündchen Wasser gelassen, so leicht möge aus mir heraus das Wasser zu fließen anfangen". (Ebenda; aus Slavonien).

In Pritzerbe im Havelland pflegt man bei Tripper in die Havel zu pissen, im Glauben, daß der Fluß die Krankheit fortschwemmen würde. (VII, 273).

In Kerstenbrügge in der Mark Brandenburg pflegt man bei irgend welchen Krankheiten dem Erkrankten mit Speichel drei Kreuze auf die Stirn zu machen und dazu zu sprechen: „Kopfwehschmerz, Leibwehschmerz, fahre in die Mistgrube!" (Ebenda).

In Neuvorpommern wird — oder richtiger wurde früher — der Harn eines Kranken gekocht, um diesen in Schweiß zu bringen. Man durfte den heißen Harn jedoch nicht plötzlich vom Feuer nehmen oder ihn plötzlich abkühlen, da das unfehlbar den Tod des Patienten zur Folge gehabt hätte. Ein Schäfer im Dorf Pütte war noch um 1850 wegen solcher Kuren berühmt. (VII, 214).

Bei den Rumänen in Serbien nimmt man, um eine leichte Geburt zu bewerkstelligen, einen Kuhfladen, in den sich die Gebärende auszupissen hat und muß den Dreck dann hinaus ins Feld werfen. Oder man gibt der Gebärenden ein Ei, damit sie es durchs Hemd hindurch zu Boden fallen lasse. (VI, 158).

Bei den Südslaven trachtet ein Mädchen, das einen Burschen fesseln will, um jeden Preis zu seinem Halstuch (Kragen) zu kommen, zu seinem rechten Socken und zu seinem Pisswasser. Das alles kocht sie von einer Mitternacht bis zur andern und gießt es unter ihre Schwelle, über die er schreiten muß, wenn er irgend welchen Geschäften nachgeht. Wenn auch das versagt, dann trachtet sie von irgendwo seine Fußspur zu erhalten. Diese verbrennt sie und die verbrannte Erde gräbt sie auch unter ihre Schwelle. (VII, 575).

Die Weiber sagen, wenn eine Kuh, sobald man sie zu melken anfängt, zu brunzen und zu brüllen anhebt, so ist ihr die Milch genommen worden. Jene Weiber fangen von diesem Pisswasser in irgend eine Glas- oder Kürbisflasche etwas auf, verstopfen das Gefäß bestens und hängen es an der Kette oberhalb des Feuers auf und sobald es hängt, erscheint jene, die die Milch genommen und bittet, man möge ihr irgend etwas aus dem Hause geben, denn gäbe man ihr nichts, so müßte sie zerplatzen, denn sie erlitte sonst eine Harnverstopfung (I, 9. Der Gedankengang ist hier: Flasche mit Harn verstopfen — Harnverstopfung; die erwärmte Flasche platzt schließlich — der Mensch, den die Flasche vorstellt, platzt).

Damit der Mann keine Neigung zu fremden Frauen fassen kann, reißt die Frau am Freitag im Neumond vor Sonnenaufgang im Friedhof aus einem Grabkreuz einen Nagel. Diesen Nagel schlägt sie am Sonntag im Neumond an jener Stelle ein, wo der Mann seine kleine Notdurft verrichtet hat. Sodann kann er nimmer fremde Weiber gern haben. (Ebenda).

Daß man mit Analogiezauber auch einem Menschen schaden kann, lehrt folgender Fall: Wenn sich einer vor dem Fenster bescheißt, so nehme der Hausherr jenes Holz, das man zur Egge verwendet, damit sie tiefer in die Erde eindringe und verbohre das Holz in diesen Dreck hinein und dann wird des Scheissers Arschloch verstopft sein und er wird kommen, um den Hausherrn um Vergebung zu bitten. Und wenn man diesen Dreck und das Holz ins Wasser würfe, so befiele ihn die Wassersucht. Allgemein in Slavonien. (IV, 407).

Wenn der Mann seine Ehefrau abvögelt, braucht man nur die Leinenhosen oder die Schöße, auf denen die Samenflüssigkeit klebt, der Kuh zum riechen zu geben, dann wird sie sogleich brünftig. In Chrowotien allgemein bekannt.

Leckt ein Hund eine noch unberührte Hündin in die Voz, so schneidet man ihm die Zunge ab und hat irgend einer ein Leiden, z. B. die Krätze, die Cholera, das Fieber oder sonst was immer, so braucht er sich nur mit dieser Zunge zu bestreichen und zu sagen: „So wie dieser Hund die Voz süß geleckt, so möge auch ich süß verbleiben und so möge die Krätze von mir abfallen!" Aus Slavonien. (V, 212).

Wann ein Frauenzimmer das Monatliche hat, soll es nicht über weißen Lauch (Knoblauch) hinwegschreiten, sonst wird es den weißen Fluß bekommen. Allgemeiner Glaube.

„Knoblauch, im Volkmunde Knoffeldock, ist ein treffliches Mittel gegen alle Hexerei. Man trägt ihn daher bei sich und gibt ihn auch dem Vieh".[1]) Der Glaube ist bei allen europäischen Völkern nachweisbar. Der Knoblauch ist offenbar, wie dies aus dem primitivsten chrowotischen Volkglauben ausdrücklich hervorgeht, überall das Symbol des Zumptes als bewährten Abwehrmittels gegen Zauber.

Tritt ein Frauenzimmer in ein Seifenluder ein, das zum Balbieren gedient hat, so kann sie den weißen Fluß bekommen. Aus dem slavonischen und bosnischen Saveland. — Die weiße Blüte (den weißen Fluß) bekommt ein Frauenzimmer, wenn es auf Hühnereierschalen tritt. Aus Velika Gorica in Chrowotien. (V, 220. Die weiße Farbe des Gegenstandes, dessen Sympathiezauber man fürchtet, ist für den Glauben entscheidend).

Sollten ein Mann oder Weib die französische Krankheit haben und begegnete ihnen ein Mann mit einem Stab in der Hand und wendete er den Stab so um, daß der obere Teil nach unten käme und spräche er: „Diese Krankheit da fährt in meinen Stab hinein und wandert mit dem Stab weiter!" — und würfe er diesen Stab weg, so genäse dieser Mensch sogleich. (V, 221).

Gegen den weißen Fluß. Das damit behaftete Weib trägt ihre Pisse hin und schüttet sie hinter einen verdorrten Zwetschenbaum aus. Unter Serbinnen allgemein gebräuchlich. (S. 225).

Eine eigentümliche Rolle muß der Analogiezauber im folgenden Falle spielen: Mädchen, welche nicht zu weben und zu sticken erlernen können und schon heiratfähig sind, müssen vor dem Georgtag eine Eidechse finden und sie durch den rechten Hemdärmel von der Faust bis zum Busen schlüpfen lassen, sie dann nach Hause tragen und hier in das Gewebe, das sie machen sollen, einwickeln und sie übernachten lassen. Vor Sonnenaufgang tragen sie nun das Gewebe samt dem Inhalt an eine Quelle, die dem Osten zugekehrt ist und legen alles hier hinein. Dazu sprechen sie: „Wie du Eidechse, Regengeschöpf, bunt bist, so möge auch ich bunte Arbeiten machen und anfangen können. Wer es dir gegeben, der gebe es auch mir!" (VII, 93, aus einem Aufsatz von Ljuba T. Daničić: Das Hemd in Glauben, Sitte und Brauch der Südslaven, eine der bedeutsamsten folkloristischen Arbeiten, die wir kennen).

Hat ein Weib ihre Monatreinigung, dann darf sie kein neues Hemdenmuster zum Sticken beginnen, denn ein solches ist unrein und vom bösen Zauber. (Ebenda, S. 95; Übertragung der körperlichen Unreinheit auf die Handarbeit; aus Slavonien und Dalmatien).

Zauberglaube auf Haiti. Wer Wunden am Körper hat, wasche sie in reiner Schüssel mit Wasser und gieße dies vor Sonnenaufgang auf die Straße. Wer zuerst darüber schreitet, zieht die Wunden an sich und der Kranke wird geheilt. (F. Häussler, Anthropophyteia, VII, 161, Nr. 4). In der Schweiz macht man eine ähnliche Kur mit Stückchen von Strohhalmen und Warzen; wer das Päckchen Halme von der Straße aufnimmt, bekommt die Warzen. (A. a. O.). Gegen harte Beinbeulen stiehlt man am Freitag Morgen dem Metzger ein Stück Fleisch, ohne daß er es merkt oder daß es jemand sieht. Damit streicht man siebenmal in Kreuzform über die kranke Stelle und vergräbt das Fleisch. Jemehr die Verfaulung fortschreitet, um so besser wird die Krankheit. (A. a. O., Nr. 5).

---

[1]) H. Frischbier, Hexenspruch und Zauberbann. Ein Beitrag zur Geschichte des Aberglaubens in der Provinz Preußen. Berlin 1870, S. 9.

In Eten, Prov. Chiclayo in Peru, nehmen die Indianerinnen gegen die Unfruchtbarkeit sieben Dreckkügelchen des Meerschweinchens in Maisbier ein. Bekanntlich ist
das Meerschweinchen ein sehr fruchtbares Tier. (H. Enrique Brüning, VIII, 281).

Über Analogiezauber bei den Japanern erfahren wir aus Krauss, Das Geschlechtleben der Japaner[1]) folgendes: Wünschst du keine Kinder mehr zu kriegen, so mußt du
bei der Namengebung des Letztgeborenen das Zeichen tomé (halt, stillgestanden) oder
kiwa (Ende, Grenze) der Handlung vorausschicken. Das ist ein höchst wirksames Mittel.

Bildet sich ein kleines Geschwür oder eine Finne in deinem Nasenloch, so wird
im Hause eines deiner Verwandten ein Kind zur Welt kommen. (Die Neubildung am
eigenen Körper zeigt die Neubildung bei einem verwandten Weibe an).

Frauen, die gern Mutterfreuden erleben möchten, kauern an der Stelle nieder,
wo eben zuvor eine Geburt stattgefunden hat.

Frauen sollen nicht auf Eierschalen treten, sonst wird die Entbindung schwer
oder sie bekommen shirachi — den weißen Fluß. (Eine ganz merkwürdige Parallele zu
dem oben erwähnten Glauben der Südslaven).

Wenn eine Geburt stattfinden soll, wasche man nicht die Kochpfannen, woraus
man gegessen hat, sondern lasse sie halb mit Wasser gefüllt stehen. Dies soll zu einem
günstigen Verlauf der Geburt, insbesondere bezüglich des Fruchtwassers, mitwirken.

Die Opfer von gekochtem Reis, die man Verstorbenen periodisch weiht, müssen
recht hoch aufgehäuft sein, damit die zukünftigen Kinder eine hohe, spitze Nase bekommen.

Nach einem japanischen Sprichwort werden Frauen unfruchtbar, wenn sie Akinasubi essen. Akinasubi ist eine spättragende Frucht, die wenig oder gar keine Samen-
kerne enthält.

Um das Eintreten der Menstruation zu beschleunigen, fädle in eine Nadel einen
roten Zwirnfaden ein und stecke die Nadel in die Abortwand.

Haben Mädchen das erste Mal ihre Menstruation, so schreiten sie dreimal über
die Öffnung der Latrine und singen dabei ein Liedchen, das als eine Inkantation aufzufassen ist. Die beiden ersten Zeilen dieses Liedchens lauten: „Einmal im Monat,
drei Tage".[2])

Die Nachgeburt vergräbt man unter dem Hausfußboden an einer Stelle, die ein
Shintopriester zuvor mittels Zeichendeuterei angezeigt hat. Den Mutterkuchen eines Knaben
begräbt man zugleich mit einem Schreibpinsel und einem Stück Tintentusche, den eines
Mädchens mit Nadel und Garn.

Wenn man Feder und Tinte mit dem Mutterkuchen verbrennt, so wird das Kind
einmal geschickt, die Feder zu führen, etwa ein Schriftsteller werden.[3])

In der Ukraina berufen die Dorfweiber statt der Hebammen die Nabelabschneide-
rinnen, die natürlich über den bei den Geburten üblichen Zauberglauben verfügen und
ihn praktisch ausführen. „Die wunderlichste von allen (Besprechungen) ist die folgende:
Sobald die Gebärende ihre Bürde vollständig los ist, knetet das Weiblein ihr den Bauch,
bringt die Beine aneinander, wäscht ihr die Voz ab, drückt sie sanft zusammen und
spricht dabei: „Wachse, Voz, zusammen und alles komme an seine Stelle im Leibe, und
daß nur ein Löchlein für den Zumpt bleibe. Was Dich, Tochter, beschädigt hat, das wird
Dich auch heilen!"[4])

Eine Besprechung gegen eine Hühnerseuche lernen wir aus einer Geschichte aus
der Ukraine kennen.[5]) Die Frau muß sich hinstellen und die Röcke aufheben. Der

---

[1]) Zweite, neu bearbeitete Auflage, Leipzig 1911, S. 145 f. — [2]) S. 92. — [3]) S. 143. —
[4]) Tarasevśkyj, Hnatjuk und Krauss, Das Geschlechtleben des ukrainischen Bauernvolkes,
Leipzig 1909, S. 3. — [5]) S. 24.

Gevatter streicht ihr dann mit seinem Zumpt über ihre unteren Lippen und spricht dazu die Formel: „Der Gevatter der Gevatterin trifft nicht hinein, damit die Hühner nicht gehen ein!" Wahrscheinlich mußte man den Spruch dreimal hersagen. Liebrecht[1]) erwähnt einen Hühnerzauber, um die Hühner an das Haus festzubannen, wobei es sich wohl zunächst um gestohlene Hühner handelt. Der Spruch steht in Vintler's „Blume der Tugend" und lautet folgendermaßen:

> So sein etleich als unbesint,
> Wenn man in' frömde hüner pringt,
> so sprechen sie: „peleib hie haim,
> als wie die fut pei meinem pain!"

(Bleibt Ihr daheim, als wie die Fut bei meinem Bein.) Liebrecht erinnert dabei an den uralten Volkglauben, daß man einen abziehenden Bienenschwarm aufhalten könne, wenn ihm eine weibliche Person den nackten Hintern entgegenstrecke. Er ist der Ansicht, daß der Hintere an die Stelle der Fut getreten sei und daß man den Spruch erst später erfunden habe, als das Verständnis der ursprünglichen Gebärde verloren gegangen war.

Eine reiche Auswahl aller möglichen Arten von Analogiezauber findet man in den Nachträgen zum verdeutschten Dulaure.[2]) Besonders deutlich kommen die zugrunde liegenden Gedanken in folgenden Beispielen zum Ausdruck.

Ist der Ehegatte unfruchtbar, so nehme sein Weib vom Ahorn Blüten und wedle damit über die Hoden und den Zumpt ihres Mannes dahin: „O du Ahorn, grüner Baum! So wie du blütenreich bist, so möge meines Mannes Zumpt erblühen!" (Bei den Chrowoten gebräuchlich). — Sät man Hirse aus, so ist es gut, daß sich Mann und Frau auf dem Felde nackt ausziehen und dann daselbst abvögeln. — Will ein Mann erzielen, daß ihm der Kukuruz schnell aufkeime, so soll er sein Weib abvögeln und dazu sagen: „So schnell als die Samenflüssigkeit herauskam, so schnell möge auch der Kukuruz aufkeimen!" usw. usw. — Aus den Beispielen geht hervor, daß der Bauer mit Bezug auf die Eigenarten der verschiedenen Pflanzen auch seinen Zauber zu individualisieren weiß.

Als Beweis, wie alt der Analogiezauber ist und wie naheliegend er für das menschliche Denken sein muß, möge die auf babylonischen Tontäfelchen erhaltene Praxis der dortigen Hexen dienen, die durch sinnbildliches Abschälen von Zwiebeln ihr Opfer nach und nach zu schwächen suchten, indem sie annahmen, daß das Abnehmen jedes Zwiebelhäutchens einen entsprechenden Kraftverlust bei der behexten Person herbeiführe. Den Rest der Zwiebel warf man schließlich ins Feuer, um gänzliche Vernichtung zu bewirken.[3])

---

[1]) Zur Volkkunde, Heilbronn 1879, S. 356. — [2]) Leipzig 1909, S. 158 ff. — [3]) Jastrow, Die Religion Babyloniens und Assyriens, Gießen 1905, I, S. 315 u. 329.

XLVI. Die Verwendung des Lingams in Indien.

In Verbindung mit dem Ritual des Lingamkultes gibt es heute noch Gebräuche, die zwar in sinnbildliche Spielereien ausgeartet sind, die man aber trotzdem auf keine andere Weise erklären kann, als daß man in ihnen Überlebsel sehr unzüchtiger und ekelhafter Handlungen sieht, die aus den urtümlichen Zeiten jenes Landstriches herstammen. Maurice erzählt bei der Beschreibung der Opferbräuche, die man Pujah heißt: „Das Abichegam bildet einen Teil des Pujah. Diese heilige Handlung besteht darin, daß man Milch über den Lingam gießt. Diese Flüssigkeit bewahrt man darauf mit großer Sorgfalt auf und sterbenden Menschen gibt man einige Tropfen davon, damit sie der Freuden des Cailason teilhaftig werden". „Das Salagram der Wischnuiten ist dasselbe wie der Lingam der Schivaiten". „Glücklich sind diejenigen bevorzugten Gläubigen zu nennen, die das geheiligte Wasser hinunterschlucken können, in denen man eins von den beiden genannten Dingen gebadet".[1])

Dulaure beschreibt die Gebräuche der Cachi-caoris, bei denen man das heilige Wasser des Gangesflusses zuerst über dem Lingam gießt; dann bewahrt man es auf, um es tropfenweise an die Gläubigen zu verteilen; es ist ganz besonders dazu dienlich, die letzten Stunden eines Sterbenden zu versüßen. Der Lingam ist das Sinnbild des männlichen Geschlechtteiles. Das Wasser oder die Milch, die er heiligt, mögen an eine frühere Anwendung des Harns erinnern, die, wie wir später zeigen werden, über ganz Europa verbreitet war. Die Verwendung des Lingamwassers ist wohl derjenigen des Mistelwassers ähnlich, von dem wir oben gesprochen. [Dulaure, S. 106].

Über die Mysterien der Göttin Cotytto, einer volktümlichen Venus der Insel Chios, macht Dulaure folgende Angaben: „Die Eingeweihten, die sich allen Ausschreitungen der Zügellosigkeit hingaben, verwandten dabei den Phallus in einer ganz besonderen Weise; er war von Glas und diente als Trinkgefäß". Er führt Juvenal, II, 95 an, wo er von der äußersten Ausgelassenheit dieser Mysterien sagt:

„Und jener trinkt aus einem gläsernen Priap".[2])

Vielleicht steckt in diesen Worten des römischen Satirikers unter einem dünnen Schleier verborgen eine schmutzige Handlung, die dem Harntanz der Zuñi-Indianer verwandt ist.

Frommann führt auch die oben wiedergegebenen Worte aus Juvenal an, ohne jedoch den Versuch zu einer Erklärung zu machen.[3]) Lewis Evans, Professor am Wadham's College in Oxford, übersetzt die Worte in seiner Juvenal-Ausgabe so:

„Another drains a Priapus-shaped glass".

---

[1]) Indian Antiquary, V, S. 146 u. 179. [Nach neueren Forschungen ist das Salagrama das Sinnbild der weiblichen Zeugungkraft und des weiblichen Geschlechtteils. Es ist eine besondere Art des Ammonhorns, das man in Nepal im Gandaki, einem Nebenfluß des Ganges, findet. Je nach der Form schreibt man ihm besondere Eigenschaften zu. Vergl. Oppert, sur les salagramas, II, S. 85ff der Actes du Premier Congrès international d'Histoire des Religions, Paris 1900. I.] — [2]) Dulaure, Des Divinités Génératrices, S. 133 u. 167. [Solche Trinkgefäße sind uns erhalten, zwar nicht aus Glas, aber aus gebranntem Ton. Persönlich sind mir drei bekannt, die sich in den Museen von Trier, München und Wien befinden. Das Wiener Gefäß in Gestalt eines männlichen Geschlechtteils, ist das größte, es faßt meiner Schätzung nach mindestens 3 Liter. In der deutschen Ausgabe stehen die Stellen auf S. 56 u. 67]. — [3]) Tractatus de Fascinatione, S. 333.

Aber Gifford gibt sie so wieder:

„Swill from huge glasses of immodest mould".[1])

Montfaucon sagt von den von Frauen gefeierten Festlichkeiten des Priapus, daß dabei die Priesterin den Priapus mit Wasser bespritzte.[2])

Sonnerat berichtet, nach den Angaben bei Dulaure, daß man von der Milch, die über den Lingam gegossen worden ist, den Sterbenden einige Tropfen einflößt, daß man aber zu diesem Zwecke auch Gangeswasser gebraucht.[3])

„In einer Handschrift der Kirche von Beauvais, etwa aus dem Jahre 500, steht, daß die Kirchensänger und die Chorherren vor den Toren der Kirche, die geschlossen sind, stehen sollen, wobei jeder von ihnen einen Krug voll Wein nebst Glasschalen in den Händen hält, einer von den Kirchensängern soll dann mit den Kalenden des Januar beginnen".[4])

In Europa wird in Ecken und Winkeln, die abseits vom Wege liegen, heute noch der einsichtvolle Beobachter hier und da auf Spuren von religiösen Gepflogenheiten stoßen, die an die bei Juvenal erwähnten erinnern. Herr Macauly aus Philadelphia, der längere Zeit in der Nähe von Monaco an der Riviera lebte, ließ mir die Nachricht zukommen, er habe in diesem Teile Italiens eine solche sonderbare Sitte persönlich kennen gelernt. Am Abend vor dem Weihnachtfeste versammelte sich jede Familie im Halbkreis um das Feuer; der jüngste Knabe pisste auf das brennende Holzscheit; dann nahm der Vater einen gläsernen Becher, der mit weißem Wein gefüllt war und besprengte mittels eines Olivenzweigs das brennende Holz damit; schließlich nippten alle aus dem Becher, dessen Inhalt, wie Herr Macauly angibt, nach dem ihm gewordenen Mitteilungen zweifellos in sinnbildlicher Auffassung als Harn anzusehen war.

Bei mehr im Norden wohnenden Völkern besteht derselbe Kult des Feuers durch Darbringung von Speise und Trank heute auch noch, aber ohne irgendwelche Züge abstoßender Art.[5])

In Schweden und Norwegen „steht die tüchtige Hausfrau sehr früh auf, um ihr Feuer anzumachen und zu backen; sie versammelt nun ihr Gesinde in einem Halbkreis vor der Ofentür, sie beugen alle das Knie, nehmen einen Bissen Kuchen und trinken alle auf das Wohl des Feuers; was von dem Kuchen oder von dem Getränk übrig bleibt, wirft man ins Feuer".[6])

„Unsere deutschen Sagen und Märchen haben die Sitte aufbewahrt, vor dem Ofen niederzuknien und ihn anzubeten. . . . Der Unglückliche, der Verfolgte wenden sich an den Ofen und klagen ihm ihr Leid; sie vertrauen ihm auch ein Geheimnis an, das sie der Welt nicht zu offenbaren wagen".[7])

---

[1]) [Evans: Ein anderer trinkt ein Glas in der Form eines Priaps leer; Gifford: Trinkt gierig aus großen Gläsern in unzüchtiger Gestalt; Hilgers: Aus gläsernem Priap trinkt jener. So steht es auch im lateinischen Text und durch die Umschreibungen der englischen Übersetzer wird die Sache keineswegs deutlicher. I.] — [2]) Montfaucon, l'Antiquité Expliquée, I, Teil 2, Kap. 28; im ersten Band ist ein phallisches Gefäß mit Ohren abgebildet. [Solche Abbildungen findet man ferner bei Causseus, Cabinet Romain, S. 124, bei Hancarville, IV, Tafel 64; ganze Figuren aus Ton, die hohl waren und deren Geschlechtteile zum Trinken dienten, sogen. Drillopoten sind abgebildet bei Flögel, Geschichte des Grotesk-Komischen auf Tafel 13, bei Kilian, Ercolano, VI, Tafel 92; bei Saint-Non, Voyage pittoresque, II, S. 52, bei Caylus, Recueil, IV, Tafel 19 usw. I.] — [3]) Dulaure, S. 106. — [4]) Fosbroke, British Monachism, S. 81. Die Angabe steht bei Ducange s. v. Kalendae; die Handschrift war 500 Jahre alt, stammt also aus dem 12. Jahrhundert. — [5]) Vergl. Hedera Helix, Die Sommersonnwendfeier im St. Amarintale, Der Urquell, Eine Monatschrift für Volkkunde, herausg. von Krauss, N. F. I, S. 181—189, Leiden 1897. — [6]) Grimm, Deutsche Mythologie, II, S. 623. — [7]) S. 629. — E. H. Meyer, German. Mythologie, Berlin 1891, S. 197. — Den Glauben behandelt eingehendst: Wachter, Das Feuer in der Natur, in Kultus und Mythus, im Völkerleben, 1904 und Vera Charuzina: K voprosu o počitanii ognja (hauptsächlich mit Hinblick auf russische Folklore), Etnografič. Obozrenie, LXX— LXXI, S. 68—203.

„Die Serben verbrennen ihrer Koleda zu Ehren ein Scheit Eichenholz, besprengen es, mit Wein, schlagen darauf, daß die Funken fliegen und rufen dazu: „Soviel Funken, soviel Ziegen und Schafe".[1])

Die Ähnlichkeit der Sitten war in Ostindien stellenweise größer, als im Vorstehenden angedeutet worden ist.

Inman erzählt, daß unfruchtbare Frauen „priapischen Wein" tranken, worunter Wein zu verstehen ist, den man über einen aufrechten, den Lingam darstellenden Stein in Kegelgestalt gegossen, dann sammelte und sauer werden ließ.[2])

Dieselben Angaben findet man auch in Hargrave Jennings' Werk „Phallicism",[3]) aber seine Angaben scheinen aus Inman und Dulaure entnommen zu sein. Campbell berichtet, daß zu den hauptsächlichsten Reliquien der Kirche zu Embrun ein Standbild des heiligen Foutin gehörte. Die Verehrerinnen dieses Götzenbildes gossen Trankopfer aus Wein auf ein gewisses Anhängsel, das durch diese Sitte ganz rot gefärbt war. Diesen Wein fing man in einem Gefäß auf und ließ ihn sauer werden. Man nannte ihn dann „heiligen Essig" und die Frauen gebrauchten ihn als Waschmittel für die Geschlechtteile [um fruchtbar zu werden].[4])

Bei den Apachenindianern in Arizona, den Zuñis, den Moquis und den Pueblos sah ich große Feuersteinstücke in der Gestalt von Pfeil- oder Speerspitzen, die man unter besonderen Umständen erhalten hatte. Man glaubte, daß sie im Besitze großer Kräfte seien und die Frauen trugen sie um den Hals gehängt, namentlich diejenigen, die vorgaben, im Besitz von Zauberkräften zu sein. Stückchen von diesen Feuersteinen mahlte man zu feinem Pulver und gab es Frauen während der Schwangerschaft ein, um eine gefahrlose Entbindung herbeizuführen. Vallencey sagt: „Im schottischen Hochlande hatten die Priester einen großen Kristall von etwas ovaler Gestalt, mit dem sie Zauberwirkungen ausführen konnten; Wasser, das man darüber gießt, gibt man noch heutzutage dem Vieh gegen Krankheiten ein. Ganz alte, gläubige Leute auf dem Lande bewahren diese Steine heute noch auf".[5])

---

[1]) Réclus, Les Primitifs, S. 111. — Passender wäre ein Hinweis auf das Johannisfest, das man slovenisch Kres, den Funken (= das funkensprühende Fest) nennt. Auch sonst achtet man bei den Slaven gern auf die den Brandscheiten entfliehenden Funken, um daraus Gutes und Böses vorauszusagen, zumal bei den Serben am Weihnachtabend, dem badnjak. Vergl. A. A. Potebnja, O mifičeskom značenii nekotorych obrjadov i poverij, Moskau 1865. Vom Koledasammeln in den „Prager Städten" ums Jahr 1390 und vom Fest überhaupt spricht ausführlich Alex. Tille, Die Geschichte der deutschen Weihnacht. Leipzig 1893, S. 112 ff. — [2]) Inman, Ancient Faiths, I, S. 305, Artikel: Asher. — [3]) Phallicism, London 1884, S. 256. [Es scheint nicht nur so, sondern es ist Tatsache, daß alle Nachfolger Dulaure's, die hier genannt werden, Inman, Jennings, Campbell, auch der weiter oben genannte anonyme Verfasser des Masculine Cross bei Dulaure tüchtige Anleihen gemacht haben, meistens ohne ihn zu nennen. Campbells Angaben stehen fast wörtlich bei Dulaure, S. 269. I.] — [4]) Robert Allen Campbell, Phallic Worship, St. Louis 1888, S. 197. [Nach Dulaure stammen diese Angaben aus L'Etoile, Journal d'Henri III, sie stehen aber in den Anmerkungen, II, Kap. 2, die Leduchat seiner Ausgabe des Journals beigefügt hat. I.] — [5]) Vallencey, Collectanea de Rebus Hibernicis, Nr. 13, 17 bei Brand, Popular Antiquities, III, S. 60, Artikel: Sorcerer.

XLVII. Phallischer Glaube in Frankreich und in anderen Ländern Europas.

Bei der Landbevölkerung Irlands waren gewisse praehistorische Pfeilspitzen im Gebrauch, von denen man glaubte, es seien Wurfspieße der Elfen. „Nimmt man an, eine Krankheit sei von den Elfen verursacht worden, . . . so legt man einen solchen Elfenwurfspieß . . . in einen Becher und übergießt ihn mit Wasser, das der Kranke trinkt, und rührt seine Krankheit wirklich von den Elfen her, dann wird er sofort gesund".[1]

In ähnlicher Weise, wie wir schon bezüglich der Völker im fernen Osten gezeigt, die dem Wasser, dem Wein oder der Milch, die man über den Lingam gegossen, heilige Eigenschaften zuerkennen, trösteten sich in Frankreich die Frauen mit der Hoffnung, daß diejenigen Kinder bekommen würden, die ein Getränk zu sich nähmen, das Schabsel von den Phallen enthielt, die bis zum Ausbruch der französischen Revolution zu Puy en Velay, in der Kirche des heiligen Foutin, in der Kapelle des heiligen Guerlichon bei Bruges, in der Kapelle des heiligen Guignolles bei Brest und in dem Heiligtum eines alten Standbildes des Priap zu Antwerpen vorhanden waren.[2]

Dulaure sagt, daß diese Spuren des phallischen Kultes in Frankreich noch in einer Zeit bemerkbar waren, die von der unsrigen gar nicht soweit entfernt ist, und daß Frauen von einem sehr großen Ast, der das Standbild des Heiligen darstellen sollte, etwas abkratzten; sie glaubten, daß das Abgekratzte in eine Flüssigkeit getan und getrunken, sie fruchtbar machen würde.

Aber Davenport, der sich mit der Frage des Phalluskultes eingehend beschäftigt hatte, behauptet, daß solche Spuren in einigen Landgemeinden Frankreichs, Siziliens und Belgiens nicht allein bis in die Reformationzeit hinein, sondern bis in die ersten Jahrzehnte des neunzehnten Jahrhundert vorhanden waren.[3]

R. Payne Knight spricht von demselben Falle eines Überlebsels zu Isernia in den Abruzzen, das an diesem Orte bis zum Jahre 1805 bekannt war.[4]

Dulaure kannte aus dem Altertum kein Beispiel, daß man einen Phallus schabte und einen Aufguß auf dieses Geschabsel trank. Es würde sich also wenigstens in dieser Beziehung nicht um ein Überlebsel handeln. Aber das Schaben des Phallus lag nahe, da man das Übergießen mit Wasser, Wein oder Milch als „heilige Handlung" nicht kannte.[5]

Zur richtigen Auffassung des „Kultes" gelangt man unstreitig erst durch die Betrachtung der einfacheren Anschauungen der Primitivsten, die mit den Geschlechtteilen noch keinen eigentlichen Kult im Sinne höherstehender Völker verknüpfen. Von Bedeutung sind nach dieser Richtung Angaben, wie die Rev. James Chalmers[6]: Bei den Kiwai-Insulanern (Britisch-Neu-Guinea) ist es Sitte, daß die Heerführer, bevor sie in den

---

[1] James Mooney, Medical Mythology of Irland. — [2] Dulaure, S. 271, 277, 278, 280 u. 283. — [3] Davenport, On the Powers of Reproduction, London 1869, S. 10 ff (Privatdruck). [Er stützt sich auch auf Dulaure. I.] — [4] An account of the remains of the Worship of Priapus, London 1786. [In Deutschland sind mir nur zwei Exemplare dieses seltenen Buches bekannt, in Göttingen und in Weimar. Isernia wurde 1805 durch ein Erdbeben fast vollständig zerstört. I.] Eine französische Übersetzung erschien zu Brüssel im Jahre 1888. Vgl. Dulaure, Deutsche Ausgabe, S. 202 ff. — [5] Dulaure, S. 300. Deutsche Ausgabe, S. 112. — [6] Notes on the Natives of Kiwai-Islands, Fly River, British-Neu-Guinea, The Journal of the Anthropological Institute of Great Britain and Ireland. London 1903, XXXIII, S. 123. — Angeführt nach F. Karsch-Haack, Das gleichgeschlechtliche Leben der Naturvölker, München 1911, S. 92.

Krieg ziehen, mit ihren Frauen in den benachbarten Moguru-(Beschneidung-)Wäldern den Beischlaf vollziehen; wird der Zumpt recht steif, so glaubt man an einen sicheren Sieg, wenn nicht, an einen Mißerfolg. Diesem ihrem Glauben geben die Heerführer auch Ausdruck, wenn sie ins Dorf zurückgekehrt, nach dem Erfolg ihres Ausflugs befragt werden.

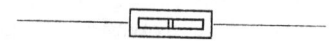

XLVIII. Zum Lachen drollige Überlebsel.

Im Anschluß an den vorangegangenen Abschnitt bietet sich uns eine neue Aufgabe dar, nämlich die Erforschung der Lachreiz erregenden, derb-komischen Überlebsel von Sitten und Gebräuchen, die man nicht mehr als in das religiöse Gebiet fallend ansieht.

Die Religion ist nicht damit zufrieden, daß sie an ihrem Gebrauchtum zäh festhält; sie geht auch oft noch viel weiter und heißt Rückfälle in Gebräuche und Denkarten gut, die schon der Volkerinnerung entschwunden waren. Und wenn dies geschieht, dann ist es sehr oft erforderlich, eine Erklärung zu erfinden, weil die Priester im Allgemeinen die wirklichen Gründe für ihr Verhalten selber nicht mehr kennen. Aber es kommt noch viel häufiger vor, daß die Menschen ohne jede Untersuchung Vorschriften in Bezug auf den Kult hinnehmen und gewissenhaft erfüllen, ja, sie haben dabei einen verschwommenen Glauben, daß ein Brauch notwendigerweise um so wirksamer zur Verschaffung von Schutz und Glück sein muß, je älter er ist.

„Die Wichtigkeit der Forschungen über Volküberlieferungen wird zwar von den Männern der Wissenschaft anerkannt, die große Menge hat sie aber noch nicht begriffen. Es ist jedoch ohne weiteres klar, daß die geistigen Merkmale, die einem bestimmten Gedankenschatz angehören, der den Stempel vieler auf einander folgender Zeiten trägt, der die Denkkraft unseres Zeitalters mit allen rückliegenden Perioden menschlicher Tätigkeit verbindet, der höchsten Beachtung wert sind. Vieles von dieser alt-ehrwürdigen Scheidemünze ist zwar roh und formlos; es kann Metall sein, das kaum noch seine Prägung erkennen läßt; aber unter diesen Schätzen fehlt auch Gold und Silber nicht ganz. Ein amerikanischer Glaube kann vielleicht zu seiner Erklärung das Zurückgreifen auf die germanische Mythologie erforderlich machen, er kann aber auch zu der Philosophie, den Denkmälern und der Kunst des alten Griechenlands in unmittelbarer Beziehung stehen. . . Es ist jedoch heutzutage ein anerkannter Grundsatz, daß man höhere Gestaltungen nur dann begreifen kann, wenn man die niederen, aus denen jene hervorgegangen sind, zur Hilfe nimmt. . . . Die einzige wirkliche Art des wissenschaftlichen Denkens ist jener umfassende und kühne Zug der neueren Forschung, der ohne Mißachtung und ohne Gleichgültigkeit alle Seiten der menschlichen Geistestätigkeit in sein Bereich zieht und in allem das Ganze zu finden sucht“.[1]

„Es ist gewiß nicht zuviel gesagt, ein für allemal, daß bedeutunglose Sitten Überlebsel sein müssen; daß sie früher einmal einen tatsächlichen oder wenigstens gebrauchtümlichen Zweck hatten, als und wo sie zuerst entstanden; sie mußten aber heutzutage der Lächerlichkeit anheimfallen, weil man sie in einen neuen Zustand der menschlichen Gesellschaft mit hinübernahm und ihre ursprüngliche Bedeutung verloren ging“.[2]

---

[1] Prof. W. W. Newell im Journal of American Folk-lore, 1889, Januar-März-Nummer. —
[2] E. B. Tylor, Primitive Culture, New-York 1874, I, S. 85.

„Ich bin der Ansicht, daß kein Brauch, den wir bei alten Völkern finden, eingeführt wurde, ohne daß man einen sehr guten Grund dafür hatte, obwohl diejenigen, die
den Brauch ausüben, diesen Grund schon längst vergessen haben und sogar gezwungen
waren, einen neuen zu erfinden, der von dem ursprünglichen ganz und gar verschieden
ist; man will eben den Brauch, den man ohne weiter zu überlegen, ausgeführt hat, schließ-
ich doch erklären".[1]

„Wir sehen, wie die ernste Tätigkeit einer alten Gemeinschaft bei späteren Geschlechtern zu einem Spiel herabsinkt und wie ein ernster Glaube in Kinderstubenge-
schichten sein trauriges Dasein fristet, während überwundene Sitten aus dem Leben einer
alten Welt in Formen für eine neue Welt umgewandelt werden können und ihre Kraft
zum Guten oder Bösen beibehalten".[2]

Und ferner: „Die Religion hält zäh und abergläubisch an allem fest, was jemals
Brauch gewesen ist".[3]

Auf zukünftige Forschungen wird ein helleres Licht fallen, wenn man sich erst
daran gewöhnt hat, Sitte und Brauch des Volkes, besonders aber die Heilkunst des Volkes
als die Zusammenfassung des urtümlichen religiösen Denkens und Tuns anzusehen.

„Man muß es immer und immer wieder sagen, so lange es noch nicht allgemein
anerkannt ist, daß abergläubische Ansichten und Gebräuche, wie sie bei der Landbevölkerung allgemein verbreitet sind, trotz ihres zusammenhanglosen Charakters bei weitem
die vollständigsten und glaubwürdigsten Beweise bilden, die wir für die ursprüngliche
Religion der Arier haben. Denn der alte Arier ist tatsächlich in allem, was seine geistige
Fähigkeit und Tätigkeit betrifft, auch heute noch nicht ausgestorben. Er lebt unter uns bis auf
den heutigen Tag. Die großen geistigen und sittlichen Kräfte, die in der gebildeten Welt eine
Umwälzung hervorgebracht haben, sind auf den Bauer kaum von Einfluß gewesen. In
seinem innersten Glauben ist er das geblieben, was seine Vorfahren waren, als auf dem
Boden, auf dem jetzt Rom und London stehen, noch Wälder standen, in denen Eichhörnchen spielten.

„Daher sollte jede Forschung über die Urreligion der Arier entweder von den
abergläubischen Meinungen und Gebräuchen der Landbevölkerung ausgehen oder wenigstens fortwährend Bezug auf sie nehmen, um Klarheit herbeizuführen und andere Angaben nachzuprüfen. Wenn man die Beweismittel, die uns die lebendige Überlieferung
in die Hand gibt, mit dem Zeugnis alter Bücher über religiöse Dinge vergleicht, so ist
dieses wirklich nicht sehr wertvoll. Denn das Schrifttum beschleunigt den Fortschritt
des Denkens in einer derartigen Weise, daß es das langsame Vorrücken von Ansichten
durch die mündliche Überlieferung in unmeßbarer Ferne hinter sich zurückläßt. Zwei
oder drei Geschlechterfolgen im Schrifttum leisten viel mehr für die Umgestaltung der
Begriffe als zwei oder dreitausend Jahre im Leben der mündlichen Überlieferung. Denn
die große Masse des Volkes, die keine Bücher liest, bleibt von der geistigen durch das
Schrifttum bewirkten Umwälzung gänzlich unberührt; und auf diese Weise ist es gekommen, daß heutzutage in Europa die abergläubischen Meinungen und Gebräuche, die
sich durch Weitergabe von Mund zu Mund erhalten haben, im allgemeinen einen bei

---

[1] Aus einem Briefe Dr. J. W. Kingsleys, Brome Hall, Scole in England. — [2] E.
B. Tylor, Primitive Culture, London 1871, I, S. 15. — [3] Andrew Lang, Custom and Myth,
New-York 1885, S. 241. Sehr lehrreich ist in dieser Hinsicht die Religion der alten Ägypter,
die nach unseren Begriffen jeder Kritik bar allen Glauben aller Zeiten beibehielten. Vergl.
A. Wiedemann, Die Toten und ihre Reiche im Glauben der alten Ägypter. Leipzig 1900
(Der alte Orient Heft 2) und dessen Artikel: Religion of Egypt in der Encycl. Brit. XII,
176—197.

weitem altertümlicheren Eindruck machen, als die Religion, die uns in dem ältesten Schrifttum der arischen Rasse geschildert wird".[1]

Die Bewohner von Rangoon in Siam beobachten beim Beginn ihres neuen Jahres einen ganz sonderbaren Brauch. Jeder, sei es Mann oder Frau, Knabe oder Mädchen, ist mit einer Spritzbüchse, dem bekannten Kinderspielzeug, bewaffnet und macht sich ein Vergnügen daraus, alle Leute auf der Straße naß zu machen.[2]

Elliot sagt unter Berufung auf einen russischen Forscher, der im Jahre 1843 in Alaska war, daß die Bewohner von Alaska in der „Kaschga" Vergnügungen abhalten. „Es kommt zuweilen vor, daß Leute, die gern einen Scherz machen, bei solchen Gelegenheiten die Frauen mit Öl bespritzen oder mit jener Flüssigkeit, die sie anstatt der Seife benutzen; sie verwenden zum Spritzen kleine Blasen, die sie unter ihrer Kleidung verbergen. Solche Späße nimmt man niemals übel auf".[3] [Weil man sie, wie bei unserem Coriandoli als Zeichen der Liebe oder Neigung auffaßt].

Am Sonntag und Montag vor Beginn der Fastenzeit hat in Lissabon jedermann das Recht, sich als Narren aufzuspielen; man hält es für sehr spaßhaft, wenn man alle Vorübergehenden mit Wasser begießt oder ihnen Staub ins Gesicht wirft; aber beides zu gleicher Zeit fertig bringen, ist der Gipfel des Witzes.[4]

Das wohl den meisten Lesern bekannte indische Fest, das man Holi, Huli oder Hulica heißt, schilderte vor kurzem ein Reisender, der selber Augenzeuge war, wie man es in den Landteilen in der Nähe von Oudeypore feiert.[5] Die Vorgänge, die sich dabei abspielen, erinnern an die römischen Saturnalien; sie waren von toller Ausgelassenheit und übermäßigem Trinken begleitet.

„Gleich zu Beginn des Festes stellte man Bilder von geradezu abstoßender Unzüchtigkeit an den Toren der Stadt und in den Hauptverkehradern auf.

„Banden von Männern und Frauen, bekränzt mit Blumen und trunken vom Bhang-Genusse[6] bevölkern die Straßen und tragen Säcke mit einem hellroten Pulver aus Pflanzenstoffen bei sich. Mit diesem Pulver machen sie Angriffe auf die Vorübergehenden, die bald mit Staubwolken bedeckt sind, wodurch die Kleider sehr bald eine auffallende Farbe annehmen. Gruppen von Menschen, die an den Fenstern stehen, erwidern die Angriffe mit demselben Wurfgeschoß oder sie spritzen mit hölzernen Spritzbüchsen Ströme von gelbem oder rotem Wasser in die Straßen hinunter".

Die Tänze der Bajaderen (Nautch) erreichen bei dieser Gelegenheit den Gipfel der Wollüstigkeit und die begleitenden Gesänge sind voll von sehr deutlichen Anspielungen. Der Schriftsteller, von dem diese Angaben herrühren, fügt noch hinzu, daß Holica die indische Venus ist.

---

[1] Dr. James G. Frazer, The Golden Bough, London 1890, Vorrede S. 8 f. [Wir können den Worten Frazers wohl zustimmen, aber um abergläubische Gebräuche und Meinungen in diesem Lichte zu sehen, ist doch wohl ein sehr geübtes Auge und ein umfangreiches Wissen erforderlich. Und gerade Frazer hat manches gesehen, was man vor ihm nicht bemerkt hatte. Die gegenwärtig (1911) erscheinende 3. Auflage seines Werkes wird aus acht starken Bänden bestehen, gegen zwei kleine Bände der ersten Ausgabe. I.] — [2] Die Belege für diese Angaben findet man in „The Press" von Philadelphia; der Artikel ist abgedruckt im „Evening Star" von Washington vom 26. Juli 1890. — [3] Henry W. Elliott, Our Arctic Province, New-York 1887, S. 392. — [4] Southey, nach der Anführung in Hone's Every-Day Book, London 1825, I, S. 206. Vergl. auch Brand, Popular Antiquities, London 1849, I, S. 131; Artikel: April Fool's Day. — [5] Rousselet, India, London 1876, S. 173 u. 343. Man hat es mit unserem Aprilnarrentag verglichen. Vergl. Asiatic Researches, Calcutta 1790, II, S. 334, ferner Moor, Hindu Pantheon, London 1810, S. 156 f. Encyclopaedia Britannica und Appleton's Encyclopaedia, Artikel: April. — [6] Bhang oder Bang sind getrocknete Blätter und kleine Stengel der Hanfpflanze (Cannabis indica), die man zum Rauchen gebraucht, ferner ein aus diesen Blättern bereitetes berauschendes Getränk, das hier gemeint ist. I.]

Inman sagt, daß „dieses rote Pulver (gulàl) ein Zeichen von schlechten Absichten ehebrecherischer Art ist. Während der Holi-Festtage wirft der Maharadscha den weiblichen und männlichen Gläubigen gulàl auf die Brust und richtet einen kleinen Strahl von gelb-gefärbtem Wasser aus einer Spritze auf die Brüste der Frauen".[1]

Dieses „gelbe Wasser" kann ein Überlebsel und eine Verfeinerung von Harn sein. Die Apachen und die Navajoes, die dicht bei den Zuñis wohnen, haben bis in die jüngste Zeit herein (und sie tun es vielleicht heute noch) den Tanz des Joschkân gefeiert, bei dem Spaßmacher aus Blasen, die sie sich um den Leib gebunden haben, die Zuschauer mit Wasser besprengen, das, wie man sagt, Harn vorstellen soll.

Bei den Azteken gab es ein Fest, das den Spaßmachern jede Freiheit gestattete. Diese waren mit Blasen bewaffnet, die man mit einem roten Pulver oder mit kleinen Stückchen eines dünnen Papieres füllte. Die Blasen waren mit Stricken an kurze Stöcke gebunden. Mit diesen Blasen schlug man erbarmunglos auf alle Leute, deren man in den Straßen habhaft werden konnte, namentlich auf Frauen und Mädchen ein.[2]

Sahagun's Bericht sagt auch, daß im siebten Monat, der „Tititl" genannt wurde und ungefähr mit userm Dezember, dem Monat der Wintersonnenwende, übereinstimmt,[3] die aztekische Bevölkerung Spiele abhielt, die „nechichiquavilo" hießen.

Alle Männer und Knaben, die an diesem Spiele teilnehmen wollten, machten sich kleine Säcke oder Netze, die mit dem Blütenstaub einer Binsenart, die „Espadaña" hieß, oder mit kleinen Papierschnitzeln gefüllt waren. Diese Säcke oder Netze band man an Bindfaden oder an Bänder, die einen halben Meter lang waren, in der Weise an, daß man mit ihnen schlagen konnte. Andere machten sich solche Säcke in der Form von Handschuhen, die sie entweder wie oben angegeben, oder mit Blättern von grünem Mais ausstopften. Es war niemandem erlaubt, etwa Steine oder sonst irgend etwas, was verletzen konnte, in die Säcke zu tun.

Die Knaben fingen zuerst mit diesem Spiele an, wobei sie, nach Art eines Scheingefechts, sich gegenseitig auf die Köpfe, oder wohin sie sonst konnten, schlugen. Nahm die Stimmung zu, so machten sich die mutwilligen Knaben daran, die vorübergehenden Mädchen zu schlagen. Zuweilen fielen drei oder vier Knaben über ein einziges Mädchen her und schlugen sie so stark, daß es ihr lästig wurde und sie zu schreien anfing. Vorsichtigere Mädchen nahmen, wenn sie über die Straße gehen mußten, einen tüchtigen Stock mit, um sich verteidigen zu können. Manche Knaben versteckten den Sack und warteten ab, bis eine alte Frau ganz sorglos in ihre Nähe kam. Dann begannen sie plötzlich auf sie loszuschlagen und schrien dabei: „Chichiquatzinte mantze", das bedeutet: „Unsere Mutter, das ist der Spielsack!"[4]

Torquemada beschreibt die Sache so: „Bei dem Feste zu Ehren der Göttin Yamatecuhtli, das bedeutet „der obersten alten Frau", im siebenten Monat des mexikanischen Kalenders, machten sich alle Leute in der Stadt Säcke nach Art von Geldbeuteln und stopften sie mit Heu, Stroh oder anderen Stoffen aus, die kein großes Gewicht hatten und niemand verletzen konnten, banden sie an einen Strick und trugen sie unter ihren Mänteln verborgen. Mit diesen Säcken klopften sie alle Frauen und Mädchen, die sie auf der Straße trafen".[5] Torquemada weist auf die Ähnlichkeit dieses Spiels mit dem Blindekuh-Spiel anderer Länder hin.

---

[1] Inman, Ancient Faiths embodied in Ancient Names, S. 393. — [2] Sahagun, B. II, in Kingsborough's Mexican Antiquities, VI, S. 33, und ferner VII, S. 83. — [3] Das mexikanische Jahr war in achtzehn Monate geteilt, von denen jeder zwanzig Tage hatte. Von der Chronologie der Mexikaner handelt eingehend Eduard Seler bei Bowditch, a. a. O., S. 23ff. Vom Nechichiquavilo-Spiel geschieht in Hodges Handbook of Am. Indians, Washington 1910, keine Erwähnung. — [4] Sahagun, bei Kingsborough, VII, S. 83. — [5] Torquemada, Monarchia Indiana, X, Kap. 29. Beim Fest der Göttin Tona führte man das gleiche Spiel auf; Sahagun, VI, S. 83.

Ein Mitarbeiter der Asiatic Researches bezeichnet das Pulver, das man beim Hulifest gebrauchte, als „Purpurstaub" und behauptet, man beabsichtige damit, die Rückkehr des Frühlings darzustellen, den die Römer auch als „den Purpur" bezeichneten.[1]

In einigen Teilen Nord-Amerikas feiert man den ersten April in gleicher Weise wie St. Valentin's Tag, nur mit dem Unterschiede, daß man den Knaben erlaubt, die Mädchen zu züchtigen, wie sie es für passend halten, entweder mit Worten oder mit Schlägen.[2]

Einige Bemerkungen über die Verwendung von Blasen bei religiösen Zeremonien.

Ob der Mensch der Urzeit, durch seinen unersättlichen, alles verschlingenden Heißhunger nach Göttern verleitet, der ihn dazu antrieb die Winde, die Gewässer, die Bäume und die Steine zu vergöttern und auf heilige Grale oder Kelche und andere Prunkgeräte seines Rituals mit einer an Heiligung grenzenden Verehrung hinzublicken, auch den Blasen, die er dazu verwendete, seinen Kot und seinen Harn aufzunehmen, irgend eine geheimnisvolle Kraft zuschrieb oder nicht, diese Frage wird wohl heute niemand mehr lösen können.[3]

Für unsere eigenen arischen Vorfahren, die die Kuh heilig hielten, waren Blasen ein ganz natürliches Mittel, um Flüssigkeiten zu befördern, genau wie wir es heute noch bei den Apachen und anderen Indianerstämmen in Amerika sehen.

Hatten die Blasen auf diese Weise, weil sie notwendig waren, in dem religiösen Gebrauchtum Aufnahme gefunden, so war es natürlich, daß sie im Laufe der Jahre und trotz der Verbesserungen im Haushalte der Völker im Allgemeinen ein gewisses geheimnisvolles Ansehen bekamen, im Sinne der „Medizin" der Indianer, und daß man ihnen eine Wertschätzung beilegte, die ganz im Einklang steht mit derjenigen, die sich die Kürbisrassel erobert hat, die man, wie wir wissen, in einer ganzen Menge von Fällen als Orakel befragte und als Gott anbetete.[4] Die afrikanische Gottheit Obatala wird von einem gebleichten Kürbis als Sinnbild dargestellt und, mit einer Decke behängt, in den Tempeln aufgestellt.[5]

Ich beobachtete bei den Sioux, den Apachen und anderen Indianerstämmen eine Menge von Beispielen dafür, daß man Blasen als Zierrat in die Haare einband, lange bevor Händler Glasperlen, Federn und andere Sachen zum Schmücken herbeischafften. Die Hottentotten bewahrten Trinkwasser in Tierdärmen auf.[6]

Von den Patagoniern wird uns berichtet, daß „die einzigen Geräte, die sie zum Wasserholen benutzen, Blasen sind".[7]

[1] R. Patterson in den Asiatic Researches, Calcutta 1805, III, S. 78. — [2] Brand, Popular Antiquities, I, S. 141, Artikel: April Fool's Day. [Alle oben geschilderten Bräuche tauchen heute noch bei unserm Karneval auf. Das Schlagen mit Schweineblasen, die allerdings getrocknet und leer sind, ist sehr bekannt; das Werfen mit Papierschnitzeln ebenso; ich habe auch selber in Köln die oben erwähnten Spritzbüchsen gesehen, die man aber mit reinem Wasser füllte; ihre Besitzer waren aber sehr vorsichtig, da man sich gegen derartige „Späße" im Allgemeinen recht ablehnend verhielt; irgend welchen Sinn verband man mit ihnen nicht mehr; man hielt sie durchweg für etwas roh. I.] — [3] Götter sind Schöpfungen einer hoch gediehenen Kultur. Der Mensch der Urzeit hatte nach ihnen kein Bedürfnis und unbedingt dafür auch kein Verständnis. — Nebenher bemerkt, ist es heutzutage ethnologisch nicht mehr zulässig, die „Arier" als die Vorfahren der lichthäutigen Menschengruppe zu bezeichnen. Die Arier selber waren keine Urmenschen mehr, sondern Kulturmenschen, deren Ursprung sich in völligem Dunkel verlor. — [4] Man vergl. dazu Hodges Handbook of Am. Ind. II, S. 955f mit 2 Abbild. und reichen Literaturnachweisen und J. D. E. Schmeltz, Das Schwirrholz, Verh. f. naturwissensch. Unterhaltung zu Hamburg 1896, IX. — Von einer Anbetung kann in diesem Falle nicht die Rede sein. — [5] Pater Baudin, Fetichism, New-York 1885, S. 14. — [6] Thurnberg, bei Pinkerton, XVI, S. 38, 73, 141. — [7] Adventure and Beagle, I, S. 93.

Elliott erzählt, daß in Alaska die Schamanen aufgeblasene Blasen in das Meer werfen und sie beim Untersinken beobachten, um daraus zu weissagen.[1]

In einigen Teilen Englands, in denen man vorherrschend Landwirtschaft betreibt, hielt man bis in unsere Zeit herein gewisse Feste und Zeremonien ab, die zum Bodenpflügen in Beziehung standen. Sie hießen „Narrenpflugtage" und man feierte sie in den verschiedenen Gegenden zwischen Anfang Januar und Fastnachtdienstag. Sie hatten etwas Scherzhaftes an sich, denn den Pflug lenkte ein mit einer Blase bewaffneter Hanswurst, der mit ihr sein Gespann antrieb. Es waren mit dieser Sitte noch gewisse Sonderbarkeiten verbunden, die auf ihren heidnischen Ursprung hinweisen. Der Hanswurst war als Frau angezogen, man machte Musik dabei, den Pflug zog man dreimal um ein Feuer herum, der Grobschmied erhielt „Schärfkorn", weil er die Pflugschar schärfen mußte und das Ganze endete mit einem Gelage, bei dem man den Hahn als eine der Festspeisen auftrug. Alles dies veranlaßte den Verfasser dieser Angaben bei Brand an eine Verwandtschaft mit den Compitalien der Römer und dem dreimaligen heiligen Pflugumgang der Athener zu denken; er erinnert auch an die Zeremonie des heiligen Pflügens in China.[2]

Bruce beschreibt den obersten Befehlhaber des abessinischen Heeres auf einem Kriegzuge gegen die Gallas folgendermaßen, wie er sich bei seiner Toilette befindet: „Dann war ein Mann damit beschäftigt, sein Kopfhaar fertig zu schmücken, wobei er es mit einigen langen und dünnen Ochsendärmen durchflocht; daß man diese Därme jemals gereinigt, habe ich nicht bemerkt".[3]

Schlachten die Gallas in Abessinien einen Ochsen, „so hängen sie die Eingeweide um ihren Hals oder flechten sie in ihr Haar".[4]

Bruce beschreibt einen Häuptling der Gallas, der sein langes Haar mit den Eingeweiden eines Ochsen durchflochten trug und zwar waren die Haare und die Därme derart durcheinander geschlungen und aneinander geknotet, daß es unmöglich war, sie von einander zu unterscheiden. „Ebenso hatte er einen Kranz aus Därmen um den Hals hängen und verschiedene aus Därmen gefertigte Ringe um den Leib geschlungen".[5]

„Ihr bevorzugter Zierrat besteht aus den Eingeweiden ihrer Ochsen und man flicht sie, ohne daß man sich irgendwelche Mühe mit ihrer Reinigung gibt, in das Haar ein und trägt sie als Gürtel um den Leib".[6]

„Eine norwegische Hexe berühmte sich, ein Schiff dadurch zum Sinken gebracht zu haben, daß sie einen Sack öffnete, in den sie einen Wind eingeschlossen hatte. Ulysses erhielt die Winde von Aeolus, dem Beherrscher der Winde, in einem ledernen Sack".[7]

Sehen wir uns die eben angeführten Beispiele, sowie diejenigen näher an, die wir oben bei Besprechung der Heilung durch Übertragung beibrachten, so gewinnt es den Anschein, als ob man die Blasen Gefässen aus anderen Stoffen vorgezogen habe, obwohl diese ebenso gut verwendbar und ebenso leicht erreichbar waren. Und wenn ein Ersatz stattfinden sollte, so geschah es immer mit einem Horn oder Glasgefäß, die ebenso durchsichtig waren, wie ein Darm und die man zweifellos als etwas Ähnliches ansah. Gott Crepitus stellte man, wie wir gesehen haben, sinnbildlich als einen angeschwollenen Bauch dar. Die Hanswurste in unseren heutigen Zirkussen sind mit Blasen versehen; aber den Grund hierfür hat uns bis jetzt noch kein Altertumforscher angegeben.

---

[1] Elliott, Our Arctic Province, S. 393. — [2] Brand, I, S. 505ff, Artikel: Fool-Ploughs. Mannhardt führt dieselbe Stelle aus Brand an, ergänzt sie aber sehr ausführlich mit Parallelen aus germanischem und slavischem Gebiete. Der Baumkultus der Germanen und ihrer Nachbarstämme, Berlin 1875, S. 559—565 (Das Pflugumziehen). — [3] Bruce, Nile, IV, S. 212. — [4] Maltebrun, Universal Geography, Boston 1847, II, S. 47, Artikel: Abyssinia. — [5] Bruce, Nile, IV, S. 560. — [6] Encyclopaedia of Geography, Philadelphia 1885, II, S. 588, Artikel: Abyssinia. — [7] Frazer, The Golden Bough, I, S. 27.

Auch Brand liefert in seinem Werke „Popular Antiquities" im Artikel über „Fools" keine Erklärung hierfür.[1]

Die Verwendung der Blase bei den Festen der Innuits ist gleichfalls beachtenswert. „Nachdem sie einen furchtbaren Lärm gemacht haben, hängen sie Hunderte von Blasen an Stricke. Die Blasen entnimmt man Tieren, die sämtlich mit Pfeilen getötet worden sind".[2]

Réclus gibt hierfür die Erklärung: „Muß man noch darauf hinweisen, daß die von Flammen erhitzten Blasen den Frühlinghauch darstellen sollen? . . . Daß sie ein Sinnbild sind für den Geist des Lebens, der in die Nasenlöcher eintritt?"

Beachtenswert ist die Sorgfalt, mit der man diese Blasen auswählen muß; jede beliebige Blase ist nicht geeignet, es müssen solche von Tieren sein, die man mit Pfeilen getötet hatte.

XLIX. Von der Hähne- und Hennenverehrung.

Von vorn herein bemühte ich mich, alles dem vorliegenden Werke fernzuhalten, was nicht ohne weiteres hinein zu gehören schien und ein Recht auf die Aufnahme hatte; ferner ging ich bei Anführung der Quellenschriften mit großer Sorgfalt zu Werke, um Entstellungen oder Verstümmelungen möglichst zu vermeiden; und so schloß ich manches aus, was einer Aufnahme wert gewesen wäre, ohne daß man es als unpassend hätte bezeichnen müssen.

So macht z. B. ein so alter Schriftsteller, wie John de Laet auf die große Verbreitung des unmäßigen Trinkens und der Ausschweifungen bei den Indianern von Vextipa in der Nähe von Mexiko aufmerksam, bei denen es uralte Sitte war, sich an Festen viehisch zu betrinken und ganz ungeheuerliche Ausschreitungen zu begehen.[3] Und in ähnlicher Weise beklagten sich die zuerst nach Kanada gekommenen Missionare über die maßlosen Orgien der Eingeborenen, bei denen man unter dem Schutz der Dunkelheit und unter dem Deckmantel ihres Glaubens Taten beging, die keine Feder zu beschreiben wagte. Zahlreiche Hinweise hierauf sind uns auch in den Berichten der Jesuiten aufbewahrt und in den ausführlichen und belehrenden amerikanischen Abhandlungen, die zum großen Teil auf diesen Berichten beruhen.[4] Mit unserem Stoffe haben aber diese Dinge wohl nichts zu tun, denn es ist wahrscheinlicher, daß die Saturnalien der Huronen und Algonkinindianer in einem zügellosen Geschlechtverkehr bestanden.[5]

---

[1] B. I, S. 261 ff. — [2] Réclus, Les Primitifs, S. 110, Les Inoits Occidentaux. — [3] John de Laet, VI, Kap. 7, S. 202. — [4] Vergl. Francis Parkman, Jesuits in North-America, ferner die Werke von John Gilmary Shea und Kipp, Jesuit Missions. — [5] [Der seinerseits wieder keine Unzüchtigkeit war, sondern religiöser Bestandteil des Festes, eine Versinnbildlichung des Naturgeschehens, die auch in vielen Fällen der Natur eine Anregung zur Fruchtbarkeit sein sollte. I.] — Man muß bei der Aufnahme derartiger Berichte der Missionare aus älteren Zeiten äußerst vorsichtig sein, denn sie witterten überall teuflische Einflüsse, wo der vorurteillose Beobachter einfach Trunksucht wahrnimmt. Der Berauschte gibt sich auch häufig willenlos schrankenloser Geschlechtbefriedigung hin oder man mißbraucht seine Hilflosigkeit. Man vergl. dazu z. B. den Bericht Dr. Trgjićs, Anthropophyteia VI, S. 150 ff vom Geschlechtleben der Rumänen in Serbien. Die serbische medizinische Zeitschrift „Zdravlje" geißelt wieder ständig das dem unbegrenzten Suff ergebene Landvolk. Wer just will, kann auch da von Orgien und Saturnalien erzählen.

Wir können nur zwei Gewährmänner, die Patres Le Jeune und Sagard, anführen, die die Verwendung von menschlichem Harn oder Kot unter priesterlicher Leitung
mit Beispielen belegen; alle andern lassen nur die Vermutung zu, daß die ausgelassenen
Feste denen sie als widerwillige und entrüstete Zuschauer beiwohnten, weiter keine Besonderheiten zeigten, als diejenigen eines zügellosen geschlechtlichen Verkehrs.

Man entdeckte schwerlich ein schlagenderes Beispiel für die Zähigkeit, mit der
man im Volke an abergläubischen Vorstellungen festhält als dasjenige, das in dem folgenden Auszuge der zu Washington erscheinende „Evening Star" schildert, wie es heutzutage noch unter unseren eigenen Augen vorhanden ist.

„Ein sonderbarer ungarischer Volkglaube".

„Ein Mitarbeiter der „Philadelphia Press" zu Pottsville in Pennsylvanien berichtet
über ein sonderbares Vorkommnis, dessen Augenzeuge er in dem ungarischen Stadtviertel
war. Eine Anzahl Kinder rannte barfüßig umher und schlug dabei auf Pfannen und Töpfe
aus Zinn. In der Mitte des Kreises, den sie dabei beschrieben, war ein lebendiges kleines
Kind bis an den Hals in die kalte Erde eingegraben, dem man ein Halstuch zum Schutze
um den Hals gewickelt hatte. Auf Befragen erfuhr der Beobachter, daß der Zweck, dessen-
wegen man das Kind in diese sonderbare Lage gebracht, darin bestand, es von einer
Hautkrankheit zu befreien. Die Hunnen hatten denselben Glauben an die Heilkräfte der
Mutter Erde, wie er auch bei vielen wilden Völkern vorhanden ist.

„Während das Kind in dieser Weise die heilenden Eigenschaften der Erde, die
um seinen Körper herum aufgeschüttet war, kennen lernen sollte, schlugen die Knaben
auf die Pfannen, um den bösen Geist zu erschrecken und zu verjagen, der die Krankheit verursacht hatte".

Blicken wir auf die lange Aufzählung der als Heilmittel benutzten Kotstoffe zurück,
so kommen wir zu dem Ergebnis, daß man sowohl die Krankheit, die zu behandeln war,
als auch das Heilmittel, mit dem die Kur ausgeführt werden sollte als vollständig jenseits
des Gebietes menschlicher Wissenschaft liegend ansah. Selbst in den Fällen, in denen
man Heilstoffe rein und einfach gebrauchte, wie wir sie heute anerkennen würden, er-
schwerte man die Sache mit einer geheimnisvollen Mummerei und Beobachtung von Gebräuchen, was immer als ein Zeichen für die frühere Wirksamkeit des Medizinmannes
gelten kann. So konnte man Nagelgeschwüre dadurch heilen, daß man mit dem Knochen
eines toten Menschen einen Kreis darum zog; dabei müssen wir uns erinnern, daß der
Kreis in ganz besonderer Weise als die zauberische Linie galt. Plinius führt eine Menge
von Beispielen an, wie man Pflanzen, denen man geheimnisvolle Eigenschaften zuschrieb,
nur dann ausgraben konnte, wenn man mit einem Schwert einen Kreis um sie herum-
zog, in bestimmten Körperstellungen Gebete hersagte usw.[1]

Zähne trug man als Amulete oder nahm sie bei Krankheiten als Arznei ein; es
war dabei aber wesentlich, daß man sie der Leiche vor der Beerdigung aus dem Kiefer
auszog, oder es durften auch Zähne sein, die ein Kind zuerst verloren; oder man nahm
Zähne eines Menschen, der eines gewaltsamen Todes gestorben; oder man mußte sie
auffangen, ehe sie zur Erde fielen. — Wollte man die Zähne nicht sofort gebrauchen, so
durfte man sie nicht mit sich herumtragen, sondern man mußte sie in die Rinde eines
Baumes hineinstecken.

Der Schädel eines Mannes war nur bei Krankheiten eines Mannes als Heilmittel
zu gebrauchen; für die Krankheiten des weiblichen Geschlechts war der Schädel einer
Frau erforderlich.

---

[1] Vergl. unter anderm die „Mandragora", XXV, Kap. 94. Die Übung behauptete sich
nachweislich noch im XIX. Jahrhundert.

Es gab auch bestimmte Zahlenzusammenstellungen; so durfte man keine Arznei, die man mehr als einmal gebrauchte, in einer geraden Anzahl anwenden. · Auch bei den Farben nahm man gewisse Wechselwirkungen an, die in der Lehre von den Anzeichen begründet waren. So behauptete man unter anderem, daß rote Arzneien rote Krankheiten, während safranfarbige Arzneien Leiden von der Art der Gelbsucht heilten. Es gab unverrückbar feststehende Vorschriften für das Einsammeln von Heilpflanzen, bei denen man die Tag- und die Jahrzeit, das Alter des Mondes, die Stellung der Planeten, die Hand, die man beim Pflücken gebrauchen mußte, das zu beobachtende Stillschweigen, und noch viele andere Dinge angelegentlichst empfahl und eindringlichst einschärfte.

Es gab Zaubersprüche und Gegenzauber, wie z. B. der Dea-soil und der Badershin der Druiden, bei denen dieselbe zauberische Besprechung ganz verschiedene Wirkungen hervorrief, je nachdem man die Sprüche in verschiedener Weise gebrauchte, z. B. indem man mit der Sonne oder gegen die Sonne ging.[1])

Spuren von allen diesen abergläubischen Ansichten muß man als in enger Beziehung zu der Anwendung von Kotstoffen als Heilmittel stehend ansehen und ebenso auch zu den Beschwörungformeln, in denen solche Mittel auftauchen.

Es kann gar keinem Zweifel unterliegen, daß die Arzneikunde in ihren Anfängen ganz klar und unzweifelhaft ihrem Charakter nach religiös war. Grimm bringt eine Fülle von Beweisen hierfür bei. Er erzählt uns, daß „das Einsammeln und Pflücken von Kräutern zu besonderen Zeiten und nach uralten überlieferten Formen geschehen mußte, z. B. kurz vor Sonnenaufgang, wenn der junge Tag kommt; die Mistel (Viscum) sammelte man bei Neumond ein, „prima luna", . . . einige Pflanzen mußte man in der Dunkelheit holen; andere wieder bei Mondschein pflücken; andere Personen, die fasteten; andere Leute, die in diesem Jahr noch keinen Donner gehört hatten . . . Beim Ausgraben einer Pflanze war es bei den Römern Sitte, zuerst Honigwein um sie herum zu gießen, als ob man sich die Erde geneigt machen wollte; dann schlug man um die Wurzel herum mit einem Schwert, wobei man nach Osten (oder auch nach Westen) sah, und in dem Augenblicke, indem man die Pflanze ausriß, mußte man sie sofort hochheben, damit sie den Boden nicht berührte. . . . Von sehr großer Wichtigkeit war es, darauf zu achten, daß nicht kaltes Eisen die Wurzel berühre, deswegen benutzte man Gold oder rotglühendes Eisen zum Schneiden. . . . Wenn man die Pflanze aufhob oder ausriß, gebrauchte man in bestimmten Fällen die linke Hand dazu; es mußte auch ohne Gürtel und ohne Schuhe geschehen und angegeben werden, für wen und zu welchem Zwecke man die Pflanze holte". Grimm beklagt sich darüber, wie wenig hierfür die Überlieferung in Deutschland darbiete; aber er ermittelte doch, daß der „Hyoscyamus", das Bilsenkraut,[2]) von einer nackten Jungfrau aus dem Boden genommen werden mußte, wobei sie den kleinen Finger der rechten Hand gebrauchte und auf dem rechten Fuße stand. Die französische Vorschrift für solche Fälle lautete: „Manche, die sich vor Hexereien und Zaubereien

---

[1]) Umfangreiche Beispiele für die sinnbildlichen Spielereien mit den Farben findet man in den Werken von Von Helmont (auf S. 1060), Frazer, Totemism; J. Owen Dorsey; Dr. W. J. Hoffmann; Black, Folk-Medicine; Pettigrew, Medical Superstitions; Andrew Lang, Myth, Ritual and Religion; Garrick Mallery und vielen andern; ferner in einem Artikel „Notes on the Cosmogony and Theogony of the Mojaves of the Colorado River", den ich in der Juli-September-Nummer des Journal of American Folklore vom Jahre 1889 veröffentlichte. In dieser Abhandlung zeigte ich, daß der Gedanke im Geiste der Eingeborenen darauf hinausgeht, jede Farbe sei eine „Medizin", und daß der Regenbogen, der aus ihnen allen zusammengesetzt ist, als Allheilmittel zu gelten hat. Man muß aber darauf hinweisen, daß es in den Tagen Dr. Joseph Lanzonis (um 1694) einige kühne Gelehrte der Heilkunst gab, die sich ganz offen über solche Meinungen als lächerlich und unvernünftig lustig machten. — [2]) [englisch: henbane, d. h. Hühnergift, Hühnermörder. I.] Nach Erscheinen der Werke Höflers ist Grimms Klage gegenstandlos geworden.

schützen wollen, pflücken am frühen Morgen, mit nüchternem Magen, ohne sich vorher die Hände zu waschen, ohne zu Gott gebetet zu haben, ohne mit Jemand zu sprechen und ohne Jemand auf ihrem Wege zu grüßen, eine gewisse Pflanze und legen sie hierauf auf die verhexte Person. Sie tragen eine Zichorienwurzel bei sich, die sie am Tage der Geburt des heiligen Johannes des Täufers auf den Knien mit Gold und mit Silber berührten und die sie dann mit einem eisernen Werkzeug und vielen Zeremonien aus der Erde rissen, nachdem sie sie mit dem Schwerte des Judas Makkabäus beschworen". Das Kraut durfte man aber weder verletzen noch zerquetschen. „Die Römer hatten den sonderbaren Brauch, ein Sieb auf einen Weg zu legen und die Grashalme, die hindurch wuchsen, zu Heilzwecken zu verwenden".[1]) Grimm beschreibt ausführlich die Zeremonien, die beim Einsammeln der Alraunwurzel (Mandragora) gebräuchlich waren und spricht auch von der Mistel, aber seine Mitteilungen fügen dem, was wir oben darüber gebracht haben, nicht neues hinzu. In vielen Vorschriften, die Marcellin etwa um das Jahr 380 unserer Zeitrechnung aufgezeichnet, und die fast sämtlich zauberischen Charakters sind, findet man die Vorbedingung „Keuschheit zu beobachten".[2])

In den „Saxon Leechdoms" finden wir Angaben vor, wonach man gewisse heilkräftige Pflanzen in einer genau vorgeschriebenen Weise ausreißen und in demselben Augenblicke die Namen der Kranken murmeln mußte.[3])

Das Kraut Mandragora, die Alraunwurzel, konnte zu Heilzwecken nur ein keuscher Mann ausreißen. „Ihre Tugend ist so groß und außerordenlich, daß sie vor einem unreinen Menschen sofort die Flucht ergriffe.[4]) Auch beim Einsammeln des Immergrüns mußte „derjenige, der dieses Kraut pflücken wollte, frei von jeder Unreinheit sein".[5])

Ein besonderer Glaube von der Art und Weise, wie man die Mandragora ausreißen soll, ist auch bei den Türken vorhanden: „Der Pascha erzählte mir von einer Merkwürdigkeit, die man in Orfa sehen könne . . . Diese Merkwürdigkeit bestand aus zwei kleinen Figuren, die aus einem besonderen Strauch hergestellt waren, den man teils gezogen, teils geflochten und teils geschnitten hatte, um daraus die Gestalten eines Mannes und einer Frau zu bilden, zwar in ganz rohen Umrissen, aber mit Farbe überstrichen, um den Anschein zu erwecken, das Ganze sei in dieser Form gewachsen. . . . Die Einwohner hatten, um diese Gestalten an sich zu bringen, an jede Figur einen Hund mittels eines Strickes angebunden und entfernten sich dann ein gutes Stück. Und als dann die Hunde die Stricke anzogen und die beiden Geschöpfe aus der Erde heraus rissen, tötete der Lärm, den diese dabei machten, die beiden Hunde".[6])

Die Vorschrift, das unwillkürliche Harnlassen dadurch zu heilen, daß man in eine Hundehütte pisst, gehört wahrscheinlich in die Reihe der druidischen Badershin oder Widershin, aus denen wir wahrscheinlich so manches herleiten könnten, wenn wir mehr darüber wüßten, so auch den uralten und weit verbreiteten Zauberspruch, der mit den Worten beginnt: „Diabolus effodiat, usw."

Wollte man Löwenkot benutzen, so empfahl man angelegentlich, daß es solcher von einer Löwin sein sollte, die Junge geworfen hatte, und, um bei diesem Gegenstande zu bleiben, finden wir für die Zusammensetzung von Rezepten besonderen Wert darauf gelegt, daß der Mist von schwarzen Kühen, der Mist von Stieren und Kühen „im Monat Mai eingesammelt", das „Wasser von Kuhmist im Mai oder im Juni gesammelt worden ist", usw.

Beschäftigen wir uns mit dem vorliegenden Stoffe, so schießen überall Fragen von größtem Interesse wie Unkraut um uns herum auf. Es ist natürlich nicht möglich,

[1]) Grimm, Teutonic Mythology, III, S. 1195 ff. — [2]) Saxon Leechdoms, I, S. 20 und 29. — [3]) B. I, S. 11, unter Berufung auf Plinius, Hist. nat., XXI u. XXII; ferner B. I, S. 14, unter Berufung auf Plinius, XII, Kap. 16. — [4]) B. I, S. 245. — [5]) B. I, S. 313. — [6]) George Smith, Assyrian Discoveries, New-York 1876, S. 161.

auf alle Einzelheiten hier einzugehen, oder diese Bemerkungen zu einer Abhandlung von der Botanik in ihrer Beziehung zu Religion und Heilkunde auszuarbeiten, aber auf einige Punkte wollen wir doch hinweisen. Weshalb mußte man Hyoscyamus (Bilsenkraut) zu menschlichem Kot und menschlichem Harn hinzutun, um Hexerei unschädlich zu machen? Geschah es deshalb, weil dieses Gewächs den Hühnergott zu töten vermochte, der so vielen Völkern Europas heilig war und den wir noch heutzutage auf unseren Kirchtürmen sehen können? War der Hühnergott oder, um uns etwas zeitgemäßer auszudrücken, der Gott, dessen Sinnbild das Huhn war, etwa den Hexen freundlich gesinnt? Als eine der hauptsächlichsten Gottheiten eines unterdrückten Kultes mußte er notwendigerweise die Macht, oder eine der Mächte gewesen sein, die von den Hexen angerufen wurden, denn die letzteren waren die geheimen Anhänger der alten Ordnung geistiger Begriffe.

Ferner erfahren wir, daß man bei der Behandlung der Behexten ihre Glieder in ihrem eigenen Harn badete, wozu manche nach Frommanns Angaben Asa foetida, andere wieder Knoblauch hinzufügten; aber Asa foetida hieß auch „Merde du Diable" in Frankreich[1]) und heißt heute noch in Deutschland „Teufeldreck". War dieses stinkende Gummi vielleicht irgend einem Gott heilig und war dieser Mistgott oder waren Mistgötter ganz allgemein die Mächte, die anzurufen waren, wollte man die Angriffe der Hexen zu nichte machen?

Mit unseren Anführungen zeigten wir, daß nach der Ansicht alter Schriftsteller dem menschlichen Kote nichts gleich kam, wenn man Hexen zu Schanden machen wollte und man berief sich auf Luther als Zeugen dafür, daß der Glaube vorhanden war, der Teufel fliehe in Bestürzung vor einem menschlichen Furze davon. Diesen Glauben haben die deutschen Einwanderer, die sich im Staate Pennsylvanien angesiedelt, auch auf amerikanischen Boden übertragen.

Hoffmann berichtet von einem Kurpfuscher, der einem allzu leichtgläubigen Gimpel „einige Zaubersprüche und schlecht riechende Kräuter übergab, mit der Anordnung, sie in seinem Hause zu verbrennen, wodurch der Teufel ausgetrieben und der Besucher entfernt würde. (Unter Besucher war der Geist zu verstehen, der den Gimpel angeblich beunruhigte".)[2])

Eine bezeichnende Besonderheit der Aufzählung von Tieren besteht darin, daß darin kein einziges Tier der Fauna der neuen Welt vorkommt; wir finden keine Hinweise auf den Kot des Truthahnes, denn dieser Vogel war den Völkern, die in Europa einwanderten unbekannt; aber man findet die Namen fast aller Vögel und vierfüßigen Tiere, die den Ägyptern, den Griechen, den Römern, den Kelten und den germanischen Völkerschaften bekannt waren, wobei allerdings einige auffallende Ausnahmen nicht unerwähnt bleiben dürfen. Wir stoßen auf keine Verwendung der Ausscheidungen des Bären,[3]) des Schwanes, des Zaunkönigs, des Papageien und einiger andern. Der Bequemlichkeit halber stellen wir im nachfolgenden die vollständige Aufzählung aller im vorliegenden Werk erwähnten Tiere zusammen: Hase, Kamel, Ziege, wilde Ziege, Stier, Kuh und Kalb, Wolf, Hahn, Henne und Hühnchen, Eber, der zahme und der wilde (Wildschwein), Pferd, Esel, Flußpferd, Luchs, Dachs, Kuckuck, Schwalbe, Katze, Habicht, Maus, Pfau, Haustaube, Holztaube, Turteltaube, Rabe, Sperling, Igel, Hund, Ringeltaube, Maultier, Wiesel, Storch, Geier, Krokodil, Star, Adler, Eule, Elephant, Gans, Eidechse, Ratte, Ente, junge Ziege, Kamäleon, Wachtel, Gabelweihe (roter Milan), Kaninchen, Hirsch, Elster, Krähe, Affe, Hyäne, Renntier, Fuchs, Löwe, Leopard.

---

[1]) Bibliotheca Scatalogica, S. 128. — [2]) Hoffmann, Folklore of the Pennsylvanian Germans, Transactions Amer. Phil. Society, 1889. — [3]) Bei den Slaven jedenfalls doch.

Sehen wir näher zu, so finden wir, daß man den verordneten Kot und Harn nicht etwa unterschiedlos von jedem beliebigen Tier nehmen konnte, sondern daß jede Art nur für eine ganz bestimmte Störung des körperlichen Wohlbefindens in Betracht kam.

Bedauerlicherweise ist unser heutiges Wissen von der volktümlichen Heilkunde, von den botanischen, mineralogischen und chemischen Kenntnissen und ihrer Beziehung zur Religion bei den alten Völkern nicht sehr groß. Wir können es daher kaum wagen, mit voller Bestimmtheit, wozu die Vermutung, die aus einer eindringlichen Beschäftigung mit dem vorliegenden Gegenstande entsteht, uns allerdings zu berechtigen scheint, die Behauptung aufzustellen, daß der Kot oder der Harn eines vorgeschriebenen Tieres am passendsten war, die Qualen einer Krankheit zum Verschwinden zu bringen, weil man diese Krankheit als Strafe für die Beleidigung einer Gottheit ansah, deren Vertreter oder Sinnbild eben das besondere Tier war. Aber jedenfalls verdient dieser Punkt ein näheres Eingehen, denn in einer Anzahl von Fällen ist eine solche Verbindung zweifellos vorhanden.

Plinius sagt, man könne Ziegenmist bei Geschwüren an den Geschlechtorganen mit Erfolg anwenden. Und deshalb werfen wir die Frage auf: War die Ziege nicht Pan geheiligt, d. h. war Pan selber nicht in der Urzeit die vergötterte Ziege? Und war Pan nicht der Gott, dessen Fürsorge man unter gewissen Umständen die Geschlechtteile anvertraute?

Bekamen Reisende Blasen an die Füße, dann badeten sie sie mit Eselharn. Daraus können wir vermuten, daß man den Esel, das Lasttier, zu irgend einer Zeit oder an irgend einem Platze während der Herrschaft der Römer als den Gott der Reisenden ansah. Fosbroke sagt: „Bei den Zeremonien des Kybelekultes trug ein Esel die Gerätschaften und die Standbilder der Göttin und auch bei der Geburt des Bakchus, wenn man das Fest des neugeborenen Gottes feierte, aber man opferte ihn nur Mars oder Priapus".[1]

Plinius gibt auch Vorschriften über die Behandlung von Gebärmutterleiden mit Eselmist, worin doch wohl ein klarer Hinweis auf die priapische Beziehung des Tieres liegt.

Flußpferdemist verordnete man als Heilmittel gegen Fieber und Wechselfieber. Dieses dickhäutige Ungeheuer lebt aber in Sümpfen, die Brutstätten der Malaria sind. Durch einen Trugschluß würde man dem Tier den Ursprung einer Krankheit zugeschrieben haben, die gerade von denjenigen zu fürchten war, die seine Lagerstätte aufsuchten.

Wir wollen hier keinen unnötigen Streit über die Bedeutung von Ausdrücken hervorrufen, man kann aber doch vernünftigerweise behaupten, daß die Mehrzahl der

---

[1] Fosbroke, Encyclopaedia of Antiquities, London 1843, II, S. 1009. Über den Esel in Sitte, Brauch und Kult gibt es schon, wie über das Pferd eine ansehnliche Literatur. Wir führen nur einige Werke hier an, in denen man seiner Vielseitigkeit gerecht wird. Beck, der Esel in der Symbolik usw., insbesondere vom „Palmesel". Geistliche Eselkomödien im Mittelalter. Der Esel in der Sage, im Volkmund, im Sprichwort usw. Diözesanarchiv von Schwaben, XXI, Heft 1. — Anonym: Wunderliche Ansichten unserer Voreltern über die Heilkräfte der Tiere: Der Esel und seine Teile, Katze, Maus, Hund in der Volkmedizin, Thüringer Monatblätter, XIII, S. 144 f, 155 ff. Otto Keller, Tiere des klassischen Altertums in kulturhistorischer Beziehung, Innsbruck 1887; — Ludwig Hopf, Tierorakel und Orakeltiere in alter und neuer Zeit. Eine ethnologisch-zoologische Studie. Stuttgart 1888; — L. A. J. W. Baron Sloet, De Dieren in het germaansche Volksgeloof en Volksgebruik. 'S Gravenhage 1888; — A. De Cock, Volksgebruiken en Volksgeloof met betrekking tot Huisdieren, Veldvruchten en Weersgeteldheid, Volkskunde, Tijdschrift voor nederlandsche Folklore. Gent 1894, VII, S. 1—19; 41—53; 139—144; — N. W. Thomas, Animal superstitions and Totemism, Folk-Lore, London 1900, XI, S. 227 bis 267; — Johannes Weißenborn, Tierkult in Afrika. Eine ethnologische kulturhistor. Untersuchung. Intern. Archiv für Ethnogr. Leiden 1904, XXVII, S. 91—175. — Höfler, Die volkmedizin. Organotherapie und ihr Verhältnis zum Kultopfer. Stuttgart 1909. — O. Keller, Antike Tierwelt I, 259—270.

Gottheiten des Heidentums tiergestaltig war, bevor die Fortschritte der geistigen Entwicklung des Menschen dazu führten, sie zu vermenschlichen. Man wies dem Tiere eine untergeordnetere Stellung an, indem man ihm zunächst noch gestattete, den Kopf oder die Glieder des Gottes darzustellen, bis man es schließlich als Begleiter oder Sinnbild des Gottes nur noch die Rolle eines Handlangers spielen ließ.

Wenn man ein Tier erst als einen Gott, dann als den Boten, den Diener, den Begleiter oder Vertreter dieses Gottes betrachtet; wenn man später das Tier als das begehrteste Opfer diesem Gott darbringt und schließlich diese Darbringung auf einen Teil dieses Tieres, auf seine Hörner, seine Hufe, seine Ausscheidungen einschränkt, so sind dies alles Glieder in derselben Kette des religiösen Seelenlebens.

Frau Fanny D. Bergen macht die scharfsinnigen Bemerkungen: „Alle Gründe sprechen für die Annahme, daß wir auf die Mythologie unserer ältesten arischen Vorfahren zurückgehen müssen, wollen wir den Ursprung des volktümlichen Wahnes in Bezug auf die heilenden Eigenschaften gewisser tierischer Ausscheidungen erforschen". Und weiterhin: „Es ist schon oft der Fall gewesen, daß man sowohl Dinge als auch Handlungen, die ursprünglich eine religiöse Bedeutung hatten, in späterer Zeit zu eingebildeten Heilmitteln für Krankheiten herabwürdigte; so ist es mehr als wahrscheinlich, daß die Verwendung tierischer Exkremente als Heilmittel bei den ungebildeten Bevölkerungschichten in Europa, sowohl in früheren als auch in späteren Zeiten, und ebenso bei unserem jüngsten Sprößling vom indo-europäischen Stamm, ein Überlebsel uralten arischen religiösen Gebrauchtums ist".[1]

„Denn in der wirklich rechtgläubigen Auffassung des Opfers stellt das Geopferte, mag es nun ein Mann, eine Frau oder eine Jungfrau, ein Lamm oder eine junge Kuh, ein Hahn oder eine Taube sein, immer die Gottheit selbst dar".[2]

„Unsere allgemeine Unkenntnis über den volktümlichen Glauben der alten Völker hat man schon zugegeben".[3] Frazer's Ausführungen sind sehr lehrreiche Beiträge zur Unterstützung der Ansichten von der Arzneilehre der tiergestaltigen Götter. Er zeigt nicht nur, daß die im vorliegenden Abschnitt aufgezählten Tiere, die Gottheiten waren, denen die Obhut über das Korn, den Roggen und andere Getreidearten anvertraut war, sondern auch, daß man sich an sie wandte, um Heilung bei Wunden, Verletzungen und Schmerzen zu erlangen, von denen die Schnitter während der Ernte heimgesucht wurden. Er führt auch ein Beispiel dafür an, daß man eine Katze, die man auf das Feld mitgenommen, veranlaßte, die Wunden eines Arbeiters zu lecken; in einem andern Falle wird eine Ziege mit Bändern behängt und später mit vielen Zeremonien geschlachtet und nach Beendigung der Ernte gegessen; dann macht man aus ihrem Fell einen Mantel, den der Gutbesitzer während der kommenden Ernte über seine Schultern hängen muß. . . . Befallen aber einen von den Schnittern Rückenschmerzen, so gibt ihm der Gutbesitzer das Ziegenfell zum Tragen.[4]

„Unter den Tieren, dessen Gestalten der Korngeist nach dem allgemeinen Glauben anzunehmen pflegt, befinden sich der Wolf, Hund, Hase, Hahn, die Gans, Katze, Ziege, Kuh, der Ochs, Stier, das Schwein und Pferd".[5] „Andere Tiergestalten, die der Korngeist annehmen kann, sind Hirsch, Reh, Schaf, Bär, Esel, Fuchs, Maus, Storch, Schwan und Gabelweihe".[6]

Hier haben wir unsere eigene Tierliste fast ganz beisammen und der Kot von allen genannten Tieren wurde und wird heute noch nach den Vorschriften der Heilkunde gebraucht, mit Ausnahme desjenigen des Bären und des Schwans.

---

[1] Frau Fanny D. Bergen, Animal and Plant Lore, Popular Science Monthly, New-York, September 1888. — [2] Réclus, Les Primitifs, S. 366. — [3] Frazer, The Golden Bough, I, S. 363. — [4] S. 16. — [5] S. 1. — [6] S. 33.

„Erinnern wir uns daran, daß nach der europäischen Volkkunde das Schwein die gewöhnliche Verkörperung des Korngeistes ist, so können wir uns jetzt die Frage vorlegen: Könnte das Schwein, das zu Demeter in so naher Beziehung steht, nicht etwa die Göttin selber in tierischer Gestalt sein? Das Schwein war ihr heilig; in der Kunst stellte man sie mit einem Schwein auf dem Arme oder als Begleiter dar und man opferte ein Schwein regelmäßig bei ihrem Geheimdienst. Der Grund, den man hierfür angab, war der, das Schwein schädige das Korn und sei deshalb ein Feind der Göttin. Aber nachdem man ein Tier als einen Gott aufgefaßt, oder einen Gott als ein Tier, kommt es zuweilen vor, wie wir gesehen haben, daß der Gott seine tierische Gestalt abwirft und lediglich menschenähnlich wird und dann wird das Tier, das man zuerst als die Darstellung des Gottes tötete, zum Opfertier, das man dem Gotte darbringt, aufgrund seiner Feindseligkeit gegen die Gottheit; kurz gesagt, der Gott wird sich selber geopfert, mit der Begründung, er sei sein eigener Feind . . . Sobald sich der Mensch aus dem wilden Zustande loslöst, wird der Trieb seine Gottheiten zu vermenschlichen immer stärker".[1]

„Ein Mensch äße ohne weiteres von etwas, das man als die Verkörperung des Gottes eines andern Menschen ansah, aber weder äße er die Verkörperung seines eigenen besonderen Gottes, noch verletzte er sie, weil er es für ein todwürdiges Verbrechen hält. Man glaubte, daß ein Gott eine solche Beleidigung dadurch rächte, daß er in dem Körper jenes Menschen seinen Aufenthalt nähme und die Ursache wäre, daß sich dasselbe Ding, das er gegessen, in seinem Leibe erzeuge, bis der Tod eintrete".[2]

„Der Widder war Ammon selber. Auf den Denkmälern erscheint Ammon zwar in halb menschlicher Gestalt, mit Menschenleib und Widderkopf. Aber dies zeigt uns lediglich, daß er sich in jenem Übergangzustande befand, den die Tiergötter regelmäßig durchmachen müssen, ehe sie in vollkommen entwickelter Menschenähnlichkeit vor uns dastehen".[3]

„Jeder Gott hat sein Lieblingtier, das ihm geweiht ist und das ihm als Bote dient".[4]

Es ist nicht möglich ein Werk zu schreiben, das man als die Heiligunggeschichte des Tierlebens, wie es den alten Völkern bekannt war, bezeichnen könnte. Unsere Kenntnisse sind dafür zu lückenhaft und zu wenig übersichtlich, weil man die Ansichten der verschiedenen Völker und Kulte hierüber unentwirrbar durcheinander warf, als eine Folge der Eroberungen des römischen Reiches und seines späteren Untergangs, als Sieger und Besiegte gegenseitig ihre Götter austauschten oder den Eigenschaften der siegreichen Gottheiten diejenigen der unterlegenen hinzufügten.[5]

In den letzten Jahren des römischen Reiches war die Religion ein buntes Durcheinander von Glaubenansichten und Gebrauchtum vieler Völker, die ohne Rücksicht auf volles Verständnis alles das annahmen, was in der Religion der Nachbarn ihrer Einbildungkraft besonders aufgefallen war.

Daher ist es auch ganz unmöglich, das zu beweisen, was auf den ersten Blick eine so leichte Aufgabe schien, daß man nämlich die Auscheidungen irgend eines besonderen Tieres zur Behandlung derjenigen Krankheiten wählte, über die der Gott wachte, dem das jeweilige Tier zugewiesen war. Ganz ohne Lichtblick ist die Sache wohl nicht für uns, — wir sehen gerade genug, um herausfinden zu können, daß man kein Tier für so unbedeutend hielt, um ihm nicht wenigstens etwas Verehrung zukommen zu lassen, aber wir sehen nicht genug, um genau feststellen zu können, welche Tätigkeit man jedem vierfüssigen oder vogelgestaltigen Gott zuschrieb.

---

[1] Frazer, I, S. 360. — O. Keller, Ant. Tierwelt I, 388—402. — [2] Turner, Samoa, S. 17. — [3] Frazer, II, S. 93. — [4] Baudin, Fetichism, S. 68. — [5] Dem Mangel helfen die zuvor angeführten Werke befriedigend ab. Im einzelnen dürfte Höflers Werk ausreichen, um die nachfolgenden Anführungen Bourkes vielseitig zu ergänzen.

„Die Darstellung des Teufels in der Gestalt eines Ziegenbocks geht bis in ferne Zeiten zurück. Was mag aber die Veranlassung gewesen sein, daß sich sein Ansehen bei abtrünnigen Gläubigen und Hexen so kräftig entwickelte? Alle Hexen stellen sich ihren Herrn und Meister als einen schwarzen Ziegenbock vor, dem sie bei ihren festlichen Versammlungen göttliche Ehren bezeugen, während umgekehrt der weiße Bock als Sühne für teuflische Beeinflussung galt und sie zunichte machte. . . . In Eiden und Verfluchungen des fünfzehnten und sechzehnten Jahrhunderts äfft der Ziegenbock den wahren Gott nach".[1] „Wenn sich der Teufel davon macht, muß er seinen Pferdefuß sehen lassen, ohne daß er selber etwas davon merkt".[2] „Ein Kobold — ein Pferdegeist — ist daher auch pferdefüßig, dem Wassergeist schreibt man die halbe oder ganze Gestalt eines Pferdes zu. . . . Und deshalb opfert man auch Pferde den Flüssen. . . . Ein Dämon der Briten, Grant, . . . zeigt sich als Fohlen . . . Loki verwandelte sich in eine Stute. . . . In der Geschichte von Zeno und Bruder Rausch erscheint der Teufel als Pferd. . . In Legenden holen schwarze Streitrosse die Verdammten hinweg. . . . Neben der Ziege ist der Eber das Tier des Teufels".[3] Als Wolf, der nach den Seelen schnappt, galt der Teufel schon unseren Vätern".[4] „Daß der Teufel die Gestalt eines Hundes annimmt, wird von vielen Schriftstellern bezeugt".[5] „Unter den Vögeln, deren Gestalt der Teufel am liebsten annimmt, steht der Rabe an der Spitze".[6] „Erst innerhalb der letzten Jahrhunderte setzt man den Geier an die Stelle des Teufels, soweit ich ermitteln konnte . . . noch häufiger vielleicht den Kuckuck".[7] „Ein anderer Vogel, dessen Gestalt er annimmt, ist der Hahn".[8] „Wo man Hirschkäfer und Mistkäfer als Teufel ansieht, . . . da können wir sicher sein, daß es sich um heidnische Anschauungen handelt".[9] „In Norwegen opfert man dem Wassergeist Lämmer und junge Ziegen, meistens schwarze".[10]

„Es ist eine ganz natürliche und auch bekannte Tatsache, daß die Götter eines Volkes zu Teufeln seiner Besieger oder Nachfolger werden".[11]

Die Gladiatoren trugen Kamelmist als Schutzmittel bei sich; es ist nicht ganz unwahrscheinlich, daß die umherziehenden Beduinen das „Schiff der Wüste" als Gott der Tapferkeit ehrten. Fosbroke sagt, daß das Kamel als „Sinnbild Arabiens" galt.[12]

Die Heiligkeit der Haustiere in Indien und anderen Ländern ist so bekannt, daß man nicht besonders darauf hinzuweisen braucht; ebenso war es mit dem Krokodil in einigen Teilen des alten Ägyptens.

In China war der Hase heilig und er ist es gewissen Stämmen der nordamerikanischen Indianer heute noch so, wie er es bei den alten Briten war, als Boadicea einen aus ihrem Busen zog, um ihn als Orakel zu befragen, ehe sie sich mit den römischen Legionen in eine Schlacht einließ.

Kaninchen und Hase kommen auf alten spanischen Münzen vor.[13]

Kot von Falken, Adlern und Geiern gebrauchte man, um das Kind aus dem Mutterleibe herauszutreiben. Dies kann nach dem Grundsatz der „Similia similibus" geschehen sein, weil diese raubgierigen Vögel die Jungen anderer Vögel aus den Nestern rissen und verschlangen. Den Adler verehrten aber auch die Römer, Perser und Babylonier, auf deren Fahnen er angebracht war.[14]

„Er war Jupiters gewöhnliches Sinnbild".[15]

Die Katze war bei den Ägyptern ein Sinnbild der Mondgöttin, aber auch bei vielen andern Völkern.[16] Der Hund war Merkur heilig, in seiner Auffassung als Beschützer

---

[1]) Grimm, Teutonic Mythology, III, S. 395. — [2]) S. 994. — [3]) S. 994 ff. — [4]) und [5]) S. 996. — [6]), [7]) u. [8]) S. 997. — [9]) S. 999. — [10]) 1009. — [11]) Black, Folk-Medicine, S. 12. — [12]) Antiquities, S. 1011. — [13]) Fosbroke, Antiquities, II, S. 1022. — [14]) S. 1024 f. — [15]) Ebenda. — [16]) S. 1011.

der Schafherden.[1]) Die Taube war, wie allbekannt, eines der Sinnbilder der Venus. Die Taube verehrten auch die Assyrer.[2])

Der Storch kennzeichnet auf Münzen die kindliche Liebe.[3]) Die Schwalbe war das Abzeichen der Isis.[4])

Die alten Briten, sowie die Engländer bis in die heutige Zeit hinein, die alten Römer, die Ungarn, die Schotten und viele andere Völker sehen es als Vorbedeutung an, wenn einem Menschen ein Hase über den Weg läuft. Wie oben erwähnt, zog die Königin Boadicea, ehe sie den Kampf gegen die Römer begann, einen Hasen aus ihrem Busen. Sie ließ ihn laufen und aus seinen Sprüngen zogen die Priester die Vorbedeutung, die Königin werde obsiegen.[5])

Plinius sagt: „Es muß doch etwas an der allgemeinen Überzeugung sein, daß ein Mann neun Tage lang hübsch ist, wenn er einen Hasen gesehen hat".[6])

„Die Perser stellten sich die Sonne unter der Gestalt eines Löwen vor, den sie Mithra nannten, und ihre Priester hießen Löwen, die Priesterinnen aber Hyänen".[7])

Die Hyäne galt nach Plinius als ein ganz besonders „zauberisches" Tier.[8])

Den Affen verehrte man in Ägypten wie heute noch in Indien.[9])

Den Affen verehrten auch die Griechen von Pythsecusa.[10])

Den Wolf verehrten die Hebräer. Er war auch Apollo heilig.[11]) Über ganz Europa war der uralte Glaube verbreitet, es bedeute Glück, wenn einem ein Wolf über den Weg laufe. Die Apachen haben denselben Glauben in Bezug auf den Bären.[12]) Die Verehrung der Iren für den Wolf ist allbekannt.

Der Luchs war Bakchus' Begleiter.[13])

Bei dem eleusinischen Geheimdienste opferte man ein Schwein.

Bei den Ägyptern war die Kuh ein Sinnbild der Venus.

Der Elephant war an den Wagen des Bakchus gespannt.

Von der Ziege sagt Maimonides, daß die Sabier unter ihrer Gestalt Dämonen anbeteten.[14])

Streitrosse waren der Sonne geweiht.[15])

Die Krähe, das uralte Sinnbild der Venus, ersetzte man später durch die Eule.[16])

Der Hahn war das Sinnbild des Mutes und Mars geweiht, ferner Minerva, Bellona, Merkur und Aeskulap.[17])

Eine Herde Gänse hielt man auf dem Kapitolinischen Hügel, weil sie, wie die Geschichte erzählt, Rom gerettet hätten; dafür ist aber, wie man ruhig sagen kann, ein Beweis aus Tatsachen nicht zu führen.

Der Rabe war das Feldzeichen der alten Dänen.[18])

In der Mandschurei hält man den Fuchs so heilig, daß er in den Tempeln den höchsten Platz einnimmt.[19])

„Auch vor der Schlange hat man dort große Angst und verehrt sie; auch den Hasen verehrt man".[20])

Der Pfau war der Juno heilig, deren Wagen diese Vögel zogen. Plinius sagt, man erzähle vom Pfau, er verschlinge seinen eigenen Kot, gerade als ob er den Menschen

---

[1]) S. 1012. — [2]) S. 1024. — [3]) B. I, S. 215. — [4]) S. 216. — [5]) Brand, Popular Antiquities, III, S. 201 ff. — [6]) Nach Saxon Leechdoms, I, S. 14. — [7]) Fosbroke, Antiquities, II, S. 1020. — [8]) Hist. Nat., XXVIII. — [9]) Fosbroke, Antiquities, II, S. 1008. — [10]) S. 1020. — [11]) S. 1023. — [12]) Brand, II, S. 202. Bei den Südslaven bedeutet die Wolfbegegnung Unglück. — [13]) Fosbroke, S. 1020. — [14]) B. II, S. 1015. — [15]) S. 1016. — [16]) S. 1024. — [17]) S. 1029. — [18]) S. 1030. [Er war Odins Vogel. I.] — [19]) H. E. M. James, The Long White Mountain, London 1888, S. 190. Vom Fuchskult der Ostasiaten ausführlich bei Krauss, Das Geschlechtleben in Sitte, Brauch, Glauben und Gewohnheitrecht der Japaner. Leipzig 1911, 2. Aufl., S. 26 f, 29, 52, 63 ff, 89 usw. — [20]) S. 192.

um den Besitz eines so kostbaren Stoffes beneidete. Verordnete man Pfauenkot bei Fallsucht, Schwindelanfällen und ähnlichen Krankheiten, so war diese Arznei bei Vollmond oder Neumond zu nehmen. Juno war aber eine Mondgöttin.

„Es gab in Europa eine alte und weit verbreitete Sitte, diesen drei Tieren Ehrennamen beizulegen", nämlich dem Bär, Wolf und Fuchs.[1])

Die Zigeuner nennen den Bären „Alter" und „Großvater".[2])

Hasenblut galt als eines der besten Heilmittel für Rotlauf und Blutflüsse und zwar aufgrund einer gewissen „sympathetischen Kraft". Ein Handtuch, das man in Hasenblut, getaucht und trocknen ließ, bewahrte man sorgfältig auf, um bei Bedarf einen Kranken, der einen epileptischen Anfall bekam, damit zu berühren.[3])

Die Ostjaken in Sibirien „sehen den Baum als heilig an, auf dem ein Adlerweibchen mehrere Jahre hintereinander seine Eier abgelegt; sie halten aber auch sonst sehr viel vom Adler; man kann sie kaum schwerer beleidigen, als wenn man diesen Adler tötet oder sein Nest zerstört".[4])

Sogar der Name der Eule (googue) hatte bei den Abessiniern als Losungwort eine unglückliche Vorbedeutung, obwohl uns mitgeteilt wird, daß man ihn wirklich gebrauchte.[5])

Daß der Glaube an die unheilvolle Bedeutung des nächtlichen Eulenschreies in ganz Europa herrschte, namentlich bei den Römern und bei diesen selbst in den Zeiten ihrer höchsten Gesittung und daß dieser Glaube fast bis in unsere Zeit hinein weitergelebt hat, zeigt Brand sehr eingehend.[6]) Er bringt Belegstellen bei aus Suetonius, Plinius, Ovid, Lucanus, Claudia und aus mehreren alten englischen Schriftstellern, z. B.: „Das Schreien der Eule zur Nachtzeit kündet den Tod an, wie Wahrsager behaupten und ausdeuten", und:

> Uhut die Schleiereule auf dem Schornstein,
> Bald hört Ihr ganz gewiß von einem Leichnam!

Den Ägyptern sagt man nach, daß sich die ganze Familie die Augenbrauen wegschabte, starb in einem Hause eine Katze.[7])

„In den ältesten Zeiten scheint das Pferd als Opfertier besonders beliebt gewesen zu sein".[8])

Bei den Römern schrieb man der Krähe stets eine böse Vorbedeutung zu.[9])

Römische Zauberer versicherten, das Herz einer Ohreule, aufgelegt auf die linke Brust einer schlafenden Frau, zwinge sie, alle ihre geheimsten Gedanken auszuplaudern . . Leute, die ein solches Herz in der Schlacht bei sich tragen, werden sich ganz sicher durch große Tapferkeit auszeichnen; aber „es galt als keine glückliche Vorbedeutung, sah man den Vogel selbst".[10])

Das Krokodil scheint auf der Insel Borneo die Stelle einzunehmen, wie allgemein anderswo die Schlange; wir wissen jedoch auch, daß man in Mittelamerika den Alligator und in vielen Gegenden am Nil entlang das Krokodil verehrte.[11])

„Der Hase, der sich mit der Katze in den Ruf teilt, ein Liebling der Hexen zu sein, besitzt selbstverständlich auch einige Eigenschaften, die man ihm in Bezug auf diese

---

[1]) Grimm, Teutonic Mythology, II, S. 667. — [2]) A. a. O., Anmerk., wo auf Victor Hugo's Notre Dame de Paris hingewiesen ist. — [3]) Von Helmont, Oritrika, London 1662, S. 114 u. 475. — [4]) Voyages de Pallas, IV, S. 81 f. — [5]) Bruce, Nile, IV, S. 698. — [6]) Popular Antiquities, III, S. 206 ff; Artikel: Owl. — Man kann nicht gut sagen, der Glaube habe bis in unsere Zeit weitergelebt, weil die Voraussetzung, daß ihn die gegenwärtigen Völker von den Römern ererbt haben, hinfällig ist. Vgl. Erasmus Majewskis vorzügliche polnische Monographie von der Nachteule, Wisła, Warschau 1899, XIII, S. 609—621. — [7]) B. III, S. 38, Sorcery. — [8]) Grimm, Teutonic Mythology, I, S. 47. — [9]) Brand, III, S. 213, Artikel: The Crow. — [10]) Plinius, XXIX, Kap. 26. — [11]) Bock, Head-Hunters of Borneo, London 1881, an mehreren Stellen.

Rolle zuschreibt. So ist in Northamptonshire der Glaube verbreitet, der rechte Vorder-
fuß eines Hasen, in der Tasche getragen, halte mit unfehlbarer Sicherheit Rheumatismus
fern; im Allgemeinen findet man diesen Glauben in ganz England vor".[1]

Die Chinesen erzählen, daß ein Hase am Fuße des Zimtbaumes im Monde
sitzt und in einem Mörser die Arzneistoffe zusammenstößt, aus denen man den Unsterb-
lichkeittrank herstellte. In einem Gedichte des Tu-fu, eines Sängers der T'ang-Dynastie,
wird der Ruhm dieses Hasen also besungen:

> „Der Frosch kann im Flusse nicht ertrinken;
> Der Medizinhase wird ewig leben".

„Der Teufelfußabdruck sollte manchmal dem Fußabdruck des Hasen gleichen . . .
In Irland glaubte man, der Anblick eines Hasen würde bei einem Kinde, mit dem
eine Frau schwanger ging, eine Hasenscharte hervorbringen und als Gegenzauber sollte
die Frau, die unglücklicherweise einen Hasen sah, sofort irgendwo an ihren Kleidern einen
kleinen Riß machen".[2]

„Man hält es für außerordentlich unheilbringend, sagt Grose, tötet man ein
Heimchen, einen Marienkäfer, eine Schwalbe, ein Rotkehlchen oder einen Zaunkönig, wobei man vielleicht von dem Gedanken ausgeht, daß darin ein Bruch der Gastfreundschaft
zu sehen ist, weil alle diese Vögel und Insekten in unseren Häusern eine Zufluchtstätte
suchen . . . Leute, die eins von den obenerwähnten Vögeln oder Insekten töten oder ihre
Nester zerstören, werden unfehlbar innerhalb eines Jahres ein Bein brechen oder es wird
ihnen sonst ein anderer schrecklicher Unfall zustoßen . . . Dagegen galt es als eine glückliche Vorbedeutung, bauten Schwalben in den Dachtraufen oder in den Schornsteinen ihre
Nester . . . Daß man das Umbringen von Schwalben für eine unglückliche Vorbedeutung
ansieht, geht sehr wahrscheinlich auf Anschauungen aus heidnischer Zeit zurück. Bei
Aelian lesen wir, daß diese Vögel den Penaten oder Hausgöttern der Alten heilig waren
und man sie deshalb schützte. Man ehrt sie auch seit undenklichen Zeiten als die Vorboten des Frühlings. Von den Bewohnern der Insel Rhodos wird erzählt, daß sie einen
feierlichen Gesang hatten, mit dem sie alljährlich die Schwalben begrüßten. Anakreons
Ode auf diesen Vogel ist bekannt". Brand weist auch auf die Vorbedeutungen hin, die
man heute noch mit der Schwalbe in Beziehung bringt, wie z. B. wenn eine Schwalbe
im Schornstein herunterfällt, und andere.[3]

Correr el gallo und Throwing at Shrove-cocks bei den Spanisch-Amerikanern und den Engländern.

Die Spanier brachten einen grausamen Zeitvertreib mit in die neue Welt, der
darin bestand, einen Hahn oder eine Henne bis an den Hals in die Erde zu vergraben,
worauf die jungen Leute des Dorfes ihre Pferde bestiegen und in vollem Jagen auf den
unglücklichen Vogel zusprengten, wobei es darauf ankam, vom Sattel aus herunterzugreifen,
um den Hals des Tieres zu fassen und herauszureißen. Diese „Belustigung" habe ich
im Indianerdorfe Santo Domingo in Neu-Mexiko im Jahre 1881 mit angesehen und in
meiner Abhandlung: „The Snake Dance of the Moquis" beschrieben. Es ist offenbar
eine entstellte Form des Opfers für eine Hühnergottheit und man kann sie in verschie-

---

[1] Black, Folk-Medizine, S. 154. — [2] S. 155. — [3] Popular Antiquities, III, S. 193. —
Die Begrüßung der ersten Schwalbe braucht man sich nicht allzu feierlich vorzustellen, in
Erwägung, daß bei allen europäischen Völkern Kinderlieder dieser Art im Schwange sind. Auch
bei unseren Lenzdichtern ist der Schwalbengruß nicht viel seltener als ein Gedicht an den
Frühling und das erste Märzveilchen. Dahinter glimmt gewöhnlich nur ein winziges poetisches
Fünklein, weiter nichts.

denen Teilen Europas, immer in Verkleidung einer grausamen Spielerei, heute noch nachweisen.[1])

In England gab es eine Abart dieses Zeitvertreibs. Man hing eine Gans bei den Füßen auf und dann rannten die Dörfler um die Wette und suchten den Kopf des Tieres zu fassen, den man schließlich abriß. Es gab noch eine andere Fassung derselben Sache, bei der man eine Katze in ein Faß setzte, worauf man das Faß in Stücke schlug.[2])

In England hatte man noch einen andern Zeitvertreib, der den vorstehend beschriebenen in manchem ähnlich ist, „Throwing at Shrove-Cocks", zu deutsch: nach dem Fastenhahn werfen.[3])

Grimm beschreibt die „heilige Sitte, Hähne an die Spitze von heiligen Bäumen zu binden", die in den heidnischen Zeiten über ganz Europa verbreitet war. „Die Wenden errichteten zwar Kreuze aus Baumstämmen, da sie aber im innersten Herzen noch heidnisch gesinnt waren, brachten sie es fertig, auf die Spitze der Balken einen Wetterhahn zu befestigen".[4])

„In manchen Gegenden Deutschlands, Ungarns, Polens und in der Picardie setzen die Schnitter in das Korn, das man zuletzt schneidet, einen Hahn und jagen ihn dann über das ganze Feld; oder sie graben ihn bis zum Hals in die Erde und schlagen ihm schließlich mit einer Sichel oder einer Sense den Kopf ab". Frazer bringt noch andere Beispiele aus Westphalen und Siebenbürgen bei.[4])

Noch im Jahre 1909 beobachtete Prof. V. Tille im čechischen Dorfe Brné ein Bauernfest mit dem Hahnenschlagen.[5])

Grose berichtet in seinem Artikel über das „Goose-Riding", das Gänsereiten, daß man dieses Spiel in Derbyshire noch in neuerer Zeit gespielt habe, wie sich i. J. 1811 lebende Leute noch erinnern konnten.[6])

Die ägyptischen Skarabäen.

Über die Grundlagen des Kultes, den die Bewohner des Nildeltas dem Skarabäus zuteil werden ließen, sind sich bis heute die Gelehrten noch nicht einig geworden; allerdings ist die Sache auch so verwickelt, daß man sich nicht wundern darf, wenn man nicht zwei Schriftsteller findet, die darüber derselben Meinung sind. Da es bis jetzt nicht gelungen ist, für irgend eine Ansicht entscheidende Beweise beizubringen, so soll hier nur auf die Tatsache hingewiesen werden, daß es der Mistkäfer war, dem man diese Verehrung darbrachte und zwar möglicherweise deshalb, weil er sich mit einem Stoffe beschäftigte, der zu dem lebenden Organismus in so enger Beziehung steht. (Siehe Anhang).

Den Mistkäfer trägt man als Heilmittel für das Fieber als Amulet, sagt Plinius.[7])

---

[1]) Diesen Nachweis erbrachte eine Umfrage in Gaidoz's Mélusine, IX. — [2]) Brand, Popular Antiquities, III, S. 40, Artikel: Sorcery. — [3]) Brand, I, S. 101, Artikel: Ash-Wednesday und S. 72, Artikel: Shrove-Tuesday. [Shrove-Tuesday ist Fastnachtdienstag; Shrove stammt von shrive, das beichten bedeutet; allein kommt das Wort nicht mehr vor, sondern nur in den Zusammensetzungen, shrovetide, Fastenzeit; shrove-cake, Fastnachtkuchen, Shrove-Sunday und Shrove-Tuesday, Fastnachtsonntag und -Dienstag. I.] — [4]) The Golden Bough, II, S. 9. [Die Beispiele stammen aus den Büchern Mannhardt's und haben mit der Verehrung des Hahnes an sich nichts zu tun; es handelte sich um Erntebräuche, bei denen der Hahn den Korngeist vertritt. I.] Bei den Chrowoten verbindet man einem Burschen mit einem Tüchel die Augen und gibt ihm eine schwere Stange in die Hände. Er schlägt mit ihr aufs Geratewohl los und trifft er den Hahn, so hat er den Braten. — [5]) Národopisný Věstník Českoslovanský, Prag 1910, V, S. 164 f. — [6]) Grose, Dictionary of Buckish Slang, London 1811. — [7]) B. XXX, Kap. 30. Weiteres findet man in Saxon Leechdoms, I, S. 16, wo auf Plinius hingewiesen wird.

„Den Ägyptern war der Skarabäus heilig, denn er war das Sinnbild des innersten Lebens und einer geheimnisvollen Selbsterzeugung. Sie glaubten, er entstände aus Stoffen, die er in Kügelchen rollte und in Mist vergrub".[1]

„Der thebaische Käfer ist das erste lebendige Tier, das man erblickt, sobald sich der Nil vom Lande zurückgezogen hat". Bruce ist der Ansicht, daß der Skarabäus das Sinnbild des vom Strom überfluteten Landes gewesen sei, von dem sich das Wasser bald zurückgezogen habe. Mit der Auferstehung oder der Unsterblichkeit hat der Käfer gar nichts zu tun; an die dachte man während der Überschwemmung des Nils nicht.[2]

Sir Samuel Baker sagt: „Er erscheint kurz nach Beginn der Regenzeit und arbeitet ohne Unterbrechung bis der Regen aufhört. Verehrten ihn nicht die Alten als den Vorboten des steigenden Nils?"[3]

„Man weiß, daß der Mistkäfer (Dreckumwühler, sagt der Franzose), der im Dreck entsteht und der sich davon ernährt, bei den Ägyptern das Abbild der Welt, der Sonne, der Isis und des Osiris war".[4]

Irische Bauern töteten keinen Mistkäfer, wie Lady Wilde in ihrem Buche angibt.[5]

Die Gelehrten werden meine Angaben so auffassen, daß ich in den Bemerkungen, die ich von der Verehrung aller dieser Tiere hier vorlege, lediglich der Betrachtung des vorliegenden Gegenstandes zu Hilfe kommen wollte. Es war nicht meine Absicht, alles beizubringen, was sich darüber sagen ließe.[6]

L. Der Fortbestand schmutziger Heilmittel.

Ein eigentümlicher Zug, der unsere volle Aufmerksamkeit verdient, ist die Hartnäckigkeit, mit der man die Jahrhunderte hindurch an denselben Heilmitteln festhielt. Vielleicht von Hippokrates, sicher aber von Plinius an bis zu Sextus Placitus, weiter bis zu den Saxon Leechdoms und von da weiter zu den Schriftstellern, die ihre Erzeugnisse unmittelbar nach der Erfindung der Buchdruckerkunst erscheinen ließen, — immer wieder sehen wir die Übermittlung derselben Verordnungen für dieselben Krankheiten.

Und der Araber Avicenna schöpfte unverkennbar sein Wissen aus den Überbleibseln christlich-lateinischer Gesittung.

Fallende Sucht.

Pfauenkot war eine der beliebtesten Arzneien für die Beseitigung der fallenden Sucht, also derjenigen Krankheit, die man so besonders auf göttliche Urheberschaft zurückführte, daß die Römer sie geradezu Morbus sacer, die heilige Krankheit, nannten. Hippokrates glaubte jedoch nicht daran, daß die Fallsucht eine „göttliche", d. h. von den

[1] Grimm, Teutonic Mythology, II, S. 692. — [2] Bruce, Nile, Dublin 1790, I, S. 129. Am ausführlichsten handelt vom Skarabäus Joh. Weißenborn, Intern. Archiv für Ethnographie. Leiden 1904, XXVII, S. 129ff. — [3] Baker, The Albert Nyanza, S. 240f. — [4] Bibliotheca Scatologica, S. 1f; es wird dort auf Plinius, XXX, Kap. 11, II, Kap. 30 und Kircher, Prodrom. Egypt. Schlußkapitel hingewiesen. [Französisch Mistkäfer = fouille-merde]. — [5] S. 175. — [6] Die wichtigste Abhandlung über diesen Gegenstand verdankt man Alfred Wiedemann, Der Tierkult der alten Ägypter, Leipzig 1912. (Der alte Orient, XIV, Heft 1).

Göttern gesandte Krankheit sei; solch einen Gedanken konnten seiner Ansicht nach nur Quacksalber ihres persönlichen Vorteils wegen begünstigen.[1])

„Nichts konnte mit größerer Macht den Fortschritt der Heilkunde hemmen und alle Anstrengungen zu ihrer Verbesserung erfolglos machen, als die einst so allgemein verbreitete Ansicht vom himmlischen Ursprung der Krankheit, der, wenn er einmal zugestanden wird, zu ihrer Hebung notwendigerweise auch göttliches Dazwischentreten zu verlangen scheint. Religion und Medizin gerieten beide in Verachtung, als sie Opfer und Beschwörungen und bezahlte Gebräuche durch die Priester vornehmen ließen, um ein solches Dazwischentreten der Götter sicher zu stellen“.[2])

Die Fallsucht nannte man auch die Komitialkrankheit, weil man, nach der übereinstimmenden Angabe der Schriftsteller, die man über diesen Punkt zu Rat zog, in dem Augenblicke, in dem einen Römer ein Anfall dieser Krankheit heimsuchte, die „Comitia“, fand eine Sitzung statt, sofort auflöste. Die Komitien waren die Versammlungen der Geschlechter, die über wichtige Angelegenheiten, wie die Richterernennung usw. berieten. [3]) Wir wissen gar nichts darüber, was nach der Auflösung geschah; es ist aber sehr wahrscheinlich, daß die versammelten Geschlechter dazu schritten, die Götter anzuflehen, sie möchten mit dem leidenden Blutverwandten Mitleid haben. Es wäre aber durchaus nicht so unmöglich, daß man den Kranken in den ältesten Zeiten opferte, um den Zorn der Gottheit zu besänftigen, die eine solche Strafe verhängt hatte, oder als was man sonst die Krankheit erklären will. Dies ist wenigstens die einzige vernünftige Schlußfolgerung aus dem, was mit den Kleidern geschah, die einer während seines Anfalles am Leib hatte und die man mit seinen Entleerungen zur selben Zeit verbrannte, beide, wie wir oben gesehen haben, — eine Erinnerung an den früheren Brauch, als ein solches Schicksal noch dem Opfer selbst zugedacht war.

Wir finden aber auch, daß der Glaube an Übertragung oder Überpflanzung in den älteren Zeiten und noch im Mittelalter ein in allem medizinischen Brauch maßgebender Grundsatz war; und wenn wir uns die hier angeführten Beispiele näher ansehen, so fällt uns auf, daß man ganz besonderes Gewicht auf die Verwendung von Nägelschnitzeln oder Haar des Kranken oder von seinem Harn und Kot oder in selteneren Fällen von seinem Speichel und seinem Schweiß legte; man steckte sie in Eierschalen und vergrub sie dann in Ameisenhügeln, warf sie in Fischteiche, setzte sie Hunden oder Hühnern vor oder legte sie an Kreuzwegen aus, in der Hoffnung, daß irgend ein Vorübergehender, von Neugierde getrieben, das sonderbare Päckchen aufheben und damit die Krankheit von dem ursprünglichen Leidenden hinwegnehmen würde.

Alle Krankheiten faßte man als Strafe auf, die zornige Götter verhängt hatten; daher waren auch anfangs alle Arzneien Zaubermittel, d. h. Darbringungen oder Opfer, die entweder die beleidigten Geister versöhnen oder die Hilfe noch mächtigerer Götter sichern sollten, damit diese die bösartigen Taten der schwächeren zu nichte machten. Hin und wieder weisen die Zaubermittel ganz deutlich auf das frühere Vorkommen von Menschenopfern hin; man befahl dem zitternden Opfer des Götterzorns entweder sich selber oder ein Familienmitglied zu opfern. Aber nach dem Grundsatze, daß der Teil das Ganze darstelle, mit anderen Worten, daß man das wirkliche Opfer durch Darbringung eines Pfandes ablösen könnte, brachte man ein solches Pfand in der Gestalt von Haar, Nägeln, Haut, Blut, Kot, Speichel oder Fetzen der Kleidung dar, die dem beteiligten Gläubigen gehörten, wobei man selbstverständlich annahm, daß die versöhnte Gottheit zu einer späteren Zeit auf der Erfüllung des Vertrages oder auf der Hingabe des Opfers, das ihr das Pfand gewährleistete, bestehen könnte.

---

[1]) Man vergleiche die Ausgabe seiner Werke von Francis Adams, Sydenham Society, London 1849. — [2]) Pettigrew, Medical Superstitions, S. 45. — [3]) Vergl. White Ridley, Latin-English Dictionary; vergl. auch Leprière's Classical Dictionary, Artikel: Comitia.

Deshalb dürfen wir, wenn wir bei „sympathetischen" Kuren die Angabe finden, daß man menschliche Reste, Kot usw. in Teiche warf, ohne weiteres den Schluß ziehen, daß sich die Fische oder die Wassergötter, nahmen sie die Gabe an, mit der sinnbildlichen Darstellung des Opfers zufrieden gaben und wenn sie versöhnt waren, auch die Krankheit wieder an sich zogen, die sie in ihrem Zorn ausgeteilt hatten.

Der befolgte Grundsatz ist auch in dem Falle der gleiche, wenn solche „Zaubersprüche", wie wir sie ganz zweckmäßig nennen, an Bäumen aufgehängt oder auf Steine oder in heilige Brunnen gelegt werden; denn es waren die Schutzgeister dieser Örtlichkeiten, die man beleidigt hatte und die man nun wieder durch ein „carmen" oder Beschwörunggedicht besänftigen mußte, weil ein solcher „Charm", wie es im Englischen heißt, ein Zauberspruch, ein unzertrennlicher Bestandteil aller Weihegaben war. [1]

Warf man das Zaubermittel einem Hunde hin, legte man es auf einem Feld nieder, wo Hornvieh, Pferde oder Schafe oder auch wilde Tiere ihre Nahrung suchten, so galt es einen tiergestalteten Gott zu versöhnen; und wo man es einfach auf die Straße hinaus oder noch besser auf einen Kreuzweg warf, hielt man die Erdgeister oder sonst irgendwelche Kobolde, von denen sich der Opfernde keine ganz klare Vorstellung machen konnte, für die Urheber der Krankheit.

Auf den Samoainseln nahm man an, der Gott habe sich zeitweilig in der Gestalt eines Hundes oder einer Ratte verkörpert, fraß während der Nacht irgend eins von diesen Tieren die Opfergaben auf. [2]

Hing man solche Zaubersprüche in dem Schornstein des eigenen Hauses auf, so muß man darin unbedingt eine Anrufung des Klan- oder Geschlechterschutzgeistes sehen, damit dieser entweder seinen Zorn von dem betroffenen Blutverwandten hinwegnehme oder ihm zu Hilfe komme. Von diesem Standpunkte aus mögen die Zaubermittel, die uns so kleinlich vorkommen, die Lumpen, Haarlocken usw., in der Auffassung desjenigen, der sie darbrachte, Darbringungen von sehr heiliger Art gewesen sein.

*   *   *

Bourkes Kapitel von der Fortdauer schmutziger Heilmittel fiel recht dürftig aus, weil ihm eben nur wenig Stoff zur Verfügung stand. Die skatologische Seite der Folklore hatte man lange genug sehr vernachlässigt oder besser gesagt, übergangen. Man maß derartigen Angaben, ebenso wie früher der geschlechtlichen Seite des Völkerlebens, wenig Bedeutung bei, wollte wohl auch von solchen „ekelhaften" Dingen nichts wissen oder schämte sich geradezu, davon in ernsten Werken zu reden. Das ist nun glücklicherweise anders geworden und, wäre unserm Bourke der Stoff vorgelegen, wie er in den ersten neun Bänden der Anthropophyteia, deren Beiwerken und historischen Quellenschriften gesammelt ist, so hätte er gewiß seine helle Freude daran gehabt. Wir wollen im Folgenden die wichtigeren Angaben zusammenstellen, müssen es aber dem Leser überlassen, die betreffenden Stellen im Zusammenhange zu lesen, damit er sich von dem Milieu, in dem man derlei Arzneien usw. heute noch anwendet, eine richtige Vorstellung machen kann.

In der Neumark wendet man gegen Syphilis eine Tinktur aus Brennesselsamen an, die man mit Speichel gemischt, auf die Geschwüre streicht. Gegen Syphilis hilft auch Fuchskot und Kuhdreck. Warmen Kuhdreck benutzt man auch zum Heilen irgend welcher Geschwüre. Beim Schanker packt man den Zumpt in Ton ein, oder man sammelt ganz früh morgens den Tau von den Gräsern und wäscht darin den Zumpt. Harn gebraucht man zum Heilen von allerlei Krankheiten. Namentlich das Gurgeln bei Hals- und Lungenkrankheiten ist gebräuchlich. Blutungen stillt man mit Spinnennetzen, die in Harn gelegen haben. (F. W. Berliner, VII, 273).

---

[1] Grimm weist nach, daß „charm" von carmen abgeleitet ist, Teutonic Mythology, III, S. 1035. Webster und andere Schriftsteller führen dieselbe Ableitung an. — [2] Turner, Samoa, London 1884, S. 25.

In Neuvorpommern und auf der Insel Rügen gilt Schnecken- und Regenwürmeröl als Volkheilmittel, das „den Menschen inwendig und auswendig geschmeidig macht". Diese kostbaren Arkana gewinnt man, indem man die betreffenden Tiere in einer Flasche auf den Herd stellt, woselbst sie sich nach einigen Tagen zu einer schleimigen Masse auflösen. In den Städten findet man die Ziegelsteine der Kirchen vielfach angebohrt. Die dadurch entstandenen Vertiefungen sind so bedeutend, daß man bequem eine Fingerspitze hineinlegen kann. Diese Näpfchensteine sind deswegen angebohrt, weil das Volk früher glaubte, seine Lues mit dem so erhaltenen Ziegelmehl heilen zu können. (C. F. von Schlichtegroll u. Berliner, VII, S. 213 und 217).

Die Deutschen in Oberösterreich, Salzburg und den Grenzgebieten geben einer Frau, damit sie leicht niederkomme, von einer andern Frau süße Milch zu trinken, ohne daß sie es weiß. Kann eine Frau nicht gebären, so bindet man ihr einen Adlerstein unter das linke Knie oder gibt ihr in einem Löffel voll Wein etwas Abgeschabtes von dem Stein zu trinken. (Adlerstein ist ein Rundstein aus Eisenoxyd, der innen hohl ist und infolge von Einschlüssen beim Schütteln klappert). In gleichem Falle hilft von einer tönernen, geweihten Altöttinger Muttergottes abgeschabter Ton in Wein genossen. Hat eine Frau nach der Geburt so starken Blutfluß, daß sie zu vergehen scheint, so hilft es, wenn man ihr drei Tropfen ihres Blutes in warmer Hühnerbrühe zu trinken gibt. Hat eine Frau den Kindbettfluß zu stark, so soll man einen Dukaten glühend machen und ein paarmal in Wasser ablöschen. In dieses Wasser schabt man etwas Gold ab und gibt es der Frau zu trinken. Bei harter Geburt feilt man den dritten Teil eines ungarischen Muttergottesdukaten und ein ganzes Hirschenkreuzlein ganz fein zusammen und gibt es der Frau in Wein gelöst langsam zu trinken. (III, S. 39 f.).

In Berlin (und überhaupt in ganz Deutschland) ist der Glaube verbreitet, daß man Harn gegen aufgesprungene Hände und erfrorene Glieder mit Erfolg anwenden kann, (Berliner, VI, S. 424).

Bei den Südslaven, die, wie wir bereits wissen, alle primitiven Sitten treu bewahren, dürfen wir auch für unser Gebiet auf eine reiche Ausbeute für die Gegenwart hoffen. Von dem ausgiebigen Stoff, den die Anthropophyteia hierüber darbieten, mag das Folgende als Auslese dienen:

Menschendreck gebraucht man als Heilmittel gegen Beulen, Geschwüre und Pusteln, indem man ihn einfach auf die Wunde auflegt. Zur Vertreibung von Leberflecken und Runzeln im Gesichte und auch zur Erzeugung eines reinen, hellen Teints pflegen die Chrowotinnen allgemein vor dem Schlafengehen ihr Gesicht mit Lappen zu belegen zwischen die sie frischen Menschenkot gegeben. Es ist gut, den eigenen Dreck auf den Fuß oder die Hand aufzulegen, wenn die Wunde voll Eiter ist und sie wird vergehen. Vierzig Morgen hindurch gibt man an manchen Orten Kinderharn dem Kranken ein, der an Auszehrung leidet. Damit nicht irgend eine Krankheit die Kinder befalle, wischen sie die Mütter an manchen Orten allabendlich mit Harn ein. (B. IV, S. 335 f.). Als Gegengift bei Vergiftungen gebraucht man frischen Dreck. Zieht sich ein Mensch eine Brandwunde zu, so brenne er ein Lindenholz an, das Holz stoße er zu Staub, vermische ihn mit Gansdreck und schmiere damit die Wunde ein. (B. IV, S. 409). Es ist gut, mit Puzerantensamenflüssigkeit kranke Augen zu waschen; man wendet das Mittel gegen Augenkatarrhe an (B. V, S. 202). Wenn ein Esel ein Stütchen beschält, so soll man von ihrer Samenflüssigkeit etwas auffangen und damit seine syphilitischen Wunden einschmieren. Es gibt kein besseres Heilmittel. Gegen französische Krankheit tut es gut, wenn man Zigarrenasche in den Zumpt einstreut. Wer an großen Pauken leidet, soll warmen Kuhdreck auflegen, nachdem er die Pauken vorher mit einem Gemisch von Safran, Heublumenabkochung und Milch dreiviertel Stunden lang gebäht hat. Dann springen nach einer halben Stunde die Wunden auf usw. Merkt man, daß man einen Schanker hat, dann ist es am besten, ihn allmählich mit seinem eigenen Speichel zu heilen. Den Schanker kann man auch so ausheilen: Man nimmt Blaustein, stößt ihn und läßt ihn in ein wenig Wasser säuern und mit diesem Wasser benetzt man die Wunden usw. Wer an seinem Zumpt den Vierziger (?) hat, der lege seinen heißen Dreck auf den Zumpt und lasse ihn vierundzwanzig Stunden darauf liegen. Das mit dem Tripper behaftete Weib nimmt eine Gluck, die schon einige Tage lang Eier bebrütet, (wann sie die Eier bebrütet, scheißt sie nicht jeden Tag), spreizt die Beine auseinander und läßt sich von der Henne direkt auf den Geschlechtteil den Kot ablegen. Darauf wischt sie den Dreck auseinander usw. Den Tripper wird der Mensch so los, daß er wenig ißt, viel arbeitet und seinen Harn trinkt. Man kann auch Eichenrinde abkochen und den Absud davon trinken; je älter die Eiche, desto besser. Auf folgende Weise kann man gleichfalls den Tripper heilen: man nimmt zwei Flaschen Bier und legt sie in Pferdedünger ein; darin läßt man sie vierundzwanzig Stunden lang. Die Flaschen dürfen nicht zugestopft sein. Nach Ablauf dieser Zeit hebt man die Flaschen aus und tut hierauf wie folgt: man nimmt auf nüchternen Magen ein Dezi Öl ein, ißt darnach eine warme Semmel auf und sodann trinkt man jenes Bier. So tut man etwa an zwei Morgen und wenn er bis dahin nicht vergeht, so muß er das dritte Mal weichen. (B. V, S. 221 ff).

Befällt einen Mann nach dem Verkehr mit einem Frauenzimmer die herrschaftliche Krankheit (die Syphilis), so soll er Zigarren oder Virginia in Tafelöl abkochen und vom Absud allmorgendlich auf nüchternem Magen je zwei Löffel voll trinken. (B. VII, S. 270; allgemein in Chrowotien und Slavonien).

Ein Berichterstatter aus einer slavonischen königlichen Freistadt erzählt von einem Herrn, der zuerst in die Voz hineinfarzt und sie sofort verstopft. Er tut dies darum, damit er nicht irgend eine venerische Krankheit erwische, denn der Furz vernichtet die Macht der Krankheit, er aber bleibt gesund. (A. a. O.; dieses sonderbare Desinfektionmittel mußten wir hier unterbringen, weil es in keinen anderen Abschnitt hineinpaßt).

In Slavonien näht man aus den getragenen Hemden junger Bräute Säckchen (der Stoff ist schleierdünn) und trägt darin die Zauberkräuter oder Pulver davon, auch verbrennt man solche Säckchen und die Asche davon nehmen Kranke mit Kaffee ein. (B. VII, S. 126). Man hat das Hemd eines eben verheirateten Frauenzimmers zu nehmen. Das Hemd muß noch blutig sein. Also taugen nur jene Hemden, die von einer Jungfer herrühren. Dies Hemd muß man der betreffenden Person, mag sie männlichen oder weiblichen Geschlechts sein, unversehens über den Kopf werfen und sie wird genesen. (B. VI, S. 213).

LI. Eine Erklärung des Grundes, weshalb man Menschenkot und Menschenharn in der Heilkunde und bei religiösen Zeremonien gebrauchte.

Ahnenkult — Menschenkult — Der Großlama.

„Homo est Medicus et ex homine medicina paratur", der Mensch ist der Arzt und aus dem Menschen stellt man die Arznei her, sagt Flemming in seinem Buche „De Remediis ex corpore humano desumtis", was man so verstehen kann, daß aus dem Menschen die Arznei genommen wird, weil der Mensch Arzt ist.

Trotz aller seiner Angst vor dem Ungewissen und Unerklärlichen hatte der Wilde doch einen als wunderbar zu bezeichnenden Glauben an sich selbst als das höchste Werk der Natur; alle seine großen Götter schuf er nach seinem eigenen Bilde; er ging sogar noch weiter und legte den Priestern oder Stellvertretern der Götter dieselbe Hochachtung und Verehrung bei, die, wie man annahm, den Göttern selbst zukamen; hieraus entstand dann die Menschenverehrung, wie sie heute noch in Tibet in ihrer ausgesprochensten Form besteht[1]) und wie sie in Europa fast bis in unsere Zeit hinein in der abgeänderten Form vorkam, die man als „touching for the king's evil"[2]) bezeichnete. Die Wirksamkeit dieser Berührung beruhte auf dem zweifachen Glauben, daß alle Krankheiten aus irgend einer übernatürlichen und im allgemeinen auch bösartigen Quelle stammten und deshalb auch am besten mit dem Händeauflegen eines Menschen geheilt werden konnten, der durch die Salbung mit ein wenig heiligem Fett zu dem Allmächtigen in etwas näherer Fühlung war. Und dieses Salben der Könige ist ein Überlebsel von uralten heidnischen Gebräuchen.[3])

Der Glaube an den übernatürlichen Ursprung der Krankheiten führte zur Anwendung von Zaubermitteln und Talismanen, die schließlich nichts anderes waren als Arzneien, mit denen man Unglück abwenden und Krankheiten heilen wollte, die ja selbst weiter nichts waren, als eine Äußerung des Unglücks; oder, um den Gedanken noch deutlicher auszudrücken, die Arzneien selbst waren ursprünglich nichts anderes als Zaubermittel, bei deren Anwendung unsere Vorfahren weniger Gewicht auf ihre heilenden Eigenschaften als auf die einer geheimnisvollen oder „sympathetischen" Kraft legten, die sie ihnen in ihrer Unwissenheit zuschrieben.

Da Tiere und Gewächse und Steine Gegenstände des Kultes waren, so griff man in ganz natürlicher Weise auf sie zurück und sie mußten Heilmittel für alle Krankheiten und Vorbeugemittel für jede Art von Mißgeschick liefern. Und das höchste aller lebenden Wesen, den Menschen, konnte man nicht gut aus dem Arzneischatz weglassen; alles, was zu einem der beiden Geschlechter gehörte, entweder in leiblicher Beziehung oder hinsichtlich leiblicher Verrichtungen, mußte den ungebildeten Geist mit einem Gefühl der Ehrfurcht erfüllen; alle festen oder flüssigen Leibausscheidungen bedachte man mit geheimnisvollen Eigenschaften und verwandte sie bei besonders wichtigen Gelegenheiten.

---

[1]) Vergl. die bedeutsame Abhandlung A. Wiedemanns von der Menschenvergötterung im alten Ägypten, Der Urquell, Eine Monatschrift für Volkkunde, herausg. von Krauss, N. F., I, S. 289—299, Leiden 1897. — [2]) Von dieser „Berührung wegen der Königkrankheit", d. h. der Skrofulose, ist oben die Rede gewesen. Vergl. dazu auch den Anhang. — [3]) Auch in den heiligen Büchern von Tibet ist die Rede vom gesalbten Herrscher, z. B. im Pratimoksha Sutra, herausg. von W. W. Rockhill, Société Asiatique, Paris 1885.

Über Menschenverehrung beachte man besonders die Angaben von Frazer.[1])

„Bei den Negern ist die Königwürde etwas Göttliches; man glaubt, daß Könige zum Geschlecht der Götter gehören und nach ihrem Tode zu Halbgöttern werden".[2])

Speichel, Kot, Harn, Monatblut, Blut, Galle, Nieren- und Gallensteine, Knochen, Schädel, — sie alle hatten etwas geheimnisvolles an sich und waren daher „Medizin", namentlich wenn sie von einem Heiligen oder einem Lama herrührten.

Dieser Glaube erhielt sich bei Stämmen und Gemeinwesen, lange nachdem sie eine Gesittung höherer Art erreicht hatten, und wahrscheinlich spielt der Evangelist Markus darauf an, wenn er in einer nicht ganz klaren Stelle sagt: „Nicht das, was in des Menschen Leib eingeht, sondern das, was aus ihm herauskommt, verunreinigt ihn".

Aber nicht allein aus dem Leib des lebenden Menschen, sondern auch aus Leichnamen stellte man heilkräftige Zubereitungen her, aber im letzteren Falle drängt sich in die Untersuchung ein anderer Gedankengang ein, den man bei dem Primitiven aller Länder und aller Zeiten vorfindet, daß nämlich der Teil immer der Vertreter des Ganzen ist und daß dieser Teil, wenn man das Ganze nicht bekommen kann, ebenso wirksam ist. Hieraus erklärt sich die ungemeine Sorgfalt, mit der man bei allen Gemeinwesen auf einer niedrigen Kulturstufe Knochen, Zähne, Kleiderfetzen und andere Überreste des heiligen Toten aufbewahrte.

LII. Ostereier.

Die beständige Verwendung des Eies bei der Ausführung solcher Überpflanzungkuren regt die Vermutung an, daß der Ursprung der hübschen Sitte schön gefärbte Ostereier zu schenken, auf etwas anderes zurückzuführen ist, als lediglich auf den Trieb andern eine Freude zu bereiten. Fast jeder Brauch, der sich bis heute bei uns als Belustigung oder Unterhaltungspiel erhielt, läßt sich von einem ernsteren Vorgänger herleiten. Gerade Ostern war ganz besonders dasjenige Fest der christlichen Kirche, das die Gebräuche des Heidentums zähe behauptete. Man betrachtete aus irgend einem Grunde Ostern als diejenige Zeit, in der sich sowohl der menschliche Leib, als auch das Haus, das dieser Leib bewohnte, einer durchgreifenden Reinigung unterziehen mußten, um sich aller ihrer Unbehaglichkeiten zu entledigen. Das Eierfärben weist auf eine Farbensymbolik hin und die ist ein wesentlich heidnischer Gedanke, der unter den vielgestaltigsten Verkleidungen heute noch unter uns lebendig ist.

Als die Puritaner Einfluß auf die Regierung von Groß-Britannien erlangten, stellte man das Eierfärben, wie wir uns denken können, für einige Zeit ab. Das Eieranstoßen ist ein Überlebsel einer der unzähligen Gestaltungen der Loswahrsagerei, an der man sowohl in der Gedankenwelt des heidnischen Roms als auch anderswo seine Freude hatte.

Daraus können wir nun vernünftigerweise die Schlußfolgerung ziehen, daß die hier besprochene Sitte, so wie sie zu uns gekommen ist, als das Überlebsel eines religiösen Brauches anzusehen ist, der da bezweckte, durch das Los die Übertragung von Krankheiten zu bewirken, von denen die Eierspieler betroffen waren.

Die älteste, bekannteste und am meisten verbreitetste aller Ostersitten ist, die sich an die Eier knüpft. Schon Jahrhunderte vor Beginn unserer Zeitrechnung spielten

---

[1]) The Golden Bough, I, Kap. 2, S. 8f. — [2]) Baudin, Fetichism, S. 24.

die Eier eine wichtige Rolle in der Theologie und der Philosophie der Ägypter, Perser, Gallier, Griechen und Römer, bei denen allen das Ei das Sinnbild des Weltganzen war und bei denen man sich mit der Kunst, Eier zu färben, eingehend beschäftigte.[1]) Der Anblick von Knaben auf der Straße, die ihre Eier gegeneinander stießen, um herauszufinden, welches das Stärkere ist und damit das andere zu gewinnen, war in den Straßen von Rom und Athen vor zweitausend Jahren gerade so allgemein, wenn wir den Altertumforschern glauben, wie er heute in irgend einer amerikanischen Stadt ist. Bekannt waren diese Eier, die man jetzt Ostereier nennt, ursprünglich unter dem Namen „Pasche-Eier", den man zu „paste eggs" (zu deutsch = Kleistereier) verhunzte, weil diese Eier zum Paschah- oder Passover-Fest eine Beziehung hatten. Ein Grund, um die Eier mit dem Tage zu verbinden, an dem der Christenheiland von den Toten auferstand, kann darin zu erblicken sein, daß die kleinen Hühnchen im Ei sozusagen im Grabe liegen und aus ihm zum Leben auferstehen, worin man ein treffendes Sinnbild der Auferstehung aus dem Grabe sah.

„Im nördlichen England ist es gebräuchlich, untern den Kindern von Familien, die engeren Verkehr unter einander pflegen, Geschenke an Ostereiern auszutauschen; es ist noch dieselbe Sitte, die in größerem Umfange bei den alten Völkern herrschte, und auf die man das Verschicken von Osterkarten und anderen Geschenken, das sich in den letzten Jahren so sehr ausgebreitet hat, zurückführen kann".[2])

„Neben den Blumen opferten unsere heidnischen Vorfahren am Feste der Ostara auch noch Kuchen, Osterfladen und Eier. Die Ostereier gehören ja bis heute notwendig zu diesem Feste", sagt Wilhelm Kolbe, dessen mit Unrecht vergessene Ausführungen wir hier zum Teil wiederholen wollen.[3])

„Das Ei galt dem ganzen indogermanischen Heidentum als ein Symbol des in Nacht und Schlaf gefesselten Lebenkeims, der der Auferweckung harrt. . . . Der Gebrauch des Eis im heidnischen Kult ist uralt und ganz allgemein. Man betrachtete es zugleich als eine Art von Mikrokosmus, ein Symbol der Welt, in dem man die vier Elemente vereinigt sah, das Feuer im gelben Dotter, das Wasser im Eiweiß, die Luft im Inneren der Schale und in der Schale die Erde.

„Schon auf den altägyptischen Baudenkmälern findet sich häufig eine Darstellung des Feuer- und Lichtgottes Ptah, des Hephaistos der Griechen, indem er als Former der Welt, ein Ei auf einer Töpferscheibe hin und her wälzt. Nachdem das Ei zerschlagen, gehen aus ihm Sonne und Mond hervor. Darum pflegten die Ägypter zur Zeit der Sonnenwende diesem Gott zu Ehren rotgefärbte Eier zu essen. Rot ist aber bei allen alten Völkern die Farbe der Sonne, des Feuers und damit des Lebens.

„Nach der Überlieferung anderer Völker ist die Erde aus dem Ei Aphroditens entstanden, das vom Himmel fiel und das Tauben ausbrüteten. Daher galt das geflügelte Weltei in der Kunst- und Zeichensprache der vieltausendjährigen Tempelruinen und Felsengräber der alten Orientvölker als Symbol der Schöpfung.

„Dieselbe Rolle spielt das Ei auch bei den Völkern des hohen Nordens. Nach der esthnischen Kalewiepoegsage entsprang Linda dem Ei des Birkhuhns.[4]) Die heidnischen Russen, Polen und Böhmen, ebenso die Südslaven pflegten aber bei ihren Totenopfern an den Gräbern unter anderem auch gefärbte Eier auf bunte Tücher als Symbole ihrer Lebenhoffnung inbetreff der Entschlafenen hinzustellen.[5]) Und noch heute opfern

---

[1]) Vergl. Juljan A. Jaworskij, Omne vivum ex ovo. K istorii skazanij i povĕrij v jajcĕ. Kiew 1909. — [2]) Aus der „Press", Philadelphia vom 21. April 1889. — [3]) Hessische Volksitten und Gebräuche im Lichte der heidnischen Vorzeit, 2. Aufl. Marburg 1888, S. 41f, 55f, 56ff und 67f. — [4]) C. G. Israel, Kalewipoeg, Frankfurt a. M. 1883. — [5]) Vergl. Histor. polit. Blätter, 1882, Die Bestattung der Toten usw.

die Neger Westafrikas Eier den Fetischen. In Aschanti hält man lediglich um dieser Opfereier willen eine Menge Hühner".[1]

„Vor dreißig Jahren war es noch bei allen älteren Leuten allgemeiner Brauch, sich in jedem Frühling zur Ader zu lassen oder Schröpfköpfe zu setzen".[2]

„Hängt man ein am Himmelfahrttage gelegtes Ei an das Dach seines Hauses, so schützt es gegen jedes Ungemach".[3]

„Die heutige Sitte, wie man sie in Tripolis übt, daß eine Witwe all ihr Mißgeschick überträgt, besteht darin, dem ersten Fremden, den sie antrifft, vier Eier zu übergeben".[4]

In Szabadka in Ungarn gibt man dem Kinde zu Pulver zerstoßene, getrocknete Eihäute deshalb zu essen, damit es gegen die verschiedensten Krankheiten gefeit sei.[5]

„Man kommt schließlich auf den Gedanken, es sei wünschenswert, zu bestimmten Zeiten, gewöhnlich einmal im Jahre, alle bösen Geister los zu werden, damit die Leute einen neuen Schritt ins Leben hinaus tun können, bei dem sie von allen bösen Einflüssen, die sich seit langem um sie herum angehäuft haben, befreit sind".[6]

„Die heutigen Juden opfern einen weißen Hahn am Vorabend des Versöhnungfestes, neun Tage nach dem Beginn ihres neuen Jahres. Der Familienvater schlägt den Hahn dreimal gegen seinen eigenen Kopf und spricht dabei: „Möge dieser Hahn mein Stellvertreter sein, usw.".[7]

Die Neger in Guinea scheinen vom vorliegenden Gegenstand gleichfalls bestimmte Ansichten zu haben, die es wert sind, daß wir sie hier einflechten: „Das Übersenden von Papageieneiern bedeutet: Wähle Dir eine Todart, die Dir am leichtesten vorkommt, andernfalls werden wir für Dich wählen!"[8]

In vielen Gegenden Europas sind auf dem Lande heute noch Gebräuche vorhanden, die unter der Verkleidung von Spielen dem geübten Auge des Anthropologen die frühere Sitte des Menschenopfers verraten. Unter diesen Bräuchen ist einer in Schweden beachtenswert, bei dem ein Knabe, der in längst vergangenen Zeiten offenbar das Opfer war, das man auswählte, um den Göttern von der Gemeinde Botschaften zu überbringen, von Haus zu Haus geht und dabei einen Korb trägt, in dem er Geschenke an Eiern und ähnlichem einsammelt.[9] Hieraus scheint man die Schlußfolgerung ziehen zu dürfen, daß man diese Geschenke den Gottheiten übersandte, um sie günstig zu stimmen; sie mögen aber gleichzeitig dazu gedient haben, von den Gebern irgend welche Leiden, von denen sie betroffen waren, hinwegzunehmen, — sie dienten also demselben Zwecke, zu dem man Eier zerbrach und der Übertragung von Krankheiten, die man durch das Los bewerkstelligte. Der Gedanke, daß ein Ei im Verhältnis zu den Wohltaten, die man erwartet, als eine minderwertige Gabe zu betrachten ist, kann kein Beweis sein, um die hier geltend gemachte Ansicht zurückzuweisen. Wir müssen dabei in Betracht ziehen, daß der Gläubige immer geneigt ist, den Geldwert seines Opfers oder seiner Opfergabe auf das geringste Maß zurückzuführen. Diese Eigentümlichkeit findet sich in jedem Kult und in jedem Land der Erde. Die Verehrung des Hühnergottes war augenscheinlich weit verzweigt, namentlich bei den Völkern und Stämmen der Menschenrasse, für die wir den Namen der arischen Familie gewählt haben. Bei verschiedenen dieser Abzweigungen, namentlich bei Wenden und Kelten, war das Huhn vielleicht der höchste Gott und es hat seine stolze Stellung bis heute beibehalten, aus der es die ersten Wanderprediger nicht

[1] Burckhardt, Die evangelische Mission unter den Negern in Westafrika, Bielefeld 1859, S. 24. — [2] Hoffmann, Folk-Medicine of the Pennsylvania Germans, in den Transactions Amer. Phil. Society, 1889. — [3] Scot, Discoverie, S. 193. — [4] Dalyell, Superstitions of Scotland, S. 110. — [5] Temesváry, S. 65. — [6] Frazer, II, S. 163. — [7] S. 195. — [8] Baudin, Fetichism, S. 23. — [9] Frazer, I, S. 78.

verdrängen konnten, — seine Stellung auf dem Gipfel des heiligen Baumes oder auf dem Kirchturm der Dörfer.

Es ist ganz natürlich, daß wir beim Aufstoßen auf ein solches Fest bei den genannten Völkerstämmen, bei dem sie ihre höchsten geistigen Mächte anrufen, um von ihren Verehrern alle möglichen Arten von Krankheiten und Mißgeschicken fernzuhalten, ein Huhnopfer erwarten sollten; aber die Armut oder die Knauserei des Bittstellers wies ihn in manchen Fällen auf den Ersatz durch eine billigere Gabe, nämlich das Ei, hin, das nun seinerseits wieder durch Vogelfedern ersetzt worden sein mag.

In manchen Gegenden Indiens ist bis auf den heutigen Tag der Sündenbock der Gemeinde — ein Hahn. „Im südlichen Konkan zogen die Bewohner beim Auftreten der Cholera in feierlichem Zuge vom Tempel zu den äußersten Grenzen des Dorfgebietes, wobei sie einen Korb voll gekochten, mit rotem Pulver bedeckten Reises, eine wollene Puppe, die die Seuche vorstellte und einen Hahn mit sich führten. Dem Hahn schnitt man an der Dorfgrenze den Kopf ab und warf den Körper dann weg. War die Cholera auf diese Weise von einem Dorf auf das andere übertragen worden, so führte nun dieses Dorf seinerseits die geschilderte heilige Handlung aus und gab die Plage an seine Nachbarn weiter".[1]

„Wenn der Frühling kommt", sagte Pantagruel zu Panurge, „werde ich ein Abführmittel nehmen".

„Die Eier sind überall weissagerisch veranlagt".[2]

LIII. Von der Blasen-Verwendung zur Herstellung von Kotwürsten.

Man hielt es für durchaus notwendig, den Harn oder Kot von Leuten, die an fallender Sucht, an Gelbsucht, Wechselfieber usw. litten, in eine Schweineblase zu legen und im Schornstein aufzuhängen; mit anderen Worten, man bereitete eine richtige Kotwurst daraus.

Spuren der Verwendung solcher Würste tauchen schon in weit zurückliegenden Zeiten auf. Bei Galen finden wir einen Satz, der sich genau so liest, als ob er etwas derartiges kannte. Vom menschlichen Kot sagt er: „Man gebraucht ihn nicht nur als Beimischung zu Heilmitteln, die man auf den Herd legt, sondern man tut ihn auch in solche, die man innerlich einnimmt". Es hat hiernach den Anschein, als ob Galen auf Beimischungen zu Hausmittelchen anspiele und daß man derartige Zubereitungen auf den Herd zu legen pflegte. (Focis imponuntur).

Für die Wirksamkeit solcher Kotwürste bei der Befreiung der Opfer aus Hexenklauen, bei Gelbsucht, bei Fieberanfällen und sonstigen Zufällen haben wir die Versicherungen so ernster und ehrenwerter Schriftsteller, wie Schurig, Paullini, Etmuller,

---

[1] Frazer, II, S. 191. — [2] Réclus, Les Primitifs, S. 356, Artikel: Les Kolariers du Bengalou. Zum Gegenstande vergleiche man noch Martin P. Nilsson, Das Ei im Totenkultus der Griechen, Filologiska Föreningeni, Lund, II, 1902, 14 S. L. de V. H. Les oeufs et les pouls, Revue des trad. populaires, XIX, S. 162 ff. Der Genuß des ersten Eis einer Henne schützt fünf Monate lang vor Krankheit, macht junge Frauen fruchtbar. Zwei Dotter bedeuten Glück (in der Haute Bretagne). — J. Blau, Huhn und Ei in Sprache, Brauch und Glauben des Volkes im oberen Angeltale (Böhmerwald), Zeitschr. f. österr. Volkk., VIII, Heft 6.

Frommann aus früheren Zeiten; während Black ihre Verwendung in Staffordshire für die Gegenwart bezeugt und Hoffmann uns von Sitten unter den Deutschen in Pennsylvanien erzählt, die ganz sicher und unleugbar lediglich Abänderungen der aus ihrem Stammlande mitgebrachten sind. Es ist sehr lehrreich auf die Werke der hier aufgeführten Gewährmänner zurückzugreifen; folgende Auszüge sind besonders beachtenswert.

„Die Eingeweide ergreift Auflösung, tut man heißgemachten Kot in eine Blase". [1]

Schurig bringt ein Beispiel bei von einem Gutbesitzer, der dadurch, daß er Pferdemist seines Nachbars in seinem Schornstein aufhing, dessen Pferde mit einer Auszehrungkrankheit behaftete. [2]

Auf der Insel Nukahiva war die Hexe nicht damit zufrieden, daß sie den Kot ihres Opfers an sich brachte, sondern man mußte ihn außerdem in einen Sack tun, „den man in einer ganz besonderen Art gewebt hatte". Dann vergrub man ihn. [3]

Dem Teufel kann man keinen schlechteren Streich spielen, als wenn man auf seine Werke menschlichen Kot legt oder menschlichen Kot in den Rauch des Schornsteins hängt. [4]

„Ein gewisser Mensch behexte einen neun Jahre alten Knaben dadurch, daß er den Kot des Knaben in eine Schweineblase tat und diese Wurst in einem Schornstein aufhing". [5]

In Staffordshire füllte man öfter, um die Gelbsucht zu heilen, den Krankenharn in eine Blase und legte sie in der Nähe des Feuers nieder. [6] Sonderbarerweise findet man bei den Australiern dieselben Gedanken wieder, die auch mit den gleichen Worten zum Ausdruck kommen, handelt es sich darum, mit dem Kot eines Opfers Zauberwirkungen auszuüben, indem man ihn zu einem Ballen oder einem Bündel zusammenwickelt, die den Würsten der europäischen Geheimkünste ziemlich ähnlich sehen.

„Stößt ein Bangale im Verlaufe seiner Wanderungen auf eine alte Lagerstätte der Bukeens, so durchsucht er sie nach irgend einem Überreste der Speisen, die sie dort verzehrt haben, z. B. Knochen. Aber diese Nachforschungen nach Knochen oder irgend einer anderen Art von Überresten sind häufig erfolglos, weil es unter allen Ureinwohnerstämmen allgemein verbreiteter Brauch ist, alle Knochen des Wildes, das sie verzehrt haben, vor dem Verlassen des Lagers durch Feuer zu vernichten. Hat er also nichts derartiges gefunden, dann sucht er peinlich genau den ganzen Erdboden um das verlassene Lager herum nach faulendem Kot ab; und sollte einer der Bukeens aus Nachlässigkeit oder aus irgend einem andern Grunde vergessen haben, seine Schaufel anzuwenden, oder sie nicht gewissenhaft genug gebraucht haben, so stürzt sich der aufmerksame Bangale auf die offen daliegenden Kotreste wie ein armer Schlucker auf einen Schatz.

Nachdem er seinen duftenden Fund in Sicherheit gebracht hat, benetzt er ein Stück Opossumfells mit dem Nierenfett eines seiner Opfer und wickelt es sorgfältig um seinen Schatz; dann windet er Bindfaden ellenweise immer und immer wieder darum, wobei jede Umwindung das ist, was die Seeleute einen „half-hitch", einen halben Knoten nennen, d. h. es wird jedesmal eine Schlinge um den Ballen gelegt und fest zugezogen . . . Nachts, wenn alles im Lager ruhig ist, holt der Bangale seine Beute vorsichtig aus dem Sack heraus und fängt dabei leise und eintönig an zu singen an, wobei er das eine Ende des in der oben angegebenen Weise zubereiteten Ballens in das, mit Absicht klein gehaltene Feuer legt; mit dem Gesang fährt er fort, bis die allmähliche Verbrennung beendet ist. . . . Hegt er den Wunsch, den Bukeen sogleich völlig in einer einzigen Nacht zu töten, so setzt er den Gesang fort und schiebt den brennenden Ballen langsam vorwärts

---

[1] Frommann, S. 1023. — [2] Chylologia, S. 815. — [3] Krusenstern. — [4] Paulini, S. 260. — [5] S. 261. — [6] Black, Folk-Medicine.

in die glühende Asche, sodaß er verzehrt wird und wenn auch die letzte Spur in stinkendem Rauch verflogen ist, dann ist es auch mit dem Leben des Bangalenopfers zu Ende. . . . Beabsichtigt jedoch der Bangale, die Todqualen seines Feindes zu verlängern, so verbrennt er nur einen kleinen Teil seines Ballens in jeder Nacht und singt dabei seine Beschwörungformeln und wenn es Monate dauert, bis der ganze Ballen vom Feuer verzehrt ist, dann wird auch die Qual seines Opfers so lange anhalten".[1]

„In Thüringen steckt man beim Dreschen eine Wurst in die letzte Garbe und wirft sie mit der Garbe auf die Dreschtenne. Man nennt sie die „Barrenwurst" und alle Drescher essen davon. Haben sie die Wurst aufgegessen, so wickeln sie einen Mann in Erbsenstroh ein und schleppen ihn in dieser Verkleidung durch das Dorf".[2]

Messen wir dieser Tatsachen-Aufzählung die Wichtigkeit bei, die jeder einzelnen von ihnen gebührt, aber auch nicht mehr, dann gewinnt es den Anschein, daß das Narrenfest vielleicht besser verständlich ist, wenn wir es als das derbkomische und verzerrte „Überlebsel" einer heiligen Volkversammlung der Familien oder der Gemeinde ansehen, bei der die Kotwurst einem später gänzlich vergessenen Zweck diente, nämlich der Abwendung der unheilvollen Hexenverwünschungen, der Fallsucht, der Gelbsucht, der Fieber und sonstiger Unzuträglichkeiten vom Volke, lauter Dinge, die vor den einfachen Mitteln der urzeitlichen Heilkünstler nicht ohne weiteres weichen wollten.

LIV. Schlußwort von Bourke.

Zu guterletzt wollen wir noch nachdrücklich darauf hinweisen, daß eine aufmerksame Betrachtung unseres Stoffes nicht ohne wichtige Ergebnisse für die Wissenschaft sein kann. Denn sie zeigt uns, daß wir, wenn wir uns eines Ausdrucks der Mathematik bedienen dürfen, beim Vergleich der menschlichen Entwicklung zwischen dem Nullpunkt, bei dem diese ekelhaften Gebräuche in voller Kraft standen, und der obersten Grenze des heutigen Tages, den genauen Umfang menschlichen Fortschritts in allem, was Gesittung heißt, besser zu erfassen vermögen.

Die Erforscher der Lebenerscheinungen und der Geisttätigkeiten können hier Stoff genug vorfinden, um zu zeigen, in welch hohem Maße der Mensch der Urzeit in entsprechender Umgebung selbst in den verschiedensten Gegenden der Welt dieselben Triebe und Handlungen aus der gleichen Veranlassung in Erscheinung treten läßt.

Die Gelehrten, die sich mit vergleichender Mythologie beschäftigen, werden in diesem Buche manches bemerken, was ihnen Anregungen gewährt und sie belehrt.

Der Gelehrte, der die Volkkunde in das Bereich seiner Untersuchungen zieht, entdeckt hier ein Feld, das ihm Aussichten auf zahlreiche Ergebnisse eröffnet. Der Volkbrauch, ganz besonders in der volktümlichen Heilkunde, — die weiter nichts ist, als die schließliche Zusammenfassung der Mythologie und des religiösen Heilwissens ältester Zeiten —

---

[1] Beveridge, The Aborigenes of Victoria and Riverina, Adelaide 1889, S. 160. —
[2] Frazer, I, S. 371.

bietet im weitestem Umfange jegliche Auskunft dar, die man von ihm in Bezug darauf und nach mancher andern Hinsicht erwartet, die aber dem Salonschriftsteller als eine Verunreinigung seiner Feder vorkäme.

Für mich lag in der Abfassung des vorliegenden Buches eine Arbeit vor, die anscheinend nicht abschließbare Nachforschungen erforderte, von denen viele ergebnislos verliefen, und dazu einen Briefwechsel mit Gelehrten in allen Ländern, deren Mitteilungen mir deshalb ganz besonders wertvoll waren, weil durch sie die Feststellung gelang, daß die ekelhafte Sitte des Harntrinkens, die ich bei den Zuñis der Vereinigten Staaten gesehen, in den Geheimdiensten anderer primitiver Stämme gleichfalls vorkam und daß sie Gegenstücke und Nachahmungen in den oftmals in das Derbkomische abgeänderten Überlebseln solcher Völker fand, die auf einer hohen Kulturstufe stehen.

Ich kann meine Arbeit in Wahrheit mit den Worten beschließen, die ich auch an den Anfang meines Werkes gesetzt habe: Das eigentliche Studium der Menschheit ist der Mensch; und das Studium des Menschen ist das Studium seiner Religion.

* * *

Getreu unserem Grundsatz, den Lesern einen Leitfaden in der Skatologie an die Hand zu geben, fügen wir zur Ergänzung der Schlußbemerkungen Bourkes, die Reinhard Hofschlaegers an, mit denen er seine im Vorwort bereits erwähnte höchst beachtenswerte Studie abschließt: „Will man über den Ursprung der primitiven Heilmethoden ins Klare kommen, so muß man zunächst alle Vorstellungen unbeachtet lassen, die den Gang der Untersuchung verwirren können, nämlich alle Vorstellungen aus dem Gebiete der Zauberei und Religion, mit denen die Medizin der Naturvölker belastet ist. Es ist notwendig, jede einzelne Erscheinungform der primitiven Medizin auf den rein praktischen Wert zu prüfen und von allen Beimengungen loszulösen, die nicht auf ursprünglicher Erfahrung beruhen können. Eine reinliche Scheidung zwischen natürlicher Erfahrung und mystischen Vorstellungen und Handlungen ist schon aus dem Grunde geboten, weil sich die Anfänge der Religion und selbst der Zauberei erst gebildet haben, als bereits die Urelemente vorhanden waren.

„Weil man in die Art und Weise der Gewinnung der empirischen Heilmittel noch keinen genügenden Einblick hatte, war es bisher in der volkmedizinischen Literatur vielfach üblich, alle auf natürlichem Wege von den Urvölkern gewonnenen medizinischen Kenntnisse kurzweg mit dem Schlagwort „rohe Empirie" zu belegen, obwohl diese Kenntnisse oft durch die Feinheit und Zuverlässigkeit der Beobachtung überraschen. Man vergaß dabei, daß die aus der Erfahrung hervorgegangenen Heilmittel nicht selten schon die verschiedenartigsten Entwicklungstufen durchlaufen haben. Ist erst einmal das Gebiet der „rohen Empirie" nach allen Richtungen hin so durchforscht, wie es inbezug auf die Mittel, die mit dem religiösen Kult in mehr oder minder festem Zusammenhang stehen, bereits geschehen ist, so wird die Medizin das bevorzugte Gebiet der Kulturgeschichte sein, auf dem der mühselige Werdegang der Völker von den ersten Kulturelementen an bis zur Höhe der heutigen Kulturformen am deutlichsten zu übersehen ist". [1]

Nachtrag von Bourke.

Dr. Thomas G. Morton in Philadelphia ließ mir die Mitteilung zukommen, daß die Verwendung menschlichen Harns bei unwissenden Frauen nicht nur während der Schwangerschaft noch ganz allgemein verbreitet ist, sondern daß man auch die Erfahrung gemacht hat, daß Weiber, die sich mit der Abtreibung abgeben, zur Vernichtung der Leib-

---

[1]) Die Entstehung d. primitiven Heilmethoden usw., Archiv f. Geschichte d. Medizin, hrg. v. K. Sudhoff, Leipzig 1909, III, 103.

frucht ein Geheimmittel verkauften, unter dessen Bestandteilen sich auch Blut der monatlichen Reinigung befand.

Zu den im 21. Abschnitt gebrachten Angaben ist noch hinzuzufügen, daß wir ein seltsames Beispiel für das Überleben eines gegenteiligen Brauches in den Angaben besitzen, die uns Picart vom religiösem Gebrauchtum der heutigen Juden gibt. Vom Verhalten der Juden beim Beten sagt er, daß sie das Gähnen, das Ausspucken, das Schneutzen der Nase und das Fahrenlassen eines Windes sorgfältig vermeiden sollten.[1] Diese Einzelheiten stammen anscheinend aus einem Werke Rabbi Leons von Modena.

Wir müssen in dem Angeführten lauter Gegenstücke zu den Gebräuchen erblicken, die für den Baal-Peor-Kult so bezeichnend sind und die aus dem Denken des auserwählten Volkes mit Stumpf und Stiel auszurotten, die Propheten sich soviel Mühe gaben.

LV. Vom Einbrecherhaufen.

Bekannt ist der Brauch der Einbrecher, am Tatort ihre Notdurft zu verrichten. In wissenschaftlichen Werken begegnete man früher nur dürftigen Erwähnungen dieses sonderbaren Glaubens und erst die Angaben Löwenstimm's[2] erweckten größere Aufmerksamkeit. Dank der ethnologischen Auffassung der Jurisprudenz ist das anders geworden und namentlich durch die Forschungen Dr. Albert Hellwigs[3] sind wir jetzt in der Lage, über eingehendere Kenntnisse in dieser Hinsicht zu verfügen. Löwenstimm hatte schon die richtige Auffassung vom Grumus merdae, wenn er sagt, dem Brauch liege die Auffassung zugrunde, die Tat des Verbrechers bleibe solange unentdeckt, als die Exkremente nicht erkaltet sind. Daher hat man auch Kothaufen gefunden, die mit irgend einer Sache fest zugedeckt waren.

Der Glaube ist weit verbreitet und fast für ganz Europa nachgewiesen, es finden sich jedoch je nach dem betreffenden Lande kleine Abweichungen bei der Ausführung. So setzen deutsche Verbrecher ihre Exkremente in der Regel auf den Fußboden, auf den Tisch oder auf das Fensterbrett, nur in ganz seltenen Fällen auf einen Stuhl; französische und italienische benutzen gewöhnlich zur Verunreinigung eine Hose, wenn sie einer habhaft werden können, die sie dann mit dem darin eingewickelten Kot in die Mitte des Zimmers legen. Aus Holland wird berichtet, daß dort Einbrecher häufig ihr Bedürfnis in Betten verrichten. Die Kenntnis dieser Tatsachen ist natürlich für Kriminalisten von großem Wert, weil die Art der Ausführung einen Schluß auf die Landangehörigkeit des Verbrechers zuläßt. Ein mir selbst bekannter Fall, der sich zutrug, als mir die Ermittelungen über den Grumus merdae noch nicht zu Gesicht gekommen waren, ist mir jetzt klarer geworden. Ein Bekannter in Metz befand sich mit der ganzen Familie in der Sommerfrische, sodaß Diebe in dem leerstehenden Hause in aller Gemütlichkeit einbrechen konnten. An dem Tatorte fand man eine in der oben angegebenen Weise beschmutzte Hose, die anscheinend von einem Einbrecher selbst herrührte, der darauf, wie der Befund

---

[1] Picard, Coutûmes et Cérémonies, I, S. 126. Ebenso ist auch das Rauchen und Schnupfen verpönt. Vrgl. Leopold Löw, Die Lebenalter in der jüdischen Literatur. Szegedin 1875, S. 351—358. — [2] Aberglaube und Strafrecht von Aug. Löwenstimm. Autorisierte Übersetzung aus d. Russischen, Berlin 1897, S. 129f. — [3] Monatschrift für Kriminalpsychologie und Strafrechtreform, 1905; Archiv für Kriminal-Anthropologie und Kriminalistik, 1906, 1907 und 1908.

ergab, im Badezimmer des Hauses ein Bad genommen und sich aus dem Kleiderschrank des Hausherrn neu gekleidet hatte. Die näheren Umstände lassen also darauf schließen, daß der Verbrecher inbezug auf den Grumus merdae französischen Anschauungen huldigte. Die Kenntnis dieser Anschauungen ist aber auch sofern wichtig, als sie gestatten, den Grumus merdae aus Aberglauben von solchen Beschmutzungen des Tatortes zu unterscheiden, die man aus Rachsucht oder Roheit vornimmt. Solche kommen auch häufig genug vor, wenn den Verbrechern die Ausbeute zu gering war oder wenn sie dem Bestohlenen obendrein noch einen Schabernak spielen wollen. In diesem Falle begnügen sich die Diebe aber nicht mit dem gewissermaßen kunstgerecht hingesetzten Haufen, sondern sie beschmieren noch die Vorhänge, das Sofa usw. und zeigen noch mit sonstigen Spuren des Vandalismus an, daß sie lediglich aus Roheit gehandelt haben.

Auch für Japan hat sich der Grumus merdae nachweisen lassen, allerdings in einer besonderen Form. Der Dieb verrichtet dort häufig seine Notdurft in der Nähe des Hauses, in dem er stehlen will, und deckt den Kothaufen mit einer umgekehrten Bütte zu. Über den Grund dieser Handlungweise ist bis jetzt mit Sicherheit noch nichts ermittelt, namentlich steht noch nicht fest, ob wir eine Äußerung des Volkglaubens vor uns haben. Die gewöhnliche Ansicht geht dahin, daß es sich lediglich um einen physiologischen Vorgang handelt, indem sich die Diebe auf diese Weise von ihrem Herzklopfen und ihrer inneren Unruhe befreien wollen. Ganz richtig kann diese Meinung wahrscheinlich aber nicht sein, da ausdrücklich angegeben wird, daß es sich meistens um Gewohnheitdiebe handelt, die dem sonderbaren Brauch huldigen, und Gewohnheitdiebe werden doch gewöhnlich etwas kaltblütiger an die Ausübung ihres Berufes gehen. Für Java ist der Brauch gleichfalls bezeugt, doch waren von dort bis jetzt Einzelheiten nicht in Erfahrung zu bringen.

Über die Bedeutung des Grumus merdae kann man vorläufig ein abschließendes Urteil noch nicht fällen. Sonderbarer Weise hat noch niemand, soviel ich sehen kann, den direkten Weg eingeschlagen und sich aus Verbrechermund selbst Aufklärung geholt. Wenn diese Auskünfte von möglichst vielen Einzelwesen höchstwahrscheinlich auch kein einheitliches Bild ergäben, so müßte es dem folkloristisch geschulten Juristen doch gelingen, gewisse Übereinstimmungen herauszufinden und namentlich aus der geschickten Verwertung von abweichenden Ansichten bei den Verbrechern selbst entwickelunggeschichtlich jüngeres von älterem Gut zu sondern und vielleicht dadurch zur Aufhellung des Brauches zu gelangen. Hellwig, der zur Zeit wohl der beste Kenner des einschlägigen Stoffes ist, war ursprünglich der Ansicht, daß der Gedanke, der dem Brauche zugrunde liegt, der zu sein scheint, daß der Kot als freiwilliges Opfer an die Götter zurückgelassen wird, um hierdurch die Götter gewissermaßen zu bestechen, den Verbrecher vor Entdeckung zu sichern. Es ist der allen schon aus dem „Ring des Polykrates“ geläufige Gedanke. Zum Opfer nimmt man etwas Wertvolles, mit der Persönlichkeit in enger Beziehung stehendes. Wie Polykrates sein liebstes Kleinod opfert, so ist vielfach Menschenblut Gegenstand des Opfers, so ist es auch bei uns der Kot, ein Sekret des menschlichen Leibes. Für diese Ansicht spricht noch die vielfach bezeugte Tatsache, daß Diebe und sonstige Verbrecher gern etwas am Tatorte zurücklassen, ja sogar blutige Handabdrücke absichtlich anbringen. Wichtig in dieser Hinsicht ist auch eine analoge Sitte bei arabischen und griechischen Verbrechern, die vielfach in dem ausgeraubten Raume onanieren und auf diese Weise ihr Sperma als Opfer für die Götter zurücklassen. Dieser Ansicht trat Krauss bei[1]) mit der Änderung, daß man für „Götter“ besser „Hausgeister“ sage.

---

[1]) Anthropophyteia, IV, S. 346, Anmerk. Im Texte bezeugt Krauss das Vorkommen des Grumus merdae bei den Chrowoten als allgemein bekannt.

Bourke, Krauss u. Ihm: Der Unrat.   28

Später, nachdem sich die Angaben gehäuft, ist Hellwig zweifelhaft geworden, ob seine Erklärung richtig sei. Es ist möglich, daß der Grumus merdae vielleicht dazu bestimmt sei, mit seinem Gestanke die guten Schutzgeister (des Hauses) zu vertreiben. Daß Geister durch schlechte Gerüche in die Flucht gejagt werden können, ist allgemeiner Volkglaube und von der Abwehrkraft des Kotes gegen Hexen und Teufel ist im vorliegenden Werke häufig genug die Rede gewesen. In unserm Falle bleibt es allerdings zunächst zweifelhaft, welche Geister denn eigentlich vertrieben werden sollen. Hellwig meint, man könne eher annehmen, daß durch die Beschmutzung des Tatortes die bösen Geister, insbesondere der Teufel, verhindert werden sollen, sich des Diebes zu bemächtigen, über den sie seines sündhaften Tuns wegen Macht haben. Zweifelhaft bleibt die Sache aber vorläufig auf alle Fälle, denn mit dem Gedanken des Sühnopfers lassen sich die bisher bekannten Tatsachen am besten vereinigen. Wenn allerdings Hellwig glaubt, die Bezeichnung des Grumus merdae als „Wächter, Nachtwächter, Schildwache, schildwachten" im reichdeutschen und niederdeutschen Sprachgebiet, als „Hirt" bei den Zigeunern, passe nicht zur Gestanktheorie, so scheint sie mir gerade für sie zu sprechen, denn der Kothaufen ist doch ein Wächter gegen die bösen Geister und vor allem ist der Umstand zu beachten, daß nach dem Glauben die Wirksamkeit des Haufens mit seinem Kaltwerden aufhört, das bedeutet doch wohl, daß der dampfende Haufe seinen Gestank besser verbreitet und dadurch den früheren Besitzer schützt. Und das Einwickeln in eine Hose soll doch wohl auch den Zweck haben, den Kot möglichst lange warm zu halten. Auch der Umstand, daß man diese Hose mitten ins Zimmer legt, hat in diesem Zusammenhang etwas zu bedeuten, genau wie der deutsche Verbrecher seine Exkremente mit Vorliebe auf den Tisch des Hauses oder auf ein Fensterbrett niedersetzt, doch wohl, worauf auch Hellwig selbst hinweist, um seinem Wächter den Überblick über das Feld der Tätigkeit seines Schützlings zu erleichtern. Und vielleicht liegt auch ein Stück Galgenhumors darin, daß ein solcher Nachtwächter dem wirklichen Nachtwächter gegenüber, der auf die Diebe aufpassen soll, die Rolle eines Schützlings der Diebe spielen muß.

Zum Schlusse möchte ich noch meine eigenen Ansichten über die Theorie des Grumus merdae aussprechen. Stoßen wir irgendwo auf einen Volkglauben, so haben wir immer ausnahmslos uralten Zauberglauben vor uns. In vielen Fällen mag der eigentliche Glaube im Laufe der Zeit verloren gegangen sein, sodaß sich heute aus den gläubischen Überlebseln, die wir als Glaube, Sitte und Brauch zu bezeichnen pflegen, der Kern nicht mehr herausschälen läßt, weil die Zwischenstufen fehlen. K. Th. Preuss hat aber gezeigt, daß es doch noch manchmal gelingen kann, die Zusammenhänge aufzudecken und gerade aus seinen Forschungen wissen wir, daß der Urmensch alles für Zauber hielt, was ihm in den Weg kam und auch selber ein großer Zauberer war. Mit Kot und Harn zauberte man besonders gern. Und so mag auch heute noch der Dieb zaubern wollen, wenn er am Tatorte einen Kothaufen hinsetzt. Was er damit bezweckt, hat „ein zuverlässiger" Berichterstatter aus Oldenburg[1]) gesagt: „So lange der Kot dampft, kann keiner der im Hause Schlafenden wach werden!" Hierin liegt meiner Ansicht nach der Zauberzweck des Grumus merdae und diesem Gedankengange sollten die Berufenen durch Befragen der Verbrecher selbst auf die Spur zu kommen suchen. Das im Hause zurückgelassene Sperma der arabischen und griechischen Einbrecher paßt allerdings vorläufig nicht dahinein.

---

[1]) Monatschrift für Kriminalpsychologie 1905, S. 642, in Hellwig's Aufsatz: Weiteres über den Grumus merdae; aus Strackerjahn, Aberglaube aus Oldenburg, 1, 100f.

LVI. Heiliger Schmutz.

Eigentümliche skatologische Triebe tauchten bei den ältesten Mönchen des Christentums auf, den „heiligen Wald- und Wüstennarren", wie sie Corvin nennt.[1]) Von jeder Art Reinlichkeit sahen diese Leute ab, ihre Nahrung war die denkbar schlechteste und sie verfielen auf ganz sonderbare Methoden, um sich den Himmel zu verdienen. Manche dieser Einsiedler verachteten jede Kleidung, lebten wie wilde Tiere und bedeckten sich nur mit ihrem vom Schmutz zusammengeklebten Haar.[2]) In Mesopotamien und einem Teil von Syrien gab es eine Sekte, die als „Grasfresser" bekannt sind, weil sie sich im Gebirge herumtrieben und das Gras von der Erde fraßen.[3]) Auch die heilige Maria von Ägypten lebte eine Zeit lang von Gras.[4]) Man ging schließlich soweit, Leibreinlichkeit als Verunreinigung der Seele anzusehen und die Heiligen, die man am meisten bewunderte, waren zu einer ekelhaften Masse zusammengebackenen Schmutzes geworden. Der heilige Athanasius berichtet begeistert, wie sich der heilige Antonius, der Patriarch der Möncherei, bis ins höchste Alter niemals des Fußwaschens schuldig machte.[5]) Der weniger charakterfeste heilige Poëmen bequemte sich dieser Sitte erst an, als er ein sehr alter Mann war und zeigte wenigstens ein Fünkchen von gesundem Menschenverstand, als er sich gegen die erstaunten Mönchen damit verteidigte, er habe gelernt, seine Leidenschaften, nicht aber seinen Leib zu töten. Der Einsiedler St. Abraham, der nach seiner Bekehrung noch fünfzig Jahre lebte, hat während dieser Zeit weder sein Gesicht noch seine Füße gewaschen. Er soll ein auffallend hübscher Mann gewesen sein und sein Biograph macht die eigenartige Bemerkung, daß sein Antlitz die Reinheit seiner Seele wiederstrahlte.[6]) Eine berühmte Jungfrau, namens Sylvia, weigerte sich außer ihren Fingern irgend einen Teil ihres Leibes zu waschen, obwohl sie schon sechzig Jahre alt und infolge ihrer frommen Gewohnheiten krank geworden war.[7]) Wer noch mehr derartige Beispiele begehrt, kann sie bei Lecky nachlesen. Der Gedanke, daß der Leib unwürdig sei und jede Rücksichtnahme auf ihn die Rettung der Seele erschwere, daß mithin Reinlichkeit Stolz beweise und Schmutz Demut, hat hier Orgien gefeiert, die glücklicherweise in dieser Fassung dem Abendlande erspart blieben. Aber ganz Theorie blieb auch in Europa die Verächtlichkeit des Leibes nicht, wie aus den Lebenbeschreibungen der Heiligen hin und wieder hervorgeht. Allerdings hat es keiner fertig gebracht, den unsäglichen Schmutz nachzuahmen, in dem der heilige Simon Stylites, der bekannteste der Säulenheiligen, lebte. Der Schmutz und Gestank, die in seiner Nähe herrschten, hielten die Besucher, die den heiligen Mann sehen wollten, in respektvoller Entfernung. Der heilige Hieronymus und das Breviarium Romanum, das Gebetbuch der katholischen Geistlichen, sprechen salbungvoll von der Leibunreinlichkeit, in der St. Hilarion lebte. Auch die abendländischen Mönche entzogen sich nicht ganz den Gedankengängen, die zu einer Vernachlässigung des Leibes führten. Guy de Chauliac, wohl der bedeutendste Arzt Frankreichs im 14. Jahrhundert, machte die Beobachtung, daß die Karmelitermönche ganz besonders unter der Pest zu leiden hatten, und führt diese Erscheinung ganz richtig auf ihre schmutzige Lebenweise zurück.[8]) Daß die profane Welt durch diese Beispiele der frommen Mönche nicht zur Reinlichkeit erzogen wurde, leuchtet ohne weiteres ein.

---

[1]) Die goldene Legende, eine Naturgeschichte der Heiligen von Corvin, Bern 1877, S. 807 ff. — [2]) Lecky, History of European Morals from Augustus to Charlemagne, London 1911, II, S. 46 f, S. 557. — [3]) Sozomen, Kirchengeschichte, 6, 33; Evagrius, Kirchengeschichte, 1, 21. — [4]) Vitae Patrum. — [5]) Leben des heiligen Antonius. — [6]) Vitae Patrum, cap. 17. — [7]) Heraclidis Paradisus, cap. 43. — [8]) Vergl. White, A History of the Warfare of Science with Theology in Christendom, New-York 1900, II, S. 69 ff. St. Hilarion's Schmutzigkeit wird im Brevier unterm 21. Oktober geschildert. Weitere Quellennachweise bei White, a. A. O., S. 71, Anmerkung.

LVII. Christian Franz Paullini.

Liest man die im vorliegenden Werke zahlreich vorhandenen Anführungen aus Paullini's Dreckapotheke,[1]) so ist man leicht geneigt, über den Mann zu lachen, der seine ärztliche Kunst in den Dienst einer so sonderbaren Wissenschaft gestellt hat, Aber lernt man die näheren Umstände seines Lebens und Schaffens kennen, so fällt man ein ganz anderes Urteil über ihn. Und es ist erfreulich, daß Paullini einen Fachgenossen gefunden hat, dessen eingehende Beschäftigung mit der Lebenarbeit dieses Forschers und Denkers uns befähigen, das Urteil über ihn einer Nachprüfung zu unterziehen.[2])

Paullini wurde zu Eisenach am 25. Februar 1643 geboren, wuchs als Waise und mittellos auf. Von Gönnern unterstützt studierte er Theologie und Medizin und machte große Reisen, die ihn nach Kopenhagen, Hamburg, Wittenberg, Leyden, England, Schweden, Norwegen, Lappland und Irland führten. Dann praktizierte er in Hamburg und dem benachbarten Holstein als Arzt. Den ehrenvollen Ruf als Professor nach Pisa mußte er aus Gesundheitrücksichten ablehnen. Nach einer Reise nach Frankreich wurde er Leibarzt und Historiograph des Bischofs von Münster. Später hielt er sich in Wolfenbüttel und Hameln auf, bis er 1689 Physikus seiner Vaterstadt Eisenach wurde, wo er am 10. Juni 1712 starb.

Paullini war ein selbständiger Denker, der wegen seiner religiösen Ansichten in den Geruch der Ketzerei kam. Er war einer der fleißigsten Menschen seiner Zeit, in deren Geist er eine große Anzahl von Werken schrieb, die sich durch die möglichst vollständige Sammlung des ganzen Wissens über den betreffenden Gegenstand auszeichnen und infolgedessen meistens sehr umfangreich geworden sind. Paullini muß eine geradezu erstaunliche Belesenheit besessen haben und zwar durchaus keine einseitig fachliche, denn er schrieb über alle möglichen Gegenstände. Seine Abhandlung über die Muskatnuß umfaßt 876 Oktavseiten. Ähnlicher umfangreicher Beschreibung erfreuten sich Salveykraut (414 Seiten), Theriak (347 Seiten), Jalappenwurzel (417 Seiten). Daneben finden sich größere Arbeiten über den Wolf (Lycographia), den Regenwurm (De Lumbrico terrestri), die Kröte (Bufo), den Aal (Coenarum Helena seu Anguilla), den Maulwurf (De Talpa), den Hasen (Lagographia curiosa seu Leporis descriptio), den Hund (Cynographia curiosa) und den Esel (De Asino liber historico—physico—medicus). Er lieferte auch die ausführliche Beschreibung der Helenenquelle bei dem Dorfe Tyswelte der dänischen Provinz Seeland. In den Miscellanea Naturae Curiosorum, den Mitteilungen der bekannten Naturforschergesellschaft, lieferte er die meisten Beiträge von allen Mitgliedern und zwar kurze Beschreibungen auffallender Erscheinungen, auf die er bei seiner beruflichen Tätigkeit stieß.

Und das ist doch jedenfalls merkwürdig, daß Paullini noch Zeit fand zu eingehenden geschichtlichen Studien, deren Ergebnis er in zahlreichen kleineren Abhandlungen niederlegte, deren wissenschaftlichen Wert selbst Leibnitz anerkannte. Aus gelegentlichen Äußerungen kann man entnehmen, welche hohe Auffassung er von dem Wert einer unparteiischen Geschichtschreibung hatte. So sagt er einmal: „Daß ich partes

---

[1]) Der vollständige Titel des Buches lautet: Heilsame Dreckapotheke, wo nemlich mit Koth und Urin fast alle, ja auch die schwersten gifftigen Krankheiten und bezauberten Schäden vom Haupte bis zun Füßen, innerlich und äußerlich glücklich curirt worden. Durch und durch mit allerhand curieusen Historien und andern Denkwürdigkeiten bewährt und erläutert. Frankfurt a. M., 1696. — [2]) Vergl. Dr. K. F. H. Marx: Zur Beurtheilung des Arztes Christian Franz Paullini. In den Abhandlungen der Königlichen Gesellschaft der Wissenschaften zu Göttingen, B. XVIII, vom Jahre 1873, Physikalische Classe, S. 53—91.

judicis etwa vertreten und den Ausschlag geben sollte, wer links oder rechts hätte, kommt mir als einem historico nicht zu“.

Es spricht auch für seinen aufgeklärten Geist, daß er gewissermaßen der erste Frauenrechtler war und in seinem: Hoch- und wohlgelahrten Teutschen Frauenzimmer, das Leben gelehrter deutscher Frauen schilderte. Es ist schade, daß diese Bücher alle so ziemlich vergessen sind und daß der Name P a u l l i n i nur noch als des Verfassers der Dreckapotheke bekannt ist.

Von seinem ärztlichen Beruf hatte P a u l l i n i eine hohe Auffassung und die großen Anforderungen, die er für ärztliches Wissen für erforderlich hielt, stellte er vor allen Dingen an sich selbst. Er hatte den Grundsatz, daß man zum Lernen niemals zu alt sei und äußerte sich öfter abfällig über Kollegen, die ohne Gelehrsamkeit, selbst ohne Kenntnisse in der Anatomie seien. „Es fehlt heute nicht an Doktoren (oder Doch-Thoren) wohl aber an gelahrten Männern!“ sagt er in der Vorrede zu seinem Flagellum Salutis. Er war übrigens eifrig bemüht, ein gutes Deutsch zu schreiben, wie man daraus ersieht, daß die beiden Gesellschaften, die sich damals die Aufgabe gestellt hatten, die Reinheit der deutschen Sprache zu verfolgen, der Pegnitzorden und der Palmenorden, ihn zu ihrem Mitgliede ernannten. P a u l l i n i dichtete zudem auch, und obwohl seine Gedichte heute vergessen sind, so muß man sie zu seiner Zeit doch nicht für ganz unbedeutend gehalten haben, denn die Academia Caeserea Leopoldina Naturae Curiosorum gab ihm den Beinamen Arion.

Vom Schicksal seiner Dreckapotheke erfahren wir nur wenig. Sie scheint jedoch schon bald nach ihrer Veröffentlichung ungünstig beurteilt worden zu sein, sodaß sich P a u l l i n i veranlaßt fühlte, einige Worte zur Sache zu äußern. Es geschah in dem Sammelwerk: Philosophischer Feyerabend.[1]) Er sagt, auf den Ausdruck Dreck statt Kot oder Erde, was gleichbedeutend sei, komme nichts an. Der Mensch sei Erde und diese unser aller Mutter; aus ihr wachse Alles und in sie kehre Alles wieder zurück. Die Fäule gibt das Leben. „Gott ist und bleibt der alte Töpfer, so auf seiner Scheiben aus Koth täglich allerhand dreht und formiret. Womit erhalten wir die annoch so weit völlige Gesundheit und womit bringen wir die verlohrne wieder herbey? mit Artzeneyen aus Kräutern, Wurtzeln, Thieren und Mineralien gemacht. Erforsche aber aller derer Ursprung so hastu Dreck und nichts mehr . . . Wer den Koth verachtet, verachtet seinen Ursprung“. Der Grundgedanke seiner Schrift ist also der, daß man das anscheinend Niedrige keineswegs für gering achten dürfe, sondern daß es in der Reihe des Geschehens eine einflußreiche Stelle behaupte. Und schließlich weist er noch darauf hin, daß die empfohlenen wohlfeilen Mittel gegen viele Beschwerden und Leiden, selbst zur Unterstützung der Schönheit, die teuren, ausländischen Substanzen entbehrlich machen könnten. „Wir läppische Teutsche betteln immer von Ausländern!“

P a u l l i n i hat wiederholt dazu aufgefordert, merkwürdige Überbleibsel zum Andenken unserer Vorzeit, beachtenswerte historische Denkmale zu sammeln und zu veröffentlichen. Als eine Zusammenfassung aller skatologischen Heilmittel, die zu seiner Zeit bekannt waren, ist seine Dreckapotheke zweifellos ein solches historisches Denkmal, allerdings in einem anderen Sinne als ihr Verfasser meinte.

---

[1]) Frankfurt am Main 1700.

LVIII. Abgaben auf Kot und Harn.

Zur Ergänzung der im Kapitel VIII erwähnten Abgaben der Tuchwalker für den Inhalt der öffentlichen Harnbehälter während der Regierungzeit Kaiser Vespasians möge folgendes dienen.[1])

Daß Kaiser Vespasian Abgaben auf Harn ausfindig machte, erfahren wir aus Sueton.[2]) Als ihm sein Sohn Titus vorhielt, daß er sogar den Harn mit einer Steuer belegt habe, hielt ihm der Kaiser ein Geldstück aus der ersten Steuerrate unter die Nase und fragte ihn, ob er etwa durch einen Geruch beleidigt würde. Als Titus dies verneinte, sagte er: „Und trotzdem stammt es von Harn!"[3]) Auf die Worte des Kaisers spielt auch Juvenal an: „Lucri bonus est odor ex re qualibet".[4]) Und in Frankreich nennt man die öffentlichen Pissoirs (Urinoirs ist gebräuchlicher) heute noch Vespasiennes!

Diese Steuer zog man von den Tuchwalkern ein, die den Harn beim Färben der Kleider verwendeten. Es steht nicht fest, ob diese Steuer dieselbe ist, die man von den Abortgrubenleerern (foricarii) erhoben oder von denjenigen, die am hellen Tage ihre Blase erleichtern wollten und dazu die großen Krüge benutzten, die in Nebengäßchen aufgestellt waren. Von diesen Krügen spricht Macrobius,[5]) wenn er sagt: „So lange sie herumlaufen, gibt es in keinem Nebengäßchen eine Amphora, die sie nicht füllen, denn sie haben ja die Blase voll Wein". Petronius nennt diese Krüge „gastrae", also „Bäuche".[6]) Lucretius spielt auf diese Kübel an:

> Knaben, vom Schlafe gedrückt, vermeinen zuweilen an Lachen
> Oder an Kübeln zu steh'n mit emporgehobenen Röckchen,
> Lassen dann von sich gehen den ganzen gesammelten Vorrat
> Und benetzen damit babylonische kostbare Decken.[7])

Von den Foricariern scheint man nicht nur für den Harn, sondern auch für den Kot Abgaben eingezogen zu haben. Nonius Marcellus erklärt foricae als die flüssigen Kotstoffe und nach Probus bedeutet forire herauswerfen und den Leib erleichtern. Bei den klassischen Schriftstellern kommen diese Worte nicht vor.

Juvenal schildert Leute, die auf jede Weise Geld verdienen wollen, wie sie die Kloakenreinigung pachten.[8])

In Konstantinopel hieß die Steuer, die für den Harn und Kot von Menschen und Tieren zu erheben war, Chrysargyrum, wie wir aus Manasses erfahren,[9]) der in bewegen Worten schildert, wie jeder Mann und jede Frau, jeder Knabe und jedes Mädchen, der Reiche und der Bettler, der Freie und der Sklave für dreckigen Kot und stinkenden Harn dem Staatschatz seinen Groschen bezahlen mußte, ferner Ochsen, Kühe, Maultiere, Pferde, jeder einzelne Hund, Esel usw. Nach Zosimus[10]) hat Konstantin der Große diese Steuer eingeführt, was jedoch Evagrius[11]) in Abrede stellt. Die Steuer

---

[1]) Vergl. Julius Caesar Bulangerus, De tributis ac vectigalibus populi Romani, in Graevii Thesaurus, VIII, S. 882ff, Venedig 1735. — [2]) Vespasian, Kap. 23. — [3]) Vergl. auch Dio Cassius, 66, 14, wo dieselbe Geschichte mit etwas anderen Worten erzählt wird. — [4]) Satire 14, 204: Der Geruch des Gewinnes ist gut, woher er auch stammen möge. — [5]) Saturnalien, 3, 17. — [6]) Petronius, cap. 70 u. 79; Ausgabe von Bücheler, Berlin 1882. — [7]) Lucretius, Von den Natur der Dinge, 4, 1004—1007; nach der Übersetzung von Karl Ludwig von Knebel, Leipzig, Reclam, o. J. — [8]) Satire 3, 38. — [9]) Politic. de Zenone Imperatore. — [10]) Buch II der Kirchengeschichte. — [11]) Buch III, Kap. 40.

erhob man alle vier Jahre und selbst der Ärmste oder die elendeste Dirne war nicht davon verschont, wie Zosimus sagt. Nach den Angaben dieses Schriftstellers hörte man zu der Zeit, in der man sie eintrieb, nichts als Jammern und Klagen in der Stadt. Wie Suidas berichtet, hatte Timotheus Gazaeus ein Trauerspiel über das Chrysargyrum geschrieben. Vom weiteren Schicksal dieser sonderbaren Staateinnahme sind wir nicht unterrichtet.

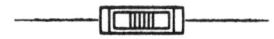

LIX. Skatologische Sprachenkunde.

Von der großen Rolle, die die Skatologie im Völkerleben spielt, zeugt die Unmenge von Wörtern, Ausdrücken, Redearten, Sprichwörtern, Reimen, Liedern und Erzählungen, mit denen das Volk seine Sprache und seine Unterhaltung würzt. Auch unter den Inschriften der Wände und Mauern, namentlich der Aborte, sind diese Äußerungen der Volkseele sehr häufig vertreten. In den Anthropophyteien, den Jahrbüchern für folkloristische Erhebungen, ist jetzt eine Sammelstelle auch für diese Seite des Volklebens vorhanden, auf die hier hingewiesen werden soll. Zur Bequemlichkeit des Lesers bringen wir im folgenden die Stellennachweise bei, damit der Studierende das ihm gerade Wissenswerte leichter auffinden könne.

a) Allgemeines.

Grundlagen der Skatologie. Von Hugo E. Luedecke; IV, S. 316ff.

Das Schamgefühl bei Verrichtung natürlicher Bedürfnisse. Eine Anregung und Umfrage von H. v. Keller; I. Teil, VI, S. 419ff.; II. T., VII, S. 387ff.

Blähungorakel. Von Karl Amrain; VII, 389ff.

Die beiden ältesten Skatologica der deutschen Literatur. Von Dr. W. Leonhardt; VIII, S. 400ff.

Der Nachruf in der Erotik von Friedrich S. Krauss und Karl Reiskel; II, Seite 67ff.

Erotik und Skatologie im Zauberbann. Eine Umfrage von Dr. Friedrich S. Krauss; IV, 160ff.; V, 228ff.

b) Wortschätze.

Abessinisch (Amhara), Galla und Kaffitscho. Von Friedrich J. Bieber, V, S. 18ff.

Albanesen oder Arnauten (Škipetaren). Aufgezeichnet von Prof. Joh. K.; VIII, Seite 35f.

Bayrisch—Oberpfalz. Von J. Heimpel; VIII, S. 399.

Bangalla im Kongobecken. Von W. v. der Osten, gen. v. Bülow, IX, S. 98ff.

Berlin. — Eine Auslese von erotischen Wörtern und Kraftausdrücken von Karl Reiskel; II, S. 19 ff.; Nachträge hierzu von Friedrich W. Berliner; VII, S. 32 ff.

Čechisch-slovakisch. Von Prof. J. Koštiál; VI, S. 24 ff.

Deutsch. — Von Prof. Dr. Carl Müller; VIII, S. 398 f. — Deutscher Seefahrer von Georges Apitzsch; VI, S. 15 ff. — Prof. Dr. L. Günther, Die Bezeichnungen für die Freudenmädchen im Rotwelsch und in den verwandten Geheimsprachen; IX, S. 1—73.

Englisch. — Aus Dr. Hermann Koštiáls Oxforder und Londoner Kollektaneen exzerpiert von Joh. Koštiál; VI, 19 ff. Nachträge von H. von Keller, VII, S. 36 ff. IX, S. 75 ff. Nachträge von Dr. Susruta II; VIII, S. 21 f.

Frankfurter Idioticon. Von Dr. H. Kühlewein; VI, S. 12—15.

Französisch. — Von H. von Keller; VII, S. 40 ff. Von Prof. Dr. Carl Müller; VIII, S. 398 f. Karl Amrain; VI, S. 34.

Friauler. — Von Prof. J. Koštiál; V, S. 16 ff.

Hessen-Nassau. — Idioticon Moenofrancofurtense. Von Dr. jur. Hermann Kühlewein; VI, S. 12 ff.

Holland. — Ex lingua vernacula collectum cura Ary van Gentii; V, S. 1 ff.

Italiener in Istrien. Von Prof. J. Koštiál; V, S. 13 ff. Nachträge; VI, S. 32 ff. Der Italiener in Sorrent. Von Spectator; VIII, S. 46—53.

Lausitzer Sorben. Von Prof. Joh. K.; VIII, S. 34 f.
Litauisches erotisch-skatologisches Glossar. Von Prof. J. K.; IX, S. 88 ff.
Magyarisches Idiotikon. Von Dr. Aladar Rétfalu; III, S. 1 ff.
Mitteldeutsche Kunden- und Zuhältersprache. Von Hugo E. Luedecke; V, S. 4 ff. Nachträge von Friedrich W. Berliner, VI, S. 18 ff.

Neumärkische Bauernmundart. Von Fr. W. Berliner; VII, S. 31 ff.
Norddeutsches Onomastikon. Von C. F. v. Schlichtegroll; VI, 1—11.
Osmanisches (balkan-türkisches) erot.-skatolog. Glossar. Von Prof. J. K.; IX, Seite 95 ff.

Polnisch. Vom Schwarzen Flusse und vom Roten Schlosse. Von B. Blinkiewicz. Mit Zusätzen von Prof. Joh. K., VIII, S. 28 ff. — Schmähreden. Gesammelt von B. Blinkiewicz, verdeutscht von Prof. Joh. Koštiál, VIII, S. 294 ff. — Übernamen und Spitznamen von demselben; VIII, S. 292 ff.

Pommersches Idiotikon. Von Dr. Paul Müller; IX, S. 74—76.

Rheinland. — Östlicher Teil des Bergischen. Von Dr. Heinrich Felder; IV, S. 8 ff. Nachträge von Dr. Heinrich Felder; VI, S. 18. — Solinger Idiotikon von Dr. Heinrich Felder; IV, S. 1 ff.

Rumaenisches (walachisches oder dakoromanisches) sexuell-skatologisches Glossar. Von Prof. J. K.; IX, S. 82 ff.

Russisches Glossar. Von B. Blinkiewicz. Transkribiert von Prof. Joh. K., VIII, S. 24 ff.

Slovenisches Idiotikon. Von Prof. J. Koštiál; V, S. 9 ff. Nachträge, VI, S. 30 ff.
Steierisches Idiotikon. Aufgezeichnet von Joh. Koštiál; VII, S. 21 ff.
Swaheli-Ausdrücke. Von Dr. Otto Dempwolff; IX, S. 100 f.
Westphälisches Idiotikon. Von Friedrich Erich Schnabel in Dortmund; VII, Seite 1 ff.

Wien. — Idioticon viennense von Karl Reiskel; II, S. 1 ff.

Zigeuner. — Zum Sprachschatz moslimischer Zigeuner in Serbien von Dr. Trgjić, II, S. 17 f. — In Istrien. Von Prof. J. K.; IX, S. 94 f.

c) Sprichwörter und sprichwörtliche Redearten.

Berliner. — Von Fr. W. Berliner, VII, S. 378.

Elsaß. — Von Karl Amrain, V, S. 185 ff, III, S. 132 ff.

Frankfurt a. M. — Von Dr. Hermann Kühlewein, VI, S. 407.

Französische. — Aus der Bibliotheca Scatologica, III, S. 147 ff. — Von Karl Amrain, VII, S. 376 ff.

Friaulische. — Gesammelt von Prof. Joh. K., VIII, S. 390 f: B; Aus der skatologischen Sphäre.

Hamburger. — Von Dr. P. Müller, IX, S. 480.

Italienische aus dem österreich. Küstenlande. Von Prof. J. K., IX, S. 475—478. Von F. J. Čič, IX, S. 478.

Judendeutsche aus Südrußland. Von Dr. S. Weißenberg, IX, S. 479.

Magyarische. — Von Julius Fohn, III, S. 145 f.

Nassau. — Von Karl Amrain, V, S. 185 ff.

Niederösterreich. — Deutsche von Friedrich S. Krauss und Karl Reiskel, B. II, S. 61 ff.

Oldenburgische und Bremische. Von Prof. U., IX, S. 489 f.

Ostholsteinische. — Mitgeteilt von Hugo E. Luedecke, VIII, S. 381 f.

Polnische. — Gesammelt von B. Blinkiewicz, verdeutscht von Prof. Joh. K., VIII, S. 384 ff; von demselben, VI, S. 407 f.

Schaumburg-Lippe. Von Hans Förster, IX, S. 480.

Schlesien. — Von Dr. von Waldheim, VI, S. 406.

Serben. — Gesammelt von Vuk Stefanović Karadžić, IV, S. 295 ff. Dalmatischer Serben von Dr. Alexander Mitrović, V, S. 160 ff. Aus Muškatirović. Von Prof. Dr. T. R. Gj., V, S. 176 ff.

Slovakisches Sprichwort. Von einem Soldaten aus Budapest, VIII, S. 383.

Solinger. — Von Dr. Heinrich Felder, V, S. 182 f.

d) Rätsel und Rätselfragen.

Berlin. — Von Friedrich W. Berliner, VI, S. 412. Aus Berliner Kasernen, von F. Wernert, V, S. 189.

Bayern. — Von S. Hoerner, IX, S. 489.

Aus dem Bergischen. Von Dr. Schenk, IX, S. 488 f.

Brandenburg a. d. Havel. — Mitgeteilt von Friedrich W. Berliner, VII, S. 384 f.

Deutscher Seefahrer. — Von Georges Apitzsch, VI, S. 412. — Deutsche Rätsel alter und neuer Zeit. Von F. A., IX, S. 481—487.

Elsaß. — Gesammelt von F. Wernert, III, S. 160.

Frankfurt a. M. — Mitgeteilt von Dr. Hermann Kühlewein, VII, S. 383.

Französische. — Aus einem alten Werkchen. Von Krauss, III, S. 163 f. Von J. Koštiál, VI, S. 418.

Magyarisch. — Gesammelt in der Umgebung von Großwardein von Julius Fohn, III, S. 161 f.

Mittelhochdeutsche Volkrätsel von Hugo E. Luedecke, V, S. 187.

Niederösterreich. — Stadtleute, mitgeteilt von Friedrich S. Krauss und Karl Reiskel, II, S. 26 ff.

Polnisch. — Von B. Blinkiewicz, VI, S. 408f; IX, S. 490.
Slovenische aus dem Küstenlande. Von Prof. J. K., IX, S. 441f.
Süddeutschland. — Von F. Wernert, V, S. 191ff.

e) Skatologische Inschriften.

Skatologische Inschriften. Eine Umfrage von Karl Reiskel, III, S. 244ff.

Abortinschriften.

Baden—Karlsruhe von Numa Praetorius, VIII, S. 425ff. — Konstanz a. Rhein. Mitgeteilt von Edgar Egon Röhrenbach, V, S. 271.

Bayern—Kissingen. Vom Herzog von . . ., V. S. 268. — Bayern, VI, S. 487. — München, mitgeteilt von Will Vesper, V, S. 271. — Oberpfalz, von Heimpel, VIII, S. 425f; IX, S. 500. Von S. Hoerner, IX, S. 501 u. 510. Von S. Schenk, IX, S. 503f.

Berlin. — Von Rodbert Kurd Neumann, V, S. 268ff. — Von Friedrich W. Berliner, VII, S. 403 und VI, S. 438.

Böhmen. — Von Hugo E. Luedecke, V, S. 265ff.

Breslau. — Gesammelt von Dr. F. von Gerhardt, V, S. 270. — Von Dr. von Waldheim, VI, S. 433ff.

Dänemark—Kopenhagen, von Gustav Lyche-Bergen, VII, S. 406.

Deutschland. — Aus einem Büchlein Anekdoten, V, S. 272.

Hessen—Gießen, von Phylax, VIII, S. 426.

Italien—Rom, von Numa Praetorius, VIII, S. 425.

Maingegend. — Von Ihm, IX, S. 493—500.

Niederösterreich. — Von Hugo E. Luedecke, V, S. 265f.

Norddeutsche. — Von M. Thorner, VI, S. 437f.

Norwegen—Christiania, V, S. 268.

Paris. — Von Numa Praetorius, VIII, S. 410ff.

Peru. — Von H. Enrique Brüning, VII, S. 399.

Polnische. — Gesammelt von B. Blinkiewicz, verdeutscht von Prof. Joh. K., VIII, S. 426ff.

Rumänien—Galatz, in englischer Sprache. Von Heinrich Fischer, VI, S. 489.

Russische — wie unter: Polnische.

Sachsen. — Von Dr. Justus Cramer, VI, S. 437. — Leipzig, gesammelt von Theodor Erfurter, IX, S. 504; V, S. 271. — Aus Zwickau i. S. Von H. E. Luedecke, IX, S. 504.

Schlesien—Preußisch-Schlesien, gesammelt von Dr. von Waldheim, VI, S. 435f aus Langenau und VI, S. 432f aus dem Riesengebirge. — Ferner von demselben, VII, S. 404f.

Schweiz. — Von Hugo E. Luedecke, VI, S. 436f. — Von Prof. Dr. Uhlhorn, VII, S. 406.

Serbien. — V, S. 275.

Slavonien. — Von Leontine Kohn, VI, S. 489.

Süddeutschland—Universitätgebäude. Von Numa Praetorius, VIII, S. 422ff.

Thüringen. — Von Friedrich Erich Schnabel, VIII, S. 406ff und VII, S. 402.

Tunis. — Von Numa Praetorius, VIII, S. 425f.

Ungarn. — Aus der Temesvarer Kolonie. Von Leonhard Brenneisl, V, S. 272.

Westfalen. — Von Friedrich Erich Schnabel, VII, S. 401.

Wien. — Von Ottokar Stein, V, S. 268. — Von Gustav Kohn, VII, 400f. — Von Emilie Handler, VI, S. 438f.

f) Volklieder und Reime.

Čechisch. — Gesammelt von Václav Fialka, verdeutscht von Prof. J. Koštiál, VI, S. 369ff; Volklieder.

Elsässisch. — Gesammelt von W. Godelück, III, S. 218ff.; Kinder- und Jugendreime.

Friaulisch. — Gesammelt und übersetzt von J. Koštiál, VI, S. 389; Schnadahüpfeln (Vilótis).

Hessen-Nassauisch. — Aus Groß-Frankfurt, mitgeteilt von Dr. Hermann Kühlewein, VI, S. 400f; Kinderreime.

Niederösterreichisch. — Schnadahüpfeln, gesammelt von Dr. Hermann Rollett, V, S. 150ff. — Inschriften. Von Dr. O. Timidior, IX, S. 507f.

Oberbayerisch. — Volklieder aus Tölz, mitgeteilt von Dr. Ludwig Sieder, V, S. 152.

Österreichisch. — Von E. K. Blümml, II, 70ff; Lieder.

Russisch-Polen. — Gesammelt von B. Blinkiewicz, verdeutscht von Prof. Joh. K.; Scherzreime, VII, S. 427ff.

Schlesische, aus Troppau. Von Gustav Kohn, IX, S. 509.

Schnadahüpfeln und Graseltänze von Karl Reiskel, II, S. 117ff.

Schaumburg-Lippe. Von Hans Förster, IX, S. 505.

Slovakisch. — Gesammelt von Prof. Joh. Koštiál und Dr. Fr. S. Krauss, VI, S. 364; Volklieder.

Spanische Romanzen, mitgeteilt von Karl Reiskel, II, S. 122ff; aus Deutschland, gewissermaßen Parodien des Cid.

Wirtshaus an der Lahn von Krauss und Reiskel, II, S. 113ff und vollständige Sammlung aller zur Zeit existierenden Verse in den Beiwerken zu den Anthropophyteia, IV, S. 210ff.

g) Volkerzählungen.

Badisch. — Bauernerzählungen. Von F. Wernert, V, S. 115ff.; von demselben, IV, S. 141, (mehr städtisch).

Deutscher Seefahrer. Von Georges Apitzsch, V, S. 122ff.

Elsässisch. — Bauernerzählungen von F. Wernert, III, S. 67ff; IV, S. 100ff; V, S. 115ff.; Erotik von W. G., II, S. 249ff.

Heanzisch. — Aufgezeichnet von J. R. Bünker in Ödenburg, II, S. 173ff.

Hessen-Nassauisch. — Groß-Frankfurt, mitgeteilt von Dr. Hermann Kühlewein, VII, S. 303ff.

Neumärkisch. — Erzählungen des Bauernvolkes, mitgeteilt von Friedrich W. Berliner; VII, S. 395ff; von demselben, VI, S. 424f.

Niederösterreichisch. — Schwänke und Schnurren der Landleute, von A. Riedl, V, S. 125ff. — Städtische Erzählungen. Mitgeteilt von Dr. Friedrich S. Krauss und Karl Reiskel, II, S. 195ff.

Rheinland. — Bergische Volkerzählungen. Von Dr. Heinrich Felder; IV, S. 146ff. — Städtische Erzählungen aus Köln am Rhein. Von Dr. Jup Malzbänden; IV, S. 155ff.

Schlesien. — Aus Preussisch-Schlesien. Von Dr. von Waldheim; VI, S. 425ff. — Erzählungen schlesischer Städter, von Dr. F. von Gerhardt; V, S. 102ff. — Bauernerzählungen aus Birkenbrück. Von Hans Rand, V, S. 119f.

Südslavische Volküberlieferungen. Gesammelt, verdeutscht und erläutert von Dr. Friedrich S. Krauss; III, S. 343 ff. Vorbemerkung zu den Abschnitten XXV—XXVIII. — XXV: Vom Arsch. — XXVI: Vom Farzen. — IV, S. 329 ff., XXVII: Vom Dreck. Alltägliche Hausmittel. — V, S. 276 ff. XXVIII: Von der Defaekation in Glauben, Sitte und Brauch der Südslaven. IX, S. 533 ff.

Westfalen. — Erzählungen. Von Dr. Heinrich Felder, V, S. 111 ff.

Wiener Wörtl vom Herzog von . . . . , V, S. 101.

Einzelne Angaben, die sich in sämtlichen Bänden der Anthropophyteia und der Beiwerke zerstreut finden, sind nicht aufgeführt.

LX. Die Skatologie der Südslaven.

Von Friedrich S. Krauss.

Zur Ergänzung der bisher mitgeteilten Tatsachen folgen hier 550 Ermittlungen aus einem geschlossenen geographischen Gebiet, von dem man damit eine Überschau gewinnt, die bedeutende Einsichten in primitive Kultur- und Glaubenzustände vermittelt. Vom materiellen Leben des sog. Urmenschen besitzen wir in den Museen eine unübersehbare Menge an Belegstücken, seinem seelischen Zustand führen uns jedoch die genaueren Feststellungen aus dem Bereich südslavischer Volkmedizin bei weitem näher. Der Urmensch ist weder ausgerottet worden, noch in unserer gesteigerten Kultur restlos aufgegangen, vielmehr lebt er freundnachbarlich mit uns weiter, indem er sich manche Vorteile unserer Kultur aneignete oder aufdrängen ließ, im übrigen aber bei seiner Denk- und Gefühlweise verharrt. Wer da diese seine Äußerungen aus irgend welchen Überlegungen kennen zu lernen ablehnt, der wird ihn in seinen Handlungen, in seinem Auftreten und Gebahren niemals richtig beurteilen, dem wird sein Wesen stets ein Rätsel sein. Die Brücke zum Verständnis schlägt da hilfreich das Studium der Kinderseele und der Neurose. Man kann mit Fug und Recht behaupten, daß der Südslave in Kindheitvorstellungen der Menschheit wie festgebannt stecken blieb und sich, selbst wenn er sich mit dem äußeren Gewerkel unserer abendländischen Kultur vertraut zu machen gewußt hat, unfehlbar bei jeder Gelegenheit, wo er sich gehen lassen darf, wie ein Kind, nicht immer als ein gutmütig geartetes gehabt. Gleichwie das Kind gegen den Erwachsenen schnöde undankbar und boshaft zu sein pflegt, so ist ähnlich der Südslave, so man ihm die Macht dazu einräumt, gegen den abendländischen Kulturmenschen gewöhnlich feindselig eingestellt. Er kann aus seinem Gedankenkreis heraus nicht anders beschaffen sein.

Von den 550 Tatsachen sind blos ihrer 300 eine Auswahl aus meinen noch ungedruckten Erhebungen. Man büßt aus der Zurückhaltung nichts auf die Dauer ein, weil die weiteren Angaben in den Anthropophyteia-Jahrbüchern nach und nach zu lesen sein werden. Die übrigen 250 Stellen schöpfte ich aus der südslavischen Folkloreliteratur der jüngsten zwanzig Jahre, um mich nicht, wie bei meiner Dulaure-Ergänzung, dem Vorwurf auszusetzen, ich berücksichtigte wenig oder gar nicht die „Literatur". Der Vorhalt war leider völlig unberechtigt, denn die Literatur der Südslaven ist hinsichtlich der erotischen Folklore ein noch unbeschriebenes Blatt zu nennen. Besser steht es mit der Skatologie, doch sind die in Büchern zerstreut und gelegentlich vorkommenden Anmerkungen, die ich nun aushob, noch lange nicht meinen dem Volkmunde entnommenen Mitteilungen gleichzusetzen, was im Interesse der Menschheitforschung recht zu beklagen ist.

Das bedarf einer Erläuterung. Der Südslave ist im Umgang alles eher denn prüde im Ausdruck. Es ist gleichgiltig, ob man sich gemütlich zehn Minuten lang mit einem chrowotischen königlichen Akademiker oder einem Sauhirten aus Mazedonien, einem Richter oder Geistlichen oder einem Bauern aus Škrabutnjik unterhält, unfehlbar und unvermeidlich entfliehen dem Gehege seiner Zähne mehrere nachstehender Worte: ubiti = töten, izmrcvariti = zu einem Aas zerstückeln, prokletstvo = Verfluchung, trbuh rasporiti = den Bauch aufschlitzen, probosti = durchbohren, ubosti = erstechen, palikuća = Brandstifter, ukrasti = stehlen, porobiti = plündern, glavu probiti = den Kopf löchern, žigericu istrgati = die Leber herausreißen, krv proliti = Blut vergießen, krv platiti = Blutgeld bezahlen, zagnjaviti = erwürgen, nogom na grkljan stati = mit dem Fuß auf die Kehle treten, pucati = schießen, vrat mu slomiti = ihm den Hals brechen, smrviti = zermalmen, pogaziti = zertreten, umoriti = ermorden, silovati = vergewaltigen, nasilje = Gewalttätigkeit, razbojnik = Wegelagerer, palež = Brandstiftung, grabež = Raub, laž = Lüge, prijevara = Betrug, osvetiti se = sich rächen, nadlijati = überlisten, crko = er verrecke, puko = er zerplatze, jebati = vögeln, jeb, jebovina = Samenflüssigkeit, kurac = Zumpt, pička = Voze, moj mu u dupe = meiner fahre ihm ins Arschloch hinein, muda = Hodensack, bruce = Schamhaare, pišalo = Pisse, govno = Dreck, srati = scheißen, prdnuti = farzen, prdež = Furz usw. usw. in mannigfaltigen Verbindungen und Zusammensetzungen.

Daran nimmt man vernünftigerweise nicht den geringsten Anstoß, denn das hängt mit dem Sprachgebrauche seit jeher zusammen und niemand mag aus seiner Haut herausfahren. Das merkwürdige tritt erst in Erscheinung, sobald der Südslave für den Druck zu schreiben anfängt. Plötzlich versagt ihm die Feder bei der Niederschrift der zuvor gesperrt wiedergegebenen Worte! Ne valja oder ne valja se = es ist unrätlich, d. h. tabu diese Worte drucken zu lassen! Damit engten die südslavischen Folkloristen ihr Gebiet sehr empfindlich ein. Sie unterdrücken durchweg alle Berichte, in denen die verfehmten Worte anzuführen wären. Von ihnen erfährt man darum kaum etwas rechtes vom Fruchtbarkeitzauber, von Geschlechtkrankheiten und deren Heilung und so gut wie nie etwas von paraphiletischen Übungen, zumal nichts von homoerotischen Betätigungen oder gar von Sodomie. Selbst das von Ärzten herausgegebene, der Volksgesundheit dienende Fachblatt Zdravlje ist so keusch gehalten, daß es auch eine englische Gouvernante befriedigen müßte. Wie bei den hypermodernen Dichtern setzt man im Notfalle Gedankenstriche und Punkte hin, die beiläufig ein „eh schon wissen" bedeuten. Deshalb waren aus der Literatur nicht mehr als die 250 Angaben skatologischer Art herauszuquetschen. Für mich, den Deutschen, besteht das Ne valja se (tabu) ganz und gar nicht zu Recht und darum brachte ich scheinbar Merkwürdigkeiten auf, die keine sind, weil sie lediglich schlichte Selbstverständlichkeiten aus dem Alltagleben bilden, die im Bauernvolk schwerlich jemandem unbekannt sind, der sich mit Feldbestellung, Heilungen und Liebe befaßt.

Die von mir gewählten Überschriften zu den einzelnen Abschnitten sind eigentlich nur ein Auskunftmittel zur Gewinnung einiger Übersichtlichkeit. Klar ist es, daß man die Tatsachen auch noch anders je nach ihrem Inhalte zusammenfassen kann. Das ist jedoch die Aufgabe von Sonderuntersuchungen, wo jeder Fall für sich als Beleg im besonderen zur Geltung gelangen und wo man psychoanalytisch bei der Betrachtung verfahren muß. Das ist nun in Bourkes Werk nicht erlaubt, abgesehen von der sich auftürmenden Schwierigkeit, denn wir haben nicht die Aussagen oder Beichten von Neurotikern vor uns, vielmehr feststehende Überlieferungen in Sitte, Brauch, Glauben und Recht aus unvordenklichen Zeiten, als es noch keine Götter gab. Ich weiß auch nicht den einen einzigen Schlüssel, der uns die Pforte zur Erklärung einer jeden der nachfolgenden Tatsachen erschlösse. Das beliebte Kraftwort Schmutz versagt da völlig, denn es ist nichts weiter als der Ausdruck eines Denkunvermögens oder einer Denkfaulheit oder es dient als ein Verlegenheitwort und erläutert garnichts.

Der Hinweis auf eine Örtlichkeit und auf eine Fundstelle bei einem Autor besagt keineswegs, daß der Glaube nur an dem einem Orte und der Vermerk nur an der einen Stelle vorkomme. Den literarischen Parallelen nachzugehen ist sehr umständlich und förderte uns hier schwerlich irgendwie. Im allgemeinen nahm ich aus Büchern blos solche Angaben auf, für die auch in meinen ungedruckten Sammlungen volle Bestätigungen vorhanden sind, weil ich es für unzweckmäßig halte, in diesem Buche über das Alltägliche hinauszugehen, was jeder leicht auf die Richtigkeit hin durch An- und Umfragen im slavischen Süden nachprüfen kann.[1])

Unter sonstigen Umständen wäre ich verpflichtet, den Hintergrund des Volklebens zu entwerfen, von dem sich der hier in Bruchstücken angehäufte Glaube abhebt. Es ist ja doch nur ein Einschlag in das Leben, nicht das breite Leben selbst, das hier unvermittelt den Leser förmlich überfällt. Aus diesem Grunde empfinde ich wie eine Wohltat die ausgezeichnet lehrreiche, sich in vierzehn Abschnitte gliedernde Darstellung der Frau Ljuba T. Daničić von der Erotik und Skatologie der Südslaven im X. B. unserer Anthropophyteia. Die kundigste Folkloristin der Südslaven schuf damit den Rahmen für meine Beiträge und ein Bild der Gesellschaft, der meine Mitteilungen entstammen. Sie, die Tochter einer deutschen Mutter, steht auch nicht im Banne des Ne valja se. Mehrere Tatsachen entlehnte ich ihrer Arbeit, die sich immerhin von der meinen nicht unwesentlich unterscheidet. Sie fand den mir durchschnittlich verschlossenen Weg zum Gemüt der Bäuerin. Bei aller Vertraulichkeit fühlt aber die Primitive noch immer die Herablassung der vornehmen Frau heraus, der sie so manches aus Schicklichkeit verschweigt. Vor mir dagegen, der ich auf meinen Forschungreisen als Landstreicher auftrat, schämte man sich nicht im geringsten, sich in ungebundener Natürlichkeit zu zeigen. Doch das Weib, selbst auf primitiver Stufe, setzte zu viel aufs Spiel, enthüllte sie ihr Können und Wissen schrankenlos vor dem Fremdling. Der mehr zur Grausamkeit und Herrschsucht hinneigende primitive Mann kennt in solchen Fällen keine Rücksichten. Er und so manches Zauberweib von Beruf sind gegen den Habenichts mitteilsamer, der ihnen doch nie schaden wird. Ihn zu belehren und aufzuklären, um ihm sein Fortkommen zu erleichtern, ist vielleicht sogar ein gutes Werk. Dadurch gelangte ich zur Kenntnis einer Reihe von Tatsachen, deren Wert für das tiefere Erfassen des Wesens der Skatologie jeder Ethnolog auf den ersten Blick begreift.

Von der Reinlichkeit.

Von einem Edelmann und tapferen Kämpen pflegt der Guslar gewöhnlich zu berichten, er habe sich morgens nach dem Erwachen das Gesicht gewaschen (lice umio). Diese Handlung höbe er nicht hervor, wäre sie sonst beim Volke nicht selten gewesen. Sie ist es auch gegenwärtig noch in den ärmeren, von den Handelstraßen entlegeneren

---

[1]) Vornehmlich benutzte ich nachbenannte Schriften: 1. Nikola Begović: Život i običaji Srba graničara. Zagreb 1887. — 2. Toma Dragičević: Gatke bosanske mlagjarije, Sarajevo 1896 und Narodne praznovjerice 1907. S. A. a. Glasnik zemaljskoga muzeja. — 3. Luka Grgjić Bjelokosić: Narodna gatanja, Sarajevo 1896. S. A. a. Glasnik. — 4. (Karad) = Karadžić, List za srpski narodni život, običaje i predanje, izdaje Dr. Tih. R. Gjorgjević, Aleksinac 1901 ff. — 5. Stanoje M. Mijatović: Narodna medicina Srba seljaka u Levču i Temniću, Beograd 1909. — 6. M. Gj. Milićević: Život Srba seljaka, Beograd 1894. — 7. (Sb) = Sbornik za narodni umotvorenija, nauka i knižnina izdava ministerstvoto na narodnoto prosvěštenije, Sofija 1889 ff. — 8. K. A. Šapkarev: Sbornik ot blgarski narodni umotvorenija; čast tretja, Knj. VII, Sofija 1891. — 9) Učitelj, Pedagoško književni list, uregjuje Mih. M. Stanojević, Beograd 1897. — 10. Zdravlje, Lekarske pouke o zdravlju i bolesti izdaje društvo za čuvanje narodnog zdravlja, uregjuje Dr. M. Jovanović-Batut. Beograd 1906 ff.

Gegenden, allwo der Landmann getreulich an althergebrachter Unsauberkeit des Alltaglebens klebt. Ich selber habe mich einmal auf meinen Wanderungen volle sechs Wochen lang nicht mit Wasser gewaschen, nicht etwa, weil ich nicht dazu das Bedürfnis gefühlt hätte, sondern blos darum, weil sich auch die anderen nicht wuschen, mit denen ich unausgesetzt verkehrte. Ich wollte und durfte nicht vor den Leuten auffallen. Gegen das Ungeziefer halfen mir fleißige Einreibungen mit Petroleum und Benzin. So erwehrte ich mich erfolgreich der Krätzmilben und der Mückenstiche, doch nicht der Flöhe, Läuse und Wanzen. Öfters entdeckte ich auf meinem Leibe wahre Prachtexemplare dieser unliebenswürdigen Tierchen. Der Bauer lebt jedoch mit ihnen in einer fast ungetrübten Freundschaft, nicht so die mehr zur kleinlichen Rachsucht aufgelegte Bäuerin, die zumal Filzläusen aufsässig ist. Erbarmunglos verleidet sie ihnen mit dickflüssigem Erdpech und Lauge den Aufenthalt an bevorzugtem Leibteile. Ich trank Milch aus Holznäpfen, deren fettige Schmutzkrusten von innen und außen das Erbgut der Groß- und Urgroßeltern deutlich verrieten. Zu Ljubovije an der Drina nährte ich mich drei Tage hindurch in Ermanglung sonstiger Kost nur mit Kraut, darin eine Unzahl Schwaben erstickt lag. Hat man sich nur an das eigentümliche Knirschen der brüchigen Flügel zwischen den Zähnen gewöhnt, so läßt man sich mit den gastlichen Leuten das Mahl gut schmecken. Das Bauernvolk würgt auch noch minder appetitliche Sächelchen hinunter, wie man weiterhin zu lesen bekommt, doch will ich, um mich nicht in Weitschweifigkeiten zu verlieren, die Wohlmeinungen einiger südslavischer Fachgenossen von der Reinlichkeit ihrer Stammbrüder wiederholen und so nach einer Einleitung auf die eigentliche Skatologie übergehen.

In Serbien glaubt man, das Kind werde erwachsen ein Hurer oder eine Hure sein, wäscht die Mutter es jeden Tag.[1]

Bei allen schweren Erkrankungen badet man den Leidenden und man nimmt mit ihm beinahe alle wichtigeren Heilhandlungen auf dem Misthaufen vor[2] [wo sich die bösen Geister mit Vorliebe aufhalten].

Wenn eines beschrien ist, sei es Mann oder Weib und erkrankt, so gebietet ihnen die Besprecherin (bajalica), die die Heilung unternimmt, man habe das Gesichtwaschen, sich rasieren und baden an Dienstagen oder Mittwochen zu unterlassen. Verstößt man nun dawider wissentlich oder unabsichtlich, so kehrt die Krankheit wieder.[3] So im Veleser Bezirk in Bulgarien.

Der heilige Vladika, so sagen die Leute, bemerkte ein Montenegrer, doch, beim Glauben an Gott, die sündigen, die so sprechen. Heilig ist mein Schaf, das mir in den Kübel hineinkackt; denn ich seihe die Milch ab und verzehre sie mit Genuß. Schisse aber er mir hinein, ich schmisse zum Teufel sowohl den Kübel als auch die Milch![4]

Erstickt eine Maus im Käse oder im Sauerkraut, so verunreinigt sie alles und man ißt davon nicht eher, als bis nicht der Pope mit einem Gebet die Speise geweiht hat. Nach der Weihung muß der Pope selber zuerst vor allen anderen davon kosten. Nachdem einmal ein Pope den Käse derart geweiht hatte, sagte ein altes Weib, das ihm zugeschaut: O du mein Göttle, o Pope! Heil dir und deiner Seele! Viel Dreck hast du schon mit deiner Zunge gereinigt![5]

„Es gibt in Serbien Gegenden, wo der Bauer, man kann es getrost sagen, nur einmal im Leben badet, wann ihn nämlich der Pope bei der Taufe mit Wasser übergießt, — und noch ein zweites mal, wenn man nach seinem Ableben seinen Leib wäscht".

In manchen Teilen Serbiens legt man das Kind, sowie man es von der Taufe aus der Kirche heimbringt, in die Hühnersteige (kočine), damit es einen gesunden Schlaf erlange und feist werde.[6]

---

[1] Zdravlje, IV, S. 88. — [2] Milićević, S. 304. — [3] D. Matov, Sb., IX, S. 133. — [4] Milićević, S. 64. — [5] S. 68. — [6] Zdravlje, II, S. 182.

In Serbien gibt es Gegenden, wo die Bäuerinnen höchst selten baden und kommen sie in Schwangerschaft, so noch seltener.[1])

Waschen. Von den Serben im Königreich sagt Mijatović: ‚Die Frauen waschen sich das Gesicht doch zumindest einmal im Monat, von den Männern aber kann man sagen, daß sich einer im Laufe des ganzen Jahres drei oder viermal wäscht und dies gewöhnlich vor der Beichte, vor den hohen Feiertagen und nach dem Haarschneiden'. Eine Wöchnerin darf sich in den sieben ersten Tagen nach der Niederkunft überhaupt nicht das Gesicht waschen.[2])

Im Boljevacer Bezirk in Serbien scheut man sich, beim Waschen dreimal mit dem Wasser ins Gesicht zu streichen, weil man so „den Teufel wüsche" (umiva gjavola).[3])

Vom Harntrinken.

Es ist möglich und wahrscheinlich, daß die Chrowoten und Serben dem Zuñiharntanz ähnliche Vergnügen gekannt haben. Um die Mitte des 16. Jahrhunderts war Harn bei solchen Lustbarkeiten jedenfalls schon vom einfachen Branntwein (rakija) und dem überbrannten (dvaput pripicana, pripeka rakija) und vom Wein aus der Geselligkeit verdrängt worden. Zu beachten ist aber die noch übliche Ausdruckweise, die da Harn und Schnaps oder Wein häufig in nähere Gedankenverbindung bringt und ein gewisses tieferes Verständnis für den Harngeschmack beweist. Man spricht geringschätzig von einem schwachgrädigen Raki als einem pišalo (Pisse) oder von einer popišana rakija (bepißter Raki) und heißt einen kraftlosen Wein kobile pišoka (Stutenpisse). Der Pißtrunk und der Dreckgenuß erhielten sich dagegen in religiösen Bräuchen und was oft auf eins herauskommt, in der Volkheilkunst als altbewährte Mittel. Das ist ein Überlebsel, dessen mannigfache Äußerungen weitaus bemerkenswerter sind als der Zuñiharntanz. Als Überlebsel kommt er auch im südslavischen Gebiet, wenn auch nicht bei den Slaven, so doch bei den dem slavischen Einfluß unterlegenen Zigeunern in Bosnien noch vor, die vielfach, wie dies Milićević, Tih. Gjorgjević und ich dartaten, Bewahrer dahingeschwundener slavischer Folklore sind. Ich bat Frau Daničić, in deren erwähnten Abhandlung ich eine auf den Harntanz bezügliche kurze Bemerkung las, um genauere Erhebung des Sachverhaltes. Von den Zigeunerinnen Plema und Hasnija Tahirovka und Hanafa Vasva erhielt sie folgende Auskünfte: 1. Die Tänzer trinken den Harn ihrer Liebsten. 2. Die Tänzer sind nicht miteinander im Einverständnis, aber die Weibbilder wissen darum und es schmeichelt ihrer Eitelkeit. 3. Außer dem Reigen (kolo) trinkt man nicht Harn. 4. Man reicht dem Burschen den Harn eines Mädchens, nek poludi, nek izgori, nek poleti za njom (er möge nach ihr vertollen, verbrennen, ihr nachfliegen). 5. Die Zuschauer verhalten sich dabei mit bosnischer Nonchalance, ohne viel Erregung zu zeigen. 6. Den Harn der Mädchen fängt man auf Tücher auf, preßt ihn in eine maštrafa (Glas) aus und trinkt ihn dann. Oft schmiert man auf die nassen Tücher ein Ei einer Wildhenne und deren verbrannte Federn auf, vermischt sie mit dem Harn und gibt dies als Liebtrank ein. 7. Die Tänzer zeigen sich davon berauscht oder tun nur so. Sie geberden sich liebtoll, sie drehen und poussieren die Frauenzimmer (okreću ženske, bezlenkuše ženske). — Die Zigeunerinnen sagen, das Harntrinken geschehe nicht mehr oft, weil die Polizei darauf ein Auge habe und es bestrafe; geschieht es aber insgeheim, so werde es immer angezeigt.

Wie man aus weiteren Angaben gleich ersehen mag, besteht das Besondere in diesem Falle nur in der Öffentlichkeit des Harntrinkens. Sind die Zuñis gleich so vielen anderen westamerikanischen Indianerstämmen zum Teil Homoerotiker, so gäbe uns diese Parallele einen Schlüssel zur einfachsten Erklärung ihres Harntrinkens beim Tanze. Was vom

---

[1]) Zdravlje, II, S. 278. — [2]) S. 271 u. 396. — [3]) Zdravlje, V, S. 279.

Bourke, Krauss u. Ihm: Der Unrat.   29

geliebten und begehrten Wesen herrührt, schmeckt gewöhnlich gut, entzückt sogar und berauscht.

In der Lika reicht der Bursche nach dem Kolo (Reigen) seiner Flamme am Schanktisch einen Trunk Branntwein oder Wein, den er mit seinem Harn versetzt hat, um sich allein ihre Liebe zu sichern.[1]

In den Nachtkafés zu Sarajevo gilt es als haut goût, den Harn der Schenkmädchen, den sie den Männern auf Wunsch in die Biergläser lassen, auszutrinken.[2]

Im Kosmajer Bezirke in Serbien hat die Unfruchtbare zwischen einer Wöchnerin und dem Neugeborenen hindurchzuschreiten, Harn dieser Wöchnerin aufzufangen und sich davon sattzutrinken, hierauf den abgeschnittenen Kindnabel an sich zu nehmen, damit im Wasser zu baden und ihn zuletzt den Winden zuzuwerfen.[3]

Gibt der Mann seinem Weibe (seinen) Harn auszutrinken, so wird sie immer scharfbissig (zornmütig) sowie jene Pisse sein. — Sl.

Will ein Weib ihren Ehemann, der in sie wie toll verliebt ist, verlassen, weil ihre Neigung einem anderen gehört, so gibt sie ihm die Pisse eines Mannweibes zu trinken ein und spricht dazu: Sowie sich das Mannweib teilt, so sollst du dich von mir teilen! (Kako se polutanac dili, tako se dilio ti od mene!). — Sl.

Des Hustens wird man los und ledig, trinkt man seinen eigen Harn. — Allg.

Gegen Keuchhusten hat in Ostserbien der Kranke sieben Morgen hindurch seine eigene Pisse zu trinken.[4]

Der an Keuchhusten (rikavica) Leidende trinkt zur Heilung seinen eigenen Harn.[5] — Serb.

Gegen Auszehrung (tižika, Pthisis) ist für Frauen gut Stutenpisse, für Männer jedoch Hengstfohlenpisse (pišalo angirića) zu trinken. — Sl.

Plagen sich Mann und Weib sehr ab, ohne beim Beischlaf zur vollen Befriedigung zu kommen, so trinke der Mann in einem Glas Wasser zwei, drei Tropfen Pisse einer drei, vier Monat trächtigen Stute aus und spreche dabei: Sowie diese Stute hurtig gepisst hat, so möge ich rein von dieser Krankheit verbleiben! (Kako ova kobila friško pišala, tako ja čist osto od te bolesti!) — Sl.

Man soll einen Igel einfangen, ihn in ein Kupferbecken tun, zudecken und darin übernachten lassen. Die Pisse, die er da läßt, muß man einem Trunkenbold, um ihm das Saufen abzugewöhnen, in Speise oder Trank eingeben. So in Ostserbien.[6]

Pisst ein Hund einen Bretterzaun an, so braucht man blos ein wenig Spähne von der bepissten Stelle abzuhobeln, diese Spähne abzukochen, dieses Wasser zu trinken und der Mensch wird des Fiebers los und ledig. — Sl.

Mit Harn waschen und Harn trinken.

Kindern wäscht man in Bosnien mit eigenem Harn Gesicht und Haar, ja, selbst die Wolle und Baumwolle, aus der man die Kinderkleider verfertigt, tränkt man mit Harn gegen bösen Zauber. Dann schauen die Kinder blühend wie Milch und Blut aus, selbst tuberkulöse (što imadu sušicu) werden gesund, wenn sie dazu noch Harn trinken.[7]

Pisst ein Kind ins Bett, so ist es gut, ihm Pisse eines Kindes einzugeben, das da nicht ins Bett näßt. — Sl.

---

[1] Frau Daničić, Anthropophyteia, X. — [2] Brieflich von Frau Daničić. Das ist aber auch in anderen Städten in Chrowotien und Slavonien üblich, wenn sich die Männerwelt eine erhöhte Begeisterung angetrunken hat. K. — [3] Tih. R. Gjorgjević, Učitelj, S. 30. — [4] Mijatović, S. 342. — [5] Karad, III, S. 128. — [6] Mijatović, S. 352. — [7] Frau Daničić, Anthropophyteia, X.

„Harnt ein Kind beim baden, was der Mutter freilich nicht lieb ist und klagt sie ihr Leid darüber, so sind die alten Weiber gleich mit ihrem guten Rat zu Hilfe: sie tränken das Kind mit Harn (mokraća), damit es beim baden selber nicht Harn lasse".[1])

Leidet ein Kind an Fallsucht, so gibt man ihm eine Mischung des väterlichen und mütterlichen Harns zu trinken. Badet man es, so tut man ins Badewasser auch von der Pissmische hinein, doch darf man darnach drei Jahre lang das Kind nicht in die Kirche hineintragen.[2]) — Serb.

Die Auszehrung kann man vertreiben, wenn man seine eigene Pisse trinkt. — Sl.

Gegen Schwindsucht. Vierzig Tage hindurch muß man allmorgendlich die Pisse (mokraća, pišanjak) eines Kindes unter sieben Jahren trinken und zwar ein Kranker die eines Knaben, eine Kranke die eines Mädchens. In Ostserbien.[3])

Bezecht sich der Chrowote bis zur Bewußtlosigkeit mit Branntwein oder Rum, so daß er hinsinkt und seinem Munde Gase entströmen, so reißen ihm Freunde den Mund auf und einer pisst ihm zur Löschung des Brandes hinein. Bei sinnlos benebelten Frauen soll Milcheinguß wirksamer sein.

Ist ein Mensch schwer krank, so verdünnt man seinen Dreck mit seiner Pisse, gibt ihm den Brei zu trinken ein und spricht: Sowie sich dieser Dreck im Gedärme mengte, so soll es dir zu Hilfe sein! (Kakogod se ovo govno u crivi mišalo, nek ti bude u pomoći!) — Sl.

Im Bezirk Trnovo in Bulgarien gibt man dem an Gelbsucht Leidenden, ohne daß er es merke, Pisse (pikoč) zu trinken.[4])

Pissen im Alltagbrauch und Glauben.

Zu Trěvna in Bulgarien glaubt man, man dürfe nicht gegen die Sonne oder in Wasser (Brunnen-, Quell- oder Flußwasser) pissen, weil einem die Mutter stürbe.[5])

Ins Feuer zu pissen, gilt als Sünde, denn das Feuer ist tabu. Allg.

In Bulgarien warnt man die Kinder, ins [Fluß-]Wasser zu pissen, weil sonst die Kühe keine Milch bekämen.[6])

Kinder dürfen ihre Pisse nicht auseinandertreten, sonst stirbt ihnen die Mutter, glaubt man im Caribroder Bezirk in Bulgarien.[7])

Pisst man in die Höhe oder zickzack (u vis ili sik sak), so ist es gut und gesund. Pisst man jedoch nach unten, so ziehen die Vilen (Baumseelen) das Gemächte (moći) nach unten und dann ist der Mann unglücklich. — Sl.

Geht ein Mann zufällig nachts hinaus pissen und die Sterne funkeln furchtbar schön (strašno) und pflegt er hernach mit seiner Ehegattin Beischlaf und sie wird schwanger und gebiert, ob einen Knaben oder ein Mädchen, das ist alleseins, so wird das Kind schöne Augen wie funkelnde Sterne haben. (Ko treptave zvezde). Den Augen nach wird man das Kind für verhurt (kurvanjsko) halten, doch in Wahrheit hat es seine Augen daher, weil der Vater vor den Sternen Wasser gelassen hat. — Allg.

Trifft es sich nachts, daß der Vater hinausgeht, um Wasser zu lassen und er, ohne es zu wissen, eine Schlange bepisst und hierauf mit seinem Eheweib Umgang pflegt, wovon sie schwanger bleibt, so wird das Kind bald kriechen und gehen können. — Chr. Sl.

Um bestimmt zu erkunden, ob sie geschwängert worden, bepisst die Serbin an drei aufeinanderfolgenden Abenden die Axt hinter der Tür und beläßt sie da über Nacht und ist sie alle dreimal angerostet, so ist die Schwangerschaft gewiss.[8])

---

[1]) Zdravlje, IV, S. 247. — [2]) Karad, IV, S. 125. — [3]) Mijatović, S. 329. — [4]) C. Ginčov, IV, S. 98. — [5]) Ch. N. Daskalov, Sb., VI, S. 5. — [6]) Capo Stalijski, Sb., VI, S. 90. — [7]) Capo Stalijski, Sb., VI, S. 90. — [8]) Milićević, S. 190.

Um einer schwer Gebärenden die Niederkunft zu erleichtern, schüttet ihr in Syrmien die Mutter oder Schwester oder Schwägerin unversehens einen Topf voll durch drei oder noch besser neun Tage lang gesammelten Harns ihres Ehegatten über den Kopf.

Bevor die Hebamme das Neugeborene gebadet, pflegt der Vater über das Kind dreimal hinwegzupissen, doch so, daß es weder Mutter noch Hebamme sehen. Dabei spricht er: O mein Kind! Ich pisse nicht über dich hinweg, vielmehr erweitere ich dein Glück. Möge das Glück soweit spritzen, als wie mein Zumpt weit geworfen hat! (Dijete moje! ja ne pišam priko tebe, neg ti duljim sreću tvoju. Tako ti daleko sreća špricnula ko moj kurac što je bacio!) — Sl.

In Serbien pissen sich die dörflichen Geburthelferinnen ins erste Badewasser des Neugeborenen aus, um es damit vor Beschreiung zu bewahren. (Dojnice će ga uročiti).[1] Dagegen eifern Ärzte, weil es dem Kinde schade.

Pisst die Patin, die das Kind zur Taufe trägt, auf dem Wege, so wird das Kind immer pisserig sein. — Allg.

Läuft eine Katze oder ein Hase vor einem über den Weg, so ist es gut (wo möglich), ihnen nachzupissen und zu sagen: Sowie ihr mir zum Unglück zugelaufen seid, so bepisse ich euer Unglück! (Kako ste vi priletili meni na nesreću, ja pripišujem vašu nesreću!) — Sl.

Erblickt man eine verreckte Katze oder einen Hund, so ist es angezeigt, über das Aas hinwegzupissen (preko toga pripišnut) und dabei zu sagen: Ich pisse, auf daß mein Glück lebend, nicht jedoch tot sei! (Ja pišam, da mi bude moja sreća živa a ne mrtva!) — Sl.

Erblickt man einen Pfarrer, so muß man sich beim Zumpt packen und sich ohne Verzug auspissen. Dabei spreche man: Ich pisse, auf daß es mir zum Glück sei, dir aber Pfarrer bepisse ich dein Unglück! (Ja pišam, da bude moja sreća a tebi pope zapišujem tvoju nesreću!) — Sl.

Ein Wolf fürchtet sich mehr vor einem pissenden Zumpt als vor einem Doppellaufgewehr. Befolgt man meine Weisung, so wirkt es noch besser, als wenn man vor dem Wolfe ein Zündhölzchen anzündet. Begegnet einem ein Wolf und will er einen anfallen, so gibts nichts wichtigeres als seinen Zumpt herauszuziehen und einmal in die Luft hinauf zu pissen. Und wären ihrer zwanzig Wölfe da, sie rannten gleich auf und davon.[2]

Hat man Geld bei sich, so soll man es ein wenig mit seinem Harn bespritzen und dazu sagen: Sowie ich nicht ohne Pisse sein könnte, so soll auch meine Geldtasche (Schreibbuch) nicht ohne Geld sein können! (Kakogod ja ne mogo bit bez pišala, tako ne mogo šlajbok bez novaca bit!) — Sl.

Hat einer, der zur Jagd aufbricht, Furcht, so pißt ihm ein Freund in die Flinte hinein und spricht dabei: Da kam einer, der keine Seele hat. Er hat dir deine Furcht bepißt. Sowie aus mir die Pisse herausging, so soll aus dir die Furcht herausgehen! (Evo došo ti je koji nema duše. Zapišo ti je strä. Kakogod iz mene izašlo pišalo, tako iz tebe izašo strä!) — Sl.

Will einer, daß sein Strohhäcksel gesund bleibe, nicht verschimmle und niemand es ihm wegstehle, so begibt er sich mit seinem Weib vor das Häcksel, beide entkleiden sich nackt und sprechen: Häcksel! Zumpt und Voz kamen dir zu Besuch. Häcksel! So wie meines Weibes Voz gesund ist, so gesund sei das Häcksel. Wer da meinen Zumpt

---

[1] Zdravlje, II, S. 182. — [2] Den Wolf faßt man da als bösen Waldgeist auf, den man wie andere Geister und Drachen mit Entblößung der Geschlechtteile in die Flucht jagt. Viele Belege dazu in den Anthropophyteia-Jahrbüchern und im Dulaure von Krauss, Reiskel und Ihm.

stiehlt, der stehle auch mein Häcksel! (Sička! došo ti je kurac i pička. Sička! Kako je zdrava moje žene pička, tako zdrava bila sička. Ko ukro moj kurac, taj ukro moju sičku!) Beide bepissen das Häcksel und entfernen sich ohne sich umzuschauen. — Sl.

Wenn man den Häckerling das erstemal dem Rindvieh vorlegt, begibt sich die Hausfrau in den Stall, pißt sich im Häckerling aus und spricht: Sowie die Voz salzig ist, so soll auch der Häckerling salzig sein! (Kako slana pička, tako slana bila sička!) — Sl.

Ist eine Vettel ihren Hausleuten aufsässig, die am anderen Tag aufs Feld hauen gehen werden, so bepißt sie deren Hauen und spricht dabei: Sowie da meine Voz gesprungen war, so sollen auch die Hauen zerspringen! (Kakogod moja pica puknuta bila, tako i motike popucale!) — Sl.

Vom Kinderharn.

Bepißt sich einem ein jüngsthin geborenes Kind aufs Gewand, so ist es gut, das bepißte Stück auszuschneiden und dem Kinde zu geben, wenn es in die Schule geht, damit es gut lernen soll, oder einem Kranken mit dem Lappen übers Gewand oder über den Leib zu fahren. — Gut ist es, die vom Neugeborenen zum erstenmal bepißten Windeln aufzubewahren, denn das bringt Glück (i to gilta za sreću). Hat man ein wichtigeres Geschäft vor, so ist es gut, die Windel anzulegen. — Sl.

Bepißt ein Kind einen Mann oder ein Weib, so soll man das Kind nicht schmähen, vielmehr sagen: Du bist mein Glück! Sowie du weit gepißt hast, so möge unser Glück vorwärts schreiten! (Ti si moja sreća! Kako ti daleko pišno, tako naša sreća u napredak išla!) Wenn ein Kind immer in die Höhe pißt, ist das glückbringend. — Sl.

Erschaut ein hochbetagter Alter (mator starac) ein unschuldig Mädchen beim Pissen, so schlägt er nach ihrem Abgang mit seinem Zumpte auf die Pißstelle und spricht dabei: Sowie du unschuldig bist, so soll mir die Samenflüssigkeit kommen! (Kako si ti nevina, tako meni došo jeb!) — Sl.

Kauft ein Mann eine Zuchtsau von guter Rasse und es kommt ein unschuldiger Knabe (nevin dečko), pißt die Hürde an und spricht: O Hürde! ich verpisse diese Zuchtsäue! Sowie mein Zumpt verspundet ist, so sollt ihr nicht läufig werden können! (Tore! ja zapišajem ove krmače! Kako je moj kurac začepit, tako se vi ne mogle naćerat!) so wird dann diese Zuchtsau niemals, solange als sie in des Mannes Besitz bleibt, werfen können. — Sl.

Ist ein Roß oder eine Stute mit Kehlsucht (sakagija) behaftet, so soll dem kranken Roß ein Knabe, der kranken Stute aber ein Mädchen ins Maul hineinpissen. — Sl.

Kommt ein Knabe zur Welt, dessen Vorhaut über der Eichel wie eine Haselnuß verwachsen ist, so nehme man von einem unschuldigen Mägdlein (od nevine curice) Pisse und lege ihm mit dieser Pisse Bähungen auf die Zumptspitze auf. Also wird die Pisse das haselnußgroße Häutchen zerfressen und das Kind pißt drauf los. — Sl.

Tränen einem die Augen, so nehme man ein neugeborenes Knäblein her, schlage sich mit dessen Zümptlein über die Augen und spreche: Sowie dieses unschuldigen Kindes Hodensack nicht tropfen soll, so mögen meine Augen nicht tropfen! Wann dieses Kind lospissen wird, dann soll es mein Auge erhellen! (Kako ovog nevinog diteta kita ne kapljala, tako moje oči ne kapljale! Kad to dite pišnulo, onda moje oko rasvitlilo!) Solange als dies Kind nicht vögelt, solange bleiben die Augen gesund. Doch sobald ihm ein Tropfen Samenflüssigkeit entfällt (kapne jeb), bekommt jener Augenschmerzen. — Sl.

Eine Bäuerin von Ruševo spricht: Meine verewigte Mutter pflegte zu erzählen, wie da ein alter Mann gelebt hat, blind war er, nichts hat er mehr gesehen. Einmal saß er mit den Kindern da [vor dem Hause], die Weiber aber sagten zu einem zehnjährigen Knaben: Hör mal, Franzl, geh, bepiß mal den Greis! — Da zog der Knabe sein Zümptlein heraus und bepißte den Greis über den Kopf. — O weh, was ist das für ein Tau, der da auf mich niederfiel? — Und er rieb sich Stirn, Augen und Nase. Ging ins Haus hinein und sagte zu den Seinen: Kinder, mein Gesicht ist mir wiedergekehrt! — Ei, wie denn das? — Nun, so und so und so. Reicht mir Nadel und Faden. Ich werde den Faden in die Nadel einfädeln! — Sl.

Legt man sich in einen Leinenlappen aufgefangene Pisse eines unschuldigen Kindes auf den Scheitel, so zieht es einem das Feuer und den Schmerz aus dem Kopf heraus. — Sl.

Wer an Reißen in den Füßen leidet (an Gicht oder auch nur an Rheumatismus), der lasse sich von einem Kinde die Beine bepissen. — Allg.

Leidet ein Mensch oder Tier an Krätze oder Räude, so soll man die Windel, die ein Neugeborenes zuerst bepißt hat, in ein fließendes Wasser eintauchen, damit den Leidenden befeuchten und sprechen: Sowie dies Kind das erstemal gepißt und die Mutter die Windel zu Heilzwecken aufbewahrt hat, sowie diese Windel trocken werde, so möge auch die Krätze eintrocknen! (Kakogod ovo dijete prviput se popišalo i majka je spremila pelene za korist lijeka, kakogod se ove pelene sušile, tako se i šuga sušila!) — Sl.

Mag einer den schwersten Schanker haben, so gibt es nichts dringenderes, als einen sechs, siebenjährigen Knaben zu veranlassen, daß er in ein altes Töpfchen hineinpisse (die erste Pisse werfe man weg, nur die zweite ist dienlich); tunke in den so warmen Harn Scharpie und lege sie als Bähungen (obloge) auf den mit Schanker behafteten Zumpt auf. Acht mal — er muß genesen. — Chr. Sl.

Pißt ein unschuldig Mägdlein wohin und ein Greis schlägt mit seinem Zumpt auf diese Stelle, so kriegt er den Bruch (okilavi). — Chr. Sl.

Ist einer einem (ledigen) Frauenzimmer mißgünstig gesinnt, so führt er in ihren Hof einen zwölfjährigen Knaben, heißt ihn, nach allen Richtungen hinzupissen und spricht dabei im Stillen: Sowie dies unschuldige Kind gepißt hat, so sollst auch du Männern nachzischen! (Kakogod ovo nevino dite pišalo, tako i ti šikala za muškim!) — Sl.

Begibt sich der Vater, ein Handwerkmeister, auf die Reise zu Markt, so bepisst das vier, fünfjährige Söhnchen des Vaters Warenkiste und spricht dazu: Ich bepisse nicht, o Papa, dein Glück, sondern mein Zümptlein führt dir voran alles Glück. Der Markt verjünge sich dir; nichts sollst du wieder heimfahren! (Ja ne pišam, tato, tvoju sreću, već ti vodi moj kurčić naprvo svu sreću. Omladio ti se vašar, ništa kući ne dovodio!) Hierauf schlägt er mit dem Arsch auf des Vaters Brieftasche und auf die Kiste und sagt: Sowie mein Arschbäcklein prall ist, so soll deine Geldtasche voll Geld sein! (Kako moja guza puna, tako bio šajtov pun novaca!) — Sl.

Begibt sich der Vater zu Wagen auf eine Reise, so bepisse ein unschuldiger Knabe die Räder und spreche: Dir diese Blume, es soll dir die Welt breit sein! (= offen stehen. Tebi ovaj cvit, nek ti bude širok svit!) — Sl.

Tut man Pisse eines unschuldigen Kindes (nevinoga djeteta) in ein Gewehr, so wird die Büchse unfehlbar alles treffen, auf was sie zielt. — Sl.

Begeben sich die Eltern mit ihrem kleinen Kind in den Wald und wird es pisserig, so stelle es Vater oder Mutter unter eine Pappel, damit es die anpisse und dazu spreche man: O du hoher Pappelbaum, erhöhe mir mein Kind! mögen ihm im Verstande deine Zweige sein! (Oj jablane visoki, povisi mi dijete moje! Nek u pameti mu budu grane tvoje!) Und dann wird das Kind hoch, gesund und gescheit sein. — Sl.

Pisszauber zu Liebe und Haß.

Vor der Trauung soll der Jüngling ein Tannenbäumchen anpissen und dabei sprechen: O Tannenbäumchen, sowie du gesund und kräftig bist, so mögen meine Kinder kräftig und hochgewachsen und gesund sein! (Oj jeliću! kako si ti zdrav i snažan, tako i moja dica bila snažna i visoka i zdrava!) — Sl.

Wünscht ein Bursche, daß sich die Dorfmädchen in ihn närrisch verschauen, so schlage er mit dem Fuß an die Türe und spreche: So groß als meine Fußsohle, so groß sei dein Sprung! (Kolkogod moje stopalo, tolko tvoje skokalo!) Dann begibt er sich in den Garten zum Liebstöckel (ligusticum levisticum) und bepisst ihn, wozu er spricht: O Liebstöckel! Alle Mädchen lieben dich! Ich benetze dich, und mir und meinem Zumpt sollen alle Mädchen nachfliegen! (Milodue, sve te cure vole! ja te škropim i za mnom i za mojim kurcem sve cure letile!) — Sl.

Erblickt ein Mädchen, wie ein Jüngling pisst, so warte sie zu, raffe die bepisste Erde auf, werfe sie beim Eintritt in den Reigen (kolo) um sich und spreche dabei: Sowie dieser Jüngling hurtig gepisst hat, so mögen die Burschen nach mir tollen! (Kako ovaj momčić brzo pišo, tako momci za mnom ludili!) — Sl.

Um den Zauber aufzuheben, den ein Mädchen gegen ihn anstellt, damit er sie nächtlich besuchen müsse, pisst der Bursche in Bosnien die Wohnungtürbänder des Mädchens an.[1]

Will man ein Brautpaar (mladence) miteinander verfeinden, so legt man ihnen unters Bett, wenn sie zum Beilager gehen (na slaganje) sei es wessen immer Pisse und spricht dazu: Sowie diese Pisse stinkt, so soll auch das eine dem anderen stinken! (Kakogod ovo pišalo smrdilo, tako i jedno drugom smrdilo!) — Sl.

Mag die Frau im ersten Jahre der Ehe kein Kind kriegen, so geht sie mit dem Ehemann zugleich und gemeinsam pissen, er rechter, sie linker Hand. Er spricht dabei: Ich ging von links nach rechts, du aber von rechts nach links, bis wir zwei nicht einig werden, daß sich uns ein Nachwuchs ausschütte. Jetzt haben wir ihn ausgepisst. (Ja sam otišo s liva na desno a ti ideš s desna na livo, dok nebudemo tili nas dvoje, da nam se porod prolije. Sada smo ga [porod] ispišali!) Wollen sie späterhin ein Kind kriegen, so gehen sie wieder gemeinsam pissen, doch jetzt geht er links und sie rechts. Er spricht: O Pisse! gib uns den Nachwuchs wieder! (Oj pišalo! povrati nam porod!) Sogleich wird sie schwanger. — Sl.

Ist das Eheweib eine gar zu große Hure und nötigt sie ständig ihren Mann zum vögeln, so spricht er zu ihr: Heute wollen wir nicht vögeln, sondern morgen! Bevor er sich alsdann am anderen Tag ans Vögeln macht, pisse er ihr ein wenig in die Voz hinein und spreche: Sowie diese Pisse aus mir herausspuckte, so sollst du keine große Hure mehr sein! (Kakogod ovo pišalo iz mene pljunulo, tako ti ne bila velka kurva!) — Sl.

Ist einem ein böszüngiges, aufbrausendes Weib (jezičavka, goropodna) beschieden, so ziehe er seinen Zumpt heraus, bepisse sie und spreche still für sich: Sowie mein Zumpt ruhig ist, so möge sich deine Zunge beruhigen! (Kakogod moj kurac miran, tako se tvoj jezik smirio!) — Sl.

Hat ein Mann ein zornmütiges Weib, so nehme er ihre Röcke (kiklje) oder ihre Schürze oder sonst ein Gewandstück, das sie vorn trägt, begebe sich damit auf den Abtritt, pisse sich aus, wische mit dem Kleidungstück seinen Zumpt ab und spreche: Ich wische nicht ihre Pisse ab, sondern ihren Zorn! (ljutost). — Sl.

---

[1] Dragičević, Gatke, S. 22.

Vom Harn als Heilmittel.

Leidet ein Kind am Vierziger (Kopfschorf), so begebe sich die Mutter mit ihm am Georgtag vor Sonnenaufgang unter eine Holunderstaude, ziehe sich nackt aus, pisse sich da aus, nehme von der Stelle, wo die Pisse halt macht, Kot auf, beschmiere damit dem Kinde das Haupt und spreche dazu: Die Mutter, die dich geboren, die gab dir auch das Heilmittel! (Koja te majka rodila, ona ti i lek dala!) Bei Sonnenaufgang bade sie das Kind und der Schorf wird vergehen.[1] — Serbien.

Leidet das Eheweib schwer, ehe sie ihre Periode bekommt, so pißt ihr der Ehemann über den Kopf und spricht: Sowie meine Pisse über dich hinweggeflogen, so soll deine Zeit leicht dahinfliegen! (Kakogod moje pišalo preko tebe letilo, tako tebi vrime lako letilo!) — Sl.

Wer ein Vilenbuhle (vilenski, vilovnjak) ist, der kann nicht mit Menschenweibern, sondern nur mit Vilen vögeln. Damit er sie abvögeln können soll, muß ihm ein Menschenweib erst den Zumpt bepissen. — Erwischt ein Vilenbuhle die Franzosen (kad ofrancljivi), so erlangt er Heilung, wenn ihm eine Vila den Zumpt bepisst.

In Ostserbien hat der Ohrenleidende einige Tropfen seines eigenen Harns ins leidende Ohr hineinzuträufeln und die Krankheit wird vergehen.[2]

In Serbien (Šabac) tut man sich ins wehe Ohr vom eigenen Harn oder (Podgorina) Stierharn oder läßt sich (Arilje) von seinem eigenem Kind ins Ohr seihen.[3]

Bekommt einer eine Krebswunde (rak-ranu) am Zumpte, so befeuchte er die Wunde mit seiner Pisse (ranu močit), hernach schmiere er sie mit Unschlitt. — Sl.

In Ostserbien beschmiert man die mit Krätze behaftete Stelle mit Menschenharn, den man mit Asche gemengt hat.[4]

Im Užicaër Bezirk in Serbien kocht man gegen Krätze Lauge (Asche) im Harn des Befallenen ab und bestreicht den damit zur Heilung.[5]

In Ostserbien legt man auf eine Schnittwunde mit Harn befeuchtetes Mondscheinkrautpulver (travu mjesečinu) auf. Brandwunden hat man neun Morgen hindurch regelmäßig mit seinem eigenen Harn zu befeuchten.[6]

In Korman wäscht man eine Schnittwunde zur Blutstillung mit Harn aus, in Jagodina zerstößt man Lichtnelken (ajdučka trava, Hajdukenkraut, lychnis flos Jovis), vermischt sie mit Harn und legt sie auf die Wunde auf.[7]

Wer an Rülpsen (Aufstoßen, Schnackerl) leidet, der lasse sich von seinem Freunde über den Kopf hinwegpissen und der Pisser spreche dabei: So schnell als ich gepisst, so schnell soll dir das Rülpsen vergehen! (Kakogod ja brzo pišno, tako brzo šćucavica minula!) — Sl.

Um das Kind vom Bettnässen zu heilen, höhlt der Vater zwei Quittenhälften aus, läßt das Kind hineinpissen, nimmt dann diese Hälften und spricht zum Kinde: Da hast du die Quitte, deine Wolle (krauses Haupthaar) soll das Gepisse wegtragen! (Evo ti tunja; tvoja runja (= kuštrava glava) da odnese pišanje!) Und dann wirft er ihm die Quitte über den Kopf hinweg. — Sl.

Pisst ein erwachsener männlicher Hausgenosse ins Bett, so soll ihm die Schaffnerin beim Brodeinschießen mit dem Aschenlappen (omelo), mit dem sie den Ofen auswischt, eins über den Zumpt versetzen und dazu sprechen: Sowie dieser Kehrlappen

---

[1] Milićević, S. 119. — Majka heißt wohl Mutter, aber auch die Scheide, und so müßte dies zweite Wort auch in der Verdeutschung stehen, hätte nicht auch im Deutschen Mutter dieselbe zweifache Bedeutung. — [2] Mijatović, S. 344. — [3] Milićević, S. 318f. — [4] Mijatović, S. 327. — [5] Milićević, S. 262. — [6] Mijatović, S. 355 u. 356. — [7] Karad, III, S. 169.

trocken sei, so möge auch von dir die Pisse sauber abgehen! (Kakogod ovo omelo suvo bilo, tako i od tebe pišalo čisto išlo!) — Sl.

Ist einer ein Bettnässer (popišanac), so fertigt sein Freund einen Keil aus Ahornholz an, besucht ihn und spricht im Stillen bei sich: Es kam der astreiche Ahorn zu dir, um allen Gram und die Pisse, deine Gefährtin, fortzutragen von dir! (Došo ti je javor granati, da odnese svu tugu i pišalo, tvoju drugu!) Dann rammt er den Keil in die Erde ein, der Bettnässer aber begibt sich an die Stelle, pisst sich auf den Keil aus und spricht: Hoher Ahorn! ich pisse die Pisse dir zu, damit ich in die Höhe, nicht aber in die Niederung pisse! (Javore visoki! zapišujem pišalo tebi, da ja pišam u visinu a ne u nizinu!) — Sl.

Ein zuverlässig Mittel gegen Bettnässen: Man nehme drei Körner des Stechapfels (tatula, volovina, datura stramonium) in Milch ein. — Ch.

Man finde einen durchhöhlten Stein und lasse den Bettnässer durch den Stein hindurchpissen, so gibt er seine schlechte Gewohnheit auf. — Ch.

Leidet einer an Alterschwäche, so pisse er sich unter einer Eiche aus und spreche: O du meine Eiche, da hast du meinen Dung, verleih mir deine Gesundheit! (Rastu moj, evo tebi gjubre moje, daj mi zdravlje tvoje!) — Sl.

Ist die Ehefrau voll Wasser, pisserig (pišala), so ist es gut, daß der Ehemann sie abvögle. Dann wird jedes Leiden von ihr weichen, wenn sie krank ist. Nach dem Vögeln soll sie ihre Notdurft verrichten. — Sl.

Manches neugeborene Knäblein kann nicht pissen. Es ist, als ob ihm ein Stein vor der Harnröhre läge (kamenjaš dite). Da nehme der Vater eine Vogelfeder — es kann auch eine breite Gansflügelfederspuhle sein — zwänge in die Federspuhle des Kindleins Zumptspitze hinein und spreche: Das ist keine Feder, sondern meine Pisse. O mein Kind, siehe, diese Feder ist dein! Sowie die Feder leicht pisst, so sollst du leicht pissen! (To nije pero, već je moje pišalo. Dite moje, to je pero tvoje. Kako pero lako pišne, tako ti lako pišnulo!) — Sl.

Den von Gelbsucht Befallenen läßt man sieben Tage hindurch sein Wasser in Pferdedreck oder ungelöschten Kalk hinein abschlagen. — Serbien. Manche wieder verschaffen sich drei Nähnadeln von drei Weibern, die Schwägerinnen sind, pissen durch die Öhren hindurch und sprechen dabei: Drei traute Schwägerinnen, drei Schwesterlein, nehmt von mir die Gelbsucht ab! (Tri jetrvice, tri sestrice, pustite s mene žuticu!)[1]

Wer da an Harnverhaltung leidet („nicht genug pissen kann"), der trinke gekochte Petersilie und Rheinfarn (tanacetum crispum). — Sl.

An Milzverhärtung (dalak) Leidende pissen in einen Flaschenkürbis und hängen ihn in den Rauchfang. Sowie der Harn eintrocknet, so trocknet auch die Milzverhärtung ein.[2]

Schreitet ein Frauenzimmer über trockene Brennesseln hinweg, so verliert sie ihr Monatliches, ein Mann wieder seinen Harn. Weiß sie aber, daß das Übel vom Hinwegschreiten über trockene Brennesseln herrührt, so bepisse sie die Nesseln und spreche dabei: Trockene Brennessel, du hast mir das Monatliche [oder: den Harn] davongetragen, du frische Brennessel, gib mir es [ihn] wieder zurück! (Suva koprivo odnila si mi vrime [ili pišalo] a friška koprivo povrati mi!) — Sl.

Wer da an einer Geschwulst leidet, der soll auf tote Brennesseln (= die Taubnesseln, lamium purpureum) pissen und sobald sie vertrocknen, wird ihm besser werden.

Pißt man sich über einen Weinrebenstock aus, so wird man ebenso gedeihen und gesund sein wie jener Weinstock. — Sl.

---

[1] Milićević, S. 271. — [2] Milićević, S. 283.

Es ist nicht ratsam (ne valja na čičak pišat) auf Kletten zu pissen, denn davon bekommt man den Aussatz und die Räude (gubu i šugu), sondern man pisse auf die Erde oder auf einen grünen Zweig hin. — Sl.

Von der Kraft der Homoerotikerpisse.

Gemeint ist eigentlich der Podizist, dessen Vertraulichkeit alle jene scheuen, die für seine Anlage kein Verständnis haben. Weil er die Befriedigung beim Weib meidet und sich auf Männer verlegt, die er sich oft nur durch List oder Gewaltanwendung gefügig machen kann, so hält man ihn dem Durchschnittmenschen für überlegen, was natürlich auf einem Denkfehler und unzureichender Beobachtung seiner Eigenart beruht. Sowie er vermeintlich mächtig ist, so wohnt auch seinen Ausscheidungen eine höhere Zauberkraft inne als den anders gearteter Menschen. Da man ihn im übrigen nicht verfolgt, so ist er gebotenen Falles willig, seine höhere Eigenschaft in den Dienst des bedürftigen Nebenmenschen zu stellen.

Hat ein Vater ein Töchterlein, so schaut er dazu, sein Kind zu jener Stelle hinzuführen, wo ein Puzerant pissen wird und zwar ein solcher Puzerant, der da in die Höhe pißt, und da spricht der Vater: So hoch als da der Puzerant sein Wasser gelassen, so soll mein Kind Glück haben und sich an den Mann bringen! (Kako buzurant visoko pušćo vodu svoju, tako moje dite imalo sriću i udalo se!) — Sl.

Wer sein Geld zu einem großen Geschäft anlegt, der lädt einen benachbarten Puzeranten, wofern er einen hat, zu sich zum Nachtmahl ein. Wird der Puzerant pisserig, so fragt er den Gastgeber: Amicije (amice), ich möchte pissen! — Der führt ihn nun unter den freien Himmel und spricht, während er mit ihm gleichzeitig pißt: Sowie aus deinem Zumpt puzerantisch die Pisse gezischt hat, so möge man mir Geld zuschicken! (Kakogod iz tvog kurca buzurancki pišalo šikalo, tako se meni novac šiko![1]) — Sl.

Will ein Bursche die Neigung eines Mädchens gewinnen, so nehme er von einem Puzeranten bepißte Erde auf, werfe sie vor das Haus des Mädchens hin und spreche: Sowie der Puzerantenzumpt nicht ohne Arschloch sein konnte, so sollst du nicht ohne mich sein können! (Kakogod buzurancki kurac ne mogo bit brez guzice, tako ti ne mogla bit brez mene!) — Sl.

Sieht man einen Puzeranten pissen, so nehme man beiläufig das Maß seines Zumptes, trage das Stück Band in die Ziegen- oder Schafhürde und spreche: Sowie dieser Puzerantenzumpt schnell war, so schnell möge mein Hausvieh sein! (Kakogod hitar ovaj buzurancki kurac bio, tako hitra moja marva bila!) — Sl.

Ein slavonischer Kleinstädter: Trifft es sich z. B., daß Ihre Frau eine Hure ist, so passen Sie auf, wann ein Puzerant pißt und drehen Sie mit dem Uhrschlüssel den Uhrzeiger um eine halbe Stunde nach vorwärts und sprechen Sie: Ich versperre meines Weibes Voz! (ja zaključujem moje žene pizdu!) Dann gehen Sie heim und übergeben der Frau den Schlüssel: ,Da hast du das Uhrschlüsselchen'. Sie fragt nun: ,Wozu?' Sie aber denken im Stillen: ,Hier ist ein großer Schlüssel, er wird der Voze den fremden [Schlüssel = Zumpt] versperren!' (evo velik ključ, zatvoriće pizdi tugj!)

Ist einem Weibe das Vözlein krätzig geworden, so gibt es kein wirksameres Heilmittel, als sich die Schamteile von einem Puzeranten bepissen zu lassen. — Chr. Sl.

Suchen Wölfe eine Hürde heim, so bringt es Glück, wenn der Eigentümer einen Puzeranten bewegt, sich in dieser Hürde auszupissen und dabei zu sprechen: Dieser Puzerantenpfeil treibe alle Wölfe auseinander! (Ova buzurancka stŕila sve kurjake rastirala!) — Sl.

---

[1] Das zweite šikati ist das deutsche schicken und steht im Zauberspruche des Reimes wegen.

Treten Kröten (krastulje) verheerend im Getreide auf, so hat man das Feld mit Puzerantenpisse (buzuranckim pišalom) zu begießen und zu sprechen: Siehe da, es kam das Puzerantlein, es trieb der Kröte Genage von hinnen weg! (Evo došo buzo, otiro krastuljino ruzo!) — Sl.

Damit die Jagdrüden besser jagen sollen, läßt der Jäger sie von einem Puzeranten bepissen. — Sl.

Vom Pissen auf Äcker und Gewächse.

Die enge, naturgefühlvolle Beziehung des Südslaven zum Ackerbau und zur Viehzucht äußert sich im Harn- und Dreckzauber zur Erreichung eines erwünschten Gedeihens der Nutztiere und Nutzgewächse. Daran ändert die daneben erscheinende Auffassung nichts, daß derselbe Zauber von mißgünstigen Personen ausgehend unter gegebenen Umständen auch den entgegengesetzten Erfolg erzielen könne. Der Zauber ist gleichsam eine Waffe, die ebenso zum Schlechten, wie zum Guten dienen kann; es entscheidet eben nur die Absicht über Art und Gelegenheit der Anwendung.

Bei großer Dürre begibt sich der Hausvorstand aufs Feld, hält eine Sense in der Hand, stellt sich zornig und spricht: O mein Feld! Hier ist die Sense, doch in dir weile Tau! (Polje moje! evo kosa, al nek bude u tebi rosa!) Hierauf zieht er den Zumpt heraus und bepißt es. — Sl.

Bleibt einem Hausherrn mehrere Jahre hindurch die Wiese trocken, so begibt er sich auf sie, zieht seinen Zumpt heraus und spricht: Ei, meine Wiese, was ist da dies Jahr mit dir los, weil ich nicht herkam und mit meinem Zumpte über dich hinwegging! Nun aber kam ich und werde über dich hinwegschreiten. Ich werde dir Getränke darreichen, auf daß du aufs Jahr nicht unfruchtbar seiest! (E, livado moja! šta je ove godine s tobom, jerbo nisam došo ni s mojim kurcem po tebi prošo! A sad sam došo i po tebi proću. Daću tebi sad pića, da na godinu ne budeš fića). Hierauf bepißt er sie.

Vor Beginn der Aussaat entkleiden sich alle Männer ganz nackt, legen sich bäuchlings hin, stecken jeder den Zumpt in die Ackerfurche und sprechen: Wir stechen dich, o Erde, mit dem dicken, starken Pflug, der viel ackern kann. Der Pflug wird nicht zerspringen. So sei die Erde fruchtbar! (Mi bodemo tebe, zemljo, sa debelim, jakim plugom, koji puno orat more. Ne će plug puć. Tako plodna zemlja bila!) Darauf erheben sich alle, pissen in der Breite um sich herum und sprechen: Sowie unsere Pisse rein ist, so sei das Getreide rein! (Kako čisto naše pišalo, tako čisto žito bilo!) — Sl.

Geht der Hausvorstand an die Fruchtaussaat, so rufe er sein Weib dazu: Lass uns, Weib, Frucht aussäen; du ackere und benetze mit der Voz, ich werde mit dem Zumpt ackern und benetzen! (Ajdemo ženo, sijat; ti pičkom ori i škropi, ja ću kurcem orat i škropit!) Dann pisst das eine und das andere auf den Ackerbeeten hin (po slogovima); hernach werden die von der Frau besäten Beete schön geraten, doch schöner noch, die der Mann besät hat. Nun erscheinen die Ackerleute und er spricht zu ihnen: Ich habe mit dem Zumpt beackert und begossen, das Weib wieder das ihrige. Nun aber ackert und säet Ihr da! — Sl.

Am Neumondvorabend (u oči mladine) ist es gut, die Frucht auf dem Felde zu bepissen und dabei zu sprechen: Sowie da mein Zumpt hart ist, so soll auch mein Getreide stark sein und der Hagel möge es nicht vernichten können! (Kakogod je moj kurac tvrd, tako i moje žito jako bilo pa ga led ne mogo uništit!) — Chr. Sl.

Hat einer Feldfrucht, z. B. Weizen, Kukuruz usw. auf dem Felde, so soll er sie bepissen und dazu sprechen: Sowie mein Zumpt kräftig sein möge, so soll diese Nahrung gesund sein! (Kakogod moj kurac čvrst bio, tako ta rana zdrava bila). — Chr. Sl.

Bevor die Arbeiter den Weinberg zu behacken beginnen, soll der Hausvorstand seinen Zumpt herausnehmen, nach allen Seiten hinpissen und dabei sprechen: O du Weinberg, Frühlingkraft! Siehe, der Herr begießt dich als erster. Sowie ich dich begossen habe, so mögst du in meine Fässer eingießen! Sowie da meine Eier hart sind, so hart mögen meine Trauben werden! (Vinograde, proliχna snago! Evo gazda te prvi zaliva. Kakogod ja zalio tebe, tako ti zalivo u moje sudove! Kakogod su tvrda moja jaja, tako tvrdi moji grozdovi bili!) — Sl.

Bevor sich der Hausvorstand zur Weinlese in den Weinberg begibt, soll er über den Fahrweg hinwegpissen. Dann wird er einen guten Wein haben. — Sl.

Gut ist es einen fruchttragenden Obstbaum anzupissen (pripišnut); dann bleibt man gesund. Niemals ist es zuträglich, einen dürren Baum oder eine Ruine anzupissen, dagegen sehr, an einem schönen Hause zu harnen. Am allerbesten aber ist es, einen Rosenstrauch anzupissen und dabei zu sagen: Sowie die Rose blüht, so möge mein Glück und meine Gesundheit blühen! (Kako ruža cvala, moja sreća i zdravlje cvalo!) — Sl.

Gut ist es, die Obstbäume anzupissen (zapišat debla) und dabei zu sprechen: Sowie ich gepisst habe, so mögst auch du mir gedeihen! (Kakogod ja pišo, tako ti meni rodilo!) — Sl.

Beim Zwiebeleinsetzen steckt man das erste Häuptchen verkehrt in die Erde ein und pisst sich darauf aus, damit der Blattfloh (buvač) die Zwiebeln nicht anfressen soll. Damit sich auf die Gurken die Laus, der Blattfloh oder die Ameise nicht verlegen sollen, ist es gut, sich beim Säen auf den Samen auszupissen. Allg.

Beim Einsetzen der Bohnenstangen bepisst der Hausvorstand die Stangen und spricht dazu: Wann ich mein Weib zu vögeln aufhören werde, dann mögen die Bohnen zu gedeihen aufhören! (Kad ja presto ženu jebat, onda presto gra rodit!) — Sl.

Bei der Hanfaussaat muß das Weib pissen und dabei sprechen: Sowie mein Vözlein rein, so soll auch der liebtraute Hanf rein sein! Doch genügt ihm nicht das Vözlein allein, er will daneben auch ein Würstlein, das dich auch aus der Höhe bespritzen wird, auf daß du so hoch wachsest! (Kako čista moja pica, onaka bila čista konopljica; al joj nije vridna pica, hoće nuz to kobasica, koja će te iz visa špricat, da tako budeš visoka!) Dann pisst der Mann in die Höhe. — Sl.

Beim Eichelneinsetzen (kad se žir meće, sadi) muß man mit dem Zumpt hinaufpissen und sprechen: Sowie ich da hoch hinaufgepisst habe, so möge auch jede Eichel aufsprießen! (Kakogod ja visoko pišno, tako i žir svaki niko!) — Sl.

Hat einer einen schönen Zwetschkengarten und neidet ihm der Nachbar den Besitz, so begibt sich eine alte Strunzel, die bereits achtzig Jahre alt sein muß, der schon die Schamhaare abgefallen sind und deren Voz eingetrocknet ist, in den Zwetschkengarten, pißt sich da aus und spricht dazu: Sowie ich da trocken gepisst habe und sowie mir die Voze trocken ist, so sollt auch ihr Zwetschkenbäume trocken bleiben! (Kakogod ja suvo pišala i kako mi je pizda suva, tako i vi šljive ostale suve!) Und hierauf schlägt sie mit dem Arsch auf den Erdboden auf und der Zwetschkengarten verdorrt binnen Jahr und Tag.[1]) — Sl.

Gedeiht einem Hausvorstand das Kraut prächtig und ist ihm irgend ein Alter darob neidig, so begibt sich der ins Krautfeld, bepißt das Kraut und spricht dabei: Sowie des Alten Zumpt schlapp ist, so soll dieses Hausvorstandes Kraut schlapp werden! (Kaki starčev kurac kljucav, tako toga gazde kupus kljucav bio!) Hierauf vertrocknet das Kraut. — Sl.

---

[1]) Man beachte die Gleichstellung des weiblichen Geschlechtteils mit der Zwetschke..

Menschenpisse- und Viehpissezauber.

Am Neumondfreitag begibt sich das gesamte Hausgesinde des Gutherrn (spajija) vor das Haustor, es pissen der Gutherr, seine Ehefrau und zwei Kinder. Zuerst die Eheleute und der Gutherr spricht: Solang als die Keule ist, so gesund sei mein Vieh; so niedrig das Weib wischelt, so satt soll das Vieh sein! (Kaka duga ćula, naka zdrava moja marva; kako žena nisko piši, nako sita ona bila!) Hierauf pisst der Knabe und der Gutherr spricht: Hier ein junger Feldherr, der da ein mächtig Heer einführt; möchte es sich doch allda vermehren! (Evo mladi vogja, što uvagja silnu vojsku, ne bi 1 više ovdi bilo!) Zuletzt pißt ein kleines Mägdelein und er spricht dabei: Wo dieser Leib fruchtbar ist! (Di je plodno ovo tilo!)[1] — Sl.

Kauft man eine Kuh, so muß man zuerst in den Milchkübel hineinpissen und dabei sprechen: Sowie ich dick gepißt habe, so sollen meine Kühe immer Milch haben! (Kakogod ja debelo pišo, tako moje krave uvik mliko imale!) Dann schüttet man die Pisse unter den Kühen aus. Auch vermögen dann keinerlei Zaubereien (coprnje) die Milch wegzunehmen. — Sl.

Hat der Bauer eine gelte Kuh mit einem entwöhnten Kalbe (odvitak), so begibt er sich in den Stall, pißt dreimal über die Kuh hinweg und spricht: O meine Gelterin! es kam eine Wurst zu dir, auf daß dir vielleicht die Wurst in den Sinn käme! (O moja jalovica! došla ti je kobasica, ne bi 1 tebi na pamet pala kobasica!) Hierauf läßt die Kuh den Bullen aufsteigen und kalbt. — Sl.

Ist das Vieh beim Melken unruhig, so pisse sich die Melkerin mitten in der Hürde aus, bedecke diese ihre Pisse mit einem irdenen Backsturz und spreche: Ich pisse nicht, sondern stelle diesen Sturz auf, damit mein Vieh in der Runde um mich herum stehen soll! (Ja ne pišam, neg mećem ovu pokljuku, da moja marva u okrug oko mene stoji!) — Sl.

Legt man dem Vieh Gras oder Heu vor und mag es davon nicht fressen, so bepiß das Futter und es wird alles, sogar die Heuabfälle (trinu) auffressen, denn die Pisse ist wie Salz salzig. — Ch.

Was man von Abends bis zum Morgen in den Nachttopf (šerbl) hineinpißt, dies Wasser gebe man den Schweinen im Futter ein. Und du sollst da mal die fetten Schweine sehen! Ch.

Man soll nach dem Vögeln die Pisse den Schweinen geben und sie werden davon fett. — Sl. Allgemein ist es Brauch, den Mastgänsen nur Frauenpisse als einzigen Trank zu geben, denn davon bekommen sie große Lebern. — Ebenso: Will man das Gedeihen der Rinder fördern, so menge man in den Trank Pisse.

Ist ein Bauer angeklagt und muß zu Gericht, so soll er, falls er eine schmucke Stute besitzt, von der Stute Pisse auffangen und, sowie er das Gerichthaus betritt, nach rechts und links die Pisse verspritzen und dazu sprechen: Schmuck ist die Voze, doch des Richters Stern möge nicht leuchten! Sowie die Stute breit strahlte, so möge sein Verstand in die Breite gehen! (Gizdava pizda a sučeva nek ne bude zvizda! Kako kobila širom pišala, onako mu pamet širom išla!) — Sl.

Ist die Tochter zu faul, um sich herauszuputzen, so fängt die Mutter Pisse eines Stütchens auf, das da noch nicht belegt worden war, tut sie ins Waschwasser, damit sich die Tochter damit wasche und spricht: So schön der Stute Voz ist, so sei auch dein Aufputz! (Kaka je lipa u kobile pizda, taka bila u tebe gizda!) — Sl.

Läßt das Roß seinen Zumpterich (kurčinu) herabbammeln und pißt es unter den Hufbeschlag, so soll man von der Pisse etwas auffangen und dazu sagen: Sowie dies

---

[1] Der Spruch ist offenbar unvollständig. Die Gelegenheit war der Erfragung des ursprünglichen Wortlautes ungünstig.

Roß leicht gepißt hat, so möge auch von mir die Krankheit abgehen! Sowie dies Pferd mit dem Huf von sich warf, so möge sich die Krankheit von mir abwerfen! (Kakogod ovoj konj lahko pišo, tako od mene bolest otišla! Kakogod ovaj konj kopitom baco, tako se od mene odbacila bolest!) — Sl.

Leidet einer an Krätze (svrab), so wasche er sich mit Roßpisse. — Allg.

Man nehme von einer Kuh, der die Milch weggezaubert worden, am Neumondfreitag einen Kürbiskrug voll Pisse und hänge sie in den Rauchfang zum Eintrocknen auf. Am Neumondsonntag erscheint dann das betreffende Weib, das die Milch der Kuh entzogen hat, um etwas auszuborgen. Der Hausvorstand soll ihr gar nichts aus dem Hause leihen, sonst verbleibt alles beim alten. Wann Kürbis und Pisse eintrocknen, so kommt die Zauberin, um den Hausvorstand um Verzeihung zu bitten. — Sl.

Befällt Zitterfrost (drhtavica) die Kuh, so fängt man ihre Pisse auf und gibt sie ihr zu trinken. Und davon vergeht der Frost. — Allg.

Mangelt einem Samenflüssigkeit, so spricht er beim Anblick einer pissenden Kuh: Abgeht dein Pisserich, gib mir dein Milcherich, auf daß mir voll sei das Eierich! Wann von dir verschwindet das Pisserich, dann auch mein Vöglerich! (Tvoje ide pišalo, daj mi troje mlikalo, da mi bude puno jajalo! Kad od tebe nestalo pišalo, onda i moje jebalo!) — Sl.

Bepißt im Kukuruzfelde ein Hund den Kukuruz, so spreche der Hausvorstand: Hilf Gott! Sowie der Hund das Bein erhoben und gepißt hat, so möge mein Kukuruz rasch gedeihen! (Bože pomozi! Kakogod pas digo nogu i pišo, tako moj kukuruz friško išo!) Dann jagt man den Hund weg und spricht: Sowie dieser Hund auf vier Beinen davonrennt, so sollen sich auf jedem Kukuruzstock zu vier Kolben finden! (Kakogod ovaj pas bježi na četir noge, tako na svakom trsu četir ajdamaka bila!) — Slavonien u. Bosnien.

Bepißt ein Hund (ćuko) ein Gras, so welkt es gleich hin und verblaßt. Träfe es sich nun, daß ein Mann dies Gras auch bepißte, so ergrauten ihm auf der Stelle die Schamhaare (bručke).

Hat einer Ohrenreißen, so hilft dagegen, wenn man eine Maus einfängt, sie mit Fetzen umfaßt und ihren Zumpt oder ihre Voze so wendet, daß sie dem Leidenden ins Ohr pißt. Auf der Stelle vergeht der Schmerz. — Sl.

Pißzauber gegen und für die Mannheit.

Ist eine Nachbarin einer anderen, die einen Knaben geboren, neidig, so kommt sie zur Wöchnerin auf Besuch, bringt einen Waldschwamm (Pilz) mit und spricht: Sowie dieser Schwammerling weich, so soll auch dein Zumpt weich sein! (Kakogod ova gljiva mekana, tako tvoj kurac bio mekan!) Wächst dann das Kind zum Jüngling heran, so begebe er sich in den Wald, pisse sich über die Schwämme aus und spreche: Ich mag nicht den Schwamm, sondern ich will einen harten Zumpt! (gljivu neću, već oću tvrd kurac!) Dann schlage er mit dem Zumpte an ein Eichenbäumchen und sage dabei: So hart werde mein Zumpt, wie es dieses Eichenbäumchen ist! (tako tvrd moj kurac, ko što je ovaj rastić!) — Sl.

Hat der Brautführer (djever) ein Auge auf die Braut geworfen und hegt er den Wunsch, eher als der Bräutigam sie abzuvögeln, so pißt er sich vor der Kammertüre (pred vrata kiljera) aus, wo drinnen die Brautleute ruhen und spricht: Sieh da, ich habe nur ein wenig geknurrt und ein wenig Wasser gespritzt. So sollst du ein wenig knacken, doch dein Weib nicht rammen können. Ich aber möge dick rammen und in ihre Voze hineinspritzen! (Evo ja sam malo kvrcno i malo vodu prcno. Tako ti malo krcno, al ne mogo prcnut svoju ženu· A ja debelo prcno i u njezinu pizdu štrcno!) — Sl.

Pißt ein Mann in ein Loch hinein, das man zu einem Brunnen tiefer ausheben wird, so kann er kein Kind mehr zeugen, pißt jedoch ein Weib hinein, so wird sie kein Kind gebären können. — Allg.

Treibt die Ehegattin einen Eggenagel in die Pißstelle ihres Gatten ein (klin od brnače), so kann er mit einem fremden Weibe nicht vögeln (ne može se sa tugjom pojebat). — Sl.

Will es ein Bursche aus Rache einem Mädchen, das da ihn verschmäht und einen anderen bevorzugt, antun (napravit), so gibt er acht, wo sie hinpißt, nimmt eine Spindel und bohrt sie in die Pisse ein. Dabei spricht er: O du Mädchen, du kleines, mit der Spindel bleibe dir die Voze stehen! Wann die Spindel wieder zu spinnen anhebt, dann soll dich der Zumpt zu vögeln beginnen! (Oj divojko mala, pizda ti s vretenom stala! Kad vreteno zaprelo, onda kurac tebe zajebo!) — Sl.

Also zaubert ein verschmähtes Mädchen, um sich an dem Burschen zu rächen: sie pißt auf eine Stelle hin, über die er hinwegschreiten muß und spricht dabei: Wann du darüber hinwegkommst, so sollst du auch vom Zumpt herabkommen! Sowie mein Kitzler herabhängt, so soll dein Zumpt herabhängen! (Kad ti tuda prišo, tako s kurca snišo! Kako moj sikilj visi, tako tvoj kurac visio!) — Sl.

Ist ein verschmähtes Mädchen einem Bräutigam vom Herzen gram, weil er eine andere heimführt, so paßt sie auf, wo er hingepißt und vergräbt an selber Stelle eine Schlehe, wobei sie spricht: Diese Schlehe hat ihm das Zumpthäuptchen zusammengezogen! (ova kukinja glavić mu je skupila!) Sie verstopft sodann das Löchlein und er kann von da ab weder mehr pissen noch vögeln. Hierauf gehe er ins Wirthaus, verlange eine Flasche Bier, entkorke sie und spreche: Sowie dieser Stöpsel aus dem Bier herausgesprungen, soll er die Schlehe getötet haben, mein Zumpt aber soll in die Voz hineinspringen! (Kakogod ovaj štopl iz piva skočio, kukinju ubio, moj kurac u pizdu skočio!) Und der Zauber ist zunichte. — Sl.

Hat es irgend ein Frauenzimmer einem Manne angetan, sodaß er andere Weiber nicht mehr vögeln kann und bewirkt sie bei ihm Harnverhaltung, so soll der Mann zu erkunden trachten, welches Frauenzimmer ihm solches Leid schuf, aufpassen und ermitteln, wo sie hinpißt, etwas von ihrer Pisse auffangen oder auch nur von der bepißten Erde aufgreifen. Das tue er in einen Lappen, binde ihn zu und hänge ihn in den Rauch des Rauchfangs. Darnach erscheint das Weib schon selber, gesteht dem Manne von selber ihre Missetat ein und verspricht ihm, seine Kraft wiederzugeben, er möge nur den Fetzen herunterholen, da sie nunmehr ebensowenig pissen könne als er. — Allgem.

Vermag ein Mann sein Weib nicht abzuvögeln, so lockere er den Türkeil und pisse sich hernach auf der anderen Seite der Türe aus. — Sl.

Ist man impotent, so gebe man acht, wenn ein Fohlen zu strahlen anhebt, packe sich selber beim Zumpt an, pisse das Fohlen an und spreche dazu: Siehe, ich gebe dir meine Kraft, du aber gib mir deine! (Evo ja tebi dajem moju snagu a ti mi svoju!) Dann werden die Leinenhosen [vom steifen Zumpt] wie ein Kommandeur [gespannt] sein. (onda će bit gaće ko komandeter). — Sl.

Will einer ständig vögeltüchtig sein, so pisse er sich am Georgtage auf Brennesseln aus und spreche dabei: Sowie diese Brennesseln wachsen und brennen, so möge auch mein Zumpt immer wachsen und brennen! (Kakogod ova kopriva rasla i žarila, tako i moj kurac uvijek raso i žario!) — Sl.

Vermag der Mann sein Eheweib nicht abzuvögeln, so lege sich das Weib auf den Rasen (tratina) hin, der Mann aber löse seine Leinenhosen auf und pisse kreuzweis über sie hin (nek je unakriž pripiša). Dabei sage er: O Weib! Sowie du gelegen bist und ich über dich hinweggepißt habe, so gut möge mein Zumpt hier in dein Vözlein eindringen! (Ženo! Kako ti ležala i kako ja pripišo, onako dobro kuro moj u tvoju picu išo!) — Sl.

Ist der Mann ein schwacher Vögler (slab jebac), so soll ihn das Weib über den Zumpt bepissen, er aber spreche dabei: O mein Zumpt, wie hat dich die Voz durchgehaut! Gib obacht, o Zumpt, daß sie dir die Eier nicht zerhaut! (O moj kurče, al te pička istuče! pazi kurče, da ti jaja ne istuče!) Hernach wird er nimmer ermatten. — Sl.

Bei Auftreten verwickelter Leiden gebraucht man die verschiedenen Unratmittel und Zauber verbunden auf einmal. Wenn es z. B. einem Menschen vom Schicksal bestimmt ist (naredito), daß er weder pissen noch vögeln kann, so nehme er Hunde-, Katzen- und seinen eigenen Dreck, backe das Gemenge über Feuer, das Feuer aber begieße er mit seiner Pisse. — Sl.

Pissen und Glückglaube.

Macht sich einer mit Ware auf den Markt auf, so packe er sich beim Zumpt an und spreche: Soviel Haare, soviel Käufer! (Kolko dlaka, tolko kupaca!) Hernach pisse er über seine Ware hinweg. — Allgemein.

Bricht ein Handwerkmeister auf den Markt auf, so spreitet sein Weib ihre Voze über der Ware aus und spricht: Sowie da meine Voze ihren Mund aufgesperrt, so möge der Markt gegen meinen Mann den Mund aufreißen! (Kakogod zinula moja pizda, tako zinuo vašar na moga čoeka!) Vor dem Abgang zu Markt pißt aber der Meister hin und her um sich herum und spricht: Sowie mein Zumpt um mich herum Wasser geworfen, so mögen sich um mich herum alle Dörfer sammeln! (Kakogod moj kurac baco vodu oko mene, tako se oko mene sva sela kupila!) — Sl.

Wann das Bauernvolk auf den Markt zum Einkaufen zieht, soll der Handwerkmeister über die Straße hinüberpissen und dabei sprechen: Sowie ich weit gepißt, so soll dieses Volk zu mir kaufen kommen! (Kako ja daleko pišo, ovako ovaj svit meni kupit išo!) — Sl.

Ermangelt der Hausbrunnen des Wassers, so kleidet die Hausmutter ihr noch unschuldiges Kind in ein neues Gewand, umschreitet mit ihm den Brunnen, läßt es dabei pissen und spricht: Sowie diese neue Kleidung neu gewesen, so möge die Neuheit das Wasser begrüßen! Sowie dies unschuldige Kind gepißt hat, so möge dieser Brunnen Wasser pissen! (Kakogod ova novina nova bila, tako novina vodu pozdravila! Kako ovo nevino dite pišalo, tako pišao ovaj bunar vodu!) — Sl.

Setzt der Hausvorstand den Kessel zum Zwetschkenbranntweinbrennen ein, so pißt er in den Kessel und spricht: Sowie ich gepißt, so soll mir dieser Kessel Branntwein geben und soll nicht eintrocknen! (Kakogod ja pišo, tako meni ova kaca rakije dala pa se ne zasušila!) — Sl.

Beabsichtigt der Hausvorstand einen Brunnen ausgraben zu lassen, so soll er an der Grabstelle ein wenig seinen Zumpt krümmen, die Stelle bepissen und dabei sprechen: Sowie ich gepißt habe, so soll auch dieser Brunnen Wasser geben! (Kakogod ja pišo, tako i ovaj bunar vode davo!) Und wenn der Brunnengräber (bunardžija) das erstemal mit der Schaufel auf diese Stelle aufschlägt, soll der Hausvorstand den Zumpt herausnehmen und in die Höhe pissen. Dann wird im Brunnen immer Wasser vorhanden sein. — Sl.

Von der Darmentleerung.

Allgemeiner Glaube ist, es sei nicht gut, auf dem Acker und im Hausgarten zu scheißen (srat), denn der Mensch bekäme davon Eingeweidewürmer (gljiste u trbuhu). Wenn man es doch tut, so muß es nur zu Zauberzwecken unter bestimmten Umständen geschehen. Ähnlich sagt man in Slavonien, es sei untunlich, sich im Stall zu bescheißen, weil sonst furchtbare Ratten (strašni parcovi) das Haus heimsuchen.

Die Hexe liebt es zu allermeist unseren Dreck aufzuessen und davon bekommen die Menschen verschiedene Krankheiten. Darum muß man in die Tiefe scheißen. Das heißt von einer Erhöhung aus, z. B. vom Bachrand in den Bach oder einen Graben hinab.

Geratsam ist es, sich mitten auf dem Fahrwege in die Radspur (kolotečina) auszuscheißen; denn sowie die Radspur dahinläuft, so läuft auch das Glück dahin.

Um das Wechselfieber zu vertreiben, so ist es in Ostserbien Brauch, drei Bissen sauren Weizenbrotes während der Verrichtung der großen Notdurft zu verzehren.[1]

Zeigen sich im Sofijaër Bezirk in Bulgarien von angestrengter Feldarbeit rötliche Geschwülste (sirma) den Arbeitern auf den Händen, so suchen sie ein Zauberweib (bajačkata) auf, damit sie das Leiden bespreche. Sie reibt die Hände mit Öl ein und bestreicht die Schwellungen mit einem Bratspieß, wobei sie tonlos murmelt: Sírma, iárma, — Na ražén iazdíla, — Na pazár odíla; — Sreštnál ia võlk, — Izél ia bez ustá, — Izsrál ia bez dupe! (Rotgeschwulst, Hitze! — Möge sie auf dem Spieß reiten, — Den Markt besuchen; — Ein Wolf begegne ihr, — Fresse sie mundlos auf, — Scheiße sie afterlos heraus!)[2]

Pissen und Kacken zum Unheil.

Trägt eine Vettel einem, der ein Stütlein gekauft hat, einen Pick nach, so bescheißt und bepißt sie sich in dessen Hafersack und spricht: Da hast du den Hafersack! Wann diese Vettel gebiert, dann sollst du ein Fohlen kriegen! (Evo tebi zobnica! Kad ova baba rodila, onda ti ždribe dobila!) — Sl.

Will man es einem antun, daß er Kügelchendreck scheiße, so werfe man vor ihn oder hinter ihn einen Wacholderzweig und spreche: Sowie dieser Wacholder mit Kügelchen versehen war, so sollst du Kügelchen scheißen! (Kakogod ova smrika brabonjasta bila, tako ti brabonjasto sro!) — Sl.

Willst du es den Hausleuten antun, daß sie nicht scheißen können sollen, so leg in den Abort Rauschkraut hinein (žuborika trava). — Sl. — Welches Gewächs gemeint ist, war nicht zu ermitteln.

Träumt dir, daß du dich beschissen hast, so wirst du erkranken.[3] In Prilep, Bulgarien.

Kacken und Pissen zum Feldzauber.

Wer da haben möchte, daß ihm alle die Aussaat reife, der berufe ein Mädchen von 14—15 Jahren, sie solle sich auf seinem Acker ausscheißen und auspissen und dann spreche er: Sowie dies Mädchen reif ist, so möge auch meine Aussaat reif sein! (Kakogod zrila ova divojka, tako zril bio moj usiv!) — Sl.

Begibt sich der Hausvorstand mit seinen Hausleuten (družina) zur Aussaat aufs Feld, so hocken sich auf dem Felde alle wie zum scheißen nieder und wer da kann, scheißt auch, und er spricht: Mag dieser Dreck wem Schaden bringen, doch meinem Ackerland soll niemand Schaden zufügen! Wollte einer zaubern, so möge er diesen Dreck verzaubern, doch mein Grundstück soll er nicht können! (Kome ovo govno naudilo a mojoj zemlji niko ne naudio! Ko bi tio vračat, ovo govno navračo a ne zemlju moju!) — Sl.

Ist der Acker schwach, so führt der Hausvorstand seine Hausleute vor dem Morgenrot aufs Feld hinaus. Alle scheißen sich aus, der Hausvorstand aber spricht für sich im Stillen: O du mein Acker! Siehe da, es ist mein Dünger erschienen. Wir düngen

---

dich für dieses Jahr, auf daß du fruchtbar seist! (Njivo moja! evo došla je balega moja. Mi te gjubrimo za ovu godinu, da budeš rodna!) — Sl.

Will der Hausvorstand, daß sich die Kuh vom Bullen bespringen lasse, so scheißt er sich an der Stelle aus, wo sich Bulle und Kuh paaren werden und spricht: Sowie da leicht dieser Dreck aus mir herausflog, so leicht lasse sich meine Kuh bespringen! (Kako lako ovo govno iz mene izletilo, tako lako se moja krava naterala!) — Sl.

Eine chrowotische Bäuerin spricht: „Wenn sich ein Jude (čifut) in einem christlichen Hause bescheißt, so ist dies das größte Glück für den Christen. Und glauben Sie mir, daß dies reine Wahrheit ist!"

Erblickt der Hausvorstand einen scheißenden Puzeranten, wie ihm die Eier herabbaumeln, so spreche er: So fest diese Puzeranteneier sein mögen, so fest soll auch mein Vieh sein! (Kakogod čvrsta ova buzurancka jaja bila, tako čvrsta moja marva bila!) — Sl. Die Symbolik für den Zauber beruht eigentlich auf dem Verhältnis, in welchem einer den Homoerotiker belauscht.

Erwacht in der Brautnacht der junge Ehemann als erster, so bescheiße er sich mitten in der Stube. Wenn dann die junge Frau dies sieht und fragt, warum er dies getan, so sage er zu ihr: Das sei alles zum Guten und Wohl! Ein so großes Glück mögst du haben! Soweit als es da gestunken, soweit reiche das Glück! (To bilo sve dobro i blago! tolku sreću imala! Kako daleko smrdilo, tako daleko sreća bila!) — Sl.

Scheißt der Mann an seinem Hochzeittage hart, so wird er ein männliches Kind zeugen, flitzt er jedoch, so wird es eine Vozhilde (ako drisne, onda će biti pičkara). — Sl.

Hat das Weib eine schwere Niederkunft, so begibt sich ihr Ehemann hinaus, scheißt sich aus und spricht: Sowie ich mich leicht ausgeschissen habe, so möge auch sie leicht gebären! (Kakogod se ja lako posro, tako i ona lako porodila!) Ebenso macht es der Hausvorstand, wenn die Kuh schwer kalbt. — Sl.

Hat ein Hausvorstand Arbeitleute aufgenommen und besorgt er, er werde sie nicht sättigen können, so hocken sich er und sein Weib über den Kochtopf, scheißen sich in ihn hinein aus und sprechen dabei: Da kam die Schüssel, auf daß genug Speise vorhanden sei! (Evo došla zdila, da bude dost jila!) Von dem was nun die Frau kocht, bleibt die Hälfte zurück; sie essen es gar nicht einmal auf. — Sl.

Vom Dreckessen.

Vergl. dazu bei Frau Daničić, Anthropophyteia X., den X. Abschnitt, der von Exkrementen als Zauberspeise handelt.

Im Sofijaër Bezirk in Bulgarien üben die Dorfzauberinnen in der Johannisnacht (24. Juli) in geheimer Stunde einen Fruchtzauber aus, um die Feldfrucht eines anderen an sich zu reißen (obiranje na žitata). Die Zauberin (vraželicata) begibt sich zu Mitternacht auf das Feld, das den allerbesten Weizen trägt. Dort entkleidet sie sich splitternackt, steckt sich einen Löffel mit dem Griff ins Arschloch und umschreitet so dreimal das Fruchtfeld. Zuletzt bleibt sie am Feldrain stehen, spricht einen Zauberspruch und schreit: tuka li si Ene! (Bist du hier, Jean!) Nach der Absagung des Zauberspruches steckt sie den Löffelgriff in den Mund und ißt vom Dreck. Darnach folgen alle Fruchtähren der Zauberin nach und es verbleiben auf dem Feld nur die Kaiserähren (klasove carove), nämlich jene, von denen je zwei, drei von einer Wurzel ausgehen. Solche Kaiserähren nimmt die Zauberin mit, wirft sie zur Erntezeit in ihren Speicher hinein und da findet sich von selber bei ihr die übrige Frucht ein.[1])

---

[1]) D. Stojkov, Sb., V, S. 118. Den Wortlaut des Zauberspruches bewahrt die Zauberin als unverbrüchliches Geheimnis auf und gibt es erst in ihrer Sterbestunde (u predsmrštnom čas) ihrer Nachfolgerin preis. Zum Worte Dreck, das sich Stojkov garnicht auszuschreiben getraute,

Eheleute lagen im Streite und die Frau suchte ein Zauberweib (vračara) auf. Die nahm eine Schweinbohne (grah prdov) und gebot der Frau, sie ganz hinunterzuschlucken. Die Frau schiss die rohe Schweinbohne unverdaut wieder aus. Die Zauberin hieß nun die Frau, diese Bohne im Mörser zu zerstoßen und mit dem Staub eine ausgebackene Fledermaus dem Ehemann zum Essen vorzusetzen. Gesagt, getan, und die Eheleute schlossen miteinander Frieden. Leider währt so ein Friede nur ein Jahr lang. — Von einer chrowotischen Bäuerin aus dem Saveland.

Will eine Frau, daß ihr der Geliebte treu bleibe und mit einer anderen nicht einmal spreche, so soll sie ihre Exkremente mit einem Ei kochen, zuckern und dem Liebsten eingeben. Äschert sie noch ihre Schamhaare auf Glut ein und gibt sie sie dazu, dann ist sie für ihn pures Gold.[1])

Erkrankt ein Mann und befürchtet er, man werde ihn während seiner Krankheit bestehlen, so gehe er sein Geld unter irgend einem Baume vergraben, kacke sich an der Stelle aus und stoße die Verfluchung aus (neka proklinje): Wer diesen Dreck nicht aufessen kann, der soll auch das Geld nicht heben können! (Ko ne može to govno pojest, ne mogo ni novce izvadit!) Und dann schlage er dreimal mit nacktem Arsch auf die Stelle auf und spreche dabei: Mit was für einem Schlüssel ich dich absperre, mit einem solchen Schlüssel sollst du aufgesperrt werden! (Kakim te ključem zatvaram, takim se ključem otvorilo!) — Sl.

Die Schmäh- und Verleumdungsucht ist bei den Südslaven gang und gäbe. Sie äußert sich zumal gegen heiratfähige Jugend. Um den (oder die) Verleumder unschädlich zu machen, füllt man einen Beutel mit Menschenkot an, wirft ihn dem Verleumder in die Küche hinein und spricht dazu: Das esse der Tadler solang bis nicht der vom Schicksal beschiedene Freier erscheint! (Ovo da jede kugjenik, dok ne dogje sugjenik!)[2])

Ein Chrowot erzählt: Wenn ein Puzerant, der die Weiber ins Arschloch vögelt, jetzt z. B. Ihr Dienstmädchen liebt und sie vögelt, alsdann nehmen Sie von Ihrem Dreck, vermischen ihn mit dem Dreck des Puzeranten, geben ihr, jedoch ohne daß sie es weiß, dies Gemengsel zu essen und sprechen: Des Puzeranten Kraft weiche von dir und du fasse Liebe für mich! (Buzerantova sila se tebe manila a ti mene zavolila!), dann wendet sie ihre Liebe Ihnen zu. — Sl.

Gibt man Hermaphrodite- (Mannweib-) -Dreck einem zu essen ein (govno polutanovo), und mag er der tüchtigste Vögler (jebac) sein, so vergeht ihm die Lust zur Vögelei (jebluk). — Sl.

Will man jemand mit einem oder einer anderen verfeinden, so nehme man von ihm oder ihr Dreck, röste ihn solange überm Feuer, bis er zu Asche geworden und gebe die Asche in einem Getränke der Person ein, die man verfeinden möchte. — Chr.

Dient ein Mädchen in einem wohlhabenden Hause und will auch sie gleich dem Hausherrn schalten und walten, so scheißt sie sich aus, tut den Dreck dem Hausherrn und der Hausfrau in die Speisen und spricht dabei: Ich tu meinen Dreck hinein; so

---

bemerkt er, man behaupte, der Zauber könne ohne das Dreckessen nicht greifen. Bezeichnend ist, daß weder Stojkov noch die anderen Mitarbeiter der Sbornikbände das Wort govno (Dreck) ausschreiben wollen, während sie sich nicht im geringsten scheuen, von schaudererregenden Greueln und Missetaten zu berichten. Dafür gibt es psychoanalytisch die eine, selten täuschende Erklärung, daß sie als Männer den Dreck nicht in den Mund nehmen mögen, den man ihnen in der Kindheit so oft gewaltsam um den Mund geschmiert oder gar hineingesteckt hat. Ein chrowotischer Lehrjunge, den sein Lehrherr Gregorić in Požega und dessen Ehegemahlin gezwungen, seinen eigenen Dreck aufzuessen, erzählte Krauss, Dreck sei ein schales Essen und man sehne sich nicht darnach. Die Dreckfresser (Koprophagen) sind freilich anderer Ansicht darüber.

[1]) Aus Bosnien. Frau Daničić, Anthropophyteia X. — [2]) Milićević, S. 217 f.

sollen Hausherr und Hausfrau mir wie ein Dreck sein; (Ja mećem svoje govno; tako gazda i gazdarica bili meni ko govno!) — Sl.

Dreckzauber zum Guten und Bösen.

Reitet der serbische Bauer wohin aus und harnt das Roß beim Abgang, so ist es kein gutes, kackt es jedoch, ein günstiges Vorzeichen.[1]

In Bulgarien glaubt man, daß wenn einer zu Roß in die Fremde auszieht und das Roß sich vor dem Auszug im Gehöft noch vor dem Tor des Kots entleert, der Reiter nicht lange in der Fremde verweilen und heil und gesund heimkehren werde.[2]

Scheißt das Pferd, wann du eine Reise antrittst, so kehrst du bald wieder zurück. In Prilep in Bulgarien.[3]

Ist ein Familienmitglied auf eine Reise aufgebrochen, so darf keines von den daheim Verbliebenen eher seine Notdurft verrichten, ehe jener nicht wenigstens über einen Bach gezogen ist, sonst stieße ihm irgendwelch Ungemach zu.[4] — Lika.

Um Beschreiung vorzubeugen, sagt der Serbe zu dem, der sich über etwas verwundert: „Dreck sei dir auf der Stirne!" (pogan ti na čelu!)[5]

Eine chrowotische Städterin gibt an: „Sie gehen zufällig des Weges und treten unvermerkt in einen Dreck ein. Alsdann ziehen Sie die Schuhe aus und die Schuhe sind ganz bedreckt. Das ist für Sie ein Glückzeichen [deutsch einschaltend]: Tos is ajne klik! Es gibt aber so manchen, der nimmt solchen Kot ab und steckt ihn in die Tasche ein".

Ein syrmischer Bauer erzählt: Ich sah, daß sie auf dem Boden eine Menge Drecks haben. Ich vögle ihm seinen Gododerl, ob des Glücks wegen oder was für Zumpt dabei ist, ich weiß es nicht. Vermutlich ist es ein Zauberstück! (Bogaraša mu jebem, je l za sriću il koj je kurac ne znam. Valjda je vračka!)

Befällt einen das Abweichen (sraćkavica) und rennt er im Drang in ein Haus hinein — oder selbst in eine Kirche bei größter Not — und bittet: „Bitte schön, erlauben Sie mir, ich habe das Abweichen!" so ist das ein großes Glück für das ganze Haus. Ich vögle ihm den Heiligen, Dreck ist jedenfalls das größte Glück! (jebemu sveca, govno je svejedno najveća sreća!) Bericht eines syrmischen Kleinstädters.

Will man die Liebe eines widerspenstigen Mädchens gewinnen, so nehme man von einem etwa halbjährigen Kinde, wenn es anfängt harten Kot abzustoßen (brabonjat), diesen Dreck, beschmiere unversehens das Mädchen damit, ohne daß sie es merkt und spreche: Sowie der Mutter dieser Dreck nicht gestunken hat, so möge auch ich dir nicht stinken! (Kakogod materi ovo govno ne smrdilo, tako i ja tebi ne smrdio!) — Sl.

Bescheißt sich einer in der Sterbestunde vor Qual, so ist es gut, diesen Dreck zu trocknen und dem zum Heer Einrückenden mitzugeben. Er braucht nur ein wenig von dem Dreck ins Gewehr zu tun und da fallen vor ihm alle Feinde tot nieder, er aber bleibt am Leben. — Allg.

Liegt einer im schweren Sterben und bescheißt er sich vor Qual, so hebe man seinen Dreck wohl auf. Ist man nachher verliebt und will die Liebe eines oder einer gewinnen, so lege man ein Stückchen dieses Drecks vor die Tür des geliebten Wesens und spreche: Sowie sich der schwer abgequält und beschissen hat, so sollst auch du dich nach mir abquälen und dich eher bescheißen, als einem anderen die Hand reichen! (Kakogod se ovaj teško mučio pa se usro, tako se i ti za mnom mučila i prije se usrala neg za drugog pošla!) — Sl.

---

[1] Miličević, S. 62. — [2] Šapkarev, S. 194. — [3] Marko N. Cepenkov, I, S. 74. — [4] Begović, S. 242. — [5] Mijatović, S. 419.

Wenn sich der Puzerant in seiner Sterbestunde vor Qual bescheißt, so legt man seinen Dreck unter einen Hausziegel und spricht dabei: Sowie dieser Dreck herauskam, so möge mir mein Glück vonstatten gehen! (Kakogod ovo govno izašlo, tako meni sreća išla!) — Sl.

Ein syrmischer Bauer erzählt: War einmal ein armseliger Bettler, ganz zerlumpt. Kam des Weges daher ein Puzerant, ein Soldat. „Was machst du da?" fragt ihn der Puzerant. „Na, ich raste!" Da nahm ihm der Puzerant die Mütze, schiß in die Mütze hinein und ging weiter. Der Bettler aber giftet sich. Schreit ihm der Puzerant zu: „Das wird dir zum Glück gereichen!" Und richtig; überall erhielt er Dukaten und wurde ein glücklicher Mensch.

Erblicken Sie einen Puzeranten beim scheißen und pissen, so greifen Sie nach Ihrem Farzloch (prdalo) und sprechen: Sowie dieser Puzerant geschissen und gepißt hat, so soll mir überall das Glück vonstatten gehen! (Kakogod taj buzurant sro i pišo, tako meni svagdi srića išla!) Angeraten von einem chrowotischen Städter.

Erlangt ein Frauenzimmer meinen Dreck und birgt ihn in eine Serviette und tut ihn unter ihre Wäsche, so vertolle ich nach ihr. Von einem chrowotischen Städter.

Beabsichtigt ein verheirateter Mann ein neues Familienhaus zu erbauen, so müssen sich er, sein Eheweib und ihre Kinder voll antrinken und anessen, sich auf die Baustelle begeben; er läßt die Leinenhosen herab, sie hebt die Schöße in die Höhe, beide schlagen mit dem nackten Hintern auf den Erdboden auf und sprechen dabei: Sowie dieses mein Arschloch satt und unser Magen voll gewesen, so sei auch mein Haus voll meines Gutes! (Kakogod ova moja guzica sita bila i naš želudac, tako moja kuća puna dobra moga!) Und dann begibt sich wieder ein anderes Paar dorthin, scheißt sich an derselben Stelle aus und der Hausherr spricht: O mein Haus! hier hast du genug Schätze, auf daß du niemals leer sein sollst! (Kućo moja! evo tebi dosta blaga, da ne budeš nikad prazna!) Hernach versteckt er den Dreck unter der Grundmauer, so daß es niemand wisse, wo er ihn hingetan.[1]) — Sl.

Fehlt einem Manne die Kraft (snaga) und sein Weib hält es mit einem andern — doch das Mittel ist auch dann von Wert, wenn sich das Weib nicht mit einem anderen abgibt — so tue er also: er nehme etwas von ihrem Dreck, lege es mitten in die Stube und sie lasse er an dem Dreck vorbeigehen. Hierauf erlangt er seine Mannheit wieder. — Chr.

Dreck zu Feld- und Gewächszauber.

Trägt ein Fruchtbaum sieben, acht Jahre lang keine Früchte, so nimmt der Hausvorstand einen sieben bis achtjährigen Dreck, bringt ihn vor den Fruchtbaum hin und spricht: Hör du sieben, achtjähriger Fruchtbaum, der du nicht fruchtbar warst! Jetzt bescheißt dich dieser Dreck! (Čuješ ti voćka od sedam, osam godina, koja nisi rodila! Sad te ovo govno sere!) Nachdem er damit den Baum beschmiert, zieht er seinen Zumpt hervor und spricht: Da hast du dieses Gewehr, es hat dich wie eine Birne bespritzt! (Evo tebi ova puška, zašpricala te jako kruška![2]) — Bosn. Saveland, Sl.

Trägt ein Obstbaum keine Früchte, so soll der Hausvorstand dazu schauen, den Dreck einer Jüdin zu erwerben (da se domogne govna čifutkinje), ihn unter seinen Obstbaum zu legen und soll dabei sprechen: Sowie dieser Dreck einer Jüdin rein gewesen, so sollst du Früchte gewähren! (Kakogod ovo govno od čifutkinje bilo čisto, tako ti rod davala!) Jüdinnen sind tüchtige und saubere Gebärerinnen (rodiljke). — Sl.

---

[1]) Vergl. dazu Anthropophyteia III, S. 33, Nr. XVI und IX, S. 514, Nr. 864. Das Aufschlagen mit dem bloßen Gesäß ist eine Beischlafhandlung, die Bergung des Unrats die eines Bauopfers als Stellvertretung für ein lebendes Wesen. — [2]) Die Sinnlosigkeit dieses Spruches geht auf die Notwendigkeit des Reimes zurück, der zum Zauber gehört.

Am Neumondsonntag begibt sich der Hausvorstand splitternackt in die Erbsenaussaat, breitet seine beschissenen Leinenhosen aus und spricht: Hier die Leinenhosen! So groß sollen die Erbsen werden, den Vögeln aber der Dreck, der in den Hosen ist! (Evo gaće! tako grašak bio velik a pticama govno, što je u gaćama!) — Sl.

Glückt es dem Hausvorstand, den Dreck eines Juden (čifutinovo govno) zu erlangen, so trage er ihn aufs Ackerfeld hinaus, wo Roggen oder Weizen oder Gerste oder Hafer angebaut ist, lege ihn in die erste Furche hin und spreche: Hilf Gott und Mutter Gottes! Sowie dieser Dreck rein war, so soll auch mein Getreide rein sein! (Bože pomozi i majka božja! Kakogod ovo govno čisto bilo, tako i moje žito čisto bilo!) Judendreck ist der allerreinste, darin ist keinerlei Unflat (gad), während unser Volk Lauch ißt und sonst stinkende Sachen. — Sl.

Dreckzauber fürs Vieh und Gesinde.

Sind die Hausgenossen faul zur Arbeit, so sammelt der Hausvorstand zur Weihnacht den Dreck seines Rindviehs auf und hängt ihn in den Rauchfang zum Trocknen auf, im Frühling aber nimmt er ihn herab, begibt sich vor den Stall, streut daselbst ein wenig vom Dreck aus, pißt sich aus und spricht: Mein Rindvieh geht hinaus! (marva moja ide u štrk!) [1] Dann streut er vom Dreck vor jedes Hausgenossen Bett und spricht: Sowie heute das Rindvieh hinausgeht, so sollt ihr immer hinausgehen! (Kakogod danas ide marva u štrk, tako vi išli uvik u štrk!) [2] — Sl.

Wirtschaftet der Hausvorstand Bienen ein, so höhlt man ein Loch unterm Bienenstand aus, der Herr scheißt sich darein aus, legt sein Zümptlein (kurčić) über den Dreck und spricht: O ihr meine Bienen! Soweit als dieser mein Zumpt meinen Dreck vertrieben hat, soweit mögt ihr euch entfernen! Wann sich dies da entfernt, dann sollt ihr euch entfernen! (Čele moje! Kako daleko ovaj moj kurac otero govno moje, tako daleko vi išle! Kad ovo otišlo, onda vi otišle!) — Sl.

Man vergrabe den Dreck eines Puzeranten in den Stallecken und spreche: Sowie dieser Puzerantendreck einträchtig aus dem Arschloch kam, so soll auch mein Vieh einträchtig und friedlich sein! (Kakogod ovo buzurantovo govno složno iz guzice išlo, tako i marva moja složna i mirna bila!) — Sl.

Um die Schweine dick und fett zu kriegen, legt der Hausvorstand über sie den beschissenen Sitzteil seiner Leinenhosen und spricht: Sowie dies dick war, so mögen auch meine Schweine dick werden! (Kakogod ovo debelo bilo, tako i moji krmci debeli bili!) — Sl.

Frißt ein Schaf sehr viel und scheißt es gleich die Nahrung heraus, sodaß es nicht fett wird, so schneiden die Hausgenossen (čeljad) einander vom After die Bemmerln ab (odrižu z guzice brabonjce), tun sie den Schafen ins Wasser hinein und sprechen dabei: Sowie die Bemmerln ums Arschloch eingetrocknet, so soll auch in euch die Nahrung eintrocknen und ihr sollt nicht mehr soviel scheißen! (Kako se osušili brabonjci oko guzice, tako se i rana u vama sušila i vi ne srali tako mnogo!) — Sl.

Schmiert man der Kuh mit Menschendreck so den Euter als die Stirn zwischen den Hörnern kreuzweis ein, so kann ihr keine Hexe die Milch entziehen. — Allg.

Dreck im Bösen.

Will man eine Trennung einer Frau von ihrem Ehegatten bewirken, so verschaffe man sich ihren Dreck, nehme am Neumondsonntag vor Morgenrot neun Späne von den Holzgestätten, mache in einem Topfscherben ein Feuer an und lege den Dreck auf das

---

[1] Erklärung des Landmanns: u štrk, ide marva van = das Rindvieh geht hinaus. —
[2] erklärt mit: trče, veselo! = es rennt, fröhlich!

Feuer. Erwacht nun am Morgen der Mann, der da seine Frau liebt und fragt er: ‚Was stinkt da so?' so antworte ihm die Frau, die das Feuer angezündet: ‚Jener Teufel, der dir lieb und wert ist! (Onaj vrag, koji je tebi mil i drag!) So muß sie dreimal sprechen. — Sl.

Nehme einer Dreck Ihres Vaters oder Ihrer Mutter und bestriche damit von innen Ihre Schuhe, die Sie am Neumondsonntage anlegen werden, wissen Sie, Sie faßten einen Haß gegen Vater und Mutter. — Ch.

Erlangt man jemandes Dreck und bohrt und schlägt drei Eisennägel hinein, so befällt den Scheißer eine derartige Krankheit, daß er verstopft wird. Allg.

Ein Bauer sagt: Weißt du, der Puzerant ist von hartem Stuhlgang (teško sere). Der neidische Nachbar schmiert des Nachbars Pflugräder mit solchem Dreck ein und spricht dabei: Sowie der Puzerant schwer geschissen hat, so mögen dir die Räder schwer gehen! (Kakogod buzurant teško sro, tako tebi teško točkovi išli!) — Sl.

Will man in Ostserbien einem mit Zauber das Leben nehmen, so verschafft man sich seinen Dreck (pogan, izmet, govno) und wirft ihn unter ein Bachmühlenrad oder in ein vergessenes Grab.[1]

Scheißt sich dein Feind aus und erwischst du ein Stückchen seines Drecks, wickelst es in einen Fetzen ein, bindest diesen an eine Pappel an und sprichst dazu: Sowie diese Pappel klapperte, so sollst du nicht scheißen können! (Kakogod ova topola klepetala, tako ti ne mogo srat!), so verstopft sich ihm der After. — Sl.

Aus Gehässigkeit (od pizme) nimmt mancher einen Topf voll Dreck und schüttet ihn über des Nachbars Haus aus. — Chr.

Mißfällt in Duga Resa in Chrowotien das Mädel (puca) einem Burschen, sei es, daß sie übermütig zwei, drei Burschen gleichzeitig nasführt, sei es, daß sie stolz und kalt (gizdava) ist, sei es, daß sie nicht tanzen mag, so rächt sich der Bursche, indem er beim Tanze das Mädel mit kotbesudelten Händen auf dem Sitzteil beschmiert. Die Röcke der puca sind in Sonnenplissées (knjigane, šnitane) gelegt und der mit Wagenschmiere vermischte Unrat ist daraus nur um so schwerer herauszubringen, wenn sie überhaupt noch waschbar sind. Die puca, der solches widerfuhr, muß sogleich den Tanz und den Ort der Unterhaltung verlassen. Hat sie einen Liebsten (šoc, Schatz), so sammelt er seine Freunde und es entsteht eine Schlägerei, weil das Mädel der Schande ausgesetzt worden sei (puca osramoćena). Es trifft sich aber immer, daß der sich rächende Bursche mehr Genossen als der Liebste des Mädels findet, nur damit die Männerehre (muška čast) nicht zu Schaden komme und die puca demütig und fügsam bleibe. Bei der Balgerei bekommt auch die puca ihre Tracht Prügel ab und zwar immer auf das Gesäß. Allzustark haut man auf sie nicht ein, weil es gemein wäre, Mädchen stark zu schlagen (jer bi bilo prosto, da se puca jako tuče).[2]

Dreckzauber im Handel.

Ein Handwerkmeister machte zu Markt kein Geschäft, wohl aber sein Konkurrent nebenan. Da schiß er sich um helle Mittagzeit neben dem Zelte seines Nachbars aus, bedeckte den Dreck mit einer Plache und sprach dazu, ich vermute so, die Worte: So sei dir der Markt verdeckt! (Tako ti bio pokrit vašar!) Damit wollte er ihm die Käufer weglocken. Mitgeteilt von einem chrowotischen Märktefahrer.

Ein katholischer Dorfpfarrer unweit Vinkovci in Slavonien bestrich zur Weihnacht mit seinem eigenen Kot die Hausschwelle und die Stalltüre, wohl zur Abwehr eines Hexenzaubers.

---

[1] Mijatović, S. 291. — [2] Brieflich von Frau Daničić mitgeteilt.

Ein Chrowot sagt: Dreck der Geistlichkeit stinkt am ärgsten. Man soll ihn nicht anrühren, denn er bringt über einen Unglück. Gibt jemand aus Feindschaft einer Schwangeren Pfarrerdreck ein, so stößt sie vorzeitig die Leibfrucht ab.

Kackt man einem Popen in die Mütze und setzt er sie auf, so verlieren seine Verwünschungen und Flüche ihre Kraft und Macht. — Serbien und Bulgarien.

Kinddreck.

Kinddreck vom Abweichen (flitavac) nehme man mit sich in die Kirche zur Messe und trage ihn dann immer mit sich herum. Dieser Zauber (bardanje) hilft, daß dem Träger niemand etwas böses zufügen, niemand ihn verleumden oder sonst ein Geheimnis von ihm aussagen kann. — Chr. Sl.

Bevor der Jäger pirschen geht, tut er in sein Gewehr Dreck dreier Knaben, die da Kinder dreier Schwestern sind und spricht: Dreifach Glück sei mir günstig! Sowie dieser Dreck [den Müttern] nicht gestunken hat, so soll auch dem Hasen [oder einem anderen Gejaid] mein Gewehr nicht stinken! (Trostruka mi sreća bila! Kako to govno ne smrdilo, tako i zecu ne smrdila moja puška!) Dann erscheint das Wild von selber auf dem Anstand des Jägers. — Sl.

Leidet ein Puzerant an Zumptkälte, so paßt er ab, wann sich ein Wickelkind bescheißt, steckt seinen Zumpt in den Dreck und spricht: Sowie dies Kind heiß geflitzt hat, so möge auch mein Zumpt heiß flitzen! (Kakogod ovo dite vrilo driskalo, tako i moj kurac vrilo drisko!) — Sl.

Ist ein erwachsener Mann mit Krebs in der Nase behaftet, so pisse und scheiße sich ein unschuldiger Knabe in einen Topf aus, tue in den Topf Gewürz und Zimt und verschließe ihn mit Lehm. Am achten Tag nehme man den zu einem Brei umgewandelten Dreck heraus und lege ihn als Bähungen auf den Krebs auf. — Sl.

Beschmiert man einen mit dem Dreck eines kleinen Kindes, so befällt ihn die Gelbsucht (žutenica). — Ch.

Man nehme Dreck eines drei, vierjährigen Kindes und Attichblätter und beräuchere damit ein von Wanzen heimgesuchtes Zimmer. Die Wanzen werden verschwinden. — Ch. Sl.

Vilendreck und Hexendreck.

„Vilendreck ähnelt dem Schweinedreck und stinkt gleich ihm". Was man mir als Vilenkot zeigte, war dem Geruch nach halbtrockener Fliegenpilz. Die Heilkräutlerin (vračara) gab ihn nur im strengsten Vertrauen als sicheres Betäubungmittel (obengjijati koga) ab. — „Die Vila scheißt sich nicht an einer Stelle aus, sondern läßt da und dort einen Patzen und so macht sie ein Vilenkreuz (vilovski križ). Heil dem Menschen, der da über dies Kreuz hinwegschreitet. Ihn wird das Glück geleiten!" — Sl.

Erlangt man den Dreck einer Vila oder eines Vilenbuhlen (vilovnjak) und trocknet ihn, so kann man mit dem Staub davon jedes Weibbild drankriegen, gibt man ihr auch ein Bischen vom Staub in einem Getränk ein. Die Zauberweiber haben stets Vilendreck vorrätig. Allg.

Gut ist es Vilendreck (vilovsko govno), wenn man das Glück hat einen zu finden, unters Bett seiner Frau zu legen, falls sie eine schwere Geburt hat und dabei zu sagen: Sowie die Vila geflogen ist, so soll aus dir der Nachwuchs herausfliegen! (Kako vila letila, tako iz tebe porod izletio!) — Sl.

Die Hexe flitzt. — Hexendreck ist schwarz wie Bärnzucker (Lakritzensaft in Stengeln). — Hexendreck legt man unter die Stallbretter, damit die Stuten Rappen werfen. — Hexendreck riecht nach Pfeffer, denn sie essen eine Unmenge Pfeffer.

Dreck und Verbrecher.

Bevor sich ein Dieb zu stehlen aufmacht, scheißt er sich zuerst in seinem Garten aus und bedeckt den Haufen mit Erde, um beim Diebstahl glücklich zu sein. Mancher nimmt aber auch ein Stückchen vom Erdreich mit, mit dem er den Dreck zugedeckt hat. — Sl.

Machen sich Einbrecher zu stehlen auf, so scheißen sie sich zu allererst auf dem Tisch oder am gewöhnlichsten auf der Schwelle des Hauses aus, das sie heimsuchen; dann erst gehen sie ans Werk. Solang als jener Dreck warm ist, solang sind sie sicher, daß der Hausherr nicht erwachen wird. — Sl.

Begeben sich Einbrecher auf Diebstahl, so nehmen sie Dreck eines Kindes, das da Flitzen hat, und einen Tennenbaumnagel, schlagen den Nagel in die Tür des auszuraubenden Hauses ein und sprechen: Wann sich dieser Nagel bewegen wird, dann sollen sowohl der Hausherr als seine Hunde erwachen! (Kad se ovaj ekser krenuo, onda se i gazda i njegovi psi probudili!) Darauf besudeln sie mit dem Dreck die Haustür und sprechen: Sowie dies Kind geflitzt hat, so soll uns das Glück flitzen! (Kako flitnulo to dijete, tako flitnula sreća nama!) — Sl.

Zieht man auf Diebstahl aus, so ist es gut, den Schlüssel (Dietrich) mit Kinddreck einzuschmieren und zu sagen: Sowie dieses Kind geschlafen hat, so möge alles Glück vonstatten gehen und alle mögen schlafen! (Kakogod ovo dijete spavalo, tako sva sreća išla i svi spavali!) — Sl.

Geht man auf Diebstahl aus oder zu Nachtbesuch eines Mädchens, so ist es gut Bärendreck mit zu haben. Man wirft den Dreck über den Zaun und spricht: Sowie dieser Bär gesprungen und dieser Dreck leicht in dies Gehöfte übergegangen, so leicht soll auch ich in das Gehöfte eindringen! (Kakogod ovaj medo skočio i ovo govno lako prešlo u ovaj dvor, tako i ja lako u dvor ušo!) — Sl.

Wer auf Hausdiebstahl ausgeht, trägt Bärendreck mit sich, wirft ihn im Hause des Auszuraubenden umher und spricht dazu: Sowie dieser Bär geschissen hat, so sollen wir in deinem Heime umherscheißen! Du, Hausherr, sollst schlafen, uns aber nicht hören! (Kakogod ovaj medo brabonjo, tako mi brabonjali po tvom domu! Ti gazda spavo a nas ne čuo!) — Sl.

Mancher Verbrecher versorgt sich mit dem Kitzler einer toten Frau, nimmt ihn zu Gericht mit und spricht: Sowie dieser Kitzler tot war, so soll auch der Richter nicht über mich zu richten vermögen! (Kakogod ovaj sikilj mrtav bio, tako ne mogo mi sudac sudit!) — Sl.

Hajduken (Mordgesellen) überfielen einmal in Daruvar in Slavonien ein Frauenzimmer, schnitten ihr die rechte Zitze aus, den kleinen Finger der linken Hand und die kleine Zehe des rechten Fußes ab und nahmen dies alles mit, um unsichtbar rauben und morden zu können.

Der Verbrecher eignet sich von einem toten erstgeborenen Kindlein das Kinntüchel (podbradnik) an und wann er zu Gericht muß, da legt er es sich auf den nackten Leib unter den linken Arm. So behält er immer Recht; denn der Ankläger kann dann ebensowenig, wie jenes Kind sprechen, dem der Mund verbunden war. — Ch. Sl.

Im Herzogland näht man dem in einem Hemdchen geboren Kinde das getrocknete Hemdchen in die Oberarmmuskeln ein, um das Kind gegen Messerstich und Gewehrkugel fürs Leben fest zu machen. Der Gewährmann verdammt solches Schneiden und Nähen als äußerst unzuträglich.[1]

Paart sich ein weißer Hund mit einer schwarzen Hündin, dann ist es gut, von jener Natur (narav) etwas aufzufangen und wann man auf Diebstahl ausgeht, diese Natur mitzunehmen und zu sprechen: Sowie dieser Hund weiß war, so möge auch mein Glück

---

[1] Zdravlje, III, S. 152.

weiß und sichtbar sein, diese Zauk aber mache schwarz und niemand soll mich ersehen! (Kakogod ovaj pas bijel bio, tako i moja sreća bijela bila i vidljiva a ova kuja crno napravila i niko me ne vidio!) — Sl.

In Montenegro glaubt man, den werde man beim Diebstahl erwischen, den beim Hausauskehren zufällig der Kehrbesen treffe.[1] In dem Königreiche gilt das Stehlen nicht als unehrenhaft, doch sehr das sich erwischen lassen.

Menschendreck als Heilmittel.

In Ostserbien bestreicht man dem Neugeborenen die Augenbrauen mit seinem ersten Dreck, auf daß es schön werde und vor den „bösen Augen" (der Beschreiung) bewahrt bleibe.[2]

„Damit das Kind rosigrot und schön werde, beschmiert man ihm nach der Geburt die Wangen mit dem Nabelblut und die Augenbrauen mit dem ersten Dreck, den es von sich gibt".[3] Eigentlich zur Abwehr böser Geister.

In Serbien schmiert man dem neugeborenen Knaben mit seinem ersten Dreck (mutljezina) Oberlippen und Kinn ein, damit ihm einmal Schnurrbart und Bart wachsen mögen.[4]

„Die Mütter schmieren dem neugeborenen Kinde die Augenbrauen mit seinem eigenen Dreck ein, damit sie besser wachsen. Diesen Brauch lassen vernünftigere Bäuerinnen allmählig auf".[5]

„Unser Volk heilt auch mit Menschendreck. Zeigt sich bei einem Erwachsenen, einem Kinde oder selbst bei einem häuslichen Nutztiere irgendwo am Leibe der Anfang einer Erkrankung —, wenn z. B. irgend ein Körperteil anschwillt, sich verhärtet, rötlich wird, aufquillt (kljuca) usw. — so beschmiert man den Leidenden mit menschlichem Unflat, in der Hoffnung, damit eine Heilung zu erzielen. Darum hört man häufig bei derlei Anlässen den guten Rat: ispogani ga pa će ustuknuti! = Bestreich ihn tüchtig mit Unflat und es wird dem Übel abhelfen!"[6]

In Ostserbien legt man auf eine schmerzende Beule den noch warmen Menschendreck auf, findet sich aber die Beule auf der Hand, so nimmt man dazu Roßdreck.[7]

Will man einen argen Saufbold heilen, so suche man einen Menschen auf, an dessen Afterhaaren Dreck klebt, weil er sich nach der Notdurftverrichtung den Hintern nicht auswischt[8] und bewegt ihn, sich seine Arschbemmerln loszureißen und dem Säufer in einem Getränke beizubringen. Dabei spreche er: Hörst du, Säufer! Es kam zu dir ein Dreck! Wann dieser Dreck seine Gedärme aufsuchen wird, dann sollst du wieder ein Säufer werden! (Čuješ ti pijanac! došo ti je brabonjac. Kad taj brabonjac tražio svoj crevanjac, onda ti posto opet pijanac!) — Sl.

Leidet einer am Durchfall (flitavica), so kann man die Krankheit von dem einen auf einen anderen übertragen (hinüberjagen, prećerat). Man nimmt ein wenig von dem Dreck, trägt ihn zum Nachbar und spricht: Sowie jener flitzte, so sollst auch du flitzen! (Kakogod on flito, tako i ti flito!) — Sl. Man vergl. die Angabe vom Wieseldreck Seite 479 unten.

---

[1] Zdravlje, V, S. 246. — [2] Mijatović, S. 397. — [3] Milićević, S. 193. — [4] Zdravlje, V, S. 151. — [5] Aus Serbien. Zdravlje, II, S. 86. — [6] Zdravlje, II, S. 22. — [7] Mijatović, S. 374. — [8] Kinder wischen sich den Hintern so gut wie nie aus, Erwachsene mitunter, und da gebrauchen sie dazu den Zeigefinger der Rechten und reiben ihn am Gras oder an einem Baum oder einer Wand ab. In einem weitverbreiteten Reigenliedchen beklagt sich der Bursche, daß ihm nach Gebrauch der Liebsten von rückwärts das Gemächte ganz dreckig geblieben sei. Beschissene Leinenhosen und Frauenhemden sind so gewöhnlich, daß reingebliebene einem auffallen.

Befällt einen ein Schmerz im Schlund, so soll ihm der erste, dem er sein Leiden klagt, dreimal zurufen: Ein Dreck steckt dir in der Kehle! (govno ti u grlu!) Das hilft gegen das Übel in der Kehle ab.[1]) (Herzogtum).

Wer öfters nachts im Schlaf Pollutionen hat (jeb baca = die Samenflüssigkeit auswirft), der belege mit seinem eigenen Dreck seinen Zumpt. Und alsdann wird er nicht mehr Pollutionen haben. — Chr. Sl.

Leidet einer an Harnverhaltung, so ist es ratsam, sich auszukacken, den Zumpt mit diesem warmen Dreck zu umhüllen und ihn eine halbe Stunde lang aufliegen zu lassen. Dann pißt der Mann wie durch einen Schlüssel (ko kroz ključ). — Allg.

Hast du einen Schanker an den Hoden, so reibe die Wunde mit deinem eigenen Dreck ein. — Allg.

Verursacht einem ein hohler Zahn Schmerzen, so lege man auf ihn vom eigenen Dreck auf. — Allg.

Eine Fingergeschwulst vertreibt man, indem man sie mit Menschendreck belegt. — Allgem.

Um Krätze zu vertreiben braucht man sie nur mit Puzerantenpisse und Dreck einzureiben. — Sl.

Tut einer südungarischen Serbin die Brust weh, so erhebt sie sich früh morgens vor Sonnenaufgang (prije sunca) von ihrem Lager und sucht auf der Straße einen frischen Menschenkot auf (ono što čovjek napravi = das was ein Mensch macht), beugt sich über den Haufen nieder und zieht davon siebenmal den Duft ein (uvlači duh), wobei sie unablässig sagt: Kakav gost, takva čast! (Wie der Gast, so die Bewirtung!)[2])

Von gebräuchlichsten Tierdrecken.

Hat eine Gebärende schwere Wehen, so ist es geraten, sie um den Bauch herum mit Bärendreck einzuschmieren, auf daß sie leichter niederkomme. — Allg.

Ist einem erwachsenen Mädchen die Voze zugewachsen, so muß man Bärendreck mit abgefallenen Heublumen (trina) so lange in Öl abkochen, bis daraus ein pflasterartiger Brei entsteht. Mit diesem Pflaster (floster) schmiert das Mädchen ihre zugewachsene Voze täglich dreimal ein und dann wächst sich die Voze so aus, wie sie beschaffen sein muß. — Chr.

Damit einem die Schamhaare wachsen sollen, zerschmelze man Bärendreck und reibe sich damit um den Zumpt oder die Voze ein und spreche: Sowie dieser Bärendreck schwarz war, so soll auch dies um den Zumpt (die Voze) herum schwarz von Haaren sein! (Kakogod ovo medvedovo govno crno bilo, tako i ovo oko kurca (pičke) od dlaka crno bilo!)[3]) — Sl.

Zuweilen schwindet einem das Geld dahin, man weiß nicht wie. Der Teufel trug es fort. Darum soll man zwischen sein Geld Dachsdreck (jazavca govno) legen und das Geld wird niemals verschwinden. — Chr. Sl.

Gibt die Mutter ihrem Kinde die erste feste Nahrung, so mengt sie darein ein Stückchen Eichhörnchendreck und spricht: O mein Kind! du ißest keine Nahrung, sondern des Eichhörnchens Kraft. Sowie jenes scharf (hurtig, behend) war, so sollst auch du scharf sein! (Moje dite! ti ne ječeš ranu, već vjeveričinu snagu. Kako ona bila oštra, tako i ti oštro bilo!) — Sl.

---

[1]) Grgjić, S. 9. — [2]) Angabe der Wäscherin Soka Čuvarić. Briefliche Mitteilung der Frau Daničić. — [3]) Eine nackte Voz (golu pizdu) mag kein Bursche. G. p. ist sogar ein Schimpfwort, sowie für den Mann der Mangel an Schamhaaren ein ständiger Vorwurf vor den Frauen. Nur die Mosliminnen und manche christliche Dalmaterinnen rasieren ihre Schamteile.

Vater und Mutter zünden den Dreck einer Füchsin an, beräuchern damit die Kinder und wenn die fragen, warum dies geschähe, so sagen die Eltern zu ihnen: Sowie diese Füchsin schlau gerieben war, so sollt auch ihr, o Kinder, weise und verschlagen sein! (Kakogod ova lija bila prevejana, tako i vi, dico, bila mudra i prevejana!) — Sl.

Hat ein Frauenzimmer eine schwere Niederkunft zu bestehen, so nehme sie Gänsedreck in einem Getränke ein. — Allg.

Um das Fieber loszuwerden, kocht man Gänsedreck in Milch ab, trinkt ihn aus und spricht: Sowie die Gans geflitzt hat, so soll auch mein Fieber verschwinden! (Kakogod guska drisnula, tako i moja groznica nestala!) — Sl.

Chrowotische Zauberinnen geben zerstoßenen, trockenen Gänsekot in Wein gegen Gelbsucht und Unlust für Frauenliebkosungen ein.[1]

Einen Auswuchs am Leibe heilt man in Serbien mit Bähungen aus zerstoßenen und gesalzenen Brennesseln, die man mit etwas Gänsedreck vermischt.[2]

Dreck einer Goldammer (žutopljeska, emberiza citrinella) ist wegen des Glücks und gedeihlichen Fortschritts immer gut bei sich zu tragen. — Chr. Sl.

Räuchert man das Haus mit Hahnendreck aus, so flüchten alle Hexen und Vilen, „denn der Hahn meldet alles". — Allg.

Nisten sich bei einem in den Fruchtvorräten viele Ratten ein, so trachte er, den einem Hahn frisch entfallenden Dreck aufzufangen, trage ihn auf den Boden in die Frucht hinauf und spreche: Sowie dieser Dreck aus dem Arschloch herausgeflitzt und gestunken, so möge auch allen Ratten und Mäusen der Kukuruz und das Getreide stinken! (Kakogod ovo govno flićnulo iz guzice te smrdilo, tako svima štakorovima i miševima smrdio kukuruz i žito!) — Sl.

Man ergreift einen Hahn und legt ihm den mit Tripper behafteten Zumpt so an das Farzloch (prdalo) an, daß der Hahn den Zumpt bescheißen kann. Flitzt so drei, viermal der Hahn, dann muß man den Hahndreck über den Zumpt verschmieren und den Zumpt umwickeln. In einigen Tagen verliert sich der Tripper. — Chr. Sl.

Um ihr Kind von der Brust abzuspänen, beschmiert die Serbin ihre Brustwarzen mit Hühner- oder Schweinedreck und sagt zum Kinde: ā kaka![3]

Wer an Gelbsucht (žutica) leidet, trockne auf dem Schürhaken über Feuer Hühnerdreck, zerstoße ihn und siebe ihn wie Staub durch. Einige Tage hindurch nehme er diesen Staub in Branntwein ein und er wird der Gelbsucht ledig.[4]

Bestreut man mit Hennenkot die Stellen, wo die Blattlaus im Kohl haust, so zieht sie gleich ab. — Allg.

Leidet einer an Auszehrung, so sammle er Hasendreck, tue ihn in alten Weinessig hinein, gebe dazu Erdbeern-, Brennesseln-, Saturei-, (saturica hortensis) und Stechapfelwurzeln hinein, koche dies alles tüchtig ab, seihe es durch, setze der Flüssigkeit ein Achtel Pfund Zucker zu, fülle sie in eine Bierflasche ein und lasse den Trank den Kranken austrinken. — Sl. Ch.

Hasendreck gilt als bewährtes Mittel gegen Syphilis (gadna bolest, ekelhafte Krankheit). Erblickt ein Syphilitiker einen Hasendreck, so soll er sagen: O, wie diese Dreckkügelchen rein sind, so soll mein Zumpt rein sein! (O, kako ovaj brabonjac čist, tako bio čist moj kurac!) und darauf bepisse er ihn. Hasendreck ist rein, denn der Hase frißt nur Gras. — Sl.

Will der Bursche, der nachts sein Lieb besucht, daß ihn der Hausvorstand nicht erwischt, so legt er vor dessen Tür einen harten Hundedreck hin. — Chr. Sl.

---

[1] Frau Daničić, Anthropophyteia, X. — [2] Milićević, S. 274. — [3] Mijatović, S. 451. — [4] Milićević, S. 270.

Ist einer seinem Nachbar neidvoll aufsäßig, so legt er vor dessen Türe einen harten Hundedreck hin und spricht: Sowie diesen Dreck der Hund [hart] geschissen, so möge sich hart die Tür öffnen und schließen! (Kakogod je pas to govne sro, tako se tvrdo vrata zatvorala i otvorala!) — Sl.

Willst du einen Mann aller Welt verhaßt machen, so nimm Hunde- und Katzendreck und -Blut, tue es in einen Kuchen und lege davon Stücke rechter und linker Hand der Türpfosten (dovratnik) deines Feindes. — Sl.

Ist einer dem Nachbar wegen seines Wohlstandes an Vieh (blago) neidisch, so sammelt er Katzen-, Hunde- und Ziegenbockdreck auf, gibt es dem Rindvieh des Nachbars zu fressen und spricht dabei: Sowie Hund und Katze einander nicht leiden, so soll sich dein Rindvieh nicht vertragen! Sowie sich die Ziegenböcke stechen, so soll sich dein Rindvieh stechen! (Kakogod se mačka i pas ne trpe, tako se tvoja marva ne slušala! Kakogod se jarci bodu, tako se tvoja marva bola!) — Sl.

Wer Katzendreck mit sich trägt, der wird damit sogleich eine Hexe aus der Gesellschaft vertreiben. — Allg.

Nimmt der Müller einen neuen Gehilfen auf und wünscht er, daß der Bursche stets daheim bei der Mahlarbeit verbleibe, so legt er unter den Kopfpolster des Gehilfen den Dreck eines schwarzen Katers und spricht: Dieser schwarze Kater gab dir ein schwarz Geschissenes. Sowie der Kater zu Hause seinen Schnurrbart wäscht und Mäuse fängt, so sollst du daheim verweilen! (Ovaj crni mačak dao ti crni sraćak. Kako mačak pere kod kuće brkove i miše lovi, tako ti kod kuće boravi!) Der Gehilfe wird nie weggehen. — Sl.

In manchen Gegenden Serbiens gibt man der Wöchnerin, der die Milch ausblieb, Mäusedreck (mišjak) zu essen, damit ihr die Milch zustoße.[1]

In Ostserbien legt man dem Kahlkopf sieben Tage nacheinander den einem geschlachteten Schaf aus den Eingeweiden entnommenen Dreck auf.[2]

Schlachtet man eine Ziege, so nehme der Hausvorstand das Gedärme samt den Dreckkügelchen heraus, schütte die Kügelchen über die Bohnenaussaat aus und spreche: Sowie die Ziege eine Menge Dreckkügelchen hat, so soll ich eine Menge Bohnen haben! (Kakogod ima koza puno brabonjaka, onako ja mnogo imo graa!) — Sl.

Im Herzogland sucht die Unfruchtbare im Roßdreck einige Gerstenkörner zu finden. Die kocht sie ab und ißt die Suppe auf, um fruchtbar zu werden.[3]

In Wein aufgelösten Pferdemist geben die Zauberinnen Chrowotiens als Mittel gegen männliche Geschlechtleiden ein.[4]

Befällt eine Frau ein Gebärmutterleiden (maternica zaboli), so ist es gut, einen Roßdreck zu befeuchten, auszudrücken und den Saft die Frau trinken zu lassen. — Allg.

Wer an Hodenschwellung leidet (ima zaklinke), der lege seine Hoden in frischen Roßdreck und spreche: Da hast du das Hodelein, gib du meinem Ei Gesundheit! (Evo tebi mudaljak, daj ti zdravlje mome jajetu!) — Sl.

Gegen Gelbsucht nimmt man in Ostserbien frischen Roßdreck, seiht ihn in ein Glas scharfen Treberbranntweins durch einen Fetzen durch und läßt das Zeug den Kranken auf einen Zug austrinken. Das wiederholt man drei bis viermal und die Krankheit wird weichen.[5]

Fällt einer in Bulgarien vom Branntweinsuff in Bewußtlosigkeit, so nimmt man frischen Roßkot (presni konski foškij), preßt daraus an 100 Dramen Saft heraus und schüttet ihn dem Ohnmächtigen in den Mund hinein. Davon erholt er sich alsbald und ernüchtert.[6]

---

[1] Zdravlje, V, S. 215. — [2] Mijatović, a. a. O., S. 361. — [3] Grgjić, S. 5. — [4] Frau Daničić, Anthropophyteia, X. — [5] Mijatović, S. 375. — [6] C. Ginčev, Sb. III, S. 96.

In Ostserbien: Man füllt einen Eimer voll mit Rinderkot an und rührt es mit siedendem Wasser so lang um, bis es so dünn wie der Kot wird, mit dem man Häuser bewirft. Solang als der Dreck noch heiß ist, muß sich der Gichtkranke hineinsetzen und man beschmiert ihn noch am ganzen Leib mit dem Dung, so heiß als er ihn nur verträgt. Hierauf überdeckt man ihn mit einem alten Hemde, damit er den Dunst einatme, doch hat man zu achten, daß er nicht ersticke. Solche Dünstung macht er bis zu seiner Genesung oft mit.[1]

Scharrt eine Lerche im Kuh- oder Roßdreck herum, so spreche man: O du Lerchlein, Vöglein, du bist ein Sangvöglein, du hast alle diese Kräuter zu Heilzwecken auseinandergescharrt! (Oj ševice tičice, ti si pevačica tičica, ti si razgrebla sve ove trave za lekarne!) Dann verscheuche man die Lerche, sammle jenen Dreck auf und trockne ihn. Er gilt als Heilmittel, wenn ein Mensch an Eingeweidegeschwüren leidet. Man kocht ihn in altem Wein ab, seiht ihn ab, läßt ihn lau werden, tut Kandiszucker hinein, kocht ihn mit zwei Dezi Milch ab, gibt das Weiße eines Eies hinein, mischt alles durcheinander und läßt es den Kranken austrinken. — Sl.

Den mit Pusteln Behafteten bespricht die Beschwörerin, indem sie Rinderdreck zwischen die Finger nimmt, so: Pustel Vergifterin hat ihren Sohn verheiratet, alle Pusteln zur Hochzeit geladen, die Schwester Rose nicht eingeladen. Die aber verwünscht sie grimmig: O gäb es Gott, Pustel Vergifterin, an der Spitze mögst du verhärten, an der Wurzel verdorren, diesen Abend nicht erleben! (Rusa trusa sina zaženila, sve je kraste na svadbu pozvala, sestru Ružu nije pozvala. A ona ju ljuto kune: o da Bog da, Ruso truso, iz vr se iskrutila, iz koren se isušila, tu večer ne dočekala!) Also beschwört man dreimal des Tags; morgens sagt man: Guten Abend o Rusa! mittags: Helfe Gott, Rusa! und abends: Guten Morgen, Rusa! — (Man begrüßt die Krankheitgeistin verkehrt zur Irreführung). — Die Beeinflussung durch christliche Anschauungen erscheint klar in folgender Beschwörung der schwarzen Blattern mit Rinderdreck:

„Die Mutter Gottes verheiratete ihren Sohn; alle Pusteln berief sie zur Hochzeit: sie lud die Krätze, den Aussatz, die großen, mittleren und kleinen Blattern und lud neunerlei Arten Pusteln ein. Die Pusteln sind ärgerlich, mögen nicht folgen. Spricht zu ihnen die Mutter Gottesmutter: Ärgert euch nicht, seid nicht erzürnt; anwachsen sollt ihr und hinwelken und vertrocknen mögt Ihr, wie der Rinddreck am Zaun!" Darauf schleudert man den Dreck an den Zaun.[2] Ostserbien.

Befallen ein Kind rote Pusteln (ruse), so führt eine Besprecherin (bajalica) es zur Mühlwehr, nimmt Rinderdreck und Vogelknöterich (troskot, polygonum aviculare) und spricht die Bannformel: Auf der Wehr sitzt die Rötlin, auf seidenem Band, das rote Haar dem Jungfräulein, was aber gewähren wir der Rötlin für die Gewogenheit? Ein zart Gräslein, einen Rinderdreck und ein kalt Wässerlein! (Sedi Rusa na jazu, na svilenu pojasu; ruse kose devi a šta ćemo Rusi za blagotu? Sitnu travicu, govegju balegu i studenu vodicu!) Dabei tunkt sie den Vogelknöterich ins Wasser und den Rinddreck ein und beschmiert damit die Pusteln des Kindes. So tut sie dreimal und man sagt, das helfe vorzüglich.[3] — Chr.

Ein chrowotischer Bauer erzählt: Wenn Sie in einen Schweinedreck eintreten, so wissen Sie, daß das Weib wie verrückt auf Sie eindringen wird. Unablässig wird ihr es zum Vögeln gelüsten. Komme ich zu meinem Gevatter nach Daranovci, so warnt er mich: Gib acht, beim Götterle (bogora ti), daß du nicht in diesen Dreck eintrittst!

Hat einer einen schütteren Schnurrbart, so nehme er Dreck eines jungen Ferkels, reibe damit seinen Schnurrbart ein und spreche: Mein Schnurrbart möge so dichthaarig

---

[1] Mijatović, S. 368 f. — [2] Karad, III, S. 135, wo auch der serbische Text des Bannspruchs. — [3] Karad,. I, S. 245.

wie diese Sau sein! (Ovako bili moji brkovi kosmati ko ovo krme!) Und dann wasche er sich und schütte sich das Waschwasser über den Kopf hinüber mit den Worten: Ich werfe den schütteren Schnurrbart weg und empfange einen dichten! (Ja bacam ritke brkove a guste primam!) — Sl.

Leidet einer an einer Beule (micina), so belege er sie mit Schweinedreck und die Beule wird in 24 Stunden vergehen. — Allg.

In Serbien pflegt man den Kropf mit Schweinedreckbähungen zu heilen.[1]

Will einer Wunder erschauen, z. B. wie ein Hahn einen Baumstamm zerrt, so braucht er nur Schweinedreck in seiner Tasche zu tragen. — (Aus Agram).

Man tue Dreck einer schwarzen Zuchtsau in die Schuhe unter die Ferse, bevor man zu Gericht geht, um dem Richter zu antworten. Sowie er eine Frage stellt, trete man den Dreck nieder und der Richter spricht einem das Recht zu. — Chr. Sl.

Gelingt es einem Prozessierenden auf irgend eine Weise dem Gegner einen Schweinedreck in die Tasche hineinzustecken, so faßt der Richter gegen diesen Mann eine heftige Abneigung und der verliert im Streit. — Chr.-Sl.

„Ein Weib, das keine Kinder gebiert, ist beschrien, sie möge nicht leidbeladen sein! (urečena, jadna ne bila!) Damit sich die Beschreiungen (uroci) nicht so leicht an sie anheften, trage sie im Opanak oder im Pantoffel (in den Schuhen oder Halbschuhen geht das nicht an!) ein wenig Dreck eines Schweines und einer schwarzen Henne, die vor dem Georgtage ausgebrütet worden war, und dann werden ihr die Beschreiungen nicht mehr soviel anhaben können. Auch wenn der Mann seinem Weibe beischläft, ist es gut, solche Beschreiungabwehren (ustuci od uroka) bei sich zu haben, weil das Weib so eher empfängt (zabregjati, zanijeti). Ist der Dreck, den sie in den Opanken tragen, schon tüchtig ausgetrocknet, so gibt es Weiber, die ihn zu Staub zerstoßen und ihn in Kaffee mischen oder beim stärksten Zauber, dem Topfzauber (kad pristave lončić), verwenden.[2] Sie nehmen davon nur ein klein wenig (zeru), denn schon das Bißchen hilft. So tut man in Bosnien, Chrowotien, im Draugebiet und in Syrmien. Auch beim Färben der Stickwolle tut man solchen Dreckstaub in die Farbe (bojilo), damit sie schöner (vlješe = ljepše) gerate". (Mitgeteilt von Frau Ljuba T. Daničić).

Auf eine Eiterbeule legt man Schweinekot auf, damit sie reife und aufbreche.[3] — Serbien.

Um leichter das Kind abzustoßen, schluckt die kreißende Serbin Spatzendreck.[4]

Bei Schlaflosigkeit ihres Kindes nimmt die serbische Mutter Spatzendreck aus dem Neste und legt ihn zu Häupten des Kindes. Dann kann es schlafen.[5]

Zerstoßenen Storchdreck nimmt man in Honigwasser bei Halsleiden ein, bei Schnupfen zieht man ihn fein zerstäubt mit der Nase ein. Er hilft auch Gebärenden zur Erleichterung der Niederkunft. — Sl. Chr.

Das Wiesel fliegt dahin und flitzt (drišće). Fängt man etwas von dem Dreck auf und übergibt ihn auf irgend eine Weise jemand, so befällt auch ihn der Durchfall. — Allg.

Wer anderer Männer Weiber vögeln will, doch es nicht gern wünscht, daß man ihn dabei ertappe, der trage immer Wieseldreck bei sich herum. — Sl. Chr.

Man wickle Wolfdreck in ein Sacktüchel ein und versetze damit dem Mädchen, dessen Zuneigung man gewinnen will, einen Schlag. Dabei spreche man: Sowie sich der Wolf beim Scheißen abgeplagt hat, so mögst du dich nach mir abplagen! (Kakogod se mučio kurjak u sranju, tako se ti za mnom mučila!) — Sl.

---

[1] Milićević, S. 277. — [2] Diesen Topfzauber schildert eingehend Frau Daničić in ihrer Studie: Das Hemd in Glauben, Sitte und Brauch der Südslaven, Anthropophyteia 1910, VII, S. 80. — [3] Karad., VI, S. 127. — [4] Mijatović, S. 389. — [5] T. R. Gjorgjević, Učitelj, S. 36.

Wünscht der Hausvorstand, daß die Zuchtsau viele Ferkel werfe, so begibt er sich in den Wald, wo Wölfe Moos fressen und scheißen. Er greift eine handvoll Dreckkügelchen auf — abzählen darf er sie nicht — und spricht: Ei, soviel als ich da Dreckkügelchen aufgegriffen, soviele Ferkel soll meine Zuchtsau werfen! Sowie da der Wolf dies Moos gefressen, so soll er niemals nach meinen Schweinen langen! Sowie dieser Wolf stark gewesen, so sollen meine Eber gesund und stark sein! (Ej! kolikogod ja brabonjaka uvatio, toliko mi se moja krmača prasila! Kakogod kurjak ovu mašinu jeo a moje se svinje nikad ne mašio! Kakogod ovaj kurjak jak bio, tako moji krmci zdravi i jaki bili!) Dann geht er heim, legt den Wolfdreck in den Trank und läßt die Sau ihn verzehren. Dabei spricht er: Da sieh, o Sau, Wolfdreckkügelchen! So zahlreich sie waren, soviele Ferkel sollen es sein! (Evo, krmačo, brabonjci kurjači! Koliko njih mnogo bilo, toliko prasaca bilo!) — Sl.

Der chrowotische Jäger tut am Neumondsonntag Wolfdreckkügelchen (vučje brabonjke) in sein Gewehr, um Glück auf der Jagd zu haben.

Vom Darmwind.

Entweicht einem um die Mittagzeit ein Furz, so kommt einem eine Nachricht zu. — Chr.

Farzt man, so ist es gut zu sagen: O du Arschloch, du verliehst mir den Furz, verleih mir auch Glück! Sowie sich der Gestank ausbreitet, so möge sich auch mein Glück ausbreiten! (Guzico, ti si meni dala prda, daj mi i sreću! Kakogod se smrad širi, tako se i sreća moja širila!) — Sl.

Erheben sich Mann und Frau des Morgens vom Lager und farzen, so sage das eine zum anderen: Darin sei dir das ganze Glück! (U tom ti sva sreća bila!) Dann ist ihnen der ganze Tag glücklich. — Sl.

Wann der Gevatter in des Gevatters Hause einen Furz läßt, so erbebt dann die ganze Erde. Das ist ein Wahrglauben (gatanje) in Ostserbien.[1]

Bricht einer wohin auf, so ist es untunlich ihn zu fragen: Wohin gehst du? (Kud ideš?) Das ist von Unglück. Hat der Befragte einen Furz bereit, so farze er los und sage: Mögst du meinem Furz schaden, nicht doch mir! (Mome prcu naudio a ne meni!) — Allgem.

Man gebraucht die Redewendung: rasprditi nesreću kome, einem das Unglück zerfarzen. Ist z. B. einer in allen seinen Unternehmungen unglücklich, so farze ihm ein Glücklicher ins Ohr und spreche: ich verjage dein Unglück! (ja rastirujem tvoju nesreću!)[2] — Sl.

Farzt man beim Brotankneten, so wird vom Brote die Rinde abfallen. — Allg.

Wenn ein Mann ein Kind zeugt und das Weib dabei einen Furz läßt, so wird das Kind farzig sein (prdljivo). — Chr.

Wann zu Tisch ein allgemeines Stillschweigen eintritt, dann fängt man [in einer Flasche] einen Puzerantenfurz ein und läßt ihn unterm Tisch frei. Und davon wird das Hausgesinde gesprächig, denn farzt ein Puzerant, so farzt er fest. — Chr.

Betritt ein Puzerant jemandes Haus und farzt, so bedeutet dies Glück. — Chr.

Lädt der Gutherr vor Jagdanbruch einen Puzeranten zu farzen ein, so wird die Jagd ergiebig sein. — Ch.

---

[1] Die bevorzugte Stellung eines Gevatters erklärt uns diesen Glauben. Vgl. Krauss, Sitte und Brauch der Südslaven, Wien 1885, S. 606—618. — [2] Vergl. Krauss, Sreća. Glück und Schicksal im Volkglauben der Südslaven, Wien 1886. S. A. Mitt. der Anthropolog. Gesellsch. in Wien. In dieser Studie mußte Krauss, wie natürlich, alle, wenn auch noch so wichtigen Angaben über Erotik und Skatologie sorgfältig vermeiden.

Einen sehr heftigen Furz nennt der Chrowot topaš koji rne (der da kanonen-
artig losfährt) und der Bauer spricht dazu: Hei, Kanone, du sollst mir Glück bringen!
(ej tope, ti mi sreću doneo!)[1])

Farzt eine Vila und Sie hören es, ei, wohl Ihnen! Ihr Glück wird sich empor-
ranken! (ej blago vama! sreća će vam se viti!) — Chr. Lika.

Vor dem Antritt einer Reise hat der chrowotische Bauer die Gepflogenheit, niederzuknien und sich in die rechte Hand zuerst zu farzen mit den Worten: Die rechte Seite
sei glücklich! Dann fängt er mit der Linken einen Furz auf und spricht: Die linke Seite
sei glücklich! (desna strana sretna bila! — liva s. s. b.!)

Der Wolf rennt und rennt, wenn es ihn aber ankommt zu farzen, so hockt er nieder
und farzt los. Banditen (ajduci) klauben nun die Erde oder das Laub oder das Holz
auf, das er angefarzt hat und tragen es immer mit sich, um Glück im Raub, Diebstahl
und sonstigen Unternehmungen zu haben. — Sl.

Gut ist es, wenn beim Baden des Kindes der Vater oder die Mutter einen kräftigen Furz läßt und dazu spricht: Sowie ich da gefarzt habe und dieser Gestank rasch
verflogen ist, so soll von meinem Kinde jede Krankheit abgehen! (Kakogod ja prdno
i friško odletio ovaj smrad, tako od mog diteta svaka bolest otišla!) Denn im Wasser
geschieht allerlei; da kann einer bald übel fahren (Ograisati), wenn z. B. jemand bei
Fertigstellung eines neuen Brunnens sagte: „Wer der erste aus diesem Brunnen Wasser
schöpfte, der soll übel fahren!" so kommt einer zu argem Schaden. — Sl.

Wenn man in einem neugebauten Haus zum erstenmal Feuer in der Feuerstelle an-
richtet, so ergreift der Hausvorstand das Schüreisen, rührt die ganze Glut durcheinander
und spricht: Du erglühst heftig, mein Glück möge mir erglühen! (žariš jako, žarila mi
sreća!) Hierauf entkleidet er sich bis aufs Hemd nackt, ißt sich mit Bohnen an und
stellt sich auf den Kopf, während sein Weib auf der einen, ein Bursche auf der anderen
Seite steht. Er farzt und spricht: Dieser Furz, der da herausgeflogen, der möge alles
Unglück und das Feuer auseinanderjagen! (Ovaj prdac što je izletio, svu nesreću i vatru
rastiro!) — Slav.

Ein unschuldiger Knabe ziehe sich splitternackt aus, nähere sich einem taubge-
wordenen Greis, wende ihm das Arschloch zu, farze ihm ins Ohr und spreche: Sowie
dieser Furz herausgeflogen ist, so soll die Taubheit zu nichte werden! (Kakogod ovaj
prdac izletio, tako se gluvost uništila!) — Sl. — Spürt einer, daß er taub werden wird,
so soll sich einer bei ihm einfinden, der neben ihm einen kräftigen Furz läßt. Da sagt
wohl der Schwerhörige: Ei, hast wahrhaft Ehre aufgehoben! (alaj si se opoštenio!) und
der Farzer erwidert darauf: Mein Furz soll deine Taubheit austreiben! (Moj prdac išćero
tvoju gluvost!) — Sl.

Geht einem gealterten Mann das Vögeln nicht mehr vonstatten und plagt er beim
Vögeln das Weib so sehr ab, daß sie farzt, so spreche er: Sowie aus ihr der Furz herausgeflogen, so möge der Zumpt in sie hineinfliegen! (Kakogod iž nje izletio prdac,
tako u nju uletio kurac!) Nun wird er rammeln (prcat) können, selbst wäre er hundert
Jahre alt. — Sl.

Farzt man bei der Kukuruzaussaat, so wird der Kukuruz aufplatzen. Farzt man
beim Zwiebeleinsetzen, so wird der Zwiebel scharf werden. — Allg.

Setzt einer Kraut, so gebe er obacht, daß er ja dabei keinen Farz lasse, sonst
springt ihm das ganze Kraut auf. — Allg.

Ehe der Bauer das Vieh füttern geht, pampft er sich mit Bohnen an, läßt dann
beim Futtervorlegen einen Furz und spricht: Sowie ich gefarzt habe, so sollen auch sie
satt sein! (Kako ja prdio, tako i oni siti bili!) — Sl.

---

[1]) Vergl. Anthropophyteia IX, S. 518f.

Wann der Bauer am Weihnachtabend (badnjak) das Rindvieh mit Klee füttert, so soll er sich aufblasen und losfarzen. Dann wird sich das Rindvieh nicht aufblasen. — Allg.

Einen verschlagenen Wind (zatvoren prdac), der sich dir im Leib windet und nicht heraus will, mußt du mit dem Sacktüchel auffangen und mit dem Tüchel das Gefängnis (rešt), in dem dein Freund eingesperrt sitzt, berühren und dazu sprechen: Sowie dieser Furz herauskam, so möge zuletzt auch der Gefangene herauskommen! (Kakogod ovaj prdac izašo, tako najpotle i sužanj izašo!) — Sl.

Will einer seinem Nachbar einen bösen Schaden zufügen, so begibt er sich zu ihm, wann der Branntwein brennt, farzt sich in die Faust und spricht: Sowie ich da leicht in die Faust gefarzt, so leicht soll sich dir der Kessel erbrechen! (Kakogod ja lako prno u šaku, tako ti se kazan lako pobljuvo!) — Sl.

Wie einer die Bereitschaft zu einem Furz fühlt (nada se prdnut), so soll er durch seine Faust den Furz lassen und sprechen: Sowie dieser Furz herausflog, so soll den Feinden die Zunge verbunden sein! (Kakogod ovaj prdac izletio, tako se neprijateljima jezik zavezo!) — Sl.

Es gibt bösartige Weiber, die da, wenn sie lange Zeit nicht farzen gekonnt, dann aber doch eine Bereitschaft fühlen, vor das Haus einer Schwangeren hineilen, um womöglich loszufarzen. Dazu spricht die Farzerin: Wann ich wieder gefarzt haben werde, dann erst sollst du gebären können! (Kad ja opet prdnula, onda istom ti rodila!) Hierauf kann die Schwangere nicht eher gebären, als bis die andere nicht wieder gefarzt hat. — Sl.

Ist das Eheweib eine Hure, so legt sich der Gatte in ihr Bett und farzt, sie aber fragt: „Was scheißt du?" (šta sereš?), er jedoch soll still für sich sagen: Ich scheiße nicht einen Furz, vielmehr scheiße ich auf den, dem du gewogen bist! (Ja ne serem prdac, već serem na onog, za kim ti mariš!) — Sl.

Eine Hexe farzt dreimal kräftiger als unsereiner. Von ihrem Furz könnte der Mensch vertauben. — (Angabe einer Chrowotin).

Vom Blut der Männer und Frauen.

Vergl. dazu bei Frau Daničić, Anthropophyteia X, den VII. Abschnitt, der von den Zaubereien mit Frauenmilch und Blut handelt.

Gegen Gangrene bereitet man im Trnovo-Bezirke in Bulgarien aus getrocknetem und zu Staub zerstoßenem Blut, das man durch ein Haarsieb durchsiebt und mit Kandiszuckerstaub und einem Eigelb vermischt, ein Heilmittel zum innerlichen Gebrauch des Leidenden.[1]

Um die Liebe eines Mädchens zu gewinnen, zieht sich in Bosnien der Bursche einige Bluttropfen von der Stirn über den Augen ab, dann aus allen zehn Fingerballen und gibt das Blut dem Mädchen in Kaffee ein.[2]

Um nicht wieder schwanger zu werden, bestreicht die Serbin mit ihrem ersten Monatlichen nach der Abspänung des Säuglings einen verschnittenen Ochsen.[3]

Will eine Serbin öfterer Schwangerschaft vorbeugen, so taucht sie soviele Maiskörner, als sie Jahre lang unfruchtbar bleiben möchte, in ihr Monatblut und gibt die Körner dem Haushahn zum Futter.[4]

In Ostserbien erlaubt man es keinem Frauenzimmer, das ihr Monatliches hat, einen fruchtbeladenen Baum zu erklimmen, weil er sonst verdorrte.[5]

---

[1] C. Ginčev, Sb., II, S. 173. — [2] Dragičević, Gatke, S. 20. — [3] Mijatović, S. 416. — [4] S. 402. — [5] S. 410.

Vom Ei.

Vergl. dazu bei Frau Daničić, Anthropophyteia X, den XI. Abschnitt, der vom Ei in der Zauberküche handelt.

Zu Ostern zerschlägt vor Sonnenaufgang die Mutter oder sonst wer aus der Freundschaft auf der heiratfähigen nackten Tochter Rücken oberhalb der Hüftbeine ein Ei so, daß ihr der Inhalt über den Leib hinabfließe. Man fängt es in einem Gefäße auf und brät es, das Mädchen aber gibt es dem geliebten Burschen zu essen, worauf er in Gegenliebe zu ihr entbrennt.[1] (Bosnien).

Bursche oder Mädchen nimmt am Neumondsonntag das erste Ei einer fleckenlos weißen Henne, siedet es vor Sonnenaufgang ab, schält es ab, schneidet es mit einem Haarbüschel von der rechten Hauptseite mitten durch, legt die zwei Hälften je eine auf jede Seite des Weges, wo die geliebte Person vorbei muß, fügt die Teile hernach wieder zusammen und ißt das Ei in drei Bissen auf.[2] (Lika).

Im bosnischen Bezirk von Vlasenica üben Burschen wie Mädchen folgenden Liebezauber. Man vergräbt ein Ei im Pferdemist und nimmt es nach drei Wochen wieder heraus. Nun hört man, so glaubt man, im Ei das Küchlein piepen. Man schält es aus dem Ei heraus und schlachtet es mit einem venezischen Dukaten ab. Mit dem aufgefangenen Blute beschmiert man die Person, um deren Gegenliebe man wirbt.[3]

In Serbien sucht die Unfruchtbare eine Schwangere zu bewegen, daß die eine ihr gehörige Henne an einem Dienstag über einem einzigen Ei ansetze. Das Ei beläßt man nur so lange unter der Gluck, bis sich darin deutlich das Küchlein zu gestalten beginnt. Da nimmt die Unfruchtbare das Ei unter der Gluck hervor, bricht es auf und verzehrt das nicht ausgereifte Küchlein. Manche trocknen es, zerstoßen es zu Staub und verzehren eben den Staub. Die Bäuerinnen behaupten, davon werden sie in andere Umstände kommen.[4]

Das letzte Ei einer Henne im Jahre heißt man iznosak. Es ist gewöhnlich kleiner als sonst ein Ei. Nicht jede Henne legt ein solches Ausnahmei. Findet sich zufällig eines vor, so ist der Serbe und Chrowot darüber recht bestürzt, denn es ist das Vorzeichen irgend eines Unglücks, der Bote eines Todfalles im Hause. Zur Abwehr des Übels schleudert man es übers Haus hinweg, damit es zerschelle und das Hausvolk am Leben bleibe.[5]

In Bulgarien heißt man das Zauberei ein unausgetragenes Eilein (jajce nedonoseno). Es ist auffällig klein oder hat weiche Schalen. Man nennt es beleg (Zeichen). Es sagt dem Heim Böses an.[6]

Gegen weißen Grind wäscht man in Serbien den Kopf mit Elstereiern.[7]

Ist die Bulgarin unfruchtbar oder sterben ihr die Kinder früh dahin oder gebiert sie nur Mädchen, so glaubt man, man habe es ihr mit Zauberei angetan (s magii postoreno). Zur Abwehr begeben sich Mann und Frau in eine Wassermühle, ziehen sich splitternackt (ogul goli) aus und begießen einander mit Wasser aus einer Storcheischale.[8]

Von der Milch.

In Bulgarien wäscht man nur am ersten Tag dem Kind das Gesicht mit Wasser, dann aber die weiteren vierzig Tage nur mit Muttermilch, „auf daß es weiß wie Milch werde", in Wirklichkeit jedoch zur Abwehr bösen Zaubers. Aus demselben Grunde beläßt man es vierzig Tage lang im ersten Hemdchen.[9]

---

[1] Dragičević, Gatke, S. 9. — [2] Begović, S. 218. — Dient auch einer Frau, um den ungetreuen Ehegatten wieder an sich zu ketten. S. 238. — [3] Dragičević, Gatke, S. 15. — [4] Vgl. K., Učitelj, S. 228. — [5] Karad., III, S. 44. — [6] Šapkarev, S. 197. — [7] Karad., III, S. 127. — [8] Šapkarev, S. 87. — [9] Šapkarev, S. 27.

Beginnt einer Herzogländerin die Milch zu versiegen, so fängt sie einen Fisch, tröpfelt ihm aus ihren Brüsten Milch ins Maul und läßt ihn wieder lebend ins Wasser gleiten.[1])

Will ein oder eine Verliebte jemandes Gegenliebe erlangen, so bittet man eine Stillende um etwas Milch aus ihrer linken Brust, tut in die Milch Weizenmehl, rührt den Teig mit einer gebrauchten Spindel an und spricht dabei: Sowie sich diese Spindel gedreht hat, so möge er (sie) sich nach mir drehen und außer mir keine (-en) andere (-en) erkennen! — Aus dem Teig bäckt man einen Ringelkuchen und schaut auf die Person, auf die der Zauber (čin) gemünzt ist. Noch sicherer ist's, gibt man ihr ein Stückchen des Kuchens zu essen.[2]) An manchen Orten nimmt man zum Kuchen die Milch gleichzeitig stillender Mutter und Tochter.

Wer an Augenweh leidet, der lasse sich von einer Stillenden durch eine durchlöcherte Knoblauchzehe Milch ins Auge träufeln und der Schmerz wird vergehen. Einen Mann kann nur die einen Knaben Stillende heilen[3]) usw.

Jedes kleine Weh, so auch eine Verbrennung soll man von einer Stillenden mit Milch aus ihren Brüsten beträufeln lassen; nur hat einen Mann die einen Knaben und eine Frau eine ein Mädchen Stillende zu heilen.[4]) (Serbien).

Verbeißt sich dir ins Fleisch eine Eidechse, so läßt sie nicht mehr locker, magst du sie schneiden oder sengen. Am ehesten hilft noch Jungfrauenmilch (djevojačko mlijeko) ab.[5]). Lika.

Hält sich ein Bulgare allzulange im Ausland auf und wünschen seine Eltern oder Hausgenossen seine Rückkehr, so richten sie an ihn einen Brief, der mit einer aus Mutter- und Tochtermilch erzeugten Tinte geschrieben wird, nämlich beide Frauen stillen gleichzeitig Knaben (Oheim und Neffen) und man ist überzeugt, daß der so Geladene unverzüglich heimkehren werde.[6])

In einigen Teilen Dalmatiens gibt man der Wöchnerin, von der die Nachgeburt schwer abging, eben diese Nachgeburt (posteljica, šekundina) abgekocht stückweise möglichst viel zu essen, damit sie recht viel Milch bekomme.[7])

Versagt den Kühen die Milch, so ziehen sich die serbischen Zauberweiber (činjarice) nackt aus, setzen sich rittlings auf einen Webebrustbaum und reiten am Vorabend des Georgtages so um die Hürde herum, wobei sie rufen: hop, hop, hop! Dem N. N. (den sie als den Zauberer vermuten) Treber, mir aber die Milchnahrung! (. . . trop a meni smok!)[8])

Hauch, Belecken und Speichel.

Machst du dir einen neuen Geldbeutel, so hauch zuerst dreimal hinein, ehe du Geld dreinlegst.[9]) — In Prilep in Bulgarien.

Begibt sich ein Kind oder selbst ein Jüngling oder ein Mädchen bis zum 20. Lebenjahre, mit der Mutter oder ohne sie irgendwohin zu Gast, wo die Mutter weiß, daß viel Volkes zusammenkommt, so bestreicht sie das Kind mit dem Ärmel über die Stirne, beleckt es mit der Zunge zwischen den Augenbrauen und spricht zur Abwehr jeder Beschreiung: Černá krava — Černó telé otélila. — Sam go otélila, — Samá go olízala, — Samá mu i lek dála! (Eine schwarze Kuh — kalbte ein schwarzes Kalb — Allein kalbte sie es, — allein beleckte sie es, — allein gab sie ihm auch ein Heilmittel!)[10]) — In Or-

---

[1]) Grgjić, S. 10. — [2]) Dragičević, Gatke, S. 16 u. 19. — [3]) Milićević, S. 317f. — [4]) Milićević, S. 274. — [5]) Begović, S. 241. — [6]) Šapkarev, S. 195, gibt an, er sei selber einmal Zeuge des Vorgangs gewesen. — [7]) Zdravlje, I, S. 269. — [8]) Mijatović, S. 424f. — [9]) M. N. Cepenkov, Sb., I, S. 74. — [10]) Marija Ilčeva, Sb., IV, S. 97. Ähnlich in Küstendil, nur ist die Handlung umständlicher. Vergl. Čarakčiev. Ebenda, VII, S. 146.

hanie, Bulgarien. — Die Chrowotin in Slavonien und die Serbin im Moravagebiet wischt sich mit ihrem Vorhemd die Voz aus und wischt damit dem Kind das Gesicht ab, doch ohne das Kind dabei abzulecken.

Im Aleksinacer Bezirk und allgemein unter Serben beleckt die Mutter ihrem Kind die Stirn zur Abwehr der Beschreiung und spricht den Bann: Eine schwarze Kuh kalbte ein schwarz Kalb, selber hat sie es gekalbt, selber ihm die Beschreiunggeister ausgeleckt! (crna krava crno tele otelila, sama ga otelila, sama mu uroci izlizala). [1]) Die Mutter nennt man auch sonst liebkosend die Kuh, das Kind ihr Kalb. — (Derselbe Spruch bei den Bulgarinnen).

In Mazedonien leckt man dem an Katarrh im Auge Leidenden dreimal das Auge aus. [2])

Ist die Zahl der Hausleute groß und machten sie sich abends mit einem kleinen Kinde vielen Spaß unter Lachen, so zwingt die Mutter einen oder eine von den Hausgenossen, doch nur ein solches, das sich da eines sehr langen, guten Schlafes zu erfreuen pflegt, dem Kinde, bevor es zur Ruhe geht, dreimal in den Mund zu spucken, damit es schlafen können soll. — So im Prileper Bezirke in Bulgarien. [3])

Zur Abwehr der Beschreiung (zarek) bestreicht die Bulgarin ihrem Kindlein mit ihrem Speichel die Augen oder spuckt ihm in den Mund oder malt ihm mit blauer Farbe auf die Stirn ein Kreuzzeichen [4]) [das dritte Auge, ursprünglich das Zeichen für die weibliche Scham]. [5])

Reicht eine Mutter einem fremden Kind die Brust, so muß sie ihm beim erstenmal ihren dreimaligen Speichelauswurf in den Mund stecken, damit ihr die Milch nicht versiege. — Im Prileper Bezirke in Bulgarien. [6])

Mit „hungrigem Speichel" (gladna pljuvačka), d. h. dem Frühmorgenspeichel vor dem ersten Imbiß, reiben serbische Mütter die angeschwollenen Mandeln ihrer skrofulösen Kinder, Flechten usw. ein. [7])

Kehrt einer von der Notdurftverrichtung in die Stube zurück und trifft die Kinder, die früher noch nicht geschlafen, schlafend an, so nehme er ihnen aus dem Munde Speichel, ohne daß sie es merken und bestreiche damit der Kuh das Euter, den Bienen das Ausflugloch, dem Ochsen das Joch, sich aber das Sacktuch. Da sähst du mal den Segen, der sich darauf einstellt! [8]) — Bosnien.

In Štip in Bulgarien sagen die Christen: In der Beiramzeit tun die Türken in den süßen Fladen (baklava) den Speichel hinein, den ihnen der Derviš beim Ausspucken gewährt. Darum wäre es sündhaft, wir äßen von dieser Baklava. [9])

Spucken, An- und Ausspucken und Mundspucke.

Blickst du abends zum Fenster hinaus und erschaust du eine Katze, einen Hund oder irgend ein Gespenst, so spuck aus und sprich: Ich vögle dich ins Knie! (U koljeno te jebem!) Die Erscheinung wird verschwinden. [10])

Trifft der Dalmater auf dem Wege einen Frosch oder einen Hasen, so spuckt er auf sie hin, damit ihn nicht Unglück begleite. [11])

In der Lika muß der zum erstenmal das Neugeborene erblickt ausspucken und ausrufen: Garstig ists! oder: Beschreiung finde nicht statt! (ružno je; ne budi uroka!) [12])

---

[1]) T. R. Gjorgjević, Učitelj, S. 347. — [2]) K. Šapkarev, Po narodna medicina usw. v Makedoniji, Sb., X, S. 336, — [3]) M. Cepenkov, Sb., VI, S. 81. — [4]) Šapkarev, S. 29. [5]) Krauss, Von der Mutterschaft in der Folklore. — [6]) M. K. Cepenkov, Sb., V, III. — [7]) Zdravlje, I, S. 116. — [8]) Dragičević, praznovjerice, S. 20. — [9]) P. A. Čačarov, Sb., X. S. 124. — [10]) Begović, S. 243. — [11]) Karad., I, S. 272. — [12]) Begović, S. 160.

Zeigt sich ein Zungenausschlag, so rührt man die Feuerglut auseinander, spuckt hinein und scharrt sie wieder zusammen.[1]) — Serbien.

Sonst gilt ins Feuer zu spucken bei allen Südslaven als unrätlich, weil man davon ins Bett nässen muß.

Bei Schwellung der Halsdrüsen begibt sich der Serbe abends vors Haus, spreizt die Finger beider Hände mit den Spitzen auseinander, spuckt der Reihe nach durch alle vier Öffnungen und spricht: Heute abends sowohl Sterne als Drüsen, morgen aber weder Stern noch Drüse, oh! So dreimal. (Večeras i zvezde i žlezde a sutra ni zvezda ni žlezda — u!)[2])

Erblickt einen Fallsüchtigen im Augenblick eines Anfalles einer oder eine, der oder die noch nie zuvor einen solchen Fall gesehen, so spucke er ihn an und der Kranke wird seines Leidens für immer ledig werden. — Sl.

Schmerzt den Mann die Zumpteichel, so ist es am besten, seine Ehefrau spucke ihm dreimal auf den Zumptkopf (kurčevu glavu) und spreche: Sowie ich leicht ausgespuckt habe, so leicht vergehe dir das Köpfchen! (Kakogod ja lako pljunula, tako lako tebi glavić prošo!) — Sl.

Erfaßt ein Fußkrampf Mann oder Weib, so hat er oder sie zu sagen: Der Krampf fahre in ein schwanger Weib hinein und spucke ihr ein wenig aufs Bein hin.[3]) So in Veles in Bulgarien.

Sieden die Weiber Seife, so mußt du jedesmal Mašallah! ausrufen und in den Kessel hineinspucken, so oft einer daherkommt, der die Seife beschreien könnte. Manche hängen ein Knoblauchhäuptel (= Zumpt) über dem Kessel gegen eine Beschreiung auf.[4])

Zieht man sich im Prileper Bezirke in Bulgarien ein neues Hemd an, so spuckt man dreimal hinein, um etwaige Zauberwerke oder teuflische List damit zu vernichten.[5])

Die Bulgaren glauben, daß wenn einer nüchtern vierzig Morgen nacheinander auf ein Stück Brot spuckt und es zuletzt einem Hunde zu fressen gibt, der Hund sich daran vergifte. Es gibt auch ein Sprichwort [auf einen bösen Menschen]: Spiee er einer Schlange in den Mund hinein, er vergiftete sie damit! (šte pljne na zmija v ustata, šte jo otrovi).[6])

Schreitet ein Serbe über einen Kreuzweg, so spuckt er aus, um bösem Zauber vorzubeugen (da se ne bi namerilo).[7])

Erschrickt ein Kind vor etwas, so spuckt man ihm ins Gesicht und reicht ihm Wasser zu trinken, damit der Schreck von ihm weiche.[8]) Spielt ein kleines Kind, dem das sich schämen noch nicht beigebracht worden ist, vor Leuten, so muß es jeder anspucken und dazu sagen: Hennen sollen dich bescheißen! (da te serat kokoškite!) und keine Beschreiung schadet ihm dann.

Verläßt ein Besucher in Serbien das Haus, so muß er die Kinder anspucken, um sie vor Beschreiung zu bewahren.[9]) Gewöhnlich sagt man dazu: ne bilo mu uroka! (Beschreiung meide es!)[10])

Dem Kinde können böse Augen (zle oči) schaden. Darum pflegt die Serbin ein fremdes Kind, wenn sie es anschaut, anzuspucken und dabei zu sprechen: Pfui! Böse Augen sollen dich nicht sehen! (pu, zle te oči ne videle!)[11])

Die alte Dona im Dorfe Seljačka im Timoker Bezirk in Serbien bespricht so Beulen: vorerst nimmt sie neun Steinchen in die Hand und spricht, den Leidenden an-

---

[1]) Milićević, S. 266. — [2]) Milićević, S. 278. — [3]) Jordan Čitkušev, Sb., VII, S. 127. — [4]) M. K. Cepenko, Sb., X, S. 111. — [5]) M. K. Cepenkov, Sb. X., S. 118. — [6]) C. Ginčev, III, S. 121. — [7]) Mijatović, S. 419. — [8]) Jordan Čitkušev, Sb., VII, S. 127 u. 128. — [9]) T. R. Gjorgjević, Učitelj, S. 38. — [10]) Zdravlje, I, S. 333. — [11]) Vl. K., Učitelj, S. 233.

spuckend: Die Beule zog mit dem (Webe-) Brustbaum ins Heer aus. Ihr begegneten neun junger Mädchen und kehrten sie um; begegneten ihr neun junger Burschen und hielten sie auf; begegnete ihr Dona die Besprecherin und zwang sie, zu weichen: Weiche, entfleuche, o du Beule! Sollst kleiner denn ein Mohnkörnlein werden! (Pošao usov s krosnom na vojsku. Sretoše ga devet mladih devojaka pa ga vratiše; sretoše ga devet mladih momaka pa ga ustaviše; srete ga Dona bajalica pa ga ustuknu: ustu! ustupi usove! da si manji od makova zrna!)[1])

Müht sich eine Bulgarin im Veleser Bezirk bei der Niederkunft besonders schwer ab und ist die Gefahr aufs höchste gestiegen, so beruft man alle Hausleute zu ihr, jeder zwickt sie am Leibe, nimmt den Mund voll Wasser, bespritzt sie und spricht: Leicht sei dir der Abgang! (leka ti polaza!)[2])

Hat einer in Serbien ein Gerstenkorn (ječmičak) im Auge, so spuckt man ihm dreimal ins Auge und er wird davon das Übel los.[3])

In der Aleksinacer Gegend in Serbien muß die Mutter immer in die Mulde hineinspucken, in der sie das Kind gebadet. Ebenso muß sie auf die Stelle hinspucken, auf der das Kind gelegen, wenn sie es umwindet (einfatschent), um es zum Schlaf zu betten.[4])

Wer eine Warze los werden will, läßt sich darauf von einem, der noch nie eine Warze gesehen, spucken.[5])

Der schwer gebärenden Serbin spuckt man in den Mund, worauf sie — angeblich — ihre Bürde gleich los wird.[6])

Fällt einer vor Schreck oder sonst aus einem Grunde in Ohnmacht, so spucken ihm unsere Weiber in den Mund, damit er wieder zu Bewußtsein gelange.[7]) — Serbien.

Reibt sich ein Kind auf, so spuckt man ihm in Serbien in den Mund.[8])

Mundwasser.

Im Aleksinacer Kreise in Serbien muß die Mutter abends beim Kindeinschläfern den Mund voll Wasser nehmen, bißchenweis davon in die hohle Linke fassen, das Kind mit diesem Mundwasser vom Kinn zur Stirne aufwärts waschen und die Beschwörung sprechen: Die linke Hand hat kein Kreuz, mein Kind [Name] hat keine Beschreiung! (leva ruka krsta nema, moje dete uroka nema!) Nachdem sie dreimal so gewaschen und dreimal den Bannspruch gesagt, so wischt sie es mit dem Vorderteil ihres Hemdes noch ab, nachdem sie vorher damit ihre Schamteile ausgewischt. Dazu spricht sie: Entfleuch Wunder vor dem Wunder! Hier weilt ein größeres Wunder![9]) Die Benutzung des Hemdschoßes vertritt den Griff an die Penunke, der sonst Beschreiunggeister vertreibt. Anderswo wischt die Mutter das Kind mit ihrem hintern Hemdschoß nach der Waschung mit Mundwasser ab.[10])

Die Schwergebärende trinkt über die Schwelle aus dem Munde ihres Ehemannes Wasser oder er reicht es ihr mit seinem Munde durch den Ärmel des Trauunggewandes. Ins Wasser weicht man auch Hartheu (bogorodična ruka, hypericum perforatum) ein, das da beim Eintauchen die Gestalt einer Hand annimmt.[11])

In manchen Gegenden Serbiens muß der Fieberkranke, um zu genesen, durch den Hemdärmel einer geschiedenen Frau und zwar unmittelbar aus ihrem Munde zur Löschung seines Durstes Wasser trinken.[12])

---

[1]) Milićević, S. 265. — [2]) Šapkarev, S. 32. — [3]) Zdravlje, V, S. 345. — [4]) T. R. Gjorgjević, Učitelj, S. 347. — Milićević, S. 196. — [5]) Karad., III, S. 130. — [6]) Zdravlje, I, S. 236. — [7]) Zdravlje, IV, S. 345. — [8]) T. R. Gjorgjević, Učitelj, S. 37. — [9]) T. R. Gjorgjević, Učitelj, S. 347. — [10]) Zdravlje, I, S. 236 und IV, S. 312f. — [11]) Milićević, S. 193. — [12]) Zdravlje, I, S. 21. — Milićević, S. 281.

Im Herzogland reicht die Schwangere durch einen Zaun hindurch einer Unfruchtbaren dreimal von Mund zu Mund je einen Bissen Fleisch zu essen und die wird davon
schwanger werden.[1])

In Serbien pflegt die Unfruchtbare, die Kindersegen zu erlangen erstrebt, eine
Schwangere zu bitten, sie möge aus ihrem Munde über einen Brunnen hinweg sie Wasser
trinken lassen. So wird auch sie empfangen.[2])

Von der Samenflüssigkeit.

Kann man seinen eigenen Samen mit der Pisse eines Frauenzimmers vermengen,
so wird sie rein wie toll nach dem Manne. Man spreche bei der Mischung: Sowie
du leicht gepißt hast, so sollst du mich zusammen mit meiner Samenflüssigkeit herzhaft
lieben! (Kakogod ti lako pišala, tako mene zdravo ljubila skupa s mojim jebom!) Gelingt es dir, deinen eigenen Samen mit der Pisse ihrer Eltern zu vermischen, so willigen
auch sie darauf ein. — Sl.

Unternimmt einer eine Eisenbahnfahrt, so ist es gut, er habe bei sich Samenflüssigkeit eines Türken (turskog jeba) und er spreche: Türkische Samenflüssigkeit! meine
Reise sei süß! (turski jeb! nek mi sladak bude put!) — Für eine Pferdewagenfahrt gilt
der Zauber nicht. — Sl.

Ist man impotent geworden, so beschmiere man sich den Zumpt mit Puzerantensamenflüssigkeit (buzuranckim jebom) und spreche dabei: Sowie dieser Dreck aus dem
Puzeranten herausgeflogen, so fliege aus mir Samenflüssigkeit heraus! (Kakogod ovo
govno iz čvige[3]) izletilo, tako iz mene jeb izletio!) — Sl.

Wer am After (prdalo) mit Wimmerln behaftet ist, der reibe sich, um zu genesen,
den After mit Samenflüssigkeit ein. — Sl.

Wer Zwetschkenhandel betreibt, der legt in die Zwetschken ein wenig Puzerantensamenflüssigkeit hinein und spricht dabei: Sowie die Puzerantensamenflüssigkeit[4]) hart
war, so sollen auch meine Zwetschken hart sein! (Kakogod bio buzurancki jeb tvrd,
tako i moje šljive tvrde bile!) — Sl.

(Smegma =) Zumpteichelschmutz.

Der Schmutz (muzga) um die Eichel unter der Vorhaut oder in der Schamspalte
ist wirksam zur Verfeindung (omražnja). Man nimmt den schmeerigen Schmutz herab,
schleudert ihn z. B. zwischen ein Liebepaar und spricht dazu: Sowie dieser Schmeer
schmutzig war, so mögt auch Ihr zwei eines dem anderen schmeerig sein! (Kakogod
ova muzga musava bila, tako i vas dvoje jedno drugom muzgavo bilo!) — Sl.

Sammelt sich einem unter der Zumptvorhaut ein weißer Schmutz an, so lese
man diesen weißen Schmutz von der Eichel ringsum ab, gebe ihn einem an der fallenden
Sucht (velika bolest, padavica) Leidenden zu trinken ein und spreche dabei: Sowie dieses
Smegma vom Zumpt losgefallen ist, so falle deine Krankheit ab! (Kakogod ova muzga
s kurca spala, tako tvoja bolest spala!) — Sl.

Schamhaare und Haarwasser.

Gegen den Weinkrampf des Kindes scheert sich die Mutter mit einem scharfen
Schneckengehäusrand oder mit einer Meermuschel (nie mit einer Scheere oder einem
Messer) Haare vom Schamberg ab, der Vater kreuzweis vom Gemächte und beräuchern
damit das Kind. Der dabei in Slavonien übliche Bannspruch ist mir entgangen. Das
in Serbien übliche Mittel gegen Weinkrampf und Auffahren aus dem Schlafe ist ver-

---

[1]) Grgjić. S. 5. — [2]) Vl. K., Učitelj, S. 228. — [3]) Čviga, eine verächtliche Bezeichnung für den Afterbenützer. — [4]) Oder: wie der Akt hart vor sich ging?

wickelter.[1]) Man beräuchert das Kind mit einem auf einem Dornstrauch vorgefundenen Viehdreck und mit abgeschorenem väterlichem und mütterlichem Haar. Man schwingt es dabei unter den Achseln, zwischen den Beinen um den Leib und den Kopf (der Eltern) herum (wie ein Opfertier). Zudem verabreicht man ihm Lichtruß aus der Lichtputzschere vermischt mit Tafelöl zum Trinken.

Im Prileper Bezirk in Bulgarien wendet man gegen Beschreiunggeister (uroki) folgendes Zaubermittel an: Man scheert von des Vaters oder der Mutter Leib ein wenig Haare ab, speidelt drei Splitter von drei Hausschwellen ab und nimmt dazu noch drei Zehen Knoblauch. Alle diese Dinge brennt man rußschwarz und zerdrückt sie mit der linken Ferse. Mit dieser Mischung beruß t man dem die Stirne, der sich zur Kirmes oder sonst zu einer öffentlichen Versammlung begibt, um ihn gegen Beschreiung zu schützen.[2]) Dieser Rußfleck ist das Symbol des weiblichen Geschlechtteils, das dritte Auge.

Die Serbin ergreift mit voller Hand ihre Schamhaare und reibt damit das Gesicht ihrem Kinde ab, wozu sie spricht: ‚Wenn man diese Haare abgezählt haben wird, dann soll man dich beschreien können!‘ (Kad ove dlake prebrojili, tad tebe uročili!)[3])

Sucht einen die fallende Sucht heim, so steigt eiligst der Vater, ist's ein Frauenzimmer, so die Mutter auf den Dachboden hinauf, kleidet sich splitternackt aus und ruft den ersten Nachbar an: O Marko! (oder wie er heißen mag) und setzt, selbst wenn sich niemand meldet, fort: Heute biß meinen Simeon oder meine Angelika eine Schlange und niemals wieder! — Hernach steigt er herab, bringt in seinem Haare Wasser und seiht es dem Kranken in den Mund hinein. Diesen Tag feiert der Kranke nachher sein Lebtag.[4])

Vom Ohrenschmalz und Rotz.

Fehlt es einer Wöchnerin an Milch, um das Kind zu stillen, so nehme sie Ohrenschmalz (žuto iz uha, das Gelbe aus dem Ohr), bestreiche damit die Brustwarzen und es wird ihr gleich die Milch zustoßen. — Sl.

Das verliebte Mädchen gebe dem geliebten Burschen von ihrem Ohrenschmalz in einem Getränk ein und er wird sich in sie verlieben und sie ehelichen.[5]) (Herzogtum).

Zu Orhanie in Bulgarien heilt man Augenleiden, indem man die kranken Augen mit Ohrenschmalz (Ohrenschmutz, kal od čověško uho) einschmiert.[6])

Fieberkranke entnehmen in Serbien dem Ohr eines einmal von einer Schlange Gebissenen Schmalz und trinken es mit Wasser im Glauben, sich damit für immer vom Fieber zu befreien.[7])

Willst du einen Mann mit Wein oder Branntwein trunken machen, so meng ihm ins Getränk ein wenig Ohrenschmutz und er wird betrunken, selbst von einem wenigen Wein und Branntwein. Im Prileper Bezirk, Bulgarien.[8])

Will man einen öffentlich bei einem Fest- oder Hochzeitmahle der Beschämung aussetzen, indem man ihn zum Erbrechen nötigt, so mischt man unverwissen in seinen Weintrunk Stierohrenschmalz. Davon wird er mächtig trunken und kotzt sich aus zu seiner Schande.[9])

Die serbische Besprecherin (bajalica) vertreibt so einen Kranken die Beule: sie befeuchtet mit ihrem Rotz oder Ohrenschmalz ihren Daumen und Zeigefinger, fährt dreimal mit den zwei Fingern um die Beule herum, zwickt jedesmal ein wenig die Beule

---

[1]) Milićević, S. 195. — [2]) Al. Popov, Sb., I, S. 80. — [3]) Mijatović, S. 417. — [4]) Milićević, S. 289. — [5]) Grgjić, S. 3. — [6]) Marie Ilčeva, Sb., VI, S. 100. — [7]) Milićević, S. 281. — [8]) M. Cepenkov, Sb., XI, S. 81. — [9]) C. Ginčev, Sb., III, S. 103.

und macht nach jedem Zwicker mit den zwei Fingern einen Kreis auf der Erde, wobei sie auch der Erde sozusagen einen Zwicker versetzt.[1]

Vom Schweiß.

Um von ihrem Kinde die Beschreiung zu bannen, wischt sich die Serbin ihren Geschlechtteil mit dem Hemde aus und wischt damit dem Kind das Gesicht ab. Dazu spricht sie: Entfleuch Wunder vom Wunder! Hier ist ein größeres Wunder! (Beži čudo od čuda, ovamo je veće čudo!)[2]

Erwirbt einer in Trnovoer Bezirk in Bulgarien ein Rheuma oder einen Stockschnupfen, so nimmt er abends vor dem Schlafengehen seine schweißigen Socken oder Fußfetzen von den Füßen, wickelt sie sich um den Hals, umwindet sie mit einem Wollgürtel und legt sich damit nieder zum Schlaf. Davon erwärmt sich ihm der Hals und er genest.[3]

Gegen Keuchhusten hat man in Ostserbien möglichst oft an dem sich zwischen seinen Zehen ansammelnden Schweiß zu riechen.[4]

Vom Erbrechen.

Will der Nachbar dem Nachbar einen bösen Schaden zufügen, so paßt er auf, wann der andere seinen Branntweinkessel aufstellt, besucht ihn und rülpst so auf, als ob er sich erbrechen wollte und spricht: Sowie ich gebrochen habe, so soll auch der Kessel erbrechen! (Kakogod ja bljuvo, tako i kazan bljuvo!) — Syrmien.

Um den Wolf vom Eindringen in die Hürde abzuhalten, legt man Ausgebrochenes (bljuvačka) hinter die Hürde. — Allgemein.

Vom Äser essen.

In Bosnien und im Herzogland glaubt das Volk, man dürfe verrecktes Vieh oder Äser essen, wenn man darauf vor Sonnenaufgang stößt, zumal wenn der Entdecker männlichen Geschlechts ist.[5]

Vom Erdessen.

Schwangere Serbinnen, die sich vor einer schweren Niederkunft fürchten, greifen beim Anblick einer fallenden Sternschnuppe unter ihrem rechten Fuß Erde auf, lösen sie während der Wehen im Wasser auf, trinken davon und schütten sich den Rest zwischen Hemd und nacktem Leib hinab.[6]

Vom Lecken eines Spießes.

In der serbischen Hausgemeinschaft lecken zu Weihnacht alle Hausleute den Spieß des Festbratens ab, „um vor Rückenschmerzen gefeit zu bleiben".[7]

Von Nägelabschnitzeln.

Beschneide deine sämtlichen Nägel, röste sie, zapf einem Ferkel Blut ab, knet daraus drei Körner so groß wie Hirsekörner, benenne sie mit Teufelnamen z. B. Satana, Volmeros usw. und trag die drei Körner in einem mit Wasser gefüllten offenen Gefäße

---

[1] Milićević, S. 265. — [2] Mijatović, S. 295. — [3] C. Ginčov, Sb., IV, S. 98. — [4] Mijatović, S. 342. — [5] Zdravlje, VI, S. 56. — [6] Zdravlje, II, S. 297 f. — [7] Zdravlje, II, S. 23.

auf das Grab eines Ungetauften (nekršteno groblje) am Vorabend eines Neumondsonntags. Über Nacht badet in dem Wasser der Teufel und haucht den drei Körnern Leben ein (zapunuće), wohl wissend, was du mit ihnen vorhast. Sobald er sie angehaucht, brüten sich darin Teufel aus. Dann gib die Körner dem zu essen ein, von dem du willst, er möge verrückt werden. Die Teufelchen werden in ihm wachsen und sobald sie die Größe von Mäuslein erreichen, wird der Kranke ganz den Vilen anheimfallen (povilenjati). Lesen ihm die Popen die furchtbaren großen Gebete vor, so zanken die Teufel aus ihm heraus und sagen: Uns vermag niemand zu vertreiben bis auf den, der uns allda eingesetzt hat! — Man forscht nach dem Giftmischer und mit ihm hadernd fragen sie: Wozu sandtest du uns hierher und nun verjagst du uns wieder? — Und so währt der Zank solang, bis er sie nicht davonjagt.[1] — Lika. — Solche Teufelbeschwörungen besorgen Geistliche beider christlichen Bekenntnisse, doch gibt es auch darin wohl bewährte Privatleute.

Die Verliebte schabt ihre sämtlichen Finger und Zehen ab, reißt sich je aus dem Scheitel, der linken Achselhöhle, den linken Augenbrauen, der rechten Achselhöhle und den rechten Augenbrauen, zuletzt aus dem Schamberg je ein oder drei Haare aus, verbrennt dies alles über einer Schaufel oder in einem Topfdeckel und spricht dabei: Sowie diese Abschabsel und Haare verbrannten, so möge er nach mir entbrennen! (Kakogod ove ostružine i lake gorile, tako on za mnom gorio!) Den Staub aber trachtet sie dem geliebten Manne in einem Getränk beizubringen. Allg. — In Bosnien schabt das Mädchen auch noch in ihrer Kammer etwas von den gegenüberstehenden Wänden ab und spricht: „Sowie da diese Wände einander anschauen, so möge er mich anschauen!"[2] Ein anderes Mittel aus Bosnien: Das Mädchen beschneidet ihre sämtlichen Fingernägel, verbrennt die Abschnitzel auf einem Schüreisen und gibt die Asche dem Burschen in Kaffee oder einem anderen Getränk oder in einer festen Nahrung ein. Während er dies genießt, spricht sie: Du aßest die zehn Nägel von meinen zehn Fingern weg und du mögst keine andere Nahrung als die meiner zehn Finger genießen! (Ti pojede deset nokata s mojih deset prsta i ne bilo ti druge hrane nego od mojih deset prsta!) — Als Ehefrau läge ihr eben die Zubereitung der täglichen Nahrung ob.

Von Abschabseln.

In Ostserbien schabt man jedem Hausgenossen etwas vom eigenen Fersenschmutz samt der hornigen Haut ab und läßt ihn das Geschabsel aufessen, weil es ein Vorbeugemittel gegen jedwede Krankheit ist.[3]

Wann sich die Schamlefzen abschälen (kad se gule pičane labrte), so nimmt man die abfallenden Häutchen und benützt sie zu Liebezauber (vračke za ljubav), indem man sie dem Manne in einer Speise eingibt. — Sl.

Um ein Frauenzimmer zum Beischlaf willig zu machen, gibt ihr der Serbe Roßhufabschabsel ein.[4]

Vom Gebrauch des Waschwassers.

Der schwergebärenden Bosnierin gibt man Wasser aus dem linken Opanak (Bundschuh) ihres Mannes zu trinken, damit sie umso leichter entbinde.[5]

Zur Erleichterung der Niederkunft gibt man der Gebärenden frisches Quellwasser aus den Schuhen ihres Ehegatten zu trinken.[6]

---

[1] Begović, S. 239f. — [2] Ein Text dazu bei Dragičević, Gatke, S. 15. — [3] Mijatović, S. 381. — [4] Mijatović, S. 423. — [5] Zdravlje, I, S. 297. — [6] Milićević, S. 192.

Um der Kreissenden die Niederkunft zu erleichtern, läßt sie der Ehegatte aus seinem rechten Schuh oder Opanak trinken oder spuckt ihr in den Mund und sie hat seinen Speichel hinunterzuschlucken.[1])

In einigen Bezirken Serbiens gibt man der Braut bei der Einführung in ihr neues Heim vom Spühlicht aller Hausgefäße zu trinken, damit ihr während der Schwangerschaft (kad bude kruta) vor nichts ekle.[2])

Besucher und Besucherinnen einer bulgarischen Wöchnerin waschen sich nach dem Nachtessen die Hände und mit diesem Waschwasser der Gäste muß sich die Frau ihre Brüste waschen, „damit ihr die Milch nicht dahinschwinde".[3]) Richtiger: damit der Schmutz die bösen Geister fernhalte.

In einigen serbischen Dörfern hegt man den Glauben, eine schwer Gebärende werde sogleich niederkommen, sobald sie ein Waschwasser trinke, in dem Bursch und Mädchen, die von ihrem Zustande keinerlei Kenntnis besaßen, eine Zeitlang die Fingernägel gebadet.[4])

Im Herzoglande gibt man der schwer Niederkommenden Wasser zu trinken, in dem man kurz vorher das Bildnis des Sippenpatrons abgewaschen.[5]) So ein Bild ist gewöhnlich von einem speckigen Aussehen wie das Titelblatt eines zerlesenen alten Leihbibliothekenromans.

Um sich der Gesichtflecken nach der Niederkunft zu entledigen, wäscht sich die Serbin ihr Gesicht mit dem ersten Kindbadewasser ab.[6])

Gebiert ein Weib lauter männliche oder lauter weibliche Kinder, so suche sie ein Haus, das unter einer Traufe neun Türen hat, und entdeckte sie ein solches, so begebe sie sich am Georgtage dahin, wasche alle neun Türschlösser ab und trinke sich satt dieses Wassers. Darnach werde sie, so glaubt man, auf Knaben eines Mädchens oder auf Mädchen eines Knaben genesen.[7])

In Serbien gibt man einem Burschen, damit er Neigung zu einem Mädchen fasse, vom Wasser zu trinken, in dem man einen Toten gebadet hat.[8]) In Slavonien wäscht man sich mit solchem Totenwasser die Hände zur Heilung der Handstarre.[9])

Um einem Trinker den Suff zu verekeln, gebraucht man in der Šabacer Gegend folgendes Mittel. Ist's ein Säufer, so nimmt man von einem toten Manne, ist's eine Säuferin, so von einer toten Frau, sei es auch nur einen Tropfen von dem Waschwasser, das da nach der Leichnamwaschung im Hinterhauptgrübchen verbleibt und vermischt diese Tropfen mit Wasser in einem Gefäße. Darein gibt man noch Branntwein, Harn eines Hengstes und Igels und fährt damit durch den Ärmel des dem Toten abgezogenen Hemdes. Hierauf leert man davon in ein anderes Gefäß ab, nimmt eine weitere Mischung vor und läßt sie den Säufer austrinken, ohne daß er etwas von der Beschaffenheit des Getränkes weiß. Daraufhin schlafe der Säufer Tag und Nacht, ohne daß man ihn erwecken könnte, und kommt er zu sich, so graue ihm derart vor alkoholischem Getränk, daß er es nicht einmal mehr riechen mag.[10])

Gegen Seitenstechen trinkt man Wasser, das man durch den Lauf einer Pistole hindurchgelassen, mit der ein Mensch erschossen worden oder eines, womit man ein Messer abgewaschen, mit dem man jemand niedergestochen hat, oder eines, darin ein Donnerkeil (strelica) gelegen, den man am Fuße eines vom Blitz getroffenen Baumes ausgegraben oder eines, darin ein Pfirsichbaumschwamm gesäuert. Dieser Schwamm heißt Vilska ložičica (Vilenlöffelchen). Er ist weich und weiß, wie eine weiße Leber.

---

[1]) Mijatović, S. 385. — [2]) Zdravlje, III, S. 348; IV, S. 121f. — [3]) Šapkarev, S. 31. — [4]) Zdravlje, IV, S. 184. — [5]) Zdravlje, IV, S. 215. — [6]) Mijatović, S. 415. — [7]) Vl. K., Učitelj, S. 230. — [8]) Zdravlje, III, S. 246. — [9]) Ebenda, IV, S. 24 u. 57. — [10]) Gj. Milićević, S. 17.

Man glaubt, er rühre von den Menschenlebern her, die da von Hexen ausgefressen und ausgespien worden seien.[1) — Serb.

Die serbischen Bauern reißen dem Vladika nach einer Kircheneinweihung das angehabte Leinenhemd stückweis vom Leibe und bewahren die Stücke in der Kirche als ein Amulet (hamajlija). Erkrankt nun einer an Wassersucht, so kocht man ein Stück davon ab und gibt das Wasser dem Kranken zu trinken.[2)

Gegen Keuchhusten gibt man dem Kranken Wasser aus dem rechten und ersten Strümpfchen eines erstgeborenen Knaben zu trinken.[3) — Serb.

In einigen Gegenden Slavoniens baden die Mütter ihre zu Fraisenanfällen hinneigenden Kinder (stravičavu decu) in einem Wasser, in dem sie vorher eine Katze oder einen Hund gebadet haben.[4)

Das pasjača genannte langwährende Fieber (Hundefieber) heilt man in Serbien, indem man einen Hund (pas) mit Wasser überschüttet und beim Überschütten pasjača! (du Hündisches!) ausruft. Man fängt das vom Hunde abgebeutelte Wasser in eine Holzschüssel auf und trinkt es.[5)

In Serbien sucht der Fieberkranke einen Vogelleichnam zu finden, den eine Natter liegen gelassen. Durch den Vogel hindurch oder über den Vogel gießt er Wasser und trinkt es, um zu genesen.[6)

Der Gelbsüchtige nimmt einen gelbfüßigen Hahn, eine Gelbsüchtige eine solche Henne, wäscht ihr die Füße ab und trinkt das Waschwasser.[7) — Serb.

Von Toten- und Grabfetischen.

Wer an Schweißhänden leidet, gehe zu einer Leiche, lege seine Handflächen auf ihre Fußsohlen auf und spreche dabei: Wann deine Füße schweißen werden, dann sollen es auch meine Hände! (Kad se budu znojile tvoje roge, onda i moje ruke!) — Sl.

Räuber (ajduci) hängen an die Tür des Hauses, das sie überfallen, einem Toten entnommene Schamhaare (bruce), damit die Hausleute nicht erwachen sollen. — Sl.

Diebe und Einbrecher suchen sich in den Besitz eines Messers zu setzen, das man bei einem Toten vorgefunden. Das Messer stecken sie in den Türstock des Hauses ein, das sie besuchen und haben dann Glück im Stehlen. — Sl.

Gegen Lungenschwindsucht: man bestattet mit einem, der an dieser Krankheit verstorben, eine Flasche guten, schwarzen Weines und beläßt sie unverstopft vierzig Tage lang im Grabe. Hernach gräbt man den Wein wieder aus, und gibt davon sowohl den Gesunden als den Lungenkranken im Hause zu trinken. Um das heilsame Naß möglichst auszunützen, vermischt man es mit Weizenmehl, bereitet daraus Küchlein, trocknet sie in der Sonne und reicht sie dann dem Kranken zu essen.[8) — Serb.

In Uzovnica im Azbukovacer Bezirk und sonst vielfach in Serbien bestattet man mit einem an Schwindsucht Verstorbenen zugleich eine Flasche Wein. Nach 40 Tagen hebt man die Flasche aus dem Grabe aus und alle Hausleute des Verewigten trinken von dem Weine, „damit diese Krankheit nicht auf sie übergehen soll".[9)

Die heiratlustige Likaërin nimmt Erde vom Grabe ihres Seligen und schleudert sie über den hinweg, auf den sie ein Äuglein geworfen, und das hilft.[10)

Stirbt eine Frau in den Wehen ohne das Kind zu gebären und bestattet man Mutter samt Kind, so nimmt der oder die Verliebte von der Graberde, gibt sie der geliebten Person irgendwie zu verzehren und spricht dabei: Sowie sich dieses Weib nicht

---

[1) Karad., III, S. 126. — [2) Zdravlje, III, S. 87. — [3) Karad., III, S. 128. — [4) Zdravlje, IV, S. 183. — [5) Milićević, S. 279. — [6) Milićević, S. 281. — [7) Milićević, S. 271. — [8) Karad., III, S. 128. — [9) Zdravlje, I, S. 83. — [10) Begović, S. 219.

vom Kinde trennen gekonnt, so soll auch er (oder sie) sich bis zu seinem (ihrem) Tode von mir nicht trennen können! (Kako se god ova žena sa djetetom ne mogla rastati, onako se ne mogo taj i taj sa mnom rastati dok ne umre!)[1]) — Bosnien.

Großen Zauber bewirkst du mit der Erde, die du am Vorabend des Neumondsonntags vom jüngst geschaufelten Grabe holst und damit einen bestreust.[2])

Im Trnovo-Bezirke in Bulgarien mißt man die Fußspur desjenigen, den man verderben will, mit einem schwarzen Faden aus und knotet darein neun Knötchen. Darnach nimmt man von einem Grabe oder einem Friedhof zwischen zwei Fingern Erde, vierzig Körner schwarzen und drei Körner roten Pfeffers, dazu die gerösteten Gedärme eines Igels. Alles dies tut man in einen Topf hinein und stellt ihn übers Feuer zum rösten des Inhalts auf einen Herd, auf dem allmorgendlich Feuer brennt. In einen anderen, neuen Topf steckt man einen lebenden Igel, verstopft den Topf mit einem Faßpropfen und überdeckt ihn mit einem roten Frauenkopftuch. Die so hergerichteten Töpfe vergräbt man unter der Feuerstelle des Gehaßten in dessen Heim. Er beginnt nun hinzuwelken und geht darauf, gelingt es ihm nicht bei Zeiten, die Töpfe zu entdecken und zu entfernen. Der Zauber ist gewöhnlich und es geschieht auch, daß er zu dessen Kopf ausgeht, der ihn angestellt hat.[3])

Vom Ruß.

Der an Milzverhärtung leidende Serbe begibt sich vierzig Tage hindurch allmorgendlich gleich nach dem Erwachen unter den Rauchfang, bespuckt Zeige- und Mittelfinger, reibt am Rauchfangruß, leckt den Ruß von den Fingern ab und verschluckt ihn, worauf ihm wohler wird.[4])

In Bulgarien gibt man der schwer Gebärenden in Wasser Ruß von der Rauchfangeisenkette, an der der Kessel über dem Hausherd hängt, zu trinken.[5])

Befallen ein Kind an der Brust Herzkrämpfe, so berußt die Bulgarin einen Kaffeelöffel über einer Fichtenholzflamme, träufelt darein von ihrer Milch, verrührt sie und den Ruß mit ihrem Finger zu einem schwarzen Brei und gibt ihn dem Kinde ein. Das ist die s. g. čadojna.[6])

Tut sich ein Bulgare infolge eines Sturzes aus einer Höhe innerlich wehe, so gibt man ihm in Wasser einen am Georgtag vom äußeren Kesselboden abgeschabten Ruß zu trinken ein, „damit ihm das Blut nicht aufs Herz falle".[7])

Vom Besen und Mist.

Zur Abwehr der babice stellt man in Serbien zu Häupten des Neugeborenen bis zur Taufe ein Wagenschmiergefäß mit Schmiere, einen Rechen, auf den ein Knoblauchhäuptchen und ein Messer mit schwarzem Griff (Heft) eingesteckt ist, und einen Kehrbesen auf; in die Windeln aber näht man etwas Brot, eine Knoblauchzehe, Weihrauch und Salz ein. Nach der Taufe beseitigt man dies alles bis auf den Besen. Bis zur Taufe räuchert man das Heim jede Woche mit Wagenschmiere (Pech) aus. So oft die Mutter das Zimmer verläßt, in dem das Kind liegt, legt sie bis zu ihrer Rückkehr den Besen übers Kind.[8])

Im Caribroder Bezirk in Bulgarien läßt man vor der Taufe ein Neugeborenes nicht allein in der Stube, weil es die Fraisen kriegte. Gegen die Fraisengeister legt man ihm unter den Kopf den Hausmistbesen und läßt es erst dann allein.[9])

---

[1]) Dragičević, Gatke, S. 17. — [2]) Begović, S. 238. — [3]) Ginčev, Sb., II, S. 172. — [4]) Milićević, S. 283. — [5]) Šapkarev, Sb., S. 17. — [6]) Šapkarev, S. 28. — [7]) C. Ginčev, Sb., III, S. 117. — [8]) T. R. Gjorgjević, Učitelj, S. 34. — [9]) Capo Stalijski, Sb., VI, S. 90.

In Trevna in Bulgarien ist es Brauch, sogleich, wie man einen Toten aus dem Hause hinausschafft, das Haus zu fegen und den Mist samt dem Besen auf den Düngerhaufen zu werfen, um damit die Krankheit auszukehren. Zu Vraca dagegen kehrt man erst das Haus am dritten Tag nach der Bestattung aus.[1]

Vom Hindurchkriechen.

Sterben einer Serbin die Kinder dahin, so rät man ihr bei neuer Schwangerschaft an, unter einer würfigen Stute hindurchzukriechen. Da werden ihr die Kinder am Leben bleiben.[2]

Tötet man einen Wolf, so schneidet man ihm die Schnauze ab und bewahrt sie — zum Bösen soll man sie ja nicht brauchen! — als größte Kostbarkeit im Hause auf. Die Wolfschnauze (kurjački zev) ist ein Allheilmittel in jedweder Krankheit und Heimsuchung. Sterben einem z. B. die Kinder hin, so braucht er nur das Neugeborene durch die Wolfschnauze durchzuziehen und es wird ihm am Leben bleiben. Im Dorfe hat gewöhnlich ein altes Mütterlein eine Wolfschnauze als Schatz in Bewahrung, der ihr eine schöne Einnahme sichert. Erkrankt einem ein Kind und versagt die Kohlenzauberin (ugljevara, die Glutkohlen ins Wasser wirft, daraus sie das Leiden bestimmt und mit dem Wasser unter Beschwörungen das Kind wäscht), so hält man nach einer Wolfschnauze Umfrage und reist mit dem kranken Kinde mitunter bis ins dritte Dorf, um es durch eine Wolfschnauze hindurchzuziehen und es zu heilen. Ist's ein größeres Kind, so reißt man die Schnauze an einer Stelle auf und verbindet den Riß mit einer Hanfschnur so weit, daß noch das Kind hindurchschlüpfen kann.[3] — Allg.

Beißt einen ein wütender Hund, so muß man den Hund gleich töten, spalten und den Gebissenen durch den Hund hindurchkriechen lassen. Darnach darf der Mensch vierzig Tage lang nur von ungesäuertem Gerstenbrot leben und er genest.[4]

Vom Vergraben bei lebendigem Leibe.

Wird ein Bulgare so entkräftet und schwach, daß schon kein Heilmittel und kein Zauberspruch bei ihm verfängt, so vergräbt man ihn bis zum Kopf in einen dampfenden Roßmisthaufen und beläßt ihn darin, bis er sich ausschwitzt. Davon genest er. Der Sohn eines slavonischen Presbyters erwarb in Wien als Studiosus eine schwere Syphilis. Wundenbedeckt kehrte er heim, doch die Eltern warfen ihn zum Haus hinaus. Mitleidige Bauern scharrten ihn bis zum Hals in Roß- und Kuhmist ein und so übernachtete er darin. Geholfen hat ihm die Kur natürlich nicht im geringsten.

Trifft einen im Bezirk von Trnovo in Bulgarien ein Blitzschlag (grmotevica), so daß er davon das Bewußtsein verliert, so gräbt man im feuchten Erdreich eine Grube aus und verscharrt darein den splitternackt entkleideten Menschen so ein, daß nur sein Gesicht noch herausschaut. Auf diese Weise hat man schon viele Menschen gerettet.[5]

Vom Knoblauch.

Vergl. dazu bei Frau Daničić, Anthropophyteia X. den XIII. Abschnitt vom Knoblauchzauber und Zaubereien mit verschiedenen Feldfrüchten.

Wer eine Schlange vor dem Mariä Verkündigungtage (25. März) erblickt, soll sie töten, ihr den Kopf abreißen, ihn zerreißen und Knoblauch so einsetzen, daß er durch dies Haupt hindurchwachse. Zu Ostern stecke er eine Zehe dieses Knoblauchs unter die

---

[1] Chr. N. Daskalov, Sb., VI, S. 92. — [2] Vl. K., Učitelj, S. 292. — [3] Karad., III, S. 175. — [4] Karad., III, S. 166. — [5] C. Ginčov, Sb., S. 99.

Zunge, besuche die Kirche und er wird geistersichtig (mit dem zweiten Gesicht begabt, vidovit), das heißt, er wird jedes Weib, das eine Hexe ist, erkennen.[1] — Aus der Šumadija.

Zur Abhaltung der babice (böse Geburtgeistinnen) windet man in Serbien dem Neugeborenen einen roten Faden um den Hals und hängt daran eine Knoblauchzehe und eine kleine Münze. Ins Kopftüchel näht man ihm mit rotem Faden eine Knoblauchzehe, einen Ring, einen Dukaten oder eine kleine Münze ein.[2]

Tierbestandteile als Heilmittel.

Der an Engbrüstigkeit (sipa, Asthma) Leidende muß ein Eichhörnchen töten, es samt Haut und Haar unter einen heißen Backsturz legen, den Sturz mit Glut wohl umgeben, dann Kohle und Asche des Tieres zerstäuben und vom Staub mit junger Butter oder Honig vermischt vierzig Tage hindurch allmorgendlich einen Kaffeelöffel voll einnehmen.[3] — Herzogland.

In Mazedonien gibt man zu Zeiten einer Diphterieepidemie (görlica) als Vorbeugemittel Kindern Blut eines schwarzen Enterichs durch einen Schweine- oder einen menschlichen Schlund (grklenik) zu trinken.[4]

Man reißt zehn Elstern und zehn Krähen die Zungen heraus, trocknet und verpulvert sie zusammen mit einem Stück vom Mühlenrührstock und gibt dies alles am Neumondsonntag dem Stotterer in einem Glas Milch zu trinken ein.[5] — In Ostserbien.

Gegen Harnverhaltung nimm Elsternhirn, lös davon etwas, sei es auch nur soviel wie ein Hanfkorn, im Wasser auf, trink es aus und das Übel weicht.[6] — Lika.

Bei Milzverhärtung (dalak) trennt man eine lebende Elster auf und legt sie auf die leidende Stelle, die man vorher mit einem Taler bedeckt, damit nicht die ganze Milzverhärtung verdorre.[7]

Gegen Keuchhusten gibt man in Ostserbien dem Kranken sieben Tage hintereinander Fleisch gebratener Elstern zu essen.[8]

Für den Fallsüchtigen muß man im Sommer eine Elster töten und sie unausgeweidet, d. h. mit ihrem Gedärm braten oder kochen. Der Kranke muß sie des Weges wandernd verzehren.[9] — Serb.

Fallsüchtige tragen zur Heilung ihres Leidens ständig einen Eselhuf bei sich herum.[10] — Serb.

In Bulgarien legt man eine Landkröte in Schnaps ein und läßt sie darin solang weichen, bis sich die rauhe krustige Haut ablöst. Diesen Branntwein gibt man unverwissen dem an Fieberfrost Leidenden zu trinken ein und das Schütteln verläßt ihn.[11]

Zur Heilung des Fiebers fängt man in Ostserbien einen Kellerfrosch (žabu súšnjaju) ein, läßt ihn in starkem Essig säuern und gibt den Essig allmorgendlich dem Kranken auf nüchternen Magen zu trinken ein.[12]

Auf eine Wunde legt man einen lebend aufgeschnittenen und mit Ammoniak bestrichenen Frosch auf.[13]

Der Fieberkranke muß eine Kröte küssen und er wird seines Leidens ledig.[14] — Serb.

[1] Milićević, S. 98. — [2] T. R. Gjorgjević, Učitelj, S. 34. — [3] Karad., III, S. 68. — [4] K. Šapkarev, Po narodna medicina i nejnata nomenklatura v Makedonija, Sb. X, S. 328. — Gegen Keuchhusten (tussis convulsiva) läßt man kleine Kinder einfach Wasser durch den Schlund (grknul) eines schwarzen Schweines trinken. S. 332. — [5] Mijatović, S. 377. — [6] Begović, S. 248. — [7] Milićević, S. 283. — [8] Mijatović, S. 342. — [9] Karad., IV, S. 125. — Karad., III, S. 68. — [11] C. Ginčev, Nešto po blgarskata narodna medicina, Sb. III, S. 93. — [12] Mijatović, S. 390. — [13] u. [14] Karad., III, S. 127.

In Ostserbien badet man den Fiebernden im Wasser, in das man einen Fuchs-schädel eingelegt. Solche Schädel heben so manche Weiber zu diesem Heilzwecke auf.[1]

In Bosnien verschafft sich der verliebte Bursche die schwarze Leber eines Fuchses, zerstößt sie zu Staub und gibt ihn seiner Flamme in einem Trank ein und man sagt, so sei er ihrer Gegenliebe gewiß.[2] — In Tirol gebraucht man solchen Staub als sicher wirkendes Abführmittel.

In Serbin sucht man zu Pfingsten auf einer Esche Goldkäfer zusammen, ver-schließt sie in einem Flaschenkürbis, läßt sie darin verenden, zerstößt sie dann zu Staub und gibt ihn dem von einem tollen Hund Gebissenen in Wasser oder Branntwein als Heilmittel ein.[3]

Den ersten Bluttropfen des für den Weihnachtbraten bestimmten Tieres fangen die Serbinnen auf, vermengen ihn mit Mehl und geben ihn dem an roter Ruhr Leidenden ein, die Gallenblase aber ziehen sie über ein Rohr, gießen Wasser hindurch und tränken damit einen Kropfigen.[4]

Wer an Keuchhusten leidet, bekommt in Ostserbien Hasenblut zu trinken.[5]

Gegen Seitenstechen oder auch Husten legt man eine eigens zu solchem Zwecke getrocknete und aufbewahrte Hasenmilz in Wasser ein und gibt davon allmorgendlich neun Tage hindurch dem Kranken zu trinken.[6] — Serb.

In Ostserbien gibt man dem Fieberkranken in Wasser oder sonst einem Getränke die getrocknete und verpulverte Magenwandhaut irgend eines Tieres, gewöhnlich einer Henne, zu trinken ein.[7]

Wünscht eine Schwangere rasch und schmerzlos zu gebären, so muß sie acht-geben, wann der Hahn die Henne bespringt (narašćuje). Schüttelt sich darnach die Henne und fällt eine Feder von ihr herab, so hebe sie diese Feder auf, beräuchere sich damit, tue das verkohlte Überbleibsel in Wasser und trinke es aus. So werden Niederkunft und Schmerzen nicht länger dauern als der Hahn auf der Henne gesessen.[8]

Die Bauern beschmieren dem Hengst die Rute mit Hirschsamenflüssigkeit (sa jelenskim jebom), damit er die Stute bespringen könne. Dabei spricht man: Sowie dieser Hirsch schnell gevögelt hat, so mögst du die Stute abvögeln! (Kakogod ovaj jelen brzo jebo, tako ti ždribicu pojebo!) — Sl.

Hat einer in der Nase ein Gewächs (Polypen), so schmiere er seine Nasenlöcher mit der Samenflüssigkeit eines Hirsches und einer Hindin ein und spreche jedesmal da-bei: Sowie die sich süß abgevögelt haben, so süß bleibe die Nase rein! (Kakogod se oni slatko pojebali, tako slatko nos čist osto!) — Sl.

An Fallsucht Leidende legen sich zum Schlaf über Nacht ein lebendes Hündchen auf die Brust.[9]

In Ostserbien: Man verschneidet einen Hund und legt die zerspaltenen Hoden auf die Beulen auf; oder: man trennt einen Frosch auf oder legt auch noch warmen Schweinedreck auf die Wunde auf.[10]

Um Eheleute zu verfeinden, nimmt ihr Feind Blut von der Schlagbrücke oder Haare, die ein Hund ließ, als er sich durch eine enge Öffnung hindurchzwängte und gibt es dem Manne ein. — So in Ostserbien.[11]

Igellabmagen (sirište) legt man auf eine offene, frische Wunde auf. — Allg.

Wer da am Farzloch (prdalo) eine Krebswunde erlangt, der reibe es mit der Samenflüssigkeit eines Katers ein, der auf Kater losgeht (buzuranta mačka = Kater-puzeranten). — Sl.

[1] Mijatović, S. 340. — Karad, III, S. 127. — [2] Dragičević, Gatke, S. 20. — [3] Milićević, S. 332. — [4] Milićević, S. 160. — [5] Mijatović, S. 343. — [6] Karad, III, S. 224. — [7] Mijatović, S. 339. — [8] T. R. Gjorgjević, Učitelj, S. 30f. — [9] Karad, III, S. 63. — [10] Mijatović, S. 359. — Karad, III, S. 127. — [11] Mijatović, S. 288.

Leidet einer an Schlaflosigkeit, so scheert er ein wenig Haare der Hauskatze ab, legt die Haare auf Glut und beräuchert sich mit dem Dampf. Davon bekommt er einen Katzenschlaf.[1]) — Aleksinac, Serb.

Gegen Faulecken in den Mundwinkeln zieht man dem Kranken über die Wundstellen mit dem Schweif einer (lebenden) Katze und spricht den Bann (basmu): O Schweif, du bist lang genug, auf dir möge die Faulecke verbleiben, auf mir weilte sie genug lang! (dugačak si, repu, dosta, nek na tebi žvala osta, na meni je bila dosta).[2]) — Serbien.

Gegen Typhus nimmt man mehrere lebende Krebse, zerstößt sie und gibt den Saft dem Kranken zu trinken ein, den Rest benützt man zu Bähungen auf die Fußsohlen wo man sie über Tag und Nacht beläßt.[3]) — Herzogland. [So geht die Krankheit zurück].

Eine Tarnkappe (djaolskata šapka), die den Träger unsichtbar macht, verschafft sich der bulgarische Bauer am Georgtagabend, indem er der ersten Kuh des Heimtriebs von der Weide Haare ausreißt, in denen ja, wie man glaubt, der Teufel sitzt und sich daraus die Kappe anfertigt.[4])

Man lege die größten Kopfläuse auf das Glaukom (biona) und verbinde die Augen mit einem in Wasser und Essig eingetauchten und ausgewundenen Tüchlein. Sowie die Läuse das Glaukom durchgebissen haben, soll man Treberbranntwein mit Pisse auf die Augen auflegen. — Sl.

Leidet ein Roß an Harnverhaltung, so nimmt der serbische Bauer gleich eine weiße Laus und läßt sie in die Harnröhre des Rosses hinein. Davon soll es sofort zu harnen anfangen.[5])

Zur Heilung einer Beule trennt man in Serbien eine lebende Maus, ein Küchlein, einen Vogel oder einen Frosch auf, begießt sie mit Salmiak, legt sie auf die Beule so zappelnd auf und beläßt sie darauf über Tag und Nacht.[6])

Schab den rechten Huf eines Maultieres ab und trage das Abschabsel mit dir herum. Solang als du es bei dir hast, wirst du nicht empfangen. Willst du aber bis zum Grabe unfruchtbar bleiben, so iß oder trink das Zeug in etwas auf, doch dafür werden auf jener Welt Schlangen an dir saugen.[7])

Um ein Weib unfruchtbar zu machen, gibt man ihr was immer vom Leib eines Maultiers ein.[8])

Ergreift Fallsucht ein Kind, so muß man eine gemeine Maulwurfgrille (konjoštip, gryllotalpa vulgaris) einfangen, auf einem unbeweglichen Stein abschlachten, sie ins Wasser tun, ausquetschen und das Wasser dem Kind zu trinken geben.[9]) — Serb.

In Ostserbien: Wirft eine Rappenstute zum erstenmal und dazu ein fleckenloses Rappenfohlen, so fängt man dessen Nüsternschleim auf, trocknet und hebt ihn auf, um ihn im Bedarffalle einem Epileptiker in Wasser einzugeben. Dasselbe Mittel trinken auch Frauen, die zu gebären aufhören wollen.[10])

In Ostserbien vertreibt man Warzen mit Schaum, den man von einem wild gewordenen Roß hat, indem man damit die Warzen einschmiert.[11])

Wirft eine fleckenlose Rappin beim ersten Wurf ein Hengstfüllen, das gleichfalls makellos ist, so sammelt man das dem Füllen aus den Nüstern herausquellende Blut, trocknet und verwendet es bei gar mancher Krankheit als Heilmittel, allzumal nehmen es Weiber ein, die unfruchtbar bleiben möchten.[12]) — Serb.

Gegen die Hinfallende nimm drei Tropfen Rabenblutes, verrühre sie in Wasser und trink es aus.[13]) — Lika.

---

[1]) Karad, IV, S. 125. — [2]) Zdravlje, IV, S. 247. — [3]) Karad, III, S. 98. — [4]) Šapkarev, S. 170. — [5]) Milićević, S. 63. — [6]) Milićević, S. 264. — [7]) Begović, S. 237. — [8]) Mijatović, S. 423. — [9]) Karad, IV, S. 125. — [10]) Mijatović, S. 364. — [11]) Mijatović, S. 379. — [12]) Karad, I, S. 206. — [13]) Begović, S. 248.

Zur Heilung der fallenden Sucht muß man während einer Sonnen- oder Mond-
finsternis rasch mit Wasser und Rabengalle einen dünnen Brotfladen ankneten, auf heißer
Feuerstätte ausbacken und dem Kranken zu essen geben.[1] — Serb.

In Trevna in Bulgarien wirft das Kind den ausgefallenen Zahn aufs Hausdach
und ruft dabei: ‚Rabe, da hast du einen Beinzahn, gib mir einen Eisenzahn!‘ und es bekommt starke Zähne.[2]

Gegen Herzklopfen nimmt ein Mann ein Männchen, das Weib das Weibchen einer
Schildkröte (željka), schlachtet sie ab und trinkt ihr Blut.[3] — Serb.

Wer seine Ware mit gutem Nutzen verkaufen will, fange zu Mariae Verkündigung
eine Schlange ein, reiße ihr den Kopf ab, berge ihn am Charfreitag in der Erde und
pflanze in ihn drei Hanfsamenkörner ein. Den reifen, daraus emporgesproßten Hanf reiße
er aus, schäle ihn ab, mische ihn unter den anderen Hanf und verfertige daraus eine
Peitsche. Auf jede Ware, die man zu Markt mit dieser Peitsche schmitzt, stürzen sich
die Käufer und man verkauft alles bis auf den letzten Faden.[4] — Lika. — Die Schlange
ist im Volkglauben ein voller Ersatz für den Zumpt.

Glückt es einem Bulgaren eine Giftschlange (gramadnica, osojnica zmija) zu töten,
so schneidet er ihr den Kopf ab und legt ihn auf eine Wunde auf (wenn er eine hat),
um den Eiter auszuziehen. Davon genest der Kranke.[5]

In Ostserbien: Wird einer verrückt, so tötet man in der Zeit zwischen den Frauentagen eine Giftschlange und läßt sie solang liegen, bis sich in ihrem Kopf Würmer einfinden. Die sucht man heraus, trocknet sie in der Sonne, verpulvert sie und gibt sie
dem Kranken an neun Morgen nacheinander in einem Glas Wasser zu trinken ein.[6]

Die Bulgaren glauben, daß einem zur Sommerzeit im Freien Schlafenden leicht
eine Schlange in den Mund hineinkriecht und sich ihm in den Magen einnistet. Zur
Vertreibung der Schlange und Befreiung des Kranken tötet man einen Storch und gibt
dessen Schlund dem Befallenen zu essen, denn sowie der Storch Schlangen und alles
andere vertilgt, werde nun auch sein Schlund die Leibschlange zu Stücken zerteilen und
auswerfen.[7]

Gegen Herzklopfen fängt man eine Taube ein, reißt ihr das Herz heraus und
gibt es noch zuckend dem Kranken zu verschlucken.[8] — Serb.

Beim Umsichgreifen einer seuchenartigen Krankheit soll man zufolge einer alten
serbischen Vorschrift (stari zapis) eine lebende Turteltaube (grlica) unter einen heißen
Backsturz ungerupft legen und sie so lang darunter halten, bis sie derart verkohlt, daß
man sie zwischen den Handflächen zu Staub zu zerreiben vermag. Diesen Staub hat
man in Wasser oder Branntwein dem Erkrankten einzugeben und er wird genesen.[9]

Fieberkranke winden sich um die Kehle das Fell eines weißen Wiesels.[10] —
Serbien.

Tötet man im Trnovoër Bezirk in Bulgarien einen Wolf, so treibt man ihm in
den After eine Stange ein und schneidet ihm um die Stange herum den After aus. Man
läßt das Stück an der Stange trocknen. Späterhin verkauft man den abgenommenen Ring
einem Krämer oder Kaufmann, der ihn zur Anlockung der Käufer gern erwirbt. Wer
so ein Navlče besitzt, schaut morgens beim Ladenaufschluß hindurch auf das Volk oder
den Markt und daraufhin wimmeln die Käufer nur so hin zu ihm.[11]

[1] Milićević, S. 289. — [2] Hr. N. Daskalov, Sb., VI, S. 11. Sonst wirft man fast
überall unter den Südslaven den Kinderzahn auf dem Dachboden der Maus zu. — [3] Karad,
IV, S. 125. — [4] Begović, S. 223. — [5] C. Ginčev, Nešto po blgarskata narodna medicina,
Sb., III, S. 94. — [6] Mijatović, S. 373. — [7] C. Ginčev, Nešto po blgarskata narodna me-
dicina. Sb., III, S. 86. — [8] Karad, IV, S. 125. — [9] Milićević, S. 311. — [10] Karad, III,
S. 68. — [11] C. Ginčev, Sb., X, S. 130.

Hat die serbische Bäuerin nicht genug Milch zum Stillen ihres Kindes, so verschafft sie sich einen Baumwurm und ißt ihn in einer Speise mit auf.[1])

Gegen Fallsucht. Man tötet in der Zeit zwischen den beiden Frauentagen (15. August bis 8. September) eine Schlange, läßt ihr Haupt wurmig werden, tut die Würmer in ein Wasser und gibt es dem Kranken zu trinken.[2]) — Serb.

Einen von einem Erwachsenen oder Kinde abgestoßenen Eingeweidewurm hat man zu braten, zu verpulvern und in Speise oder Trank einem Säufer einzugeben, um ihm den Suff abzugewöhnen. In Ostserbien.[3])

Tierkehle und Tiermagen.

Gegen Seitenstechen (probad, tišnja) trinkt man Wasser, das man durch die Kehle des Weihnachtopfertiers (božićnjar, Festbraten) hindurchgelassen.[4]) — Serb.

Dem Fieberkranken gibt man den Staub eines getrockneten Tiermagens in irgend einem Getränke ein. — Allg.

In Serbien und sonst vielfach bei den Südslaven befördern die Weiber die Käsebildung, indem sie in die Milch einen Tiermagen (Kuttelfleck) legen, selten einen reingewaschenen und frischen.[5])

Wunderbare Empfängnis.

Durch den Genuß von Fischflossen kann eine Unfruchtbare empfangen. So heißt es z. B. in einem Guslarenliede:[6])

> Zwei Frachtverlader ziehn dahin des Weges,
> Wohl unterhalb der Burg des Ban von München.
> Was spricht da nun der eine Frachtverlader?
> — Du lieber Gott, für alles sei bedankt!
> Ei, wärs bewußt der höchstgeborenen Banin,
> Warum dem Ban versagt der Kindersegen;
> Tät sie ein Netz verfertigen aus Perlen,
> Das Netz ins tiefe Meer hineinversenken;
> Das Netz darin drei weiße Tage lassen.
> Und fing sie ein den goldbefloßten Fisch
> Und äße sie des Fisches goldne Flossen,
> Sie brächte einen Goldhandsohn zur Welt.

Nach einem montenegrischen Liede muß es ein Fisch von sechs Flossen sein und die Banin die rechte Flosse aufessen.[7])

So manche unfruchtbare Serbin sucht auf der Haselstaude, im Knorren oder in der Hagebuttenfrucht einen Wurm und verzehrt ihn, um schwanger zu werden. Andere wieder hängen ihr Hemd kopfüber an einen Fruchtbaum im Garten, lassen es da übernachten und was sie da am anderen Morgen lebendes vorfinden, sei es eine Ameise oder einen Käfer oder sonst was immer lebendes, essen sie auf.[8])

---

[1]) Mijatović, S. 387. — [2]) Karad, III, S. 169. — [3]) Mijatović, S. 352. — [4]) Karad, III, S. 126. — [5]) Vrgl. auch Zdravlje, II, S. 54. — [6]) Krauss, Bajuwaren im Guslarenlied. Forschungen zur Kultur- und Literaturgeschichte Bayerns, hrg. v. Karl von Reinhardstöttner, Ansbach 1896, S. 129 u. 150. — [7]) Karadžić, Vuk. St. Srpske narodne pesme II, S. 91. — Von der wunderbaren Empfängnis durch Fisch-, Schlangen- und sonstigen Tierfleischgenuß eingehendes bei Edwin Sidney Hartland, The Legend of Perseus, London 1894, I. S. 72ff. — [8]) Milićević, S. 188, Nr. 12, 14, 19.

In der Lika sagt man von einer Schwangeren scherzhaft mit Anspielung auf den Volkglauben: Sie aß wurmstichiges Obst, oder: Sie trank einen Tausendfuß hinunter (jela crvljivo voće; popila je stonogu).[1]

So manche Unfruchtbare begibt sich aufs Grab einer in der Schwangerschaft Verstorbenen, kaut am Gras, das auf dem Grabe wächst, ruft die Tote beim Namen und fleht sie um Überlassung ihrer Leibfrucht an. Hierauf greift sie Graberde auf und trägt sie unterm Gurtband mit sich.[2]

In manchen Gegenden Serbiens verschafft sich die Unfruchtbare von einer Schwangeren ein Stück Sauerteig, trägt es eine Zeit lang unterm Gürtel auf nacktem Bauche und ißt es schließlich auf.[3]

Eine Fülle anderweitiger Tatsachen, die vom ekelfreien Geschmack und der Aufnahmefähigkeit des primitiven Südslaven zeugen, bringt die mehrfach erwähnte Abhandlung Frau Daničić's im X. B. der Anthropophyteia bei.

---

[1]) Begović, S. 156. — [2]) Milićević, S. 188. — [3]) Zdravlje, III, S. 54.

LXI. Anhang.

Von H. Ihm.

Zu Seite 11. Die Verwendung des Stierharns durch die Parsen, die doch sonst mit so peinlicher Gewissenhaftigkeit auf körperliche und geistige Reinheit halten, erscheint auf den ersten Anblick wunderbar. Rhode[1] sagt hierüber: „Die Reinigungmittel sind: 1. Wasser, wie es die Natur gibt; 2. Padiav, gesegnetes Wasser, das von den Priestern unter Gebeten zubereitet wird; 3. Zur, das Kraftwasser oder eigentliche Weihwasser; es wird unter vielen Zeremonien, Gebeten und Einsegnungen bereitet; 4. Trockene Erde und 5. Harn. Dieser muß von einem jungen Ochsen, im Notfall kann er auch von einer jungen Kuh oder einem andern reinen Tier, nur darf er nie vom Menschen genommen sein. Die umständliche Beschreibung der Zubereitung der geweihten Wasser und insbesondere des Harns, des Nereng Gomez, das nur besonders reine, heilige und durchaus unverstümmelte Priester verrichten dürfen, findet man in Anquetil du Perrons Abhandlung von den bürgerlichen und gottesdienstlichen Gebräuchen der Parsen.

Manche Gegner des Zend-Avesta und namentlich Meiners haben sich vorzüglich an den Harn als Reinigungmittel gestoßen und nehmen daher Gründe gegen die Echtheit der Zendschriften überhaupt. Es setzt wenig Bekanntschaft mit den Eigentümlichkeiten der alten Welt voraus, wenn wir unsere Begriffe vom Anständigen und Ekelhaften auf ihre Gebräuche übertragen wollen. In Indien ist bis auf diesen Tag nicht allein der Mist der Kuh ein wichtiges Reinigungmittel, sondern der Hindu trinkt so gut wie der Parse den Harn einer Kuh, um dadurch Vergebung der Sünde zu erlangen und eine ganze Sekte (die Verehrer der Bhavani) malt sich zum Beweise ihrer Heiligkeit das Bild der weiblichen Schamteile auf die Stirn.[2] Kann man Ideen und Gebräuche der Art nach europäischen Begriffen beurteilen? Und wenn man alle Gebräuche der alten Welt, die bei Reinigungen angewendet wurden, auf vernünftige Begriffe zurückbringen will, so möchten wir doch wissen, was das Blut eines Tieres, welches Moses gebraucht, inbezug auf den beabsichtigten Zweck vor dem Harn eines Ochsen voraus hat! . . . Daß nun bei den Reinigungen auf den Ochsen und alles, was von ihm herkommt, soviel Wert gelegt wird, macht die heilige Sage des Zendvolks sehr begreiflich. Ist der Ochse nicht der unmittelbare Abkömmling des heiligen Urstieres, der die Keime alles organischen Lebens in sich schloß und von dem selbst der Mensch herstammt?"

Bei Dr. Adolf Brodbeck, Zoroaster, Ein Beitrag zur vergleichenden Geschichte der Religionen, 2. Auflage, Leipzig, o. J. (1898) und bei Windischmann, Zoroastrische Studien, Berlin 1863, habe ich nichts über Nirang Gomez gefunden. Brodbeck erwähnt nur auf S. 75, daß ein Mädchen, das ihre Zeiten hat, vor dem Essen Hände und Leib mit Ochsenharn waschen soll.

Zu S. 17. — Die Sitte, den Vorsänger der Narren im Beisein des Volkes auf einem Schaugerüst vor der Kirche zu rasieren, ist so sonderbar, daß sie mich zu weiteren Nachforschungen veranlaßte. Aber erst nachdem ich längere Zeit Stoff für eine Geschichte des Narrenfestes gesammelt hatte, gelang es mir, den Brauch für drei Orte, Dijon und Seus in Frankreich und Oxford in England nachzuweisen, aber eine ausreichende Erklärung ist mir bis jetzt nicht gelungen.

---

[1] J. G. Rhode, Die heilige Sage und das gesamte Religionsystem der alten Baktrer, Meder und Perser oder des Zendvolks, Frankfurt am Main 1820, S. 426f. — [2] Als Abwehrmittel gegen den bösen Blick, ein drittes Auge, wie dies Krauss in seiner Abhandlung von der Mutterschaft in Adelbe. Schreibers: Mutterschaft, München 1912, dargelegt hat.

Zu Dijon wurde 1494 ein Schwank aufgeführt, in dem man den Vorsänger der Narren rasierte und allerlei närrisches Zeug redete. Das Schaugerüst stand vor der Kirche des heiligen Stephanus.[1]

Zu Sens rasierten sich die Vikare öffentlich vor der Kirche und auch ihren Vorsänger, manchmal ganz, manchmal nur auf einer Seite des Kopfes! Und schließlich zogen sie sogar in der Stadt herum und rasierten jeden, der ihnen in den Weg lief, mit oder gegen seinen Willen.[2]

In Oxford hatte der sonderbare Brauch mit dem Narrenfeste nichts zu tun, sondern beim Dienstantritt der neuen Beamten des New College wurden nachts vorher alle Schüler und Insassen des Collegs rasiert. Die Statuten der im Jahre 1380 gegründeten Anstalt verbieten ausdrücklich diesen „ludum vilissimum et horribilem".[3]

Aimé Chérest sucht den Brauch daraus zu erklären, daß im Altertum das Rasieren des Bartes und des Haupthaares ein Abzeichen der Narren und Possenreißer gewesen sei und verweist dafür auf Arnobius, auf eine alte bretonische Chronik und auf mittelalterliche Dichter. Aus dieser Anschauung heraus hätten sich die Vikare öffentlich vor den Türen der Kirche rasiert, um zu dem Namen der Narren, den sie führten, auch das richtige Aussehen von solchen hinzuzufügen. Das Rasieren der Leute in der Stadt sollte dann bedeuten, daß die Vikare diese auch in ihre Narrenzunft aufnahmen. Arnobius (7, 33) sagt lediglich, daß die Zuschauer an den geschorenen Köpfen der Spaßmacher ihre Freude hatten. Damit ist die Frage, weshalb diese ihre Köpfe schoren, nicht gelöst. Zweifellos liegt hier ein ursprünglich religiöser Brauch zugrunde; die ägyptischen Priester sollen sich geschoren haben, um ein Abbild der Sonne darzustellen. Der letzte Anklang an diesen Brauch mag die Tonsur der katholischen Priester und Mönche sein. Und hierbei stoßen wir auf den merkwürdigen Umstand, daß gerade die Mönchorden, die die treuesten Bewahrer der alten Überlieferungen sein wollen (z. B. Franziskaner), die größten Tonsuren tragen.

Zu S. 18. — Die Angaben Bourkes über das Esel- und Narrenfest sind recht dürftig, weil sich alle Angaben der Schriftsteller, die er als Quellen benutzt hat, auf Dutilliots Buch zurückführen lassen. Mit Dutilliots Erklärung, daß das sonderbare Fest auf die römischen Saturnalien als ein Fest der Wintersonnenwende hinweise, woraus er das Fest der Sousdiacres (Saturi Diaconi) als Fortsetzung ableitet, ist gar nichts gewonnen. Bekanntlich müssen die Saturnalien immer wieder herhalten, um als Stammvater jedes ausgelassenen Festes zu gelten, das irgendwo in Europa oder im Mittelmeergebiet gefeiert wird. So einfach liegt die Sache nicht und es wird auch kaum noch gelingen, die Entwickelunggeschichte des Festes lückenlos aufzuzeigen.

Eselköpfige Götter haben in vielen Religionen eine Rolle gespielt und bekanntlich sind sowohl die Juden als auch die alten Christen nicht von dem Vorwurf verschont geblieben, einen solchen Gott anzubeten. Nach 2. Könige 17, 31 hatten die Samariter einen Gott, namens Thartak, der nach dem Thalmud (Sanhedrin Fol. 63) einen Eselkopf hatte. Bei den Juden wird er wohl auch verehrt worden sein. Irgend eine Bedeutung hatte der Esel bei ihnen schon in den ältesten Zeiten; dafür spricht die Ablösung der Erstgeburt, die nur beim Menschen und beim Esel möglich war (2. Mosis 13, 13 und 34, 20 gleichlautend). Fand die Ablösung nicht statt, dann mußte dem Erstling des Esels das Genick gebrochen werden; man opferte ihn also überhaupt nicht. Jedenfalls hat sich die Anklage gegen die Juden ziemlich lange gehalten und Josephus muß sich noch gegen die Angabe wehren, Antiochus habe bei der Plünderung des Tempels im Allerheiligsten einen goldenen Eselkopf gefunden (Contra Apionem, 2, 7, 9). Irgend etwas Wahres mag doch

---

[1] Dutilliot, Mémoires etc., S. 13, nach den Kapitularregistern der Kirche. — [2] Aimé Chérest, Nouvelles Recherches, S. 75. — [3] Wharton, History of English Poetry, II, S. 532.

an der Sache gewesen sein, wenn auch die offizielle Religion mit ihrem reinen Monotheismus von solchen Dingen nichts wissen wollte. Aber im Volke wird wohl die im ganzen Orient gültige Auffassung des Esels als eines heiligen Tieres irgendwie vorhanden gewesen sein. Auch in der Gründungssage des Christentums spielt der Esel seine herkömmliche Rolle, zunächst im Stall zu Bethlehem, bei der Flucht nach Ägypten und beim Einzuge in Jerusalem. Und schließlich haben wir auch hier wieder die Anklage, daß ein Eselkopfgott verehrt wird. Minutius Felix und Tertullian reden davon und in dem bekannten Spottkruzifix in der Sklavenkammer eines kaiserlichen Hauses auf dem Palatin, das man 1856 aufgefunden hat, haben wir die Darstellung eines gekreuzigten Mannes mit einem Eselkopfe und dabei steht auf griechisch: Alexamenos verehrt Gott! Wenn diese Zeichnung aus dem 3. Jahrhundert u. Z. stammt, wie man annimmt, dann hatte sich im Volke die uralte Ansicht bis dahin gehalten und wer will irgend einen Zusammenhang in Abrede stellen, wenn eines schönen Tages die Kirche Gedanken, mit denen sie nicht fertig werden konnte, in das Christliche umsetzte und den Esel bei einer Kirchenfeier eine Rolle spielen ließ, die ihm nach der uralten Überlieferung zukam, aber ohne diese Überlieferung unverständlich bliebe? Und da vollzieht sich wieder etwas ganz Merkwürdiges, nämlich daß der Esel schließlich nochmals die Hauptsache des Festes wird und ihm sogar den Namen gibt. Da man sich aber nicht klar war, um welchen Esel es sich eigentlich handelte, feierte man an verschiedenen Orten das Fest auch zu verschiedenen Zeiten, zu Weihnachten, am Palmsonntage, oder, wie zu Beauvais, am 14. Januar. Dieses war das berühmteste Eselfest und galt der Flucht nach Ägypten. Das schönste Mädchen der Stadt ritt dabei mit einem Kinde auf dem Arm nach der Stephankirche auf einem abgerichteten Esel, der niederknien konnte. In der Kirche wurde ein Lobgesang angestimmt, der den Esel verherrlichte. In der Nationalbibliothek zu Paris werden Text und Noten dieses halb lateinischen, halb französischen Lobliedes auf den Esel in einer Handschrift aufbewahrt. Die Messgesänge begleitete man mit Y-a, Y-a und der amtierende Priester schloß mit einem dreimaligen Y-a. Der Esel wurde in dem Gedichte mit „Sir Asnes", Herr Esel, angeredet.

An dieses Eselfest, daß sich trotz aller Verbote hier und da bis ins 15. und 16. Jahrhundert, in Douai bis zum Jahre 1688 erhielt, schlossen sich dann jene Possen und Unsittlichkeiten an, die mit einem nebenherlaufenden Feste verbunden waren, das man als Narrenfest bezeichnete. Überall war dies aber nicht der Fall; man feierte teils das Eselfest, teils das Narrenfest allein, oder beide zusammen. Nach Kedrenos soll das Fest aus Konstantinopel stammen und uralt gewesen sein. Es ist eben das Fest der Wintersonnenwende gewesen, das mit dem Christentum gar nichts zu tun hatte und das man lediglich, weil es unausrottbar war, duldete. Es ist daher auch müßig, dem Patriarchen Theophilakt das Fest an die Rockschöße hängen zu wollen. Solche Feste, die man von Konstantinopel bis nach Frankreich und Belgien feierte,[1] können nicht von einem einzelnen Mann herrühren. Und war die Wintersonnenwende überall ein fröhliches Fest, so darf es uns nicht wundern, wenn man es in rohen Zeiten mit der nötigen Roheit und Unsittlichkeit feierte. Der uralte Brauch artete aus und an dieser Ausartung hielt man zähe fest. Der Kampf hat rund tausend Jahre gedauert, bis es gelang, dem Volke klar zu machen, daß die Zeiten für solchen Unfug vorbei waren. Seit 633 gingen Bischöfe, Päpste und Konzile wiederholt gegen das Narrenfest vor und verboten und verdammten es. Im Jahre 1444 erklärte sich auch die theologische Fakultät zu Paris dagegen, die vorher das Narrenfest in Schutz genommen hatte, aber erst der weltlichen Macht gelang es, der uralten Sitte den Garaus zubereiten. Im Jahre 1552 verbot ein Parlamentbe-

---

[1] Vrgl. dazu Richard von Strele, Der Palmesel. Eine kulturhistorische Skizze, Ztschft. d. D. und Österr. Alpenvereins, XXVIII, 1897.

schluß zu Dijon endgiltig das Narrenfest. Im Lichte heutiger Forschung müssen wir auch in diesen Bräuchen die Überreste eines uralten Fruchtbarkeitzaubers sehen, der sich an die Wendung knüpfte, die mit der Wintersonnenwende in der Natur begann. Und hierfür haben wir noch einen unmittelbaren Beweis in der Art, wie man zu Evreux das Fest beging. Dort zog man in feierlicher Prozession in den Wald und schnitt sich Zweige ab, so daß die Prozession bei der Rückkehr wie ein wandelnder Wald aussah. Dabei läutete man so toll mit den Glocken,[1]) daß diese häufig zersprangen. Man spielte auch während des Hochamtes in der Kirche Kegel.

Auffallend ist es jedenfalls, daß sich gerade in Frankreich das Narrenfest so hartnäckig gehalten hat. Aber die gallikanische Kirche hat sich immer eine gewisse Unabhängigkeit gewahrt und die gallische Beweglichkeit und Äußerlichkeit zeigte sich auch in ihrem Christentum. Man machte sich innerlich gern über die Kirche lustig, wenn man auch die herkömmlichen Formen nicht verletzte. Aber man ist doch immer erst Franzose und dann Katholik. Und so ist die Vermutung nicht ganz von der Hand zu weisen, daß uralte Kultformen, die aus vorchristlicher Zeit im Herzen des Volks weiterlebten, ihre Auferstehung feierten, als man sich in parodistischer Weise über die Kirche als weltliche Macht, nicht als Glaubenanstalt, lustig machen wollte. Denn tatsächlich tauchen die alten Gebräuche, die früher einmal durchaus ernst zu nehmen waren, in ihrer possenhaften Verzerrung in der Mère sotte verkörpert, in Frankreich allgemein auf, als im Beginn des zehnten Jahrhunderts der Streit zwischen König und Papst begann. (Monteil, Histoire des Français des divers États, III, S. 342, Ausgabe von 1853). Wenn wir das Narren- und Eselfest in diesem Lichte betrachten, ist es gar nicht verwunderlich, daß man an den Bräuchen, die aus den Tiefen vergangener Zeiten hartnäckig wieder emportauchten, so zähe festhielt. Für ein Volk als Ganzes ist Brauch alles, Glaube nichts. Daher auch der vergebliche Kampf der Kirche gegen den „Unfug", den erst der weltliche Arm unterdrücken mußte. Im Narrenfest hatte das „Heidentum", allerdings in unbewußter und verzerrter Form, seine letzte Auferstehung gefeiert. Es mag auch eine gewisse Genugtuung anfangs darin gelegen haben, der fremden Religion, die man nach alten Überlieferungen noch immer als Eindringling ansah, in parodistischen Spielereien zu zeigen, daß man sich doch in gewisser Beziehung mit ihr noch nicht abgefunden hatte. Wieweit druidische Tradition dabei wirksam war, läßt sich nicht mehr feststellen. Ich werde Narren-, Esel- und ähnliche Feste in einem besonderem Buche behandeln.

Zu S. 21 u. 149. — Die Angaben Victor Hugos in seinem Roman „Notre Dame de Paris" sind weder für das Narrenfest (S. 21) noch für die Abgaben, die man von Freudenmädchen in Gestalt von Blähungen einzog, maßgebend (S. 149). Victor Hugo hat die Grundlagen zwar dem Glossarium von Ducange entnommen, damit aber nach seinem dichterischen Belieben geschaltet. Seine Angabe, daß Narrenfest und heilige drei Könige seit unvordenklichen Zeiten zu einem Doppelfeiertage vereinigt gewesen seien, ist unzutreffend. Und von einer Verallgemeinerung der Sitte von Montluc, „wenn wir Victor Hugo glauben dürfen", wie Bourke sagt, kann gar keine Rede sein. Der „bombus" ist heute den meisten Lesern unverständlich und die Übersetzer (siehe Reclam) lassen die Stelle unerläutert, weil sie nichts damit anzufangen wissen.

Zu S. 23. Es handelt sich bei den Andeutungen Bourkes um die sogenannten Mujerados, die zu Frauen gemachten Männer der Pueblo-Indianer in Neu-Mexiko. Ein solcher Mujerado ist bei den päderastischen Gebräuchen, die einen wesentlichen Bestandteil der religiösen Zeremonien der Pueblo-Indianer bilden, schlechterdings unentbehrlich und er muß dabei die passive Rolle spielen. Diese Saturnalien finden jedes Jahr im Frühling statt und man hält sie Nichtindianern gegenüber streng geheim. Zum Mujerado

---

[1]) Dämonenabwehr!

wird einer der kräftigsten Männer jedes Dorfes ausgewählt und an ihm mehrmals täglich Masturbation vorgenommen. Zugleich zwingt man ihn fast ununterbrochen auf ungesatteltem Pferd zu reiten, wodurch die Geschlechtteile in einen Zustand so reizbarer Schwäche geraten, daß allmählich beim Orgasmus Samenentleerungen nicht mehr eintreten und schließlich auch der Orgasmus nicht mehr eintritt. Zumpt und Hoden schrumpfen ein und die Erektionfähigkeit erlischt. Dann ist der Mujerado fertig. Er nimmt auch sonst weibische Gewohnheiten an; sein früherer oft bewiesener Mut ist geschwunden, sein Einfluß im Rate der Männer ist dahin, seine Familie, Frau und Kinder, betrachten ihn als Fremden. Dabei ist es aber für einen Pueblo-Indianer keine Schande, ein Mujerado zu sein; er genießt den Schutz seiner Stammgenossen und es werden ihm sogar gewisse Ehren zu teil. Wenn er auch vielleicht anfangs der Umwandlung in ein Weib widerstrebte, so fügt er sich schließlich doch der Überlieferung, deren Gewalt bei den Pueblo-Indianern allmächtig ist. Ob der Mujerado auch außerhalb der Saturnalien zu päderastischen Zwecken benutzt wird, konnte nicht ermittelt werden; sicher ist aber, daß die Häuptlinge wenigstens dazu berechtigt sind. Vergl. Jahrbücher für sexuelle Zwischenstufen, 1901, S. 142 und Stoll, Geschlechtleben, S. 955f. Dr. Hammond, von dem der Bericht über die Mujerados stammt, zeichnete seine Beobachtungen um 1855 auf.

Zu S. 30. — Im „Patriotischen Elsässer", XXXVIII Stück, 1777, sind die Briefe des Paters Baegert veröffentlicht, die er an seinen Bruder in Schlettstadt, einen Kapuzinermönch, schickte. Darin sind auch die Angaben über den Pitahaya-Samen enthalten. „Ich habe denen, die mir das erzählten, nicht geglaubt", setzt der Pater hinzu, „als ich es aber mit meinen eigenen Augen gesehen hatte, verbot ich ihnen diese schweinige Esserei unter Androhung schwerer Bestrafung mit Peitschenhieben, aber es war beinahe vergebens". (Nach einer Mitteilung von Karl Amrain).

Zu S. 46. — Am Schluß des 4. Absatzes muß es statt Azytimismus richtig Azymitismus heißen. Azyma ist dasselbe, wie das hebräische Mazzoth, ungesäuertes Brot, dessen sich die abendländischen Christen beim Abendmahl bedienten. Die orthodoxen Griechen belegten deshalb die lateinischen Christen, Armenier und Maroniten mit dem Spottnamen Azymiten, als im 9. Jahrhundert das ungesäuerte Brot von den letzteren beim Abendmahl eingeführt wurde.

Zu S. 51. — Man ist leicht geneigt, in der Berührung von Kranken durch den König von England etwas Komisches zu sehen. Das ist es aber durchaus nicht. Merkwürdig ist nur, daß das Verfahren, das, soweit es geschichtlich nachweisbar ist, mit Eduard dem Bekenner im elften Jahrhundert seinen Anfang nahm, auch protestantische Könige beibehielten. — Und die Zeugnisse von wirklichen Heilungen sind massenhaft vorhanden und für Heinrich VIII., Elisabeth, die Stuarts und namentlich für Karl II. aus eigener Kenntnis von Augenzeugen bestätigt. Seit sich die Pariser Ärzteschule mit Glaubenheilungen wissenschaftlich beschäftigt hat, ist an der Sache nichts wunderbares mehr. Von der Person, von der die erhoffte Wirkung ausgeht, kann man dabei in moralischer Beziehung ganz absehen, ja Elisabeth soll selber nicht an die Macht, die ihr die Überlieferung zuschrieb, geglaubt haben und doch ist die Heilwirkung von ihr ausgegangen, und Karl II., ein zynischer Wüstling, hat fast hunderttausend Menschen in seiner Regierungzeit „berührt" und viele davon geheilt, wie seine Leibärzte in besonderen Schriften bestätigt haben. Die englische Kirche erhob selbstverständlich keinen Einspruch gegen die Wundertätigkeit der Könige. Im amtlichen Prayerbook war sogar eine Zeit lang die Vorschrift für den besonderen Gottesdienst enthalten, der stattfand, wenn der König seine Gabe ausüben sollte. Man las dabei das 16. Kapitel des Markusevangeliums vor und bei der Stelle: „Sie werden den Kranken die Hände auflegen und werden sie heilen" berührte der König die skrofulösen Geschwüre. Die französischen Könige hatten die gleiche Gabe. Näheres bei White, A History of the Warfare of Science with Theology in Christendom, New-York 1900, II, S. 48 und Lecky, History of European Morals, London 1911 (Rat. Press Association), I, S. 153. Eine erschöpfende Behandlung des Stoffes bietet Frazer in der III. Auflage seines Monumentalwerkes The golden bough dar.

Zu S. 51. — Man kennt keine Orgien des Mithradienstes und was sich Bourke unter solchen gedacht hat, geht aus seiner Bezugnahme auf die Angaben bei Montfaucon, die ähnliche Gebräuche bei den Moki-Indianern bestätigen sollen, nicht deutlich hervor. Die von Schlangen umwundenen Standbilder des Kronos, der als solcher mit einem Löwenkopf dargestellt wird, haben mit wirklichen Schlangen nichts zu tun, denn die Schlange ist in diesem Falle ein Sinnbild für den scheinbar gewundenen Weg der Sonne auf der Ekliptik, während Kronos in diesen Standbildern die unbegrenzte Zeit bedeutet. Nun sind auch aus dem Mithradienste solche Standbilder mit idealem menschlichem Kopfe bekannt, die aber nicht, wie Montfaucon meint, Menschen darstellen, sondern hier ist Mithra an die Stelle des Kronos getreten. Die Schlange, die auf den Denkmälern des Mithrakultes unter dem Bauche des von Mithra getöteten Stieres hervorkriecht, um sein Blut aufzulecken, stellt einen unreinen Dämon vor, den der böse Geist abgesandt hat. Aus dem Blut des Stieres entspringen nach der heiligen Sage des Mithrakultes alle nütz- lichen Kräuter und Pflanzen und der Wein, der heilige Trank der Mysterien. Dieses Blut soll die Schlange auflecken, um der Fruchtbarkeit Einhalt zu tun und dadurch den Menschen zu schaden. Eine weitere Bedeutung hat diese Schlange nicht und für die Verwendung lebender Schlangen bleibt also kein Raum im Mithradienste. Wir haben auch sonst gar keine Nachrichten darüber, sodaß sich Montfaucon im Irrtum befindet. Vgl. Cumont, Textes et Monuments figurés relatifs aux mystères de Mithra, Brüssel 1902. Es ist das erste Werk, das uns über den Mithrakult, den schärfsten Konkurrenten des jungen Christen- tums, einigermaßen Aufklärung gebracht hat. Eine gute Zusammenfassung alles damals Bekannten bietet auch das Werk von Seel, Die Mithrageheimnisse, Aarau 1823.

Zu S. 72. — Hexenringe können infolge des Einflußes ganz verschiedener Pilz- arten entstehen, der Boviste, vieler mit den Morcheln verwandter Pilze und insbesondere zahlreicher Blätterschwämme. Es ist auch nicht immer der Fall, daß die Pflanzen in der unmittelbaren Nachbarschaft des Myceliums absterben, sondern das Welkwerden des Grases kommt hauptsächlich bei den Blätterschwämmen vor. Wenn sich der Hexenring durch das Weiterwachsen des Myceliums vergrößert, siedeln sich gewöhnlich an den abgestor- benen Stellen neue Kräuter und Gräser an, die auf dem brachgelegenen Boden gut ge- deihen und dadurch den Ring um so deutlicher hervortreten lassen. Mit den Hexen- ringen sind gläubische Vorstellungen überall verbunden. In Oberösterreich glaubt man, daß diese Tummelplätze der Hexen in der Walpurgisnacht (am 1. Mai) entstehen. In Tirol nennt man die ausgebrannten Plätze Alberringe und bringt sie mit den Sternschnup- penfällen im August (Laurentiustag) in Verbindung. Der Alber, ein feuriger Drache, zieht dann umher und streift dabei mit seinem feurigen Schweif den Wiesengrund. Das Gras wird so arg versengt, daß erst nach sieben Jahren wieder etwas an der Stelle wächst. In Schweden glaubt man, wie in England, in den, dort Elfenringe oder Elfengänge ge- nannten Plätzen, durch Tänze oder Spiele der Elfen niedergetretene Grasstellen vor sich zu haben. Menschen dürfen solche Stellen nicht betreten, weil sie sonst erkranken. Außer Pilzen bilden eine große Menge Pflanzen solche Hexenringe. Hierüber vergl. man: Pflanzenleben von Anton Kerner von Marilaun, 2. Auflage, Leipzig und Wien 1898, II, S. 38 ff. Auf der Insel Haïti bringen die Neger gleichfalls die Hexenringe mit Geistern in Verbindung, die dort getanzt haben; aus ihrem Kot sprießen die Pilze auf. Sie werden mit großem Mißtrauen betrachtet, aber auf keinen Fall berührt. Vergl. Fritz Häußler, Anthropophyteia, 1911, VIII, S. 166.

Zu S. 86. — In Lothringen ist die Mistel heute noch die heilige Planze, d. h. man benutzt sie zur Weihnachtzeit zum Schmücken der Zimmer. Dann sind große Mistelbüsche auf dem Markt zu kaufen und Kinder ziehen damit herum und bieten sie an. Nach einer alten Verordnung, die heute noch in regelmäßigen Zwischenräumen in den Zeitungen veröffentlicht wird, sollen die Mistelpflanzen alljährlich von den Bäumen entfernt werden. Ich habe aber nirgends soviel Misteln gesehen, wie gerade in Lothringen.

Zu S. 94. — Lacroze [1]) berichtet über die Verwendung der Kuhmistasche bei den Verehrern des Tchiven (Schiwa) folgendes: „Sie reiben sich die Stirn und einige andere Körperteile mit einer aus Kuhmist hergestellten Asche ein. Sie schreiben dieser Asche eine große Heiligkeit zu, denn sie gilt ihnen als öffentliches Bekenntnis des Eifers und des Zutrauens, die sie zu ihrem Götzen haben. Die Jesuiten, die zu Maduré die Missiontätigkeit ausüben und die ganz und gar in Abrede stellen, daß sie Franken, d. h. europäische Christen sind, geben sich für Sanias oder Brahminen aus, die aus dem Norden gekommen sind; sie reiben sich und ihre Neubekehrten mit derselben Asche ein. Sie tragen auch die drei Schnüre der Brahminen, durch die der Glaube dieser götzendienerischen Priester an die drei weltbeherrschenden Gottheiten angezeigt wird".

Zu S. 105. — Über die Cloacina ist viel fantasiert worden. Nach Pauly-Wissowa [2]) und Roscher [3]) war sie die Göttin oder der Schutzgeist der Cloaca maxima. Ihrer Bedeutung entsprechend lag ihr Heiligtum auf der Nordseite des Forums an der Stelle, wo die Cloaca maxima in das Forum eintrat. Die Nachrichten, daß Titus Tatius der Begründer des Kultes war, ist gänzlich unbeweisbar. Was Lactantius, Minutius Felix, Augustus und Tertullian darüber sagen, hält man heute einfach für Entstellung oder Fantasie. Man wollte eben den „Heiden" etwas anhängen!

Zu S. 108 u. S. 199. — Zu den „Ausgeburten des Menschenwahns" gehört auch die Teufelmesse und ihre Abart, die schwarze Messe, [4]) die man als ganz hervorragend skatologische Gebräuche bezeichnen muß. Etwas neues sind sie nicht, denn der leitende Gedanke bei diesen Scheußlichkeiten, durch besondere Handlungen besondere Wirkungen zu erzielen, ist uralt. Es ist lediglich Zauberei; um ihres schlechten Zweckes willen schwarze Magie genannt. Und diese schwarze Magie ist schließlich auch nichts weiter, als Äußerung einer veralteten oder unterdrückten Religion. Es ist auch ohne weiteres begreiflich, daß man zur Vornahme dieser Gebräuche zur Zeit Ludwigs XIV., als sich die Öffentlichkeit wieder einmal mit diesen Dingen beschäftigen mußte, als äußere Form das Ritual der katholischen Kirche benutzte, das man offenbar für besonders wirksam hielt, weil man dafür einen wirklichen Priester zur Verfügung hatte. Das Hauptmittel bei den Zeremonien war das Blut auf den Altar geschlachteter kleiner, häufig sogar neugeborener Kinder. Daneben werden auch Fledermausblut und andere durch widerliche Manipulationen erhaltene Stoffe (durch Masturbation beschaffter menschlicher Samen usw.) als Inhalt des Abendmahlkelches erwähnt. Wer sich für weitere Einzelheiten dieser ekelhaften „Gottesdienste" interessiert, lese folgende Schriften nach: Funck-Brentano, die berühmten Giftmischerinnen und die schwarze Messe, Stuttgart, o. J.; die Romane von Huysmans, Là-bas und En route, Dr. Légué, Médecins et empoissoneurs, Paris 1896. Funck-Brentano ist am zuverlässigsten, weil er sich auf die Akten der Archive der Bastille und die Notizen des Untersuchungrichters La Reynie stützt. Die für unsere Zwecke inbetracht kommenden Angaben befinden sich auf den S. 82, 116 u. 122 (der dritten Auflage).

---

[1]) Histoire du Christianisme des Indes par M. V. La Croze, A la Haye 1724, S. 447f. Lacroze war Bibliothekar und Antiquar des Königs von Preußen. — [2]) Realencyclopaedie des klassischen Altertums, IV, S. 60f, Stuttgart 1901. — [3]) Ausführliches Lexikon, II, S. 2035, 3232f. — [4]) Vergl. Carl Meyer, Der Aberglaube des Mittelalters und der nächstfolgenden Jahrhunderte. Basel 1884, S. 264 ff.

Zu S. 111 ff. — Über die erste Einrichtung von Aborten findet man nur selten geschichtliche Angaben. Deshalb ist die Bemerkung von Wert, daß Heinrich II. von Frankreich (1547—1599) bald nach dem Tode seines Vaters Franz I. für die Stadt Beaune im heutigen Département Côte-d'Or (südlich von Dijon) eine Verordnung erließ, wonach jeder Hauseigentümer zur Anbringung von Abtritten verpflichtet war.[1]

Ernst von Hesse-Wartegg[2] gibt bei seiner Beschreibung der altrömischen, von den Franzosen aus dem Wüstensande wieder ausgegrabenen Stadt Thamugadis, des heutigen Tüngad in Algier an: „Durch die Kloaken schreitend, die sich unter allen Straßen hinziehen, sah ich die sinnreichen Einrichtungen für den Ablauf von Marktplätzen, Privathäusern, öffentlichen Latrinen. Merkwürdiger Weise haben sich diese mit Spülwasser und Sitzbänken aus weißem Marmor einst luxuriös ausgestatteten Einrichtungen am besten erhalten". Vielleicht ist hier ein leiser Zweifel berechtigt, ob die Schilderung ganz zutreffend ist, da kein alter Schriftsteller von derart ausgestatteten Aborten spricht und selbst die größten Städte, wie aus unseren Angaben mehrfach hervorgeht, recht bescheidene Ansprüche an ihre Latrineneinrichtungen stellten.

Zu S. 136. — Crepitus. — Es kann gar keine Rede davon sein, daß Baudelot in seinem Werke: L'utilité des voyages den Nachweis für die Anbetung des Furzes als Gottheit bei den Ägyptern erbracht habe. Sowohl die Ausgaben Paris 1686 (S. XV der Addition zu S. 282) und Paris 1693 (S. 292), als auch die „verbesserte und vermehrte" Auflage, Rouen 1727, enthalten lediglich folgende Angabe: „Es war ein sehr lustiger Einfall dieser Völkerschaft den Furz darzustellen und ihn der öffentlichen Anbetung auszusetzen. Minutius Felix sagt: „Sie fürchten sich mehr vor den Winden, die von den Schamteilen des Körpers ausgehen, als vor Serapis".[3] Und Hieronymus sagt uns, wo dieser Kult stattfand: „In Pelusium halten sie das für Religion",[4] und gibt an, daß man den Furz durch einen aufgeschwellten Bauch darstellte. Davon, daß er eine solche Darstellung des Crepitus besaß, erwähnt Baudelot also nichts.

Neuerdings bringt man den Angaben der alten Kirchenschriftsteller ein ziemlich großes Mißtrauen entgegen und so scheint auch die Annahme eines Gottes des Furzes bei den alten Ägyptern nicht mehr zu halten sein. In der neuen Ausgabe der Paulyschen Realencyclopaedie von Georg Wissowa ist das Wort Crepitus überhaupt nicht vorhanden, auch das „Ausführliche Lexikon der griechischen und römischen Mythologie" von Roscher enthält keinen Hinweis.

Zu S. 139. — Durch ein Versehen im Satz ist Zeile 13 von unten folgende Bemerkung Bourkes ausgefallen: „Bei den Chinesen und den Hindus findet man eine damit übereinstimmende Teilung der Verantwortlichkeit den Göttern zugeschrieben. Es würde eine besondere Untersuchung erforderlich sein, um diese Götter und ihre Verrichtungen aufzuzählen, soweit sie uns bekannt sind. Aber eine solche Aufzählung bewiese auch nichts Neues, denn die Richtigkeit unserer Behauptung wird niemand bestreiten können".

Zu S. 147. — Es hat nicht an Versuchen gefehlt, die dunkle Vorgeschichte des Manneken-Piss aufzuklären, wenn auch diese Versuche mehr als literarische Sonderbarkeiten anzusehen sind. Dunart[5] geht auf die Bezeichnung des Brunnens „Juliaenkens Borre" zurück. Aufgrund einer angeblich aus dem 14. Jahrhundert stammenden Hand-

---

[1] Gandelot, Histoire de la ville de Beaune, Dijon 1772, S. 125 u. 326. — [2] Ernst. von Hesse-Wartegg, Die Wunder der Welt usw., Stuttgart 1913, S. 15. — [3] Nec Serapidem magis quam strepitus per pudenda corporis expressos contremiscunt. — [4] Et crepitu ventris inflati quae Pelusiaca religio est, Kommentar zu Jesaias, Buch 13, Kap. 46. — [5] Histoire de Manneken-Piss d'après des documents entièrement inédits etc. par Émile Dunart, Bruxelles 1847. Mit drei Bildern, von denen zwei das Manneken in seinen Staatkleidern zeigen.

schrift, die er in der Bücherei eines Sammlers gefunden haben will, erzählt nun Dunart, Herzog Godfried III. von Brabant habe einen körperlich zurückgebliebenen Sohn gehabt, der bei der Erstürmung eines festen Schloßes zuerst die Mauern erstiegen und auf den Feind gepißt habe. Dieses sei in Erfüllung eines Traumes geschehen, in dem seinem Vater ein Engel gesagt habe: „Du wirst durch deinen Sohn siegen. Die Beleidigung wird dir den Weg zum Siege öffnen!" Als die schon zurückweichenden Soldaten den Prinzen auf den Feind pissen sahen, erkannten sie darin die Lösung des Orakels und sie stürmten daraufhin mit neuem Mute das Schloß. Onzen Manneken, wie der kleine Prinz beim Heere genannt wurde, kam beim Sturm um, wahrscheinlich wurde er von einem einstürzenden, brennenden Turm erschlagen. In Brüssel konnten aber die Bürger wieder ihren Geschäften nachgehen, nachdem das feste Schloß, von dem aus ganz Brabant beunruhigt wurde, in Trümmern lag. Aus Dankbarkeit errichtete man das Standbild, das die besonderen Umstände, denen es seine Entstehung verdankt, den Nachkommen immer wieder ins Gedächtnis zurückrufen sollte. Dies ist das alte Steinbild des Manneken-Piss gewesen, das 1619 durch ein Bronzestandbild des Bildhauers Jérome Duquesnoy ersetzt wurde. Nach Dunart besitzt das Manneken-Piss Orden von Kaiser Joseph II. und vom Erzherzog Maximilian Emanuel von Bayern; Ludwig XV. soll ihm 1747 die Ritterwürde seiner Orden verliehen haben. Dunart erwähnt auch den Umstand, daß die Fronleichnam-Prozession am Manneken vorüberzieht, geht aber auf die gewöhnliche Überlieferung, die oben S. 147 wiedergegeben ist, nicht ein. Horace van Offel[1]) erzählt die Geschichte in der gewöhnlichen Weise und behauptet das Manneken sei der Sohn Godfried eines Grafen von Hove gewesen, der bei Einholung zurückkehrender Kreuzritter angesichts der Prozession ohne aufzuhören gepißt habe, bis das Allerheiligste vorüber war. Von einem Geistlichen darauf aufmerksam gemacht, daß hier Gott ein Wunder getan habe, um zu zeigen, daß man die Achtung vor den heiligen Dingen nicht verletzen dürfe, gab die Gräfin Geld für Messelesen und der Graf ließ zur Sühne den Brunnen errichten. Das ist das Standbild, das heute noch an der Ecke der Straßen Rue de l'Etuve und Rue du Chêne steht.

Das Manneken-Piss ist mehrmals von Eroberern mitgenommen, auch einmal in der Nacht vom 4. zum 5. Oktober 1817 gestohlen worden. Die allgemeine Aufregung, die sich damals der Bevölkerung, namentlich der Frauen bemächtigte, gibt ein Holzschnitt im Musée communale zu Brüssel wieder. Unter dem Bild steht folgender Vers:

> Beau sexe! Un impudent voleur
> Vous a causé quelque douleur,
> Mais cessez votre plainte.
> Consolez-vous! Le temps viendra,
> Que tous les jours il pissera
> Sans aucune contrainte!

Neuerdings hat sich auch das nichts verschonende Ansichtpostkartengewerbe des dankbaren Stoffes bemächtigt und meine Sammlung zeigt das Manneken-Piss in den seltsamsten Umgebungen. Da bringen ihm die Herrscher Europas ihre Huldigung dar, die Milchfrau füllt ihre Kannen auf und wird vom Schutzmann erwischt; die Lehrerin treibt die vorbeigehenden Schülerinnen zur Eile an; Engländer und Engländerinnen photographieren das Manneken und ein Geistlicher steht mit zum Himmel erhobenen Armen entsetzt dabei; auch in seiner Galakleidung ist das Manneken mehrfach dargestellt, usw.

Zu S. 162. — Der Leser wird erstaunt sein, immer wieder auf Rezepte und Vorschriften zu stoßen, von denen sich heute jedermann sagt, daß ihre Ausführung teils ganz

---

[1]) La Véritabe Histoire de Manneke-Pis. Illustrations par Constant van Offel, Bruxelles o. J.

unmöglich, teils in keiner Weise irgendwie von Erfolg sein würde. Aber darauf kam es den „Gelehrten" früher auch gar nicht an. Alle die tausend Mittelchen, die aus Zeiten stammten, in denen noch jede Krankenheilung und jede Beschäftigung mit der Natur Zauberei war, wurden getreulich von Handschrift zu Handschrift, von Buch zu Buch weitergeschleppt. Die Kirche hatte zudem gar kein Interesse an der Wissenschaft, wie überhaupt an weltlichen Dingen. Hervorragende Einzelforscher setzten sich nur Unannehmlichkeiten aus und fast keiner, der dem Althergebrachten zu Leibe ging, kam ungeschoren davon. Roger Bacon, der Franziskanermönch (1214—1294), der seiner Zeit weit voraus war, saß lange im Gefängnis, denn seine Experimente galten als schwarze Magie. Es klingt fast komisch, wenn Bacon in seinen Schriften erzählt, er habe einen Salamander, der damals als unverbrennbar galt, auf glühende Kohlen gesetzt und das Tierchen sei, wie er von vorn herein annahm, wirklich verbrannt. Aber der unverbrennbare Salamander spielt seine Rolle noch Jahrhunderte lang weiter. Und der Kampf um tausende solcher Einzelheiten ging gleichfalls weiter und besteht zum Teil noch heute. Man vergleiche die bei Andrew Dickson White, A History of the Warfare of Science with Theology, New-York 1900, 2 Bde. gesammelten Tatsachen, namentlich wie sich Anthropologie und Ethnologie als anerkannte Wissenschaften durchsetzen mußten.

Zu S. 185. — In Rom erkundigten sich die Hofleute und Kammerherrn tagtäglich nach dem Wohlbefinden Sr. Heiligkeit des Papstes. Aus diesen anfänglich ganz natürlich menschlichen Anfragen entwickelte sich mit der Zeit eine halbzeremonielle Angelegenheit. „Zu Rom befragten jeden Morgen die Höflinge einen Kammerdiener des Papstes, wie sich der heilige Vater befinde. Um nun den Beweis zu liefern, wie gut das Befinden dieses Kirchenfürsten sei, rief dieser Hofbeamte mit Begeisterung aus: „Sua Santita va bene, benissime, ha fatto sta mattina una cacata stupendissima". Zu deutsch: „Seiner Heiligkeit geht es gut, sogar sehr gut, sie hat heute morgen einen ganz erstaunlichen Stuhlgang gehabt".[1] — Dieses Gesundheitausschreien ist nicht etwa als eine kulturgeschichtliche Sonderbarkeit zu betrachten, sondern als ein wesentlicher Punkt der Innenpolitik. Denn mit dem Tage, an dem der Bericht des Ausschreiers ungünstig wurde, war Besorgnis in die Reihen der Kurienmitglieder gesät. Von da an konnte der Kampf der Parteien oder Familien, die einen Kandidaten für den Stuhl Petri bereit hielten, rücksichtlos einsetzen. Unter dem Gesichtspunkt der Hofkämpfe und Kammerintriguen ist wohl verständlich, daß auch in Frankreich das Amt des königlichen Hofstuhlbeschauers keine reine Sinekure darstellte. Nicht was Gegner Roms und des französischen Königtums in Pamphleten, Satiren oder karikaturenhaften Zeichnungen Gehässiges in diesen Brauch legten, darf Berücksichtigung finden, sondern der eigentliche Zweck und seine Bedeutung. (Mitgeteilt von Karl Amrain).

Zu S. 186. — Das Anspeien der Neger hat doch eine ernstere Bedeutung, als es auf den ersten Blick scheint. Den Weg zur Erklärung des sonderbaren Brauchs hat uns Julius Lippert gewiesen.[2] „Hauch, Speichel und Blut stehen . . . dem Seelenwesen am nächsten, ersterer ist selbst ein Teil davon. Wie viele freundschaftliche Begrüßungformen der Urmenschen auf eine gegenseitige Vermischung des Atems hinausgehen, ist genügend bekannt . . . Der Gebrauch des Speichels — als kondensierten Hauches — beim Gruße ist in gleichem Sinne bei verschiedenen Völkern üblich. Als Burton von den Somali Abschied nahm, spie ihn sehr wohlwollend ein Greis an — zum Ausdruck des Dankes. Man brauchte dem einzelnen Fall keine Bedeutung beizu-

---

[1] Vgl. Etrennes de Santé ou l'Art de se la conserver par les préceptes qui donnent la vie la plus longue et exempte de maladies, avec différens préservatifs. A Paris chez Cailleau, Imprimeur-libraire, rue Saint-Severin, S. 28. (Aus dem Ende des 18. Jahrhunderts). — [2] Die Religionen der europäischen Kulturvölker, der Litauer, Slaven, Germanen, Griechen und Römer in ihrem geschichtlichen Ursprunge, Berlin 1881, S. 47f.

legen, aber dasselbe geschah auch dem Missionar Rebmann. König Mamkinga in Dschagga am Kilimandscharo spie ihn beim Abschied gemäß der Landsitte an und sagte: Gehe in Frieden! — dann wollte er ein Geschenk für diese Gunst. Den Neumond begrüßen die Senegal-Mohamedaner, indem sie die mit Speichel benetzte Hand ihm entgegenhalten. (Waitz, Anthropologie, II, S. 252) . . . Wenn die Fulah am Niger Barth ersuchten, daß er eine Hand voll Sand durch seinen Speichel wundertätig mache, so scheint dabei an die Verwandtschaft des Speichels mit der Seele eines ungewöhnlichen Mannes gedacht. . . . Aber der Speichel gilt ebenso dem Urgermanen . . . der Seelenvereinigung beim feierlichen Bund. Die jüngere Edda erzählt einen solchen Fall. Als die Asen und Wanen feierlich Frieden schlossen, da seien Asen und Wanen zu beiden Seiten an einen Becher herangetreten und hätten ihren Speichel hineingespien, dieses aber — der vereinigte Speichel — sei ihnen ein ‚Friedenzeichen' gewesen".

Zu S. 188. — In Murners Badenfahrt, die erstmals im Jahre 1514 bei Johannes Grüninger in Straßburg erschien und 1887 wiederum von Prof. Dr. E. Martin, dem hervorragenden, leider für die Wissenschaft viel zu früh verstorbenen Germanisten herausgegeben wurde, finden wir einen literarisch kaum verwerteten Beitrag dafür, wie bereits lange vor der Reformation auch fromme Religiondiener — und Murner war ein überzeugter Sohn seiner katholischen Kirche — an eine Päpstin Johanna glaubten. Im XI. Kapitel der Badenfahrt, Vers 51 ff. heißt es:

Vor Zeiten geschahe es uff ein fart
Das ein frow ein bapst wardt.
Die kam mit einem Kardinal,
Schwanger ward, kam in den fal.
Der got gab im dannocht die wal,
Ob sie umb solche missedadt
Offentlich miten in der stat
Schanden leiden, das kindt geberen,
(Er wolts darnach der genad geweren)
Oder heimlich geberen fein
Und darnach verdampt sein.

Sie sprach, „ach got, du reicher Christ
Seit du mir also gnedig bist
Und gibst mir uff ein solche wal,
So kratz mich redlich überal
(Nit reib mich zarticklich alein)
Zu einem beispiel aller gemein.
Ich will mich redlich kratzen lon
Das ich mög dort in gnaden ston.
Darnach wesch durch Barmherzigkeit
Ab al mein sünd (sie sint mir leidt)
Durch deine grüntlose gütigkeit". . . .
(Mitgeteilt von Karl Amrain).

Zu S. 231. — Beza, der Genfer Reformator, schließt seine Schrift über die Prädestination mit den Worten: „Et ecce unum bombum pro istis haereticis!", — Und hier ist noch ein Furz für diese Andersgläubigen! Vorher hatte er gesagt: „Unde ego surrexi mane totus laetus, et feci duos bombos in jure canonico et in civili!" — Daher bin ich morgens früh ganz fröhlich aufgestanden und habe zwei Fürze gelassen, auf das kirchliche Recht und auf das bürgerliche! — In dem lateinischen Satze stecken noch zwei Wortspiele: ein Hinweis auf die Kanonade, und beim Zusammenziehen von in civili in incivili, eine Anspielung, die sich im Deutschen nicht wiedergeben läßt.

Zu S. 252. — Sonderbarerweise hat Bourke den berühmten Arzt Aretäos aus Kappadozien übersehen, obwohl er durch seine Anführung aus Burtons Anatomy of Melancholy (oben S. 244) auf ihn aufmerksam gemacht worden war. Aretäos lebte Ende des 1. und Anfang des 2. Jahrhunderts u. Z. und zeichnet sich durch seine scharfe Beobachtung der Krankheiten aus. Seine 8 Bücher über Ursachen, Anzeichen und Heilung sind zum größten Teil erhalten und öfter herausgegeben worden.[1] Es spricht jedenfalls für die vernünftigen Ansichten des Aretäos über seine ärztliche Kunst, daß er kein Freund von Kotheilmitteln gewesen zu sein scheint. Von der Verwendung des Harnes, weder

---

[1] Von Wigan, Oxford 1723; von Boerhaave, Leiden 1731, usw. Benutzt wurde: Aretaei Cappadocis Medici Insignis ac Vetustissimi Libri Septem a Junio Paulo Crasso Patavino accuratissime in latinum sermonem versi, Argentorati 1768.

vom Mensch, noch von Tieren, findet sich bei ihm überhaupt kein Beispiel. Bei Halsentzündung empfiehlt er Taubenkot, der fein gepulvert mittels eines Leinensäckchens auf-
gestäubt werden soll; dies vertreibt den Eiter. Hundekot sei ebensogut (S. 191). Im
übrigen aber schreibt er Mundausspülungen mit Kräuterabkochungen vor.

Bei Elefantiasis verordnet Aretäos zum Bestreichen der Geschwülste im Ge-
sicht eine Salbe aus der Asche von Weinreben und Fett eines wilden Tieres; es kann
Löwen-, Panter- oder Bärenfett sein (S. 284). Am besten sei allerdings das Fett der
Brandgans (Krachtente, Vulpanser), aber offenbar legt er auf eine bestimmte Fettart wenig
Gewicht.

Bei der Behandlung der Fallsucht zeigt sich Aretäos im besten Lichte. Er verordnet für diese Krankheit, die bis in die neueste Zeit herein für die meisten Menschen
etwas unheimliches an sich hatte (morbus sacer, morbus comitialis usw.), ganz natürliche
Heilmittel: Spazierengehen, leichte Nahrung, Vermeidung jeder Aufregung usw. Er erwähnt zwar Geierhirn, rohe Herzen des Blesshuhns und Katzenfleisch, sagt aber ausdrücklich dazu, daß man behaupte, damit sei diese Krankheit zu heilen. Er sah auch
selbst, wie Kranke das Blut Hingerichteter tranken; ihm kann aber keiner etwas vor-
machen, daß das wirklich helfe! (S. 264). Auch das Essen von Menschenleber sei von
einem Schriftsteller empfohlen worden, aber das könne nur für ganz Verzweifelte geschrieben sein. Biberhoden in Weinmeth empfiehlt er angelegentlich (S. 263). Damit
verordnete er aber ein ganz modernes Mittel, denn das für Epilepsie, Hysterie und Neu-
rasthenie vielfach empfohlene Didymin ist ebenfalls Testikelsubstanz.

Das Aufstreuen vom Pulver „des Steines aus dem Meere, den man Koralle nennt",
soll gegen Blutflüsse helfen (S. 213). Eine Drachme Spähne vom Elefantenzahn in zwei
Bechern kretischen Weines hilft gegen Elefantiasis (S. 283). Es handelt sich um Signa-
turheilungen. Daneben schreibt aber Aretäos auch Abreibungen und Warmhalten der
Geschwülste vor. Und da weist er auf ein Heilmittel hin, das die Kelten benutzen: die
Seife, „jene Sodakugeln, mit denen sie den Schmutz ihrer Segel entfernen". Mit diesen
Kugeln soll man im Bade den Körper abreiben, das sei sehr gut!

Zu S. 326. — Neuerdings ist mehrfach in Abrede gestellt worden, daß sich bei
dem Umzug des großen Wagens zu Jaggernaut — heute schreibt man gewöhnlich Ja-
ganat — bei dem Feste des Herrn der Welt Fanatiker unter die Räder werfen, um sich
zermalmen zu lassen. A. Christina Albers, eine zum Buddhismus bekehrte deutsche
Lehrerin, die sich um die Erziehung des weiblichen Geschlechts in Indien große Verdienste erworben hat, stellt entschieden in Abrede, daß sich jemals jemand in dieser
Weise dem Gott geopfert habe. Der milde und reine Kult verbiete dies unbedingt. Ge-
legentliche Unglückfälle seien allerdings nicht ausgeschlossen, wenn bei dem ungeheuren
Andrange der frommen Inder der schwere, unbeholfene Wagen mit Menschenkraft durch
die Straßen der Stadt gezogen werde.[1]

Zu S. 333. Der Stein des Stachelschweins[2]) ist eine rötliche, schwammige Masse aus
der Gallenblase des Stachelschweins; er ist weich wie Seife und an der Oberfläche ganz
von Grübchen übersät. Anselm Boëtius de Boot spricht in seiner Geschichte der
Steine davon und sagt, daß es kein besseres Mittel gegen Gifte und Cholera gäbe.
Dieses Mittel ruft auch reichlichen Schweiß hervor, schützt gegen Schlagfluß und Fallsucht, löst Nierensteine und Blasensteine auf, lindert Gichtschmerzen und heilt Blattern.[3]
Man legt den Stein in drei Unzen Wasser, bis dieses bitter schmeckt, und trinkt dann
den Aufguß. Außerdem gilt der Stein des Stachelschweins als ein derart vorzügliches

---

[1]) The Open Court, Vol. XIX, Chicago 1903, S. 663; daselbst auch eine Abbildung
dse Götterwagens. — [2]) Vergl. Valentini, Polyresta exotica, Frankfurt am Main, 1702. —
[3]) Friedr. Hoffmann, Clavis Schroederiana, S. 688.

Bourke, Krauss u. Ihm: Der Unrat. 33

Mittel bei Frauenkrankheiten, daß man behauptete, eine Frau brauche ihn bloß eine Zeit lang in der Hand zu halten, um die Wirkungen dieses Heilmittels zu verspüren. In dem Stein ist nämlich ein derart flüchtiges Salz enthalten, daß es durch die Wärme der Hand durchdringt und der Handrücken bitter schmeckt. Gegen bösartige Fieber nimmt man sechs Gran gepulverten Steines in etwas Wasser des Tausendgüldenkrauts.[1]

Tabakrauch als Klystier.

Der berühmte Anatom Regner de Graaf hat eine besondere Abhandlung über die Klystiere geschrieben, in der er sagt, daß die einfachsten Klystiere die besten sind. Valentini[2] gibt ihm hierin recht, denn nach seiner Ansicht dienen die Aufgüsse von Wurzeln, Kräutern usw. weniger dazu, dem Kranken zu helfen, als seinem Geldbeutel Erleichterung zu verschaffen. Daher hat gewöhnliches Wasser mit etwas Öl meistens eine bessere Wirkung als Klystiere, die aus allen möglichen Mittelchen zusammengesetzt sind. Das von Valentini besonders empfohlene Klystier ist aber eins der allereinfachsten, denn es besteht lediglich aus Tabakrauch! Ein ziemlich langer Lederschlauch wird wie ein Jagdhorn gewunden und durch einen eingezogenen Eisendraht in dieser Spirale festgehalten. An einem Ende ist ein kleines Mundstück aus Elfenbein oder Holz angebracht, das im Innern mit Eisenblech ausgekleidet ist. In dieses Mundstück bringt man Tabakblätter mit einer glühenden Kohle, bläst darauf bis der Tabakrauch am andern Ende des Schlauches herauskommt und steckt dieses Ende dann mittels einer Kanüle in den Anus. In Valentini's Buch ist eine Abbildung dieser Vorrichtung enthalten. In England war diese Art Klystiere sehr gebräuchlich. In einem Briefe an die Mitglieder der Londoner Akademie über diese Raucherzeugungmaschine drückte Stisserus sein Erstaunen darüber aus, daß man diese Art Klystiere in Deutschland nicht kannte und Valentini fand das Erstaunen des englischen Arztes sehr begreiflich, denn es gibt, sagt er, gar kein besseres Mittel gegen Kolik, Hysterie, Windbrüche, Stuhlzwang, weißen Fluß, Trommelsucht und Ruhr.[3]

Zu S. 365. — Unter Berufung auf 1. Timotheus 2, 8[4] erklärt der berühmte Kasuist Gabriel Biel in seinem 62. Kapitel über den Kanon der Messe, daß man die Psalmen bei Tisch, im Bett, zu Hause und auf dem Markte, ja selbst auf dem Abtritt singen könne, wie es auch der Papst Sankt Gregor getan habe. Ein anderer Kasuist, Nicolas Plove, Kaplan der Kirche von Posen, ist jedoch nicht dieser Ansicht. In seiner Abhandlung De modo dicendi horas canonicas, Fol. 15, col. 4, sagt er: „Certe mentior, si non audivi quendam Presbyterum voce alta Vesperas dicere beatae Virginis sedendo in cloaca et purgando alvum. Quod nefas quantum pudoris habeat et culpae, attendere potest unusquisque sensatus". Beide Kasuisten schrieben gegen Ende des 15. Jahrhunderts.

Auf dieselbe Streitfrage beziehen sich auch die folgenden Verse bei Gastius, Sermones convivales, I, 197:

> Diabolus monacho:
> Super latrinam non debes dicere Primam!
> Monachus diabolo:
> Quod vadit supra do Deo, tibi quod cadit infra!

Auf Anregung der Kaiserin Agnes, der Gemahlin Heinrichs III., hat sich auch der Kardinal Peter Damian im 5. Briefe des 7. Buches mit der Frage beschäftigt: Utrum liceret homini, inter ipsum debiti naturalis egerium, aliquid ruminare Psalmorum? Der

---

[1] Le Journal des Sçavans, 1702, S. 540. — [2] A. a. O. — [3] Le Journal des Sçavans, 1702, S. 543f. — [4] „So will ich nun, daß die Männer beten an allen Orten".

würdige Kardinal hält den Augenblick der Leibentleerung nicht für unvereinbar mit einer frommen Erhebung des Gemüts.

Zu S. 417. — Throwing at Shrove-Cocks ist ein uraltes englisches Spiel, das darin bestand, daß Schulknaben am Fastnachtdienstag mit Stöcken nach Hähnen warfen. Sir Thomas More war wegen seiner Geschicklichkeit bei diesem Spiele berühmt. Über seinen Ursprung gibt es drei verschiedene Annahmen. Entweder sollen Hähne durch ihr Krähen die Überrumpelung einer Stadt verhindert haben, oder die Hähne (galli) sind die Darsteller der Franzosen aus der Zeit, in der beständig Krieg zwischen England und Frankreich herrschte, oder der Hahn soll an die Verleugnung des Heilandes durch den Apostel Petrus erinnern. Das Spiel soll schon im zwölften Jahrhundert vorhanden gewesen sein. Gebildetere Zeiten nahmen dagegen Stellung und im Jahre 1769 traf der Magistrat von London Maßnahmen, um es ganz zu unterdrücken. Vgl. Lecky, European Morals, London 1911, II, S. 69 und 74, wo er auch andere rohe Spiele ähnlicher Art erwähnt.

Zu S. 419. — Die Ansicht Bourkes, daß man den Skarabäus deswegen göttlich verehrt habe, weil er in so naher Beziehung zu dem Stoffe stand, der mit dem lebendigen Organismus so eng verbunden ist, kann man nicht als richtig bezeichnen. Auch ist man in der Religionwissenschaft nicht mehr im Zweifel darüber, welche Rolle der Pillendreher im Glauben der alten Ägypter gespielt hat. Der Skarabäus ist unser heutiger blauer Riesenmistkäfer, Ateuchus sacer, der in ägyptischer Sprache cheper hieß. Er war das heilige Sinnbild der aufgehenden Morgensonne, die man als Gott Chepera nannte. In derselben Weise, wie man dazu kam, im ältesten Christentum den Schmetterling, der aus der anscheinend toten Puppe auskriecht, als Sinnbild der Auferstehung anzusehen, stellten sich auch die alten Ägypter die Auferstehung des Skarabäus vor, der aus einer unbelebten Mistkugel, die seine Eltern gefertigt haben, an das Licht des Tages tritt. So einfach die Sache klingt, so schwer ist man zu der richtigen Ansicht gelangt. Jeder suchte nach einer andern Erklärung und schon die Schriftsteller des Altertums waren nicht imstande, die Lösung zu geben, z. B. Plutarch, der in der Mistkugel, die der Skarabäus herumrollt, ein Bild der Sonne und ihrer Bewegung den Ägyptern aufhalsen will. So geschmacklos waren diese denn doch nicht. Nur als Sinnbild der Auferstehung hatte der Skarabäus einen Sinn, wenn man sein Abbild auf die Mumie legte oder gar anstelle des herausgenommenen Herzens in die Mumie; wenn man Skarabäen aus edlen oder unedlen Steinen in Siegelringe faßte, als Amulet bei sich trug, in den Häusern aufstellte[1]) usw. Die Unmenge von Skarabäen, von den kleinsten an bis zu riesengroßen, die man in Ägypten gefunden hat, sind ein Beweis, wie beliebt das Sinnbild war. Heute ist man sogar gezwungen, die Skarabäen massenweise zu fälschen, weil der Bedarf der Europäer durch die echten nicht mehr gedeckt werden kann; es darf ja kein Reisender ohne Skarabäen nach Hause kommen. Am eingehendsten hat sich Professor Sajó mit dem Skarabäenkult beschäftigt. Seine Studien findet man in dem Buche: Aus dem Leben der Käfer, Leipzig 1910, S. 44—56. Er geht auch der sprachlichen Ableitung des Wortes Skarabäus nach und gelangt dabei zu sehr lehrreichen Schlußfolgerungen. Eine Zusammenfassung seiner Ansichten gibt Prof. Sajó im Freien Wort, Frankfurt am Main 1910, S. 667ff. Wer sich für die rein naturwissenschaftliche Seite interessiert, lese die Aufsätze im Kosmos, Handweiser für Naturfreunde, Stuttgart 1904, IV, S. 170ff, 208ff, 362ff. Diese Schilderungen des französischen Forschers J. H. Fabre bieten wohl die eingehendsten Angaben über das Leben und Treiben des heiligen Mistkäfers. Und doch ist es auch Fabre nicht gelungen, das ganze Geheimnis der Fortpflanzung des merkwürdigen Tieres

---

[1]) Vergl. A. Wiedemann, Die Religion der alten Ägypter. Münster i. W. 1890, S. 155ff. und O. Keller, Die antike Tierwelt, Leipzig 1913, II, 409—413.

aufzudecken, weil seine Versuche in der Gefangenschaft fehlschlugen und es ihm nicht gelang, Mistpillen mit Larven zu erhalten. Er hat aber festgestellt, daß der Skarabäus nicht nur zu Brutzwecken seine Mistpillen rollt, sondern daß die weitaus größere Mehrzahl nur hergestellt und vergraben wird, um sie in aller Gemütruhe unter der Erde zu verzehren. Und der Käfer, der wegen seiner merkwürdigen Brutpflege zum Sinnbild der Unsterblichkeit wurde, ist ein derart eifriger Kotfresser, daß er Tag und Nacht an der Arbeit bleibt, bis die Pille aufgezehrt ist. Fabre hat ihn niemals ausruhen sehen und als Zeichen der ununterbrochenen Verdauung seines Leckerbissens läßt der Käfer ein ebenso wenig unterbrochenes Kabel aus seinem eigenen Kot zurück.

Nachweise skatologischer Darstellungen alter und neuer Zeit.

Es kann selbstverständlich nicht unsere Aufgabe sein, hier eine vollständige oder möglichst vollständige Zusammenstellung der bekannten und veröffentlichten Darstellungen skatologischer Art zu geben, obwohl solche Darbietungen nicht gerade sehr häufig und Veröffentlichungen aus naheliegenden Gründen noch seltener sind. Aber ohne solchen Nachweis wäre unser Werk unvollständig und es entspräche nicht einer Würdigung der Rolle, die die Skatologie nun einmal im menschlichen Leben spielt, wenn wir nicht wenigstens künstlerische Äußerungen in dieser Hinsicht hier besprechen wollten.

Aus dem Altertum sind mehrere skatologische Darstellungen erhalten, Standbilder, Reliefs, Tonfiguren und Vasengemälde.

Ein besonders beliebter Gegenstand scheinen Standbilder des betrunkenen Herkules gewesen zu sein; man wird sie wohl in Räumen, in denen Zechgelage stattfanden, als Schmuck verwendet haben. Daneben sind auch betrunkene Silene vorhanden, die alle in dem Punkte übereinstimmen, daß sie die Haltung eines pissenden Mannes in einer derart gut getroffenen Natürlichkeit wiedergeben, daß wir sie als die Erzeugnisse vorzüglicher Künstler ansprechen müssen. Zu den bekannteren Standbildern dieser Art gehört der Herkules, von dem sich ein Gipsabguß in Berlin befindet,[1] eine Bronze aus Kreta, deren Photographie Clermont-Ganneau mitgeteilt hat,[2] eine Bronze in Hochrelief zu Wien,[3] eine Bronze zu St. Petersburg[4] und ein Fragment aus Thyndrus in Tunis, dessen Stoff nicht angegeben ist.[5] Ein pissendes Kind aus Bronze befindet sich im Louvre-Museum zu Paris.[6]

Ob sich der vorgeschichtliche Mensch bereits mit der Darstellung eines Pissenden beschäftigt hat, läßt sich nicht ohne weiteres behaupten. Es sind eine ganze Menge von Bronzefigürchen erhalten, die in etwas roher Bearbeitung einen Mann wiedergeben, der die eine Hand — es ist sonderbarerweise fast immer die linke — an seinem Glied hält. Man hat solche Figürchen fast in ganz Europa gefunden und überall zeigt sich eine merkwürdige Übereinstimmung in der Haltung der Arme. In der Erklärung sind sich die Gelehrten nicht einig; teils hält man sie für Idole, teils glaubt man an eine Darstellung des pissenden Menschen in komischer oder grotesker Weise. Salomon Reinach lehnt beides ab,[7] aber seine eigene Erklärung, daß der vorzeitliche Künstler das „Problem der Arme" in ungeschickter Weise gelöst habe und man der sonderbaren Haltung der Figürchen überhaupt keine Bedeutung zusprechen dürfe, läßt eigentlich alles zu wünschen übrig.

Von dem weitverbreiteten Völkerglauben, daß man den bösen Blick und andere Zauberwirkungen durch Entblößen des Hintern oder Anwendung von Kot und Harn un-

---

[1] Wolters-Friedrichs, Gipsabgüsse, Berlin 1885, Nr. 1776. — [2] Reinach, Statuaire, II, S. 65, Nr. 3. — [3] Sacken, Antique Bronzen, Wien 1871, Tafel 27, Nr. 3. — [4] Comptes rendues, 1869, S. 158. — [5] Bulletin de la Société des Antiquaires, 1895, S. 111. — [6] Reinach, Statuaire, I, S. 148. — [7] L'Anthropologie, 1905, S. 309f.

wirksam machen könne, ist oben die Rede gewesen. Jahn gibt uns in seiner Abhandlung über den bösen Blick[1]) auf Tafel III die Abbildung eines merkwürdigen Reliefs aus Marmor in der Sammlung des Herzogs von Bedford, das 1 Fuß 6 Zoll hoch und 1 Fuß 5 Zoll breit ist. In der Mitte der Darstellung befindet sich ein linkes Auge, gegen das sich von allen Seiten Tiere, Löwe, Schlange, Vögel, wie zum Angriff wenden, während ein Mann mit einem Dreizack nach dem Auge sticht. Über dem Auge hat sich nun ein unbärtiger Mann mit phrygischer Mütze hingekauert, der seine Tunika in die Höhe hebt und dem Auge den nackten Hintern zeigt. Er veranschaulicht in treffender Weise den Vers des Pomponius: Hoc sciunt omnes, quantum est, qui cossim cacant. Wenn Jahn in der Haltung des Mannes den Ausdruck energischer Verachtung sieht, so ist das jedenfalls nicht richtig, denn es handelt sich nicht darum, dem Auge Verachtung zu zeigen, sondern um die Abwendung der Folgen des bösen Blicks. Über die Herkunft des Marmors wird zwar nichts gesagt, aber wir dürfen annehmen, daß er von seinem Besitzer irgendwo in eine Wand eingemauert worden war, um sowohl von seinem Besitztum, als auch von den dazu gehörenden lebenden Wesen die Folgen des bösen Blicks und des Neides abzuwehren.

Der Akt der Defäkation ist meines Wissens nur auf einem Gegenstand des Altertums dargestellt, nämlich auf einer etruskischen Vase[2]) oder vielmehr einem Weinkrug. Die Malerei dieses Kruges zeigt in nicht mehr zu überbietender Realistik die Folgen des Weingenusses; es sind geschlechtliche Ausschweifungen dargestellt, daneben aber auch die Wirkungen allzureichlichen Alkoholgenusses auf Magen und Darm. Der Künstler führt uns eine Frau vor, die sich erbricht und der Akt der Defäkation ist in der Weise zum Ausdruck gebracht, daß der hockenden Frau einzelne Kotstücke aus dem Hintern fallen. Über den Zweck solcher ekelerregenden Darstellungen auf einem Weinkrug wird man wohl keine zutreffende Erklärung geben können, denn es ist doch kaum anzunehmen, daß solche Darstellungen bei einem Mahle den Teilnehmern angenehm sein konnten. Vielleicht hat man solche Krüge auch erst dann herbeigeholt, wenn die Wirkungen des Weins sich schon bemerkbar machten und die Erscheinungen, die in der Bemalung vorgeführt waren, sich bei den Festteilnehmern zeigten. Auf der gleichen Höhe des Geschmacks, wie dieser Weinkrug, stehen die phallusgestaltigen Trinkgefäße, von denen bereits die Rede war. In diesem Falle wäre allerdings noch die Möglichkeit denkbar, daß es sich um religiöse Motive handelt, die mit dem Priaposkult zusammenhängen.

Ebenso sonderbare Trinkgefäße waren die sogenannten Drillopoten, von denen eine ganze Menge erhalten ist. Abbildungen solcher Gefäße sind mehrfach veröffentlicht.[3]) Die Erklärung, daß diese hohlen Tongefäße mit ihrem übergroßen Phallus Trinkgefäße waren, die mittels der hinter dem Kopfe befindlichen Öffnung gefüllt und durch Saugen am Penis entleert wurden, halte ich nicht für richtig. Solche scherzhafte Benutzung dieser Figuren mag wohl vorgekommen sein, aber man sieht den Zweck nicht ein, den ein so mühseliges Trinken gehabt haben soll. Ich glaube vielmehr, daß es sich um eine Art antiken Manneken Piss handelt, um eine humoristische Spielerei, bei der man das Männchen mit Wasser füllte und sich dann an dem aus dem Penis auslaufenden Strahl ergötzte. Die moderne Industrie hat ja solche Spielzeuge aus Glas angefertigt, bei denen der Harn der zugeschmolzenen Figur durch gefärbten Äther dargestellt wird.

---

[1]) Berichte über die Verhandlungen der kgl. sächsischen Gesellschaft der Wissenschaften zu Leipzig, 1855, philologisch-historische Klasse, S. 30 f, unter Hinweis auf Woburn, Marbles, Tafel 14 und Millingen, Archaeologia, XIX, S. 70. — [2]) Noël, L'Etrurie, planche XI. — [3]) Vergl. Dulaure deutsch, Tafel 13; Kilian, Ercolano, VI, Tafel 92. Die bei Flögel, Geschichte des Grotesk-Komischen auf Tafel 13 dargestellten Gefäße, als Drillops und Morion bezeichnet, sind Spiegelbilder der Abbildungen bei Kilian; vergl. ferner Saint-Non, Voyage pittoresque, II, S. 52 und Roux et Barré, Pompéi, VIII, Tafel 40,

Für meine Deutung spricht auch die Beschreibung, die Kilian gibt,[1] wonach die beiden von ihm veröffentlichten Figuren ursprünglich auf derselben Grundfläche zusammenstanden, denn dann war das Saugen am Penis ausgeschlossen.

Unter die skatologischen Darstellungen kann man wohl auch jene Lampen rechnen, bei denen der Phallus als Dochtöffnung benutzt wurde. Solcher Lampen, teils aus Ton, teils aus Erz, sind mehrere erhalten.[2] Allgemein gebräuchlich werden sie wohl nicht gewesen sein; es läßt sich vermuten, daß sie aus Bordellen und diesen gleichstehenden Wirthäusern der niedrigsten Gattung stammen.

Wenn wir oben die Vermutung aussprachen, daß die Drillopoten eine Art antiken Manneken Piss gewesen seien, so ist uns im kapitolinischen Museum eine Bronzefigur erhalten, die ein richtiges Manneken Piss war. Diese Figur stellt einen Hermaphroditen mit weiblichen Brüsten und ityphallischem Glied dar. Sie ist hohl und das Glied an der Spitze durchbohrt, sodaß, wenn die Figur gefüllt war, ein Wasserstrahl in hohem Bogen auf die Schale fiel, die der Hermaphrodit in den Händen hielt. Heute fehlt diese Schale, die nach erhaltenen Vorbildern wahrscheinlich die Gestalt einer Muschel hatte.[3] Vielleicht handelt es sich hier auch um einen ähnlichen Scherz, wie bei den Tafelaufsätzen des Herzogs von Burgund,[4] von denen einer eine Jungfrau darstellte, aus deren Brüsten Gewürzwein floß, der andere einen Knaben, der aus seinem Penis Rosenwasser spritzte.

Wenn man im Mittelalter und den nächsten Jahrhunderten Tafelaufsätze dieser Art in völliger Unbefangenheit bei den Prunkmahlen der höchsten Herrschaften als besondere Zierde aufgestellt sah, dann wird es auch weiter kein Erstaunen erregen, wenn wir Wohnhäuser, öffentliche Gebäude und selbst Kirchen mit skatologischen Darstellungen versehen finden. Zwei der bekannteren in Deutschland sind wohl das Dukatenmännchen und die Butterhanne zu Goslar am Harz. Das Dukatenmännchen an der Kaiserworth, vielleicht ein Sinnbild des Reichtums des Erbauers des Hauses, hat schon einige Dukaten fallen lassen, während ein Dukat, um über den Ursprung der unten liegenden keinen Zweifel zu lassen, noch im Hintern steckt; das Männchen sucht das herausfallen zu erleichtern, indem es mit der linken Hand die Hinterbacken auseinanderzerrt. Die Butterhanne an dem berühmten alten Hause zu Goslar, dem Brusttuch, das aus dem Jahre 1526 stammt, hat ihre Röcke hochgehoben, sodaß man die nackten Beine sieht, und wischt sich mit der rechten Hand den Hintern ab, während sie mit der linken Hand den Stösser in dem vor ihr stehenden Butterfaß hält. Vom Manneken-Piss zu Brüssel ist oben schon die Rede gewesen.

Eine eigentümliche Rolle, über die man sich nicht ganz klar ist, spielen die skatologischen Darstellungen an den Kirchen. Teils mögen es sogenannte Architektenscherze sein, teils mag die Freude an solchen Dingen überhaupt die Veranlassung gegeben haben, teils sind diese Darstellungen aber offenbare Verhöhnungen der Kirche, ihrer Einrichtungen und ihrer Diener. Viele lassen wohl auch eine sinnbildliche Erklärung zu, die man heute in allen Fällen versucht, weil man nicht recht versteht, wie sich die Kirche solche Darstellungen gefallen lassen konnte, die nicht etwa versteckt, sondern dem ganzen Volke klar und deutlich sichtbar waren. Wir wissen, daß die mittelalterlichen Bauhütten mächtige Genossenschaften bildeten, die mit geheimen Erkennungzeichen jeden Eindringling fern hielten und durch ihre Kasseneinrichtungen auch wirtschaftlich stark waren. Und da hat

---

[1] Bronzi di Ercolano, Augusta 1781, VI, Text S. 11: le due figurine, le quale formano un sol gruppo colla base, siena di creta. — [2] Tonlampen: Caylus, Recueil, IV, Tafel 19; Birt, die Buchrolle in der Kunst. Erzlampe: Beyer, Thesaurus, III, S. 435: ein stehender Mann; die beiden andern stellen sitzende Männer mit übergroßem Phallus dar. — [3] Salomon Reinach, Cultes, Mythes et Religions, II, S. 336 und Figur 10. — [4] Dulaure, deutsch, S. 128, Anm. 26.

es denn doch den Anschein, daß sie ihre Scherze in bewußter Gegnerschaft zur Kirche anbrachten und man nicht wagte, diese Bildhauerarbeiten zu entfernen. Das Volk hatte offenbar seine Freude an solchen Dingen und fand sie schließlich ganz natürlich, weil ja Feste, wie die Esel- und Narrenfeste, gut zu solchen Darstellungen paßten. Man betrachtete diese Scherze unbefangen und mit einer gewissen Schadenfreude, während man sie sich heute, wo man den Geist des Mittelalters in der großen Masse des Volkes nicht mehr versteht, nur noch verstohlen zeigt. In Deutschland sind solche Darstellungen verhältnismäßig selten, aber jeder gotische Dom zeigt doch wenigstens eine, die meistens nur den Einheimischen bekannt ist, Fremden aber gern gezeigt wird. Es würde sich lohnen, diese Darstellungen zu sammeln, um sich ein richtiges Bild von ihrer Verbreitung und ihrer Bedeutung machen zu können. Den Anfang hat Dr. G. J. Witkowski gemacht,[1] für Frankreich sehr ausführlich, für das übrige Europa weniger. Wir wollen aus seinem Werke im folgenden die uns angehenden Skulpturen usw. ausheben.

In Paris befinden sich an der äußeren Zinne der Kirche Notre-Dame ein Mann mit entblößtem Hintern und mehrere Figuren als Wasserspeier, die ihren Hintern in etwas übertriebener Weise in die Luft hinausstrecken (I, 37 u. Fig. 23—26).

Am Hôtel de Cluny geht man auf dem Boulevard Saint-Michel unter einem Wasserspeier durch, bei dem das Wasser durch das Loch im entblößten Hintern eines Kindes fließt, das von einem Manne gehalten wird (I, 54 u. Fig. 45—47).

In der Abteikirche von Sainte-Geneviève sind an den Kapitälen die Zeichen des Tierkreises dargestellt. Der Künstler wollte anscheinend vermeiden, bei den Zwillingen und der Jungfrau die Geschlechtteile darzustellen und daher hat er die Haltung der Figuren so gewählt, daß sie jetzt dem Beschauer den Hintern zuwenden (I, 64 u. 65, Fig. 57 u. 58).

In der Kirche Saints-Gervais et Protais war bis 1793 an einem Chorstuhl eine Holzschnitzerei zu sehen, die einen Hund darstellte, der sich selbst am Hintern leckte (I, 71 u. Fig. 70). Ein allzu empfindlicher Revolutionär hat sie zerstört. — Am 7. Chorstuhl befindet sich eine Miséricorde,[2] die einen Mann zeigt, der vor einem Hause seine Notdurft verrichtet, während ein Bewohner des Hauses aus einem Fenster heraus zusieht (I, 73 u. Fig. 77). Zu derartigen scherzhaften Darstellungen wurden gerade die Miséricordes sehr gern benutzt. Der 8. Chorstuhl kann hierfür auch als Beweis dienen: In einem Bett liegt eine nackte Frau und ein vor dem Bett kniender Mann mit einem Barett auf dem Kopf, das ihn wohl als Apotheker kennzeichnen soll, ist im Begriff, der Frau ein Klystier zu geben! (I, 74 u. Fig. 78).

In der Totenkapelle Saint-Nicolas du Chardonnet zu Paris zeigt ein Ölgemälde im Kreuzschiff den armen Hiob, wie er splitternackt in Gegenwart seiner Frau und einer Dienerin in der Jauche eines Misthaufens ein Bad nimmt (I, S. 98).

Am Kapitäl einer Säule in der Kirche Saint-Pierre de Montmartre zu Paris ist ein bärtiger Mann in langem Talar dargestellt, der einem Ziegenbock den Schwanz hochhebt. Die Bedeutung dieser Skulptur ist nicht klar. Vielleicht kann man darin eine Anspielung auf widernatürliche Unzucht der Mönche erblicken (I, S. 104 u. Fig. 106).

Die Chorstühle der Kathedrale von Saint-Dénis stammen aus der Kapelle des von dem Kardinal Georg d'Amboise erbauten Schlosses Gaillon; auf einem ist ein pissender Engel dargestellt (I, 119 u. Fig. 116 g).

Eines der ältesten Ölgemälde, die sich erhalten haben, das letzte Gericht von Jean Cousin (1500—1589), jetzt im Louvre, befand sich früher in der Abtei der Mi-

---

[1] L'art profane à l'église, ses licences symboliques, satiriques et fantaisistes, Paris 1908, 2 Bände: France und Étranger. — [2] Die Sitze der Chorstühle wurden bei den gottesdienstlichen Handlungen, bei denen die Chorherren stehen mußten, hochgeklappt. Unter dem Sitze war eine, meistens geschnitzte Stütze, an die sich die Chorherren anlehnen konnten, um sich das Stehen zu erleichtern. Die Stütze hieß miséricorde, d. h. Erbarmen.

nimen zu Vincennes. Unter den Strafen, die für bestimmte Sünden zu erleiden sind, ist auch die eines Päderasten dargestellt: Ein Teufel hat ihm eine Art Blasebalg in den Hintern gesteckt und preßt ihm so eine Flüssigkeit in den Leib, die ein anderer Teufel in einen aufgesetzten Trichter eingießt (I, S. 149 u. Fig. 168). Außerdem ist auf dem Bilde noch ein hockendes Teufelchen mit emporgehobenem Schwanze zu sehen, das einen Verdammten beschmutzt, und ein fantastischer Vogel, der sich einer ähnlichen Beschäftigung hingibt.

In der Kirche Sainte-Marie zu Agonges besteht die „Verzierung" einer der Gewölberippen aus einem nackten, hockenden Mann, der seine Hände auf die Knie stützt (I, S. 158 u. Fig. 184).

Die Tür zur Orgel in der Kirche Saint-Jean zu Troyes ist mit fantastischen Menschen und Tieren geschmückt; unter ihnen ist ein kahlköpfiger nackter Mann dargestellt, der seinen Hintern dem Beschauer entgegenstreckt (I, S. 161 u. Fig. 186). Ebenfalls zu Troyes in der Kirche Saint-Nicolas ist auf einem Flachbildwerk ein Narrentournier zu sehen, auf dem zwei Narren mit eingelegter Lanze aufeinander zusprengen. Die nicht deutlich erkennbaren Reittiere, vielleicht ein Löwe und ein Tiger, spielen dabei eine sonderbare Rolle: Das eine läßt seinen Kot fallen, den ein Narr, der ihm den Schwanz hochhebt, in einem Gefäß auffängt; dem andern Reittier hat ein Narr einen Blasebalg in den Hintern gesteckt und bläst ihm Luft ein (I, 162 u. Fig. 187 bis. Anspielung auf das Narrenfest?)

Die Blasebalgszene scheint sehr beliebt gewesen zu sein, denn in der Notre-Dame-Kirche zu Villefranche-de-Rouergue ist sie mit zwei Affen dargestellt (I, S. 169 und Fig. 190).

Zu Caen in der Kirche Saint-Pierre streckt ein hockender Mann seinen Hintern, den er mit beiden Händen auseinanderzerrt, den Kirchenbesuchern entgegen (I, S. 175 und Fig. 200). Im Altertummuseum wird eine ähnliche Holzschnitzerei aufbewahrt und am Herrenhaus de Than befindet sich eine Frau in hockender Stellung mit aufgehobenen Röcken, als ob sie ein natürliches Bedürfnis verrichten wollte (I, S. 176, Anmerk.). Im Ehrenhof des Schlosses zu La Rochefoucauld ist eine ähnliche Darstellung.

In dem Gang, der zur Krypta der Kathedrale von Bourges führt, hat man als Deckenverzierung einen großen nackten Hintern angebracht (I, S. 193 und Fig. 194). Über die Symbolik dieser Darstellung wird man wohl für immer im Unklaren bleiben. Am Stadthause zu Noyon ist die Sache etwas deutlicher dargestellt: An dem Kapitel einer Säule befindet sich eine Frau, die den von den Röcken entblößten Hintern dem Manne zustreckt, der sich an einer andern Säule mit einer Geberde des Abscheues die Nase zuhält (I, S. 194 u. Fig. 232, 233). In dem Hause der blauen Schwestern zu Bourges, in dem Ludwig XI. geboren sein soll, sieht man an der Decke des Betzimmers einen kleinen Jungen, der in einen Holzschuh pißt (I, S. 196).

Den Gipfel skatologischer Darstellungen erreichen Holzschnitzereien an den Chorstühlen zu Bourg-Achard: Ein Mann, der sich anscheinend selbst im Hintern lecken will, und ein junges Mädchen, das den Kot ißt, der einem vor ihr befindlichen nackten Manne aus dem Hintern kommt (I, S. 212 u. Fig. 267—269). Dagegen sind die hockenden Männer und Frauen, die sich noch in zahlreichen Kirchen vorfinden, so harmlose Scherze, daß wir sie weiterhin nicht mehr erwähnen wollen.

Zu Saint-Seurin (Gironde) zeigen die Chorstühle ähnliche Darstellungen, wie zu Bourg-Achard. Besonders auffallend ist ein Narr, der auf eine Weltkugel mit einem Kreuze[1] scheißt. Vielleicht ist das Papsttum damit gemeint, es kann sich aber auch um eine Anspielung auf das Narrenfest handeln (I, S. 238 u. Fig. 307a).

---

[1] Die gewöhnliche Gestalt des sogen. Reichapfels.

An einem der Chorstühle der Abtei Fontaines-les-Blanches zu Pocé (Indre-et-Loire) hält ein Narr mit lachender Miene einer pissenden jungen Kuh einen Krug unter (I, S. 261). In der Schloßkapelle zu Amboise bläst über dem Altar ein Affe die Trompete, — aber mit dem Hintern! (I, S. 262).

Eine sonderbare Malerei, mit der auch Witkowski nichts anzufangen weiß, befindet sich in der Kirche zu Bignon (Loiret) auf einem Balken: Ein Narr, der weiter nichts als eine Jacke mit Kapuze anhat, kriecht auf allen Vieren und läßt dabei seinen Kot in kleinen Kügelchen fallen, während ein anderer Narr, dessen untere Körperhälfte in einem Schneckenhaus steckt, die Kotkügelchen mit einer Schale aufzufangen sucht, wobei einige danebenfallen (I, S. 372 u. Fig. 336).

Im Stadthaus zu Noyon stellt eine Bildhauerarbeit im Treppenturm einen Narren dar, der anscheinend in einem Bett seine Notdurft verrichtet, wobei ihm ein ziemlich dicht neben ihm liegender Mönch zusieht (I, S. 320 u. Fig. 382).

In Montreuil-sur-Mer finden wir zur Abwechslung einmal ein teuflisches Ungeheuer an einem Säulenkopf dargestellt, das einen tüchtigen Haufen hinter sich gelegt hat (I, S. 324 u. Fig. 383b).

Die Chorstühle der Kirche Saint-Martin zu Champeaux (Seine-et-Marne) zeigen den üblichen Mischmasch von satirischen, religiösen und fantastischen Darstellungen, von denen ein kleiner Bauernjunge am meisten auffällt, weil er seinen ziemlich großen Zumpt mit beiden Händen gefaßt hat und einen mächtigen Strahl auf eine gegenüberstehende Getreideschwinge pißt (I, S. 346 u. Fig. 412; im Bd. II ist auf Tafel XV eine größere Wiedergabe nach Photographie).

An der berühmten gotischen Kirche Saint-Maclou zu Rouen befindet sich ein Brunnen, der zwei „Manneken Piss" in Gestalt von Engeln zeigt, die einem reich verzierten Mittelstück als Stütze dienen. Beide halten ihren Zumpt mit beiden Händen und pissen einen kräftigen Strahl in das unten befindliche Becken (I, S. 387 u. Fig. 479).

An der jetzt verschwundenen Abtei Saint-Lô zu Rouen befanden sich drei Wasserspeier, von denen der eine eine Art Meerfrau mit schuppischem Leib darstellte, der das Regenwasser aus den Brüsten floß, während die beiden andern Adam und Eva mit einem Apfel in der Hand zeigen; diesen floß das Regenwasser aus — den Geschlechtteilen! (I, S. 392 u. Fig. 491 u. 492).

In der Dresdener Bildergallerie befindet sich das bekannte Bild von Rembrandt: Die Entführung des Ganymed. Um die Angst, die der Knabe aussteht, recht deutlich zu zeigen, hat sich der Künstler nicht auf den Ausdruck des Gesichts beschränkt, sondern Ganymed verrät seine Angst durch eine willenlose Äußerung der Furcht: er pißt! (II, S. 14 u. Fig. 22).

Im Museum zu Nürnberg farzt auf einem älteren deutschen Ölgemälde, das ein „Letztes Gericht" darstellt, ein Teufel einem Verdammten — sonderbarer Weise einem Bischof — ins Gesicht! (II, S. 3 ?).

Am Straßburger Münster stellt das Gesims der südwestlichen Ecke eine Höllenszene dar: Ein Teufel zerrt den schlechten reichen Mann an den Füßen mittels eines Strickes hinter sich her, während ein zweiter Teufel seinen Hintern dem Gesicht des reichen Mannes in bedenklicher Weise nähert (II, S. 34 u. Fig. 43).

In Worcester in England zeigt ein Chorstuhl der Kirche Great-Malvern eine Holzschnitzerei mit der Umdrehung einer Szene, die wir häufiger dargestellt finden: Hier bläst ein Mönch einem Teufel mit einem Blasbalg Luft in den Hintern (II, S. 58 u. Fig. 73b).

Auf dem Campo Santo zu Pisa befinden sich die bekannten Freskomalereien, der Triumph des Todes und die Hölle. Unter den Höllenstrafen ist die des Unmäßigen in der Weise dargestellt, daß ihm ein Teufel seinen Kot in den Mund fallen läßt (II, S. 212 u. Fig. 233 u. 234).

Witkowski bringt auch (II, 328 u. Fig. 346) eine Abbildung der Sella stercoraria der Päpste, die sich angeblich heute noch im Kloster des heiligen Johannes vom Lateran befindet.[1]) Es ist ein Sessel aus rotem Porphyr mit kreisförmigem Ausschnitt, ein Badestuhl, der aus den Thermen des Caracalla stammt. Nach einem Sinngedicht des Bischofs Johannes Pannonius ist der Stuhl deshalb bei der Thronbesteigung der Päpste außer Gebrauch gesetzt worden, weil sie schon vorher den Beweis lieferten, daß sie „Männer" seien.

Hier möchte ich übrigens noch bemerken, daß nach einer Angabe im Journal des Sçavants vom 4. April 1667 der Verfasser eines Werkes „Marmor Pisanum de Honore Bisellii", Valentin Chiusentellius, angibt, die Sella stercoraria der Päpste habe gar kein Loch im Sitz gehabt. Die Untersuchung, von der die Sage redet, konnte mithin gar nicht stattfinden. Dann wäre aber der jetzt noch vorhandene Badestuhl auch nicht der richtige Sessel der Päpste. Ich habe diesen Widerspruch nicht aufklären können.

Damit wollen wir unsere Auswahl aus Witkowski schließen, obwohl die beiden starken Bände noch manches hierher gehörige enthalten. Auf eine einigermaßen vollzählige Aufzählung der vorhandenen skatologischen Darstellungen konnten wir aber verzichten, denn es handelt sich zum großen Teil um Wiederholungen desselben Gegenstandes mit nur geringen Abweichungen in der Art der Ausführung. Wir konnten auch so nachweisen, daß man im Mittelalter solchen Dingen nicht aus dem Wege ging, sondern sie, teils als Sinnbild, teils als Verspottung, öffentlich zeigte. Die neuere Zeit ist schon etwas zurückhaltender geworden, aber bis in die neueste Zeit herein haben sich Künstler nicht das Recht nehmen lassen, Dinge darzustellen, die bei natürlicher Auffassung gewisse Äußerungen im menschlichen Leben nicht als unsittlich erscheinen lassen.[2]) Bredt bringt ein Monatbild aus dem „Breviarium Grimani", also einem Gebetbuch, das den Winter darstellt. An der Haustür kniet ein Knabe und pißt in den Schnee. Dieses Motiv findet man bei den Malern der holländischen Schule sehr häufig verwertet. Solche Bilder sind in unseren Sammlungen häufig zu sehen. Heute aber, wo wir diese Dinge nicht mehr so naiv anschauen, wird das Menschliche Allzumenschliche kaum noch von den Künstlern zur Darstellung gebracht. Ihr Denken und Fühlen ist anders geworden. Aber einen gewissen Reiz muß es doch haben, wenn der Einzelne seine Kunst auch an solchen Stoffen erprobt. Zwei Beispiele dieser Art finden wir bei Michel, Das Teuflische und Groteske in der Kunst.[3]) „Le Pisseur" von Jaques Callot und „Abseits" von Jan Both. Beide Zeichnungen verraten den Meister und diese Meisterschaft läßt uns bei der Betrachtung der beiden Bilder vergessen, daß wir eigentlich gar kein Interesse daran haben, einen Menschen in dieser Stellung zu sehen. Und Heinrich Kley's Zeichnung: Der Elefant im Pissoir[4]) nötigt uns unwillkürlich ein Lächeln ab. Das beweist, daß auch solche künstlerischen Leistungen ihre Berechtigung haben.

Zu unserem Gegenstand gehören noch folgende Bilder bei Michel: S. 18, Wasserspeier am Münster zu Freiburg im Breisgau. Das Regenwasser läuft aus dem Hintern eines Mannes. S. 40, Die sonderbare Überschwemmung von Gustav Doré, eine Zeichnung zu Rabelais' Gargantua. Der Held pißt von einem Turm herunter einen solchen Strahl auf die Straße, daß die Menschen entsetzt davonlaufen. S. 62, Illustration zu Johannes von Schwarzenberg: Büchlein wider das Zutrinken; S. 71, Pieter Bruegel d. Ä., Allegorie der Wollust; S. 98 u. 99, Michael Herr, Das Zauberfest auf dem Blocksberg; S. 101, Holzschnitt aus dem „Ritter von Thurn", 1493; usw.

---

[1]) Siehe oben S. 187. — [2]) Vergl. Dr. E. W. Bredt, Sittliche oder unsittliche Kunst, 15.—24. Tausend, München 1911. (2. vermehrte Auflage). — [3]) Achte Auflage, München 1911, S. 68 u. 69. — [4]) A. a. O., S. 70.

LXII. Verzeichnis der von Bourke, Krauss und Ihm benutzten Quellenschriften.

Abbot and Conant, Dictionary of Religious Knowledge, New-York 1875.

Achelis, Ths, Die Tempelprostitution in volkpsychologischer Beziehung, in: Sexual-Probleme, Frankfurt am Main, Bd. IV.

Acosta, Historie of the Indies, edition of London 1604; oder: Historia natural y moral de las Indias usw. Compuesta por el Padre Joseph de Acosta, Religioso de la Compañia de Jesus, Madrid 1608.

Actes du premier Congrès international d'Histoire des Religions, Paris 1900.

Actio injuriarum nasi contra podicem, o. O. u. o. J. (etwa 1700).

Actuarius, de urinis, Leone interprete, Basileae 1529.

Adanson, Voyage to Senegal, bei Pinkerton, Bd. XVI, oder: Voyage au Sénégal, Paris 1747.

Ägyptisches Totenbuch (Ritual of the Dead), Ausgabe von Wallis E. Budge.

Aeschines, Reden, griechisch und deutsch von Benseler, Leipzig 1855—60.

Aigremont, Dr., Volkerotik und Pflanzenwelt, Leipzig 1908, 2 Bde.

Allgemeine Med. Zentral-Zeitung, Berlin 1900.

Altjapanische und altchinesische Arznei- und Volkmittel, Dresden 1911.

Altomari, D. A., de alteratione, concoctione, praeparatione, digestione ac purgatione, Venedig, Scotus, 1547.

American Anthropologist, Washington.

American Antiquarian, Jahrgang 1886.

American Cyclopaedia, New-York 1881.

American Historical Review, Jahrgang 1848.

Am Urquell, Bd. IV, Hamburg 1893; Bd. III.

Andree, Richard, Ethnographische Parallelen und Vergleiche, Stuttgart 1878.

Andrew's Latin Dictionary, New-York 1879.

Angas. — Savage Life and Scenes in Australia and New-Zealand by George French Angas, London 1847.

Annual Report of the Bureau of Ethnology, Washington, mehrere Jahrgänge.

Anthon's Classical Dictionary.

Anthropophyteia. Jahrbücher für folkloristische Erhebungen und Forschungen zur Entwicklunggeschichte der geschlechtlichen Moral, herausgegeben von Dr. Fr. S. Krauss, Leipzig, seit 1904.

A Pleasant Grove of New Fancies by H. R., London 1857.

Appleton's American Encyclopaedia, New-York o. J.

Arabian Nights, Burton's Edition; verglichen wurde: Tausend und eine Nacht. Aus dem Arabischen übertragen von Max Henning, Leipzig, Reclam, o. J.

Arbeiterzeitung, Wien, Jahrgang 1912.

Archer, T. A., The Third Crusade and Richard the First, in: English History from Contemporary Writers, New-York 1889.

Archiv für Anthropologie, Leyden 1906, Bd. IV, darin: Haaropfer in Teigform.

Archiv für Kriminalanthropologie und Kriminalistik, Leipzig, Bd. 23 (1906), Bd. 26 (1906), Bd. 28 (1907), Bd. 30 (1908), Bd. 31 (1908).

Archiv für Religionwissenschaft, Jahrgänge 1902 und 1907.

Aretaei Cappadocis Medici Insignis ac Vetustissimi Libri Septem, a Junio Paulo Crasso Patavino accuratissime in latinum sermonem versi, Argentorati 1768.

Aristophanes, graece ed. ill. Teuffel, Leipzig 1856; Die Wolken, im 1. Band der Übersetzung von Hieronymus Müller, Leipzig 1843.

Arnobius, rec. comment. instr. Reifferscheid, Wien 1875. — Des Afrikaners Arnobius sieben Bücher wider die Heiden. Aus dem Lateinischen übersetzt und erläutert von Franz Anton von Besnard. Landshut 1842.

Artemidoros aus Daldis, Symbolik der Träume, übersetzt von Krauss, Wien 1881.

Asiatic Researches — Researches of the Asiatic Society in Bengal, Calcutta 1788—1839; 1790 (Bd. III), 1795 (Bd. IV), 1807 (Bd. VII), 1809 (Bd. VIII), 1832 (Bd. XVII).

Athanasius (Sankt), Opera Omnia, lat. ed. Nannius, Paris 1572.

Athenaei Deipnosophistarum libri quindecim, cum Jacobi Dalechampii Cadomensis latina interpertatione; Isaacus Casaubonus recensuit. Lugduni 1612.

Atkinson, T. W., Oriental and Western Liberia, New-York, 1865.

Augustinus, Opera, Ausgabe von Maurice Dods, Edinburg 1871.

Averrhoes, Latin Edition of Lyons, 1537.

Avicenna, Translation of Avicenna, made by Gerard of Cremona, Edition of Venice, 1595.

Aymonier, Notes sur les Coûtumes etc. des Cambodgiens.

Baker — A Newe Jewell of Health by George Baker, Chirurgeon, London 1576 (translated from Gesnerus).

Baker, Sir Samuel, The Albert Nyanza, Philadelphia 1869.

Balboa, Histoire du Perou, bei Ternaux, Bd. XV.

Bancroft, H. H., Native Races of the Pacific Slope, 2 Bde., New-York.

Banier, Mythology, 3 Bde., London, oder: Explication historique des Fables, ou l'on découvre leur origine et leur conformité avec l'Histoire ancienne, Paris 1711, 2 Bde.

Baronius, Annales, Lucca 1758.

Barrington, Observations on the Statutes, London 1775.

Barry, Ludowick, Ram Alley, 1611, edition of London 1825.

Bartels, Dr. Max, Die Medizin der Naturvölker. Ethnologische Beiträge zur Urgeschichte der Medizin, Leipzig 1893.

Barth, Dr. Henry, Travels in North and Central Africa, Philadelphia 1859.

Basilii Magni de moribus orationes XXIV, graece et latine ab Ilovio ed. Simon, Frankfurt am Main, 1598.

Bastian, Dr. Adolf, Allerlei aus Volk- und Menschenkunde, Berlin 1888, 2 Bde.

Battell — Adventures of Andrew Battell, bei Pinkerton, Bd. XVI.

Baudelot d'Airval, De l'utilité des voyages 2 vol., Paris 1686; oder: Paris 1693; oder: Rouen 1727. (In der letzten Ausgabe sind die Abbildungen der phallischen Amulete und Münzen weggelassen!)

Baudin, Father P., Fetichism and Fetish Worshippers, New-York 1885.

Bauer, Dr., Report on Urate of Ammonia in treatment of Phtisis.

Bayle, Philosophical Dictionary, London 1737.

Beadle, J. H., Western Wilds, Cincinnati Ohio, 1878.

Beaumont and Fletcher, The Pilgrim; Wit without money; The Scornful Lady; Mayor of Tumborough; Cupid's Rev.

Beckherius, Daniel, Medicus Microcosmus, London 1660.

Bee — The Bee, Zeitung von Omaha, Nebraska, Jahrgang 1886.

Begović, Nikola, Život i običaji Srba graničara, Zagreb 1887.

Belethus — Rationale divinorum officiorum auctore Joanne Beletho theologo Parisiensi, Lugduni 1672, bei **Durandi Rationale.**

Bell, Travels in Asia with the Russian Embassy to China in 1714, bei Pinkerton, Bd. VII, oder: Travels from St. Petersburg in Russia to diverse Parts of Asia, Glasgow 1763, 2 Bde.

Benancio, L., Declaratio fraudum et errorum apud pharmacopoeos commissorum, latine edidit Th. Bartolinus, Francofurtae o. J. (etwa 1670).

Benjamin, G. W., Persia, London 1887 oder New-York 1888.

Ben Jonson, The Staple of News, London 1628; The Alchemist; Gifford's Edition, London 1816.

Berchon, Ernest, Histoire Médicale du Tatouage, Paris 1869.

Berendes, J., Die Pharmacie bei den alten Kulturvölkern, Halle 1891.

Bergen — Animal and Plant Lore by Mrs. Fanny D. Bergen, in: Popular Science Monthly, New-York 1888.

Bergh, Rud., Über Tätowierung bei Frauenzimmern der öffentlichen und geheimen Prostitution, in: Monathefte für praktische Dermatologie, Hamburg 1902, Bd. XV.

Bergmann, Benjamin, Nomadische Streifereien unter den Kalmücken in den Jahren 1802 und 1803, Riga 1804, 2 Bde.

Bescherelle — Dictionnaire nationale par M. Bescherelle aîné, Paris 1857.

Bethe, E., Die Dorische Knabenliebe, ihre Ethik und ihre Idee, in: Rhein. Museum für Philologie, N. F., Bd. LXII, 1907.

Beveridge, P., The Aborigines of Victoria and Riverina, Melbourne 1889.

Beverly, Virginia.

Bibel — The Holy Bible containing the Old and New Testaments, translated out of the original tongues . . . revised by His Majesty's special command, London 1894. — Die Bibel nach der deutschen Übersetzung Dr. Martin Luthers, Berlin und Köln 1896. — La Sainte Bible ou l'Ancien et le Nouveau Testament. Version de J. F. Ostervald, Paris et Bruxelles 1892.

Bibliotheca Scatologica (Anonym), o. O., o. J. Der vollständige Titel lautet: Bibliotheca Scatologica ou catalogue raisonné des livres traitant des vertus, faits et gestes de très noble et très ingénieux Messire Luc (à rebours) seigneur de la chaise et autres lieux mêmement de ses descendants et autres personnages de lui issus etc. Scatopolis chez les marchands d'aniterges, l'année scatogène 5850. — Das Werk erschien zu Paris 1850, die Verfasser sind der Arzt J. F. Payen, der Buchhändler Paul Jannet, Silvestre und Auguste Venant. Vergl. Anthropophyteia III, S. 347.

Bingham, Expedition to China, London 1842, 2 Bde.

Birlinger, A., Aus Schwaben. Sagen, Legenden, Aberglauben, Sitten, Rechtgebräuche, Wiesbaden 1874, 2 Bde.

Birlinger und Buck, Sagen, Märchen und Volkaberglauben aus Schwaben, Freiburg 1861.

Bizouard, J., Rapports de l'Homme avec le Démon, Paris 1864.

Black, William George, Folk-Medicine, London 1883.

Bladé, J. F., Contes et Proverbes populaires, recueillis en Armagnac, Paris.

Blambeauseant, Tragedy of the Gout, 1600.

Blau, Das altjüdische Zauberwesen, Straßburg Elsaß 1898.

Blavatsky, H. P., Isis unveiled.

Bleekens, Dittmar, Voyage to Ireland and Greenland, bei Purchas, Bd. I.

Blount, Tenures of Land and Customs of Manors, Hazlitt's Edition, London 1874. Erste Ausgabe unter dem Titel: Jocular Tenures.

Blount, Voyage into the Levant, bei Pinkerton, Bd X.

Blower — A Rich Storehouse or Treasurie for the Diseased by Ralph Blower, London 1616.

Blunt, H. T., Dictionary of Sects and Heresies, Oxford 1874.

Blunt, Rev. John James, Vestiges of Ancient Manners and Customs, London 18 23.

Boas Anniversary Volume, Anthropological Papers, New-York 1906.

Boas, Dr. Franz, Report on the Western Indians of Canada, in: Proceedings of the British Association for the Advancement of Science, Newcastle-upon-Tyne Meeting, 1889.

Boas, Dr. Franz, The Central Eskimo, im: Sixth Annual Report, Bureau of Ethnology, Washington 1888.

Bock, Carl, Headhunters of Borneo, London 1881.

Böhme, Franz M., Geschichte des Tanzes in Deutschland, Leipzig 1886, 2 Bde.

Bogle, Thibet, Markham's Edition, London 1879.

Bohnhorst, Unsere Pflanzen, s. Reling.

Bonifacius, Briefe, in: Monumenta rerum Germanicarum, Band 3, herausgegeben von Jaffé, Berlin 1866.

Bonus, Arthur, Isländerbuch, Sammlung altgermanischer Bauern- und Königgeschichten, München 1908, Teil III.

Borellus, Observationes med. de motu animalium, Romae 1680—81, 2 Bde.

Bouchinet, A., Les Etats primitifs de la médicine, Paris 1891.

Borlase, Antiquities of Cornwall, 1796.

Bosman, Guinea, bei Pinkerton. — Reise nach Guinea. Aus dem Französischen, 1708.

Bourdelot, Historie oder wunderliche Erzählung der seltsamen Einbildungen, welche Monsieur Oufle (le fou) aus Lesung solcher Bücher bekommen, die von der Zauberei, Beschwörungen, Besessenen usw. . . . handeln. Durchgehend mit vielen kuriosen Noten versehen, worin alle Stellen in den Büchern, welche solche seltsamen Einbildungen verursacht haben, getreulich angezeigt und in zwei Teilen abgehandelt sind. Aus dem Französischen übersetzt. Danzig, Verlegts Pharamund Kretschmer, 1712.

Bourgoanne, Travels in Spain, bei Pinkerton, Bd. V.

Bourke, Urine Dances and Ur-Orgies, Smithsonian Instution, Washington 1888.

Bourke, The Snake Dance of the Moquis, London and New-York, 1884.

Bourke, Notes on the Cosmogony and Theogony of the Mojaves, in: Journal of American Folk-Lore, Cambridge Mass. 1888.

Bourke, J. G., The use of human ordure and human urine in rites of a religious or semi religious character among various nations, Washington 1888.

Boyer's French Dictionary.

Bradbury and Evans, Encyclopaedia, London 1854.

Bradford, Samuel, Cyclopaedia, Philadelphia, o. J.

Brand, John, Popular Antiquities of England, Scotland and Ireland, chiefly illustrating the Origin of Vulgar and Provincial Customs, Ceremonies and Superstitions. Arranged, revised and greatly enlarged by Sir Henry Ellis, London 1872, 3 vol. Verglichen wurde die Ausgabe: London 1877.

Brand, Encyclopaedia of Science, Literature and Art.

Branky, Franz, Über die Rauten. Ein kleines Kapitel zur Sittenkunde des deutschen Volkes, in: Archiv für Religionwissenschaft, Freiburg i. Br. 1898, I.

Brasseur de Bourbourg, Introduction de Landa, Cosas de Yucatan, Paris 1864.

Bräuner, J. J., Thesaurus sanitatis oder mit teutschen Recepten angefüllter Schatz menschlicher Gesundheit. Beygefüget wie man nach Hippocratis, Theophrasti Meinung aus dem menschlichen Salmiac-Brunn urtheilen soll. Alles mit berühmter Medicorum Recepten, unschätzbaren Geheimnüssen angemercket. Frankfurt 1710. (Über 1000 Seiten!)

Brehm's Tierleben, 3. Auflage, Bd. 9, Leipzig 1892.

Brinton — The Myths of the New World, a Treatise on the Symbolism and Mythology of the Red Race of America by Daniel G. Brinton, New-York 1868, und Philadelphia 1896.

Brodbeck, Dr. Adolf, Zoroaster. Ein Beitrag zur vergleichenden Geschichte der Religionen, Leipzig o. J. Zweite (Titel-?)Auflage.

Brough Smyth, s. Smyth.

Brown, Melanesians and Polynesians, London 1910.

Browne, Sir Thomas, Religio Medici, Edition of Boston 1868.

Bruce, James, Travels to discover the Source of the Nile, Dublin 1790, 5 Bde.

Brunet, s. Luther.

Bry, s. De Bry.

Bryant, Mythology, London 1775, 2 Bde.

Buchanan, A Journey through Mysore, bei Pinkerton, Bd. VIII.

Buckle, H. T., Commonplace Book, London 1872.

Buddhagosa, Kommentar zum Dhammapada, Colombo 1898.

Bulfinch's Mythology, revised by Rev. E. E. Hale, Boston 1883.

Bunsen, Analecta, Hamburg 1703.

Burchard von Worms — Loci communes congesti . . . authore D. Burchardo Wormaciensis eccl. Episcopo, Coloniae Agrippinae 1560.

Burton, Anatomy of Melancholy, London 1806, 2 Bde.

Bush, Richard J., Reindeer, Dogs and Snow-Shoes, London o. J.

Butler's Hudibras, with Variorum Notes, a Biography and a General Index, London o. J., Bohn's Libraries.

Cabeza, Alvar Nuñez, de Vaca, bei Ternaux.

Caland, Altindisches Zauberritual. Probe einer Übersetzung der wichtigsten Teile des Kausika Sutra von Dr. W. Caland, Amsterdam 1900 (Verh. der Kon. Akad. von Wetenschapen te Amsterdam, Afdeel. Letterkunde).

Calica Purana, in den Transactions of the Asiatic Society, 4. Ausgabe, London 1807.

Camden, Britannia, edition of London 1753, 2 Bde.

Cameron, Across Africa, London 1877, 2 Bde.

Campbell, Robert Allen, Phallic Worship, St. Louis Mo. 1888.

Campbell, John Gregorson, Minister of Tiret, Superstitions of the Highlands and Islands of Scotland. Collected entirely from Oral Sources, Glasgow 1900.

Carl, J. S., Armen-Apotheke, 4. Aufl., Büdingen 1725.

Carr, E. M., The Australian Race, Melbourne 1886.

Cassius Dio, graece et latine ed. Sturz, Lipsiae 1824—43, 9 vol. — Deutsch von Tafel, Stuttgart 1831—44, 16 Bdchn.

Castañeda, bei Ternaux.

Catullus — Q. Valerii Catulli Carmina, Recensuit Lucianus Müller. Lipsiae 1883.

Cedrenus, G., Annales nunc primum graece et latine editi. Ed. ill. Xylander. Basiliae 1566.

Century Magazine, New-York 1890.

Chamber's Encyclopaedia, Edition of Philadelphia, 1866.

Chamber's Book of Days.

Charlevoix, La nouvelle France.

Charuzina, Věra, K voprosu o počitanii ognja, Etnografič. Obozrenie, Bd. LXX u. LXXI.

Chinese Repositary, Macao, Canton, Hongkong 1832—1852; Bd. III, 1835; Bd. VII, 1839; Bd. X, 1841.

Chronicle of London from 1089 to 1483, London 1827.

Chrysostomus, Joh., Opera praestantissima graece et latine ed. ill. F. G. Lomler, Rudolph. 1840.

Cicero, De natura Deorum, acc. apparatus criticus dig. a Mosero, animadv. adj. Creuzer, Lipsiae 1815.

Cicero, Epistolae, rec. Klotz, Lipsiae 1858—59, 2 vol. — Deutsch und erläutert von Wieland, Zürich 1808—18, 6 Bde.

Cicero, De oratore, rec. ill. Müller, Lipsiae 1819.

Clark, Cowden, Concordances and Commentaries of Shakespeare.

Clavigero, Historia de la Baja California, Mexico 1852.

Clay, Cornwallis, Dissertation upon the Seminoles of Florida, im: Annual Report of the Bureau of Ethnology, Washington 1888.

Clodd, Edward, Tom tit tot. An Essay upon savage Philosophy in Folk-tale, London 1898.

Cochrane, John Dundas, Pedestrian Journey through Siberian Tartary 1820—1823, Philadelphia 1824.

Cock, A. de, Volkgeneeskunde in Vlaanderen, Gent 1891.

Colbath, A dissertation concerning Mistletoe: a most wonderful specifick Remedy for the Cure of convulsive Distempers etc. By Sir John Colbath, a member of the College of Physicians, London 1719.

Coleman, Mythology of the Hindus, London 1832.

Coles, Adam in Eden.

Combalusier, De flatulentis humani corporis affectibus, Paris 1747 (537 Seiten!).

Complete English Physician, London 1730.

Conoisseur, Bd. I, Englische Zeitschrift.

Contributions to North-American Ethnology, Bd. 5, Washington 1882.

Cook, Leutnant der Marine, in Hawkesworth's Voyages, London 1773, Bd. III.

Cook, M. C., British Fungi, London 1882.

Cook, Three Voyages round the World, London 1821, 7 Bde.

Corbusier, Stabarzt, Über die Yuma-Apachen, im American Antiquarian 1886.

Corvin, Die goldene Legende. Eine Naturgeschichte der Heiligen, Bern 1877.

Cosquin, E., Le lait de la mère et le coffre flottant etc. Revue des Questions historiques, Paris 1908.

Cotgreave's English Dictionary.

Cotta, John, A Short Discovery of the Unobserved Dangers of Severall Sorts of Ignorant and Unconsiderate Practicers of Physicke in England, London 1612.

Cox, Sir Richard, History of Ireland, London 1639, 2 Bde.

Coxe, William, Russian Discoveries between Asia and America, London 1803.

Crantz, History of Greenland, London 1767, 2 Bde. Verglichen wurde: David Cranzens Historie von Grönland, Barby 1765—1768; Nachdruck: Nürnberg und Leipzig 1782.

Cruso, J., Arzneyschatz oder Sammlung bewährter und leicht zu bekommender Mittel gegen die meisten Krankheiten des menschlichen Körpers, Mitau 1773.

Culin, Stewart, Notes on Chinese Therapeutics.

Culpepper, Richard, The English Physician, London 1764.

Cumont, Textes et monuments figurés relatifs aux mystères de Mithra, Brüssel 1902.

Curr, E. M., The Australian Race, Melbourne 1886, 2 Bde.

Curtin, Jeremiah, Myths and Folklore Tales of the Russians, Western Slavs and Magyars, Boston 1890.

Cutting, Dr. Benjamin Eddy, Professional Reminiscences, Boston 1888.

Cyprianus, Opera, rec. ill. Hartel, Vindobonae 1868—1871, 3 vol.
Cyrillus, Opera omnia graece et latine rec. ill. Reischl et Rupp, Monachiae 1848—1860, 2 vol.

Dabistan or School of Manners, translated from the original Persian by David Shea and Anthony Troyer, Paris 1843, 3 Bde.
Dadabhai-Nadrosi, Description of the Parsees.
Dahlgren, Mrs. M. V., South Mountain Magic, Boston 1882.
Dall, Marks and Labrets, in: Annual Report of the Bureau of Ethnology, Washington 1886.
Dalton, Descriptive Ethnology of India, Calcutta 1872.
Dalyell, John, Graham, Superstitions of Scotland, Edinburgh 1834.
Dante — The Vision of Hell, Purgatory and Paradise of Dante Alighieri. Translated by the Rev. H. F. Cary, London o. J. (Bohn's Libraries).
Dantiscanus, H. M., Anatomiae urinae Galeno-Spagyrica ex doctrina Hippocratis et Galeni nec non recentiorum usw. Francofurtae 1658.
Darmesteter, James, Zendavesta, Oxford 1880 (Sacred Books of the East).
Das wundervolle Wunder der Wunder als eine genaue Beschreibung der Geburt, Auferziehung, Lebensart, Religion, Staatskunst, Gelehrsamkeit etc. meines A. . . . s. O. o. u. o. J., auch als Facsimiledruck erschienen.
Davenport, On the Powers of Reproduction, London 1869, privately printed.
De Bry, Indias Orientales, bei Purchas' Pilgrims.
De Guignes, Voyage de Pékin à Paris, Paris 1808, 3 Bde.
Dekkar, Thomas, The Honest Whore, 1608, Edition of London 1825.
De Smet, Father, Oregon Missions, New-York 1847.
Deubner, L., Kosmas und Damian, Leipzig 1907.
Diaz, Bernal, Conquest of Mexico, London 1844, 2 Bde.
Diderot et d'Alembert, Encyclopédie, Genf 1779.
Dillon, Expedition in Search of La Pérouse, London 1829, 2 Bde.
Diodorus Siculus, Bibliotheca Historica, recensione Wesselingii, Bipontii 1793—1807, 11 Bde.
Dioscorides, Materia Medica, Griechisch-Lateinisch, herausgegeben von Kuhn, Leipzig 1829, 2 Bde.
Dispensatorium regium electorale Borrusso-Brandenburgicum, 1741.
Dodge, R. J., Our Wild Indians.
Döllinger, Die Papstfabeln des Mittelalters, München 1863.
Domenech, Abbé, Deserts, 2 Bde.
Dorman, Rushton M., Primitive Superstitions, New-York 1881.
Dorsey, Dr. J. Owen, Omaha and Ponka Letters, Bulletin 11, Bureau of Ethnology, Washington 1891.
Dorsey, Dr. J. Owen, in: Journal of American Folklore, 1889, Bd. 2.
Dosabhai Framje Karaka, The History of the Parsees.
Douce, Francis, Illustrations of Shakespeare, London 1807, 2 Bde.
Dover, Jack of, Quest of Inquiry, in: Percy Society Publications.
Dragičević, Toma, Gatke bosanska mlagjarije, Serajevo 1896.
Dragičević, Narodne praznovjerice 1907. S. A. aus Glasnićk zemaljskoga muzeja.
Dubois, People of India, London 1817. Verglichen wurde: Institutions et Cérémonies des Peuples de l'Inde par l'Abbé J. A. Dubois, Paris 1825, 2 Bde.
Ducange — Glossarium mediae et infimae latinitatis a Carolo Dufresne Domino du Cange. Auctum a monachis Ordinis S. Benedicti . . . Digessit G. A. L. Henschel. Paris 1840—50, 8 Bde.

Du Chaillu, The Land of the Midnight Sun.

Du Halde, History of China, London 1736—41. Verglichen wurde: Description de la Chine, à la Haye 1736, 4 Bde.

Dulaure, Des Divinités Génératrices, 2. Aufl. Paris 1825 (Teil II der: Histoire de différens Cultes).

Dulaure, Die Zeugung in Glauben, Sitten und Bräuchen der Völker von Jakob Anton Dulaure. Verdeutscht und ergänzt von Krauss, Reiskel und Ihm, Leipzig 1909 (Mit 314 Abbildungen, die z. T. auf Skatologica Bezug haben).

Dunart, Emile, Histoire de Manneken-Piss d'après des documents entièrement inédits etc., Bruxelles 1847.

Dunglison's Medical Dictionary, Philadelphia 1860.

Dupouy, Dr. Edmond, Le Moyen Age Médical. Englische Übersetzung von Dr. T. C. Minor unter dem Titel: The Physicians of the Middle Ages, Cincinnati 1880.

Duran, Fra Diego, Historia, 1581.

Duruy, Victor, History of Rome, Boston 1887.

Du Tilliot, Mémoires pour servir à l'histoire de la fête des Foux, Lausanne et Genève 1741, 4⁰; Abdruck 1751, 8⁰.

Dygbi, K., Eröffnung unterschiedlicher Heimlichkeiten der Natur, wobei viel Reden von nützlichen Dingen . . . von einem wunderbaren Geheimnüss in Heilungen der Wunden ohne Berührung vermöge des Vitrioli, durch die Sympathiam (deutsch von Hupka) 4. Aufl., Frankfurt 1648.

Early English Poetry (Percy Society), London 1841, 3 Bde.

Eastmann, Mrs., Legends of the Sioux, New-York 1849.

Eaton, John Matthews, Treatise on Breeding Pigeons, London o. J.

Egede — Hans Egede Saabye, Greenland, London 1816. Verglichen wurde: Nachrichten von Grönland vom Bischof Paul Egede, Aus dem Dänischen. Copenhagen 1790, und: Hans Egede's, Bischofes in Grönland, Beschreibung von Grönland, übersetzt von Dr. J. G. Krünitz, Berlin 1763, ferner: Hans Egede Saabye, Bruchstücke eines Tagebuches, geh. in Grönland in den Jahren 1770—78. Aus dem Dänischen von G. Fries, Hamburg 1817.

Elliot, Henry W., Our Arctic Province, New-York 1887.

Ellis, Major, The Tshi-speaking Peoples of the Gold-Coast of West-Afrika, London 1887.

Éloise, En déshabillé.

Emerson, Ellen Russell, Indian Myths, Boston 1884.

Encyclopaedia Metropolitana.

Encyclopaedia of Geography, Philadelphia 1845.

Encyclopaedia Britannica, Edition of 1841 und andere Ausgaben.

Encyclopédie ou Dictionnaire Raisonné des Sciences, des Arts et des Métiers, Neufchatel 1765.

Enderli, J., Zwei Jahre bei den Tschuktschen und Koräken, in: Petermann's Mitteilungen, XLIX, Heft 5.

English Cyclopaedia, Vol. II: Natural History, London 1854.

English History from Contemporary Writers, New-York 1839.

Ennis, Sir John and Dr. Smith, Musarum̄ Deliciae, or: The Muse's Recreation.

Ephemeridum Physico-medicorum, Leipzig 1694.

Erasmus von Rotterdam, De Civilitate, in: Colloquia cum notis, Tigur. 1677.

Erman, Travels in Siberia, London 1848, 2 Bde.

Etmuller, Opera Omnia, Lugduni 1690, 2 Bde. Vergl. wurde: Opera omnia med.-phys., Editio quarta, Venedig 1695, 2 Bde., und: Michaelis Etmuller in Academia Lipsiensi quondam Professoris celeberrimi, opera omnia in compendium redacta etc. Editio secunda, juxta exemplar Londinense. Amstelodami apud Georgium Gallet, 1702.

Etrennes de Santé ou l'Art de se la conserver par les préceptes qui donnent la vie la plus longue et exempte de maladie, avec différens préservatifs. A Paris, chez Cailleau, Imprimeur-libraire, rue Saint-Severin, o. J. (Etwa 1700).

Eusebius, Evangelicae praeparationes libri XV. — Evangelicae demonstrationes libri X. Ex bibl. regia. Lutetiae 1544—45 (Ausgabe von Robert Stephanus).

Evening Star, Washingtoner Zeitung.

Eyre, Journals of Expeditions of discovery into Central-Australia, London 1845, 2 Bde.

Faber, Pagan Idolatry, London 1816, 2 Bde.

Farce of Maistre Pathelin.

Featherman, A., Social History of the Races of Mankind, 2d Division, London 1887.

Felgenhauer, P., Anthora, das ist Gifft-Heil / oder kurze Beschreibung / was in der Zeit der grassirenden Pestilenz . . . zu gebrauchen. Berlin 1680.

Fernie, W. T., Precious Stones for Curative Wear and their Remedial Uses etc., London 1907.

Fienius, J., De flatibus humanum corpus molestantibus, Amstelodami 1643.

Fischart, Johann, Eulenspiegel Reimensweiß, Ausgabe von Hauffen, Stuttgart 1892.

Flemming, Samuel Augustus, De Remediis ex Corpore Humano desumtis, Erfurt 1738.

Fletcher, Dr. Robert, Tattooing among Civilised People, Washington 1883.

Fletcher, Dr. Robert, Prehistoric Trephining, im 4. Bd. der Contributions to North-American Ethnology, Washington 1882.

Fletcher, Alice, The Sun Dance of the Ogalla Sioux, in: Proceedings of the American Society for the Advancement of Science, 1882.

Flögel, Geschichte des Grotesk-Komischen. Neu bearbeitet und erweitert von Dr. Fr. W. Ebeling, Leipzig 1862.

Folklore Journal, Boston.

Folklore Record, London.

Forbes, English-Hindustani Dictionary, London 1848.

Foresti, P., De incerto, fallaci urinarum judicio, Lugduni 1589 (318 Seiten!)

Forlong, Rivers of Life, London 1883, 2 Bde.

Forster, G., Voyage round the World, 1776, 2 Bde.

Forster, G., Observations during a voyage round the World, London 1778.

Forster, George, Sketch of the Mythology of the Hindoos, London 1785.

Fosbroke, Thomas Dudley, Cyclopaedia of Antiquities, London 1843.

Fosbroke, British Monachism, 2. Aufl., London 1817.

Francisci, Erasmi, Lustige Schaubühne ¡allerhand Curiositäten, Nürnberg 16 90, 3 Bde (I, 531—552 über das Nestelknüpfen).

Frazer's Magazine.

Frazer, James G., Totemism, Edinburgh 1887.

Frazer, J. G., The Golden Bough, London 1890, 2 Bde.

Freitag, Ludwig, Das Pferd im germanischen Volkglauben. Festschrift des Fr. Wilh. Realgymnasiums in Berlin, 1900.

Freud, Sigm., Über einige Übereinstimmungen im Seelenleben der Wilden und der Neurotiker. I. Die Inzestscheu, II. Das Tabu und die Ambivalenz der Gefühlregungen,

Ímago I, 17ff, Wien 1912, III. Animismus, Magie und Allmacht der Gedanken, Ímago 1913, II, 1—21.

Friedberg, Emil, Aus deutschen Bußbüchern, Halle 1868.

Friederici, Dr. Georg, Beiträge zur Völker- und Sprachenkunde von Deutsch-Neu-Guinea, Berlin 1912, in: Mitteilungen aus den Deutschen Schutzgebieten, herausgegeben von Dr. H. Marquardsen.

Frischbier, H., Hexenspruch und Zauberbann, Berlin 1870.

Frobenius, Leo, Die Masken und Geheimbünde Afrikas, in: Nova Acta der Kais. Leop.-Carol.-Deutschen Akademie der Naturforscher, 1898. — Die Geheimbünde Afrikas, in: Sammlung gemeinverst. wissensch. Vorträge, N. F. 209.

Frommann, Tractatus de Fascinatione, Nürnberg 1675.

Funck—Brentano, Frantz, Die berühmten Giftmischerinnen und die schwarze Messe unter Ludwig XIV. 3. Aufl. Stuttgart o. J. (Bibliothek des 17. und 18. Jahrhunderts.

Furness, W. H., Folklore of Borneo, 1899.

Furtwängler, Dr. Ad., Die antiken Gemmen, Leipzig 1900.

Gabucini, H., De lumbricis alvum occupantibus commentarius, Venedig 1547 (über Spulwürmer).

Gaidoz, Henry, La Rage et St. Hubert, Paris 1887.

Gaidoz, Henri, La religion gauloise et le gui de chêne, Paris 1880.

Galen—Galeni Claudii Opera Omnia. Herausgegeben von Dr. Karl Gottlieb Kuhn, Leipzig 1826; Edition by Francis Adams, Sydenham Society, London 1849.

Gandelot, Histoire de la ville de Beaune, Dijon 1772.

Garret, Myths in Medicine, New-York 1884.

Gasc, Ferdinand E. A., Dictionary of the French and English Languages, London 1873.

Gaule, Mag. Astronomers Posed and Puzzled.

General Homoeopathic Journal, Band 113, 1886.

Gentleman's Magazine, Jahrgang 1791.

Gelehrte Beyträge zu den Braunschweigischen Anzeigen. Vierzehnter Band. Auf das Jahr 1774. Braunschweig.

George, J. G., Beschreibung der Nationen des russischen Reiches, Petersburg 1776.

Georgii A., Alphabethum Thibetanum, Romae 1762.

Gerbillon, Father, Account of Tartary, bei Du Halde.

Gerrard, Herbal, Johnson's Edition.

Gesner — Dr. Gesnerus, faithfully Englished.

Gibbon, History of the Decline and Downfall of the Roman Empire, complete and unabridged with Variorum notes etc., London o. J., (Bohn's Libraries), 7 vol.

Giessler, C. M., Wegweiser zu einer Psychologie des Geruches, Hamburg 1894.

Gilder, William H., Schwatka's Search, New-York 1881.

Gilder, Ice-pack and Tundra, New-York 1883.

Gilmour, Rev. James, Among the Mongols, London 1883.

Ginčev, C., Nešto na narodnata medicina, Sbornik zu narodni umotv., Sofija 1900.

Giraldus Cambrensis, Opera, edited by James Dimock, London 1867, 5 Bde.

Gjorgjević, Dr. Tih. R., Karadžić, s. Karad.

Globus, Bd. LXII, 1892.

Globus, Bd. LXXXVII, Aufsatz von K. Th. Preuss.

Gmelin, J. G., Reisen durch Sibirien in den Jahren 1733—1737, Göttingen 1751, 4 Bde.

Goclenius, Physiologia Crepitus Ventris, Frankfurt 1607.

Göttling, Geschichte der römischen Staatsverfassung bis zu Caesar's Tode, Halle S. 1840.

Goldsmith, Oliver, Letters from a Citizen of the World, Works vol. III, Edition of J. W. M. Gibbs, London o. J., (Bohn's Libraries).

Goldstein, Ferdinand, Die soziale Dreistufentheorie, in: Zeitschrift für Sozialwissenschaft, Leipzig 1907.

Gomara — Francisco Lopez de Gomara, Hispania Victrix, Primera y segunda parte de la Historia General de las Indias etc., Zaragoza 1552 und Antwerpen 1554. Verboten, erst 1727 freigegeben.

Gomara, Historia de la Conquista de Mejico.

Googe, Barnaby, The Popish Kyngdome (written in Latin by Tho. Naogeorgus), London 1570. (Übersetzung des: Regnum papisticum von Thomas Kirchmaier).

Graah, Greenland, London 1837.

Grant Allen, Die Entwickelung des Gottesgedankens. Deutsche Bearbeitung von H. Ihm, Jena 1906.

Graul, K., Reise nach Ostindien über Palästina und Ägypten, Leipzig 1854, 2 Bde.

Grieve, James, The History of Kamtschatka and the Kurile Islands, Gloucester England 1764.

Grimm, Jakob, Teutonic Mythology, Übersetzung, Anmerkungen und Anhang von James Steven, London 1883, 3 Bde. Verglichen wurde: Deutsche Mythologie, 2. Ausgabe, Göttingen 1844, 2 Bde.

Grimm, Jakob, Deutsche Rechtaltertümer. Vierte vermehrte Ausgabe von Andreas Heusler und Rudolf Hübner, Leipzig 1899, 2 Bde.

Grimm, Jakob, Geschichte der deutschen Sprache, 4. Aufl., Leipzig 1880.

Grose, Dictionary of Buckish Slang, London 1811.

Grosse, Ernst, Über den Ethnologischen Unterricht. Adolf Bastian als Festgruß, Berlin 1896.

Grüber, A Description of Thibet, in Pinkerton's Voyages and Travels, London 1814, Bd. VIII.

Gubernatis, Angelo de, Zoological Mythology or The Legends of Animals, London 1872, 2 Bände.

Guignes, s. De Guignes.

Gumilla, Padre, Orinocco, Madrid 1741.

Guttzeit, Johannes, Schamgefühl, Sittlichkeit und Anstand, besonders in geschlechtlicher Hinsicht, 2. vermehrte Aufl., Leipzig 1911.

Haddon, A. C., The Ethnography of the Western Tribes of Torres Straits, im: Journal of the Anthropological Institute of Great Britain and Ireland, 1890.

Hagen, Alb., Die sexuelle Osphresiologie. Die Beziehungen des Geruchsinnes und der Gerüche zur menschlichen Geschlechttätigkeit, Charlottenburg 1901.

Hakluyt Society Transactions, London 1873.

Hammersley, Record of Living Officers of the United States Army.

Hammond, Physiological Memoirs, New-York 1863.

Hargrave Jennings, s. Jennings.

Harington — A New Discourse of a Stale Subject, called the Metamorphosis of Ajax. Written by Miscamos to his Friend and Cosin Philostilpnos, London 1596. Printed by Richard Field, dwelling in the Blackfriars. — Nach Timperley, S. 425 hat das Buch dem Verfasser die Ungnade der Königin Elisabeth zugezogen, deren Patenkind er war.

Harmon's Journal, Andover 1820.

Harper's New Monthly Magazine, New-York.

Hartland, Edw. Sidney, Primitive Paternity. The Myth of supernatural birth in relation to the history of the family, London 1909, 2 vol. — The Legend of Perseus, 3 vol.

Hartwich, C., Die menschlichen Genußmittel, ihre Herkunft, Verbreitung, Geschichte, Bestandteile, Anwendung und Wirkung, Leipzig 1911.

Havelock Ellis, Die krankhaften Geschlechtempfindungen auf dissoziativer Grundlage, deutsch von Dr. Ernst Jentsch, Würzburg 1907.

Havelock Ellis, Mann und Weib. Eine Darstellung der sekundären Geschlechtmerkmale beim Menschen. Deutsch von Dr. Hans Kurella, 2. Aufl., Würzburg 1909.

Havelock Ellis, Die Welt der Träume. Deutsch von Dr. Hans Kurella, Würzburg 1911.

Hawkesworth, J., Account of the Voyages undertaken for making Discoveries in the Southern Hemisphere by Captain Byron, Wallis, Carteret and Cook, London 1773, 3 Bände.

Hazlitt, Fairy Tales, London 1875.

Heard, Albert F., The Russian Church and Russian Dissent, New-York and London 1887.

Heath, Perry S., A Hoosier in Russia, New-York 1888.

Hedera Helix, Die Sommersonnwendfeier im St. Amarintale, im Urquell, Leiden 1897.

Heinsius, Tob., Kurtzer und wohlgemeinter Unterricht / wie doch bei itzt grassirender Seuche / oder höchst-gefährlichen Pestfiebern / sich männiglich praeserviren und curiren könne, Berlin 1680.

Hellwald, Friedrich von, Die menschliche Familie nach ihrer Entstehung und natürlichen Entwickelung, Leipzig 1888.

Hellwig, Albert, Über Regenwurmmedizin, in: Archiv Kriminalanthr. und Kriminalistik, Leipzig 1907; Bd. XXVIII,

Hellwig, C. von, Das in der Medizin gebräuchlichste animale oder Tier-Reich, darinnen eine akkurate Beschreibung aller Tiere und eine vollkommene Anweisung, wie und was von jedem in der Medizin und Ökonomie zu gebrauchen sei. Von V. Kräutermann, Arnstadt 1728, 464 S.

Helmont — Oritrike or Physicke Refined, by John Baptist von Helmont, London 1662.

Helmont, J. B. von, Die Morgenröte, d. i. 5 geheimnisreiche Rezeptbücher zum leiblichen Wohl der Menschheit usw., Sulzbach 1683; auch ein Neudruck erschienen.

Hennepin, Description de la Louisiane, Paris 1683.

Henry, Victor, La Magie dans l'Inde antique, Paris 1909.

Herodot — Die Geschichten des Herodotos, übersetzt von Fr. Lange. Neu herausgegeben von Dr. Otto Güthling, Leipzig Reclam o. J.

Herrera, Antonio, Decades, Madrid.

Herrick, Hesperides.

Herrmann, Franz, Das Buch des Propheten Jesaja, Leipzig Reclam o. J.

Hershon, Paul Isaac, Talmudic Miscellany, Boston 1880.

Hesiod, Opera et Dies, Edition of Rev. J. Banks, London 1856.

Hesse-Wartegg, Ernst von, Die Wunder der Welt, Stuttgart 1913.

Hexenhammer, übersetzt von J. W. R. Schmidt, Berlin 1906, 3 Bde.

Heywood, King Edward the Fourth, o. O. 1600.

Higgins, Anacalypsis, 2 Bde., London 1810 und London 1836.

Higgins, Godfrey, The Celtic Druids. An Attempt to show, that the Druids etc., London 1829.

Hill-Toul, Charles, Totemism. A consideration of its origin and import. Transactions of the Roy. Soc. of Canada, Toronto 1903.

Hippokrates, Kuhn's Ausgabe, Leipzig 1825; Adam's Edition, Sydenham Society, London 1849.

Hippokrates, sämtliche Werke, deutsch von Fuchs, München 1819.

Hirschfeld, Dr. Magnus, Die Transvestiten. Eine Untersuchung über den erotischen Verkleidungtrieb, Berlin 1910.

Hiskiae, Joh., Traktat und dessen Anhang von der Pestilenz / darinnen die Natur / Kennzeichen / Praeservierung und Chur / derselben aufs gründlichste und gewisseste zu sehen, Berlin 1680.

Historiae Augustae Scriptores Sex, studiis societatis Bipontinae. Editio accurata. Biponti 1787 (darin: Aelius Lampridius).

Hnatjuk, Vołodymyr, Das Geschlechtleben des ukrainischen Bauernvolkes in Österreich-Ungarn, Beiwerke zum Studium der Anthropophyteia, Leipzig 1912.

Höfler, Dr. Max, Deutsches Krankheitnamenbuch, München 1899.

Höfler, M., Das Tieropfer in der Volkmedizin, in: Janus, Archives internationales pour l'Histoire de la Médicine etc., Bd. XI, 1906.

Höfler, Volkmedizinische Botanik der Germanen, Wien 1908.

Höfler, Dr. Max, Volkmedizin und Aberglaube in Oberbayern in Gegenwart und Vergangenheit, München 1888.

Höfler, Dr. Max, Die volkmedizinische Organotherapie und ihr Verhältnis zum Kultopfer Stuttgart 1909.

Hoensbroech, Das Papsttum in seiner sozial-kulturellen Wirksamkeit, Leipzig 1900 und 1902, 2 Bde.

Hoffmann, Dr. W. J., Folklore of the Pennsylvania Germans, im: Journal of American Folklore, 1889.

Hofschlaeger, Dr. med. Reinhard, Die Entstehung der primitiven Heilmethoden und ihre organische Weiterentwicklung. Archiv für Geschichte der Medizin, Leipzig 1909, Band III.

Hofschlaeger, Über den Ursprung der Heilmethoden 1908, Festschrift des Naturw. Vereins zu Krefeld.

Holder, Dr. A. B., The Boté, im: New-York Medical Journal, 1889.

Holder, Wilhelm, Mus exentratus h. e. tractatus valde magistralis super quaestione quadam theologica spinosa et multum subtile, Tübingen 1593. [Über die Maus, die eine Hostie verschluckt hat; zum Abschnitt über die Sterkoranisten; auf dem Titel steht: Fratris Wilhelmi de Stutgardia].

Holderness, Glossary, English Dialect Society.

Holmes, J., Initiation ceremonies of Natives of the Papuan Gulf, in: Journal Anthrop. Institute, Bd. XXXII, London 1902.

Homer Burlesqued.

Hone, William, Apogryphal New Testament, London 1820. Vergl. wurde die Ausgabe, Boston 1895.

Hone, Every Day Book, London o. J.

Hone, Ancient Mysteries Described, London 1823.

Hopkins, Edward Washburn, The holy numbers of the Rig-Veda, Boston 1894.

Hornungus, Joh., De uruscopia fraudulenta Discursus. Kurzer Bericht von dem unvollkommenen und betrueglichen Urtheil des menschlichen Borns / oder Harns: wider etliche vermaessene Aertzte / welche allerley Leibsschwachheiten darauf ursprünglichen und gewiss zu erkennen sich fälschlich austhun. Herborn 1611, 43 S., kl. 4°.

Hospinianus, De festis Christianorum, Geneva 1675.

Horatius — Q. Horatii Flacci Carmina. Iterum recensuit Lucianus Mueller. Lipsiae 1883.

Hovorka, Otto von, und A. Kronfeld, Vergl. Volkmedizin, Stuttgart 1908.

Howard, John Eliot, The Druids and their Religion, in: Transactions of Victoria Institute Bd. XIV.

Howitt, A. W., Native Tribes of South East Australia, London 1904.
Hoyer, J. G., De Saliva et ejus morbis, Halle 1694.
Hubert, H. und Mauss M., Essai sur la nature et la fonction du sacrifice, Année sociologique, Bd. II, Paris 1899.
Huc, Travels in Tartary, Thibet and China, London 1849, 2 Bde.
Hugo, Victor, Notre Dame de Paris. Verglichen wurde die in Reclam's Univ. Bibl. erschienene Übersetzung.
Hunter, Annals of Rural Bengal, 1868.

Imago, Zeitschrift, Wien 1912 f.
Indian Antiquary, Bd. V.
Indo-Mahomedan Folk-Lore.
Ingoldby Legends, American Edition.
Inman, Ancient Faiths Embodied in Ancient Names, London 1878, 2 Bde.
International Encyclopaedia.

Jack of Dover's Quest of Inquiry, in den Veröffentlichungen der Percy Society, London 1852.
Jäger, Dr. Gustav, Die Entdeckung der Seele, Leipzig 1884, 2 Bde.
Jahrbuch für Erdkunde, Dresden 1870.
Jahrbücher für sexuelle Zwischenstufen, 1901.
James, King, Daemonologie, London 1616.
James, H. E. M., The Long White Mountain, London 1888.
Jarchi, Salomon ben, Commentarius in quinque libros Mosis, Gotha 1713.
Jastrow, Morris, Die Religion Babyloniens und Assyriens, Gießen 1905—13, 2 Bde. mit Bilderatlas.
Jennings, Hargrave, Phallicism, Celestial and Terestrian, Heathen and Christian, London 1884, 2 Bde.
Jesuit Relations, 1634, Bd. I, Quebec, 1858.
Jobson — Master Richard Jobson, Gold Coast of Afrika, bei Purchas, Bd. II.
Joest, Wilhelm, Tätowieren, Narbenzeichnen und Körperbemalen, Berlin 1887.
Johnson's New Universal Cyclopaedia, London 1878.
Johnson, Master Richard, bei Purchas.
Jong, Dr. K. H. E. de, Das antike Mysterienwesen in religiongeschichtlicher, ethnologischer und psychologischer Beleuchtung, Leiden 1900.
Joret, Charles, Les Plantes dans l'antiquité et au moyen age. Histoire, usage et symbolisme. Première Partie: Les Plantes dans l'Orient classique. I. Égypte, Chaldée, Assyrie, Judée, Phénicie, Paris 1897 (mehr nicht erschienen).
Josephus, Flavius, Wars of the Jews, New-York 1821. Vergl. wurde: Geschichte des jüdischen Krieges. Übersetzt von Dr. Heinrich Clementz, Halle a. S., Hendel, o. J.
Journal des Sçavans, Paris 1702 und 1752.
Journal of the Anthropological Institute of Great Britain, London.
Journal of American Folklore, Boston 1889.
Jünckens, Johannes Henricus, Corpus pharmaceutico-chymico-medicum universale, Frankfurt am Main 1697.
Juvenal — Rev. Lewis Evan's Translation, Edition of New-York 1860. Oder: Edition of Edward Walford, Philadelphia 1872. Oder: Dryden's Translation. Verglichen wurde: D. Junii Juvenalis Satirarum libri quinque, accedit Sulpiciae Satira. Ex recognitione Caroli Friderici Hermanni, Lipsiae 1879, und: Juvenal in deutschen Jamben von Dr. Th. Jos. Hilgers, Leipzig 1876.

Kaegi, Adolf, Die Neunzahl bei den Ostariern, kulturhistorische Analekten, in: Philologische Abhandlungen für Heinr. Schweizer-Sidler, o. J.

Kalewala, finnisches Epos. Deutsche Ausgabe von A. Schiefner, Helsingfors 1852.

Kane, Paul, An Artist's Wanderings in British North-America, London 1859.

Karad = Karadžić. List za srpski narodni život, običaje i predanje izdaje Dr. Tih. R. Gjorgjević, Aleksinac 1901 ff.

Karsch-Haack, Prof. Dr. F., Das gleichgeschlechtliche Leben der Naturvölker, München 1911.

Kelton, Captain Dwight, Indian Names of Places near the Great Lakes, Chicago 1888.

Kemper, History of Japan, in: Pinkerton's Voyages, Bd. VII, London 1814.

Kennan, George, Tent Life in Liberia, New-York and London 1887. Deutsch: Zeltleben in Sibirien, Leipzig Reclam o. J.

Kent — Secretes of Physicke by the Comtesse of Kent, London 1654.

Kern, H., Menschenfleisch als Arznei, in: Festgabe zur Feier des 70. Geburttages Ad. Bastians, Leiden 1896.

Kerner von Marilaun, Pflanzenleben, 2. Aufl., Leipzig und Wien 1898, 2 Bde.

Kingsborough, Lord, Antiquities of Mexico, comprising facsimiles of Ancient Mexican paintings and hieroglyphics. Together with the Monuments of New Spain by Mons. Dupaix, London 1831—48, 9 Bde.

Kingsley, Charles, Hereward, The last of the English, New-York 1866.

Kip, Bishop, Jesuit Missions.

Kipling, Rudyard, Plain Tales from the Hills — Gemini, New-York 1890. — Three Soldiers, New-York 1890.

Kircher, China monumentis sacris et profanis nec non naturae et artis spectaculis aliarumque memorabilibus argumentis illustrata, Amsterdam 1667. — Französisch: La Chine illustrée de plusieurs monuments etc. Traduit F. L. Dalquié, Amsterdam 1670.

Kitto, Biblical Encyclopaedia.

Kleine, Die Päpstin Johanna keine Fabel, Einbeck 1855.

Knight, Richard Payne, An Account of the Worship of Priapus lately existing at Isernia, London 1786.

Knoop, O., Volktümliches aus der Tierwelt, Rogasen 1905.

Knortz, Karl, Folkloristische Streifzüge, Oppeln 1900.

Knox, Voyages and Travels, London 1777, 2 Bde.

Koch, Theodor, Die Antropophagie der südamerikan. Indianer, in: Intern. Archiv Ethnogr., Bd. XII, Leiden 1899.

Kohler, Josef, in: Zeitschrift für vergleichende Rechtswissenschaft, Bd. VII.

Kohn, Dr. S., Die Sabbatharier in Siebenbürgen. Ihre Geschichte, Literatur und Dogmatik, Budapest 1894.

Kolbein, Peter, Voyage to the Cape of Good Hope, in: Knox's Voyages and Travels, Bd. II, London 1777.

Kolberg, Oskar, Lud. Jego zwyczaje usw. Serya XX, Krakau 1886, Bd. II.

Kosmos, Handweiser für Naturfreunde, Stuttgart, 1905 Jahrgang II, 1907 Jahrgang IV.

Koštjál, Divi lidé v nazorech, poverach a zvycich lidu českého, Programm des Realobergymnasiums zu Neu-Bydschow, 1889.

Kotzebue, Voyages, London 1821, 2 Bde.

Krauss, s. Artemidoros.

Krauss, Dr. Fr. S., Das Bauopfer bei den Südslaven, Wien 1886.

Krauss, Dr. Fr. S., Die Braut muß billig sein. Singspiel. Leipzig 1903.

Krauss, Dr. Fr. S., Das Geschlechtleben in Glauben, Sitte, Brauch und Gewohnheitrecht der Japaner. 2. Aufl. Leipzig 1911 (Beiwerke zum Studium der Anthropophyteia, Bd. 2).

Krauss, Dr. Fr. S., Folkloristisches von der Mutterschaft, in: Adele Schreiber, Mutterschaft, München 1912.

Krauss, Haarschurgodschaft, Leyden 1894.

Krauss, Dr. Fr. S., Methodik der Volkkunde, Erlangen 1897. S. A. aus Vollmöller's Roman. Jahrbericht, IV.

Krauss, Dr. Fr. S., Slavische Volkforschungen. Abhandlungen über Glauben, Gewohnheitrechte, Sitten, Bräuche und die Guslarenlieder der Südslaven, Leipzig 1908.

Krauss, Der Tod in Sitte, Brauch und Glauben der Südslaven, Ztsch. Ver. Volkkunde, Berlin 1891 Bd. I und II.

Krauss, Dr. Fr. S., Volkglaube und religiöser Brauch der Südslaven, Münster W. 1890.

Krauss, Dr. Fr. S., Die Volkkunde in den Jahren 1897—1902. S. A. aus Vollmöller's Romanischen Forschungen XVI.

Krauss, Samuel, Das Leben Jesu nach jüdischen Quellen, Berlin 1902.

Kräutermann, s. Hellwig.

Krek, Dr. Gregor, Einleitung in die slavische Literaturgeschichte, Graz 1887.

Krusenstern, Voyage round the World, London 1813.

Kryptadia, Heilbronn 1888, Bd. IV.

Kubary, Religion of the Pelew Islands.

Kurtzer Unterricht der jetzo herumgehenden Seuche und Pestilenz wie im Notfalle die gar arme gemeine Stadt-, Landt- und Bauerleute sich zu verhalten haben, Berlin 1680.

Lacroze, M. V., Histoire du Christianisme des Indes, A la Haye 1724.

Lactantii, Firmiani Opera Omnia studiis Societatis Bipontinae. Editio accurata. Biponti 1786.

La Flesche, Francis, Death and Funeral Customs among the Omahas, im: Journal of American Folklore, 1889.

Laible, Jesus Christus im Thalmud, in: Nathanael, Jahrgang VI, Groß-Lichterfelde 1890, oder: 2. Aufl. (Anastatischer Neudruck), Leipzig 1900.

Lamanskijs Živaja Starina, St. Petersburg, Zeitschrift.

Lammert, G., Volkmedizin und medizinischer Aberglaube in Bayern, Würzburg 1869.

Lampridius, Aelius, s. Historiae Augustae Scriptores.

Lamsdell, Henry, Through Siberia, London 1882, 2 Bde.

Lancet, London, ärztliche Zeitschrift, Oktober 1880.

Landa, Cosas de Yucatan, Paris 1864, s. Brasseur de Bourbourg.

Landor, Henry S., Auf verbotenen Wegen, Reisen und Abenteuer in Tibet, 5. Auflage. Leipzig 1900.

Lang, Andrew, Myth, Ritual and Religion, London 1887, 2 Bde.

Lang, Andrew, Custom and Myth, New-York 1885.

Lang, Andrew, The Secret of the Totem, London 1905.

Lange, Commentary on Deuteronomy, edited by Dr. Philip Schaff, New-York 1879.

Langsdorff's Voyages, London 1814, 2 Bde., oder: G. H. von Langsdorff, Bemerkungen auf einer Reise um die Welt 1803--1807, Frankfurt a. M. 1812, 2 Bde.

Lanzoni, Josephi, Philos. et Med. Doctor Ferratiens. etc. Exercitatio Medico-Physico-Anatomica de Saliva humana ejusque natura, usu, proprietatibus etc. Ferrariae Typis Bernardini Pomatilli, 1702.

Larousse, Pierre, Grand Dictionnaire Universel, Paris 1875.

Las Casas, Historia de las Indias, Madrid 1875.

Lasch, R., Der Eid, seine Entstehung und Beziehung zu Glaube und Brauch der Natur-völker, Stuttgart 1908.

Laubert, Histoire Secrète du Prince Croq'Êtron, Paris 1790.

Laufer, Berthold, Historical Jottings on Amber in Asia, in: Memoirs American Anthrop. Association, Bd. I, Lancaster (Pa) 1907.

Laufer, Berthold, Roman einer tibetischen Königin. Tibetischer Text und ⌊Übersetzung, Leipzig 1911.

Lawrence, Robert Means, The Magic of the Horse-Shoe with other Folk-lore Notes, Boston and New-York 1898.

Lea, Henry Charles, History of the Inquisition, New-York 1888, 3 Bde.

Lecky, William Edward Hartpole, History of European Morals from Augustus to Charle-magne, London 1911, 2 vol.

Leems, Account of Danish Lapland, bei Pinkerton, Bd. I.

Legge, James, The Chinese Classics, with a translation, critical and exegetical notes, prolegomena and copious indexes, London 1861 ff, 7 vol.

Legué, Dr. G., La messe noire, Paris 1903.

Le Jeune, in den Jesuit Relations, Bd. I, Quebec 1858.

Le Loyer, Quatre livres des spectres ou apparitions, Angers 1586.

Lemmius, Levinus, The Secret Miracles of Nature, English Translation, London 1658.

Lemprière, Classical Dictionary.

L'Enfant, Historie der Päpstin Johanna, Frankfurt am Main 1737.

Lenormant, Chaldean Magic. — Die Magie und Wahrsagekunst der Chaldäer, Jena 1878, 2 Teile.

Le nouveau Merdiana an Manuel Scatologique par une Société de Gens sans gêne, Paris 1870.

Leo, John, Observations on Africa, bei Purchas, Bd. II.

Le Roux de Lincy, Livre des Proverbes Français, Paris 1848.

Lesage, El Bachiller de Salamanca, Paris 1847.

Lessing, Gotthold Ephraim, Laokoon.

Lieber, Aug., Die Volkmedizin in Deutsch-Tirol, Zeitschr. D.-Öster. Alpenv. 1886.

Liebrecht, Felix, Zur Volkkunde. Alte und neue Aufsätze, Heilbronn 1879.

Lippert, Julius, Die Religionen der europäischen Kulturvölker, der Litauer, Slaven, Ger-manen, Griechen und Römer, in ihrem geschichtlichen Ursprunge, Berlin 1881.

Lippincott's Magazine, Philadelphia, Jahrgang 1888.

Lisiansky, Voyage round the World, London 1814.

Littré, Dictionnaire de la langue française, Paris 1863.

Livingstone, Zambesi, London 1865.

Livius, rec. Weissenborn, Leipzig 1851—53, 6 vol.

Löw, Leopold, Die Lebenalter in der jüdischen Literatur, Szegedin 1875.

London Medical Dictionary, Edition of Bartholomew Parr, Philadelphia 1819.

Long's Expedition, Philadelphia 1823, 2 Bde.

Long, Chaille, Central Africa, New-York 1877.

Longfellow, Henry, Hiawatha.

Lucian, Dialogues, — De Dea Syra — Tragopodagra. Edition of William Tooke, Lon-don 1820.

Lucilius, Satires, translated by Rev. Lewis Evans, New-York 1860. Verglichen wurde: Lucilii satirorum libr. IX, dispos. C. E. Bonnell, Berlin 1840.

Lucretius, De Natura Rerum, Translation by John Mason Good, London 1805, 2 Bde. Verglichen wurde: Lucretius, recensuit Bernays, Lipsiae 1874, und: Von der Natur der Dinge. Deutsch von Knebel, Leipzig Reclam, o. J.

Lumholtz, Karl, Among Cannibals, New-York 1869. Deutsch unter dem Titel: Unter Menschenfressern. Eine vierjährige Reise in Australien, Hamburg 1892.

Lupius, J., Schatzkammer der Natur. Gründliche Erklärung dreyer Geheimnisse, die Extractio der spiritualen Mumiae der Menschen usw., Frankfurt 1756.

Luther — Les Propos de Table de Luther par G. Brunet, Paris 1846.

Lyon, C. F., Private Journal of H. M. S. Hecla during the recent Voyage of Discovery unter Captain Parry, London 1824.

Macaulay, T. B., The Earl of Chatam, New-York 1874.

Mackenzie, Voyages to the Arctic Circle, London 1800.

Macrobius, Saturnalia, Franciscus Eyssenhardt recognovit, Lipsiae 1868.

Magdaleine, Le Gui de Chêne et les Druides, Paris 1877.

Majewski, Erasmus, Bez in Hebd ich folklor oraz historja nazwisk. Wisła, Warschau 1900, XV, S. 527—597, Monographie über den Holunder.

Major, Julius J., Lieder der Sabbatharier. Ins Deutsche übertragen von Irene Gerö-Cserhalmi, Budapest 1902.

Mallery, Garrick, Israeliten und Indianer. Eine ethnographische Parallele. Deutsch von Dr. Fr. S. Krauss, Leipzig 1891.

Malleus Maleficarum, Peter Schöffer, Mainz 1487. Ferner Lugduni 1614, 1669 und öfter. — Deutsch von J. W. R. Schmidt, Berlin 1906, 2 Bde.

Maltebrun, Universal Geography, American Edition, Philadelphia 1832.

Mandeville, Sir John, Travels, in: Early Travels in Palestine. Edited with notes by Thomas Wright, London 1848.

Mannhardt, Wilhelm, Der Baumkultus der Germanen und ihrer Nachbarstämme. Mythologische Untersuchungen. Berlin 1875.

Manning, Letters on Thibet, bei Markham.

Mantegazza, Gli amori degli uomini. Deutsch unter dem Titel: Die Geschlechtsverhältnisse des Menschen. Anthropologisch-kulturhistorische Studien, Berlin, o. J.

Marco Polo, s. Polo.

Markham, Thibet, London 1879.

Mark Twain (Samuel Clemens), Hucklebury Finn.

Marston, The Scourge of Villanie, 1599. — Dutch Courtesan, London 1605.

Martial, Epigrams, London 1871. Verglichen wurde: Epigrammaton Libri. Ex recensione sua denuo recognita edidit F. G. Schneidewin, Lipsiae 1881.

Martius, J. N., Unterricht von der wunderbaren Magie und derselben medizinischen Gebrauch, auch von zauberischen und miraculosen Dingen: Sympathie, Spagyrik, Astrologia etc., Frankfurt a. M. 1719.

Marx, L. F. H., Beurteilung des Arztes C. F. Paullini, Göttingen 1872 (Akademie).

Marzell, Dr. Heinrich, Flachssaat und Frauen, in: Hessische Blätter für Volkkunde, Leipzig 1912.

Massingberd, Francis Charles, The English Reformation, London 1857, oder London 1825.

Mathew of Paris, Chronicles.

Matthews — A Voyage to the River Sierra Leone, on the Coast of Africa by John Matthews, Lieutenant in the Royal Navy, during his residence in that country in the years 1785, 1786 and 1787, London 1791.

Maurice, Indian Antiquities, London 1800.

Mc Clintock and Strong, Cyclopaedia of Biblical, Theological, and Ecclesiastical Literature, New-York 1880.

Medical Journal, New-York, Jahrgang 1889.

Meignan, From Paris to Pekin, London 1885.

Meiners, C., Allgemeine kritische Geschichte der Religionen, Hannover, 1806 u. 1807, 2 Bände.

Meiners, C., Über das Essen von stinkigen Fischen usw., besonders im heißen Erd-gürtel usw., Hannover 1787.

Mélusine, herausgegeben von Gaidoz, Paris 1888.

Melville, George W., In the Lena Delta, Boston 1885.

Menagiana ou les bons mots et remarques critiques, historiques, morales et d'érudition de Monsieur Menage, recueillies par ses amis. Troisième Edition, Paris 1725, 3 vol. — Die erste Ausgabe erschien 1697, o. O.

Mendaña, The Discovery of the Solomon-Islands, bei Friederici, Beiträge, Berlin 1912.

Mendieta, Icazbalceta, Mexico 1870.

Merdiana, s. Le nouveau merdiana.

Merdiana, Paris 1888.

Merolla, Pater, Voyage to the Congo, bei Pinkerton, Bd. XVI.

Meursius, de luxu Romanorum. Thesaurus Graevii, Bd. VIII.

Meyer, Carl, Der Aberglaube des Mittelalters und der nächstfolgenden Jahrhunderte, Basel 1884.

Meyer, Elard Hugo, Germanische Mythologie, Berlin 1891.

Mezeray, Abrégé de l'Histoire de France, Paris 1676, 8 Bde.

Middleton, Thomas, A new way to catch the old one, London 1608, Ausgabe von Alex-ander Dyce, London 1840.

Migne, Patrologie grecque, Bd. XXI.

Mijatović, Stanoje M., Narodna medicina Srba seljaka u Levču i Temniću, Beograd 1909.

Milićević, M. Gj., Život Srba seljaka, Beograd 1894.

Minderer, R., De calcantho seu vitriolo ejusque qualitate, virtute ac viribus nec non medicinis ex eo parandis, Augusta Vindelic. 1617.

Minor, s Dupouy.

Minutius Felix, Octavius, Edinburgh 1869. Verglichen wurde: M. Minucii Felicis Octa-vius, neu herausgegeben, erklärt und übersetzt von D. Joh. Lübkert, Leipzig 1836.

Mirabella, Em., Il tatuaggio dei domiciliati coatti in Favignana, Rom 1911.

Mitteilungen aus den Deutschen Schutzgebieten, herausg. von Dr. H. Marquardsen, Berlin 1912, s. Friederici.

Mitteilungen der Anthropologischen Gesellschaft zu Wien, 1888, 1912.

Molina — Historia Civil del Reyno de Chile por Don Juan Ignacio Molina, Edition of Madrid, 1788.

Molina — Padre Christoval de Molina, Fables and Rites of the Yncas, translated by Clement C. Markham, Hakluyt Society, London 1873. Bourke zitiert auch: Del Origen, vida y costumbres de los Ingas, De las fabulas y ritos de los Ingas.

Monatschrift für Kriminalpsychologie und Strafrechtreform, Heidelberg 1905. 2. Jahrg.

Moncrief, John, The Poor Man's Physician, Edinburgh 1716.

Montaigne, Essays, Hazlitt's Translation, New-York 1859, 3 vol. Verglichen: Paris, Charpentier, o. J.

Monteil, Histoire des Français des divers États, Ausgabe von 1853, 3 Bde.

Montfaucon, L'Antiquité Expliquée et representée en figures par Dom Bernard de Mont-faucon, religieux Bénédictin, Paris 1719ff.

Mooney, James, Medical Mythology of Irland, in den Abhandlungen der American Phi-losophical Society 1887, auch S. A. Philadelphia 1887.

Moor, Edward, Hindu Pantheon, London 1810.

Morgenblatt, 1829.

Morhof, Disputatio de Principe Medico, Rostock 1665 (Kropfheilung durch Berührung des Königs).

Mosheim, John Lawrence, Institutes of Ecelesiastical History. Translated by John Murdock, New-Haven 1832, 2 Bde.

Most Excellent and Most Aproved Remedies, London 1652 (1654?)

Moxa (Wolle an den Blättern des Beifußes (Artemisia), welche bei den Chinesen als Brandmittel angewandt wird). In: Krünitz' Encyclopaedie, 1811.

Moyen de Parvenir, o. O., 1610 (von Beroalde de Verville).

Müller, Max, Chips from a German Workshop, London 1867—75, 4 Bde.

Müller, Max, Biography of Words, London 1888.

Mungo Park, Travels in Africa, bei Pinkerton, oder: New-York 1813, oder: London 1817, 2 Bde.

Mungo Park, Travels in the interior districts of Afrika, with an Appendix containing geographical illustrations of Afrika by Major Rennell, London 1799.

Murner, Badenfahrt, neu herausgegeben von Prof. Dr. E. Martin, 1887.

Murr, Josef, Die Pflanzenwelt in der griechischen Mythologie, Innsbruck 1890.

Murr, Beiträge zur Kenntis der altklassischen Botanik, Programm des Staatgymn., Innsbruck 1888.

Nannoff, Victor, Alaska.

Naogeorgus, Regnum Papisticum, s. Googe.

Napier, Folk-Lore, London.

Neale, Beef Tea, Liebig's Extract, Extractum Carnis and Urine by Richard Neale M. D., in: The Practitioner, London 1881.

Negelein, Julius von, Das Pferd in der Volkmedizin, in: Globus vom 23. August 1901.

Negelein, Das Pferd im arischen Altertum, in: Teutonia, Arbeiten zur germanischen Philologie, 1903, 2. Heft.

Neue Heimat, Herausgeber Hugo E. Luedecke, Porto Alegre, 1912.

New, Charles, Life and Wanderings in East Africa.

Newell — Reports of Voudoo Worship in Hayti and Louisianna by W. W. Newell, im: Journal of American Folk-Lore 1889.

New Foundling Hospital of Wit.

News, Chicago, Zeitschrift.

Nick Rowe.

Nicolson, F. W., Saliva Superstition in classical literature, S. A., Boston 1897.

Niebuhr, Description de l'Arabie, Amsterdam 1774. Verglichen wurde: Beschreibung von Arabien, Copenhagen 1772.

Nillson, Seven, Primitive Inhabitants of Scandinavia, edited by Sir John Lubbock, London 1878.

Nordenskiöld's Voyages, translated by Horgaard, London 1882.

Nordin, Hjalmar J., Die eheliche Ethik der Juden zur Zeit Jesu, Beiwerke zum Studium der Anthropophyteia, Bd. IV, Leipzig 1911.

Notes and Queries, London, Zeitschrift.

O'Curry, Eugene, Manners and Customs of the Ancient Irish, London, Edinburgh, Dublin and New-York 1873, 2 Bde.

O'Donovan, Annals of the Four Masters. — Three Fragments of Irish Annals, Dublin 1860.

Oppert, Sur les salagramas, in: Actes du premier Congrès international d'Histoire des Religions, Paris 1900.

Origenes, Opera omnia graece et latine denuo rec. emend. cur. Lommatzsch, Berlin 1831–48, 25 vol.

Orozco y Berra, Geografia de las Lenguas de Mejico, Mexiko 1854.

Orpheus. Rec. ill. G. Hermannus, Lipsiae 1805.

Ovidius — P. Ovidius Naso, ex recognitione Rudolphi Merkelii, Tom. III, Lipsiae 1881.

Pallas — Voyages de Pallas, Paris 1793, 2 Bde. — Deutsche Originalausgabe: Reisen durch verschiedene Provinzen des Russischen Reiches, St. Petersburg 1771 u. 73, 2 Bände.

Pallas, P. S., Neue nordische Beyträge, St. Petersburg und Leipzig 1781—93, 5 Bde.

Pallas, Sammlung historischer Nachrichten über die mongolischen Völkerschaften, St. Petersburg 1776—1801, 2 Bde.

Palmer, Rev. A. Smith, Folk-Etymology, London 1882.

Palmer, E., Notes on some Australian Tribes, in: Journal Anthrop. Institute, London, Bd. XIII.

Pansa, Martin, Pharmacotheca publica et privata usw., Leipzig 1623.

Paracelsus, Experiments, London 1596.

Paracelsus, The Secrets of Physicke, London 1633.

Paracelsus, Archidoxes, English Translation, London 1661.

Paracelsus, Opera, Bücher und Schriften, so viel deren zur Handt gebracht. Ed. Huser, Straßburg 1603, 2 Bde.

Paracelsus, Bombast von Hohenheim, Ph. Aur. Theophrastus, Bücher und Schriften, jetz aufs new aus den Originalien an Tag geben durch J. Huserum. Gedruckt zu Basel durch Conrad Waldkirch, 1589—90.

Paracelsus, Etliche Tractaten von Podagra, . . . von fallender Sucht, von der Colica, von dem Bauchreißen, . . . von Würmern, von Stüllauff, Cöln 1564.

Parent du Chatelet, La Prostitution, Paris 1857, 2 Bde.

Parkman, Francis, Jesuits in America, Boston 1867.

Parr, Dr. Bartholomew, Medical Dictionary, Philadelphia 1819.

Patriotischer Elsäßer XXVIII. Stück, 1777.

Paullini, Christian Franz, Heilsame Dreck-Apothek, Frankfurt a. M. 1696. — Neudruck nach der Auflage von 1714 ist zu Stuttgart 1847 erschienen.

Payne Knight, s. Knight.

Pellegrini, Joh. Baptisti, Apologia . . . adversus Philosophiae et Medicinae Calumniatores, Bononiae (Bologna) 1582.

Pennant, Tour in Scotland, bei Pinkerton, ferner: Warrington 1774, und: 4. Auflage Dublin 1775, 2 Bde.

Percy, Dr. med. Charles, A View of the Levant, London 1743.

Percy Society, Veröffentlichungen der.

Perera, bei Purchas, Bd. I.

Perger, A. R. von, Über den Alraun, in: Berichte und Mitteilungen des Altertumvereins zu Wien, 1861.

Persius — A. Persii Flacci Satirarum Liber. Ex recensione Caroli Friderici Hermanni, Lipsiae 1881.

Petermann's Mitteilungen, Gotha, Bd. XLIX.

Peters, Hermann, Aus pharmazeutischer Vorzeit in Bild und Wort, Berlin 1910, 2 Bde.

Petroff, Ivan, In den Transactions Amer. Anthropol. Society, Jahrgang 1882.

Pettigrew, Medical Superstitions, Philadelphia 1844.

Pfaff, L. M., Tractatus de stercoranistibus medii aevi, Tübingen 1750. (Ausführliche Besprechung aller Meinungen der Theologen über das weitere Schicksal der Hostie nach dem Hinunterschlucken).

Philipp's Voyages, London 1807.

Philosophical Transactions for 1807, Bd. 2.

Picart — Coûtumes et Cérémonies réligieuses de toutes les Nations du Monde, Amsterdam 1729, 10 Bde. Oder: The Ceremonies and Religious Customs of the various Nations of the known World by Mr. Bernard Picart. Faithfully translated into English by a Gentlemann, London 1733. (Picart ist der Stecher, der Text rührt vom Abbé Banier her).

Pidgeon, Dee—coo—dah, New-York 1853.

Pinkerton, Voyages and Travels, London 1814, 20 Bde.

Pinto, Mendes, Account of China, bei Purchas. Oder: F. M. Pinto's Voyages and Adventures, London 1653.

Pittard, E., Les Skoptzy. La castration chez l'homme et les modifications anthropométriques qu'elle entraîne, in: L'Anthropologie XIV.

Placitus, Sextus, De Medicamentis ex Animalibus, Lyon 1537.

Plinius, Historia Naturalis, London o. J., Bohn's Edition. Verglichen wurde: rec. comment. instr. Silig, Gotha 1851—58, 8 vol., und: Plinius, deutsch von Külb, Stuttgart 1840—77.

Ploss, H., Das Kind, 1884, 2 Bde.

Ploss-Bartels, Das Weib in der Natur- und Völkerkunde, 9. Aufl. von Dr. Paul Bartels, Leipzig 1908, 2 Bde.

Plutarch, Moralia, Goodwin's English Edition, Boston 1870, 3 Bde.

Pocock's Travels in Egypt, bei Pinkerton.

Pococke, Richard, A description of the East and of some other countries London 1743.

Polo, Marco, Travels, bei Pinkerton, Bd. VII, London 1814. Verglichen wurde: Die Reisen des Venezianers Marco Polo im 13. Jahrhundert. Bearbeitet und herausgegeben von Dr. Hans Lemke, Hamburg 1907, in der Bibliothek wertvoller Memoiren.

Polydori Vergilii Urbinatis de rerum inventoribus libri octo in quibus etc. Noviomagi Batavorum 1671. (Nach der Widmungepistel ist das Buch 1499 verfasst).

Pomet, History of Drugs, London 1737.

Popular Science Monthly, Zeitschrift.

Post, Albert H., Grundriß der ethnologischen Jurisprudenz, Oldenburg 1895, 2 Bde.

Potkanski, K., in: Akad. der Wissensch., Krakau 1895.

Praetorius, J., Anthropodem. pluton. oder neue Weltbeschreibung wunderbarer Menschen, Magdeburg 1668 (S. 558—576 über Alraune).

Pratimoksha Sutra, Traduction française par W. W. Rockhill, Paris 1885, Société Asiatique.

Press, Philadelphia, Zeitung.

Preuss, K. Th., Menschenopfer und Selbstverstümmelung bei der Totentrauer in Amerika. In: Adolf Bastian als Festgruß, Berlin 1896.

Priklonskij, V. L., Das Schamanentum der Jakuten. Deutsch von Friedr. S. Krauss, Wien 1888.

Psychiatrisches Centralblatt, Wien 1873.

Purchas, Pilgrims, Sammelwerk.

Quincy, John, Complete English Dispensatory, London 1730.

Rabelais — Oeuvres de François Rabelais, Paris 1904, Bibliothèque nationale, 5 Bde.

Ragozin, Assyria, New-York 1887.

Rainey, Charles and Joe, The Bannock Indians.

Rapp, A., Kybele, in Roschers ausführl. Lexikon der griechischen und römischen Mythologie, Leipzig 1894.

Read, W. Winwood, Veil of Isis, London 1861.

Réclus, Les Primitifs, Paris 1885.

Rees, Cyclopaedia of Arts, Sciences, and Literature, Philadelphia o. J.

Reeves, s. Transactions of the Royal Irish Academy.

Reflections, Moral, Critical and Cosmical, o. O. 1707.

Regnard, Journey to Lapland, bei Pinkerton, Bd. I. Verglichen wurde: Reise nach Lapland, im VI. Bde. der: Sammlung von Reisen.

Reinaud, Relation des Voyages dans l'Inde et à la Chine, Paris 1845, 2 Bde.

Relations des Jésuites, Quebec 1858, Bd. 1.

Reling, H. und Bohnhorst, J., Unsere Pflanzen nach ihren deutschen Volknamen, ihrer Stellung in Mythologie und Volkglauben, in Sitte und Sage, in Geschichte und Literatur, 3. Aufl., Gotha 1898.

Report of the International Polar Expedition to Barrow Point, Washington 1885.

Reports of the United States Bureau of Ethnology.

Revue des Traditions populaires, Paris, Herausgeber Paul Sebillot.

Rhabanus Maurus (etwa 780—856), Opera Omnia, ed. G. Colvenerius, Col. Agrippina 1627.

Rhode, J. G., Die heilige Sage und das gesammte Religionsystem der alten Baktrer, Meder und Perser, oder des Zendvolkes, Frankfurt am Main 1820.

Ribbe, Zwei Jahre unter den Kannibalen der Salomo-Inseln, Dresden 1903.

Richardson, Sir J., Arctic Searching Expedition, London 1851, 2 Bde.

Richardson, Polar Regions, Edinburgh 1861.

Rink, Tales and Traditions of the Eskimo, Edinburgh 1875.

Ritos Antiguos, Sacrificios é Idolatrios en Nuova España, bei Kingsborough, Bd. IX. (S. S. 75).

Ritual of the Dead, s. Ägyptisches Totenbuch.

Rives, Amelie, Virginia of Virginia, in: Harper's Magazine, New-York 1888.

Robinson, A. A., California, New-York 1850.

Rochefoucauld, Maximes.

Rockhill, W. W., Border Land of China, im: Century Magazine, New-York 1890.

Rockhill, s. Pratimoksha Sutra.

Römer, Nachrichten von der Küste Guinea, Kopenhagen 1769.

Rohde, Erwin, Psyche, Seelenkult und Unsterblichkeitglaube der Griechen, 1903.

Roscher, Grundlage der Nationalökonomie, 22. Aufl. 1892.

Roscher, Ausführliches Lexikon der griechischen und römischen Mythologie, Leipzig 1894ff.

Roskoff, Dr. Gustav, Geschichte des Teufels, Leipzig 1869, 2 Bde.

Roskoff, Gustav, Das Religionwesen der rohesten Naturvölker, Leipzig 1880.

Roubaud, Abbé, La Pétérade, Poème en quatre chants.

Rousselet, India, London 1876.

Saabye, Hans Egede, s. Egede.

Sacred Books of the East, Herausgegeben von Max Müller, Oxford, 1880ff.

Sadger, Dr. J., Über Uretralerotik, im: Jahrbuch für psycho-anal. und psychopath. Forschungen, herausgegeben von Bleuler, Freud und Jung, Bd. 2.

Sagard, Histoire du Canada, Paris 1866 und Paris 1885, 2 Bde.

Saint Foix, Mémoires historiques sur Paris, Paris 1766, 6 Bde.

Saint James Gazette, London.

Saint John, s. Spencer Saint John.

Saint-Pierre, Bernardin de, Études sur la nature.

Saintyves, P., Les Saints Successeurs des Dieux. Essais de Mythologie Chrétienne, Paris 1907.

Saintyves, P., Les Vierges mères et les naissances miraculeuses, Paris 1908.

Saintyves, P. Les Reliques et les Images légendaires, Paris 1912.

Sajó, Prof. Aus dem Leben der Käfer, Leipzig 1910, und: Über den Skarabäus, im Freien Wort, Frankfurt a. M. 1910.

Salomon, D., Die Urinbeschauer und andere medizinische Scharlatane unserer Zeit, Quedlinburg 1838.

Salomon ben Jarchi, s. Jarchi.

Salverte, Eusèbe, Philosophy of Magic, New-York 1862.

Salverte, Eusèbe, Des sciences occultes ou essai sur la magie, les prodiges et les miracles chez les anciens, Paris 1829, 2 Bde.

Šapkarev, K. A., Po narodna medicina i nejnata nomenklatura v Makedonija, Sbornik, Bd. X.

Šapkarev, K. A., Sbornik of blgarski narodni umotvorenija; čast tretja, Knj VII, Sofija 1891.

Saris, John, bei Purchas, Bd. I.

Sartori, Paul, Das Bauopfer, in: Zeitschrift für Ethnologie, Berlin 1898.

Sarytchew, Gavril, in: Philipp's Voyages, London 1807. Verglichen wurde: Sarytchew, Achtjährige Reise im nordöstlichen Sibirien, auf dem Eismeere und dem nordöstlichen Ozean. Aus dem Russischen übersetzt von J. H. Busse, Leipzig 1805.

Sauer, Expedition to the North parts of Russia, London 1802.

Saxon Leechdoms.

Sb = Sbornik za narodni umotvorenija, nauka i knižnina izdava ministerstvoto na narodnoto prosveštenije, Sofija 1889 ff.

Schaff—Herzog, Religious Encyclopaedia, New-York 1881. Cyclopaedia of Religious Knowledge, New-York 1881.

Schell, Otto, Das Salz im Volkglauben, in Ztschr. Ver. f. Volkk., Bd. XV.

Schlosser, Dr. Alfred, Die Sage vom Galgenmännlein im Volkglauben und in der Literatur, Münster i. W. 1912.

Schmidt, Richard, Liebe und Ehe im alten und modernen Indien, Berlin 1904.

Schmidt, Richard, Fakire und Fakirtum im alten und modernen Indien. Yoga-Lehre und Yoga-Praxis nach den indischen Originalquellen, Berlin 1908.

Schönwerth, Fr., Aus der Oberpfalz, Augsburg 1857.

Schorer, Chr., Kurtzer Unterricht vornehmlich v. d. Chur der Pest und dann was einiges von Verhütung derselben, Berlin 1680.

Schroeckh, Kirchengeschichte, Band 23.

Schroeder, Theodor, Obscene Literature and Constitutional Law. A forensic defense of freedom of the Press, New-York 1911.

Schröder, Dr. Joh., Trefflich versehene Medizin-Chymische Apotheke, Nürnberg 1685.

Schultze, Fetichism, New-York 1885.

Schurig, Chylologia, Dresden 1725.

Schurz, Heinrich, Eine Religion der Urzeit, Ausland, Stuttgart 1890.

Schwally, Semitische Kriegsaltertümer, 1. Heft: Der heilige Krieg im alten Israel, Leipzig 1901.

Schurtz, Heinrich, Alterklassen und Männerbünde. Eine Darstellung der Grundformen der Gesellschaft, Berlin 1902.

Schweinfurth, Hearth of Africa, London 1872, 2 Bde.

Schweinfurth, Georg, Im Herzen von Afrika. Reisen und Entdeckungen im zentralen Äquatorial-Afrika während der Jahre 1868—1871, Leipzig 1878.

Scott, Sir Walter, The Abbot, Roman.

Scott, Reginald, Discovery of Witchcraft, London 1651.

Sébillot, Paul, Le Folk-Lore de France, Paris 1905, 3 Bde.

Seebohm, Henry, Siberia in Asia, London 1882.

Seel, Die Mithrageheimnisse während der vor- und urchristlichen Zeit, Aarau 1823.

Seler, Förstemann, Schellhas and Dieseldorff, Mexican and Central American Antiquities, Calendar Systems and History, translated from the German, Washington 1911, Smithsonian Inst. Bull. 28.

Seneca, ex Lipsii et Schotti rec., Amstelodamiae 1628.

Shakespeare, Troilus and Cressida — Coriolanus — Measure for Measure — Hamlet — King Lear — King Henry, 2. Teil — King John. Verglichen wurde: The Globe Edition by Clark and Wright, London 1887.

Sha Rocco, The Masculine Cross and ancient sex worship. Privately printed, New-York 1874 oder 1886. Verglichen wurde die Londoner Ausgabe: Sex Mythology including an account of the masculine cross. Privately printed, London 1898.

Shaw, Travels in Barbary, bei Pinkerton, Bd. XV, London 1814. Oder: T. Shaw, Travels or Observations relating to several Ports of Barbary and the Levant, London 1757.

Shayast la Shayast, Max Müller's Edition, Oxford 1880.

Simplicissimi Galgenmännlein oder ausführlicher Bericht von den Alrungen oder Geldmännlein, 1684, in Schriften, 3. Bd., S. 809—46.

Smet, s. De Smet.

Smiddy, Rev. Richard, The Druids, Dublin 1871.

Smith, The Araucanians, New-York 1855.

Smith, Mrs. James, The Roandik Tribes.

Smith, George, Assyrian Discoveries, New-York 1876.

Smith, George, The Chaldean Account of Genesis, New-York 1880.

Smith, Dictionary of Greek and Roman Antiquities, Boston 1848, oder: London 1850.

Smith, William, Dictionary of the Bible, New-York 1871.

Smithsonian Contributions to Knowledge.

Smithsonian Instution, Annual Report, 1866.

Smollet, Tobias, Humphrey Clinker, London 1872.

Smyth, R. Brough, The Aborigines of Victoria, London 1878, 2 Bde.

Smythe-Palmer, Folk-Ethymology, London 1882.

Southey, The Doctor, London 1848.

Southey, Commonplace Book, London 1849, 2 Bde.

Sparrmann, Account of Africa, bei Pinkerton. Verglichen wurde: A. Sparrmann's Reise nach dem Vorgebirge der guten Hoffnung in dem Jahre 1772. Aus dem Schwedischen. Berlin 1784.

Speke, Nile, London 1863, 2 Bde.

Spencer, De Legibus Hebraeorum Ritualibus et earum Rationibus Libri Tres Auctore Joanne Spencero. Editio Tertia. Lipsiae 1705 (1500 Seiten!)

Spencer, Herbert, Descriptive Sociology, unter: Snakes.

Spencer Saint John, Life in the Far East, London 1872.

Spencer and Gillen, Native Tribes of Central Australia, London 1901.

Spiers and Surenne, French and English Dictionary.

Spiess — Archivische Nebenarbeiten und Nachrichten vermischten Inhalts von Philipp Ernst Spiess, brandenb. würkl. Regierungsrath, 2 Teile, Halle-Saale 1783 u. 85.

Squier, Manobosho, in: American Historical Review, 1848.

Standard, London, Zeitung.

Stanley, Henry M., Through the Dark Continent, New-York 1878, 2 Bde.

Stanley, Congo, New-York 1885.

Starcke, C. N., The Primitive Family, New-York 1889. — Deutsch: Die primitive Familie nach ihrer Entstehung und natürlichen Entwickelung, Leipzig 1888.

Starr, Frederic, Notes upon the Mandragora, im American Antiquary 1901.

Steinmetz, Dr. S. R., Ethnologische Studien zur ersten Entwicklung der Strafe nebst einer psycholog. Abhandlung über Grausamkeit und Rachsucht, Leiden 1894, 2 Bde.

Stekel, Dr. Wilhelm, Nervöse Angstzustände, 2. Aufl., Berlin-Wien 1912.

Steller, Georg Wilhelm, Beschreibung von dem Lande Kamtschatka, dessen Einwohnern, deren Sitten, Namen, Lebensart und verschiedenen Gewohnheiten, Frankfurt und Leipzig 1774.

Stern, Bernhard, Geschichte der öffentlichen Sittlichkeit in Rußland, Berlin 1907.

Sterne, Lawrence, Tristram Shandy, Edition of London, 1873, 2 Bde.

Stevens, Spanisch Dictionary, 1706.

Stevenson, Frau Matilda Coxe, The Zuñi Indians, Jahrbericht XXIII des Bureau of American Ethnology, Washington 1904.

Stillingfleet, Defense of Discourse concerning Idolatry in Church of Rome, London 1676.

Stoll, O., Suggestion und Hypnotismus, 2. Aufl., Leipzig 1911.

Stoll, Das Geschlechtleben in der Völkerpsychologie, Leipzig 1908.

Strabo, Geography, Bohn's Edition, London 1854.

Strack, Hermann L., Das Blut im Glauben und Aberglauben der Menschheit, 4. Aufl., München 1900.

Stralenburgh, Philip van, Histori-Geographical Description of the North and Eastern Parts of Europe and Asia, London 1736.

Stratton, Captivity of the Oatman Girls, San Francisco 1857.

Strele, Richard von, Der Palmesel. Eine kulturhistorische Skizze. Zeitschrift des D. u. Ö. Alpenvereins, Bd. XXVIII, 1897.

Strutt, Sports and Pastimes of the English People, London 1855. Verglichen wurde: A new edition by William Hone, London 1830.

Struys, John, Voyages, translated out of the Dutch by John Morrison, London 1683.

Stukeley, Account of Druidic Remains.

Suetonius — C. Suetoni Tranquilli quae supersunt omnia. Recensuit C. L. Roth, Lipsiae 1882.

Sun, New-York, Zeitung.

Sunday Herald of Washington, Jahrgang 1889.

Supprian, De Colica, Lugduni 1693.

Swan, J. G., Indians of Cape Flattery, in: Smithsonian Contributions to Knowledge, Nr. 220.

Swieten, Commentarii in Boerhavii Aphorismos de cognoscendis et curandis morbis, Leyden 1741 u. 42, oder Lyon 1776.

Swift, D., Das im Menschenkot gefundene Gelld oder das' große Geheimniss aus des Menschen Unflath und Urin dessen Temperament, Gedanken, Thun und Lassen, Glück und Unglück zu erkennen. Aus dem Englischen von J. R. Heunburg, auf Kosten guter Freunde, o. O., 1731.

Swift, Jonathan, Works, Vol I, Gulliver's Travels, London 1902 (The Worlds Classics).

Tacitus, Annals, Oxford Translation, London Bohn 1871.

Talmud.

Tarasevśkyj — Das Geschlechtleben des ukrainischen Bauernvolkes . . . Aufzeichnungen von Pavlo Tarasevśkyj. Einleitung und Parallelnachweise von Volodymir Hnatjuk. Vorwort und Erläuterungen von Friedrich S. Krauss, I. Teil, Leipzig 1909.

Tavernier, J. B., Relation de l'Intérieur du Sérail du Grand Seigneur, Paris 1675, oder: Reisebeschreibung, Genf 1681.

Tavernier, Six Voyages en Turquie, en Perse et aux Indes, Paris 1692.

Tavernier, Travels in India. Translated from the original French edition of 1676 by V. Ball, London 1889, 2 vol.

Tavernier, Travels, bei Pinkerton.

Temesváry, Dr. Rudolf, Volkbräuche und Aberglauben in der Geburthilfe in Ungarn, Leipzig 1900.

Tenzel's Monatliche Unterredungen, 1692, S. 382 ff, Über die Heilung durch Berührung der Könige von Frankreich und England.

Terentius — P. Terenti comoediae recensuit Alfredus Fleckeisen, Lipsiae 1884.

Ternaux, Sammelwerk.

Tertullianus, ed. Oehler, Editio major, Lipsiae 1853, 3 vol.

Tezozomoc, Crónica Mexicana, bei Kingsborough, Bd. IX.

Theatrum sympathicum in quo sympathiae actiones variae, singulares et admirandae tam macro-quam microcosmicae exhibentur. Norimbergae 1660.

The Chirurgeon's Closet, London 1632.

The Native Tribes of South Australia, Adelaide 1879.

The New Foundling Hospital of Wit.

The Open Court, a Monthly Magazine, Chicago 1903, vol. XIX.

Thévenot, Relation d'un voyage fait au Levant, Paris 1665, und: Suite du voyage au Levant, Paris 1674.

Thévenot, Melchisedec, Relations de Divers Voyages curieuses, Paris 1696, 2 Bde.

Thibet — A Description of Thibet, bei Pinkerton, Bd. VII, London 1814.

Thiers, Jean-Baptiste, Traité des Superstitions, Paris 1741, oder: 4. édition, Avignon 1777, 4 Bde.

Thomas a Kempis.

Thomas, William J., Source Book for Social Origins. Ethnological Materials etc., Chicago 1909.

Thürwald, R., Die Denkart als Wurzel des Totemismus, im Korrespondenzbl. d. D. G. für Anthropologie, Ethnol. und Urgeschichte, 1911.

Thurnberg's, Account of the Cape of Good Hope, bei Pinkerton, Bd. XVI.

Tille, Alexander, Die Geschichte der Deutschen Weihnacht. Leipzig 1893.

Times of India, Zeitung.

Times, New-York, Zeitung.

Timperley, C. H., Encyclopaedia of Literary and Typographical Anecdotes, Second Edition, London 1842.

Töppen, M., Aberglauben aus Masuren, 2. Aufl., Danzig 1867.

Torquemada, Monarchia Indiana, Madrid 1723.

Tournefort, A Voyage to the Levant, Edition of London 1718, 2 Bde.

Transactions of the American Anthropological Society.

Transactions of the American Association for the Advancement of Science.

Transactions of the Ethnological Society, London 1868, darin: Short, Notes on the Hill-Tribes of the Neilgherries.

Transactions of the Royal Irish Academy, Bd. XXV, Dr. Reeves on the Culdees.

Travels of two Mahometans through India and China, bei Pinkerton.

Tregear, E., The Maoris of New Zealand, im: Journal of the Anthropological Institute, London 1889.

Treichel, A., Pilzdestillate als Rauschmittel, in: Jahresbericht des Preußischen Botanischen Vereins für 1897/98.

Tribune, New-Yorker Zeitung, Jahrgang 1888.

Tribune, Chicago, Zeitung, Jahrgang 1890.

Trumbull, Dr. H. C., The Blood Covenant, Philadelphia 1885.

Tuchmann, La Fascination, in: Mélusine, Paris.

Turner, An Embassy to Thibet, London 1800 oder 1806.

Turner, Samoa, London 1884.

Turner, Nineteen Years in Polynesia. Missionary Life, Travels and Researches in the Islands of the Pacific by the Rev. Georg Turner, London 1861.

Tylor, E. B., Primitive Culture, New-York 1874, oder: London 1871, oder: New-York 1879, 2 Bde.

Učitelj, Pedagoško Književni list uregjuje Mih. M. Stanojević, Beograd 1897.

Ungarische Musikologie, Herausg. von Dr. Anton Herrmann, Budapest 1912.

Unger, F., Die Pflanze als Erregung- und Betäubungmittel, Leipzig o. J. (1910). Neudruck aus den 1857—67 erschienenen: Botanische Streifzüge auf dem Gebiet der Kulturgeschichte.

United States Dispensatory, Philadelphia 1886.

Ure's Dictionary of Arts, Manufactures and Mines, London 1878.

Valentini, Michaelis Bernhardi, Prof. medic., Academiae Gissenae Rectoris, Polyresta exotica in curandis affectibus contumacissimis probatissima, Francofurti ad Moenum 1702.

Vallencey, Major Charles, Collectanea de Rebus Hibernicis, Dublin 1774, 2 Bde.

Vallencey, Grammar of the Irish Language.

Vambéry, Arminius, Travels in Central Asia, New-York 1865.

Vambéry, Scetches of Central Asia, New-York 1868, oder: London 1868.

Van Gennep, Arnold, Les rites de Passage, etc., Paris 1909.

Van Gennep, Arnold, Tabou et Totémisme à Madagascar. Étude descriptive et théorétique, Paris 1904.

Van Offel, Horaze, La véritable Histoire de Manneke-Pis. Bruxelles, Imprimerie artistique, o. J.

Van Stralenburgh, s. Stralenburgh.

Vega — Garcilasso de la Vega, Commentarios Reales, Clement C. Markham's Translation in: Hakluyt Society, oder: Commentarios Reales que tratan del Origen de los Yncas, Lisboa 1609.

Veth, P. J., De Mistel an de riembloom, in: Internat. Archiv für Ethnographie, Leiden 1894, Bd. VII.

Veth, P. J., De Leer der Signatuur, in: Intern. Archiv f. Ethnographie, Leiden 1894, Bd. VII.

Vicary, Thomas, The Englishman's Treasure by Thomas Vicary, Surgeon to King Henry VIII., London 1641.

Victor Hugo, s. Hugo.

Victoria Society Transactions, Bd. XIV.

Vieillard, C., L'Urologie et les médecins dans la médicine ancienne, Paris 1903.

Virey, Nouveau Dictionnaire d'Histoire Naturelle, Deterville.

Voltaire, Essais sur les Moeurs, Paris 1795, 2 Bde.
Von den Steinen, Karl, Reise nach den Marquesas-Inseln, in: Verh. Ges. Erdkunde, Berlin 1898.
Von den Steinen, Karl, Unter den Naturvölkern Zentral-Brasiliens, Berlin 1894.
Voyage of the Adventure and Beagle, London 1839, 2 Bde.
Vulgata — Sacra Vulgata, edidit una cum selectis annotationibus ex optimis quibusque interpretibus exerptis ed. ill. Du Hamel, Venedig 1763, 2 vol.
Vulpius, Journal die Vorzeit, Erfurt 1817 ff, Bd. 3, S. 46—54, Bd. 4, S. 66 f.: über die Alraune, Abbildung und vollständige Literaturangaben.

Wafer, A new Voyage and Description of the Isthmus of America, Cleveland 1903.
Wallace, Alfred Russell, The Malay Archipelago, London 1869, 2 Bde.
Ward, On the Hindoos, Bd. 2.
Warner, Topographical Remarks relating to the Southwestern Parts of Hampshire, 1793, 2 Bde.
Webb, Frederick, Handbook of American Indians, 1907, 2 Bde.
Weber, Carl Julius, Das Papsttum und die Päpste, 2 Aufl. Stuttgart 1845, 3 Bde.
Webesius, S., Historia naturalis vaporum ex humano corpore effluentium, Görlitz, o. J.
Webster, English Dictionary, Neu-Ausgabe: New-International Dictionary, London, Bell and Sons, o. J. (1910).
Wechter, Das Feuer in der Natur, in Kultus und Mythus, im Völkerleben, 1904.
Wegeli, Jean, Das Gesäß im Völkergedanken. Ein Beitrag zur Glutealerotik, Anthropophyteia, Bd. IX.
Wehrhan, Karl, Die Sage, Leipzig 1908. Handbücher zur Volkkunde, Bd. I.
Wesselski, Albert, Der Hodscha Nasreddin, Weimar 1911, 2 Bde.
Wharton, Miscellaneous Writings upon Drama and Fiction.
Wheeler, J. Talboys, History of India from the Earliest Ages, London 1867—81, 4 vol.
White-Ridley, Latin-English Dictionary.
Whymper, Alaska, London 1868.
Wied, Maximilian, Prince of Wied, Travels, London 1843.
Wiedemann, A., Die Toten und ihre Reiche im Glauben der alten Ägypter, Leipzig 1900 (Der alte Orient, Heft 2).
Wiedemann, A., Die Religion der alten Ägypter, Münster i. W. 1890.
Wiedemann, A., Mumie als Heilmittel, Zeitschrift des Vereins für westfäl. und rheinische Volkkunde, Elberfeld 1906.
Wilde, Lady Speranza, Ancient Legends and Superstitions of Ireland, Boston 1888.
Wilkins, Bishop, Essay toward a Philosophical Language, 1688.
Williams, Modern India, London 1878.
Willis, Th., De fermentatione, altera de febribus, his acc. dissert. epist. de urinis, Edit. II. ab authore rec., London 1660.
Willoughby, Voyage to Siberia, bei Pinkerton.
Wilson, H. H., The religious Sects of the Hindus, in: Asiatic Researches, Bd. XVII oder in: Works, London 1862, Bd. I u. II.
Windischmann, Fr., Zoroastrische Studien. Abhandlungen zur Mythologie und Sagengeschichte des alten Iran, Berlin 1863.
Winstanley, A Visit to Abyssinia, London 1881, 2 Bde.
Witkowski, Dr. G. J., L'art profane à l'église, ses licences symboliques, satiriques et fantaisistes, Paris 1908, 2 Bde.
Wlislocki, H. von, Volkglaube und Volkbrauch der Siebenbürger Sachsen, Berlin 1893.

Wlislocki, H. von, Vom wandernden Zigeunervolk. Bilder aus dem Leben Siebenbürger Zigeuner, Hamburg 1890.

Wlislocki, H. von, Tod und Totenfetische im Volkglauben der Magyaren, in: Mitteil. d. Anthrop. Ges. Wien 1892, Bd. XXII. — Von den Haaren bei den Zigeunern, ebenda 1895.

Wölflin, Eduard, Zur Zahlensymbolik, Archiv für lateinische Lexicographie und Grammatik, Bd. IX, Leipzig 1895.

Wolters - Friedrich, Gipsabgüsse, Berlin 1885.

World, New-York, Zeitung, Jahrgänge 1889 u. 1890.

Wright, Thomas, Sorcery and Magic, London 1851, 2 Bde.

Wright, Thomas, Essays on Archaeological Subjects, London 1861, 2 Bde.

Wright, Thomas, Dictionary of Obsolete and Provincial English, London 1869.

Wright's Political Ballads, in den Percy Society Publications.

Wuitass, M., Traité de l'Eucharistie.

Wuttke, Dr. Adolf, Der deutsche Volkaberglaube der Gegenwart, 3. Aufl. bearbeitet von Elard Hugo Meyer, Berlin 1900.

Yarrow, H. C., Introduction in the study of mortuary customs among the North American Indians, Washington 1880; A further contribution to the study of the N. A. Indians, in First Report Bureau Ethnol., Washington 1881.

Zapletal, V., Der Totemismus und die Religion Israels, Freiburg 1895.

Zdravlje. Lekarske pouke o zdravelju i bolesti izdaje društvo za čuvanje narodnog zdravelja, uregjuje Dr. M. Jovanović-Batut, Beograd 1906 ff.

Zeitschrift des Vereins für Volkkunde, Jahrgang 1903.

Zeitschrift für Ethnologie, Jahrgänge 1880, 1907.

Zentgraff, De tactu regis Franciae, quo strumis laborantes restituunr, Wittenberg 1667.

Zentralblatt für Psychoanalyse, Wiesbaden 1911 ff.

Zingerle, Ignaz von, Sitten, Bräuche und Meinungen des Tiroler Volkes, Innsbruck 1871.

Zwaardemaker, H., Die Physiologie des Geruchs, Leipzig 1895.

LXIII. Schlagwörterverzeichnisse für Namen und Sachen.

[Die Seitenzahlen umfassen auch die Anmerkungen, ohne dass hierauf besonders hingewiesen ist.]

1. Sachwörterverzeichnis.

[Enthält auch die mythologischen Namen.]

2. Personennamen.

[Mythologische Namen sind im Sachwörterverzeichnis aufgeführt.]

3. Geographisches Verzeichnis.

[Man suche auch im Ethnologischen Verzeichnis den entsprechenden Völkernamen auf, wie Franzosen zu Frankreich.]

4. Ethnologisches Verzeichnis.

[Man vergleiche auch das Geographische Verzeichnis unter dem entsprechenden Namen, wie z. B. Deutschland zu: Deutsche].

5. Krankheitnamen.

[Auf fachwissenschaftliche Richtigkeit darf in diesem Verzeichnis nicht gerechnet werden; die Krankheitnamen sind so wiedergegeben, wie sie in den Quellen erscheinen. — Dieselbe Krankheit wird häufig auf derselben Seite mehrmals erwähnt; Hinweise hierauf finden sich im Wörterverzeichnis nicht. Der Bindestrich —, also z. B. 261—264, bedeutet nicht, daß diese Seiten nur von der betreffenden Krankheit handeln, sondern, daß sie auf jeder dieser Seiten erwähnt ist].

Druckversehen und Nachträge

S. 4, (Titelrückseite), statt Gehnehmigung lies: Genehmigung.
S. 8, Anm. 3, statt Broch-cleeuts lies: Breech-clouts.
S. 14, Anm. 2, letztes Wort, statt baudin lies: boudin.
S. 17, Z. 13 v. o., statt Buddagosha lies: Buddhagosa.
S. 22, Z. 2 v. u., Anm. 2, statt nicht lies: nichts.
S. 62, Anm. 3, statt Meignau lies: Meignan.
S. 71, Z. 16 v. o., statt Wallaston lies: Wollaston.
S. 97, Z. 3 v. o., statt Shapast lies: Shayast.
S. 133, Z. 8 v. o., S. 159, Anm. 9, statt Stralenberg lies: Stralenburgh.
S. 187, Die Sella usw., Z. 7, statt sollte lies: wollte.
S. 299, Z. 28 v. o., statt danken lies: denken.
S. 376, Z. 4 v. o., hinter Zwecke einschalten: nicht.
S. 450, Z. 18 v. o., statt eigen lies: eigenen.
S. 502, Z. 1 v. u., statt Adelbe lies: Adele.
Z. 6 v. u., statt Seus lies: Sens.
S. 552, Z. 4 v. u., statt restituunr lies: restituuntur.

* * *

Zu S. 179, Anm. 10. — Nach L'Europe savante, mars 1718, S. 105f. heißt der Verfasser der „Historie" nicht Bourdelot, sondern Bordelon; er war auch nicht Abbé, denn nach der Sitte der damaligen Zeit hätte man ihm diesen Titel gewiß gegeben, wenn er ihn gehabt hätte. Der französische Titel lautet: Les Imaginations extravagantes de M. Ouffe, causées par la lecture des Livres qui traitent de la Magie, du Grimoire, des Démoniaques, Sorciers ou Loups-Garoux, Incubes, Succubes, et du Sabbat; des Fées, Ogres, Esprits folets, Génies, Phantômes, et autres Revenans; des Songes, de la Pierre Philosophale, de l'Astrologie judiciaire, des Horoscopes, Talismans, Jours heureux et malheureux, Eclipses, Cometes, et Almanachs; enfin de toutes les sortes d'Apparitions, de Divinations, de Sortilèges, d'Enchantements, et d'autres superstitieuses pratiques. Le tout enrichi de figures, et accompagné d'un très grand nombre de notes curieuses, qui rapportent fidèlement les endroits des Livres, qui ont causés ces imaginations extravagantes, ou qui peuvent servir pour les combattre, 2 vol. in 12°.

Zu S. 506, Nachtrag zu S. 46. — Über Azymitismus kann man noch vergleichen: „Reflexions sur les règles et sur l'usage de la critique par le R P. Honoré de Ste Marie, Carme Déchaussé, Paris 1717, S. 475 ff.

Zu S. 549, letzte Zeile, Travels of two Mahometans. — Die erste Ausgabe dieser Reisen erschien zu Paris 1718: Anciennes Rélations des Indes et de la Chine, de deux Voiageurs Mahometans, qui y allèrent dans le IX. Siècle, traduit de l'Arabe; avec des Remarques sur les principaux endroits de ces Rélations. Herausgeber war der Abbé Renaudot.

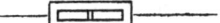

:-: Ethnologischer Verlag in Leipzig. :-:

Beiwerke zum Studium der Anthropophyteia.

Jeder Band eleg. geb. zu **30 M.**

I. Die Zeugung in Glauben, Sitten und Bräuchen der Völker. Von Dulaure. Verdeutscht und ergänzt von Krauss, Reiskel und Ihm. Mit 314 Abbildungen.

II. Das Geschlechtleben in Glauben, Sitte, Brauch und Gewohnheitrecht der Japaner. Zweite, stark vermehrte Auflage. Von Krauss. Mit 256 Abbildungen.

III. Russische Folklore. 1. Das Geschlechtleben des ukrainischen Bauernvolkes. Von Tarasevśkyj, Hnatjuk und Krauss.

IV. Die eheliche Ethik der Juden zur Zeit Jesu. Beitrag zur zeitgeschichtlichen Beleuchtung der Aussprüche des Neuen Testamentes in sexuellen Fragen von Hjalmar J. Nordin. Nach der schwedischen Handschrift verdeutscht von Kastner und Lewié, **Das Geschlechtleben des deutschen Volkes in der Gegenwart.** Folkloristische Studien und Erhebungen von O. Stückrath, Friedr. Erich Schnabel, H. E. Luedecke, Hellmut, Alengo, Braunhard Schweigmann und Krauss.

V. Russische Folklore. Das Geschlechtleben des ukrainischen Bauernvolkes. II. Folkloristische Erhebungen aus Galizien. 400 Schwänke und novellenartige Erzählungen, die in Ostgalizien und in Ungarn gesammelt worden. Mit 20 Abbildungen. Von Hnatjuk.

VI. Der Unrat in Sitte, Brauch, Glauben und Gewohnheitrecht der Völker. Von Bourke. Verdeutscht und neu bearbeitet von Krauss und Ihm. Mit einem Geleitwort von Prof. Freud.

VII. Im Druck: Das Geschlechtleben in Sitte, Brauch, Glauben und Gewohnheitrecht des italienischen Volkes. Von Dr. Rafael Corso. Verdeutscht nach der Handschrift Corso's von Prof. J. K. Mit einem Geleitwort von Krauss.

VIII. Russische Folklore. 3. Das Geschlechtleben des ukrainischen Bauernvolkes in Rußland. Von Tarasevśkyj und Hnatjuk.

Historische Quellenschriften zum Studium der Anthropophyteia.

I. Volktümliche Dichtungen der Italiener. Von Jakob Ulrich.

II, III u. IV: Deutsche Schwankerzähler des XV.—XVII. Jahrhunderts. Von Karl Amrain. Preis für alle vier Bände in eleg. Einband M. 20.—.

Volkerotik und Pflanzenwelt. Eine Darstellung alter wie moderner erotischer und sexueller Gebräuche, Vergleiche, Benennungen, Sprichwörter, Redewendungen, Rätsel, Volklieder, erotischen Zaubers usw. Von Dr. Aigremont. II. Auflage. 2 Bände brosch. Ladenpreis M. 9.—.

Slavische Volkforschungen. Abhandlungen über Gewohnheitrechte, Sitten, Bräuche und die Guslarenlieder der Südslaven. Vorwiegend auf Grund eigener Erhebungen. Von Krauss. VIII, 431, gr. 8⁰. Geh. M. 11.50, Halbfranz geb. M. 13.—.

Böhmische Korallen aus der Götterwelt. Folkloristische Börseberichte vom Götter- und Mythenmarkte. Von Krauss. Geh. M. 2.—.

Fuß- und Schuh-Symbolik und -Erotik. Folkloristische und sexualwissenschaftliche Untersuchungen von Dr. Aigremont. Mit einem Geleitwort von Krauss. Geh. M. 2.25.

Romanische Meistererzähler.

I. Die hundert alten Erzählungen. (Le Cento Novelle Antiche). Übersetzt, mit Einleitung und Anmerkungen versehen von Jakob Ulrich. Geh. M. 3.—, eleg. geb. M. 4.—.

II. Romanische Schelmennovellen. Deutsch von Jakob Ulrich. Geh. M. 6.—, eleg. geb. M. 7.—.

Das Buch enthält im einzelnen: a) **Die erste deutsche Übersetzung** von **Trubert** (altfranzösisch). b) **Barat und Haimet** (altfranzösisch). c) **Boivin von Provins** (altfranzösisch). d) **Der Metzger von Abeville** (altfranzösisch). e) **Die drei Blinden von Complègne** (altfranzösisch). f) **Der Bauer von Bailleul** (altfranzösisch). g) **Der Schatz von Venedig** (italien.). h) **Der dicke Tischler** (italienisch). i) **Der Dieb von Perugia** (italienisch). k) **Santi** (italien). l) **Wie einer Bäuerin ein Esel gestohlen wurde und wie sie ihn wieder bekam** (italien.) m) **Lazarillo de Tormes** (spanisch).

III. Crébillon der Jüngere: Das Spiel des Zufalls am Kaminfeuer. Deutsch von K. Brand. Geh. M. 2.—, eleg. geb. M. 3.—.

IV. Die Schwänke und Schnurren des Florentiners Gian-Francesco Poggio Bracciolini. Übersetzung, Einleitung und Anmerkungen von Semerau. Geh. M. 6.—, eleg. geb. M. 7.—.

V. Unsere biederen Stadtleut. Von Antoine Furetière. Deutsch von Erich Meyer. Geh. M. 2.50, eleg. geb. M. 3.50.

VI. Geschichte einer Neugriechin. Von Abbé Prévost. — Übersetzt, eingeleitet und erklärt von K. Brand. Geh. M. 4.—, eleg. geb. M. 5.—.

VII. Das Volkbuch von Fulko Fitz Warin. Deutsch von Leo Jordan. Geh. M. 2.50, eleg. geb. M. 3.50.

VIII. Ausgewählte Novellen von Prosper Mérimée. Deutsch von O. Schultz-Gora. Geh. M. 2.50, eleg. geb. M. 3.50. Der Band enthält die Novellen: Die Venus von Ille; Die etruskische Vase; Die Seelen im Fegefeuer und die Partie Tricktrack.

IX. Erzählungen von Pierre de Besenval. Deutsch von K. Brand. Geh. M. 2. —, eleg. geb. M. 3. — Der Band enthält die Erzählungen: Der Spleen; Die Liebenden als Soldaten; Alonzo; Der Einsiedler.

X. Schnurren und Schwänke des französischen Bauernvolkes. Deutsch von Blümml. Geh. M. 4.—, eleg. geb. M. 5.—.

XI. Eugène Fromentin: Dominik. Deutsch von Dannheißer. Geh. M. 5.—, eleg. geb. M. 6.—.

☞ Von diesen Bänden erschienen Band II, III und IV als Privatdrucke und werden nur zu Studienzwecken an Gelehrte abgegeben. ☜

Die Novellen der Nachtmahle des Antonfrancesco Grazzini. Übersetzung, Einleitung und Anmerkungen von Semerau. Eleg. geb. M. 10.—. (Privatdruck).

Giovan Battista Giraldi: Novellen aus den Hekatommithi. Übersetzung, Einleitung und Anmerkung von Semerau. Eleg. geb. M. 7.—. (Privatdruck).

Der Volkmund.

Alte und neue Beiträge zur Volkforschung. Jeder Band geh. M. 1.—.

I. Österreichische Volklieder mit ihren Singweisen gesammelt von F. Tschischka und J. M. Schottky. Nach der zweiten verbesserten und vermehrten Auflage herausgegeben von Krauss.

II. Deutsche Schwänke des 16. Jahrhunderts. Herausgeg. und bearbeitet von Latzenhofer. Erster Band: **Der Wegkürzer des Martin Montanus** (1557).

III. Ausseer und Ischler Schnadahüpfel. Als Anhang Vierzeiler aus dem bayerisch-österreichischen Sprachgebiet mit Singweisen. Gesammelt und herausgeg. von Blümml und Krauss.

IV. Österreichische Volkmärchen von F. Tschischka. Als Anhang Kinderlieder und Kinderreime aus Niederösterreich. Neu herausgeg. und eingeleitet von Blümml.

V. Deutsche Schwänke des 16. Jahrhunderts. Zweiter B.: **Jacob Frey's Gartengesellschaft** (1556).

VI. Altägyptische Sagen und Märchen. Deutsch von Prof. Dr. Alfred Wiedemann.

VII. u. VIII. Die Apologe des Bernardino Ochino, herausgeg. von Karl Amrain.

IX. u. X. Zigeunerhumor. 250 Schnurren, Schwänke und Märchen. Deutsch von Krauss.

XI. Das alte Faustbuch auf Grund der Ausgaben von 1587, 1599 und 1674 und anderer Quellen jener Zeit in neuer, sachlicher Anordnung der Sagen, bearbeitet und herausgeg. von August Holder.

XII. Bergischer Volkhumor von O. Schell.

XIII. Deutsche Schwänke des 16. Jahrhunderts. Dritter B.: **Schumanns Rastbüchlein und Montanus anderer Teil der Gartengesellschaft.**

Bibliothek ausgewählter serbischer Meisterwerke.

Mit literarhistorischen Einleitungen herausgeg. von Krauss.

I. Auf uferloser See. Drama in 4 Aufzügen von Branislav Gj. Nušić. Geh. M. 1.50.

II. Ein Geniestreich. Volkstück in 5 Aufzügen oder 9 Bildern von M. Gj. Glišić. Mit echt serbischen Sang- und zigeunerischen Spielweisen von V. R. Gjorgjević. Geh. M. 1.50.

III. Um hohen Preis! Ein bürgerliches Trauerspiel von B. Gj. Nušić. Geh. M. 1.50.

IV. Der französisch-preußische Krieg. Ich gratuliere. Große Wahl schafft große Qual. Ein Liebebrief. 4 Lustspiele von Kosta Trifković. Geh. M. 1.50.

V. Die Blume von Cannosa. Mater Dolorosa. Zwei Novellen von Vid Vuletić Vukasović. Geh. M. 1.—.

VI. Liebe und Leben im Herzogland. Mit Erzählungen von Svetozar Ćorović. Geh. M. 1.—.

Eduard Kulke, Kritik der Philosophie des Schönen. Mit Geleitworten von Prof. Dr. E. Mach und Prof. Dr. Friedr. Jodl. Herausgeg. von Krauss. Geh. M. 6.—, geb. M. 7.—. (Ein Meisterwerk der Aesthetik).

Schwänke, Sagen und Märchen in heanzischer Mundart, herausg. von J. R. Bünker. Geh. M. 6.—, geb. M. 7.50.

Die Braut muß billig sein! Ein bosnisch Singspiel von Krauss. Musik von Vladimir Gjorgjević. Ein Meisterwerk des melodienreichsten serbischen Komponisten. Preis der Partitur M. 14.—, Preis des Librettos M. 2.—.

Um holder Frauen Gunst! Ein Künstlerroman von Eduard Kulke und Friedrich S. Krauss. 402 Seiten, 8°, in eleg. Ausstattung. Geh. M. 4.—, geb. M. 5.—.

Leben, Meinungen und Wirken der Witwe Wetti Himmlisch, die ihre Laufbahn als Malermodell angefangen, geheiratet hat, langjährige Toilettefrau gewesen und jetzt von ihren Zinsen zehrt. Von ihr selber eigenhändig niedergeschrieben. Dritte Auflage. M. 2.—. (Eine skatologische Autobiographie).

Ein Blick nach vorn. Staatssozialistisches Zukunftbild von A. Venir. Preis geh. mit illustriertem Umschlage M. 2.50.

Untersuchungen über die Cacteen. Nach dem natürlichen System von Jussieu. Siebente Auflage von Krauss. Geh. M. —.50. (Eine skatologische Schnurrenreihe).

Über dem Abgrund. Von H. E. Luedecke. Gedichte und ein erotischer Roman. Hochelegant ausgestattet M. 5.—. Das Werk als Autobiographie für Sexualforscher sehr bemerkenswert.

Der Dialog vom freien Erdenbürger. Von H. E. Luedecke. Geh. M. 1.—.

Roon, Waldemar Graf: **Kriegminister Roon als Redner.** Politisch und militärisch erläutert von —. 3 Bände M. 16.—.

Napoleon I. und Papst Pius VII. Die Korrespondenz zwischen dem römischen und französisch-kaiserlichen Hofe. Herausgeg. von J. W—r. Geh. M. 1.50.

Fortschritte und Rückschritte unserer Kultur. Die Körperkultur der antiken und modernen Menschheit von Dr. Siegmar Schultze, Privatdozent an der Universität Halle-Wittenberg. II. Aufl. Geh. M. 1.—.

Der Antichrist. Ein Traum. Gedicht in 5 Gesängen. Von Dr. Siegmar Schultze. II. Auflage. Geh. M. 1.50.

Johanniszauber. Ein Elfenmärchen. Ein Gedicht von Dr. Siegmar Schultze. Geh. M. 1.—.

Das Naturgefühl der Romantik. 2. Aufl. 1911. Preis M. 2.50.

Eduard Kulkes erzählende Schriften. Herausgeg. von Krauss. **I. Der Glasscherbentanz. II. Eigene Haare. Heimweh. III. Schnurrige Käuze.** (Einundvierzig Erzählungen). **IV. Ein Gang ins Narrenhaus. Das große Los. V. Die Töpferscheibe. Anna.** Preis eines jeden Bandes geh. M. 2.—, eleg. geb. M. 3.—.

Sittengeschichte Europas. Von Augustus bis auf Karl den Großen. Von William Edward Hartpole Lecky. III. rechtm. Ausgabe geh. M. 10.—, geb. M. 12.50.

Zanoni. Ein Roman von Sir Edward Lytton Bulwer, deutsch von Norberg. Geh. M. 4.— geb. M. 5.—.

Fräulein Kapellmeister. Ein Roman von Norberg. Geh. M. 3.—, geb. M. 4.—.

Millionenwahnsinn. Ein Roman von Norberg. Geh. M. 3.—, geb. M. 4.—.

Modernes Ehesträflingtum. Von Karl Eduard Meboldt. Entgegnung eines Ehemannes auf das „Moderne Ehedirnentum" der Frau Marie Luise Luzian. Geh. M. 1.—.

Neue Musikbibliothek.

Herausgegeben von Frankenstein. (Taschenpartituren).

In dieser Sammlung sind erschienen:

3001.	**Schumann,**	Sinfonie I in B-dur . . .	brosch.	M.	2.—,	geb.	M.	2.50
3003.	„	Sinfonie III in Es-dur . .	„	„	1.70,	„	„	2.20
3006.	„	Ouvertüre zu Genoveva .	„	„	—.75,	„	„	1.25
3008.	„	Ouvertüre zu Manfred . .	„	„	—.75,	„	„	1.25
3012.	„	Ouvertüre zu den Faustszenen	„	„	—.50			
3015.	„	Konzertstück für 4 Hörner .	„	„	1.40,	„	„	1.90
3016.	„	Klavierkonzert in A-moll . .	„	„	1.70,	„	„	2.20
3022.	„	Klavierquartett in Es-dur .	„	„	—,60,	„	„	1.10
3039.	„	Requiem für Mignon . . .	„	„	1.—,	„	„	1.50
3048.	„	Neujahrlied	„	„	1.30,	„	„	1.80

J. G. Prodhomme, Hector Berlioz, Leben und Werke. Geh. M. 6.50, in Halbfranz M. 7.50.

Richard Wagner-Jahrbuch. Herausgeg. von Frankenstein. gr. 8⁰ u. 553 S. Elegant geb. M. 10.—.

Das goldene Buch des Handwerks. Ein Lehr- und Lernbuch für Meister, Gesellen, Gehilfen und Lehrlinge, umfassend das gesamte theoretische und geschäftpraktische Wissen des Handwerkers. 2 starke Bände mit mehr als 150 Illustrationen und mehr als 350 Entwürfen und Musterbeispielen im Text. Unter Mitwirkung von Dr. Allendorf, A. Bergmann, Chr. Grotewald, J. Hoch, Dr. Jakobi, K. Köhler, A. Pitschan, Dr. H. Vosz, Dr. G. Zimmermann, herausgeg. und bearbeitet von Bruno Volger, elegante Prachtbände in gr. 4⁰, M. 24.—.

 Der X. Band der **Anthropophyteia-Jahrbücher**
===== erscheint im September 1913. =====